城市轨道交通工程勘察手册

李世民　马海志　高文新　主编

中国铁道出版社有限公司

2022年·北　京

内 容 简 介

本书主要介绍了我国城市轨道交通工程岩土工程勘察工作主要内容和要求,采用的方法和手段以及常见的工程地质问题和解决措施。

全书分10篇,共39章,主要内容包括:城市轨道交通工程土建施工方法和工程勘察的基本要求和内容;岩土的分类、描述和鉴别方法;工程地质勘察和水文地质勘察的技术要求、工作要点和方法手段;勘察各阶段方案设计的目的、任务和工作量布置要求;岩土工程分析与评价的内容和方法;岩土参数的分析选定和勘察成果报告编制方法和要求;工程周边环境调查与风险评估的方法、程序、范围和内容;现场检测与监测的主要内容和要求;勘察监理与风险管理的内容、工作要点和控制措施,以及工程勘察项目的信息化管理相关内容。

本书可供从事城市轨道交通工程勘察、设计、施工和测试等专业技术人员及高等院校有关专业师生参考使用。

图书在版编目(CIP)数据

城市轨道交通工程勘察手册 / 李世民,马海志,高文新主编. —北京:中国铁道出版社有限公司,2022.4

ISBN 978-7-113-28557-9

Ⅰ.①城… Ⅱ.①李… ②马… ③高… Ⅲ.①城市铁路-铁路工程-工程地质勘察-技术手册 Ⅳ.①U239.5-62

中国版本图书馆CIP数据核字(2021)第237835号

书　　名:城市轨道交通工程勘察手册
作　　者:李世民　马海志　高文新

策　　划:徐　艳
责任编辑:朱荣荣　　**编辑部电话:**(010)51873017
封面设计:刘　莎
责任校对:孙　玫
责任印制:樊启鹏

出版发行:中国铁道出版社有限公司(100054,北京市西城区右安门西街8号)
网　　址:http://www.tdpress.com
印　　刷:三河市兴博印务有限公司
版　　次:2022年4月第1版　2022年4月第1次印刷
开　　本:787 mm×1 092 mm 1/16　**印张:**51　**字数:**1 209千
书　　号:ISBN 978-7-113-28557-9
定　　价:180.00元

编　委　会

序

21 世纪以来，中国城市轨道交通正逐渐进入稳步、有序的快速发展阶段。截至 2021 年 12 月 31 日，我国已有北京、上海、广州、天津、重庆、武汉、石家庄、长春、深圳、大连等 51 个城市先后建成并开通城市轨道交通运营线路 269 条，运营线路总长度 8 708 km。

展望“十四五”，中国城市轨道交通运营里程有望新增 5 000 km，年均新增 1 000 km 左右，届时总运营里程将达到 13 000 km。伴随着我国进入中国特色社会主义新时代，我国的城市轨道交通行业正步入高速发展时期。

众所周知，为了有效缓解城市交通拥堵状况，城市轨道交通大都要穿越繁华的商业圈或人口密集区，并且以地下工程居多。地下工程中，地质体是工程的载体，也是工程施工改造的对象，同时也是工程与周边环境相互作用的媒介，地质条件的复杂程度直接影响着轨道交通工程建设的质量、安全、工期和造价。因此，查明沿线的工程地质和水文地质条件成为轨道交通工程建设的重中之重。

为了交流、总结、普及和提高城市轨道交通工程勘察技术，更好地为工程建设服务，北京城建勘测设计研究院有限责任公司以国家标准《城市轨道交通岩土工程勘察规范》(GB 50307—2012)为依据，以实际勘察工作程序和丰富工作经验为基础，并参考了大量的相关标准、规范、规程和工程实例编制了这本手册，供从事城市轨道交通工程勘察、设计、施工和测试人员等有关专业技术人员参考使用。

随着我国城市轨道交通工程的建设，勘察技术得到了较大的进步，但也应该认识到，目前还存在巨大的提升空间，要求我国的工程技术人员进一步加强在基础理论、多种勘察技术综合应用、信息化建设和智能化应用等方面的研究，精心设计，精心施工，确保勘察和工程建设质量。希望《城市轨道交通工程勘察手册》成为工程师手中的有效工具，进一步推动我国勘察技术的不断进步。

中国工程院院士
深圳大学土木与交通工程学院院长

2022 年 1 月

前　言

城市轨道交通作为缓解城市交通拥堵状况的有效方案，近年来在全国得到了快速发展。而地质勘察作为轨道交通工程建设的前期工作，直接影响着轨道交通工程建设的质量、安全、工期和造价。因此，城市轨道交通界的泰斗、中国工程院院士施仲衡先生，在各种场合和大小会议上，不止一次地强调"城市轨道交通工程建设，地质是基础"。

北京城建勘测设计研究院有限责任公司是我国最早从事城市轨道交通工程勘察工作的单位，通过六十年来大量的城市轨道交通工程地质研究和实践，积累了丰富的经验和资料。为了总结和交流经验，我们编写了这本《城市轨道交通工程勘察手册》，以期指导城市轨道交通岩土工程勘察工作，培养城市轨道交通岩土工程勘察技术人员，提高我国城市轨道交通岩土工程勘察水平，为快速发展的城市轨道交通工程建设助力。

本手册以国家标准《城市轨道交通岩土工程勘察规范》(GB 50307—2012)为依据，以实际勘察工作程序和工作经验为基础，参考了大量的相关规范、规程、标准和工程实例编制而成。本手册中大部分资料为规范、规程和标准的内容，也有初步总结仅供参考的资料，在阅读和使用手册时，需要根据城市轨道交通工程的实际情况加以分析和对比。

本手册共十篇。第一篇介绍了城市轨道交通工程土建施工方法和工程勘察的基本要求和内容；第二篇介绍了在城市轨道交通工程勘察中根据不同标准对各岩土的分类、描述和鉴别方法；第三篇和第四篇通过介绍工程地质勘察和水文地质勘察的技术要求和工作要点，说明了城市轨道交通工程勘察的常用方法和手段；第五篇详细介绍了城市轨道交通工程勘察各阶段方案设计的目的、任务和工作量布置要求；第六篇介绍了岩土工程分析与评价的内容和方法；第七篇介绍了岩土参数的分析选定和勘察成果报告编制方法及要求；第八篇介绍了工程周边环境调查与风险评估的方法、程序、范围和内容；第九篇介绍了现场检测与监测的主要内容和要求；第十篇介绍了勘察监理与风险管理的内容、工作要点和控制措施，以及工程勘察项目的信息化管理相关内容。

在编写过程中，引用了较多的规范、规程和地方标准，以及北京城建勘测设计研究院有限责任公司大量的数据和资料，同时还引用了有关单位和学者的技术资料，由于各种原因，个别引用未在本手册中标注出处，在此表示诚挚的歉意和衷心的感谢！

由于编者水平有限，本手册难免存在不少错误和不妥之处，敬请广大读者批评指正，以便再版时订正。

编　者

2022年1月于北京

主要符号

符号	代表意义
A	基础底面面积
A	土的活动度
A	孔隙压力参数
A	触探探头锥底面积
A	孔隙水压力系数
A	振幅
A_c	桩底全断面面积
A_r	取土器面积比
a_v	压缩系数
a_0	冻土的融化压缩系数
a_{max}	场地地震动峰值加速度
$a_{v1\text{-}2}$	土在 100～200 kPa 压力下的压缩系数
B	孔隙水压力系数
B	越流参数
B_q	孔隙压力参数比
BQ	岩体基本质量指标
b	基础宽度
b	载荷试验承压板宽度
b	洞室开挖宽度之半
C	比热容
C	十字板钢环系数
C_{ae}	次固结系数
C_c	压缩指数
C_c	曲率系数(级配系数)
C_e	再压缩指数
C_h	水平向固结系数
C_N	有效覆盖压力校正系数
C_i	取土器内间隙比
C_o	取土器外间隙比
C_r	径向固结系数
C_s	回弹指数
C_u	不均匀系数
C_v	垂直向固结系数
c	岩土的黏聚力
c_d	土的动黏聚力
c_e	土层液化影响折减系数
c_r	土的残余抗剪强度
c_s	冻土的黏聚力
c_u	土的不排水抗剪强度
D	十字板头直径
D_e	等效岩心直径
D_r	砂土相对密实度
d	基础埋置深度;承压板直径
d_0	液化土特征深度
d_{10}	土的有效粒径
d_{30}	土的平均粒径
d_{50}	土的中间粒径
d_{60}	土的界限粒径(限制粒径)
d_a	大气影响深度
d_b	基础埋置深度
d_s	土粒相对密度
d_u	上覆盖非液化土层厚度
d_w	地下水位深度
E	弹性模量
E_0	岩土的变形模量
E_d	动弹性模量
E_D	侧胀模量
E_e	回弹模量
E_m	旁压模量
E_s	压缩模量
E_u	不排水杨氏模量
E_{50}	岩石割线弹性模量
E_{av}	岩石平均弹性模量
EI	桩身抗弯刚度
e	土的孔隙比
e	偏心距

F 基础顶面竖向力

F_a 静力触探锥尖端面有效面积

F_L 土层的液化抵抗率

F_s 安全系数

f 摩擦系数

f_0 地基承载力基本值

f_a 修正后的地基承载力特征值

f_{ak} 地基承载力特征值

f_d 地基承载力设计值

f_f 冻土抗折强度

f_k 地基承载力标准值

f_{ka} 地基承载力标准值

f_r 岩石的饱和单轴抗压强度

f_{rk} 岩石的饱和单轴抗压强度标准值

f_s 静力触探侧阻力

f_{sk} 桩间土承载力特征值

f_{spk} 复合地基承载力特征值

G 剪切模量

G_d 动剪切模量

G_s 比重(相对密度)

g 重力加速度

H 十字板头高度

H 边坡高度

H_0 潜水含水层厚度

H_0 基础高度

H_f 自基础底面算起的建筑物高度

H_g 自室外地面算起的建筑物高度

h 基坑动水位至潜水含水层底面的深度

h 土层厚度

h_0 土试样初始高度

h_c 毛细管上升最大高度

h_w 地下水位深度

I 水力比降(水力梯度)

I_0 旁压试验刚性承压板的形状系数

I_D 侧胀土性指数

I_L 液性指数

I_{IE} 液化指数

I_{d2} 岩石二次循环耐崩解性指数

I_s 岩石点荷载强度

$I_{s(50)}$ 换算成直径为 50 mm 的标准试件的点荷载强度指数

I_P 塑性指数

I_r 刚度指数

I_r 液塑比

I'_r 界限液塑比

i_c 冻土的相对含冰量

i_g 冻土的质量含冰量

i_v 冻土的体积含冰量

J 土的水力比降

J_v 岩体体积节理数

K 基床系数

K 十字板常数

K_0 静止侧压力系数

K_1 地下工程地下水影响修正系数

K_2 地下工程主要结构面产状影响修正系数

K_3 初始应力状态影响修正系数

K_a 主动土压力系数

K_D 侧胀水平应力指数

K_d 点荷载尺寸效应修正系数

K_f 岩石风化系数

K_h 水平基床系数

K_{h1} 基准水平基床系数

K_m 侧向基床反力系数

K_K 岩溶率

K_p 被动土压力系数

K_R 岩石软化系数

K_s 滑坡稳定系数

K_v 岩体完整性指数

K_v 垂直基床系数

K_w 岩石饱和系数

K_X 地基抗剪刚度

K_Z 地基抗压刚度

K_φ 地基抗弯刚度

K_ψ 地基抗扭刚度

k 岩土的渗透系数

k_v，k_h 岩土的垂直和水平渗透系数

k_h 侧胀仪抗力系数

L 面波

L 土样长度

L	波长
L	静探头有效侧壁长度
L	钻杆长度
L_e	有效锚杆长度
l	基础底面长度
M	地震震级
M	力矩、弯矩
M	承压含水层厚度
M_b,M_c,M_d	承载力系数
m	地基土水平抗力系数的比例系数
m	面积置换率
m_s	土粒质量
m_v	土的体积压缩系数
N	标准贯入试验锤击数
N'	标准贯入试验锤击数修正值
N_0	液化判别标准贯入锤击数基准值
N_{10}	轻型动力触探试验锤击数
$N'_{63.5}$,$N_{63.5}$	重型动力触探锤击数实测和修正值
N'_{120},N_{120}	超重型动力触探锤击数实测和修正值
N_b,N_c,N_d	承载力系数
N_{cr}	液化判别标准贯入液化锤击数临界值
N_q	承载力系数
n	土的孔隙率
n	井径比
O_m	烧失量
OCR	土的超固结比
P	纵波(压缩波)
P	总压力、总荷载、总贯入阻力
P_0	载荷试验比例界限
P_c	膨胀土的膨胀力
P_s	管路压力损失
p	围岩裂隙水压力
p_0	旁压试验初始压力
p_0	基础底面处平均附加压力
p_a	载荷试验比例界限压力
p_c	土的先期固结压力
p_c	基础底面处土的自重压力
p_e	岩土的膨胀力
p_f	旁压试验临塑压力
p_f	载荷试验破坏荷载
p_i	旁压试验弹性膜约束力
p_L	旁压试验极限压力
p_s	静力触探单桥探头的比贯入阻力
p_{cz}	软弱下卧层顶面处经深宽修正后地基承载力特征值
p_{sh}	湿陷起始压力
p_m	旁压试验压力表读数
p_u	载荷试验极限压力
p_u	地基土的极限承载力
p_w	静水压力
p_L	旁压试验极限压力
Q	基坑降水的总涌水量、容积热容量
Q	流量、出水量
Q_k	荷载效应标准组合时,桩基中单桩所受竖向力
Q_{pk}	桩的总极限端阻力标准值
Q_{sk}	桩的总极限侧阻力标准值
Q_{rk}	桩的嵌岩段总极限阻力
Q_u	桩的极限荷载
Q_{uk}	单桩竖向极限承载力标准值
Q_{umax}	单桩极限承载力
q	透水率
q_0	单井出水能力
q_c	静力触探锥尖阻力
q_d	动力触探贯入阻力
q_{pa}	桩端土的承载力特征值
q_{pk}	桩的极限端阻力标准值
q_{sa}	桩周土摩擦力特征值
q_{sk}	桩的极限侧阻力标准值
q_T	静力触探总锥尖阻力
q_u	无侧限抗压强度
R	Rayleigh(瑞雷)波
R	影响半径
R	十字板转盘半径
R	岩石单轴抗压强度
R_a	单桩竖向承载力特征值
R_b	岩石饱和单轴极限抗压强度

R_c 岩石干燥单轴极限抗压强度

R_f 静力触探摩阻比

R_f 破坏比

R_{ha} 单桩水平承载力特征值

R_s 岩石的抗剪强度

R_t 岩石的抗拉强度

RQD 岩石质量指标

r 土的主固结比

r_0 孔压探头的半径

S 横波(剪切波)

S 岩土的抗剪强度

S 释水系数

S 土的不排水抗剪强度

S_r 土的残余抗剪强度

S_r 砂土饱和度

S_t 土的灵敏度

s 基础最终沉降量

s 载荷试验沉降量

s 地基胀缩变形量

s_c 地基土分级变形量

s_e 地基土膨胀变形量

s_0 基坑地下水位降深

s_s 地基土收缩变形量

s_∞ 土层最终沉降量

T 土的卓越周期

T 导水系数

T 地层温度

U 桩身周长

U 土的固结度

U_D 侧胀孔压指数

u 孔隙水压力

u 土的含水比

u 桩身周长

u_0 静力触探探头贯入时的孔隙压力

u_w 静止孔隙水压力(静水压力)

V_H, V_D 岩石轴向和径向自由膨胀率

V_{HP} 岩石侧向约束膨胀率

V_a 土中空气体积

V_f 岩石中孔隙的体积

V_K 岩石中溶隙的体积

V_m 旁压试验的旁压器体积变形量

V_{pm} 岩体纵波(压缩波)速度

V_{pr} 岩块纵波(压缩波)速度

V_s 土颗粒体积

V_v 土中颗粒体积

V_w 土中水的体积

v 地下水流速

v 土的渗透速度

v_P 纵波(压缩波)速度

v_{pm} 岩体纵波压缩波速度

v_{pr} 岩块纵波压缩波速度

v_R 面波(瑞雷波)速度

v_S 横波(剪切波)速度

v_{se} 等效剪切波速

v_{scr} 剪切波速临界值

W_u 有机质含量

w 岩土的含水量(含水率)

w_0 冻土的总含水量

w_L 土的液限(由圆锥仪测定)

w'_L 土的液限(由碟式仪测定)

w_{op} 填料的最优含水量

w_p 土的塑限

w_s 土的缩限

w_s 岩石吸水率

w_{sa} 岩石饱和吸水率

w_{sr} 土的饱和含水量

w_u 冻土的未冻水含量

z_0 土的标准冻结深度

z_n 地基沉降计算深度

α 触探杆长修正系数

α 导温系数

α 附加应力系数

α 地震影响系数

α 旁压仪综合变形校正系数

α_0 冻土融沉系数

α_1 重型圆锥动力触探修正系数

α_2 超重型圆锥动力触探修正系数

α_c 水上休止角

α_m 水下休止角

α_w 红黏土的含水比

β	岩层倾角	ν_d	动泊松比
β	边坡坡角	ρ	岩土电阻率
β	孔压换算系数	ρ	岩土的密度
γ	岩土的容重	ρ_c	黏粒含量
γ	岩土参数的分项系数	ρ_d	岩土的干密度
γ'	土的水下浮容重	ρ_g	桩身配筋率
γ_0	重要性系数	ρ_s	土的饱和密度
γ_m	基础底面以上土的加权平均容重(地下水以下取浮容重)	ρ_s	岩石颗粒密度
		ρ_w	水的密度
γ_R	抗力分项系数	σ	剪切面上的法向应力
γ_s	统计修正系数	σ	冻土的冻胀力
γ_{sr}	土的饱和容重	σ	标准差
γ_w	水的容重	σ_0	地基土的基本承载力
Δ_s	湿陷性黄土地基湿陷量	σ'	剪切面上的有效应力
Δ_z	地表冻胀量	σ_{h0}	地基土的静止水平总压力
Δ_{zs}	湿陷性黄土场地自重湿陷量	σ_f	冻土的法向冻胀力
Δ'_{zs}	湿陷性黄土场地自重湿陷量实测值	σ_f	岩土参数的标准差
δ	变异系数	σ_τ	冻土的切向冻胀力
δ_0	冻土融化下沉系数	σ_n	法向应力
δ_{ef}	膨胀土的自由膨胀率	σ_r	剩余标准差
δ_{ep}	膨胀土的膨胀率	σ_{v0}	土的总自重压力
δ_s	湿陷系数、线缩率	τ	抗剪强度
δ_{zs}	自重湿陷系数	τ	剪应力
λ	导热系数	ϕ_d	岩土参数设计值
λ_c	压实系数	ϕ_k	岩土参数的标准值
λ_p	桩端土塞效应系数	ϕ_m	土参数的平均值
λ_s	收缩系数	φ	岩土的内摩擦角
μ	基底摩擦系数	φ_c	土的有效内摩擦角
μ	岩层给水度	φ_d	土的动内摩擦角
μ	泊松比	φ_k	土的内摩擦角标准值
μ_{50}	岩石泊松比	φ_r	土的残余抗剪强度
μ_{av}	岩石平均泊松比	φ_s	冻土的内摩擦角
ζ	土的侧压力系数、盐渍度	φ_w	土的湿度系数
ξ	阻尼比、泥炭化程度	φ_{cu}	固结快剪内摩擦角
ξ_d	动阻尼比	ψ	滑坡传递系数
ξ_c,ξ_d,ξ_b	基础形状系数	ψ_f	回归修正系数
η	冻胀率	ψ_s	沉降计算经验系数
η_f	裂隙率	ψ_r	折减系数
η_n	负摩阻力群桩效应系数	ψ_w	膨胀土的湿度系数
ν	岩土泊松比	ω	旁压试验承压板形状系数

目　　录

第一篇　绪　　论

第二篇　岩土的分类与鉴别

第三篇 工程地质勘察

第四篇 水文地质勘察

第五篇 勘察方案设计

第六篇　岩土工程分析与评价

第七篇 岩土参数分析与勘察成果报告

第八篇 工程周边环境调查与风险评估

第九篇 现场检验与监测

第十篇 勘察管理

第一篇　绪　　论

第一章　城市轨道交通工程土建施工方法简介

城市轨道交通为采用轨道结构进行承重和导向的车辆运输系统，依据城市交通总体规划的要求，设置全封闭或部分封闭的专用轨道线路，以列车或单车形式，采用专用轨道导向运行，运送相当规模客流量的城市公共客运系统。

城市轨道交通包括地铁、轻轨、单轨、有轨电车、磁悬浮、自动导向轨道和市域快速轨道系统。

城市轨道交通工程土建施工方法，一方面受场地工程地质和水文地质条件、环境条件（地面和地下构筑物的现状、交通状况等）、地铁功能要求、线路平面位置、隧道埋深及开挖宽度等多种因素的制约；另一方面也会对施工期间的地面交通和城市居民的正常生活、工期、工程的难易程度、城市规划的实施、地下空间的开发利用和运营效果等产生直接影响。因此，地铁施工方法的确定，必须因地制宜、统筹兼顾，考虑众多因素的影响。

经过近 60 年的发展，我国地铁修建方法已由最初单一的明挖法，发展到现在的明挖、暗挖、盾构法等多种方法并存，施工技术也在不断地发展和提高。下面简单介绍城市轨道交通工程土建施工的几种主要方法。

第一节　明　挖　法

一、明挖法概述

明挖法是指挖开地面，由上向下开挖土石方至设计标高后，自基底由下向上顺作施工，完成地铁主体结构，最后回填基坑或恢复地面的施工方法。

明挖法是地铁的主要施工方法之一。在工程周围环境和交通条件允许，车站或区间隧道埋深较浅时，优先选用明挖法施工。

明挖法的优点：能较充分地利用地下空间；施工方法简单，并已成熟；施工工期较短；施工风险较少；较暗挖法施工工程的造价低。缺点：施工受环境和气象影响较大；施工对周围环境、地面交通、人们生活影响较大；有较大的地面拆迁和地下管线的保护及改移工作。

明挖法施工工序一般可以分为六大步骤，具体如图 1-1-1 所示。

二、明挖法基坑支护结构

（一）支护结构的分类

基坑开挖过程中，用于撑护、围护、加固基坑周边的土体，抵抗外部荷载，阻止地下水

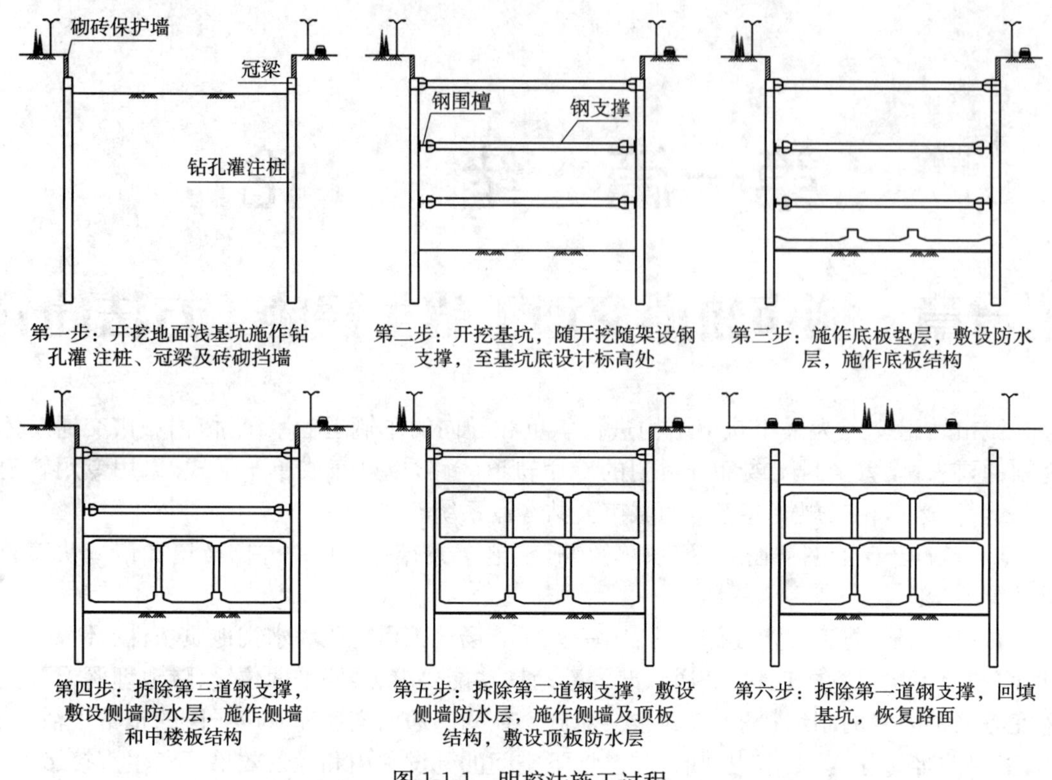

第一步：开挖地面浅基坑施作钻孔灌 注桩、冠梁及砖砌挡墙

第二步：开挖基坑，随开挖随架设钢支撑，至基坑底设计标高处

第三步：施作底板垫层，敷设防水层，施作底板结构

第四步：拆除第三道钢支撑，敷设侧墙防水层，施作侧墙和中楼板结构

第五步：拆除第二道钢支撑，敷设侧墙防水层，施作侧墙及顶板结构，敷设顶板防水层

第六步：拆除第一道钢支撑，回填基坑，恢复路面

图 1-1-1 明挖法施工过程

流失，并使基坑周边的土体和水体及建筑物保持相对稳定的结构、构件和拉锚体系等统称为支护结构。支护结构的种类很多，不同的地层、不同的基坑或同一基坑的不同部位，可能采取不同的支护结构。

支护结构按用途划分，主要包括围护结构和支撑体系等，其分类如图 1-1-2 所示。

（二）城市轨道交通工程常用支护结构类型

地铁基坑支护应综合考虑场地工程地质与水文地质条件、基坑开挖深度、降排水条件、基础类型、周边环境对基坑侧壁变形控制的要求、基坑周边荷载、施工季节及施工条件、支护结构使用期限等因素，做到因地制宜、因时制宜。

城市轨道交通工程明挖法施工的基坑采用的围护结构形式主要有以下几种。

1. 放坡开挖＋喷锚(短钉)支护体系

本支护形式适用于周围场地开阔，周围无重要建筑物，地质条件主要以回填土、黏土、粉土、少量砂卵层及强风化岩层，只要求稳定，位移控制无严格要求，不适用于砂层和周边有承压水的基坑。

2. 围护桩＋内支撑支护体系

围护桩一般采用人工挖孔桩或钻孔灌注桩等；内支撑一般采用钢管或钢格构件(钢筋混凝土撑)；桩间处理可采用挂网喷射混凝土、搅拌桩或旋喷桩(图 1-1-3)。

3. 围护桩＋外拉锚支护体系

对于开挖宽度较大的基坑，设临时支柱会降低土方开挖速度，且对结构和防水施工不利，此时可采取预应力锚索(图 1-1-4)。

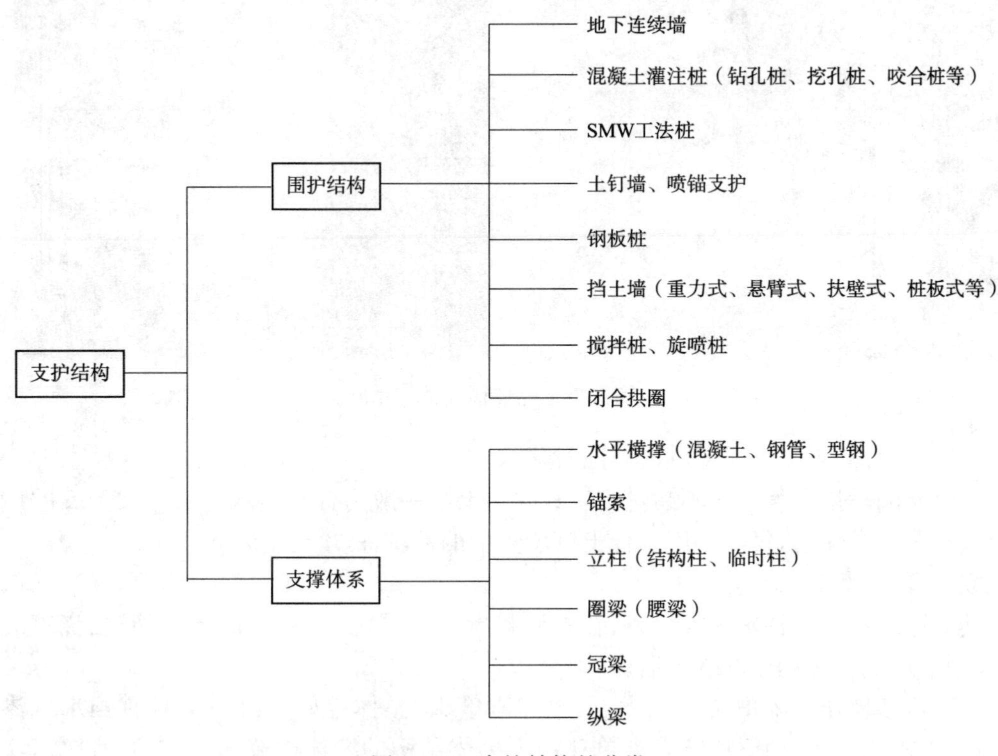

图 1-1-2　支护结构的分类

图 1-1-3　围护桩＋内支撑支护体系施工现场

4. 土钉墙

该方法是边开挖基坑，边对两侧基坑土体壁面设钢筋网，喷混凝土，通过打入式或钻孔注浆式设置土钉，土钉通过滑裂面将坑周土体加固，约束土体变形，保持土体稳定，必要时可增加一至两道预应力锚索，用以抵抗土体变形。

该方法的优点：施工简单，不用横撑，施工空间大，造价低，而且施工速度快；其缺点：基坑越深，土钉长度越长，造价越高，而且土钉支护结构不能作为永久结构的一部分，只能

图 1-1-4 围护桩+外拉锚支护体系施工现场

作为临时受力体，施工时需要坑内外同时降水。

土钉墙的适用深度一般不超过 12 m，适用土层一般为标准贯入值(N)大于 5 的砂质土或大于 3 的黏性土，目前采用复合土钉墙支护的基坑深度已达 17 m。

5. 地下连续墙

地下连续墙是用特殊挖槽设备、在泥浆护壁之下开挖深槽，然后下钢筋笼、浇筑混凝土，在地下形成一道钢筋混凝土墙。

地下连续墙作为围护结构的优点：墙体刚度大、整体性好、变形小、具有挡水抗渗作用，坑外不需要降水，地下连续墙可单独作为主体结构的墙体或墙体结构的一部分，实现两墙合一，起到永久性作用。地下连续墙缺点：成本高、施工时需泥浆护壁，不论正循环还是反循环，泥浆处理均较复杂，需较大场地。

地下连续墙适用于各种地层，一般用于较深的基坑，对于周边建筑密集或管线较多的地段，用地下连续墙可有效地保护建筑物的安全及周边管线的使用安全。

6. 咬合桩

咬合桩是指采用机械磨孔、套管下压、套管内抓斗取土，在桩与桩之间相互咬合排列的基坑围护结构形式。桩的排列方式一般为一根素混凝土桩和一根钢筋混凝土桩间隔布置。

咬合桩的优点：桩间止水效果好；成桩精度高、成桩时间短、施工进度快，一般为干作业成孔，混凝土浇筑质量好。其缺点：施工机具要求较高、施工工艺较复杂、对混凝土配合比要求较高，对中风化岩层及以下的地层施工成桩困难。

7. SMW 工法

SMW 工法又称劲性水泥土搅拌桩法，即将土与水泥浆搅拌后形成搅拌桩墙体，在墙体中插入高强度劲性芯材(一般为型钢)使之与搅拌桩墙体形成复合挡土墙，起止水和挡土作用。该工法最大的优点是型钢能回收，但刚度较小，其经济性受工期长短控制。其刚度要小于钻孔灌注桩、地下连续墙，因此围护结构本身及周边环境的变形较大。当周边变形许可时，可用于地铁车站出入口通道基坑相对较浅部位。

8. 围护结构形式的选择

围护结构形式选择需根据基坑深度、地层条件、周围建(构)筑物的变形要求、施工场地、降水条件、围护结构的工程造价等进行综合比选，同时还要考虑其与主体结构的关系。

一般当基坑较浅、地质条件较好、无水或周围环境允许降水施工时，可选用价格便宜、工艺简单的土钉墙围护结构。

当基坑较深，可采用钻孔灌注桩支护；如果地质条件较差，地下水水位较高或距建筑物较近时，则采用钻孔灌注桩加旋喷桩联合支护或咬合桩支护。

对于要求较高的地段，也可选用地下连续墙作为围护结构。采用灌注桩作为基坑支护的明挖结构，其内衬为完整独立的钢筋混凝土结构，可利用围护桩作为永久结构的一部分。采用地下连续墙作为基坑支护的结构，可利用连续墙作为永久结构的一部分，也可作为单独的永久受力结构(表 1-1-1)。

表 1-1-1　常用围护结构方案比较表

项　目	钻孔咬合桩	地下连续墙	钻孔灌注桩+止水帷幕	SMW 工法
对地层的适用性	各种地层，基坑深度一般<16 m	适用于逆作法及周边建筑密集的软土地层深基坑	各种地层	软黏土或砂类土基坑、深度一般<16 m
围护结构效果	围护结构刚度大、变形小，基坑施工对邻近建筑与地下管线影响小	围护结构刚度大、变形小，基坑施工对邻近建筑与地下管线影响较小	围护结构刚度大、变形小，基坑施工对邻近建筑与地下管线影响小	刚度小于钻孔灌注桩、地下连续墙，变形较大，基坑施工对邻近建筑与地下管线影响小
防水效果	两桩间实施切割咬合，全套管的护孔方式保证了桩间紧密咬合，形成良好的整体连续结构	防水效果取决于连续墙接头的质量，总体上防水效果较好	支护结构防水依靠止水帷幕，防水效果好	防水效果好
与永久结构结合情况	作为永久结构的一部分受力	可为单层结构，亦可与内衬墙组成复合或重合结构共同受力	作为永久结构的一部分受力	作为永久结构的一部分受力
对环境的影响	无须排放泥浆，近于干法成孔，机械设备噪声低、无振动	产生泥浆和噪声，对环境造成一定的污染	产生泥浆和噪声，对环境造成一定的污染	环境污染小
设备要求	需专用大型设备	需大型挖槽机	不需大型设备	不需大型设备
场地要求	较小	较大	较小	较小
施工进度	一般	一般	一般	较快
造　价	低	高	较高(含止水帷幕)	低

第二节　盖　挖　法

盖挖法也是地下车站施工中常用的施工方法。根据施工工序的不同，盖挖法一般可分为盖挖顺作法(临时便桥法)和盖挖逆作法。

一、盖挖顺作法

先施作围护结构及临时路面，恢复交通。之后在临时路面下方，按明挖顺作法的施工顺序开挖土方、施作主体衬砌结构。

该方法在地面完成支护结构施工，利用夜间交通量少的时间或者在道路上倒边作业进行开挖及围护结构施工，用军用梁或其他临时结构体系施作临时路面保证交通畅通，在其下进行车站主体结构的施工，待车站结构完成后再回填顶板覆土，恢复永久路面。其主要施工步序如图 1-1-5 所示。

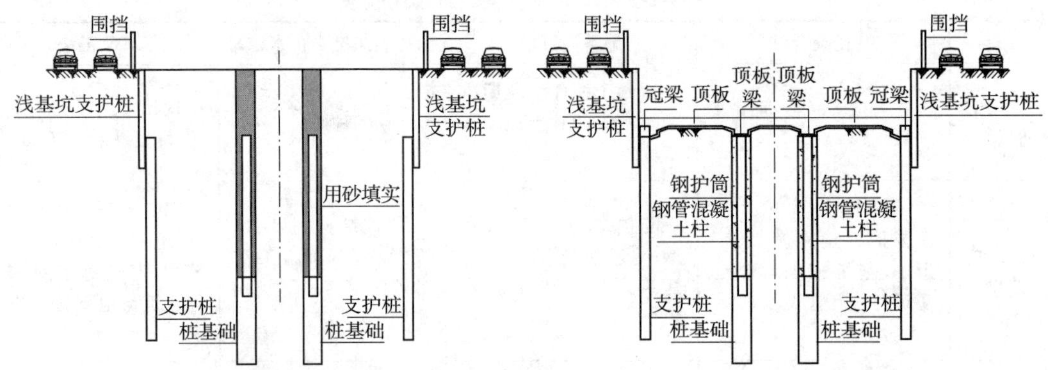

第一步：交通导改及管线处理，封闭道路，施工车站基坑支护桩、浅基坑支护桩、钢管混凝土柱桩基础及钢管混凝土柱

第二步：开挖基坑至顶板下，施工桩顶冠梁、结构顶梁及顶板

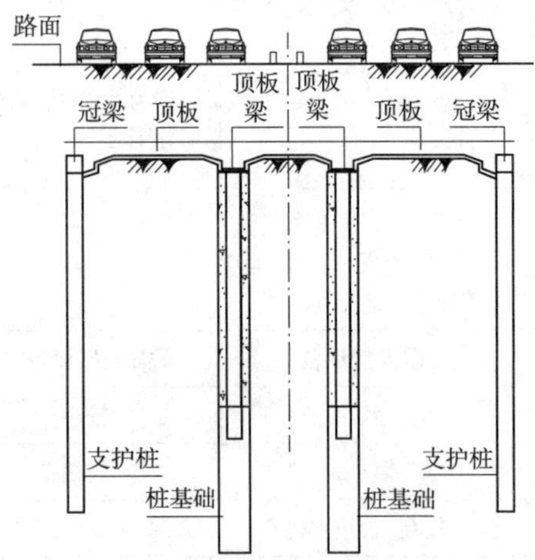

第三步：敷设顶板防水层，回填顶板上覆土，恢复路面交通

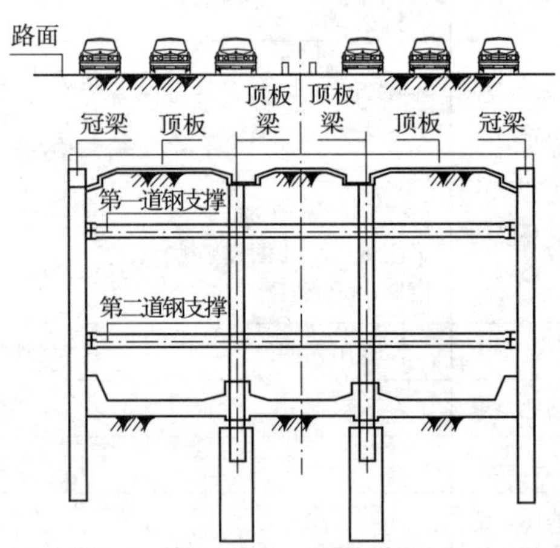

第四步：开挖基坑，依次架设钢支撑，桩间挂钢筋网喷混，注意架设每道钢支撑时的超挖深度不超过0.5 m。开挖基坑至基底设计标高后，施工底板垫层，敷设底板防水层，施工底板梁、底板及部分侧墙

图 1-1-5

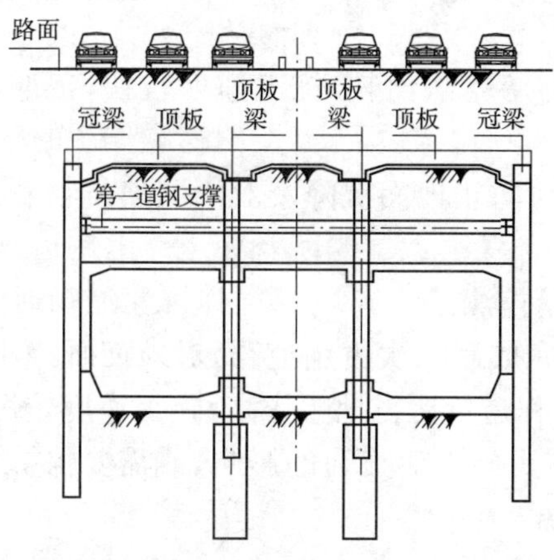

第五步：待底板结构达到设计强度后，拆除第二道钢支撑，敷设侧墙防水层并施作侧墙、中楼板

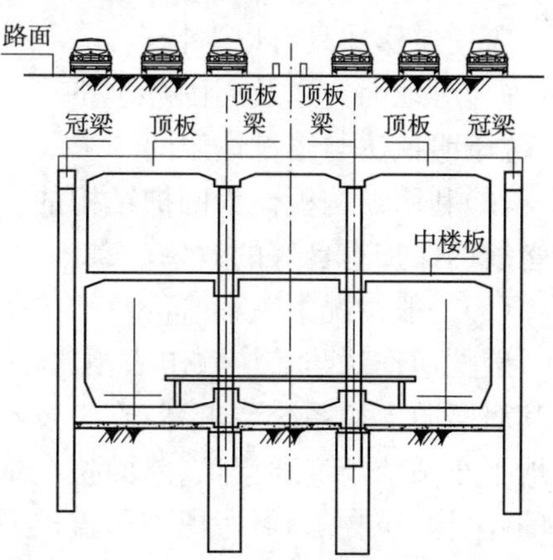

第六步：待中楼板结构达到设计强度后，拆除第一道钢支撑，施工剩余侧墙防水层、侧墙及内部结构

图 1-1-5　盖挖顺作法施工步序图

盖挖顺作法形成临时路面后的施工顺序与明挖顺作法差别不大，但因受路面盖板的限制，出土、进料无法采用垂直运输。与明挖法相比，该方法的缺点是施工空间较小、施工较困难、出土不顺畅、不适宜大型机械施工、工期较长、造价较高。该方法主要适用于允许短时间封闭道路的路段。

二、盖挖逆作法

先施作围护结构及中间桩，基坑开挖至结构顶板底面，浇筑顶板结构，恢复地面道路，然后在顶板、围护结构及中间桩的保护下，自上而下开挖土方并施作主体结构。盖挖逆作法工序如图 1-1-6 所示。

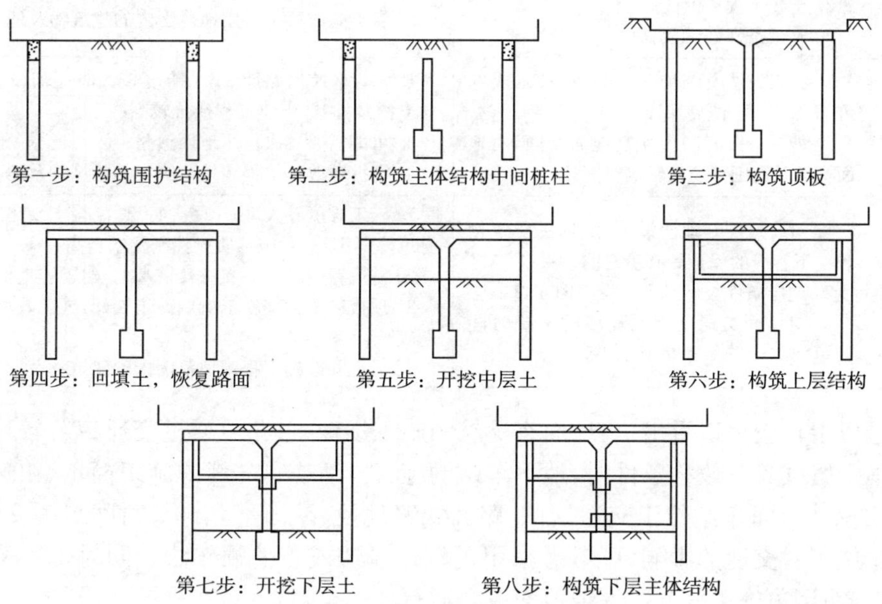

图 1-1-6　盖挖逆作法施工步序图

盖挖逆作法具有以下特点：

(1)对地面交通及周围环境的干扰时间较短，与暗挖法比较，施工速度较快，工期较短，位于明挖法与暗挖法之间。

(2)利用结构板作为围护结构的支撑，刚度大，对防止地面沉降及对周围建筑物和地下管线的保护有良好的效果。

(3)一般情况下工程造价及结构防水质量优于暗挖法。

盖挖逆作法与盖挖顺作法相比，不需要在施工完成后二次占用道路，对地面干扰小。但其对竖向支撑系统要求高，施工技术难度较大，工程造价比盖挖顺作高，施工速度较慢。当地下车站位于交通繁忙、路面狭窄地段，为尽量减少施工对交通的影响，或需要保护邻近的建(构)筑物等，可考虑采用盖挖逆作法施工。

盖挖施工的结构形式：

盖挖施工的车站结构形式同明挖法基本相同，一般也采用矩形钢筋混凝土框架结构，板上梁一般设置为纵梁。对于盖挖逆作法，由于先期施作中柱，中柱将承受较大的施工荷载，且考虑到施工方便等原因，中柱一般采用钢管混凝土柱或者型钢混凝土组合柱。

以上三种施工方法均具有施工安全可靠、结构及防水质量易保证、对地层的适应性好、浅埋时土建工程造价及运营费用低、工期短等优点，但该三种工法的施工对周围环境均存在程度不同的影响，对市政道路的破坏及地下管线的迁改、临移、复位、保护等费用将有不同程度的增加，工程建设的协调难度相应加大。在一般条件下，三种工法的比较见表 1-1-2。

表 1-1-2 明(盖)挖车站施工方法比较表

名 称	优 点	缺 点
明挖顺作法	1. 施工方法及结构防水简单，技术成熟可靠，施工质量容易保证； 2. 土建工程造价低； 3. 施工条件好，工期短	1. 施工占用道路时间长，施工对周围环境或地面交通影响较大； 2. 需拆除改移工程用地范围内的建筑物及地下管线
盖挖顺作法	1. 施工方法及结构防水简单，技术成熟可靠，施工质量容易保证； 2. 能在最短时间内恢复地面交通，对地面交通及周围环境的影响时间短	1. 需设置临时路面，车站跨度较大时还需设置临时竖向支撑及桩基，土建工程造价较高； 2. 可能需要二次占用地面道路； 3. 需拆除改移工程用地范围内的建筑物及地下管线
盖挖逆作法	1. 可有效控制地面沉降，对周围建筑物和地下管线的保护具有良好的效果； 2. 地层条件较好时可不设横向支撑； 3. 对地面交通及周围环境的干扰时间较短	1. 施工难度较大，由于受力特点、混凝土硬化收缩和自身沉降等影响，对施工质量控制要求较高； 2. 需设置临时竖向支撑及桩基，土建工程造价较高； 3. 顶板以下大型施工机械难于展开，施工效率较低，工期较长； 4. 需拆除改移工程用地范围内的建筑物及地下管线

通过以上比较可以看出：当地面有足够的施工场地、道路可通过交通疏解较长时间占用以及地下管线具备改移条件时，地下车站的施工方法应首先考虑施工简单、快速、经济、安全的明挖法。而车站位于交通繁忙、路面狭窄地段，路面不允许长时间封闭交通时，为尽量减少施工对交通的影响，可考虑采用盖挖逆作法或盖挖顺作法。同时也可采用将车站分条、分块倒边施工的方法保证地面道路通行。

第三节　暗　挖　法

暗挖法是在特定条件下，不挖开地面，全部在地下进行开挖和修筑衬砌结构的施工办法。暗挖法主要包括：钻爆法、盾构法、掘进机法、浅埋暗挖法、顶管法、新奥法等，其中在地铁施工中主要以浅埋暗挖法和盾构法为主。本节主要介绍浅埋暗挖法，盾构法施工在下节中单独介绍。

一、浅埋暗挖法的基本原理和原则

浅埋暗挖法是基于新奥法（NATM“New Austrian Tunneling Method”）的基本原理（即初次支护按承担全部基本荷载设计，二次模筑衬砌作为安全储备，初次支护和二次衬砌共同承担特殊荷载），针对城市地下工程的特点，于20世纪80年代在北京地铁第四纪软土中开创出的新方法。在隧道开挖前，采取辅助土体加固技术，提高地层自稳能力；隧道开挖时，利用围岩短暂自稳能力适时封闭支护，使围岩与支护体共同作用，承担土层与施工期内的全部荷载；最后在初期支护保护下施作防水和二衬混凝土，形成复合衬砌结构承担使用荷载的这样一种综合施工技术。

浅埋暗挖法强调预支护，及时支护，控制地面的沉降。

浅埋暗挖法的基本原则被概括为18字方针：管超前、严注浆、短开挖、强支护、快封闭、勤量测，其具体内容如下：

（1）管超前：指采用超前导管注浆防护，实际上就是采用超前预加固支护的各种手段，提高工作面的稳定性，防止围岩松弛和坍塌。

（2）严注浆：在超前预支护后，立即进行压注水泥浆或水泥水玻璃浆液，填充围岩空隙，使隧道周围形成一个具有一定强度的结构体，以增强围岩的自稳能力，确保开挖过程中的安全。

（3）短开挖：一次注浆多次开挖，即限制1次进尺的长度，当导管长3.5 m时，每次开挖进尺0.75 m，每次环形开挖，预留核心土，减少对围岩的松弛。

（4）强支护：在浅埋的松软地层中施工，初期支护必须十分牢固，具有较大的刚度，以控制开挖初期的变形。按照喷混凝土→网构拱架→钢筋网→喷混凝土的工序进行支护。

（5）快封闭：在台阶法施工中，台阶长宜为2～3 m，即“短台阶”。上下台阶应同步进行，实现快速封闭。

（6）勤量测：对隧道施工过程进行经常性的量测，掌握施工动态，及时反馈，是浅埋暗挖法施工成败的关键。

二、浅埋暗挖法适用的地质条件

浅埋暗挖法主要适用于不宜明挖法施工的土质或软弱无胶结的砂、卵石等第四纪地层。对于地下水埋深较浅的地层，需要采取堵水或降水、排水等措施。该工法主要适用于以下基本地质条件。

（一）工程地质条件

本工法适用于隧道围岩分级为Ⅴ～Ⅵ级的土质，或岩性软弱的基岩地层。开挖之前需要采取超前支护措施，来改良加固地层，满足开挖的需要。超前支护的时机和强度视土层或岩体的质量好坏而定，同时必须考虑地下水情况、周边环境、地下管线等其他因素的影响。而且，若开挖后稳定性差，需要及时设置具有足够强度的支撑体系，才能满足结构的稳定。

(二)水文地质条件

采用浅埋暗挖法的地铁区间或车站需要在无水条件下进行施工。若地下水非常丰富，且水位埋深很浅，地铁结构位于地下水水位以下，则需要采取降水等地下水控制措施。如果对地下水不采取措施，就无法进行开挖施工，而且容易引起地下水突涌、塌方、地面塌陷等重大安全事故。通过降水，可以达到以下两个目的：一是增加地层自身的稳定性；二是使地下结构在无水干燥条件下进行施工。但是，降水也会产生不利影响，如长时间降水将产生地表沉降，因此，应对降水方法进行优化。具体降水措施见第四篇第五章第二节相应内容。

三、浅埋暗挖法的施工方法

城市轨道交通工程采用浅埋暗挖法时，依据工程地质、水文地质情况、工程规模、覆土埋深及工期等因素选择具体的施工方法，常用施工方法有全断面法、台阶法、中隔墙法(CD 法)、交叉中隔墙法(CRD 法)、双侧壁导坑法(眼镜法)、洞桩法(PBA 法)、中洞法及侧洞法等，具体见表 1-1-3。

表 1-1-3 浅埋暗挖法修建地铁隧道及地下工程主要开挖方法

施工方法	示意图	纵断示意图	重要指标比较			
			适用条件	沉降	工期	造价
全断面法	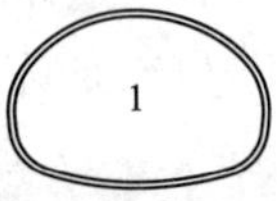 1	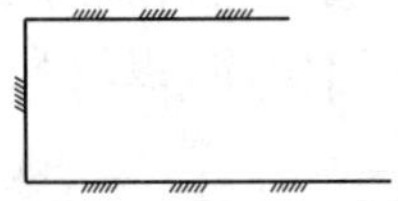	地层好 跨度≤8 m	一般	最短	低
正台阶法	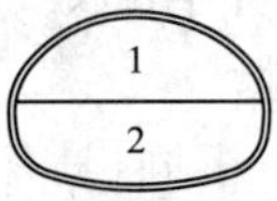 1 2	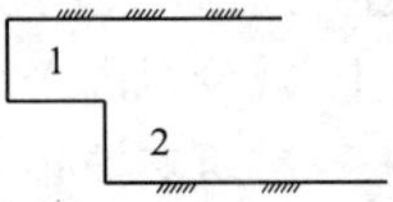 1 2	地层差 跨度≤12 m	一般	短	低
上半断面临时封闭正台阶法	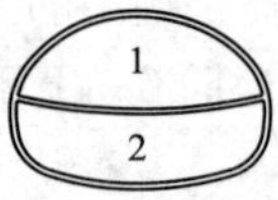 1 2	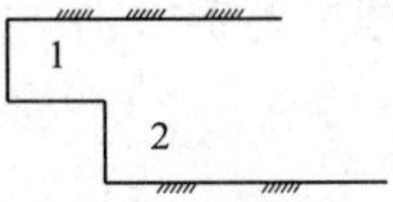 1 2	地层差 跨度≤12 m	一般	短	低
正台阶环形开挖法	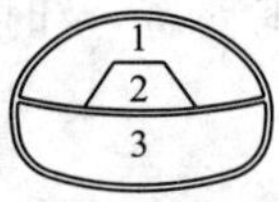 1 2 3	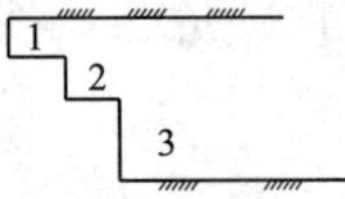 1 2 3	地层差 跨度≤12 m	一般	短	低
单侧壁导坑超前台阶法	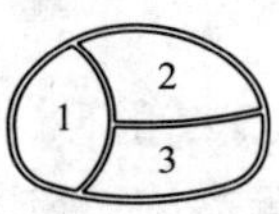 2 1 3	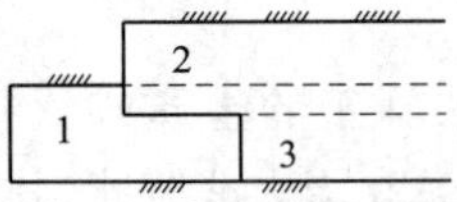 2 1 3	地层差 跨度≤14 m	较大	较短	低
中隔墙法(CD 法)	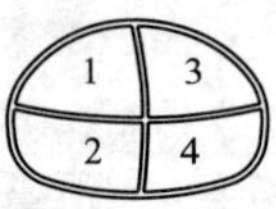 1 3 2 4	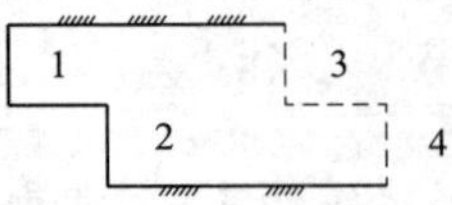 1 3 2 4	地层差 跨度≤18 m	较大	较短	偏高

续上表

施工方法	示意图	纵断示意图	重要指标比较			
			适用条件	沉降	工期	造价
交叉中隔墙法（CRD法）			地层差 跨度≤20 m	较小	长	高
双侧壁导坑法（眼镜工法）			小跨度，连续使用可扩成大跨度	大	长	高
洞桩法（PBA法）			多层多跨	大	长	高
中洞法			小跨度，连续使用可扩成大跨度	小	长	较高
侧洞法			小跨度，连续使用可扩成大跨度	大	长	高

（一）全断面开挖法

全断面开挖法又称全断面掘进法。按隧道设计开挖断面，一次开挖成形、初期支护一次到位的施工方法。

1. 施工顺序及作业流程

全断面开挖法操作起来比较简单，主要工序是：使用移动式钻孔台车，首先全断面一次钻孔，并进行装药连线，然后将钻孔台车后退到 50 m 以外的安全地点，再起爆，使一次爆破成形，出渣后钻孔台车再推移至开挖面就位，开始下一个钻爆作业循环，同时施作初期支护，铺设防水隔离层（或不铺设），进行二次模筑衬砌。开挖顺序和作业流程如图 1-1-7 和图 1-1-8 所示。

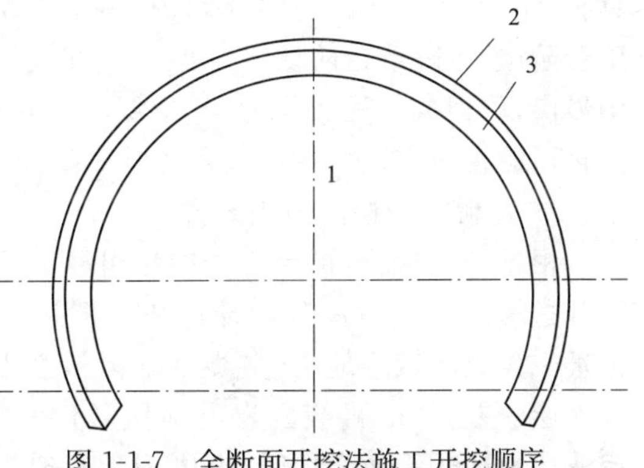

图 1-1-7　全断面开挖法施工开挖顺序

1—全断面开挖；2—喷锚支护；3—模筑衬砌

2. 适用范围

全断面开挖法主要适用于Ⅰ～Ⅲ级围岩地层；当断面在 50 m^2 以下，隧道又处于Ⅳ级围岩地层时，为了减少对地层的扰动次数，在进行局部注浆等辅助施工加固地层后，也可采用全断面法施工，但在第四纪地层中采用时，断面面积一般在 20 m^2 以下，施工中仍需特别注意。

3. 优缺点

优点是可以减少开挖对围岩的扰动次数，有利于围岩自然承载拱的形成；并且由于全断面开挖法有较大的作业空间，有利于采用大型配套机械化作业，提高施工速度，防水处理简单，且工序少，便于施工组织和管理。

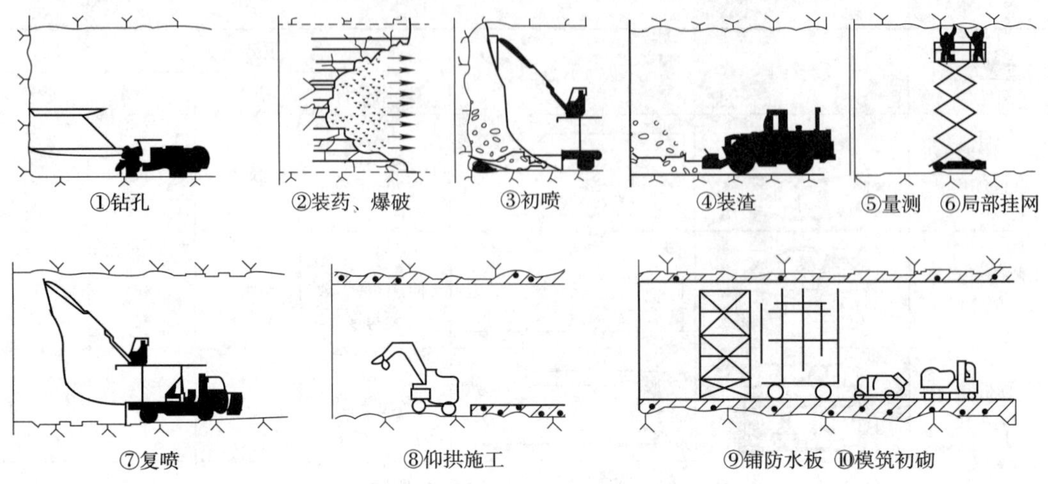

图 1-1-8 全断面开挖法工作流程

缺点是对地质条件要求严格，围岩必须有足够的自稳能力，由于开挖面较大，围岩相对稳定性降低，且每循环工作量相对较大；另外，当采用钻爆法开挖时，每次深孔爆破震动较大，因此要求进行精心的钻爆设计和严格的控制爆破作业。

(二)台阶法

台阶法开挖就是将开挖断面分成两步或多步开挖，具有上下两个工作面(多台阶时有多个工作面)，可分为正台阶法、中隔墙台阶法等。该工法在浅埋暗挖法中应用最广，可根据工程实际情况、地层条件及机械条件，选择合适的台阶方式。台阶法开挖顺序如图 1-1-9 所示。

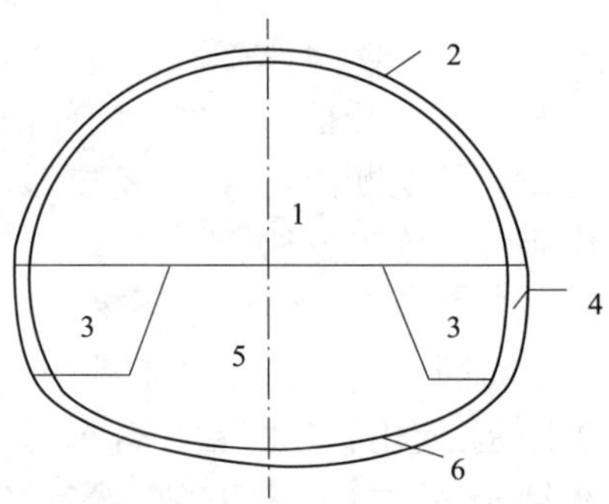

图 1-1-9 台阶法开挖顺序

1—上半部开挖；2—拱部初期支护；3—边墙部开挖；4—边墙初期支护；5—下半部中央部开挖；6—仰拱封闭

1. 正台阶开挖法适用条件

根据地层情况，正台阶开挖法可分为两步和多步台阶开挖法。上下两步台阶开挖法一般适用于围岩分级为Ⅲ～Ⅳ级的较好地层；多步开挖留核心土的方法适用于地层较差，Ⅴ～Ⅵ级围岩的地质条件；三台阶七步开挖法一般适用于黄土地区，也可用于其他Ⅲ～Ⅳ级围岩地层。

2. 优缺点

台阶法的优点，一是灵活多变，适用性强，凡是软弱围岩、第四纪沉积地层，必须采用正台阶法，这是基本方法，无论地层变好还是变坏，都能及时更改、变换成其他方法；二是台阶法开挖具有足够的作业空间和较快的施工速度。台阶有利于开挖面的稳定性，尤其是上部开挖支护后，下部作业则较为安全。当地层无水、洞跨度小于 10 m 时，均可采用该方法。

缺点是上下部开挖作业有干扰，应注意下部作业时对上部稳定性的影响。另外，台阶开挖会增加对围岩的扰动次数等。

(三)单侧壁导坑超前台阶法

单侧壁导坑超前台阶法是指先开挖隧道一侧的导坑，并进行初期支护，再分部开挖剩余部分的施工方法。采用该工法开挖时，单侧壁导坑超前的距离一般在 2 倍洞径以上，为稳定工作面，经常和超前小导管预注浆等辅助施工措施配合使用，一般采用人工开挖、人工和机械混合出渣。该工法开挖顺序如图 1-1-10 所示。

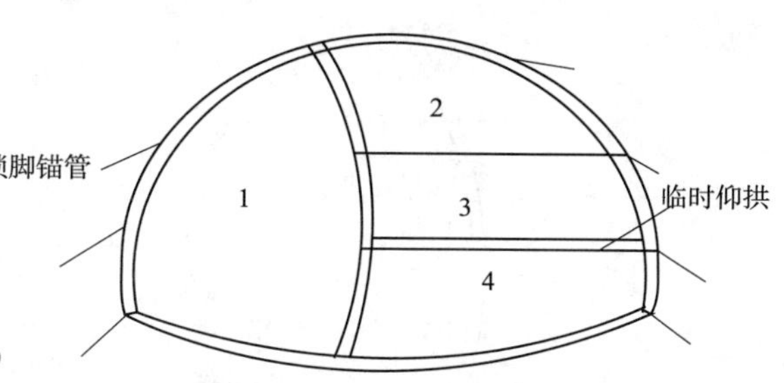

图 1-1-10　单侧壁导坑超前台阶法

1～4 表示开挖顺序

（四）双侧壁导坑超前台阶法（眼镜工法）

双侧壁导坑超前台阶法也称眼镜工法，是指先开挖隧道两侧的导坑，并进行初期支护，再分部开挖剩余部分的施工方法。该法实质是将大跨度（大于 20 m）分成 3 个小跨进行作业。一般采用人工、机械混合开挖，人工、机械混合出渣。该法的开挖方式、流程如图 1-1-11，图 1-1-12 所示。

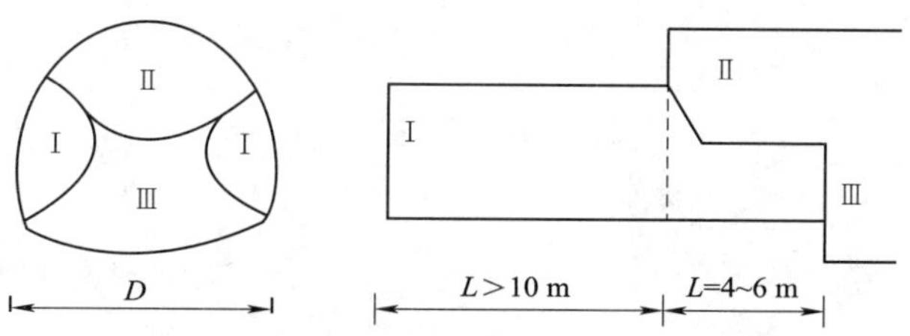

图 1-1-11　双侧壁导坑超前台阶法开挖方式

D—洞径；L—导坑开挖长度；Ⅰ—双侧导坑；

Ⅱ—中部上台阶；Ⅲ—中部下台阶

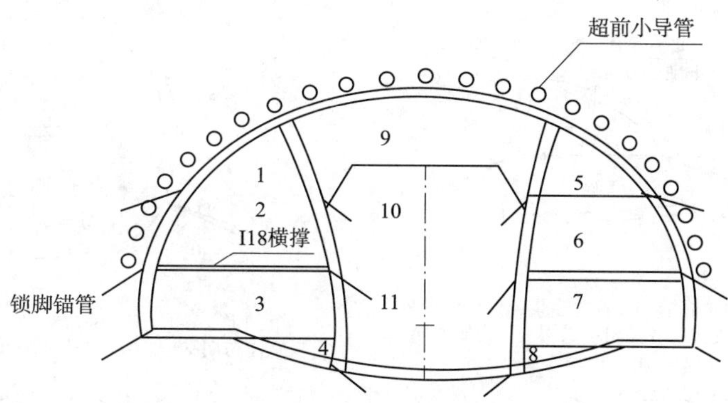

图 1-1-12　双侧壁导坑超前台阶法开挖流程

1～11 表示开挖顺序

（五）中隔墙法（CD、CRD 法）开挖

中隔墙法，即 CD 法（Center Diaphragm），是指先开挖隧道一侧，并施作临时中隔壁墙，当先开挖一侧超前一定距离后，再分部开挖隧道另一侧的隧道开挖方法。CD 法主要适用于地层较差和不稳定岩体，且地表下沉要求严格的城市轨道交通工程施工，当 CD 法仍不能满足要求时，可在 CD 法的基础上加设临时仰拱，即 CRD 法（交叉中隔墙法，Center Cross Diaphragm）。CD 法及 CRD 法施工顺序分别如图 1-1-13、图 1-1-14 所示。

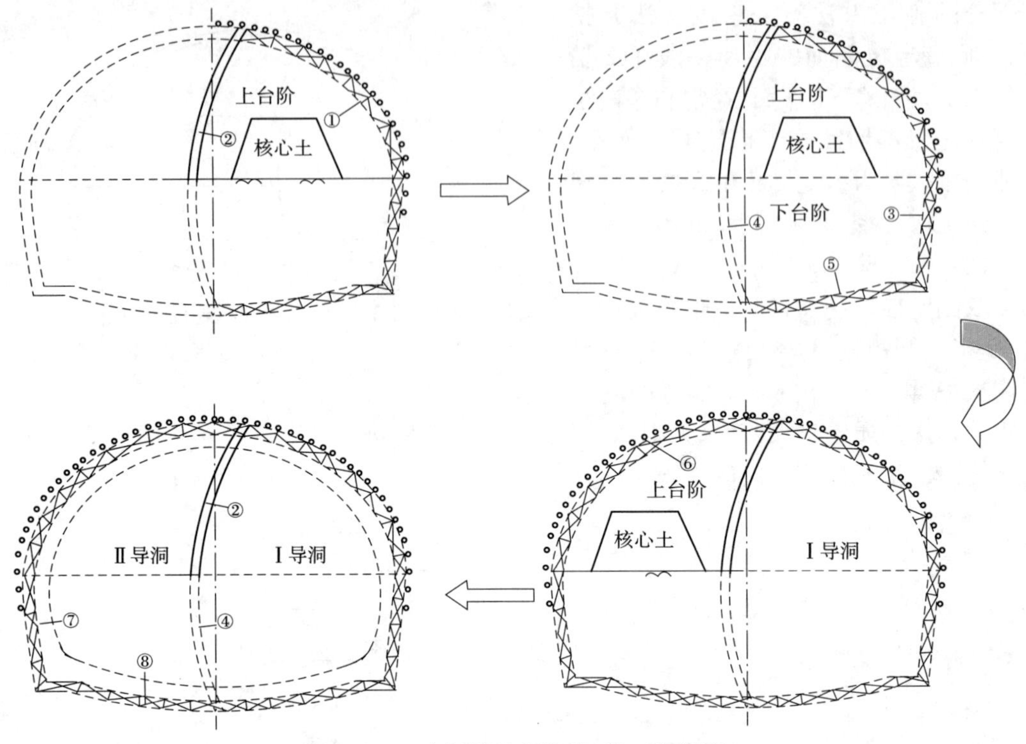

图 1-1-13 中隔墙法(CD 法)施工顺序图

①—右侧上部初期支护;②—右侧上部开挖;③—右侧下部初期支护;④—右侧下部开挖;⑤—右侧下部仰拱超前浇筑;⑥—左侧上部初期支护;⑦—左侧下部初期支护;⑧—左侧下部仰拱超前浇筑

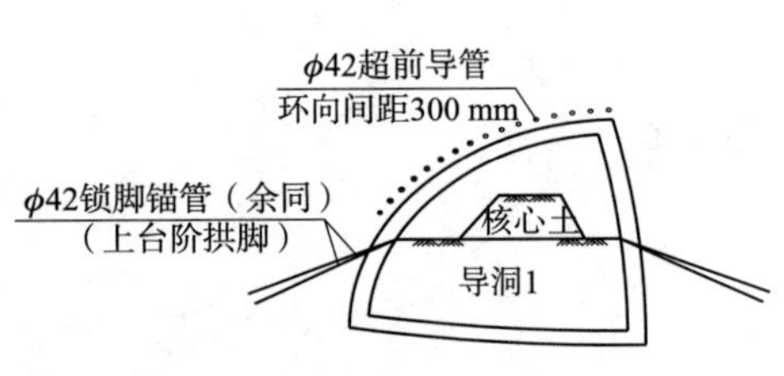

第一步：施作导洞1拱顶超前小导管并注浆，台阶法开挖导洞1，并施作初期支护（各导洞均采用上下台阶法施工，拱脚部位及时施工锁脚锚管）

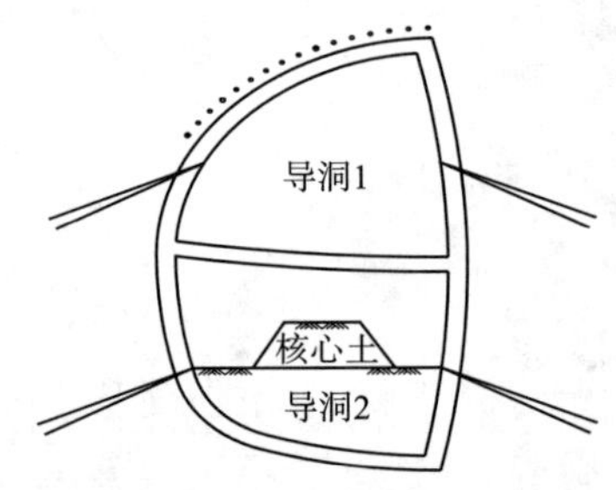

第二步：导洞1施工完成8~10 m后，开挖导洞2，并施作初期支护。导洞1和导洞2前后错开距离8~10 m

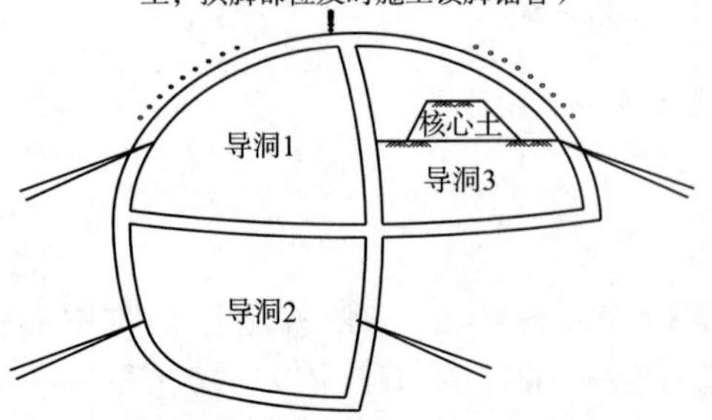

第三步：导洞2施工完成8~10 m后，施作导洞3拱顶超前小导管并注浆，开挖导洞3，并施作初期支护。导洞2和导洞3前后错开距离8~10 m

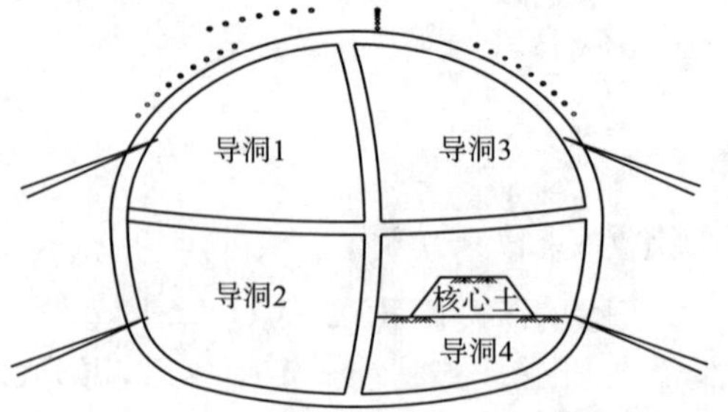

第四步：导洞3施工完成8~10 m后，开挖导洞4，并施作初期支护。导洞3和导洞4前后错开距离8~10 m

图 1-1-14

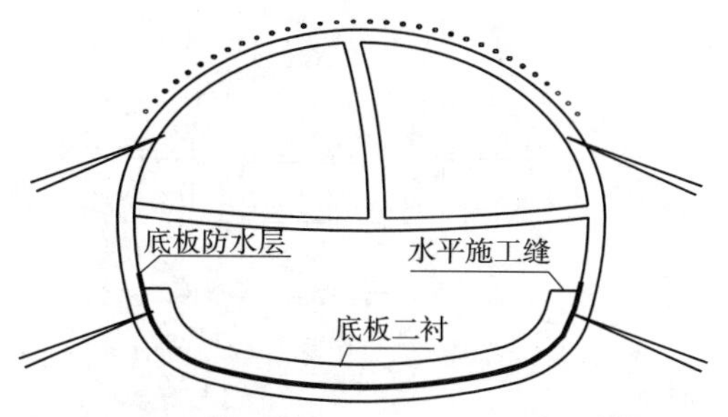

第五步：初衬封闭成环后，根据监控量测数据，6~8 m分段凿除中间临时支撑隔墙，施工仰拱范围的防水层及混凝土保护层，施作底板二衬结构

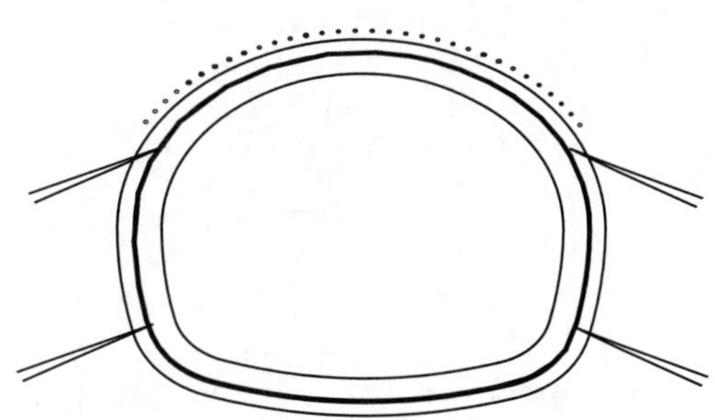

第六步：根据监控量测，剩余临时支撑6~8 m分段、跳段凿除，施工拱墙及拱顶防水层、二衬结构

图 1-1-14 交叉中隔墙法(CRD 法)施工顺序图

CD 法和 CRD 法在地铁车站大跨度中的应用很普遍。该法的优点是：

(1)各部封闭成环的时间短，结构受力均匀，形变小，且由于支护刚度大，施工时隧道整体下沉微弱，地层沉降量不大，而且容易控制。

(2)由于施工时化大跨为小跨，步步封闭，因此，每步开挖扰动土层的范围相对较小，封闭时间短，结构很快就处于整体较好的受力状态。同时，临时仰拱和中隔墙也起到了增大结构刚度的作用，有效抑制了结构的变形。

(3)该法适用于较差地层，如采用人工或人工配合机械开挖的Ⅴ～Ⅵ级围岩和浅埋、偏压及洞口段。

该法的缺点是：

(1)由于地层软弱，断面较小，只能采取小型机械或人工开挖及运输作业，且分块太多，工序繁多、复杂，进度较慢。

(2)临时支撑的施作和拆除困难、成本较高。

(3)有必要采用爆破时，必须控制药量，避免损坏中隔墙。

(六)中洞法

中洞法施工就是先开挖中间部分(中洞)，在中洞内施作梁、柱结构，然后再开挖两侧部分(侧洞)，并逐渐将侧洞顶部荷载通过中洞初期支护转移到梁、柱结构上。这种施工方法，由于中洞的跨度较大，一般采用 CD 法、CRD 法或眼镜法等施工。中洞法施工工序复杂，但两侧洞对称施工，比较容易解决侧压力从中洞初期支护转移到梁柱上时产生的不平衡侧压力问题，施工引起的地表下沉较易控制。具体施工顺序如图 1-1-15 所示。

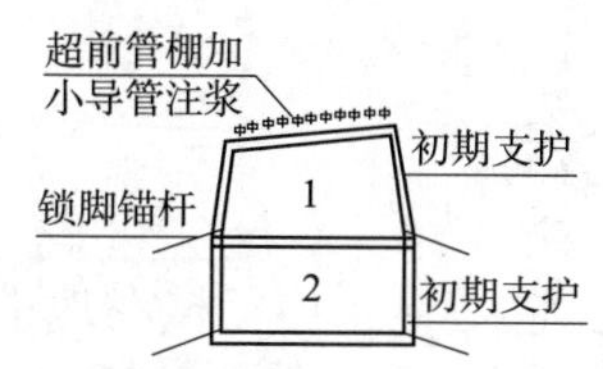

第一步：施作超前支护，注浆加固地层，前后开挖中部1~2号洞室

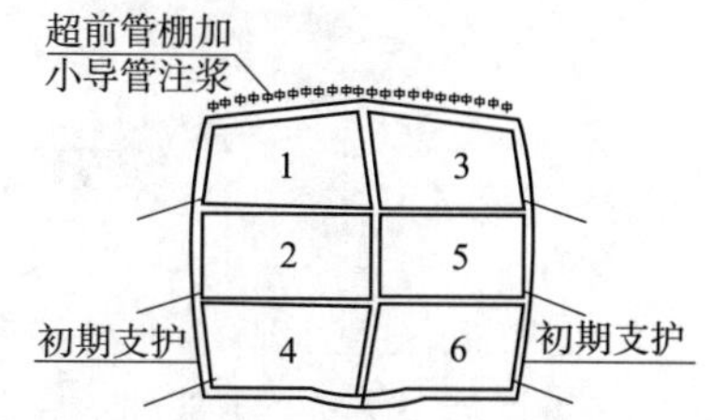

第二步：继续前后开挖两侧3~4号洞室，施作超前支护，前后开挖5~6号洞室

图 1-1-15

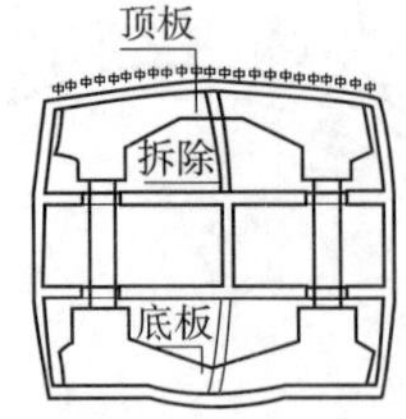

第三步：在临时仰拱上开洞，施作中柱与顶、底纵梁，纵向分段拆除临时中隔壁，封闭中部全部二衬结构

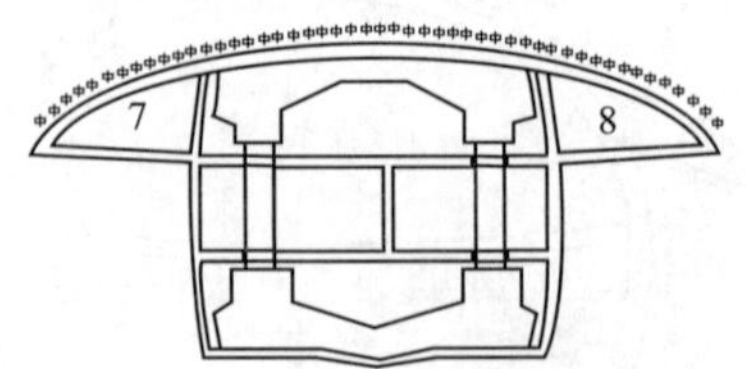

第四步：施作超前支护，左右对称开挖7~8号洞室

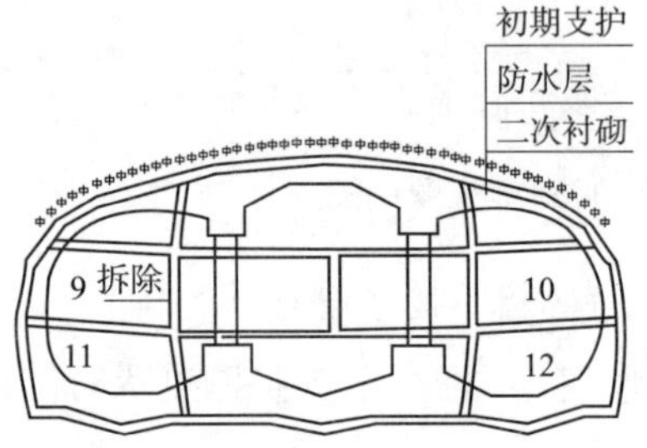

第五步：继续左右对称开挖9~10、11~12号洞室，纵向分段拆除临时仰拱与临时中隔壁，施作全部二衬结构

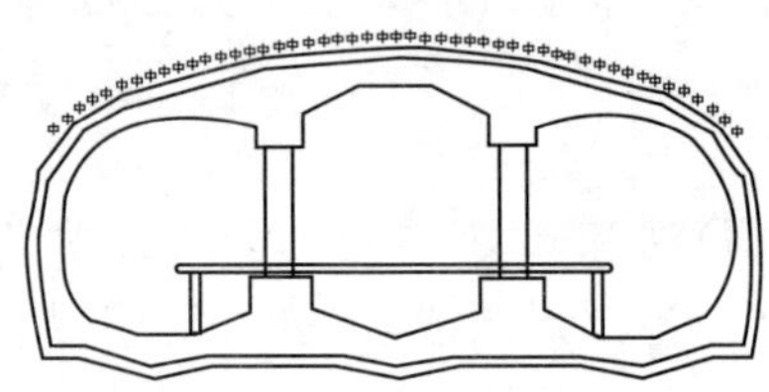

第六步：施作内部结构，完成结构施工

图 1-1-15　中洞法施工顺序图

该方法在无水、地层较好时适用。因该法施工空间大、施工方便，混凝土施工质量也能保证，当施工队伍水平较高时，多采用该方法。

（七）侧洞法

侧洞法施工就是先开挖两侧部分（侧洞），在侧洞内做梁、柱结构，然后再开挖中间部分（中洞），并逐渐将中洞顶部荷载通过侧洞初期支护转移到梁、柱上，这种施工方法，在处理中洞顶部荷载转移时，相对中洞法要困难些。侧洞法施工顺序如图 1-1-16 所示。

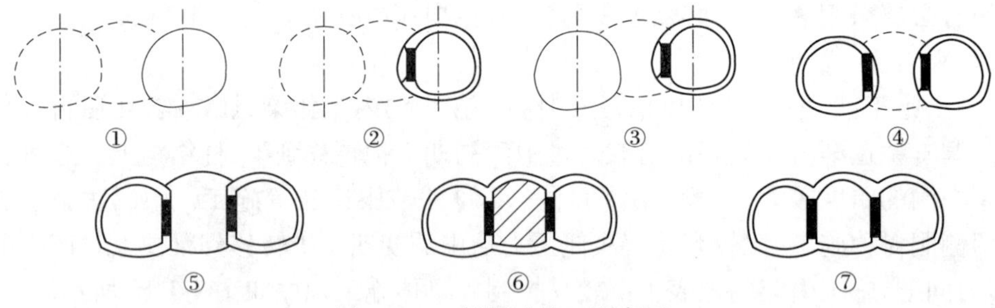

图 1-1-16　侧洞法施工顺序图

第四节　盾　构　法

盾构法是暗挖法施工中的一种全机械化施工方法。它是将盾构机械在地中推进，通过盾构外壳和管片支承四周围岩防止发生往隧道内的坍塌。同时在开挖面前方用切削装置进行土体开挖，通过出土机械运出洞外，靠千斤顶在后部加压顶进，并拼装预制混凝土管片，形成隧道结构的一种机械化施工方法。盾构法施工如图 1-1-17 所示。

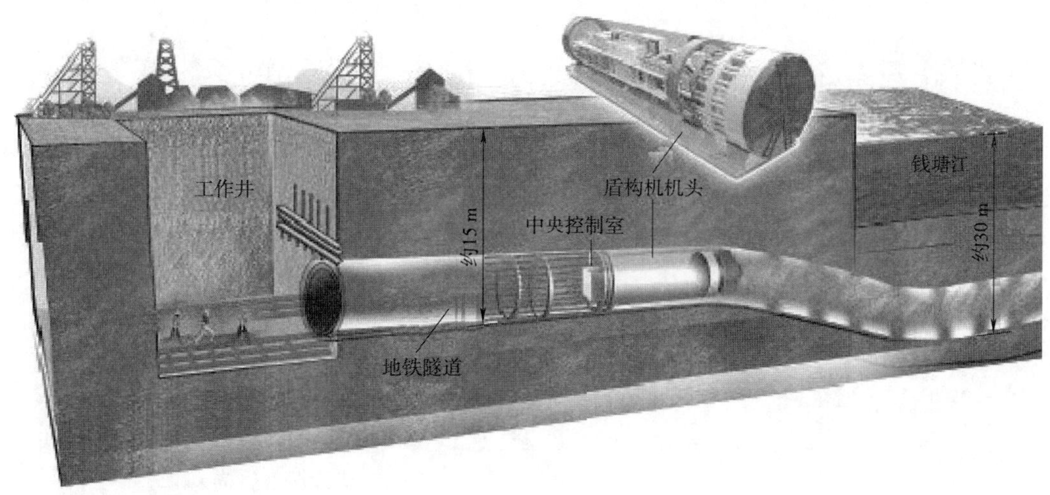

图 1-1-17　盾构法施工示意图

盾构机于 1847 年发明，它是一种带有护罩的专用设备。利用尾部已装好的衬砌块作为支点向前推进，用刀盘切割土体，同时排土和拼装后面的预制混凝土衬砌块。盾构机掘进的出渣方式有机械式和水力式，以水力式居多。水力盾构在工作面处有一个注满膨润土液的密封室。膨润土液既用于平衡土压力和地下水压力，又用作输送排出土体的介质。

一、盾构分类

盾构的分类方法很多，可按盾构切削断面的形状、盾构自身构造的特征、尺寸的大小、功能、挖掘土体的方式、开挖面的挡土形式、稳定开挖面的加压方式、施工方法、适用土质的状况等多种方式分类，但根本区别是其应用的设计原理。根据稳定开挖面的原理不同进行分类，盾构分为开敞式盾构、气压盾构、泥水盾构、土压平衡盾构和复合式盾构。泥水加压式盾构及土压平衡式盾构如图 1-1-18 及图 1-1-19 所示；盾构分类如图 1-1-20 所示。

图 1-1-18　泥水加压式盾构

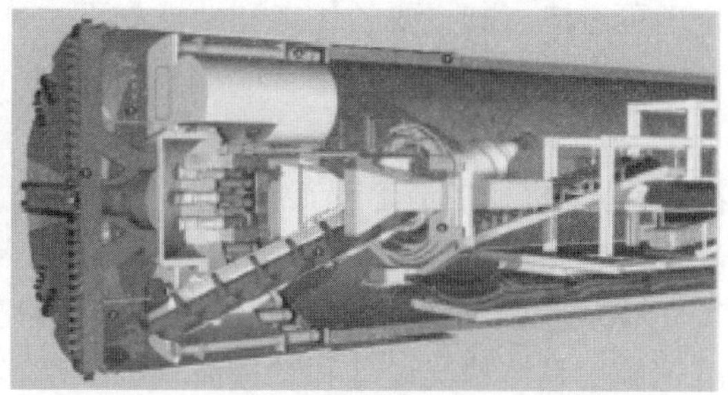

图 1-1-19　土压平衡式盾构

二、盾构法优缺点

一般来讲，盾构掘进隧道不应也不能取代其他方法，但在不良的地层条件下做长距离掘土，对进尺有较高的要求和对地面沉陷又有严格的要求时，它相对其他方法在技术上更

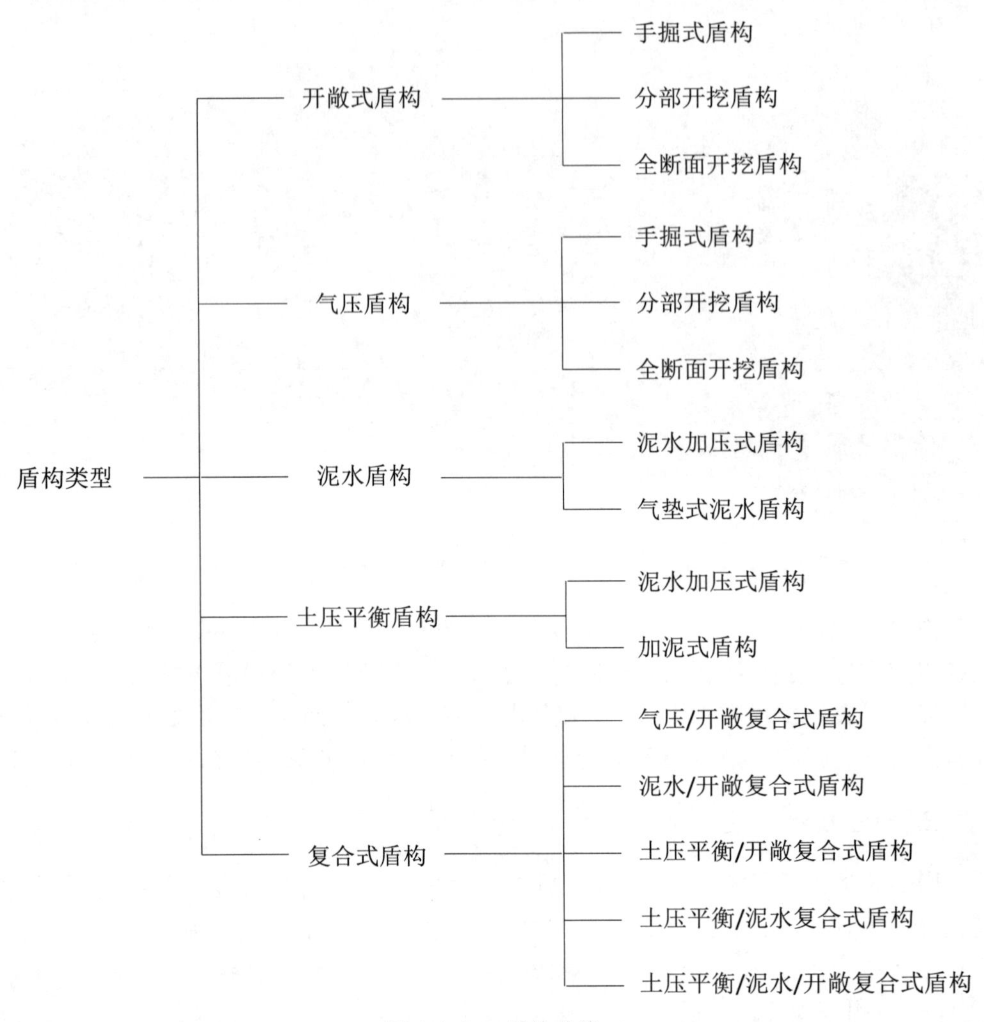

图 1-1-20 盾构分类

合理更经济。其主要的优点和缺点如下。

优点：

(1)施工精度要求比较高，与普通土木工程不同，盾构施工中管片制作精度要求比较高，近似于机械制造工程，因为隧道断面是固定的，所以隧道轴线的误差和管片装配的精度要求也相对比较高。

(2)可以根据隧道和地基情况具体设计、制造和改造盾构机，选用盾构机时需要根据隧道施工具体情况设计和制造盾构，完成阶段施工后，盾构机还可以根据下一阶段的施工需要进行改造，循环使用。

(3)对工作人员较安全，劳动强度低，进度快。

(4)对城市的正常功能及周围环境的影响很小。除在盾构竖井处需要一定的施工场地外，隧道沿线不需要施工场地，施工中没有噪声和振动，对周围环境没有干扰，地下水位可保持。

缺点：

(1)盾构的规划、设计、制造和组装时间长。

(2)施工工艺复杂,熟练操作机器需要时间长。

(3)准备困难且费用高,只有长距离掘进时才较经济。

(4)当地层条件变化时,原方案实施要承担较大风险。

三、盾构选型

(一)影响盾构选型的主要地质因素

地质条件对地下工程的施工起到决定性作用,在进行盾构选型时,需要特别注意的地质条件主要以下几个方面:

(1)灵敏度高的软弱地层。

(2)透水性强的松散地层。

(3)高塑性地层。

(4)含水率高的地层。

(5)含有大砾石的地层。

(6)预计有朽木和其他夹杂物的地层。

(7)软硬不均的地层。

在土质地层中,影响盾构设计的主要参数为颗粒级配、密度、内摩擦角、黏聚力、渗透系数、地下水位、黏土矿物成分、液限、塑限、含水率、石英含量、弹性模量、侧压力系数、钻孔取芯率等。

在岩石地层中,影响盾构设计的主要参数为单轴抗压强度、抗拉强度、岩石质量(节理、断层、风化程度)、矿物成分(主要为石英成分、膨胀性)、磨损系数、钻孔取芯率、刀具磨损系数。

开敞式盾构一般适用于无水或少水地层、稳定地层及降水后能稳定的砂卵石地层。气垫式泥水盾构一般用于水下隧道。因此,带刀盘的盾构机选型多是在土压平衡盾构与泥水盾构之间选择。

土压平衡盾构与泥水盾构所适应的地质条件不同,根据日本的经验,不同类型盾构对地层的适应性见表 1-1-4。

表 1-1-4　土压平衡与泥水盾构对地层的适应性

<table>
<tr><th colspan="3" rowspan="3">地质条件</th><th colspan="6">盾构类型</th></tr>
<tr><th colspan="4">土压平衡盾构</th><th colspan="2" rowspan="2">泥水盾构</th></tr>
<tr><th colspan="2">土压式</th><th colspan="2">泥土压式</th></tr>
<tr><th colspan="2">岩土类型</th><th>N 值</th><th>适应性</th><th>注意点</th><th>适应性</th><th>注意点</th><th>适应性</th><th>注意点</th></tr>
<tr><td rowspan="4">冲积土</td><td>腐殖土</td><td>0</td><td>×</td><td>—</td><td>△</td><td>地基变形</td><td>△</td><td>地基变形</td></tr>
<tr><td>粉土、黏土</td><td>0~2</td><td>○</td><td>—</td><td>○</td><td>—</td><td>○</td><td>—</td></tr>
<tr><td>砂质粉土</td><td>0~5</td><td>○</td><td>—</td><td>○</td><td>—</td><td>○</td><td>—</td></tr>
<tr><td>粉质黏土</td><td>5~10</td><td>○</td><td>—</td><td>○</td><td>—</td><td>○</td><td>—</td></tr>
</table>

续上表

地质条件			盾构类型					
			土压平衡盾构				泥水盾构	
			土压式		泥土压式			
洪积土	粉土、黏土	10～20	△	切削砂土引起阻塞	○	—	○	—
	砂质粉土	15～25	△	切削砂土引起阻塞	○	—	○	—
	粉质黏土	＞25	△	切削砂土引起阻塞	○	—	○	—
砂类土	混砂粉质黏土	10～15	○	—	○	—	○	—
	松散砂土	10～30	△	细粒成分含有量	○	—	○	—
	密实砂土	＞30	△	细粒成分含有量	○	—	○	—
碎石土	松散砂砾	10～40	△	细粒成分含有量	○	—	○	—
	固结砂砾	＞40	△	细粒成分含有量	○	刀具磨损	○	刀具磨损
	混卵石砂砾	—	△	螺旋输送带规格	○	—	○	刀具规格
	巨砾或卵石	—	△	刀具规格	△	刀具磨损	△	砾石破碎
泥岩		＞50	△	切削砂土引起阻塞	△	刀具磨损		刀具磨损

注：1. ○指适合，△指使用时需要考虑辅助施工方法、辅助机械，×指一般不适用。

2. N 值指标准贯入试验数值。

3. 泥岩是指强度比较低的风化泥岩。

地层渗透系数对于盾构的选型是一个很重要的因素。根据欧美和日本的施工经验，对于土压平衡盾构与泥水盾构，当地层渗透系数小于 1×10^{-7} m/s 时，可以选用土压平衡盾构；当地层渗透系数在 $1\times10^{-7}\sim1\times10^{-4}$ m/s 之间时，两种盾构都可以选用；当地层的渗透系数大于 1×10^{-4} m/s 时，宜选用泥水盾构。

对于无(少)水地层或通过降水措施将地下水降到基底以下时，采用开敞式盾构；地下水位 30～50 m 以下采用土压平衡盾构，主要受螺旋输送机耐水压大限制，过高地下水时，但应考虑相应措施。泥水盾构适应最大水压比土压平衡盾构高，其适应的最大水压力主要受主轴承密封性能控制，但地下水位一般不超过 100 m，因此泥水盾构比较适用于在河底、海底等高水压条件下的隧道施工，具有较高的安全性。高水压条件下施工，应认真考虑各部位的强度和各系统的密封性能。

(二)工程环境因素对盾构选型的影响分析

盾构选型除主要考虑工程地质条件外，盾构的外径、覆土厚度、线形(曲线施工时的曲线半径等)、掘进距离、工期、竖井用地、路线附近的重要构造物、障碍物等工程地域环境因素的考虑也至关重要。当然还应考虑安全性和成本，通常要求按上述综合考虑选定合适的盾构。

(1)盾构直径对盾构选型的影响。一般情况下，对于直径大于 10 m 的盾构机，从驱动系统能力及节能方面多考虑采用泥水盾构。同时对直径小于 3 m 的微型盾构，主要从渣土运输方面考虑多采用泥水管道运输方式，也多采用泥水盾构。

(2)盾构法施工需要的场地较大，同时泥水盾构需要较大泥水分离场地，盾构始发与到达井位置一般布置在线路上。在城市中心区施工由于受周边环境条件的限制，多采用土压平衡盾构。

(3)在隧道线路周边有重要建(构)筑物、地下管线等时，为了减小施工对周边环境的影响，一般选择闭胸式盾构，盾构机设计时应考虑充分的辅助设备。

第五节　辅 助 工 法

一、降水施工法

在有水地层中进行明挖、盖挖、暗挖以及盾构始发井、接收井和联络通道施工，有条件的地方应首先采取降水措施，确保无水作业。降水的方法主要有管井降水和水平井降水等，具体内容详见第四篇第五章第二节。

二、超前小导管注浆法

超前小导管注浆是隧道工程掘进施工过程中的一种工艺方法，主要用于自稳时间短的软弱破碎带、浅埋段、洞口偏压段、砂层段、砂卵石段、断层破碎带等地段的预支护。超前小导管注浆施工如图 1-1-21 所示。

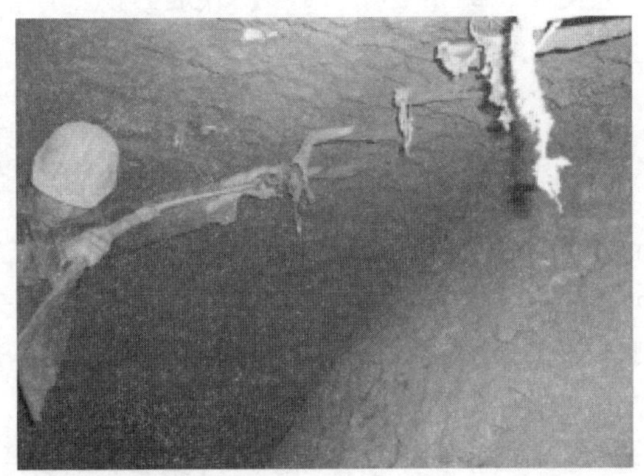

图 1-1-21　超前小导管注浆施工图

超前小导管注浆是稳定开挖工作面的一种非常有效的辅助施工方法。在软弱及破碎岩层施工中，超前小导管对松散岩层起到加固作用，注浆后增强了松散、软弱围岩的稳定性，有利于完成开挖后与完成初期支护时间内围岩的稳定，不至于围岩失稳破坏直至坍塌。

超前小导管注浆适用于隧道拱部软弱围岩、松散、无黏结土层、自稳能力差的砂层、砂砾(卵)石层及破碎岩层。

通过超前小导管注浆能改变围岩状况及稳定性，浆液注入软弱、松散地层或含水破碎围岩裂隙后，能与之紧密接触并凝固。浆液以充填、劈裂等方式，置换土颗粒间和岩石裂隙中的水分及空气后占据其位置，经过一定时间凝结，将原有的松散土颗粒或裂隙胶结成一个整体，形成一个结构新、强度大、防水性能良好的固结体，使得围岩松散破碎状况得到大幅度改善。

三、长管棚法

长管棚法是沿开挖轮廓周线 120°范围内，钻设与隧道轴线平行的钻孔，而后插入不同直径(70～150 mm)的钢管,并向管内注浆,固结钢管周边的围岩,并在预定的范围内形成棚架,形成简支梁的支护体系,对隧道开挖起到有效超前支护的方法。长管棚施工如图 1-1-22 所示。

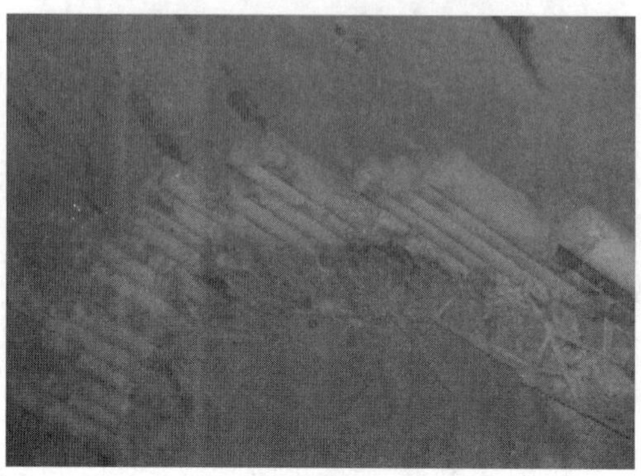

图 1-1-22 长管棚施工

长大管棚主要用于松散、软弱砂砾地层或软岩、岩堆、破碎地带层,多用于隧道及其他地下导坑辅助施工。

四、管 幕 法

管幕法是利用水平定向钻机打设导向孔,导向孔施工时需采用专用导向系统进行导向,导向孔完成后采用挤扩拉管法(扩孔直径小于管幕钢管直径)将管幕钢管拉到位,封孔注浆。通过管幕施工,在隧道拱部形成一个环形拱架,对隧道开挖起到超前预支护作用。具有无需道路改建、不影响地面正常交通、管幕钢管锁口注浆后可有效防止渗漏水等特点。

管幕法主要适用于黏土层、砂层、淤泥层、回填及强风化地层,隧道下穿铁路、高速公路及其他地上构筑物,而且要求隧道两端均有施工作业面。常用管径为 ϕ299～ϕ800 mm。

五、水平旋喷法

隧道水平旋喷支护技术是利用钻机把带有喷嘴的注浆管钻进至土层的预定位置后,以高压设备使浆液或水成为 20～70 MPa 的高压射流从喷嘴中喷射出来,冲击破坏土体,同时钻杆以一定的速度向外退出,将浆液与土颗粒强制搅拌混合,并通过物理、化学变化形成不同形状的胶结体,以达到防渗加固的目的。旋喷直径一般控制在 0.5～1.0 m,根据不同地层可进行调压确定。

水平旋喷法适用于处理淤泥、淤泥质土、黏性土、粉土、黄土、砂土、人工填土和碎石土等地层。当土中含有较多的大粒径块石、坚硬黏性土、大量植物根茎或有过多的有机质时,应根据现场试验结果确定其适应性;对地下水流速过大和富水的地段,应慎重使用。

六、冻 结 法

冻结法是在施工地下构筑物之前,用人工制冷的方法,将构筑物周围含水地层进行冻结,形成具有临时承载和隔水作用并满足工程施工安全需要的冻结壁,然后在冻结壁的保护下进行构筑物掘砌作业的一种施工工法。

冻结法适用范围为：

(1)含水量大于10%的土层、岩层。

(2)盐水冻结时地下水流速≤5 m/d，超低温冻结时地下水流速≤40 m/d。

(3)地下水含盐量试验结冰点满足冻结要求。

通过多年来国内外施工的实践经验证明冻结法施工有以下特点：

(1)适应性强：对于含水量大于10%的任何含水、松散，不稳定地层均可采用冻结法施工技术。

(2)隔水性好：可有效隔绝地下水，其抗渗透性能是其他任何方法不能相比的。

(3)支护结构灵活、易控制：冻土帷幕的形状和强度可视施工现场条件，地质条件灵活布置和调整，垂直冻结、水平冻结、斜孔冻结、局部冻结等，冻土强度可达5～10 MPa，能有效提高工效。

(4)可保护环境：冻结法施工对周围环境无污染，无异物进入土壤，噪声小，冻结结束后，冻土墙融化，不影响建筑物周围地下结构。

(5)可平行作业、缩短工期：冻结施工用于桩基施工或其他工艺平行作业，能有效缩短施工工期。

第二章　城市轨道交通工程勘察基本要求和内容

随着国民经济的发展，我国迎来了城市轨道交通建设的高潮，目前已超过50个城市开展了城市轨道交通的建设工作。岩土工程勘察是为城市轨道交通建设提供基础资料的一个重要环节，根据构建和谐社会、科学发展的要求，岩土工程勘察应综合考虑生存、发展、环境、安全、效益诸方面的问题，预防工程结构、工程施工及工程环境问题的产生。

为规范城市轨道交通岩土工程勘察工作，做到安全适用、技术先进、经济合理、保护环境、确保质量、控制风险，岩土工程勘察工作必须执行《城市轨道交通岩土工程勘察规范》(GB 50307—2012)的要求和规定。凡是《城市轨道交通岩土工程勘察规范》(GB 50307—2012)未涉及的内容，属于线路、隧道、桥梁方面的可根据城市轨道交通的特点，参照铁路行业的有关规范执行。属于各种地面建筑物、高层建筑可按照国家、行业及地方现行有关规范执行。

城市轨道交通岩土工程勘察应广泛搜集已有的勘察设计与施工资料，科学制定勘察方案、精心组织实施，提供资料完整、数据可靠、评价正确、建议合理的勘察报告。

第一节　岩土工程勘察基本要求

城市轨道交通工程岩土工程勘察工作须满足以下基本要求：

(1)城市轨道交通岩土工程勘察应按规划、设计阶段的技术要求，分阶段开展相应的勘察工作。

城市轨道交通工程的建设阶段一般包括规划、可行性研究、总体设计、初步设计、施工图设计、工程施工、试运营等阶段。由于城市轨道交通工程投资巨大，线路穿越城市中心地带，地质、环境风险极高，建设各阶段对工程技术的要求高，各个阶段所解决的工程问题不同，对岩土工程勘察的资料深度要求也不同。如：规划阶段应规避对线路方案产生重大影响的地质和环境风险。在设计阶段应针对所有的岩土工程问题开展设计工作，并对各类环境提出保护方案。若不按照建设阶段及各阶段的技术要求开展岩土工程勘察工作，可能会导致工程投资浪费、工期延误，甚至在施工阶段产生重大的工程风险。根据规划各设计阶段的要求，分阶段开展岩土工程勘察工作，规避工程风险，对轨道交通工程建设意义重大。

(2)城市轨道交通岩土工程勘察应分为可行性研究勘察、初步勘察和详细勘察。施工阶段可根据需要开展施工勘察工作。

城市轨道交通岩土工程勘察分阶段开展工作，就是坚持由浅入深、不断深化的认识过程，逐步认识沿线区域及场地工程地质条件，准确提供不同阶段所需的岩土工程资料。特别在地质条件复杂地区，若不按阶段进行岩土工程勘察工作，轻者会给后期工作造成被动，形成返工浪费，重者会给工程造成重大损失或给运营阶段留下无穷后患。

鉴于工程地质条件的复杂性和不确定性，按一定间距布设勘探点所揭示的地层信息与实际的地层剖面总是存在差异，受周边环境条件限制，部分钻孔在详细勘察阶段无法实施，同时工程施工阶段周期较长（一般为2～4年），在此期间，地下水和周边环境会发生较大变化。因此，城市轨道交通工程在施工阶段有必要开展勘察工作，对地质资料进行验证、补充或修正，必要时应根据实际情况修改设计方案和施工方案。

(3)城市轨道交通工程线路或场地附近存在对工程设计方案和施工有重大影响的岩土工程问题时应进行专项勘察。

专项勘察是指当不良地质作用、地质灾害、特殊性岩土等对城市轨道交通工程安全产生不利影响时；或采用新技术新工艺施工，存在工程地质问题时应进行的勘察工作。

不良地质作用、地质灾害、特殊性岩土等往往对城市轨道交通工程的线位规划、敷设形式、结构设计、工法选择等工程方案产生重大影响，严重时危及工程施工和线路运营的安全。不良地质作用、地质灾害、特殊性岩土等岩土工程问题往往具有复杂性和特殊性，采用常规的勘探手段，在常规的勘探工作量条件下难以查清。因此，对工程方案有重大影响的岩土工程问题应进行专项勘察工作，提出有针对性的工程措施和建议，确保工程规划设计经济、合理，保证工程施工安全、顺利。

例如，西安市城市轨道交通工程建设能否穿越地裂缝，济南城市轨道交通工程建设能否避免对泉水产生影响，徐州城市轨道交通工程建设如何消除岩溶对工程的影响，是西安、济南和徐州城市轨道交通工程建设的控制因素。因此，这三个城市的城市轨道交通工程建设中都进行了专项岩土工程勘察工作，专项勘察成果指导了城市轨道交通工程的规划、设计、施工工作。

(4)城市轨道交通岩土工程勘察应取得工程沿线地形图、管线及地下设施分布图等资料，分析工程与环境的相互影响，提出工程周边环境保护措施的建议，必要时根据任务要求开展工程周边环境专项调查工作。

城市轨道交通工程周边存在着大量的地上、地下建（构）筑物、地下管线、人防工程等环境条件，对工程设计方案和工程安全产生重大的影响，同时，轨道交通的敷设形式多采用地下线形式，地下工程的施工容易导致周边环境产生破坏。因此，岩土工程勘察前需要获取地形图、地下管线及地下设施分布图，以便勘察单位在勘察期间确保地下管线和设施的安全，并在勘察成果中分析工程与周边环境的相互影响。

工程周边环境资料是工程设计、施工的重要依据，地形图及地下管线图往往不能满足周边环境与工程相互影响分析及工程环境保护设计、施工的要求。因此，有必要在工程建设中开展周边环境专项调查工作，取得周边环境的详细资料，以便采取环境保护措施，保证环境和城市轨道交通建设的安全。

目前，工程周边环境的调查工作，是由建设单位单独委托，承担环境调查工作的单位，可以是设计单位、勘察单位或其他单位。因此，周边环境调查工作应作为一个专项工作来开展。

(5)城市轨道交通岩土工程勘察应在搜集当地已有勘察资料、建设经验的基础上，针对线路敷设形式以及各类工程的建筑类型、结构形式、施工方法等工程条件开展工作。

依据城市轨道交通工程的路网规划，收集有关水文、气象、区域地质资料和各类岩土工程勘察资料，并予以分析、归纳和述评，以此为基础，按设计阶段，沿线路方案布置勘察工作。循序摸清沿线岩土性状、地下水动态以及不良地质作用的特征。为工程设计提出岩土评价和施工建议，并应结合现场提出岩土监测措施。

搜集当地已有勘察资料和建设经验是岩土工程勘察的基本要求，充分利用已有勘察资料和建设经验可以达到事半功倍的效果。

城市轨道交通的线路敷设方式是指地下线、地面线和高架线；工程建筑类型包括车站主体、隧道、大中桥梁、出入口、施工竖井、路基、涵洞、车辆基地等；施工方法主要指隧道和地下车站的明挖、矿山、盾构、沉管等工法；加固工程主要指对于工程周围不稳定、易产生坍塌或过量变形的岩土，以及由于施工开挖对周围建构筑物或管线可能造成不良影响的岩土采取预加固措施。

城市轨道交通工程线路敷设形式多，结构类型多，施工方法复杂；不同类型的工程对岩土工程勘察的要求不同，解决的问题不同。因此，针对线路敷设形式以及各类工程的建筑类型、结构形式、施工方法等工程条件开展工作是十分必要的。

(6)城市轨道交通岩土工程勘察应根据工程重要性等级、场地复杂程度等级和工程周边环境风险等级制定勘察方案，采用综合的勘察方法，布置合理的勘察工作量，查明工程地质条件、水文地质条件，进行岩土工程评价，提供设计、施工所需的岩土参数，提出岩土治理、环境保护以及工程监测等建议。

第二节 岩土工程勘察等级划分

城市轨道交通岩土工程勘察等级的划分，主要考虑工程结构类型、破坏后果的严重性、场地工程地质条件的复杂程度、环境安全风险等级等因素，目的是在勘察工作量布置、岩土工程评价、参数获取、工程措施建议等方面突出重点、区别对待。

根据《城市轨道交通岩土工程勘察规范》(GB 50307—2012)，岩土工程勘察等级，可依据工程重要性等级、场地复杂程度等级和工程周边环境风险等级进行划分。

一、工程重要性等级

城市轨道交通工程本身是一个复杂的系统工程，是各类工程和建筑类型的集合体，为了使岩土工程勘察工作更具针对性，根据各个工程的规模和建筑类型的特点以及因岩土工程问题造成工程破坏的后果将其重要性划分为三个等级，见表 1-2-1。

表 1-2-1 工程重要性等级

工程重要性等级	工程破坏的后果	工程及建筑类型
一级	很严重	车站主体、各类通道、地下区间、高架区间、大中桥梁、地下停车场、控制中心、主变电站
二级	严重	路基、涵洞、小桥、车辆基地内的各类房屋建筑、出入口、风井、施工竖井、盾构始发(接收)井
三级	不严重	次要建筑物、地面停车场

二、场地复杂程度等级

场地复杂程度主要指工程地质条件的复杂程度，包括地形地貌、不良地质作用、地震效应、地基、围岩或边坡的岩土性质、地下水的影响等因素。场地复杂程度等级可根据地形地貌、工程地质条件、水文地质条件划分为三个等级，见表 1-2-2。

表 1-2-2　场地复杂程度等级

场地复杂程度等级	地形地貌	建筑抗震	不良地质作用	特殊性岩土	地基、围岩或边坡的岩土性质	地下水对工程影响
一级（复杂场地）	符合下列条件之一者					
	复杂	危险和不利地段	强烈发育	需要专门处理	较差	较大、需要进行专门研究和治理
二级（中等复杂场地）	符合下列条件之一者					
	较复杂	一般地段	一般发育	不需要专门处理	一般	较小
三级（简单场地）	符合下列条者					
	简单	有利地段或抗震设防烈度等于或小于 6 度	不发育	—	较好	无

注：1. 从一级开始，向二级、三级推定，以最先满足的为准。

2. 对建筑抗震有利、不利和危险地段的划分，应按现行国家标准《建筑抗震设计规范》(GB 50011)的规定确定。

三、工程周边环境风险等级

城市轨道交通工程周边环境复杂，包括既有城市轨道交通线路、铁路、建(构)筑物、重要市政道路、地下管线等。不同环境类型与城市轨道交通工程建设的相互影响不同，环境风险与环境的重要性及其与城市轨道交通工程的空间位置关系密切相关，因此，有必要开展环境调查工作，并对工程周边环境风险进行划分，为各阶段的勘察、设计及施工提供依据。勘察工作的布置和分析评价应结合工程周边环境风险等级进行。

工程周边环境风险等级可根据工程周边环境与工程的位置关系和相互影响程度、工程周边环境的重要程度及破坏后果的严重程度进行划分为四个等级，见表 1-2-3。

表 1-2-3　工程周边环境风险等级

工程周边环境风险等级	工程周边环境与工程相互影响	破坏的后果
一级	很大	很严重
二级	大	严重
三级	较大	较严重
四级	小	轻微

目前，各个城市在城市轨道交通工程建设中，针对不同等级的环境风险采取的管理措施不同：一级环境风险需进行专项评估、专项设计和编制专项施工方案；二级的环境风险在设计文件中应提出环境保护措施并编制专项施工方案；三级环境风险应在施工方案中制定环境保护措施。不同级别环境风险的保护和控制对岩土工程勘察的要求不同。

一般可行性研究阶段应重点关注一级环境风险，并提出规避措施建议；初步勘察阶段应重点关注一级和二级的环境风险，并提出防护措施建议；详细勘察阶段应关注所有环境风险，并提出明确的环境保护措施建议。

例如：北京市城市轨道交通工程的环境风险分级如下：

（1）特级环境风险工程：下穿既有轨道线路（含铁路）的工程。

（2）一级环境风险工程：下穿重要既有建（构）筑物、重要市政管线及河流的工程，上穿既有轨道线路（含铁路）的工程。

（3）二级环境风险工程：下穿一般既有建（构）筑物、重要市政道路的工程，临近重要既有建（构）筑物、重要市政管线及河流的工程。

（4）三级环境风险工程：下穿一般市政管线、一般市政道路及其他市政基础设施的工程，临近一般既有建（构）筑物、重要市政道路的工程。

四、岩土工程勘察等级划分

根据工程重要性等级、场地复杂程度等级和工程周边环境风险等级，可按表 1-2-4 划分为三个岩土工程勘察等级。

表 1-2-4 岩土工程勘察等级

岩土工程勘察等级	评 定 标 准
甲级	工程重要性等级、场地复杂程度等级和工程周边环境风险等级中，有一项或多项为一级
乙级	除勘察等级为甲级和丙级以外的勘察项目
丙级	工程重要性等级、场地复杂程度等级均为三级且工程周边环境风险等级为四级

第三节 勘察阶段划分及其基本内容

一、勘察阶段划分

城市轨道交通工程岩土工程勘察按不同设计阶段的技术要求，开展相应的勘察工作。勘察阶段分为可行性研究勘察阶段、初步勘察阶段和详细勘察阶段。另外，也可以根据需要开展施工阶段的岩土工程勘察工作。当城市轨道交通工程沿线或场地附近存在对工程设计方案和施工有重大影响的岩土工程问题时，应进行专项勘察。

二、各勘察阶段的基本内容

城市轨道交通工程各岩土工程勘察阶段的基本依据、要求和工作方法见表 1-2-5。

表 1-2-5 各勘察阶段的基本依据、勘察重点和工作方法

勘察阶段	勘察依据	基本要求	勘察重点	工作方法
可行性研究勘察	线路方案	为线路比选方案提供地质依据	影响线路的不良地质作用、特殊性岩土及关键工程的工程地质条件	以搜集已有地质资料和工程地质调查与测绘为主，必要时进行勘探与取样、原位测试及室内试验等工作

续上表

勘察阶段	勘察依据	基本要求	勘察重点	工作方法
初步勘察	线路敷设形式、各类工程的结构形式、施工方法等	满足初步设计的要求	对控制线路平面、埋深及施工方法的关键工程或区段进行重点勘察	工程地质调查与测绘、水文地质试验、勘探与取样、原位测试、室内试验等多种手段相结合的综合方法
详细勘察	各类工程的建筑类型、结构形式、埋置深度和施工方法	满足施工图设计、施工方案及工程周边环境保护方案设计的要求	查明各类工程场地的工程地质、水文地质和工程周边环境等条件	勘探与取样、原位测试、室内试验等为主，辅以工程地质调查与测绘、工程物探
施工勘察	针对施工具体问题的设计方案	满足施工中具体问题的设计，随勘察对象不同而不同	解决施工过程中出现的岩土工程问题	施工验槽、勘探与取样和原位测试等

第四节 勘察依据

城市轨道交通工程岩土工程勘察工作主要依据国家颁布的法律法规、国家及行业标准、地方标准、建设单位和设计要求以及勘察单位自身的管理文件等。

一、法律、法规

国家颁布的法律、法规主要有以下几种：

(1)《中华人民共和国建筑法》

(2)《建设工程质量管理条例》

(3)《建设工程勘察设计管理条例》

(4)《建设工程勘察质量管理办法》

(5)《关于加强工程勘察质量管理工作的若干意见》

(6)《房屋建筑和市政基础设施工程质量监督管理规定》

(7)《实施工程建设强制性标准监督规定》

(8)《房屋建筑和市政基础设施工程施工图设计文件审查管理办法》

(9)《城市轨道交通工程安全质量管理暂行办法》

(10)《危险性较大的分部分项工程安全管理规定》

(11)《大型工程技术风险控制要点》

二、规范、标准

城市轨道交通工程建筑种类、工法工艺多样，所涉及的设计专业、专项也较多，包括线路设计、围护结构设计、地下水控制方案设计、主体结构设计、抗震专项设计、通风工程、综合接地设计等，因此，岩土工程勘察所需提供的参数也较多，不同的设计参数会应用不同的规范，据统计达 40 余部之多。

(一)国家标准

国家标准是对全国经济、技术发展有重大意义，在全国范围内统一规定的技术要求。强制性国标是保障人体健康、人身、财产安全的标准，法律及行政法规规定强制执行的国家标准。在进行城市轨道交通工程岩土工程勘察工作时应首先满足国家标准的技术要求。城市轨道交通工程岩土工程勘察工作中常用的强制性国家标准见表1-2-6。

表1-2-6 相关国家标准一览表

序号	规 范 名 称	规范编号	适 用 范 围
1	《工程勘察通用规范》	GB 55017	工程勘察强制性规范
2	《城市轨道交通岩土工程勘察规范》	GB 50307	轨道交通岩土工程勘察通用性规范
3	《城市轨道交通结构抗震设计规范》	GB 50909	场地和地基的地震效应评价
4	《岩土工程勘察规范》	GB 50021	车辆段及附属工程等地面建构筑物的勘察
5	《建筑地基基础设计规范》	GB 50007	地基基础设计、地基验算及变形分析
6	《建筑抗震设计规范》	GB 50011	地面建筑物的场地和地基的地震效应评价
7	《铁路工程抗震设计规范》	GBJ 111	正线路基、站场路基工程场地和地基的地震效应评价
8	《湿陷性黄土地区建筑规范》	GB 50025	湿陷性黄土地区勘察通用性规范
9	《膨胀土地区建筑技术规范》	GBJ 112	膨胀土地区勘察通用性规范
10	《冻土工程地质勘察规范》	GB 50324	冻土地区勘察通用性规范
11	《建筑边坡工程技术规范》	GB 50330	边坡工程勘察通用性规范
12	《土工试验方法标准》	GB/T 50123	土工试验通用性规范
13	《土的工程分类标准》	GB/T 50145	土的工程分类通用性规范
14	《工程岩体分级标准》	GB 50218	岩体分级通用性规范
15	《工程岩体试验方法标准》	GB/T 50266	岩石、岩体试验通用性规范
16	《岩土工程基本术语标准》	GB/T 50279	岩土工程基本术语通用性规范
17	《城市轨道交通地下工程建设风险管理规范》	GB 50652	风险管理分析与评价
18	《城市轨道交通工程监测技术规范》	GB 50911	监测建议
19	《地下铁道工程施工及验收规范》	GB 50299	地铁施工及验收
20	《建筑基坑工程监测技术规范》	GB 50497	基坑监测建议
21	《工程建设勘察企业质量管理规范》	GB/T 50379	勘察企业质量管理通用性规范
22	《岩土工程勘察安全规范》	GB 50585	岩土工程勘察的安全管理通用性规范
23	《地铁设计规范》	GB 50157	城市轨道交通工程结构分类、设计要求通用性规范

(二)行业标准

在全国某个行业范围内统一使用的标准,称为行业标准。国家标准没有明确规定的,可执行行业标准的技术要求。地铁岩土工程勘察涉及的行业标准主要为铁道行业和建筑行业。

在进行城市轨道交通工程勘察时,对于地铁类规范没有明确规定的线路、路基、桥涵等,通常参照铁路行业规范执行,具体适用范围见表1-2-7。

表1-2-7 相关铁道规范一览表

序号	规 范 名 称	规范编号	适 用 范 围
1	《铁路工程地质勘察规范》	TB 10012	地面线路勘察、岩土施工工程分级

续上表

序号	规 范 名 称	规范编号	适 用 范 围
2	《铁路桥涵地基和基础设计规范》	TB 10093	桩基设计参数选取
3	《铁路隧道设计规范》	TB 10003	隧道设计参数选取、隧道围岩分级
4	《铁路工程不良地质勘察规程》	TB 10027	不良地质作用的勘察可参照执行
5	《铁路工程水文地质勘察规程》	TB 10049	水文地质勘察可参照执行
6	《铁路工程地质原位测试规程》	TB 10018	原位测试工作可参照执行
7	《铁路工程特殊岩土勘察规程》	TB 10038	特殊性岩土的勘察可参照执行

城市轨道交通工程的控制中心、车辆基地内的建构筑物等具备普通工业与民用建筑的特点;采用明挖法施工的基坑与建筑基坑特征基本相同。所以,在城市轨道交通工程岩土工程勘察工作中遇地铁类规范未做具体规定的,参照建筑行业规范执行,具体适用范围见表 1-2-8。

表 1-2-8 相关建筑规范一览表

序号	规 范 名 称	规范编号	适 用 范 围
1	《高层建筑箱形与筏形基础技术规范》	JGJ 6	地面高层建筑地基基础设计、地基验算及变形分析
2	《高层建筑岩土工程勘察标准》	JGJ/T 72	地面高层建筑勘察
3	《建筑地基处理技术规范》	JGJ 79	地基措施方案建议
4	《软土地区工程地质勘察规范》	JGJ 83	软土地区勘察通用性规范
5	《建筑岩土工程勘察基本术语标准》	JGJ 84	岩土工程勘察基本术语参照执行
6	《建筑工程地质勘探与取样技术规程》	JGJ/T 87	钻探、取样、岩芯编录通用性规范
7	《建筑桩基技术规范》	JGJ 94	桩基承载力验算、基桩成桩工艺、变形分析及评价
8	《建筑基坑支护技术规程》	JGJ 120	基坑稳定性评价及支护方案建议
9	《建筑与市政降水工程技术规范》	JGJ/T 111	基坑降水分析及方案建议
10	《建筑桩基检测技术规范》	JGJ 106	桩基检测建议
11	《湿陷性黄土地区建筑基坑工程安全技术规程》	JGJ 167	湿陷性黄土地区基坑工程
12	《建筑变形测量规程》	JGJ 8	变形监测建议

(三)地方标准

我国很多省、市发布了当地的勘察规范、地基基础设计规范和基坑支护规范。地方标准往往总结了当地大量的工程经验,在进行地铁岩土工程勘察工作量布置、勘察成果分析和岩土参数提供时,在不违反国家标准和行业标准的前提下,应参照执行地方规范。部分省市自治区的地方标准见表 1-2-9。

表 1-2-9 地方标准一览表

序号	规范编号	规 范 名 称
北京市		
1	DBJ 11-501	《北京地区建筑地基基础勘察设计规范》

续上表

序号	规范编号	规 范 名 称
2	DB 11/489	《建筑基坑支护技术规程》
3	DB 11/1115	《城市建设工程地下水控制技术规范》
上海市		
1	DGJ 08-11	《地基基础设计规范》
2	DGJ 08-37	《岩土工程勘察规范》
3	DBJ 08-61	《基坑工程设计规程》
4	DG/TJ 08-2189	《静力触探技术规程》
5	DG/TJ 08-902	《旁通道冻结法技术规程》
天津市		
1	DB/T 29	《天津市轨道交通岩土工程勘察规程》
2	DB 29-20	《岩土工程技术规范》
3	DB/T 29-191	《天津市地基土层序划分技术规程》
重庆市		
1	DBJ 50-047	《建筑地基基础设计规范》
2	DBJ 50-043	《工程地质勘察规范》
广东省		
1	DBJ 15	《广东省城市轨道交通岩土工程勘察规范》
2	DBJ 15-31	《建筑地基基础设计规范》
3	DBJ/T 15-70	《土钉支护技术规程》
4	DBJ/T 15-136	《岩溶地区建筑地基基础技术规范》
深圳市		
1	SJG 01	《地基基础勘察设计规范》
2	SJG 05	《深圳市基坑支护技术规范》
3	SJG 23	《深圳市轨道交通工程周边环境调查导则》
4	SJG 04	《深圳市地基处理技术规范》
湖北省		
1	DB 42/169	《岩土工程勘察工作规程》
2	DB 42/242	《建筑地基基础技术规范》
3	DB 42/159	《基坑工程技术规程》
浙江省		
1	DB 33/T 1126	《浙江省城市轨道交通岩土工程勘察规范》
2	DB 33/T 1136	《建筑地基基础设计规范》
3	DB 33/T 1065	《工程建设岩土工程勘察规范》
4	DG 33/T 1008	《基坑工程设计规程》
5	DBJ 10-5	《岩土工程勘察文件编制标准》

续上表

序号	规范编号	规 范 名 称
江苏省		
1	DGJ32/TJ 208	《岩土工程勘察规范》
2	DGJ32/J 12	《南京地区建筑地基基础设计规范》
3	DB32/T 3749	《污染场地岩土工程勘察标准》
河北省		
1	DB13(J)/T 48	《河北省建筑地基承载力技术规程(试行)》
陕西省		
1	DBJ61/T 162	《西安城市轨道交通岩土工程勘察规范》
2	DBJ 61-6	《西安地裂缝场地勘察与工程设计规程》
福建省		
1	DBJ 13-84	《岩土工程勘察规范》
2	DBJ 13-07	《建筑地基基础技术规范》
广西壮族自治区		
1	DBJ/T 45-066	《广西壮族自治区岩土工程勘察规范》
2	DBJ/T 45-024	《广西岩溶地区建筑地基基础技术规范》
3	DBJ 45/003	《广西建筑地基基础设计规范》
4	DB45/J 001	《广西挖孔桩勘察、设计、施工及验收暂行规定》
5	DB45/T 396	《广西膨胀土地区建筑勘察设计施工技术规程》
6	DBJ/T 45-065	《建筑基坑支护技术规范》
7	DB45/T 1305	《膨胀土路基施工技术规范》
贵州省		
1	DBJ52/T 099	《贵州城市轨道交通岩土工程勘察规范》
2	DB-22-46	《贵州建筑岩土工程技术规范》
3	DBJ-22-45	《贵州建筑地基基础设计规范》
4	DBJ 22-31	《建筑基坑支护工程技术规定》
辽宁省		
1	DB21/T 907	《建筑地基基础技术规范》
四川省		
1	DB51/T 5026	《成都地区建筑地基基础设计规范》

(四)其他规定、指南

城市轨道交通工程岩土工程勘察工作可参考的其他相关规定、指南见表 1-2-10。

表 1-2-10　相关规定、指南一览表

序号	规 范 名 称	版本及发文号	适 用 范 围
1	《房屋建筑和市政基础设施工程勘察文件编制深度规定》(2010 版)	建质〔2010〕5 号	勘察成果文件的编制
2	《城市轨道交通工程周边环境调查指南》	建质〔2012〕56 号	工程周边环境调查

(五)标准使用原则

在进行城市轨道交通工程岩土工程勘察工作时应首先满足城市轨道交通类国家标准的技术要求。

由于我国城市轨道交通的发展历史较短,仍属于起步阶段,技术体系尚不成熟。在进行城市轨道交通工程勘察时,对于城市轨道交通类规范没有明确规定的线路、路基、桥涵等,通常参照执行铁道规范。

城市轨道交通工程的控制中心、车辆基地内的建构筑物等具备普通工业与民用建筑的特点;采用明挖法施工的基坑与建筑基坑特征基本相同。所以,在城市轨道交通工程岩土工程勘察工作中遇地铁类规范未做具体规定的,参照建筑行业规范执行。我国很多省、市发布了地方标准,总结了当地大量的工程经验。在进行城市轨道交通工程岩土工程勘察工作量布置、勘察成果分析和岩土参数提供时,在不违反国家标准和行业标准的前提下,应参照执行地方规范。

三、其他文件

城市轨道交通工程岩土工程勘察依据的其他文件主要有勘察招标文件、勘察合同、业主的勘察管理文件、勘察单位的管理文件等以及设计对勘察的技术要求文件等。

参考文献

[1] 王梦恕．中国隧道及地下工程修建技术[M]．北京：人民交通出版社，2010．
[2] 中华人民共和国住房和城乡建设部．城市轨道交通岩土工程勘察规范：GB 50307—2012[S]．北京：中国计划出版社，2012．
[3] 金淮，刘永勤．城市轨道交通工程勘察[M]．北京：中国建筑工业出版社，2014．
[4] 上海市住房和城乡建设管理委员会．旁通道冻结法技术规程：DG/TJ 08-902—2016[S]．上海：同济大学出版社，2018．

第二篇　岩土的分类与鉴别

第一章　岩石的分类

第一节　岩石按成因分类

岩石按成因可分为岩浆岩(火成岩)、沉积岩和变质岩。其成因如图 2-1-1 所示。

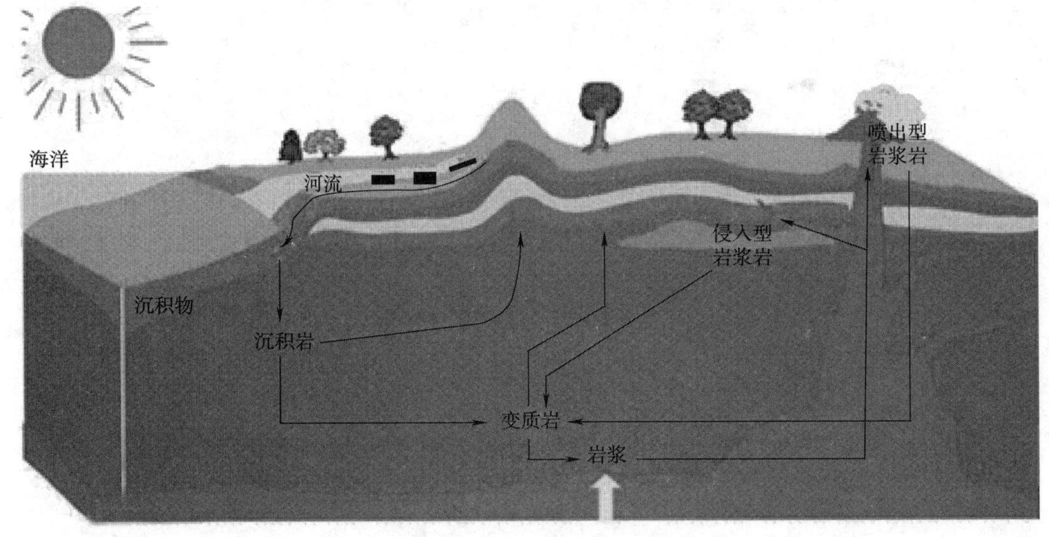

图 2-1-1　岩石的成因示意图

一、岩 浆 岩

岩浆岩又称火成岩,是由地壳下面的岩浆沿地壳薄弱地带上升侵入地壳或喷出地表后冷凝而成的。岩浆是存在于地壳下面高温、高压的熔融状态的硅酸盐物质(它的主要成分是 SiO_2,还有其他元素、化合物和挥发成分)。岩浆内部的压力很大,不断向压力低的地方移动,以至冲破地壳深部的岩层,沿着裂缝上升,喷出地表;或者当岩浆内部压力小于上部岩层压力时迫使岩浆停留下,冷凝成岩。

(一)岩浆岩的主要特征

(1)构造特征:岩浆岩中有一些自己特有的结构和构造特征,比如喷出岩是在温度、压力骤然降低的条件下形成的,造成溶解在岩浆中的挥发分以气体形式大量逸出,形成气孔状构造。当气孔十分发育时,岩石会变得很轻,甚至可以漂在水面,形成浮岩等。

(2)冷凝特征：岩浆岩是由岩浆直接冷凝形成的岩石，因此，具有反映岩浆冷凝环境和形成过程所留下的边缘相高温烘烤变质作用，与沉积岩和变质岩有明显的区别。

(二)岩浆岩的分类

依冷凝成岩时的地质环境的不同，将岩浆岩分为三类：

(1)深成岩：岩浆侵入地壳深处(约距地表 3 km)冷凝形成的岩浆岩。由于岩浆压力大，温度下降缓慢，矿物结晶良好。如花岗岩、正长岩、辉长岩等。

(2)浅成岩：岩浆沿地壳裂缝上升至距地表较浅处冷凝形成的岩浆岩。由于岩浆压力小，温度下降较快，矿物结晶较细小。如花岗斑岩、正长斑岩、辉绿岩等。

(3)喷出岩(火山岩)：岩浆喷出地表后冷凝形成的岩浆岩称为喷出岩。在地表的条件下，温度下降迅速，矿物来不及结晶或者结晶差，肉眼不易看清楚。如流纹岩、安山岩、玄武岩等。

其中，深成岩和浅成岩又统称侵入岩。

岩浆岩的分类见表 2-1-1。

表 2-1-1 岩浆岩的分类

<table>
<tr><td colspan="2">化学成分</td><td colspan="3">含 Si、Al 为主</td><td colspan="2">含 Fe、Mg 为主</td><td rowspan="6">产状</td></tr>
<tr><td colspan="2">酸基性</td><td>酸性</td><td colspan="2">中性</td><td>基性</td><td>超基性</td></tr>
<tr><td colspan="2">颜色</td><td colspan="3">浅色的(浅灰、浅红、红色、黄色)</td><td colspan="2">深色的(深灰、绿色、黑色)</td></tr>
<tr><td colspan="2" rowspan="3">成因及结构</td><td colspan="5">矿物成分</td></tr>
<tr><td colspan="2">含正长石</td><td colspan="2">含斜长石</td><td>不含长石</td></tr>
<tr><td>石英、云母、角闪石</td><td>黑云母、角闪石、辉石</td><td>角闪石、辉石、黑云母</td><td>辉石、角闪石、橄榄石</td><td>辉石、橄榄石、角闪石</td></tr>
<tr><td>深成的</td><td>等粒状，有时为斑状，所有矿物皆能用肉眼鉴别</td><td>花岗岩</td><td>正长岩</td><td>闪长岩</td><td>辉长岩</td><td>橄榄岩辉岩</td><td>岩基岩株</td></tr>
<tr><td>浅成的</td><td>斑状(斑晶较大且可用肉眼鉴别矿物)</td><td>花岗斑岩</td><td>正长斑岩</td><td>玢岩</td><td>辉绿岩</td><td>橄榄玢岩
(少见)</td><td>岩脉岩枝
岩盘</td></tr>
<tr><td rowspan="2">喷出的</td><td>玻璃状，有时为细粒斑状，矿物难于用肉眼鉴别</td><td>流纹岩</td><td>粗面岩</td><td>安山岩</td><td>玄武岩</td><td>苦橄岩
(少见)
金伯利岩</td><td>熔岩流</td></tr>
<tr><td>玻璃状或碎屑状</td><td colspan="5">黑曜岩、浮石、火山凝灰岩、火山碎屑岩、火山玻璃</td><td>火山喷出的堆积物</td></tr>
</table>

二、沉 积 岩

沉积岩，又称为水成岩，是由岩石、矿物在内外营力的作用下破碎成碎屑物质后，再经水流、风吹和冰川等的搬运，堆积在河、湖等大陆低洼地带或海洋，再经胶结、压密等成岩作用而成的岩石。

(一)沉积岩的主要特征

(1)层理构造显著，富含次生矿物、有机质。

(2)沉积岩中常含古代生物遗迹，经石化作用即成化石，即是生物化石。

(3)具有碎屑结构与非碎屑结构之分，有的具有干裂、孔隙、结核等。通常情况下沉积岩由岩石碎屑、矿物碎屑、火山碎屑及生物碎屑等构成，其中包括砾、砂、粉砂和泥等不同粒级的物质。各粒级沉积物使沉积岩具有砾状结构、砂状结构、粉状结构或泥状结构。

(4)沉积岩层面呈波状起伏，或残留波痕、雨痕、干裂、槽模、沟模等印模，或层内出现锯齿状缝合线或结核，均属沉积岩的原生构造特征。

(二)沉积岩的分类

沉积岩按成因主要分为碎屑沉积、化学沉积和生物沉积，具体分类见表 2-1-2。

表 2-1-2 沉积岩的分类

成因	硅质的	泥质的	灰质的	其他成分
碎屑沉积	石英砾岩、石英角砾岩、燧石角砾岩、砂岩、石英岩	泥岩、页岩、黏土岩	石灰砾岩、石灰角砾岩、多种石灰岩	集块岩
化学沉积	硅华、燧石、石髓岩	泥铁石	石笋、石钟乳、石灰华、白云岩、石灰岩、泥灰岩	岩盐、石膏、硬石膏、硝石
生物沉积	硅藻土	油页岩	白垩、白云岩、珊瑚石灰岩	煤炭、油砂、某种磷酸盐岩石

三、变 质 岩

地壳中的原岩(包括岩浆岩、沉积岩和已经生成的变质岩)，由于地壳运动、岩浆活动等所造成的物理和化学条件的变化，即在高温、高压和化学性活泼的物质(水气、各种挥发性气体和热水溶液)渗入的作用下，在固体状态下改变了原来岩石的结构、构造甚至矿物成分，形成一种新的岩石称为变质岩。

变质岩不仅具有自身独特的特点，而且还保存着原来岩石的某些特征。

(一)变质岩的主要特征

(1)有的具有片理(片状)构造，如片岩。

(2)有的呈片麻构造(未形成片状)，岩石断面上看到各种矿物成带状或条状等，如花岗片麻岩。

(3)有的呈板状构造，颗粒极小，肉眼难辨，如板岩。

(二)变质岩的分类

变质岩主要分为片状岩石类和块状岩石类，其具体分类及鉴定特征见表 2-1-3。

表 2-1-3 变质岩的分类

岩石类别	岩石名称	主要矿物成分	鉴 定 特 征
片状岩石类	片麻岩	石英、长石、云母	片麻状构造，浅色长石带和深色云母带互相交错，结晶粒状或斑状结构
	云母片岩	云母、石英	具有薄片理，片理面上有强的丝绢光泽，石英凭肉眼常看不到
	绿泥石片岩	绿泥石	绿色，常为鳞片状或叶片状的绿泥石块
	滑石片岩	滑石	鳞片状或叶片状的滑石块，用指甲可刻划，有滑感
	角闪石片岩	普通角闪石、石英	片理常常表现不明显，坚硬
	千枚岩、板岩	云母、石英等	具有片理，肉眼不易识别矿物，锤击有清脆声，并具有丝绢光泽，千枚岩表现得很明显

续上表

岩石类别	岩石名称	主要矿物成分	鉴 定 特 征
块状岩石类	大理岩	方解石、少量白云石	结晶粒状结构，遇盐酸起泡
	石英岩	石英	致密的、细粒的块体，坚硬，莫氏硬度为7度，玻璃光泽、断口贝壳状或次贝壳状

四、三大岩石的相互转化过程

岩浆岩、沉积岩和变质岩彼此都有一定的转化关系，当时间和地质条件发生改变以后，任何一类岩石都可以变为另外一类的岩石。

当原始物质经过热的作用或软流圈物质压力的降低，可产生部分熔融而形成岩浆。岩浆沿着地壳的裂隙上升至地壳的浅处，或经由火山喷发至地表，冷却形成岩浆岩。已存在的岩浆岩或沉积岩、变质岩，再经过风化、侵蚀、搬运、沉积、固结成岩作用后，形成沉积岩。沉积岩经过长时间在地壳深部受高温和高压的作用，而发生了变质作用，形成变质岩。也有一部分的变质岩是由岩浆岩受了高温高压的作用而变来的。

在地壳深部的变质岩经过高温的作用后，可产生深熔作用而再被熔为岩浆。有一部分的岩浆岩经过高温的作用后，亦可再熔融为岩浆，岩浆经结晶作用后又造成了新的岩浆岩，如此循环不已，形成地质大循环。地质大循环并非一成不变，而是一个复杂的过程。如此复杂的过程不断地反复进行，导致地壳体积的逐渐增加，同时组成地球的岩石与矿物，也不断地被破坏而再形成新的物质。

三大岩石相互转化的关系如图 2-1-2 所示。

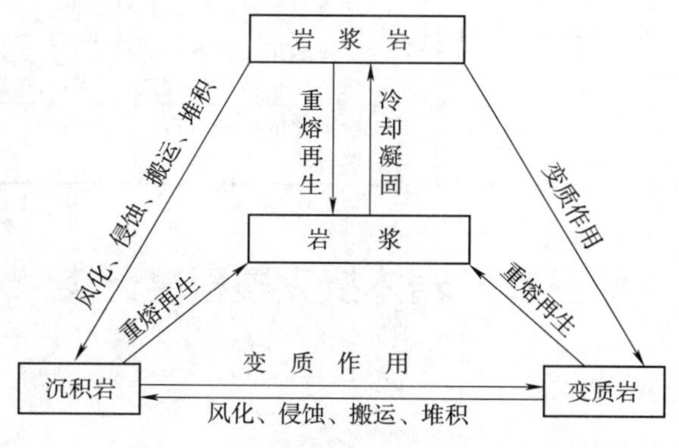

图 2-1-2 三大岩石相互转化的关系图

第二节 岩石按坚硬程度分类

一、按饱和单轴抗压强度划分

岩石坚硬程度按饱和单轴抗压强度可划分为坚硬岩、较硬岩、较软岩、软岩和极软岩，见表 2-1-4。

表 2-1-4 岩石坚硬程度的划分

坚硬程度	硬质岩		软质岩		
	坚硬岩	较硬岩	较软岩	软岩	极软岩
饱和单轴抗压强度(MPa)	$f_r>60$	$60\geqslant f_r>30$	$30\geqslant f_r>15$	$15\geqslant f_r>5$	$f_r\leqslant 5$

注:当岩体完整程度为极破碎时,可不进行坚硬程度分类。

当无法取得饱和单轴抗压强度数据时,可用点荷载试验强度指数换算成单轴抗压强度根据上表对岩石进行分类,换算方法如下:

$$f_r=22.82I_{s(50)}^{0.75} \tag{2-1-1}$$

式中 f_r——岩石饱和单轴抗压强度(MPa);

$I_{s(50)}$——点荷载试验强度指数(MPa)。

饱和单轴抗压强度及点荷载试验强度指数的测试规定见第三篇第五章第四节相应内容。

二、岩石坚硬程度定性划分

在现场工作时,也可按表 2-1-5 进行岩石坚硬程度的定性划分。

表 2-1-5 岩石坚硬程度等级的定性划分

名称	定性鉴定	代表性岩石
坚硬岩	锤击声清脆,有回弹,震手,难击碎;基本无吸水反应	未风化～微风化的花岗岩、闪长岩、辉绿岩、玄武岩、安山岩、片麻岩、石英岩、石英砂岩、硅质砾岩、硅质灰岩等
较硬岩	锤击声较清脆,有轻微回弹,稍震手,较难击碎;有轻微吸水反应	1. 微风化的坚硬岩; 2. 未风化～微风化的大理岩、板岩、石灰岩、白云岩、钙质砂岩等
较软岩	锤击声不清脆,无回弹,较易击碎;指甲可刻出印痕	1. 中等风化～强风化的坚硬岩或较硬岩; 2. 未风化～微风化的凝灰岩、千枚岩、砂质泥岩、泥灰岩等
软岩	锤击声哑,无回弹,有凹痕,易击碎;浸水后手可掰开	1. 强风化的坚硬岩或和较硬岩; 2. 中等风化～强风化的较软岩; 3. 未风化～微风化的页岩、泥岩、泥质砂岩等
极软岩	锤击声哑,无回弹,有较深凹痕,手可捏碎;浸水后,可捏成团	1. 全风化的各种岩石; 2. 各种半成岩

第三节 岩体按完整程度分类

一、岩体完整程度定量分类

(一)按岩体完整性指数分类

岩体完整程度可根据岩体完整性指数进行定量分类,见表 2-1-6。

表 2-1-6 岩体完整程度分类

完整程度	完整	较完整	较破碎	破碎	极破碎
完整性指数 K_v	>0.75	0.75～0.55	0.55～0.35	0.35～0.15	<0.15

注:选定岩体和岩块测定波速时,应注意其代表性。

岩体完整性指数 K_v 应按下式进行计算:

$$K_v=\left(\frac{v_{pm}}{v_{pr}}\right)^2 \tag{2-1-2}$$

式中 v_{pm}——岩体压缩波速度(km/s)；

v_{pr}——岩块压缩波速度(km/s)。

岩体完整性指数的测试应符合以下规定：

(1)应针对不同的工程地质岩组或岩性段，选择有代表性的测段测试岩体压缩波速度，并应在同一岩体中取样，测试岩石压缩波速度；

(2)对于岩浆岩，岩体压缩波速度测试宜覆盖岩体内各裂隙组发育区域；对沉积岩和变质岩，压缩波测试方向宜垂直于或大角度相交于岩层层面。

(二)按岩体体积节理数分类

当无条件取得岩体完整性指数实测值时，也可用岩体体积节理数进行分类，见表 2-1-7。

表 2-1-7 岩体完整程度分类

完整程度	完整	较完整	较破碎	破碎	极破碎
岩体体积节理数 J_v(条/m^3)	<3	3～10	10～20	20～35	>35

岩体体积节理数的测试应符合以下规定：

(1)应针对不同的工程地质岩组或岩性段，选择有代表性的出露面或开挖壁面进行节理(结构面)统计。有条件时宜选择两个正交岩体壁面进行统计。

(2)岩体体积节理数的测试应采用直接法或间距法。

(3)间距法测试应符合以下规定：

①测试应水平布置，测线长度不宜小于 5 m；根据具体情况，可增加垂直测线，垂直测线长度不宜小于 2 m。

②应对与测线相交的各结构面迹线交点位置及相应结构面产状进行编录，并根据产状分布情况对结构面进行分组。

③应对测线上同组结构面沿测线方向间距进行测量与统计，获得沿测线方向视间距。应根据结构面产状与测线方位，计算该组结构面沿法线方向的真间距，其算术平均值的倒数即为该组结构面沿法向每米长结构面的条数。

④对迹线长度大于 1 m 的分散节理应予以统计，已为硅质、铁质、钙质胶结的节理不应参与统计。

⑤岩体体积节理数值应根据节理统计结果按下式进行计算：

$$J_v=\sum_{i=1}^{n}S_i+S_0 \tag{2-1-3}$$

式中 J_v——岩体体积节理数(条/m^3)；

n——统计区域内结构面组数；

S_i——第 i 组结构面沿法向每米长结构面的条数，$i=1,\cdots,n$；

S_0——每立方米岩体非成组节理条数。

二、岩体完整程度定性分类

根据《工程岩体分级标准》(GB 50218—2014)规定，岩体完整程度也可按表 2-1-8 进行定性分类。

表 2-1-8 岩体完整程度的定性分类

<table>
<tr><td rowspan="2">完整程度</td><td colspan="2">结构面发育程度</td><td rowspan="2">主要结构面的结合程度</td><td rowspan="2">主要结构面类型</td><td rowspan="2">相应结构类型</td></tr>
<tr><td>组数</td><td>平均间距(m)</td></tr>
<tr><td>完整</td><td>1～2</td><td>>1.0</td><td>结合好或结合一般</td><td>节理、裂隙、层面</td><td>整体状或巨厚层状结构</td></tr>
<tr><td rowspan="2">较完整</td><td>1～2</td><td>>1.0</td><td>结合差</td><td rowspan="2">节理、裂隙、层面</td><td>块状或厚层结构</td></tr>
<tr><td>2～3</td><td>1.0～0.4</td><td>结合好或结合一般</td><td>块状结构</td></tr>
<tr><td rowspan="3">较破碎</td><td>2～3</td><td>1.0～0.4</td><td>结合差</td><td rowspan="3">节理、裂隙、劈理、层面、小断层</td><td>裂隙块状或中厚层状结构</td></tr>
<tr><td rowspan="2">≥3</td><td rowspan="2">0.4～0.2</td><td>结合好</td><td>镶嵌碎裂结构</td></tr>
<tr><td>结合一般</td><td>薄层状结构</td></tr>
<tr><td rowspan="2">破碎</td><td rowspan="2">≥3</td><td>0.4～0.2</td><td>结合差</td><td rowspan="2">各种类型结构面</td><td>裂隙块状结构</td></tr>
<tr><td>≤0.2</td><td>结合一般或结合差</td><td>碎裂结构</td></tr>
<tr><td>极破碎</td><td colspan="2">无序</td><td>结合很差</td><td>—</td><td>散体状结构</td></tr>
</table>

注:平均间距指主要结构面间距的平均值。

结构面的结合程度,应根据结构面的特征,按表 2-1-9 确定。

表 2-1-9 结构面的结合程度分类

结合程度	结 构 面 特 征
结合好	张开度小于 1 mm,为硅质、铁质或钙质胶结,或结构面粗糙,无充填物; 张开度 1～3 mm,为硅质或铁质胶结; 张开度大于 3 mm,结构面粗糙,为硅质胶结
结合一般	张开度小于 1 mm,结构面平直,为钙泥质胶结或无充填物; 张开度 1～3 mm,为钙质胶结; 张开度大于 3 mm,结构面粗糙,为铁质或钙质胶结
结合差	张开度 1～3 mm,结构面平直,为泥质胶结或钙泥质胶结; 张开度大于 3 mm,多为泥质或岩屑充填
结合很差	泥质充填或泥夹岩屑充填,充填物厚度大于起伏差

第四节 岩体按基本质量等级分类

一、岩体基本质量分级

1. 根据《城市轨道交通岩土工程勘察规范》(GB 50307—2012),岩体基本质量等级应根据岩石坚硬程度和岩体完整程度按表 2-1-10 进行划分。

表 2-1-10 岩体基本质量等级分类

坚硬程度	完 整 程 度				
	完整	较完整	较破碎	破碎	极破碎
坚硬岩	Ⅰ	Ⅱ	Ⅲ	Ⅳ	Ⅴ
较硬岩	Ⅱ	Ⅲ	Ⅳ	Ⅳ	Ⅴ
较软岩	Ⅲ	Ⅳ	Ⅳ	Ⅴ	Ⅴ

续上表

坚硬程度	完整程度				
	完整	较完整	较破碎	破碎	极破碎
软岩	Ⅳ	Ⅳ	Ⅴ	Ⅴ	Ⅴ
极软岩	Ⅴ	Ⅴ	Ⅴ	Ⅴ	Ⅴ

2. 按照《工程岩体分级标准》(GB 50218—2014)规定，岩体基本质量分级，应根据岩体基本质量的定性特征及岩体基本质量指标 BQ 两者相结合，并按表 2-1-11 确定。

表 2-1-11 岩体基本质量分级

岩体基本质量级别	岩体基本质量的定性特征	岩体基本质量指标(BQ)
Ⅰ	坚硬岩，岩体完整	>550
Ⅱ	坚硬岩，岩体较完整； 较坚硬岩，岩体完整	550～451
Ⅲ	坚硬岩，岩体较破碎； 较坚硬岩，岩体较完整； 较软岩，岩体完整	450～351
Ⅳ	坚硬岩，岩体破碎； 较坚硬岩，岩体较破碎～破碎； 较软岩，岩体较完整～较破碎； 软岩，岩体完整～较完整	350～251
Ⅴ	较软岩，岩体破碎； 软岩，岩体较破碎～破碎； 全部极软岩及全部极破碎岩	≤250

注：当根据岩体基本质量的定性特征和岩体基本质量指标 BQ 确定的级别不一致时，应通过对定性划分和定量指标的综合分析，确定岩体基本质量级别。当两者的级别划分相差达 1 级及以上时，应进一步补充测试。

岩体基本质量指标 BQ 按下式计算：

$$BQ=100+3f_r+250K_v \tag{2-1-4}$$

式中 f_r——岩石饱和单轴抗压强度(MPa)；

K_v——岩体完整性指数。

使用该公式计算时，应符合以下规定：

(1)当 $f_r>90K_v+30$ 时，应以 $f_r=90K_v+30$ 和 K_v 代入计算 BQ 值。

(2)当 $K_v>0.04f_r+0.4$ 时，应以 $K_v=0.04f_r+0.4$ 和 f_r 代入计算 BQ 值。

二、岩体基本质量指标的修正

1. 地下工程岩体详细定级，当遇有下列情况之一时，应对岩体基本质量指标 BQ 进行修正，并以修正后获得的工程岩体质量指标依据表 2-1-11 确定岩体级别。

(1)有地下水。

(2)岩体稳定性受结构面影响，且有一组起控制作用。

(3)工程岩体存在由强度应力比所表征的初始应力状态。

2. 地下工程岩体质量指标[BQ]，可按下式计算。其修正系数 K_1、K_2、K_3 值，可分别按表 2-1-12～表 2-1-14 确定。

$$[BQ]=BQ-100(K_1+K_2+K_3) \tag{2-1-5}$$

式中 [BQ]——地下工程岩体质量指标；

K_1——地下工程地下水影响修正系数；

K_2——地下工程主要结构面产状影响修正系数；

K_3——初始应力状态影响修正系数。

表 2-1-12 地下工程地下水影响修正系数 K_1

地下水出水状态	BQ				
	>550	550～451	450～351	350～251	≤250
潮湿或点滴状出水，$p\leqslant 0.1$ 或 $Q\leqslant 25$	0	0	0～0.1	0.2～0.3	0.4～0.6
淋雨状或线流状出水，$0.1<p\leqslant 0.5$ 或 $25<Q\leqslant 125$	0～0.1	0.1～0.2	0.2～0.3	0.4～0.6	0.7～0.9
涌流状出水，$p>0.5$ 或 $Q>125$	0.1～0.2	0.2～0.3	0.4～0.6	0.7～0.9	1.0

注：1. p 为地下工程围岩裂隙水压力（MPa）。
2. Q 为每 10 m 洞长出水量[L/(min · 10 m)]。

表 2-1-13 地下工程主要结构面产状影响修正系数 K_2

结构面产状及其与洞轴线的组合关系	结构面走向与洞轴线夹角<30° 结构面倾角 30°～75°	结构面走向与洞轴线夹角>60° 结构面倾角>75°	其他组合
K_2	0.4～0.6	0～0.2	0.2～0.4

表 2-1-14 初始应力状态影响修正系数 K_3

围岩强度应力比 $\left(\frac{f_r}{\sigma_{max}}\right)$	BQ				
	>550	550～451	450～351	350～251	≤250
<4	1.0	1.0	1.0～1.5	1.0～1.5	1.0
4～7	0.5	0.5	0.5	0.5～1.0	0.5～1.0

三、岩体评价

确定了岩体分级后，各级岩体的物理力学参数和围岩自稳能力按表 2-1-15～表 2-1-17 进行评价。

1. 根据岩体基本质量级别可按表 2-1-15 确定各基本质量级别岩体的物理力学参数。

表 2-1-15 岩体物理力学参数

岩体基本质量级别	重力密度 γ (kN/m³)	抗剪断峰值强度		变形模量 E(GPa)	泊松比 μ
		内摩擦角 φ(°)	黏聚力 c(MPa)		
Ⅰ	>26.5	>60	>2.1	>33	<0.20
Ⅱ		60～50	2.1～1.5	33～16	0.20～0.25
Ⅲ	26.5～24.5	50～39	1.5～0.7	16～6	0.25～0.30

续上表

岩体基本质量级别	重力密度 γ (kN/m³)	抗剪断峰值强度		变形模量 E(GPa)	泊松比 μ
		内摩擦角 φ(°)	黏聚力 c(MPa)		
Ⅳ	24.5～22.5	39～27	0.7～0.2	6～1.3	0.30～0.35
Ⅴ	<22.5	<27	<0.2	<1.3	>0.35

2. 岩体结构面抗剪断峰值强度参数可根据其两侧岩石坚硬程度和结构面的结合程度，按表 2-1-16 进行确定。

表 2-1-16 岩体结构面抗剪断峰值强度

类别	两侧岩石的坚硬程度及结构面的结合程度	内摩擦角 φ(°)	黏聚力 c(MPa)
1	坚硬岩，结合好	>37	>0.22
2	坚硬～较坚硬岩，结合一般； 较软岩，结合好	37～29	0.22～0.12
3	坚硬～较坚硬岩，结合差； 较软岩～软岩，结合一般	29～19	0.12～0.08
4	较坚硬～较软岩，结合差～结合很差； 软岩，结合差； 软质岩的泥化面	19～13	0.08～0.05
5	较坚硬岩及全部软质岩，结合很差； 软质岩泥化层本身	<13	<0.05

3. 地下工程岩体自稳能力，应按表 2-1-17 确定。

表 2-1-17 地下工程岩体自稳能力

岩体级别	自 稳 能 力
Ⅰ	跨度≤20 m，可长期稳定，偶有掉块，无塌方
Ⅱ	跨度<10 m，可长期稳定，偶有掉块； 跨度 10～20 m，可基本稳定，局部可发生掉块或小塌方
Ⅲ	跨度<5 m，可基本稳定； 跨度 5～10 m，可稳定数月，可发生局部块体位移及小、中塌方； 跨度 10～20 m，可稳定数日至 1 个月，可发生小、中塌方
Ⅳ	跨度≤5 m，可稳定数日至 1 个月； 跨度>5 m，一般无自稳能力，数日至数月内可发生松动变形、小塌方，进而发展为中、大塌方。埋深小时，以拱部松动破坏为主，埋深大时，有明显塑性流动变形和挤压破坏
Ⅴ	无自稳能力

注：1. 小塌方：塌方高度小于 3 m，或塌方体积小于 30 m³。
2. 中塌方：塌方高度 3～6 m，或塌方体积 30～100 m³。
3. 大塌方：塌方高度大于 6 m，或塌方体积大于 100 m³。

第五节 岩石按风化程度分类

根据《城市轨道交通岩土工程勘察规范》(GB 50307—2012)，岩石风化程度应按表 2-1-18 分为未风化岩石、微风化岩石、中等风化岩石、强风化岩石和全风化岩石。

表 2-1-18 岩石按风化程度分类

风化程度	野外特征	风化程度参数指标	
		波速比	风化系数
未风化	结构和构造未变，岩质新鲜，偶见风化痕迹	0.9～1.0	0.9～1.0
微风化	结构和构造基本未变，仅节理面有铁锰质渲染或矿物略有变色，有少量风化裂隙	0.8～0.9	0.8～0.9
中等风化	1. 组织结构部分破坏，矿物成分基本未变，沿节理面出现次生矿物，风化裂隙发育； 2. 岩体被节理、裂隙分割成块状(200～500 mm)，硬质岩，锤击声脆，且不易击碎；软质岩锤击易碎； 3. 用镐难挖掘，用岩芯钻方可钻进	0.6～0.8	0.4～0.8
强风化	1. 组织结构已大部分破坏，矿物成分已显著变化； 2. 岩体被节理、裂隙分割成碎石状(20～200 mm)，碎石用手可以折断； 3. 用镐可以挖掘，用干钻不易钻进	0.4～0.6	<0.4
全风化	1. 结构已基本破坏，但尚可辨认； 2. 岩石已风化成坚硬或密实土状，可用镐挖，干钻可钻进； 3. 需机械普遍刨松方能铲挖满载	0.2～0.4	—
残积土	组织结构全部破坏，已风化成土状，锹镐易挖掘，干钻易钻进，具可塑性	<0.2	—

注：1. 波速比为风化岩石与新鲜岩石压缩波速之比。
2. 风化系数为风化岩石与新鲜岩石饱和单轴抗压强度之比。
3. 岩石风化程度，除按表列野外特征和定量指标划分外，也可根据经验划分。
4. 花岗岩类岩石，可采用标准贯入试验划分，$N \geqslant 50$ 为强风化；$50 > N \geqslant 30$ 为全风化；$N < 30$ 为残积土；
5. 泥岩和半成岩，可不进行风化程度划分。

第六节 岩石按软化程度分类

岩石按软化系数 K_R 可分为易软化岩石和不易软化岩石。具体按表 2-1-19 进行分类。

表 2-1-19 岩石按软化程度分类

岩石分类	软化系数 K_R
易软化岩石	≤0.75
不易软化岩石	>0.75

当岩石具有特殊成分、特殊结构或特殊性质时，应定为特殊性岩石，如易溶性岩石、膨胀性岩石、崩解性岩石、盐渍化岩石等。

岩石的软化系数 K_R 按下式进行计算：

$$K_R = \frac{R_b}{R_c} \tag{2-1-6}$$

式中 R_b——岩石饱和单轴极限抗压强度(MPa)；

R_c——岩石干燥单轴极限抗压强度(MPa)。

第七节 岩体按岩石的质量指标 RQD 分类

岩体可根据岩石的质量指标 RQD 进行划分，具体按表 2-1-20 进行分类。

表 2-1-20 岩体按岩石的质量指标(RQD)分类

岩体 RQD 分类	RQD(%)
好	RQD>90
较好	90⩾RQD>75
较差	75⩾RQD>50
差	50⩾RQD>25
极差	RQD⩽25

注：RQD 指钻孔中用 N 型(直径 75 mm)二重管金刚石钻头获取的大于 10 cm 的岩芯段长度与该回次钻进深度之比。

第八节 岩体按结构类型分类

岩体可按结构类型分类，具体按表 2-1-21 进行分类。

表 2-1-21 岩体按结构类型分类

岩体结构类型	岩体地质类型	结构体形状	结构面发育情况	岩土工程特征	可能发生的岩土工程问题
整体状结构	巨块状岩浆岩、变质岩、巨厚层沉积岩	巨块状	以层面和原生构造节理为主，多呈闭合型，间距大于 1.5 m，一般为 1～2 组，无危险结构	整体性强度高，岩体稳定，可视为均质弹性各向同性体	要注意由结构面组合而成的不稳定结构体的局部滑动或坍塌，深埋洞室要注意岩爆
块状结构	厚层状沉积岩、块状岩浆岩、变质岩	块状柱状	只有少量贯穿性较好节理裂隙，结构面间距 0.7～1.5 m。一般为 2～3 组，有少量分离体	整体强度较高，结构面互相牵制，岩体基本稳定，接近弹性各向同性体	
层状结构	多韵律的薄层及中厚层状沉积岩、副变质岩	层状板状	有层理、片理、节理，但以风化裂隙为主，常有层间错动	岩体接近均一的各向异性体，其变形及强度受层面控制，可视为各向异性弹塑性体，稳定性较差	可沿结构面滑塌，软岩可产生塑性变形
碎裂状结构	构造影响严重的破碎岩层	碎块状	断层、节理、片理发育，结构面间距 0.25～0.50 m，一般在 3 组以上，有许多分离体	完整性破坏较大，整体强度很低，并受软弱结构面控制，呈弹塑性体，稳定性很差	易引起规模较大的岩块失稳，地下水加剧失稳
散体状结构	断层破碎带、强风化及全风化带	碎屑状	构造及风化裂隙密集，结构面错综复杂，多充填黏性土，形成无序小块和碎屑	完整性遭到极大破坏，稳定性极差，岩体属性接近松散体介质	

第二章　土的分类

根据《城市轨道交通岩土工程勘察规范》(GB 50307—2012)，土可按以下类型进行分类。

第一节　按沉积年代分类

土按沉积年代分为老沉积土、一般沉积土、新近沉积土并应符合下列规定：

(1)老沉积土：第四纪晚更新世 Q_3 及其以前沉积的土。

(2)一般沉积土：第四纪全新世早期沉积的土，代号为 Q_4^1。

(3)新近沉积土：第四纪全新世中晚期(一般指文化期以来)沉积的土，代号为 Q_4^2。

此外，黄土根据沉积时代和沉积环境分为新黄土和老黄土。新黄土可分为一般新黄土和新近沉积黄土，老黄土包括午城黄土和离石黄土。

第二节　按地质成因分类

土按地质成因可分为人工堆积土、残积土、坡积土(滑坡堆积土、泥石流堆积土)、洪积土、冲积土、冰积土、风积土、湖积土、化学堆积土、生物堆积土、火山堆积土、崩积土、沼泽沉积土、海相沉积土、海陆交互相堆积土及冰水沉积土等，或者是上述两种或两种以上成因的混合成因。

土的成因类型及其代号见表 2-2-1。

表 2-2-1　土的成因类型及代号

成因类型	代号	成因类型	代号	成因类型	代号
人工堆积土	Q^{ml}	湖积土	Q^{l}	沼泽沉积土	Q^{h}
残积土	Q^{el}	化学堆积土	Q^{ch}	海相沉积土	Q^{m}
坡积土	Q^{dl}	生物堆积土	Q^{o}	海陆交互相堆积土	Q^{mc}
洪积土	Q^{pl}	火山堆积土	Q^{vl}	冰水沉积土	Q^{fgl}
冲积土	Q^{al}	崩积土	Q^{col}	—	—
冰积土	Q^{gl}	滑坡堆积土	Q^{del}	—	—
风积土	Q^{eol}	泥石流堆积土	Q^{sel}	—	—

注：1. 两种成因混合而成的沉(堆)积土，可采用混合符号，例如：冲积和洪积混合层，可用 Q^{al+pl} 表示。

2. 地层和成因的符号可以合起来使用，例如：由冲积形成的第四系上更新统，可用 Q_3^{al} 表示。

第三节　按有机质含量分类

土根据有机质含量(W_u)可按表 2-2-2 进行分类。

表 2-2-2　土按有机质含量(W_u)分类

土的名称	有机质含量 W_u(%)	现场鉴别特征	说　明
无机土	$W_u<5\%$	—	—
有机质土	$5\%\leqslant W_u\leqslant 10\%$	深灰色,有光泽,味臭,除腐殖质外尚含少量未完全分解的动植物体,浸水后水面出现气泡,干燥后体积有收缩	1. 如现场能鉴别有机质土或有地区经验时,可不做有机质含量鉴定; 2. 当 $w>w_L$,$1.0\leqslant e<1.5$ 时称为淤泥质土,当 $w>w_L$,$e\geqslant 1.5$ 时称为淤泥
泥炭质土	$10\%<W_u\leqslant 60\%$	深灰或黑色,有腥臭味,能看到未完全分解的植物结构,浸水体胀,易崩解,有植物残渣浮于水中,干缩现象明显	根据地区特点和需要,也可按 W_u 细分为: 弱泥炭质土($10\%<W_u\leqslant 25\%$); 中泥炭质土($25\%<W_u\leqslant 40\%$); 强泥炭质土($40\%<W_u\leqslant 60\%$)
泥炭	$W_u>60\%$	除有泥炭质土特征外,结构松散,土质很轻,暗无光泽,干缩现象极为明显	—

注:有机质含量 W_u 为 550 ℃时的灼失量。

第四节　按颗粒级配或塑性指数分类

土按颗粒级配或塑性指数可分为碎石土、砂土、粉土和黏性土。

一、碎 石 土

粒径大于 2 mm 颗粒的质量超过总质量 50%的土,应定名为碎石土,并按表 2-2-3 进一步分类。

表 2-2-3　碎石土的分类

土的名称	颗粒形状	颗　粒　含　量
漂石	圆形和亚圆形为主	粒径大于 200 mm 颗粒的质量超过总质量的 50%
块石	棱角形为主	
卵石	圆形和亚圆形为主	粒径大于 20 mm 颗粒的质量超过总质量的 50%
碎石	棱角形为主	
圆砾	圆形和亚圆形为主	粒径大于 2 mm 颗粒的质量超过总质量的 50%
角砾	棱角形为主	

注:分类时应根据粒组含量由大到小,以最先符合者确定。

二、砂　　土

粒径大于 2 mm 颗粒的质量不超过总质量 50%、粒径大于 0.075 mm 颗粒的质量超过总质量 50%的土,应定名为砂土,并按表 2-2-4 进一步分类。

表 2-2-4 砂土的分类

土的名称	颗 粒 含 量
砾砂	粒径大于 2 mm 颗粒的质量占总质量大于 25%,且小于 50%
粗砂	粒径大于 0.5 mm 颗粒的质量超过总质量 50%
中砂	粒径大于 0.25 mm 颗粒的质量超过总质量 50%
细砂	粒径大于 0.075 mm 颗粒的质量超过总质量 85%
粉砂	粒径大于 0.075 mm 颗粒的质量超过总质量 50%

注:分类时应根据粒组含量由大到小,以最先符合者确定。

三、粉 土

粒径大于 0.075 mm 颗粒的质量不超过总质量 50%,且塑性指数 I_p 等于或小于 10 的土,应定名为粉土。粉土可按表 2-2-5 进一步划分为砂质粉土和黏质粉土。

表 2-2-5 粉土的分类

土的名称	塑性指数 I_P
砂质粉土	$3<I_P\leqslant 7$
黏质粉土	$7<I_P\leqslant 10$

注:塑性指数由相应于 76 g 圆锥体沉入土样中深度为 10 mm 时测定的液限计算而得。当有地区经验时,可结合地区经验综合考虑。

四、黏 性 土

塑性指数 I_p 大于 10 的土应定名为黏性土,并按表 2-2-6 进一步分类。

表 2-2-6 黏性土分类

土的名称	塑性指数 I_P
粉质黏土	$10<I_P\leqslant 17$
黏土	$I_P>17$

注:塑性指数由相应于 76 g 圆锥体沉入土样中深度为 10 mm 时测定的液限计算而得。

第五节 按特殊性质分类

土按特殊性质可分为填土、软土(包括淤泥和淤泥质土)、湿陷性土、膨胀岩土、残积土、盐渍土、红黏土、多年冻土、混合土及污染土等。各特殊性土的定义及相关勘察要求见本书第三篇第七章相关内容。

特殊性岩土的划分具有重要的工程意义。

填土:主要分为杂填土、素填土和填筑土,在城市中填土分布很广,但规律性很差,成分复杂,对城市轨道交通设计和施工影响很大,在已有城市轨道交通建设中,由于对填土重视程度不够和相关措施不到位,工程事故时有发生。

湿陷性土:在我国北方广泛分布的特殊性岩土,主要分布在秦岭、伏牛山以北的华北、西北、东北广大地域。如在西安城市轨道交通工程存在着湿陷性黄土。

膨胀岩土:在地下工程中,由于膨胀岩土富含亲水矿物,吸水显著膨胀、软化、崩、解,失水急剧收缩,往往具有高塑性指数 I_P,在地下盾构施工时,易形成泥饼,勘察时应高度重视。如在南宁和合肥地区的城市轨道交通勘察中发现了膨胀性岩土。

混合土:混合土是指颗粒级配极不连续,主要由黏粒、粉粒、砾粒和漂砾粒组成。如将其作筛分,据其颗粒组成可定名为碎石土或砂土,再将其细粒部分作可塑性试验,根据其塑性指数又可定名为粉土或黏性土。这类土的性质,常处于粗粒土和细粒土之间,粗粒土和细粒土在施工中需要采取的工程措施不同,勘察过程中对隧道或基坑开挖不能简单地按照粗粒或细粒土进行评价。

此外,这类土粗细混杂,常常需要专门的勘探方法和室内外试验。目前对于这类土研究不多,尚缺乏成套的经验和资料。在这类土地区勘察时,应参照有关规范及手册进行工作,进一步积累经验。这类土的成因主要为残积坡积、洪积和冰碛。

污染土:随着城市建设的发展,历史或现状存在一些污染企业,如印染、造纸、制革、冶炼、铸造等,对岩土层产生污染,使岩土层具有腐蚀性,岩土性状发生变化。由于城市轨道交通线路不可避免会穿越城市历史或现状的工业场地,可能分布有污染土层,对于富集有毒成分(包括气体)的土层,可能对施工与运营安全带来潜在风险,特别是地下线路,在勘察过程中应引起重视。

第三章　岩土的描述与鉴别

第一节　岩土的描述

一、岩石的描述

(1)岩石的描述应包括地质年代、名称、风化程度、颜色、主要矿物,结构、构造和岩石质量指标(RQD)。对沉积岩应着重描述沉积物的颗粒大小、形状、胶结物成分和胶结程度;对岩浆岩和变质岩应着重描述矿物结晶大小和结晶程度。

(2)岩体的描述应包括结构面、结构体、岩层厚度和结构类型,并应符合下列规定:

①结构面的描述包括类型、性质、产状、组合形式、发育程度、延展情况、闭合程度、粗糙程度、充填情况和充填物性质以及充水性质等。

②结构体的描述包括类型、形状、大小和结构体在围岩中的受力情况等。

③结构类型可按表 2-1-21 进行分类。

④岩层厚度分类应按表 2-3-1 执行。

表 2-3-1　岩层厚度分类

层厚分类	单层厚度 h(m)	层厚分类	单层厚度 h(m)
巨厚层	$h>1.0$	中厚层	$0.1<h\leqslant 0.5$
厚层	$0.5<h\leqslant 1.0$	薄层	$h\leqslant 0.1$

(3)对岩体基本质量等级为Ⅳ级和Ⅴ级的岩体,鉴定和描述除按第(1)条、第(2)条执行外,尚应符合下列规定:

①对软岩和极软岩,应注意是否具有可软化性、膨胀性、崩解性等特殊性质。

②对极破碎岩体,应说明破碎原因。

③开挖后是否有进一步风化的特性。

二、土的描述

土的描述应符合下列规定:

(1)碎石土宜描述颜色、颗粒级配、最大粒径、颗粒形状、颗粒排列、母岩成分、风化程度、充填物和充填程度、密实度、层理特征等。

(2)砂土宜描述颜色、矿物组成、颗粒级配、颗粒形状、细粒含量、湿度、密实度及层理特征等。

(3)粉土宜描述颜色、含有物、湿度、密实度、摇振反应及层理特征等。

(4)黏性土宜描述颜色、状态、含有物、光泽反应、土的结构、层理特征及状态、断面状态等。

(5)特殊性土除描述上述相应土类规定的内容外，尚应描述其特殊成分和特殊性质；如对淤泥尚应描述嗅味，对填土尚应描述物质成分、堆积年代、密实度、厚度以及均匀程度等，对黄土状土的描述，应在定名的黏性土和粉土前，冠以黄土状。如：黄土状黏土、黄土状粉质黏土。对黄土状土应着重描述其构造、颜色、湿度及包含物等特征。

(6)对同一土层中相间呈韵律沉积，当薄层与厚层的厚度比大于1/3时，宜定为“互层”；厚度比为1/10～1/3时，宜定为“夹层”；厚度比小于1/10的土层，且多次出现时，宜定为“夹薄层”。

(7)对具有互层、夹层、夹薄层特征的土，尚应描述各层的厚度和层理特征。

三、野外描述的其他要求

(1)描述间隔：为了准确分层，严格控制每次钻进深度。要求一般每隔0.5 m进行一次描述(对均匀巨厚的砂卵石层可适当放宽至1.0～2.0 m)。

(2)交互层：为两种以上不同类型土的薄层交互出现者。定名主要土层在后，次要土层在前。如：粉砂与黏土交互层，指黏土为主，粉砂为次。

(3)夹层：一般为非均质。它不同于主要土层的薄层，当其厚度小于10 cm时，只在描述里说明即可。

(4)包含物：按分布情况分为：含、混、夹，若分布均匀指“含”，如含氧化铁；分布不均匀写“混”或“夹”，如混黏性土或夹碎石。

(5)钻进量尺：应准确量测并作好记录，当换用钻头或抽筒时应注意换算尺寸。当下管时应记录套管总长、总根数和每次所加套管的长度。

(6)应准确记录每次取土水试样的位置和标贯，动力触探试验的深度和击数。

(7)钻孔施工时，如因自然条件限制，须移孔位时，应在图上注明新孔位，并在记录上说明原因。

(8)对遇有地下水的钻孔应在拔套管之前，测量地下水稳定水位。如遇有两层地下水应隔水分层测量。

(9)野外描述人员应带的东西：记录包、记录夹、野外记录用纸、土水试样标签、铅笔、铅笔刀、削土刀、比例尺、皮尺(或测绳)、盒尺、粉笔等常用物品。

第二节　岩土的鉴别

一、岩石坚硬程度和风化程度的野外鉴别

岩石坚硬程度和风化程度的野外鉴别详见表2-1-5和表2-1-18。

二、土的密实度分类与野外鉴别

(一)碎石土的密实度分类与野外鉴别

1. 碎石土的密实度可根据圆锥动力触探锤击数按表2-3-2和2-3-3确定。

表 2-3-2 碎石土密实度按 $N_{63.5}$ 分类

重型动力触探锤击数 $N_{63.5}$	密实度	重型动力触探锤击数 $N_{63.5}$	密实度
$N_{63.5} \leqslant 5$	松散	$10 < N_{63.5} \leqslant 20$	中密
$5 < N_{63.5} \leqslant 10$	稍密	$N_{63.5} > 20$	密实

注：本表适用于平均粒径等于或小于 50 mm，且最大粒径小于 100 mm 的碎石土。对于平均粒径大于 50 mm，或最大粒径大于 100 mm 的碎石土，可用超重型动力触探或用野外观察鉴别。

表 2-3-3 碎石土密实度按 N_{120} 分类

超重型动力触探锤击数 N_{120}	密实度	超重型动力触探锤击数 N_{120}	密实度
$N_{120} \leqslant 3$	松散	$11 < N_{120} \leqslant 14$	密实
$3 < N_{120} \leqslant 6$	稍密	$N_{120} > 14$	很密
$6 < N_{120} \leqslant 11$	中密	—	—

表中的 $N_{63.5}$ 和 N_{120} 是根据实测重型圆锥动力触探锤击数 $N'_{63.5}$ 和 N'_{120} 按下列规定进行修正后得到的锤击数。

(1)重型圆锥动力触探修正

当采用重型圆锥动力触探确定碎石土密实度时，锤击数 $N_{63.5}$ 应按下式修正：

$$N_{63.5} = \alpha_1 \times N'_{63.5} \tag{2-3-1}$$

式中 $N_{63.5}$——修正后的重型圆锥动力触探锤击数；

α_1——修正系数，按表 2-3-4 取值；

$N'_{63.5}$——实测重型圆锥动力触探锤击数。

表 2-3-4 重型圆锥动力触探锤击数修正系数

L(m)	$N'_{63.5}$								
	5	10	15	20	25	30	35	40	≥50
2	1.00	1.00	1.00	1.00	1.00	1.00	1.00	1.00	
4	0.96	0.95	0.93	0.92	0.90	0.89	0.87	0.86	0.84
6	0.93	0.90	0.88	0.85	0.83	0.81	0.79	0.78	0.75
8	0.90	0.86	0.83	0.80	0.77	0.75	0.73	0.71	0.67
10	0.88	0.83	0.79	0.75	0.72	0.69	0.67	0.64	0.61
12	0.85	0.79	0.75	0.70	0.67	0.64	0.61	0.59	0.55
14	0.82	0.76	0.71	0.66	0.62	0.58	0.56	0.53	0.50
16	0.79	0.73	0.67	0.62	0.57	0.54	0.51	0.48	0.45
18	0.77	0.70	0.63	0.57	0.53	0.49	0.46	0.43	0.40
20	0.75	0.67	0.59	0.53	0.48	0.44	0.41	0.39	0.36

注：表中 L 为杆长。

(2)超重型圆锥动力触探修正

当采用超重型圆锥动力触探确定碎石土密实度时，锤击数 N_{120} 应按下式修正：

$$N_{120} = \alpha_2 \times N'_{120} \tag{2-3-2}$$

式中 N_{120}——修正后的超重型圆锥动力触探锤击数；

α_2——修正系数，按表 2-3-5 取值；

N'_{120}——实测超重型圆锥动力触探锤击数。

表 2-3-5　超重型圆锥动力触探锤击数修正系数

L(m)	N'_{120}											
	1	3	5	7	9	10	15	20	25	30	35	40
1	1.00	1.00	1.00	1.00	1.00	1.00	1.00	1.00	1.00	1.00	1.00	1.00
2	0.96	0.92	0.91	0.90	0.90	0.90	0.90	0.89	0.89	0.88	0.88	0.88
3	0.94	0.88	0.86	0.85	0.84	0.84	0.84	0.83	0.82	0.82	0.81	0.81
5	0.92	0.82	0.79	0.78	0.77	0.77	0.76	0.75	0.74	0.73	0.72	0.72
7	0.90	0.78	0.75	0.74	0.73	0.72	0.71	0.70	0.68	0.68	0.67	0.66
9	0.88	0.75	0.72	0.70	0.69	0.68	0.67	0.66	0.64	0.63	0.62	0.62
11	0.87	0.73	0.69	0.67	0.66	0.66	0.64	0.62	0.61	0.60	0.59	0.58
13	0.86	0.71	0.67	0.65	0.64	0.63	0.61	0.60	0.58	0.57	0.56	0.55
15	0.86	0.69	0.65	0.63	0.62	0.61	0.59	0.58	0.56	0.55	0.54	0.53
17	0.85	0.68	0.63	0.61	0.60	0.60	0.57	0.56	0.54	0.53	0.52	0.50
19	0.84	0.66	0.62	0.60	0.58	0.58	0.56	0.54	0.52	0.51	0.50	0.48

注：表中 L 为杆长。

2. 碎石土的密实度野外鉴别可按表 2-3-6 执行。

表 2-3-6　碎石土密实度野外鉴别

密实度	骨架颗粒的质量和排列	可挖性	可钻性
密实	骨架颗粒的质量大于总质量的 70%，呈交错排列，连续接触，孔隙为中、粗、砾砂等填充	锹镐挖掘困难，用撬棍方能松动，井壁较稳定	钻进极困难，冲击钻探时钻杆、吊锤跳动剧烈，孔壁较稳定
中密	骨架颗粒的质量等于总质量的 60%～70%，呈交错排列，大部分接触，孔隙为砂土或密实坚硬的黏性土、粉土填充	锹镐可挖掘，井壁有掉块现象，从井壁取出大颗料后能保持颗粒凹面形状	钻进较困难，冲击钻探时钻杆、吊锤跳动不剧烈，孔壁有坍塌现象
稍密（松散）	骨架颗粒的质量小于总质量的 60%，排列较乱，大部分不接触，孔隙为中密的砂土或可塑的黏性土填充	锹可以挖掘，井壁易坍塌，从井壁取出大颗粒后，砂土立即塌落	钻进较容易、冲击钻探时，钻杆稍有跳动，孔壁易坍塌

注：密实度应按表列各项特征综合确定。

（二）砂土的密实度分类与野外鉴别

（1）砂土的密实度应根据标准贯入试验锤击数实测值 N 划分为密实、中密、稍密和松散，并应符合表 2-3-7 的规定。

表 2-3-7　砂土密实度按 N 分类

标准贯入锤击数 N	密实度	标准贯入锤击数 N	密实度
$N \leqslant 10$	松散	$15 < N \leqslant 30$	中密
$10 < N \leqslant 15$	稍密	$N > 30$	密实

（2）砂土的密实度可按相对密度 D_r 分为密实、中密和松散，见表 2-3-8。

表 2-3-8 砂土密实度按 D_r 分类

相对密度 D_r	密实度
$D_r \leqslant 0.33$	松散
$0.33 < D_r \leqslant 0.40$	稍密
$0.40 < D_r \leqslant 0.67$	中密
$D_r > 0.67$	密实

(3)砂土的密实度可按孔隙比 e 分为密实、中密、稍密和松散，见表 2-3-9。

表 2-3-9 砂土密实度按 e 分类

砂土类别	密 实	中 密	稍 密	松 散
砾砂、粗砂、中砂	$e < 0.60$	$0.60 \leqslant e \leqslant 0.75$	$0.75 < e \leqslant 0.85$	$e > 0.85$
细砂、粉砂	$e < 0.70$	$0.70 \leqslant e \leqslant 0.85$	$0.85 < e \leqslant 0.95$	$e > 0.95$

(4)砂土的野外鉴别可按表 2-3-10 执行。

表 2-3-10 砂土的野外鉴别

鉴别特征	砾 砂	粗 砂	中 砂	细 砂	粉 砂
观察颗粒粗细	约有 1/4 以上颗粒比荞麦或高粱粒(2 mm)大	约有一半以上颗粒比小米粒(0.5 mm)大	约有一半以上颗粒与砂糖或白菜籽(>0.25 mm)近似	大部分颗粒与粗玉米粉(>0.1 mm)近似	大部分颗粒与小米粉(<0.1 mm)近似
干燥时状态	颗粒完全分散	颗粒完全分散，个别胶结	颗粒基本分散，部分胶结，胶结部分一碰即散	颗粒大部分分散，少量胶结，胶结部分稍加碰撞即散	颗粒少部分分散，大部分胶结(稍加压即能分散)
湿润时用手拍后的状态	表面无变化	表面无变化	表面偶有水印	表面有水印(翻浆)	表面有显著翻浆现象
黏着程度	无黏着感	无黏着感	无黏着感	偶有轻微黏着感	有轻微黏着感

(三)砂土的湿度分类和野外鉴别

(1)砂土的湿度可按饱和度 S_r 进行分类，见表 2-3-11。

表 2-3-11 砂土湿度按饱和度分类

湿度	稍湿	很湿	饱和
饱和度 S_r	$S_r \leqslant 0.5$	$0.5 < S_r \leqslant 0.8$	$S_r > 0.8$

(2)砂土湿度的野外鉴别可按表 2-3-12 执行。

表 2-3-12 砂土湿度的野外鉴别

湿 度	稍 湿	很 湿	饱 和
鉴别特征	呈松散状，用手握时感到湿、凉，放在纸上不会浸湿，加水时吸收很快	可以勉强握成团，放在手上有湿感、水印，放在纸上浸湿很快，加水时吸收很慢	钻头上有水，放在手掌上水自由渗出

(四)粉土的密实度分类

粉土的密实度应根据孔隙比 e 划分为密实、中密和稍密，并符合表 2-3-13 的规定。

表 2-3-13 粉土密实度分类

孔隙比 e	密实度
$e<0.75$	密实
$0.75\leqslant e\leqslant 0.90$	中密
$e>0.9$	稍密

注:当有经验时,也可用原位测试或其他方法划分粉土的密实度。

(五)粉土的湿度分类与野外鉴别

(1)粉土的湿度应根据含水量 w(%)划分为稍湿、湿和很湿,并符合表 2-3-14 的规定。

表 2-3-14 粉土湿度分类

含水量 w(%)	湿度
$w<20$	稍湿
$20\leqslant w\leqslant 30$	湿
$w>30$	很湿

(2)粉土湿度的野外鉴别可按表 2-3-15 执行。

表 2-3-15 粉土湿度的野外鉴别

湿度	稍湿	湿	很湿
鉴别特征	土扰动后不易握成团,一摇即散	土扰动后能握成团,摇动时土表面稍出水,手中有湿印,用手捏水即吸回	用手摇动时有水析出,土体塌流成扁圆形

(六)黏性土的状态分类与野外鉴别

(1)黏性土状态应根据液性指数 I_L 划分为坚硬、硬塑、可塑、软塑和流塑,并符合表 2-3-16 的规定。

表 2-3-16 黏性土状态分类

液性指数	状态	液性指数	状态
$I_L\leqslant 0.00$	坚硬	$0.75<I_L\leqslant 1.00$	软塑
$0.00<I_L\leqslant 0.25$	硬塑	$I_L>1.00$	流塑
$0.25<I_L\leqslant 0.75$	可塑	—	—

(2)黏性土状态的野外鉴别可按表 2-3-17 执行。

表 2-3-17 黏性土状态的野外鉴别

黏性土的状态	坚硬	硬塑	可塑	软塑	流塑
粉质黏土	干硬,能掰开或捏成块,有棱角	1. 手捏感觉硬,不易变形,土块用力可打散或碎块; 2. 手按无指印	1. 手按土易变形,有柔性,掰时似橡皮; 2. 能按成浅坑	1. 手捏很软,易变形,土块掰时似橡皮; 2. 用力不大就能按成坑	土柱不能直立,自行变形
黏土	干而坚硬,很难掰成块	1. 用力捏先裂成块后显柔性,手捏感觉干,不易变形; 2. 手按无指印	1. 手捏似橡皮有柔性; 2. 手按有指印	1. 手捏很软、易变形,土块掰时似橡皮; 2. 用力不大就能按成坑	土柱不能直立,自行变形

在野外也可用干强度、手捻、搓条、韧性和摇振反应等定性方法来判定土的塑性。可

参考表 2-3-18。

表 2-3-18 土塑性的定性判定

项目	判定方法	判定级别	判定标准
干强度试验	将一小块土捏成土团风干后用手指掰断、捻碎。根据用力大小区分干强度高低	干强度高	很难或用力才能捏碎或掰断
		干强度中等	稍用力即可捏碎或掰断
		干强度低	易于捏碎或捻成粉末
手捻试验	将稍湿或硬塑的小土块在手中揉捏，然后用拇指和食指将土捻成片状，根据手感和土片光滑度可区分塑性高低	塑性高	手感滑腻，无砂，捻面光滑
		塑性中等	稍有滑腻感，有砂粒，捻面稍有光泽
		塑性低	稍有黏性，砂感强，捻面粗糙
搓条试验	将含水率略大于塑限的湿土块在手中揉捏均匀，再在手掌上搓成土条。根据土条断裂而能达到的最小直径可区分塑性高低	塑性高	能搓成直径小于 1 mm 的土条
		塑性中等	能搓成直径为 1～3 mm 的土条
		塑性低	搓成直径大于 3 mm 的土条即断裂
韧性试验	将含水率略大于塑限的湿土块在手中揉捏均匀，然后在手掌中搓成直径为 3 mm 的土条，再揉成土团。根据再次搓条的可能性可区分韧性大小	韧性大	能揉成土团，再搓成条，捏而不碎
		韧性中等	可再揉成团，捏而不易碎
		韧性小	勉强或不能揉成团，稍捏或不捏即碎
摇振反应试验	将小土块捏成土球，放在手掌上反复摇晃，并用另一手振击该手掌，土中自由水渗出，球面呈现光泽；用两手指捏土球，放松手水又被吸入，光泽消失。根据上述渗水和吸水反应快慢可区分摇振反应快慢	反应快	立即渗水或吸水
		反应中等	渗水和吸水中等
		反应慢（或无反应）	渗水和吸水慢或不渗不吸

（七）黏性土、粉土的野外鉴别

黏性土、粉土的野外可按表 2-3-19 进行鉴别。

表 2-3-19 黏性土、粉土的野外鉴别

鉴别方法	分类		
	粉土	粉质黏土	黏土
	塑性指数		
	$I_P \leqslant 10$	$10 < I_P \leqslant 17$	$I_P > 17$
湿润时用刀切	无光滑面，切面比较粗糙	稍有光滑面，切面规则	切面非常光滑，刀刃有黏腻的阻力
用手捻摸时的感觉	感觉有细颗粒存在或感觉粗糙，有轻微黏滞感或无黏滞感	仔细捻摸感觉到有少量细颗粒，稍有滑腻感，有黏滞感	湿土用手捻摸有滑腻感，当水分较大时极易粘手，感觉不到有颗粒的存在
黏着程度	一般不黏着物体，干燥后一碰就掉	能黏着物体，干燥后较易剥掉	湿土极易黏着物体（包括金属与玻璃），干燥后不易剥去，用水反复洗才能去掉
湿土搓条情况	能搓成直径为 2～3 mm 的土条	能搓成直径为 0.5～2 mm 的土条	能搓成直径小于 0.5 mm 的土条（长度不短于手掌），手持一端不易断裂
干土的性质	用手很易捏碎	用锤易击碎，用手难捏碎	坚硬，类似陶器碎片，用锤击方可打碎，不易击成粉末
光泽反应	无光泽反应	稍有光泽反应	有光泽反应
摇振反应	在一定湿度情况下，用手摇动时，明显有水析出	无摇振反应	

(八)新近沉积土的野外鉴别

新近沉积土可按表 2-3-20 进行野外鉴别。

表 2-3-20　新近沉积土的野外鉴别

沉积环境	颜　色	结构性	含有物
老城区、河漫滩、部分山前洪、冲积扇(锥)的表层，古河道及已填塞的湖塘、沟、谷和河道泛滥区	较深而暗，呈褐色、暗黄或灰色，含有机质较多时带灰黑色	结构性差，属高灵敏度土，用手扰动原状土时极易变软，塑性较低的土还有振动水析现象	在完整的剖面中无粒状结核体，但可能含有圆形及亚圆形的外来钙质结核体(如礓结石)或贝壳等，在城镇附近含有少量碎砖、瓦片、陶瓷、铜币、朽木等人类活动遗物

(九)淤泥及淤泥质土的野外鉴别

淤泥及淤泥质土可按表 2-3-21 进行野外鉴别。

表 2-3-21　淤泥及淤泥质土的野外鉴别

形成原因	颜色	状态	含有物及气味
在静水或缓慢的流水环境中沉积并经生物、化学作用形成	深灰、黑色、褐灰等色	在野外常呈软塑或流塑状态	含有机质、有臭味

参考文献

[1] 工程地质手册编委会．工程地质手册[M].5 版．北京:中国建筑工业出版社,2018.

[2] 中华人民共和国住房和城乡建设部．工程岩体分级标准:GB 50218—2014[S]. 北京:中国计划出版社,2015.

[3] 中华人民共和国住房和城乡建设部．城市轨道交通岩土工程勘察规范:GB 50307—2012[S]. 北京:中国计划出版社,2012.

[4] 中华人民共和国住房和城乡建设部．建筑工程地质勘探与取样技术规程:JGJ/T 87—2012[S]．北京:中国建筑工业出版社,2011.

[5] 中华人民共和国住房和城乡建设部．土工试验方法标准:GB/T 50123—2019[S]. 北京:中国计划出版社,2019.

第三篇　工程地质勘察

第一章　工程地质调查与测绘

工程地质调查与测绘是岩土工程勘察中一项最重要与最基本的勘察方法，它是运用地质、工程地质理论对与工程建设有关的各种地质现象进行详细观察和描述，并按照精度要求将它们如实地反映在一定比例尺的地形图上；对岩石出露或地貌、地质条件较复杂或有特殊要求的工程项目场地，应进行工程地质测绘；对地质条件简单的场地，可用调查代替工程地质测绘。工程地质测绘宜在可行性研究或初步勘察阶段进行，在详细勘察阶段可对某些专门地质问题做补充测绘，测绘目的是研究拟建场地的地貌、地层、岩性、构造、水文地质条件和不良地质作用、特殊性岩土的空间分布和各要素之间的内在联系，为场址选择和勘察方案的布置提供依据。

针对城市轨道交通工程的特点，工程地质调查和测绘工作是极其必要的，是岩土工程勘察的基础工作内容，是从宏观上获取场地地质条件的主要手段。由于城市轨道交通工程的特殊性，勘察设计的各个阶段线、站位置会有调整或变化，因此，工程地质调查和测绘工作要贯穿勘察设计各阶段的始终。

加强工程地质调查与测绘工作有助于增加地质信息量，指导后期勘探量布置，在岩土勘察工作中起到事半功倍的作用。

对工程有重大影响的地质问题，如活动性断裂、滑坡和采空区等，常规的地质调查与测绘是不够的，应进行专项的地质调查和测绘工作。

第一节　目的和要求

工程地质调查与测绘一般要满足以下规定：

(1)应包括工程场地的地形地貌、地层岩性、地质构造、工程地质条件、水文地质条件、不良地质作用和特殊性岩土等。

(2)应通过调查与测绘掌握场地主要工程地质问题，结合区域地质资料对城市轨道交通工程场地的稳定性、适宜性做出评价，划分场地复杂程度，分析工程建设中存在的岩土工程问题，提出防治措施的建议，并为各勘察阶段的勘探与测试工作布置提供依据。

第二节　工 作 内 容

工程地质调查与测绘工作应包括下列内容：

(1)调查、测绘地形地貌的形态，划分地貌单元，确定成因类型，分析其与基底岩性和新构造运动的关系。

(2)调查天然和人工边坡的形式、坡率、防护措施和稳定情况。

(3)调查地层的岩性、结构、构造、产状,岩体的结构特征和风化程度,了解岩石的坚硬程度和岩体的完整程度。

(4)调查构造类型、形态、产状、分布,对断裂、节理等构造进行分类,确定主要结构面与线路的关系。

(5)对主干断裂、强烈破碎带,应调查其分布范围、形态和物质组成,分析地下水软化作用对隧道围岩稳定性的影响和危害程度。

(6)调查地表水体及河床演变历史,搜集主要河流的最高洪水位、流速、流量、河床标高、淹没范围等。

(7)调查地下水各含水层类型、水位、变化幅度、水力联系、补给来源和排泄条件,地下水动态变化与地表水系的联系、腐蚀性情况,以及历年地下水位的长期观测资料。

(8)调查填土的堆积年代、坑塘淤积层的厚度,以及软土、盐渍岩土、膨胀性岩土、风化岩和残积土等特殊性岩土的分布范围和工程地质特征。

(9)调查岩溶、人工空洞、滑坡、崩塌、岸边冲刷、地面沉降、地裂缝、地下古河道、暗浜、含放射性、有害气体等不良地质的形成、规模、分布、发展趋势及对工程建设的影响。

第三节 工 作 方 法

工程地质调查与测绘应首先搜集工程沿线的既有资料,并进行综合分析研究。必要时可进行适量的勘探、物探和测试工作。同时,采用遥感技术的地段,应对室内解译结果进行现场核实。

一、资料搜集

主要搜集如下资料:

(1)区域地质资料:包括区域地质图、地貌图、构造地质图、地形图、地质环境及地质灾害区划图、地质剖面图、柱状图及其文字说明,应着重研究地貌、岩性、地质构造和新构造运动的活动迹象。

(2)气象资料:区域内主要气象要素,一般应以近十年的常用气象要素为主,如年平均气温、极端最高(低)气温、最冷(热)月平均气温、年平均相对湿度、年平均降水量、年平均蒸发量、最大积雪深度、年平均风速、年最大风速及风向、最多风向、年平均大风日数、年平均雷暴日数、年平均雾日数、降水量随季节变化规律、土壤最大冻结深度以及标准冻结深度等。

(3)水文资料:水系分布图、水位、流速、流量、流域面积、径流系数及动态、洪水淹没范围等资料。

(4)水文地质资料:地下水的主要类型、埋藏深度、补给来源、排泄条件、变化规律和岩土的透水性及水质分析、地下水长期监测等资料。

(5)遥感资料:地面摄影和航片、卫片及解译资料。

(6)植被情况:植被的性质及其与各种地形要素的关系等资料。

(7)地震资料:区域内历史上地震发生的次数、时间、地震烈度、造成的灾害和破坏情况,并应研究地震与地质构造的关系。

(8)工程地质勘察资料:工程沿线各种已有勘察资料,特别是既有城市轨道交通工程的勘察资料,并研究各种岩土的工程性质和特征,了解不良地质作用的位置和发育程度。

(9)施工经验:已有建筑物特别是既有城市轨道交通工程的结构、基础类型和埋深,采用的地基承载力、地基处理、建筑变形、沉降观测以及基坑支护、监测等资料。

(10)工程事故:已发生的岩土工程事故案例,了解其发生的原因、处理措施和整治效果。

二、踏　勘

现场踏勘是在搜集资料的基础上进行的,对于没有更多资料可以搜集的新区,也要尽可能地选择在线路范围及其邻近或有关地段,进行实地踏勘,目的在于了解工作区内的工程地质条件、地形、地貌及交通等环境条件,为合理地布置观测点和观察路线,正确布置实测地质剖面位置,拟定工作重点、统一要求及野外工作方法等提供依据。

踏勘的方法和内容:

(1)根据地形图,沿线路进行踏勘,穿越地形、地貌、地层、构造、不良地质作用等有代表性的地段,初步掌握地质条件和复杂程度。

(2)为了解沿线的岩层情况,在踏勘时应选择露头良好、岩层完整有代表性的地段做出野外地质剖面,以便熟悉地质情况和掌握沿线岩层的分布特征。

(3)寻找地形控制点的位置,并抄录坐标、高程资料。

(4)了解测区的交通、经济、气候、住宿等条件。

(5)了解沿线铁路、高速公路、高架桥梁及地表水体等对工程有制约影响的环境条件。

三、物　探

对线路所处第四系覆盖地段,根据国内一些地铁建设经验,宜先使用地球物理勘探的方法进行探测,但对其解译的成果,要在实地选择性地进行验证,根据验证结果,反过来修正、完善解译成果,并提供实测地质剖面和必要的岩土测试资料。

四、编图和填图

1. 当地质条件简单或搜集的既有地质资料比较充分时,可采用编图方法进行。但应注意的是,编图地段也应有剖面总数的 1/3 的现场实测地质剖面或经现场实地验证,且尽可能分布均匀,这主要是考虑地形地物的历史变迁。

2. 当地质条件复杂时,宜采用填图的方法进行。

(1)地质观测点的布置应符合下列规定:

①地质观测点应布置在具有代表性的岩土露头、地层界线、断层及重要的节理、地下水露头、不良地质、特殊岩土界线等处。

②地质观测点密度应根据技术要求、地质条件和成图比例尺等因素综合确定。其密度应能控制不同类型地质界线和地质单元体的变化。

③地质观测点的定位应根据精度要求和地质复杂程度选用目测法、半仪器法、仪器法。对构造线、地下水露头、不良地质作用等重要的地质观测点，应采用仪器定位。

(2)地质观测点的定位，直接影响成图的质量，常用的定位方法如下：

① 目测法：适用于小比例尺的地质调绘，主要是根据地形、地物以目估或步测距离进行标测。

② 半仪器法：适用于中比例尺的地质调绘，主要是使用罗盘仪测定方位、气压计测定高程、步测或量绳确定距离。

③ 仪器法：适用于大比例尺的地质调绘，主要是使用高精度的经纬仪测定方位、水准仪测定高程。

④卫星定位系统：满足精度要求时均可使用。

第四节 工 作 范 围

应按勘察阶段所确定的线路、建(构)筑物平面范围及邻近地段开展地质调绘工作。

(1)工程地质调查与测绘的范围应符合规范规定，并应按照规划的线路、附属建(构)筑物及其邻近地段开展工作。

(2)一般区间直线段两侧不应少于 100 m；车站、区间弯道段及车辆基地向外侧不应少于 200 m。

(3)为满足线路方案比选和附属建(构)筑物选址需要时，应相应扩大工作范围。

(4)因城市轨道交通工程的建设可能诱发地质灾害地段，其工作范围应包含可能的地质灾害发生的范围。

(5)对工程建设有影响的不良地质作用、特殊性岩土、断裂构造、地下水富水区、既有建筑工程等地段应扩大工作范围。

(6)当地质条件特别复杂时或需进行专项研究时，工作范围应专门研究确定。

第五节 工程地质测绘的比例尺和精度

工程地质测绘比例尺的选择和精度，应与轨道交通工程设计的需要及工程地质条件的复杂程度有关，同时，宜与本地区在城区规划、勘察、设计、施工等常用比例尺和精度的要求相一致，以利于使用。为了达到精度要求，在测绘工作中习惯采用比提交成果图大一级的地形图作为测绘的底图，或者直接采用城区建设常用的 1∶500 的比例尺地形图作底图，待外业完成后根据设计需要可缩成提交成果图所需要的比例尺图件，以提高测绘精度。

工程地质测绘的比例尺和精度应符合下列要求：

(1)测绘用图比例尺宜选用比最终成果图大一级的地形图作底图，在可行性研究勘察阶段选用 1∶1000～1∶2000；在初步勘察、详细勘察和施工勘察阶段选用 1∶500～1∶1000；工程地质条件复杂地段应适当放大比例尺。

(2)在可行性研究勘察阶段地层单位划分到“阶”或“组”；岩体年代单位划分到“期”；在初步勘察、详细勘察和施工勘察阶段均划分到“段”。第四系应划分不同的成因类型，年代应划分到“世”。

(3)地质界线、地质观察点测绘在图上的位置误差,在图上不应大于 2 mm。

(4)地质单元体在图上的宽度等于或大于 2 mm 时,均应在图上表示。有特殊意义或对工程有重要影响的地质单元体,在图面上宽度小于 2 mm 时,应采用扩大比例尺的方法标示并加以注明。

第六节 成果资料的编制

工程地质调查与测绘的资料应满足以下要求:

(1)工程地质调查与测绘的资料应准确可靠、图文相符。对工程设计、施工有影响的工程地质现象,应用素描图或照片记录并附文字说明。

(2)工程地质测绘的比例尺和精度应符合相应要求。

(3)工程地质调查与测绘应提供的主要成果,对地质条件简单地段,其调绘的成果可纳入相应阶段的岩土工程勘察报告;对地质条件复杂地段,应编制工程地质调查与测绘报告。

(4)工程地质调查与测绘报告内容包括文字报告和图表。图表主要包括地质柱状图、工程地质图、工程地质分区图、纵横地质剖面图、遥感地质解译资料、素描图和照片等。如果为了解决某一专门的岩土工程问题,也可编制专门用途的图件。对于各种图件、图表的表示内容,可按设计的需要和有关规定执行。

第二章　勘探与取样

第一节　一 般 规 定

根据《城市轨道交通岩土工程勘察规范》(GB 50307—2012)，对于城市轨道交通工程，勘探与取样需满足如下规定：

(1)钻探、井探、槽探、物探等勘探方法的选择，应根据地层、勘探深度、取样、原位测试及场地现状确定。

(2)勘探应分层准确，不得遗漏对工程有影响的软弱夹层、软弱面(带)，取样符合规定。

(3)勘探点测量应采用与设计相符的高程、坐标系统，引测基准点应满足其精度要求。

(4)岩土试样的采取方法应结合地层条件、岩土试验技术要求确定。

(5)勘探作业应考虑对工程及环境的影响，防止对地下管线、地下构筑物和环境的破坏；并采取有效措施，确保勘探施工安全。

(6)钻孔、探井、探槽用完后应及时妥善回填，并记录回填方法、材料和过程；回填质量应满足工程施工要求，避免对工程施工造成危害。

第二节　工程地质钻探

工程地质钻探是根据城市轨道交通工程岩土工程勘察的目的和要求，利用钻机设备向指定的地层进行钻孔的施工工作，是城市轨道交通工程勘察工作中最为广泛采用的一种勘探手段。通过钻探可以鉴别描述岩土层，直接取得拟定深度和直径的岩芯、土样、水样和气样等实物样品，用以分析鉴定地层岩性构造和确定岩土的物理力学性质。

一、钻孔口径

钻孔的口径需满足如下规定：

(1)钻孔口径和钻具规格可按表 3-2-1 选用。

(2)钻孔成孔口径应根据钻探目的确定，应满足取样、原位测试、地层适用性和钻进工艺的要求，并应符合表 3-2-2 的规定。

表 3-2-1　工程地质钻孔及钻具口径系列

钻孔口径(mm)	钻具规格(mm)										相应于DCDMA标准的级别
	岩芯外管		岩芯内管		套管		钻杆		绳索钻杆		
	D	*d*	*D*	*d*	*D*	*d*	*D*	*d*	*D*	*d*	
36	35	29	26.5	23	45	38	33	23	—	—	E

续上表

钻孔口径(mm)	钻具规格(mm)										相应于DCDMA标准的级别
	岩芯外管		岩芯内管		套管		钻杆		绳索钻杆		
	D	*d*	*D*	*d*	*D*	*d*	*D*	*d*	*D*	*d*	
46	45	38	35	31	58	49	43	31	43.5	34	A
59	58	51	47.5	43.5	73	63	54	42	55.5	46	B
75	73	65.5	62	56.5	89	81	67	55	71	61	N
91	89	81	77	70	108	99.5	67	55	—	—	—
110	108	99.5	—	—	127	118	—	—	—	—	—
130	127	118	—	—	146	137	—	—	—	—	—
150	146	137	—	—	168	156	—	—	—	—	S

注:1. DCDMA 标准即美国金钢石钻机制造者协会标准。

2. *D* 代表钻具外径、*d* 代表钻具内径。

表 3-2-2　钻孔成孔口径(mm)

钻　孔　性　质		第四纪土层	基岩	
鉴别与划分地层/岩芯钻孔		≥36	≥59	
取Ⅰ、Ⅱ级土试样钻孔	一般黏性土、粉土、残积土、全风化岩层	≥91	≥75	
	湿陷性黄土	≥150		
	冻土	≥130		
原位测试钻孔		大于测试探头直径		
压水、抽水试验钻孔		≥110	软质岩石	硬质岩石
			≥75	≥59

注:采取Ⅰ、Ⅱ级土试样的钻孔,孔径应比使用的取土器外径大一个径级。

二、钻探方法

根据破碎岩土的方式,钻探方法可分为回转钻进、冲击钻进、锤击钻进、振动钻进和冲洗钻进。

1. 选择钻探方法应考虑的原则是:

(1)地层特点及钻探方法的有效性。

(2)能保证以一定的精度鉴别地层,了解地下水的情况。

(3)尽量避免或减轻对取样段的扰动影响。

2. 各钻探方法可根据具体的钻进地层和勘察要求按表 3-2-3 进行选择。

表 3-2-3　钻探方法的适用范围

钻进方法		钻　进　地　层					勘　察　要　求	
		黏性土	粉土	砂土	碎石土	岩石	直观鉴别,采取不扰动试样	直观鉴别,采取扰动试样
回转	螺旋钻进	○	△	△	—	—	○	○
	无岩芯钻探	○	○	○	△	○	—	—
	岩芯钻探	○	○	○	△	○	○	○

续上表

钻进方法	钻进地层					勘察要求	
	黏性土	粉土	砂土	碎石土	岩石	直观鉴别，采取不扰动试样	直观鉴别，采取扰动试样
冲击钻探	—	△	○	○	△	—	—
锤击钻探	○	○	○	△	—	△	○
振动钻探	○	○	△	△	—	△	○
冲洗钻探	△	○	○	—	—	—	—

注：1. ○代表适用；△代表部分情况适用；—代表不适用。
2. 螺旋钻进不适用于地下水位以下的松散粉土和饱和砂土。

3. 为了解浅部土层，可采用以下简易钻进方法：

(1)小口径螺旋麻花钻(或提土钻)钻进。

(2)小口径勺形钻钻进。

(3)洛阳铲钻进。

(4)在建筑物密集、地下管网复杂等条件下，可采用挖探的方法查明地层情况。

在制定勘察工作纲要时应根据环境条件、钻进的有效性及勘察技术要求，对每个钻孔规定具体的钻探方法。钻探单位应按勘察工作纲要指定的方法钻进，并在提交的成果中应说明钻探方法。

三、钻机类型及其适用条件

在岩土工程勘察中，目前常用的国产钻机类型主要有 DPP-100 型汽车钻机、XY-1 型岩芯钻机、SH30 型冲击钻机和 GXL-150 型履带式钻机等，部分钻机如图 3-2-1 所示。

(a) DPP-100型汽车钻机　　(b) XY-100岩芯钻机

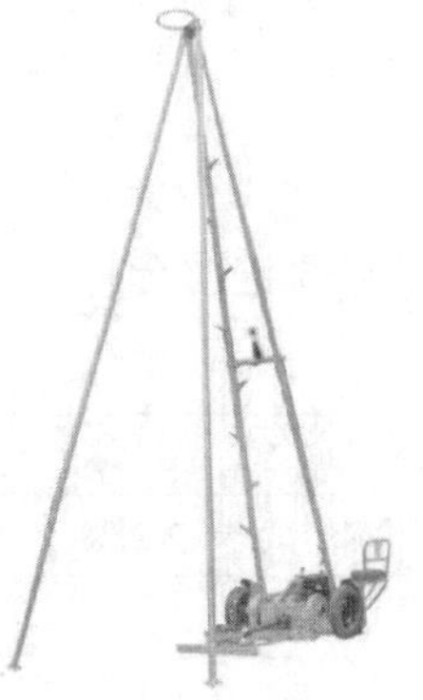

(c) SH30型冲击钻机

(d) GXL-150型履带式钻机

图 3-2-1 岩土工程勘察几种常用钻机

几种常用钻机类型及其主要特点、技术指标和适用条件见表 3-2-4。

表 3-2-4　几种常用钻机的主要特点、技术指标和适用条件

钻机名称及型号	主　要　特　点	主要技术指标	适　用　条　件
DPP-100 型 汽车钻机	液压加压给时液压起落塔的汽车钻机，汽车钻机各运转部分所需动力均由汽车发动机供给，钻机机动性强	钻孔直径 200 mm 时最大钻深 70 m； 钻孔直径 150 mm 时最大钻深 100 m	能在各种地层中钻进，适合平原和城市道路上工作
SH30 型 工程钻机	具有冲击的钻进方式，无水施工，须跟进套管护壁，钻机的适应性较强，可拖挂搬运	开孔直径 142 mm，终孔直径 110 mm，最大钻深 30 m	可用于粉土、黏性土、砂、卵石及填土等地层钻进，常用于地下水观测孔的钻进
XY-100(XY-1)型 岩芯钻机	具有油压给进机构，手柄集中，操作方便。钻机结构紧凑，体积小，重量轻，分解性强，便于搬迁	最大钻孔口径 130 mm，最大钻深 100 m	能在各种地层中钻进，适合平原和山区工作
XU300-2A 型钻机	立轴式转式油压钻机	最大钻孔口径 110 mm，最大钻深 300 m	能适应各种地层，便于处理事故
GXL-150 履带式钻机	有快速的履带行走，钻机的移位及上下汽车、基坑极为方便	钻孔直径 75～150 mm，最大钻深 150 m	能在各种地层中钻进，适合平原和城市道路上工作
GY-1 型 轻便工程钻机	具有冲击、回转钻进方式，装载形式有滑撬式和拖挂式	钻孔直径 46～300 mm，最大钻深 150 m	能适应各种地层
GY-50-1 型 轻便工程钻机	采用液压给进机构，具有回转、冲击钻进功能，可拖挂搬运	开孔直径 130 mm，最大钻深 50 m	主要适用于第四纪地层

四、钻探要求

城市轨道交通工程勘察钻探应符合下列要求：

(1)钻进深度、岩土分层深度，陆域最大允许偏差为±50 mm，水域最大允许偏差为±20 mm；地下水位量测允许偏差为±20 mm。

(2)对于要求采取岩芯的钻孔，应采用回转钻进；对于黏性土，可根据地区经验采用螺旋钻进或锤击钻进方法；对于碎石土，可采用植物胶浆液护壁金刚石单动双管钻具钻进。

(3)对鉴别地层天然湿度和划分地层的钻孔，当处于地下水位以上时，应采用干钻；当需要加水或使用循环液时，可采用内管超前的双层岩芯管钻进或三重管取土器钻进；当处于地下水位以下，且采用单层岩芯管钻进时，可采用无泵反循环钻进。

(4)地下水位以下饱和粉土、砂土，宜采用回转钻进方法；粉、细砂层可采用活套闭水接头单管钻进；中、粗、砾砂层可采用无泵反循环单层岩芯管回转钻进并连续取芯，取芯困难时，可用对开式取样器或标准贯入器间断取样。

(5)钻进岩层宜采用金刚石钻头或硬质合金钻头回转钻进。对软质岩石及风化破碎岩石宜采用双层岩芯管钻头钻进或绳索取芯钻进；易冲刷和松软的岩石可采用双管钻具或无泵反循环钻进；硬脆、碎岩石宜采用双管钻具、喷射式孔底反循环钻进或冲击回转钻进。

(6)当需要测定岩石质量指标(RQD)时，应采用外径 75 mm(N 型)双层岩芯管和金刚石钻头。

(7)在湿陷性黄土中应采用螺旋钻头钻进，亦可采用薄壁钻头锤击钻进。操作应符合“分段钻进、逐次缩减、坚持清孔”的原则。

(8)对可能坍塌的地层应采取钻孔护壁措施。在浅部填土及其他松散层中可采用套管护壁。在地下水位以下的饱和软黏性土层、粉土层和砂层中宜采用泥浆护壁。在破碎岩层中可根据需要采用优质泥浆、水泥或化学浆液护壁。冲洗液漏失严重时，应采充填、封闭等堵漏措施。

(9)钻进中应保持孔内水头压力等于或稍大于孔周地下水压，提钻时应能通过钻头向孔底通气通水，防止孔底土层由于负压、管涌而受到扰动破坏。

(10)深度超过 100 m 的钻孔以及有特殊要求的钻孔包括定向钻进、跨孔测量波速，应测斜、防斜，保持钻孔的垂直度或预计的倾斜度与倾斜方向。对垂直钻孔，每 50 m 测量一次垂直度，每深 100 m 允许偏差±2.0°；对定向钻孔，每 25 m 测量一次倾斜角和方位角，倾角和方位角的量测精度应分别为±0.1°和±3.0°。钻孔倾斜度及方位偏差超过规定时，应及时采取纠斜措施。

五、回次进尺

钻探的回次进尺，应在保证获得准确地质资料的前提下，根据地层条件和岩芯管长度确定。钻进时回次进尺不应超过岩芯管的长度。在砂土、碎石土等取芯困难地层中钻进时，应控制回次进尺或回次时间，以确保分层与描述的要求。钻探的回次进尺可参照表 3-2-5 执行。

表 3-2-5 工程地质钻探回次进尺长度

岩　层	回次进尺(m)
黏性土、粉土	1.0～1.5
薄层黏性土与薄层砂类土互层	1.0～1.5
砂类土	泥浆钻进 1.0～1.5
	跟管回转钻进 0.3～0.5
碎石类土	双管钻具钻进 0.5～1.0
	无泵反循环钻软质岩石 1.0～1.5
	无泵反循环钻破碎岩石 0.5～0.7
冻土	0.3～0.5
软土	0.3～1.0
黄土	钻进取芯时 1.0～1.5；取原状土时，1 m 三钻，第一钻 0.5～0.6 m，第二钻 0.2～0.3 m，第三钻取样
膨胀性岩层	0.5～1.0
滑动面及重要结构面上下 5 m	预计滑动面及其以上 5 m 范围小于或等于 0.3
	重要结构面上下 5 m 为 0.3～0.5
软硬互层、软硬不均风化带及硬、脆、碎基岩	0.5～1.0
较完整、轻微风化基岩	1.0～2.5
完整基岩	<3.5

六、岩芯采取率

钻探的岩芯采取率应符合表 3-2-6 的规定。

表 3-2-6　工程地质钻探岩芯采取率

岩土类型		岩芯采取率(%)
黏性土		≥90
粉土、砂土	地下水位以上	≥80
	地下水位以下	≥70
碎石土		≥50
基岩	滑动面及重要结构面上下 5 m 范围内	≥70
	微风化带、中风化带	≥70
	强风化带、全风化带，构造破碎带	≥65
	完整岩层	≥80

注：1. 岩芯采取率：圆柱状、圆片状及合成柱状岩芯长度与破碎岩芯装入同径岩芯管中高度之总和与该回次进尺的百分比。
2. 滑动面及重要结构面在第四系土中时，岩芯采取率应符合相应土类的规定。

七、岩芯整理

岩芯整理应符合下列规定：

(1)采取的岩芯应按“从上到下、从左到右”的顺序装箱摆放，填写回次标签，在同一回次内采得多种不同岩芯时应注明变层深度。

(2)当发现滑动面、软弱结构面或薄层时，应加填标签注明起止深度，放在岩芯相应位置。

(3)在野外摆放的岩芯箱应采取防止日晒或雨淋等措施。

(4)每个装有岩芯的岩芯箱在搬离现场之前，可对所有岩芯分箱拍摄彩色照片，纳入勘察成果资料。

(5)岩芯、土样应保存到钻探工作检查验收为止，对于重要的钻孔，必要时应在工程合同规定的保证期内装箱妥善保存。

八、钻探记录与编录

钻探记录和编录是岩土工程勘察的重要环节，是指专业培训合格的人员，通过野外现场鉴别、测试、记录等工作，客观反映所揭露的地层岩性和层位的分布，正确记录描述岩土对象的形状、特征及包含物等，为内业资料分析整理提供准确、完整的第一手资料的活动过程。

钻探记录和编录应符合下列规定：

(1)钻探记录应在钻探进行过程中同时完成，按钻进回次逐段记录，必须细致、认真、及时、准确，严禁事后追记。

(2)岩土定名、描述术语及记录符号均应符合现行勘察规范的规定。钻探现场岩芯鉴别可采用肉眼鉴别和手触方法，有条件或勘探工作有明确要求时，可采用微型贯入仪等定量化、标准化的方法,如使用标准精度模块区分砂土类别,用孟塞尔(Munsell)色标比对法表示颜色,用微型贯入仪测定土的状态,用点荷载仪器判别岩石风化程度和强度等。

(3)钻探记录应包括回次进尺的起始深度、回次长度、回次起止时间、孔内情况、钻进参数、钻进情况、取芯长度、累积孔深、取土样号、取土深度、初始水位、稳定水位、原位测试的深度和细节、RQD、岩芯采取率、岩石的风化等级及对每个地层的基本地质描述等。

(4)钻探记录应使用统一的记录纸和相应的表格标签,要做到及时准确、字体清晰和整洁易读。现场记录不得誊录转抄,误写之处可以划去,在旁边作更正,不得在原处涂抹修改。

(5)钻探现场记录表的各栏均应按钻进回次逐项填写。当同一回次中发现变层时,应分行填写,不得将若干回次或若干层合并一行记录。野外描述应内容齐全,所有记录栏目都要留有印记,不得出现漏项。

(6)在钻探记录过程中,如发现异常(如遇溶洞、人防或特殊地层等),应及时上报。

(7)钻探现场记录表应有钻探机(班)长、记录员及负责人签字。

九、复杂地层钻探要点

(一)软土地区钻探

对于软土地区的钻探,还应符合下列规定:

(1)在黏性土中应采用空心螺纹提土器进行回转钻进,提土器上端应有排水孔,下端应有排水活门。对于粉土和砂土,当螺纹提土器取不上土样时,可采用泥浆钻进,必要时可采用岩芯管取芯钻进。

(2)钻进过程中应防止缩孔或坍孔。

(3)当成孔困难或需间歇施工时,应采取护壁措施。

(4)钻进时,应准确测量尺寸,并应保证分层清楚,回次进尺厚层软土不宜大于 2.0 m,中厚层软土不宜大于 1.0 m,地层含粉质成分较多时,不宜超过 0.5 m,并应保证分层清楚,取芯率应大于 80%。当土的取芯率不能满足土的鉴别和分层要求时,可采用标准贯入器采取土样作土层鉴别。

(二)松散砂层钻探

对于松散砂层的钻探,应注意以下几点:

(1)在松散的含水砂层中钻探应注意防止发生流砂涌升现象。

(2)钻进方法一般采用管钻冲击,冲程不应过大,一般为 0.1～0.2 m,每回次钻进 0.5 m 左右。

(3)为了避免孔内发生涌砂应采用人工注水方法,使孔内水位高于地下水位,必要时使用泥浆以增加压力防止涌砂。

(4)用管钻冲击钻进时,一般边钻进边下套管。

(5)对于需做标准贯入试验的砂层,必须严防涌砂现象。

(三)大块碎石地层钻探

对于在大块碎石地层进行钻探,应注意以下几点:

(1)对于粒径小于 20 cm 的卵石、碎石地层可用一字或十字钻头冲击成小石块,然后用阀管钻提取。每冲击一次应将钻具向左转动 15°～30°使石块破碎均匀、孔壁保持圆形。

(2)若遇较大石块可用机动回转钻钻进或采用孔内爆破。

(3)若遇较松散而漏水的地层,钻进困难时可向孔内投入适量的黏土球,然后再冲击钻进,使黏土与石块黏合,再用勺钻或管钻提出。

(4)孔壁掉块坍塌时需下套管加固。

(5)使用岩芯管冲击钻进时,应记录每贯入一定深度的锤击数。

(四)岩溶地层钻探

在岩溶地层中钻进时,极易发生漏水、掉钻以及钻入空洞后钻孔发生歪斜等情况,应注意如下几点:

(1)钻进时如发现岩层变软、进尺加快或突然漏水或取出的岩芯有钟乳石和溶蚀现象,需注意防止遇空洞造成掉钻事故。

(2)钻穿洞穴顶板后应详细记录洞的顶底板深度、填充物性质、地下水情况等。

(3)为防止钻孔歪斜可采取下导向管或接长岩芯管等方法,再开始在洞穴底板钻进,宜用低压慢速旋转。

(4)如洞穴漏水可用黏土或水泥封闭,然后钻进。

十、水上钻探

当城市轨道交通工程穿越河流、湖泊、沼泽等地表水体时,需要进行水上钻探施工。

(一)水上钻探的特点

水上钻探的技术操作与钻进工艺和陆上钻探基本相同。但由于施工条件的差异,它们也有不同的地方。在水上钻探工作中,应该根据具体情况,配备必要的钻探设备与工具,并采取相应的技术措施和组织措施,保证水上钻探工作的顺利进行。

水上钻探主要有以下特点:

(1)必须在水面上配备具有一定面积和载重量的船舶或其他浮具,以便安装钻探设备,作为水上钻场。

(2)为隔绝流水对钻进工作的影响,首先应向孔位处下入一定深度的保护套管,并保证其沿垂直方向下入水底。

(3)在施钻过程中,钻探船经常受水位、流速、风力或潮汐与航行船舶的影响,船位容易移动或被撞,造成套管弯曲、折断。有时会受到洪水威胁。

(4)在设备或操作方面,比陆上钻探复杂。如钻探船抛锚、定位、起锚与下保护套管以及受深水急流、潮汐的影响,应特别注意安全,防止各种事故发生。

(5)水上钻探用的水源比较丰富、方便。

(二)施工前应收集的资料

水上钻探安全工作特别重要。如果采取措施不当,往往会造成事故,导致钻船位移、撞坏、冲跑、钻具折断与钻孔报废等。为保证水上钻探顺利进行,施工前,应到当地水文、气象、航运、航政与航道等有关部门进行调查,并访问当地居民、渔民,收集以下有关资料:

(1)枯水期的季节、时间长短、枯水期的水位。

(2)正常情况的水位、流速、流量及其变化情况。

(3)洪水期的季节、雨水集中的月份、涨水时间长短、流速、流量、水位涨落范围和猛涨的速度等。

(4)不同季节急流的位置与变化情况。

(5)航运与排筏流放情况、航道范围。

(6)施工水域风力等级与变化情况。

(7)在寒冷地区,冬季河流是否封冻、封冻时间长短和冰层厚度、凌汛时间、冰块大小、流速等情况。

(8)汛期有无倒树、漂流物及其数量、大小等。

施工前,应根据上述情况,周密考虑该河流的特点,做好施工计划,制定有效措施,确保钻探工作安全、顺利进行。

(三)水上钻探平台的类型

可根据江河湖泊等水域的具体情况,选择合适的水上钻探平台类型。水上钻探平台类型分为漂浮钻探平台、架空钻探平台和冰上钻探平台等三种。有的小河流浅水地段,可用筑堰或筑岛等方法布置,这种情况是把水上钻探变为陆上钻探。

水上钻探平台除在水面窄、水流急的河床可采用跨空索桥外,目前常采用船、油桶筏、竹筏或木筏等,如图 3-2-2 所示。

图 3-2-2 水上钻探

(四)水上钻探施工注意事项

水上钻探有其特殊性,受自然条件的影响较大,如风力、河流洪水及水位变化等因素的影响,因此,水上钻探施工应注意如下事项:

(1)在通航河道进行钻探时,应与当地水管部门联系,取得水管部门批准方可施工。且钻探平台上必须悬挂当地航运部门规定的标志。

(2)钻探平台及渡船上必须要有足够的救生衣、通信设备、船只堵漏和消防器材,并规定呼救信号。

(3)应及时掌握上游水情,在钻探平台上应设置观察水位涨落的标志,可在孔口管与平台齐平处作上记号,也可在岸上设立标尺。

(4)若遇有洪峰警报,应及时通知全体工作人员做好准备,并由班(组)长组织指挥渡汛或撤离。

(5)在深水急流中下套管,要将丝扣全部上紧,最上面一节的丝扣要装上护圈。

(6)应有专人随时检查锚绳及保护绳的松紧情况,并根据水位的涨落及时调整其长度。

(7)放置钻具必须摆放整齐,且要随时考虑到平台的平衡,不得偏重。不常用的器具或已装满的岩芯箱，应及时搬移上岸，妥善保管。

(8)夜间作业时钻探平台和渡口必须要有良好的照明。

(9)提升钻具时不得强力起吊，不得将千斤顶坐在平台上处理事故。

(10)随时掌握气象情况，在大洪水及暴风雨到来之前应停止钻探，并提出孔内钻具，将钻探平台撤离至安全地点。

(11)所有工作人员应有环保意识，不得向水中抛扔废弃物。

第三节　井探与槽探

对于城市轨道交通工程勘察，在建筑物密集、地下管线复杂等工程周边环境条件下，可采用挖探的方法查明地下情况。对卵石、碎石，漂石、块石等粗颗粒土钻探难以查明岩土性质或需要做大型原位测试时，应采用挖探的方法。挖探一般分为井探和槽探两种。

一、井　　探

井探是通过探井进行观察地质情况，详细描述岩性和分层，并采取接近实际原状结构土试样的勘探方法。井探在地质条件复杂和黄土地区经常使用。但井探存在速度慢、劳动强度大和安全性低等缺点。城市轨道交通工程勘察中，当需要详细查明深部岩层性质、构造特征时，可采用竖井或平洞。井探需注意以下问题：

(1)井探宜在地下水位以上进行，即探井深度不宜超过地下水位，且不宜超过 20 m。

(2)井探宜采用圆形或方形断面，且圆形探井直径不宜小于 0.8 m；矩形探井不宜小于 1.0 m×1.2 m；当根据土质情况需要放坡或分级开挖时，井口宜加大。在井内取样应随挖探工作及时进行。

(3)在松散地层中掘进时应进行护壁，且应每隔 0.5～1.0 m 设一个检查孔。

(4)掘井深度超过 7 m 时，应向井内通风、照明；并应根据实际情况监测井内有害气体含量。

二、槽　　探

槽探一般适用于了解构造线、破碎带宽度、不同地层岩性的分界线、岩脉宽度及其延伸方向等。槽探的挖掘深度较浅，一般在覆盖层小于 3 m 时使用，其长度可根据所了解的地质条件和需要确定，宽度和深度则根据覆盖层的性质和厚度确定。当覆盖层较厚，土质较软易塌时，挖掘宽度需适当加大，甚至侧壁需挖成斜坡形；当覆盖层较薄，土质密实时，宽度亦可相应减小至便于工作即可。

探槽一般用锹、镐挖掘，当遇大块碎石、坚硬土层或风化基岩时，亦可采用爆破或动力机械施工。

三、编录要求

对井探、槽探除文字描述记录外，尚应以剖面图、展示图等反映井、槽壁和底部的岩性、地层分界线、构造特征、取样和原位测试位置，并辅以代表性部位的彩色照片。岩土描述内容与钻孔编录相同。

第四节 勘探点的测量

一、测量内容

勘探点的测量主要是指放点和测点。放点，即勘探点的测设，是将图上设计的勘探点在实地标定出来；测点，即勘探点的测定，就是测量实地上勘探点的坐标和高程。

二、测量要求

勘探点的测量需满足以下要求：

(1)陆域：初步勘察阶段平面位置允许偏差为0～0.5 m，高程允许偏差为±0.10 m；详细勘察阶段平面位置允许偏差为0～0.25 m，高程允许偏差为±0.05 m；对于可行性勘察阶段、城市规划勘察阶段、选址勘察阶段，可利用适当比例尺的地形图，根据地形地物特征确定勘察点位和孔口高程。

(2)水域：初步勘察阶段平面位置允许偏差为0～2.0 m，高程允许偏差为±0.20 m；详细勘察阶段平面位置允许偏差为0～1.0 m，高程允许偏差为±0.10 m。

(2)勘探点位应设置有编号的标志桩。开钻前应按要求核对桩号及其实地位置，两者必须吻合。水域勘探点位可设置浮标，并应采用测量仪器等方法按孔位坐标定位。

(3)当调整勘探点位时，应将实际钻探位置及时标明在平面图和钻探记录表上，注明与原点位的偏差距离、方位和地面高差，钻探施工完成后必须重新测定点位。

(4)勘察成果报告中除提供表示实际完成勘探点位的平面图外，尚应提供各勘探点的坐标、高程及控制点数据，且宜采用地区的统一坐标和高程系。

三、测量方法

勘探点测量分坐标测量和高程测量，坐标测量的传统方法主要有极坐标法、导线法和前方交汇法等，现一般用全站仪坐标测设法：具体做法是在一个控制点上安置全站仪，将已知点坐标、需放样点的坐标输入全站仪，利用全站仪坐标放样功能进行测设。高程测量一般用水准仪、经纬仪和全站仪进行测定。

随着GPS-RTK测量技术的广泛应用，目前勘探点多使用GPS-RTK测量技术进行测量，GPS-RTK测量技术具有不易受气候和季节等因素影响，且测量精度、数据安全度和效率较高等特点。下面简要介绍该测量技术的原理、方法和需要注意的事项。

GPS-RTK测量技术是将GPS测量技术和RTK测量系统相合的一种实时动态载波相位分差技术，具有强大的勘查功能，其精度和可靠性较高。其中，GPS(Global Positioning System)测量技术，即全球定位系统，是以卫星为基础，以无线电为通信手段，依据天文大地测量学的原理，实行全球连续导航和定位的高新技术系统。RTK(Real-time kinematic)技术，又称为载波相位分差技术，是实时处理两个测量站载波相位观测量的差分方法，能够将基准站采集的载波相位发给用户接收机，进行求差解算坐标。RTK在野外能够实时得到厘米级定位精度。

使用 GPS-RTK 测量技术可以很好地满足勘探点测量的工作和技术要求。但在使用 GPS-RTK 时应注意以下几点事项：

(1)基准站架设时应远离高压线、变电所等强电磁干扰源，且周围无明显的大面积反射物。

(2)基准站电台天线和移动站天线周围无较大遮蔽物，且天线应架设在高处，以获得基准站电台传输的最大可能作用半径。

(3)在设置移动站时应注意保证移动站和基准站各项参数的一致性，且使移动站和基准站始终保持数据连接状态。

(4)在移动站进行数据测量工作时，必须保证数据输入的准确性。

(5)在测量过程中应经常进行数据检验，以保证数据的准确度。

第五节 取 样

一、取土器的类型

取土器的种类很多，可按下述原则进行分类：

(1)按取土器壁厚分为薄壁取器和厚壁取土器。

(2)按取土器的结构及封闭形式又可分为敞口式和封闭式。

(3)按进入土层方式可分为贯入式取土器和回转式取土器，具体如图 3-2-3 所示。

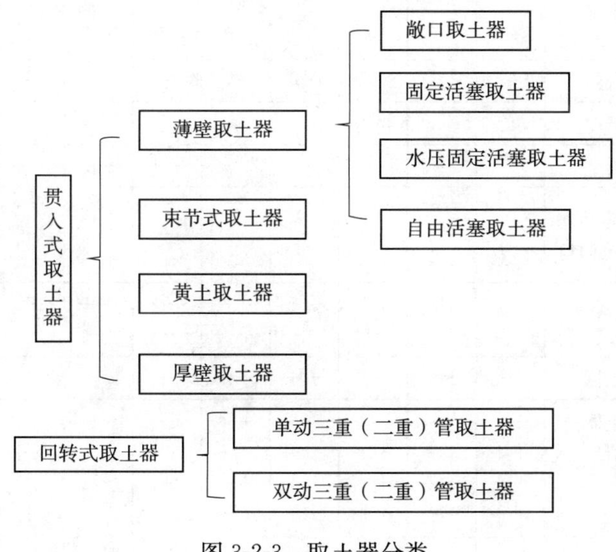

图 3-2-3 取土器分类

二、取样质量要求

(一)土试样质量等级

土试样质量等级应根据用途按表 3-2-7 划分为四个等级：

表 3-2-7 土试样质量等级

级别	扰动程度	试验内容
Ⅰ级	不扰动	土类定名、含水量、密度、强度试验、固结试验
Ⅱ级	轻微扰动	土类定名、含水量、密度
Ⅲ级	显著扰动	土类定名、含水量
Ⅳ级	完全扰动	土类定名

注:不扰动土样(原状样)是指虽然土的原位应力状态改变,但土的结构、密度、含水量变化很小,可满足各项室内试验要求的土样。

(二)取样技术要求

土试样采取的工具和方法可按表 3-2-8 进行选取。

表 3-2-8 不同等级土试样的取样工具和方法

土试样质量等级	取样工具和方法		适用土类										
			黏性土					粉土	砂土				砾砂、碎石土、软岩
			流塑	软塑	可塑	硬塑	坚硬		粉砂	细砂	中砂	粗砂	
Ⅰ	薄壁取土器	固定活塞	++	++	+	－	－	+	+	－	－	－	－
		水压固定活塞	++	++	+	－	－	+	+	－	－	－	－
		自由活塞	－	+	++	－	－	+	+	－	－	－	－
		敞口	+	+	+	－	－	+	+	－	－	－	－
	回转取土器	单动三重管	－	+	++	++	+	++	++	++	－	－	－
		双动三重管	－	－	－	+	++	－	－	－	++	++	+
	探井(槽)中刻取块状土样		++	++	++	++	++	++	++	++	++	++	++
Ⅰ～Ⅱ	束节式取土器		+	++	++	－	－	+	+	－	－	－	－
	黄土取土器												
	原状取砂器		－	－	－	－	－	++	++	++	++	++	+
Ⅱ	薄壁取土器	水压固定活塞	++	++	+	－	－	+	+	－	－	－	－
		自由活塞敞口	+	++	++	－	－	+	+	－	－	－	－
			++	++	++	－	－	+	+	－	－	－	－
	回转取土器	单动三重管	－	+	++	++	+	++	++	++	－	－	－
		双动三重管	－	－	－	+	++	－	－	－	++	++	++
	厚壁敞口取土器		+	++	++	++	++	+	+	+	+	+	－
Ⅲ	厚壁敞口取土器		++	++	++	++	++	++	++	++	++	+	－
	标准贯入器		++	++	++	++	++	++	++	++	++	++	－
	螺纹钻头		++	++	++	++	++	+	－	－	－	－	－
	岩芯钻头		++	++	++	++	++	++	+	+	+	+	+
Ⅳ	标准贯入器		++	++	++	++	++	++	++	++	++	++	－
	螺纹钻头		++	++	++	++	++	+	－	－	－	－	－
	岩芯钻头		++	++	++	++	++	++	++	++	++	++	++

注:++:适用;+:部分适用;－:不适用;采取砂土试样应有防止试样失落的补充措施;有经验时,可用束节式取土器代替薄壁取土器。

对特殊土的取样应符合本手册第三篇第七章有关规定。

在钻孔中采取Ⅰ、Ⅱ级砂样时,可采用原状取砂器。

在钻孔中采取Ⅰ、Ⅱ级土试样时，应满足下列条件：

(1)在软土、砂土中，宜采用泥浆护壁；如使用套管，应保持管内水位等于或稍高于地下水位，取样位置应低于套管底三倍孔径的距离。

(2)采用冲洗、冲击、振动等方式钻进时，应在预计采样位置 1 m 以上改用回转钻进。

(3)下放取土器前应仔细清孔，清除扰动土，孔底残留浮土厚度不应大于取土器废土段长度。

(4)采取土试样宜用快速静力连续压入法。对于较硬土质压入法取样有困难时，可采用重锤少击法取样。

三、岩土样的数量

采取岩土试样的数量应满足要求进行的试验项目或试验方法的需要。

(1)不同试验项目(除粗颗粒土试验)所需土样的数量可参考表 3-2-9。

表 3-2-9 不同试验项目所需土样数量表

试验项目	土样类别	样品状态	最大颗粒直径(mm)	样品数量	备注
含水率	黏性土、粉土	原状	—	(直径)ϕ10 cm×(高)20 cm	
	砂土	扰动	—	80～100 g	
密度	黏性土、粉土	原状	—	ϕ10 cm×20 cm	
	砂土	原状	—	ϕ10 cm×20 cm	
比重	黏性土、粉土	扰动	—	50 g	
	砂土	扰动	—	50 g	
	圆砾(角砾)	扰动	>5	2～10 kg	取土量视最大颗粒直径大小而异，可参照规定
颗粒分析	黏性土、粉土	扰动	>2	0.5～7 kg	取土量视最大颗粒直径大小而异，可参照规定
	砂土	扰动	>2	200～500 g	
	圆砾(角砾)	扰动	—	100 g	
相对密度	圆砾(角砾)	扰动	<60	80 kg	取不到原状样品时，测定最大孔隙比及最小孔隙比
	砂土	原状	—	10 cm×10 cm×10 cm 或 ϕ10 cm×20 cm	
	砂土	扰动	<5	2 kg	
液限及塑限	黏性土、粉土	扰动	<0.5	500 g	
收缩	黏性土、粉土	原状	—	10 cm×10 cm×10 cm 或 ϕ10 cm×20 cm	
	黏性土、粉土	扰动	—	1 kg	
膨胀	黏性土、粉土	原状	—	ϕ10 cm×20 cm	
	黏性土、粉土	扰动	—	1 kg	

续上表

试验项目	土样类别	样品状态	最大颗粒直径(mm)	样品数量	备注
湿化	黏性土、粉土	原状	—	10 cm×10 cm×10 cm	
	黏性土、粉土	扰动	—	1 kg	
毛管水上升高度	砂土	扰动	—	2 kg	
	黏性土、粉土	原状	—	10 cm×10 cm×10 cm	
击实	砂土、圆砾(角砾)	扰动	<60	250 kg	
	黏性土、粉土	扰动	<5、<20	30 kg、50 kg	
渗透	砂土	扰动	<2	4～5 kg	
	黏性土、粉土	扰动	<2	2 kg	
	圆砾(角砾)	扰动	<60	250 kg	
	黏性土、粉土	原状	—	ϕ10 cm×20 cm	
固结	黏性土、粉土	原状	—	10 cm×10 cm×10 cm 或 ϕ10 cm×20 cm	
	黏性土、粉土	扰动	<0.5	1 kg	击实制样
	砂土、圆砾(角砾)	扰动	<60	2 kg	
黄土压缩	黏性土、粉土	原状	<0.5	20 cm×20 cm×20 cm 或 ϕ10 cm×20 cm	
三轴压缩	黏性土、粉土	原状	<2	20 cm×20 cm×20 cm 或 ϕ10 cm×20 cm	
	黏性土、粉土	扰动	<2	5 kg	击实或压实制样
	砂土	扰动	<2	5 kg	
	圆砾(角砾)	扰动	<60	500 kg	
三轴剪切	黏性土、粉土	原状	—	10 cm×10 cm×10 cm 或 ϕ10 cm×20 cm	
直接剪切	黏性土、粉土	原状	—	10 cm×10 cm×10 cm 或 ϕ10 cm×20 cm	
	黏性土、粉土	扰动	—	1.5～3 kg	
	砂土	扰动	<2	3 kg	
	圆砾(角砾)	扰动	<60	300 kg	
热物理	黏性土、粉土	原状	—	ϕ10 cm×20 cm	
	砂土	扰动	—	30 kg	
	圆砾(角砾)	扰动	—	30 kg	
基床系数	黏性土、粉土	原状	—	ϕ10 cm×20 cm	
无侧限抗压	黏性土、粉土	原状	—	10 cm×10 cm×15 cm 或 ϕ10 cm×20 cm	
天然坡角	砂土	扰动	<5	1～3 kg	
反滤料	砂土、圆砾(角砾)	扰动	<60	100 kg	

(2)岩石试样可利用钻探岩芯制作或在探井、探槽、竖井和平洞中采取。采取的毛样尺寸应满足试块加工的要求。在特殊情况下,试样形状、尺寸和方向由岩体力学试验设计确定。具体见本篇第五章第四节相关内容。

四、岩土样记录和标签

(1)岩土样采取时应在钻探(挖探)记录表上进行记录和编号。

(2)岩土样采取时应填写取样记录表,内容有:工程名称、工点名称、勘探点编号、高程、取样深度或位置、土样编号、土样现场定名、取样日期等。

(3)采取的岩土样应有岩土样标签,标签上下应与岩土式样上下一致,标签内容为:工程名称、工点名称、勘探点编号、取样深度或位置、土样编号、土样现场定名、取土人员和取样日期等。

(4)标签宜用韧质纸,用不脱色笔书写清楚,贴于土样筒或岩芯外。如袋装扰动土,可用木板作标签放置袋内,并在袋外面标记岩土样编号。

五、岩土样的包装和运送

(1)Ⅰ、Ⅱ、Ⅲ级土试样在采取之后,应立即封闭取土筒或盛土容器。土筒上所有缝隙均应以胶布封严,贴上标签,浇注融蜡。如无取土筒,亦可将取出的原状土块用纱布包裹后,贴上标签,浇注融蜡。防止湿度变化。

(2)封闭后的Ⅰ、Ⅱ、Ⅲ级土试样应妥善保存,严防暴晒或冰冻,保存时间不宜超过两周。

(3)在运输中应避免振动,对易于振动液化和水分离析的土试样宜现场或就近进行试验。

(4)岩土样送达试验单位,必须附送样单或试验委托书等资料。送样单或试验委托书内容包括:工程名称、工点名称、勘探点编号、取样深度或位置、取样日期、土样编号、土样现场定名、颜色和状态、试验项目、试验方法及要求等。取样人员和项目技术人员须在送样单或试验委托书签字。

(5)试验单位接到岩土样后,根据上述资料验收。验收中须查明岩土样数量是否有误,编号是否相符,所送岩土样量是否满足试验项目和试验方法的要求,如有问题及时反馈。

六、取水试样要求

城市轨道交通工程勘察时,应采取地下水或地下水位以上土试样进行腐蚀性试验,并进行地下水、土对建筑材料的腐蚀性评价。

(一)水样采集的基本原则

采取的地下水或地表水试样必须代表天然条件下的客观水质情况。当有多层含水层时,应做好分层隔水措施,并应分层采取水样。地下水采集钻孔、观测孔、生产井或民井、探井(坑)中刚从含水层进来的新鲜水。泉水应在泉口处取样。地表水应在距工点最近的位置取样。

(二)水样采集的一般要求

(1)盛水容器一般应采用带磨口玻璃瓶或塑料瓶(桶)。取样前容器必须清洗干净,并经蒸馏水清洗。取样时先用所取的水冲洗瓶塞和容器三次以上,然后缓缓地将取得的水注入容器。容器顶应留出高为 10～20 mm 的空间。及时用石蜡或火漆封口,并做好采样记录,贴好水试样标签,填写水试样送样单,尽快送试验室。

(2)地下水采样过程中应尽量避免或减轻样品与大气发生接触,以防止样品发生变化。需要测定侵蚀性 CO_2 成分的水样,应加入 2～3 g 大理石粉,并严防杂物混入。

(3)井孔及地表水中采样时动作要轻,避免搅动井水或地表水体底部沉积物;水试样送验过程中,要防震、防冻、防晒,按规定采取存放措施,并不得超过水试样最大保存期限。

(4)水试样采集数量

进行简分析时,每件试样采集 500～1 000 mL,进行全分析时,每件试样采集 2 000～3 000 mL,城市轨道交通工程勘察中每个工点不应少于 2 组(每组两件,其中一件加入大理石粉),对于车辆段或停车场不宜少于 3 组。

(三)水样的保存与运送

由于水样存放期间某些离子将会发生变化,从而影响测定结果,因此,采样和分析的间隙时间愈短,则分析结果愈可靠。对某些易变化离子的测定,应及时进行。至于采集水样和分析之间允许的间隔时间,取决于水样的性质与保存条件,一般对工程水质分析的水样,允许保存的最长时间为:清洁水 72 h;轻度污染水 48 h;重度污染水 12 h。

在保存与运送中应注意的事项:

(1)水样运送途中尽可能减少水样的受震和碰撞,运送和存放期间应检查水样瓶是否封闭严密,应严防封口损坏。

(2)水样应放在不受日光直接照射的阴凉处,冬季应防止水样瓶冻裂。

第三章 原位测试

原位测试是指在岩土工程勘察现场，在不扰动或基本不扰动岩土层的情况下对岩土层进行测试，以获得所测岩土层的物理力学性质指标及划分土层的一种现场勘测技术。

原位测试的主要手段包括标准贯入试验、动力触探试验、旁压试验、静力触探试验、载荷试验、扁铲侧胀试验、十字板剪切试验、波速测试、岩体现场直接剪切试验、岩体原位应力测试和地温测试等。

原位测试应满足以下规定：

(1)原位测试方法应根据岩土条件、设计对参数的需要、地区经验和测试方法的适用性等因素综合确定。

(2)原位测试成果应与原型试验、室内试验及工程经验等结合使用，并应进行综合分析。对重要的工程或缺乏使用经验的地区，应与工程反算参数作对比，检验其可靠性。

(3)原位测试的仪器设备应定期检验和标定。

(4)原位测试应符合国家或行业有关测试规程的规定。

第一节 原位测试方法的适用范围

原位测试方法的适用范围见表 3-3-1。

表 3-3-1 原位测试方法的适用范围

适用范围		测试方法													
		标准贯入试验	圆锥动力触探试验	预钻式旁压试验	自钻式旁压试验	静力触探试验	孔压静力触探试验	平板载荷试验	螺旋板载荷试验	扁铲侧胀试验	十字板剪切试验	波速测试试验	现场直接剪切试验	岩体原位应力测试试验	地温测试试验
适用岩土类别	岩石	—	—	+	—	—	—	+	—	—	—	+	++	++	+
	碎石土	—	++	+	—	—	—	++	—	—	—	+	++	—	+
	砂土	++	++	+	+	+	+	++	++	+	—	+	—	—	+
	粉土	+	+	+	++	++	++	++	++	+	—	+	—	—	+
	黏性土	+	+	++	++	++	++	++	++	+	++	+	+	—	+
	填土	—	+	+	—	+	+	++	—	—	—	+	—	—	+
	软土	—	+	—	++	++	++	++	+	++	++	+	—	—	+

续上表

适用范围		测试方法													
		标准贯入试验	圆锥动力触探试验	预钻式旁压试验	自钻式旁压试验	静力触探试验	孔压静力触探试验	平板载荷试验	螺旋板载荷试验	扁铲侧胀试验	十字板剪切试验	波速测试试验	现场直接剪切试验	岩体原位应力测试试验	地温测试试验
部分测试成果应用	鉴别土类	＋＋	－	－	＋	＋	＋＋	－	－	＋＋	－	－	－	－	－
	划分土层	＋	－ ＋	－	＋	＋	＋＋	－	－	＋	－	－	－	－	－
	物理状态	＋	＋	－	＋	＋	＋	－	－	＋	－	－	－	－	－
	强度参数	＋	－	＋	＋	＋＋	＋＋	＋	＋	＋	＋＋	＋	＋＋	－	－
	模量	＋	＋	＋	＋＋	＋	＋	＋＋	＋＋	＋	－	－	－	－	－
	渗透系数	－	－	－	－	＋	＋	－	－	－	－	－	－	－	－
	固结特征	－	－	－	＋＋	＋	＋	－	－	＋	－	－	－	－	－
	孔隙水压力	－	－	－	＋＋	＋	＋	－	－		－	－	－	－	－
	静止侧压力系数	－	－	＋	＋＋	＋	＋	－	－	＋	－	－	－	－	－
	基床系数	－	－	＋	－	＋	＋	－	－	＋	－	－	－	－	－
	超固结比	－	－	－	＋	＋	＋	＋	＋	＋	－	－	－	－	－
	承载力	＋	＋	＋＋	＋＋	＋	＋	＋＋	＋＋	＋＋	－	－	－	－	－
	液化判别	＋＋	－	－	－	＋＋	＋＋	－	－	＋	－	－	－	－	－
	地层温度	－	－	－	－	＋	＋	－	－	－	－	－	－	－	＋＋

注：＋＋：很适用；＋：适用；－：不适用。

原位测试的试验项目、主要试验目的、测定参数及可计(估)算参数见表 3-3-2。

表 3-3-2 原位测试项目一览表

试验项目	主要试验目的	测定参数	可计(估)算参数
标准贯入试验(SPT)	1. 判断土层均匀性和划分土层； 2. 判断土层液化可能性及等级； 3. 确定砂土密实度； 4. 确定黏性土的状态和无侧限抗压强度； 5. 确定黏性土、砂土的抗剪强度和变形参数； 6. 选择桩基持力层、估算单桩承载力； 7. 计算剪切波速	标准贯入锤击数 N(击)	液性指数 I_L； 无侧限抗压强度 q_u(kPa)； 砂土的摩擦角 φ(°)； 黏性土的黏聚力 c(kPa)和摩擦角 φ(°)； 压缩模量 E_s(MPa)； 剪切波速 v_s(m/s)； 地基承载力标准值 f_{ka}(kPa)； 地基承载力特征值 f_{ak}(kPa)
圆锥动力触探试验(DPT)	1. 判断土层均匀性和划分土层； 2. 确定碎石土、砂土密实度； 3. 评价地基均匀性、确定地基持力层和地基承载力； 4. 确定碎石土、砂土或粉土的变形模量和抗剪强度； 5. 选择桩基持力层、估算单桩承载力	动力触探锤击数 N_{10}、$N_{63.5}$、N_{120}(击)	地基承载力 f_k(kPa)； 变形模量 E_0(MPa)； 单桩承载力 R_a(kPa)； 砂土、碎石土的内摩擦角标准值 φ_k(°)； 黏性土地基的基本承载力 σ_0(kPa)和极限承载力 p_u(kPa)

续上表

试验项目	主要试验目的	测定参数	可计(估)算参数
预钻式旁压试验(PMT)	1. 估算地基土强度和变形指标； 2. 计算土的侧向基床系数； 3. 估算桩基承载力； 4. 计算土的静止侧压力系数	初始压力 p_0(kPa)、临塑压力 p_f(kPa)、极限压力 p_L(kPa)	地基承载力特征值 f_{ak}(kPa)； 旁压模量 E_m(kPa)； 变形模量 E_0(MPa)和压缩模量 E_s(MPa)； 静止侧压力系数 K_0； 地基基本承载力 σ_0(kPa)和极限承载力 p_u(kPa)
自钻式旁压试验(SBPMT)	1. 估算地基土强度和变形指标； 2. 计算土的侧向基床系数； 3. 估算桩基承载力； 4. 确定土的原位水平应力和静止侧压力系数	初始压力 p_0(kPa)、临塑压力 p_f(kPa)、极限压力 p_L(kPa)	地基承载力 f_{ak}(kPa)； 弹性模量 E(MPa)； 原位水平应力 σ_h(MPa)； 不排水抗剪强度 c_u(kPa)； 静止侧压力系数 K_0； 侧向基床反力系数 K_m(kN/m^3)
静力触探试验(CPT)	1. 判别土层均匀性和划分土层； 2. 估算地基土强度和变形指标； 3. 估算土的侧向基床系数和比例系数； 4. 判断盾构推进难易程度； 5. 判别黏性土的塑性状态； 6. 估算桩基承载力； 7. 判断沉桩可能性； 8. 判别地基土液化可能性及等级	单桥比贯入阻力 p_s(MPa)、双桥锥尖阻力 q_c(MPa)、侧壁摩阻力 f_s(kPa)、摩阻比 R_f(%)、孔压静力触探的孔隙水压力 u(kPa)	天然地基基本承载力 σ_0(kPa)； 变形模量 E_0 和压缩模量 E_s(MPa)； 不排水杨氏模量 E_u； 不排水抗剪强度 c_u(kPa)； 砂土的内摩擦角 φ(°)； 黏性土的固结快剪内摩擦角 φ_{cu}(°)； 饱和黏性土的天然容重 γ(kN/m^3)、竖向固结系数 C_v 和刚度指数 I_r； 石英质砂土的相对密度 D_r； 单桩承载力 R_a(kPa)； 桩的极限荷载 Q_u(kPa)
平板载荷试验(PLT)	1. 评定岩土承载力； 2. 计算土的变形模量； 3. 估算地基土的不排水抗剪强度； 4. 计算土体竖向基床系数	比例界限压力 p_0(kPa)、极限压力 p_u(kPa)、压力与变形关系	地基土承载力特征值 f_{ak}(kPa)； 地基基本承载力 σ_0(kPa)； 变形模量 E_0(MPa)； 不排水抗剪强度 c_u(kPa)； 竖向(基准)基床系数 K_1(kN/m^3)； 地基土垂直基床系数 K_v(kN/m^3)
螺旋板载荷试验(SPLT)	1. 评定岩土承载力； 2. 计算土的变形模量和压缩模量； 3. 计算地基土的不排水抗剪强度； 4. 计算固结系数	比例界限压力 p_0(kPa)、极限压力 p_u(kPa)、压力与变形关系	地基土承载力特征值 f_{ak}(kPa)； 地基极限承载力 p_u(kPa)； 地基基本承载力 σ_0(kPa)； 变形模量 E_0(MPa)和压缩模量 E_s(MPa)； 不排水抗剪强度 c_u(kPa)； 固结系数 C_v(cm^2/min)
扁铲侧胀试验(DMT)	1. 划分土层和区分土类； 2. 计算地基土强度和变形指标； 3. 计算土的基准水平基床系数； 4. 计算静止侧压力系数； 5. 判别地基土液化可能性	侧胀模量 E_D(kPa)、侧胀土性指数 I_D、侧胀水平应力指数 K_D 和侧胀孔压指数 U_D	静止侧压力系数 K_0； 超固结比 OCR； 不排水抗剪强度 c_u(kPa)； 压缩模量 E_s(MPa)和弹性模量 E(MPa)； 水平固结系数 C_h； 不排水杨氏模量 E_u； 基准水平基床系数 K_{h1}

续上表

试验项目	主要试验目的	测定参数	可计(估)算参数
十字板剪切试验(VST)	1. 测求饱和黏性土的不排水抗剪强度和灵敏度； 2. 估算地基土承载力和单桩极限承载力； 3. 计算边坡稳定性； 4. 判断软黏土的应力历史	不排水抗剪强度 c_u(kPa)、重塑土不排水抗剪强度 c'_u(kPa)	不排水抗剪强度 c_u(kPa)； 重塑土不排水抗剪强度(残余值) c'_u(kPa)； 灵敏度 S_t； 地基承载力 q(kPa)； 单桩极限承载力 Q_{umax}(kN)； 超固结比 OCR
波速测试(WVT)	1. 划分场地类别； 2. 提供地震反应分析所需的场地动力参数； 3. 评价岩体完整性； 4. 估算场地卓越周期； 5. 判断砂土地基液化； 6. 进行围岩分级； 7. 确定岩石风化程度	剪切波波速 v_s(m/s)、压缩波波速 v_p(m/s)	动弹性模量 E_d(kPa)； 动剪切模量 G_d(kPa)； 动泊松比 μ_d； 地基刚度 K_Z 和阻尼比 D_Z； 场地卓越周期 T(s)
岩体现场直接剪切试验(FDST)	1. 确定岩体抗剪强度； 2. 计算岩质边坡的稳定性	比例强度 屈服强度 峰值强度 残余强度	岩体抗剪强度； 岩质边坡的稳定性
岩体原位应力测试(RST)	1. 岩体应力与应变关系； 2. 测求岩石弹性常数	岩体空间应力、平面应力	—
地温测试	提供结构温度应力、暖通设计等所需参数	地层温度(℃)	—

第二节 标准贯入试验

标准贯入试验 Standard Penetration Test(SPT)是使用63.5 kg的重锤以76 cm的自由落距，将一定规格的贯入器预先贯入钻孔孔底以下15 cm，然后测记连续贯入30 cm过程中锤击数的试验方法，简称标贯试验。

标准贯入试验要结合钻孔进行，国内统一使用直径42 mm的钻杆，国外也有使用直径50 mm的钻杆或60 mm的钻杆。标准贯入试验的优点在于设备简单，操作方便，土层的适应性广，除砂土外对硬黏土及软土岩、花岗岩残积土、各类全强风化岩石也适用，而且贯入器能够携带扰动土样，可直接对土层进行鉴别描述。

标准贯入试验适用于砂土、粉土、黏性土、残积土、全风化岩及强风化岩。

一、试验设备规格

标准贯入试验设备基本与重型动力触探设备相同，主要有标准贯入器、触探杆、穿心锤、锤垫及自动落锤装置等组成，如图3-3-1所示。标准贯入试验的设备应符合表3-3-3的规定。

表 3-3-3　标准贯入试验设备规格

落　锤		锤的质量(kg)	63.5
		落距(cm)	76
贯入器	对开管	长度(mm)	>500
		外径(mm)	51
		内径(mm)	35
	管　靴	长度(mm)	50～76
		刃口角度(°)	18～20
		刃口单刃厚度(mm)	2.5
钻　杆		直径(mm)	42
		相对弯曲	<1/1 000

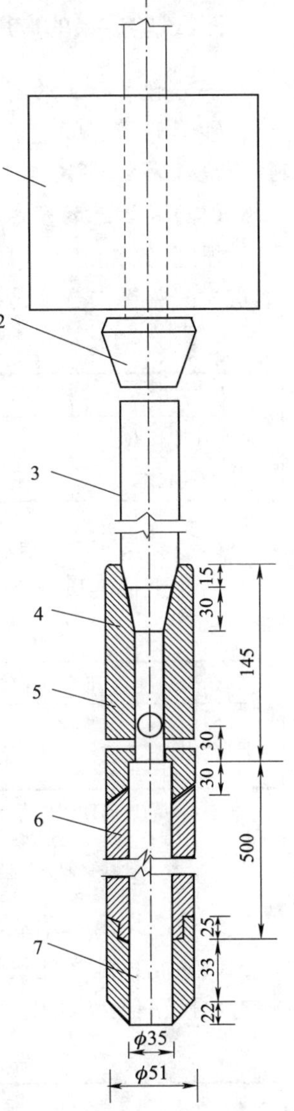

图 3-3-1　标贯试验设备
(单位:mm)
1—穿心锤;2—锤垫;
3—触探杆;4—贯入器头;
5—出水孔;6—由两半圆形
管井合成的贯入器身;
7—贯入器靴

二、试验要求

(1)标准贯入试验可在钻孔全深度范围内或在个别土层内以 1～2 m 的间距进行。

(2)标准贯入试验孔采用回转钻进,水位下试验时应保证孔内水位不低于原地下水位。当孔壁不稳定时,可用泥浆护壁,钻至试验标高以上 15 cm 处,清除孔底残土后再进行试验。

(3)标准贯入试验要求分两段进行:

①预打阶段:先将贯入器打入土中 15 cm,并记录锤击数。

②试验阶段:将贯入器打入土中 30 cm,记录每打入 10 cm 锤击数;累计打入 30 cm 的锤击数即为标准贯入试验 N 值。

(4)当在 30 cm 内累计锤击数已达 50 击时,可不再强行贯入,但应记录 50 击时的贯入深度,试验成果可按下式换算为相当于 30 cm 的锤击数。

$$N=\frac{30\ n}{\Delta S} \tag{3-3-1}$$

式中　N——实测标准贯入试验锤击数;

n——所取锤击数为 50 击;

ΔS——相应于 n 的贯入深度(cm)。

三、试验成果资料整理

标准贯入试验成果资料整理应包括下列内容:

(1)标准贯入试验成果 N 可直接标在工程地质剖面图上,也可绘制单孔标准贯入锤击数 N 与深度关系曲线或直方图。统计分层标准贯入锤击数平均值时,应剔除异常值。

(2)应用 N 值时是否修正和如何修正,应根据建立统计关系时的具体情况确定。

(3)标准贯入试验成果,应采用实测值,按数理统计方法进行统计。不宜使用单孔的 N 值对土的工程性质做出评价。

四、试验成果的应用

(一)确定砂土的密实度

砂土的密实度应根据标准贯入试验锤击数实测值 N 划分为密实、中密、稍密和松散，并应符合表 2-3-7 的规定。

(二)黏性土的塑性状态划分

根据《铁路工程地质原位测试规程》(TB 10018—2018)，黏性土的塑性状态可根据标准贯入试验锤击数实测值的平均值 N 按表 3-3-4 进行划分。

表 3-3-4 黏性土的塑性状态划分

N(击/30 cm)	$\leqslant 2$	$2<N\leqslant 8$	$8<N\leqslant 32$	>32
液性指数 I_L	>1	$1\geqslant I_L>0.5$	$0.5\geqslant I_L>0$	$\leqslant 0$
塑性状态	流塑	软塑	硬塑	坚硬

(三)确定黏性土的抗剪强度

黏性土标准贯入试验锤击数与抗剪强度指标的关系见表 3-3-5。

表 3-3-5 黏性土 N 与 c、φ 的关系

N	15	17	19	21	25	29	31
c(kPa)	78	82	87	92	98	103	110
φ(°)	24.3	24.8	25.3	25.7	26.4	27.0	27.3

注：1. 本表中的标准贯入锤击数 N 为手拉绳方法测得的，其值比机械化自动落锤方法所得锤击数略高，换算关系如下：$N_{(手)}=0.74+1.12N_{(机)}$，适用范围：$2<N_{(机)}<23$。

2. 本表数据来源于《工程地质手册》第五版。

(四)确定地基承载力

(1)《北京地区建筑地基基础勘察设计规范》(DBJ 11-501—2009)根据标准贯入试验锤击数校正值 N' 确定粉砂、细砂地基承载力标准值 f_{ka}，见表 3-3-6 及表 3-3-7。

表 3-3-6 一般第四纪粉砂、细砂地基承载力标准值 f_{ka}

N'	15	20	25	30	35	40
f_{ka}(kPa)	180	230	280	330	380	420

表 3-3-7 新近沉积粉砂、细砂地基承载力标准值 f_{ka}

N'	4	6	9	11	14
f_{ka}(kPa)	90	110	140	160	180

当有效覆盖压力 σ'_v 大于 25 kPa 时，标准贯入试验锤击数校正值 N' 宜按下式计算：

$$N'=C_N\cdot N \tag{3-3-2}$$

$$C_N=\frac{1}{\left[\frac{\eta_N(\sigma'_v-25)}{1\,000}+1\right]^2} \tag{3-3-3}$$

式中 N——实测标准贯入试验锤击数；

C_N——有效覆盖压力校正系数；

σ'_v——标准贯入深度处有效覆盖压力(kPa)；

η_N——与密实度有关的系数，按表 3-3-8 取值。

表 3-3-8 有效覆盖压力校正系数 η_N

N	30	15	5
η_N	0.45	0.80	3.80

(2)广东省《建筑地基基础设计规范》(DBJ 15-31—2003)，砂土、粉土、一般黏性土和花岗岩残积土的承载力特征值的经验值也可根据标准贯入试验修正锤击数 N' 按表 3-3-9～表 3-3-11 确定。

表 3-3-9 砂土承载力特征值的经验值 f_{ak}(kPa)

土的名称	N'			
	10	20	30	50
中砂、粗砂	180	250	340	500
粉砂、细砂	140	180	250	340

表 3-3-10 粉土承载力特征值的经验值 f_{ak}(kPa)

N'	3	4	5	6	7	8	9	10	11	12	13	14	15
f_{ak}	105	125	145	165	185	205	225	245	265	285	305	325	345

表 3-3-11 一般黏性土和花岗岩残积土承载力特征值的经验值 f_{ak}(kPa)

N'	3	5	7	9	11	13	15	17	19	21	23
f_{ak}	100	150	200	240	280	320	360	420	500	580	660

标准贯入试验修正锤击数 N'按下式进行计算：

$$N'=\alpha \cdot N \tag{3-3-4}$$

式中 N——实测标准贯入试验锤击数；

α——触探杆长度校正系数，可按表 3-3-12 确定。

表 3-3-12 触探杆长度校正系数

杆长(m)	≤3	6	9	12	15	18	21	24
校正系数 α	1.00	0.92	0.86	0.81	0.77	0.73	0.70	0.67
杆长(m)	27	30	33	36	39	—	—	—
校正系数 α	0.64	0.61	0.58	0.55	0.52	—	—	—

(五)确定土的变形参数

《北京地区建筑地基基础勘察设计规范》(DBJ 11-501—2009)，当缺少粉砂、细砂和塑性指数 I_P 小于 5 的砂质粉土的压缩模量数据时，对一般第四纪沉积土可根据标准贯入试验锤击数 N 和深度 z 按式(3-3-5)取值；对新近沉积土可按表 3-3-13 取值。

$$E_s=0.712z+0.25N+\eta_s \tag{3-3-5}$$

式中 N——实测标准贯入试验锤击数；

η_s——与土的类别有关的系数，按表 3-3-14 取值。

表 3-3-13 新近沉积土的压缩模量 E_s 统计值

N	5	8	10	12	15	20	25
E_s(MPa)	6.5	10.0	12.5	14.5	17.5	21.5	25.0

注:1. 表中 E_s 值适用于新近沉积粉、细砂和塑性指数 I_P 小于 5 的砂质粉土。
2. 表中数值可以内插。

表 3-3-14 一般第四纪沉积土压缩模量换算系数 η_s

土的类别	砂质粉土	粉砂	细砂
η_s	11.5	14.0	18.1

注:表中的砂质粉土的塑性指数 I_P 小于 5。

(六)评价饱和粉土、砂土液化

用标准贯入试验的实测锤击数评价饱和粉土、砂土的地震液化的方法详见本篇第六章第十节相关内容。

第三节 圆锥动力触探试验

圆锥动力触探(Dynamic Penetration Test,DPT)是利用一定的锤击能量,将一定规格的圆锥探头打入土中,根据打入土中的难易程度(可用贯入度、锤击数或单位面积动贯入阻力来表示)来判别土层的变化,对土层进行力学分层,并确定土层的物理力学性质,对地基土做出工程地质评价的测试方法。

利用圆锥动力触探试验可以解决如下问题:

(1)划分不同性质的土层。当土层的力学性质有显著差异,而在触探指标上有显著反映时,可利用圆锥动力触探进行分层和定性地评价土的均匀性,检查填土质量,探查滑动带、土洞和确定基岩面或碎石土层的埋藏深度等。

(2)确定土的物理力学性质。确定砂土的密实度和黏性土的状态,评价地基土和桩基承载力,估算土的强度和变形参数等。

一、设备类型及规格

圆锥动力触探试验的类型分为轻型、重型和超重型三种,各种设备的类型及规格见表 3-3-15。

表 3-3-15 圆锥动力触探类型及规格

类型		轻型	重型	超重型
落锤	锤的质量(kg)	10	63.5	120
	落距(cm)	50	76	100
探头	直径(mm)	40	74	74
	锥角(°)	60	60	60
探杆直径(mm)		25	42	50～60
贯入指标	贯入深度(cm)	30	10	10
	锤击数符号	N_{10}	$N_{63.5}$	N_{120}

(1)轻型动力触探探头外形尺寸应符合图 3-3-2 规定。材料应采用 45 号碳素钢或采用优于 45 号碳素钢的钢材。表面淬火后硬度 HRC＝45～50。

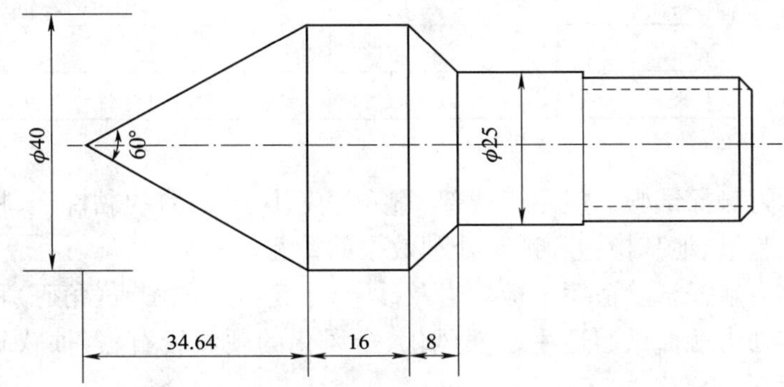

图 3-3-2　轻型动力触探探头外形尺寸(单位:mm)

(2)重型、超重型动力触探设备应符合下列要求:

①探头:外形尺寸应符合图 3-3-3 规定,材质要求与轻型动力触探一致。

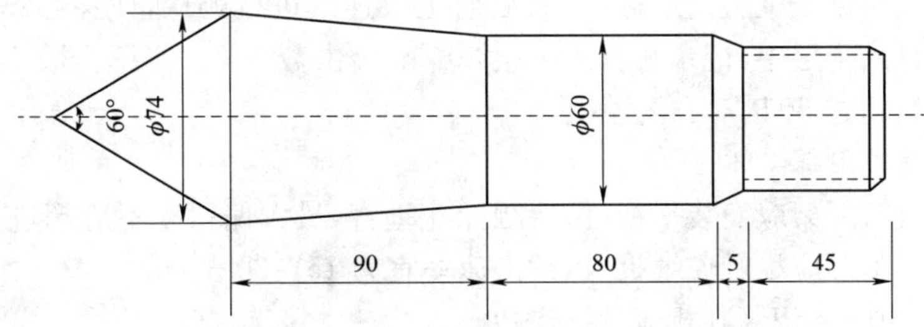

图 3-3-3　重型、超重型动力触探探头外形尺寸(单位:mm)

②探杆:每米质量不宜大于 7.5 kg。探杆接头外径应与探杆外径相同,探杆和接头材料应用耐疲劳高强度的钢材。

③锤座直径应小于锤径 1/2,并大于 100 mm;导杆长度应满足重锤落距的要求,锤座和导杆总质量为20～25 kg。

④重锤应采用圆柱形,高径比 1～2。重锤中心的通孔直径应比导杆外径大 3～4 mm。

⑤重型、特重型动力触探试验应配备自动落锤装置。

二、适用范围

各种圆锥动力触探试验的适用范围见表 3-3-16。

表 3-3-16　圆锥动力触探试验的适用范围

动力触探类型	素填土	粉土、黏性土			砂　土					碎石土			岩　石	
		黏土	粉质黏土	粉土	粉砂	细砂	中砂	粗砂	砾砂	圆砾(角砾)	卵石(碎石)	漂石(块石)	极软岩	软岩
轻型	＋＋	＋	＋＋	＋	＋									

续上表

动力触探类型	素填土	粉土、黏性土			砂土					碎石土			岩石	
		黏土	粉质黏土	粉土	粉砂	细砂	中砂	粗砂	砾砂	圆砾(角砾)	卵石(碎石)	漂石(块石)	极软岩	软岩
重型					+	+	++	++	++	++	+		+	
超重型									+	++	++	+	++	+

注：++：适用；+：部分适用。

轻型圆锥动力触探试验一般用于浅部(贯入深度小于 4 m)的黏性土、粉土、砂土及填土。可用于施工验槽、地基检验和地基处理效果的检测。

重型圆锥动力触探试验适用于极软岩及砂土、中密以下的圆砾(角砾)和卵石(碎石)。

超重型圆锥动力触探试验适用于强风化、全风化的硬质岩石、各种软质岩石、密实的圆砾(角砾)和卵石(碎石)。

三、试验要点

(一)轻型动力触探

先用轻便钻具钻至试验土层标高，然后对土层连续进行触探，使穿心锤自由落下落，将触探杆竖直打入土层中，记录每打入土层 30 cm 锤击数 N_{10}。当锤击数 $N_{10}>100$ 或贯入 15 cm 锤击数超过 50 时，可停止试验。

(二)重型动力触探

(1)贯入前，触探架应安装平稳，保持触探孔垂直，最大偏斜度不应超过 2%。试验时穿心锤应自由下落并应尽量连续贯入，锤击速率宜为 15～30 击/min。

(2)每贯入 10 cm 记录其相应的锤击数 $N'_{63.5}$。

(3)每贯入 1 m，宜将探杆转动一圈半；当贯入深度超过 10 m，每贯入 20 cm 宜转动探杆一次。

(4)当连续三次 $N_{63.5}>50$ 时，可停止试验或改用超重型动力触探试验。

(三)超重型动力触探

(1)贯入时应使穿心锤自由下落，地面上的触探杆的高度不宜超过 1.5 m，以免倾斜和摆动过大。

(2)贯入过程应尽量连续，锤击速率宜为 15～20 击/min。

(3)贯入深度一般不宜超过 20 m。

(4)每贯入 10 cm 记录其相应的锤击数 N'_{120}。

四、试验成果资料整理

(一)一般规定

根据《城市轨道交通岩土工程勘察规范》(GB 50307—2012)的相关规定，圆锥动力触探试验成果资料整理应包括下列内容：

(1)单孔连续圆锥动力触探试验应绘制锤击数与贯入深度关系曲线。

(2)计算单孔分层贯入指标平均值时，应剔除临界深度以内的数值、超前和滞后影响范围内的异常值。

(3)根据各孔分层的贯入指标平均值,用厚度加权平均法计算场地分层贯入指标平均值和变异系数。

整理多孔触探资料时,应结合钻探地质资料进行分析,对土质均匀,动探数据离散性不大时,可取各孔分层平均动探值,用厚度加权平均法计算场地分层平均动探值;当动探数据离散性大时,可采用多孔资料或与钻探资料及其他原位测试资料综合分析。

(二)锤击数的修正

(1)当采用重型或超重型圆锥动力触探试验确定碎石土密实度时,锤击数 $N_{63.5}$ 或 N_{120} 应按式(3-3-6)、式(3-3-7)进行修正。

$$N_{63.5}=\alpha_1 \cdot N'_{63.5} \tag{3-3-6}$$

$$N_{120}=\alpha_2 \cdot N'_{120} \tag{3-3-7}$$

式中　$N_{63.5}$,N_{120}——修正后的重型和超重型圆锥动力触探锤击数;

α_1,α_2——重型和超重型圆锥动力触探的修正系数,按表 2-3-4、表 2-3-5 取值;

$N'_{63.5}$,N'_{120}——实测重型和超重型圆锥动力触探锤击数。

(2)对于砂土和松散～中密的圆砾、卵石,触探深度在 1～15 m 的范围内时,一般可不考虑侧壁摩擦的影响。

(3)对于重型、超重型圆锥动力触探一般不作地下水影响的修正。

五、试验成果的应用

圆锥动力触探试验应结合地区经验并与其他方法配合使用。不宜使用单孔锤击数对土的工程性质作出评价。

(一)地基土力学分层

根据触探击数、曲线形态,结合其他钻孔资料可进行力学分层,分层时注意超前滞后现象。

当触探探头尚未达到下卧土层时,在一定深度以上,下卧土层的影响已经超前反应出来,叫作“超前反应”;当探头已经穿过上覆土层进入下卧土层中时,在一定深度以内,上覆土层的影响仍会有一定反应,这叫作“滞后反应”。

根据《铁路工程地质原位测试规程》(TB 10018—2018),由软层(小击数)进入硬层(大击数)时分层界线应在软层最后一个小值点以下 10～20 cm 处;由硬层进入软层时,分层界线应在软层第一个小值点以上 10～20 cm 处。

(二)评价地基土的密实度

碎石土的密实度可根据圆锥动力触探锤击数按表 3-3-17 和 3-3-18 确定。

表 3-3-17　碎石土密实度按 $N_{63.5}$ 分类

重型动力触探锤击数 $N_{63.5}$	密实度	重型动力触探锤击数 $N_{63.5}$	密实度
$N_{63.5}\leqslant 5$	松散	$10<N_{63.5}\leqslant 20$	中密
$5<N_{63.5}\leqslant 10$	稍密	$N_{63.5}>20$	密实

注:本表适用于平均粒径等于或小于 50 mm,且最大粒径小于 100 mm 的碎石土。对于平均粒径大于 50 mm,或最大粒径大于 100 mm 的碎石土,可用超重型动力触探或用野外观察鉴别。

表 3-3-18 碎石土密实度按 N_{120} 分类

超重型动力触探锤击数 N_{120}	密实度	超重型动力触探锤击数 N'_{120}	密实度
$N_{120} \leqslant 3$	松散	$11 < N'_{120} \leqslant 14$	密实
$3 < N_{120} \leqslant 6$	稍密	$N'_{120} > 14$	很密
$6 < N_{120} \leqslant 11$	中密	—	—

注：表中 $N_{63.5}$ 和 N_{120} 的和是根据实测重型圆锥动力触探锤击数 $N'_{63.5}$ 和 N'_{120} 按式(3-3-6)、式(3-3-7)进行修正后得到的锤击数。

(三)评价地基承载力

根据《铁路工程地质原位测试规程》(TB 10018—2018)，可根据动力触探锤击数平均值评价黏性土、冲洪积成因的中砂～砾砂土和碎石类土地基的基本承载力 σ_0 值。

(1)黏性土地基的基本承载力 σ_0，当贯入深度小于 4 m 时，可根据场地土层的轻型动力触探锤击数平均值 N_{10} 按表 3-3-19 确定。

表 3-3-19 黏性土地基的基本承载力 σ_0 值(kPa)

N_{10}(击/30 cm)	15	20	25	30
σ_0	100	140	180	220

注：1. 表中的 N_{10} 为场地土层的轻型动力触探锤击数平均值。
2. 表内的数值可以线性内插。

(2)冲洪积成因的中砂～砾砂土和碎石类土地基的基本承载力 σ_0，当贯入深度小于 20 m 时，可根据场地土层的重型动力触探锤击数平均值 $N_{63.5}$ 按表 3-3-20 确定。

表 3-3-20 中砂～砾砂土和碎石类土地基的基本承载力 σ_0 值(kPa)

$N_{63.5}$(击/10 cm)	3	4	5	6	7	8	9	10	12	14
中砂～砾砂土	120	150	180	220	260	300	340	380	—	—
碎石类土	140	170	200	240	280	320	360	400	480	540
$N_{63.5}$(击/10 cm)	16	18	20	22	24	26	28	30	35	40
碎石类土	600	660	720	780	830	870	900	930	970	1 000

注：表中的 $N_{63.5}$ 为场地土层的重型动力触探锤击数平均值。

(四)确定地基土的变形模量

依据《铁路工程地质原位测试规程》(TB 10018—2018)，冲洪积卵石土和圆砾土地基的变形模量 E_0，当贯入深度小于 12 m 时，可根据场地土层的重型动力触探锤击数平均值 $N_{63.5}$ 按表 3-3-21 确定。

表 3-3-21 冲洪积卵石土和圆砾土地基的变形模量 E_0 值(MPa)

$N_{63.5}$(击/10 cm)	3	4	5	6	8	10	12	14	16
E_0	9.9	11.8	13.7	16.2	21.3	26.4	31.4	35.2	39.0
$N_{63.5}$(击/10 cm)	18	20	22	24	26	28	30	35	40
E_0	42.8	46.6	50.4	53.6	56.1	58.0	59.9	62.4	64.3

注：表中的 $N_{63.5}$ 为场地土层的重型动力触探锤击数平均值。

（五）地基检验和评价地基均匀性

使用轻型动力触探试验可对城市轨道交通工程明挖基坑地基进行检验，具体方法见第九篇第一章相关内容。

第四节　旁压试验

一、试验原理

旁压试验是通过旁压器在竖直的孔内加压，使旁压膜膨胀，并由旁压膜（或护套）将压力传给周围土体（或软岩），使土体产生变形直至破坏，并通过量测装置测得施加的压力与岩土体径向变形的关系，从而估算地基土的强度、变形等岩土工程参数的一种原位试验方法。

二、仪器设备

旁压试验按将旁压器设置土中的方式可分为预钻式旁压试验、自钻式旁压试验和压入式旁压试验。

预钻式旁压试验是在土中预先钻一竖向钻孔，再将旁压器下入孔内试验标高处进行旁压试验。

自钻式旁压试验是在旁压器下端组装旋转切削钻头和环形刃具，用静压方式将其压入土中，同时用钻头将进入刃具的土破碎，并用泥浆将碎土冲带到地面。钻到预定试验位置后，由旁压器进行旁压试验。

压入式旁压试验又分圆锥压入式和圆筒压入式两种试验方法。圆锥压入式是在旁压器的下端连接一圆锥，利用静力触探压力机，以静压方式将旁压器压到试验深度进行旁压试验。在压入过程中，对周围有挤土影响。圆筒压入式是在旁压器的下端连接一圆筒（下有开口），在钻孔底以静压方式压入土中一定深度进行旁压试验。

旁压仪（预钻式横压仪），它主要由旁压器、控制加压系统和孔径变形量测系统三部分组成，如图 3-3-4 所示。

（一）旁压器

旁压器为圆筒状可膨胀的探头，按压力作用方式分以下两种类型：

（1）受液压作用使橡胶膜膨胀，以“均匀分布的压力”对土体施加径向压力。

（2）以两个对开的刚性金属半圆筒，以“等变位”方式对土体施加径向压力。

旁压器有多种尺寸，早期一般尺寸较大（$D=20\sim30$ cm，$L=1\sim2$ m），以后趋于改用较小尺寸（$D=5\sim8$ cm，$L=50\sim80$ cm）。旁压器分单腔式和三腔式。三腔的内压力相等，上下腔（辅助腔）充压后能对中腔提供有利的边界条件，使中腔（测量腔）接近于平面轴对称的加荷条件。

（二）控制加压系统

加压采用液压方式，以高压气瓶或手动气泵作为动力源。由调压阀及压力表控制所加的压力。由于橡胶膜有约束力，在试验前，应先测定约束力与量测腔容积的关系，以便整理资料时修正约束力。

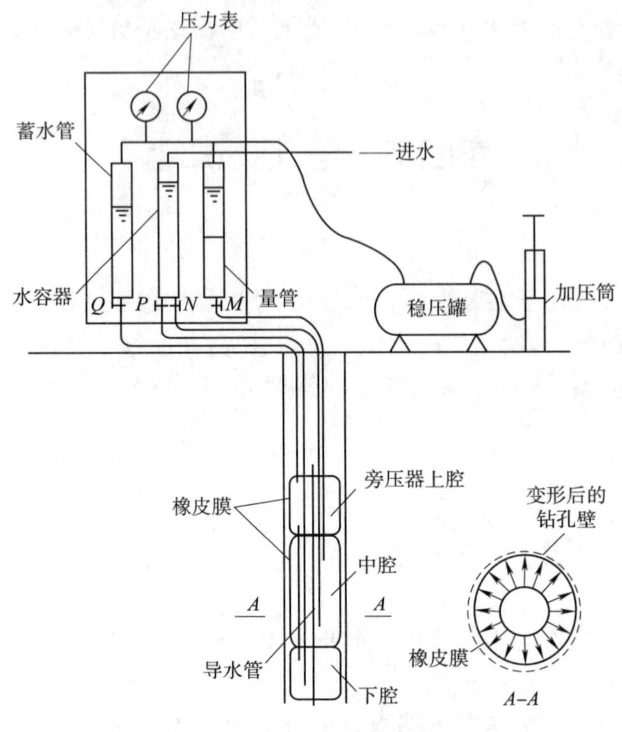

图 3-3-4 旁压仪结构示意图

(三)孔径变形量测系统

孔径变形量测系统有两种方式:一种是沿轴向装置几组测定径向变形的电测位移计,直接测出径向变形;另一种是由测量注入量测腔的液体(水或油)的量(体积)来计算径向变形。要注意,加压连接管在各级压力下均有变形,整理资料时,应加以修正。当使用高压时,更应注意。

三、适用范围

预钻式旁压试验适用于易成孔的黏性土、粉土、砂土、碎石土、残积土、极软岩和软岩等土层;自钻式旁压试验适用于软黏性土以及松散—稍密的粉土或砂土,但含碎石的土不适用;压入式旁压试验适用于一般黏性土、粉土和软土,但硬土和密实土不易压入。

四、试验的技术要求与试验要点

(一)旁压试验的要求

(1)试验前应对弹性膜约束力和仪器综合变形进行标定。

①弹性膜约束力标定:由于弹性膜具有一定厚度,弹性膜本身产生的侧限作用使压力受到损失,在试验时施加的压力并未完全传递给土体,这种压力损失值称为弹性膜的约束力。一般规定在每个工程试验前、新装或更新弹性膜、放置时间较长、膨胀次数超过定值时或温差超过 4 ℃时需进行弹性膜约束力标定。弹性膜约束力的标定方法是将旁压器置于地面,然后打开中腔和上、下腔阀门使其充水,当水充满旁压器并回返至规定刻度时,将

旁压器中腔的中点位置放在与量管水位相同的高度，记下初读数，随后逐级加压，每级压力增量为 10 kPa，使弹性膜自由膨胀，量测每级压力下的量管水位下降值，直到量管水位下降值接近 40 cm 时停止加压。根据记录绘制压力与水位下降值的关系曲线，即弹性膜约束力标定曲线。s 轴的渐近线所对应的压力即为弹性膜的约束力(图 3-3-5)。

②仪器综合变形的标定：由于旁压仪的调压阀、量管、导管、压力计等在加压过程中均会产生变形，造成水位下降或体积损失，这种水位下降值或体积损失称为仪器综合变形。仪器综合变形标定方法是将旁压器放进有机玻璃管或钢管内，使旁压器在受到径向限制的条件下进行逐级加压，加压等级为 100 kPa，直到旁压仪的额定压力为止。根据记录的压力 p 和量管水位下降值 s 绘制 p-s 曲线，曲线上直线段的斜率 $\Delta s/\Delta p$ 即为仪器综合变形校正系数 α(图 3-3-6)。

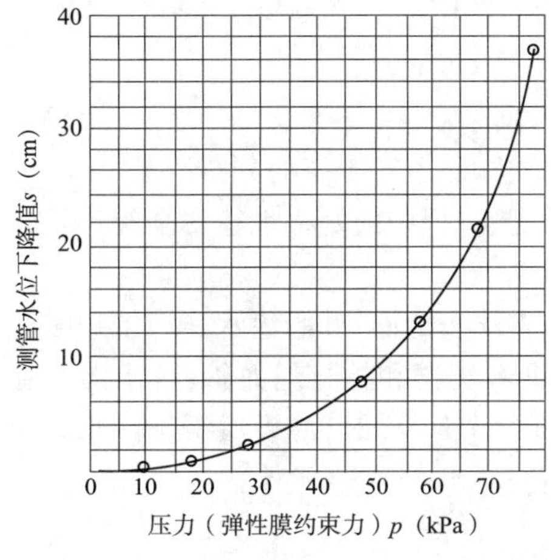

图 3-3-5　弹性膜约束力校正曲线

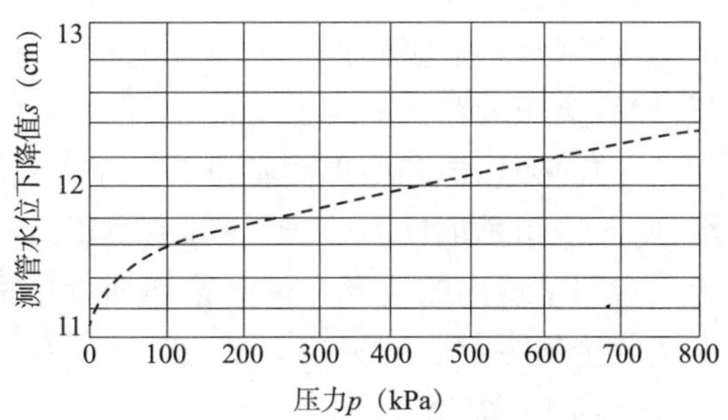

图 3-3-6　仪器综合变形校正曲线

(2)旁压试验应在有代表性的位置和深度进行，旁压器的量测腔应在同一土层内，试验点的垂直间距不宜小于 1 m，试验孔与已有钻孔的水平距离不宜小于 1 m，每层土的测点不应少于 1 个，厚度大于 3 m 的土层测点不应少于 3 个。

(3)预钻式旁压试验应保证成孔质量，钻孔直径与旁压器直径应配合良好，防止孔壁坍塌；自钻式旁压试验的自钻钻头、钻头转速、钻进速率、刃口距离、泥浆压力和流量等应符合有关规定。

(4)在饱和软黏性土层中宜采用自钻式旁压试验，在试验前宜通过试钻确定最佳回转速率、冲洗液流量、切削器的距离等技术参数。

(5)加荷等级可采用预期临塑压力的 1/7～1/5 或极限压力的 1/12～1/10，如不易预估临塑压力或极限压力时，可按表 3-3-22 确定加载增量。初始阶段加荷等级可取小值，必要时，可作卸荷再加荷试验，测定再加荷旁压模量。

表 3-3-22　试验加载增量

土 性 特 征	加载增量(kPa)
淤泥、淤泥质土，流塑黏性土，松散的粉土及砂土	≤15
软塑黏性土，新黄土，稍密的粉土及砂土	15～25

续上表

土 性 特 征	加载增量(kPa)
可塑～硬塑黏性土，一般黄土，中密的粉土、砂土	25～50
坚硬黏性土，老黄土，密实的粉土、砂土	50～150
软质岩，风化岩	100～600

注：为确定 p-V 曲线上直线段起点对应的压力 p_0，开始的 1～2 级加载增量宜减半施加。

(5)每级压力应保持相对稳定的观测时间，对黏性土、砂土宜为 3 min，对软质岩石和风化岩宜为 1 min。维持 1 min 时，加荷后 15 s、30 s、60 s 测读变形量；维持 3 min 时，加荷后 15 s、30 s、60 s、120 s、180 s 测读变形量。

(6)当量测腔的扩张体积相当于量测腔的固有体积时，压力达到仪器的容许最大压力时，应终止试验。

(二)试验要点及步骤

(1)旁压仪器按(一)要求进行标定合格后才能使用。

(2)试验前，应先平整试验场地，可先钻 1～2 个钻孔，以了解土层的分布情况。

(3)将水箱贮满蒸馏水或干净的冷开水，在整个试验过程中最好将水箱安全阀一直打开，然后接通管路。

(4)向旁压器和变形测量系统注水。将旁压器竖直立于地面，开始注水。为了顺畅注水，应向水箱稍加压力(0.01～0.02 MPa)；同时，摇晃旁压器和拍打尼龙管，排出滞留在旁压器和管道内的空气。待测管和辅管中的水位上升到 15 cm 时，应设法缓慢注水。要求水位达到零刻度或稍高于零位时，关闭注水阀和中腔注水阀，停止注水。

(5)成孔，成孔应符合下列要求：

①钻孔直径比旁压器外经大 2～6 mm(可根据地层情况和所选用的旁压器而定)，孔壁土体稳定性好的土层，孔径不宜过大。

②尽量避免对孔壁土体的扰动，保持孔壁土体的天然含水率。

③孔呈规则的圆形，孔壁应垂直光滑。

④在取过原状土样和经过标贯试验的孔段以及横跨不同性质土层的孔段，不宜进行旁压试验。

⑤最小试验深度、连续试验深度的间隔、离取原状土钻孔或其他原位测试孔的间距，以及试验孔的水平距离等均不宜小于 1 m。

⑥钻孔深度应比预定的试验深度深 35 cm(试验深度自旁压器中腔算起)。

(6)调零和放入旁压器：将旁压器垂直举起，使旁压器中点与测管零刻度相水平；打开调零阀，把水位调整到零位后，立即关闭调零阀、测管阀和辅管阀；然后把旁压器放入钻孔预定测试深度处；此时，旁压器中腔不受静水压力，弹性膜处于不膨胀状态。

(7)进行测试，具体如下：

①打开测管和辅管阀。此时，旁压器内产生静水压力，该压力即为第一级压力。稳定后，读出测管水位下降值。

②可采用高压打气筒加压和氮气加压两种方式，逐级加压，并测记各级压力下的测管水位下降值。

③加荷等级可采用预期临塑压力的1/7～1/5或极限压力的1/12～1/10，如不易预估临塑压力或极限压力时，可按表3-3-21确定加载增量。另外，在旁压曲线首曲线段和尾曲线段的加压等级应小一些，以便准确测定 p_0 和 p_f。

④变形稳定标准。各级压力观测时间的长短或加压稳定时间的确定是旁压试验的一个重要问题。规范推荐采用一分钟和两分钟，按一定时间顺序测记测管水位下降值。这样，对黏性土来说，基本上相当于不排水快剪。

(8)终止试验：旁压试验所要描述的是土体从加压到破坏的一个过程，试验的 p-s 曲线要尽量完整。因此试验能否终止，一般取决于仪器的两个条件，当量测腔的扩张体积相当于量测腔的固有体积时，或压力达到仪器的容许最大压力时，应终止试验。试验终止后，应使旁压器里的水返回水箱和排尽，使弹性膜恢复至原来状态，必须等待2～3 min后，方可从小到大用力，慢慢上提，并取出旁压器。

(9)试验记录

进行旁压试验，应在现场做好检查记录。其内容包括：工程名称、试验孔号、深度、作用旁压器型号，弹性膜编号及其约束力标定结果、成孔工具、土层描述、地下水位、正式试验时的各级压力及相应的测管水位下降值等。

五、资料整理

对各级压力及相应的扩张体积或半径增量分别进行约束力及体积的修正后，绘制压力与体积曲线，需要时可作蠕变曲线。

旁压试验的试验数据包括压力表读数 p_m 和旁压器的体积变形量(或量管水位的下降值) V_m。资料整理时，要分别对 p_m 和 V_m 作有关的校正。

(1)压力校正

压力校正可用下式计算：

$$p=p_m+p_w-p_i \tag{3-3-8}$$

式中　p——校正后的压力(kPa)；

p_m——压力表读数(kPa)；

p_w——静水压力(kPa)，可按式(3-3-9)及式(3-3-10)计算；

p_i——弹性膜约束力(kPa)，由总压力(p_m+p_w)对应的体积查弹性膜约束力校正曲线求得。

静水压力 p_w 可按下式计算：

无地下水时：
$$p_w=(h_0+Z)\gamma_w \tag{3-3-9}$$

有地下水时：
$$p_w=(h_0+h_w)\gamma_w \tag{3-3-10}$$

式中　p_w——静水压力(kPa)；

h_0——量管水面离孔口的高度(m)；

Z——地面至旁压器中腔中间的距离(即旁压试验点的深度)(m)；

h_w——地下水位深度(m)；

γ_w——水的容重(kN/m^3)。

(2)体积校正

体积校正可用式(3-3-11)计算：

$$V=V_m-a(p_m+p_w) \tag{3-3-11}$$

式中 V——校正后的体积变形量(cm^3)；

a——仪器综合变形校正系数(cm^3/kPa)。

(3)绘制 p-V 曲线或 p-$\Delta V_{30\sim60}$ 曲线

p-V 曲线即旁压曲线，表示压力与体积变形量的关系，p-$\Delta V_{30\sim60}$ 曲线即各级压力下30～60 s 的体积变形增量。V、$\Delta V_{30\sim60}$ 与压力 p 的关系曲线如图 3-3-7 所示。

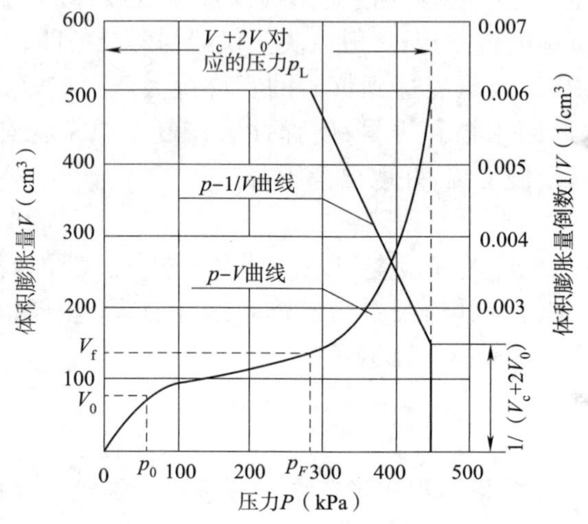

图 3-3-7 旁压试验 p-V 曲线

(4)确定各特征压力(p_0，p_f，p_L)

①初始压力(p_0)的确定：延长 p-V 曲线直线段与 V 坐标轴相交得截距 V_0，p-V 曲线上与 V_0 相应的压力即 p_0 值。

②临塑压力(p_f)的确定：p-V 曲线直线的终点或 p-$\Delta V_{30\sim60}$ 关系曲线上的拐点对应的压力即 p_f 值。

③极限压力(p_L)的确定：p-V 曲线上与 $V=V_c+2V_0$(V_c 为中腔固有体积，V_0 为孔穴体积与中腔初始体积的差值)对应的压力即 p_L 值。或作 p-1/V(压力大于 p_f 的数据)关系(近似直线)，取 1/(V_c+2V_0)对应的压力为 p_L 值。

六、成果应用

(一)计算旁压剪切模量和旁压模量

旁压剪切模量 G_m 按下列公式计算：

$$G_m=V_{cm}\Delta p/\Delta V \tag{3-3-12}$$

$$V_{cm}=V_c+V_0+\Delta V/2 \tag{3-3-13}$$

$$\Delta p=p_f-p_0 \tag{3-3-14}$$

$$\Delta V=V_f-V_0 \tag{3-3-15}$$

式中 V_c——旁压器中腔固有体积(cm^3)。

旁压模量 E_m 按下列公式计算：

$$E_m=2(1+\mu)G_m \tag{3-3-16}$$

式中 μ——土的泊松比，可根据经验确定：正常固结及轻度超固结的砂类土、粉土和黄土可取 0.30；硬塑至坚硬状黏性土可取 0.33；软塑状黏性土可取 0.38；流塑状黏性土可取 0.41。

(二)计算静止侧压力系数

(1)对于预钻式旁压试验，静力侧压力系数 K_0 可由下式计算获得：

$$K_0 = p_0/\sigma' \tag{3-3-17}$$

式中 p_0——初始压力(MPa)；

σ'——测点处的有效自重压力(MPa)。

测点处的有效自重压力 σ' 由下式进行计算：

$$\sigma' = \sum \gamma_i h_i \tag{3-3-18}$$

式中 γ_i——第 i 层土的容重(kN/m^3)，水下取浮重；

h_i——第 i 层土的厚度(m)。

(2)对于自钻式旁压试验，静止侧压力系数 K_0 为原位水平有效应力 σ'_h 与有效覆盖压力 σ'_v 之比，即：

$$K_0 = \frac{\sigma'_h}{\sigma'_v} \tag{3-3-19}$$

其中 σ'_h 和 σ'_v 可由下式求得：

地下水位以上时：$\sigma'_h = \sigma_h, \sigma'_v = \gamma h$； (3-3-20)

地下水位以下时：$\sigma'_h = \sigma_h - u, \sigma'_v = \gamma h_1 + \gamma' h_2$； (3-3-21)

式中 γ——土的容重(kN/m^3)；

γ'——土的容重(kN/m^3)；

h——试验深度(m)；

h_1——地下水位埋深(m)；

h_2——试验段到地下水位的距离(m)；

u——孔隙水压力(MPa)。

(三)计算地基土的静止水平总压力

地基土的静止水平总压力 σ_{h0} 应根据地层情况采用下列方法计算：

(1)黏性土、粉土、砂类土和黄土

$$\sigma_{h0} = K_0 \sigma'_{v0} + p_w \tag{3-3-22}$$

式中 σ_{h0}——地基土的静止水平总压力(kPa)；

K_0——静力侧压力系数，可按式(3-3-17)计算，也可根据经验确定：正常固结及轻度超固结的砂类土、粉土和黄土可取 0.40；硬塑至坚硬状黏性土可取 0.50；软塑状黏性土可取 0.60；流塑状黏性土可取 0.70。

(2)软质岩石及风化岩石的 σ_{h0} 可取 p-V 曲线上的 p_0 值。

(四)计算地基土承载力

(1)根据旁压试验特征值计算地基土承载力特征值：

临塑荷载法：
$$f_{ak} = p_f - p_0 \tag{3-3-23}$$

极限荷载法：
$$f_{ak} = (p_L - p_0)/F_s \tag{3-3-24}$$

式中 f_{ak}——地基土承载力特征值(kPa)，以上两种方法取较小值；

F_s——安全系数，一般取2～3，也可根据地区经验确定。

对于一般土宜采用临塑荷载法；对旁压试验曲线过临塑压力后急剧变陡的土宜采用极限荷载法。

(2)地基基本承载力σ_0(kPa)可按下式确定：

$$\sigma_0 = p_f - \sigma_{h0} \tag{3-3-25}$$

(五)估算土的变形参数

(1)铁路工程地基土旁压测试技术规则编制组通过旁压试验与平板载荷试验对比，得到以下估算变形模量E_0(kPa)的经验关系：

对黄土：$$E_0 = 3.723 + 0.005\ 32G_m \tag{3-3-26}$$

对黏性土：$$E_0 = 1.836 + 0.002\ 86G_m \tag{3-3-27}$$

对硬黏土：$$E_0 = 1.026 + 0.004G_m \tag{3-3-28}$$

(2)通过旁压试验与室内土工试验的对比，得以下估算压缩模量E_s(MPa)的经验关系：

对黄土埋深<3 m：$$E_s = 1.797 + 0.001\ 73G_m \tag{3-3-29}$$

埋深>3 m：$$E_s = 1.485 + 0.001\ 43G_m \tag{3-3-30}$$

对黏性土：$$E_s = 2.092 + 0.002\ 52G_m \tag{3-3-31}$$

(六)估算土的侧向基床反力系数

$$K_m = \Delta p / \Delta R \tag{3-3-32}$$

式中 $\Delta p = p_f - p_0$；$\Delta R = R_f - R_0$；

K_m——侧向基床反力系数(kN/m^3)；

R_f——相应于p_f压力时孔穴的半径(m)；

R_0——相应于p_0压力时孔穴的半径(m)。

第五节 静力触探试验

静力触探试验(Static Cone Penetration Test，简称静探CPT)是用静力将探头以一定的速率压入土中，利用探头内的力传感器，通过电子量测仪器将探头受到的贯入阻力记录下来。由于贯入阻力的大小与土层的性质有关，因此通过贯入阻力的变化情况，可以达到了解土层的工程性质的目的。

静力触探试验可根据工程需要采用单桥探头、双桥探头或带孔隙水压力量测的单、双桥探头，可测定比贯入阻力(p_s)、锥尖阻力(q_c)侧壁阻力(f_s)和贯入时的孔隙水压力(u)。

静力触探试验适用于软土、一般黏性土、粉土、砂土和含少量碎石的土。

目前在我国使用的静力触探仪以电测式为主。

静力触探具有下列明显优点：

(1)测试连续、快速，效率高，功能多，兼有勘探与测试的双重作用。

(2)采用电测技术后，易于实现测试过程的自动化，测试成果可由计算机自动处理，大大减轻了人的工作强度。

由于以上原因，电测静力触探是目前应用最广的一种土工原位测试技术，本章将重点加以叙述和讨论。

静力触探的主要缺点是对碎石类土和密实砂土难以贯入，也不能直接观测土层。在地质勘探工作中，静力触探常和钻探取样联合运用。

图 3-3-8 为静力触探示意和得到的测试曲线。从测试曲线和地层分布的对比可以看出，触探阻力的大小与地层的力学性质有密切的相关关系。

静力触探技术在岩土工程中的应用在于：

对地基土进行力学分层并判别土的类型；确定地基土的参数（强度、模量、状态、应力历史）；砂土液化可能性；浅基承载力；单桩竖向承载力等。

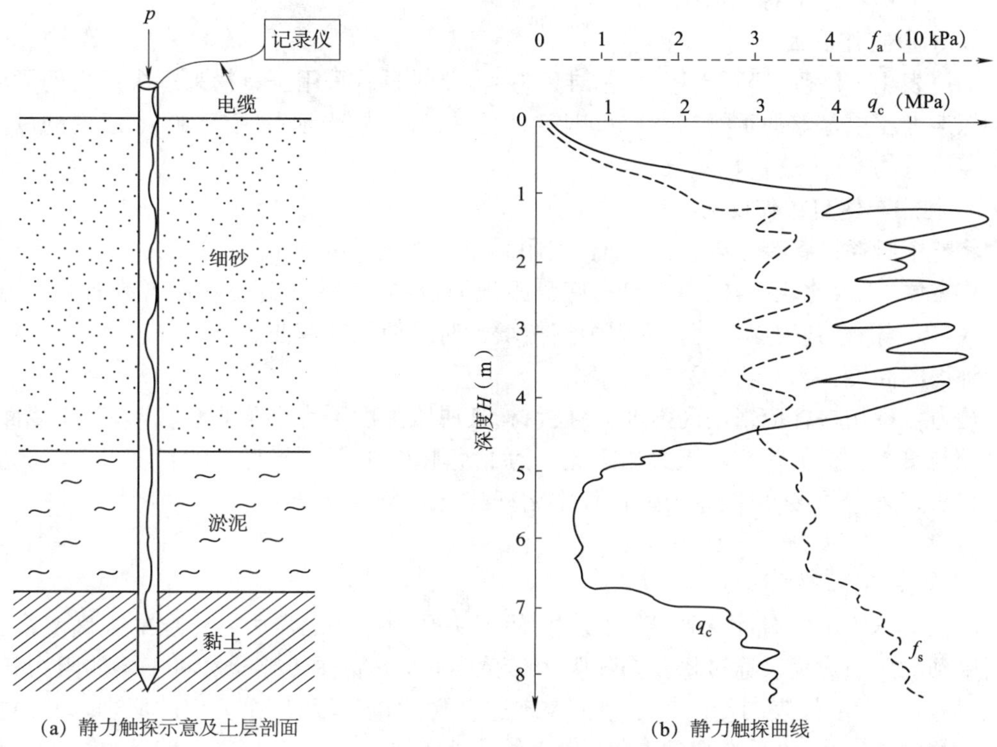

(a) 静力触探示意及土层剖面　　(b) 静力触探曲线

图 3-3-8　静力触探示意及其曲线

现就静力触探试验的设备组成、试验方法及成果应用作简要介绍。

一、试验设备

静力触探设备试验由加压装置、反力装置、探头及量测记录仪器等四部分组成。

（一）加压装置

加压装置的作用是将探头压入土层中，按加压方式可分为下列几种。

（1）手摇式轻型静力触探。利用摇柄、链条、齿轮等用人力将探头压入土中。用于较大设备难以进入的狭小场地的浅层地基土的现场测试。

（2）齿轮机械式静力触探。主要组成部件有变速马达（功率 2.8～3.0 kW）、伞形齿轮、丝杆、导向滑块、支架、底板、导向轮等。其结构简单，加工方便，既可单独落地组装，也可装在汽车上，但贯入力小，贯入深度有限。

（3）全液压传动静力触探。分单缸和双缸两种。主要组成部件有：油缸和固定油缸底座、油泵、分压阀、高压油管、压杆器和导向轮等。目前在国内使用液压静力触探仪比较普遍，一般最大贯入力可达 200 kN。

(二)反力装置

静力触探的反力用三种形式解决：

1. 利用地锚作反力

当地表有一层较硬的黏性土覆盖层时，可以是使用 2～4 个或更多的地锚作反力，视所需反力大小而定。锚的长度一般 1.5 m 左右，叶片的直径可分成多种，如 25 cm、30 cm、35 cm、40 cm，以适应各种情况。

2. 用重物作反力

如地表土为砂砾、碎石土等，地锚难以下入，此时只有采用压重物来解决反力问题，即在触探架上压以足够的重物，如钢轨、钢锭、生铁块等。软土地基贯入 30 m 以内的深度，一般需压重物 40～50 kN。

3. 利用车辆自重作反力

将整个触探设备装在载重汽车上，利用载重汽车的自重作反力。贯入设备装在汽车上工作方便，工效比较高，但由于汽车底盘距地面过高，使钻杆施力点距离地面的自由长度过大，当下部遇到硬层而使贯入阻力突然增大时易使钻杆弯曲或折断，应考虑降低施力点距地面的高度。

静力触探用探杆应采用高强度无缝管材，其屈服强度不宜小于 600 MPa，工作截面尺寸必须与贯入主机的额定贯入力相匹配。为了使用方便，每根触探杆的长度以 1 m 为宜，钻杆接头宜采用平接，以减小压入过程中钻杆与土的摩擦力。

(三)探　　头

1. 探头的工作原理

将探头压入土中时，由于土层的阻力，使探头受到一定的压力。土层的强度愈高，探头所受到的压力愈大。通过探头内的阻力传感器(以下简称传感器)，将土层的阻力转换为电讯号，然后由仪表测量出来。为了实现这个目的，需运用三个方面的原理，即材料弹性变形的虎克定律、电量变化的电阻定律和电桥原理。

传感器受力后要产生变形。根据弹性力学原理，如应力不超过材料的弹性范围，其应变的大小与土的阻力大小成正比。因此，只要能将传感器的应变大小测量出，即可知土阻力的大小，从而求得土的有关力学指标。

如果在传感器上贴上电阻应变片，当传感器受力变形时，应变片也随之产生相应的应变从而引起应变片的电阻产生变化，根据电阻定律，应变片的阻值变化与电阻丝的长度变化成正比，与电阻丝的截面积变化成反比，这样就能将传感器的变形转化为电阻的变化。但由于传感器在弹性范围内的变形很小，引起电阻的变化也很小，不易测量出来。为此，在传感器上贴一组电阻应变片，组成一个电桥电路，使电阻的变化转化为电压的变化，通过放大，就可以测量出来。因此，静力触探就是通过探头传感器实现一系列量的转换：土的强度→土的阻力→传感器的应变→电阻的变化→电压的输出，最后由电子仪器放大和记录下来，达到测定土强度和其他指标的目的。

2. 探头的结构

目前国内用的探头有三种(图 3-3-9，图 3-3-10)，一种是单桥探头，另一种是双桥探头，此外还有能同时测量孔隙水压的两用(p_s-u)或三用(q_c-u-$2f_s$)探头，即在单桥或双桥探头的基础上增加了能量侧孔隙水压力的功能。

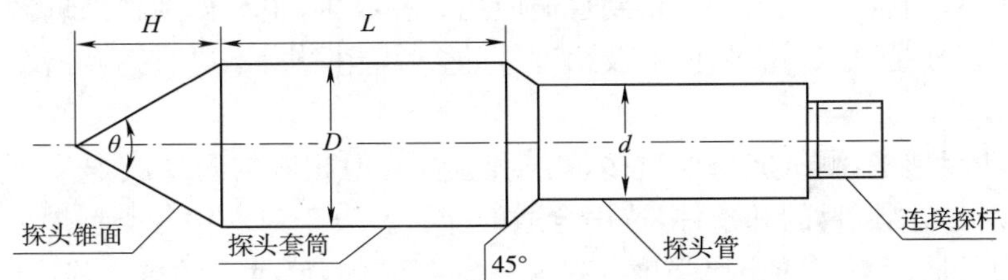

图 3-3-9　单桥探头外形图

H—探高；L—有效侧壁长度；D—探头直径；d—探头管直径；θ—锥角

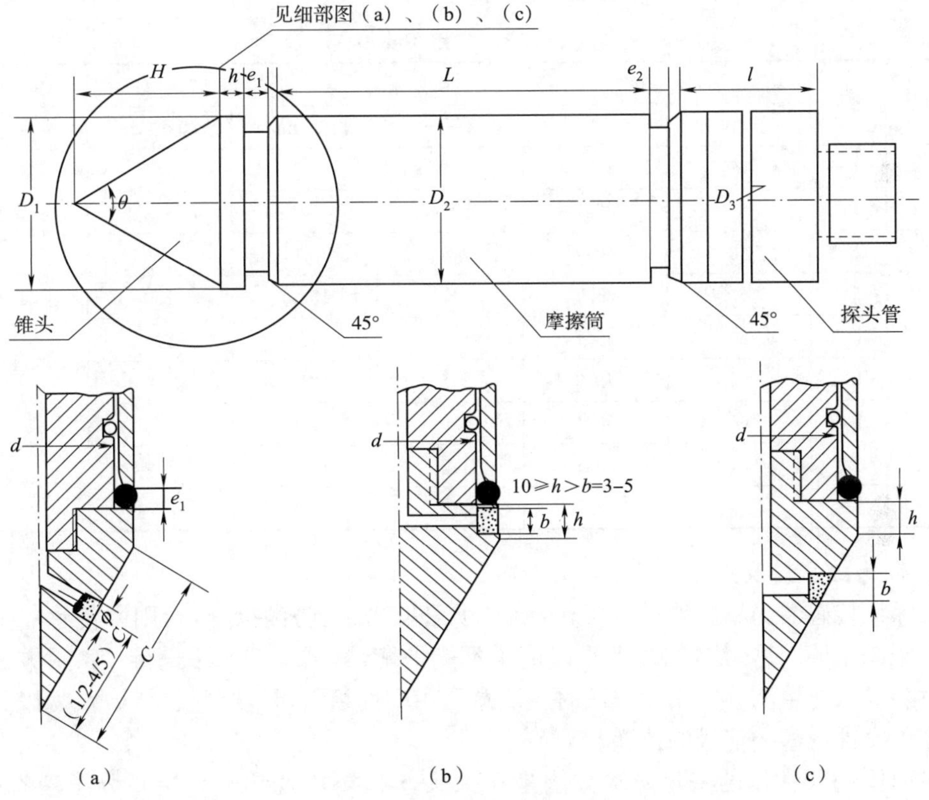

图 3-3-10　双桥探头及孔压探头外形图

H—锥高；L—摩擦筒长度；l—探头管长度；D_1—锥头直径；

D_2—摩擦筒直径；D_3—探头管直径；θ—锥角

(1)单桥探头。单桥探头由带外套筒的锥头、弹性元件(传感器)、顶柱和电阻应变片组成，锥底的截面积规格不一，其中有效侧壁长度为锥底直径的 1.6 倍。

(2)双桥探头。单桥探头虽带有侧壁摩擦套筒，但不能分别测出锥尖阻力和侧壁摩擦阻力。双桥探头除锥头传感器外，还有侧壁摩擦传感器及摩擦套筒。侧壁摩擦套筒的尺寸与锥底面积有关。

(3)孔压静力触探探头。它一般是在双用探头基础上再安装一种可测触探时产生的超孔隙水压力装置的探头。孔压探头最少可测三种参数,即锥尖阻力、侧壁摩擦力及孔隙水压力,功能多,用途广,在国外已得到普遍应用。在我国,也会得到越来越多的应用。

此外,还有可测波速、孔斜、温度及密度等的多功能探头,不再一一介绍。常用探头的规格见表 3-3-23。

探头的功能越多,测试成果也越多,用途也越广;但相应的测试成本及维修费用也越高。因而,应根据测试目的和条件,选用合适的探头。表 3-3-23 中各类型探头的底面积不同,主要是为了适应不同的土层强度。探头底面积越大,能承受的抗压强度越高;另一个原因是可有更多的空间安装附加传感器。但在一般土层中,应优先选用符合国际标准的探头,即探头顶角为 60°,底面积为 10 cm^2,侧壁摩擦筒表面积为 150 cm^2 的探头,其成果才具有较好的可比性和通用性,也便于开展技术交流。

表 3-3-23 常用探头规格

探头种类	型号	锥头			摩擦筒		标准
		顶角(°)	直径(mm)	底面积(cm^2)	长度(mm)	表面积(cm^2)	
单桥	Ⅰ-1	60	35.7	10	57	—	我国独有
	Ⅰ-2	60	43.7	15	70	—	
	Ⅰ-3	60	50.4	20	81	—	
双桥	Ⅱ-0	60	35.7	10	133.7	150	国际标准
	Ⅱ-1	60	35.7	10	179	200	
	Ⅱ-2	60	43.7	15	219	300	
	Ⅱ-3	60	50.4	20	219	300	
孔压	—	60	35.7	10	133.7	150	国际标准
	—	60	43.7	15	179	200	

3. 探头的密封及标定

要保证传感器高精度地进行工作,就必须采取密封、防潮措施,否则因传感器受潮而降低其绝缘电阻,使零漂增大,严重时电桥不能平衡,测试工作无法进行。密封方法有包裹法、堵塞法、充填法等。用充填法时应注意利用中性填料,且填料要呈软膏状,以免对应变片产生腐蚀或影响信号的传递。

目前国内较常用的密封防水方法是在探头丝扣接口处涂上一层高分子液态橡胶,然后将丝扣上紧。在电缆引出端,用厚的橡胶垫圈及铜垫圈压紧,使其与电缆紧密接触,起到密封的作用,而摩擦传感器则采用自行车内轮胎的橡胶膜套上,两端用尼龙线扎紧,对于摩擦传感器与上接头连接的伸缩缝,可用弹性和密封性能都好的 704 硅橡胶填充。

密封好的探头要进行标定,找出探头内传感器的应变值与贯入阻力之间的关系后才能使用。标定工作可在特制的标定架上进行,也可在材料实验室利用 50～100 kN 的压力机进行,但最好是使用 30～50 kN 的标准测力计,这样能在野外工作过程中随时标定,方便且精度较高。

每个传感器需标定 3～4 次,每次需转换不同方位。标定过程应耐心细致,加荷速度要慢。将标定结果绘在坐标纸上，纵坐标代表压力，横坐标代表输出电压(mV)或微应变($\mu\varepsilon$)。在正常情况下，各标定的点应在一通过原点的直线上，如不通过原点，且截距较大时，可能是应变片未贴好，或探头结构上存在问题，应找出原因后采取措施。

(四)量测记录仪器

目前我国常用静力触探的量测记录仪器主要有以下几种：

1. 电阻应变仪

电阻应变仪由稳压电源、振荡器、测量电桥、放大器、相敏检波器和平衡指示器等组成。应变仪是通过电桥平衡原理进行测量的。当触探头工作时，传感器发生变形，引起测量电桥电路的电压平衡发生变化，通过手动调整电位器使电桥达到新的平衡，根据电位器调整程度就可确定应变的大小，并从读数盘上直接读出。

2. 自动记录仪

自动记录仪是由通用的电子电位差计改装而成，它能随深度自动记录土层贯入阻力的变化情况，并以曲线的方式自动绘在记录纸上，从而提高了野外工作的效率和质量。

它主要由稳压电源、电桥、滤波器、放大器、滑线电阻和可逆电机组成。由探头输出的信号，经过滤波器以后，产生一个不平衡电压，经放大器放大后，推动可逆电机转动，与可逆电机相连的指示机构，就沿着有分度的标尺滑行，标尺是按信号大小比例刻制的，因而指示机构所显示的位置即为被测信号的数值。

3. 数字式测力仪

数字式测力仪是一种精密的测试仪表。这种仪器能显示多位数，具有体积小、重量轻、精度高、稳定可靠、使用方便、能直读贯入总阻力和计算贯入指标简单等优点，是轻便链式十字板—静力触探两用机的配套量测仪表。国内已有多家生产。这种仪器的缺点是间隔读数，手工记录。

4. 微机在静探中的应用

以上介绍的各种仪器的功能均比较简单，虽然能满足一般生产的需要，但资料整理时工作量大，效率低。用微型计算机采集和处理数据已在静力触探测试中得到了广泛应用。计算机控制的实时操作系统使得触探时可同时绘制锥尖阻力与深度关系曲线、侧壁摩阻力与深度关系曲线；终孔时，可自动绘制摩阻比与深度关系曲线。通过人机对话能进行土的分层，并能自动绘制出分层柱状图，打印出各层层号、层面高程、层厚、标高以及触探参数值。

二、现场试验要点

(一)贯入、测试及起拔要点

(1)将触探机就位后，应调平机座，并使用水平尺校准，使贯入压力保持竖直方向，并使机座与反力装置衔接、锁定。当触探机不能按指定孔位安装时，应将移动后的孔位和地面高程记录清楚。

(2)探头、电缆、记录仪器的接插和调试，必须按有关说明书要求进行。

(3)触探机的贯入速率，应控制在 1～2 cm/s 内，一般为 2 cm/s；使用手摇式触探机时，手把转速应力求均匀。

(4)在地下水埋藏较深的地区使用孔压探头触探时，应先使用外径不小于孔压探头的单桥或双桥探头开孔至地下水位以下，而后向孔内注水至与地面平，再换用孔压探头触探。

(5)探头的归零检查应按下列要求进行：

①使用单桥或双桥探头时，当贯入地面以下 0.5～1.0 m 后，上提 5～10 cm，待读数漂移稳定后，将仪表调零即可正式贯入。在地面以下 1～6 m 内，每贯入 1～2 m 提升探头 5～10 cm，并记录探头不归零读数，随即将仪器调零。孔深超过 6 m 后，可根据不归零读数之大小，放宽归零检查的深度间隔。终孔起拔时和探头拔出地面后，亦应记录不归零读数。

②使用孔压探头时，在整个贯入过程中不得提升探头。终孔后，待探头刚一提出地面时，应立即卸下滤水器，记录不归零读数。

(6)使用记读式仪器时，每贯入 0.1 m 或 0.2 m 应记录一次读数；使用自动记录仪时，应随时注意桥压、走纸和划线情况，做好深度和归零检查的标注工作。

(7)若计深标尺设置在触探主机上，则贯入深度应以探头、探杆入土的实际长度为准，每贯入 3～4 m 校核一次。当记录深度与实际贯入长度不符时，应在记录本上标注清楚，作为深度修正的依据。

(8)当在预定深度进行孔压消散试验时，应从探头停止贯入之时起，用秒表计时，记录不同时刻的孔压值和锥尖阻力值。其计时间隔应由密而疏，合理控制。在此试验过程中，不得松动、碰撞探杆，也不得施加能使探杆产生上、下位移的力。

(9)对于需要做孔压消散试验的土层，若场区的地下水位未知或不确切，则至少应有一孔孔压消散达到稳定值，以连续 2 h 内孔压值不变为稳定标准。其他各孔、各试验点的孔压消散程度，可视地层情况和设计要求而定，一般当固结度达 60%～70%时，即可终止消散试验。

(10)遇下列情况之一者，应停止贯入，并应在记录表上注明。

①触探主机负荷达到其额定荷载的 120%时。

②贯入时探杆出现明显弯曲。

③反力装置失效。

④探头负荷达到额定荷载时。

⑤记录仪器显示异常。

(11)起拔最初几根探杆时，应注意观察、测量探杆表面干、湿分界线距地面的深度，并填入记录表的备注栏内或标注于记录纸上。同时，应于收工前在触探孔内测量地下水位埋藏深度；有条件时，宜于次日核查地下水位。

(12)将探头拔出地面后，应对探头进行检查、清理。当移位于第二个触探孔时，应对孔压探头的应变腔和滤水器重新进行脱气处理。

(13)记录人员必须按记录表要求用铅笔逐项填记清楚，记录表格式，可按以上测试项目制作。

(二)注意事项

(1)保证行车安全，中速行驶，以免触探车上仪器设备被颠坏。

(2)触探孔要避开地下设施(管路、地下电缆等)，以免发生意外。

(3)安全用电，严防触(漏)电事故。工作现场应尽量避开高压线、大功率电机及变压器，以保证人身安全和仪表正常工作。

(4)在贯入过程中，各操作人员要相互配合，尤其是操纵台人员，要严肃认真、全神贯注，以免发生人身、仪器设备事故。司机要坚守岗位，及时观察车体倾斜、地铺松动等情况，并及时通报车上操作人员。

(5)精心保护好仪器，须采取防雨、防潮、防震措施。

(6)触探车不用时，要及时用支腿架起，以免汽车弹簧钢板过早疲劳。

(7)保护好探头，严禁摔打探头；避免探头暴晒和受冻；不许用电缆线拉探头；装卸探头时，只可转动探杆，不可转动探头；接探杆时，一定要拧紧，以防止孔斜。

(8)当贯入深度较大时，探头可能会偏离铅垂方向，使所测深度不准确。为了减少偏移，要求所用探杆必须是平直的，并要保证在最初贯入时不应有侧向推力。当遇到硬岩土层以及石头、砖瓦等障碍物时，要特别注意探头可能发生偏移的情况。必要时可采用带测斜的静力触探探头进行触探。

(9)锥尖阻力和侧壁摩阻力虽是同时测出的，但所处的深度是不同的。当对某一深度处的锥尖阻力和摩阻力作比较时，例如计算摩阻比时，须考虑探头底面和摩擦筒中点的距离，如贯入第一个 10 cm 时，只记录 q_c；从第二个 10 cm 以后才开始同时记录 q_c 和 f_s。

(10)在钻孔、触探孔、十字板试验孔旁边进行触探时，离原有孔的距离应大于原有孔径的 20～25 倍，以防土层扰动。如要求精度较低时，两孔距离也可适当缩小。

(三)静力触探试验的技术要求

静力触探试验的技术要求应符合下列规定：

(1)探头圆锥锥底截面积应采用 10 cm² 或 15 cm²，单桥探头侧壁高度应分别采用 57 mm 或 70 mm，双桥探头侧壁面积应采用 150～300 cm²，锥尖锥角应为 60°。

(2)探头测力传感器应连同仪器、电缆进行定期标定，室内探头标定测力传感器的非线性误差、重复性误差、滞后误差、温度漂移、归零误差均应小于 1%FS，总误差不得大于 3%FS，现场试验归零误差应小于3%FS，绝缘电阻不小于 500 MΩ。

(3)深度记录的误差不应大于触探深度的±1%。

(4)当贯入深度超过 30 m 或穿过厚层软土后再贯入硬土层时，应采取措施防止孔斜或断杆，也可配置测斜探头，量测触探孔的偏斜角，校正土层界线的深度。

(5)孔压探头在贯入前，应在室内保证探头应变腔为已排除气泡的液体所饱和，并在现场采取措施保持探头的饱和状态，直至探头进入地下水位以下的土层为止。在孔压静探试验过程中不得上提探头。

(6)水上触探应有保证孔位不致发生偏移以及在试验过程中不发生探头上下移动的稳定措施，水底以上部位应加设防止探杆挠曲的装置。

(7)当在预定深度进行孔压消散试验时，应量测停止贯入后不同时间的孔压值，其计时间隔由密而疏合理控制；试验过程中不得松动探杆。

三、试验资料整理

1. 单孔触探成果基本内容

(1)各触探参数随深度的分布曲线。

(2)土层名称及土层厚度。

(3)各层土的触探参数值和地基参数值。

(4)对于孔压触探，如果进行了孔压消散试验，尚应附上孔压随时间而变化的过程曲线；必要时，可附锥尖阻力随时间而改变的过程曲线。

2. 原始数据的修正

在贯入过程中，探头受摩擦而发热，探杆会倾斜和弯曲，探头入土深度很大时探杆会有一定量的压缩，仪器记录深度的起始面与地面不重合，等等，这些因素会使测试结果产生偏差。因而原始数据一般应进行修正。修正的方法一般按《静力触探技术规程》(TBJ 37—93)的规定进行。主要应注意深度修正和零漂处理。

(1)深度修正

当记录深度与实际深度有出入时，应按深度线性修正深度误差。对于因探杆倾斜而产生的深度误差可按下述方法修正：

触探的同时量测触探杆的偏斜角(相对铅垂线)，如每贯入 1 m 测了 1 次偏斜角，则该段的贯入修正量为

$$\Delta h_i = 1 - \cos[(\theta_i + \theta_{i-1})/2] \tag{3-3-33}$$

式中 Δh_i——第 i 段贯入深度修正量；

θ_i, θ_{i-1}——第 i 次和第 $i-1$ 次实测的偏斜角。

触探结束时的总修正量为 $\sum \Delta h_i$，实际的贯入深度应为 $h - \sum \Delta h_i$。

实际操作时应尽量避免过大的倾斜、探杆弯曲和机具方面产生的误差。

(2)零漂修正

一般根据归零检查的深度间隔按线性内查法对测试值加以修正。修正时应注意不要形成人为的台阶。

3. 各种触探参数的计算

经修正后的记录数据，应统一按下列公式计算各测试深度的有关触探参数：

$$p_s = k_p \cdot x'_p \tag{3-3-34-1}$$

$$q_c = k_q \cdot x'_q \tag{3-3-34-2}$$

$$f_s = k_f \cdot x'_f \tag{3-3-34-3}$$

$$u_d(\text{或 } u_T) = k_u \cdot x'_u \tag{3-3-34-4}$$

$$R_f = 100 f_s / q_c \tag{3-3-34-5}$$

$$B_q = \Delta u_d / (q_T - \sigma_{v0}) \tag{3-3-34-6}$$

$$q_T = q_c + (1-\alpha) u_T = q_c + \beta(1-\alpha) u_d \tag{3-3-34-7}$$

式中 p_s——单桥探头的比贯入阻力；

q_c——双桥探头的锥尖阻力(简称端阻力)；

f_s——双桥探头的侧摩阻力(简称侧阻力)；

u_d——于探头锥底以上圆柱面处测得的贯入孔隙水压力；

u_T——于探头锥面上测得的贯入孔隙水压力；

k_p, k_q, k_f, k_u——分别为上列触探参数的传感器标定系数；x'_p、x'_q、x'_f、x'_u 为相应的修正后的读数；

R_f——探头的摩阻比；

B_q——孔隙压力参数比；

Δu_d——超孔隙水压力，$\Delta u_d = u_0 - u_w$；

q_T——总锥尖阻力；

α——锥尖端面有效面积比，$\alpha = F_a/A$；

F_a——锥尖端面有效面积，即丝扣连接部的截面积（与地下水隔离）；

A——锥尖（探头）的全截面积；

β——孔压换算系数，$\beta = u_T/u_d$，可按表 3-3-24 取值；

σ_{v0}——土的总自重压力；

u_0——探头贯入时的孔隙压力（简称贯入孔隙压力），过滤片置于探头锥面上时，$u_0 = u_d$；过滤片置于锥底圆柱面处时，$u_0 = u_T$；

u_w——静止孔隙水压力（静水压力）。

表 3-3-24 常用探头规格

土质状态	中砂、粗砂	粉、细砂		粉土	粉质黏土	黏土	重超固结黏土
		松散～中密	密实	正常固结及轻度超固结			
β	1	0.7～0.3	<0.3	0.6～0.3	0.7～0.5	0.8～0.4	0.4～－0.1

4. 触探曲线的绘制

当使用自动化程度高的触探仪器时，需要的曲线均可自动绘制，只有在人工读数记录时才需要根据测得的数据绘制曲线。

需要绘制的触探曲线包括 p_s-h 或 q_c-h、f_s-h 和 $R_f(=f/q\times100\%)$-h 曲线。

四、成果应用

（一）应用范围

根据《铁路工程地质原位测试规程》（TB 10018—2018）等相关规范，静力触探试验的应用范围有：

（1）查明地基土在水平方向和垂直方向的变化，划分土层，确定土的类别。

（2）确定建筑物地基土的承载力和变形模量以及其他物理力学指标。

（3）选择桩基持力层，预估单桩承载力，判别桩基沉入的可能性。

（4）检查填土及其他人工加固地基的密实程度和均匀性，判别砂土的密度及其在地震作用下的液化可能性。

（5）湿陷性黄土地区用来查找浸水湿陷事故的范围和界线。

（6）根据孔压消散曲线可估算土的固结系数和渗透系数。

（二）划分土层

划分土层的根据在于探头阻力的大小与土层的软硬程度密切相关。由此进行的土层划分也称之为力学分层。

由图 3-3-6 可知，分层时要注意两种现象，其一是贯入过程中的临界深度效应，另一个是探头越过分层面前后所产生的超前与滞后效应。这些效应的根源均在于土层对于探头的约束条件有了变化。

根据长期的经验确定了以下划分方法：

（1）上下层贯入阻力相差不大时，取超前深度和滞后深度的中点，或中点偏向于阻值较小者 5～10 cm 处作为分层面。

(2)上下层贯入阻力相差一倍以上时，取软层最靠近分界面处的数据点偏向硬层 10 cm 处作为分层面。

(3)上下层贯入阻力变化不明显时，可结合 f_s 或 R_f 的变化确定分层面。

第(3)条的根据在于当贯入阻力大致相当时，阻力的构成可以反映土性的差异。从此也可看出双桥探头的好处。

土层划分以后可按平均法计算各土层的触探参数，计算时应注意剔除异常的数据。

(三)土层分类

静力触探的几种测试方法均可用于划分土类，但就其总体而言，单桥探头测试的参数太少，精度较差，常常需要和钻探及经验相结合，下面介绍利用双桥探头和孔压探头测试结果进行划分的方法。

该方法利用了 q_c 和 R_f 两个参数，其根据在于不同的土类不但具有差异较大的 q_c 值，而且其摩阻比 R_f 对此更为敏感。例如大部分砂土 R_f 均小于 1%，而黏土通常都大于 2%，所以使用这两个参数划分土类有较好的效果。

(1)使用双桥探头时，可按图 3-3-11 划分土类。

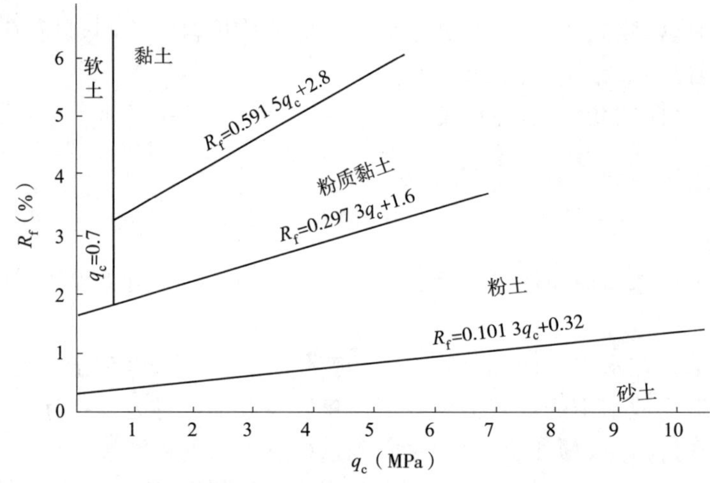

图 3-3-11 双桥触探参数判别土类

R_f—摩阻比，$R_f=100f_s/q_c$，$q_c<0.7$ MPa 可划分为软土

(2)使用过滤片置于锥面的孔压探头触探时，在地下水位以下的土层可按图 3-3-12 划分土类。

(3)使用过滤片置于锥底圆柱面处的孔压探头触探时，在地下水位以下的土层可按图 3-3-13 划分土类。

(四)计算饱和黏性土的容重

缺乏钻探取样试验数据时，一般饱和黏性土的容重 γ(kN/m³)可按下式计算：

$p_s<400$ kPa 时， $\gamma=8.23p_s^{0.12}$ (3-3-35-1)

$400\leqslant p_s<4\ 500$ kPa 时， $\gamma=9.56p_s^{0.095}$ (3-3-35-2)

$p_s\geqslant 4\ 500$ kPa 时， $\gamma=21.3$ (3-3-35-3)

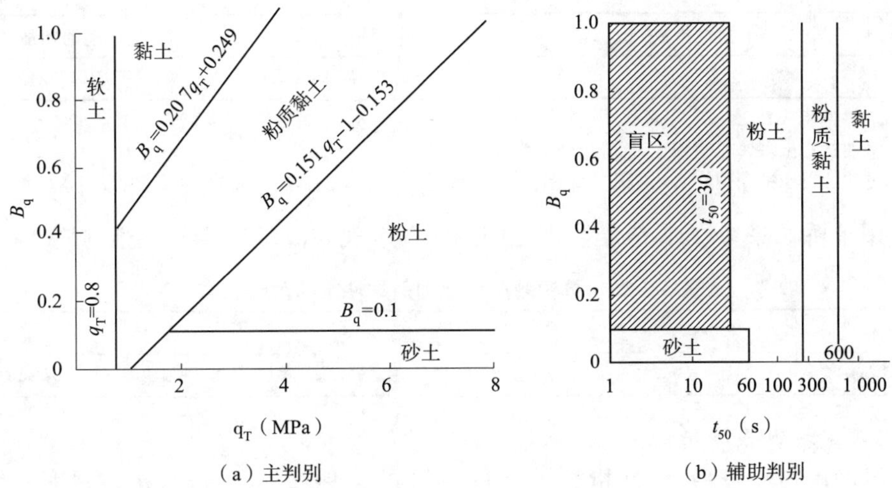

图 3-3-12　孔压触探参数判别土类(过滤片在锥面处)

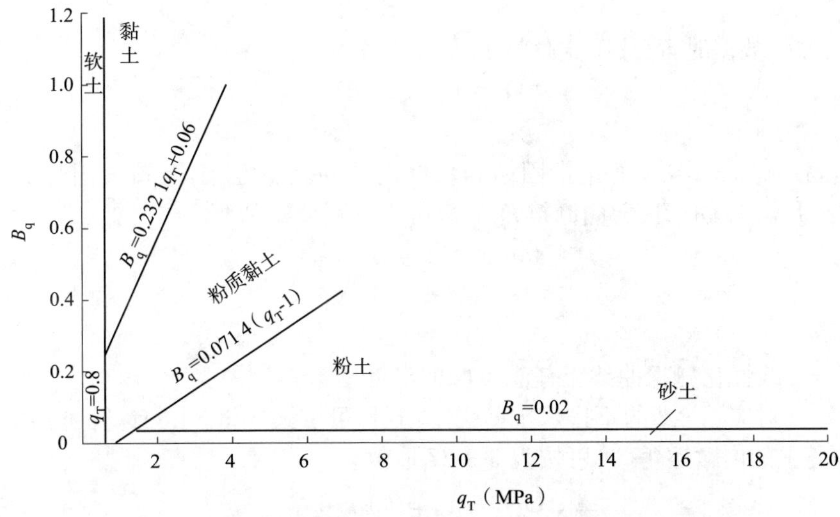

图 3-3-13　孔压触探参数判别土类(过滤片在锥底圆柱面处)

(五)判别黏性土的塑性状态

(1)黏性土的塑性状态可用过滤片置于锥面的孔压探头触探参数按表 3-3-25 判别。

表 3-3-25　孔压触探参数判别黏性土的塑性状态

分级	液性指数	主判别	辅助判别
坚硬	$I_L \leqslant 0$	$q_T > 5$	$B_q < 0.2$
硬塑	$0 < I_L \leqslant 0.5$	$q_T \leqslant 5$ $3.12B_q - 2.77q_T < -2.21$	$B_q < 0.3$
软塑	$0.5 < I_L \leqslant 1$	$3.12B_q - 2.77q_T \geqslant -2.21$ $11.2B_q - 21.3q_T < -2.56$	$B_q \geqslant 0.2$

续上表

分级	液性指数	主判别	辅助判别
流塑	$I_L>1$	$11.2B_q-21.3q_T\geqslant-2.56$	$B_q\geqslant0.42$

注：1. q_T 单位用 MPa。

2. 坚硬状态土多属非饱和土，括号内数值为参考值。

3. 过滤片置于锥底圆柱面处的孔压触探参数，可通过表 3-3-24 换算出相应的 q_T、B_q 后再用本表判别。

(2)用单桥触探参数时，应结合地区使用经验按表 3-3-26 判定黏性土的塑性状态。

表 3-3-26 单桥触探参数判别黏性土的塑性状态

I_L	0	0.25	0.50	0.75	1
p_s(MPa)	5～6	2.7～3.3	1.2～1.5	0.7～0.9	<0.5

(六)确定抗剪强度指标

(1)灵敏度 $S_t=2\sim7$、塑性指数 $I_P=12\sim40$ 的软黏性土，不排水抗剪强度 c_u 可按下列公式计算：

$$c_u=0.9(p_s-\sigma_{v0})/N_k \tag{3-3-36-1}$$

$$N_k=25.81-0.75S_t-2.25\ln I_P \tag{3-3-36-2}$$

缺乏 S_t、I_P 数据时，可按下式估算 c_u 值：

$$c_u=0.04p_s+2 \tag{3-3-36-3}$$

式中，c_u 单位为 kPa。

(2)超固结比 OCR⩽2 的正常固结和轻度固结的软黏性土，当贯入阻力 p_s(或 q_c)随深度呈线性递增时，固结快剪内摩擦角(φ_{cu})可用下列公式估算：

$$\tan\varphi_{cu}=1.4\Delta c_u/\sigma'_{v0} \tag{3-3-37-1}$$

$$\sigma'_{v0}=\Delta\sigma_{v0}-\gamma_w\Delta d \tag{3-3-37-2}$$

$$\Delta\sigma_{v0}=\gamma\Delta d \tag{3-3-37-3}$$

式中 Δd——线性化触探曲线上任意点间的深度增量；

Δc_u——对应于 Δd 的不排水抗剪强度增量，可按式(3-3-36-3)计算。

(3)砂类土的内摩擦角(φ)可按表 3-3-27 取值。

表 3-3-27 砂类土的内摩擦角(φ)

p_s(MPa)	1	2	3	4	6	11	15	30
φ(°)	29	31	32	33	34	36	37	39

(七)确定石英质砂土的相对密实度

石英质砂土的相对密实度 D_r 可按表 3-3-28 判定。

表 3-3-28 石英质砂土的相对密实度 D_r

密实程度	p_s(MPa)	D_r
密实	$p_s\geqslant14$	$D_r\geqslant0.67$
中密	$14>p_s>6.5$	$0.67>D_r>0.40$
稍密	$6.5\geqslant p_s\geqslant2$	$0.40\geqslant D_r\geqslant0.33$
松散	$p_s<2$	$D_r<0.33$

(八)确定地基承载力

采用静力触探试验确定地基基本承载力和极限承载力时，应综合考虑场地土的工程性质和拟建地铁建筑物特点。无地区使用经验可循时，可据土层类别和比贯入阻力 p_s 按表 3-3-29 和表 3-3-30 所列经验公式计算，但 p_s 的取值应符合下列规定：

(1)对于扩大基础，p_s 值取基础底面下 $2b$(b 为矩形基础短边长度或圆形基础直径)深度范围内的比贯入阻力平均值。

(2)由粉砂(或粉土)与粉质黏土(或黏土)组成的交错层，应根据大值平均值和小值平均值，在表 3-3-29 和表 3-3-30 中分别按其所属土类计算地基承载力，然后根据建筑物特点和重要程度，酌取小值、中小值或中值。

表 3-3-29　天然地基基本承载力(σ_0)算式

土层名称		σ_0(kPa)	p_s 值范围(kPa)	相关系数 r	标准差 s(kPa)	变异系数 δ
黏性土(Q_1～Q_3)		$\sigma_0=0.1p_s$	2 700～6 000	—	—	—
黏性土(Q_4)		$\sigma_0=5.8\sqrt{p_s}-46$	≤6 000	0.920	26.0	0.095
软土		$\sigma_0=0.112p_s+5$	85～800	0.850	16.7	0.259
砂土及粉土		$\sigma_0=0.89p_s^{0.63}+14.4$	≤24 000	0.945	31.6	0.154
新黄土(Q_4、Q_3)	东南带	$\sigma_0=0.05p_s+65$	500～5 000	0.878	33.0	0.204
	西北带	$\sigma_0=0.05p_s+35$	650～5 500	0.930	23.4	0.148
	北部边缘带	$\sigma_0=0.05p_s+40$	1 000～6 500	0.823	26.2	0.151

表 3-3-30　天然地基极限承载力(p_u)算式

土层名称		p_u(kPa)	p_s 值范围(kPa)	相关系数 r	标准差 s(kPa)	变异系数 δ
黏性土(Q_1～Q_3)		$p_u=0.1p_s+265$	2 700～6 000	0.810	153.0	0.203
黏性土(Q_4)		$p_u=0.94p_s^{0.8}+8$	700～300	0.818	60.2	0.199
软土		$p_u=0.196p_s+15$	<800	0.827	36.5	0.310
粉、细砂		$p_u=3.89p_s^{0.58}-65$	1 500～24 000	0.874	137.6	0.256
中、粗砂		$p_u=3.6p_s^{0.6}+80$	800～12 000	0.670	236.6	0.336
砂土		$p_u=3.74p_s^{0.58}+47$	1 500～24 000	0.710	217.0	0.350
粉土		$p_u=1.78p_s^{0.63}+29$	≤8 000	0.945	63.2	0.139
新黄土(Q_4、Q_3)	东南带	$p_u=0.1p_s+130$	500～4 500	0.878	66.0	0.204
	西北带	$p_u=0.1p_s+70$	650～5 300	0.930	46.8	0.148
	北部边缘带	$p_u=0.08p_s+80$	1 000～6 000	0.823	52.4	0.204

(九)确定土的变形指标

土层的压缩模量 E_s 和变形模量 E_0 可按表 3-3-31 和表 3-3-32 取值。对于 $p_s \leqslant$ 1 MPa 的饱和黏性土，不排水杨式模量 E_u 可按下式计算：

$$E_u=11.4p_s \tag{3-3-38}$$

式中，E_u 为剪应力水平达到 50%时的割线模量。

表 3-3-31 土的 E_s 值(MPa)

土层名称	p_s(MPa)								
	0.1	0.3	0.5	0.7	1	1.3	1.8	2.5	3
软土及黏性土	0.9	1.9	2.6	3.3	4.5	5.7	7.7	10.5	12.5
饱和砂土	—	—	2.6~5.0	3.2~5.4	4.1~6.0	5.1~7.5	6.0~9.0	7.5~10.2	9.0~11.5
新黄土(Q_4、Q_3)	—	—	—	—	1.7	3.5	5.3	7.2	9.0
土层名称	p_s(MPa)								
	4	5	6	7	8	9	11	13	15
软土及黏性土	16.5	20.5	24.4	—	—	—	—	—	—
饱和砂土	11.5~13.0	13.0~15.0	15.0~16.5	16.5~18.5	18.5~20.0	20.0~22.5	24.0~27.0	28.0~31.0	35.0
新黄土(Q_4、Q_3)	12.6	16.3	20.0	23.6	—	—	—	—	—

注:1. E_s 为压缩曲线(图 3-5-17)上 p_1=0.1 MPa 到 p_2=0.2 MPa 压力段的压缩模量。
2. 粉土可按表列砂土 E_s 值的 70%取值。
3. Q_3 及其以前的黏性土和新近堆积土应根据当地经验取值或采用原状土样作压缩试验。
4. 表内数值可以线性内插,不可外延。

表 3-3-32 土的 E_0 值(MPa)

土层名称		E_0 算式(MPa)	p_s 值范围(MPa)	相关系数 r	标准差 s(MPa)	变异系数 δ
黏性土(Q_1~Q_3)		$E_0=11.78p_s-4.69$	3~6	—	—	—
软土及饱和黏性土(Q_4)		$E_0=6.03p_s^{1.45}+0.8$	0.085~2.5	0.860	0.63	0.066
细砂、粉砂、粉土		$E_0=3.57p_s^{0.684}$	1~20	0.840	3.90	0.219
新黄土(Q_4、Q_3)	东南带	$E_0=13.09p_s^{0.64}$	0.5~5	0.530	11.70	0.468
	西北带	$E_0=5.95p_s+1.41$	1~5.5	0.700	7.20	0.347
	北部边缘带	$E_0=5p_s$	1~6.5	取下限值公式		

注:新近堆积土的 E_0 应根据当地经验取值或用载荷试验确定;一般工程,当 I_P>10 时,按式(3-3-40)算出 E_0 后再乘以 0.9~0.4 折减系数,折减系数随 p_s 值增加而降低。

(十)计算饱和软黏性土的竖向固结系数

(1)依据《城市轨道交通岩土工程勘察规范》(GB 50307—2012)条文说明,根据孔压静力触探试验的孔压消散曲线资料,可按下式估算土的固结系数 C_v 值:

$$C_v=\left(\frac{T_{50}}{t_{50}}\right)r_0^2 \tag{3-3-39}$$

式中 T_{50}——相当于 50%固结度的时间因数,当滤水器位于探头锥尖时,T_{50} 可取为 6.87,当滤水器位于探头锥上时,T_{50} 可取为 1.64;

t_{50}——超孔隙水压力消散 50%进的历时时间(min);

r_0——孔压探头的半径(cm)。

(2)依据《铁路工程地质原位测试规程》(TB 10018—2018),饱和软黏性土的竖向固结系数 C_v 可按下式计算:

$$C_v=\zeta r_0^2 T_{50}/t_{50} \tag{3-3-40}$$

式中　r_0——探头半径；

T_{50}——触探产生的超孔压消散达50%时的时间因数，可按表3-3-33取值；当取得使用经验时，也可按表3-3-34取值，表中α为与土性有关的经验指数；

t_{50}——相应于T_{50}的孔压消散历时，在绘制的归一化超孔压曲线上查取；

ζ——经验修正系数，$\zeta=0.25\sim0.80$。

表3-3-33　T_{50}值

刚度指数 I_r	土体破坏时的孔隙压力参数 A_f			
	1/3	2/3	1	4/3
10	1.145	1.593	2.095	2.622
50	2.487	3.346	4.504	5.931
100	3.524	4.761	6.447	8.629
200	5.025	6.838	9.292	12.790

表3-3-34　与经验指数α有关的T_{50}值

α	0.15	0.20	0.25	0.30	0.35	0.40
T_{50}	10.863	6.720	4.804	3.746	3.063	2.665

注：α值随土的刚度指数I_r和土体破坏时的孔隙压力参数A_f的升高而降低，在未建立地区使用经验时，可用曲线拟合确定。

(十一)计算饱和软黏性土的刚度指数

饱和软黏性土的刚度指数I_r可按下式计算：

$$I_r=E_u/[2(1+\mu)c_u] \tag{3-3-41}$$

式中　E_u——不排水杨氏模量，按式(3-3-38)计算；

μ——不排水泊松比，可恒取$\mu=0.49$。

(十二)估算单桩承载力

1. 按《铁路工程地质原位测试规程》(TB 10018—2018)计算

(1)打入钢筋混凝土预制桩极限荷载

打入钢筋混凝土预制桩的极限荷载Q_u(kN)可根据双桥触探参数按下列公式及要求进行计算：

$$Q_u=U\sum_{i=1}^{n}h_i\beta_i\bar{f}_{si}+\alpha A_c q_{cp} \tag{3-3-42}$$

式中　U——桩身周长(m)；

h_i——桩身穿过的第i层土厚度(m)；

A_c——桩底(不包括桩靴)全断面面积(m^2)；

$\bar{f}_{si}$——第i层土的侧阻平均值(kPa)；

q_{cp}——桩底端阻计算值；

β_i,α——分别为第i层土的极限摩阻力和桩尖土的极限承载力综合修正系数。

q_{cp},β_i,α应分别按下列要求计算：

①桩底高程以上$4d$(d为桩径)范围内平均端阻$\bar{q}_{cp1}$小于桩底高程以下$4d$范围内平均端阻$\bar{q}_{cp2}$时：

$$q_{cp}=(\bar{q}_{cp1}+\bar{q}_{cp2})/2 \tag{3-3-43}$$

反之，

$$q_{cp}=\bar{q}_{cp2} \tag{3-3-44}$$

②桩侧第 i 层土的平均端阻 $\bar{q}_{ci}>2\ 000$ kPa，且相应的摩阻比 $\bar{f}_{si}/\bar{q}_{ci}\leqslant 0.14$ 时

$$\beta_i=5.067(\bar{f}_{si})^{-0.45} \tag{3-3-45}$$

当 $\bar{q}_{ci}$ 及 $\bar{f}_{si}/\bar{q}_{ci}$ 不能同时满足上述条件时：

$$\beta_i=10.045(\bar{f}_{si})^{-0.55} \tag{3-3-46}$$

同上二式计得 $\beta_i f_{si}>100$ kPa 时，宜取 $\beta_i\bar{f}_{si}=100$ kPa。

③$\bar{q}_{cp2}>2\ 000$ kPa，且相应的摩阻比 $\bar{f}_{s2}/\bar{q}_{cp2}\leqslant 0.014$ 时：

$$\alpha=3.975(q_{cp})^{-0.25} \tag{3-3-47}$$

当 $\bar{q}_{cp2}$ 及 $\bar{f}_{s2}/\bar{q}_{cp2}$ 不能同时满足上述条件时：

$$\alpha=12.064(q_{cp})^{-0.35} \tag{3-3-48}$$

(2)混凝土钻孔灌注桩及沉管灌注桩极限荷载

混凝土钻孔灌注桩及沉管灌注桩的极限荷载 Q_u(kN)可按式(3-3-48)估算，式中的综合修正系数 β_i，α 应按下列规定计算：

(1)钻孔灌注桩

$$\beta_i=18.24(\bar{f}_{si})^{-0.75} \tag{3-3-49}$$

$$\alpha=130.53(q_{cp})^{-0.76} \tag{3-3-50}$$

(2)沉管灌注桩

$$\beta_i=4.14(\bar{f}_{si})^{-0.4} \tag{3-3-51}$$

桩底高程以下 $4d$ 范围内的摩阻比 $R_f(\%)>0.101\ 3\bar{q}_{cp2}+0.32$ 时：

$$\alpha=1.65(q_{cp})^{-0.14} \tag{3-3-52}$$

桩底高程以下 $4d$ 范围内的摩阻比 $R_f(\%)\leqslant 0.101\ 3\bar{q}_{cp2}+0.32$ 时：

$$\alpha=0.45(q_{cp})^{-0.09} \tag{3-3-53}$$

2. 按《建筑桩基技术规范》(JGJ 94—2008)计算

如无当地经验时，可根据单桥或双桥探头静力触探资料确定混凝土预制桩单桩竖向极限承载力标准值，具体内容参见《建筑桩基技术规范》(JGJ 94—2008)第 5.3 条。

(十三)判定土层液化

地震动峰值加速度为 0.1g 的地区，地面下 15 m 以内、地震动峰值加速度为 0.2g 或 0.4g 的地区，地面下 20 m 以内，有可能液化的地层，宜使用静力触探方法进行判别液化情况，具体参见《铁路工程地质原位测试规程》(TB 10018—2018)第 10.5.22 条。

第六节 载荷试验

载荷试验是在保持地基土的天然状态下，在一定面积的刚性承压板上向地基土逐级施加荷载，并观测每级荷载下地基土的变形，它是测定地基土的压力与变形特性的一种原位测试方法。测试所反映的是承压板下 1.5～2.0 倍承压板直径或宽度范围内，地基土强度、变形的综合性状。

载荷试验按试验深度分为浅层和深层；按承压板形状分为圆形、方形和螺旋板；按载荷性质分为静力和动力载荷试验；按用途可分为一般载荷试验和桩载荷试验。

浅层平板载荷试验适用于浅层地基土；深层平板载荷试验适用于深层地基土和大直径桩的桩端土；螺旋板载荷试验适用于深层地基土或地下水位以下的地基土。载荷试验可适用于各种地基土，特别适用于各种填土及含碎石的土。

一、平板载荷试验

平板载荷试验(Plate Loading Test，简称 PLT)是指在板底平整的刚性承压板上加荷，荷载通过承压板传递给地基，以测定天然埋藏条件下地基土的变形特性，评定地基土的承载力、计算地基土的变形模量并预估实体基础的沉降量。

(一)试验设备

平板载荷试验因试验土层软硬程度、压板大小和试验面深度等不同，采用的测试设备也很多。除早期常用的压重加荷台试验装置外，目前国内采用的试验装置，大体可归纳为由承压板、加荷系统、反力系统、观测系统四部分组成，其各部分机能是加荷系统控制并稳定加荷的大小，通过反力系统反作用于承压板，承压板将荷载均匀传递给地基土，地基土的变形由观测系统测定。

1. 承压板类型和尺寸

载荷试验宜采用圆形刚性承压板，根据土的软硬或岩体裂隙密度选用合适的尺寸。承压板材质要求承压板可用混凝土、钢筋混凝土、钢板、铸铁板等制成，多以肋板加固的钢板为主。要求压板具有足够的刚度，不破损、不挠曲，压板底部光平，尺寸和传力重心准确，搬运和安置方便。

2. 承压板面积

土的浅层平板载荷试验承压板面积不应小于 0.25 m^2，对软土和粒径较大的填土不应小于 0.5 m^2；土的深层板载荷试验承压板面积宜选用 0.5 m^2。

3. 加荷系统

加荷系统是指通过承压板对地基施加荷载的装置，分为压重加荷装置和千斤顶加荷装置两种，如图 3-3-14 及图 3-3-15 所示。

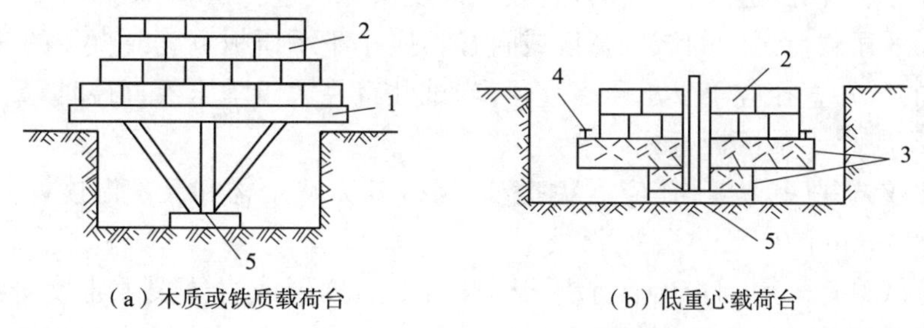

(a) 木质或铁质载荷台　　(b) 低重心载荷台

图 3-3-14　压重加荷装置

1—载荷台；2—钢锭；3—混凝土平台；4—测点；5—承压板

(1)压重加荷装置

一般将规则方正或条形的钢锭、钢轨、混凝土件等重物，依次对称置放在加荷台上，逐级加荷,此类装置费时费力且控制困难,已很少采用。

(2)千斤顶加荷装置

根据试验要求,采用不同规格的手动液压千斤顶加荷,并配备不同量程的压力表或测力计控制加荷值。

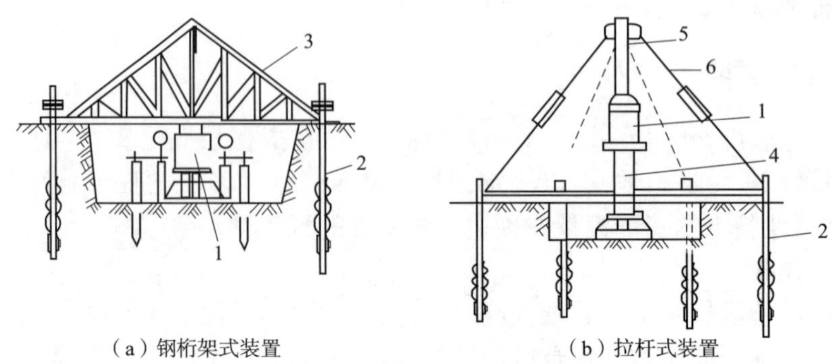

(a)钢桁架式装置 (b)拉杆式装置

图 3-3-15 千斤顶式加压装置

1—千斤顶;2—地锚;3—桁架;4—立柱;5—分立柱;6—拉杆

4. 反力系统

一般反力系统由主梁、平台、堆载体(锚桩)等构成。

5. 量测系统

量测系统包括基准梁,位移计,磁性表座,油压表(测力环)。

机械类位移计可采用百分表,其最小刻度 0.01 mm,量程一般为 5～30 mm,为常用仪表。电子类位移计一般具有量程大、无人为读数误差等特点,可以实现自动记录和绘图。油压表一般为机械式,人工测读。

测试用的仪表均需定期标定,一般一年标定一次或维修后标定,标定工作原则上送具有相应资质的计量局或专业厂进行。

(二)试验要点

(1)载荷试验应布置在围岩内或基础埋置深度处,当土质不均匀或多层土时,应选择有代表性的地点和深度进行,必要时,宜在不同土层深度进行试验。

(2)浅层平板载荷试验的试坑宽度或直径不应小于承压板宽度或直径的三倍;深层平板载荷试验的试井直径应等于承压板直径;当试井直径大于承压板直径时,紧靠承压板周围土的高度不应小于承压板直径。

(3)试坑或试井底的岩土体应避免扰动,保持其原状结构和天然湿度,并在承压板下铺设不超过 20 mm 的中砂垫层找平,尽快安装试验设备。

(4)载荷试验宜采用圆形刚性承压板,根据土的软硬或岩体裂隙密度选用合适的尺寸;土的浅层平板载荷试验承压板面积不应小于 0.25 m^2,对软土和粒径较大的填土不应小于 0.5 m^2;土的深层平板载荷试验承压板面积宜选用 0.5 m^2;岩石载荷试验承压板的面积不宜小于 0.07 m^2。

(5)载荷试验加荷方式应采用分级维持荷载沉降相对稳定法(常规慢速法);有地区经验时,可采用分级加荷沉降非稳定法(快速法)或等沉速率法;加荷等级宜取 10～12 级,并不应少于 8 级，荷载量测精度不应低于最大荷载的±1%。当极限荷载不易估计时，可按表 3-3-35 取值。

表 3-3-35　荷载增量取值

试验土层及特性	荷载增量(kPa)
淤泥，流塑黏性土，松散粉土、砂土	<15
软塑黏性土，新近沉积黄土，稍密粉土、砂土	15～25
硬塑黏性土，新黄土(Q_4)，中密粉土、砂土	25～50
坚硬黏性土，老黄土，新黄土(Q_3)，密实粉土、砂土	50～100
碎石类土，软岩及风化岩	100～200

(6)承压板的沉降可采用百分表、沉降传感器或电测位移计量测，其精度不应低于±0.01 mm；10 min、15 min 测读一次沉降，以后间隔 30 min 测读一次沉降，当连续两小时每小时沉降量小于等于 0.1 mm 时，可认为沉降已达相对稳定标准，再施加下一级荷载；当试验对象是岩体时，间隔 1 min、2 min、5 min 测读一次沉降，以后每隔 10 min 测读一次，当连续三次读数差小于等于 0.01 mm 时，可认为沉降已达相对稳定标准，再施加下一级荷载。

(7)当出现下列情况之一时，可终止试验：

①承压板周边的土出现明显侧向挤出，周边岩土出现明显隆起或径向裂缝持续发展。

②本级荷载的沉降量大于前级荷载沉降量的 5 倍，荷载与沉降曲线出现明显陡降。

③在某级荷载下 24 h 沉降速率不能达到相对稳定标准。

④总沉降量与承压板直径(或宽度)之比 s/b 超过 0.06。

满足前三种情况之一时，其相对应的前一级荷载为极限荷载。

(8)进行回弹观测时，分级卸荷，观测回弹值。分级卸荷量为分级加荷量的 2 倍，15 min 观测一次，1 h 后再卸下一级荷载，荷载完全卸除后，应继续观测 3 h。

(9)试验点附近宜取土试验提供土工试验指标，或其他原位测试资料，试验后应在承压板中心向下开挖取土试验，并描述 2.0 倍承压板直径或宽度范围内土层的结构变化。

(三)试验资料整理

1. 原始读数的计算复核

对位于承压板上百分表的现场记录读数，求取其平均值，计算出各级荷载下各观测时间的累计沉降量，对于监测地面位移的百分表，分别计算出各地面百分表的累计升降量。经确认无误后，可以绘制所需要的各种实测曲线，供进一步分析之用。

2. 异常数据处理

大量实测结果表明，当地基土的均匀性尚可且测试过程正常时，测试得出的主要曲线(p-s 曲线)是比较光滑的。所谓异常数据是指背离这一规律性的数据。比如 p-s 曲线上的某一点背离曲线很多，或随着加载的进行压板变形过小甚至产生反方向的位移，油压表或百分表的读数产生跳跃，等等。最好的办法是防止出现异常数据。其措施是仪器仪表的保养维修、定期标定并经常检查，试验过程中要经常观察，及时发现问题，尽早排除设备故障，同时，压板的选择，基准梁的选择安装，等等都非常重要。

在资料分析阶段发现个别点据异常时，只要不对结果的判释有太大的影响，可以将其舍去。若测试中的异常点过多，则该次试验为不合格，应重新进行试验。

3. 曲线绘制

一般地,载荷试验主要应绘制 p-s 曲线,但根据需要,还可绘制各级荷载作用下的沉降和时间之间的关系曲线以及地面变形曲线。

完整的 p-s 曲线包含了 3 个阶段,如图 3-3-16 所示。

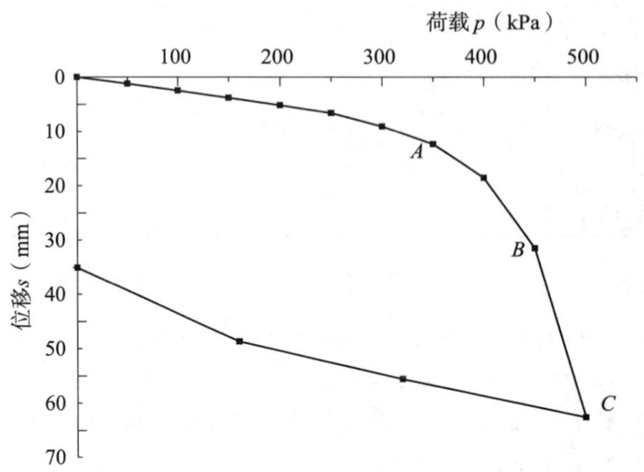

图 3-3-16 某地基载荷试验的荷载—位移曲线(p-s 曲线)

OA 段为弹性阶段,曲线特征为近似线性,基本上反映了地基土的弹性性质,A 点为比例界限 p_a,对应的荷载称为临塑荷载。

AB 段为塑性发展阶段,曲线特征为曲率加大,表明地基土由弹性过渡到弹塑性,并逐步进入破坏。

BC 段为破坏阶段,曲线特征为产生陡降段,C 点对应的荷载称为破坏荷载,在该级荷载作用下压板的沉降通常不能稳定或总体位移太大,C 点荷载的前一级荷载(不一定是 B 点)称为极限荷载 p_u。

若绘出的 p-s 曲线的直线段不通过坐标原点,可按直线段的趋势确定曲线的起始点,以便对 p-s 曲线进行修正。

(四)成果应用

1. 确定地基承载力

(1)根据《建筑地基基础设计规范》(GB 50007—2011),对于确定地基承载力的规定如下:

①当 p-s 曲线上有明确的比例界限时,取该比例界限所对应的荷载值。

②当极限荷载小于对应比例界限的荷载值的 2 倍时,取极限荷载值的一半。

3)当不能按上述二款要求确定时,当压板面积为 0.25～0.5 m^2,可取 s/b=0.01～0.015 所对应的荷载,但其值不应大于最大加载量的一半。

在求得地基承载力实测值后,该规范规定按下述方法确定地基承载力特征值:

同一土层参加统计的试验点不应少于 3 点,当试验实测值的极差不超过其平均值的 30%时,取此平均值作为该土层的地基承载力特征值 f_{ak}。

(2)根据《铁路工程地质原位测试规程》(TB 10018—2018),地基的基本承载力 σ_0 可按下列方法确定:

①若 p-s 曲线存在拐点(图 3-3-16),则第一个拐点(A)对应的压力为比例界限压力 p_a,第二个拐点(B)对应的压力为极限承载力 p_u。当 $p_u \leqslant 1.5p_a$ 时,取 $\sigma_0=p_u/2$;当 $p_u>$

1.5p_a 时，取 $\sigma_0=p_u$。

②若 p-s 曲线呈圆弧形，无明显拐点，可按下述方法确定：

a. 在绘制的 $\lg p$-$\lg s$ 或 p-$\Delta s/\Delta p$ 曲线上，取第一转折点所对应的荷载强度为 σ_0。

b. 取相对沉降 s/b 值所对应的荷载强度为 σ_0，各类土的 s/b 值可按表 3-3-36 取用。

c. 由双曲线拟合法确定 p_u 值，取 $\sigma_0=p_u/F$（F 为安全系数），可视地基工程性质取 F 为 2～3（高压缩性土取低值，低压缩性土取高值）。

表 3-3-36　各类土的相对沉降值（s/b）

土名	黏性土				粉　土			砂类土			
状态	流塑	软塑	硬塑	坚硬	稍密	中密	密实	松散	稍密	中密	密实
s/b	0.020	0.016	0.012	0.010	0.020	0.015	0.010	0.020	0.016	0.012	0.008

注：对于软～极软的软质岩、强风化～全风化的风化岩，应根据工程的重要性和地基的复杂程度取 $s/b=0.001$～0.002 所对应的压力为 σ_0。

(3)根据《铁路工程地质原位测试规程》(TB 10018—2018)，以双曲线法拟合的 p-s 曲线应按下列公式确定地基极限承载力：

$$p_u=R_f p_f \tag{3-3-54}$$

$$p_f=1/b' \tag{3-3-55}$$

式中　p_u——地基极限承载力；

p_f——破坏荷载；

b'——曲线拟合参数，回归直线的斜率；

R_f——破坏比，可按表 3-3-37 取值。

表 3-3-37　破坏比的取值

土名	软土、松散砂类土、粉土	软～硬塑黏性土、稍密～中密砂类土	坚硬黏性土、密实砂类土	碎石类土、软岩、风化岩
R_f	0.90～0.80	0.85～0.75	0.80～0.70	0.75～0.65

(4)基本承载力和极限承载力设计使用值的确定应符合下列规定：

①同一土层参加统计的试验点数不应少于 3 个。

②试验点的 σ_0 或 p_u 值的极差不大于其平均值 30%时，可取平均值作为 σ_0 或 p_u 的设计使用值；当极差大于其平均值 30%时，应查找、分析出现异常值的原因，并按粗差剔除准则补充试验和剔除异常值。

2. 计算土的变形模量

(1)根据《城市轨道交通岩土工程勘察规范》(GB 50307—2012)，土的变形模量应根据 p-s 曲线的初始直线段，可根据均质各向同性半无限弹性介质的弹性理论计算。

浅层平板载荷试验的变形模量 E_0(MPa)，可按下式计算：

$$E_0=I_0(1-\mu^2)\frac{pd}{s} \tag{3-3-56}$$

深层平板载荷试验和螺旋板载荷试验的变形模量 E_0(MPa)，可按下式计算：

$$E_0=\omega\frac{pd}{s} \tag{3-3-57}$$

式中　I_0——刚性承压板的形状系数，圆形承压板取 0.785；方形承压板取 0.886；

μ——土的泊松比(碎石土取 0.27,砂土取 0.30,粉土取 0.35,粉质黏土取 0.38,黏土取 0.42);

d——承压板直径或边长(m);

p——p-s 曲线线性段的压力(kPa);

s——与压力 p 对应的沉降(mm);

ω——与试验深度和土类有关的系数,可按表 3-3-38 选用。

表 3-3-38 深层载荷试验计算系数 ω

d/z	土类				
	碎石土	砂土	粉土	粉质黏土	黏土
0.30	0.479	0.486	0.500	0.508	0.521
0.25	0.469	0.476	0.490	0.498	0.510
0.20	0.460	0.467	0.480	0.488	0.500
0.15	0.450	0.457	0.469	0.478	0.489
0.10	0.440	0.447	0.459	0.467	0.478
0.05	0.430	0.437	0.449	0.457	0.468
0.01	0.423	0.429	0.441	0.449	0.460

注:d/z 为承压板直径和承压板底面深度之比。

(2)根据《铁路工程地质原位测试规程》(TB 10018—2018),土的变形模量 E_0 可按下式计算:

$$E_0=\omega(1-\mu^2)bp_a/s_a \tag{3-3-58}$$

式中 E_0——土的变形模量(MPa);

ω——承压板形状系数,圆形取 0.79,方形取 0.89;

μ——泊松比,碎石土取 0.25,砂土和粉土取 0.3,粉质黏土取 0.35,黏土取 0.42;

b——承压板直径或边长(m);

p_a——比例界限压力(kPa),即 p-s 曲线上第一拐点压力;当 p-s 曲线无直线段时,可按 $0.5p_u$ 取值;

s_a——与 p_a 相对应的沉降(mm)。

3. 估算地基土的不排水抗剪强度

用沉降非稳定法(快速法)载荷试验(不排水条件)的极限承载力(极限荷载)可估算饱和黏性土的不排水抗剪强度 c_u,($\varphi_u=0$),计算公式如下:

$$c_u=\frac{p_u-p_0}{N_c} \tag{3-3-59}$$

式中 c_u——地基土的不排水抗剪强度(kPa);

p_u——地基极限承载力(极限荷载)(kPa);

p_0——承压板周边外的超载或土的自重压力(kPa);

N_c——对方形或圆形承压板,当周边无超载时,$N_c=6.15$;当承压板埋深 $z\geqslant 4b$ 时,$N_c=0.925$;当 $z<4b$ 时,N_c 由线性内插确定。

4. 计算地基竖向基床系数

地基竖向基床系数 K_v 应按下列要求计算:

(1)平板载荷试验基床系数 K_{va} 可由下式确定：

$$K_{va}=p_a/s_a \tag{3-3-60}$$

(2)在同一场地对同一土层使用不同面积的承压板试验时，应按下式统一修正为一种面积尺寸的基床系数 K_1：

$$K_1=K_{va}\cdot\sqrt{F_a}/\sqrt{F_1} \tag{3-3-61}$$

式中　K_1——基准基床系数，即方形承压板面积 $F_1=0.0929\ m^2$(1平方英尺)时的基床系数；

F_a——实际使用的承压板面积(m^2)。

K_{va}——平板载荷试验竖向基床系数试验值(kN/m^3)。

(3)设计计算时，应根据基础设计面积置换式(3-3-61)中的 F_a，计算出实际使用的基床系数 K_s。

城市轨道交通工程使用的基床系数在现场测定时宜采用 K_{30} 方法，即采用直径30 cm的荷载板垂直或水平加载试验，可直接测定地基土的垂直基床系数 K_v 和水平基床系数 K_h。其 K_{30} 值是指在 p-s 曲线上对应地基土变形为0.125 cm时的 p 值与变形的比值。

二、螺旋板载荷试验

螺旋板载荷试验是将一螺旋形的承压板借助于人力或机械力旋入地面以下预定位置，通过传力杆对螺旋形承压板施加荷载，同时观测承压板的位移。所以这是一种不需挖试坑的压板试验，它的最大好处在于不破坏试验土层的原始应力状态，可以不做大的设备搬动就能测得同一点不同深度处的地基特征，还可以用于水下。通过获得的压力—位移—时间关系，借助于理论或经验关系可以推求地基的变形参数(变形模量、固结系数)、饱和软黏土的不排水抗剪强度和地基土的承载力等。

螺旋板载荷试验适用于地表以下一定深度处黏性土、粉土及砂类土。

(一)试验要求

(1)螺旋板载荷试验承压板应有足够的刚度，加工应准确，螺旋板的规格和几何尺寸见表3-3-39。

表3-3-39　螺旋板的规格和几何尺寸表

板头投影面积(cm^2)	100	200	500
直径(mm)	113	160	252
螺距(mm)	25	45	65
板厚(mm)	≤2.8	≤4.0	≤6.3

(2)加载方式与平板载荷试验一样，有常规慢速法、快速法和等速率法(沉降速率可按0.5～2 mm/min控制)。

(3)试验点应在静力触探试验了解地层剖面后布置，同一试验孔在垂直方向上的试验点间距宜为1 m，土质均匀、厚度较大时，试验点间距可取2～3 m，并应结合土层变化按均匀性的原则布置。

(4)螺旋板头入土时，应按每转一圈下入一个螺距进行操作，减少对土的扰动。

(5)试验加载等级、稳定标准和结束条件等同深层平板载荷试验。

(二)资料整理

(1)绘制 p-s 曲线：根据螺旋板载荷试验资料绘制 p-s 曲线的方法与浅层平板载荷试验相同。

(2)绘制的 $\lg p$-$\lg s$ 或 s-$\lg p$ 曲线。

(3)当 p-s 曲线如图 3-3-16 所示的形态时，曲线上的各特征值应按下列方法确定：

①初始压力 p_0：p-s 曲线初始直线与 p 轴的交点。p-s 曲线上无明显直线段时，为过曲率最大点所作前段曲线的切线与 p 轴的交点。p_0 可视为土层原位上覆压力。

②临塑压力 p_f：p-s 曲线的初始直线段终点(即第一拐点 A)所对应的压力。

③极限压力 p_L：p-s 曲线末尾直线段起点(即第二拐点 B)对应的压力。

(三)成果应用

1. 确定地基基本承载力

地基基本承载力 σ_0 可按下列方法确定：

(1)拐点法：取临塑压力 p_F 为 σ_0，此法适用于具有初始直线段的 p-s 曲线。

(2)相对沉降法：在 p-s 曲线上取 s/b 值所对应的压力为 σ_0。对低压缩性土和砂土，可取 $s/b=0.015$；对中、高压缩性土可取 $s/b=0.02$。此法适用于圆弧型 p-s 曲线。

(3)极限荷载法：由 p-s 曲线上所得的极限承载力 p_u 除以安全系数为基本承载力。

2. 确定地基极限承载力

地基极限承载力 p_u 可按下列方法确定：

(1)第二拐点法：用 p-s 曲线或 $\lg p$-$\lg s$、s-$\lg p$ 等曲线的第二拐点压力 p_L 确定为 p_u。

(2)相对沉降法：取 $s/b=0.10$ 所对应的压力为 p_u。

(3)双曲线法：可按式(3-3-54)确定 p_u。

3. 计算土的变形模量

(1)依据《城市轨道交通岩土工程勘察规范》(GB 50307—2012)，土的变形模量计算同深层平板载荷试验，按式(3-3-57)进行计算。

(2)依据《铁路工程地质原位测试规程》(TB 10018—2018)，土的变形模量 E_0 应根据慢速法试验结果按下式计算：

$$E_0=\omega I_1 I_2(1-\mu^2)bp_f/s_f \tag{3-3-62}$$

$$I_1=0.5+0.23b/z$$

$$I_2=1+2\mu^2+2\mu^4$$

式中 E_0——土的变形模量(MPa)；

ω——螺旋板形状系数，可取 0.79；

μ——泊松比，碎石土取 0.25，砂土和粉土取 0.3，粉质黏土取 0.35，黏土取 0.42；

b——螺旋板直径(m)；

p_f——临塑压力(kPa)，即 p-s 曲线的初始直线段终点(即第一拐点 A)所对应的压力；

s_f——对应于临塑压力 p_f 的沉降(mm)；

I_1——螺旋板埋深 z 的修正系数；

I_2——与泊松比有关的修正系数；

z——螺旋板埋深(m)。

4. 计算不排水抗剪强度

土的不排水抗剪强度可按式(3-3-63)进行计算：

$$c_u=\frac{p_L}{k\pi r^2} \tag{3-3-63}$$

式中　c_u——地基土的不排水抗剪强度(kPa)；

p_L——p-s 曲线上极限荷载的压力(kPa)；

r——螺旋板半径(m)；

k——系数,对软塑、流塑软黏土取 8.0～9.5,对其他土取 9.0～11.5。

第七节　扁铲侧胀试验

扁铲侧胀试验(Dilatometer Test,简称 DMT)是岩土工程勘察一种新兴的原位测试方法,是将带有膜片的扁铲压入土中预定深度,充气使膜片向孔壁土中侧向扩张,根据压力与变形关系,测定土的模量及其他有关指标。

扁胀试验适用于软土、一般黏性土、粉土、松散或稍密的砂土、黄土等,不适用于含碎石的土、风化岩等。扁胀试验在不同土类中的适用程度见表 3-3-40。

表 3-3-40　扁铲侧胀试验在不同土类中的适用程度

土类	土的性状					
	$q_c<1.5$ MPa,$N<5$		$q_c=7.5$ MPa,$N=25$		$q_c=15$ MPa,$N=40$	
	未压实填土	自然状态	轻压实填土	自然状态	紧密压实填土	自然状态
黏土	A	A	B	B	B	B
粉土	B	B	B	B	C	C
砂土	A	A	B	B	C	C
砾石	C	C	G	G	G	G
卵石	G	G	G	G	G	G
风化岩石	G	C	G	G	G	G
带状黏土	A	B	B	B	C	C
黄土	A	B	B	B	—	—
泥炭	A	B	B	B	—	—
沉泥、尾矿砂	A	—	B	—	—	—

注:适用分级:A 最适用;B 适用;C 有时适用;G 不适用。

一、试验设备

扁铲形探头的尺寸为长 230～240 mm、宽 94～96 mm、厚 14～16 mm。铲前缘刃角为 12°～16°,在扁铲的一侧面为一直径 60 mm 的钢膜(图 3-3-17)。探头可与静力触探的探杆或钻杆连接,对探杆的要求与静力触探相同。

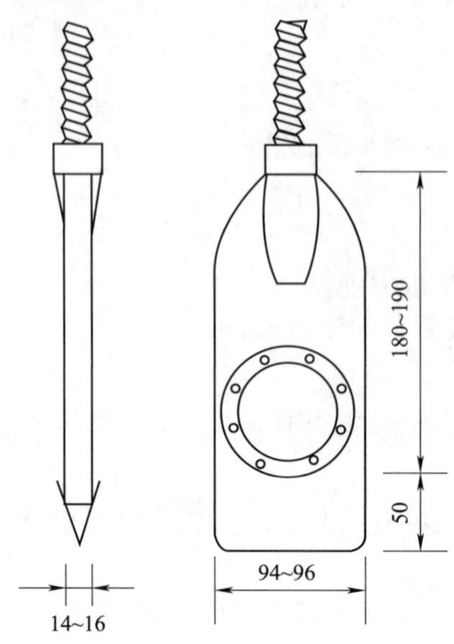

图 3-3-17 扁铲侧胀仪(单位:mm)

二、试验要求

扁铲侧胀试验应符合下列规定:

(1)扁铲侧胀试验应在有代表性的地点进行,测试点间距一般为 0.2~0.5 m。

(2)每孔试验前后均应进行探头率定,取试验前后的平均值为修正值;膜片的合格标准为:

①率定时膨胀至 0.05 mm 的气压实测值 ΔA 为 5~25 kPa。

②率定时膨胀至 1.10 mm 的气压实测值 ΔB 为 10~110 kPa;标定值不在适用范围内的新膜片应事先进行老化处理,直到 ΔA 及 ΔB 值达适用范围且相对误差小于 2% 为止。

(3)试验时,应以静力匀速将探头贯入土中,贯入速率宜为 2 cm/s。

(4)探头达到预定深度后,应匀速加压和减压测定膜片膨胀至 0.05 mm、1.10 mm 和回到 0.05 mm 的压力 A、B、C 值(kPa)。

(5)扁铲侧胀消散试验,应在需测试的深度进行,测读时间间隔可取 1 min、2 min、4 min、8 min、15 min、30 min、90 min,以后每 90 min 测读一次,直至消散结束。

三、资料整理

扁铲侧胀试验成果资料整理应包括下列内容:

(1)对试验的实测数据进行膜片刚度修正:

$$p_0 = 1.05(A - z_m + \Delta A) - 0.05(B - z_m - \Delta B) \tag{3-3-64}$$

$$p_1 = B - z_m - \Delta B \tag{3-3-65}$$

$$p_2 = C - z_m + \Delta A \tag{3-3-66}$$

式中 p_0——膜片向土中膨胀之前的接触压力(kPa);

p_1——膜片膨胀至 1.10 mm 时的压力(kPa)；

p_2——膜片回到 0.05 mm 时的终止压力(kPa)；

z_m——调零前的压力表初读数(kPa)；

A——钢膜片中心外扩 0.05 mm 时的压力(kPa)；

B——钢膜片中心外扩 1.10 mm 时的压力(kPa)；

C——钢膜片中心外扩后回复到 0.05 mm 时的压力(kPa)；

ΔA——率定时(无侧限),钢膜片中心膨胀至 0.05 mm 时的气压实测值(kPa)；

ΔB——率定时(无侧限),钢膜片中心膨胀至 1.10 mm 时的气压实测值(kPa)。

(2)根据 p_0、p_1 和 p_2 计算下列指标：

$$E_D = 34.7(p_1 - p_0) \quad (3\text{-}3\text{-}67)$$

$$K_D = (p_0 - u_0) / \sigma_{v0} \quad (3\text{-}3\text{-}68)$$

$$I_D = (p_1 - p_0)/(p_0 - u_0) \quad (3\text{-}3\text{-}69)$$

$$U_D = (p_2 - u_0) / (p_0 - u_0) \quad (3\text{-}3\text{-}70)$$

式中 E_D——侧胀模量(kPa)；

K_D——侧胀水平应力指数；

I_D——侧胀土性指数；

U_D——侧胀孔压指数(孔隙水压力指数)；

u_0——试验深度处的静水压力(kPa)；

σ_{v0}——试验深度处土的有效上覆压力(kPa)。

根据上述试验指标,可判断土的特性,同时通过经验公式与岩土参数建立一系列关系,从而用于岩土工程设计,如 I_D、U_D 可划分土类;K_D 反映了土的水平应力,K_D 越大,说明土的固结及密实度越好;E_D 反映了土的固结特性等。

(3)绘制 E_D、I_D、K_D 和 U_D 与深度的关系曲线。

四、成果应用

(一)用 I_D 确定土的类别

根据 I_D 值可按表 3-3-41 确定土的类别。

表 3-3-41 判别土类的 I_D 值

土 类	泥炭或灵敏黏土	黏 土	粉质黏土	粉 土	砂类土
I_D	≤0.1	0.1≤I_D<0.3	0.3≤I_D<0.6	0.6≤I_D<1.8	≥1.8

(二)判定饱和黏性土的塑性状态

饱和黏性土的塑性状态可按表 3-3-42 判定。表中参数 m 按下式计算：

$$m = (\lg E_D + 0.748)/(\lg I_D + 7.667) \quad (3\text{-}3\text{-}71)$$

式中,E_D 的单位为 kPa。

表 3-3-42 判断饱和黏性土塑性状态的 m 值

判别式	m≤0.53	0.53<m≤0.62	0.62<m≤0.71	m>0.71
塑性状态	流塑	软塑	硬塑	坚硬

（三）计算静止侧压力系数

（1）扁铲测头贯入土中，对周围土体产生挤压，故不能由扁铲试验直接测定原位初始侧向应力，可通过经验建立静止侧压力系数 K_0 与水平应力指数 K_D 的关系式，如下：

新近沉积黏土： $K_0=0.34K_D^{0.54}(c_u/\sigma_{v0}\leqslant 0.5)$ (3-3-72)

老黏土： $K_0=0.68K_D^{0.54}(c_u/\sigma_{v0}>0.8)$ (3-3-73)

还有人根据试验资料得出以下公式：

$$K_0=0.35K_D^m(K_0<4) \tag{3-3-74}$$

式中 K_D——侧胀水平应力指数；

m ——系数，对高塑性土 $m=0.44$；对低塑性土 $m=0.64$。

但是上述公式在不同的地区是不同的，具体使用时应进行修正。例如上海地区根据已有工程经验，对淤泥质土的修正：

$K_0=0.34K_D^n$，其中 n 的取值，淤泥质粉质黏土取 0.44，淤泥质黏土取 0.60。

对褐黄色硬壳层和粉土，砂土的修正：

$K_0=0.34K_D^n-0.06K_D$，其中，n 的取值：褐黄色硬壳层取 0.54，粉土和砂土取 0.47。

（2）依据《铁路工程地质原位测试规程》（TB 10018—2018），水平应力指数 K_D 为 1.5～4.0 的一般饱和黏性土，静止侧压力系数 K_0 可按下式计算：

$$K_0=0.30K_D^{0.54} \tag{3-3-75}$$

（四）计算不排水杨氏模量

膨胀压力 $\Delta p\leqslant 100$ kPa 的饱和黏性土，不排水杨氏模量 E_u 可按下式计算：

$$E_u=3.5E_D \tag{3-3-76}$$

（五）计算基准水平基床系数

饱和黏性土、饱和砂土及粉土地基的基准水平基床系数 K_{h1}（kN/m^3）可按下式计算：

$$K_{h1}=0.2k_h \tag{3-3-77}$$

$$k_h=1\,817(1-A)(p_1-p_0) \tag{3-3-78}$$

式中 k_h——侧胀仪抗力系数；

A——孔隙压力参数，无室内试验数据时，可按表 3-3-43 取值；

1 817——量纲为 m^{-1}的系数。

表 3-3-43 饱和土的 A 值

土类	砂类土	粉土	粉质黏土		黏　土	
			OCR=1	4≥OCR>1	OCR=1	4≥OCR>1
A	0	0.10～0.20	0.15～0.25	0～0.15	0.25～0.50	0～0.25

第八节 十字板剪切试验

十字板剪切试验（Vane Shear Test，简称 VST）是将一定规格的十字型板头垂直插入土中，以规定的试验方式和扭转速率测定出土在破坏过程中的抵抗力矩，计算出土的不排水抗剪强度（峰值强度、残余强度、重塑土强度）的试验方法。

十字板剪切试验适用于均质饱和软黏性土的不排水抗剪强度和灵敏度。

一、试验设备

目前我国使用的十字板有机械式和电测式两种。机械十字板每作一次剪切试验要清孔，费工费时，工效较低；电测十字板克服了机械式十字板的缺点，工效高，测试精度较高。

机械式十字板力的传递和计量均依靠机械的能力，需配备钻孔设备，成孔后下放十字板进行试验。

电测式十字板是用传感器将土抗剪破坏时力矩大小转变成电信号，并用仪器量测出来，常用的为轻便式十字板、静力触探两用，不用钻孔设备。试验时直接将十字板头以静力压入土层中，测试完后，再将十字板压入下一层上继续试验，实现连续贯入，可比机械式十字板测试效率提高 5 倍以上，如图 3-3-18 所示。

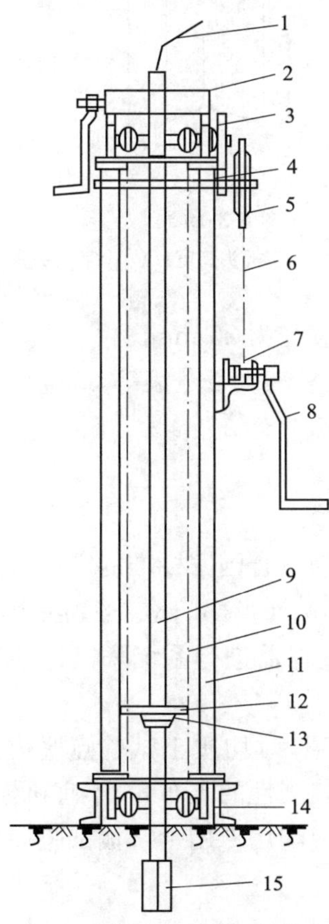

图 3-3-18　电测式十字板剪切仪构造图

1—电缆；2—施加扭力装置；3—大齿轮；4—小齿轮；5—大链条；6，10—链条；7—小链条；8—摇把；9—探杆；11—支架立杆；12—山形板；13—垫压板；14—槽钢；15—十字板

试验仪器主要由下列四部分组成：

（1）测力装置、开口钢环式测力装置、传感器及其配套用的仪表。

（2）十字板头。国内外多采用矩形十字板头，径高比为 1∶2 的标准型。板厚宜为

2～3 mm。常用的规格有 50 mm×100 mm 和 75 mm×150 mm 两种。前者适用于稍硬黏性土，图 3-3-19 为十字板头。

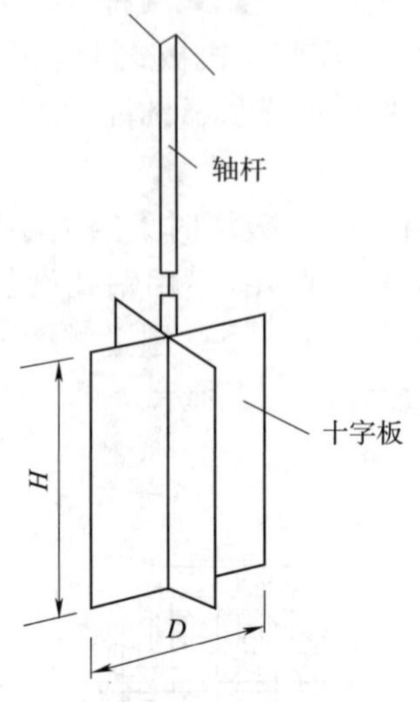

图 3-3-19 十字板头

H—十字板头高度；D—十字板头直径

(3)轴杆。一般使用的轴杆直径为 20 mm。

(4)设备。设备主要有钻机、秒表及百分表等，或电测十字板剪切仪。

二、试验要求及试验要点

(一)试验的一般要求

(1)试验使用的仪器设备应为符合国家标准的定型合格产品，机械式十字板剪力仪使用前十字板板头的测力计应每年送计量部门检查标定；电测式十字板剪力仪使用前，应将十字板头、四芯屏蔽电缆线、量测仪器进行系统联机，并应进行标定。未经标定合格的十字板，不得在试验中使用。

(1)十字板剪切试验点的布置，对均质土试验点竖向间距可取 1～2 m，对于非均质土，根据静力触探等资料选择有代表性的点布置，不宜机械地按等间距布置试验点。

(2)钻孔要求平直，不弯曲，应配用专用十字板试验探杆。

(3)钻孔要求垂直。

(4)钢环最大允许力矩 80 kN·m。

(5)钢环半年率定一次或每项工程进行前率定。率定时应逐级加荷和卸荷，测记相应的钢环变形。至少重复 3 次，以 3 次量表读数的平均值(差值不超过 0.005 mm)。

(6)十字板板头形状宜为矩形，径高比 1∶2，板厚宜为 2～3 mm。

(7)十字板头插入钻孔底的深度不应小于钻孔或套管直径的 3～5 倍。

(8)十字板插入至试验深度后，至少应静止 2～3 min，方可开始试验。

(9)扭转剪切速率宜采用(1°～2°)/(10 s)，并应在测得峰值强度后继续测计 1 min。

(10)在峰值强度或稳定值测试完后，顺扭转方向连续转动 6 圈后，测定重塑土的不排水抗剪强度。

(11)对开口钢环十字板剪切仪,应修正轴杆与土间的摩阻力的影响。

(二)试验要点

机械式十字板剪力仪试验要点:

(1)在试验地点,用回转钻机开孔(不宜用击入法),下套管至预定试验深度以上3～5倍套管直径处。

(2)用螺旋钻或提土器清孔,在钻孔内虚土不宜超过15 cm。在软土钻进时,应在孔中保持足够水位,以防止软土在孔底涌起。

(3)将板头、轴杆、钻杆逐节接好,并用牙钳上紧。然后下入孔内至板头与孔底接触。

(4)接上导杆,将底座穿过导杆固定在套管上,将制紧螺栓拧紧。将板头徐徐压至试验深度,管钻不小于75 cm,螺旋钻不小于50 cm,若板头压至试验深度遇到较硬夹层时,应穿过夹层再进行试验。

(5)套上传动部件,用转动摇手柄使特制键自由落入键槽,将指针对准任一整数刻,装上百分表并调整到零。

(6)试验开始,开动秒表,同时转动手柄,以10 s一度的转速转动,每转一度测记百分表读数一次,当测记读数出现峰值或读数稳定后,再继续测记1 min,其峰值或稳定读数即为原状土剪切破坏时百分表最大读数R_y(0.01 mm)。最大读数一般在3～10 min内出现。

(7)逆时针方向转动摇手柄,拔下特制键,导杆装上摇把,顺时针方向转动6圈,使板头周围土完全扰动,然后插上特制键,按步骤(6)进行试验,测记重塑土剪切破坏时百分表最大读数R_c(0.01 mm)。

(8)拔下特制键和支爪,上提导杆2～3 cm,使离合齿脱离,再插上支爪和特制键,转动手柄,测记土对轴杆摩擦时百分表稳定读数R_g(0.01 mm)。

(9)试验完毕,卸下传动部件和底座,在导杆吊孔内插入吊钩,逐节取出钻杆和板头,清洗板头并检查板头螺丝是否松动,轴杆是否弯曲,若一切正常,便可按上述步骤继续进行试验。

电测式十字板剪力仪试验要点:

(1)电测十字板剪切试验宜根据静力触探试验或其他方法获得土层特性后,结合工程要求和土层情况,选定试验土层和位置,测试深度不宜大于30.0 m,有工程需要且仪器性能达到要求时,测试深度可大于30.0 m。

(2)试验的竖向间距宜根据工程要求和土层的均匀性确定,均质土宜每隔1.0 m试验一次;非均质土可缩小竖向间距。

(3)每一层土层的试验次数不宜少于6次。

(4)同一个孔中连续多点试验时,应在地面以下0.5 m深度时进行零漂检查,中途不得调零,所有点试验结束后,应记录十字板头取出地面时的不归零读数。

(5)加接探杆应在贯入至试验点深度以上不小于0.3 m前完成。

(6)在钻孔内进行电测十字板剪切试验时,十字板头插入钻孔孔底以下的深度不应小于5倍的钻孔孔径。

三、资料整理与成果应用

十字板剪切试验成果资料整理应包括下列内容:

(1)计算土的不排水抗剪强度(峰值)

$$c_u = K \cdot C(R_y - R_g) \tag{3-3-79}$$

式中 c_u——土的不排水抗剪强度(kPa);

C——钢环系数(kN/0.01 mm);

R_y——原状土剪损时量表最大读数(0.01 mm);

R_g——轴杆与土摩擦时量表最大读数(0.01 mm);

K——十字板常数(m^{-2}),可按式(3-3-80)计算。

$$K = \frac{2R}{\pi D^2\left(\frac{D}{3}+H\right)} \tag{3-3-80}$$

式中 R——转盘半径(m);

D——十字板头直径(m);

H——十字板头高度(m)。

(2)计算重塑土不排水抗剪强度(残余值)

$$c'_u = K \cdot C(R_y - R'_g) \tag{3-3-81}$$

式中 c'_u——重塑土不排水抗剪强度(kPa);

R'_y——重塑土剪损时量表最大读数(0.01 mm);

R'_g——重塑土剪损时轴杆与土摩擦时量表最大读数(0.01 mm)。

(3)计算土的灵敏度

$$S_t = \frac{c_u}{c'_u} = \frac{R_y - R_g}{R'_y - R'_g} \tag{3-3-82}$$

(4)绘制不排水抗剪强度峰值和残余值随深度的变化曲线(图 3-3-20),需要时,绘制抗剪强度与扭转角度的关系曲线(图 3-3-21)。

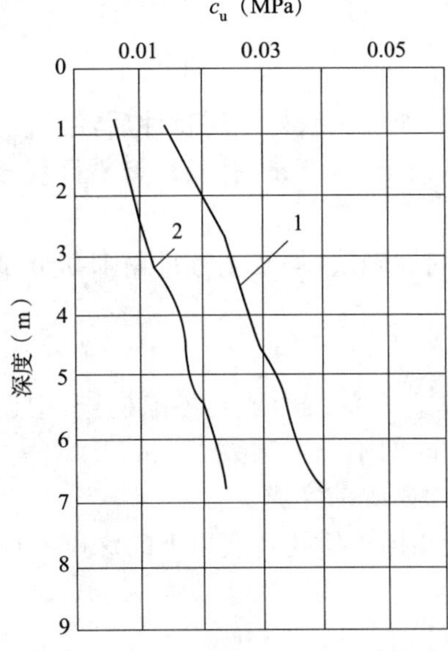

图 3-3-20 抗剪强度随深度变化曲线

1—未扰动土;2—扰动土

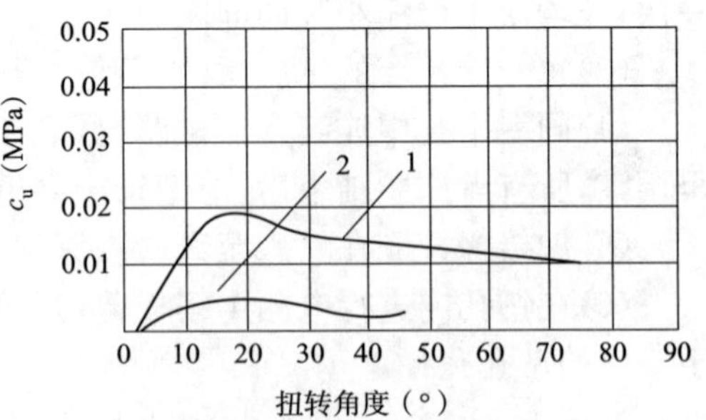

图 3-3-21 抗剪强度与扭转角度变化曲线

1—未扰动土;2—扰动土

(5)根据土层条件及地区经验，对不排水抗剪强度应进行修正。

十字板剪切试验所测得的不排水抗剪强度峰值，一般认为是偏高的，土的长期强度只有峰值强度的60%～70%，因此在使用过程中，应根据土层条件或地区经验对十字板测定的强度值作必要的修正。

当缺乏使用经验时，依据《铁路工程地质原位测试规程》(TB 10018—2018)，可乘以修正系数 μ 进行折减，当塑性指数 $I_P \leqslant 20$ 时，$\mu=1$；当 $20 < I_P \leqslant 40$ 时，$\mu=0.9$。

第九节　波速测试

波速测试的基本原理，是利用弹性波在介质中的传播速度与介质的动弹模量、动剪切模量、动泊松比及密度等的理论关系，从测定的传播速度入手求取土的动弹性参数。在地基土振动问题中弹性波有体波和面波。体波分纵波(P波)和横波(S波)，面波分为瑞雷波(R波)和勒夫波(L波)。波速测试适用于测定各类岩土体的压缩波、剪切波或瑞利波的波速，可根据任务要求，采用单孔法、跨孔法或面波法。

波速测试可用于下列目的：

(1)确定场地类别、判断场地地震液化的可能性，提供地震反应分析所需的场地土动力参数。

(2)计算设计动力机器基础和计算结构物与地基土共同作用所需的动力参数。

(3)判定碎石土的密实度，评价地基土加固处理效果。

(4)利用岩体纵波速度与岩石单轴极限抗压强度对比进行围岩分级，确定岩石风化程度，并初步确定基床系数，围岩稳定程度。

一、测试技术要求

(一)单 孔 法

单孔法波速测试的技术要求应符合下列规定：

(1)测试孔应垂直。

(2)将三分量检波器固定在孔内预定深度处，并紧贴孔壁。

(3)可采用地面激振或孔内激振。

(4)应结合土层布置测点，测点的垂直间距宜取1～3 m。层位变化处加密，并宜自下而上逐点测试。

(二)跨 孔 法

跨孔法波速测试的技术要求应符合下列规定：

(1)应设置2个或3个试验孔，且成一条直线，在第四系覆盖层地段孔距宜为2～5 m，在基岩地段孔距宜为8～15 m。

(2)试验钻孔应圆直，并应下定向套管，套管与孔壁间应灌浆或填砂。

(3)当钻孔深度大于15 m时，应对试验孔进行测斜，测斜点竖向间距宜为1 m，测得每一试验深度的倾斜角与方位。

(4)竖向测试点间距宜为1～2 m，三分量传感器应紧贴孔壁，同一深度的剪切波，锤击应正反向重复激振，并应互换激振孔与接收孔，经重复试验，确定剪切波的初至时间。

(三)面 波 法

面波法波速测试可采用瞬态法或稳态法,宜采用低频检波器,道间距可根据场地条件通过试验确定。

二、测试仪器设备

波速测试试验设备主要有激振器、检波器和放大记录系统三大部分组成。

(1)激振器

弹性波激发装置(简称振源),一般为机械振源。单孔法常采用在地面敲击木板或钢板的方法激发剪切波,板的尺寸一般为250 cm×30 cm×5 cm,上压重物(>500 kg),用大铁锤敲击板的侧面。跨孔法可以采用标准贯入器激发剪切波,但更理想的激振器是“井下波锤”。面波法一般采用重锤、落锤或电磁式激振器。

(2)检波器

单孔测试时,要求既能观察到波的竖直分量记录,又能观察到波的两个水平分量记录,所以一般都采用三分量检波器检测弹性波的到达。这种三分量检波器是由三个单个检波器按相互垂直(X、Y、Z)的方向固定并密封在一个无磁性的圆形筒内。在钻孔内一定要将竖向检波器平行于钻孔轴线,它可以接受纵波;另两个水平检波器接受横波。

跨孔法测试时,接收孔中一般只安置一个竖向检波器,它接受水平传播的横渡的竖向分量 S_v 波。也可用三分量检波器,此时两个水平检波器还可分别接受纵波(P 波)和横波的水平分量 S_h 波。

(3)放大记录系统

主要采用多道地震仪,特别是信号增强型多道地震仪。此种仪器进口和国产的皆有,可以选用。

三、测试要点

(一)单 孔 法

1. 现场布置

在指定测试地点打钻孔,垂直度要求与一般勘探孔一样。离开孔口1~1.5 m布置激振装置。如要测试孔斜,钻孔内需设置PVC套管,管内有4个槽口,以备测斜仪沿槽口移动,如图3-3-22所示。

如果被测土层不厚、较硬或泥浆护壁后不会坍孔,测试前可将钻机移走,否则,钻机应留在孔位上备用。如孔内检波器不在孔壁上的固定装置,就需钻机协助。

2. 孔内测点布置原则

(1)每一土层都应有测点,每个测点宜设在接近每一土层的顶部或底部处,尤其对于薄层,更不能将测点设在土层的中点。

(2)若土层厚度小于1 m,可以忽略。若土层厚度超过4 m,需增加测点,通常1~2 m间隔设置一测点。

(3)测点设置需考虑土性特点,如各土层相对均匀,可以考虑等间隔布置;否则,只能不等间隔布置。

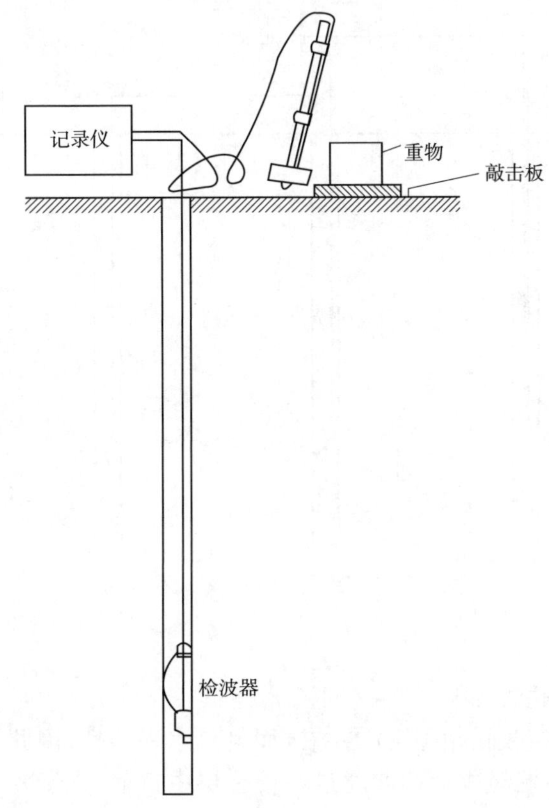

图 3-3-22　单孔法现场测试示意图

3. 测试步骤

(1)向孔内放置检波器,在预定深度固定(气压固定,机械固定)在孔壁上。

(2)测点布置。根据最小测试深度 h_1、测点间隔 d_h 和测点个数 n,可确定各测点的坐标 h_i:

$$h_i = h_1 + (i-1)d_h \quad (i=1,2,\cdots,n) \tag{3-3-83}$$

(3)激发。距钻孔口距离为 1～1.5 m 处埋设一厚木板,上压重物约 500 kg 或用汽车两前轮压在木板上,用大锤分别锤击木板的两端,产生正向、反向的剪切波。

(4)接收。采用三分量检波器,在钻孔的不同深度 h_i 处分别记录正向、反向剪切波的波形,检查记录波形的完整性及可判读性,若不正常,重新测试,直到正常为止。

(5)将孔内检波器移至下一测点,重复上述测试步骤,直到达到钻孔测试深度要求。

(二)跨 孔 法

1. 现场布置

在测试点打 2～3 个垂直的互相平行的钻孔,一个为激发孔,其他为接收孔,如图 3-3-23 所示。孔距选择与土性有关。对于松软土地区,激发孔与接收孔之间的距离不宜超过 4 m,不然接收到的波形较难分析。如果激发能量大一些,孔距可适当放大。钻孔垂直度的保证,是取得真实波速值的基础,因此,对钻孔进行倾斜度的测试是必要的。

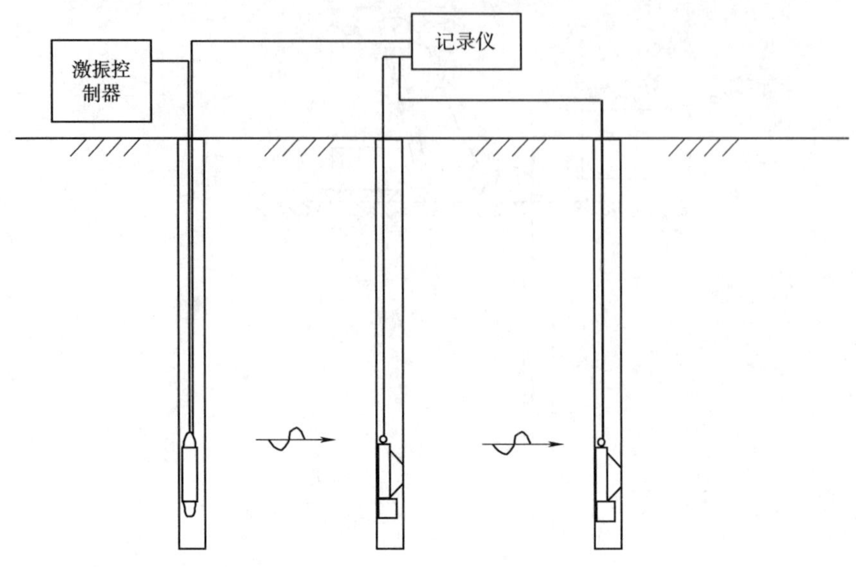

图 3-3-23 跨孔法现场测试示意图

2. 孔内测点布置原则

(1)一般原则与单孔法相似。

(2)由于激发孔与接收孔相距 4 m 左右,而且是水平传播,因此,软、硬土层交界面的影响更为突出。要防止测试中剪切波通过在硬土层中折射,先于软土层中直达剪切波到达检波器结果测到的是折射剪切波速度,而造成硬土层错位。

3. 测试步骤

(1)将激发器与接收器同时分别放入两个孔内至预定的测点标高,并予以固定。

(2)调试仪器至正常状态。

(3)驱动锤击激发器,检查接收信号是否正常,如正常即予以储存。由接收到信号算得剪切波在土中的传播时间。

(4)初步验算 V_s 值,检验是否在合理范围之内。如一切正常,继续进行下一点测试。

(三)面 波 法

瑞利波是在介质表面传播的波,其能量从介质表面以指数规律沿深度衰减,大部分在一个波长的厚度内通过,因此在地表测得的面波波速反映了该深度范围内土的性质,而用不同的测试频率就可以获得不同深度土层的动参数。

面波法有两类测试方式,一是从频率域特性出发,通过变化激震频率进行量测称为稳态法;另一种从时间域特性出发,瞬态激发采集宽频面波,称为瞬态法,这种方法操作容易,但是资料处理复杂。

稳态法是利用稳态震源在地表施加一个频率为 f 的强迫振动,其能量以地震波的形式向周围扩散,这样在震源的周围将产生一个随时间变化的正弦波振动。通过设置在地面上的两个检波器 A 和 B 检出输入波的波峰之间的时间差,便可算出瑞利波速度 v_R。

瞬态法要求仪器各通道和检波器的频响特性一致性良好。工作布置与常规地震勘探使用的观测系统相同，在地面以一定的道间距布置两个或多个检波器，使用激振器在地面进行激振，产生一定频率范围的地震波，由信号采集系统记录信号。

面波法不需要钻孔，不破坏地表结构物，成本低而效率高，是一种很有前途的测试方法。

(1)稳态法测试工作可按下述方法进行：

稳态法一般采用纵观测系统，即激振点和检波器排列在一条直线上。在地面以一定的道间距 Δx 布置两个或多个检波器，道间距 Δx 一般为等间隔，当激振器在地面上施加一频率为 f 的简谐竖向激振时，频率为 f 的瑞雷波以稳态的形式沿表层传播，由信号采集系统记录检波器接收到的瑞雷波信号，如图 3-3-24 所示。

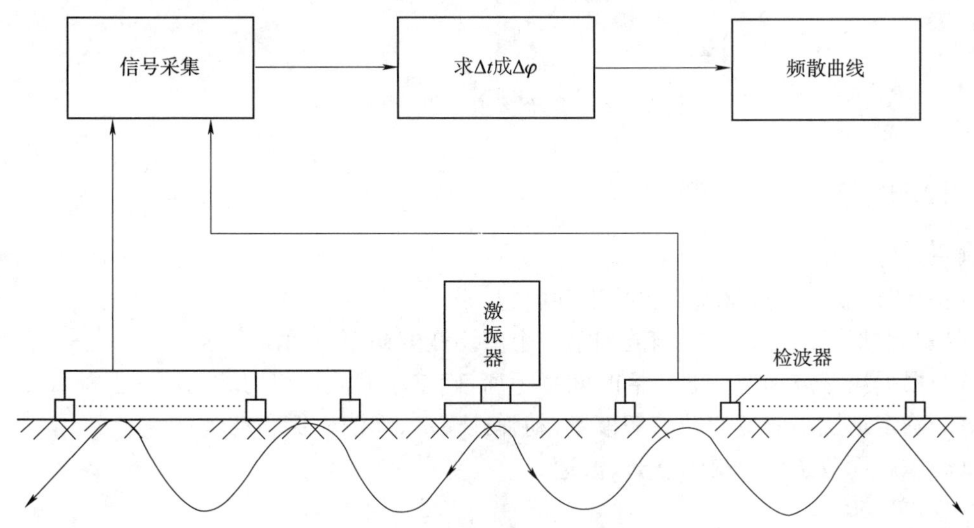

图 3-3-24　稳态法瑞雷波探测示意图

稳态法采用的工作频率范围和频率间隔与测试要求的分辨率、精度以及地质条件等因素有关。在选择频率范围时，主要考虑要求的测试深度，频率越低，穿透深度越大；确定采用的频率间隔时，主要考虑精度和分辨率，当要求高精度和高分辨率时，应采用较小的频率间隔。另外，在实际工作中，测试值变化的地层时应适当加密频点。

(2)瞬态法测试工作可按下述方法进行：

瞬态法要求仪器各通道和检波器的频响特性一致性良好。工作布置与常规地震勘探使用的观测系统相同，在地面以一定的道间距布置两个或多个检波器，使用重锤或落锤在地面进行激振，产生一定频率范围的地震波，由信号采集系统记录信号。瞬态多道观测系统的检波器排列如图 3-3-25 所示。

对于测试浅部地层的波速，宜采用较小的道间距和较高的激振频率；而对于测试深部地层的波速，在满足测试精度的要求下，宜采用较大的道间距和较低的激振频率。一般来说，展开排列的长度应大于测试深度。

现场瞬态法瑞雷波测试，要求波形清晰，相位一致性良好，瑞雷波部分最好位于采集窗口的中部，这样便于分析处理。

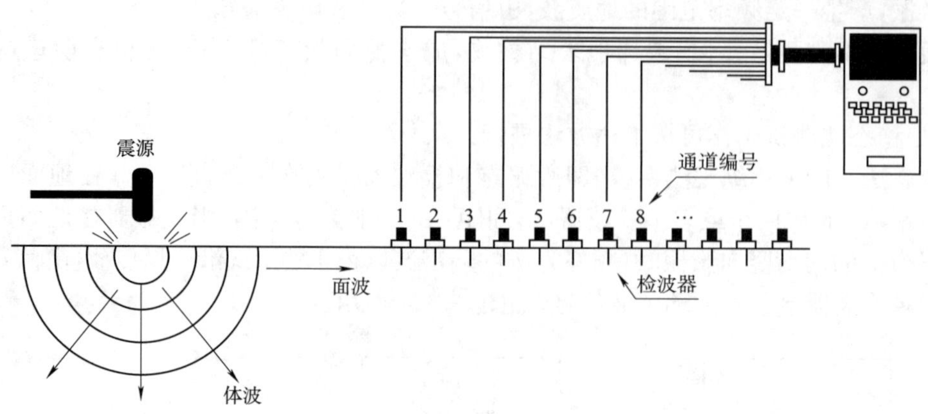

图 3-3-25 瞬态多道观测系统示意图

四、资料整理

(一)一般要求

波速测试成果资料整理应包括下列内容：

(1)在波形记录上识别压缩波和第一个剪切波的初至时间。

(2)根据压缩波和剪切波传播时间和距离，确定压缩波与剪切波的波速。

(2)确定地层小应变的动剪切模量、动弹性模量、动泊松比和动刚度。

(3)稳态面波法尚应提供波长、波速。

(二)单 孔 法

确定压缩波或剪切波从振源到达测点的时间时，应符合下列规定：

(1)确定压缩波的时间，应采用竖向传感器记录的波形。

(2)确定剪切波的时间，应采用水平传感器记录的波形。由于三分量检波器中有两个水平检波器，可得到两张水平分量记录，应选最佳接收的记录进行整理。

压缩波或剪切波从振源到达测点的时间，应按下列公式进行斜距校正：

$$T=KT_{\mathrm{L}} \tag{3-3-84}$$

$$K=\frac{H+H_0}{\sqrt{L^2+(H+H_0)^2}} \tag{3-3-85}$$

式中 T——压缩波或剪切波从振源到达测点经斜距校正后的时间(s)(相当于波从孔口到达测点的时间)；

T_{L}——压缩波或剪切波从振源到达测点的实测时间(s)；

K——斜距校正系数；

H——测点的深度；

H_0——振源与孔口的高差(m)，当振源低于孔口时，H_0 为负值；

L——从板中心到测试孔的水平距离(m)。

时距曲线图的绘制，应以深度 H 为纵坐标，时间 T 为横坐标。波速层的划分，应结合地质情况，按时距曲线上具有不同斜率的折线段确定。每一波速层的压缩波波速或剪切波波速，应按下式计算：

$$v=\frac{\Delta H}{\Delta T} \tag{3-3-86}$$

式中　v——波速层的压缩波波速或剪切波波速(m/s)；

ΔH——波速层的厚度(m)；

ΔT——弹性波传到波速层顶面和底面的时间差(s)。

(三)跨　孔　法

确定压缩波或剪切波从振源到达测点的时间时，应符合下列规定：

(1)确定压缩波的时间，应采用竖向传感器记录的波形。

(2)确定剪切波的时间，应采用水平传感器记录的波形。

由震源到达每个测点的距离，应按测斜数据进行计算。每个测试深度的压缩波波速及剪切波波速，应按下列公式计算：

$$v_{\mathrm{p}}=\frac{\Delta S}{T_{\mathrm{P2}}-T_{\mathrm{P1}}} \tag{3-3-87}$$

$$v_{\mathrm{s}}=\frac{\Delta S}{T_{\mathrm{S2}}-T_{\mathrm{S1}}} \tag{3-3-88}$$

$$\Delta S=S_2-S_1 \tag{3-3-89}$$

式中　v_{p}——压缩波波速(m/s)；

v_{s}——剪切波波速(m/s)；

T_{P1}——压缩波到达第 1 个接收孔测点的时间(s)；

T_{P2}——压缩波到达第 2 个接收孔测点的时间(s)；

T_{S1}——剪切波到达第 1 个接收孔测点的时间(s)；

T_{S2}——剪切波到达第 2 个接收孔测点的时间(s)；

S_1——由振源到第 1 个接收孔测点的距离(m)；

S_2——由振源到第 2 个接收孔测点的距离(m)；

ΔS——由振源到两个接收孔测点的距离之差(m)。

(四)面　波　法

瑞利波波速应按下式计算：

$$v_{\mathrm{R}}=\frac{2\pi f\Delta L}{\Phi} \tag{3-3-90}$$

式中　v_{R}——瑞利波波速(m/s)；

Φ——两台传感器接收到的振动波之间的相位差(rad)；

ΔL——两台传感器之间的水平距离(m)，当 Φ 为 2π 时，ΔL 即为瑞利波波长 L_{R}；

f——振源的频率(Hz)。

土层的动剪切模量和动弹性模量，应按下列公式计算：

$$G_{\mathrm{d}}=\rho\cdot v_{\mathrm{s}}^2 \tag{3-3-91}$$

$$E_{\mathrm{d}}=2(1+\mu_{\mathrm{d}})\rho\cdot v_{\mathrm{s}}^2 \tag{3-3-92}$$

$$v_{\mathrm{s}}=\frac{v_{\mathrm{R}}}{\eta_{\mathrm{s}}} \tag{3-3-93}$$

$$\eta_{\mathrm{s}}=\frac{0.87+1.12\mu_{\mathrm{d}}}{1+\mu_{\mathrm{d}}} \tag{3-3-94}$$

式中 G_d——动剪切模量(kPa)；

E_d——动弹性模量(kPa)；

ρ——土的质量密度(kg/m^3)；

v_s——剪切波波速(m/s)；

v_R——瑞利波波速(m/s)；

η_s——与泊松比有关的系数；

μ_d——土的动泊松比。

五、成果应用

(一)确定岩土类型及场地类别

根据《城市轨道交通结构抗震设计规范》(GB 50909—2014)及《建筑抗震设计规范》(GB 50011—2010)的规定，由剪切波速度(v_s)划分场地岩土的类型，并进一步划分工程场地类别。具体详见本书第三篇第六章第十节相关内容。

(二)判断场地地震液化的可能性

(1)对于深度 15 m 内的饱和粉土或砂土，当实测剪切波波速 v_s 大于剪切波波速临界值 v_{scr}时，则可不考虑液化，否则，土层可能液化。剪切波波速临界值 v_{scr} 可按下式进行计算：

对于粉土：
$$v_{scr}=k\sqrt{d_s-0.0133d_s^2} \tag{3-3-95}$$

对于砂土：
$$v_{scr}=k\sqrt{d_s-0.01d_s^2} \tag{3-3-96}$$

式中 d_s——粉土或砂土层中剪切波测试点深度(m)；

k——计算系数，可按表 3-3-44 进行取值。

表 3-3-44 计算系数 k

抗震设防烈度	7°	8°	9°
饱和粉土	42	60	84
饱和砂土	92	130	184

(2)地基在地震力作用下，产生剪应变 v_e，当 v_e 大于某一值时，才产生液化，人们将 v_e 称为临界应变 v_e(也称门槛应变量)，根据各种砂的试验结果，一般为 $10^{-2}q\leqslant v_e\leqslant 10^2q$，而 v_e 可根据剪切波速 v_s 进行计算，如下式：

$$v_e(q)=G_d\frac{a_{max}Z}{v_s^2}\rho \tag{3-3-97}$$

式中 v_e——地震作用下砂土层的剪应变；

G_d——与相应最大剪应变等有关的常数，通过试验取得；

a_{max}——由天然地震烈度表查得的该地区地面最大加速度；

Z——测试点地层深度；

v_s——剪切波波速；

ρ——砂土地层密度。

(三)计算岩土的动力参数

测得岩土的纵波(压缩波)波速 v_p(m/s)和横波(剪切波)波速 v_s(m/s)后，可计算岩土的动力参数。小应变动剪切模量、动弹性模量和动泊松比可按下式计算：

$$G_d = \rho \cdot v_s^2 \tag{3-3-98}$$

$$E_d = \frac{\rho v_s^2 (3v_p^2 - 4v_s^2)}{v_p^2 - v_s^2} \tag{3-3-99}$$

$$\mu_d = \frac{v_p^2 - 2v_s^2}{2(v_p^2 - v_s^2)} \tag{3-3-100}$$

式中　G_d——动剪切模量(kPa)；

E_d——动弹性模量(kPa)；

ρ——土的质量密度(kg/m^3)；

v_s——剪切波波速(m/s)；

v_p——压缩波波速(m/s)；

μ_d——土的动泊松比。

(四)计算地基刚度和阻尼比

计算设计动力机器基础和计算结构物与地基土共同作用时，需要提供地基刚度和阻尼比等动力参数，埋置基础地基刚度 K_Z 和阻尼比 D_Z 计算公式如下：

$$K_Z = \frac{G_d}{1-\mu} \beta_Z \sqrt{B_0 L} \tag{3-3-101}$$

$$D_Z = \frac{0.425}{\sqrt{B_Z}} \alpha_Z \tag{3-3-102}$$

式中　β_Z，α_Z——基础形状、埋深修正系数；

B_Z——基础修正质量比；

G_d——动剪切模量；

其他符号意义同前。

(五)计算场地地基卓越周期

地基卓越周期是地脉动测试所获得的波群波形，通过傅立叶谱分析，在频谱图中幅值最大值所对应的周期。卓越周期在抗震设计中，是防止建筑物与地基产生共振的依据。使用剪切波波速 v_s 计算卓越周期 T 的方法较多，其中，子层周期求和法计算公式如下：

$$T = \sum_{i=1}^{n} \frac{4H_i}{v_{si}} \tag{3-3-103}$$

式中　H_i——第 i 层土厚度(m)；

v_{si}——第 i 层土剪切波速(m/s)。

计算深度相当于《建筑抗震设计规范》(GB 50011—2010)的覆盖层厚度。

(六)评价地基土加固处理效果

常规的载荷试验、静力触探、动力触探及标贯试验，能提供地基加固处理后承载力的可靠资料。但如能在地基加固的前后进行波速测试，则可作出评价地基承载力的辅助资料。因为地层波速与岩土的密实度、结构等物理力学指标密切相关，而波速测试(如瑞雷波法)的测试效率高，掌握的数据面广，而成本低，且属于无损检测，可实现加固效果的整体质量检测评估。

(七)进行围岩分级

利用岩体纵波速度与岩石单轴极限抗压强度对比可进行围岩分级，具体详见第六篇

第三章第一节相关内容。

（八）确定岩石风化程度

可根据波速比即风化岩石与新鲜岩石压缩波速之比，确定岩石的风化程度，具体详见第二篇第一章第五节相关内容。

第十节 岩体原位测试

岩体原位测试是在现场制备岩体试件模拟工程作用对岩体施加外荷载，进而求取岩体力学参数的试验方法，是岩土工程勘察的重要手段之一。

岩体原位测试的最大优点是对岩体扰动小，尽可能地保持了岩体的天然结构和环境状态，使测出的岩体力学参数直观、准确；其缺点是试验设备笨重、操作复杂、工期长、费用高。另外，原位测试的试件与工程岩体相比，其尺寸还是小得多，所测参数也只能代表一定范围内的力学性质。因此，要取得整个工程岩体的力学参数，必须有一定数量试件的试验数据用统计方法求得。

岩体原位测试包括岩体变形测试、岩体强度试验、岩体应力测试及岩体现场简易测试等，本章主要介绍岩体应力测试及岩体现场简易测试。

一、岩体应力测试

岩体的应力测试，就是在不改变岩体原始应力条件的情况下，在岩体原始的位置进行应力量测的方法。岩体应力测试适用于无水、完整或较完整的均质岩体，分为表面、孔壁和孔底应力测试。一般是先测出岩体的应变值，再根据应变与应力的关系计算出应力值。测试的方法有应力解除法和应力恢复法。

本节主要介绍应力解除法，可采用孔壁应变法、孔径变形法和孔底应变法测求岩体空间应力和平面应力。

孔壁应变法、孔径变形法和孔底应变法的选用应根据岩体条件、设计对参数的需要、地区经验和测试方法的适用性等因素综合确定。

（一）测试原理

应力解除法的基本原理是岩体在应力作用下产生应变，当需测定岩体中某点的应力时，可将该点的单元岩体与其分离，使该点岩体上所受的应力解除，此时由应力作用产生的应变即相应恢复，应用一定的量测元件和仪器测出应力解除后的应变值，即可由应变与应力关系求得应力值。

(1)孔壁应变法测试采用孔壁应变计，量测套钻解除应力后钻孔孔壁的岩石应变，按弹性理论建立的应变与应力之间的关系式，求出岩体内某点的三向应力大小和方向。

该方法适用于无水、完整或较完整的岩体。

(2)孔径变形法测试采用孔径变形计，量测套钻解除应力后的钻孔孔径的变化，按弹性理论公式计算岩体内某点的垂直孔轴平面上的岩体应力。当需测求岩体空间应力时，应采用三个钻孔交会法测试。

该方法适用于完整或较完整的岩体。

(3)孔底应变法测试采用孔底应变计，量测套钻解除应力后的钻孔孔底岩面应变，按弹性理论公式计算出岩体内某点的平面应力大小和方向。如测求岩体内某点的三向应状态，应在同一平面内采用三个钻孔交会法测试。

该方法适用于无水、完整或较完整的岩体。

（二）测试要求

（1）测试岩体原始应力时，测点深度应超过应力扰动影响区；在地下洞室中进行测试时，测点深度应超过洞室直径的2倍。

（2）岩体应力测试技术要求应符合下列规定：

①在测点测段内，岩性应均一完整。

②测试孔壁、孔底应光滑、平整、干燥。

③稳定标准为连续三次读数（每隔10 min读一次）之差不超过5$\mu\varepsilon$。

④同一钻孔内的测试读数不应少于三次。

（3）岩芯应力解除后的围压试验应在24 h内进行；压力宜分5级～10级，最大压力应大于预估岩体最大主应力。

（三）资料整理

岩体原位应力测试成果资料整理应符合下列要求：

（1）根据测试成果计算岩体平面应力和空间应力，计算方法应符合现行国家标准《工程岩体试验方法标准》（GB/T 50266）的有关规定。

（2）根据岩芯解除应变值和解除深度，绘制解除过程曲线。

（3）根据围压试验资料，绘制压力与应变关系曲线，计算岩石弹性模量和泊松比。

二、岩体现场简易测试

（一）岩石点荷载强度试验

1. 基本原理

点荷载试验是将岩石试样置于两个球形圆锥状压板之间，对试样施加集中荷载，直至破坏，然后根据破坏荷载求得岩石的点荷载强度。

点荷载强度，可作为岩石强度分类及岩体风化分类的指标，也可用于评价岩石强度的各向异性程度，预估与之相关的其他强度如单轴抗压强度和抗拉强度等指标。

2. 试验仪器

（1）点荷载试验仪，如图3-3-26所示，它包括：

①加载系统，由手动油泵、承压框架，球端圆锥状压板组成。油泵出力一般约为50 kN；加载框架应有足够的刚度，要保证在最大破坏荷载反复作用下不产生永久性扭曲变形；球端圆锥状压板球面曲率半径为5 mm，圆锥的顶角为60°（图3-3-27），采用坚硬材料制成。

②油压表：量程约为10 MPa，其测量精度应保证达到破坏荷载读数（P）的2%，整个荷载测量系统应能抵抗液压冲击和振动，不受反复加载的影响。

③标距测量部分：采用0.2 mm刻度钢尺或位移传感器，应保证试样加荷点间的测量精度达±0.2 mm。

（2）卡尺或钢卷尺。

（3）地质锤。

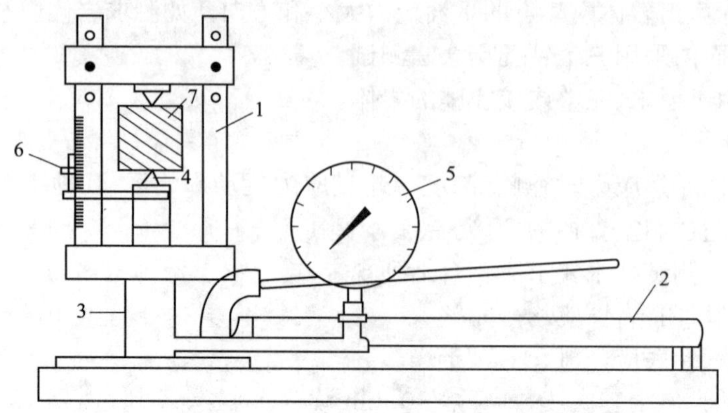

图 3-3-26 点荷载试验仪示意图

1—框架；2—手摇卧式油泵；3—千斤顶；4—球面压头(简称加荷锥)；5—油压表；6—游标卡尺；7—试样

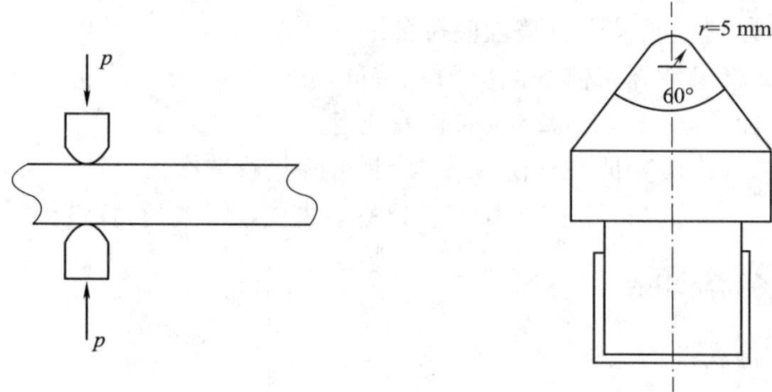

图 3-3-27 点荷载试验示意图

3. 试验步骤

(1)试件制备

在钻孔内或基岩露头上取小岩石样，加工试样尺寸应符合以下规定：

①径向岩心加载试验，岩心直径宜为 30～70 mm，长度应为试件直径的 1.4 倍。

②岩心轴向加载试验，岩心直径宜为 30～70 mm，长度应为试件直径的 0.5～1.4 倍。

③方块体试件或不规则块体试件，试件的最短边长宜为 30～80 mm，加荷点间距 D 与通过加载点的最小截面平均宽度 W_f 之比宜为 0.5～1.0，且加载点至自由端的距离 L 应大于 $0.5D$。

(2)试样描述

内容包括岩性、结构构造、结构面特征及与加力方向间关系和岩石风化程度等。

(3)试样安装

安装前先检查仪器上、下加荷锥头是否对中，然后将试件放入仪器中，压动油泵升起下锥头，使加荷锥头与试件的最短边方向平行且紧密接触，并注意让接触点尽量与试样中心重合。

(4)加荷

试样安装好后,调整压力表指针至零点,控制在10～60 s内均匀加荷至试件破坏,记下破坏时的压力表读数F。

(5)描述试件破坏特征

正常的破坏面应同时通过试件两加荷点,否则试验无效,应舍弃。有效试件描述内容包括破坏面形状及破碎程度(碎裂块数)。

(6)破坏面尺寸测量

尺寸测量包括上下加荷点间的距离D和垂直于加荷点连线的平均宽度W_f,求出破坏面面积A_f。

上下加荷点间的距离D的量测允许偏差应为±2%。岩心轴向试验中的试件纵截面宽度W、方块体试件及不规则块体试件的通过两加载点的最小截面平均宽度W_f,其量测允许偏差应为±5%。

(7)重复试验

重复步骤(3)～(6)对其余试件试验。

4. 资料整理与成果应用

(1)按下式计算试样破坏荷载

$$P=C\cdot F \tag{3-3-104}$$

式中 P——试样破坏时总荷载(N);

C——仪器标定系数(为千斤顶的活塞面积,mm^2),一般在各仪器的说明书都有该仪器的标定系数供参考;

F——试样破坏时的油压表读数(MPa)。

(2)试样的破坏面积按下式计算:

$$A_f=D\cdot W_f \tag{3-3-105}$$

式中 A_f——试样的破坏面面积(mm^2);

D——在试样破坏面上测量的两加荷点之间的距离(mm);

W_f——试样破坏面上垂直于加荷点连续的平均宽度(mm);

(3)岩心径向加载,岩心轴向加载、方块体及不规则块体加载试验,其等效岩心直径的平方值分别按下列公式计算:

$$D_e^2=D \tag{3-3-106}$$

$$D_e^2=4A_f/\pi \tag{3-3-107}$$

式中 D_e——等效岩心直径,为面积与破坏面面积相等的圆的直径(mm)。

其余符号同前。

(4)未经修正的岩石点荷载强度指数按下式计算:

$$I_s=P/D_e^2 \tag{3-3-108}$$

式中 I_s——试样点荷载强度(MPa),其余符号同前。

(5)岩石点荷载强度指数应换算成直径为50 mm标准试件的点荷载强度指数$I_{s(50)}$。$I_{s(50)}$可按下列公式进行计算:

$$I_{s(50)}=K_d\cdot I_s \tag{3-3-109}$$

$$K_d=\left(\frac{D_e}{50}\right)^m \tag{3-3-110}$$

式中 K_d——尺寸效应修正系数；

m——修正系数，可取 0.40～0.45，也可根据同类岩石的实测资料，通过在对数坐标图上绘制不同等效直径的 $P \sim D_e^2$ 关系图，并用作图法确定。

(6)点荷载强度试验，同组试验岩样数量不应少于 10 个。试验成果应为舍去最大、最小试验值后的算术平均值。

(7)点荷载强度试验不适用于砾岩和岩石饱和单轴抗压强度 R_c 不大于 5 MPa 的极软岩。

(二)岩体声波测试

(1)基本原理

当岩体受到振动、冲击或爆破作用时，将激发不同动力特性的应力波，根椐波动理论可以求得岩体的动力学参数。

(2)测线(点)选择与地质描述

在钻孔或地表露头上选择代表性测线和测点。测线应按直线布置，各向异性岩体应按平行与垂直主要结构面布置测线。相邻两测点的距离，可据声波激发方式确定，换能器激发为 1～3 m；电火花激发为 10～30 m，锤击激发应大于 3 m。

测点地质描述内容包括：岩石名称、颜色、矿物成分、结构构造、胶结物性质与风化程度；主要结构面产状、宽度、长度、粗糙程度和充填物性质及其与测线的关系等；提交测点平面展示图，剖面图及钻孔柱状图等图件。

(3)成果整理与应用

计算岩体的纵、横波速度、岩体动弹性参数及岩体的声学参数。

利用以上各种指标可以评价岩体的力学性质、岩体质量、风化程度及其各向异性特征。此外，还可以波速指标进行岩体风化分带、岩体分类和确定地下硐室围岩松弛带等。

第十一节 现场直接剪切试验

现场直剪试验可用于岩土体本身、岩土体沿软弱结构面和岩体与其他材料接触面的剪切试验，可分为岩土体试体在法向应力作用下沿剪切面剪切破坏的抗剪断试验，岩土体剪断后沿剪切面继续剪切的抗剪试验(摩擦试验)，法向应力为零时岩体剪切的抗切试验。

现场直剪试验，应根据现场工程地质条件，工程荷载特点，可能发生的剪切破坏模式、剪切面的位置和方向、剪切面的应力等条件，确定试验对象，选择相应的试验方法。

一、一般规定

现场直剪试验布置应符合下列规定：

(1)现场直剪试验可在试洞、试坑、探槽或大口径钻孔内进行。当剪切面水平或近于水平时，可采用平推法或斜推法(图 3-3-28)；当剪切面较陡时，可采用楔形体法(图 3-3-29)。

(2)同一组试验体的岩性应基本相同，受力状态应与岩土体在工程中的实际受力状态相近。

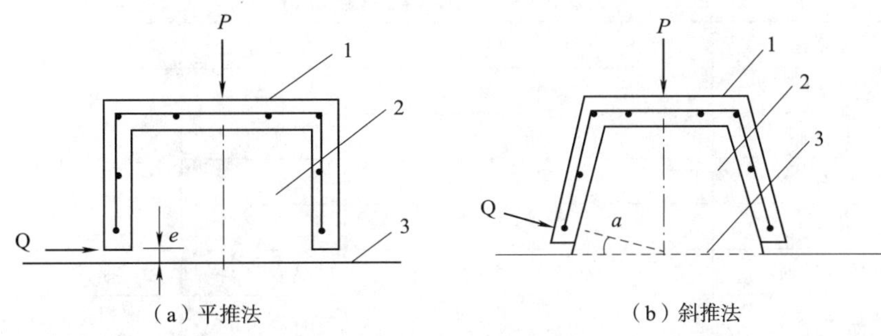

图 3-3-28　岩体直剪试验试体加固和受力示意图

1—钢筋混凝土保护罩；2—试体；3—软弱结构面或预定剪切面；

α—剪力作用线倾角；Q—剪力；P—垂直荷载；e—剪力偏距

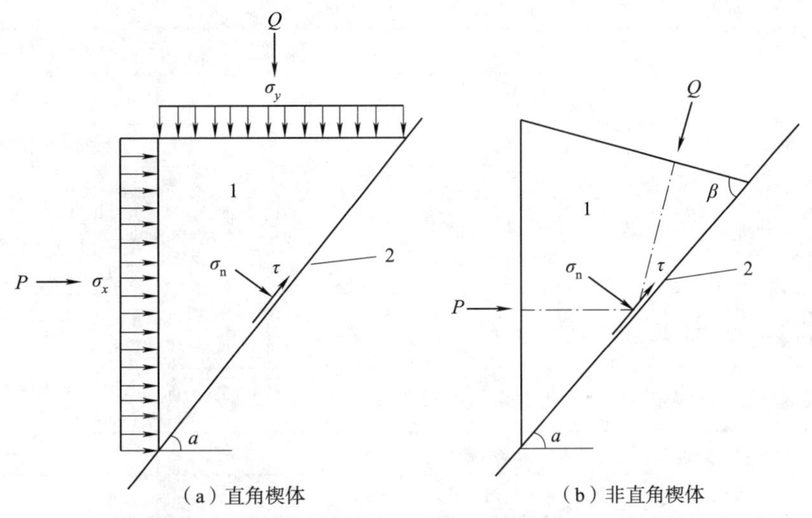

图 3-3-29　倾斜岩体软弱面直剪试验试体及受力示意图

1—楔形试体；2—岩体软弱面；σ_x，σ_y 和 P，Q—作用在试体上的应力和外力；

σ_n，τ—剪切面上的法向应力和剪应力；α—岩体软弱面倾角；β—非直角楔体顶面与岩体软弱面的交角

(3)每组岩体不宜少有 5 个。剪切面积不得小于 0.25 m^2，试体最小边长不宜小于 50 cm，高度不宜小于最小边长的 0.5 倍。试体之间的最小间距应大于最小边长的 1.5 倍。

(4)每组土体试验不宜少有 3 个。剪切面不宜小于 0.3 m^2，高度不宜小于 20 cm 或为最大粒径的 4 倍～8 倍，剪切面开缝应为最小粒径的 1/4～1/3。

(5)开挖试坑时应避免对试体的扰动和含水量的显著变化；在地下水以下试验时，应避免水压力和渗流对试验的影响。

二、试验设备

直剪试验设备包括试体制备、加载、传力、量测及其他配套设备。直剪试验设备应采用电测式和自动化仪器。直剪试验设备规格及数量可参照表 3-3-45 配置。

表 3-3-45 直剪试验仪器设备

类别	设备名称	规 格	数量	要 求
试体制备设备	手风钻	—	1套	符合试体尺寸要求
	切石机	—	1套	
	模具	—	1套	
	人工开挖工具	—	1套	
加载设备	液压千斤顶	500～3 000 kN	2台以上	行程 $s \geqslant 70$ mm
	液压枕	10～20 MPa	2台以上	面积视试体尺寸而定，应有足够行程
	油压泵	手摇式或电动式，最大压力 50～80 MPa	2～3台	用于对分离式千斤顶及液压枕供油
	标准压力表	6 MPa、10 MPa、20 MPa、40 MPa、60 MPa、100 MPa	1套	配合千斤顶或液压枕使用
	高压软管或紫铜管	承压能力 50～70 MPa	—	高压软管应配有快速接头
传力设备	传力柱	无缝钢管或厚壁管	1套	必须有足够的刚度和强度（整体式或拼装式；钢质或铝合金）
	钢垫板	A_3 或 45 号钢	1套	面积根据试体尺寸而定
	滚轴排	45 号钢	1～2套	面积根据试体尺寸而定，滚轴应具有较高的强度和硬度（宜用不锈钢），其直径公差为 0.05 mm
	钢索或钢质反力桁架等	根据试体面积垂直应力大小选用	1套	露天试验时做垂直荷载支撑用
量测设备	电感式千分表、百分表	量程大于 10 mm，精度 1% mm	≥6只	所有量表按估计最大变形和精度要求选用
	千分表	量程 1～5 mm，精度 0.1%mm	≥6只	—
	悬锤式引伸仪	量程 4～5 cm，精度 1% mm	4～6个	—
	磁性表座	磁力为 600 kN	≥10套	固定量表用
	万能表架	—	≥10套	固定量表用
	量表支架	12 号以上工字钢或槽钢，长度≥2 m	2根	固定磁性表座或万能表架，须具有足够的刚度
	测量标点	不锈钢、铜、有机玻璃	数量与百分表、千分表配套	表面要求平整光滑、且相互垂直

三、试验要点

（一）试体制备

1. 水平岩体软弱面、软质岩体直剪试验的试体制备应符合下列要求：

（1）在试体部位挖除表层松动岩石，形成平整岩面，定出剪切面积，再沿所定剪切面积周边将试体与周围岩石切开。

（2）具软弱面的岩体，应使软弱面处在预订的剪切部位。

（3）膨胀性岩体试体制备，应采取以下措施：切断地下水源；用水泥砂浆抹顶面，在其上施加一定的垂直荷载；在试体内埋设钢筋，对其施加锚固力（试验时，在施加垂直荷载后拆除)等。

(4)按图 3-3-28 在试体上浇筑钢筋混凝土保护罩,其底部应处在预定剪切面之上。

(5)应根据设计要求保持试体天然含水率或对试体浸水饱和。

(6)应按垂直、剪切和侧向位移测量要求,在试体上埋设测量标点。

(2)倾斜岩体软弱面试体制备成矩形或梯形有困难时,可按图 3-3-29 制备楔形试体。在探明倾斜岩体软弱面的部位和产状后,应按上一条有关要求制备试体。制备过程中,应采取措施,防止试体下滑。

(二)试验描述与记录

1. 试验前应对试体及所在试验地段进行描述与记录以下内容:

(1)岩石名称及岩性、风化破裂程度、岩体软弱面的成因、类型、产状、分布状况、连续性及所夹充填物的性状(厚度、颗粒组成、泥化程度和含水状态等)。

(2)在岩洞内应记录岩洞编号、位置、洞线走向、洞底高程、岩洞和试点的纵、横地质剖面。

(3)在露天或基坑内应记录试点位置、高程及周围的地形、地质情况。

(4)记录试验地段开挖情况和试体制备方法;试体编号、位置、剪切面尺寸和剪切方向;试验地段和试点部位地下水的类型、化学成分、活动规律和流量等。

2. 试验后应描述剪切面尺寸、剪切破坏形式、剪切面起伏差、擦痕的方向和长度、碎块分布状况、剪切面上充填物性质,并对剪切面拍照记录。

(三)试验设备安装

试验设备的安装应符合下列要求:

1. 整个垂直加荷系统应与剪切面垂直(可用水准尺或铅球吊线校核),垂直合力应通过剪切面中心。在露天场地试验时,垂直荷载的施加可采用锚杆(地脚螺丝)作反力装置。

2. 在安装水平千斤顶时,水平推力中心应通过预定的剪切面;难以满足此项要求时,其着力点距剪切面的距离应控制在试件边长(沿推力方向)的 5%以内,每次试验时应对这一距离进行记录。

3. 测量仪表的布置和安装:

(1)在试体两侧靠近剪切面的四个角点处,至少布置水平向和垂直向量表各 4 个,测量试体的绝对变形。量表支架应牢固地安放在变形影响范围之外的支点上。在测量绝对变形的同一标点上,用万能表架安装相对变形量表。

(2)根据需要,可在试体及其周围基岩面上,安装测量绝对位移或相对位移的量表。

(3)量表应注意防水、防潮。所有量表及标点应严格定向,初始读数应调整适当。

(四)试验技术要求

现场直剪试验的技术要求应符合下列规定:

(1)开挖试坑时应避免对试体的扰动和含水量的显著变化;在地下水位以下试验时,应避免水压力和渗流对试验的影响。

(2)施加的法向荷载、剪切荷载应位于剪切面、剪切缝的中心;或使法向荷载与剪切荷载的合力通过剪切面的中心,并保持法向荷载不变。

(3)最大法向荷载应大于设计荷载,并按等量分级;荷载精度应为试验最大荷载的±2%。

(4)每一试体的法向荷载可分 4 级～5 级施加；当法向变形达到相对稳定时，即可施加剪切荷载。

(5)每级剪切荷载按预估最大荷载 Q_{max} 的 8%～10%分级等量施加，或按法向荷载的 5%～10%分级等量施加；岩体按每 5～10 min，土体按每 30 s 施加一级剪切荷载。

(6)当剪切变形急剧增长或剪切变形达到试体尺寸的 1/10 时，可终止试验。

(7)根据剪切位移大于 10 mm 时的试验成果确定残余抗剪强度，需要时可沿剪切面继续进行摩擦试验。

(五)荷载预估和计算

1. 试体剪切前，应按下列公式预估最大荷载 Q_{max} 值，并使推力作用线通过剪切面中心：

矩形试体：
$$Q_{max}=(\sigma_n f+c)F \tag{3-3-111}$$

梯形试体：
$$Q_{max}=\frac{(\sigma_n f+c)F}{\cos\alpha} \tag{3-3-112}$$

直角楔体：
$$Q_{max}=(\sigma_n+\sigma_n f\tan\alpha+c\tan\alpha)F_y \tag{3-3-113}$$

非直角楔体：
$$Q_{max}=\frac{(\sigma_n f+c)\sin\alpha+\sigma_n\cos\alpha}{\cos(\alpha-\beta)}F \tag{3-3-114}$$

式中 f——预估的摩擦系数，$f=\tan\varphi$；

c——预估的黏聚力；

F——剪切面面积；

F_y——试体垂直面面积；

其余符号如图 3-3-28 及图 3-3-29 所示。

2. 使用斜推法的试体，在剪切过程中应同步扣减施加推力时在剪切面上所增加的垂直荷载。垂直荷载按下列公式计算：

(1)梯形试体：
$$p=\sigma_n-q\sin\alpha \tag{3-3-115}$$
$$Q=qF \tag{3-3-116}$$
$$p=pF \tag{3-3-117}$$

(2)直角楔体：
$$\sigma_x=\frac{\sigma_n-\sigma_y\cos^2\alpha}{\sin^2\alpha} \tag{3-3-118}$$
$$Q=\sigma_y F_y \tag{3-3-119}$$
$$P=\sigma_x F_x \tag{3-3-120}$$

(3)非直角楔体：
$$p=\frac{\sigma_n-q\cos\beta}{\sin\alpha} \tag{3-3-121}$$
$$Q=qF \tag{3-3-122}$$
$$P=pF \tag{3-3-123}$$

式中 q,p——作用在剪切面上的斜向单位推力和压力；

σ_y,σ_x——作用在试体水平面 F_y 和垂直面 F_x 上的单位推力和压力；

Q,P——作用于试体上的斜向推力和垂直荷载；

其他符号意义同前。

3. 试验前应按下列公式预估作用在剪切面上的最小法向应力 $\sigma_{\min}$：

(1)梯形试体：
$$\sigma_{\min}=\frac{c}{\cot\alpha-f} \tag{3-3-124}$$

(2)直角楔体：
$$\sigma_{\min}=\frac{c}{\tan\alpha-f} \tag{3-3-125}$$

(3)非直角楔体：
$$\sigma_{\min}=\frac{c}{\tan\beta-f} \tag{3-3-126}$$

四、资料整理与计算

(一)试体剪切面应力计算

试体剪切面应力应按下列公式计算：

1. 平推法的剪切面应力

法向应力：
$$\sigma_{n}=\frac{P}{F} \tag{3-3-127}$$

剪应力：
$$\tau=\frac{Q}{F} \tag{3-3-128}$$

2. 斜推法的剪切面应力

(1)梯形试体

法向应力：
$$\sigma_{n}=\frac{P+Q\sin\alpha}{F} \tag{3-3-129}$$

剪应力：
$$\tau=\frac{Q\cos\alpha}{F} \tag{3-3-130}$$

(2)直角楔体

法向应力：
$$\sigma_{n}=\sigma_{y}\cos^{2}\alpha+\sigma_{x}\sin^{2}\alpha \tag{3-3-131}$$

剪应力：
$$\tau=\frac{1}{2}(\sigma_{y}-\sigma_{x})\sin 2\alpha \tag{3-3-132}$$

(3)非直角楔体

法向应力：
$$\sigma_{n}=q\cos\beta+p\sin\alpha \tag{3-3-133}$$

剪应力：
$$\tau=q\sin\beta-p\cos\alpha \tag{3-3-134}$$

$$q=\frac{\sigma_{n}\cos\alpha}{\cos(\alpha-\beta)} \tag{3-3-135}$$

$$p=\frac{\sigma_{n}\sin\beta}{\cos(\alpha-\beta)} \tag{3-3-136}$$

(二)绘制剪切应力与剪切位移曲线

绘制剪切应力与剪切位移曲线应根据同一组试验结果，以剪应力为纵轴、剪切位移为横轴，绘制每一试验点的剪应力与剪切位移关系曲线(图 3-3-30)，从曲线上选取剪应力的峰值和残余值。

剪应力峰值也可根据剪应力与剪切位移关系曲线的线性比例界限、屈服点、屈服强度或剪切过程中垂直和侧向位移定出的剪胀点和剪胀强度选定。

(三)比例强度、屈服强度、峰值强度、残余强度的确定

1. 比例强度

比例强度(比例界限压力)定义为剪应力与剪切位移曲线直线段的末端相应的剪应

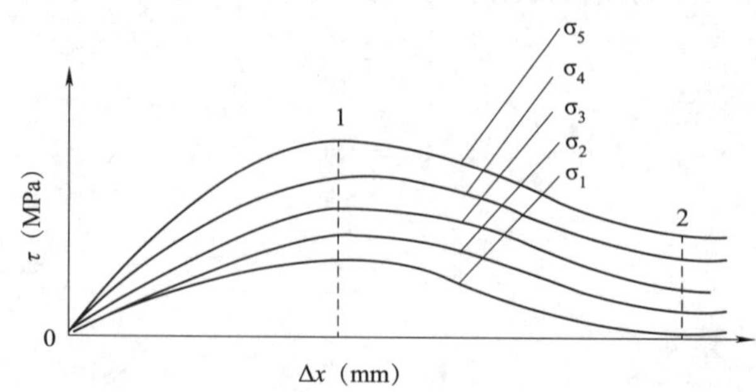

图 3-3-30 直剪试验剪切应力与剪切位移曲线

τ—剪应力；Δx—剪切位移；$\sigma_1,\sigma_2,\cdots,\sigma_5$—岩体软弱面或软弱岩体剪切面上的法向应力；

1，2—岩体软弱面或软弱岩体剪切面上的剪应力峰值和残余值的剪切位移

力，如图 3-3-31 所示中的 a 点。如直线段不明显，可采用一些辅助手段确定。

(1)用循环荷载方法，在比例强度前卸荷后的剪切位移基本恢复，过比例界限后则不然。

(2)利用试体以下基底岩土体的水平位移与试样的水平位移的关系判断，在比例界限之前，两者相近；过比例界限后，试样的水平位移大于基底岩土的水平位移。

(3)绘制 τ-$\Delta x(\tau)$曲线(τ-剪应力；Δx-剪切位移)，在比例界限之前，$\Delta x/\tau$ 变化极小；过比例界限后，Δx (τ)值增大加快。

2. 屈服强度

应力应变关系曲线过比例界限强度 a 点后开始偏离直线，随应力增大，应变开始增大较快，试体的体积由压缩转为膨胀，如图 3-3-31 所示中的 b 点值即为屈服强度。屈服强度可通过绘制试样的绝对剪切位移 Δx_A 与试样和基底间的相对位移 Δx_R 以及与剪应力的关系曲线来确定，如图 3-3-32 所示。在屈服强度之前，Δx_R 的增率小于 Δx_A，过屈服强度后，基底变形趋于零，则 Δx_A 与 Δx_R 的增率相等，其起始点为 A，剪应力 τ 与 Δx_A 曲线上的 A 点相应的剪应力即屈服强度。

3. 峰值强度

图 3-3-31 中 bc 段曲线斜率迅速减小，试体体积膨胀加速，变形随应力迅速增长，至 c 点应力达到最大值。相应于 c 点的应力值为峰值强度。

4. 残余强度

试体在破坏点 c 之后，并不是完全失去承载能力，而是保持较小的数值，即为残余强度，见图 3-3-31 中的 d 点。

(四)绘制法向应力与剪应力曲线

根据试验数据，应绘制法向应力与比例强度、屈服强度、峰值强度、残余强度的曲线，如图 3-3-33 所示。

(五)抗剪强度参数的确定

抗剪强度参数可按图解法或最小二乘法确定。

1. 图解法

根据试验结果(图 3-3-33 中曲线 1)对试验曲线作平均直线，使其尽可能接近试验点，

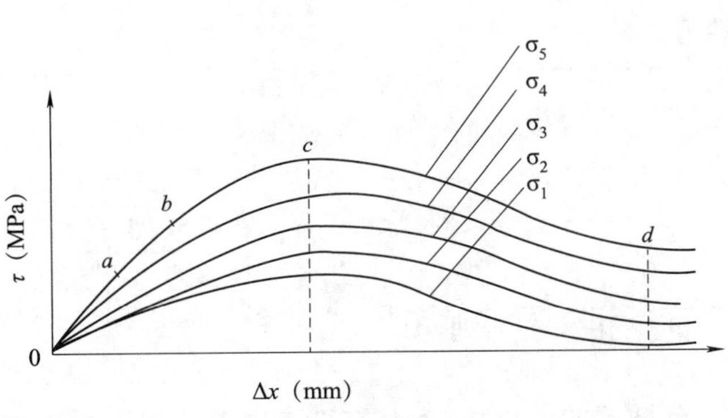

图 3-3-31　比例强度、屈服强度、峰值强度、残余强度

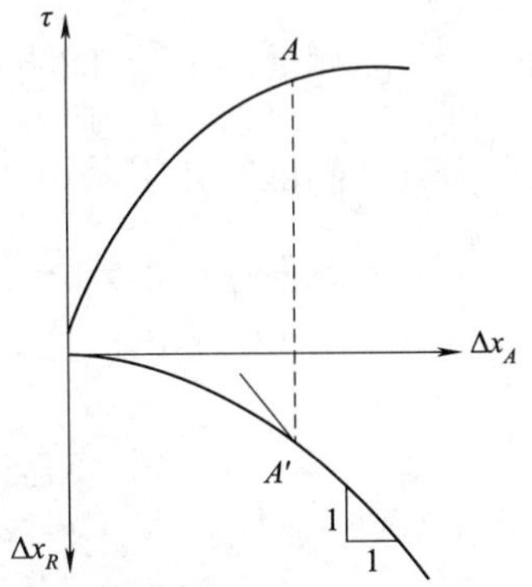

图 3-3-32　确定屈服强度的辅助方法

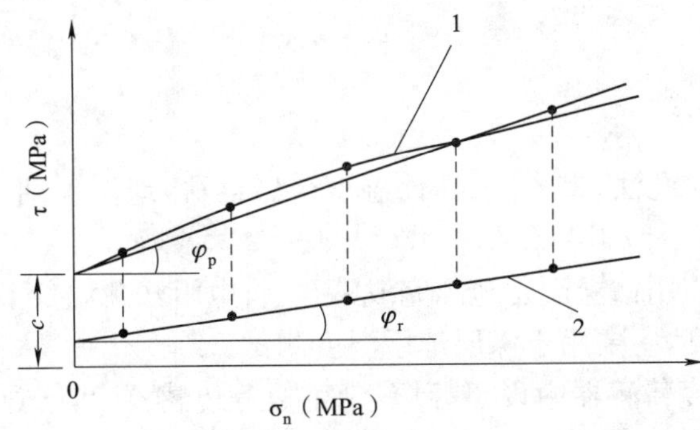

图 3-3-33　直剪试验法向应力与剪应力曲线

τ—剪应力；σ_n—法向应力；曲线 1 和曲线 2—岩体软弱面或软弱岩体剪切面上的剪应力峰值和残余值与法向应力关系曲线；φ_p，φ_r，c—摩擦角、残余摩擦角、黏聚力

个别离散性较大的试验点可予舍弃。由该直线的斜率和截距(在 σ_n-τ 坐标平面中)可定出摩擦系数($f=\tan\varphi$,φ 为内摩擦角或摩擦角)和黏聚力(c)。图解法是常用方法，但难免掺杂人为主观因素。

2. 最小二乘法

将试验所得数对(σ_{ni},τ_i)，按最小二乘原理计算 f 和 c：

$$f=\frac{n\sum_{i=1}^{n}\sigma_{ni}\tau_i-\sum_{i=1}^{n}\sigma_{ni}\sum_{i=1}^{n}\tau_i}{n\sum_{i=1}^{n}\sigma_{ni}^2-(\sum_{i=1}^{n}\sigma_{ni})^2} \tag{3-3-137}$$

$$c=\frac{\sum_{i=1}^{n}\sigma_{ni}^2\sum_{i=1}^{n}\tau_i-\sum_{i=1}^{n}\sigma_{ni}\sum_{i=1}^{n}\sigma_{ni}\tau_i}{n\sum_{i=1}^{n}\sigma_{ni}^2-(\sum_{i=1}^{n}\sigma_{ni})^2} \tag{3-3-138}$$

式中　σ_{ni}——第 i 次试验的法向应力；

τ_i——对应于 σ_{ni} 的抗剪强度。

为求得接近实际的强度参数，在计算 f 和 c 之前，宜按下式舍弃某些误差偏大的测值：

$$\bar{x}+3\sigma+3|m_0|<x<\bar{x}-3\sigma-3|m_0| \tag{3-3-139}$$

式中 $\bar{x}$——测值 σ_{ni} 或 τ_i 的算术平均值；

σ——测值的方根差，$\sigma=\sqrt{\sum_{i=1}^{n}(x_i-\bar{x})^2/n}$；

m_0——方根差的误差，$m_0=\sigma/\sqrt{n}$；

x——应予舍弃的测值。

第十二节 地 温 测 试

地温测试即采用温度测量设备量测地层的温度，该参数在城市轨道交通工程中主要用于地下通风与采暖设计、地下隧道冻结法施工设计计算及因地温引起的结构应力计算。

一、方法和设备要求

地温测试可采用钻孔法、贯入法、埋设温度传感器法，地温长期观测宜采用埋设温度传感器法。

(1)钻孔法：首先使用钻探设备施工完成钻孔，将电阻式井温仪下入钻孔中，通过测量钻孔水温确定土体温度，主要用于深层地层温度测试。

(2)贯入法：将温度传感器附设于静探、十字板等传感器上，通过贯入设备，在进行其他原位测试时同步完成；或直接将温度计贯入地表，测量地表一定深度范围内温度(一般不超过 1 m)。

(3)埋设温度传感器法：将地温量测传感器埋入钻孔中，进行地温长期观测。

地温测试所用的温度传感器应满足以下要求：

①温度传感器的测量范围宜为－20～100 ℃。

②测量误差不宜大于±0.5 ℃。

③温度传感器和读数仪使用前应进行校验。

二、试验要点

地温测试应满足以下要求：

(1)每个地下车站均宜进行地温测试，测试点宜布设在隧道上下各一倍洞径深度范围；发现有热源影响区域、采用冻结法施工或设计有特殊要求的部位应布置测试点。

(2)钻孔法测试应符合下列规定：

①钻孔深度应大于设计深度 5 m，孔底沉淀不得大 2 m；钻孔内易坍塌、不安全井段应采取保护措施。

②在钻孔中进行瞬态测温时，地下水位静止时间不宜小于 24 h；稳态测温时，地下水位静止时间不宜小于 5 d。

③重复测量应在观测后 8 h 内进行，两次测量误差不超过 0.5 ℃。

④深度记录的起点应与钻探深度起算点一致，测井深度的允许相对误差为±1%。

(3)贯入法测试时，温度传感器插入钻孔底的深度不应小于钻孔或套管直径的 3 倍～

5 倍；插入至测试深度后，至少应静止 5～10 min，方可开始观测。

(4)地温长期观测周期应根据当地气温变化确定。

三、资料整理

测试成果资料整理应符合以下要求：

(1)地温测试前应记录测试点气温、天气、日期、时间以及光线遮挡情况，钻孔法应记录地下水稳定水位。

(2)绘制地温随深度变化曲线图(图 3-3-34)，对照不同深度土性、孔隙比、含水量、饱和度及热物理指标变化情况；一年期测试结果宜绘制不同深度温度随时间变化曲线图。

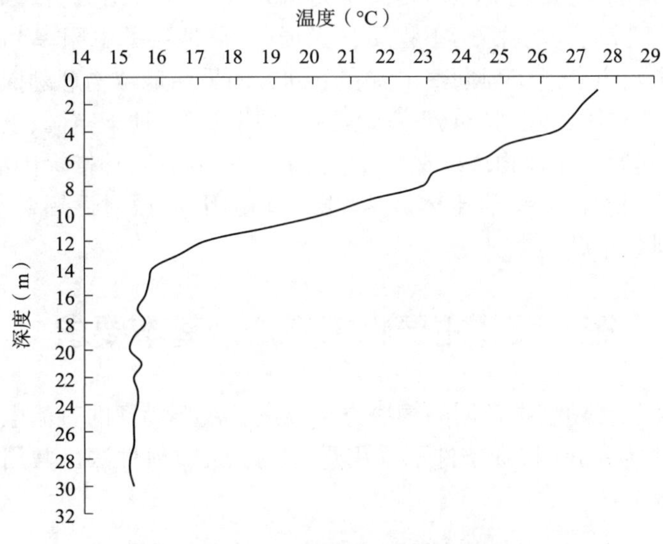

图 3-3-34　地温随深度变化曲线图

(3)不同气温条件下地层测温结果对比，推算地层稳态温度。

第四章　地球物理勘探

地球物理勘探，简称物探，是利用地球物理的原理、方法和专门的仪器，来探测地层、岩性、构造等地质问题和方法。而应用于工程地质、水文地质勘探和工程质量无损检测、物性参数测试等的勘探方法称为工程物理勘探，简称工程物探。

城市轨道交通工程勘察的物探工作主要用于区域性地质构造、断裂和岩溶等不良地质的探查、山岭隧道勘探、钻孔间地质信息加密以及由于钻探无法实现地段的探查、隧道超前地质预报、地下障碍物的探测、工程质量无损检测、地层的电阻率和波速值等物性参数的测试等。城市轨道交通工程勘察中宜在下列方面采用地球物理勘探：

(1)探测隐伏的地质界线、界面、不良地质体、地下管线、地下空洞、土洞、溶洞等。

(2)在钻孔之间增加地球物理勘探点，为钻探成果的内插、外推提供依据。

(3)测定沿线大地导电率、岩土体波速、岩土体电阻率、放射性辐射参数等，计算动弹性模量、动剪切模量、卓越周期。

第一节　主要物探方法及基本要求

城市轨道交通工程勘察中常用的物探方法以适宜浅层勘探的直流电法、电磁法、地震波法和井中测试法为主，在特殊条件下采用重力、磁法、放射性法。常用物探方法及其应用适用情况见表 3-4-1。

表 3-4-1　地球物理勘探方法应用范围及适用条件

<table>
<tr><th colspan="3">方法名称</th><th>利用参数</th><th>应用范围</th><th>适用条件</th></tr>
<tr><td rowspan="4">直流电法</td><td colspan="2">自然电场法</td><td>自然电位差</td><td>1. 测定浅层地下水流向；
2. 探测隐伏断层、破碎带</td><td>地下水埋藏较浅，流速足够大，并有一定的矿化度</td></tr>
<tr><td colspan="2">充电法</td><td>电位</td><td>1. 测定浅层地下水流向；
2. 探测地下洞穴、岩溶、采空区</td><td>含水层埋深小于 50 m，地下水流速大于 1 m/d；地下水矿化度微弱；覆盖层的电阻率均匀</td></tr>
<tr><td colspan="2">激发极化法</td><td>极化率衰减时
电阻率</td><td>1. 探测软弱地层、冻土层及砂砾石层；
2. 测定浅层地下水流向；
3. 探测地热及场地热源体；
4. 探测地下断层、裂隙、岩溶等</td><td>在测区内没有游散电流的干扰，存在激电效应差异</td></tr>
<tr><td>电阻率法</td><td>电测深法</td><td>电阻率</td><td>1. 探测隐伏断层、破碎带；
2. 探测地下洞穴、岩溶、采空区；
3. 探测地下或水下隐埋物体</td><td>被测岩层有足够厚度，岩层倾角小于 20°；相邻层电性差异显著，水平方向电性稳定；地形平缓</td></tr>
</table>

续上表

方法名称			利用参数	应用范围	适用条件
直流电法	电阻率法	电测剖面法	电阻率	1. 探测软弱地层、冻土层及砂砾石层； 2. 探测隐伏断层、破碎带； 3. 探测水源； 4. 确定岩层界限及倾向； 5. 隧道施工超前地质预报； 6. 探测衬砌壁厚、拱顶脱空	被测地质体有一定的宽度和长度，电性差异显著，电性界面倾角大于 30°；覆盖层薄，地形平缓
		高密度电阻率法	电阻率	1. 探测基岩埋深，划分松散沉积层序和基岩风化带； 2. 探测隐伏断层、破碎带； 3. 探测软弱地层、冻土层及砂砾石层； 4. 探测含水层分布； 5. 探测地热及场地热源体； 6. 探测水底地形、地层结构和水下障碍物、抛石、沉船、管线； 7. 探测地下洞穴、岩溶、采空区； 8. 探测地下或水下隐埋物体； 9. 探测文物古迹	被测地质体与围岩的电性差异显著，其上方没有极高阻或极低阻的屏蔽层；地形平缓，覆盖层薄
电磁法	频率测深法		导电性	1. 探测基岩埋深，划分松散沉积层序和基岩风化带； 2. 探测隐伏断层、破碎带； 3. 探测地下洞穴； 4. 探测河床水深及沉积泥沙厚度； 5. 探测地下或水下隐埋物体； 6. 探测地下管线	被测地质体与围岩电性差异显著；覆盖层的电阻率不能太低
	地质雷达法		介电常数	1. 探测基岩埋深，划分松散沉积层序和基岩风化带； 2. 探测隐伏断层、破碎带； 3. 探测地下洞穴； 4. 探测地下或水下隐埋物体； 5. 探测河床水深及沉积泥沙厚度； 6. 探测地下管线	被测地质体上方没有极低阻的屏蔽层和地下水的干扰；没有较强的电磁场源干扰
	瞬变电磁法		导电性	1. 探测隐伏断层、破碎带； 2. 探测地下洞穴； 3. 探测水下第四系厚度	被测地质体相对规模较大，且相对围岩呈低阻；其上方没有极低阻屏蔽层；没有外来电磁干扰
地震波法	折射波法		纵波速度、横波速度	1. 探测基岩埋深，划分松散沉积层序和基岩风化带； 2. 探测河床水深及沉积泥沙厚度	被测地层的波速应大于上覆盖层波速
	反射波法		纵波速度、横波速度	1. 探测基岩埋深，划分松散沉积层序和基岩风化带； 2. 探测隐伏断层、破碎带； 3. 探测地下洞穴； 4. 探测河床水深及沉积泥沙厚度； 5. 探测地下或水下隐埋物体； 6. 进行隧道超前地质预报	被测层与相邻地层有一定的波阻抗差异

续上表

方法名称			利用参数	应 用 范 围	适 用 条 件
地震波法		瑞雷波法	瑞雷波速度	1. 探测基岩埋深，划分松散沉积层序和基岩风化带； 2. 探测隐伏断层、破碎带； 3. 探测地下洞穴； 4. 探测地下管线	被测地层与相邻地层之间、不良地质体与围岩之间，存在明显的波速和波阻抗
地震波法		TSP 法 （弹性波反射法）	弹性波速度	1. 探测隧道掌子面前方地层界线； 2. 探测隧道掌子面前方断层、破碎带； 3. 探测隧道掌子面前方岩溶发育情况	被测地层与相邻地层之间、不良地质体与围岩之间，存在明显的波速和波阻抗差异
地震波法		微动勘探法	纵波、横波速度、面波速度	1. 探测隐伏断层、破碎带、地裂缝； 2. 探测土洞、溶洞、采空区； 3. 划分松散沉积层序及基岩风化带	无特殊要求
测井		电测井	电阻率	1. 区分岩性、划分地层界线； 2. 划分软弱夹层； 3. 划分含水层； 4. 探测破碎带； 5. 探测电阻率	无套管、清水洗孔
测井		声波测井	横波速度	1. 区分岩性、划分地层界线； 2. 探测破碎带； 3. 测定地层孔隙度	无套管、清水洗孔
测井		电磁波（雷达）测井	电阻率、介电常数	1. 划分地层； 2. 区分含水层； 3. 确定岩层中的裂隙、溶洞、松散层的位置等	无套管、孔壁光滑
测井	井间层析成像	井间电磁波层析成像（CT）法	导电性或导磁性	1. 探测岩溶洞穴； 2. 探测隐伏断层	差异显著
测井	井间层析成像	井间弹性波层析成像（CT）法	纵波、横波或声波速度	1. 探测土洞、溶洞、采空区； 2. 探测隐伏断层、破碎带； 3. 划分松散沉积层序及基岩风化带	被测地层或地质体与围岩之间存在显著的波速差异
测井		管波测井	管波	1. 探测桩基持力层完整性； 2. 探测岩溶分布	无套管、清水洗孔
测井		放射性测井	放射性物质含量、地层渗透性	1. 区分岩性、划分地层界线； 2. 划分软弱夹层； 3. 探测裂隙破碎带； 4. 测定放射性辐射参数	有无套管及井液均可
测井		电视测井	图像	1. 探测断裂、破碎带； 2. 探测节理、裂隙、层理、结构构面； 3. 探测软弱夹层； 4. 探测岩溶洞穴； 5. 检查灌浆质量、混凝土浇筑质量	无套管、清水钻孔

续上表

方法名称		利用参数	应用范围	适用条件
放射性测量法	伽玛测量法	伽玛含量	1. 圈定采空区范围； 2. 查找隐伏断裂构造、地下水源、放射性岩体； 3. 滑坡勘查及放射性环境评价	应避开扰动土、沼泽地、田埂和地下潜水面接近地表的地段；不适用于水域工作
	氡测量法	氡气含量	1. 放射性环境评价； 2. 查找隐伏断裂构造	应有表土层，厚度不宜小于 300 mm；不适用于水域工作
水域测深法	声纳浅地层剖面法	纵波速度	1. 探测水下地形； 2. 探测河床水深及泥沙厚度； 3. 进行水下地层覆盖层分层； 4. 探测地下或水下隐埋物体	被测体与相邻层之间应具有可产生水声反射的波阻抗差异；进行水下地层覆盖层分层时，被探测地层应有一定厚度且介质均匀、波速稳定
	水域地震法	纵波速度、横波速度	1. 探测水库、河道、湖泊或浅海区的水下地形； 2. 探测水下地层结构及分布特征、隐伏断裂构造等	被探测地层与相邻地层之间具有波阻抗差异；进行水下地层分层时，被探测地层应有一定厚度，且介质均匀、波速稳定；水深不宜小于 2.0 m

(1)采用地球物理勘探方法时，应具备以下条件：

①被探测对象与其周围介质间存在一定的物性(电性、弹性、磁性、密度、温度、放射性等)差异。

②被探测对象的几何尺寸与其埋藏深度或探测距离之比不应小于 1/10。

③能抑制各种干扰，区分有用信号和干扰信号。

(2)在应用地球物理勘探方法时，应进行方法的有效性试验；试验地段应选择在有对比资料，且具有代表性的地段。

(3)判释地球物理勘探资料时，应考虑其多解性。当需要时，应采用多种勘探手段，包括多种地球物理勘探方法，并应有一定数量的钻探验证孔，在相互印证的基础上，对资料进行综合判释。

(4)提交地球物理勘探解译成果图及解译报告内容、格式应满足设计要求，必要时还应交付地震时间剖面图、电阻率断面图等原始资料。

(5)地质条件复杂和存在多种干扰因素的线段宜开展综合物探，物探方法应根据地形、地质和物性特点合理选择。

第二节　直流电法

在自然界中，由于岩土的种类、成分、结构、湿度和温度等因素的不同，而具有不同的电学性质，存在电阻率差异和极化率差异。直流电法勘探是以这种电性差异为基础，利用仪器观测和研究与地质体有关的直流电场的分布特点和规律来解决某些地质问题的物探方法。直流电法利用的场源有天然的和人工的。利用天然场源的直流电法有自然电场法等。利用人工场源的直流电法包括有电阻率剖面法、电阻率测深法、充电法、直流激发极化法等。

一、自然电场法

自然电场法主要用于探测隐伏断层、破碎带和测定地下水流速、流向。

(一)基本原理

自然电场法是通过观测研究自然电场的分布规律,来解决地质问题的一种方法。由于自然电场电流强度小、电极极化等原因,测量电极需采用不极化电极。

(二)观测方法

自然电场法按其观测方法可分为电位法和梯度法。

1. 电位法

是测量相对于某一固定点电位的方法。使用一个固定电极和一个流动电极,将固定电极 N 布于测区内某一固定点上,用流动电极 M 沿测线移动。观测各 M 点相对于 N 点的电位值,如图 3-4-1 所示。

2. 梯度法

是测量相邻两个观测点电位梯度的方法。例如,观测地下水流向的 8 字形观测法就属于梯度法,如图 3-4-2 所示。以观测点 O 为中心,以固定的距离为直径顺序测量 M_1N_1,…,M_4N_4 诸点的电位差。用相应的径向长度对称地表示各个方向上电位差的大小成 8 字形,根据 8 字形的长轴方法和电位的符号可以确定地下水的流向。

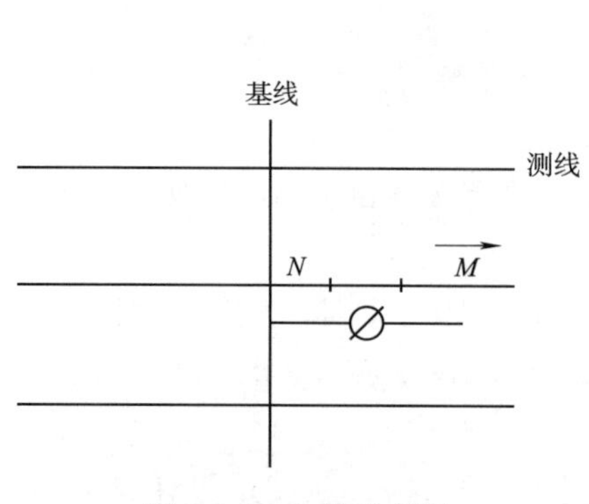

图 3-4-1 电位法观测

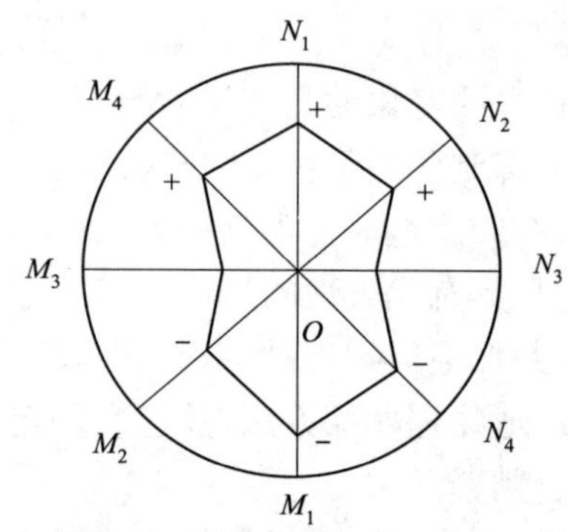

图 3-4-2 8 字形梯度观测法

当地下水埋藏较浅、流速足够大,并有一定矿化度时,能取得较好的效果。可利用此方法判定在岩溶、滑坡以下覆盖层下地下水沿断裂带活动的情况。

(三)工作布置及数据采集

(1)自然电场法宜采用电位法观测,大地电流干扰较强的地区可采用梯度法。采用梯度法时,MN 宜等于观测点距。

(2)自然电场法的基点设置和基点电位观测应符合下列规定:

①电位总基点应选择在自然电位平稳的正常场地段,并与分基点联测方便。

②分基点应选择在自然电场稳定、交通方便处。

③各基点之间的电位联测应在开工和完成测区总量的 50%时进行,两次观测的允许

绝对误差为 5 mV。

(3)自然电场法的电极安置应符合下列规定：

①成对不极化电极的极差开始工作时应小于 2 mV，在测完一条剖面后可小于 5 mV。

②电极应编号使用，电位测量时基点接 N 极，梯度测量时 M 极和 N 极的顺序不得颠倒。

③电极接地电阻小于 2 kΩ，并避免电极曝晒。

④电极在测点上埋设困难时，可沿垂直测线的方向移动，移动的距离应小于 1/5 点距。

(4)自然电位数据的质量应采用允许平均绝对误差评价。工点的平均绝对误差 δ 为 5 mV，按下式计算：

$$\delta=\frac{1}{n}\sum_{i=1}^{n}|A_i-A'_i| \tag{3-4-1}$$

式中　A_i——第 i 点原始观测值；

A'_i——第 i 点检查观测值；

n——检查点数。

(四)资料处理与解译

自然电场法应按任务要求编绘自然电场异常曲线图及推断解释中形成的成果图，成果图可分为曲线图、平面剖面图、平面等值线图、地质平面剖面解释图等。

二、充电法

充电法可用于探测地下洞穴和测定地下水流速、流向。

(一)基本原理

充电法是将一供电电极接于良导性的地质体上，另一极置于足够远处接地，以使该远极产生的电场对观测电场不产生影响。根据地面观测的电场分布性质(等位线的形状)分析出良导地质体的形状、大小和位置。

(二)观测方法

充电法的观测方法主要有电位法、梯度法和直接追索等位线法。

(1)电位法：将一测量电极 N 固定在离充电体足够远的正常场外，另一测量电极 M 沿测线逐点移动，观测其相对于 N 极的电位差 ΔV，同时观测供电电流 I，计算 $\Delta V/I$。

(2)梯度法：测量电极 M、N 保持一定距离沿测线逐点同时移动，观测其电位差 ΔV 和供电电流 I，计算 $\Delta V/(MN\cdot I)$。

(3)追索等位线法：在测区内直接追索充电电场的等位线，主要用于确定地下水的水位、流速和流向。

(三)工作布置及数据采集

(1)充电法的电极布置应符合下列规定：

①充电点应与被追踪的低阻体连通。

②无限远 B 极至测区的最短距离应大于测区对角线长度的 5 倍。

③电位测量时，固定 N 极应设在无限远 B 极的反方向。

(2)充电法的数据采集应符合下列规定：

①在观测电位差的前后应观测供电电流的强度。

②电位和梯度观测应单独进行，不得采用换算值。

③在梯度的零值点和电位的极大点，应进行重复观测和漏电检查。

④测量过程中M极和N极的顺序不得颠倒。

(3)充电法数据质量的允许相对均方误差ε为±5%，按下式计算：

$$\varepsilon=\pm\sqrt{\frac{\sum_{i=1}^{n}\delta_i^2}{2n}} \tag{3-4-2}$$

其中：

$$\delta_i=\frac{\rho_{si}-\rho'_{si}}{\frac{1}{2}(\rho_{si}+\rho'_{si})}\times100\% \tag{3-4-3}$$

式中 n——参与计算的检查点总数；

δ_i——第i点两次观测的相对误差；

ρ_{si}——第i点基本观测值；

ρ'_{si}——第i点检查观测值。

(四)资料处理与解释

资料处理与解译应符合下列要求：

(1)绘制的成果图可包括曲线图、平面等值线图、平面剖面图。

(2)测定地下水流速、流向时，应以等位线移动速度最大的方向确定地下水流向，并计算流速；需要地形改正时，应计算改正后的流速；流速V可按下列公式计算：

$$v=\frac{\Delta R}{\Delta t} \tag{3-4-4}$$

$$v_c=\frac{v}{\cos\beta} \tag{3-4-5}$$

式中 v——地下水流速(m/s)；

ΔR——相邻等位线位移的增量(m)；

Δt——增量ΔR相对应的时间间隔(s)；

v_c——地形改正后的地下水流速(m/s)；

β——流向方向等位圆线的地形视倾角(°)。

(3)探测低阻体时，应在确定异常后区分正常场和异常场，并根据绘制的平面剖面图推断其形态。

(4)探测渗漏时，可根据观测值异常推断可疑渗漏范围。

(五)充电法应用

1. 探测地下洞穴

用充电法测岩溶地区地下洞穴位置是在露头上接通供电电极A，置供电电极B于无限远处(消除电场影响)横穿地下洞穴，测其电位或电位梯度曲线，由电位曲线的极大值或电位梯度曲线极大、极小值之间的零值，即为地下洞穴在地面投影的位置，如图3-4-3所示。该方法一般适用于探测高电阻率的基岩(灰岩)中有充水的地下洞穴的位置，也可探测富水断裂带的位置。

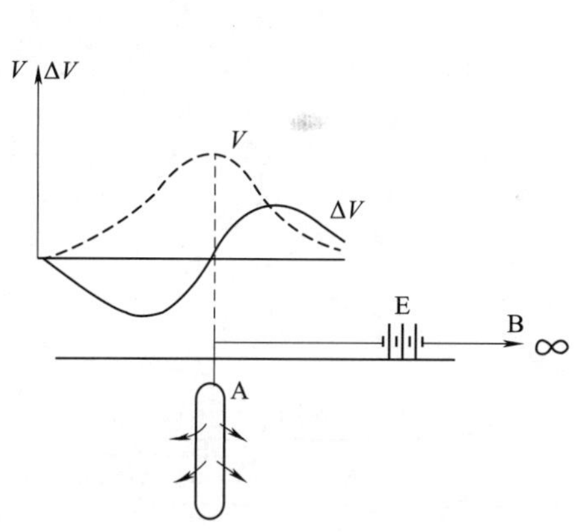

图 3-4-3 充电法探测地下洞穴

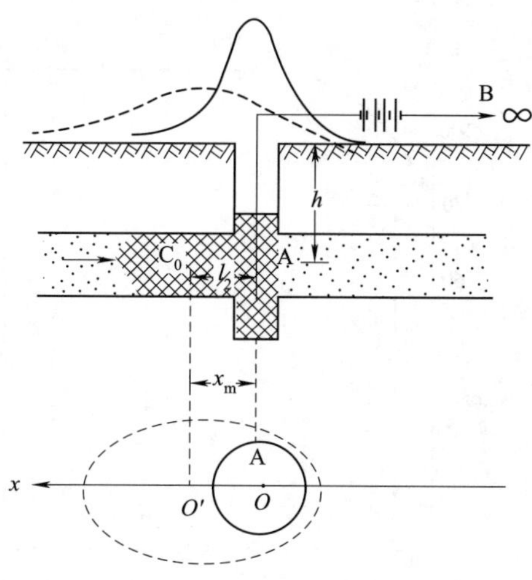

图 3-4-4 充电法测定地下水流速流向

2. 测定地下水流速、流向

将供电电极 A 放到井下含水层的位置，B 极放到距井口足够远(一般为 A 至井口距离的 20～50 倍)的任意方向上，N 极大致在地下水上游方向固定，其距井口的距离等于 A 极到地表的距离(井有套管时为 A 极到地表距离的 2～3 倍)。供电后地下水充电，地下水周围岩层中就分布着电场，以井口为中心呈放射状移动 M 极测量相同各点的电位，并连成等位线，这时等位线大致为圆形。然后向井中注入食盐水，再测量等电位线，则等电位线的移动方向即为地下水流向。中心点的移动速度为地下水水流速之半，如图 3-4-4 所示。

地下水流速按下式计算：

$$v=\frac{2x}{t} \tag{3-4-6}$$

式中 v——地下水流速(m/h)；

t——加盐后到测量时的间隔时间(h)；

x——等位线中心点的移动距离(m)。

用充电法测定地下水流速、流向的适用条件是：含水层深度小于 50 m，流速大于 1 m/d，地下水的矿化程度微弱($\rho>15\ \Omega\cdot\text{m}$)，围岩电阻率较大($\rho\geqslant 50\ \Omega\cdot\text{m}$)，且钻孔没有套管。

三、激发极化法

激发极化法可用于探测地下探测地下水，也可用于探测地下断层、裂隙、岩溶等。

(一)基本原理

在进行电阻率法工作时，通常将供电时，地下电场随时间的变化称为充电过程；断电时，电场随时间的衰减称为放电过程。地质体在充电和放电过程中，随时间缓慢变化的附加电场现象，称为激发极化效应，简称激电效应。激发极化法(简称激电法)就是以不同地质体激电效应的差异为基础，通过观测和研究大地激电效应，来探测地下地质情况的一种电法勘探方法。地质体的充、放电特性曲线如图 3-4-5 所示。

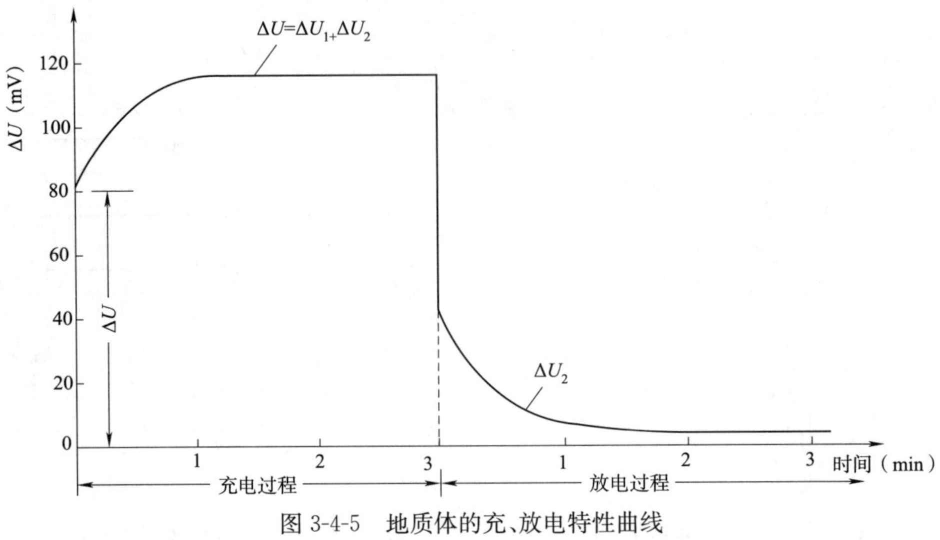

图 3-4-5 地质体的充、放电特性曲线

(二)激发极化法的分类

激发极化法可分为时间域激发极化法和频率域激发极化法。

时间域激发极化法：是研究地质体在稳定电流(或直流脉冲)激发作用下电场随时间变化的激电效应。

频率域激发极化法：将供电电源改为交流电源，并逐次改变所供交变电流的频率，观测在随频率变化(频率特性)的电场作用下地质体的激电效应。

(三)仪器要求

激发极化法可根据需要选择对称四极测深装置、各种剖面装置和充电装置。激发极化法的仪器技术指标应符合下列规定：

(1)极化率测量分辨率不低于 0.01%。

(2)延时与积分的时间可调、允许误差为±1%，采样宽度和迭加次数可调。

(3)具有单向长脉冲和双向短脉冲两种供电制式。

(四)工作布置与数据采集

(1)激发极化法的工作布置与数据采集应符合下列规定：

①激发极化法可按电测深法、电剖面法或充电法进行布置，测量电极应使用不极化电极。

②现场宜采用短导线方式，并通过试验了解工作区域的激电特征，确定供电周期、断电延时。

③成对不极化电极的极差开始工作时应小于 2 mV，在测完一条剖面后可小于 5 mV。

④电极接地电阻小于 2 kΩ，并避免电极暴晒。

⑤电极在测点上埋设困难时，可沿垂直测线的方向移动，移动的距离应小于 1/5 点距。

⑥采用对称四极测深装置时，每隔一个极距应观测一次干扰电位差，其数值不得大于二次场电位差的 10%。

⑦二次场电位差应大于 1 mV。

⑧采用联合剖面装置时，两个三极装置不得同时测量。

⑨衰减时法的供电电流和供电时间应通过计算和试验确定。

(2)激发极化法数据质量的允许相对均方误差 ε 为±10%，采用测深装置时按式(3-4-2)和式(3-4-3)计算，采用剖面装置时按式(3-4-7)计算。

$$M=\pm\sqrt{\frac{\sum_{i=1}^{n}\varepsilon_i^2}{n}} \tag{3-4-7}$$

式中　ε_i——单个电测深点的相对均方误差；

n——参与计算的电测深点数。

(五)资料处理与解释

(1)成果图应主要包括实际材料图、各参数等值线断面图、平面剖面图、测深曲线、平面剖面地质解释图等。

(2)资料解释时应以电性异常为基础，结合其他有关资料做出综合推断；找水时，可依据半衰时等多个参数的探测结果，评价富水性。

四、电阻率测深法

电测深法可用于划分地层，探查地下断层、裂隙发育带、岩溶、采空区和富水区，测定场地地下不同深度岩土层视电阻率参数。

(一)基本原理

电阻率测深法亦可称为“电阻率垂向测深法”，或简称为“电测深法”。是在地表以某一点(即测深点)为中心，用不同供电极距测量不同深度岩层的 ρ_s 值，以获得该点处地质断面的方法。若测深点按勘探线布置时，可得出地质横断面情况。

(二)电测深法的种类

根据电极的排列方式(极距装置形式)不同，电测深法可分为对称四极、三极、偶极及环形电测深法，如图 3-4-6 所示。在实际工作中常用的为对称四极电测深法。

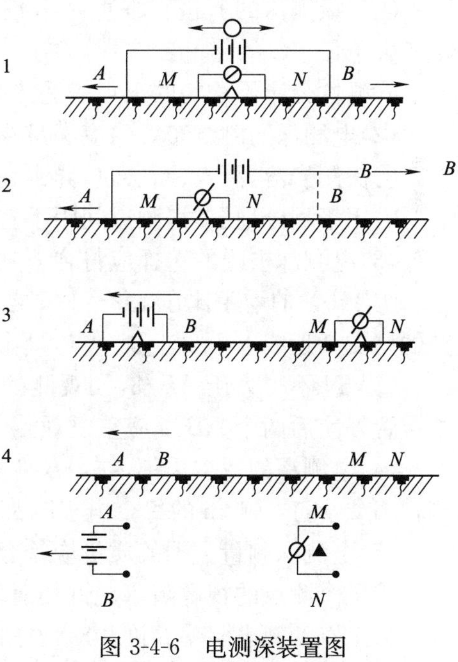

图 3-4-6　电测深装置图

1—对称四极测深；2—三极测深；3—轴向偶极测深；4—赤道偶极测深

1. 对称四极电测深法

在这种方法中，供电电极 A、B 分别位于测量电极 M、N 两侧，并对中点(即 O 点)保持对称，各电极基本上排列成一条直线。测量时测量电极距 MN 保持不动(当供电电极距 AB 增大到以致 MN 之间的电位差减少到不便于准确读数时，MN 可按规定要求增大)，对称式增大 AB，每移动一次 AB 测得一次 ρ_s 值，或 AB 和 MN 按一定比值同时增大，测量 ρ_s 值。

2. 三极电测深法

由于地形、地物等条件阻碍，对称四极电测深法不能工作时，可采用三极电测深法。其电极布置形式为 A←MN→B(∞)，即事先将 B 极放到无限远处(使 MN 间实际上不产生电位差的地方),或放在 MN 的中垂线上,其离开中心点的距离 $BO \geqslant (3\sim5)AO$ 处,或将 B 极沿 AMN 方向放到 $BO \geqslant 10AO$ 处,测量时仅移动 A 极。

三极电测深法的曲线类型和解释原理同对称四极电测深法。

3. 偶极电测深法

分为轴向偶极测深和赤道偶极测深。轴向偶极测深是 $ABMN$ 布置在一条直线上,MN 布置在 AB 一侧,测量时 AB 间距不变,移动 AB。赤道偶极测深是 AB 和 MN 平行排列,测量时 AB 间距不变,平行移动 AB。该法也是在有地形、地物障碍,AB 极距拉不开时采用。

4. 环形电测深法

装置形式仍为对称四极装置,所不同的是在一个测深点上进行几个方向(一般为四个方向)的测量,以了解同一地点不同方向上的岩性变化,如节理组发育方向等。将各方向上同一 AB 极距所测得的 ρ_s 值,用同一比例绘制平面图,当岩层各向均质时,为一些同心圆;当在某方向岩性有差异时,则为一些椭圆。

(三)工作布置与数据采集

(1)电测深的观测装置布置应符合下列规定:

①采用对称四极装置,因地形条件无法采用对称四极装置时,可采用三极装置形式。

②装置方向应根据测区的地形、地质、地电条件确定,同一电性单元内宜保持一致。

③装置方向的地形起伏不宜大于 15°。

④三极测深的 B 极宜垂直 AO,且 OB 大于最大 AO 的 5 倍;OB 与 AO 平行时,OB 的距离大于最 AO 的 10 倍。

⑤电性分布不均匀的工点应适当布置十字测深或多方向的三极测深。

(2)电测深的测线布置除应满足物探布置一般要求外,还应符合下列规定:

①探测岩溶、洞穴、断层时,异常在三个相邻测点上应有清晰反映。

②用于划分地层时,测点间距不宜小于探测对象埋深的一半。

(3)电测深极距的选择应符合下列规定:

①$AB/2$ 的增距比在 1.2~1.5 之间,最大 $AB/2$ 应满足最后一层的解释需要;45°上升的尾支渐近线上不少于 3 个点,最小 $AB/2$ 能反映曲线的首支渐近线。

②MN 不得大于 $AB/3$,当观测的电位差小于 0.3 mV 时,应更换 MN;更换时,除温纳装置外前后两个 $AB/2$ 应重复观测。

(4)电测深的数据采集,在 $AB/2$ 小于 100 m 时,每隔 3~5 个电极距应进行重复观测,$AB/2$ 大于 100 m 的每个电极距都应进行重复观测。

(5)电测深测量数据的质量应符合下列规定:

①单个测点的视电阻率允许相对均方误差 ε 为±5%,按式(3-4-2)计算。

②工点的视电阻率允许相对均方误差 M 为±5%,按式(3-4-7)计算。

(四)资料处理与解释

(1)绘制 ρ_s- $AB/2$ 的关系曲线:按供电极距不同所测得的 ρ_s 值,在采用 62.5 mm 模数的双对数坐标纸上绘制 ρ_s- $AB/2$ 的关系曲线。其类型见表 3-4-2。

①曲线出现畸变时,应对畸变点和前后的电极距重复观测或在畸变点前后增加观测点;若畸变无法消除时,应查明原因或加密测点。

②曲线出现不正常脱节时，应改变 MN、变更装置方向或测点位置重新测量。

表 3-4-2　电测深曲线类型表

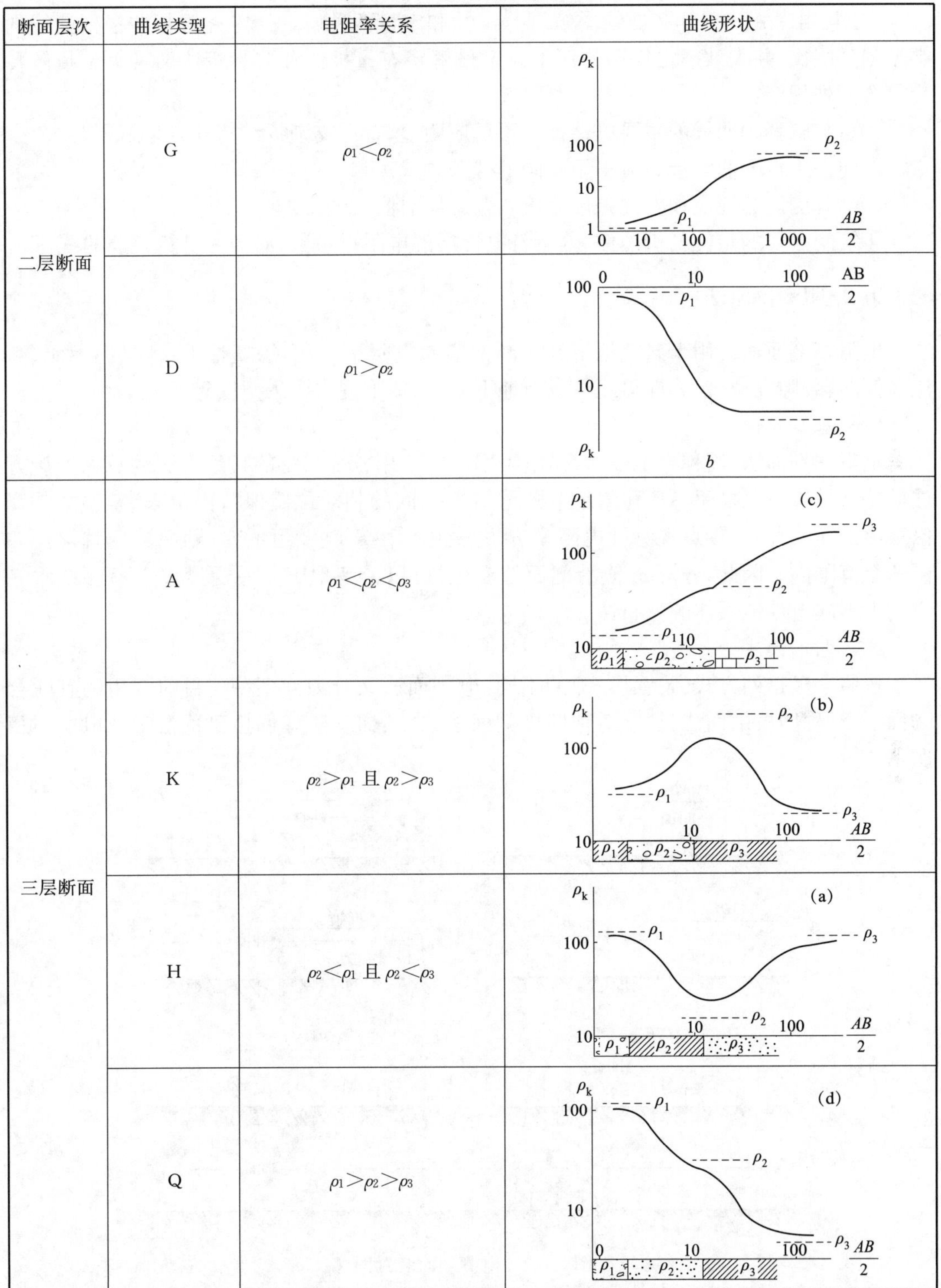

断面层次	曲线类型	电阻率关系	曲线形状
二层断面	G	$\rho_1<\rho_2$	
	D	$\rho_1>\rho_2$	
三层断面	A	$\rho_1<\rho_2<\rho_3$	
	K	$\rho_2>\rho_1$ 且 $\rho_2>\rho_3$	
	H	$\rho_2<\rho_1$ 且 $\rho_2<\rho_3$	
	Q	$\rho_1>\rho_2>\rho_3$	

注：ρ_1，ρ_2，ρ_3——地表向下的第一、第二、第三层的电阻率。

表列类型是常见的曲线类型，在实际工作中，还会遇到四层或更多层的断面类型，如四层断面类型 HA、HK、KH、KQ、AA、AK、QH 和 QQ 等。

(2)电测深 ρ_s— $AB/2$ 曲线的解释分定性和定量两种解释。定性解释即根据曲线的类型划分层次，并大致确定每层的深度。定量解释有量板法和非量板法两种。定量解释应符合下列规定：

①参与解释的曲线的主要电性标志层反应明显，首尾支渐近线符合定量解释要求。

②同一工点的曲线接头应采用相同的处理方式。

③结合测区的地质和电性条件分析装置方向对曲线的影响。

④绘制必要的定性分析图件，分析各电性层的电阻率参数，必要时计算正演曲线。

五、电阻率剖面法

电阻率剖面法可用于研究地下地电断面横向电阻率变化，探查地下富水区、溶洞、断层及倾向、裂隙发育带、岩性界线等以及地下管线、地下洞穴或采空区等。

(一)基本原理

电阻率剖面法(简称电剖面法)是电阻率法中应用较为广泛的一组方法的总称。该方法的特点是供电电极距 AB 和测量电极距 MN 之间的相对位置保持固定不变，整个装置沿观测剖面线移动，逐点观测视电阻率 ρ_s 的变化。由于电极距不变，勘探深度就保持在同一个范围内。因此，分析 ρ_s 值沿剖面的变化，可以了解地下某一深度以上沿测线水平方向上不同电性地质体的分布情况。

(二)电剖面法的种类

按照电极排列方式(装置形式)的不同，电剖面法又分为许多种。目前常用的有联合剖面法、对称四极剖面法、复合对称四极剖面法、中间梯度法和偶极剖面法等，如图 3-4-7 所示。

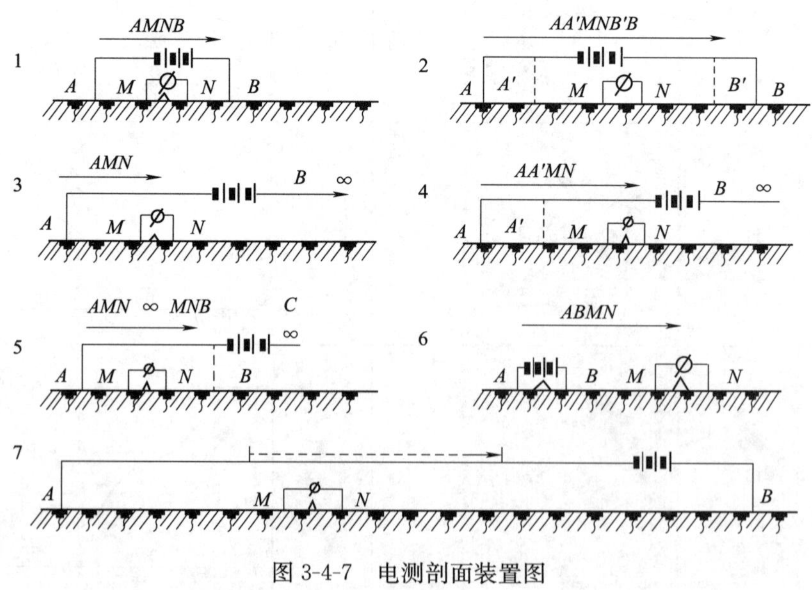

图 3-4-7 电测剖面装置图

1—对称四极剖面；2—复合对称四极剖面；3—三极剖面；4—复合三极剖面；5—联合剖面；6—偶极剖面；7—中间梯度剖面

(三)工作布置及数据采集

(1)电剖面法的测线布置除满足一般要求外,还应符合下列规定:

①反映单个异常的测点不少于3个。

②不少于3条测线通过所要研究的异常。

(2)电剖面法的装置类型和装置长度应根据探测要求、地电条件、地形特征和试验效果,配合适当数量的电测深确定,并应符合下列规定:

①对称四极剖面法的 AB 为探测对象顶部埋深的4～6倍,MN 不大于探测对象的顶部埋深且小于 $AB/3$。

②联合剖面法的 AO 大于探测对象顶部埋深的3倍,OB 的距离大于最 AO 的10倍,$MN/2$ 小于 $AO/3$。

③中间梯度剖面法的测量区间应位于 $AB/3$ 的中段范围内,MN 宜等于点距或点距的两倍,移动 AB 时应有两个以上的测点重叠。

④偶极剖面法的 OO' 应大于探测对象顶部埋深的3倍,供电偶极子和测量极子的长度应相等且远小于 OO'。

⑤采用两个以上供电极距的复合电测剖面装置时,相邻两装置的 $AB/2$ 或 OO' 的比值应为1.5～2.0,$MN/2$ 或偶极子的长度不应改变。

⑥电剖面法各电极接地位置偏离测的距离应小于 $MN/10$,困难条件下供电电极偏离测线的距离可到 $AB/20$。

(3)电剖面法数据质量和误差的计算要求与电测深法一致。

(四)资料处理与解译

(1)成果图件应包括地电断面图、平面等值线图、平面剖面图、剖面地质解释图。

(2)解释应结合相关资料划分异常或异常带,推断异常性质,确定异常的平面位置;根据相关资料条件,可推断异常的埋深、规模。

六、高密度电阻率法

高密度电阻率法可用于城市地质灾害调查、工程选址、地下断层定位、地下水勘探、堤坝隐患探测、地下污染范围的圈定等。

(一)基本原理

高密度电阻率法实际上是集中了多个深度电剖面和密集的电测深于一体的一种技术方法,其原理与电阻率法相同,所不同的是在观测中设置了较高密度的观测点,在测量方法和仪器上采取了一些措施,使得数据采集精度高、抗干扰性能强,从而获得丰富地质信息。该方法不仅能提供勘探地质体在某一深度沿水平方向的变化,而且也能反映地质体在铅垂方向不同深度的变化特征,同时可采用多种参数综合解释,弥补了常规电阻率法测点稀、解释单一的不足。

(二)仪器要求

高密度电阻率仪的基本原理与常规电阻率仪大致相同,不同的是它增设了数据采集系统,主要包括多电位电极系、电极转换装置和增强型数字电阻率仪。在电极装置的选择上采用电位电极系,可获得多种常规电阻率法的视电阻率分布,同时对多种电极装置做某些组合排列,可得到电阻率异常的组合拟断面图。

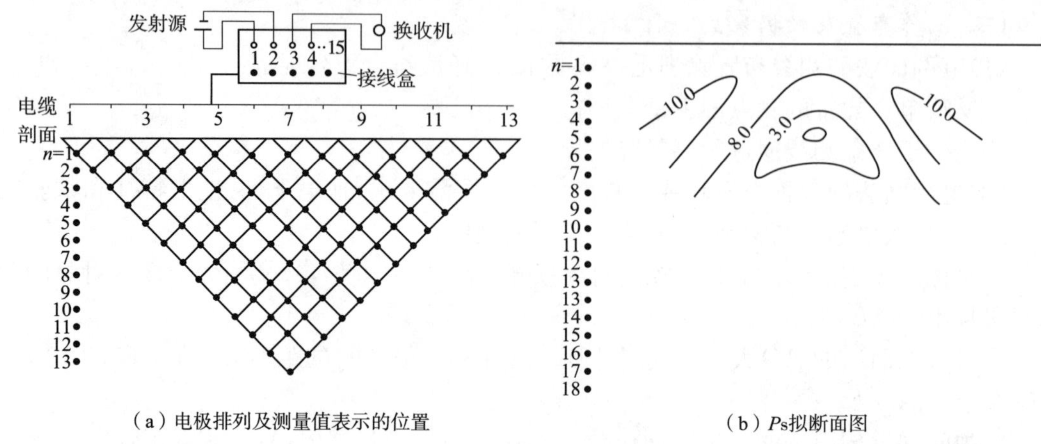

（a）电极排列及测量值表示的位置

（b）Ps拟断面图

图 3-4-8 工作示意和拟断面图

实际工作时，要根据地形、已知地质资料及探测目的规模，选择适当的电极距；按选取的电极距，等距离布置电极。

（三）工作布置及数据采集

（1）高密度电阻率法的观测装置应符合下列规定：

①装置长度宜大于勘探对象埋深的 4 倍，极距应根据被勘探对象的大小和埋深确定。

②沿测线连续观测时，每次移动的距离应保证勘探深度范围内的数据连续。

③测线端点应超过测区两端各 1/3 装置长度。

（2）高密度电阻率法的数据采集应符合下列规定：

①采用温纳、偶极、梯度等多种装置观测时，不得采用相互换算的数据作为观测数据。

②采用极化较小的同一种电极测量。

③现场应在极化稳定和建立恒稳电流场后，测试供电方波周期和确定滤波器截止频率；遇强电干扰时，应加大供电电流提高信噪比。

④宜采用正负交替的供电方式供电。

（3）高密度电阻率法的数据质量和误差的计算与电测深法一致。

（四）资料处理与解译

（1）资料处理应符合下列规定：

①数据预处理时可进行数据平滑、滤波处理。

②建立初始模型时，可采用伪剖面法、反投影法。

③反演成像时，应将正演获得的理论值与相应的实测值相减获得残差值，再利用反演计算获得电阻率的分布。

④资料分析应符合下列规定：

a. 剖面分析时，应根据单个成像剖面资料，分析确定出剖面中的电性结构。

b. 对比分析时，应根据不同成像剖面资料对比，分析确定剖面中规模基本相同或相似的电性结构。

c. 应在分析确定电性结构基础上，结合其他有关资料综合推断电性异常。

（2）资料解释应符合下列规定：

①成果图应主要包括电阻率断面图、平面剖面图、平面剖面地质解释图。

②有钻孔资料的测段，应结合地层电性资料对反演计算进行约束。

③地质条件复杂时，可通过钻孔电阻率测试，校核高密度电阻率法测试结果。

④应结合其他相关资料，识别判定电阻率断面图的假异常。

第三节 电 磁 法

电磁感应法是以地质体的导电性、介电性与导磁性的差异为物质基础，根据电磁感应原理观测和研究电磁空间与时间分布规律，从而寻找地下良导体或解决其他地质问题的一种物探方法，简称电磁法。

电磁法主要包括频率测深法、瞬变电磁法（TEM）、可控源音频大地电磁测深法（CSAMT）、地质雷达法（GPR）、跨孔电磁波层析成像（CT）法、电磁剖面法等，本节主要介绍在城市轨道交通工程勘察中常用的几种电磁法勘探。

一、频率测深法

频率测深法可用于探测地下岩溶、洞穴、采空区，寻找地下水，测定地层电阻率，探测基底起伏和构造形态、产状及断裂展布，判定岩性分布。

（一）基本原理

频率测深法是通过改变人工电磁场的频率来控制探测深度，查明岩层电阻率随深度的变化情况，借以判释地层分布及地质构造的一种物探方法。

使用人工电磁场作为场源，当电磁场从发射源以电磁波形式向地下传播时，其场强随深度增加而衰减。当深度为 $0.5\lambda_1$ 时（λ_1 为电磁波在岩石中传播的波长），电流密度只有地表的百分之几。当电磁波信号衰减到原来的37%时的深度，称为有效穿透深度 Z，$Z=\frac{\lambda_1}{2\pi}$。在均匀半空间中 $\lambda_1=\sqrt{10\rho_1/f}$（km），$Z_1=503.3\sqrt{\rho_1/f}$（m）。若地层电阻率 ρ_1 为常量，那么只要改变电磁波的频率 f，就可以改变电磁波的波长和穿透深度。当采用合适的收、发距 r 并将其大小固定后（一般取6～8倍地质体埋深），人工控制场源，改变发射频率，向地下发送由高频到低频的电磁波。高频电磁波衰减快、穿透深度浅，只能反映浅层地电断面的特点；低频电磁波衰减慢、穿透深度大，可以反映较深层地电断面的特点。这样通过定距变频的方法便可达到探测不同深度地电断面的目的。

（二）装置要求

1. 装置类型

采用电偶极源的装置主要有 AB-MN（$\theta=90°$为赤道偶极，$\theta=0°$为轴向偶极）和 AB-s；磁偶极源的装置主要有 S-MN 和 S-s 装置（S 表示发射线圈，s 表示接收线圈）。

2. 装置大小的选择

最佳收、发距为探测深度的3～5倍，即：$r_{佳}=(3\sim5)H$。电极距 AB 和 MN 的距离按下式选择：$AB=H=r/4$，$MN=AB/2$。

（三）工作布置与数据采集

（1）现场工作布置应符合下列规定：

①场源、测线、测点应远离干扰源；因电磁测深数据异常或失去连续性，应加密测点。

②单场源电偶极宜平行于测线布置，方向误差应小于5°。

③测线线距及测点点距应符合异常分辨率要求。

④磁偶极应平放，电偶极的接地电阻不应大于200 Ω，或供电电流不得小于10 A。

(2)数据采集应符合下列规定：

①观测前的测试宜包括噪声测试、增益测试、电极比较、极性比较等。

②可控源频率电磁测深法可以选择标量、矢量或张量测量方式。

③同一测点上电磁场的观测需连续进行，应选择干扰背景比较平静的时间记录。

④观测中宜采用全频段采集，最低频率能够满足探测深度要求。

⑤观测过程中，应根据信号的强度大小，实时调整增益大小。

⑥观测时应实时监视各道变化，发现记录道反向、饱和、干扰严重时，应及时补测。

⑦应实时监视分析视电阻率、相位曲线质量，不符合要求时应重测。

(四)资料处理与解释

(1)绘制电阻率、视相位断面图，视纵向电导率断面图及平面图。根据图形各参数的分布特点对岩层的地质现象进行定性解释。

(2)结合地质资料，通过正、反演计算，求取地质体的参数(厚度、深度和电阻率等)，进行定量解释。

二、地质雷达法

探地雷达法可用于隧道、硐室衬砌质量检测，也可用于隧道施工超前预报、地下洞穴探测等。

(一)基本原理

地质雷达法(GPR)是利用高频电磁脉冲波的反射，来探测目的体及地质界面的一种物探方法。

地质雷达是利用高频电磁波(主频一般为12.5～1 200 MHz)以宽频带短脉冲(脉冲宽一般为0.1 ns)形式，由地面通过天线T送入地下，经地下地层或目的体反射后返回地面，为另一天线R所接收，根据接收到的回波来判断反射界面的存在，如图3-4-9，图3-4-10所示。

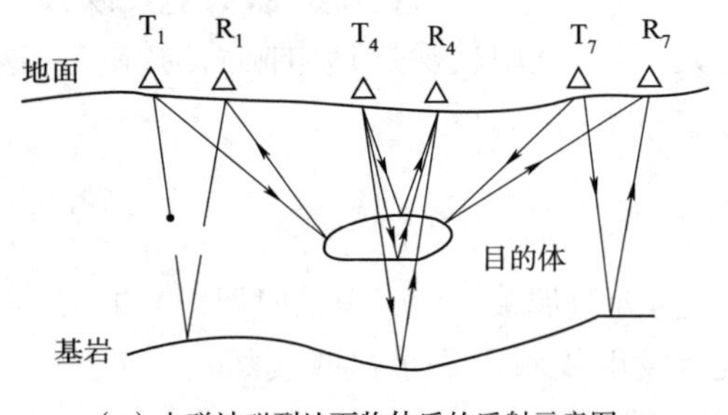

(a) 电磁波碰到地下物体后的反射示意图

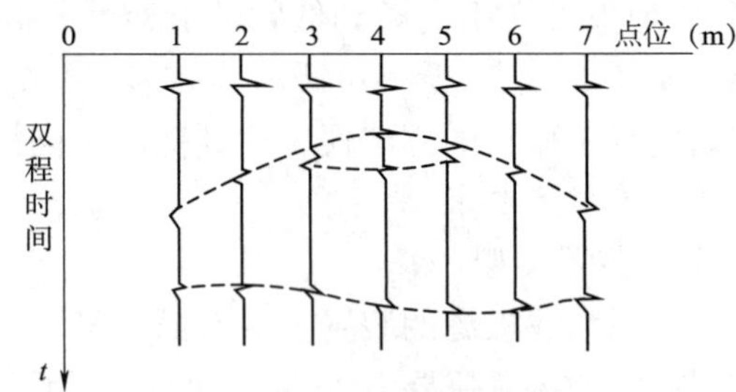

(b) 地质雷达记录的回波曲线

图3-4-9 地质雷达工作示意图

(二)工作参数的计算

(1)地质雷达不同天线的探测深度可按下式计算：

$$d_{\max}<\frac{30}{\sigma}\text{或}d_{\max}<\frac{35}{\beta} \tag{3-4-8}$$

式中　$d_{\max}$——所选天线的最大探测深度(m)；

σ——介质的电导率(s/m)；

β——介质的吸收系数。

图 3-4-10　地质雷达实际工作及剖面图像

(2)介质的相对介电常数 ε_r 和电磁波速度 v 按下式计算：

$$\varepsilon_r=\left(\frac{0.3\times t}{2\times d}\right)^2 \tag{3-4-9}$$

$$v=\frac{2\times d}{t}\times 10^9 \tag{3-4-10}$$

式中　t——电磁波双程旅行时间(ns)；

d——标定目标体厚度(m)；

v——电磁波传播速度(m/ns)。

(3)测量时窗长度 Δt 和采样率 s 按下式计算：

$$\Delta t=\frac{2\times d\times\sqrt{\varepsilon_r}}{0.3}\times\alpha \tag{3-4-11}$$

$$s=2\times\Delta t\times f\times k\times 10^{-3} \tag{3-4-12}$$

式中　α——调整系数，一般取 1.5～2.0；

f——天线中心频率(Hz)；

k——系数，一般取 6～10。

(4)探测对象的埋深按下式计算：

$$H=\frac{v\times T}{2}\times 10^{-9} \tag{3-4-13}$$

式中　H——勘探对象的埋深(m)；

v——电磁波在介质中传播速度(m/ns)；

T——雷达脉冲的往返旅行时间(ns)。

(5)常见介质的有关参数见表 3-4-3。

表 3-4-3 常见介质的物理量

介 质	电导率 σ(s/m)	相对介电常数 ε_r	电磁波速度 v(m/ns)	衰减系数(dB/m)
花岗岩(干)	1×10^{-8}	5	0.15	0.01～1
花岗岩(湿)	1×10^{-3}	7	0.10	0.01～1
灰岩(干)	1×10^{-9}	7	0.11	0.4～1
灰岩(湿)	2.5×10^{-2}	8	—	0.4～1
砂(干)	1×10^{-7}～1×10^{-3}	4～6	0.15	0.01
砂(湿)	1×10^{-4}～1×10^{-2}	30	0.06	0.03～0.3
黏土(湿)	1×10^{-1}～1	8～12	0.06	1～300
土壤	1.4×10^{-4}～5×10^{-2}	2.6～15	0.13～0.17	20～30
混凝土	—	6.4	0.12	—
沥青	—	3～5	0.12～0.18	—
冰	—	3.2	0.17	0.01
纯水	1×10^{-4}～3×10^{-2}	81	0.033	0.1
海水	4	81	0.01	1 000
空气	0	1	0.3	0

(三)仪器要求

地质雷达仪器的主要性能和技术指标应符合下列要求：

(1)系统增益大于 150 dB,信噪比大于 60 dB。

(2)采样间隔小于 0.5 ns,A/D 模数转换大于 16 bit。

(3)计时误差小于 1 ns。

(4)连续测量时,扫描速率大于 64 次/s。

(5)具有可选的信号叠加、实时滤波、时窗、增益、点测与连续测量、手动与自动位置标记功能。

(6)实时监测与显示功能,具有多种可选方式和现场数据处理能力。

(四)工作布置及数据采集

(1)地质雷达法的工作布置应符合下列规定：

①测网密度、天线间距和天线移动速度应能反映探测对象的异常;点测时,点距选择应保证目标体异常至少有三个点。

②测线宜穿过钻孔或与其他方式测线重合布设。

③测线经过的表面相对平缓、无障碍且易于天线移动。

④避开高电导屏蔽层或大范围的金属构件。

(2)地质雷达法的天线选择符合下列规定：

①地面探测时宜选择频率为 8～500 MHz 的天线,当多个频率的天线均能符合探测要求时,应选择频率相对较高的天线。

②路面质量检测时宜选用频率为 900 MHz～3 GHz 的天线。

③洞室衬砌质量检测时应选用与探测精度要求相对应的高频天线,频率范围宜选用 400～900 MHz。

④孔中探测应根据探测任务要求选用自发自收的单孔天线或一发一收的跨孔天线。

⑤用移动较快的车载观测时，应采用空气耦合天线。

⑥有条件时宜选择屏蔽天线。

⑦探测对象复杂时可选择两种以上不同频率的天线。

(3)数据采集应符合下列规定：

①工作前应按试验结果，设置仪器工作参数，并可根据现场条件测试介电常数、推测电磁波速度。

②探测条件复杂时，应选择两种或两种以上不同中心频率的天线分别测试，相互对比探测结果。

③现场工作时，可根据干扰情况、雷达图像效果，及时调整采样率和记录时窗。

④连续测量时的天线移动速度应均匀，并与仪器的扫描率相匹配；使用分离天线测量时，应通过调整天线距离使来自目标体的反射信号最强；天线取向宜使其极化方向与目标体长轴或走向平行。

⑤测试中应详细记录干扰影响或异常点位置；重点异常区应重复观测，重复性较差应查明原因。

⑥使用测量轮时，在测试之前应进行标定；测试过程中宜按规定进行标注校对。

(五)资料处理与解释

(1)地质雷达法探测资料的正理应符合下列规定：

①无相同倾角的有效层状反射波时，可采用 f-k 倾角滤波。

②异常的连续性或独立性较差时，可采用空间滤波的有效道叠加或道间差方法加强。

③可采用点平均法消除高频干扰，采用的点数宜为奇数，其最大值宜小于采样率与低通频率之比。

(2)地质雷达法探测资料的解释应符合下列规定：

①雷达图像清晰。

②通过反射波形、能量强度、初始相位等特征确定异常体性质。

③通过对异常同相轴的追踪或利用异常的宽度及反射时间，计算异常体的平面范围和深度。

④结合地质条件、介质电性特征、被测物体的性质和几何特征、已知干扰进行综合分析，必要时应制作雷达探测的正演和反演模型。

⑤在提交的时间剖面中应标出地层的反射波位置或探测对象的反射波组。

三、瞬变电磁法

瞬变电磁法可用于探查地下地质构造、埋设物、岩溶、洞穴、采空区等，也可用于水文地质、工程地质、环境地质调查与监测以及考古勘探等。

(一)基本原理

瞬变电磁法是以地壳中岩石和矿石的导电性差异为主要物质基础，通过以接地导线或不接地回线通以脉冲电流作为场源，以激励探测目的物感生二次电流，在脉冲间隙测量二次场随时间变化的响应，从而达到了解地下介质的电性变化情况的目的。

瞬变电磁法应根据工作条件和探测任务选择使用重叠回线装置、中心回线装置、偶极装置、大定源回线装置等。

(二)仪器要求

瞬变电磁法使用的仪器主要技术指标应符合下列规定：

(1)发射动态范围不宜低于 140 dB。

(2)通道灵敏度应达到 0.5 μV。

(3)等效输入噪声应小于 1 μV。

(4)对 50 Hz 工频干扰抑制能力不应小于 60 dB。

(三)工作布置及数据采集

1. 工作布置要求

(1)布设激励源宜避开铁路、地下金属管道、高压线、变压器、输电线等，敷设线框时的剩余导线不宜过长，并应呈“之”字形铺于地面并应远离测区，发射线框与接收线框的间距宜通过实地试验选择。

(2)接地线源长度应视探测深度和观测的信号强度确定；回线发射的线框边长 L 可根据其与最大发射电流强度 I、探测深度 h 的关系按下列公式计算：

$$h=0.55\left(\frac{L^2 I\rho_{s1}}{\eta}\right)^{\frac{1}{5}} \tag{3-4-14}$$

$$\eta=R_m N \tag{3-4-15}$$

式中 h——中心回线装置估算极限探测深度(m)；

L——发射回线线框边长(m)；

I——发射电流强度(A)；

ρ_{s1}——上覆地层电阻率(Ω·m)；

η——最小可分辨电平(dB)；

R_m——最低限度的信噪比；

N——噪声电平(dB)。

(3)布设精测剖面时，应垂直于异常走向且通过异常中心，且宜与测线重合，剖面长度应覆盖异常范围，点距大小应能够完整反映异常细节。

2. 瞬变电磁法的数据采集的规定

(1)时窗大小等观测参数应通过试验确定。

(2)现场观测值应在噪声电平以上。

(3)应在测区内均匀布置干扰水平观测点，并根据观测结果对全区按强、中、弱三级分区。

(4)应根据测点上的干扰水平选择叠加次数。

(5)当曲线出现畸变时，应查明原因后重复观测，或加密测点，并做详细记录。

(6)每个测点观测完毕，应对数据或曲线进行检查，确认合格后方可搬站。

(四)资料处理与解释

瞬变电磁法的资料处理与解释应符合下列规定：

(1)可对数据进行滤波处理和发送电流切断时间影响的改正处理。

(2)应计算和绘制视电阻率、视纵向电导断面图，也可计算视时间常数等。

(3)应根据响应时间特征和剖面曲线类型划分背景场及异常场，确定地电模型和异常。

(4)应根据观测资料处理结果进行定性解释和异常的半定量、定量解释，编制平面剖面地质解释图。

第四节　地 震 波 法

地震波法是指通过研究人工震源(如锤击、爆炸、电火花及空气枪等)激发所产生的地震波，在地下介质中的传播规律和特点，来判定地层岩性、地质构造等，从而解决某一地质问题的物探方法。它所依据的是岩土体的弹性性质。当地震波通过不同岩土体的分界面时将产生折射、反射及透射等现象，接收其中不同的波，就分别构成折射波法、反射波法和瑞雷波法等。

一、折射波法

折射波法可用于探测基岩埋深，划分松散沉积层序和基岩风化带；探测潜水面深度和含水层分布；探测断层、破碎带等地质构造；根据折射波速度评价岩土体质量，为计算弹性模量提供参数；进行滑坡等地质灾害调查，以及采空区、溶洞探测；测定岩体的纵波速度，划分隧道围岩级别等。

(一)基本原理

折射波法是浅层地震勘探中的重要方法，它是利用地震波在速度界面上形成的折射波来解决工程地质问题。折射波在传播中遇到下层的波速大于上层波速的弹性分界面，而且入射角达到临界角(使透射角为 90°)时，透射波将沿分界面滑行，又引起界面上部地层质点振动并传回地面的波。

(二)工作布置及数据采集

1. 测网的布置

测网的布置通常是根据地震勘探的精度要求，目的层的形态及分布特征，地形条件等因素决定的。测网由一定密度的测线组成，测线又具有一定的长度和布置原则。一条测线上有几个排列，在一个排列上要布置炮点和检波点。

(1)测线的布置：一般情况下把测线布置为直线，遇到特殊地形时也可以为折线或弧线状。测线的走向要求与地质体的走向大致相垂直，测线的密度(即单位面积内测线数)则是由勘探的精度要求来决定的。

(2)观测系统：观测系统分为单支观测系统、相遇观测系统、追逐观测系统和追逐相遇观测系统。观测系统应根据任务要求选择。水域折射波法可采用炮检互换的追逐相遇观测系统。

(3)道间距：各个检波器之间的距离称为道间距。道间距宜为 5～10 m，单支观测系统可采用不等道间距排列。

(4)炮间距：距离炮点最近的一个检波器与炮点的距离称炮检距。采用追逐观测系统时，追踪炮的炮检距应保证目的层连续追踪；采用追逐相遇观测系统时，炮间距宜小于 10 m。

2. 激发方式

激发方式是在一定的地质条件下获取地震信息的方法。根据不同的条件及勘探要求，可采用不同的方法。震源的激发方式主要有爆炸(雷管和炸药)、锤击和夯击，压缩空气枪等形式。

3. 接收条件

接收条件的选择包括测试仪器的性能及操作水平和检波器性能与布置方式等内容。所谓最佳的接收技术就是尽最大可能压制干扰信号，突出有效信号，以得到清晰可靠的地震记录。

(三)资料处理与解释

折射波法的资料整理与解释应符合下列规定：

(1)时距曲线图上应标明排列编号、里程、速度值、t_0 值、互换时间和对应的地形地质特征，注明激发方式和接收条件。

(2)时距曲线宜采用横坐标 1 cm 表示 10 m、纵坐标 1 cm 表示 10 ms 的比例进行绘制。

(3)互换时间相差不超过 5 ms，重复道的 t_0 值相差不超过 5 ms。

(4)折射界面的倾角大于 15°时，应进行地形校正；折射界面的起伏大于 20°时，应进行穿透波校正。

(5)基岩速度和 t_0 值宜采用追踪时距曲线计算。

二、反射波法

反射波法可用于划分地层界线、圈定基岩起伏形态、查找断层构造、探测不良地质体的厚度和范围以及进行隧道超前地质预报等。

(一)基本原理

地震波从震源向地层中传播遇到波阻抗不同的界面时会产生反射，并遵循反射定律。反射波回到地面所需的时间，与界面的埋深有关。根据反射波的时距曲线，可推求出所需探测界面的深度以及波在介质中传播的速度。

(二)工作布置及数据采集

1. 测线的布置

反射波法测线的布置应符合下列规定：

(1)同一排列宜布置在地形起伏不大、地表介质均一、有利于接收反射波的地段，并应与钻孔、基岩露头或其他勘探点发生联系，便于综合解释。

(2)测线间距应根据任务要求结合实地条件确定。

(3)测线布置应为直线，且垂直于岩层或构造的方向，方向允许偏差为±5°；测线为折线时，完整的观测系统应为直线。

(4)地形坡度大于 15°时，应实测激发点和检波点的位置及高程，并绘制排列方向的地形断面。

2. 工作参数与数据采集

反射波法的工作参数选择与数据采集应符合下列规定：

(1)通过试验合理设置仪器工作参数，确定最佳时窗、偏移距、检波距、采样率、记录长度、滤波器及延迟时间。

(2)覆盖次数根据任务要求和工作条件确定。

(3)宜采用高频检波器和有利于产生高频波的震源,必要时进行多次垂直迭加。

(4)采用炸药等强声波震源时,宜采用井中激发方式。

(5)连续剖面观测应保证时间剖面上的反射波同相轴能可靠地对比追踪。

(6)反射界面倾斜时宜采用下倾激发上倾接收的观测系统。

(7)采集的数据应及时进行显示或简单处理,确认合格后以其最佳状态进行存储。

3. 观测系统的选择

(1)简单连续观测系统的优点是接收段在激发点附近,有效波之间干涉较少,便于野外作业,适用于地质构造简单的场地。

(2)双重连续观测系统是由两个简单连续观测系统组合而成,这种观测系统多在地质条件复杂时采用。

(3)间隔连续观测系统,激发点与接收点之间总是间隔一个或几个排列,通过互换尾点来联结时距曲线,以保证连续追踪整个反射界面。这种观测系统外业工作较繁琐,但能减少面波、声波的干扰。

(4)延长时距观测系统,当测线遇到河流、居民点等障碍时,可采用专门的延长时距观测系统来连续追踪反射界面。

(三)数据处理与解释

反射波法数据处理与资料解释应符合下列规定:

(1)地震反射记录的目的层反射波组明显、信噪比高、同相轴清晰、能够追踪和相位连续对比。

(2)根据任务要求,试验确定最佳处理流程。

(3)结合地质资料分析,对比和追踪波组的相似性、波振幅的衰减程度、振动的同相性和连续性等特征,判释的确定反射波组对应地层的层位及地层的连续和横向变化特征。

(4)水上测线应按实测轨迹绘制,定量解释应考虑水底松散沉积物的不利影响。

三、瑞雷波法

瑞雷波法可用于探测浅部地质中的岩溶洞穴等不均匀体、评价路基基床质量和地基整治加固效果,条件适宜时可用于求取地层的横波速度等。

(一)基本原理

纵波和横波都在介质内部传播,统称为体波,它们随着时间的增加,向整个弹性空间的介质体内传播。还有另一类只存在于弹性界面附近的波动,称为面波。面波有两种,其中一种是沿介质与大气接触的自由表面传播的面波,称为瑞雷波(或 R 波)。

瑞雷波法就是利用瑞雷波在不同介质中传播的特点和规律解决工程地质问题的物探方法。其基本原理是瑞雷波沿地表传播时,其穿透深度相当于它的波长。在均匀介质中,瑞雷波的传播速度与频率无关,但在非均匀介质中,传播速度随频率的改变而改变(即频散效应)。当采用不同振动频率的震源产生不同波长的瑞雷波时,可以得到不同穿透深度的瑞雷波速度值,根据波速值来评价地质体或进行地质分层,从而达到探测的目的。

(二)工作布置及数据采集

1. 激发方式

(1)稳态法:利用激振器产生不同的稳定频率,测量不同频率下相对应的 v_R 值。

(2)瞬态法:采用锤击法,产生一定频率范围的瑞雷波。

2. 观测系统

观测系统包括单端激发,两道或多道接收和两端激发,两道或多道接收的观测方式。

3. 瑞雷波法的测点布置和参数设置

(1)测点附近的地形相对平坦、无临空面。

(2)测点间距应根据任务要求和场地条件确定,一条测线不得少于 3 个测点。

(3)偏移距应根据探测深度的要求试验确定。

(4)观测参数量通过试验确定,地质情况变化时应及时调整。

(5)重要异常及畸变曲线应重复观测,两次观测结果差别较大时应多次观测,并选择面波能量强、干扰小、重复性好的曲线作为有效观测结果。

4. 稳态瑞雷波法的数据采集

(1)激振器与地面接触良好,检波器稳定牢靠。

(2)选用自然频率 2 Hz 的低频检波器,检波距 1～5 m,允许误差为±1%。

5. 瞬态瑞雷波法的数据采集

(1)采用重锤震源时,应根据需要选用不同材质的垫板,宜采用多次垂直迭加方式。

(2)选用合适的低频检波器。

(3)检波点距或道间距应小于探测深度所需波长的 1/2,检波道数不宜小于 12 道,每道采样点数不应少于 1 024 个。

(4)偏移距宜接近要求的探测深度。

(5)单斜地层宜在地层下倾方向激振。

(6)多次覆盖观测宜采用单边激发多次覆盖连续观测系统,覆盖次数不小于 3 次。

(三)资料处理与解释

(1)瑞雷波速度的求取如下:

①稳态法

$$v_R=\frac{\Delta x}{\Delta t} \tag{3-4-16}$$

式中 Δx——两检波器之间的距离(m);

Δt——两检波器接收瑞雷波的同相位的时间差(s)。

②瞬态法

$$v_R=\frac{2\pi f\cdot\Delta x}{\Delta\varphi} \tag{3-4-17}$$

式中 $\Delta\varphi$——在波的传播方向上两检波点之间的相位差。

(2)瑞雷波法的资料处理与解释应采用经过验证的方法和软件进行,并应符合以下规定:

①资料处理前应对记录中信噪比低的道进行插值,并对初至以前的噪声进行切除等预处理。

②准确区分面波和体波,求取正确的频散曲线。

③点测方式以测点单位处理,多次覆盖观测方式以测线为单位综合处理。

④稳态瑞雷波法资料的处理和解释应剔除畸变点、干扰点后将全部数据按频率顺序

排列，再进行相应的处理。

⑤结合钻探资料对频散曲线的“之”字形拐点和曲率变化处作出正确的地质解释，求得对应的瑞雷波速度，并绘制速度—深度曲线。

⑥反演计算瑞雷波速度和层厚，绘制瑞雷波速度等值线图。

⑦采用瑞雷波法计算横波速度时，应结合工点已知资料求得瑞雷波速度与横波速度的对应关系后进行相应处理。

(3)瑞雷波法的工作成果应包括典型记录、频散曲线或速度—深度曲线、推断解释剖面或平面图。

四、TSP法(弹性波反射法)

TSP法主要用于探测隧道掌子面前方地层界线，断层、破碎带及岩溶发育情况。

(一)基本原理

TSP(Tunnel Seismic Prediction)法，也称为弹性波反射法，属于多波多分量高分辨率地震反射法，是一种新颖、快速、有效、无损的反射地震技术。它是为隧道超前地质预报而专门设计的，可以在隧道施工开挖前提供帮助，其目的在于迅速超前地提供在开挖周围及前方的三维空间的工程地质预报。

TSP法是利用地震波在不均匀地质体中产生的反射波特性来预报隧道掘进面前方及周围临近区域地质状况。即通过在掌子面后方一定距离内的钻孔中施以微型爆破来发射信号，爆破引发的地震波在岩体中以球面的形式向四周传播，其中一部分向隧道前方传播，当遇到岩石物性界面(即波阻抗差异界面，例如断层、岩石破碎带和岩性变化等)时，一部分地震信号反射回来，反射信号经接收传感器转换成电信号并放大。反射时间和反射界面的距离成正比，通过反射时间与地震波速度的换算可以得到反射面的位置、与隧道轴线的夹角以及与隧道掌子面的距离，同时还可以确定掌子面前方存在的岩性变化。

(二)工作布置及要求

(1)探测前应根据观测系统设计，在隧道的左边墙或右边墙上施作接收器孔和爆破孔，接收器孔和炮孔应在同一平面上，并采取必要的保护措施。

(2)一般设24个爆破孔和1个接收器孔，爆破孔间距1.5 m，接收器孔与最近的爆破孔距离为20 m。

(3)在爆破孔内安装炸药和雷管，每个爆破孔内炸药量为20～200 g，根据围岩软硬破碎程度确定。

(4)测试时，隧道内应保持安静，避免产生噪声干扰。

(5)在起爆过程中，应采用爆破孔序号递增或递减的方式进行，确保爆破孔序号正确。

(6)爆破过程中，如果遇到爆破点漏放或爆破异常，应在记录表中做相应标注。

(三)资料处理与解释

采集的TSP数据，通过处理获得压缩波(P波)、横波(S波)的时间剖面、深度偏移剖面和反射层提取等。

在成果解释中，以P波资料为主对岩层进行划分，结合S波资料对地质现象进行解释。解释中，遵循以下准则：

(1)正反射振幅表明岩层变硬,负反射振幅表明岩层变软;负反射与正反射的组合表明该位置有断裂(断层)。

(2)若S波反射较P波强,则表明岩层饱和含水。

(3)若 v_p/v_s 增加,则表明存在流体。

(4)若 v_p 下降,则表明裂隙或孔隙度增加。

五、微动勘探法

微动勘探法可用于地层分层和地下孤石、洞穴、塌陷、采空区、断裂构造探测,也可用于横波波速测试、考古勘探等。

(一)基本原理

借助专门仪器设备观测天然微动信号,通过分析、处理和提取面波的频散信息,反演获得地下横波速度变化规律,进而探查地质结构的方法。

微动勘探可分为微动测深法和微动剖面法。

(二)工作布置

(1)微动测深法宜选择圆形台阵或组合的圆形台阵形式。圆形观测台阵应至少在圆心及其内接三角形的顶点分别布设观测点,三角形顶点上的观测点可沿圆周整体平移。

(2)微动测深法的观测半径可根据探测深度估算确定,也可据实测频散曲线的反演计算结果进行调整。探测深度小于或等于100 m时,观测半径不宜小于探测深度的1/10;探测深度大于100 m时,观测半径宜为探测深度的1/3～1/5。

(3)微动剖面法应沿剖面布设观测点,通过各观测点的微动测深实现剖面探测。

(三)资料处理与解译

(1)微动测深法的数据处理,宜采用SPAC法或 F-K 法,从微动数据中提取出瑞雷波相速度频散曲线,经频散曲线反演获得台阵下方介质的横波速度结构,再进行推断解释地层结构。

(2)微动剖面法可在微动记录中提取出瑞雷波相速度频散曲线后,计算视S波速度 V_x,通过对剖面上各点的 V_x 值进行内插,绘制视S波速度剖面图后进行地质构造推断解释,视S波速度 V_x 应按下式计算:

$$v_{x,i}=\left(\frac{t_i \cdot v_{R,i}^4 - t_{i-1} \cdot v_{R,i-1}^4}{t_i - t_{i-1}}\right)^{\frac{1}{4}} \tag{3-4-18}$$

式中 $v_{x,i}$——第 i 点的视S波速度(m/s);

$v_{R,i}$,$v_{R,i-1}$——第 i 点和第 $i-1$ 点端雷波相速度(m/s);

t_i,t_{i-1}——第 i 点和第 $i-1$ 点时间(s)。

(3)微动勘探成果应包括探测点实测频散曲线图、横波速度结构图、视S波速度剖面及地质解释成果图。

第五节 测　　井

一、电 测 井

电测井可用于测定地层、井液和地下水的电性参数,校正钻孔地质剖面,确定含水层位置和厚度，区分咸淡水，测量钻孔中含水层之间的补给关系等。

电测井是以研究钻孔地质剖面上岩层的电性和电化学活动性为基础的一类测井方法。它包括视电阻率测井、侧向测井和自然电位测井等。在城市轨道交通工程勘察中，常使用视电阻率测井，为设计提供地层的电性参数。本节主要介绍视电阻率测井的相关内容。

应用视电阻率测井应满足以下条件：

(1)钻孔中无金属套管且应有井液。

(2)被探测目的层相对上下层应存在电性差异，目的层应具有一定厚度。

(3)孔壁应光滑，不应坍塌和掉块。

(一)基本原理

视电阻率测井是利用电极 A、B 供电，量测电极 M、N 间的电位差，如图 3-4-11 所示，按下式计算岩土的视电阻率：

$$\rho_s = K\frac{\Delta V_{MN}}{I} \tag{3-4-19}$$

$$K = \frac{4\pi \cdot AM \cdot AN}{MN} \tag{3-4-20}$$

式中　K——装置系数；

ΔV_{MN}——测量电极间的电位差(mV)；

I——供电电流(mA)。

(二)观测系统

(1)电极系的类型：按测量电场的特征不同，可分为梯度电极系的电位电极系，如图 3-4-12 所示。

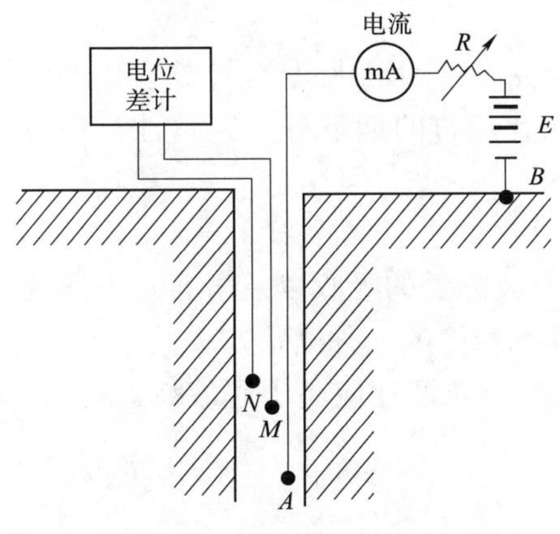

图 3-4-11　视电阻率测井示意图

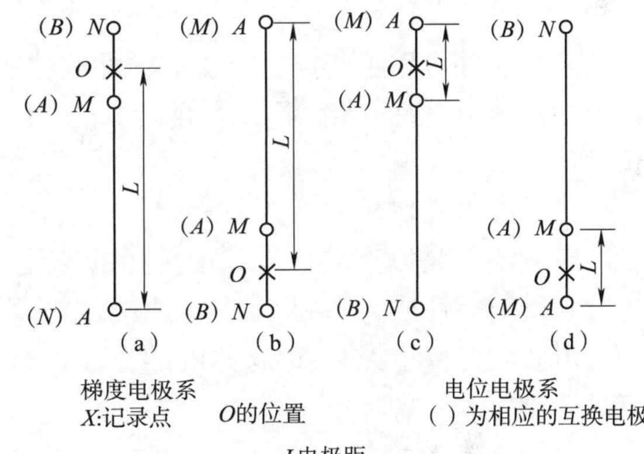

图 3-4-12　视电阻率测井电极系示意图

(2)电极系及电极距的选择：根据介质电阻率大小的分布状况，以及需探测的范围选择电极系。一般来说梯度电极系的探测半径为电极距的 1～2 倍，电位电极系的探测半径为电极距的 3～5 倍。电极距的选择应根据测区的地质和电性条件经过试验确定。

选择的原则：使所测得的各岩土层的视电阻率能接近岩土层的真电阻率。

(三)测井要求

视电阻率测井应符合以下规定:

(1)钻孔深度应大于设计深度 5 m,孔底沉淀不得大 2 m;钻孔内易坍塌、不安全井段应采取保护措施。

(2)电测井要求无金属套管、在有井液的孔段进行。

(3)深度记录的起点应与钻探深度起算点一致,测井深度的允许相对误差为±1%。

(4)连续观测的采样间隔宜小于 1 m。

(5)测速宜小于 10 m/min,直读电阻率的测量相对误差为±4%。

(6)探头在孔内停留时间不应过长;施测前,应对坍塌、严重掉块的钻孔进行处理。

(7)结合钻探地质资料绘制曲线,曲线幅值的允许相对误差为±5%,成果曲线应清晰,深度记号标注齐全,并注明有关参数。

(四)资料处理与解释

电测井资料的处理与解释应符合下列规定:

(1)曲线清晰,深度记号标注齐全,并注明有关参数。

(2)结合钻探地质资料及曲线特征点,标志层位置对曲线进行平差处理。

(3)结合钻探地质资料进行地质解释;地质条件相同的测区,解释原则应统一。

(4)结合钻孔水文地质资料和井温曲线综合分析,估算地下水的渗透速度,定性比较岩层的含水性和渗透性。

(5)钻孔中有两个以上含水层相互补偿时,应定性分析各含水层之间的补给关系。

(6)提捞法计算涌水量和注水法计算补给量时,应使用分层测定的曲线,并按实测井径计算。

二、声波测井

声波测井可用于测定岩土层的弹性波波速、岩体的完整性和风化程度,计算岩体的弹性力学参数,评价固结灌浆效果等;也可应用于探测既有建筑的地下桩身完整性和桩身长度。

(一)基本原理

声波测井是以声波在岩石中传播的速度、岩石对声波能量的吸收以及岩石对声波的折射和反射等性质为基础,来评价地层、划分岩性、计算孔隙度的一种测井方法。

声波测井要求无套管、有井液的孔段进行;测试段的纵波波速应高于井液波速,并具有足够厚度。

(二)仪器要求

(1)应使用一发双收探头。

(2)发射和接收换能器的谐振频率应一致,谐振频率在 10~50 kHz 之间。

(3)接收换能器应采用灵敏度不低于 3 000 μV/Pa 的水听器,记录仪器 A/D 转换器应不小于 16 位、采样间隔应不大于 0.1 μs、频带应宽于 10~50 kHz。

(三)现场工作要求

(1)测试前后均应对记录仪器进行标定和对零检查。

(2)探头下井前应在钢套管中进行校验。

(3)一发双收探头源检距的选择应以到达接收探头的初至波是沿孔壁地层的滑行折射波为原则。

(4)两个接收探头之间间距、测点间距的选择应满足分层和曲线分辨率的要求。

(5)应从井底开始自下而上进行测试,测点间距不大于 0.2 m。

(6)宜针对不同岩性,采集多组新鲜完整的岩芯、岩块,在室内测试其岩块纵波波速。室内进行波速测试的岩芯、岩块两端应打磨平整,测试面相互平行,测试前宜在清水中浸泡 24 h 后沥干。

(四)资料处理与解释

声波测井资料处理与解释应符合下列规定:

(1)应采用两个接收道的时差计算各测试点的波速,并绘制波速—深度曲线。应结合地质或岩土情况,将波速—深度曲线上波速不同的测试段进行波速层划分,采用算术平均值作为波速层的岩体波速。

(2)利用声波波速计算岩体完整性系数时,对于同一场地的同类岩性,应使用新鲜完整岩块测定的同一纵波波速。岩体完整性系数计算和评价见第二篇第一章相关内容。

三、电磁波(雷达)测井

电磁波(雷达)测井适用于划分地层,区分含水层,确定岩层中的裂隙、溶洞、松散层的位置等。应用电磁波(雷达)测井应满足下列条件:

(1)钻孔中应无金属套管。

(2)孔壁应光滑,不应坍塌和掉块。

电磁波测井可使用测井探头或天线系统,并应具有保持探头或天线系统紧贴井壁的装置;现场工作时应根据地质地球物理条件和精度要求选择一个或多个工作频率,工作频率不宜小于 20 MHz;资料处理解释时可根据任务要求计算视电导率、视介电常数,编绘测井曲线。

四、井间层析成像法

井间层析成像可用于探查井间地质构造、岩溶洞隙、断裂、破碎带等不良地质的发育、分布及连通性,也可用于进行岩土分层、基坑渗漏水探测。常用层析成像包括井间弹性波层析成像(即“跨孔弹性波层析成像”)和井间电磁波层析成像法(即“跨孔弹性波层析成像”)。

(一)跨孔弹性波层析成像(CT)法

弹性波 CT 即为地震波 CT 或声波,该方法可用于确定钻孔间地质异常体的分布,探测钻孔间采空区、破碎带、溶洞等空间位置和形态。

1. 基本原理

跨孔弹性波层析成像(CT,Computerized Tomography)法,是由布置在两个钻孔内的激发点和接收点所组成的观测系统,由激发点产生的地震波或声波,经过地下地质体的折射、反射等物理过程,到达接收点,并用接收点所记录的弹性波震相走时或振幅资料,通过不同的数学处理方法得出弹性波速度场分布图像,并通过速度的分布特征以及速度的大小来重建各种地质体的位置和分布情况。这种方法具有分辨率高、可靠性好、图像直观以及信息量大等特点。

2. 工作布置及数据采集

跨孔弹性波层析成像(CT)法进行外业工作时,通常在两个钻孔之间采用一发多收的扇形透射观测系统。震源一般采用电火花,接收采用多通道高灵敏度水听器。一般应符合以下规定:

(1)钻孔应采取适当的护壁措施;采用PVC护管时,护管内径应大于70 mm,且有效测试段有井液、无沉渣。

(2)探测的地质体宜位于扫描剖面中间,规模大于成像单元。

(3)井深应大于井间距的1.5倍,井间距宜小于20 m。

(4)两钻孔测试段的高差宜小于井间距的1/4。

(5)接收传感器组不动时激发传感器的移动范围,一般声波取6~8 m。

(6)激发接收点距,根据探测的要求与精度,一般声波为0.5 m,地震波为1 m。

3. 资料处理与解释

(1)弹性波CT法资料的处理和解释应符合下列规定:

①按钻孔剖面建立坐标系,将所有激发点与接收点转换为成像剖面的二维坐标。

②根据分辨率的要求确定单元和节点的形态及大小,单元网格尺寸应大于测点间距,单元总数应少于射线条数。

③宜采用弯曲射线追踪。

④反演迭代次数应根据射线路径和图像形态的稳定程度或相邻两次迭代图像的数据方差确定。

⑤CT剖面需相互连接时,应将各断面连接后再进行反演。

⑥根据CT图像速度的分布规律并结合被测区域的地质资料推断解释。

(2)成果图件要求

弹性波CT法的成果图件(图3-4-13)应符合下列规定:

①图件宜包括CT图像、射线分布图、CT解释成果图及射线密度正交性分布图。

②CT图像可采用等值线、灰度、色谱等图示方法,图像按等差分级或变差分级。

③同一测线的多组CT剖面应拼接成一幅成果图。

(二)跨孔电磁波层析成像(CT)法

跨孔电磁波层析成像(CT)法可用于探测岩溶洞穴、隐伏断层等。

1. 基本原理

跨孔电磁波层析成像(CT,Computerized Tomography)法,是在两个钻孔中分别发射和接收电磁波信息,电磁波振幅的衰减是岩石对电磁波吸收系数的投影函数。

$$A=\ln\frac{E_0\cdot f_s(\theta_s)\cdot f_R(\theta_R)}{E\cdot R}=\int_L \beta\cdot \mathrm{d}L \tag{3-4-21}$$

式中 E_0——发射天线的初始辐射常数;

E——相距R处的接收天线的电场强度;

$f_s(\theta_s)$,$f_R(\theta_R)$——发射和接收天线的方向分布函数;

θ,L,β——天线的辐射角度、射线路径长度和介质吸收系数。

用同一平面内各激发源(≤30°范围内)的射线组成的密集射线簇对探测区实现扫描,

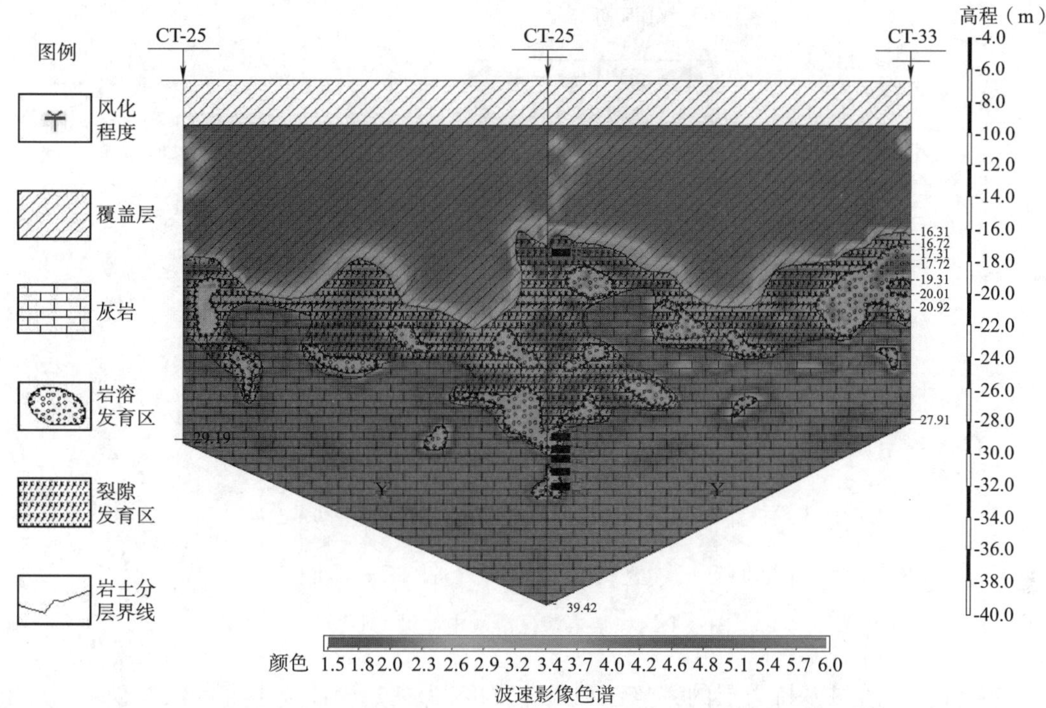

图 3-4-13　某工程跨孔弹性波 CT 法岩溶探测成果剖面图

便可把所有投影函数依 Radon 变化的关系组成方程组，经反演计算重建岩石吸收系数的二维分布图像。吸收系数的大小取决于被测断面之间的介质密度和均匀性。介质密度越大，电磁波吸收系数越小，反之吸收系数越大。根据吸收系数来确定地下不同介质的分布情况。

2. 工作布置及数据采集

一般采用孔间对射的方式布设观测系统，一边放置发射天线，另一边放置接收天线。测试时，发射天线不动，每采样一次，接收天线移动一个接收点距，直至边界，然后发射天线移动一个发射点距，接收天线回移一个接收点距，反复采样直至结束。接收点距和发射点距根据地质测试结果确定。

3. 资料处理和解释

首先对原始数据做滤波处理，去除随机噪声；将扫描序列和钻孔资料录入电脑，建立钻孔、射线以及走时之间的关系；对射线进行处理，求得射线走时，并进行错误射线校正；选定层析成像参数，采用共轭梯度法（CG）等方法迭代求解各像元物性值；利用插值函数对各像元参数做圆滑处理；生成层析图像。根据电磁波吸收系数的图像分布特点分析异常地质体的性质和分布状态。某岩溶区溶洞电磁波 CT 成果图如图 3-4-14 所示。

五、管波测井

管波测井应用范围包括：

（1）在岩溶区桩位超前勘察孔中，探测孔旁岩土层内岩溶、软弱夹层、溶蚀裂隙的发育

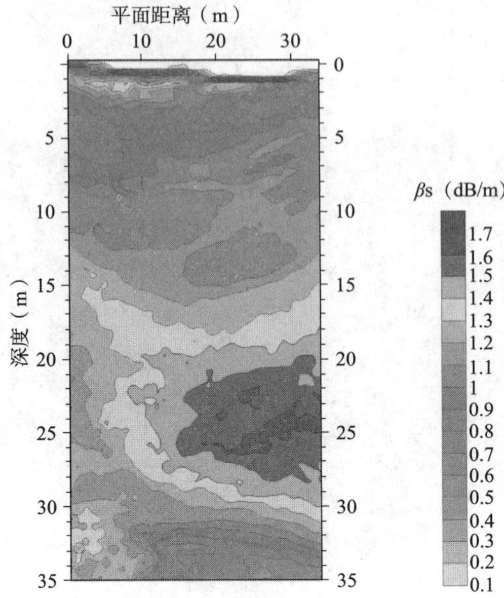

图 3-4-14 某岩溶区溶洞电磁波 CT 图

和分布情况，评价桩基持力层的完整性和风化程度，为桩基设计提供直接依据。

(2)在非岩溶区勘察钻孔及水文地质孔中，探测岩土分层界面，划分风化程度，确定软弱夹层、含水层位置。

(3)利用钻芯法检测孔，探测桩身混凝土中空洞、夹泥、离析、裂隙等缺陷的位置与程度，检测桩身完整性、桩底沉渣厚度、桩身与持力层结合情况；探测桩基持力层中岩溶、软弱夹层、溶蚀等缺陷的位置与程度，评价持力层的完整性。

(4)利用预制管桩中心孔，检测管桩桩身完整性。

(一)基本原理

管波测井是在钻孔中利用"管波"这种特殊的弹性波，探测孔旁一定范围内不良地质体的孔中物探方法。其绝大部分能量集中在以钻孔为中心、半径为半波长的圆柱形范围内，传播过程能量衰减慢、频率变化小。管波测井在一个钻孔中进行探测，即可快速、准确查明孔旁地质情况，探测范围为以钻孔为中心、直径约 2 m 范围的圆柱形空间。管波探测法具有可靠性高、异常明显、分辨能力强、精度高、工期短、易于解释、仪器设备投资少、探测费用低等优点；主要缺点是无方向性，但不影响方法在工程中的应用。

前人对管波做过大量的研究与试验，Biot(1952)和 Write(1956)曾给出零频率时管波的波速 v_t 为

$$v_t=\frac{v_f}{\sqrt{1+\frac{\rho_f v_f^2}{\rho v_s^2}}} \tag{3-4-22}$$

式中 v_f——钻孔中流体(井液)的纵波波速(m/s)；

v_s——钻孔周围固体介质(岩土层)的横波波速(m/s)；

ρ_f——钻孔中流体(井液)的密度(g/cm³)；

ρ——钻孔周围固体介质(岩土层)的密度(g/cm³)。

现有管波探测法设备激发的管波,其中心频率在 700 Hz 左右,实测的管波波速与式(3-4-22)计算结果一致。如钻孔内孔液为清水、周围为中微风化硬岩、完整混凝土等高速固体介质时,测得的管波波速约为1 350～1 420 m/s 之间,约为清水纵波波速 1 480 m/s 的 0.9～0.95 倍。横波波速大于孔液纵波波速的固体介质称为高速介质。如钻孔内孔液为清水、周围固体介质为黏土层时,测得的管波波速约为 250 m/s,与黏土层的横波波速相当。

管波探测法实测资料证明,管波的能量与钻孔周围固体介质的横波波速呈现正相关关系,横波波速高则管波的能量强,横波波速低则管波的能量弱。当激发或接收探头处于溶洞附近时,直达管波能量几乎为零。当激发或接收探头处于软弱岩层、土层中时,直达管波的能量、波速显著降低。管波的能量由直达管波和反射管波的波幅确定。

在管波传播范围内的波阻抗差异界面处,管波产生反射。采用收发换能器距离恒定、测点间距恒定的自激自收观测系统进行测试,垂直时间剖面中所有的反射管波以倾斜波组形式呈现,倾斜波组斜率的倒数的 1/2 等于管波的波速,具体如图 3-4-15 所示。

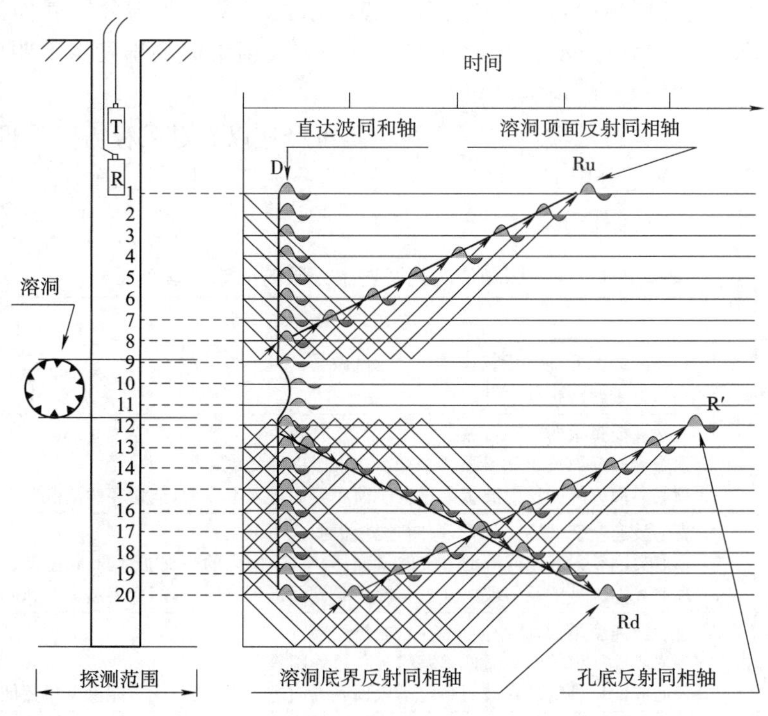

图 3-4-15 管波探测法观测到的波组形态示意图

管波探测法应在单个钻孔中进行,其应用条件应符合下列规定:

(1)测试钻孔井壁应光滑,不坍塌、不掉块。

(2)测试孔段应无金属套管,破碎地层的孔段可放置塑料套管。

(3)测试孔段应有井液,且井液比重不应大于 1.2。

(二)工作布置与数据采集

管波探测法的探测装置如图 3-4-15 所示。探测仪器主要包括主机、发射、接收一体化探头。图中发射探头 T 发射振动脉冲，在孔壁周围产生管波，管波沿钻孔轴向向上及向下传播，接收探头 R 接收到管波的直达波、反射波和透射波，并由主机记录。

野外工作时，采用自激自收观测系统。保持发射探头 T 和接收探头 R 之间的距离恒定（一般为 0.6 m）。T、R 的中点作为深度零点，按 0.1 m 的测点间距，自下而上地进行逐点测试。采样间隔 0.20～0.25 ms，记录长度 1 024 点即可，管波的中心频率约 700 Hz。管波探测法实测得到的记录为自激自收的振动时间剖面，垂直方向为深度轴、水平方向为时间轴。为了显示方便，一般采用红白蓝伪彩色剖面形式，即红色表示振动的正相位、蓝色表示负相位、白色表示零相位。

（三）资料处理与解释

管波时间剖面的处理较为简单，一般进行去零漂处理即可，切忌进行振幅平衡处理。必要时可进行频率滤波，滤波通带宜为 300～2 000 Hz。时间剖面中各测点的测试曲线应采用相同的显示增益，宜采用伪彩色剖面显示。同一钻孔的多次测试时间剖面应绘制在同一成果图件中，并选择适宜的测试结果拼接成最后的成果时间剖面，一同解释。

资料的解释过程分两步进行：

（1）第一步确定分层界面，应采用反射管波的出发点深度作为分层界面深度，同时综合采用直达管波和反射管波的能量、波速突变点。当反射管波的出发点不明确时，采用直达管波和反射管波的能量、波速突变点。

（2）第二步对分层进行地质解释。分层地质解释宜以满足工程需要为目的。根据管波的波速、幅度、频率确定分层界面之间岩土层的类别及工程性质。管波探测法按表 3-4-4 的地球物理特征对岩溶区孔旁岩土层进行分类。

表 3-4-4 管波探测法对孔旁岩土分层的地球物理特征表

孔旁岩土分类	管 波 异 常 特 征
土层	1. 直达波速度低，波组到达时间长、能量微弱； 2. 无反射管波同相轴穿过
岩溶发育段	1. 直达波能量很弱或不可见； 2. 顶底界面反射波组能量强、频率低，在本段以外发育； 3. 顶底界面以外的反射波组穿过本段顶底界面进入本段后，能量突然消散
软弱岩层	1. 直达波速度变低、波组向下弯曲，能量很弱或不可见； 2. 顶底界面反射波组向外的一支能量强、频率低，向内的一支能量弱、频率低、速度低； 3. 顶底界面以外的反射波组穿过本段顶底界面进入本段后，能量突然变低、频率低、速度变低
溶蚀裂隙发育	1. 直达波速度稍低、波组向下弯曲，能量变弱； 2. 顶底界面反射波组能量低、频率较高、反射密集分布； 3. 顶底界面以外的反射波组穿过本段顶底界面进入本段后，反射能量突然变低
节理裂隙发育	1. 直达波速度高、能量较强； 2. 顶底界面反射波组在层内可见，能量强、速度高，并可能有多次反射； 3. 段内存在多组呈“八”字形的层内反射，层内反射能量低、频率高
完整基岩	1. 直达波速度高、能量强； 2. 顶底界面反射波组在层内能量强、速度高，并有多次反射。顶底界面反射无能量消散现象； 3. 段内无反射界面

如图 3-4-16 所示为实测的管波探测时间剖面及其地质解释，较好地说明了分层地质解释方法。

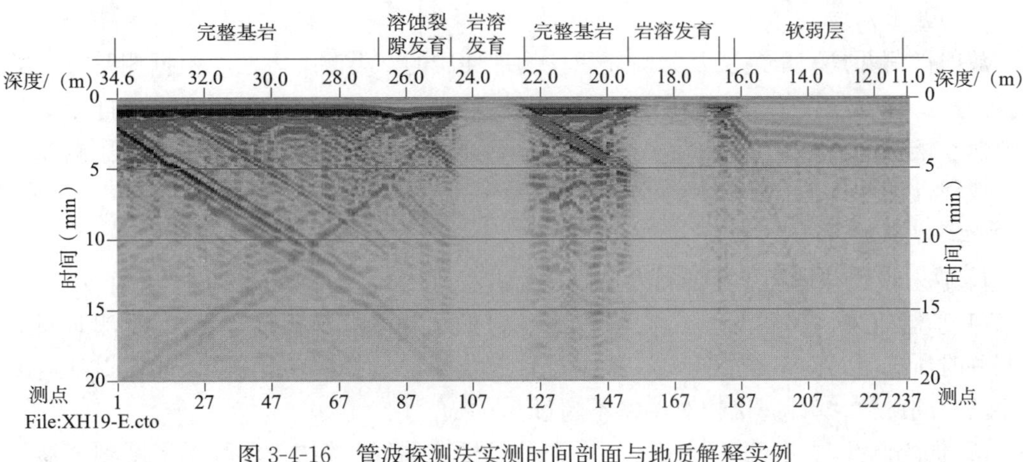

图 3-4-16　管波探测法实测时间剖面与地质解释实例

（四）解释成果的应用

应用于管桩、灌注桩桩基检测时，其解释成果直接以成果图展示检测结果。

应用于桩位岩溶勘察，解释时将孔旁岩土作完整性、岩溶发育程度的分层，以成果图展示，孔旁岩土分层在勘察、桩基设计、桩基施工中的应用见表 3-4-5。

表 3-4-5　管波分层的工程性质及工程应用一览表

管波解释分类	工程性质与应用	地质柱状图描述
完整基岩段	基岩完整，岩质坚硬，无溶洞。在厚度达到设计要求时，可作为端承桩持力层； 冲孔桩施工时可用大冲程，冲孔进度慢	定名为微风化岩。岩质坚硬，岩芯完整，呈长柱状
节理裂隙发育段	基岩较完整，岩质较硬，裂隙发育，无大溶洞。在厚度和抗压强度达到设计要求时，建议可考虑作为端承桩持力层； 冲孔桩施工时可用大冲程，冲孔进度稍慢	定名为微风化或中风化岩。岩质较坚硬，岩芯多呈饼状、碎块状或短柱状，节理裂隙发育
溶蚀裂隙发育段	宏观上表现为基岩，存在溶蚀现象及小的溶洞、裂隙发育，部分包含层厚较小的完整基岩或局部夹有强风化岩，不宜作为端承桩持力层； 冲孔桩施工时可能出现漏浆、偏锤现象，不宜用大冲程，冲孔进度稍快	定名为微风化或中风化岩。岩质较软，岩芯较破碎，多呈饼状、碎块状，岩体裂隙发育，局部夹有岩状强风化岩，钻进时漏水、存在溶蚀现象或半边岩溶
软弱岩层	宏观上表现为基岩，风化程度大，岩体破碎，岩质较软。不应作为端承桩持力层； 冲孔桩施工时可用大冲程，冲孔进度较快	定名为全风化、强风化岩，岩质较软，岩芯多呈土状、半岩半土状
岩溶发育段	宏观上表现为岩溶及溶蚀裂隙发育，部分包含层厚较小的完整基岩。严禁作为端承桩持力层； 冲孔桩施工时可能出现快速漏浆、偏锤、掉锤、卡锤、塌孔现象，不宜用大冲程	定名为溶洞或裂隙发育的微弱风化岩，见溶蚀、漏水现象
土层	第四系土层、强风化、全风化岩的统称，不应作为端承桩持力层； 冲孔桩施工时可用大冲程，冲孔进度快	定名为第四系土层、全风化、强风化岩，部分包含规模较小的岩溶、裂隙发育及土洞、溶洞充填物

六、放射性测井

放射性测井可以划分地层单元、识别淡咸水层、确定含水层厚度和深度、划分隔水层底板、确定岩土层密度等工程地质问题。

(一)基本原理

放射性测井是测量地层及井内介质核物理性质的一类测井方法。根据测量方法的不同,可分为天然放射性测井和人工放射性测井两类。天然放射性测井可分为自然γ测井和自然γ能谱测井,人工放射性测井可分为γ-γ测井、中子-γ测井和中子—中子测井。

放射性测井有无套管和井液均可进行。

(二)现场工作要求

1. 放射性测井现场工作应符合下列规定:

(1)应检查确认仪器设备工作正常后,在目的层井段上观测统计起伏,观测时间应大于测井时所选用时间常数的10倍,根据统计起伏情况选择横向比例尺、最佳提升速度和最小的时间常数;统计起伏相对误差不超过5.0%。

(2)伽玛测井时,有密度刻度器的应在井场标定曲线的横向坐标,无密度刻度器标定时,应视为视密度测量。

(3)对于直接显示密度数值的测井仪,应定期进行校核。测量受井孔影响时,还应进行井径校正。

(4)密度测井选用的源强应使计数率能压制自然伽玛的干扰,主要目的层段应大于自然伽玛平均幅值的20倍,同时应标注使用的放射源名称。

2. 同位素示踪法现场工作应符合下列规定:

(1)应根据已知测井资料和任务要求选择测量点位和确定同位素投放量。

(2)每次工作前应检查仪器并开机预热不少于10 min,并应记录地面本底和装源后底数。

(3)进行多点位同位素测量时,应先深后浅;钻孔具有多个含水层时,应采用钻孔分隔器分层测试。

(4)各点位投放同位素后应搅拌。

(5)同位素测量应按确定的投放量投放同位素。

(6)测量完毕,应立刻在现场清洗投放器和探测器,清洗后应利用仪器检查确认达到环保要求。

七、电视测井

电视测井可用于以下方面:

(1)可在钻孔中观测地层岩性、岩石结构,进行地质分层。

(2)观测孔壁岩溶洞穴、软弱夹层、裂隙发育、岩体破碎等地质现象。

(3)测定地层、断层、裂隙的倾向、倾角和厚度等产状要素及裂隙的密度、开闭程度。

(4)观察孔内套管的安装情况及完整性。

(5)可在灌注桩钻芯法检测孔中观察孔壁混凝土浇筑质量及空洞、裂隙、离析等缺陷的位置与程度。

(6)可在预制管桩内壁观察各种破碎、断裂、裂隙等缺陷的程度与位置,观察接桩质量,评价桩基质量。

(7)可用于地下管道内窥,检视管道内的淤积、管道内壁破损、腐蚀等。

（一）基本原理

电视测井是一种能直观反映孔壁图像的探测方法。常见的有以普通光源和超声波为能源的电视测井。普通光源电视测井是利用日光灯光为能源，将其投射到孔壁，再经平面镜反射到摄像头来完成对孔壁裂隙的探测；声波电视测井是利用反射声波测量井壁岩石的测井方法，声波电视测井主要用于研究裂隙和确定岩性及岩层走向。

电视测井要求无套管和清水钻孔中进行。

（二）仪器要求

(1)摄像机分辨率不应低于 500 万像素，彩色低照度应达到 0.1 lx。

(2)摄像角度宜为 360°，方位精度应达到 1°。

(3)深度或距离计数精度应大于 0.1 m。

（三）现场工作要求

(1)记录的图像应清晰可辨，且能读出罗盘显示的方位。

(2)图像显示的深度相对误差不应大于 0.5%，与电缆标记的绝对误差不应大于 100 mm，每隔 500 mm 应进行一次校正。

(3)检测混凝土预制管桩的桩身完整性时应在清孔深度内全程检测。

(4)成像可相片与连续影像相结合，也可对异常部位静止拍摄影像，连续拍摄时的摄像机移动速度不宜大于 30 m/min。

（四）资料处理

(1)电视测井成像图像宜展开、拼接成分段连续的图片，横向应按从左到右按北、东、南、西、北方向展开，并标注方位。

(2)垂向应标注深度或高程。

(3)电视测井成像宜计算地层、断层、裂隙的产状。

第六节　放射性测量法

放射性测量法可用于圈定采空区范围，查找隐伏断裂构造、地下水源、放射性岩体，也可用于滑坡勘查及放射性环境评价。放射性测量法可根据工作条件和探测要求选择使用伽玛测量法、氡测量法。进行地面放射性测量时，应避开扰动土、沼泽地、田埂和地下潜水面接近地表的地段。放射性测量法不适用于水域工作。

一、伽玛测量法

（一）仪器要求

(1)测量范围应满足 0～1 000 μR/h。

(2)能量阀值不应大于 50 keV。

(3)灵敏度不应小于 1 μR/h。

(4)连续工作 8 h 后，任两次读数的相对误差不应大于 10%。

(5)仪器使用前应进行标定。

（二）工作布置及数据采集

(1)同一条测线宜由同一个人用同一台仪器一次完成测量。

(2)测量时仪器探头应紧靠测点位置，待读数稳定后，应读取 3～5 个数据，并取其算术平均值作为观测值。

(3)在异常区应加密测点，连续异常点不应少于 3 个。

(4)主要异常段应进行重复观测。重复性较差时，应进行多次观测，舍去最大值和最小值后取平均值作为观测值。

(5)现场应记录每个观测点附近的地貌、岩性、构造、环境等信息，遇人工污染时应注明，并说明污染性质。

(三)资料处理与解译

1. 资料处理

资料处理应符合下列规定：

(1)应编制仪器的工作日志和绘制各种仪器性能检查曲线。

(2)应计算伽玛照射量率，并应统计伽玛照射量率变化或绘制变化曲线；需要时可计算有效平衡系数或铀伽玛当量含量。

(3)应检查观测数据并采用数理统计方法计算放射性背景值，大于 2 倍背景值的观测值可定为异常。

(4)绘制剖面和平面等值线图。

(5)测量结果可根据需要采用表格的形式表示。

(6)参与地质解释的异常应符合重复性好、地质控制因素明显、分布有一定规律的特点。

2. 资料解释

资料解释应符合下列规定：

(1)应研究异常的分布规律和特征，分辨异常性质并排除假异常及人工污染等因素的影响。

(2)因观测条件变化引起观测数值的变化时，应在进行多次观测查明原因后再进行解释。

(3)环境检测的结论应明确。

3. 资料成果

资料成果应主要包括测量曲线图、平面等值线图、平面剖面图、平面剖面地质解释图、观测数据表。

二、氡测量法

(一)仪器要求

(1)测量范围应满足 3～100 000 Bq/m^3。

(2)本底不应大于 1 cpm。

(3)灵敏度不应小于 0.9 $cpm \cdot Bq^{-1}/m^3$。

(4)连续工作 8 h 后，计数相对误差不应超过 15%。

(二)工作布置及数据采集

(1)直接进行大地氡气测量时，测区应有表土层，厚度不宜小于 300 mm。

(2)氡气收集器的埋藏深度不应小于 300 mm，并应有防止大气渗入的措施。

(3)取样间接测量时，土壤样品的取样深度应大于 300 mm，岩石取样应取到原岩。

(4)两次氡气测量的时间间隔不应小于 4 h。

(5)异常区应加密测点，连续异常点不应少于 3 个。

(6)主要异常段应进行重复观测。

(7)同时进行伽玛测量和氡测量时，两者测点位置应一致。

(三)资料处理与解译

参考伽玛测量法。

第七节　水域测深法

水域探测法可用于探测水底地形、水下障碍物、地层结构及隐伏断裂构造等。水域探测法可分为声纳测深法、侧扫声纳法、浅地层剖面法、水域地震法、水域电法、水域磁法。轨道交通勘察常用的水域测深法包括声纳浅地层剖面法、水域地震法。

一、声纳浅地层剖面法

声纳浅地层剖面法主要用于探测河床水深及泥沙厚度；进行水下地层覆盖层分层及探测地下或水下隐埋物体等。

(一)基本原理

声纳浅地层剖面法是基于水声学原理，通过声源在水中发出声脉冲，水声在遇到不同的介质时发生反射，通过接收换能器接收反射脉冲，并将反射脉冲转换为电信号，进而通过分析、处理和解释，反映出水下浅部地层、构造及障碍物的形态。

(二)仪器要求

声纳浅地层剖面探测仪器由声源、接收换能器(水听器)和记录器三部分组成。其主要技术指标应符合以下规定：

(1)声源频带宽应满足 50 Hz～15 kHz。

(2)接收换能器(水听器)灵敏度应大于 1 000 μV/Pa，接收频带宽应满足 20 Hz～10 kHz。

(三)工作布置及要求

(1)工作布置的主测线方向应与探测目标体的走向垂直，联络测线与主测线垂直。

(2)主测线间距满足表 3-4-6 要求，联络测线间距在成果图上应满足 2.0～4.0 cm。

表 3-4-6　主测线间距

测　区	图上测线间距(mm)	
内河、湖泊、水库	重点水域	一般水域
	10～15	15～20
浅　海	≤30	

(3)现场作业应采用载重量适宜且噪声小的平底船，水深宜大于 2 m。

(4)舷挂式发射换能器与接收换能器应按前后顺序挂于船中后部同一侧，并根据探测深度选择适当的收发距。

(5)电磁脉冲或电火花声源与接收换能器(水听器)应视水深分别拖拽于船尾部一侧或两侧,并应水平放置。

(6)机械式震源设备应安装于船首处,接收陈列应安置于船身一侧。

(7)接收换能器入水深度应视波浪大小而定;水面平静时的入水深度宜为 0.5 m。

(8)发射机的接收机应接地良好,接收记录设备宜安置在船内操纵控制室内。

(四)资料处理

声纳浅地层剖面探测成果包括下列资料:

(1)探测工区、测量日期、测量船、测线号及水深值。

(2)水声时间剖面地质解释成果图。

(3)水下淤泥(或覆盖层)等厚度图。

(4)基岩顶面等高线图。

二、水域地震法

水域地震法可用于探测水库、河道、湖泊或浅海区的水下地形,也可用于探测水下地层结构及分布特征、隐伏断裂构造等。

使用水域地震法的工作条件应符合下列规定:

(1)被探测地层与相邻地层之间具有波阻抗差异。

(2)进行水下地层分层时,被探测地层应有一定厚度,且介质均匀、波速稳定。

(3)水深不宜小于 2.0 m。

(一)仪器要求

(1)地震仪应具备连续触发采集功能。

(2)激发可选用炸药、空气枪、电火花或机械冲击等震源。

(3)检波器应采用水听器。

(二)工作布置及数据采集

(1)工作布置应符合下列规定:

①主测线应平行于桥梁、大坝等建筑物轴线,或垂直于水下地形等深线总方向或岸线,或垂直于地质构造走向,或垂直于探测目标体走向,联络测线方向应与主测线垂直。

②有钻孔时测线应通过勘探钻孔布设。

③测线间距应符合表 3-4-6 的规定,布设联络测线时应按设计要求进行。

(2)数据采集应符合下列规定:

①水域地震法探测可采用固定排列观测方式或走航式观测方式;反射波法可选用多次覆盖观测系统,折射波法可选用单重或多重追逐相遇观测系统。

②沉放震源时的深度应根据具体条件确定,走航式观测时震源深度应保持一致。

③水听器可随漂浮电缆固定在水下 1～5 m 的深度范围内,且深度应一致,采用固定排列观测方式时也可放置于水底。

④采用固定排列观测方式的观测船和激发船应抛锚定位,并将排列固定于缆绳上。作业时应监测有无溜锚导致船体移动,当排列尾部摆动超过 10°时,排列尾部应抛锚固定。

⑤走航式测量时,测量船在航行过程中宜按测线保持定向行驶,实际航迹偏离不应大

于设计测线间距的 1/4；航速宜为 5 km/h 左右，且应保持船速稳定。

⑥严禁在作业船航行的上游使用炸药震源激发。

⑦在河道、水库、湖泊中工作时，每天开始工作时和结束工作时各测量一次水面高程；工作期间，水位涨落变化大于 0.3 m 时，应固定时间间隔测量水位变化，并绘制水位随时间变化的曲线。

⑧在海域宜选择在平潮期工作。

（三）资料处理与解译

(1)反射波法的资料处理与解译应符合以下要求：

①资料处理应包括预处理、抽道集、静校正、速度分析、动校正、滤波、叠加等过程。

②应绘制观测系统图，并应注明空炮、废炮及测线经过的主要地物标志。

③应整理表层静校正所需的测点坐标、高程、井深、低速带厚度及速度等资料。

④应根据各记录道的波形、振幅及振动延续度进行地震波的对比；在断层发育区，宜采用多相位对比。

⑤所使用的速度参数可通过地震测井或浅层折射波法获得。

⑥反射波法资料解释时，可根据钻孔资料和地质资料，确定地层层位与波组之间的关系，进行波组对比追踪。

⑦反射波法的成果图应主要包括反射波原始记录、时间剖面、时深转换剖面以及推断解释地质剖面或平面图。

(2)折射波法资料处理和解译应符合下列规定：

①应根据波形和振幅的相似性、相位一致性以及旅行时、视速度，采用单相位或多相位对比方式，进行互换道、连续道的波的对比。

②可利用原始记录或依据干扰情况进行处理后读取波的初至时间。

③应绘制综合时距曲线，绘制时距曲线时，应对旅行时读数进行校正。

④资料应区分单支时距曲线、相遇时距曲线计算各折射界面的波速，波速计算方法可根据观测系统不同进行选择。

⑤解释时应依据钻孔或物性资料，确定折射界面与地质界面的对应关系，推断水平方向上的岩性变化，低速带与断层破碎带的对应关系可通过原始记录上的振幅衰减、波形变化确定。

⑥折射波法成果图应主要包括综合时距曲线剖面图、推断解释剖面或平面图。

第五章 室内试验

城市轨道交通工程勘察的室内试验主要包括土的物理性质试验、土的力学性质试验、岩石试验及动力特性试验、水和土腐蚀性试验等。

岩土室内试验的试验方法、操作和采用的仪器设备应符合现行国家标准《土工试验方法标准》(GB/T 50123)、《工程岩体试验方法标准》(GB/T 50266)和《岩土工程仪器基本参数及通用技术条件》(GB/T 15406)的有关规定。岩土室内试验项目应根据岩土性质、工程类型和设计、施工需要确定。应正确分析整理岩土室内试验的资料,为工程设计、施工提供准确可靠的参数。主要室内试验项目、测定参数及工程应用见表 3-5-1。对于特殊试验项目,必要时应制定专门的试验方案。

表 3-5-1 主要室内试验项目、测定参数及工程应用

项目分类	试验类别	试验项目	主要参数	工程应用
常规项目	物理性质	含水率、密度、比重	含水率 w、密度 ρ、比重 Gs	土的基本参数计算
		界限含水率	液限 w_L、塑限 w_P、塑性指数 I_P、液性指数 I_L	黏性土的分类,判断黏性土的状态、颗粒级别
		颗粒分析(筛析法、比重计法)	不均匀系数 C_u、曲率系数 C_c、黏粒含量 M_c	粉土和砂土的分类,确定黏粒含量
	力学性质	直剪快剪	内摩擦角 φ_q、黏聚力 c_q	黏性土地基快速加荷时的稳定性验算,适用于渗透系数小于 1.0×10^{-6} cm/s 且均质的黏性土
		直剪固结快剪	内摩擦角 φ_{cq}、黏聚力 c_{cq}	天然地基承载力计算,基坑及边坡的稳定性验算;隧道围岩稳定性验算
		快速固结	e-p 曲线、压缩系数 α_v、压缩模量 E_s	沉降计算
特殊项目	物理性质	烧失量	烧失量 O_m	有机质的分类
		热物理	导温系数 α、导热系数 λ、比热容 C	地铁通风负荷计算
		渗透 变水头	渗透系数 k_v、k_h	适宜黏性土、粉土的渗透性评价
		渗透 常水头	渗透系数 k	适宜砂类土、碎石类土的渗透性的评价
	力学性质	三轴压缩试验 UU	内摩擦角 φ_{uu}、黏聚力 c_{uu}	施工速度较快,排水条件较差的黏性土的地基稳定性验算;桩周土极限摩阻力计算;桩端软弱下卧层强度验算;基坑边坡稳定性验算;隧道围岩稳定性验算
		三轴压缩试验 CU	有效内摩擦角 φ'、有效黏聚力 c' 总应力内摩擦角 φ_{cu}、总应力黏聚力 c_{cu}	施工速度较慢,考虑上部荷载引起地基强度增长,固结后地基稳定性验算、基坑边坡稳定性验算;隧道围岩稳定性验算
		无侧限抗压强度	抗压强度 q_u、q'_u,灵敏度 S_t	饱和软黏土施工期稳定性验算;基坑边坡稳定性验算;隧道围岩稳定性验算

续上表

项目分类	试验类别	试验项目	主　要　参　数	工　程　应　用
特殊项目	力学性质	静止侧压力系数	侧压力系数 K_0	研究土中应力与应变的关系，进行静止侧压力计算；基坑边坡稳定性验算
		基床系数	基床系数 K_h、K_v	考虑土和结构的相互作用，一般用来计算围护桩/墙变形；验算地基变形、基坑变形和隧道变形
		天然休止角	水上休止角 α_c、水下休止角 α_m	在砂土基础开挖时，确定边坡坡率，适用于粒径小于 5 mm 无凝聚性砂土
		固结	e-log$p$ 曲线、先期固结压力、超固结比 OCR、压缩指数 C_c、回弹指数 C_s、回弹模量 E_e	土的应力历史评价，考虑应力历史的沉降计算
			固结系数 C_v 和 C_h、次固结系数 C_{ae}	黏性土沉降速率和固结度计算
	动力性质	动三轴动单剪	动强度（C_d 和 φ_d）、动弹性模量 E_d，动阻尼比 ξ_d	地震反应分析，地基土液化判别
		共振柱	动剪切模量 G_d，动阻尼比 ξ_d	

第一节　土的物理性质试验

城市轨道交通工程勘察通过室内试验测定天然含水率、比重、天然密度、颗粒级配、塑限、液限、有机质含量等土的物理性质指标，并根据这些测定的物理性质指标计算出其他相关物理性质指标。

一、基本物理性质试验

（一）直接测定的基本物理性质指标

通过基本物理性质试验直接测定的基本物理性质指标分别为天然含水率、比重和天然密度，其物理意义及试验方法等见表 3-5-2。

表 3-5-2　室内试验直接测定的基本物理性质指标

指标名称	符号	单位	物　理　意　义	试验方法及适用条件	取样要求
天然含水率（含水率）	w	%	土在 105～110 ℃下烘到恒量时所失去的水质量和达恒量后干土质量的比值 $w=\left(\frac{m}{m_d}-1\right)\times 100$ m 为湿土质量，g； m_d 为干土质量，g	1. 烘干法（室内试验标准方法）； 2. 酒精燃烧法（野外简易测定细粒土）； 3. 比重法（适用于砂类土）	保持天然湿度
比重（相对密度）	G_s（d_s）	—	土在 105～110 ℃下烘到恒值时的质量与土粒同体积 4 ℃纯水质量的比值 $G_g=\frac{m_s}{V_s\rho_w}$ m_s 为土粒质量，g； V_s 为土粒体积，cm^3； ρ_w 为水的密度，g/cm^3	1. 比重瓶法（适用于粒径小于 5 mm 的土）； 2. 浮称法（适用于粒径不小于 5 mm，且其中粒径大于 20 mm 颗粒含量小于 10%的土）； 3. 虹吸筒法（适用于粒径不小于 5 mm，且其中粒径大于 20 mm 颗粒不小于 10%的土）	扰动土

续上表

指标名称	符号	单位	物理意义	试验方法及适用条件	取样要求
天然密度（质量密度）	ρ	g/cm³	土的总质量与其体积之比即单位体积质量 $\rho=\frac{m}{V}$ m为土总质量，g；V为土总体积，cm³	1. 环刀法（适用于一般黏性土）；2. 蜡封法（适用于易碎裂、难以切削的土样）	Ⅰ～Ⅱ级土试样

土的比重在有经验的地区可根据经验值确定。但对缺乏经验的地区或有机质含量较高的土样，应直接测定。

（二）计算求得的基本物理性质指标

由通过室内试验直接测定的基本物理性质指标可计算求得以下基本物理性质指标，见表 3-5-3。

表 3-5-3　计算求得的基本物理性质指标

指标名称	符号	单位	物理意义	基本公式
容重	γ	kN/m³	$\gamma=\frac{土所受的重力}{土的总体积}$	$\gamma=g\times\rho=10\rho$
干密度	ρ_d	g/cm³	$\rho_d=\frac{m_s}{V}=\frac{土粒质量}{土的总体积}$	$\rho_d=\frac{\rho}{1+0.01w}$
孔隙比	e	—	$e=\frac{V_v}{V_s}=\frac{土中孔隙体积}{土粒体积}$	$e=\frac{d_s\rho_w(1+0.01w)}{\rho}-1$
孔隙率	n	%	$n=\frac{V_v}{V}\times100=\frac{土中孔隙体积}{土的总体积}\times100$	$n=\frac{e}{1+e}\times100$
饱和度	S_r	%	$S_r=\frac{V_w}{V_v}\times100=\frac{土中水的体积}{土中孔隙体积}\times100$	$S_r=\frac{wd_s}{e}$

二、界限含水率试验

（一）直接测定的指标

1. 直接测定的可塑性指标

通过界限含水率试验可以直接测定的可塑性指标见表 3-5-4。

表 3-5-4　界限含水率试验直接测定的可塑性指标

指标名称	符号	单位	物理意义	试验方法	取样要求
液限	w_L	%	土由可塑状态过渡到流动状态的界限含水率	液塑限联合测定法、碟式仪	扰动土
塑限	w_P	%	土由可塑状态过渡到半固体状态的界限含水率	液塑限联合测定法、搓条法	扰动土
缩限	w_s	%	土由半固体状态过渡到固体状态时体积不再收缩的界限含水率	收缩皿法	扰动土

2. 液塑限联合测定法

液塑限联合测定法即采用液塑限联合测定仪（图 3-5-1）测定土的液塑限指标，本试验方法适用于粒径小于 0.5 mm，以及有机质含量不大于干土质量 5%的土。

图 3-5-1　液塑限联合测定仪

该方法宜采用天然含水率试样，但也允许用风干土制备试样。当采用天然含水率的土样时，应剔除大于 0.5 mm 的颗粒，然后分别按接近液限、塑限和二者中的中间状态制备不同稠度的土膏；当采用风干土样时，取过 0.5 mm 筛的代表性土样约 200 g，分成 3 份，分别放入 3 个盛土皿中，用纯水将土样按接近液限、塑限和二者中的中间状态调成均匀膏状，填入试验样杯中，圆锥自重下沉入试样，经 5s 后测读圆锥下沉深度，取锥体附近的试样 2 个，且不少于 10 g，测定含水率；再按照上述方法分别测定第二点、第三点试样的圆锥下沉深度及相应的含水率。三次圆锥入土深度分别宜为 3～4 mm，7～9 mm，15～17 mm。绘制含水率与圆锥下沉深度的关系曲线图，如图 3-5-2 所示。从图上查得下沉深度为 17 mm 所对应的含水率为液限，查得下沉深度为 2 mm 所对应的含水率为塑限，取值以百分数表示，准确至 0.1%。

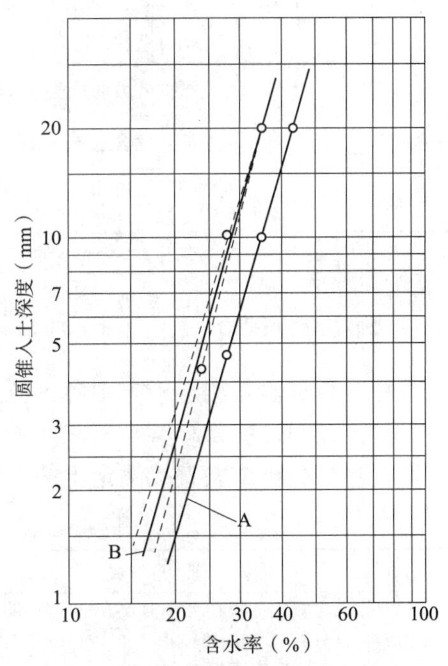

图 3-5-2　含水率与圆锥下沉深度的关系曲线图

3. 碟式仪法

碟式仪法适用于测定粒径小于 0.5 mm 土的液限。

该方法是使用 4～5 个加入不同水量的试样，使用碟式液限仪测定槽底两边试样合拢长度为 13 mm 所需要的击数及相应含水率，编制击数与含水率的关系曲线图(图 3-5-3)，取曲线上击数为 25 击所对应的整数含水率为试样的液限。

4. 搓条法

搓条法适用于测定粒径小于 0.5 mm 土的塑限。该方法为将制备好的试样放在毛玻璃上用手掌滚搓，当土条刚好搓成直径 3 mm 时开始断裂，测定其含水率即为塑限。

(二)计算求得的指标

通过计算求得的可塑性指标见表 3-5-5。

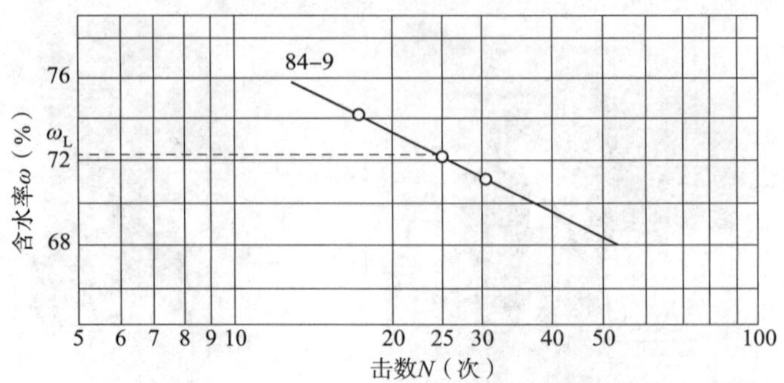

图 3-5-3 击数与含水率的关系曲线图

表 3-5-5 计算求得的可塑性指标

指标名称	符号	物 理 意 义	计算公式
塑性指数	I_P	土呈可塑状态时含水量变化的范围,代表土的可塑程度	$I_P=w_L-w_P$
液性指数	I_L	土抵抗外力的量度,其值越大,抵抗外力的能力越小	$I_L=\frac{w-w_P}{I_P}=\frac{w-w_P}{w_L-w_P}$
含水比	u	土的天然含水率与液限含水量之比	$u=\frac{w}{w_L}$
活动度	A	土的含水量变化时,土的体积相应变化的程度,其值越大,变化程度越大。一般用来衡量黏土矿物吸附结合水的能力	$A=\frac{I_P}{P_{0.002}}$

注:表中 $P_{0.002}$ 为土中粒径小于 0.002 mm 的颗粒含量占总质量的百分数;其余符号意义同前。

三、颗粒分析试验

颗粒分析试验是测定干土中各种粒组所占该土总质量的百分数的方法。

(一)直接测定的指标

通过颗粒分析试验直接测定土的颗粒组成见表 3-5-6。

表 3-5-6 直接测定的颗粒组成

指标名称	物 理 意 义	试验方法及适用条件	取样要求
颗粒组成	土颗粒按粒径大小分组所占的质量百分数(其中,粒径小于 0.005 mm 的土颗粒所占质量百分数称为黏粒含量)	1. 筛析法(适用于粒径大于 0.075 mm 的土); 2. 密度计法、移液管法(粒径小于 0.075 mm 的土)	扰动土

(二)计算求得的指标

1. 颗粒组成指标

计算求得的指标见表 3-5-7。

表 3-5-7 计算求得的颗粒组成指标

指标名称	符号	单位	物 理 意 义	求 得 方 法
界限粒径(限制粒径)	d_{60}	mm	小于该粒径的颗粒含量占总质量的 60%	从颗粒级配曲线上求得,如图 3-5-4 所示
平均粒径	d_{50}	mm	小于该粒径的颗粒含量占总质量的 50%	
中间粒径	d_{30}	mm	小于该粒径的颗粒含量占总质量的 30%	
有效粒径	d_{10}	mm	小于该粒径的颗粒含量占总质量的 10%	

续上表

指标名称	符号	单位	物　理　意　义	求　得　方　法
不均匀系数	C_u	—	土的不均匀程度，系数越大，表明土的粒度组成越分散	$C_u=\frac{d_{60}}{d_{10}}$
曲率系数（级配系数）	C_c	—	表示某种中间粒径的粒组是否缺失的情况	$C_c=\frac{d_{30}^2}{d_{10}\times d_{60}}$

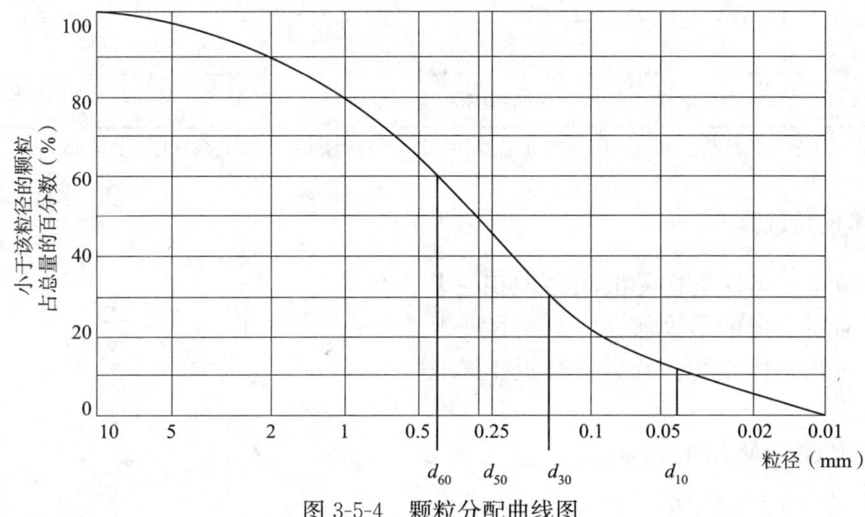

图 3-5-4　颗粒分配曲线图

2. 土的级配评价

土的级配优劣评价见表 3-5-8。

表 3-5-8　土的级配评价

评　价　项　目		判　断　标　准
均匀性	级配不均匀	$C_u>5$
	级配均匀	$C_u\leqslant5$
连续性	级配连续	$1\leqslant C_c\leqslant3$
	级配不连续	$C_c<1$ 或 $C_c>3$
良好性	级配良好	同时满足 $C_u\geqslant5$ 和 $1\leqslant C_c\leqslant3$
	级配不良	不同时满足 $C_u>5$ 和 $1\leqslant C_c\leqslant3$

四、砂的相对密度试验

(一)直接测定的指标

砂的相对密度试验是进行砂的最大干密度和最小干密度试验，该试验直接测定的指标见表 3-5-9。

表 3-5-9　直接测定的指标

指标名称	符号	单位	物　理　意　义	试验方法
最大干密度	ρ_{dmax}	g/cm³	砂在最紧密状态的干密度	振动锤击法
最小干密度	ρ_{dmin}	g/cm³	砂在最松散状态的干密度	漏斗法、量筒法

（二）计算求得的指标

相对密实度指标见表 3-5-10。

表 3-5-10 计算求得的相对密实度指标

指标名称	符号	物理意义	基本公式
最大孔隙比	e_{max}	砂在最松散状态孔隙比	$e_{max}=\frac{\rho_w G_s}{\rho_{dmin}}-1$
最小孔隙比	e_{min}	砂在最密实状态孔隙比	$e_{min}=\frac{\rho_w G_s}{\rho_{dmax}}-1$
相对密实度	D_r	砂的紧密程度	$D_r=\frac{e_{max}-e_0}{e_{max}-e_{min}}=\frac{\rho_{dmax}(\rho_d-\rho_{dmin})}{\rho_d(\rho_{dmax}-\rho_{dmin})}$

注：表中 e_0 为砂的天然孔隙比；ρ_d 为要求的干密度（或天然干密度）（g/cm³）；其余符号意义同前。

五、休止角试验

休止角是无黏性土在松散状态堆积时其天然坡面与水平面所形成的最大倾角。分为风干状态下休止角和水下状态休止角。其数值接近于疏松土样的内摩擦角。

休止角试验使用的设备是休止角测定仪，如图 3-5-5 所示。

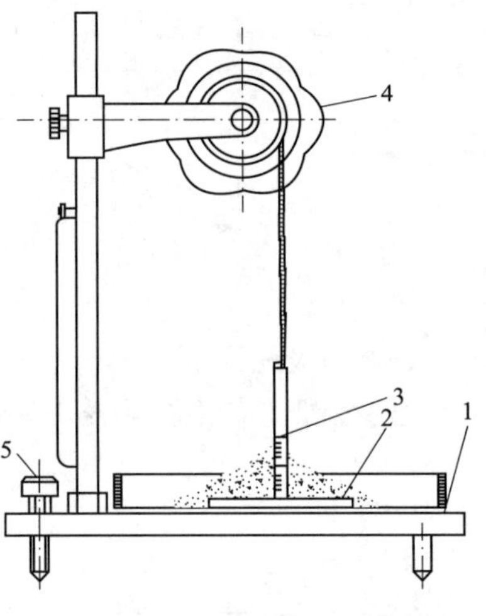

图 3-5-5 休止角测定仪

1—底盘；2—圆盘；3—铁杆；4—制动器；5—水平螺丝

按下式计算休止角 α_0：

$$\tan\alpha_0=\frac{2h}{d} \tag{3-5-1}$$

式中 h——试样堆积圆锥高度（cm）；

d——圆锥底面直径（cm）。

六、渗透试验

渗透试验的目的是测定土的渗透系数。土的渗透系数取值应与野外抽水试验或注水试验的成果比较后确定。

（一）渗透系数

渗透系数 k 是土的透水性指标，其物理意义为当水力梯度等于 1 时的渗透速度。

$$k=\frac{Q}{FI}=\frac{v}{I} \tag{3-5-2}$$

式中 k——渗透系数（cm/s 或 m/d），1 cm/s=864 m/d；

Q——渗透通过的水量（cm³/s 或 m³/d），1 cm³/s=0.086 4 m³/d；

F——通过水量的总横断面积（cm² 或 m²）；

v——渗透速度（cm/s 或 m/d）；

I——水力梯度。

（二）试验方法

土的渗透系数变化范围很大（$1\times10^{-1}\sim1\times10^{-8}$ cm/s），渗透系数的测定应采用不同的方法。

(1)常水头渗透试验:适用于砂土和碎石土,试验装置如图 3-5-6 所示;

(2)变水头渗透试验:适用于黏性土和粉土,试验装置如图 3-5-7 所示。

透水性很低的饱和黏性土,可通过固结试验测定固结系数、体积压缩系数,计算渗透系数。

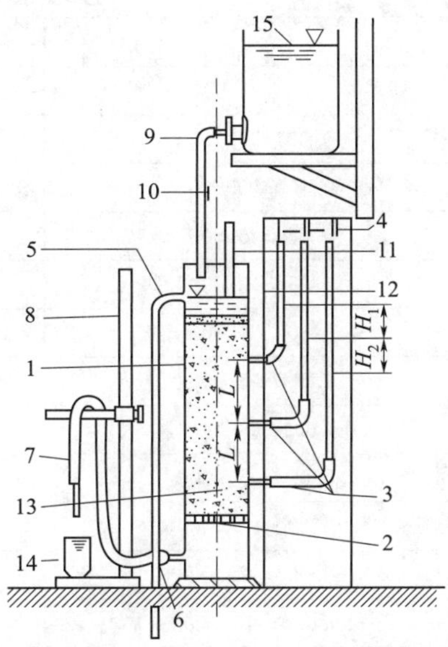

图 3-5-6　常水头渗透仪装置

1—封底金属圆筒;2—金属孔板;3—测压孔;4—玻璃测压管;5—溢水孔;6—渗水孔;7—调节管;8—滑动支架;9—供水管;10—止水夹;11—温度计;12—砾石层;13—试样;14—容量为 500 mL 的量筒;15—容量 5 000 mL 的供水瓶;L—两测压孔中心间的试验样高度;H_1,H_2—水位(cm)

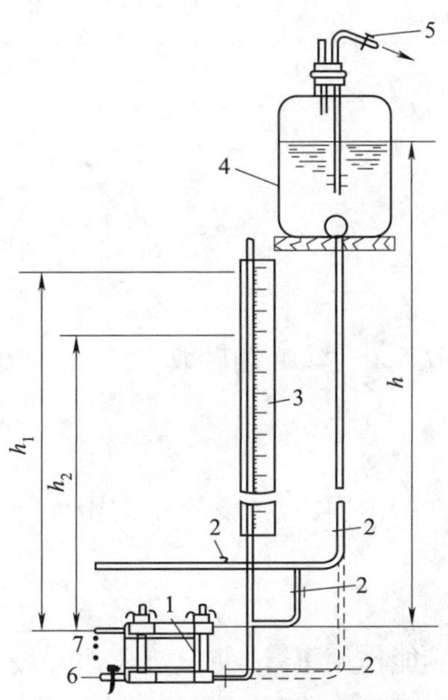

图 3-5-7　变水头渗透仪装置

1—渗透容器;2—进水管夹;3—变水头管;4—供水瓶;5—接水源管;6—排气管;7—出水管;h—水位高度(cm);h_1—开始时水头(cm);h_2—终止水头(cm)

(三)经验数据

(1)几种土的渗透系数经验数据值见表 3-5-11。

表 3-5-11 渗透系数经验数据

岩土名称	渗透系数 k	
	(m/d)	(cm/s)
黏土	<0.001	$<1.2\times10^{-6}$
粉质黏土	0.001～0.100	$1.2\times10^{-6}\sim6.0\times10^{-5}$
粉土	0.100～0.500	$1.2\times10^{-4}\sim6.0\times10^{-4}$
黏质粉土	0.050～0.500	$6.0\times10^{-5}\sim6.0\times10^{-4}$
黄土	0.250～0.500	$3.0\times10^{-4}\sim6.0\times10^{-4}$
粉砂	0.500～1.000	$6.0\times10^{-4}\sim1.2\times10^{-3}$
细砂	1.000～5.000	$1.2\times10^{-3}\sim6.0\times10^{-3}$
中砂	5.000～20.000	$6.0\times10^{-2}\sim2.4\times10^{-2}$
均质中砂	35.000～50.000	$4.0\times10^{-2}\sim6.0\times10^{-2}$
粗砂	20.000～50.000	$2.4\times10^{-2}\sim6.0\times10^{-2}$
均质粗砂	60.000～75.000	$7.0\times10^{-2}\sim8.6\times10^{-2}$
砾砂	50.000～150.000	$6.0\times10^{-2}\sim1.8\times10^{-1}$
圆砾	50.000～100.000	$6.0\times10^{-2}\sim1.2\times10^{-1}$
卵石	100.000～500.000	$1.2\times10^{-1}\sim6.0\times10^{-1}$
无充填的卵石	500.000～1 000.000	$6.0\times10^{-1}\sim1.2$
稍有裂隙岩石	20.000～60.000	$2.4\times10^{-2}\sim7.0\times10^{-2}$
裂隙多的岩石	>60.000	$>7.0\times10^{-2}$

(2)砂土的渗透系数与有效粒径的经验关系公式：

$$k=Cd_{10}^{2}(0.7+0.03t) \tag{3-5-3}$$

式中 k——渗透系数(m/d)；

d_{10}——颗粒的有效粒径(mm)；

t——渗透水的温度(℃)；

C——常数，黏土质砂取 500～700，纯砂取 700～1 000。

七、击实试验

击实试验的目的是用标准的击实方法，测定土的密度与含水量的关系，从而确定土的最大干密度和最优含水量。

(一)击实性指标

最优含水量是在一定击实能作用下，能使填筑土达到最大密度所需的含水量；与其相应的干密度称为最大干密度。最优含水量与下列因素有关：

(1)土的可塑性增大，最优含水量增大。

(2)随着夯实功能的增大，最优含水量减小，最大干密度增大。

(3)砂土的击实性与含水量无关。

(二)试验方法

击实试验分轻型击实和重型击实。根据工程实际情况选用轻型击实试验和重型击实试验，轻型击实试验适用于粒径小于 5 mm 的黏性土，重型击实试验适用于粒径不大于 20 mm 的土。采用三层击实时，最大粒径不大于 40 mm。

击实试验的设备为击实仪，由击实筒、击锤和护筒组成。另外还需天平、台秤、标准筛和试验样推出器等仪器。

击实试验是对不同含水量的试样依次击实，并测定计算其干密度，绘制干密度和含水量的关系曲线如图 3-5-8 所示。取曲线峰值点相应的干密度为试样的最大干密度 ρ_{dmax}，相应的含水量为最优含水量。

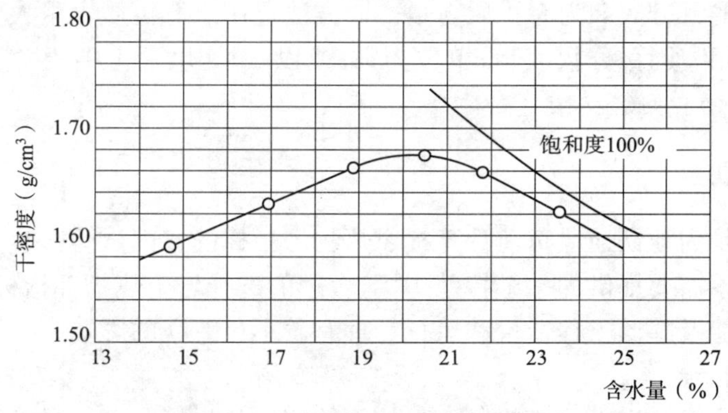

图 3-5-8　干密度与含水量关系曲线

(三)指标的校正

轻型击实试验中，当试样中粒径大于 5 mm 的土质量小于或等于试样总质量的 30% 时，应对最大干密度和最优含水率进行校正。

1. 最大干密度

最大干密度应按下式进行校正：

$$\rho'_{dmax}=\frac{100}{\frac{100-P_5}{\rho_{dmax}}+\frac{P_5}{\rho_w \cdot G_{s2}}} \tag{3-5-4}$$

式中　ρ'_{dmax}——校正后试样的最大干密度(g/cm³)；

ρ_{dmax}——通过 5 mm 筛的土试样击实试验所得的最大干密度(g/cm³)；

P_5——粒径大于 5 mm 土的质量百分数(%)；

G_{s2}——粒径大于 5 mm 土粒的饱和面干比重，指当土粒呈饱和面干状态时的土粒总质量与相当于土粒总体积纯水 4 ℃时质量的比值。

2. 最优含水量

最优含水率应按下式进行校正，计算至 0.01%。

$$w'_{opt}=w_{opt}(1-P_5)+P_5 \cdot w_{ab} \tag{3-5-5}$$

式中　w'_{opt}——校正后试样的最优含水量(%)；

w_{opt}——粒径大于 5 mm 试样的最优含水量(%)；

w_{ab}——粒径大于 5 mm 土粒的吸着含水量(%)。

八、有机质试验

土中的有机质系以碳、氮、氢、氧为主体，还有少量的硫、磷以及金属元素组成的有机化合物的通称。有机质试验采用重铬酸钾容量法或灼失量法来测定土中的有机质含量。

(1)重铬酸钾容量法：在加热的条件下，用过量的重铬酸钾—硫酸($K_2Cr_2O_7$-H_2SO_4)溶液，来氧化有机质中的碳，根据消耗的重铬酸钾量计算出土中的有机碳，再乘以经验系数1.724换算成有机质。该方法适用于有机质含量不大于15%(150 g/kg)的土。

(2)灼失量法：在灼烧前将试样及坩埚在65～70 ℃的恒温干燥箱内烘至恒量，置于干燥器内冷却至室温，称其质量，准确至0.001 g；灼烧时应将试样置于高温炉内，在温度550 ℃下烧灼至恒量，置于干燥器内冷却至室温，称其质量，准确至0.001 g。烧灼后减少的质量占原质量的百分数即为有机质含量。该方法适用于有机质含量大于15%的土。

有机质含量W_u用百分数表示，单位为%；或以1 kg烘干土中所含有机质的克数表示，单位为g/kg，1%＝10 g/kg。

九、热物理试验

热物理试验是为地铁通风负荷计算提供热物理指标的室内试验。热物理指标是城市轨道交通工程勘察需要提供的一个特殊指标，合理的选择岩土热物理指标，对保证地铁建筑良好的使用功能及降低工程造价和运行管理有着不可忽视的影响。

(一)热物理指标

热物理指标是反映岩土体导热、导温、储热等能力的指标，一般包括导热系数、导温系数和比热容等。

三个热物理指标有以下相互关系：

$$\alpha=3.6\frac{\lambda}{C\rho} \tag{3-5-6}$$

式中 α——导温系数(m^2/h)；

λ——导热系数[W/(m·K)]；

C——比热容[kJ/(kg·K)]；

ρ——密度(kg/m^3)。

岩土的热物理性能是与密度、湿度及化学成分有关。导热系数、导温系数随着密度和湿度的增加而变大，而湿度对比热容的影响较大。此外，在相同密度及湿度的情况下，由于化学成分不同，其值也相差很大。因此，在施工设计阶段时，应通过试验取得数据，以保证设计合理。

由于土的热物理指标与土的密度和含水率等状态密切相关，因此需要对原状土的级别进行鉴别。为了真实反映地下土层的热物理特性，保证试验成果的可靠性，质量不符合要求的原状土样不能做该项目试验。

(二)试验方法

测定热物理性能试验方法较多，各种不同的方法都有一定的适用范围。因此，根据岩土自身的特性，《城市轨道交通岩土工程勘察规范》(GB 50307—2012)选用了三种方法测定岩土的热物理性能。分别为面热源法、热线法和热平衡法。

面热源法能够一次测得岩土的导温系数和导热系数，并计算出比热容。但测试仪器及操作计算较复杂，中山大学采用此方法试验。热线法和热平衡法分别适用于测定潮湿土质材料的导热系数和比热容，利用关系式计算出导温系数。这两种组合测试方法测试装置简单，测试快捷方便，北京城建勘测设计研究院有限责任公司采用此方法试验。

(1)面热源法：是在被测物体中间作用一个恒定的短时间的平面热源，则物体温度将随时间而变化，其温度变化是与物体的性能有关。通过求解导热微分方程，并通过试验测出有关参数，然后按下列公式就可计算出被测物体的导温系数、导热系数和比热容。

①导温系数：

$$\alpha=\frac{d^2}{4\tau' y^2} \tag{3-5-7}$$

式中　α——导温系数(m^2/h)；

τ'——距热源面 d(m)，温度升高 θ' 时的时间(h)；

y——函数 $B(y)$ 的自变量。

函数 $B(y)$ 值：

$$B(y)=\frac{\theta'(\sqrt{\tau_2}-\sqrt{\tau_2-\tau_1})}{\theta_2\sqrt{\tau'}} \tag{3-5-8}$$

式中　$B(y)$——自变量为 y 的函数值；

τ_1——关掉加热器的时间(h)；

τ_2——加热停止后，热源上温度升高为 θ_2 时的时间(h)。

②导热系数：

$$\lambda=\frac{I^2R\sqrt{\alpha}(\sqrt{\tau_2}-\sqrt{\tau_2-\tau_1})}{S\theta_2\sqrt{\pi}} \tag{3-5-9}$$

式中　λ——导热系数[W/(m·K)]；

I——加热电流(A)；

R——加热器电阻(Ω)；

S——加热器面积(m^2)。

③比热容：

$$C=\frac{3.6\lambda}{\alpha\rho} \tag{3-5-10}$$

式中　C——比热容[kJ/(kg·K)]；

ρ——密度(kg/m^3)。

(2)热线法：是在匀温的各向同性均质试样中放置一根电阻丝，即所谓的“热线”，当热线以恒定的功率放热时，热线和其附近试样的温度将会随时间升高。根据其温度随时间变化的关系，可确定试样的导热系数。通过试验测出有关参数后，按下式计算岩土的导热系数。

$$\lambda=\frac{I\cdot V}{4\pi L}\cdot\frac{\ln\frac{t_2}{t_1}}{\theta_2-\theta_1} \tag{3-5-11}$$

或

$$\lambda=\frac{I^2\cdot R}{4\pi L}\cdot\frac{\ln\frac{t_2}{t_1}}{\theta_2-\theta_1} \tag{3-5-12}$$

式中 λ——导热系数[W/(m·K)];

V——热线A、B段的加热电压(V);

R——加热丝的电阻(Ω);

I——加热丝的电流(A);

L——加热线A、B间的长度(m);

θ_1,θ_2——热线的两次测量温升(℃);

t_1,t_2——测 θ_1、θ_2 时的加热时间(s)。

(3)热平衡法:是测定岩土比热容的常用方法。在试样中心插入热电偶,通过测量试样与水的初温及热量传递到温度均衡状态时的温度,按下式计算岩土的比热容。

$$C_m=\frac{(G_1+E)\cdot C_w(t_3-t_2)}{G_2(t_1-t_3)}-\frac{G_3}{G_2}\cdot C_b \tag{3-5-13}$$

式中 C_m——岩土在 t_3 到 t_1 温度范围内的平均比热容[J/(kg·K)];

C_b——试样筒材料(黄铜)在 t_3 到 t_1 温度范围内的平均比热容[J/(kg·K)];

C_w——杜瓦瓶中水在 t_2 到 t_3 温度范围内的平均比热容[J/(kg·K)];

E——水当量(用已知比热的试样进行测定,可得到 E 值)(g);

t_1——岩土下落时的初温(℃);

t_2——杜瓦瓶中水的初温(℃);

t_3——杜瓦瓶中水的计算终温(℃);

G_1——水重量(g);

G_2——试样重量(g);

G_3——试样筒重量(g)。

(三)经验数据

岩土热物理指标的经验值见表3-5-12。

表3-5-12 岩土热物理指标经验值

岩土类别	含水量 w(%)	密度 ρ(g/cm³)	热物理指标		
			比热容 C [kJ/(kg·K)]	导热系数 λ [W/(m·K)]	导温系数 α ($\times10^{-3}$m²/h)
黏性土	5≤w<15	1.90~2.00	0.82~1.35	0.25~1.25	0.55~1.65
	15≤w<25	1.85~1.95	1.05~1.65	1.08~1.85	0.80~2.35
	25≤w<35	1.75~1.85	1.25~1.85	1.15~1.95	0.95~2.55
	35≤w<45	1.70~1.80	1.55~2.35	1.25~2.05	1.05~2.65
粉土	w<5	1.55~1.85	0.92~1.25	0.28~1.05	1.05~2.05
	5≤w<15	1.65~1.90	1.05~1.35	0.88~1.35	1.25~2.35
	15≤w<25	1.75~2.00	1.35~1.65	1.15~1.85	1.45~2.55
	25≤w<35	1.85~2.05	1.55~1.95	1.35~2.15	1.65~2.65
粉、细砂	w<5	1.55~1.85	0.85~1.15	0.35~0.95	0.90~2.45
	5≤w<15	1.65~1.95	1.05~1.45	0.55~1.45	1.10~2.55
	15≤w<25	1.75~2.15	1.25~1.65	1.20~1.85	1.25~2.75

续上表

岩土类别	含水量 w(%)	密度 ρ(g/cm³)	热物理指标		
			比热容 C [kJ/(kg·K)]	导热系数 λ [W/(m·K)]	导温系数 α ($\times10^{-3}$m²/h)
中砂、粗砂、砾砂	$w<5$	1.65～2.30	0.85～1.05	0.45～1.05	0.90～2.85
	$5\leqslant w<15$	1.75～2.25	0.95～1.45	0.65～1.65	1.05～3.15
	$15\leqslant w<25$	1.85～2.35	1.15～1.75	1.35～2.25	1.90～3.35
圆砾、角砾	$w<5$	1.85～2.25	0.95～1.25	0.65～1.15	1.35～3.35
	$5\leqslant w<15$	2.05～2.45	1.05～1.50	0.75～2.55	1.55～3.55
卵石、碎石	$w<5$	1.95～2.35	1.00～1.35	0.75～1.25	1.35～3.45
	$5\leqslant w<10$	2.05～2.45	1.15～1.45	0.85～2.75	1.65～3.65
全风化软质岩	$5\leqslant w<15$	1.85～2.05	1.05～1.35	1.05～2.25	0.95～2.05
	$15\leqslant w<25$	1.90～2.15	1.15～1.45	1.20～2.45	1.15～2.85
全风化硬质岩	$10\leqslant w<15$	1.85～2.15	0.75～1.45	0.85～1.15	1.10～2.15
	$15\leqslant w<25$	1.90～2.25	0.85～1.65	0.95～2.15	1.25～3.00
强风化软质岩	$2\leqslant w<10$	2.05～2.40	0.57～1.55	1.00～1.75	1.30～3.50
强风化硬质岩	$2\leqslant w<10$	2.05～2.45	0.43～1.46	0.90～1.85	1.50～4.50
中风化软质岩	$w<5$	2.25～2.45	0.85～1.15	1.65～2.45	1.60～4.00
中风化硬质岩	$w<5$	2.25～2.55	0.75～1.25	1.85～2.75	1.60～5.50

注:热物理指标数值大小与密度、含水量、化学成分有关,本表是北京、广州、天津等地区近 30 年的试验值。

十、冻土试验

(一)试验项目

冻土试验是为冻结法设计提供的冻土物理力学指标,一般包括土体冻结温度、单轴抗压强度(−5 ℃、−10 ℃、−15 ℃)、冻土的弹性模量和泊松比(−5 ℃、−10 ℃、−15 ℃)、冻土的剪切强度、抗折强度、蠕变参数(−10 ℃),融沉率、冻土的导热系数、冻胀率和冻土密度等。

冻土试验可按现行煤炭行业标准《人工冻土物理力学性能试验》(MT/T 593)的相关要求进行。

1. 土体冻结温度

(1)试验目的

土体冻结温度实质上就是土中水的冻结温度,标准大气压下纯水在 0 ℃冻结,但是土中水分一方面受到土颗粒表面能作用,另一方面含有一定量溶质,因此土体冻结温度都低于 0 ℃。土体冻结温度是判定人工冻土冻结壁有效厚度的基本指标。

(2)试验装置

本试验整套装置由土样降温系统、测温系统、数据采集系统组成,如图 3-5-9 所示。

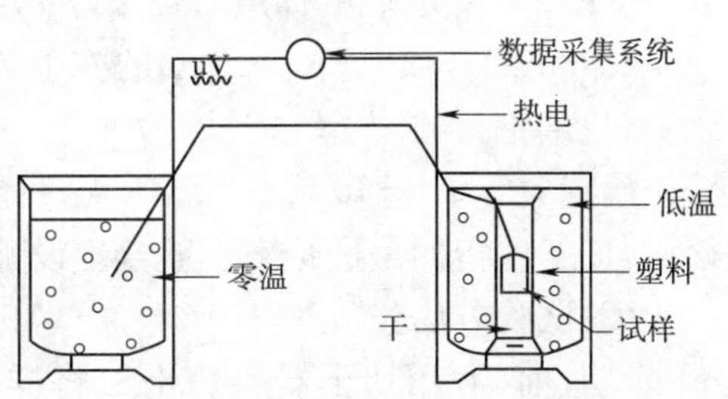

图 3-5-9　冻结温度试验装置示意图

①零温瓶容积为 3.57 L,内盛冰水混合物;低温瓶容积为 3.57 L,内盛高浓度 NaCl 低温液,其温度宜为−7.6 ℃。

②塑料管为内径 50 mm、壁厚 3 mm,长 150 mm 的硬质聚氯乙烯管,管底密封,管内装 50 mm 高干砂。

③试样杯使用黄铜制成,内径为 30 mm、高为 550 mm、杯底及壁厚为 5 mm,带有杯盖。

④温度采集系统:土体降温过程中采用热电偶测温、DATATAKER 智能可编程数据采集仪采集温度数据,热电偶测温精度为 0.1 ℃,分辨率 0.01 ℃。

(3)试验方法

冻结温度试验包括热电偶制作与标定、试样准备、装样、降温、数据采集等。

①热电偶标定

热电偶经冷端补偿标定后,该热电偶信号 S 与温度 t 关系(测温精度为 0.1 ℃):

$$S=-28.353t-4.7845 \tag{3-5-14}$$

②试样准备

原状土从土样中直接获取,切成规格为 $\phi30$ mm×50 mm,在低温瓶内盛入高浓度 NaCl 溶液,该溶液温度控制在−10~−20 ℃范围内,此时 NaCl 溶液不发生冻结,仍为液体状;零温瓶内装入冰水混合物,水面与冰面相平,冰块使用纯净水制成,其直径小于 20 mm。热电偶标定与试验中冷端补偿的一致性对测温端准确度不会产生影响。

③装样、降温

将配置好的土样装入试样杯中,杯口加盖,然后将热电偶零温端插入零温瓶,测温端插入土样中心,杯盖周侧用硝基漆密封;封好底且内装 50 mm 高干砂的塑料管放入低温瓶内并将试样杯放入塑料管内,然后将塑料管口和低温瓶口分别用橡皮塞和瓶盖密封,待其降温。

④数据采集

将零温端、测温端引出线与 DATATAKER 智能可编程数据采集仪连接,将信号传输到计算机软件中,设置每 10 s 自动采集数据一次,每组试验持续时间不超过 2 h,最后根据温度与时间的关系曲线形状直接判定土体的冻结温度值。

(4)冻结温度试验结果

$$T=V/K \tag{3-5-15}$$

式中 T——冻结温度(℃);

V——热电势跳跃后的电压稳定值(μV);

K——热电偶的标定系数(℃/μV)。

2. −5 ℃、−10 ℃、−15 ℃的冻土抗压强度、冻土弹模、冻土泊松比

(1)试验目的

确定−5 ℃、−10 ℃、−15 ℃温度条件下人工冻土单轴抗压强度及冻土弹模、冻土泊松比,该三项指标是进行冻土壁合理设计的前提。

(2)试验方法

试验前,利用切土器和切土刀将样土制成 $\phi50\times100$ mm 的圆柱体试样,并将两端面修平,保证试样长度尺寸误差不超过 1 mm,直径误差不超过 1 mm,两端面平行度误

差<0.5 mm，试件在试验规划的负温条件下，恒温养护 24 h 以上，以确保试样内温度一致。

采用恒应变增量加载方式进行加载，加载应变速率为 1%/min。试验时在试件的竖向两侧对称布置 2 只位移传感器，量测试样的轴向变形，取其平均值计算试件的轴向变形，在试件的径向两侧对称布置 4 只位移传感器，量测试样的径向变形，计算试件的径向变形，以获得应力 σ—应变 ε 曲线，并求出弹性模量。当荷载达到峰值或稳定再继续增加 3%～6%的应变值，即可停止试验；如一直增加，则试验进行到轴向应变为 20%为止。停机卸载后取下试样，描述试样破坏后的情况，并用破坏后试件采用烘干法测定试件的含水量。

(3)试验结果

单轴抗压强度试验结果主要包括试件在不同负温下的极限抗压强度、冻土弹性模量、冻土泊松比等参数。

①极限抗压强度计算

应变计算：

$$\varepsilon_1=\Delta h/h_0 \tag{3-5-16}$$

式中　ε_1——轴向应变；

Δh——轴向变形(mm)；

h_0——试验前试样高度(mm)。

试样横截面积校正计算：

$$A_a=A_0/(1-\varepsilon_1) \tag{3-5-17}$$

式中　A_a——校正后试样截面积(mm^2)；

A_0——试验前试样截面积(mm^2)。

应力计算：

$$\sigma=F/A_a \tag{3-5-18}$$

式中　σ——轴向应力(MPa)；

F——轴向荷载(N)。

以轴向应力为纵坐标，轴向应变为横坐标，绘制应力—应变曲线。取最大轴向应力作为冻土单轴抗压强度。

②弹性模量计算

在工程中常采用的方法是取冻土单轴抗压强度(σ_s)的一半与其所对应的轴向应变值($\varepsilon_{r/2}$)的比值，即：

$$E=(\sigma_s/2)/\varepsilon_{r/2} \tag{3-5-19}$$

③泊松比计算

本试验泊松比的计算是取冻土单轴抗压强度(σ_s)的一半所对应的径向应变值($\varepsilon_{t/2}$)与其对应的轴向应变值($\varepsilon_{r/2}$)的比值，即

$$\mu=-\varepsilon_{t/2}/\varepsilon_{r/2} \tag{3-5-20}$$

3. −10 ℃冻土的剪切强度

(1)试验目的

通过冻土抗剪试验获得冻土抗剪强度指标，为冻土壁设计提供基本参数。

(2)试验装置

试验在人工冻土三轴压缩试验系统进行试验，具体的仪器构造如图 3-5-10 所示。

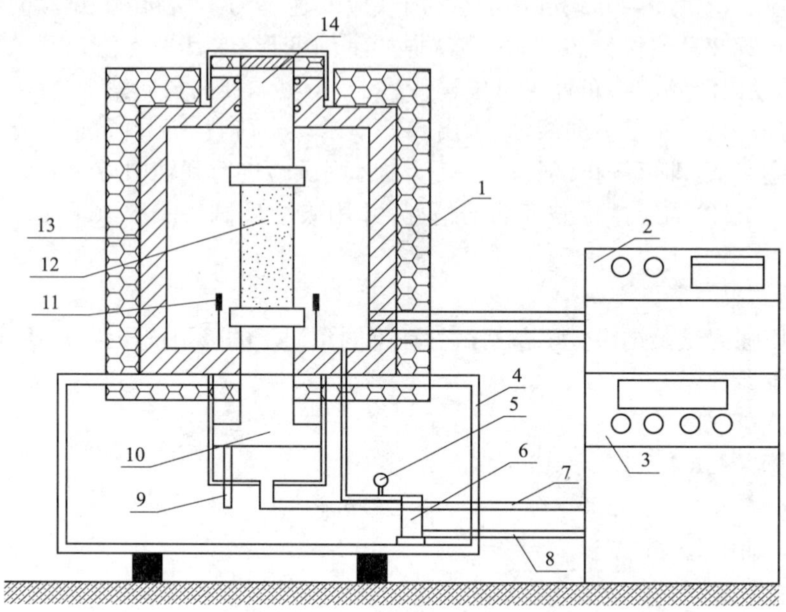

图 3-5-10 低温三轴压缩试验仪

1—油缸；2—制冷系统；3—液压系统；4—支座；5—围压量测装置；6—体变量测装置；
7—轴压加载油路；8—围压加载油路；9—轴向位移传感器；10—轴向加载活塞；
11—温度传感器；12—试样；13—保温层；14—轴向压力传感器

(3)试验方法

①本试验采用−10 ℃人工冻土试样进行试验，采用多试样加载方式进行试验，试样尺寸为 ϕ50 mm×100 mm。每个土层取 4 个试样进行试验。试验之前首先根据要求削样，并且在−10 ℃低温条件下恒温24 h 以上。

②根据试样所处层位的静水压力 0.013H，其中 H 为试验土层深度，确定出三级围压值：(0.013H−1) MPa、(0.013H) MPa 和(0.013H＋1) MPa，或(0.013H) MPa、(0.013H＋1)MPa 和(0.013H＋2)MPa(当深度小于 120 m 时)。考虑到轨道交通工程中土层埋深相对较小，试验中采用 200 kPa、400 kPa、600 kPa、1 000 kPa 四级围压状态进行试验。

③试验时，首先使试样进行固结，三轴试验仪剪切时轴向应变速率取 1%/min，测读体变测量仪的数值，试验过程中围压波动度不大于±10 kPa。试验过程中自动采集轴向荷载及变形以及试样体积变化。当轴向应力不再增加时，继续加载到轴向应变增加 3%～5%，若压力传感器读数无明显变化，试验直至轴向应变达到 20%为止，记录荷载及变形终值。试验结束后卸去轴向荷载和围压，测定试验后试样的含水率和密度。

④画出各土层莫尔应力圆，计算内摩擦角和黏聚力。

(4)试验结果

在直角坐标上，以法向应力 σ 为横坐标，剪应力 τ 为纵坐标，在坐标轴上以$\frac{\sigma_1+\sigma_3}{2}$为圆心，$\frac{\sigma_1-\sigma_3}{2}$为半径，在 τ-σ 应力平面图绘制莫尔破损应力圆。各个不同围压 σ_3 下破损应力圆的公切线，即为莫尔破损圆包络线。莫尔破损应力圆包线与纵坐标的截距为黏聚力 c；此破损应力圆包线与水平线的夹角为内摩擦角 φ。

4. －10 ℃冻土的蠕变参数

(1)试验目的

通过冻土单轴压缩蠕变试验可获得变形随时间的延长而改变的性质，选用不同加载系数的蠕变试验，可建立蠕变数学模型，为预测冻土的变形提供依据。

(2)试验方法

①采用－10 ℃温度下人工冻土试样进行试验，每土层 5 个(多试样单轴蠕变试验)，其中一个试样用于进行瞬时单轴抗压强度试验，试验取单轴极限抗压强度的 0.3、0.4、0.5、0.6 倍进行蠕变试验。

②试验之前测量试样尺寸，对冻结后变形的试样按行业标准《人工冻土物理力学性能试验第 1 部分：人工冻土试验取样及试样制备方法》(MT/T 593.1—2012 的规定进行修正，称重并记录，用一个试样试验得到瞬时单轴抗压强度。

③按照确定合适的蠕变加载系数并根据瞬时单轴抗压强度计算出逐级加载所需荷载，在试样外套一层塑料膜，以防含水率变化，将试样装在单轴蠕变试验仪的上下加压头之间，安装并连接好压力量测系统、位移量测系统。

④启动加载系统，给试样迅速加载至所需荷载或应力值，将此刻的变形值(弹性变形)进行记录，并随时记录时间、变形值。试验过程中试样所受应力宜保持恒定(其波动度不超过±10 kPa)。

⑤当试样变形已达稳定($d_\varepsilon/d_t\leqslant 0.000\ 5h^{-1}$，Ⅰ类蠕变)24 h 以上或趋于破坏(Ⅱ类蠕变)时，测试结束。卸去荷载，取出试样，描述其破坏情况。

⑥画各土层蠕变试验曲线，回归各土层蠕变参数。

(4)蠕变试验结果

根据各级荷载状态下土样应变随时间变化曲线，建立相应的蠕变数学模型：

$$\varepsilon_c=f(T,\sigma_i,t) \tag{3-5-21}$$

本试验采用下列函数描述蠕变数学模型：

$$\varepsilon_c=\varepsilon_0+A\cdot\sigma^2B\cdot t^C \tag{3-5-22}$$

式中　T——试验温度；

σ——轴向恒应力；

t——蠕变时间；

A,B,C——与试验温度、轴向恒应力、蠕变时间相关的参数。

5. 融沉系数

(1)试验目的

通过封闭与开放系统下的融沉试验，获得不同土层的融沉系数，为预测冻结法施工后期的融沉变形提供参数，为减小融沉变形的措施提供依据。封闭系统是指土样单向冻结过程中不接受外界水源补给，仅在土体内部发生水分迁移。开放系统是指土样单向冻结过程中始终接受外界水源补给。

融沉试验包括两个阶段，即土样融化下沉和压缩沉降。融化下沉是在土样自重作用下发生的，而压缩沉降则与外部压力有关。人工冻土融沉试验是每个土样在冻胀试验后完成的，土样在某个负温下完全冻结后在 50 ℃循环热水、微小压力下测出冻土融化沉降量（该压力值为 1 kPa，这样可以减少土样与容器内壁摩擦力，施加这一小量荷载可以加快下沉速度，又不导致对融化土骨架产生过大压缩，对融沉系数值影响不大），计算冻土融沉系数。

(2)冻胀融沉试验装置

采用冻胀融沉仪进行冻胀融沉一体化实验，仪器内部结构示意图及装置如图 3-5-11 所示。

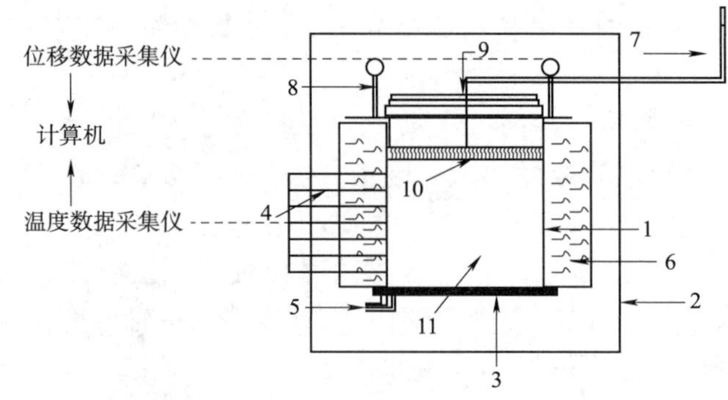

图 3-5-11　冻胀融沉装置示意图

1—试样筒；2—恒温箱；3—制冷块；4—热电偶测温点；5—水流散热管进出口；6—保温材料；7—供水装置；8—变形监测；9—加压装置；10—透水石；11—土样

(3)试验方法

试验操作步骤主要包括土样制备、土样恒温、土样降温与数据采集、土样融沉。

①土样制备

原状土样直接取出后，在调好尺寸的削土器上削制 ϕ80 mm×50 mm 土样。

②土样恒温

土样放入 1 ℃低温柜内，试样筒周围包裹 3 cm 厚泡沫塑料保温，将 7 个热电偶插入试样筒侧边小孔内，在土体顶面再加上一张薄型滤纸和透水石，稍稍加力以使土样上下两面与装置各部分接触紧密，然后安装加压砝码对土体加压。安装开放系统中的补水装置(封闭系统中不需该步)，在试样筒顶端安装架上对称安置两只数显式位移传感器并记录初始读数，土样在 0 ℃环境中恒温 12 h。

③土样降温与数据采集

土样在低温环境下恒温 12 h，记录位移传感器开始读数，计算土样恒温过程中压缩变形量；启动温度与位移数据采集系统进行试验；开放系统中第一次补水时机选择在试验土样中初始出现冻结锋面时刻，随后保证有充分的补给水源；整个试验过程对土样不同深度处温度和冻胀量进行实时监测。

④土样融沉

土样在恒温水浴循环状态下，进行强制解冻融沉，整个过程中记录土样高度变化量。

(4)冻胀融沉试验结果

①冻胀率定义为冻胀量与土样冻结前高度的比值,用百分数表示式(3-5-23)。

$$\eta=\frac{\Delta h}{H_{\mathrm{f}}}\times 100 \tag{3-5-23}$$

式中　η——冻胀率(%);

Δh——冻胀量(mm);

H_{f}——冻结深度,不包括冻胀量(mm);试验中为土样初始高度减恒温过程土体在荷载作用下变形量。

②土体融化下沉系数公式:

$$\alpha_0=\frac{\Delta h_0}{h_0}\times 100 \tag{3-5-24}$$

式中　α_0——冻土融沉系数(%);

Δh_0——冻土融化下沉量(cm);

h_0——冻土初始高度(cm)。

6. 冻胀系数

(1)试验目的

通过封闭与开放系统下的冻胀试验,获得不同土层的冻胀率,为预测冻结法施工中的冻胀变形提供参数,为抑制冻胀变形的措施提供依据。

(2)试验方法

土样加工好后在 0 ℃环境中恒温 24 h,每层土样试件数量 3 个。当位移传感器读数 2 h 内变化小于 0.05 mm 时可结束试验。

7. −10 ℃/−15 ℃冻土的抗折强度

(1)试验目的

通过冻土抗折强度试验获得冻土抗折强度,为冻土壁设计提供基本参数。

(2)试验装置

采用仪器为多功能冻土试验机,其中加载夹具采用双点加载的钢制加压头,使两个相等的荷载同时作用在小梁的两个三分点处;与试样接触的两个支座头和两个加压头应具有直径约 15 mm 的弧形端面(为防止接触面出现压融,弧形端面宜采用非金属材料制作),其中的一个支座头及两个加压头宜做成使之既能滚动又能前后倾斜。试样受力情况及仪器如图 3-5-12、图 3-5-13 所示。

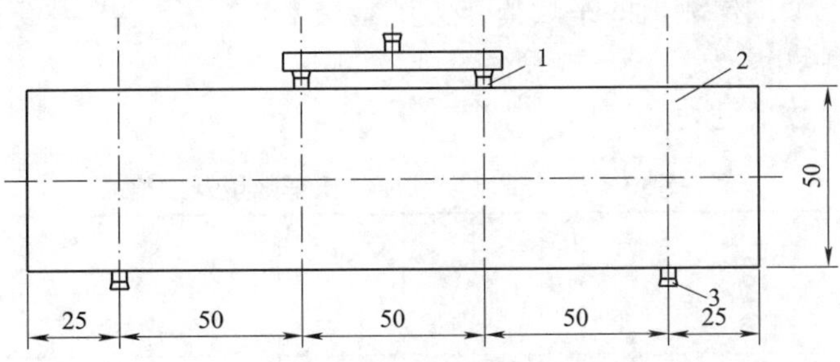

图 3-5-12　试样受力情况图(单位:cm)

1—加压头;2—试样;3—支座头

图 3-5-13 人工冻土抗折强度试验装置

(3)试验方法

①首先制备试样，采用－10 ℃冻结重塑土试样，试样规格：200 mm×50 mm×50 mm，并且在－10 ℃低温环境下恒温 24 h，每层土制备 4 个试样，含水率和密度与同标段同土层原状土的含水率和密度相同，取其中 3 个强度较接近的试样数据进行结果处理。

②测量试样断面尺寸，在试样侧面标出加载点位置，试验将试样在试验机的支座上放稳对中，承压面应选择试样成型时的侧面。

③调整支座和加压头位置，其间距的尺寸偏差应不大于±1 mm。开动试验机，当加载压头与试样快接近时，调整加压头及支座，使接触均衡。对试样进行两次预弯，预弯荷载均相当于破坏荷载的 5%～10%。以 60 N/s 的速度连续而均匀地加载(不得冲击)。加载过程中自动记录荷载与跨中挠度值。

④根据采集数据自动计算破坏荷载及跨中相对挠度。

(4)试验结果

$$f_f=\frac{Pl}{bh^2} \tag{3-5-25}$$

式中 f_f——抗折强度；

P——破坏荷载；

l——支座间距(即跨度)，$l=3h$；

b——试样截面宽度；

h——试样截面高度。

抗折强度以三个试样测值的平均值作为试验结果。

(二)试验土样规格

试验所需土样数量见表 3-5-13。

表 3-5-13 冻土试验所需原状土样数量及规格表

指　标	试样尺寸	数量	需样总长(m)
抗压强度 (弹性模量、泊松比)	ϕ50×100 mm	3×4+2=14	4 个 ϕ108×500 mm 的薄壁取样或 14 个 ϕ108×200 mm 铁皮样
抗剪强度	ϕ50×100 mm	3×2=6	2 个 ϕ108×500 mm 薄壁样 或 6 个 ϕ108×200 mm 铁皮样

续上表

指　标	试样尺寸	数量	需样总长(m)
蠕变参数	ϕ50×100 mm	5	2 个 ϕ108×500 mm 薄壁样 或 5 个 ϕ108×200 mm 铁皮样
融沉系数	ϕ80×40 mm	3	1 个 ϕ108×500 mm 薄壁样 或 2 个 ϕ108×200 mm 铁皮样
原状土及冻土导热系数	ϕ61.8×20 mm	3	1 个 ϕ108×500 mm 薄壁样 或 3 个 ϕ108×200 mm 铁皮样
原状土及冻土比热容	ϕ61.8×20 mm	3	1 个 ϕ108×500 mm 薄壁样 或 3 个 ϕ108×200 mm 铁皮样
冻胀率	ϕ80×40 mm	3	1 个 ϕ108×500 mm 薄壁样 或 2 个 ϕ108×200 mm 铁皮样
抗折强度	200×50×50 mm	4	采用重塑土样进行
土体冻结温度试验	ϕ30×50 mm	3	1 个 ϕ108×500 mm 薄壁样 或 1 个 ϕ108×200 mm 铁皮样

注:钻孔取样时土样尺寸不小于 ϕ90×200 mm。

第二节　土的力学性质试验

城市轨道交通工程勘察中土的力学性质试验一般包括固结试验、三轴压缩试验、直剪试验、无侧限抗压强度试验、静止侧压力系数试验、回弹试验、基床系数试验、膨胀试验、湿陷性试验等。

一、固结试验

土在压力作用下体积缩小的特性称为土的压缩性,而压缩时间增长的全过程,称为土的固结。

(一)试验目的

固结试验的目的是测定试样在侧限与轴向排水条件下的变形和压力,或孔隙比和压力的关系,变形与时间的关系,以便计算土的压缩系数 α_v、压缩模量 E_s、压缩指数 C_c、回弹指数 C_s、固结系数 C_v 及先期固结压力 p_c 等。

(二)试验方法的选用

固结试验主要分为标准固结试验和快速固结试验,其选用条件见表 3-5-14。

表 3-5-14　固结试验方法的选用条件

工程性质	土试样状态	试验方法	需否校正	备　注
对沉降计算精度要求高	黏性土	标准固结法	不需要	
对沉降计算精度要求不高	中、高塑性不扰动黏土	快速固结法	需要校正	最好加做标准固结试验校核
	中、高塑性扰动黏土	快速固结法	可不校正	

(三)标准固结试验

1. 试验设备

固结仪的主要组成如图 3-5-14 所示。城市轨道交通工程勘察中用于固结试验的固结仪一般为杠杆式和气压(全自动)式两种,分别如图 3-5-15 和 3-5-16 所示。

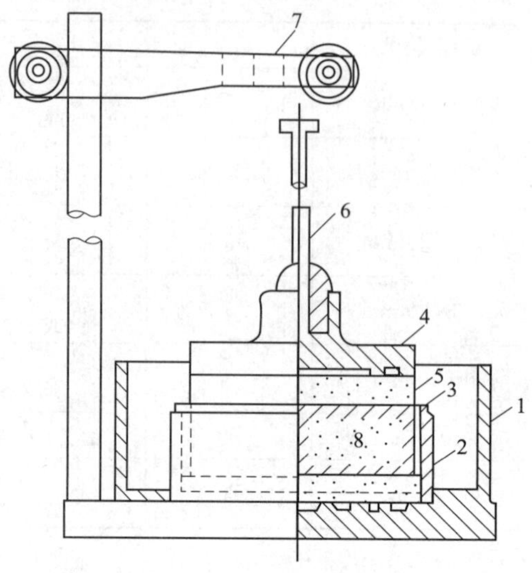

图 3-5-14 固结仪示意图

1—水槽;2—护环;3—环刀;4—加压上盖;
5—透水板;6—位移计导杆;7—位移计架;8—试样

图 3-5-15 某型号杠杆式固结仪

图 3-5-16 某型号气压(全自动)式固结仪

2. 试验方法及要求

(1)采用Ⅰ～Ⅱ级试样进行试验。

(2)对于饱和试样,施加第一级压力后应立即向水槽中注水浸没试样;对于非饱和试样须用湿棉纱围住加压板周围,然后按规定逐级施加压力,测定试样在各级压力下孔隙比的变化情况。

(3)加压等级一般为 12.5 kPa、25 kPa、50 kPa、100 kPa、200 kPa、400 kPa、800 kPa、1 600 kPa、3 200 kPa;第一级压力的大小视土的软硬程度分别采用 12.5 kPa、25 kPa 或 50 kPa(第 1 级实加压力应减去预压压力);对于淤泥和新近沉积软黏土,第一级压力宜为 25 kPa。

(4)加荷荷重率不宜大于1，最后一级压力(即试验最大压力)应大于土的有效自重压力与附加压力之和。

(5)对黏性土，当固结压力小于等于400 kPa时，可采用综合固结度校正的快速法，大于400 kPa时可采用慢速法或用次固结增量校正的快速法。

(6)土工试验报告应提供100～200 kPa压力范围的压缩系数和压缩模量，并附e-p曲线或各级压力下的孔隙比表。

(四)快速固结试验

1. 试验方法

快速固结试验是用常规的试验仪器在各级压力下，固结时间1 h后即进行下一级加荷，仅在最后一级压力下，除测记1 h的量表读数(变形量)外，还应测读达压缩稳定时的变形量，然后根据情况对各级压力下的变形量进行校正。用快速固结试验法可以缩短试验周期。对渗透性较大的黏性土，若计算沉降要求精度不高，且不需要求固结系数时，可采用快速固结试验法。

2. 快速固结试验的校正

快速固结试验可按下式进行校正：

$$e_{\mathrm{i}}=e-(\Delta h_i)_{\mathrm{T}}\times\frac{1+e}{h} \tag{3-5-26}$$

式中　e_{i}——某级压力作用下，校正后的孔隙比；

e——土的天然孔隙比；

h——试验的初始高度(等于环刀高度)(cm)；

$(\Delta h_i)_{\mathrm{T}}$——某级压力作用下，校正后的总变形量(mm)，按下式计算；

$$(\Delta h_i)_{\mathrm{T}}=(\Delta h_i)_{\mathrm{t}}\cdot K \tag{3-5-27}$$

$$K=\frac{(\Delta h_{\mathrm{n}})_{\mathrm{T}}}{(\Delta h_{\mathrm{n}})_{\mathrm{t}}} \tag{3-5-28}$$

$(\Delta h_i)_{\mathrm{t}}$——某级压力作用下，压缩1 h的总变形量(mm)；

K——校正系数；

$(\Delta h_{\mathrm{n}})_{\mathrm{T}}$——最后一级压力作用下，达到稳定标准的总变形量(mm)；

$(\Delta h_{\mathrm{n}})_{\mathrm{t}}$——最后一级压力作用下，压缩1 h的总变形量(mm)。

(五)固结试验计算与制图

1. 计算某级压力下的孔隙比

按下式计算各级压力下固结稳定后的孔隙比e_{i}：

$$e_i=e-(1+e)\frac{\Delta h_i}{h} \tag{3-5-29}$$

式中　e_i——某级压力下的孔隙比；快速法时校正后的孔隙比按式(3-5-28)计算。

Δh_i——某级压力下试样的高度变化(cm)，$\Delta h_i=h-h_i$；

h_i——某级压力下试样压缩稳定后的高度(cm)；

其他符号意义同前。

2. 绘制压缩曲线

以在各级压力试样压缩稳定后的孔隙比e_i为纵坐标，压力p_i(或$\lg p_i$)为横坐标，绘制孔隙比与压力的关系曲线，即压缩曲线，或称为 e-p（或 e-lg p）曲线。如图 3-5-17 所示。在 e-lg p 曲线图中，由于卸荷作用孔隙比相应增大的曲线 bd 称为回弹曲线或膨胀曲线，卸荷后再加荷的曲线 de 称为再压缩曲线。回弹曲线与再压缩曲线所圈闭的部分称为滞回圈。

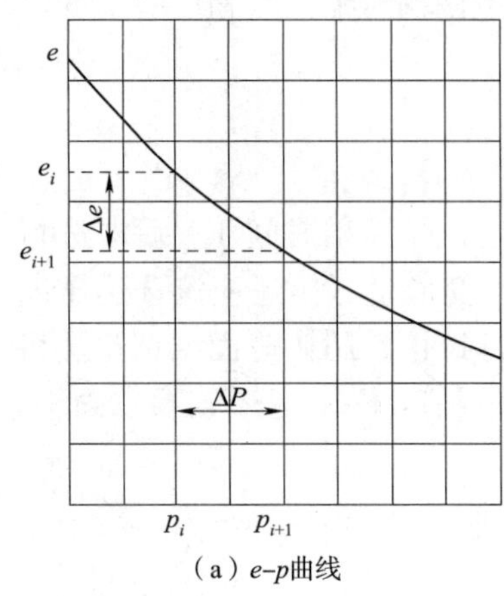

（a）e–p曲线

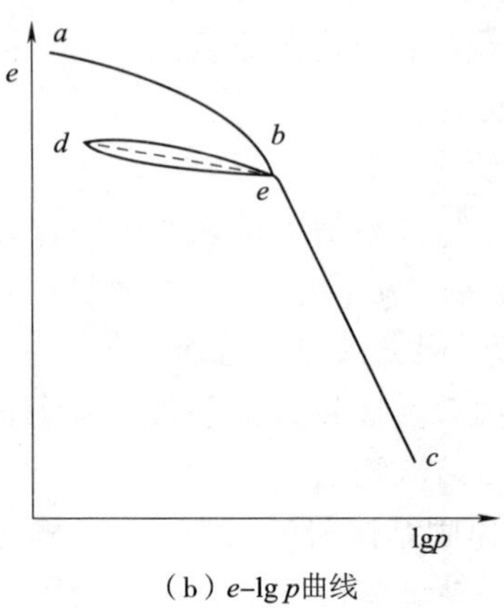

（b）e–lg p曲线

图 3-5-17 压缩特性曲线

3. 压缩系数 a_v

(1)物理意义

e-p 曲线中某一压力区段的割线斜率称为压缩系数。通常采用压力由 $p_i=100$ kPa 增加到 $p_{i+1}=200$ kPa 时所得的压缩系数 $a_{v1\text{-}2}$ 来判定土的压缩性，见表 3-5-15，压缩系数越大，表明在同一压力变化范围内的土的孔隙比减小得越多，则土的压缩性越高。

表 3-5-15 用 $a_{v1\text{-}2}$ 判定土的压缩性

压缩系数 $a_{v1\text{-}2}$（MPa^{-1}）	类 别
$a_{v1\text{-}2}<0.1$	低压缩性土
$0.1\leqslant a_{v1\text{-}2}<0.5$	中压缩性土
$a_{v1\text{-}2}\geqslant 0.5$	高压缩性土

(2)计算方法

某一压力范围内的压缩系数按下式进行计算：

$$\alpha_v=1\ 000\times\frac{\Delta e}{\Delta p}=\frac{1\ 000(e_i-e_{i+1})}{p_{i+1}-p_i}=\frac{1\ 000(1+e)(s_{i+1}-s_i)}{p_{i+1}-p_i} \tag{3-5-30}$$

$$s_i=\frac{\sum\Delta h_i}{h_0}$$

式中 a_v——压缩系数（MPa^{-1}）；

Δe——压力由 p_i 增加到 p_{i+1} 时所减小的孔隙比；

Δp——压力的增量（kPa）；

e_i——压力为 p_i 时压缩稳定后的孔隙比；

e_{i+1}——压力为 p_{i+1} 时压缩稳定后的孔隙比；

p_i，p_{i+1}——与 e_i、e_{i+1} 相对应的压力(kPa)；

s_i，s_{i+1}——p_i、p_{i+1} 压力下固结稳定后的单位沉降量，即应变值；

$\sum \Delta h_i$——某压力下，试样压缩稳定后的变形量(mm)；

h_0——试样初始高度(mm)。

4. 压缩模量 E_s

(1)物理意义

在无侧向膨胀条件下，压缩时垂直压力增量与垂直应变增量的比值，称为压缩模量。压缩模量是判断土的压缩性和计算地基压缩变形量的重要指标之一。通常采用压力由 $p_i=100$ kPa 增加到 $p_{i+1}=200$ kPa(或 300 kPa)时所得的压缩模量 E_{s1-2}(或 E_{s1-3})来判定土的压缩性，见表 3-5-16，压缩模量越大，表明土在同一压力变化范围内土的压缩变形越小，则土的压缩性越低。

表 3-5-16　用 E_s 判定土的压缩性

压缩模量 E_s(MPa)	类　别
$E_s \leqslant 5$	高压缩性土
$5 < E_s \leqslant 15$	中压缩性土
$E_s > 15$	低压缩性土

根据《北京地区建筑地基基础勘察设计规范》(DBJ 11-501—2009)规定，土的压缩性分类应符合表 3-5-17 的规定。

表 3-5-17　土的压缩性分类

压缩模量 E_s(MPa)	压　缩　性
$E_s \leqslant 4$	高压缩性土
$4 < E_s \leqslant 7.5$	中高压缩性土
$7.5 < E_s \leqslant 11$	中压缩性土
$11 < E_s \leqslant 15$	中低压缩性土
$E_s > 15$	低压缩性土

注：进行压缩性评价时压缩模量 E_s 取自重压力至自重压力与附加压力之和的压力段计算，单位为 MPa。

(2)计算方法

$$E_s=\frac{p_{i+1}-p_i}{1\,000(s_{i+1}-s_i)}=\frac{1+e}{a_v} \tag{3-5-31}$$

式中　E_s——压缩模量(MPa)；

其余符号意义同前。

5. 体积压缩系数 m_v

(1)物理意义

土压缩时垂直应变增量与垂直压力增量之比。即压缩模量的倒数，称为体积压缩系数。体积压缩系数越大，表明土的压缩性越高。

(2)计算方法

$$m_v=\frac{1}{E_s}=\frac{a_v}{1+e} \tag{3-5-32}$$

式中 m_v——体积压缩系数(MPa^{-1})；

e——天然孔隙比；

其余符号意义同前。

6. 固结系数 C_v

(1)物理意义

固结系数是反应受侧限土体在荷载作用下固结速度的一个指标。固结系数越大，表明土的固结速度越快。固结系数可用来计算实际受压土层不同时间的固结度，以及估算出完全固结所需要的时间。固结系数取决于土在某一压力范围的渗透系数 k、孔隙比 e 及压缩系数 a_v，如下式所示：

$$C_v=\frac{k(1+e)}{a_v \cdot \gamma_w} \tag{3-5-33}$$

式中 C_v——土的固结系数(cm^2/s)；

k——渗透系数(cm/s)；

e——天然孔隙比；

a_v——压缩系数(MPa^{-1})；

γ_w——水的容重，一般近似等于 10.0 kN/m^3。

(2)计算方法

①时间平方根法

在某一压力下，以压缩变形量 d(mm)为纵坐标，时间平方根$\sqrt{t}$($min^{1/2}$)为横坐标，绘制 d-$\sqrt{t}$ 曲线，如图 3-5-18 所示。延长 d-$\sqrt{t}$曲线开始段的直线，交纵坐标轴于 d_s(d_s 称理论零点)。过 d_s 绘制另一直线，令其横坐标为前一直线横坐标的 1.15 倍，则后一直线与 d-$\sqrt{t}$曲线交点所对应的横坐标的平方即为试样固结度达 90% 所需的时间 t_{90}。按下式计算该压力下的固结系数 C_v：

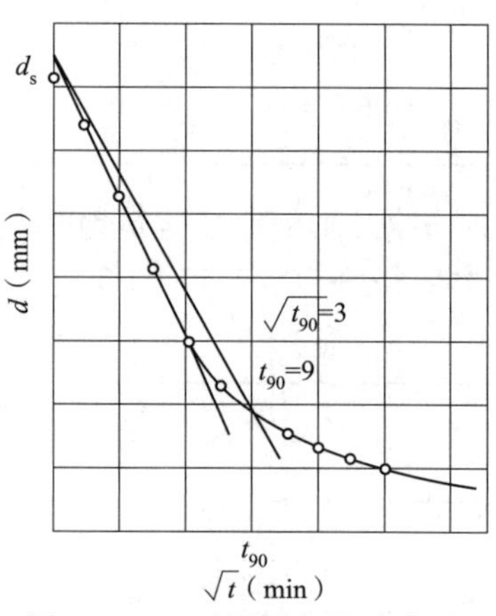

图 3-5-18 时间平方根法求 t_{90}

$$C_v=\frac{0.848(\bar{h})^2}{t_{90}} \tag{3-5-34}$$

式中 C_v——土的固结系数(cm^2/s)；

$\bar{h}$——最大排水距离，等于某一压力下试样初始与终了高度的平均值之半(cm)；

t_{90}——固结度达 90%所需的时间(s)。

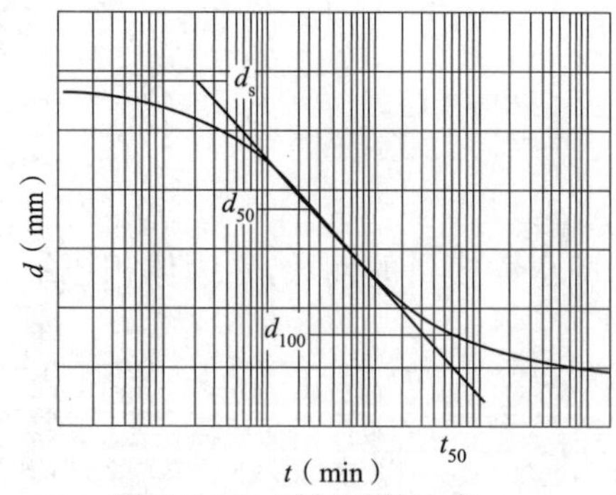

图 3-5-19 时间对数法求 t_{50}

②时间对数法

在某一压力下，以压缩变形量 d(mm)为纵坐标，以时间 t(min)的对数为横坐标，绘制 d-lg$t$ 曲线，如图 3-5-19 所示。在 d-lg$t$ 曲线的开始线段，选任一时间 t_1，相对应的压缩变形量为 d_1，取时间 $t_2= t_1/4$，查得相对应的压缩变形量为 d_2，则得 $2d_2- d_1$ 之值为 d_{s1}。如此再选取另一时间按同法得 d_{s2}，d_{s2}，d_{s4} 等，取其平均值即为理论零点 d_s，延长 d-lg$t$ 曲线中部的直线段和过曲线尾部数点作一切线的交点即为理论终点 d_{100}，则 $d_{50}=(d_s+d_{100})/2$。与 d_{50} 相对应的时间即为试样固结度达 50%所需的时间 t_{50}，按下式计算该压力下的固结系数 C_v：

$$C_v=\frac{0.197(\bar{h})^2}{t_{50}} \tag{3-5-35}$$

式中　t_{50}——固结度达 50%所需的时间(s)；

其余符号意义同前。

7. 先期固结压力 p_c

(1)物理意义

先期固结压力是指土层在地质历史上所曾经承受过的竖向压力(上覆土层自重压力或其他作用力)，并在该压力作用下，已固结稳定的最大有效竖向压力。先期固结压力 p_c 与目前上覆土层自重压力 p_0 的比值称为超固结比，用 OCR(Over Consolidation Ratio)表示。根据 OCR 值可以判断该土层的应力状态和压密状态，见表 3-5-18。

表 3-5-18　根据先期固结压力判断土的应力和压密状态

土的状态	p_c 与 p_0 的比较	超固结比 OCR $=p_c/p_0$	地　质　历　史	典型土类
超压密土	$p_c>p_0$	OCR>1	土层在自然沉积过程中，曾经在较大压力下压密稳定	老黏性土
正常压密土	$p_c=p_0$	OCR=1	土层在自然沉积过程中的固结作用，一直随着土层的不断沉积而相应发生	一般黏性土
欠压密土	$p_c<p_0$	OCR<1	土层因沉积历史短或由于其他原因，在土自重压力下还未完成其固结作用	新近沉积土，海相厚层淤泥，新近堆积黄土

(2)试验要求

先期固结压力试验可用常规的固结仪进行，但必须满足下列要求：

①保持土的原状结构。

②施加的最大压力应满足绘制完整的 e-lg p 曲线的要求，即能反映明显的直线段为准。

(3)确定方法

在 e-lg p 曲线上找出最小曲率半径 R_{min} 的点 O，如图 3-5-20 所示，过 O 点做水平线 OA，切线 OB 及 $\angle AOB$ 的平分线 OD，OD 与曲线下段直线段的延长线交于 E 点，则对应于 E 点的压力值即为该试样的先期固结压力 p_c。

8. 压缩指数 C_c

(1)物理意义

图 3-5-20 的 e-lg p 曲线上直线部分的斜率称为压缩指数。压缩指数越大，表明土的压缩性越高。对于同一个试样，压缩指数是个定量，不随压力增加而变化。

(2)计算方法

$$C_c=\frac{e_i-e_{i+1}}{\lg p_{i+1}-\lg p_i} \tag{3-5-36}$$

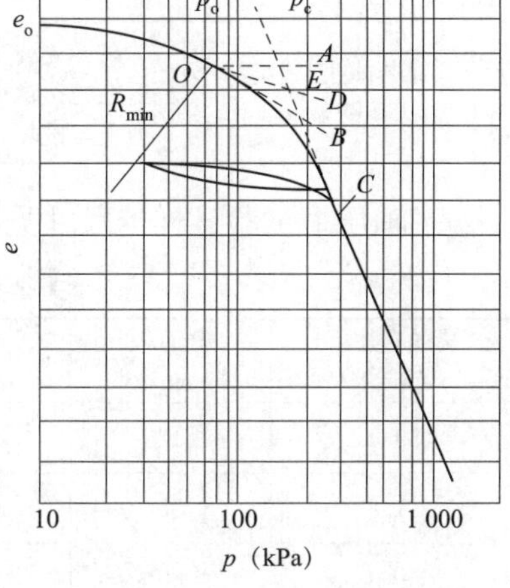

图 3-5-20　e-lg p 曲线求 p_c 示意图

式中 C_c——压缩指数；

e_i, e_{i+1}——在 e-lg p 曲线的直线部分上与压力为 p_i 及 p_{i+1} 相应的孔隙比；

p_i, p_{i+1}——与 e_i、e_{i+1} 相对应的压力(kPa)。

9. 回弹指数 C_s

(1)物理意义

如图 3-5-12 所示，e-lg$p$ 曲线滞回圈中虚线 de 的斜率称为回弹指数。回弹指数越大，表明土的回弹变形量越大。

(2)计算方法

$$C_s = \frac{e_i - e_{i+1}}{\lg p_{i+1} - \lg p_i} \tag{3-5-37}$$

式中 C_s——回弹指数；

e_i, e_{i+1}——在 e-lg$p$ 曲线上滞回圈两端的孔隙比；

p_i, p_{i+1}——与 e_i, e_{i+1} 相对应的压力(kPa)。

二、三轴压缩试验

(一)试验目的

三轴压缩试验(也称三轴剪切试验)是测定土的抗剪强度的一种方法，它通常用 3～4 个圆柱试样，分别在不同的恒定周围压力(即最小主应力 σ_3)下，施加轴向压力[即产生主应力差($\sigma_1 - \sigma_3$)]，进行剪切直至破坏；然后根据摩尔—库仑理论，求得抗剪强度参数。

(二)试验方法及试样尺寸

三轴压缩试验方法见表 3-5-19。

表 3-5-19 三轴压缩试验方法

试验方法		测得参数
不固结不排水剪(快剪) UU	试样在施加周围压力和增加轴向压力直至破坏过程中均不允许排水	总抗剪强度参数 c_{uu}、φ_{uu}
固结不排水剪(固结快剪) CU	试样先在某一周围压力作用下排水固结，然后在保持不排水的情况下，增加轴向压力直至破坏	总抗剪强度参数 c_{cu}、φ_{cu}、或有效抗剪强度参数 c'、φ' 和孔隙压力系数
固结排水剪(慢剪) CD	试样先在某一周围压力作用下排水固结，然后在允许试样充分排水的情况下，增加轴向压力直至破坏	有效抗剪强度参数 c_{cd}、φ_{cd} 和变形参数

三轴压缩试验试样的尺寸见表 3-5-20。

表 3-5-20 三轴压缩试验试样的尺寸

试样直径 D (mm)	截面积 (cm^2)	允许粒径 d (mm)	备注
39.1	12	$d<1/10D$	1. 允许个别超径颗粒存在，超径颗粒的粒径不应超过试样直径的 1/5； 2. 对于有裂缝、软弱面或结构面的土样，宜用直径 61.8 mm 或 101 mm 的试样； 3. 试样高度与直径的比值应为 2.0～2.5
61.8	30	$d<1/10D$	
101.0	80	$d<1/5D$	

(三)试验仪器设备

三轴压缩仪由压力室、轴向加荷系统、施加周围压力系统、孔隙水压力量测系统等组成。目前常用的有应变控制式三轴仪和全自动三轴仪,分别如图 3-5-21 和图 3-5-22 所示。应变控制式三轴仪示意图如图 3-5-23 所示。

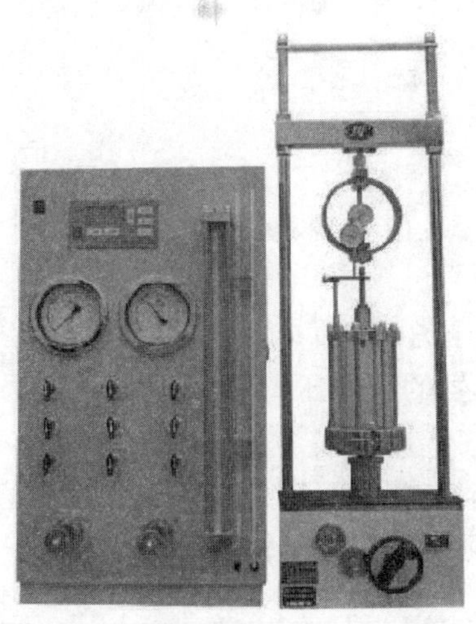

图 3-5-21　应变控制式三轴仪

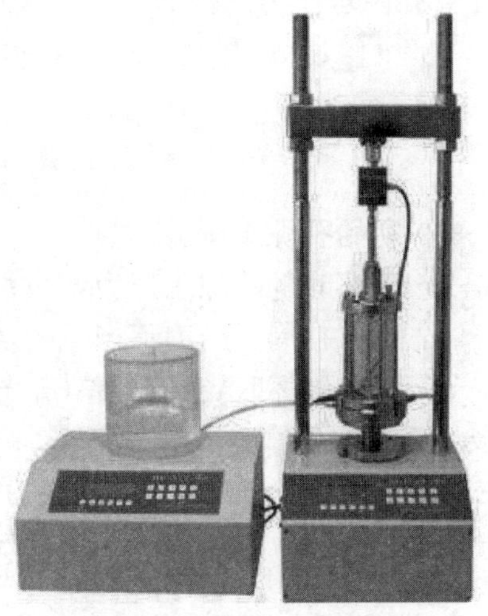

图 3-5-22　全自动三轴仪

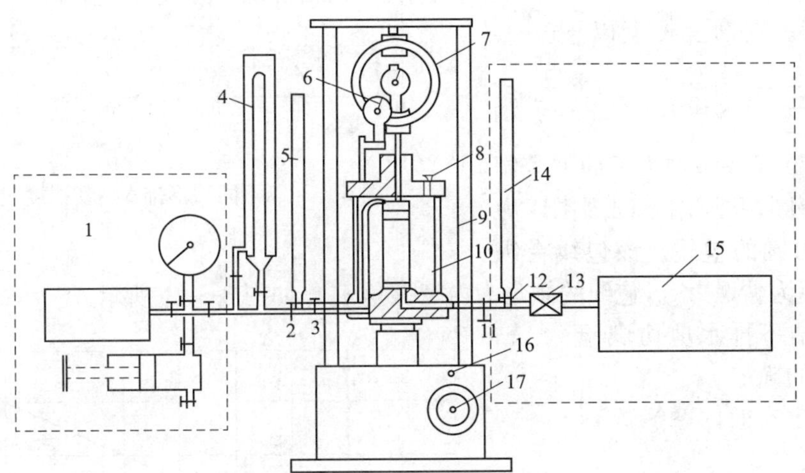

图 3-5-23　应变控制式三轴仪示意图

1—周围压力系统;2—周围压力阀;3—排水阀;4—体变管;5—排水管;6—轴向位移表;7—测力计;8—排气孔;9—轴向加压设备;10—压力室;11—孔压阀;12—量管阀;13—孔压传感器;14—量管;15—孔压量测系统;16—离合器;17—手轮

(四)试验计算和参数的确定

1. 计算有效主应力比 σ'_1/σ'_3

$$\frac{\sigma'_1}{\sigma'_3}=\frac{\sigma_1-\sigma_3}{\sigma'_3}+1 \tag{3-5-38}$$

其中 $\sigma'_1=\sigma_1-u$(kPa)；$\sigma'_3=\sigma_3-u$(kPa)；

式中 σ'_1,σ'_3——有效大主应力和有效小主应力(kPa)；

σ_1,σ_3——大主应力和小主应力(kPa)；

u——孔隙水压力(kPa)。

2. 计算孔隙水压力系数 B 和 A

$$B=\frac{u_0}{\sigma_3} \tag{3-5-39}$$

$$A_f=\frac{u_f}{B(\sigma_1-\sigma_3)} \tag{3-5-40}$$

式中 B——初始孔隙水压力系数；

A_f——破坏时的孔隙水压力系数；

u_0——试样在周围压力下产生的初始孔隙压力(kPa)；

u_f——试样破坏时，主应力差$(\sigma_1-\sigma_3)$下产生的孔隙压力(kPa)。

3. 破坏点的取值

以主应力差值$(\sigma_1-\sigma_3)$或有效主应力比 σ'_1/σ'_3 的峰点值作为破坏点。无峰值时，取轴向应变 $\varepsilon_1=15\%$时主应力差值$(\sigma_1-\sigma_3)$或有效主应力比 σ'_1/σ'_3 作为破坏强度值。

4. 不固结不排水剪切试验(UU)参数的确定

以法向应力 σ 为横坐标，剪应力 τ 为纵坐标。在横坐标上以$\frac{\sigma_{1f}+\sigma_{3f}}{2}$为圆心，$\frac{\sigma_{1f}-\sigma_{3f}}{2}$为半径($f$ 注脚表示破坏时的值)，在 τ-σ 应力平面上绘制破坏总应力圆，并绘制不同周围压力下破损应力圆的包线。该包线在纵轴上的截距为黏聚力 c_u，包线的倾角为内摩擦角 φ_u。如图 3-5-24 所示。

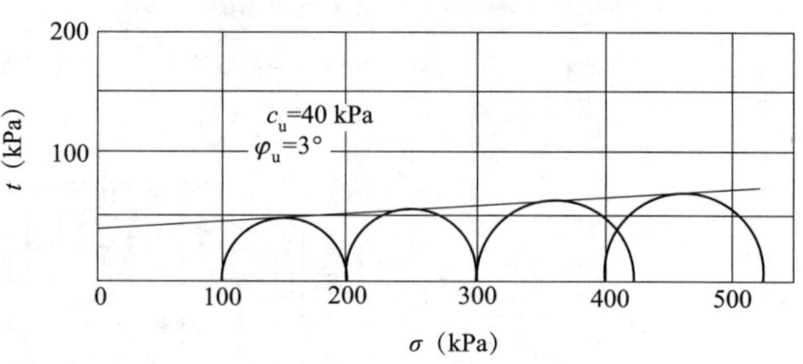

图 3-5-24 不固结不排水剪切强度包线

5. 固结不排水剪切试验(CU)参数的确定

(1)确定有效内摩擦角 φ' 和有效黏聚力 c'

以$\frac{\sigma'_1-\sigma'_3}{2}$为纵坐标，$\frac{\sigma'_1+\sigma'_3}{2}$为横坐标，绘制有效应力路径曲线(图 3-5-25)，确定应力路径图上破坏点连线的倾角，并计算有效内摩擦角和有效黏聚力。

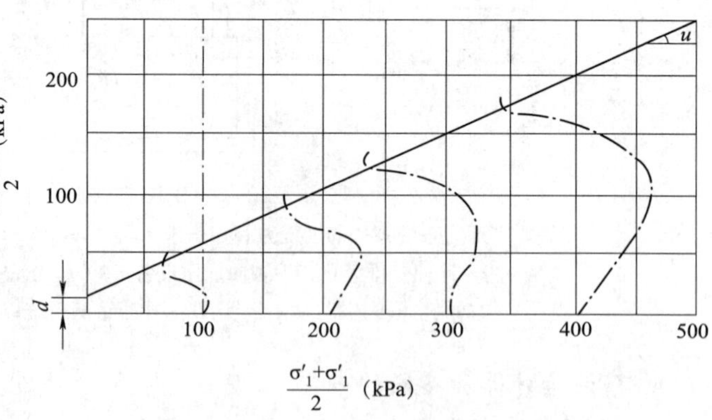

图 3-5-25 有效应力路径曲线

①有效内摩擦角 φ'

$$\varphi'=\arcsin(\tan\alpha) \tag{3-5-41}$$

式中　φ'——有效内摩擦角(°)；

α——应力路径图上破坏点连线的倾角(°)。

②有效黏聚力 c'

$$c'=d/\cos\varphi' \tag{3-5-42}$$

式中　c'——有效黏聚力(kPa)；

d——应力路径图上破坏点连线在纵轴上的截距(kPa)。

(2)确定内摩擦角 φ_{cu} 和黏聚力 c_{cu}

以法向应力 σ 为横坐标，剪应力 τ 为纵坐标。以 $\frac{\sigma_1'+\sigma_3'}{2}$ 为圆心，$\frac{\sigma_1'-\sigma_3'}{2}$ 为半径绘制有效破损应力圆，并绘制不同周围压力下破损应力圆的包线。该包线在纵轴上的截距为黏聚力 c_{cu}，包线的倾角为内摩擦角 φ_{cu}，如图 3-5-26 所示。

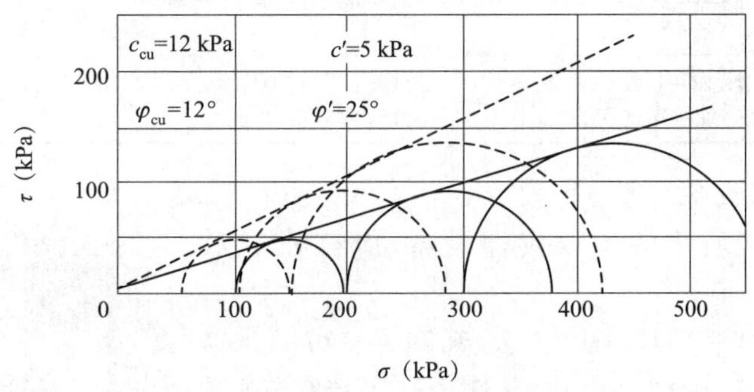

图 3-5-26　固结不排水剪切强度包线

6. 固结排水剪切试验(CD)参数的确定

在固结排水剪切试验中，孔隙压力等于零，抗剪强度包线的倾角和纵轴上的截距分别为内摩擦角 φ_{cd} 和黏聚力 c_{cd}，如图 3-5-27 所示。

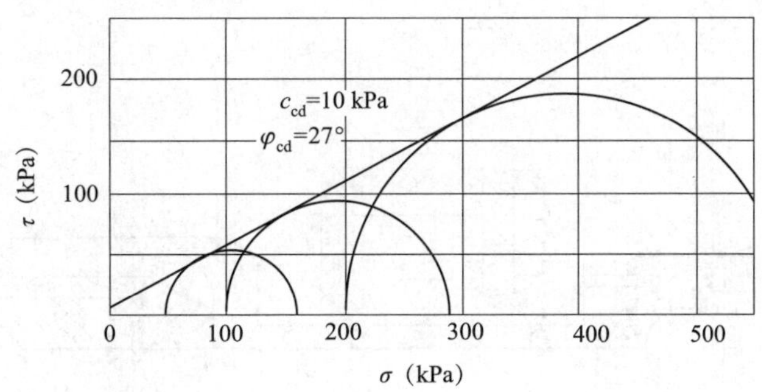

图 3-5-27　固结排水剪切强度包线

三、直接剪切试验

(一)试验目的

直接剪切试验是测定土的抗剪强度的一种常用方法。通常采用 4 个试样，分别在不同的垂直压力 p 下，施加水平剪切力进行剪切，求得破坏时的剪应力 τ。然后根据库仑定律确定土的抗剪强度参数:内摩擦角 φ 和黏聚力 c。

(二)试验方法

直接剪切试验有三种方法,见表 3-5-21。

表 3-5-21 直接剪切试验方法

试验方法		剪切速度和剪损时间	适用土层
快剪(q)	在试样上施加垂直压力后立即快速施加水平剪切力	剪切速度为 0.8~1.2 mm/min;在 3~5 min 内剪损	渗透系数小于 1×10^{-6} cm/s 的粉土和黏性土
固结快剪(cq)	在试样上施加垂直压力,待排水固结稳定后,快速施加水平剪切力	剪切速度为 0.8~1.2 mm/min;在 3~5 min 内剪损	渗透系数小于 1×10^{-6} cm/s 的粉土和黏性土
慢剪(S)	在试样上施加垂直压力及水平剪切力的过程中,均应使试样排水固结	剪切速度小于 0.02 mm/min	粉土和黏性土
砂土直剪	在制备砂样上施加垂直压力后,快速施加水平剪切力	剪切速度为 0.8 mm/min;在 3~5 min 内剪损	砂土

(三)试验仪器设备

直接剪切试验所用的主要仪器设备,应符合下列规定:

(1)应变控制式直剪仪(图 3-5-28 和图 3-5-29):由剪切盒、垂直加压设备、剪切传感装置、测力计、位移量测系统组成。

(2)环刀:内径 61.8 mm,高度 20 mm。

(3)位移量测设备:量程为 10 mm,分度值为 0.01 mm 的百分表;或准确度为全量程 0.2%的传感器。

图 3-5-28 四联应变控制式直剪仪

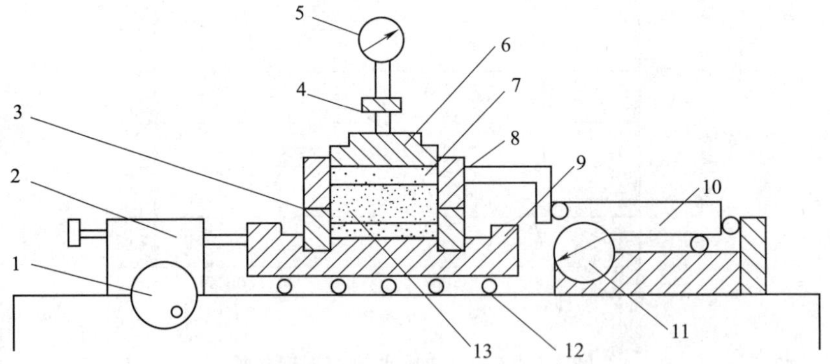

图 3-5-29 应变控制式直剪仪

1—剪切传动机构;2—推动器;3—下盒;4—垂直加压框架;5—垂直位移计;6—传压板;7—透水板;8—上盒;9—储水盒;10—测力计;11—水平位移计;12—滚珠;13—试样

(四)试验指标的确定

(1)以剪应力为纵坐标,剪切位移为横坐标,绘制剪应力与剪切位移关系曲线(图 3-5-30),

取曲线上剪应力的峰值为抗剪强度，无峰值时，取剪切位移 4 mm 所对应的剪应力为抗剪强度。

(2)以抗剪强度为纵坐标，垂直压力为横坐标，绘制抗剪强度与垂直压力关系曲线(图 3-5-31)，直线的倾角为土的内摩擦角 φ(°)，直线在纵坐标上的截距为土的黏聚力 c(kPa)。

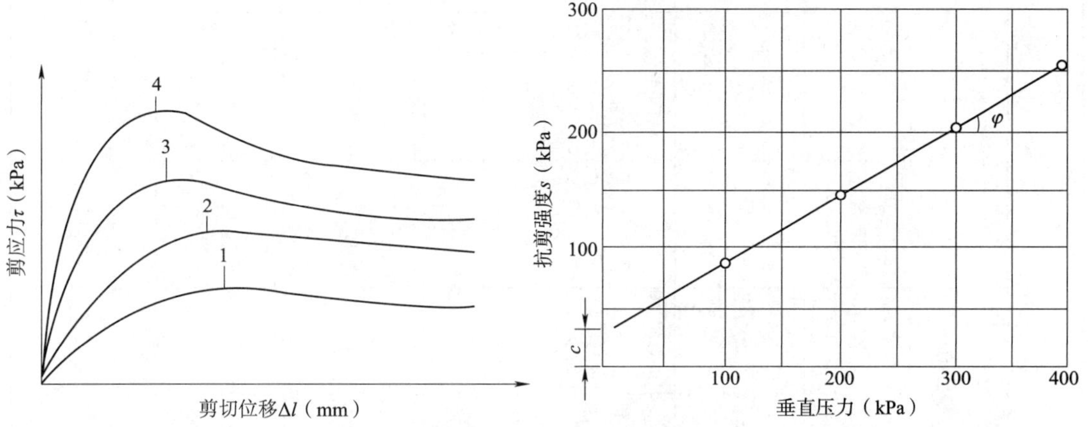

图 3-5-30　剪应力与剪切位移关系曲线　　图 3-5-31　抗剪强度与垂直压力关系曲线

(五)经验数据

各种土层的直接剪切试验的经验数据见表 3-5-22。

表 3-5-22　各种土层的直接剪切试验的经验数据

土类		密度 ρ (g/cm³)	天然含水率 w(%)	孔隙比 e	塑限 w_p	黏聚力 c(kPa)		内摩擦角 φ (°)
						标准值	计算值	
砂土	粗砂	2.05 1.95 1.90	15～18 19～22 23～25	0.4～0.5 0.5～0.6 0.6～0.7	—	2 1 0	0 0 0	42 40 38
	中砂	2.05 1.95 1.90	15～18 19～22 23～25	0.4～0.5 0.5～0.6 0.6～0.7	—	3 2 1	0 0 0	40 38 35
	细砂	2.05 1.95 1.90	15～18 19～22 23～25	0.4～0.5 0.5～0.6 0.6～0.7	—	6 4 2	0 0 0	38 36 32
	粉砂	2.05 1.95 1.90	15～18 19～22 23～25	0.5～0.6 0.6～0.7 0.7～0.8	—	8 6 4	5 3 2	36 34 28
粉土		2.10 2.00 1.95	15～18 19～22 23～25	0.4～0.5 0.5～0.6 0.6～0.7	<9.4	10 7 5	6 5 2	30 28 27
		2.10 2.00 1.95	15～18 19～22 23～25	0.4～0.5 0.5～0.6 0.6～0.7	9.5～12.4	12 8 6	7 5 3	25 24 23

续上表

土类		密度 ρ (g/cm^3)	天然含水率 w(%)	孔隙比 e	塑限 w_p	黏聚力 c(kPa)		内摩擦角 φ (°)
						标准值	计算值	
黏性土	粉质黏土	2.10	15～18	0.4～0.5	12.5～15.4	42	25	24
		2.00	19～22	0.5～0.6		21	15	23
		1.95	23～25	0.6～0.7		14	10	22
		1.90	26～29	1.7～0.8		7	5	21
		2.00	19～22	0.5～0.6	15.5～18.4	50	35	22
		1.95	23～25	0.6～0.7		25	15	21
		1.90	26～29	1.7～0.8		19	10	20
		1.85	30～34	0.8～0.9		11	8	19
		1.80	35～40	0.9～1.0		8	5	18
		1.95	23～25	0.6～0.7	18.5～22.4	68	40	20
		1.90	26～29	1.7～0.8		34	25	19
		1.85	30～34	0.8～0.9		28	20	18
		1.80	35～40	0.9～1.0		19	10	17
	黏土	1.90	26～29	1.7～0.8	22.5～26.4	82	60	18
		1.85	30～34	0.8～0.9		41	30	17
		1.75	35～40	0.9～1.1		36	25	16
		1.85	30～34	0.8～0.9	26.5～30.4	94	65	16
		1.75	35～40	0.9～1.1		47	35	15

注:1. 平均比重取:砂 2.65;粉土 2.70;粉质黏土 2.71;黏土 2.74。
2. 用于地基稳定计算时,采用内摩擦角 φ 的计算值低于标准值 2°。

四、无侧限抗压强度试验

(一)试验目的

无侧限抗压强度试验是测定土的无侧限抗压强度和灵敏度的试验。

无侧限抗压强度:是土在侧面不受限制的条件下,抵抗垂直压力的极限强度。

灵敏度:是指原状土的无侧限抗压强度与其重塑土(密度与含水量与原状土相同)的无侧限抗压强度之比。反映土的性质受结构扰动影响的程度,灵敏度越大,说明结构扰动影响越明显。

(二)试验仪器设备

无侧限抗压强度试验一般使用应变控制式无侧限压缩仪、轴向位移计和天平等仪器设备。

应变控制式无侧限压缩仪如图 3-5-32 所示。

(三)试样要求

(1)本试验适用于饱和黏性土。

(2)原状土要求采用Ⅰ～Ⅱ级土样。

(3)试样直径为 35～50 mm,高度与直径之比宜采用 2.0～2.5。

(四)试验步骤

无侧限抗压强度试验按下列步骤进行:

(1)将试样放在底座上,转动手轮,使底座缓慢上升,试样与加压板刚好接触,将测力计读数调整为零。根据试样的软硬程度选用不同量程的测力计。

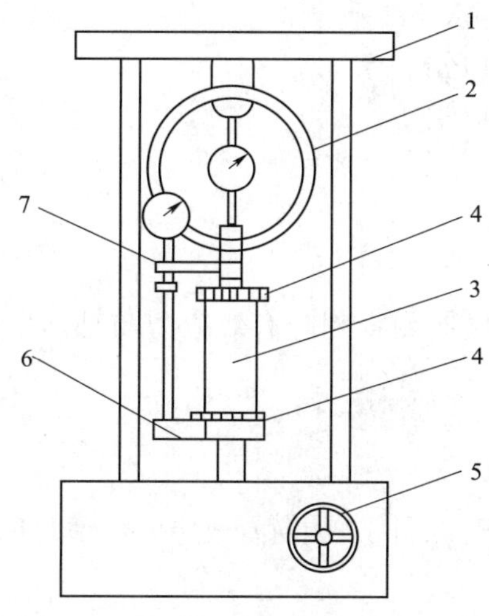

图 3-5-32 应变控制式无侧限压缩仪

1—轴向加荷架；2—轴向测力计；3—试样；
4—上、下传压板；5—手轮；6—升降板；7—轴向位移计

(2)轴向应变速率宜为每分钟应变 1%～3%。转动手柄，使升降设备上升进行试验，轴向应变小于 3%时，每隔 0.5%应变(或 0.4 mm)读数一次；轴向应变等于、大于 3%时，每隔 1%应变(或 0.8 mm)读数一次。

(3)当测力计读数出现峰值时，继续进行 3%～5%的应变后停止试验；当无峰值时，试验应进行到应变达 20%为止。试验宜在 8～10 min 内完成。

(4)当需要测定灵敏度时，应立即将试验后的试样加入少量切削余土包以塑料布，进行搓捏，破坏其结构，重塑成与原状试样尺寸、密度相等的试样，按上述步骤进行试验。

(五)试验指标的确定

1. 无侧限抗压强度

以轴向应力为纵坐标，轴向应变为横坐标，绘制轴向应力与应变关系曲线(图 3-5-33)。取曲线上最大轴向应力作为无侧限抗压强度，当曲线上峰值不明显时，取轴向应变 15%所对应的轴向应力为无侧限抗压强度 q_u。

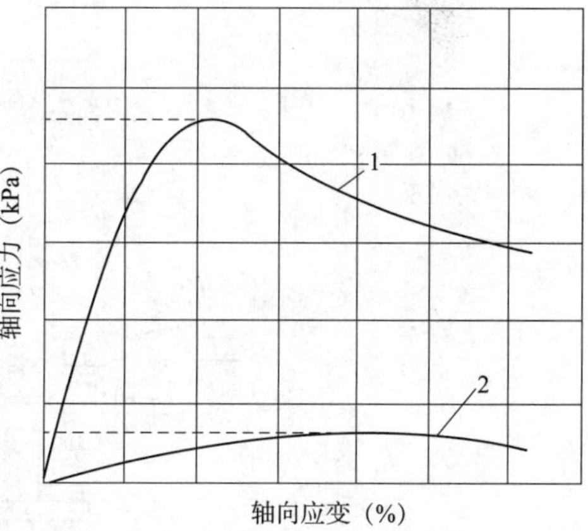

图 3-5-33 轴向应力与应变关系曲线

1—原状试样；2—重塑试样

2. 不排水抗剪强度

根据无侧限抗压强度确定 $\varphi \approx 0$ 的饱和软黏土的抗剪强度。

$$S=\frac{q_u}{2} \tag{3-5-43}$$

式中 S——土的不排水抗剪强度(kPa)；

q_u——无侧限抗压强度(kPa)。

3. 灵敏度

灵敏度应按下式计算：

$$S_t=\frac{q_u}{q'_u} \tag{3-5-44}$$

式中 S_t——灵敏度；

q_u——原状试样的无侧限抗压强度(kPa)；

q'_u——重塑试样的无侧限抗压强度(kPa)。

五、静止侧压力系数试验

(一)试验目的

静止侧压力系数试验的目的是用试验仪器测定侧向有效应力与轴向有效应力，计算静止侧压力系数和泊松比。

(二)静止侧压力系数和泊松比

1. 静止侧压力系数

土的静止侧压力系数是土体在无侧向变形条件下，侧向有效应力与轴向有效应力之比。

2. 泊松比

土体在无侧向应力条件下，产生轴向压缩应变的同时，会产生侧向膨胀应变。侧向应变与轴向应变的比值称为土的泊松比，又称土的侧膨胀系数。

3. 静止侧压力系数和泊松比的关系

$$K_0=\frac{\mu}{1-\mu} \tag{3-5-45}$$

$$\mu=\frac{K_0}{1+K_0} \tag{3-5-46}$$

式中 K_0——静止侧压力系数；

μ——泊松比。

(三)试验仪器设备

静止侧压力系数试验一般采用侧压力仪(图 3-5-34 和图 3-5-35)和三轴压缩仪(图 3-5-21～图 3-5-23)两种仪器设备。

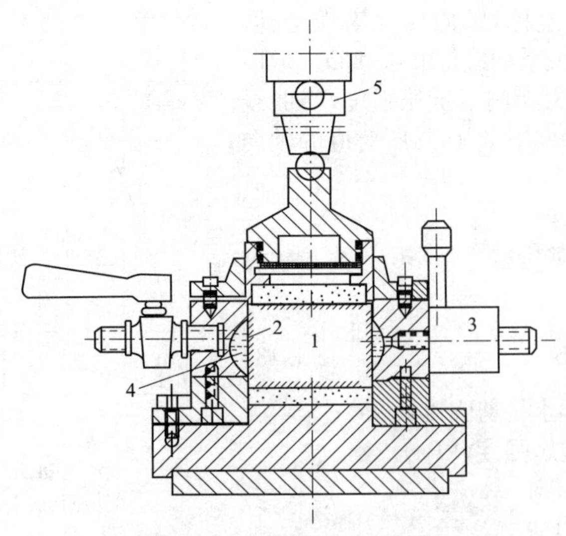

图 3-5-34 侧压力仪示意图

1—试样；2—橡皮膜；3—侧压力传感器；4—水；5—垂直压力传感器

图 3-5-35　某型号侧压力仪

(1)侧压力仪适用于饱和的黏性土和砂土。

(2)使用三轴压缩仪时，在施加轴向压力的同时，增加侧向压力，使试样不产生侧向变形。

(四)试验指标的确定

以有效轴向压力为横坐标，有效侧向压力为纵坐标，绘制 σ'_1-σ'_3 关系曲线，如图 3-5-36 所示，其平均斜率为静止侧压力系数，即 $K_0=\sigma'_3/\sigma'_1$。

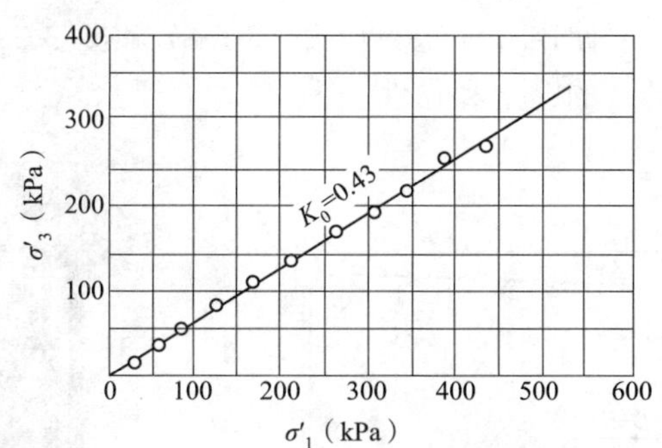

图 3-5-36　σ'_1-σ'_3 关系曲线

(五)经验数据

土的静止侧压力系数和泊松比经验值见表 3-5-23。

表 3-5-23　土的静止侧压力系数和泊松比经验值

土的种类和状态	静止侧压力系数 K_0	泊松比 μ
碎石土	0.18～0.33	0.15～0.25
砂土	0.33～0.43	0.25～0.30
粉土	0.43	0.30

续上表

土的种类和状态		静止侧压力系数 K_0	泊松比 μ
粉质黏土	坚硬状态	0.33	0.25
	可塑状态	0.43	0.30
	软塑或流塑状态	0.53	0.35
黏土	坚硬状态	0.33	0.25
	可塑状态	0.53	0.35
	软塑或流塑状态	0.72	0.42

六、回弹模量试验

(一)试验目的

回弹模量试验的目的是通过对试样进行规定压力下的加载和卸载，测定土的回弹变形量，以确定土的回弹模量值。

(二)回弹模量

回弹模量是土体在荷载作用下产生的应力与其相应的回弹应变的比值。其物理意义是土体在弹性变形阶段内，在垂直荷载作用下，抵抗竖向变形的能力。如果垂直荷载为定值，土的回弹模量值愈大则产生的垂直位移就愈小；如果竖向位移是定值，回弹模量值愈大，则土体承受外荷载作用的能力就愈大。

(三)试验方法和仪器设备

回弹模量试验采用杠杆压力仪法和强度仪法。

(1)杠杆压力仪法：主要使用杠杆压力仪(图 3-5-37 和图 3-5-38)进行试验，该方法适用于不同含水率和不同密度的粉土和黏性土。

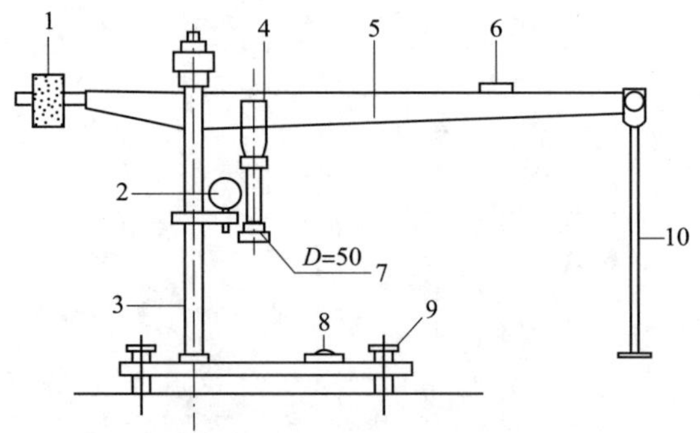

图 3-5-37 杠杆压力仪示意图

1—调平砝码；2—千分表；3—立柱；4—加压杆；5—水平杠杆；6—水平气泡；7—加压球座；8—底座水平气泡；9—调平脚螺丝；10—加压架

图 3-5-38 某型号杠杆压力仪

(2)强度仪法：主要使用路面材料强度仪进行试验，该方法适用于不同含水率和不同密度的粉土、黏性土及其加固土。

(四)试验步骤

(1)将制备好的试样放在杠杆压力仪的底盘上，在加压架上施加砝码，用预定的最大压力进行预压，含水率大于塑限的试样，压力为 50～100 kPa；含水率小于塑限的试样，压力为 100～200 kPa。预压 1～2 次，每次预压时间为 1 min，预压后将千分表归零。

(2)将预定的最大压力分为 4～6 级进行加压，每级压力加载时间为 1 min，记录千分表读数，同时卸压，当卸载 1 min 时，再次记录千分表读数，同时施加下一级压力，如此逐级进行加压和卸压。

(3)土的回弹模量测定应进行 3 次平行试验，每次试验结果与回弹模量的均值之差应不超过 5%。

(五)试验指标的确定

(1)以单位压力 p 为横坐标，回弹变形 l 为纵坐标，绘制单位压力与回弹变形曲线，试样的回弹模量取 p-l 曲线的直线段计算。

(2)每级压力下的回弹模量应按下式计算：

$$E_e=\frac{\pi pD}{4l}(1-\mu^2) \tag{3-5-47}$$

式中　E_e——回弹模量(kPa)；

p——承压板上的单位压力(kPa)；

D——承压板直径(cm)；

l——相应于该级压力的回弹变形(加压读数－卸压读数)(cm)；

μ——土的泊松比，取 0.35。

七、基床系数试验

(一)基床系数

基床系数是地基土在外力作用下产生单位变形时所需的应力，也称弹性抗力系数或地基反力系数，一般可表示为：

$$K=p/s \tag{3-5-48}$$

式中　K——基床系数(MPa/m)；

p——地基土所受的应力(MPa)；

s——地基的变形(m)。

基床系数与地基土的类别(砾状土、黏性土)、土的状况(密度、含水量)、物理力学特性、基础的形状及作用面积受力状况有关。

(二)试验方法

在有经验的地区可采用三轴试验或固结试验的方法测得土的基床系数。

(1)三轴试验法：是将土样经饱和处理后，在 K_0 状态下固结，对一组土样分别做：

$$\sigma_3=k_0\gamma h, \sigma_1=\gamma h \tag{3-5-49}$$

$$n=\Delta\sigma_3/\Delta\sigma_1=0, 0.1, 0.2, 0.3 \tag{3-5-50}$$

不同应力路径下的三轴固结排水剪试验(CD)，得到 $\Delta\sigma'_1$-Δh_0 曲线，求得初始段直线(或指定段割线)的斜率，即为基床系数 K。

(2)固结试验法：根据固结试验中测得的应力与变形关系来确定基床系数 K：

$$K=\frac{\sigma_2-\sigma_1}{e_1-e_2}\times\frac{1+e_m}{h_0} \tag{3-5-51}$$

式中 $\sigma_2-\sigma_1$——应力增量(MPa)；

e_1-e_2——相应的孔隙比减量；

e_m——孔隙比平均值，$e_m=(e_1+e_2)/2$；

h_0——样品高度(m)

(三)经验数据

(1)基床系数的经验值参见表3-5-24。

表3-5-24 基床系数经验值

岩土类别		状态/密实度	基床系数 K (MPa/m)	
			水平基床系数 K_h	垂直基床系数 K_v
新近沉积土	黏性土	软塑	10～20	5～15
		可塑	12～30	10～25
	粉土	稍密	10～20	12～18
		中密	15～25	10～25
软土(软黏性土、软粉土、淤泥、淤泥质土、泥炭和泥炭质土等)		—	1～12	1～10
黏性土		流塑	3～15	4～10
		软塑	10～25	8～22
		可塑	20～45	20～45
		硬塑	30～65	30～70
		坚硬	60～100	55～90
粉土		稍密	10～25	11～20
		中密	15～40	15～35
		密实	20～70	25～70
砂类土		松散	3～15	5～15
		稍密	10～30	12～30
		中密	20～45	20～40
		密实	25～60	25～65
圆砾、角砾		稍密	15～40	15～40
		中密	25～55	25～60
		密实	55～90	60～80
卵石、碎石		稍密	17～50	20～60
		中密	25～85	35～100
		密实	50～120	50～120
新黄土		可塑、硬塑	30～50	30～60
老黄土		可塑、硬塑	40～70	40～80
软质岩石		全风化	35～39	41～45
		强风化	135～160	160～180
		中等风化	200	220～250

续上表

岩　土　类　别		状态/密实度	基床系数 K (MPa/m)	
			水平基床系数 K_h	垂直基床系数 K_v
硬质岩石	强风化或中等风化	200～1 000		
	未风化	1 000～15 000		

注：基床系数宜采用 K_{30} 试验结合原位测试和室内试验以及当地经验综合确定。

(2)基床系数值与地基土的标准贯入击数 N 的经验关系为

$$K=(1.5\sim3.0)N \tag{3-5-52}$$

(3)地基土的基床系数 K 与土体介质的弹性模量 E、泊松比 μ 及基础面积 A 的关系为

$$K=\frac{E}{(1-\mu^2)\sqrt{A}} \tag{3-5-53}$$

式中　E——土的弹性模量(MPa)；

μ——土的泊松比；

A——基础面积(m^2)。

八、膨胀性试验

(一)试验内容及方法

土的膨胀性试验是针对膨胀土进行的相关室内试验，主要包括自由膨胀率、有荷载膨胀率、收缩系数、膨胀力等特性指标。各指标的物理意义和试验仪器设备见表 3-5-25 所示。

表 3-5-25　膨胀性试验指标的物理意义和试验仪器设备

指标名称	符号	单位	物　理　意　义	主要仪器设备	取样要求
自由膨胀率	δ_{ef}	%	试样在纯水中膨胀稳定后的体积增量与原体积之比	玻璃量筒、量土杯、无颈漏斗等	扰动土
有荷载膨胀率	δ_{ep}	%	试样在有侧限及一定荷载条件下膨胀的增量与初始高度之比	膨胀仪等	原状土
收缩系数	λ_s	—	试样在收缩前期含水率每减少 1% 时的垂直收缩率	收缩仪等	原状土
膨胀力	p_e	kPa	试样在吸水膨胀时所产生的内应力	容器、加压设备及变形设备等	原状土

(二)试验指标的确定

1. 自由膨胀率

自由膨胀率按下式进行计算：

$$\delta_{ef}=\frac{V_{we}-V_0}{V_0} \tag{3-5-54}$$

式中　δ_{ef}——自由膨胀率(%)；

V_{we}——土样在水中膨胀稳定后的体积(mL)；

V_0——土样初始体积(ml)。

2. 有荷载膨胀率

在特定荷载下的膨胀率按下式计算：

$$\delta_{ep}=\frac{z_p+\lambda-z_0}{h_0}\times 100 \tag{3-5-55}$$

式中 δ_{ep}——某荷载下的膨胀率(%)；

z_p——某荷载下膨胀稳定后的位移计读数(mm)；

z_0——加荷前位移计读数(mm)；

λ——某荷载下的仪器压缩变形量(mm)；

h_0——试样的初始高度(mm)。

3. 收缩试验指标

(1)试样在不同时间的含水率，按下式计算：

$$w_i=\left(\frac{m_i}{m_d}-1\right)\times 100 \tag{3-5-56}$$

式中 w_i——某时刻试样的含水率(%)；

m_i——某时刻试样的质量(g)；

m_d——试样烘干后的质量(g)。

(2)线缩率按下式计算：

$$\delta_{si}=\frac{z_t-z_0}{h_0}\times 100 \tag{3-5-57}$$

式中 δ_{si}——试样在某时刻的线缩率(%)；

z_t——某时刻的百分表读数(mm)。

(3)体缩率按下式计算：

$$\delta_{vi}=\frac{V_0-V_d}{V_0}\times 100 \tag{3-5-58}$$

式中 δ_{vi}——试样在某时刻的线缩率(%)；

V_0——试样的初始体积(cm^3)；

V_d——烘干后试样的体积(cm^3)。

(4)土的缩限

以线缩率为纵坐标，含水率为横坐标，绘制关系曲线(图 3-5-39)，延长第Ⅰ、Ⅲ阶段的直线段至相交，交点 E 所对应的横坐标 w_s 即为原状土的缩限。

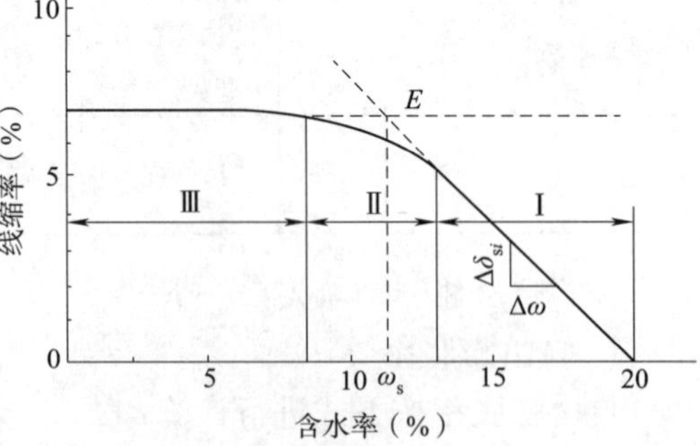

图 3-5-39 线缩率与含水率关系曲线

(5)收缩系数

收缩系数按下式计算：

$$\lambda_n=\frac{\Delta\delta_{si}}{\Delta w} \tag{3-5-59}$$

式中 λ_n——竖向收缩系数；

Δw——收缩曲线(图 3-5-39)上第Ⅰ阶段两点的含水率之差(%)；

$\Delta\delta_{si}$——与 Δw 相对应的两点线缩率之差(%)。

(4)膨胀力

膨胀力按下式进行计算：

$$P_c=\frac{W}{A}\times 10 \tag{3-5-60}$$

式中 P_c——膨胀力(kPa)；

W——施加在试样上的总平衡荷载(N)；

A——试样面积(cm^2)。

九、黄土湿陷试验

黄土湿陷是黄土(典型黄土、黄土状土等各类黄土类土)在一定压力、浸水及渗流长期作用下，产生压缩、湿陷及渗透溶滤变形的全过程。

(一)试验目的

黄土湿陷试验的目的是测定黄土变形和压力的关系，以计算湿陷系数、自重湿陷系数和湿陷起始压力等黄土压缩性指标。

(二)试验要求

(1)黄土湿陷试验应符合下列要求：

①土样的质量等级应为Ⅰ级不扰动土样。

②环刀面积不应小于 5 000 mm^2，使用前应将环刀洗净风干，透水石应烘干冷却。

③加荷前，应将环刀试样保持天然湿度。

④试样浸水宜用蒸馏水。

⑤试样浸水前和浸水后的稳定标准，应为连续 2 次每小时的下沉量不大于 0.01 mm。

(2)测定湿陷系数还应符合下列要求：

①分级加荷至试样的规定压力，下沉稳定后，试样浸水饱和，附加下沉稳定，试验终止。

②在 0～200 kPa 压力以内，每级增量宜为 50 kPa；大于 200 kPa 压力，每级增量宜为 100 kPa。

③测定湿陷系数的试验压力，应自基础底面或者初步勘察时，自地面下 1.5 m 算起：

a. 基底下 10 m 以内的土层应用 200 kPa；10 m 以下至非湿陷性黄土层顶面，应用其上覆土的饱和自重压力(当大于 300 kPa 压力时，仍应用 300 kPa)。

b. 当基底压力大于 300 kPa 时，宜用实际压力。

c. 对压缩性较高的新近堆积黄土，基底下 5 m 以内的土层宜用 100～150 kPa 压力，5～10 m 和 10 m 以下至非湿陷性黄土层顶面，应分别用 200 kPa 和上覆土的饱和自重压力。

(3)测定自重湿陷系数时，分级加荷，加至试样上覆土的饱和自重压力，下沉稳定后，试样浸水饱和，附加下沉稳定，试验终止。

试样上覆土的饱和密度可按下式计算：

$$\rho_s=\rho_d\left(1+\frac{S_r e}{d_s}\right) \tag{3-5-61}$$

式中 ρ_s——土的饱和密度(g/cm^3)；

ρ_d——土的干密度(g/cm^3)；

S_r——土的饱和度，可取85%；

e——土的孔隙比；

d_s——土粒相对密度。

(4)测定湿陷起始压力还应符合下列要求：

①可选用单线法压缩试验或双线法压缩试验。

②从同一土样中所取环刀试样，其密度差值不得大于 $0.03g/cm^3$。

③在0～150 kPa压力以内，每级增量宜为25～50 kPa，大于150 kPa压力每级增量宜为50～100 kPa。

④单线法压缩试验不应少于5个环刀试样，均在天然湿度下分级加荷，分别加至不同的规定压力，下沉稳定后，各试样浸水饱和，附加下沉稳定，试验终止。

⑤双线法压缩试验，应按下列步骤进行：

a. 应取2个环刀试样，分别对其施加相同的第一级压力，下沉稳定后应将2个环刀试样的百分表读数调整一致，调整时并应考虑各仪器变形量的差值。

b. 应将上述环刀试样中的一个试样保持在天然湿度下分级加荷，加至最后一级压力，下沉稳定后，试样浸水饱和，附加下沉稳定后，试验终止。

c. 应将上述环刀试样中的另一个试样浸水饱和，附加下沉稳定后，在浸水饱和状态下分级加荷，下沉稳定后继续加荷，加至最后一级压力，下沉稳定后，试验终止。

d. 当天然湿度的试样，在最后一级压力下浸水饱和，附加下沉稳定后的高度与浸水饱和试样在最后一级压力下的下沉稳定后的高度不一致，且相对差值不大于20%时，应以前者的结果为准，对浸水饱和试样的试验结果进行修正；如相对差值大于20%时，应重新试验。

各指标试验应符合现行《湿陷性黄土地区建筑规范》(GB 50025)相关规定。

(三)试验指标的确定

1. 湿陷系数

湿陷系数是指单位厚度的土样，在一定压力下，下沉稳定后，土样浸水饱和所产生的附加下沉。以小数表示。

湿陷系数应按下式计算：

$$\delta_s=\frac{h_1-h_2}{h_0} \tag{3-5-62}$$

式中 δ_s——湿陷系数；

h_1——保持天然湿度和结构的试样，在某级压力下，试样变形稳定后的高度(mm)；

h_2——上述加压稳定后的试样，浸水湿陷变形稳定后的高度(mm)；

h_0——试样的原始高度(mm)。

2. 自重湿陷系数

自重湿陷系数是指单位厚度的土样，在上覆土的饱和自重压力下，下沉稳定后，土样浸水饱和所产生的附加下沉。以小数表示。

自重湿陷系数按下式计算：

$$\delta_{zs}=\frac{h_z-h'_z}{h_0} \tag{3-5-63}$$

式中　δ_{zs}——自重湿陷系数；

h_z——保持天然湿度和结构的土样，在饱和自重压力下，试样变形稳定后的高度(mm)；

h'_z——上述加压稳定后的试样，浸水湿陷变形稳定后的高度(mm)；

h_0——试样的原始高度(mm)。

3. 湿陷起始压力

湿陷起始压力是指湿陷性黄土浸水饱和，开始出现湿陷时的压力。

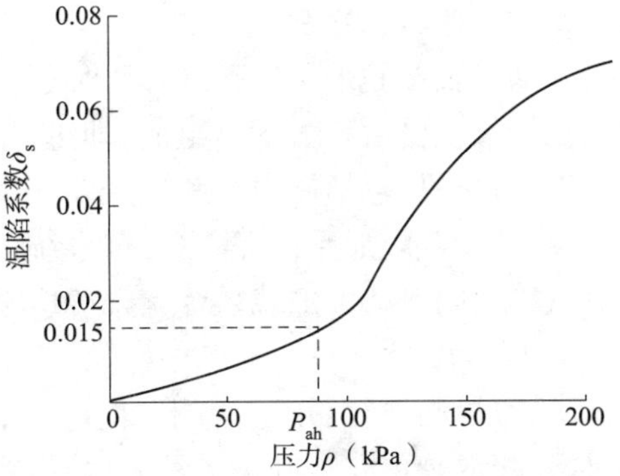

图 3-5-40　压力与湿陷系数关系曲线

以各级压力 p 为横坐标，各级压力下的湿陷系数 δ_s 为纵坐标，绘制压力与湿陷系数关系曲线(图 3-5-40)，湿陷系数 δ_s 为 0.015 所对应的压力即为湿陷起始压力 p_{sh}。

第三节　土的动力性质试验

在城市轨道交通工程勘察过程中，当需要测定土的动力性质时，可采用动三轴试验、动单剪试验或共振柱试验，其试验方法、测试内容及存在的问题见表 3-3-26。

表 3-5-26　土的动力性质室内试验方法

试验名称	试　验　方　法	测　试　内　容	存在问题
动三轴试验	将圆柱形试样在给定的压力下固结，然后施加激振力，使试样在剪切面上的剪应力产生周期性交变	1. 动弹性模量、动阻尼比及其与动应变的关系； 2. 既定循环周数下的动应力与动应变关系； 3. 饱和砂土、粉土的液化剪应力与动应力循环周数关系。当出现孔隙水压力上升达到初始固结压力时，或轴向动应变达到5%时，或振动次数在相应的预计地震震级限度之内，即可判定土样液化	应力条件与现场实际相差较大
动单剪试验	在试样容器内制成一个封闭于橡皮膜的方形试样，其上施加垂直压力，使容器的一对侧壁在交变剪切力作用下作往复运动		试样成形困难，应力分布不均，侧压力无法控制
共振柱试验	试验时在圆柱形试样一端施加纵向或扭转振动，改变其振动频率，可测得试样的共振频率	测定小动应变时的动弹性模量和动阻尼比	测定小动应变限于测定小应变范围内的动力特性参数

动三轴试验、动单剪试验和共振柱试验是土的动力学性质试验中较常用和较成熟的三种方法。不但土的动力学参数随动应变而变化，不同的试验仪器或试验方法有其应变值的有效范围，故在提出试验要求时，应考虑动应变的范围和仪器的适用性。

一、动三轴试验

(一)试验目的

动三轴试验的目的是测定饱和土在动应力作用下的应力、应变和孔隙水压力的变化过程，从而确定其在动力作用下的破坏强度(包括液化)、应变大于 1×10^{-4}时的动弹性模量和阻尼比等动力特性指标。

（二）试验仪器设备

动三轴试验采用电磁式、液压式、气动式或惯性式等各种驱动形式的振动三轴仪，振动三轴仪主要由三大部分组成，即主机、荷载施加系统及量测系统。

（1）主机：包括压力室和激振器等。

（2）荷载施加系统：静力加载系统用于施加侧向压力、轴向压力和反压力，其与三轴压缩试验相同。动力加载系统其幅值应平衡、波形应对称；振幅相对偏差与半周期相对偏差不宜大于10%。

（3）量测系统：用于量测轴向应力、轴向位移及孔隙水压力，由传感器、动态电阻应变仪、光线记录示波器或 x-y 函数记录器等组成。应采用微机控制和数据采集系统。整个系统的各部分均应有良好的频率响应、性能稳定、灵敏度高和失真小。

（三）试验要求

（1）试样制备和饱和方法同三轴压缩试验。天然地基试样宜采用质量等级为Ⅰ、Ⅱ级的土样，人工地基的试样宜采用类似于现场填土的制备样。饱和试验在周围压力下（各向相等应力条件下）的孔隙水压力系数不宜小于0.98。

（2）测试时应首先使试样在静力作用下固结稳定后，再在不排水条件下施加动应力或动应变。

（3）采用振动三轴仪测定动弹性模量和动阻尼比时，应在固定频率的轴向动荷载下测得试样的动应力—动应变滞回圈，动应力的作用次数不宜大于5次。测试动模量随应变幅的变化时，宜逐级施加动应变幅或动应力幅；后一级的振幅可控制为比前一级增加1倍。

（4）施加动应力或动应变的频率应为工程对象所受实际循环荷载的频率。

（四）试验制图与指标的确定

1. 动弹性模量

动弹性模量是土在周期荷载作用下动应力与动应变中可恢复部分（即弹性变形部分）之比。动弹性模量按下式进行计算：

$$E_d=\frac{\sigma_d}{\varepsilon_d} \tag{3-5-64}$$

式中 E_d——动弹性模量（MPa）；

σ_d——动应力幅（MPa），表达式为 $\sigma_d=F_1/A_0$，F_1 为激振力的幅值（N），A_0 为试样在静荷载下固结稳定后的截面积（mm^2）；

ε_d——动应变幅，表达式为 $\varepsilon_d=A_1/h_0$，A_1 为试样激振端的振幅（mm），h_0 为试样在静荷载下固结稳定后的高度（mm）。

2. 动剪切模量

$$G_d=\frac{E_d}{2(1+\mu)} \tag{3-5-65}$$

式中 G_d——动剪切模量（MPa）；

μ——泊松比。

3. 动阻尼比

土的动阻尼比按下式进行计算：

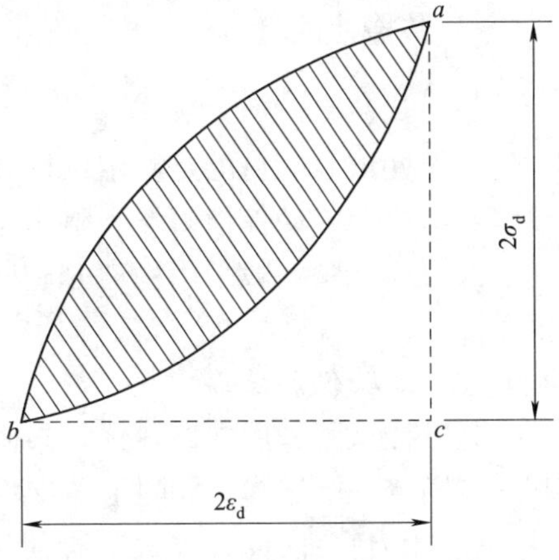

图 3-5-41　动应力—动应变滞回圈

$$\xi_d = \frac{A_s}{\pi A_t} \tag{3-5-66}$$

式中　ξ_d——动阻尼比；

A_s——动应力—动应变滞回圈面积（cm^2），表示振动一个周期土样消耗的能量，如图 3-5-41 中阴影线所示；

A_t——图 3-5-41 中$\triangle abc$ 的面积（cm^2），表示弹性能。

4. 动强度

动强度是一定振动循环次数下使试样产生破坏应变时的振动剪应力。破坏时的应变量与土的性质和应力条件有关，动强度的破坏标准，一般可取土试样的弹性应变与塑性应变之和等于 5%，也可根据地基土情况和工程重要性，在 2.5%～10%范围内取值；对于可液化土的液化强度试验，也可采用初始液化作为破坏应变的标准。

通过绘制动应力作用下的应力圆的方法，可求出动抗剪强度参数，即动内摩擦角和动黏聚力。对于同一固结应力条件下多个试样的测试结果，绘制动强度比与破坏振次对数值的关系曲线（图 3-5-42）。该关系曲线相应于某一初始剪应力比和某一侧向固结应力，并按工程要求的等效破坏振次，在曲线上确定相应的动强度比。

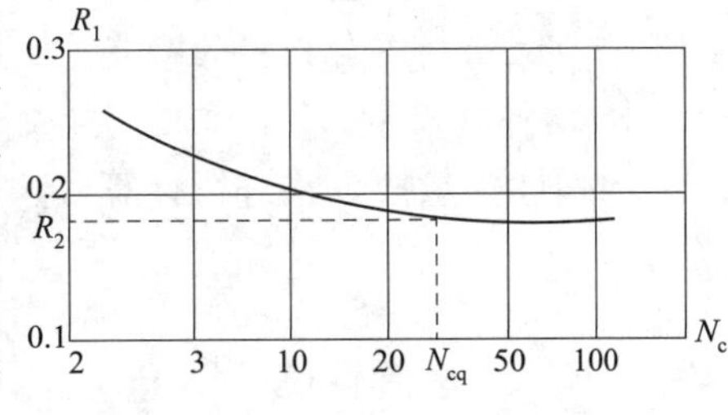

图 3-5-42　动强度比与破坏振次对数值的关系曲线

5. 动剪应力与振次关系曲线

以动剪应力为纵坐标，破坏振次在对数横坐标上，绘制不同固结比时不同侧压力下的动剪应力与振次关系曲线，如图 3-5-43 所示。

6. 液化应力比与振次关系曲线

以液化应力比为纵坐标，破坏振次在对数横坐标上，绘制不同固结应力比时的液化应力比与振次关系曲线，如图 3-5-44 所示。

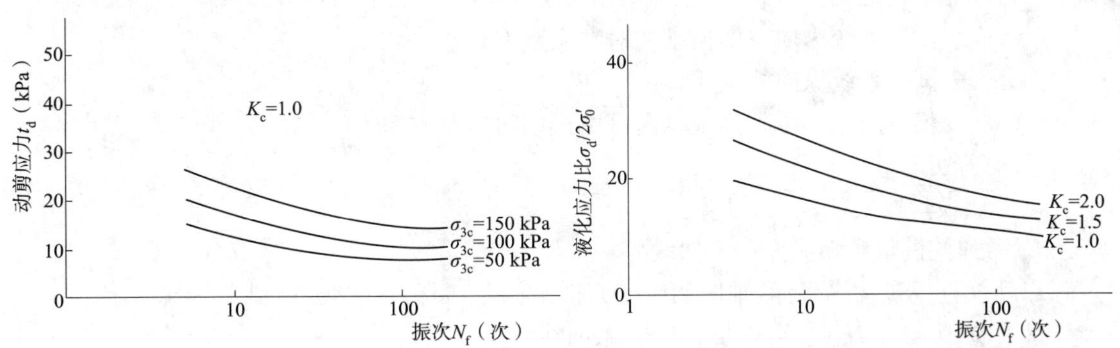

图 3-5-43　动剪应力与振次关系曲线　　图 3-5-44　液化应力比与振次关系曲线

二、共振柱试验

(一)试验目的和方法

共振柱试验的目的是测定试样在周期荷载作用下,小应变($10^{-6}\sim10^{-4}$)时的动剪切模量和阻尼比或动弹性模量和阻尼比。

共振柱试验一般采用稳态强迫振动法和自由振动法。激振方式为旋转振动和纵向振动。

(二)试验仪器设备

共振柱试验采用共振柱仪。共振柱仪按对试样的约束条件可分为一端固定一端自由和一端固定一端用弹簧和阻尼器支承两类。

(1)压力室:内部置放激振器、加速度计及试样。压力室底座和试样上压盖板具有辐射状的凸条。

(2)静力控制系统:与动三轴试验相同。

(3)激振控制系统:包括信号发生器、功率放大器和 D/A 转换器等。

(4)量测系统:包括加速度计、电荷放大器、频率计、示波器或 A/D 转换器等。

(三)试验制图与指标的确定

1. 动弹性模量

动弹性模量按下式进行计算:

$$E_d=\rho\left(\frac{2\pi\times h_s\times f_1}{F_1}\right)^2 \tag{3-5-67}$$

式中 E_d——动弹性模量(MPa);

ρ——试样质量密度(t/m^3);

f_1——试样系统纵向振动的共振频率(Hz);

F_1——纵向无量纲频率因数。

2. 动阻尼比

土的动阻尼比按下式进行计算:

$$\xi_d=\frac{[\delta_1(1+S_1)-S_1\delta_{a1}]}{2\pi} \tag{3-5-68}$$

式中 ξ_d——动阻尼比;

δ_1——试样系统纵向自由振动的对数衰减率;

S_1——试样系统纵向能量比;

δ_{a1}——仪器激振端压板系统纵向自由振动对数衰减率。

3. 动剪切模量

动剪切模量按式(3-5-63)计算。

4. 动弹性模量和动应变关系曲线

以动弹性模量为纵坐标,轴向动应变为横坐标,绘制关系曲线,如图 3-5-45 所示。

5. 阻尼比与动剪应变(或动应变)关系曲线

以阻尼比为纵坐标,动剪应变(或轴向动应变)为横坐标,绘制关系曲线,如图 3-5-46 所示。

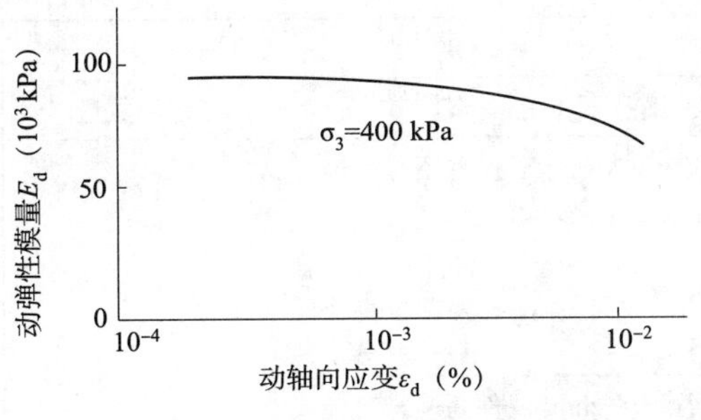

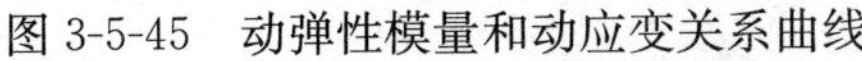
图 3-5-45　动弹性模量和动应变关系曲线

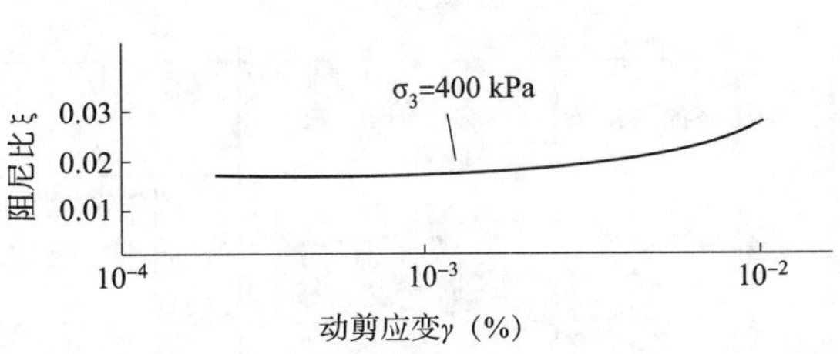

图 3-5-46　阻尼比与动剪应变关系曲线

第四节　岩 石 试 验

岩石试验的目的是测定岩石的物理力学性质。其中物理性质试验包括颗粒密度、块体密度、吸水性试验，软化或崩解试验，膨胀性试验；力学性质试验包括抗压、抗剪、抗拉强度试验及点荷载试验等，具体项目应根据工程需要确定。

一、岩石试样要求

岩石试样可利用钻探岩芯制作或在探井、探槽、竖井和平洞中采取。岩石试样应具有代表性，并满足表 3-5-27 要求。

表 3-5-27　岩石试验方法及试件要求

试验项目	试验方法	试 件 要 求	
		试 件 尺 寸	每组数量
含水率试验	烘干法	最小尺寸应大于组成岩石最大矿物颗粒直径的 10 倍，每个试样质量为 40～200 g	5 个
块体密度试验	量积法和蜡封法	量积法：应大于组成岩石最大矿物颗粒直径的 10 倍，最小尺寸不宜小于 50 mm； 蜡封法：边长为 40～60 mm 的浑圆状岩块	湿密度试验：5 个； 干密度试验：3 个
吸水性试验	自由浸水法、煮沸法或真空抽气法	规则试件：应大于组成岩石最大矿物颗粒直径的 10 倍，最小尺寸不宜小于 50 mm； 不规则试件：边长为 40～60 mm 的浑圆状岩块	3 个
膨胀性试验	—	自由膨胀率试验：试件直径或边长宜为 48～65 mm； 侧向约束膨胀率试验和膨胀压力试验：试件高度不应小于 20 mm，或不应大于组成岩石最大矿物颗粒直径的 10 倍，试件直径宜为 50～65 mm	3 个
耐崩解试验	—	质量应为 40～60 g 浑圆状岩块	10 个
单轴抗压强度试验	—	直径为 48～54 mm 的圆柱体，直径应大于岩石中最大颗粒直径的 10 倍；试件高度与直径之比宜为 2.0～2.5	3 个
单轴压缩变形试验	电阻应变片法或千分表法	直径为 48～54 mm 的圆柱体，直径应大于岩石中最大颗粒直径的 10 倍；试件高度与直径之比宜为 2.0～2.5	3 个

续上表

试验项目	试验方法	试件要求	
		试件尺寸	每组数量
三轴压缩强度试验	等侧向压力法	圆柱体试件直径应为试验机承压板直径的0.96～1.00,试件高度与直径之比宜为2.0～2.5	5个
抗拉强度试验	劈裂法	圆柱体直径宜为48～54 mm。试件厚度宜为直径的0.5～1.0倍,并应大于岩石最大颗粒直径的10倍	3个
抗剪断强度试验		直径或边长不得小于50 mm,试件高度与直径或边长相等	9个
直剪试验	平推法	直径或边长不得小于50 mm,试件高度与直径或边长相等	5个
点荷载试验	—	1. 作径向试验的岩芯试件,岩心直径宜为30～70 mm,长度与直径之比应大于1.0; 2. 作轴向试验的岩芯试件,岩心直径宜为30～70 mm,长度与直径之比宜为0.3～1.0; 3. 方块体或不规则块体试件,试件最短边长宜为30～80 mm	1. 岩芯试件:5～10个; 2. 不规则试件:15～20个
岩石声波测试	—	长度一般不小于100 mm,可用变形试验或抗压试验的试件	—

二、含水率试验

(一)试验方法及要求

(1)岩石含水率试验采用烘干法。即将试件在105～110 ℃的温度下烘24 h。

(2)保持天然含水率的试样应在现场采取,不得采用爆破法。试样在采取、运输、储存和制备试件过程中,应保持天然含水状态。

(3)试件最小尺寸应大于组成岩石最大矿物颗粒直径的10倍,每个试样质量为40～200 g,每组试验试件的数量应为5个。

(二)试验指标计算

岩石含水率按下式计算:

$$w=\frac{m_0-m_s}{m_s}\times 100 \qquad (3\text{-}5\text{-}69)$$

式中 w——岩石含水率(%);

m_0——烘干前的试件质量(g);

m_s——烘干后的试件质量(g)。

三、颗粒密度试验

(一)试验方法

岩石颗粒密度试验采用比重瓶法或水中称量法。即将岩石用粉碎机粉碎成岩粉(对含有磁性矿物的岩石,应采用研钵粉碎),使之全部通过0.25 mm筛孔,并用磁铁吸去铁屑。将岩粉置于105～110 ℃的温度下烘干,烘干时间不少于6 h,再冷却至室温,称取15 g岩粉,采用测土粒相对密度的方法进行试验。

（二）试验指标计算

岩石颗粒密度按下式计算：

$$\rho_s=\frac{m_s}{m_1+m_s-m_2}\rho_{WT} \tag{3-5-70}$$

式中 ρ_s——岩石颗粒密度（g/cm^3）；

m_s——烘干岩粉质量（g）；

m_1——比重瓶及试液总质量（g）；

m_2——比重瓶、试液岩粉总质量（g）；

ρ_{WT}——与试验温度同温度的试液密度（g/cm^3）。

四、块体密度试验

（一）试验方法

岩石块体密度试验采用量积法、水中称量法或蜡封法。各方法适用条件如下：

(1)量积法适用于能制备成规则试件的各类岩石。

(2)水中称量法适用于除遇水崩解、溶解和干缩湿胀外的各类岩石。

(3)蜡封法适用于不能用量积法或水中称量法进行测定的岩石。

（二）试验要求

(1)量积法试件应大于组成岩石最大矿物颗粒直径的10倍，最小尺寸不宜小于50 mm；蜡封法试件边长为40～60 mm的浑圆状岩块。

(2)测天然密度试验试件数量应为5个，测干密度试验试件数量应为3个。

(3)将试件置于105～110 ℃的温度下烘干，烘干时间不少于24 h。

(4)岩石密度蜡封法试验与土样密度的蜡封法试验技术要求基本一致，但要求测定天然密度的岩石试件要进行含水率的试验。

（三）试验指标计算

(1)采用量积法，岩石块体干密度按下式计算：

$$\rho_d=\frac{m_s}{AH} \tag{3-5-71}$$

式中 ρ_d——岩石块体干密度（g/cm^3）；

m_s——烘干试件质量（g）；

A——试件截面积（cm^2）；

H——试件高度（cm）。

(2)采用蜡封法，岩石块体干密度和块体天然密度分别按下式计算：

$$\rho_d=\frac{m_s}{\dfrac{m_1-m_2}{\rho_w}-\dfrac{m_1-m_s}{\rho_p}} \tag{3-5-72}$$

$$\rho=\frac{m}{\dfrac{m_1-m_2}{\rho_w}-\dfrac{m_1-m}{\rho_p}} \tag{3-5-73}$$

式中 ρ_d——岩石块体干密度（g/cm^3）；

ρ——岩石块体天然密度（g/cm^3）；

m——天然试件质量(g)；

m_1——蜡封试件质量(g)；

m_2——蜡封试件在水中的称量(g)；

ρ_w——水的密度(g/cm³)；

ρ_p——蜡的密度(g/cm³)。

(3)岩石块体干密度与天然密度的换算关系见下式：

$$\rho_d=\frac{\rho}{1+0.01w} \tag{3-5-74}$$

式中 w——岩石含水率(%)。

(四)经验数据

1. 岩石的比重

岩石比重的经验值见表 3-5-28。

表 3-5-28 岩石比重的经验值

岩石名称	比 重	岩石名称	比 重
花岗岩	2.50～2.80	页岩	2.63～2.83
流纹岩	2.65 左右	泥质灰岩	2.70～2.80
凝灰岩	2.56 左右	石灰岩	2.48～2.76
闪长岩	2.60～3.10	白云岩	2.78 左右
斑岩	2.30～2.80	贝壳灰岩	2.70 左右
玢岩	2.60～2.90	板岩	2.70～2.84
辉长岩	2.70～3.20	大理岩	2.70～2.87
辉绿岩	2.60～3.10	石英片岩	2.60～2.80
玄武岩	2.50～3.30	绿泥石片岩	2.80～2.90
橄榄岩	2.90～3.40	黏土质片岩	2.40～2.60
蛇纹岩	2.40～2.80	角闪片麻岩	3.07 左右
响岩	2.40～2.70	花岗片麻岩	2.63 左右
砂岩	1.80～2.75	石英岩	2.63～2.84

2. 岩石的天然密度

岩石的天然密度经验值见表 3-5-29。

表 3-5-29 岩石的天然密度经验值

岩石名称	天然密度(g/cm³)	岩石名称	天然密度(g/cm³)
花岗岩	2.30～2.80	坚固的页岩	2.80 左右
正长岩	2.50～3.00	砂质页岩	2.60 左右
闪长岩	2.52～2.96	砂质钙质页岩	2.50 左右
辉长岩	2.55～2.98	页岩	2.30 左右
辉绿岩	2.53～2.97	硅质灰岩	2.81～2.90
硅长斑岩	2.20～2.74	白云质灰岩	2.80 左右

续上表

岩石名称	天然密度(g/cm³)	岩石名称	天然密度(g/cm³)
玢岩	2.40～2.86	坚硬致密灰岩	2.70左右
粗面岩	2.30～2.77	致密灰岩	2.50左右
玄武岩	2.60～3.10	泥质灰岩	2.30左右
安山岩	2.70～3.10	新鲜花岗片麻岩	2.90～3.30
蛇纹岩	2.60左右	强风化花岗片麻岩	2.30～2.50
火山凝灰岩	1.60～1.95	角闪片麻岩	2.76～3.05
凝灰岩	0.75～1.40	混合片麻岩	2.40～2.63
凝灰角砾岩	2.20～2.90	特别坚硬的石英岩	3.00～3.30
含岩浆岩卵石的砾岩	2.90左右	坚固细粒石英岩	2.80左右
钙质胶结砾岩	2.30左右	片状石英岩	2.80～2.90
黏土质胶结砾岩	2.20左右	风化的片状石英岩	2.70左右
胶结不好的砾岩	1.90左右	坚硬白云岩	2.90左右
石英砂岩	2.61～2.70	白云岩	2.10～2.70
硅质胶结砂岩	2.50左右	大理岩	2.70左右
泥质胶结砂岩	2.20左右	板岩	2.60左右

3. 干密度

不同比重及不同孔隙率时的干密度见表3-5-30。

表3-5-30　岩石不同比重及不同孔隙率时的干密度经验值

孔隙率(%)	比　重												
	2.50	2.55	2.60	2.62	2.64	2.66	2.68	2.70	2.72	2.74	2.76	2.78	2.80
20	2.00	2.04	2.08	2.10	2.11	2.13	2.14	2.16	2.18	2.19	2.21	2.22	2.24
22	1.95	1.99	2.03	2.01	2.06	2.08	2.09	2.11	2.12	2.14	2.15	2.17	2.18
24	1.90	1.94	1.98	1.99	2.01	2.02	2.04	2.05	2.07	2.08	2.10	2.11	2.13
26	1.85	1.89	1.91	1.94	1.95	1.97	1.98	2.00	2.01	2.03	2.04	2.06	2.07
28	1.80	1.84	1.87	1.89	1.90	1.92	1.93	1.94	1.96	1.97	1.99	2.00	2.02
30	1.75	1.79	1.82	1.83	1.85	1.86	1.88	1.89	1.90	1.92	1.93	1.95	1.96
32	1.70	1.73	1.79	1.78	1.80	1.81	1.82	1.84	1.85	1.86	1.88	1.89	1.90
34	1.65	1.68	1.72	1.73	1.74	1.86	1.77	1.78	1.80	1.81	1.82	1.84	1.85
36	1.60	1.63	1.66	1.68	1.69	1.70	1.72	1.73	1.74	1.75	1.77	1.78	1.79
38	1.55	1.58	1.61	1.62	1.64	1.65	1.66	1.67	1.69	1.70	1.71	1.72	1.74
40	1.50	1.53	1.56	1.57	1.58	1.60	1.61	1.62	1.63	1.64	1.66	1.67	1.68

五、吸水性试验

(一)试验方法

岩石吸水性试验包括吸水率试验和饱和吸水率试验。岩石吸水率试验采用自由浸水法测定;饱和吸水率试验采用煮沸法或真空抽气法强制饱和后测定。以上方法适用于遇水不崩解、不溶解和不干缩膨胀的岩石。

(二)试验要求

(1)规则试件应大于组成岩石最大矿物颗粒直径的10倍,最小尺寸不宜小于50 mm;不规则试件采用边长为40~60 mm的浑圆状岩块。

(2)岩石饱和吸水率试验应在岩石吸水率试验后进行。

(3)在测定岩石吸水率与饱和吸水率的同时,宜采用水中称量法测定岩石块体干密度和岩石颗粒密度。

(4)采用自由浸水法时,应将试件放入水槽,先注水至试件高度的1/4处,以后每隔2 h分别注水至试件高度的1/2和3/4处,6 h后全部浸没试件。试件应在水中自由吸水48 h。

(5)采用煮沸法饱和试件时,煮沸容器内的水面应始终高于试件,煮沸时间不得少于6 h。

(6)采用真空抽气法饱和试件时,饱和容器内的水面应高于试件,真空压力表读数宜为当地大气压值。抽气直至无气泡逸出为止,抽气时间不得少于4 h。经真空抽气的试件,应放置在原容器中,在大气压下静置4 h后沾去表面水分后再进行称量。

(三)试验指标计算

1. 岩石吸水率

岩石吸水率表示在岩石在自由浸水状态下的吸水能力,其按下式进行计算:

$$w_s=\frac{m_0-m_s}{m_s}\times100 \tag{3-5-75}$$

式中 w_s——岩石吸水率(%);

m_0——试件浸水48 h后的质量(g);

m_s——烘干后的试件质量(g)。

2. 岩石饱和吸水率

岩石在水中煮沸或抽真空强制饱和后测定的吸水率称为饱和吸水率。其按下式进行计算:

$$w_{sa}=\frac{m_p-m_s}{m_s}\times100 \tag{3-5-76}$$

式中 w_{sa}——岩石饱和吸水率(%);

m_p——试件经强制饱和后的质量(g)。

3. 岩石饱和系数

岩石的吸水率与饱和吸水率之比称为岩石的饱和系数。按下式进行计算:

$$K_w=\frac{w_s}{w_{sa}} \tag{3-5-77}$$

式中 K_w——岩石饱和系数。

4. 块体干密度和颗粒密度

岩石吸水性试验中,块体干密度和颗粒密度分别按下式进行计算:

$$\rho_d=\frac{m_s}{m_p-m_w}\rho_w \tag{3-5-78}$$

$$\rho_s=\frac{m_s}{m_s-m_w}\rho_w \tag{3-5-79}$$

式中　ρ_d——岩石块体干密度(g/cm³)；

ρ_s——岩石颗粒密度(g/cm³)；

ρ_w——水的密度(g/cm³)；

m_p——试件经强制饱和后的质量(g)；

m_w——强制饱和试件在水中的称量(g)。

(四)经验数据

(1)各种岩石的一般吸水率范围值见表 3-5-31。

表 3-5-31　各种岩石的一般吸水率范围值

岩石名称	吸水率(%)	岩石名称	吸水率(%)	岩石名称	吸水率(%)
花岗岩	0.10～0.70	霏细岩	0.10～1.21	混合片麻岩	0.64～3.15
花岗闪长岩	0.30～0.38	角砾岩	1.00～5.00	石英片岩	0.10～0.20
正长岩	0.47～1.94	砂岩	0.20～7.00	角闪片岩	0.10～0.20
辉绿岩	0.80～5.00	石灰岩	0.10～4.45	云母片岩	0.10～0.20
玄武岩	0.30 左右	泥质灰岩	2.14～8.16	板岩	0.10～0.30
玢岩	0.07～0.65	花岗片麻岩	0.10～0.70	石英岩	0.10～1.45
闪长玢岩	1.00～2.00	角闪片麻岩	0.10～3.11		
伟晶岩	0.20～0.40	大理岩	0.10～0.80		

(2)几种常见岩石的吸水性指标见表 3-5-32。

表 3-5-32　几种常见岩石的吸水性指标

岩石名称	吸水率(%)	饱和吸水率(%)	饱和系数	岩石名称	吸水率(%)	饱和吸水率(%)	饱和系数
花岗岩	0.46	0.84	0.55	云母片岩	0.13	1.31	0.10
石英闪长岩	0.32	0.54	0.59	砂岩	7.01	11.99	0.58
玄武岩	0.27	0.39	0.69	石灰岩	0.09	0.25	0.36
基性斑岩	0.35	0.42	0.83	白云质灰岩	0.74	0.92	0.80

六、膨胀性试验

岩石膨胀性试验包括岩石自由膨胀率试验、岩石侧向约束膨胀率试验和岩石体积不变条件下的膨胀压力试验。

岩石自由膨胀率试验适用于遇水不易崩解的岩石，岩石侧向约束膨胀率试验和岩石膨胀压力试验适用于各类岩石。

自由膨胀率试验仪如图 3-5-47 所示。

图 3-5-47　自由膨胀率试验仪

(一)试验方法及要求

(1)岩石自由膨胀率试验是将岩块制成圆柱形或方形，然后测定试件在水中自由浸泡稳定(连续三次测读的变形差不大于 0.001 mm)后,试件尺寸的变化情况。

(2)岩石侧向约束膨胀率试验是将岩块制成圆柱形的试件,将其置于内径比试件直径大 0.0～0.1 mm 的内壁涂有凡士林的金属环内,然后测定试件在水中自由浸泡稳定(连续三次测读的变形差不大于 0.001 mm)后,试件高度的变化情况。

(3)岩石保持体积不变条件下的膨胀压力试验,是将岩块制成圆柱形试件,将其置于内径比试件直径大 0.0～0.1 mm 的内壁涂有凡士林的金属环内,然后让试件在水中自由浸泡,同时在试件轴向施加并调节荷载,使得岩石试件在整个浸泡过程中(浸泡时间不少于 48 h)高度不发生变化,当施加的荷载稳定后记录荷载值。

(4)岩石膨胀性试验的试件应满足以下要求:

①自由膨胀率试验:试件直径或边长宜为 48～65 mm,两端面应平行,圆柱体试件高度宜等于直径。

②侧向约束膨胀率试验和保持体积不变条件下的膨胀压力试验:试件高度不应小于 20 mm,或应大于组成岩石最大矿物颗粒直径的 10 倍,试件直径宜为 50～65 mm。

③每组试验试件的数量应为 3 个。

(5)在岩石膨胀性试验过程中,应保持水位不变,水温变化不得大于 2 ℃。

(6)试验结束后,应描述试件表面的崩解、泥化和软化现象。

(二)试验指标计算

1. 岩石自由膨胀率

岩石轴向自由膨胀率和岩石径向自由膨胀率分别按下式进行计算:

$$V_{\mathrm{H}}=\frac{\Delta H}{H}\times 100 \tag{3-5-80}$$

$$V_{\mathrm{D}}=\frac{\Delta D}{D}\times 100 \tag{3-5-81}$$

式中 $V_{\mathrm{H}}, V_{\mathrm{D}}$——岩石轴向和径向自由膨胀率(%);

$H, \Delta H$——岩石试件的轴向高度和浸水后膨胀变形值(mm);

$D, \Delta D$——岩石试件的直径或边长和浸水后膨胀变形值(mm);

2. 侧向约束膨胀率

$$V_{\mathrm{HP}}=\frac{\Delta H_1}{H}\times 100 \tag{3-5-82}$$

式中 V_{HP}——岩石侧向约束膨胀率(%);

ΔH_1——岩石试件在侧向约束条件下浸水后轴向高度膨胀变形值(mm)。

3. 岩石保持体积不变条件下的膨胀压力

$$p_{\mathrm{c}}=\frac{F}{A} \tag{3-5-83}$$

式中 p_{c}——岩石保持体积不变条件下的膨胀压力(MPa);

F——岩石浸水后,保持其高度不变的稳定的轴向荷载(N);

A——岩石试件截面积(mm^2)。

七、耐崩解试验

耐崩解试验目的是测定在水作用下岩石抵抗崩解的能力。该试验适用于测定黏土类岩石和风化岩石。

(一)试验方法及要求

(1)耐崩解试验岩石试件应满足以下要求：

①试样应在现场采取并保持天然含水状态。

②试件应制成浑圆状，且每个质量应为 40～60 g。

③每组试验试件数量应为 10 个。

(2)将试件装入耐崩解试验仪的高 100 mm、直径 140 mm、筛孔直径 2 mm 的圆柱状筛筒内，在 105～110 ℃的温度下烘 24 h，取出后放入干燥器内冷却至室温，称其质量 m_s。

(3)将装有试件的筛筒放入水槽，注水至筛筒转动轴下约 20 mm，以 20r/min 的转速转动筛筒 10 min 后，将装有残留试件的筛筒在 105～110 ℃的温度下烘 24 h，然后在干燥器内冷却至室温称量。重复上述过程(根据需要，可进行 5 次循环)，称得第二次循环后残余试件的烘干质量 m_r。

(4)试验过程中，水温应保持在(20±2)℃范围内。

(二)试验指标计算

岩石二次循环耐崩解性指数按下式进行计算：

$$I_{d2}=\frac{m_r}{m_s}\times 100 \tag{3-5-84}$$

式中　I_{d2}——岩石二次循环耐崩解性指数(%)；

m_r——岩石原试件烘干质量(g)；

m_s——岩石残留试件烘干质量(g)。

八、单轴抗压强度试验

单轴抗压强度为分天然单轴抗压强度、干燥单轴抗压强度和饱和单轴抗压强度，分别是试样在天然含水状态、烘干状态和饱和状态下测定的单轴抗压强度。

单轴抗压强度试验适用于能制成圆柱体试件的各类岩石。

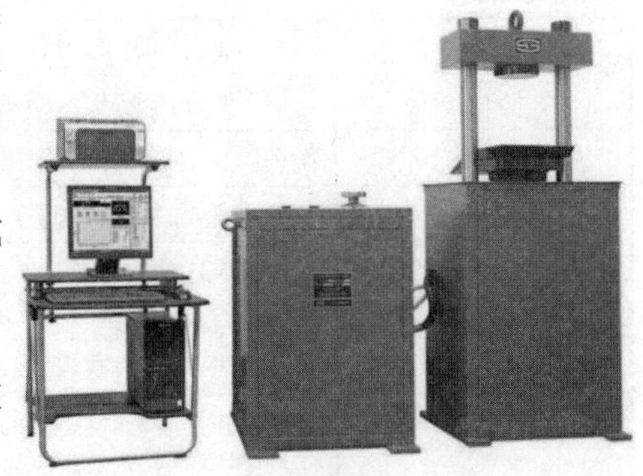

图 3-5-48　某型号单轴抗压强度试验机

(一)试验方法及要求

(1)试件可用钻孔岩芯或岩块制备。试样在采取、运输和制备过程中应避免产生裂缝。

(2)试件尺寸应符合下列要求：圆柱体试件直径宜为 48～54 mm，含大颗粒的岩石，试件的直径应大于岩石中最大颗粒直径的 10 倍；试件高度与直径之比宜为 2.0～2.5。

(3)试件精度应符合下列要求：两端面不平行度误差不得大于 0.05 mm，端面应垂直于试件轴线，偏差不得大于 0.25°；沿试件高度的直径误差不大于 0.3 mm。

(4)试验的含水状态可根据需要选择天然含水状态、烘干状态和饱和状态等。同一含水状态和同一加载方向下，每组试验试件的数量应为3个。

(5)将试件置于压力试验机上，以每秒0.5～1.0 MPa的速度加载直至试件破坏。同时记录破坏荷载和加载过程中试件的破坏形态。

(二)试验指标计算

1. 单轴抗压强度

岩石的单轴抗压强度按下式计算：

$$R=\frac{P}{A} \tag{3-5-85}$$

式中 R——岩石单轴抗压强度(MPa)；

P——试件破坏载荷(N)；

A——试件截面积(mm^2)。

2. 软化系数

岩石的软化系数是表示岩石耐风化、耐水浸的能力。软化系数按下式进行计算：

$$K_R=\frac{R_b}{R_c} \tag{3-5-86}$$

式中 K_R——岩石的软化系数；

R_b——岩石饱和单轴极限抗压强度(MPa)；

R_c——岩石干燥单轴极限抗压强度(MPa)。

岩石可按软化系数分为软化岩石和不软化岩石，$K_R \leqslant 0.75$时称为软化岩石。具体见第二篇第一章第六节相关内容。

(三)经验数据

(1)各种岩石的极限抗压强度见表3-5-33。

表3-5-33 各种岩石的极限抗压强度

极限抗压强度(MPa)	岩 石 名 称
<20.0	胶结不良的砾岩，各种不坚固的页岩，硅藻岩，石膏
20.0～40.0	中等坚硬的泥灰岩，凝灰岩，浮石，中等坚硬的页岩，软而有裂缝的石灰岩，贝壳石灰岩
40.0～60.0	钙质胶结的砾岩，裂隙发育的、风化强烈的泥质砂岩，坚固的页岩，坚固的泥灰岩
60.0～80.0	硬石膏，泥灰质石灰岩，云母及砂质页岩，泥质砂岩，角砾状花岗岩
80.0～100.0	强烈风化的软弱花岗岩、片麻岩、正长岩、蛇纹岩，致密灰岩，带有沉积岩卵石的硅质胶结的砾岩，砂岩，砂质石灰质页岩，菱铁矿，菱镁矿
100.0～120.0	白云岩，坚固石灰岩、大理岩、石灰质胶结的致密砂岩，坚固的砂质页岩
120.0～140.0	粗粒花岗岩，非常坚固的白云岩，蛇纹岩，含有岩浆岩卵石的石灰质胶结的砾岩，硅质胶结的坚固砂岩，粗粒正长岩
140.0～160.0	有风化痕迹的安山岩和玄武岩，片麻岩，非常坚固的石灰岩，含有岩浆岩卵石的硅质胶结的砾岩，粗面岩
160.0～180.0	中粒花岗岩，坚固的片麻岩，辉绿岩，玢岩，坚固的粗面岩，中粒正长岩
180.0～200.0	非常坚固的细粒花岗岩，花岗片麻岩，闪长岩，最坚固的石灰岩，坚固的玢岩
200.0～250.0	安山岩，玄武岩，最坚固的辉绿岩，闪长岩，坚固的辉长岩和石英岩
>250.0	钙钠斜长石的橄榄玄武岩(拉长石橄榄玄武岩)，特别坚固的辉绿辉长岩、石英岩及玢岩

(2)几种岩石的饱和单轴抗压强度经验值见表3-5-34。

表3-5-34　几种岩石的单轴抗压强度经验值

岩石名称	地质年代	饱和单轴抗压强度(MPa)	干燥单轴抗压强度(MPa)	岩石名称	地质年代	饱和单轴抗压强度(MPa)	干燥单轴抗压强度(MPa)
花岗岩	燕山期	160	—	石英砂岩	震旦纪	165.8	—
粗粒花岗岩	—	208	239	黏土质砂岩	—	36	54
细粒花岗岩	—	241	265	白云质泥灰岩	奥陶纪	87.2	—
角闪花岗岩	白垩纪	106.5	—	石灰岩	—	76.5	115.1
花岗闪长岩	三叠纪	116.1	—	薄层灰岩	奥陶纪	106.3	—
花岗斑岩	—	230	250	鲕状灰岩	奥陶纪	87.8	—
安山岩	—	218.1	256.3	泥灰岩	石炭纪	21	46
玄武岩	—	186.5	266.1	石英砂岩	寒武纪	68.1	—
辉绿岩	—	170	—	砂岩	寒武纪	108.9	—
云母石英片岩	前震旦纪	113	—	中粒砂岩	寒武纪	39.9	—
千枚岩	前震旦纪	8.9	—	砂质页岩	侏罗纪	104.4	—
大理岩	前震旦纪	63.7	—	页岩	侏罗纪	43.8	—
石英砾岩	泥盆纪	126.2	—	黏土页岩	—	11	24

(3)几种岩石的软化系数的经验值见表3-5-35。

表3-5-35　几种岩石的软化系数经验值

岩石名称及其特征	软化系数 K_R	岩石名称及其特征	软化系数 K_R
闪长岩	0.70～0.80	安山岩	0.85
岩浆岩	0.16～0.50	玄武岩	0.70
变质片状岩	0.69～0.84	砂岩	0.93
石灰岩	0.70～0.90	石英砂岩	0.92
软质变质岩	0.40～0.68	黏土质砂岩	0.67
泥质灰岩	0.44～0.54	侏罗系石英长石砂岩	0.68
软质岩浆岩	0.16～0.50	微风化白垩系砂岩	0.50
粗粒花岗岩	0.87	中等风化白垩系砂岩	0.40
细粒花岗岩	0.91	中奥陶系砂岩	0.54
花岗斑岩	0.92	新第三系红砂岩	0.33
黏土页岩	0.46		

九、单轴压缩变形试验

岩石单轴压缩变形试验可采用电阻应变片法或千分表法。适用于能制成圆柱体试件的各类岩石。

(一)试验要求

(1)岩石试件、加载及含水率的要求与单轴抗压强度试验相同。

(2)选择电阻应变片时,应满足下列要求:

①应变片阻栅长度应大于岩石最大矿物颗粒直径的 10 倍,并应小于试件半径。

②同一试件所选定的工作片与补偿片的规格、灵敏系数等应相同,电阻值允许偏差为 0.2 Ω。

③贴片位置应选择在试件中部相互垂直的两对称部位,应避开裂隙或斑晶,并对贴片位置打磨平整光滑和清洗干净。

④电阻应变片应牢固粘贴在试件上,轴向或径向应变片的数量可采用 2 片或 4 片,其绝缘电阻值不应小于 200 MΩ。

(3)应将试件置于试验机承压板中心,使试件受力均匀。

(4)加载宜采用一次连续加载法。应以每秒 0.5~1.0 MPa 的速度加载,逐级测读载荷与各应变片应变值直至试件破坏,记录破坏载荷,测值不宜少于 10 组。

(二)试验指标计算

(1)绘制试验试件的应力与轴向应变及径向应变关系曲线。然后根据曲线按下式计算岩石平均弹性模量和平均泊松比。

$$E_{av}=\frac{\sigma_b-\sigma_a}{\varepsilon_{1b}-\varepsilon_{1a}} \tag{3-5-87}$$

$$\mu_{av}=\frac{\varepsilon_{db}-\varepsilon_{da}}{\varepsilon_{1b}-\varepsilon_{1a}} \tag{3-5-88}$$

式中 E_{av}——岩石平均弹性模量(MPa);

μ_{av}——岩石平均泊松比;

σ_a,σ_b——应力与轴向应变关系曲线上直线段始点和终点的应力值(MPa);

ε_{la},ε_{lb}——应力为 ε_{la}、ε_{lb}时的轴向应变值;

ε_{da},ε_{db}——应力为 σ_a、σ_b 时径向应变值。

(2)岩石割线弹性模量及相应的岩石泊松比分别按下式进行计算:

$$E_{50}=\frac{\sigma_{50}}{\varepsilon_{l50}} \tag{3-5-89}$$

$$\mu_{50}=\frac{\varepsilon_{d50}}{\varepsilon_{l50}} \tag{3-5-90}$$

式中 E_{50}——岩石割线弹性模量(MPa);

μ_{50}——岩石泊松比;

σ_{50}——相当于岩石单轴抗压强度 50%时的应力值(MPa);

ε_{l50},ε_{d50}——应力为 σ_{50}时的轴向和径向应变值。

(三)经验数据

岩石平行层理和垂直层理条件下的弹性模量及泊松比,见表 3-5-36。

表 3-5-36 岩石的弹性模量及泊松比(室内静力试验)

岩石名称	弹性模量 E(×10^4 MPa)		泊松比 μ	
	平行层理	垂直层理	平行层理	垂直层理
粗粒花岗岩	4.94	5.02	0.22	0.21
细粒花岗岩	8.53	8.44	0.24	0.29

续上表

岩石名称	弹性模量 $E(\times10^4$ MPa)		泊松比 μ	
	平行层理	垂直层理	平行层理	垂直层理
花岗闪长岩	6.06	5.78	0.23	0.20
片麻岩	4.25	3.86	—	—
大理岩	6.86	5.02	0.22	0.06
片岩	7.30	4.50	—	—
云母石英片岩	—	—	—	0.25
石英岩	7.14	6.58	0.15	0.12
粗砂岩	1.93～4.19	1.73～4.54	0.10～0.45	0.16～0.36
中砂岩	2.87～4.19	2.68～3.37	0.12	0.10～0.22
细砂岩	2.88～4.95	2.90～4.60	0.10～0.22	0.15～0.36
粉砂岩	1.01～3.23	1.91～3.05	0.15～0.50	0.28～0.47
页岩	4.28	4.22	0.09	0.14
石英砂岩	5.92	5.52	0.14	0.14

十、三轴压缩强度试验

(一)试验方法

岩石三轴压缩强度试验采用等侧向压力，其方法与土的三轴压缩(剪切)试验相似，即通过在不同侧压力下测定一组岩石试件的轴向极限压力，在 τ-σ 坐标图上绘制莫尔应力圆，根据莫尔—库伦强度准则确定岩石在三向应力状态下的抗剪强度参数，包括摩擦系数 f 和黏聚力 c 值。

岩石三轴压缩强度试验适用于能制成圆柱体试件的各类岩石(图 3-5-49)。

图 3-5-49　某型号岩石三轴压缩强度试验机

(二)试验要求

(1)圆柱体试件直径应为试验机承压板直径的 0.96～1.00，试件高度与直径之比宜为 2.0～2.5。试件的端面平整度、精度及其他要求与单轴抗压强度试验相同。

(2)试验时,同一含水状态和同一加载方向下,每组试验试件的数量应为5个。

(3)应以每秒0.05 MPa的加载速度同步施加侧向压力和轴向压力至预定的侧压力值,并使得侧向压力在后续试验过程中始终保持为常数。

(4)加载应采用一次连续加载法,应以每秒0.5～1.0 MPa的加载速度施加轴向载荷,直至试件破坏,测值不宜少于10组。

(5)应对破坏后的试件进行描述。当有完整的破坏面时,应量测破坏面与试件轴线方向的夹角。

(三)试验指标的确定

(1)不同侧压条件下的最大主应力按下式进行计算:

$$\sigma_1=\frac{P}{A} \tag{3-5-91}$$

式中 σ_1——不同侧压条件下的最大主应力(MPa);

P——不同侧压条件下的试件轴向破坏载荷(N);

A——试件截面积(mm^2)。

(2)摩擦系数和黏聚力

根据计算的最大主应力 σ_1 及相应施加的侧向压力 σ_3,绘制 σ_1-σ_3 关系曲线,根据曲线按下式计算摩擦系数 f 和黏聚力 c:

$$f=\frac{F-1}{2\sqrt{F}} \tag{3-5-92}$$

$$c=\frac{R}{2\sqrt{F}} \tag{3-5-93}$$

式中 f——摩擦系数;

c——黏聚力(MPa);

F——σ_1-σ_3 关系曲线的斜率;

R——σ_1-σ_3 关系曲线在 σ_1 轴上的截距,等同于试件的单轴抗压强度(MPa)。

(四)经验数据

几种岩石的摩擦系数 f 和黏聚力 c 经验值见表3-5-37。

表3-5-37 几种岩石的摩擦系数 f 和黏聚力 c 经验值

岩石名称	地质年代	摩擦系数 f	黏聚力 c(kPa)	岩石名称	地质年代	摩擦系数 f	黏聚力 c(kPa)
花岗岩	燕山期	0.70	31	白云质泥灰岩	奥陶纪	0.67	5
角闪花岗岩	白垩纪	0.57	—	薄层灰岩	奥陶纪	0.75	22
花岗闪长岩	三叠纪	0.64	5	鲕状灰岩	奥陶纪	0.70	23
辉绿岩	—	0.45	—	泥灰岩	石炭纪	0.60	21
云母石英片岩	前震旦纪	0.55	28	石英砂岩	寒武纪	0.54	13
千枚岩	前震旦纪	0.78	25	砂岩	寒武纪	0.82	2
大理岩	前震旦纪	0.60	51	中粒砂岩	寒武纪	0.75	3
石英砾岩	泥盆纪	0.69	10	砂质页岩	侏罗纪	0.69	39
石英砂岩	震旦纪	0.49	54	页岩	侏罗纪	0.70	47

十一、抗拉强度试验

（一）试验方法

岩石抗拉强度试验采用劈裂法，即在试件直径方向上施加一对线性拉力荷载，使试件沿直径方向破坏，记录破坏荷载，从而计算岩石的抗拉强度。

岩石抗拉强度试验适用于能制成规则试件的各类岩石。

（二）试验要求

（1）岩石试件为圆柱体，直径宜为 48～54 mm。试件厚度宜为直径的 0.5～1.0 倍，并应大于岩石最大颗粒直径的 10 倍。其他要求与单轴抗压强度试验相同。

（2）应将试件置于试验机承压板中心，使试件均匀受力，以每秒 0.3～0.5 MPa 的速度施加拉力荷载直至破坏。

（3）试件破裂应以出现贯穿整个试件截面积的破裂面为准，凡出现局部脱落的试件均为无效试件。

（三）试验指标计算

岩石单轴抗拉强度按下式进行计算：

$$\sigma_t = \frac{P}{A} = \frac{2P}{\pi D h} \tag{3-5-94}$$

式中　σ_t——岩石单轴抗拉强度（MPa）；

P——试件破坏载荷（N）；

A——试件截面积（mm^2）；

D——试件直径（mm）；

h——试件厚度（mm）。

（四）经验数据

（1）几种沉积岩的极限抗拉强度见表 3-5-38。

表 3-5-38　几种沉积岩的极限抗拉强度

岩石名称	石英平均大小（μm）	密度（g/cm^3）	孔隙率（%）	弹性模量（10^4 MPa）	极限抗拉强度（MPa）	
					平行层理	垂直层理
砂岩	20～70	2.50～2.63	3.45～6.30	4.01～4.61	2.0～5.5	4.0～6.0
砂质页岩	50	2.51	5.0	—	3.0～4.0	3.2～3.5
页岩	6～20	2.61	3.1～3.72	—	1.3	2.0～3.0

（2）石灰岩和花岗岩的极限抗拉强度见表 3-5-39。

表 3-5-39　石灰岩和花岗岩的极限抗拉强度

岩石名称	极限抗拉强度（MPa）	岩石名称	极限抗拉强度（MPa）	岩石名称	极限抗拉强度（MPa）
致密石灰岩	3.2	石灰岩	0.5～1.5	花岗岩	2.0～10.0

十二、抗剪断强度试验

（一）试验方法

岩石试件的着力面与荷载方向成一定角 α 时，平行于着力面的切向分力作用所产生的最大抗剪应力，称为抗剪断强度，如图 3-5-50 所示。

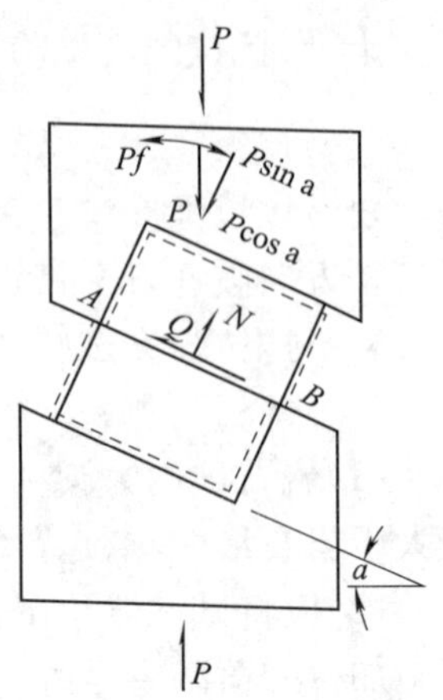

图 3-5-50 抗剪断强度试验

试验目的是求出试件沿滑动面的正应力与剪应力的关系，为岩石边坡、隧道、桥梁和支挡建筑物等基础稳定性检算提供参数。

(二)试验指标的确定

(1)剪断面上的正应力和剪应力分别按下列公式计算：

$$\sigma=\frac{P}{A}(\cos\alpha+f\cdot\sin\alpha)\cdot 10 \qquad (3\text{-}5\text{-}95)$$

$$\tau=\frac{P}{A}(\sin\alpha-f\cdot\cos\alpha)\cdot 10 \qquad (3\text{-}5\text{-}96)$$

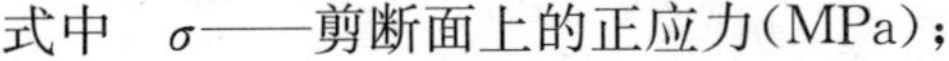

式中 σ——剪断面上的正应力(MPa)；

τ——剪断面上的剪应力(MPa)；

P——破裂时的极限荷重(kN)；

A——剪切面积(cm^2)；

α——加荷方向与剪断面法线方向的夹角(°)；

f——角模装置上的滚柱动摩擦系数(试验前实测求得)。

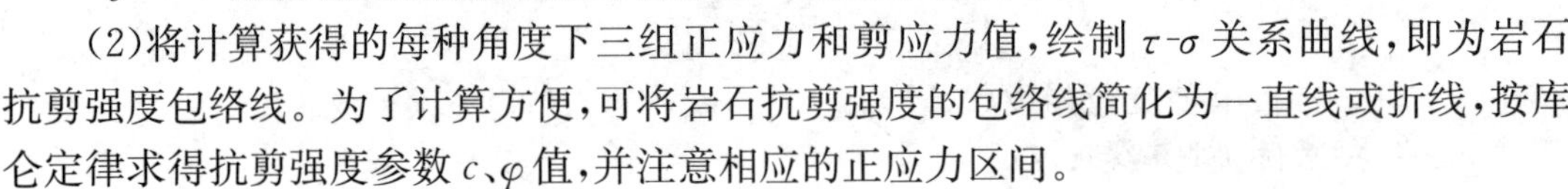

(2)将计算获得的每种角度下三组正应力和剪应力值，绘制 τ-σ 关系曲线，即为岩石抗剪强度包络线。为了计算方便，可将岩石抗剪强度的包络线简化为一直线或折线，按库仑定律求得抗剪强度参数 c、φ 值，并注意相应的正应力区间。

$$\tau=\sigma\tan\varphi+c \qquad (3\text{-}5\text{-}97)$$

式中 φ——内摩擦角(°)；

c——黏聚力(MPa)，用图解法求得。

其他符号同前。

(三)经验数据

几种岩石的抗剪断强度经验值见表 3-5-40。

表 3-5-40 几种岩石的抗剪断强度经验值

岩石名称	抗剪断强度(MPa)	岩石名称	抗剪断强度(MPa)
花岗岩	20.8	硬砂岩	29.6
斑岩	38.1	石灰岩(Ⅰ)	15.6
安山岩(Ⅰ)	15.0	石灰岩(Ⅱ)	16.9
安山岩(Ⅱ)	40.7	大理岩	9.1
凝灰岩	6.2	石炭	1.6
砂岩	12.7	混凝土	15.9

十三、直剪试验

(一)试验方法

岩石直剪试验采用平推法。试验方法与土的直剪试验类似。试验时，将制备好的岩石试件装入上、下剪切盒中，并使预定剪切面位于上、下盒的交界面处，然后对试件施加一定的垂直向荷载并使之在后续试验过程中保持不变，最后施加水平剪切荷载，使岩石试件沿预定剪切面发生剪切破坏。在不同的法向压力下重复上述试验过程，即可得到不同法向压力 σ 下，剪切面上的破坏剪应力 τ。根据绘制的 τ-σ 关系曲线图，得到岩石的抗剪强度参数。

岩石直剪试验适用于各类岩石、岩石结构面以及混凝土与岩石接触面的剪切试验。

（二）试验要求

（1）试样应在现场采取，在采取、运输、储存和制备过程中，应防止产生裂隙和扰动。

（2）岩石和岩石结构面直剪试验试件的直径或边长不得小于 50 mm，试件高度与直径或边长相等。每组试验试件的数量应为 5 个。

（3）在每个试件上分别施加不同的法向载荷，对应的最大法向应力值不宜小于预定的法向应力，各试件的法向载荷宜根据最大法向载荷等分确定。

（4）剪切载荷宜根据预估最大剪切载荷分 8～12 级施加。当剪切位移量增幅变大时，可适当加密剪切载荷分级。试件破坏后，应继续施加剪切载荷，直至测出趋于稳定的剪切载荷为止。

（三）试验指标的确定

（1）各法向载荷下，作用于剪切面上的法向应力和剪切应力分别按下列公式进行计算：

$$\sigma=\frac{P}{A} \tag{3-5-98}$$

$$\tau=\frac{Q}{A} \tag{3-5-99}$$

式中　σ——作用于剪切面上的法向应力（MPa）；

τ——作用于剪切面上的剪应力（MPa）；

P——作用于剪切面上的法向载荷（N）；

Q——作用于剪切面上的剪切载荷（N）；

A——有效剪切面面积（mm^2）。

（2）绘制 τ-σ 关系曲线图，直线的倾角为摩擦角 φ（°），直线在纵坐标上的截距为黏聚力 c（MPa）。

十四、点荷载强度试验

（一）试验方法

点荷载试验是将岩石试件置于两个球形圆锥状压板之间，对试件施加集中荷载，直至破坏，然后根据破坏荷载求得岩石的点荷载强度。点荷载强度可作为岩石强度分类及岩体风化分类的指标，也可用于评价岩石强度的各向异性程度，预估与之相关的其他强度如单轴抗压强度和抗拉强度等指标。

图 3-5-51　点荷载试验仪

点荷载强度试验主要仪器设备为点荷载试验仪（图 3-5-51）和游标卡尺，该试验适用于除砾岩和单轴抗压强度不大于

5 MPa 的极软岩外的各类规则或不规则岩石。

(二)试验要求

(1)试验试件应满足以下要求：

①试件可采用钻孔岩芯，或从岩石露头、勘探坑槽、平洞、巷道或其他洞室内采取的岩块。在试样采取和试件制备过程中，应避免产生裂缝。

②做径向试验的岩芯试件，岩心直径宜为 30～70 mm，长度与直径之比应大于 1.0；作轴向试验的岩芯试件，岩心直径宜为 30～70 mm，长度与直径之比宜为 0.3～1.0。

③方块体或不规则块体试件，试件最短边长宜为 30～80 mm，两加载点间距与加载处平均宽度之比宜为 0.3～1.0。

④试件的含水状态可根据需要选择天然、烘干、饱和或其他含水状态。同一含水状态和同一加载方向下，岩芯试件每组试验数量为 5～10 个，方块体和不规则块体试件每组试验试件数量为 15～20 个。

(2)径向试验时，加载点距试件自由端的最小距离不应小于加载两点间距的 0.5 倍。

(3)轴向试验时，加载方向应垂直试件两端面，使上下锥端连线通过岩心试件中截面的圆心处。

(4)方块体与不规则块体试验时，应选择试件最小尺寸方向为加载方向，加载点距试件自由端的距离不应小于加载点间距的 0.5 倍。

(5)试验过程中，沿加载点间的距离量测允许偏差为±2%。岩心轴向试验中的试件纵截面宽度、方块体试件及不规则块体试件的通过两加载点的最小截面平均宽度的量测允许偏差为±5%。

(6)试验时应均匀施加载荷，使试件控制在 10～60 s 内破坏。破坏面贯穿整个试件并通过两加载点时为有效试验。

(三)试验指标的确定

(1)未经修正的岩石点荷载强度指数按下式进行计算：

$$I_s=\frac{P}{D_e^2} \tag{3-5-100}$$

式中 I_s——未经修正的岩石点荷载强度(MPa)；

P——破坏载荷(N)；

D_e——等效岩心直径(mm)。

(2)岩心径向加载、岩心轴向加载、方块体及不规则块体加载试验，其等效岩心直径 D_e 应分别按下列公式计算：

$$D_e=D \tag{3-5-101}$$

$$D_e=\sqrt{\frac{4A}{\pi}} \tag{3-5-102}$$

$$D_e=\sqrt{\frac{4WD}{\pi}} \tag{3-5-103}$$

式中 D——加载点间的距离(mm)；

A——通过两加载点的最小截面积(mm^2)；

W——通过两加载点的最小截面平均宽度(mm)。

(3)当等效岩心直径不等于 50 mm 时,应对计算值进行修正,将岩石点荷载强度指数 I_s 换算成直径为 50 mm 的标准试件的点荷载强度指数 $I_{s(50)}$。$I_{s(50)}$ 可按下列公式计算:

$$I_{s(50)}=K_d I_s \tag{3-5-104}$$

$$K_d=\left(\frac{D_e}{50}\right)^m \tag{3-5-105}$$

式中　K_d——尺寸效应修正系数;

m——修正指数,可取 0.40～0.45,也可根据同类岩石的实测资料,通过在对数坐标图上绘制不同等效直径的 P-D_e^2 关系图,并用作图法确定。

点荷载强度指数 $I_{s(50)}$,当一组有效的试验数据不超过 10 个时,应舍去最高值和最低值,再计算其余数据的平均值;当一组有效的试验数据超过 10 个时,应依次舍去 2 个最高值和 2 个最低值,再计算其余数据的平均值。

计算值应取三位有效数字。

第五节　水和土腐蚀性试验

城市轨道交通工程勘察时,应采取地下水或地下结构范围内的岩土试样进行腐蚀性试验,并进行地下水、土对建筑材料的腐蚀性评价。

一、取　　样

采取水试样和土试样应符合下列规定:

(1)地下结构处于地下水位以上时,应取土试样作土的腐蚀性测试。

(2)地下结构处于地下水或地表水中时,应取水试样作水的腐蚀性测试。

(3)地下结构部分处于地下水位以上、部分处于地下水位以下时,应分别取土试样和水试样作腐蚀性测试。

(4)当有多层地下水时,应分层采取水试样。

(5)水试样和土试样应在地下结构范围内采取。详细勘察阶段,每工点地表水每处不应少于 1 组,地下水或岩土试样每层不少于 2 组,对于车辆段或停车场不宜少于 3 组。

(6)对腐蚀性判定异常区段,应分析原因并增补水、土试样。

(7)其他要求见第三篇第二章第五节相关内容。

二、土样浸出液的制取

土腐蚀试验需要制取土样浸出液,按水的各种离子试验方法进行测定,土样浸出液的制取方法如下:

(1)将风干的土样在陶瓷皿里用木碾碾碎。

(2)称取 2 mm 筛下的风干土试样 100 g(准确至 0.01g),放入广口瓶中,按土、水比例 1∶5 加入纯水搅拌振荡 3 min 后抽气过滤。

(3)将滤纸用纯水浸湿后贴在漏斗底部,漏斗装在抽滤瓶上,联通真空泵抽气,使滤纸与漏斗贴紧,将振荡后的试样悬液摇匀,倒入漏斗中抽气过滤,过滤时漏斗应用表面皿盖好。

(4)发现滤液混浊时,应重新过滤直至透明,作为试样浸出液储存供分析用。

三、测试项目

水和土腐蚀性的测试应包括下列项目:

(1)水对混凝土结构腐蚀性的测试项目包括:pH 值、Ca^{2+}、Mg^{2+}、Cl^-、SO_4^{2-}、HCO_3^-、CO_3^{2-}、侵蚀性 CO_2、游离 CO_2、NH_4^+、OH^-、总矿化度。

(2)土对混凝土结构腐蚀性的测试项目包括:pH 值、Ca^{2+}、Mg^{2+}、Cl^-、SO_4^{2-}、HCO_3^-、CO_3^{2-} 的易溶盐(土水比 1∶5)分析。

(3)土对钢结构腐蚀性的测试项目包括:pH 值、氧化还原电位、极化电流密度、电阻率、质量损失。

四、试验方法

水和土腐蚀性测试项目的试验方法应符合表 3-5-41 的规定。

表 3-5-41 水和土腐蚀性试验方法

试验项目	试验方法	试验项目	试验方法
pH 值	复合电极法或原位测试法	游离 CO_2	碱滴定法
Ca^{2+}	EDTA 滴定法	NH_4^+	钠氏试剂比色法
Mg^{2+}	EDTA 滴定法	OH^-	酸滴定法
Cl^-	摩尔法	总矿化度	计算法或重量法
SO_4^{2-}	EDTA 滴定法或质量法	氧化还原电位	铂电极法(原位测试法)
HCO_3^-	酸滴定法	极化电流密度	原位极化法
CO_3^{2-}	酸滴定法	电阻率	(交流)四极法
侵蚀性 CO_2	盖耶尔法	质量损失	管罐法

注:EDTA 为乙二胺四乙酸,化学式为 $C_{10}H_{16}N_2O_8$。

(一)pH 值的测定

pH 值是氢离子浓度的负对数,即氢离子浓度倒数的对数。

(1)试验方法:pH 值的测定可采用复合电极法或锥形玻璃电极法。

(2)操作步骤:

水样的 pH 值是利用复合电极电动势随氢离子活度变化而发生偏移来测定。复合电极是以玻璃电极为指示电极,以 Ag/AgCl 等为参比电极合在一起组成的 pH 复合电极。首先使用蒸馏水清洗电极头部,再用被测水样清洗一次,然后将电极放入被测水样中,用玻璃棒小心搅拌水样或摇动使其均匀,待读数稳定后读出 pH 值。

土样的 pH 值可采用原位测试法。以锥形玻璃电极为指示电极,饱和氯化钾甘汞电极为参比电极,在预定深度插入参比电极,插入深度不小于 3 cm。以参比电极为中心,在以 20 cm 为半径的圆周上,按 3 或 5 等分插入指示电极,插入深度与参比电极相同。测试后取各点 pH 值的算术平均值,作为该土样的 pH 值。

(二)Ca^{2+} 的测定

(1)试验方法:Ca^{2+} 的测定可采用 EDTA 滴定法。

(2)操作步骤:取水样 25 mL 于 250 mL 锥形瓶中,加入 2 mL 的 NaOH(2 mol/L),钙红指示剂少许,用 EDTA 二钠标准溶液滴定到溶液由红色变为浅蓝色即为终点。

(3)结果计算:

水质:
$$Ca^{2+}(mmol/L)=\frac{C_1\times V_1}{V} \tag{3-5-106}$$

$$Ca^{2+}(mg/L)=\frac{C_1\times V_1}{V}\times 20.04 \tag{3-5-107}$$

土浸出液:
$$Ca^{2+}(mg/kg\ 土)=\frac{C_1\times V_1\times \frac{V_w}{V}(1+0.01w)\times 1\ 000}{m_s}\times 40.08 \tag{3-5-108}$$

式中 C_1——EDTA 的浓度(mmol/L);

V_1——滴定钙离子时 EDTA 的消耗量(mL);

V——水样体积(mL);

V_w——浸出液用纯水体积(mL);

m_s——风干试样质量(g);

w——风干试样含水率(%);

40.08——钙离子的摩尔质量(mg/mmol)。

(三)Mg^{2+}的测定

(1)试验方法:Mg^{2+}的测定可采用 EDTA 滴定法。在测定总硬度($Ca^{2+}+Mg^{2+}$)和Ca^{2+}后,根据二者之差可求出Mg^{2+}的含量。

(2)操作步骤:吸取水样 50 ml 于 250 ml 锥形瓶中加入缓冲溶液 4 ml,铬黑 T 指示剂 2～3 滴,用10 mmol/L 的 EDTA 二钠溶液滴定并充分振摇,溶液颜色由紫红色或紫色逐渐转变成蓝色,刚出现天蓝色时即为终点。

(3)结果计算:

水质:
$$Mg^{2+}(mmol/L)=总硬度(mmol/L)-Ca^{2+}(mmol/L) \tag{3-5-109}$$

$$Mg^{2+}(mg/L)=Mg^{2+}(mmol/L)\times 24 \tag{3-5-110}$$

土浸出液:
$$Mg^{2+}(mg/kg\ 土)=\frac{C_1\times (V_2-V_1)\times \frac{V_w}{V}(1+0.01w)\times 1\ 000}{m_s}\times 24 \tag{3-5-111}$$

式中 C_1——EDTA 标准溶液浓度(mmol/L);

V_2——钙镁离子对 EDTA 标准溶液的消耗量(mL);

V_1——滴定钙离子时 EDTA 标准溶液消耗量(mL);

V_w——浸出液用纯水体积(mL);

m_s——风干试样质量(g);

w——风干试样含水率(%);

24——镁离子的摩尔质量(mg/mmol)。

$$总硬度(mmol/L)=\frac{C_1\times V_2}{V} \tag{3-5-112}$$

$$总硬度(以\ CaCO_3\ 计,mg/L)=\frac{C_1\times V_2}{V}\times 100.1 \tag{3-5-113}$$

式中 C_1——EDTA 的浓度(mmol/L);

V_2——滴定总硬度时 EDTA 的消耗量(mL)；

V——水样体积(mL)。

(四)Cl^- 的测定

(1)试验方法：Cl^- 的测定可采用摩尔法。

(2)操作步骤：

①吸取水样 50 mL(若氯化物含量高，可取适量水样用蒸馏水稀释至 50 mL)于 150 mL 锥形瓶中另取一锥形瓶加入 50 mL 蒸馏水作空白；若水样的 pH 值在 6.5～10.5 范围内，可直接进行步骤②；若水样 pH 值超出 6.5～10.5 范围，应以酚酞做指示剂，用 0.05 mol/L 的硫酸溶液或 0.2%氢氧化钠溶液调节至 pH 值为 8.0 左右。

②加入 K_2CrO_4(铬酸钾)指示剂 10 滴(1 mL)，用 $AgNO_3$(硝酸银)溶液滴定至刚刚出现微砖红色即为终点。

(3)结果计算：

水质：
$$Cl^-(\text{mmol/L})=\frac{C\times(V_1-V_2)}{V}\times 1\ 000 \tag{3-5-114}$$

$$Cl^-(\text{mg/L})=Cl^-(\text{mmol/L})\times 35.5 \tag{3-5-115}$$

土浸出液：
$$Cl^-(\text{mg/kg 土})=\frac{C\times(V_1-V_2)\times\frac{V_w}{V}(1+0.01w)\times 1\ 000}{m_s}\times 35.5 \tag{3-5-116}$$

式中 C——硝酸银标准溶液浓度(mol/L)；

V_1——水样或浸出液消耗硝酸银标准溶液的体积(mL)；

V_2——纯水(空白)消耗硝酸银标准溶液的体积(mL)；

V——水样体积(mL)；

V_w——浸出液用纯水体积(mL)；

m_s——风干试样质量(g)；

w——风干试样含水率(%)；

35.5——氯离子的摩尔质量(mg/mmol)。

(五)SO_4^{2-} 的测定

(1)试验方法：SO_4^{2-} 的测定可采用 EDTA 滴定法或质量法。质量法是在一定条件下，加氯化钡使水中的硫酸根生成硫酸钡沉淀，过滤后沉淀灼烧、称量，测得 SO_4^{2-} 的含量。

(2)操作步骤：EDTA 滴定法首先取少量试样加入几滴盐酸和几滴氯化钡溶液，观察沉淀情况，判断硫酸盐含量范围，根据硫酸盐含量范围取一定体积的试样和空白样，加入几滴盐酸，加热煮沸，除去二氧化碳，加入与硫酸盐含量范围相对应的钡镁合剂量，加热至沸，静置 2 h，加入铵盐缓冲溶液及适量指示剂，用 EDTA 标准溶液滴定至溶液由红色突变为纯蓝色为终点。

(3)结果计算：滴定试样消耗 EDTA 的量为钡镁合剂中镁离子、过量的钡离子和试样中钙离子、镁离子总量，用滴定空白消耗 EDTA 的量减去钡镁合剂中镁离子、过量的钡离子消耗 EDTA 的量，计算出试样中 SO_4^{2-} 的含量。

(六)HCO_3^-、CO_3^{2-}、OH^- 的测定

(1)试验方法：HCO_3^-、CO_3^{2-}、OH^- 的测定采用酸滴定法。在水样中加入适当的指示

剂，用酸标准液来滴定，当达到一定程度的 pH 值时，某种指示剂就发生了变色作用，可分别测出水样中的各种碱度（HCO_3^-、CO_3^{2-}、OH^-含量）。

(2)操作步骤：吸取水样于锥形瓶中加入适量酚酞指示剂，如不显红色，表示无碳酸根存在。如呈红色，用盐酸标准溶液滴定至红色刚褪去，记下盐酸标准溶液的消耗量，然后加入甲基橙指示剂继续用盐酸标准溶液滴定到溶液变为淡橙红色为止，记录用量。

(3)结果计算：根据盐酸标准溶液消耗的体积分别计算试样中 HCO_3^-、CO_3^{2-}、OH^- 的含量。

(七)侵蚀性 CO_2 的测定

水中游离碳酸中对碳酸钙有溶解作用的部分为侵蚀性二氧化碳。

(1)试验方法：侵蚀性 CO_2 的测定采用盖耶尔法。盖耶尔法即将水样一瓶加大理石粉使其溶解至饱和后测定其碱度，以与未加大理石粉水样之碱度比较而得出侵蚀性 CO_2 的含量。

(2)操作步骤：吸取加大理石粉水样 100 mL，用测碱度的方法用盐酸标准溶液滴定。

(3)结果计算：

$$侵蚀性\ CO_2(mg/L)=\frac{C\times(V_1-V_2)\times 22\times 1\,000}{V} \tag{3-5-117}$$

式中　V_1——加大理石粉的水样用酸量(mL)；

V_2——未加大理石粉的水样用酸量(mL)；

C——盐酸标准液的浓度(mol/L)；

V——水样体积(mL)。

如 $V_1 \leqslant V_2$ 时则无侵蚀二氧化碳存在。

(八)游离 CO_2 的测定

呈气体状态溶解于水中的 CO_2 称为游离 CO_2。

(1)试验方法：游离 CO_2 的测定采用碱滴定法。

(2)操作步骤：打开水样后迅速吸取水样 50 mL 于 250 mL 锥形瓶中并用胶塞塞紧，加入酚酞指示剂3～5 滴，并换一中间有孔的胶塞塞紧，小心均匀振荡，如果呈现粉红色，说明水样中不含 CO_2；当水样不生成红色，即迅速向滴定管中加入氢氧化钠标准溶液进行滴定，同时小心振荡直至生成淡红色并在 2 分钟内不变即达终点。记录氢氧化钠标准溶液的用量。

(3)结果计算：

$$游离\ CO_2(mg/L)=\frac{C\times V_1\times M\times 1\,000}{V} \tag{3-5-118}$$

式中　C——氢氧化钠标准溶液浓度(mol/L)；

V_1——滴定消耗的氢氧化钠标准溶液体积(mL)；

V——所取水样的体积(mL)；

M——CO_2 的摩尔质量 M=44.00 g/mol。

(九)NH_4^+ 的测定

(1)试验方法：NH_4^+ 的测定采用钠氏试剂比色法。钠氏试剂比色法的原理是水中 NH_4^+ 在碱性条件下与纳氏试剂(K_2HgI_4)生成黄棕色络合物，其色度与 NH_4^+ 含量成正比，用分光光度计在波长 420 nm 处测定其吸光度，根据标准曲线查取 NH_4^+ 的含量。

(2)操作步骤：取一定体积的试样，加入酒石酸钾纳溶液和纳氏试剂，放置 10 min，用分光光度计在波长 420 nm 处测定其吸光度，再根据标准曲线可查取 NH_4^+ 的含量。

(十)总矿化度的测定

总矿化度（易溶盐总量）即水（液）中不挥发物质之总量亦即蒸发残渣（烘干渣沉物）总量。

(1)试验方法：总矿化度的测定可采用计算法或重量法。计算法是将试样中阴阳离子相加即为总矿化度。

(2)操作步骤：重量法是吸取经过过滤去除悬浮物及沉降性固体物后的水样 50～100 mL，于已称重的白瓷蒸发皿中在水浴上蒸发至干，用过氧化氢除去有机物后，放于烘箱中于 105～110 ℃下烘干 2 h 取出放于干燥器中冷却至室温称重，重复烘干称重，直至恒重（两次称重相差不超过 0.005 g）。

(3)结果计算：

水质：

$$\text{总矿化度(mg/L)}=\frac{(m_2-m_1)\times 1\,000\times 1\,000}{V} \tag{3-5-119}$$

土浸出液：

$$\text{易溶盐总量(\%)}=\frac{(m_2-m_1)\times \frac{V_w}{V}(1+0.01w)}{m_s}\times 100 \tag{3-5-120}$$

式中 V_w——浸出液用纯水体积(mL)；

V——取出水样或浸出液体积(mL)；

m_s——风干试样质量(g)；

w——风干试样含水率(%)；

m_2——蒸发皿重+沉淀重(g)；

m_1——蒸发皿重(g)。

(十一)氧化还原电位的测定

(1)试验方法：氧化还原电位的采用原位测试法。测定方法是以铂电极为指示电极，饱和氯化钾甘汞电极为参比电极进行测试。

(2)操作步骤：铂电极法操作步骤与测定 pH 值时基本相同，但要求电极插入后要平衡 1 h。

(十二)极化电流密度的测定

在腐蚀原电池中，只要有电流通过电极，就有极化作用产生，极化作用是电流通过后引起电极电流下降，电极反应过程速度降低，腐蚀速度减缓甚至腐蚀终止的现象，极化作用主要取决于电极和土的物理化学性质。

(1)试验方法：极化电流密度的测定采用原位极化法。

(2)操作步骤：测试时将两电极的光洁金属面相向平行对立，间距 5 cm，插入土中，插入深度不小于 3 cm，将土稍压，使电极金属面与土紧密接触。将仪器正极和负极上的导线分别连接在两个电极上，开始时给仪器一个低电流，5 min 后仪器自动显示出极化电位差 ΔE(mV)的数值，然后逐步增大电流，则得到相应的极化电位差。通常当 ΔE 达到 600 mV 以上时，测试完毕。

(3)结果计算:将恒定电流除以电极面积,得以电流密度 I_d(mA/cm^2),绘制 I_d-ΔE 极化曲线,评价时以极化电位差 ΔE 为 500 mV 时的电流密度 I_d(mA/cm^2)作为评价标准。

(十三)电阻率的测定

土的电阻率越大,腐蚀程度越低;反之电阻率越小,腐蚀程度越强。

(1)试验方法:土的电阻率通常采用交流四极法测试。

(2)操作步骤:

①将四支探针按直线等距离排布插入土中,两相邻探针的排布距离为欲测土层的深度 a,探针插入深度应为 0.05a。

②将测试仪器水平放置好,调整检流计指针使之在中心线上,再将仪器导线按顺序接在电极上,将倍率尺放置于最大倍数上,摇动仪器手柄,同时转动"测量标度盘"和倍率钮,当指针接近平衡位置时,应加快摇动的速度,使其大于 120r/min,调整标度盘,使其指针在中心线上,即可记录数据,测试结果可得地表至 a 深度处的土层电阻率。

③若改变两相邻探针的间距为 b(m),即可测试地表至 b 处的土层电阻率。

④在进行上述测试的同时应测量土的温度。

(3)结果计算:

①土的电阻率(ρ)应按下式计算:

$$\rho=2\pi aR \tag{3-5-121}$$

式中　ρ——土的电阻率(Ω·m);

a——两探针间的距离(m);

R——电阻测量仪读数。

②温度校正

土的温度对电阻率影响较大,土的温度每增加 1 ℃,电阻率减少 2%,为便于对比,ρ 值统一校正至 15 ℃。

$$\rho_{15}=\rho[1+\alpha(t-15)] \tag{3-5-122}$$

式中　ρ_{15}——土温度为 15 ℃时的电阻率(Ω·m);

α——温度系数,一般为 0.02;

t——实测时土的温度,指 0.5 m 以下土的温度(℃)。

③结构物埋置深度处电阻率校正

由于土的不均匀性,不同深度处土的电阻率不同,因此需要计算结构物埋置深度处的电阻率,计算公式如下:

$$\rho_{(a-b)}=\frac{\rho_a R_b-\rho_b R_a}{R_b-R_a} \tag{3-5-123}$$

式中　$\rho_{(a-b)}$——结构物埋置深度处土的电阻率(Ω·m);

ρ_a——从地表至 a 深度处土的电阻率(Ω·m);

ρ_b——从地表至 b 深度处土的电阻率(Ω·m);

R_a——探针间距为 a(m)时的仪表读数;

R_b——探针间距为 b(m)时的仪表读数。

（十四）质量损失的测定

(1)试验方法:质量损失为室内扰动土的试验项目,采用管罐法。

(2)操作步骤:取钢铁结构物或普通碳素钢,加工成一定规格的钢管,埋置于盛试验土样的铁皮罐中,钢管用导线连接质量损失测定仪的正极,铁皮罐用导线连接仪器的负极,通 6 V 直流电使其电解 24 h,求电解后钢管损失的质量(g),即为土样的质量损失。

第六章　不良地质作用和地质灾害

不良地质作用和地质灾害主要有岩溶、采空区、地裂缝、地面沉降、有害气体、滑坡、泥石流及活动断裂等。

城市轨道交通工程是百年大计工程，不良地质作用和地质灾害对城市轨道交通工程的线路方案、施工方案、工程安全、工程造价、工期等会产生重大影响，同时不良地质作用和地质灾害随时空的变化而变化，伴随城市轨道交通工程建设和运营的全过程。因此，工程场地或其附近存在对城市轨道交通工程安全有不利影响的不良地质作用和地质灾害且无法绕避时，应进行专项勘察工作。

不良地质作用和地质灾害的勘察应采用遥感解译、工程地质调查与测绘、工程勘探、现场及室内试验、现场监测相结合的综合勘察手段和资料综合分析。根据不同的成因类型，确定具体工作内容、勘察方法，有针对性地开展工作。查明其成因类型、分布范围、规模及特征，评价对工程的影响程度，以及工程施工对不良地质作用的诱发，提出避让或防治措施的建议，满足工程设计、施工和运营的需要。

第一节　岩　溶

一、岩溶及其分类

（一）岩溶的定义

岩溶亦称喀斯特，是指可溶性岩层如碳酸盐类的石灰岩、白云岩以及硫酸盐类的石膏等受水的化学和物理作用产生沟槽、裂隙和空洞，以及由于空洞顶板塌落使地表产生陷穴、洼地等侵蚀及堆积地貌形态特征和地质作用的总称。

（二）岩溶发育的基本条件

岩石和水是岩溶发育的基本条件。岩石的可溶性、透水性、水中的 CO_2 含量和流动性都是影响岩溶发育的重要因素。此外，气候、地形、地貌、生物和土壤等自然条件也影响着岩溶的发育。

1. 具有可溶性和透水性的岩石

可溶性岩石是岩溶发育的物质条件。可溶性岩石的化学成分、矿物成分、岩石结构等对岩溶的发展速度、发育程度、发育特征等都有着明显的影响。可溶性岩石的透水性取决于岩石中的孔隙和裂隙。

可溶性岩石按化学成分和矿物成分可分为三种类型：碳酸岩类岩石（石灰石、白云岩及其间的过渡岩石）、硫酸岩类岩石（石膏、芒硝）和卤盐类岩石（石盐、钾盐）。

2. 具有有溶解能力（含 CO_2）和足够流量的水

石灰岩持续不断的溶解，首先决定于 CO_2 扩散进入水中的速度。当外界 CO_2 不足时，往往发生沉淀作用，若 CO_2 能不断地得到补充，则溶解作用将持续不断地发展。

3. 具有地表水下渗、地下水流动的途径

地表水下渗量的多少常影响着岩溶水的运动交替，而且地表水在通过空气和土壤层时，水中的游离 CO_2 大大增加，侵蚀作用明显加强。

岩溶发育很大程度受地表水和渗透条件的影响，而这两者又常受地貌条件的制约。如地面坡度、切割密度及深度、水系分布等，所以，地貌发育过程常与岩溶发育过程密切相关。

（三）岩溶发育的一般规律

1. 岩溶与岩性

一般情况下，岩溶化程度最强的为灰岩，其次为白云质灰岩和白云岩，再次为泥质灰岩。

从碳酸盐岩的结构来说，一般晶粒愈粗，溶解度就愈大，岩溶发育也就愈强烈。因为晶粒愈粗大，岩石的空隙也大，吸水率高，抗侵蚀能力弱，有利于溶蚀。一般岩层愈厚，岩溶就愈发育，且形态齐全，规模较大，薄层碳酸盐岩地层，岩溶化程度较弱。

2. 岩溶与地质构造

(1)节理裂隙：裂隙的发育程度和延伸方向通常决定了岩溶的发育程度和发展方向。在节理裂隙的交叉处或密集带，岩溶最易发育。

(2)断层：断裂构造为地下水活动和岩溶作用提供了极为有利的条件，岩溶常沿着断裂破碎带发育。一般情况下，正断层附近的岩溶发育程度较强，而逆断层附近岩溶发育程度相对较弱。

(3)褶皱：在褶皱发育地区，因背斜轴部张性节理发育，地下水顺节理下渗，并向两翼运动，岩溶的形态以垂直方向为主。而在向斜轴部，虽然裂隙多呈闭合状态，但地下水多汇集于此，所以岩溶亦较发育。

对于单斜地层来说，岩溶一般顺层发育，且倾角陡的比倾角缓的相对发育。当可溶岩上覆及下伏岩层均为可溶性岩石时，则岩溶发育较弱。

(4)岩层产状：岩层产状为水平或缓倾时，地下水以水平运动为主，岩溶形态也主要是水平溶洞，且岩溶发育较弱。岩层倾斜较陡时，地表水多沿层理下渗，地下水运动也较强烈，岩溶发育方向主要受层面的控制，一般岩溶发育较强烈。

(5)可溶性岩与非可溶性岩接触带或不整合面岩溶往往发育。

3. 岩溶与新构造运动

地壳强烈上升地区，岩溶以垂直方向发育为主；地壳相对稳定地区，岩溶以水平方向发育为主；地壳下降地区，既有水平发育又有垂直发育，岩溶发育较为复杂。

4. 岩溶与地形

地形陡峻、岩石裸露的斜坡上，岩溶多呈溶沟、溶槽、石芽等地表形态；地形平缓地带，岩溶多以漏斗、竖井、落水洞、塌陷洼地、溶洞等形态为主。

5. 地表水流向与岩层产状关系对岩溶发育的影响

流向与层面反向或斜交时，岩溶易于发育；流向与层面顺向时，岩溶不易发育。

6. 岩溶与气候

在大气降水丰富、气候潮湿地区，地下水能经常得到补给，水的来源充沛，岩溶易发育。

7. 岩溶发育的带状性和成层性

岩石的岩性、裂隙、断层的接触面等一般都有方向性，造成了岩溶发育的带状性；可溶性岩层与非可溶性岩层互层、地壳强烈的升降运动、水文地质条件的改变等则往往造成岩溶分布的成层性。

(四)岩溶的分类

根据岩溶埋藏条件可分为裸露型岩溶、覆盖型岩溶和埋藏型岩溶；根据岩溶发育程度可分为强烈发育、中等发育、弱发育和微弱发育的岩溶。各类型及其特征、岩溶发育程度见表3-6-1和表3-6-2。

1. 按埋藏条件的岩溶分类及其特征

表3-6-1　按埋藏条件的岩溶分类及其特征

岩溶类型	岩溶特征	分布特征
裸露型岩溶	可溶性岩石直接出露于地表，地表岩溶显著，裸露型岩溶多出现于新构造运动上升地区	我国绝大部分岩溶均属此类
覆盖型岩溶	可溶性岩石被第四系松散堆积物所覆盖，覆盖层厚度一般小于50 m，覆盖层下的岩溶常对地表地形有影响，如在地面形成洼地、漏斗、浅塘、塌陷坑等	多分布于广西、云贵高原等地
埋藏型岩溶	可溶性岩石被上覆基岩深埋达几百米至一二千米，在地下深处发育岩溶，属于古岩溶，地表上无岩溶现象	分布于四川盆地、华北平原

2. 岩溶发育程度分级

表3-6-2　岩溶发育强度分级

级　别	岩溶强烈发育	岩溶中等发育	岩溶弱发育	岩溶微弱发育
岩溶形态	以大型暗河、廊道、较大规模溶洞、竖井和落水洞为主	沿断层、层面、不整合面等有显著溶蚀、中小型串珠状洞穴发育	沿裂隙、层面溶蚀扩大为岩溶化裂隙或小型洞穴	以裂隙状岩溶或溶孔为主
连通性	地下洞穴系统基本形成	地下洞穴系统未形成	裂隙连通性差	溶孔、裂隙不连通
地下水	有大型暗河	有小型暗河或集中径流	少见集中径流，常有裂隙水流	裂隙透水性差

二、岩溶勘察

在城市轨道交通工程勘察工作中，对地表或地下分布可溶性岩层并存在各种岩溶现象，以及可溶岩地区的上覆土层曾发生地面塌陷或有土洞存在的地段或地区，应按岩溶地段开展岩土工程勘察。

岩溶勘察不是独立于初勘、详勘阶段的单独项目，而是与初勘、详勘工作甚至施工阶段相结合进行，相互结合、相互验证，相辅相成。且应采用多种勘探手段互相补充、相互验证，以提高勘探效果。主要的勘探方法有物探、钻探、钻孔电视等；为探查浅层土洞，密集的钎探或静力触探也是行之有效的方法。岩溶勘察的思路分以下五个阶段：

阶段一：在岩溶勘察初期，搜集可研报告及区域地质资料，总结既有研究成果，首先针对可研勘察报告和区域地质资料揭示的岩溶区进行地面物探工作，本阶段采用地面物探手段，进行地面物探工作，布设足够控制整个岩溶区域的物探测线、测点，确定岩溶勘察的靶区,以指导下一步岩溶勘察工作。

阶段二:根据可研勘察报告及地面物探普查工作揭示的岩溶发育情况,在初勘阶段勘探孔布置时在该区域有针对性的加密钻孔,采用钻探的方法验证普查物探成果,同时,采用地面物探手段,对初勘钻探揭露的岩溶发育区再次进行地面探测,进一步查明和掌握岩溶发育区;在揭露有岩溶的钻孔中下入开孔率不小于8%的PVC管防止缩孔,以便详勘阶段孔内物探测试时利用,增大钻孔的使用率。

阶段三:根据可研、初勘、地面普查及加密测线情况有重点地布置详勘钻孔,在详勘阶段,利用详勘钻孔进行孔内物探测试,进一步查明岩溶的空间分布规律及连通性,在特别发育地段可适当加密钻孔。

阶段四:孔内物探测试结束后,布置一定比例的钻孔对物探揭示的异常点进行钻孔验证,以提高物探解译成果的准确性。

阶段五:根据钻探及物探成果资料,进行溶洞分布的空间特征统计、溶洞的充填、含水情况,以及充填物的物理力学特征分析。

(一)岩溶勘察的目的和任务

(1)岩溶勘察应查明下列内容:

①可溶岩地表岩溶形态特征、溶蚀地貌类型。

②可溶岩地层分布、地层时代、岩性成分、地层厚度、结晶程度、裂隙发育程度、单层厚度、产状、所含杂质及溶蚀、风化程度。

③可溶岩与非可溶岩的分布特征、接触关系。

④地下岩溶发育程度,较大岩溶洞穴、暗河的空间位置、形态、深度及分布和充填情况,岩溶与工程的关系。

⑤断裂的力学性质、产状,断裂带的破碎程度、宽度、胶结程度、阻水或导水条件,以及与岩溶发育程度的关系。

⑥褶曲不同部位的特征,节理、裂隙性质,岩体破碎程度,以及与岩溶发育程度的关系。

⑦溶洞或暗河发育的层数、标高、连通性,分析区域侵蚀基准面、地方侵蚀基准面与岩溶发育的关系。

⑧岩溶地下水分布特征及补给、径流、排泄条件,岩溶地下水的流向、流速,地表岩溶泉的出露位置、水量及变化情况,岩溶水与地表水的联系。

⑨岩溶发育强度分级,圈定岩溶水富水区。

(2)覆盖型岩溶发育地区还应查明下列内容:

①查明覆盖层成因、性质、厚度。

②地下水补给来源、埋藏深度,各含水层间的水力联系,地下水开采量、开采方式。

③土洞和塌陷的分布、形态和发育规律。

④土洞和塌陷的成因及其发展趋势。

⑤当地治理土洞和塌陷的经验。

(二)工程地质调查与测绘

岩溶工程地质调查与测绘工作除满足本篇第一章相关内容外,还应包括下列内容:

(1)岩溶洞隙的分布、形态和发育规律。

(2)岩面起伏、形态和覆盖层厚度。

(3)地下水赋存条件、水位变化和运动规律。

(4)岩溶发育与地貌、地质构造、地层岩性、地下水的关系。

(5)土洞和塌陷的分布、形态和发育规律。

(6)土洞和塌陷的成因及其发展趋势。

(7)当地治理岩溶、土洞和塌陷的经验。

(三)地球物理勘探

1. 物探方法的选择

物探方法多种多样,用于岩溶地区勘探效果较好的主要有电阻率法、充电法、地震法、综合测井法、孔内无线电波、声波透视法等物探方法。

(1)电阻率法

电阻率法根据布极和工作方法的不同,又分为电测深法和电剖面法。

电测深法可测定覆盖层下岩溶地层的起伏情况、强烈岩溶化地层发育的深度、岩溶发育的主导方向等。电剖面法可以测定构造破碎带、陡倾的岩溶发育带的分布位置和范围等。

采用电阻率法时要考虑地电条件、地形因素的影响,还应特别注意分辨能力问题。一般来说,电性差别越大,地质体的厚度(如溶洞大小)与埋深之比越大,则引起的电阻率异常幅度也越大,越易于识别。

(2)充电法

充电法主要用于追索地下暗河通道的位置,测定岩溶水的流向、流速。在地下水流速较大、含水层埋藏浅、地形平坦的情况下,探测的效果较好。当追索暗河位置时,主要采用电位梯度法,且常与联合剖面法同时使用。

(3)综合测井法

综合测井包括电阻率、自然电位、井径、井温、放射性、超声波、弹性波测井等方法。综合测井可测定岩溶及裂隙发育情况、钻孔中溶蚀段的分布区段、溶洞的充填情况、含水层位置等。

(4)地震勘探法

地震勘探主要用于了解岩溶化地层上、下界面的埋深和形态、覆盖层厚度,沿断层带发育的岩溶的延伸方向等。

(5)孔内无线电波或声波透视

孔内无线电波(或声波)透视法是利用电磁波(或声波)透过不同介质时,介质对电磁波(或声波)能量吸收的差异来分辨地质体的方法。主要用于岩溶地区的溶洞、暗河、岩溶发育带的勘探。

此法是利用两个以上钻孔或坑道发射、接收无线电波(或声波),了解钻孔或坑道间岩溶存在的位置、大小,充水状况,溶洞间的连通情况等。无线电波透视法探测的最大有效距离一般为 500～600 m。距离愈大,观测到的异常清晰度也愈差。若被测岩溶体较小,可采用 50～100 m 的孔距。

(6)地下水位畸变分析法

在岩溶强烈发育地带,尤其在管状通道(暗河)处,地下水由于流动阻力小,将会形成坡降相对较平缓的"凹槽";而在其他地段,将形成陡坡的"坡"。同时,其水位的稳定过程也有很大不同。在不同钻孔中,同时进行各钻孔的地下水位的连续观测工作,可以帮助分析、判断基岩中各地段的岩溶发育程度。

2. 物探工作量的布置

物探测线、测点宜按先面后点、先疏后密、先地面后地下、先控制后一般的原则布置实施。测线一般应垂直于岩溶发育带。当发现或预计有可能存在危害工程的洞隙时，应加密测点。

(四)勘　探

岩溶勘探的方法主要为钻探、井探、槽探和洞探。

浅层溶洞和覆盖土层厚度可用挖探查明或验证，土洞可用轻便型、密集型勘探查明或验证。

1. 勘探点的布置

岩溶勘探点布置、勘探深度、钻孔护壁方法及材料应根据勘察阶段、并结合物探方法和水文地质试验的要求确定。

(1)勘探点的平面布置

勘探线应沿建筑物的轴线布置，各工程建筑类型的勘探点按下列要求进行布置：

①对地下站及区间隧道通过的可溶岩含水地段、岩溶发育的物探异常带、断层破碎带均应布置勘探点。

②对地面车辆段、站场、房屋建筑、路基等工程应采用综合物探方法确定物性异常范围，并采用挖探、钻探等勘探手段予以验证。

③对桥基应根据基础类型及岩溶发育程度，每个墩台应布置1～5个勘探点，柱桩宜每桩1孔，摩擦桩每个墩台不宜少于2孔。

④覆盖型岩溶应根据建筑物的重要性及需要，采用网格状布置勘探点。

(2)勘探点的间距

勘探线间距不应大于各类工程建筑类型在不同勘察阶段对间距的规定，一般应符合对复杂场地的要求。在下列地段应进行重点勘察，并加密勘探点：

①地面塌陷、地表水消失的地段。

②地下水强烈活动的地段。

③可溶性岩层与非可溶性岩层接触的地段。

④基岩埋藏较浅且起伏较大的石芽发育地段。

⑤软弱土层分布不均的地段。

⑥物探和测绘成果异常或基础下有溶洞、暗河分布的地段。

⑦对于复杂场地，每个独立基础或重要设备基础处均应布置勘探点。

⑧对于一柱一桩基础，宜每柱布置勘探点。

(3)勘探点的深度

岩溶区钻探深度应进入结构底板或桩端平面以下不小于10 m，揭露溶洞时应根据工程需要适当加深。

2. 岩溶勘探要求

(1)岩芯采取率应满足以下要求：

①完整岩层大于等于80%。

②破碎带大于等于50%。

③溶洞充填物大于50%(软塑、流塑体除外)。

(2)勘探中应测定岩芯中的岩溶率。

(3)岩溶发育且形态复杂时，施工阶段应结合工程开挖和处理措施，采用探灌结合的方法进一步查明岩溶发育形态。

(4)岩溶发育地区的下列部位宜查明土洞和土洞群的位置：

①土层较薄、土中裂隙及其下岩体洞隙发育部位。

②岩面张开裂隙发育，石芽或外露的岩体与土体交接部位。

③两组构造裂隙交汇处和宽大裂隙带。

④隐伏溶沟、溶槽、漏斗等，其上有软弱土分布的负岩面地段。

⑤地下水强烈活动于岩土交界面的地段和大幅度人工降水地段。

⑥低洼地段和地表水体近旁。

(五)测试与试验

岩溶勘察的测试和试验应符合下列要求：

(1)地表水、地下水水样除进行一般试验项目外，应增加游离 CO_2 和侵蚀性 CO_2 含量分析，必要时进行放射性同位素测试。

(2)覆盖层土样应进行物理力学性质、膨胀性、渗透性试验，必要时进行矿物与化学成分分析；溶洞充填物土样应进行物理力学性质试验，必要时进行黏土矿物成分分析。

(3)代表性岩样应进行物理力学性质试验，必要时选样进行镜下鉴定、化学分析和溶蚀试验；泥灰岩应增加软化系数试验。

(4)与线路有关的暗河、大型溶洞、岩溶泉等应进行连通试验，查明其分布规律、主发育方向。

(5)水文地质条件复杂的岩溶地段应进行水文地质试验或地下水动态观测，查明地下水动力条件、潜蚀作用，地表水与地下水的水力联系；对于重点工程区段，必要时应选择一定数量的钻孔与岩溶泉(井)，进行不少于一个水文年的水文地质动态观测。预测土洞和塌陷的发生、发展时，可进行流速、流向测定和水位、水质的长期观测。

(六)岩土工程分析与评价

1. 不同勘察阶段的岩土工程分析与评价

不同勘察阶段，岩溶岩土工程分析与评价的内容、深度不同。

可行性研究阶段：岩土工程勘察报告主要包括可溶岩地层岩性、空间分布、岩溶发育的形态特征、岩溶地下水类型及补、径、排条件，对线路工程的影响程度、方案比选意见，宜采取的对策措施。

初勘阶段：岩土工程勘察报告主要包括可溶岩地层岩性、空间分布、岩溶发育的形态特征、岩溶地下水类型及补、径、排条件，对线路方案评价意见及比选建议，重点工程的评价和处理原则，基坑及隧道涌水量的预测和评价，存在问题及下阶段勘察中注意事项。

详勘阶段：岩土工程勘察报告主要包括可溶岩地层岩性、空间分布、岩溶发育的形态特征、岩溶地下水类型及补、径、排条件，岩溶对各类工程的影响程度及采取的相应处理措施，基坑及隧道涌水量的预测和评价，存在问题及施工中应注意事项。

施工阶段：岩土工程勘察报告主要是补充勘察后具体工点的分析与评价报告，应阐明隐伏岩溶、洞穴或暗河的空间走向、与工程的空间关系，评价对工程的影响程度、采取的工程处理措施建议。

2. 岩土工程分析与评价的内容

岩溶的岩土工程分析与评价应包括下列内容：

(1)应阐明岩溶的空间分布、发育程度、发育规律、对各类工程的影响和处理原则、存在问题及施工中注意事项等。

(2)岩溶地段基坑、隧道涌水量应采用多种方法计算比较确定，并应对岩溶突水、突泥位置和强度、地下水位下降的可能性、对地表水和工程周边环境的影响、可能发生地面塌陷的地段等岩土工程问题作出预测和评估，提出可行的设计、施工措施建议。

(3)岩溶地面塌陷应根据岩溶发育程度、土层厚度与结构、地下水位等主要因素综合评价，分析塌陷的主要原因，提出处理措施的建议。

岩溶地面塌陷可按表 3-6-3 进行预测分析。

表 3-6-3 岩溶地面塌陷预测分析参考标准

基本条件	主要影响因素	因素的水平	指标分数
水—塌陷动力	水位(40 分)	水位能在土、石界面上下波动	40
		水位不能在土、石界面上下波动	20
覆盖层—塌陷物质	土的性质与土层结构(20 分)	黏性土	10
		砂性土	20
		风化砂页岩	10
		多元结构	20
	土层厚度(10 分)	<10 m	10
		10～20 m	7
		>20 m	5
岩溶—塌陷与储运条件	地貌(15 分)	平原、谷地、溶蚀洼地	15
		谷坡、山丘	5
	岩溶发育程度(15 分)	漏斗、洼地、落水洞、溶槽、石牙、竖井、暗河、溶洞较多	10～15
		漏斗、洼地、落水洞、溶槽、石牙、竖井、暗河、溶洞稀少	5～9

注：1. 累计指标分≥90 为极易塌陷区，71～89 为易塌陷区，≤70 为不易塌陷区。
2. 近期产生过塌陷区，累计指标分应为 100。
3. 地表降水入渗致塌地区，水的指标分为 40。

(4)线路工程跨越、置于隐伏溶洞之上时，应评价隐伏溶洞的稳定性。

(5)必要时编制岩溶工程地质平面图(比例为 1∶500～1∶5 000)、工程地质纵断面图(比例横向1∶200～1∶2 000，竖向 1∶100～1∶500)、工程地质横断面图(比例为 1∶200～1∶500)及隐伏岩溶、洞穴或暗河的平面、纵横剖面图(比例尺视需要确定，纵、横比例宜一致)，图中应标出各类岩溶形态分布位置、与线路工程相互关系。

三、岩溶的工程影响及工程措施

(一)岩溶对工程的影响

岩溶的工程特性主要表现为岩溶发育的带状性、连通性、富水性和充填物的软弱性，因此岩溶对城市轨道交通工程的影响主要表现在以下方面：

(1)在地铁暗挖法区间隧道的施工过程中遇到充填地下水或松散物的岩溶，将是施工的重大威胁。对施工更危险的还在于处处连通的地下水，若不采取措施进行封堵，可能会因排水导致四周地表沉陷。

(2)对于地下车站和区间隧道，可能造成盾构机的跌落事故发生，在明(盖)挖或暗挖法施工时，岩溶承压水可能顶穿隔水底板造成突涌等严重事故。

(3)对于高架区间或车站，桥梁荷载是通过桩基础传递到地层中的，在岩溶发育的地区，会对桩基承载力产生重大影响。主要表现在两个方面：一是桩周的溶洞直接影响到桩周土与桩基的摩擦力，而桩基底部的溶洞，可能会因溶洞顶板厚度不足，在荷载作用下压碎溶洞顶板，造成桩基承载能力突然丧失，桥梁结构遭到破坏；二是在桩基施工时，会引起塌孔、漏浆、断桩等成桩事故。

(4)岩溶的发展对地铁运营也会带来不利影响，尤其是土洞的发展有可能造成地铁结构沉降，影响城市轨道交通工程及环境安全。

(二)岩溶的处理措施

1. 溶洞的处理

当建筑物遇大型溶洞时，可采用跨越、加固的方法。从结构形式分，跨越可采用梁跨、板跨、拱跨等。加固应结合工程的具体情况，采用桩、浆砌片石支柱、混凝土块、锚杆、回填等措施，以防止溶洞顶板坍塌，加强洞穴的稳定性。

2. 溶洞充填物的处理

溶洞充填物的特点是松软、下沉量大、强度低、不易清除，在其上修建建筑物时，一般应进行工程处理。主要有如下几种方法：

(1)在溶洞充填物厚度大，不易清除时，可采用摩擦桩或端承桩深入或穿过溶洞充填物，达到加强建筑物稳定性的目的。

(2)为防止洞穴充填物上的建筑物发生不均匀沉降，可采用浮筏式基础，使建筑物浮放于松软土层上。

(3)当溶洞顶覆盖较薄，可采用清爆的方法，揭露溶洞充填物，以便清除、换填，或使充填物风干、提高地基土的强度。

(4)对于溶洞中较厚的碎块石充填物，可采用压浆的方法使其固结。对于黏性土、砂类土等以细颗粒为主的充填物地基或已成建筑基础还可采用旋喷桩方法加固。

3. 覆盖型岩溶地区地面塌陷的处理

当地铁高架或地面线路通过覆盖型岩溶地区地面塌陷时，应研究沿线的水文地质条件变化情况，提出加强岩溶环境地质保护的措施，并应做好地面塌陷的处理，其方法主要有如下几种：

(1)路堤

对于地面线路可采用路堤形式通过。路堤的填料以碎石、砂等为好，当路基下部有土洞发生时，路堤填料可起缓冲作用。对既有的塌陷坑，一般也应回填碎、块石。

(2)网格板垫层

当路基下部的地面塌陷的位置和大小已基本探明时，可采用整体的网格板垫层通过。

(3)桩基栈桥

在地面塌陷集中发育的地段，可采用桩基栈桥的方法通过。

(4)其他处理措施

根据地面塌陷产生的原因,可分别采用一些针对性的整治措施,如采用钻孔通气法,避免负压吸蚀作用的发生;采用岩溶注浆法,堵塞岩溶水的通道;加固溶洞充填物及采用恢复地下水位的方法(停抽、回灌),防止潜蚀作用的发生;采用强夯法加固地表土层,防止地下水下渗,发生潜蚀等。

4. 岩溶水的处理

岩溶水如处理不当,将给地铁隧道、桥涵等工程建设带来危害。由于岩溶水具有与一般水流不同的特点,勘测时很难准确查明其水量大小及变化规律。因此,在对岩溶水量的估计上宜宁大勿小,在排水建筑物的设计上,宜宁宽勿窄。在工程处理上,宜堵不宜疏。

(1)截流:采用截水盲沟、截水墙、截水洞等达到截断岩溶水流或疏干某范围内的岩溶水的目的。

(2)堵塞:当地下水量较小时,可用水泥砂浆、浆砌片石、黏土等予以堵塞。采用岩溶处理和岩溶水处理同步完成的工作思路。

(三)岩溶区隧道的施工措施

在岩溶区进行地下区间隧道施工时,应遵循以下原则:

(1)先处理后施工。

(2)必须进行综合地质超前预报,查清掌子面前方的地质情况,尤其是富水溶洞,对发生涌水灾害的可能性进行预报,防止涌水。

(3)岩溶带的规模、充填性质、水量、水压是地质探测的重点,一般采用钻探、电法和弹性波物探相结合的方法进行超前预报。

(4)岩溶区要采用高位选线,避开高压含水层,能做双线不做单线。

(5)高压富水岩溶区隧道应做人字坡;岩溶区必须设置泄水洞,并与溶洞连起来;岩溶区不宜设置斜井、竖井,以免产生新的灾害。

(6)不提倡全断面帷幕注浆,采用周边超前预注浆,径向注浆。水量太大时,应增设迂回导洞排水降压,配合正洞注浆,带水作业,快速施工。

(7)在高水压大流量溶洞(直径大于 2 m)隧道,施工应以排水为主,开挖泄水洞,将岩溶水从泄水洞中排走。对能量极大的岩溶水,宜采用释能降压法,溶洞和泄水洞形成一个永久性结构,长期排水,以保证施工安全。坚持"排、堵结合,以排为主,上堵下排"的原则。

(8)对于溶隙和溶管(直径小于 2 m)的充水岩溶,采用以堵为主的原则。

(9)预留防涌岩墙,厚度视水压大小可选择为 5～8 m。当围岩极度破碎时,厚度应加大。

第二节 采 空 区

一、采空区及其分类

(一)采空区的定义

采空区是指有地层规律可循,并沿某一特征地层挖掘的坑洞。如煤矿(窑)、掏金洞、掏沙坑、坎儿井等。

（二）采空区的分类

采空区可根据开采现状及采空程度进行分类，见表 3-6-4。

表 3-6-4　采空区分类

分类标准	类　型	定义或特征
按开采现状划分	老采空区	历史上已经开采过、现在已停止开采的采空区
	现采空区	正在开采的采空区
	未来采空区	计划开采而尚未开采的采空区
按采空程度划分	大面积采空区	地下矿层大面积采空后，地表产生大面积下沉变形
	小窑采空区	采空范围窄、深度小，地表变形剧烈且为非连续变形

二、大面积采空区的地表变形

（一）地表变形特征

地下矿层大面积采空后，矿层上部的岩层失去支撑，平衡条件被破坏，随之产生弯曲、塌落，以致发展到使地表下沉变形。地表变形开始成凹地，随着采空区的不断扩大，凹地不断发展而成凹陷盆地，此盆地称为移动盆地。

移动盆地的面积一般比采空区面积大，其位置和形状与矿层的倾角大小有关：矿层倾角平缓时，盆地位于采空区的正上方，形状对称于采空区；矿层倾角较大时，盆地在沿矿层走向方向仍对称于采空区，而沿倾斜方向随着倾角的增大，盆地中心越向倾斜的方向偏移。

（二）地表变形的分区

根据地表变形值的大小和变形特征，自移动盆地中心向边缘分为三个区：

(1)均匀下沉区（中间区）：即盆地中心的平底部分，当盆地尚未形成平底时，该区即不存在，区内地表下沉均匀，地面平坦，一般无明显裂缝。

(2)移动区（又称内边缘区或危险变形区）：区内地表变形不均匀，变形种类较多，对建筑物破坏作用较大，如地表出现裂缝时，又称为裂缝区。

(3)轻微变形区（外边缘区）：地表的变形值较小，一般对建筑物不起损坏作用，该区与移动区的分界，一般是以建筑物的容许变形值来划分。其外围边界即移动盆地的最外边界，实际上难以确定，一般是以地表下沉值 10 mm 为标准来划分。

（三）地表变形的分类

地表变形分为两种移动和三种变形。两种移动是：垂直移动（下沉）和水平移动；三种变形是：倾斜，弯曲（曲率）和水平变形（伸张或压缩）。

（四）影响地表变形的因素

1. 矿层因素

(1)矿层埋深愈大（即开采深度愈大），变形扩展到地表所需的时间愈长，地表变形值愈小，变形比较平缓均匀，但地表移动盆地的范围增大。

(2)矿层厚度大，采空的空间大，会促使地表的变形值增大。

(3)矿层倾角大时，使水平移动值增大，地表出现裂缝的可能性加大，盆地和采空区的位置更不相对应。

2. 岩性因素

(1)上覆岩层强度高、分层厚度大时,地表变形所需采空面积要大,破坏过程所需时间长,厚度大的坚硬岩层,甚至长期不产生地表变形。强度低、分层薄的岩层,常产生较大的地表变形,且速度快,但变形均匀,地表一般不出现裂缝。脆性岩层地表易产生裂缝。

(2)厚度大、塑性大的软弱岩层,覆盖于硬脆的岩层上时,后者产生破坏会被前者缓冲或掩盖,使地表变形平缓;反之,上覆软弱岩层较薄,则地表变形会很快,并出现裂缝。岩层软硬相间、且倾角较陡时,接触处常出现层离现象。

(3)地表第四纪堆积物越厚,则地表变形值增大,但变形平缓均匀。

3. 地质构造因素

(1)岩层节理裂隙发育,会促进变形加快,增大变形范围,扩大地表裂缝区。

(2)断层会破坏地表移动的正常规律,改变移动盆地的大小和位置,断层带上的地表变形更加剧烈。

4. 地下水因素

地下水活动(特别是对抗水性弱的岩层)会加快变形速度,扩大变形范围,增大地表变形值。

5. 开采条件因素

矿层开采和顶板处置的方法以及采空区的大小、形状、工作面推进速度等,均影响着地表变形值、变形速度和变形的形式。目前以房柱式开采和全部充填法处置顶板,对地表变形影响较小。

三、采空区勘察

采空区勘察应查明老采空区上覆岩层的稳定性,预测现采空区和未来采空区地表移动、变形的特征和规律,并判定其作为城市轨道交通工程建筑场地的适宜性和对工程建设及后期运营的危害程度。

采空区的工程地质勘察工作,主要工程地质调查与测绘为主,必要时辅以物探和钻探工作。

(一)采空区勘察范围

在城市轨道交通工程拟建场地遇下列情况时,应按采空区开展勘察工作:

(1)正在开采的各类大型和小型矿区。

(2)已废弃的各类大型和小型矿区。

(3)尚未开采但已规划好的矿区。

(4)沿沟、河岸有矿线露头、矿点分布的地带。

(5)线路附近分布有连续防空洞的地段。

(二)工程地质调查与测绘

采空区地段工程地质调查与测绘主要是搜集资料、变形调查和变形的观测工作,应符合下列要求:

(1)搜集资料

调查与测绘前搜集各种地质图,矿床分布图,矿区规划图,地表变形和有关变形的观测、计算资料，地表最大下沉值、最大倾斜值、最小曲率半径、移动角等资料，了解加固处理措施及效果。

(2)工程地质调查与测绘的内容

①地层层序、岩性、地质构造，矿层的分布范围、开采深度、厚度。

②采空区的开采历史、开采计划、开采方法，开采边界、顶板管理方法、工作推进方向和速度，巷道平面展布、断面尺寸及相应的地表位置，顶板的稳定情况，洞壁完整性和稳定程度。

③地下水的季节与年变化幅度、最高与最低水位及地下水动态变化对坑洞稳定性的影响；了解采空区附近工农业抽水和水利工程建设情况及其对采空区稳定的影响。

④采空区的空间位置、塌落、支撑、回填和充水情况。

⑤有害气体的类型、分布特征、压力和危害程度。在调查与测绘过程中应注意有害气体对人体造成的危害。

(3)地表变形调查的内容

①地表变形的特征和分布规律，地表塌陷、裂缝、台阶的分布位置、高度、延伸方向、发生时间、发展速度，以及它们与采空区、岩层产状、主要节理、断层、开采边界、工作面推进方向等的相互关系。

②移动盆地的特征和边界，划分均匀下沉区、移动区和轻微变形区。

(4)建(构)筑物变形调查的内容

①建(构)筑物变形的特征，变形开始时间，发展速度，裂缝分布规律、延伸方向、形状、宽度等。

②建(构)筑物的结构类型、所处位置与采空区、地质构造、开采边界、工作面推进方向的相互关系。

(5)现采空区地表变形和建(构)筑物变形观测的要求

①观测线宜平行和垂直矿层走向成直线布置，其长度应超过移动盆地的范围。

②平行矿层走向的观测线，应有一条布置在最大下沉值的位置；垂直矿层走向的观测线，一般不应少于 2 条。

③观测线上观测点的间距，应大致相等，并根据开采深度按表 3-6-5 确定。

表 3-6-5　根据开采深度确定观测点间距

开采深度 H(m)	观测点间距 L(m)	开采深度 H(m)	观测点间距 L(m)
＜50	5	200～300	20
50～100	10	300～400	25
100～200	15	＞400	30

④观测周期可根据地表变形速度按(式 3-6-1)计算，或根据开采深度按表 3-6-6 确定。

$$t=\frac{Kn\sqrt{2}}{s} \tag{3-6-1}$$

式中　t——观测周期(月)；

n——水准测量平均误差(mm)；

s——地表变形的月下沉量(mm/月)；

K——系数(一般取 2～3)。

表 3-6-6 根据开采深度确定观测周期

开采深度 H(m)	观测周期	开采深度 H(m)	观测周期
＜50	10 天	200～300	2 个月
50～100	15 天	300～400	3 个月
100～200	1 个月	＞400	4 个月

⑤在观测地表变形的同时，应观测地表裂缝、陷坑、台阶的发展和建筑物的变形情况。

(三)勘探与测试

采空区地段勘探与测试应符合下列要求：

(1)在采空区分布无规律、地面痕迹不明显、无法进入坑洞内进行调查和验证的地区，应采用电法、地震和地质雷达等综合物探，并用物探结果指导钻探，必要时进行综合测井。各种方法的勘探结果应得到相互补充和验证。

(2)勘探线、勘探点应根据工程线路走向、敷设形式、并结合坑洞的埋藏深度、延伸方向布置，勘探孔数量和深度应满足稳定性评价与加固、治理工程设计的要求。

(3)对上覆不同性质的岩土层应分别取代表性试样进行物理力学性质试验，提供稳定性验算及工程设计所需岩土参数；应分别取地下水和地表水试样进行水质分析；对可能储气部位，必要时应进行有害气体含量、压力的现场测试。

(四)采空区适宜性评价

根据采空区地表移动盆地特征和变形大小划分为不宜建筑的场地和相对稳定的场地，具体划分如下：

(1)不宜作为建筑场地地段：

①在开采过程中可能出现非连续变形的地段。

②地表移动活跃的地段。

③特厚矿层和倾角大于 55°的厚矿层露头地段。

④由于地表移动和变形引起边坡失稳和山崖崩塌的地段。

⑤地表倾斜大于 10 mm/m，地表曲率大于 0.6 mm/m^2 或地表水平变形大于 6 mm/m 的地段。

⑥地下水深度小于建筑物可能下沉量与基础埋深之和的地段。

(2)下列建筑场地地段，应评价其适宜性：

①采空区采深采厚比小于 30 的地段。

②采深小，上覆岩层极坚硬并采用非正规开采方法的地段。

③地表倾斜为 3～10 mm/m，地表曲率为 0.2～0.6 mm/m^2 或地表变形为 2～6 mm/m 的地段。

(五) 采空区地段岩土工程分析与评价

采空区地段岩土工程分析与评价应包括下列内容：

(1)采空区的稳定性。

(2)采空区的变形情况和发展趋势。

(3)采空区对工程建设可能造成的影响。

(4)采空区中残存的有害气体、充水情况及其造成危害的可能性。

(5)线路通过采空区应采取的工程措施。

(6)施工和运营期间防治措施的建议。

(7)必要时应编制采空区地段的工程地质图(比例为1∶2 000～1∶5 000)、工程地质横断面图(比例为1∶100～1∶200)、工程地质纵断面图(比例为横1∶500～1∶5 000,竖1∶200～1∶500)、坑洞平面图(比例为1∶200～1∶500)等。

四、采空区的处理措施

(1)回填或压力灌浆。回填材料可采用毛石混凝土、粉煤灰或砂、矸石。

(2)加强城市轨道交通工程结构刚度。

第三节　地　裂　缝

一、地裂缝及其对城市轨道交通工程的影响

(一)地裂缝的定义

地裂缝是地表岩、土体在自然或人为因素作用下产生开裂,并在地面形成裂缝的地质现象。当这种地质现象发生在有人类活动的地区时,则可能会对人类生产与生活构成危害,便成为一种地质灾害。

地裂缝包括在地表出露的地裂缝和未在地表出露的隐伏地裂缝。

(二)地裂缝成因类型及特征

地裂缝按其成因分为构造地裂缝、非构造地裂缝和混合成因地裂缝三类。

(1)构造地裂缝是指由内动力地质作用产生的,包括地震地裂缝(也称构造速滑地裂缝)、区域微破裂开启型地裂缝和构造蠕变地裂缝三种。

(2)非构造地裂缝是指由外动力地质作用和人类活动作用而引起的岩土层裂缝,如膨胀土地裂缝、黄土地裂缝、冻土地裂缝、盐丘地裂缝、干旱地裂缝、地面塌陷地裂缝、滑坡地裂缝、地面不均匀沉降引起的地裂缝等。

(3)实际上,有许多地裂缝是几种因素综合作用的结果,称之为混合成因地裂缝。

(三)我国地裂缝的分布

我国的地裂缝主要分布在华北和长江中下游,以汾渭地堑(宝鸡—风陵渡转—大同,延伸约1 000 km,最宽约100 km)、太行山东麓平原(北起保定—郑州转西—三门峡与汾渭地堑相接,全长约800 km)和大别山北麓平原(信阳—六安等,南北宽约100 km,东西长约150 km)为三大地裂缝发育地带。此外,在豫东、苏北、鲁中南等地也有发育。

在城市中,已出现地裂缝的有西安、大同、邯郸、保定、石家庄、天津、淄博等,其中以西安最为典型和严重。

西安地裂缝是指在过量开采承压水,产生不均匀地面沉降的条件下,临潼—长安断裂带西北侧(上盘)存在的一组北东走向的隐伏地裂缝的被动"活动",在浅表形成的破裂。西安地裂缝一般具有以下基本特征:

(1)西安地裂缝大多是由主地裂缝和分支裂缝组成的,少数地裂缝则由主地裂缝、次生地裂缝和分支裂缝组成。

(2)主地裂缝总体走向北东,近似于平行临潼—长安断裂,倾向南东,与临潼—长安断裂倾向相反,倾角约为80°,平面形态呈不等间距近似平行排列。次生地裂缝分布在主地裂缝的南侧,总体倾向北西,在剖面上与主地裂缝组成“Y”字形。

(3)地裂缝具有很好的连续性,每条地裂缝的延伸长度可达数公里至数十公里。

(4)地裂缝都发育在特定的构造地貌部位(现在可见的和地质年代存在过的构造地貌),即梁岗的南侧陡坡上,梁间洼地的北侧边缘。

(5)地裂缝的活动方式是蠕动,主要表现为主地裂缝的南侧(上盘)下降,北侧(下盘)相对上升。次生地裂缝则表现为北侧(上盘)下降,南侧(下盘)相对上升。

(6)地裂缝的垂直位移具有单向累积的特性,断距随深度的增大而增大。

从长期研究结果看,西安地裂缝既有地表可见到的地裂缝,也有地表看不到的隐伏地裂缝。

(四)地裂缝对城市轨道交通工程的影响

由于受地裂缝的错动作用可能导致隧道衬砌变形破坏,隧道衬砌的变形和破坏,极有可能造成以下两种病害:

(1)路基或轨道变形超出容许值

地裂缝的活动首先会引起地铁隧道衬砌的变形,衬砌变形达到一定程度后,其变形将传递到隧道内部的铁轨路基,使路基下沉变形,从而导致跨地裂缝处的轨道产生变形,如果变形超出容许值,将严重影响列车的正常运行。

(2)隧道等地下工程渗漏水

①当地铁隧道或其他地下工程位于地下水位以下时,地裂缝活动若造成衬砌开裂,地下水就会浸入隧道等地下工程,发生渗漏水现象,甚至造成隧道涌水。

②地裂缝活动时,若隧道等地下工程附近存在地表水,地表水会沿地裂缝下渗,一是在地下工程衬砌周围形成较大的静水压力,极有可能导致衬砌破裂,造成渗漏水或涌水现象。

③随着地下水或地表水下渗水流的冲刷作用,可导致地下结构底部土层被掏空,造成衬砌基础下沉,边墙开裂或仰拱、翻浆冒泥等病害,严重影响列车行车安全。

二、地裂缝勘察

地裂缝勘察宜采用工程地质调查与测绘、槽探、钻探、静力触探和物探等综合方法。

(一)地裂缝勘察的主要内容

地裂缝勘察主要应包括以下内容:

(1)搜集研究区域地质条件及前人的工作成果资料,查明地裂缝的性质、成因、形成年代、发生发展规律。

(2)调查场地的地形、地貌、地层岩性及地质构造等地质背景,研究其与地裂缝之间的关系;对有显著特征的地层,可确定为勘探时的标志层。

(3)调查场地的新构造运动和地震活动情况,研究其与地裂缝之间的关系。

(4)调查场地的地下水类型、含水层分布、地下水开采及水位变化情况,研究其与地裂缝之间的关系。

(5)调查场地人工坑洞分布及地面沉降等情况,研究其与地裂缝之间的关系。

(6)查明地裂缝的分布规律、具体位置、出露情况、延伸长度、产状、上下盘主变形区和微变形区的宽度、次生裂缝发育情况。

(7)查明地裂缝形态、宽度、充填物、充填程度。

(8)查明地裂缝的活动性、活动速率、不同位置的垂直和水平错距。

(9)查明地裂缝对既有建(构)筑物的破坏情况及针对地裂缝破坏所采取工程措施的成功经验。

(10)对地裂缝进行长期监测。

(二)地裂缝勘察的基本要求

地裂缝勘察应符合下列要求：

(1)每个场地勘探线数量不宜少于 3 条，勘探线间距宜为 20～50 m，在线路通过位置应布置勘探线。

(2)地裂缝每一侧勘探点数量不宜少于 3 个，勘探线长度不宜小于 30 m；埋深 30 m 以内标志层错断，勘探点间距不宜大于 4 m；埋深 20 m 以下标志层错断，勘探点间距不宜大于 10 m。

(3)勘探孔深度应能查明主要标志层的错动情况，并达主要标志层层底以下 5 m。

(4)物探可采用人工浅层地震反射波法，并应对场地异常点进行钻探验证。

(三)地裂缝场地岩土工程分析与评价

地裂缝场地岩土工程分析与评价应包括下列内容：

(1)工程地质图中应标明地裂缝在地面的位置、延伸方向及相应的坐标，分出主变形区和微变形区。

(2)工程地质剖面图中应标明地裂缝的倾向、倾角及主变形区和微变形区。

(3)评价地裂缝的活动性及活动速率，预估地裂缝在工程设计周期内的最大变形量。

(4)提出减缓或预防地裂缝活动的措施。

(5)地上工程不宜建在地裂缝上，应根据其重要程度建议合理的避让距离，必须建在地裂缝上时，应建议需采取的工程措施。

(6)地下工程宜避开地裂缝，应根据其分布情况建议合理的避让距离，无法避开时，宜大角度穿越，并应建议需采取的工程措施。对于活动地裂缝，尚应建议工程线路的通过方式。

(7)应评价地裂缝对工程开挖、隧道涌水的影响，建议需采取的工程措施。

(8)提出对工程结构和地裂缝进行长期监测的建议。

三、地裂缝的防治措施

对于地裂缝应以避让为主，当拟建城市轨道交通工程无法避让时，宜大角度穿越，并应采取必要的工程措施。

(一)地裂缝的避让

(1)根据《西安地裂缝场地勘察与工程设计规程》(DBJ61/T 182—2021)，地裂缝影响区范围和建(构)筑物的避让主要有以下规定：

①地裂缝影响区范围：上盘 0～20 m，其中主变形区 0～6 m，微变形区 6～20 m；下盘 0～12 m，其中主变形区 0～4 m，微变形区 4～12 m。以上分区范围均从主地裂缝或次生地裂缝起算。

②根据建筑物规模、重要性以及由于地裂缝活动可能造成的建筑物损坏或影响正常使用的程度，可将建设在地裂缝场地的建筑分为一、二、三、四类四个重要性类别。

一类建筑为特别重要的建筑和构筑物、高度超过 100 m 的超高层建筑；二类建筑为大跨度公共建筑、高度 28～100 m 的高层建筑、有桥式吊车(30 t≤吊车额定起重量<100 t)的单层厂房、高度超过 30 m 的水塔和烟囱、容易引起次生灾害的建筑(如储水构筑物和大量用水的工业民用建筑物)；三类建筑为除一、二、四类以外的一般工业与民用建筑；四类建筑为临时性建筑。

③建筑物基础底面外沿(桩基时为桩端外沿)至地裂缝的最小避让距离，一类建筑应进行专门研究或按表 3-6-7 采用；二类、三类建筑应满足表 3-6-7 的规定，且基础的任何部分都不得进入主变形区内；四类建筑允许布置在主变形区内。

表 3-6-7 地裂缝场地建筑物最小避让距离(m)

结构类别	构造位置	建筑物重要性类别		
		一	二	三
砌体结构	上盘	—	—	6
	下盘	—	—	4
钢筋混凝土结构、钢结构	上盘	40	20	6
	下盘	24	12	4

注：1. 底部框架砖砌体结构、框支剪力墙结构建筑物的避让距离应按表中数值的 1.2 倍采用。
2. Δk(勘探精度修正值)大于 2 m 时，实际避让距离等于最小避让距离加上 Δk。
3. 桩基础计算避让距离时，地裂缝倾角统一采用 80°。

④主地裂缝与次生地裂缝之间，间距小于 100 m 时，可布置体型简单的三类、四类建筑；间距大于 100 m 时，可布置二类、三类、四类建筑。

(2)确定地裂缝场地建筑避让安全距离时，还应注意下列问题：

①区域地震活动强弱会影响地裂缝带的破坏强度，因此，应根据区域地震活动性，对安全带距离及各带宽度做必要调整。

②未来地下水开采及水利建设将极大地影响地裂缝的活动，因此，应对未来地下水开采和水利建设作出预测。

③为有效地利用宝贵的土地资源，在强调安全的前提下，对各带提出容许建筑物类型，并给出相应的评价。

(二)设计措施

(1)地裂缝场地的建筑工程设计，采取减小地裂缝影响的措施主要有：

①采取合理的避让距离。

②加强建筑物适应不均匀沉降的能力。

③采取防水措施或地基处理措施，避免水浸入地裂缝产生次生灾害。

④在地裂缝影响区范围内，不得采用用水量较大的地基处理方法。

⑤在地裂缝影响区内的建筑，应增加其结构的整体刚度与强度，体型应简单，体型复杂时，应设置沉降缝将建筑物分成几个体型简单的独立单元，单元长高比不应大于 2.5。

⑥在地裂缝影响区内的砌体建筑，应在每层楼盖和屋盖处及基础设置钢筋混凝土现

浇圈梁。

⑦在地裂缝影响区内的建筑宜采用钢筋混凝土双向条基、筏基或箱基等整体刚度较大的基础。

(2)采用路堤方式跨越地裂缝时，除查明地裂缝外，应定期监测地裂缝的活动，及时调整线路坡度。

(3)桥梁工程场地及附近存在地裂缝时，应采取以下设防措施：

①当桥梁长度方向与地裂缝走向重合时，应适当调整线位，宜置于相对稳定的下盘。

②桥墩基础的避让距离，单孔跨径大、中、小桥可按三类建筑物的避让距离确定，单孔跨径特大桥可按二类建筑物的避让距离确定。

③跨越地裂缝的桥梁上部结构应采用静定结构，特大桥宜选用柔性桥型，并采取适当的预防措施，定期监测地裂缝的活动，及时进行调整。

(4)采用隧道结构穿越地裂缝时，宜采用大角度穿越，必要时采用柔性结构设计，定期监测地裂缝的活动，及时进行调整。

第四节　地面沉降

地面沉降是指在人类工程经济活动影响下，由于地下松散地层固结压缩，导致地壳表面局部标高降低的一种工程地质现象。

本节适用于抽吸地下水引起水位或水压下降而造成的大面积地面沉降。大面积地面沉降一般在 100 km^2 以上，不适用于局部范围由于抽吸地下水引起水位下降(例如基坑施工降水)而造成的地面沉降。

一、地面沉降及对工程的影响

(一)地面沉降的原理及特点

抽吸地下水后，含水层水位下降引起土层中孔隙水压力降低，颗粒间有效应力增加，从而使地层压密，产生地面沉降。因此，有效应力原理是抽水引起地面沉降的基本原理。

地面沉降存在以下规律和特点：

(1)发生或可能发生地面沉降的地域范围局限于存在厚层第四纪堆积物的平原、盆地、河口三角洲或滨海地带，往往发生在位于上述地貌类型的大城市或高度工业化地区。地面沉降的地质环境模式见表 3-6-8。

表 3-6-8　地面沉降的地质环境模式

地质环境模式	地　层　构　成	地区举例
冲积平原	河床沉积土——以下粗上细的粗粒土为主； 泛原沉积土——以细粒土为主的多层交互沉积结构土层的厚度一般与河床最大深度及各旋回中的沉积韵律有关	黄淮海平原； 长江下游平原； 松花江中下游平原
三角洲平原	海陆互相沉积，具有多个含水系统并为较厚的黏性土层所交错间隔	长江三角洲 海河三角洲
断陷盆地	冲积、洪积、湖积以及海相沉积物所组成的粗、细粒土交错沉积层，其厚度及粒度受构造沉降速度、沉积韵律等因素的控制	近海式——台北盆地，宁波盆地； 内陆式——汾渭盆地

(2)地面沉降发生的范围往往较大,且存在一处或多处沉降中心,沉降中心的位置和沉降量与地下水取水井的分布和取水量密切相关。

(3)地面沉降速率一般比较缓慢,常为每年数毫米或数厘米,也有少数地区达每年数十厘米的情况。

(4)地面沉降一旦发生后,即使消除了产生地面沉降的原因,沉降了的地面也不可能完全复原。对含水层进行回灌后,也只能恢复因土层颗粒间有效应力变化而引起的弹性变形量部分。

(二)地面沉降对城市轨道交通工程的影响

如果城市轨道交通工程穿越地面沉降区域而不采取处理措施时,会对城市轨道交通工程造成以下危害:

(1)城市轨道交通工程建设期间,地面沉降的加剧会导致隧道因地层不均匀沉降变形增大,隧道不均匀沉降会引起衬砌结构纵向开裂破坏,从而导致隧道渗漏水等次生灾害。

(2)城市轨道交通工程运营期间,地面沉降导致的隧道结构不均匀沉降,会引起轨道出现相应的变形,直接影响地铁正常运行,严重时会造成地铁运营事故。

二、地面沉降勘察

城市轨道交通工程的地面沉降勘察主要以搜集资料和调查为主。

(一)地面沉降勘察的目的和任务

(1)城市轨道交通线路通过已发生地面沉降或可能发生地面沉降的地区时,应评价地面沉降对线路的影响,提出建设和运营期间的工程措施建议。

(2)对已发生地面沉降的地区,地面沉降勘察应查明其原因及现状,并预测其发展趋势,评价对城市轨道交通既有线路或新建线路的影响,提出控制和治理方案。

(3)对可能发生地面沉降的地区,应预测发生的可能性,并对可能的固结压缩层位做出估计,对沉降量进行估算,分析对城市轨道交通线路可能造成的影响,提出预防和控制地面沉降的措施建议。

(二)地面沉降原因调查内容

对地面沉降原因应调查下列内容:

(1)场地的地貌和微地貌。

(2)第四纪堆积物的年代、成因、厚度、埋藏条件和土性特征,硬土层和软弱压缩层的分布。

(3)地下水位以下可压缩层的固结应力历史、最大历史压力和固结变形参数。

(4)含水层和隔水层的埋藏条件和承压性质,含水层的渗透系数、单位涌水量等水文地质参数。

(5)地下水的补给、径流、排泄条件,含水层间或地下水与地表水的水力联系。

(6)历年地下水位、水头的变化幅度和速率。

(7)历年地下水的开采量和回灌量,开采或回灌的层位。

(8)地下水位下降漏斗及回灌时地下水反漏斗的形成和发展过程。

(三)地面沉降现状调查内容和要求

对地面沉降现状的调查,应符合下列要求:

(1)搜集城市轨道交通通过地段地面沉降及地下水位的监测资料。

(2)按精密水准测量要求进行长期观测,并按不同的结构单元设置高程基准标、地面沉降标和分层沉降标。

(3)对地下水的水位升降,开采量和回灌量,化学成分,污染情况和孔隙水压力消散、增长情况进行观测。

(4)调查地面沉降对建筑物、既有城市轨道交通线路的影响,包括建筑物和既有城市轨道交通线路的沉降、倾斜、裂缝及其发生时间和发展过程。

(5)绘制不同时间的地面沉降等值线图,并分析地面沉降中心与地下水位下降漏斗形成、发展的关系及沉降缓解、地面回弹与地下水位回升的关系。

(6)绘制以地面沉降为特征的工程地质分区图。

三、预测地面沉降量的估算方法

对可能发生地面沉降的地区,主要是预测地面沉降的发展趋势,即预测地面沉降量和沉降过程。可采用以下方法对预测地面沉降量进行估算。

(一)分层总和法

黏性土及粉土按下式计算:

$$s_{\infty}=\frac{a}{1+e_0}\Delta pH \tag{3-6-2}$$

$$s_{\infty}=\frac{1}{E}\Delta pH \tag{3-6-3}$$

式中　s_{∞}——土层最终沉降量(cm);

a——土层压缩系数(MPa^{-1}),计算回弹量时用回弹系数;

e_0——土层原始孔隙比;

Δp——水位变化施加于土层上的平均附加应力(MPa);

H——计算土层厚度(cm);

E——砂层弹性模量(MPa);计算回弹量时用回弹模量。

地面沉降量等于各土层最终沉降量之和。

(二)单位变形量法

以土层变形量与水位升降幅度及土层厚度之间都呈线性比例关系为基本假设,一般根据预测期前3~4年中实测资料,计算土层在某一特定时段(水位上升或下降)内,含水层水头每变化1 m时其相应的变形量,称为单位变形量,可按式(3-6-4)、式(3-6-5)进行计算:

$$I_s=\frac{\Delta S_s}{\Delta h_s} \tag{3-6-4}$$

$$I_c=\frac{\Delta s_c}{\Delta h_c} \tag{3-6-5}$$

式中　I_s,I_c——水位升、降期的单位变形量(mm/m);

Δh_s,Δh_c——某一时期内水位升、降幅度(m);

Δs_c,Δs_c——相应于该水位变化幅度下的土层变形量(mm)。

为反映地质条件和土层厚度与I_s、I_c参数之间的关系,将上述单位变形量除以土层厚

度 H,称为土层的比单位变形量,按式(3-6-6)和式(3-6-7)计算。

$$I'_s = \frac{I_s}{H} = \frac{\Delta s_s}{\Delta h_s H} \tag{3-6-6}$$

$$I'_c = \frac{I_c}{H} = \frac{\Delta s_c}{\Delta h_c H} \tag{3-6-7}$$

式中 I'_s, I'_c——水位升、降期的比单位变形量(m^{-1})。

在已知预测期的水位升、降幅度和土层厚度的情况下,土层预测沉降量按式(3-6-8)和式(3-6-9)计算。

$$s_s = I_s \Delta h = I'_s \Delta h H \tag{3-6-8}$$

$$s_c = I_c \Delta h = I'_c \Delta h H \tag{3-6-9}$$

式中 s_s, s_c——水位上升或下降 Δh 时,厚度为 H 的土层预测的回弹量或沉降量(mm)。

(三)地面沉降发展趋势的预测

在水位升降已经稳定不变的情况下,土层变形量与时间的变化关系,可用式(3-6-10)~式(3-6-12)计算。

$$s_t = s_\infty U \tag{3-6-10}$$

$$U = 1 - \frac{8}{\pi^2}\left(e^{-N} + \frac{1}{9}e^{-9N} + \frac{1}{25}e^{-25N} + \cdots\right) \tag{3-6-11}$$

$$N = \frac{\pi^2 C_v}{4H^2} t \tag{3-6-12}$$

式中 s_t——预测某时刻 t 月后地面沉降量(mm);

U——固结度,以小数表示;

t——时间(月);

N——时间因素;

C_v——固结系数(mm^2/月);

H——土层的计算厚度,两面排水时取实际厚度的一半,单面排水时取全部厚度(mm)。

注:1. C_v 单位为 mm^2/月,试验室一般用 cm^2/s,换算关系为 $1\ cm^2/s = 2.59 \times 10^8\ mm^2$/月。

2. 计算时,式(3-6-11)一般取第 1 项即可。

(四)地区性经验公式法

在积累地面沉降资料较多的地区可建立各种经验公式预测地面沉降量。例如地下水开采量与地面沉降量的相关公式,不同开采层位和开采量与地面沉降量的相关公式等。

四、地面沉降的整(防)治措施

当地铁隧道穿越地面沉降区域时,根据地面沉降原因分析、区域地面沉降计算及沉降预测分析结果,结合本地区实际城市轨道交通工程案例,提出以下对地铁隧道穿越地面沉降区域的整(防)治措施和工程对策建议。

(一)已发生地面沉降地区的整治措施

对已发生地面沉降的地区,控制地面沉降的基本措施是进行地下水资源管理。

整治方法有:

(1)压缩地下水开采量,减少水位降深幅度。在地面沉降剧烈的情况下,应暂时停止开采地下水。

(2)向含水层进行人工回灌,回灌时要严格控制回灌水源的水质标准,以防止地下水被污染。并要根据地下水动态和地面沉降规律,制定合理的采灌方案。

(3)调整地下水开采层次,进行合理开采,适当开采更深层的地下水。

(二)可能发生地面沉降地区的防治措施

基本措施是预测地面沉降的可能性及其危害程度。

防治方法有:

(1)估算沉降量,并预测其发展趋势。

(2)结合水资源评价,研究确定地下水资源的合理开采方案。在最小的地面沉降量条件下抽取最大可能的地下水开采量。

(三)地铁设计措施和对策

1. 地铁区间结构的防治措施和工程对策

(1)变形缝设置:地铁区间采取分段结构进行设计,结构上可采取加密变形缝、沉降缝设置,采用柔性接头进行处理,以增加地铁隧道适应地层的变形能力。

(2)加大隧道净空:地层沉降的趋势一般呈抛物线形,地层变形过程中,轨面线与隧道结构的变化趋势存在一定差异,可能导致轨面以上隧道净空不能满足限界要求,为此有必要对沉降范围内隧道净空适当加高,保证地铁列车运行的平顺性。

2. 地铁车站结构的防治措施和工程对策

(1)加大结构构件尺寸,增加结构的整体刚度:车站加大结构构件尺寸,沿车站纵向不设缝,提高车站结构抵抗变形的能力,以抵御地层变形过程中可能产生的差异沉降。

(2)加大结构净空,预留变形量:按区间预留变形量及线路调坡的需要,并考虑一定安全系数,加大车站站台层净高,保证地铁列车运行的平顺性。

3. 其他措施

(1)柔性碎石道床:为利于后期线路及轨道专业调坡,建议采用碎石道床。

(2)排水措施:在地层沉降过程中,轨道作为隧道结构的附着物,必然随地层的逐步沉降而沉降,导致线路坡度发生变化。前期设计过程中应充分考虑后期因线路坡度调整带来的排水问题。

第五节　有 害 气 体

一、有害气体成分、性质及形成条件

有害气体是指对人体或工程造成危害的天然气体。

有害气体种类较多,常见的有在有机质、工业垃圾、生活垃圾地层中产生的沼气、毒气,煤层中的瓦斯,油气田中的天然气,及缺氧空气。目前,在火成岩、变质岩地层中,也发现了可燃气体,分析原因大多是深部气体沿着层理、节理、裂隙和断层向上运移至地表上部后聚积在岩体的裂隙、孔隙里所致。有害气体常造成可燃气体的爆炸事故,缺氧气体的缺氧事故,毒性气体的中毒事故,隧道施工时突然遭遇将可能发生严重事故。

目前,城市轨道交通勘察中遇到的有害气体主要为沼气,沼气主要由50%～80%的

甲烷(CH_4)和20%～40%的二氧化碳(CO_2)组成,另外还含有少量的氮气(N_2)、氢气(H_2)、氧气(O_2)、硫化氢(H_2S)和一氧化碳(CO)等气体。各气体的一般性质见表3-6-9。

表3-6-9 沼气中各有害气体的一般性质

气体名称	性 状	比重或密度	对人体或工程危害程度
甲烷	无色、无味、无臭,具可燃性,可溶于水	在0.1 MPa压力、0 ℃的标准状态下,比重0.554,密度0.716 kg/m³	1. 对人体无毒,但当浓度达到19%,氧含量降至17%时,使人呼吸困难;当浓度达到43%以上时,含氧量降至12%,使人窒息致死; 2. 当空气中甲烷浓度小于5%时,遇火源不会爆炸;当浓度为5%～16%时,遇高温火源会发生爆炸;当浓度达9.5%时,爆炸最烈
二氧化碳	无色、略带酸臭味,不自燃、不助燃,易溶于水,属微毒惰性气体	对空气的相对密度为1.52	当浓度达5%时,使人呼吸困难;当浓度达到20%以上时,可使人窒息致死;最高允许浓度0.5%
氢气	无色、无臭、无味,极易燃烧,	对空气的相对密度为0.07	对人体无毒,但若空气中氢气含量增高,将引起缺氧性窒息; 和氟气、氯气、氧气、一氧化碳以及空气混合均有爆炸的危险
硫化氢	无色、微甜、臭鸡蛋味,剧毒,具高溶解性	对空气的相对密度为1.19	当浓度达0.001%～0.002%时,可嗅到臭鸡蛋气味;当浓度达0.002 7%时,气味最浓,超过则使嗅觉失灵;当浓度达0.01%～0.015%时,出现中毒症状;当浓度达0.05%时,30 min内可使人失去知觉;最高允许浓度0.000 66%
一氧化碳	无色、无臭、无味,剧毒	对空气的相对密度为0.97	当浓度达到0.048%时,20～30 min可使人致死;当浓度达到1%以上时,1 min内使人立即致死;最高允许浓度0.002 4%
二氧化硫	无色、有刺鼻臭味,易溶于水,具有强烈毒性	对空气的相对密度为2.263	当浓度为0.02%时,眼睛红肿流泪、头痛等;当浓度达0.05%时,引起急性支气管炎、肺气肿,并在短时间内死亡

沼气的形成必须具备三个必要条件:一是丰富的有机物;二是相对密封的地质环境;三是地层具有一定的储存空间。

二、有害气体勘察

城市轨道交通地下工程通过工业垃圾和生活垃圾地段、富含有机质的软土地区,以及煤、石油、天然气层或曾发现过有害气体的地区应开展有害气体勘察工作。

在有害气体勘察前,应对区域地质和有害气体资料的收集和分析,了解线路通过地区是否存在有害气体及其种类、分布情况,指导下一步的勘察工作。

(一)目的和任务

有害气体的勘察应查明下列内容:

(1)地层成因、沉积环境、岩性特征、结构、构造、分布规律、厚度变化。

(2)含气地层的物理化学特征、具体位置、层数、厚度、产状及纵、横方向上的变化特征、圈闭构造。

(3)有害气体生成、储藏和保存条件,确定有害气体运移、排放、液气相转换和储存的压力、温度及地质因素。

(4)地下水水位与变化幅度、补给、径流、排泄条件,含水层分布位置、孔隙率与渗透性,地下水与有害气体的共存关系。

(5)有害气体的分布、范围、规模、类型、物理化学性质。

(6)当地有关有害气体的利用及危害情况和工程处理经验。

(二)勘察方法和要求

有害气体的勘探应采用钻探和测试为主、结合物探测井和现场测试等综合勘探手段。对于第四系土层部分可采用静探,取得的资料需综合分析、相互验证。

有害气体的勘探应符合下列要求:

(1)勘探点应结合地层复杂程度、含气构造和工程类型确定,勘探线宜按线路纵、横断面方向布置,并应有部分勘探点通过生气层、储气层部位。

(2)勘探点的数量应根据实际情况确定。

(3)勘探孔深度宜结合生、储气层深度确定。应穿透气源层,并有部分勘探孔进入气源层、储气层下一定深度。

(4)岩层、砂层岩芯采取率不宜小于 80%,黏性土、粉土、煤层不宜小于 90%。

(5)各生气层、储气层应取土样不应少于各 6 组,隔气顶、底板取土样不少于各 3 组。重点查明岩土的容重、有机质含量、孔隙率、饱和度、渗透系数等。

(6)采集气源层、储气气体的数量不宜少于各 3 组。

(三)测试内容及要求

目前测试土层中有害气体的方法较多,有抽水后孔内气体浓度测定法、孔内水取样法、气液分离法、泥水探测法、BAT 系统法,据柳浦等人的研究,前 4 种方法均存在弊病,而由 B. A. Torstensson 开发的 BAT 系统法,能较好地测定土中气体含量和浓度。

BAT 系统法的取样装置主要由过滤头、导管、取样筒、压力计组成;操作流程为过滤头设置、取样筒准备(充 He 气)→土中气体的取样、回收(测定气压、孔内温度)→减压→用气相色谱仪对气体作气相、液相分析→评价。

有害气体的测试应包括下列内容:

(1)有害气体的类型、含量、浓度、压力、温度及物理化学性质。

(2)生气层、储气层的密度、含水量、液限、塑限、有机质含量、孔隙率、饱和度、渗透系数。煤层的密度、孔隙率、水分、挥发分、全硫、坚固性系数、瓦斯放散初速度、等温吸附常数、自燃倾向性、煤尘爆炸性。

(3)封闭有害气体的顶、底板的物理力学性质。

(4)水的腐蚀性。

(四)分析与评价

有害气体的分析与评价应包括下列内容:

(1)地下工程通过段的工程地质与水文地质条件,有害气体生气层、储气层的埋深、长度、厚度、与线路交角、分布趋势、物理化学性质及封闭圈特征。

(2)地下工程通过段的有害气体类型、含量、浓度、压力,预测施工时有害气体突出危险性、突出位置、突出量,评价有害气体对施工及运营的影响,提出工程措施的建议。

(3)提出有害气体释放方式或线路避让建议。

(4)必要时编制详细工程地质图(比例 1∶500～1∶5 000)、工程地质纵、横断面图(比例1：200～1：2 000)，应填绘有害气体的类型、分布范围及生气层、储气层的具体位置、有关测试参数等。

三、有害气体的防治措施

在地下工程建设过程中，若存在有害气体，可能会造成可燃气体的爆炸事故，缺氧气体的缺氧事故，毒性气体的中毒事故，隧道施工时突然遭遇将可能发生严重事故等。因此，通过勘察确定存在有害气体时，应采取措施保证地下工程施工安全。常采用的措施建议如下：

(1)预先控制排气措施

在隧道施工前3～6个月采用套管钻井，安装减压阀，控制放气，其控制标准为不导致对放气孔周围地层显著扰动，不出现放气过程中带走泥砂现象。排气孔尺寸与数量应根据气囊的大小、气压与连通性确定，其位置应离隧道一定距离。预先控制排气措施是预防浅层沼气对隧道施工和今后运营中产生不利影响的较好方法

(2)加强施工过程中的监测

在进行预先控制排气时，一次性提前放气可能不彻底，且沼气可能有一定程度的回聚，故仍需要在施工中加强监测。在隧道及风井基坑内安装自动报警设备，对空气中的有害气体进行定时定点监测。如果有害气体浓度超过最大允许值时，应立即采取相应的安全措施。

(3)安装通风设备

在隧道中安装通风设备，强化隧道通风，及时稀释施工过程中释放的有害气体，降低有害气体浓度。

(4)加强施工现场安全管控

加强对作业人员的预防和消防等安全教育和培训；严禁作业人员吸烟或携带火种和易燃物品；对易造成燃烧或爆炸的电器设备均应安装防爆装置，并进行定期安全检查和维护；施工现场要配备足够的消防器材。

第六节 滑 坡

一、滑坡及其分类

(一)滑坡的定义及特点

滑坡是指斜坡岩土体由于边界条件的改变及地下水活动、河流冲刷、人工切坡、地震活动等因素的影响，在重力作用下，沿着一定的软弱面(带)，缓慢整体向下滑动的坡面变形现象。

滑坡的特点是滑体在向下滑动时始终与下伏滑床保持接触，其水平移动分量一般大于垂直移动分量。

(二)滑坡要素

滑坡在发育完全时，一般包括以下要素(图3-6-1；表3-6-10)。

(三)滑坡的分类

对于滑坡的分类，宜以滑坡的组成物质为主，以滑坡体厚度为次，然后结合形成原因

和滑动形式等特性进行分类。详细分类见表 3-6-11。

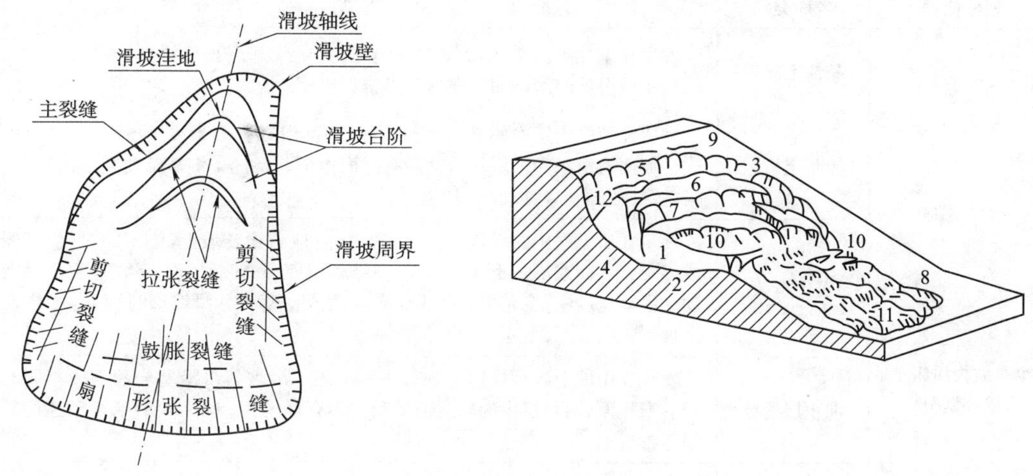

图 3-6-1　滑坡要素分布示意图

1—滑坡体；2—滑动面；3—滑坡周界；4—滑坡床；
5—滑坡壁；6—滑坡台地；7—滑坡台坎；8—滑坡舌；
9—后缘张裂缝；10—鼓胀裂缝；11—扇形张裂缝；12—滑坡洼地

表 3-6-10　滑坡要素及其涵义

滑坡要素		涵　义
滑坡体		滑坡发生后，脱离母(岩、土)体的滑动部分
滑坡周界		滑坡体与周围母体在平面上的分界线
滑坡壁		滑坡体位移后，其后方裸露在外面的母体陡壁。平面上多呈弧圈状
滑动面		滑坡体相对下伏母体下滑的连续破裂界面
滑坡台阶		滑坡体上，由于各段滑动的速度差异所形成的错台
滑坡舌		滑坡体前部脱离滑床形如舌状的部分
滑坡床		滑坡体滑动时所依附的下伏不动岩土体
滑坡鼓丘		滑坡体向下滑动时，因滑坡床起伏不平而受阻，在地表形成的隆起丘状地形
滑坡洼地		滑坡体与滑坡壁或两级滑坡体间被拉开的沟槽状低洼封闭地形，当地表水在此汇集或地下水出露，则积水成潭
滑坡轴线(主滑线)		滑坡体上滑动速度最快的部分的纵向连线。它代表单个滑坡体滑动的方向，位于滑坡体推力最大、滑坡床凹槽最深(滑坡体最厚)的纵断面上。在平面上可为直线或曲线
滑坡裂缝	拉张裂缝	分布于滑坡体的后部或两级滑坡体间，受拉力作用而形成的张开裂缝，呈弧形，与滑坡壁大致平行。滑坡体后缘成为滑坡周界的一条贯通裂缝，称主裂缝
	剪切裂缝	分布在滑坡体的中前部的两侧，因滑坡体下滑与相邻的不动母体间的相对位移，形成剪力区并出现剪裂缝。它与滑动方向大致平行，其两侧常伴有羽毛状裂纹
	鼓胀裂缝	分布在滑坡体的中前部，因滑坡体下滑受阻土体隆起，形成张开裂缝。裂缝延伸方向与滑动方向垂直
	扇形张裂缝	分布在滑坡体的前部，尤以滑坡舌部为多。因滑坡体前部向两侧扩散，张裂缝成扇形排列

表 3-6-11 滑坡的分类

划分依据	名称类别	主 要 特 征
按滑坡物质组成成分划分	黏性土滑坡	发生在黏性土层中的滑坡，多沿软弱夹层或基岩顶面滑动，滑动面平缓。均质土层滑坡的滑动面呈弧形。多群集出现
	膨胀土滑坡	发生在膨胀土层中的滑坡，沿软弱结构面滑动。多为浅层滑坡，常具牵引式。坡面及滑动面平缓。滑动面有镜面擦痕。常随干湿季节变化多次滑动，具多层滑动面。常成群出现
	黄土滑坡	发生在黄土层中的滑坡。多出现在高阶地前缘陡坡上，沿不同时代、不同成因黄土界面或沿古土壤层面、钙质结核层面、砂卵石层面、下伏基岩顶面滑动。滑动速度快，变形急剧，具有崩塌性或错落性。滑坡壁高而陡，多成群出现
	堆积层滑坡	发生在山坡上各种成因堆积层中的滑坡。滑坡体多沿基岩顶面或不同时期的堆积面、堆积层中的软弱面滑动。具有规模大、地下水活跃、滑动速度较慢等特点
	堆填土滑坡	发生在路堤或人工弃土堆中的滑坡。滑坡体多沿老地面滑动或高填路堤沿基底以下松软土层滑动、挤出
	破碎岩滑坡	发生在构造破碎带或岩层严重风化破碎形成的凸形山坡上的滑坡。滑坡体多沿倾向临空面的软弱夹层或结构面滑动。滑坡规模大。地下水较多，但无明显含水层
	岩层(岩体)滑坡	发生在岩层中的滑坡。滑坡体多沿层面或软弱结构面滑动。滑坡壁上部较陡，下部较缓，有粗糙擦痕。滑坡舌部有时有放射状裂缝。滑动面(带)多为含水的泥化夹层或细屑物质，具擦痕
按滑动体厚度划分	浅层滑坡	滑坡体厚度在 6 m 以内
	中层滑坡	滑坡体厚度在 6 m 至 20 m 左右
	厚层滑坡	滑坡体厚度在 20 m 至 40 m 左右
	巨厚层滑坡	滑坡体厚度在 40 m 以上
按形成原因划分	工程滑坡	由于施工开挖山体引起的滑坡。此类滑坡还可细分为； 1. 工程新滑坡：由于开挖山体所形成的滑坡； 2. 工程复活古滑坡：久已存在的滑坡，由于开挖山体引起重新活动的滑坡
	自然滑坡	由于自然地质作用产生的滑坡。按其发生相对时代早晚又可分为： 1. 老滑坡：坡体上有高大树木，残留部分环谷、断壁擦痕； 2. 新滑坡：外貌清晰，断壁新鲜
按发生后的活动性划分	活滑坡	发生后仍在继续活动的滑坡。后壁及两侧有新鲜擦痕，体内有开裂、鼓起或前缘有挤出等变形迹象，其上偶有旧房遗址，幼小树木歪斜生长等
	死滑坡	发生后已停止发展，一般情况下不可能重新活动，坡体上植被茂盛，常有居民点
按滑体体积划分	小型滑坡	$<5\times10^3$ m^3
	中型滑坡	$5\times10^3\sim50\times10^3$ m^3
	大型滑坡	$50\times10^3\sim100\times10^3$ m^3
	巨型滑坡	$>100\times10^3$ m^3

续上表

划分依据	名称类别	主要特征	
按引起滑动的力学性质划分	推移式滑坡	上部岩层滑动挤压下部产生变形，滑动速度较快，多具楔形环谷外貌，滑体表面波状起伏，多见于有堆积物分布的斜坡地段	原生坡 牵引式滑坡 推移式滑坡
	牵引式滑坡	下部先滑使上部失去支撑而变形滑动。一般速度较慢，多具上小下大的塔式外貌，横向张性裂隙发育，表面多呈阶梯状或陡坎状，常形成沼泽地	
按滑动面通过的岩层情况划分	同类土滑坡	发生在层理不明显的均质黏性土或黄土中，滑动面均匀光滑	
	顺层滑坡	沿岩层面或裂隙面滑动，或沿坡积体与基岩交界面及基岩间不整合面等滑动，大都分布在顺倾向的山坡上	
	切层滑坡	滑动面与岩层面相切，常沿倾向山外的一组断裂面发生，滑坡床多呈折线状，多分布在逆倾向岩层的山坡上	

(四)滑坡的形成条件

1. 地形、地貌条件

通常在下列斜坡地段有利于形成滑坡。

(1)容易汇集地表水和地下水的洼形斜坡地段。

(2)易受流水冲刷和掏蚀的山区河流的凹岸缓坡地段。

(3)由堆积土组成的上陡下缓，下伏基岩向坡外倾斜的斜坡地段。

(4)黄土塬边及黄土地区高阶地前缘的斜坡地段。

2. 地层条件

在下列岩土层中若具有贮水构造、聚水条件和下部有隔水的软弱面时，易于形成滑坡。

(1)易于风化或遇水易软化的软质岩层。

(2)虽为硬质岩，但夹有软弱夹层时。

(3)上部松散、下部致密的黏性土、膨胀土地层或各种成因的堆积黏性土地层。

3. 地质构造条件

当存在倾向斜坡、倾斜度较陡的断层面、岩层层理面、不整合面、连通性较好的节理面、褶曲两翼的倾斜面以及其他软弱结构面时，易沿这些面产生滑坡。

4. 自然条件

(1)气候条件：气候的寒、暖及干、湿变化，促使斜坡岩土体风化，降低岩石强度，减少土体黏聚力，加之雨水的渗入，斜坡的稳定性被削弱。

(2)地表水及地下水的作用:大气降水,地表水下渗,地下水的作用,使岩土体容重增加、强度降低,抗滑力减弱;河水的冲刷、掏蚀可削弱斜坡的支撑力;河水的涨落,引起岸坡地下水水位的升降,静水压力和动水压力的变化等;均可引起山坡下滑。

(3)地震作用:地震可引起土层中水位及孔隙水压力变化,砂层液化,抗剪强度降低,动荷载增大,促使斜坡岩(土)体产生滑动。

5. 人为因素

(1)人为破坏斜坡的稳定。如开挖斜坡坡脚,在斜坡上部填土、弃土、兴建大型建筑物,不适当地加载等。

(2)人为造成地表水向斜坡大量下渗。兴建水利工程及其他工程,改变原地表水排泄条件,坡体因漏水和渗透作用而易产生滑动。

(3)大爆破及机械震动的松动作用也会引起斜坡滑动。

(五)滑坡的野外判识

1. 地貌地物标志

滑坡的存在常使斜坡坡面呈圈椅状和马蹄状环谷;其后缘有陡壁及顺坡擦痕;上部有弧形拉张裂缝;中部坑洼起伏,常有高程和特征与外围地形不连续的鼻状凸丘或多级平台;前缘有鼓丘(其上常有鼓胀扇形裂缝),常呈舌状向外突出,侵占河、沟床,有时反翘;滑坡体两侧可见羽状裂缝及常形成沟谷,并有双沟同源现象。有的滑坡体上还有积水洼地、马刀树、醉汉林和房层倾斜、开裂等现象,如图 3-6-2 所示。

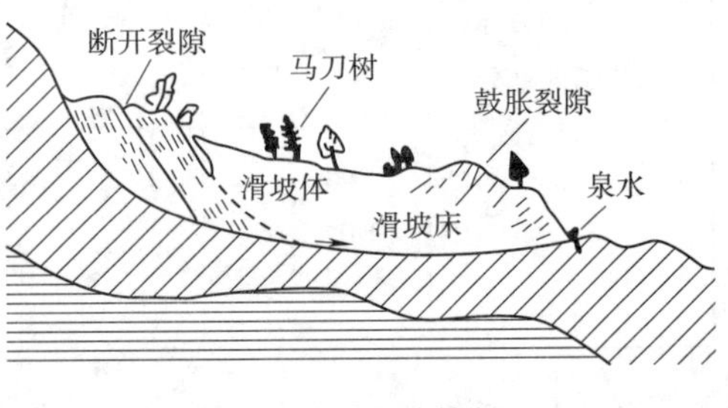

图 3-6-2 滑坡特征

2. 地层构造标志

地层的整体性因滑动而被破坏,有扰动现象;岩层层位、产状或构造与外围不连续,有时岩层层序倒置或重叠;常见有泥土、碎屑充填或未被充填的张性裂缝。

3. 水文地质标志

斜坡含水层的原有状况被破坏,使滑坡体成为单独的含水体;水文地质条件变的特别复杂,如潜水位不规则,流向紊乱;在滑动带前缘常有成排泉水溢出。

4. 滑坡边界及滑坡床标志

滑坡后缘断壁上有顺坡擦痕,前缘土体常被挤出或呈舌状凸起;滑坡两侧常以沟谷或裂面为界;滑坡床常具有塑性变形带,其内多由黏性物质或黏粒夹磨光角砾组成;滑动面很光滑,其擦痕方向与滑动方向一致。

(六)滑坡稳定程度的判识

根据地貌特征可参照表 3-6-12 判别滑坡的稳定性。

表 3-6-12 根据地貌特征判识滑坡稳定性

滑坡要素	相 对 稳 定	不 稳 定
滑坡体	坡度较缓,坡面较平整,草木丛生,土体密实,无松塌现象;两侧沟谷已下切深达基岩	坡度较陡,平均坡度 30°左右,坡面高低不平,有陷落松塌现象,无高大直立树木。地表水、泉、湿地发育

续上表

滑坡要素	相 对 稳 定	不 稳 定
滑坡壁	滑坡壁较高，长满了草木，无擦痕	滑坡壁不高，草木少，有坍塌现象，有擦痕
滑坡平台	平台宽大，且已夷平	平台面积不大，有向下缓倾或后倾现象
滑坡前缘及滑坡舌	前缘斜坡较缓，坡上有河水冲刷过的痕迹，并堆积了漫滩阶地，河水已远离舌部；舌部坡脚有清晰泉水	前缘斜坡较陡，常处于河水冲刷之下，无漫滩阶地，有时有季节性泉水出露

二、滑坡勘察

滑坡勘察应在搜集气象、水文、地质、人类活动等资料的基础上，采用工程地质调查与测绘、物探、槽探、井探和钻探等多种手段相结合的方法。

(一)工程地质调查与测绘

(1)范围及比例尺

工程地质调查与测绘的范围应包括滑坡体及其邻近地段，比例尺宜采用 1∶500～1∶1 000，用于治理设计时比例尺不小于 1∶500。

(2)内容

滑坡工程地质调查与测绘工作除满足本篇第一章相关内容外，还应包括下列内容：

①滑坡所处地貌部位、斜坡形态、坡度、高程。

②岩土接触界线、软硬岩的组合与分布、软弱夹层、风化层及松散层的分布及其特征。

③地表水、地下水、泉和湿地的分布情况。

④结构面产状、形态、规模及与临空面和结构面间相互组合关系。

⑤滑坡要素与边界特征，包括滑坡周界、滑坡后缘与两侧裂缝、前缘临空面、滑带(面)、滑坡体微地貌和鼓丘等要素。

⑥坡体建(构)筑物、树木、水渠、道路、坟墓等变形和异常特征。

⑦当地治理滑坡的经验。

(二)勘　　探

1. 目的和任务

滑坡勘探的主要目的和任务如下：

(1)查明滑坡体范围、厚度、岩土类型及分布和滑动面(带)的个数、形状及各滑动带的物质组成，确定滑坡面的位置及特征，必要时进行滑坡动态观测。

(2)查明滑坡体内滑带水和地下水的类型、含水层分布、补径排、动态变化及各地下水间的水力联系，必要时测定地下水流量和流向。

(3)在滑坡体、滑坡面和稳定地层中采取岩土试样进行物理力学试验，必要时采取水试样。

2. 勘探方法的选择

滑坡勘探工作应根据需要查明问题的性质和要求选择适当的勘探方法，可参照表 3-6-13。

表 3-6-13 滑坡勘探方法及其适用条件

勘探方法	适用条件
钻探	用于了解滑坡内部的构造，确定滑动面的范围，深度和数量，观测滑坡深部的滑动动态，查明地下水层位及分布，进行水文地质观测
坑探、槽探	用于确定滑坡周界和滑坡壁、前缘的产状，有时也作为现场大面积剪切试验的试坑。设备较简单，能直接观测到各种地质现象，取得的资料真实可靠，取样鉴定方便
竖井	用于观测滑坡体的变化，滑动带的特征及采取原状土样等。深井常布置在滑坡体中前部主轴附近。采用深井时，应结合滑坡的整治措施综合考虑
洞探	用于了解关键性的地质资料（滑坡的内部特征），当滑坡体厚度大，地质条件复杂时采用。洞口常选在滑坡两侧沟壁或滑坡前缘，平洞常为排泄地下水整治工程措施的一部分，并兼做观测洞
静力触探	用于了解浅层黏性土滑坡的滑动带及其抗剪强度，可为设计提供定量资料
电法勘探	用于了解滑坡区含水层，富水带的分布和埋藏深度，了解下伏基岩起伏和岩性变化及与滑坡有关的断裂破碎带范围等
地震勘探	用于探测滑坡区基岩的埋深，断裂破碎带范围，滑动面位置、形状等

3. 勘探点的平面布置原则

滑坡勘探线和勘探点的布置应根据地质条件及滑坡形态确定，并符合下列规定：

(1)控制性勘探线应沿主滑方向布置，长度应超过滑坡影响范围。

(2)在滑坡的主滑方向两侧或滑坡体外应根据滑坡的规模和特征布置辅助勘探线。

(3)控制性勘探线上勘探点间距不宜大于 40 m，其数量不宜少于 3 个，辅助性勘探线可视地质条件适当放宽。

4. 勘探点的深度确定原则

勘探点的深度应满足以下要求：

(1)勘探孔的深度应穿透滑面进行稳定地层一定深度，并满足治理设计的需要。

(2)必要时可先在滑坡中、下部布置 1～2 个控制性深孔，其深度应超过滑坡床最大可能埋深 3～5 m；其他钻孔可钻至最下滑动面以下 1～3 m。

(3)当滑床为基岩时，钻入基岩的深度还应大于堆积层中所见同类岩性最大孤石的直径，以能确定是基岩时终孔，并可查明滑坡的影响深度。

(4)若为向下作垂直疏干排水的勘探孔，应打穿下伏主要排水层，以了解其厚度、岩性和排水性能。在抗滑桩地段的勘探深度，则应按其预计锚固深度确定。

5. 钻进过程中的注意事项

(1)钻孔施工应采用干钻法或双管单动岩芯管，并应全断面采取芯样，接近预计滑动面(带)时，回次进尺不得大于 0.5 m。

(2)滑动面(带)的鉴定：滑带土的特点是潮湿饱水或含水量较高，比较松软，颜色和成分较杂，常具滑动形成的揉皱或微斜层理、镜面和擦痕；所含角砾、碎屑具有磨光现象，条状、片状碎石有错断的新鲜断口，同时还应鉴定滑带土的物质组成，并将该段岩心晾干，用锤轻敲或用刀沿滑面剖开，测出滑面倾角和沿擦痕方向的视倾角，供确定滑动面时参考。

(3)黄土滑坡的滑动面(带)往往不清楚，应特别注意黄土结构有无扰动现象及古土壤、卵石层产状的变化。这些往往是分析滑面位置的主要依据。

(4)钻进过程中应注意钻进速度及感觉的变化和量测缩孔、掉块、漏水、套管变形的部位，同时注意地下水位的观测。这些对确定滑动面(带)的意义很大。

(5)在滑带应采取足够数量的原状土试样进行物理力学试验，供滑体稳定性验算使用,并对滑带原状土进行磨片鉴定。若滑带土厚度较小,埋藏深度又难准确测定,按常规办法取原状土比较困难时,也可采取滑带扰动土,重塑备制,使重塑土的含水量及密度与滑带土的天然状态一致,再进行重塑土的力学试验。

6. 相关试验要求

为做好滑坡稳定性分析,为工程设计提供依据及参数,必须做好有关试验工作。

(1)水文地质试验:采用抽(提)水试验测定滑坡体内含水层的涌水量和渗透系数;做分层止水试验和连通试验,观测滑坡体各含水层的水位动态,地下水流速、流向及相互联系;进行水质分析,用滑坡体内、外水质对比和体内分层对比,判断水的补给来源和含水层数。

(2)室内试验应满足以下要求:

①除对滑坡体不同地层分别做天然含水量、密度试验外,更主要的是对软弱地层,特别是滑带土做物理力学性试验。

②滑带土的抗剪强度直接影响滑坡稳定性验算和防治工程的设计,因此测定 c、φ 值应根据滑坡的性质,组成滑带土的岩性、结构和滑坡目前的运动状态选择尽量符合实际情况的剪切试验(或测试)方法,可参考表 3-6-14 进行选择。

表 3-6-14 剪切试验方法建议

滑坡的运动状态或滑带土的岩性结构	宜采用剪切试验的方法	备 注
目前正处于运动阶段的滑坡,滑动带为黏性土或残积土	宜采用残余剪或多次快剪求滑带土的残余抗剪强度。因为滑坡滑动使滑带土的结构遭受破坏,强度逐渐衰减	试验方法的选择,必须以能否真实地模拟滑坡的性质为原则。如已经产生的滑坡,则宜采用多次剪;至于采用几次剪为准,则视滑坡变形大小而定,可以使用 2～6 次中的任一次结果,并不一定采用最后的残余强度值;在重塑土多次剪切时,增加一个考虑今后含水量变化时,最不利含水状态的剪切试验
滑带土为流塑状态的滑坡泥	采用浸水饱和快剪为宜。因为此时上部土层所构成的垂直荷载没有成为滑带土内颗粒间的有效应力	
滑带土潮湿度不大,且具有明显的滑动面	可采用滑面重合剪	
滑动带为角砾土或岩层接触面	最好采用野外大面积剪切	
还未产生滑坡的自然斜坡,当其潜在滑动带为不透水且有相当饱和度的黏土层	采用固结快剪或三轴剪切试验为宜	

③宜采用室内或野外滑面重合剪或滑带土作重塑土或原状土多次剪,求出多次剪和残余抗剪强度指标。

④试验宜采用与滑动受力条件相类似的方法,用快剪、饱和快剪或固结快剪或饱和固结快剪。

(三)滑坡的岩土工程分析与评价

滑坡地段岩土工程分析与评价应包括下列内容:

(1)滑坡稳定性综合评价,应根据滑坡的规模、主导因素、滑坡前兆、滑坡的工程地质、水文地质条件,以及稳定性验算结果进行。

(2)滑坡的发展趋势和危害程度。

(3)滑坡对城市轨道交通工程建设可能造成的影响。

(4)线路通过滑坡地段应采取的工程措施。

(5)地铁施工和运营期间防治措施的建议。

三、滑坡稳定性验算

(一)基本要求

滑坡的稳定性计算应符合下列规定：

(1)根据滑面条件，按平面、折线或圆弧方法，选用合理的计算模型。

(2)正确选用抗剪强度指标，并采用反演方法检验滑动面的抗剪强度。

(3)有地下水时，应计入浮托力和水压力。

(4)当有局部滑动可能时，除验算整体稳定外，尚应验算局部滑动。

(5)当有地震、冲刷、人类活动等影响因素时，应计算这些因素对稳定的影响。

(二)滑坡稳定性计算

(1)滑面为平面，滑坡稳定系数采用下列公式进行计算：

$$K_s=\frac{抗滑力}{下滑力}=\frac{\sum_{i=1}^{n}(N_i f_i+c_i l_i)}{\sum_{i=1}^{n}T_i} \tag{3-6-13}$$

$$N_i=W_i\cos\theta_i,T_i=W_i\sin\theta_i$$

式中 K_s——滑坡稳定系数；

i——计算段的顺序代号，设分为从 1 至 n 段；

N_i——计算段的法向分力(kN)；

T_i——计算段的切向分力(kN)；

W_i——计算段的滑体重力(kN)；

θ_i——计算段的滑面倾角(°)；

f_i——计算段滑带土的摩擦系数，$f_i=\tan\varphi_i$，φ_i 为计算段滑带土的内摩擦角(°)；

c_i——计算段滑带土的黏聚力(kN)；

l_i——计算段滑面的长度(m)。

(2)滑面为折线形，下部无反坡时，滑坡稳定系数按下式计算(图 3-6-3)：

$$K_s=\frac{N_i f_i+c_i l_i+E_{i-1}\sin\Delta\theta_i f_i}{T_i+E_{i-1}\cos\Delta\theta_i} \tag{3-6-14}$$

式中 E_i——$i-1$ 计算段的剩余下滑力(kN)；

$\Delta\theta_i$——$\theta_{i-1}-\theta_i$；

其他符号同前。

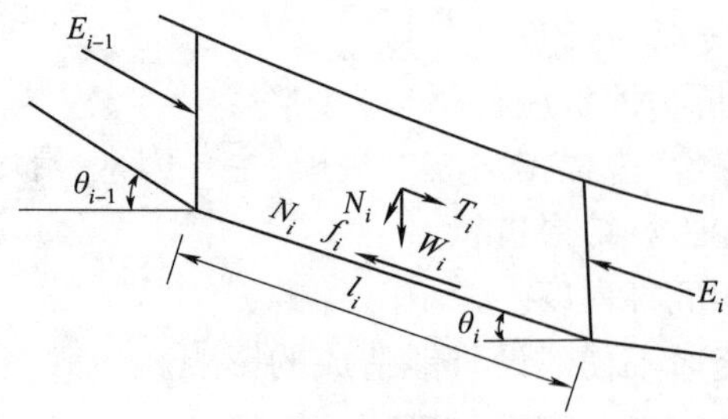

图 3-6-3 滑面为折线形分段力系分解图

(3)当滑动面为圆弧形时,滑坡稳定系数按下式进行计算(图3-6-4):

$$K_s=\frac{W_2d_2+c\cdot l\cdot R}{W_1d_1} \tag{3-6-15}$$

式中　W_1——下滑土体重力(kN);

W_2——抗滑土体重力(kN);

d_1——下滑土体重心至圆心垂线距(m);

d_2——抗滑土体重心至圆心垂线距(m);

c——滑带土的黏聚力(kPa);

l——滑动面长度(m);

R——圆弧滑动面半径(m)。

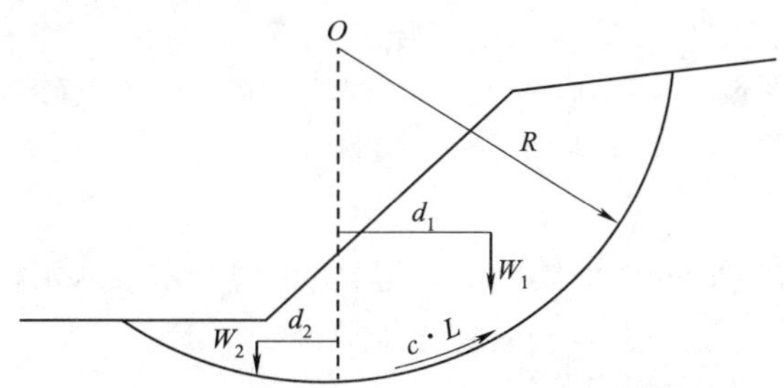

图3-6-4　滑面为圆弧形力系分解图

(三)滑坡稳定安全系数的选取

通常应根据滑坡的现状,对其研究程度,以及它的危害性、工程的重要性等,确定滑坡稳定安全系数K_{ST}值,见表3-6-15。当边界条件清楚,对滑坡发生、发展有深入研究和认识,其危害性不大时,K_{ST}值可选小一些,反之应大些。评定滑坡的稳定性,需满足$K_S \geqslant K_{ST}$。

表3-6-15　滑坡稳定安全系数K_{ST}

边　界　条　件	稳定安全系数K_{ST}值
一般性工程或临时工程	1.05～1.15
永久性工程	1.15～1.20
重要工程、或边界条件不够清楚	1.20～1.50

四、滑坡的治理措施

不稳定的滑坡对工程危害性较大,一般对大中型滑坡,线路应以绕避为宜;如不能绕避或绕避非常不经济时,则应予整治。

滑坡的工程整治措施大致可分为以下三类:

(一)治理地表水和地下水

1. 截、排地表水

(1)沿滑坡周界处修建环形截水沟:不使滑体外水进入滑体的周边裂缝及滑坡体内。

(2)在滑坡体上修建树枝状排水系统,排除滑体范围内的地表水。

(3)在滑坡体上修建明沟与渗沟相结合的引、排水工程,排除滑体内的泉水、湿地水等。

2. 截、排地下水

(1)在滑坡体上修建渗沟,截、排地下水,主要有以下三种类型:

①支撑渗沟:适用于中、浅层滑坡,由于其抗剪强度较高,兼有支撑滑体和排水两个作用。

②截水渗沟:截排滑体外深层地下水,不使其进入滑体。

③边坡渗沟:支撑边坡并疏干边坡地下水。

(2)在滑床及滑坡体上修建隧洞,截排地下水。主要用于深层滑坡,其类型有:

①截水隧洞:引排滑体外深层地下水,不使其进入滑体。

②排水隧洞:引排出滑体内封闭式鸡窝状积水。

③疏干隧洞:疏干滑坡体内的地下水,常与渗井等工程配合修建。

(3)在滑坡体上施设垂直孔群,用钻孔穿透滑带,将滑坡水降至下部强透水层中排走。当下部地层具有良好的排泄条件时,效果才好。

(4)采用砂井与水平钻孔相结合的截排水方法:其排水是以砂井聚集滑体内地下水,用近于水平的钻孔穿连砂井,把水排出,疏干滑体。

3. 平整滑坡地表

(1)整平夯实滑坡坡面,夯填滑体内的裂缝,防止地表水渗入滑体内。

(2)植树铺草皮,固化滑坡土体表面防止水流冲刷下渗。

(二)改善滑坡体力学平衡条件

采取下列措施来改善滑坡体力学平衡条件,减小滑坡体的下滑力,增大抗滑力。

1. 支与挡

在滑坡体适当部位设置支挡建筑物(如抗滑挡墙、抗滑明洞、抗滑桩等)可以支挡滑体或把滑体锚固在稳定地层上。由于这种方法对山体破坏少,可有效地改善滑体的力学平衡条件,故被广泛加以采用。其主要类型有:

(1)抗滑挡墙

①预应力垂直锚杆挡墙:特点是开挖基坑量小,圬工省,抗滑力大。

②框架填石挡墙:有利于拼装化施工,可加快施工进度。

③沉井抗滑挡墙:适合于深层和正在滑动的滑坡。

(2)抗滑明洞:当地形和基础条件适合,而修建其他支挡建筑物有一定困难时,也可用抗滑明洞作为支挡建筑物,但投资往往比较昂贵。

(3)抗滑桩:当采用重力式支挡建筑物圬工量大、不经济或施工开挖易引起滑体下滑时,可将抗滑桩作为抗滑措施。抗滑桩一般适用于整治浅层及中厚层滑坡。它也可与轻型支挡建筑物上下结合使用,这样就可相应地减少下部支挡工程的数量。

2. 减载与反压

对于滑床上陡下缓,滑体头重脚轻的或推移式滑坡,可对滑坡上部主滑段清方减重;也可在前部阻滑段反压填土,以达到滑体的力学平衡。对于小型滑坡可全部清除。减重和清除均应慎重从事,应验算和检查残余滑体和后壁的稳定性。

(三)改变滑带土的工程性质

通过采用焙烧法,电化学法,硅化法,灌浆法以及孔底爆破灌注混凝土等措施,改变滑带土的性质,提高它的强度,达到增强滑坡稳定性的目的。

第七节　泥　石　流

一、泥石流及其分类

(一)泥石流的定义及特征

泥石流是由于降水(暴雨、融雪等)而发生在山区的一种挟带大量泥砂、石块等松散固体物质的特殊洪流。泥石流的主要特征是:

(1)主要活跃于山区与山前地区。

(2)暴发突然,历时短暂,来势凶猛。

(3)密度变化范围大。

(4)固相物质颗粒直径变化范围大(由黏粒至巨砾)。

(5)惯性力大,具有直进性和爬高能力。

(6)冲淤能力大,具有巨大的破坏作用。

(二)泥石流的形成条件

泥石流的形成与地形、地质、水文、气象、植被、地震、人类活动等因素有关。可概括为缺一不可的三个基本条件:

(1)流域内有丰富的松散物质的补给。

(2)有陡峻的地形和较大的沟床纵坡。

(3)有强大的径流动力(如暴雨、水库坝体溃决,急剧的融雪),短时间可形成大量水流。

上述三个基本条件中,前两个是内因,第三个是外因。泥石流的发生与发展是内、外因综合作用的结果。

(三)泥石流的流域分区

根据泥石流的形成、流动、沉积特点,典型的泥石流流域从上游到下游可划分为三个区域,即泥石流的形成区、流通区和堆积区(图 3-6-5)。其分区特征见表 3-6-16。

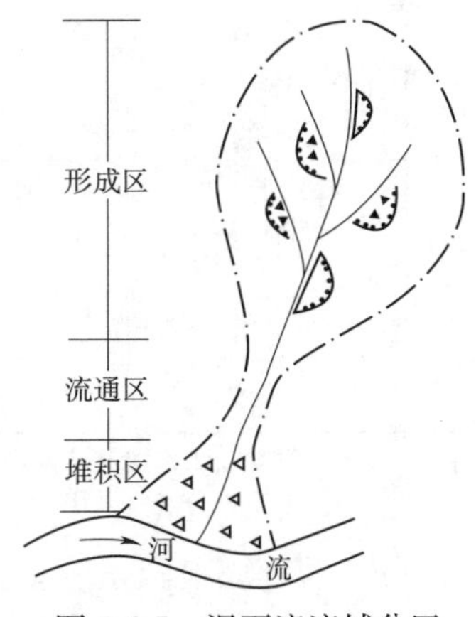

图 3-6-5　泥石流流域分区

表 3-6-16　泥石流流域分区特征

分　区	特　　征
形成区	系泥石流形成地区,陡峻的山区,上游沟床纵坡陡;横坡大,平均约为 30°～60°,汇水面积较宽,山坡裸露,松散固体物质储量丰富,常有滑坡、崩塌存在
流通区	系泥石流通过地区。沟床较顺直,纵坡较上游平缓,沟谷一般较窄,两侧山坡较稳定。通过区的长度一般较形成区为短
堆积区	系泥石流的堆积地区。一般都是沟谷出口之外处,纵坡平缓,地形开阔,泥石流至此扩散,水流速度减弱,泥石大量堆积,常形成泥石流洪积扇或冲积锥

注:不典型的泥石流常常难于明显区分,有的流通区伴有堆积;有的形成区就是流通区。

(四)泥石流的工程分类

根据泥石流的特性及流域特征、面积、严重程度、流量、发生频率等,可对泥石流进行工程分类,见表 3-6-17。

二、泥石流勘察

城市轨道交通工程拟建场地或其附近的发生泥石流的条件并对工程安全有影响时，应进行专门的泥石流勘察，防止泥石流地质灾害对城市轨道交通工程建设造成影响。泥石流勘察应在可行性研究阶段或初步勘察阶段进行。

表 3-6-17 泥石流的工程分类及特征

类别	亚类	严重程度	流域面积（km^2）	固体物质一次冲出量（$\times 10^4\ m^3$）	流量（m^3/s）	堆积区面积（km^2）	泥石流特征	流域特征
Ⅰ 高频率泥石流沟谷	$Ⅰ_1$	严重	>5	>5	>100	>1	基本上每年均有泥石流发生。固体物质主要来源于沟谷的滑坡、崩塌。暴发雨强小于 2 mm/(10 min)～4 mm/(10 min)。除岩性因素外，滑坡、崩塌严重的沟谷多发生黏性泥石流，规模大，反之多发生稀性泥石流，规模小	多位于强烈抬升区，岩层破碎，风化强烈，山体稳定性差。泥石流堆积新鲜，无植被或仅有稀疏草丛。黏性泥石流沟中下游沟床坡度大于 4%。
	$Ⅰ_2$	中等	1～5	1～5	30～100	<1		
	$Ⅰ_3$	轻微	<1	<1	<30	—		
Ⅱ 低频率泥石流沟谷	$Ⅱ_1$	严重	>5	>5	>100	>1	暴发周期一般在 10 年以上。固体物质主要来源于沟床，泥石流发生时“揭床”现象明显。暴雨时坡面产生的浅层滑坡往往是激发泥石流形成的重要因素。暴发雨强，一般大于 4 mm/(10 min)。规模一般较大，性质有黏有稀	山体稳定性相对较好，无大型活动性滑坡、崩塌。沟床和扇形地上巨砾遍布。植被较好，沟床内灌木丛密布，扇形地多已辟为农田。黏性泥石流沟中下游沟床坡度小于 4%
	$Ⅱ_2$	中等	1～5	1～5	30～100	<1		
	$Ⅱ_3$	轻微	<1	<1	<30	—		

注：1. 表中流量对高频率泥石流沟指百年一遇流量，对低频率泥石流沟指历史最大流量。
2. 泥石流的工程分类宜采用野外特征与定量指标相结合的原则，定量指标满足其中一项即可。

（一）泥石流勘察的方法和目的

泥石流勘察应以工程地质调查与测绘为主，应查明泥石流的形成条件和泥石流的类型、规模、发育阶段、活动规律，并对工程场地作出适宜性评价，提出对工程的影响及防治方法和措施建议。

（二）工程地质调查与测绘

1. 范围及比例尺

工程地质调查与测绘的范围应包括沟谷至分水岭的全部地段和可能受泥石流影响的地段。对全流域的比例尺宜采用 1∶50 000；对中下游可采用 1∶2 000～1∶10 000；有工程措施地段宜采用 1∶500～1∶1 000。

2. 内容

泥石流工程地质调查与测绘工作除满足本篇第一章相关内容外，还应包括下列内容：

(1)宜采用遥感图像地质解译与野外地质调绘相结合的方法进行。

(2)地形地貌特征，包括沟谷的发育程度、切割情况，坡度、弯曲、粗糙程度，并划分泥石流的形成区、流通区和堆积区，圈绘整个沟谷的汇水面积。

(3)泥石流发育区的冰雪融化和暴雨强度、一次最大降雨量，平均及最大流量，地下水活动等情况。

(4)形成区的地层岩性、地质构造、风化破碎情况，不良地质作用和分布情况，植被情况；水源类型、水量、汇水条件、山坡坡度，岩层性质和风化程度；查明断裂、滑坡、崩塌、岩堆等不良地质作用的发育情况及可能形成泥石流固体物质的分布范围、储量；分析可能发生泥石流的规模及对工程的危害程度。

(5)流通区的沟床纵横坡度、跌水、急湾等特征；查明沟床两侧山坡坡度、稳定程度，沟床的冲淤变化和泥石流的痕迹。

(6)堆积区的堆积扇分布范围、表面形态、纵坡、植被、沟道变迁和冲淤情况；查明堆积特的性质、层次、厚度、一般粒径和最大粒径；判定堆积区的形成历史、堆积速度，估算一次最大堆积量。

(7)泥石流沟谷的历史、历次泥石流的发生时间、频数、规模、形成过程、暴发前的降雨情况和暴发后产生的灾害程度。

(8)开矿弃渣、修路切坡、砍伐森林、陡坡开荒和过度放牧等人类活动情况。

(9)当地防治泥石流的经验。

(三)泥石流的识别

对泥石流的识别一般分三步进行：

(1)分区判识：从泥石流发育的地形、地质、水动力等宏观条件，做好泥石流发育程度的分区。

(2)沟谷类型判识：逐一确定线路通过的沟谷是属一般洪水沟，还是泥石流沟。

(3)属性判识：即分别从流域形态、固体物质成分、流体性质、规模大小、发育阶段、危害程度等做好泥石流沟谷的属性判识。

对于能否产生泥石流可从形成条件进行分析判断；已经发生过泥石流的流域，可从下列几种现象来识别：

(1)中游沟身常不对称，参差不齐，往往凹岸发生冲刷坍塌，凸岸堆积成延伸不长的“石堤”，或凸岸被冲刷，凹岸堆积，有明显的截弯取直现象。

(2)沟槽经常大段被大量松散固体物质堵塞，构成跌水。

(3)沟道两侧地形变化处、各种地物上、基岩裂缝中，往往有泥石流残留物、擦痕、泥痕等。

(4)由于多次不同规模泥石流的下切淤积，沟谷中下游常有多级阶地，在较宽阔地带常有垄岗状堆积物。

(5)下游堆积扇的轴部一般较凸起，稠度大的堆积物扇角小，呈丘状。

(6)堆积扇上沟槽不固定，扇体上杂乱分布着垄岗状、舌状、岛状堆积物。

(7)堆积的石块均具尖锐的棱角，粒径悬殊，无方向性，无明显的分选层次。

上述现象不是所有泥石流地区都具备的，调查时应多方面综合判定。

(四)勘探与试验

当工程地质调绘不能满足设计要求或需要对泥石流采取防治措施时，可进行勘探试验工作，以查明泥石流堆积物的分布、厚度、性质及下伏基岩的坡度等，并配合有关专业提供泥石流的流体密度、固体物质含量、粒径、流速、流量、淤积速度及冲刷量等指标。

当采用钻探、挖探方法查明泥石流沉积物的组成与厚度时，钻入基岩的深度应超过沟内最大块石直径 3～5 m。条件适合时也可采用物探方法。

确定本沟出现机率最多，危害最大的泥石流流体性质的代表性土样试验，如泥石流流体密度、固体颗粒密度，颗粒分析试验。应在现场进行。

当需获取某些危害严重的大规模泥石流的各项特征值定量指标时，应配合有关专业建立观测试验站，作定期观测与试验。

（五）工程建设适宜性评价

泥石流地区工程建设适宜性的评价，应符合下列要求：

(1) I_1 和 II_1 类泥石流沟谷不应作为工程场地。

(2) I_2 和 II_2 类泥石流沟谷不宜作为工程场地，当必须利用时应采取治理措施。

(3) I_3 和 II_3 类泥石流沟谷可利用其堆积区作为工程场地，但应避开沟口。

(4)当上游大量弃渣或进行工程建设，改变了原有供排平衡条件时，应重新判定产生新的泥石流的可能性。

（六）岩土工程勘察报告

泥石流岩土工程勘察报告的内容除应符合《岩土工程勘察规范》(GB 50021—2001)一般要求外，尚应包括以下内容：

(1)泥石流的地质背景和形成条件。

(2)形成区、流通区、堆积区的分布和特征，绘制专门工程地质图。

(3)划分泥石流类型，评价其对工程建设的适宜性。

(4)泥石流防治和监测的建议。

三、泥石流的防治措施

治理措施应因地制宜，选用固稳、拦储、排导、蓄水、分水等工程，上、中、下游相结合，在短期内减小泥石流量及暴发频率。

1. 拦挡措施

拦挡措施的作用是护岸、固坡、拦截固体物质和降低河床坡度，以削弱泥石流的强度和规模。拦挡工程包括拦挡坝、停淤场、支挡工程与截洪工程等。

2. 排导措施

排导措施的主要作用是改善流速和流向。泥石流的排导工程包括导流堤、急流槽和束流堤三种类型。急流槽是其中的主要类型。

3. 桥涵工程

桥涵工程是工程跨越泥石流沟的主要方式，因此，大量泥石流灾害往往首先威胁桥涵工程。根据实践经验，为避免与减少泥石流灾害，做好泥石流地区桥位的选择十分重要。其主要原则应是：

(1)桥位应选在沟床固定，主流较稳定，水流较顺直处，并宜与主流正交。

(2)避免将桥位选在沟床纵坡由陡变缓地段。

(3)严禁下挖设桥，不得改沟并桥。

(4)在泥石流发展强烈的形成区不应设桥。

(5)线路跨越泥石流通过区时，桥位应避开弯道的转折处，选在通过区的直线段。

(6)线路通过泥石流沉积区时，桥位宜避开扇腰、扇顶，选在扇缘及其尾闾部位，且线路应沿等高线定线，桥梁宜分散设置；如泥石流洪(冲)积扇滨临主河受到水流切割时，桥位应考虑切割的发展，留够安全距离。

4. 隧道、明洞及渡槽工程

(1)隧道

当线路穿过泥石流沟的高程低于沟底甚多，或当线路穿过规模很大，淤涨漫流危害严重的特大型泥石流或泥石流沟群，并宜于暗挖施工时，宜采用深埋隧道。

当受对岸特大型泥石流严重威胁时，宜将线路内移，以隧道通过。当线路以傍山隧道平行通过泥石流沟时，要保持外壁围岩有足够厚度，以防泥石流冲刷本侧河岸而引起山体坍塌，威胁隧道安全。

从泥石流洪(冲)积扇缘进洞的隧道，其洞口被泥石流掩埋是常见的病害，故此类隧道应贯彻“早进晚出”的原则，隧道长度应不短于洞顶泥石流的活动范围，隧道应力求深埋在泥石流底下稳定的基岩内，洞顶应保持一定厚度的覆盖层，谨防泥石流对隧道的侵蚀。

线路以桥隧相连的方式跨越泥石流沟时，桥梁应留有足够的净空，以利泥石流的宣泄，并防止洞外泥石流淤塞桥孔，灌入隧道。

(2)明洞

当线路在泥石流扇底部穿过，高程略低于洞顶，不具备暗挖施工条件，且泥石流淤涨漫流不太严重时，可用浅埋明洞。

明洞洞口也要特别注意防止泥石流的淤埋。

明洞洞身要尽可能减小偏压，避免外侧临空；立面上要求洞顶浅埋(约 1 m)，以利施工。在泥石流地区，明洞应注意加强防排水及结构的整体性、拱顶圬工的强度与耐磨性。

(3)渡槽

当深长路堑截断单个山坡型稀性泥石流沟，或半路堑截断稳定的古扇缘上的小型稀性泥石流沟，下游地形凌空、便于宣泄，无淤涨漫流之患，且槽下净高足够时，常采用渡槽。但对黏性泥石流及粒径大于 0.5 m 的稀性泥石流沟，最好采用下部明洞上部渡槽的排泄方案。

渡槽在平面上应与原沟顺接，如有急弯则易因泄流不畅导致泥石流溢槽而出，掩埋路堑。槽宽和纵坡也要与沟槽上下平顺连接。渡槽横断面视原沟形状，可采用直墙或斜墙。泄床最好作成三角形或圆弧形。渡槽深度除按通过流量计算外，尚需考虑一定的泥石流残留层厚度以及阵发性的波高、浮运的大石块与泥团等因素，增加 1～2 m 的安全深度。

第八节 活动断裂

活动断裂所在的位置往往是地震发生时破坏最严重的区域、城市轨道交通工程建设的工程地质危害区域，其损失程度均明显大于断层两侧其他区域，不仅如此，由于活动断裂带内的岩体破碎，稳定性差，还容易引发次生地质灾害，从而对工程建设造成重大影响。因此，在城市轨道交通工程建设时必须重视活动断裂的分布及其活动情况。

一、活动断裂及其地震工程分类

(一)活动断裂的定义

活动断裂分为全新活动断裂和非全新活动断裂。

(1)全新活动断裂:在全新地质时期(一万年)内有过地震活动或近期正在活动,在今后 100 年可能继续活动的断裂。

全新活动断裂中、近期(近 500 年来)发生过地震震级 $M \geqslant 5$ 级的断裂,或在今后 100 年内,可能发生 $M \geqslant 5$ 级的断裂,可定为发震断裂。

(2)非全新活动断裂:指一万年以前活动过,一万年以来没有发生过活动的断裂。

(二)全新活动断裂的分级

根据全新活动断裂的活动时间、平均活动速率及历史地震震级等因素,可按表 3-6-18 对全新活动断裂进行分级。

表 3-6-18 全新活动断裂分级

断裂分级		活动性	平均活动速率 v (mm/a)	历史地震震级 M
Ⅰ	强烈全新活动断裂	中晚更新世以来有活动,全新世活动强烈	$v>1$	$M \geqslant 7$
Ⅱ	中等全新活动断裂	中晚更新世以来有活动,全新世活动较强烈	$0.1 \leqslant v \leqslant 1$	$6 \leqslant M<7$
Ⅲ	微弱全新活动断裂	全新世有微弱活动	$v<0.1$	$M<6$

(三)活动断裂的特性及对工程的影响

活动断裂的特性及对工程的影响主要表现在以下几个方面:

(1)活动性:活动断裂带是地表表层薄弱地带,直接影响到城市轨道交通工程建设场地的整体稳定性,若有新的地壳运动发生,往往会产生新的位移,危及地铁结构安全。

(2)断裂带岩体的破碎性:断裂构造降低了岩体的强度及稳定性,断层破碎带力学强度低,压缩性增大,会发生较大沉陷,易造成地铁结构断裂或倾斜,断裂面是极不稳定的滑移面,对基坑边坡和隧道围岩稳定有重大影响。

(3)断裂带两侧岩性的不均匀性:断裂带上、下两盘的岩性往往不同,接触带岩层的整体性、岩性的均一性极差,盾构掘进时易造成刀盘偏磨严重。

(4)断裂带的富水性:断裂构造带不仅使岩体破碎,而且破碎带常为地下水良好的通道,区间隧道通过断裂破碎带,易发生坍塌甚至冒顶;基坑开挖易产生突涌,若持续降水又易造成管涌、土体流失、围护桩身前倾,基坑周边地面下沉,房屋开裂等事故。

二、活动断裂勘察

当城市轨道交通工程位于新构造运动比较强烈、地震动峰值加速度值大于或等于 0.1g 的地区,且在一万年内有过地震活动或近期存在正在活动的断裂时,应按活动断裂进行勘察。

(一)活动断裂勘察的目的和任务

活动断裂勘察的目的和任务包括如下内容:

(1)查明活动断裂的位置、类型、产状、规模、断裂带的宽度、岩性、岩体破碎和胶结程度、富水性及与线路的关系。

(2)查明活动断裂的活动性、活动速率、错动方式和地震效应。

(3)查明活动断裂的几何特点和运动性质。

(4)查明活动断裂的活动年代。

(5)搜集当地活动断裂造成的地质灾害及防治经验。

(6)评价活动断裂对工程可能产生的危害和影响,并提出处理方案。

(二)活动断裂勘察的方法和内容

1. 资料搜集

断裂勘察应搜集和分析有关文献档案资料,包括卫星航空相片,区域构造地质,强震震中分布,地应力和地形变,历史和近期地震等。

2. 工程地质调查与测绘

断裂勘察工程地质调查与测绘除满足一般要求外,尚应包括下列内容:

(1)地形地貌特征:山区或高原不断上升剥蚀或有长距离的平滑分界线;非岩性影响的陡坡、峭壁,深切的直线河谷,一系列滑坡、崩塌和断层三角面;河流、水系、山脊或冲沟的水平错位;不同地貌单元沿一线相接,定向断续线形分布的残丘、洼地、沼泽、芦苇地、盐碱地、湖泊、跌水、泉、温泉等。

(2)地质特征:近期断裂活动留下的第四系错动,地下水和植被的特征;断层带的破碎和胶结特征等;深色物质宜采用放射性碳 $14C^{14}$ 法,非深色物质宜采用热释光法或铀系法,测定已错断层位和未错断层位的地质年龄,并确定断裂活动的最新时限。

(3)地震特征:与地震有关的断层、地裂缝、崩塌、滑坡、地震湖、河流改道和砂土液化等。

3. 物探、勘探和测试

由于目前城市轨道交通工程的地域性,地表被第四系土层覆盖或地貌被改造的情况较多,以上工作难于准确查明工程通过活动断裂的位置及性质、特征时,需要布置一定的物探、勘探和测试。对于地质复杂和严重影响工程设置时,应进行专项活动断裂勘察。具体要求如下:

(1)勘探工作量应结合地质情况、断裂位置、地震动参数及工程要求确定。

(2)宜采用物探与钻探相结合的勘探手段。物探一般应于勘探前进行,根据其成果资料,布置勘探孔验证。

(3)勘探线宜垂直断裂走向布置,布置 1～3 条勘探线。

(4)勘探点数量和深度可根据断裂倾角、宽度确定,应能查明断裂的空间位置、性质和断裂带特征以及满足工程设计的需要。

(三)活动断裂勘察岩土工程分析与评价

活动断裂勘察岩土工程分析与评价应包括以下内容:

(1)对可能影响工程稳定性的全新活动断裂,应采取避让的处理措施,避让有困难时,应垂直或大角度通过活动断裂,减少活动断裂对工程的影响长度,并评价其对工程的危害程度,提出工程措施建议。

(2)应根据断裂带岩体的破碎和胶结程度、富水性等评价断层破碎带对围岩稳定性的影响,并提出措施建议。

(3)应分析和预测隧道施工穿越断裂带时产生坍塌、涌水的可能性,并提出处理措施建议。

第九节 场地和地基的地震效应

一、强震区地震效应

强震区是指地震设防烈度等于或大于7度的地区。地震时强震区的场地与地基可能产生的宏观震害或地震效应有下列四类：

(1)强烈地面运动导致各类建筑物的震动破坏。

(2)强烈地面运动造成场地、地基的失稳或失效，包括土层液化、地裂、震陷、滑坡等。

(3)地表断裂活动，包括地表基岩断裂及构造性地裂造成的破坏。

(4)局部地形、地貌、地层结构的变异可能引起的地面异常波动造成的特殊破坏。

二、城市轨道交通抗震基本要求

(一)抗震设防要求

(1)城市轨道交通结构应划分为标准设防类、重点设防类、特殊设防类三个抗震设防类别。各抗震设防类别的划分及标准见表3-6-19。

表3-6-19 各抗震设防类别的划分及标准

抗震设防类别	类别内容	设防标准
标准设防类	除特殊设防类、重点设防类以外的其他轨道交通结构	1. 抗震措施应按本地区抗震设防烈度确定； 2. 地震作用应按现行国家标准《中国地震动参数区划图》(GB 18306)规定的本地区抗震设防要求确定
重点设防类	除特殊设防类以外的高架区间结构、高架车站主体结构、区间隧道结构和地下车站主体结构	1. 抗震措施应按本地区抗震设防烈度提高一度的要求确定； 2. 地震作用应按现行国家标准《中国地震动参数区划图》(GB 18306)规定的本地区抗震设防要求确定； 3. 对进行过工程场地地震安全性评价的，应采用经国务院地震工作主管部门批准的建设工程的抗震设防要求确定，但不应低于本地区抗震设防要求确定的地震作用
特殊设防类	在城市轨道交通网络中占据关键地位、承担交通量大的大跨度桥梁和车站的主体结构	1. 抗震措施应按本地区抗震设防烈度提高一度的要求确定； 2. 地震作用应按国务院地震工作主管部门批准的建设工程的抗震设防要求且高于本地区抗震设防要求确定

上表中对特殊设防类结构的划分作出如下定量规定：

①单跨跨径超过150 m的混凝土与预应力混凝土连续梁桥、连续刚构桥划分为特殊设防类结构，符合上述跨径范围的斜拉桥和拱桥等结构，建议划分为特殊设防类结构；

②建议将日平均客流量超过50万人次的大型综合枢纽车站的主体结构划分为特殊设防类。

(2)抗震设防地震动峰值加速度与抗震设防地震动分档和抗震设防烈度之间对应关系应符合表3-6-20的规定。

表 3-6-20　抗震设防地震动峰值加速度与抗震设防地震动分档和抗震设防烈度之间对应关系

抗震设防地震动峰值加速度(g)	<0.09	[0.09,0.14)	[0.14,0.19)	[0.19,0.28)	[0.28,0.38)	≥0.38
抗震设防地震动分档(g)	0.05	0.10	0.15	0.20	0.30	0.40
抗震设防烈度	6	7		8		9

注:表中的 g 为重力加速度。

(二)抗震性能要求

(1)城市轨道交通结构的抗震性能要求应分为下列三个等级:

①性能要求Ⅰ:地震后不破坏或轻微破坏,应能保持其正常使用功能;结构处于弹性工作阶段;不应因结构的变形导致轨道的过大变形而影响行车安全。

②性能要求Ⅱ:地震后可能破坏,经修补,短期内应能恢复其正常使用功能;结构局部进入弹塑性工作阶段。

③性能要求Ⅲ:地震后可能产生较大破坏,但不应出现局部或整体倒毁,结构处于弹塑性工作阶段。

(2)城市轨道交通结构构件、基础和支座的抗震性能等级宜按下列要求划分:

①构件宜按表 3-6-21 划分为 3 个抗震性能等级。

表 3-6-21　构件性能等级

构件性能等级	性　能　描　述
1	无需维修,无影响行车安全的位移
2	可修复的损伤
3	更换新构件

②基础宜按表 3-6-22 划分为 3 个抗震性能等级。

表 3-6-22　基础性能等级

基础性能等级	性　能　描　述
1	震后列车正常行驶
2	震后列车可慢行
3	经维修加固后仍可以继续使用

③支座宜按表 3-6-23 划分为 2 个抗震性能等级。

表 3-6-23　支座性能等级

支座性能等级	性　能　描　述
1	支座可以保持正常功能、无需更换
2	支座破坏、更换

(3)构件、基础和支座的性能等级与结构抗震性能的关系应符合下列规定:

①性能要求Ⅰ:构件、基础和支座的性能等级要求应为 1。

②性能要求Ⅱ:构件、基础的性能等级要求不应低为 2。

③性能要求Ⅲ:构件、基础的性能等级要求不应低为 3。

④对于性要求Ⅱ或Ⅲ，下部具有较好延性的结构，支座的性能等级要求可为1；下部延性较差的结构，支座的性能等级要求可为2。

(4)城市轨道交通结构的抗震性能要求不应低于表3-6-24的规定。

表3-6-24 城市轨道交通结构抗震设防目标

地震动水准		抗震设防类别	结构抗震性能要求	
等级	重现期(年)		地上结构	地下结构
E1地震作用	100	特殊设防类	Ⅰ	Ⅰ
		重点设防类	Ⅰ	Ⅰ
		标准设防类	Ⅰ	Ⅰ
E2地震作用	475	特殊设防类	Ⅰ	Ⅰ
		重点设防类	Ⅱ	Ⅰ
		标准设防类	Ⅱ	Ⅰ
E3地震作用	2 450	特殊设防类	Ⅱ	Ⅰ
		重点设防类	Ⅲ	Ⅱ
		标准设防类	Ⅲ	Ⅱ

三、场　地

(一)场地抗震地段类别

场地抗震地段类别应按表3-6-25进行划分。

表3-6-25 有利、一般、不利和危险地段的划分

地段类别	地质、地形、地貌
有利地段	稳定基岩，坚硬土，开阔、平坦、密实、均匀的中硬土等
一般地段	不属于有利、不利和危险的地段
不利地段	软弱土，液化土，条状突出的山嘴，高耸孤立的山丘，陡坡，陡坎，河岸和边坡的边缘，平面分布上成因、岩性、状态明显不均匀的土层(如故河道、疏松的断层破碎带、暗埋的塘浜沟谷和半填半挖地基)，高含水量的可塑黄土，地表存在结构性裂缝等
危险地段	地震时可能发生滑坡、崩塌、地陷、地裂、泥石流等及发震断裂带上可能发生地表错位的部位

城市轨道交通工程场地抗震地段的选择宜规避抗震不利和危险地段；当不能规避时，应对抗震不利和危险地段的工程结构采取适宜的安全措施。

(二)岩土的类型

土的类型应按表3-6-26的规定进行划分。

表3-6-26 岩土的类型划分和剪切波速范围

岩土的类型	岩土的名称和性状	土层剪切波速范围(m/s)
岩石	坚硬、较坚硬且完整的岩石	$v_s>800$
坚硬土或软质岩石	破碎和较破碎的岩石或软和较软的岩石，密实的碎石土	$500<v_s\leqslant 800$

续上表

岩土的类型	岩土的名称和性状	土层剪切波速范围(m/s)
中硬土	中密、稍密的碎石土，密实、中密的砾、粗、中砂，$f_{ak}>250$ kPa 的黏性土和粉土，坚硬黄土	$250<v_s\leqslant 500$
中软土	稍密的砾、粗、中砂，除松散外的细、粉砂，$f_{ak}\leqslant 250$ kPa 的黏性土和粉土，$f_{ak}>140$ kPa 的填土，可塑新黄土	$150<v_s\leqslant 250$
软弱土	淤泥和淤泥质土，松散的砂，新近沉积的黏性土和粉土，$f_{ak}\leqslant$ 140 kPa 的填土，流塑黄土	$v_s\leqslant 150$

注：f_{ak}为由载荷试验等方法得到的地基承载力特征值(kPa)；v_s 为岩土等效剪切波速。

（三）岩土层剪切波速的获取

岩土层剪切波速的获取，应符合下列要求：

(1)对于特殊设防类、重点设防类结构物，工程场地岩土层剪切波速应由现场实测给出。土层剪切波速的测量应符合下列要求：

①在初步勘察阶段，对大面积的同一地质单元，测试土层剪切波速的钻孔数量不宜少于 3 个且每个工点不宜少于 1 个。

②在详细勘察阶段，对于每个车站或区间工程，测试土层剪切波速的钻孔数量不宜少于 3 个，测试数据变化较大时，可适量增加。

(2)对于标准设防类结构物，当无实测剪切波速时，可根据岩土的名称和性状按表 3-6-17 划分的土的类型，并结合当地的经验，在表 3-6-17 的范围内估计各岩土层的剪切波速。

（四）土层等效剪切波速

(1)土层等效剪切波速的基本概念如下：

①物理意义：等效剪切波速是一个等效物理量，其等效的物理意义是剪切波速穿过具有不同波速、不同厚度的多层土所需要的传播时间 $\sum t_i$（t_i 为剪切波速穿过第 i 层土的传播时间，$t_i=d_i/v_{si}$）应等效于剪切波穿过具有相同总厚度 d_0（$d_0=\sum d_i$），相当于等效剪切波速 v_{se}的均质土层所需要的传播时间 $t(t=d_0/v_{si})$。

②数学意义：等效剪切波速 v_{se}是各层土剪切波速的倒数的厚度加权平均值的倒数。

(2)土层等效剪切波速应按下式计算：

$$v_{se}=d_0/t \tag{3-6-16}$$

$$t=\sum_{i=1}^{n}(d_i/v_{si}) \tag{3-6-17}$$

式中　d_0——计算深度，取覆盖层厚度和 20 m 二者的较小值(m)；

t——剪切波在地面至计算深度之间的传播时间(s)；

d_i——计算深度范围内第 i 层土的厚度(m)；

v_{si}——计算深度范围内第 i 层土的剪切波速(m/s)；

n——计算深度范围内土层的分层数。

（五）覆盖层厚度的确定

工程场地覆盖层厚度应按下列要求确定：

(1)一般情况下，应按地面至剪切波速大于 500 m/s 且其下卧各岩土的剪切波速均不小于 500 m/s 的土层顶面的距离确定。

(2)当地面 5 m 以下存在剪切波速大于其上各土层剪切波速 2.5 倍的土层,且该层及其下卧各层岩土的剪切波速均不小于 400 m/s 时,可按地面至该土层顶面的距离确定。

(3)剪切波速大于 500 m/s 的孤石、透镜体,应视同周围土层。

(4)土层中的火山岩硬夹层,应视为刚体,其厚度应从覆盖土层中扣除。

(六)工程场地类别

工程场地类别应根据土层等效剪切波速和场地覆盖层厚度划分为四类,并应符合表 3-6-18 的规定,其中,Ⅰ类分为 $Ⅰ_0$ 和 $Ⅰ_1$ 两个亚类。

当土层等效剪切波速和覆盖层厚度处于表 3-6-27 所列场地类别分界线的界限值附近时,宜按插值方法确定地震作用计算所用的场地特征周期。

表 3-6-27 工程场地类别与场地土层剪切波速和场地覆盖土层厚度对应表

土层等效剪切波速(m/s)	场地类别				
	Ⅰ		Ⅱ	Ⅲ	Ⅳ
	$Ⅰ_0$	$Ⅰ_1$			
$v_s>800$	$d=0$	—	—	—	—
$500<v_s\leqslant800$	—	$d=0$	—	—	—
$250<v_{se}\leqslant500$	—	$d<5$	$d\geqslant5$	—	—
$150<v_{se}\leqslant250$	—	$d<3$	3～50	$d>50$	—
$v_{se}\leqslant150$	—	$d<3$	3～15	15～80	$d>80$

注:表中 v_s 为岩石的剪切波速(m/s),v_{se} 为场地土层等效剪切波速(m/s),d 为场地覆盖层厚度(m)。

(七)场地条件与震害的关系

1. 地形地貌条件与震害的关系

(1)不同地形地貌条件的震害特征

①山区、丘陵区:震害类型以地面裂缝、岩土崩塌、滚石、滑坡为主,地震烈度衰减快。

②冲积、洪积、海积平原区:常见的震害有大面积的出现地裂缝、喷水冒砂、土体滑移、砂土液化、地基失效等,地震烈度衰减较慢。

(2)微地形地貌与震害的关系

①孤突地形:孤立山丘和山脊的顶部震害要加重,主要是因为突出地形在波动场内有聚能作用,其结果有可能使振动增幅,亦可能使地震加速度增大。

②斜坡地形:由于具有临空面,在强烈地震作用下,土体受到动荷载作用后向临空面闪出,而造成斜坡滑移、陷落;或由于斜坡土体的抗剪强度降低,可能产生滑坡或引起古滑坡的复活,使斜坡地段的建(构)筑物遭到破坏。

(3)故河道:一般是喷水冒砂的严重地段。

(4)溶洞或采空区:可能产生地面陷落、地裂缝等震害。

2. 地下水与震害的关系

(1)处于地下水埋藏较浅的平原、海滨、河谷地带,由于各类松散沉积物中富含地下水,特别是粉、细砂和粉土层,在地震作用下喷水冒砂现象十分普遍,而在地下水埋藏较深地区(大于 5 m),一般就见不到喷水冒砂现象。

(2)在一定土质条件下,地下水埋深对震害影响总的趋势是水位越浅,震害越重。地下水埋深在1～5 m时，对震害的影响最明显。在不同的地基土中，地下水位的影响程度也有所差别，对软弱黏性土层的影响大，密实黏性土层次之，对碎石土影响较小。

3. 场地运动特征与震害的关系

在许多强震的宏观调查中，可以发现大量的震害现象与场地运动特征有着密切的关系。这些场地运动除了局部的地面运动外，还包括更大范围的场地整体运动，以及在强震的极震区内某些特殊形式的地面运动。这些震害表现出来的特殊破坏形式有下列几种：

(1)共振破坏：地震时，当建筑物的固有周期(自振周期)与地基的卓越周期相等或相近时，两者就会产生共振或类共振，从而大大增加了振动幅值和时间，致使建筑物破坏。

(2)驻波破坏：驻波是两个方向相反，但幅值与频相均相同的波列，在同一直线上相遇时幅值叠加而成的波。这种波由于幅值突增，具有较大的振动效应。只要具备了形成驻波的条件，则在每一周期的波动中介质体的各点以放大的振幅在各自的平衡位置附近振动，因此叫驻波。这种持续的大幅值振动，往往具有很大的破坏作用。

形成驻波的条件是：只要有来自相反方向而波长相同的波动，尽管它们相位不同，但也有很多时机可能产生幅值叠加作用。因此在封闭的地形地貌条件下，河曲凸岸端部或河道两岸附近，可能发生地表驻波破坏。

(3)相位差动破坏：当建筑物整体长度超过场地地表波波长时，建筑物与场地呈现很不谐调的振动。在这种情况下，地基振动激烈地碰撞着建筑物的地下结构部分，或者传递到建筑物的上部结构，并在最薄弱的部位造成损毁、这种破坏叫作相位差动破坏。在设计某些具有严格要求的建筑物时，应首先预测场地运动中面波的波长，控制整体建筑物长度不超过波长，以免遭受较大的震害。

(4)滑移破坏：斜坡或倾斜层面及平坦场地下倾斜而软弱的地层，地震作用下可能产生滑移破坏。工程设施应避开这些地段。

(5)断裂破坏：见本章第七节。

四、地基与基础

(一)地基土的地震效应

地基土的地震效应是地震时地基土的介质效应和地基效应的综合。

(1)介质效应：地震时地震波从震源通过地基土作为中间介质将震动的能量传给建筑物，引起建筑物的振动和破坏，这就是地基土的介质效应。在计算地震荷载时，已经将地基土的这种影响考虑在地震影响系数α值内。

(2)地基效应：地基土作为建筑物基础的受力层，地震时在动荷载作用下，可能产生沉陷、裂缝、滑移等巨大变形，或由于丧失强度、砂土液化而失效，使建(构)筑物导致破坏，这就是地基效应。

(二)各类地基土的抗震性能

1. 岩石地基

包括微、中等风化的各类坚硬岩石是抗震性能最好的地基，如无其他因素(如断裂、悬崖、洞穴)的影响，在同一地点同等震级影响下，其烈度常较其他地基降低1～2度。风化破碎的岩石地基的抗震性能较差。

2. 一般土层地基

①地基土类别：由岩石—碎石—坚硬土——一般黏性土—粉细砂、饱和粉土—饱和软黏土—人工填土顺序，烈度或震害显示出递次增高的规律性。

②地质成因：以洪积成因比冲积成因的地基土对抗震有利，海积成因较差，湖泊沼泽沉积及人工填土、冲填土最差。以堆积时代而言，老的对抗震有利，新的尤其新近沉积物对抗震最为不利。

3. 淤泥类土和人工填土地基

这类土属于松软地基土，抗震性能很差。在动力作用下将产生不同程度的压缩和变形，其抗剪强度及承载力随之极度降低，容易导致不均匀沉陷或地基失效。作为波动介质来说，地震波在软土中传播时，阻尼衰减大，在高烈度区对于基本周期短的建筑物来说有一定的消震作用，但对基本周期长的高柔建筑物则可能由于共振而加重震害。

经验证明：经过加密处理的填土地基，抗震性能将有所改善，如果同时采取结构措施增加整体结构的刚度，可以减轻震害。

4. 饱和粉细砂和粉土地基

由于这类土在地震作用下可能引起砂土液化现象，使地基失效，因而对抗震是很不利的。但是由于喷水冒砂、地基沉陷而造成房屋的破坏比振动破坏要迟缓得多，而且砂土液化有一定的隔震消能作用，所以在高烈度区砂土液化地基与同烈度没有液化的第四纪土层地基比较，有减轻震害的趋势。但在 7～9 度地区，砂土液化地基的震害就比较严重。

(三)抗震性能的其他特点

1. 基岩埋藏深度

地基土的放大滤波作用随第四纪土层厚度的增加而增大，因而基岩的埋藏深度对震害强弱有明显的影响。在其他因素相同时，基岩埋藏较浅常构成高烈度区的低烈度异常。

2. 地基土的多层结构

当地基土为双层或多层结构时，对震害的影响主要取决于接近地表、厚度大的土的性质。在分析多层地基土对震害的影响时，主要应注意软弱土层的位置和厚度，一般说来，软弱土层的厚度越大，越接近地表，震害往往越重。

(四)地基抗震承载力

1. 天然地基抗震承载力计算

天然地基抗震承载力应按下式计算：

$$f_{aE}=\zeta_a f_a \tag{3-6-18}$$

式中 f_{aE}——调整后的地基承载力(kPa)；

ζ_a——地基抗震承载力调整系数，应按表 3-6-28 采用；

f_a——深宽修正后的地基承载力特征值(kPa)，应按现行国家标准《建筑地基基础设计规范》(GB 50007)采用。

表 3-6-28 地基土抗震承载力调整系数 ζ_a

岩土名称和性状	ζ_a
岩石，密实的碎石土；密实的砾、粗、中砂；$f_{ak}\geqslant$300 kPa 的黏性土和粉土	1.5

续上表

岩土名称和性状	ζ_a
中密、稍密的碎石土；中密的砾、粗、中砂，密实和中密的细、粉砂；150 kPa$\leqslant f_{ak}<$300 kPa 的黏性土和粉土，坚硬黄土	1.3
稍密的细、粉砂；100 kPa$\leqslant f_{ak}<$150 kPa 的黏性土和粉土；可塑黄土	1.1
淤泥和淤泥质土，松散的砂，杂填土，新近堆积黄土及流塑黄土	1.0

2. 竖向承载力验算

当验算天然地基地震作用下的竖向承载力时，按地震作用效应标准组合的基础底面平均压力和边缘最大压力应符合下列各式的要求：

$$p \leqslant f_{aE} \tag{3-6-19}$$

$$p_{max} \leqslant 1.2 f_{aE} \tag{3-6-20}$$

式中　p——地震作用效应标准组合的基础底面平均压力(kPa)；

p_{max}——地震作用效应标准组合的基础边缘最大压力(kPa)。

在车辆段或停车场等工程中，高宽比大于 4 的高层建筑，在地震作用下基础底面不宜出现脱离区(零应力区)；其他建筑，基础底面与地基土之间脱离区(零应力区)面积不应超过基础底面面积的 15%。

五、地震动参数的确定

地震动参数是表征抗震设防要求的地震动物理参数，包括地震动峰值加速度和地震动加速度反应谱特征周期等。

(一)地震动峰值加速度

1. 地震动峰值加速度的概念

地震动峰值加速度是表征地震作用强弱程度的指标，对应于规准化地震动加速度反应谱最大值的水平加速度。

2. 地震动峰值加速度的确定

①Ⅱ类场地地震动峰值加速度 $a_{max\text{Ⅱ}}$ 应根据工程所在地按现行国家标准《中国地震动参数区划图》(GB 18306)中地震动峰值加速度值列表查取。

② Ⅰ_0、Ⅰ_1、Ⅲ、Ⅳ类场地地震动峰值加速度 a_{max} 应根据Ⅱ类场地地震动峰值加速度 $a_{max\text{Ⅱ}}$ 和场地地震动峰值加速度调整系数 F_a，按下式进行调整：

$$a_{max} = F_a \cdot a_{max\text{Ⅱ}} \tag{3-6-21}$$

式中　a_{max}——Ⅰ_0、Ⅰ_1、Ⅲ、Ⅳ类场地地震动峰值加速度(g)；

$a_{max\text{Ⅱ}}$——Ⅱ类场地地震动峰值加速度(g)；

F_a——场地地震动峰值加速度调整系数，按表 3-6-29 采用。

表 3-6-29　场地地震动峰值加速度调整系数 F_a

Ⅱ类场地地震动峰值加速度值	场地类别				
	Ⅰ_0	Ⅰ_1	Ⅱ	Ⅲ	Ⅳ
$\leqslant 0.05g$	0.72	0.80	1.00	1.30	1.25

续上表

Ⅱ类场地地震动峰值加速度值	场 地 类 别				
	I_0	I_1	Ⅱ	Ⅲ	Ⅳ
0.10g	0.74	0.82	1.00	1.25	1.20
0.15g	0.75	0.83	1.00	1.15	1.10
0.20g	0.76	0.85	1.00	1.00	1.00
0.30g	0.85	0.95	1.00	1.00	0.95
≥0.40g	0.90	1.00	1.00	1.00	0.90

3. 竖向地震动峰值加速度

竖向地震动峰值加速度的取值应符合下列要求：

(1)场地地表竖向地震动峰值加速度取值不应小于水平向峰值加速度的 0.65 倍。竖向地震动峰值加速度与水平向峰值加速度的比值可按表 3-6-30 确定。在活动断裂附近，竖向峰值加速度宜采用水平向峰值加速度值。

表 3-6-30 竖向地震动峰值加速度与水平向峰值加速度比值 K_v

水平向峰值加速度	0.05g	0.10g	0.15g	0.20g	0.30g	0.40g
K_v	0.65	0.70	0.70	0.75	0.85	1.00

(2)当竖向地震动参数采用主管部门批准的工程场地地震安全性评价或经专门研究的结果确定时，应不低于表 3-6-30 的规定。

(二)地震动加速度反应谱特征周期

1. 地震动加速度反应谱特征周期的概念

地震动加速度反应谱特征周期是规准化地震动加速度反应谱曲线下降点所对应的周期值。

2. 地震动加速度反应谱特征周期的确定

①Ⅱ类场地地震动加速度反应谱特征周期 $T_{g\mathrm{II}}$ 应根据工程所在地按现行国家标准《中国地震动参数区划图》(GB 18306)中地震动加速度反应谱特征周期值列表查取。

② I_0、I_1、Ⅲ、Ⅳ类场地地震动加速度反应谱特征周期 T_g 应根据Ⅱ类场地地震动峰值加速度 $T_{g\mathrm{II}}$ 按表 3-6-31 调整后采用。

表 3-6-31 场地地震动加速度反应谱特征周期调整表

Ⅱ类场地地震动加速度反应谱特征周期分区值(s)	场 地 类 别				
	I_0	I_1	Ⅱ	Ⅲ	Ⅳ
0.35	0.20	0.25	0.35	0.45	0.65
0.40	0.25	0.30	0.40	0.55	0.75
0.45	0.30	0.35	0.45	0.65	0.90

3. 地震动加速度反应谱规定

当结构自振周期小于 6.0 s 时，场地地表水平向设计地震动加速度反应谱(图 3-6-6)

应符合下列规定：

(1)当结构阻尼比 ξ 为 0.05 时，η 和 γ 取值 1.0。

(2)当阻尼比不等于 0.05 时，加速度反应谱曲线的阻尼调整系数和形状参数应符合下列规定，且当 η 计算值小于 0.55 时应取值 0.55。

① 下降段的衰减指数应按下式确定：

$$\gamma = 1.0 + \frac{0.05 - \xi}{0.3 + 6\xi} \tag{3-6-22}$$

②阻尼调整系数应按下式确定：

$$\eta = 1.0 + \frac{0.05 - \xi}{0.08 + 1.6\xi} \tag{3-6-23}$$

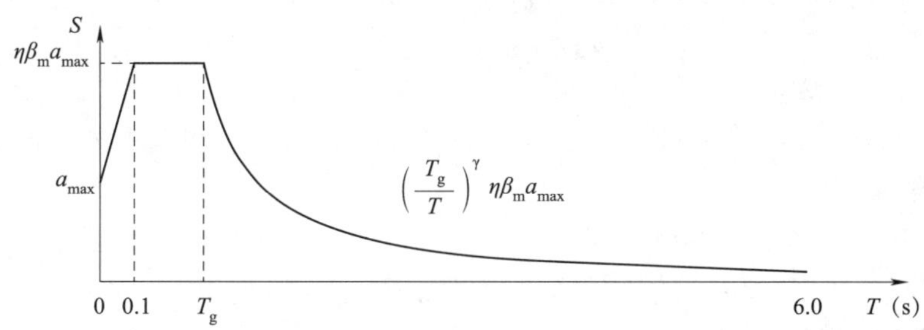

图 3-6-6 设计地震动加速度反应谱曲线 S_a(T)

六、地震液化

(一)砂土液化的基本概念

1. 砂土的液化机理

松散的砂土受到震动时有变得更紧密的趋势。但饱和砂土的孔隙全部为水充填，因此这种趋于紧密的作用将导致孔隙水压力的骤然上升，而在地震过程的短暂时间内，骤然上升的孔隙水压力来不及消散，这就使原来由砂粒通过其接触点所传递的压力(有效压力)减小，当有效压力完全消失时，砂层会完全丧失抗剪强度和承载能力，变成像液体一样的状态，即通常所说的砂土液化现象。

砂土液化表示在静应力或周期应力作用下产生并保持很高的孔隙水压力，使有效压力降低到一个很小的数值，导致土在很低的、不变的残余强度或没有残余强度的情况下发生连续的变形。

2. 现场判定液化的标志

判定现场某一地点的砂土已经发生液化的主要依据是：

(1)地面喷水冒砂，同时上部建筑物发生巨大的沉陷或明显的倾斜，某些埋藏于土中的构筑物上浮，地面有明显变形。

(2)海边、河边等稍微倾斜的部位发生大规模的滑坡，这种滑坡具有“流动”的特征，滑动距离由数米至数十米；或者在上述地段虽无流动性质的滑坡，但有明显的侧向移动的迹象，并在岸坡后面产生沿岸的大裂缝或大量纵横交错的裂缝。

(3)震后通过取土样发现，原来有明显层理的土，震后层理紊乱，同一地点的相邻触探曲线不相重合，差异变得非常显著。

3. 初始液化与完全液化

初始液化：在周期应力作用过程中，当某一完整的应力循环完成时，土样中残余孔压等于土样上的侧压。这种临界状态，即为初始液化。

完全液化：在室内动力试验中土样达到初始液化的条件下，孔压继续发展，导致有效应力的降低，而土样在很低的定常应力作用下，可能产生连续的变形。

4. 宏观液化与微观液化

宏观液化：是宏观震害的一种。现场有明显标志，如喷水冒砂、地面变形等。

微观液化：根据一个土样在室内动力试验中表现出来的液化现象，或通过计算土体中某一点上土单元体的应力而定义的临界状态。它不考虑在天然土层中是否会产生宏观液化。

5. 喷水冒砂与液化

喷水冒砂：土体中剩余孔隙压力区产生的管涌所导致的水和砂的喷出，一般可作为宏观液化的明显标志。

液化：地基中某些土层，特别是其上覆盖有一定厚度的非液化土层时，虽然没有发生喷水冒砂现象，但可能发生了液化，降低了地基强度。

6. 液化与液化势

尽管用室内动力试验可以对液化予以明确的定义，但实际抗震经验和震害资料都是按现场有无喷水冒砂或其他宏观标志为准的。液化势指的是地基是否会发生液化，特别是宏观液化的一种趋势性估计。

（二）影响砂土液化的因素

影响砂土液化的因素见表 3-6-32。

根据已有经验表明，影响砂土液化最主要的因素：土颗粒粒径（以平均粒径 d_{50} 表示）、砂土密度、上覆土层厚度、地面震动强度和地面震动的持续时间及地下水的埋藏深度。

表 3-6-32 影响液化的因素

因素			指标	对液化的影响
土性条件	颗粒特征	粒径	平均粒径 d_{50}	颗粒愈细愈容易液化，平均粒径在 0.1 mm 左右的抗液化性最差
		级配	不均匀系数 C_u	不均匀系数愈小，抗液化性愈差，黏性土含量愈高，愈不容易液化
		形状	—	圆粒形砂比棱角形砂容易液化
	密度		孔隙比 e、相对密度 D_r	密度愈高，液化可能性愈小
	渗透性		渗透系数 k	渗透性低的砂土容易液化
	结构性	颗粒排列胶结程度 均匀性	—	原状土比结构破坏土不易液化，老砂层比新砂层不易液化
	压密状态		超固结比 OCR	超压密砂土比正常压密砂土不易液化

续上表

<table>
<tr><th colspan="3">因　素</th><th>指　标</th><th>对液化的影响</th></tr>
<tr><td rowspan="5">埋藏条件</td><td colspan="2" rowspan="2">上覆土层</td><td>上覆土层有效压力 σ_v'</td><td rowspan="2">上覆土层愈厚，土的上覆有效压力愈大，就愈不容易液化</td></tr>
<tr><td>静止土压力系数 K_0</td></tr>
<tr><td rowspan="2">排水条件</td><td>孔隙水向外排出的渗径长度</td><td rowspan="2">液化砂层的厚度</td><td rowspan="2">排水条件良好有利于孔隙水压力的消散，能减小液化的可能性</td></tr>
<tr><td>边界土层的渗透性</td></tr>
<tr><td colspan="2">应力历史</td><td>—</td><td>遭受过历史地震的砂土比未遭受地震的砂土不易液化，但曾发生过液化又重新被压密的砂土，却较易重新液化</td></tr>
<tr><td rowspan="2">动荷条件</td><td rowspan="2">地震烈度</td><td>震动强度</td><td>地面加速度 a_{max}</td><td>地震烈度高，地面加速度大，就愈容易液化</td></tr>
<tr><td>持续时间</td><td>等级循环次数 N</td><td>震动时间愈长，或振动次数愈多，就愈容易液化</td></tr>
</table>

(三)液化势的宏观判别与初判

1. 液化势的考虑范围

城市轨道交通工程勘察工作中液化势的考虑范围如下：

(1)当抗震设防地震动分档为 0.05g 时，对标准设防类城市轨道交通结构物可不进行场地地震液化判别和处理；对特殊设防类、重点设防类城市轨道交通结构物可按抗震设防地震动分档为 0.10g 的要求进行场地地震液化判别和处理。

(2)当抗震设防地震动分档为 0.10g 及以上时，重点设防类、标准设防类城市轨道交通结构物可按本地区的抗震设防地震动分档的要求或采用经主管部门批准的工程场地地震安全性评价的结果进行场地地震液化判别；特殊类设防类轨道交通结构物应进行专门的场地地震液化判别和处理措施研究。

(3)对特殊设防类、重点设防类轨道交通结构物，宜对遭遇 E3 地震作用时的场地液化效应进行评价。

(4)对砾粒含量较高的饱和砂土、饱和粉土、饱和粉细砂与粉质黏土地互层土、饱和混砂土，其液化可能性宜做专门研究。

2. 宏观液化势的判定

宏观液化势的判定应考虑下列条件：

(1)区域地震地质条件，历史地震背景(包括地震液化史、地震震级、峰值加速度、周期与波长、震中距、断裂错距等)及发震的地质条件。

(2)场地条件，地形地貌，特别是河曲、河谷、坡地等微地貌特征及场地土地质年代、成因等。

(3)地基土质条件，液化判定层的埋藏情况，边界条件及地下水位，土的物理力学性质(包括相对密度、平均粒径、黏粒含量、波速、上覆有效压力和标贯击数等)。

3. 初步判别

可液化土(不含黄土)的场地地震液化初步判别应符合下列规定：

(1)当地质年代为第四纪晚更新世(Q_3)及其以前，且抗震设防地震动分档为 0.10(0.15)g、0.20(0.30)g 时，可判别为不液化。

(2)当粉土的黏粒(粒径小于 0.005 mm 的颗粒)含量百分率对应抗震设防地震动分

档为 0.10(0.15)g、0.20(0.30)g、0.40g 分别不小于 10、13 和 16 时，可判为不液化土。

(3)对浅埋天然地基的结构物，当上覆非液化土层厚度和地下水位深度符合下列条件之一时，可不考虑液化影响：

$$d_u > d_0 + d_b - 2 \tag{3-6-24}$$

$$d_w > d_0 + d_b - 3 \tag{3-6-25}$$

$$d_u + d_w > 1.5d_0 + 2d_b - 4.5 \tag{3-6-26}$$

式中 d_u——上覆盖非液化土层厚度(m)，计算时宜将淤泥和淤泥质土层扣除；

d_b——基础埋置深度(m)，不超过 2 m 时应采用 2 m；

d_w——地下水位深度(m)；

d_0——液化土特征深度(m)，可按表 3-6-33 采用。

表 3-6-33 液化土特征深度(m)

饱和土类型	0.10(0.15)g	0.20(0.30)g	0.40g
粉土	6	7	8
砂土	7	8	9

注：表中的 0.10(0.15)g 等表示抗震设防地震动分档。

(四)液化势的进一步判定

在初步判别认为需进一步进行液化判别时，应采用标准贯入试验判别地面下 20 m 范围内土的液化；有经验的地区，也可采用静力触探试验、波速测试等其他原位测试方法综合判定。

1. 标准贯入试验判别法

采用标准贯入试验判别法进一步进行液化判别时，应符合下列规定：

(1)为判别液化而布置的标准贯入试验孔每个工点应布置不少于 3 个，勘探孔深度应不小于液化判别深度。

(2)标准贯入试验点的竖向间距宜为 1.0～1.5 m，每层试验点数量不宜少于 6 个，并应在每一试验点采取扰动样进行颗粒分析。

(3)当饱和土实测标准贯入锤击数 N(未经杆长修正)小于或等于液化判别标准贯入锤击数临界值 N_{cr}时，应判为液化土。

(4)地在面下 20m 深度范围内，液化判别标准贯入锤击数临界值 N_{cr}可按下式计算：

$$N_{cr} = N_0 \eta_m [\ln(1.5 + 0.6d_s) - 0.10d_w] \sqrt{3/\rho_c} \tag{3-6-27}$$

式中 N_{cr}——液化判别标准贯入液化锤击数临界值；

N_0——液化判别标准贯入锤击数基准值，应按表 3-6-34 采用；

d_s——饱和土标准贯放点深度(m)；

d_w——地下水位深度(m)，宜按设计基准期内年平均最高水位或近期年最高水位采用。当确定可液化土层中地下水与上部土层地下水存在水力联系和补给关系时，可采用上部含水层地下水位深度；

ρ_c——黏粒含量百分率，当小于 3 或为砂土时，应采用 3；

η_m——与设防地震动加速度反应谱特征周期分区相关的调整系数，应按表 3-6-35 采用。

表 3-6-34　液化判别标准贯入锤击数基准值 N_0

地震动分档(g)	0.10	0.15	0.20	0.30	0.40
液化判别标准贯入锤击数基准值	7	10	12	16	19

表 3-6-35　与设防地震动加速度反应谱特征周期分区相关的调整系数 η_m

反应谱特征周期分区	调整系数 η_m
0.35 s 区	0.80
0.40 s 区	0.95
0.45 s 区	1.05

2. 静力触探试验判别法

采用静力触探试验对饱和砂土或饱和粉土进行液化判别，当饱和土实测值小于或等于临界值时，可判为液化土。临界值可按下列公式进行计算：

$$p_{scr}=p_{s0}\alpha_w\alpha_u\alpha_p \tag{3-6-28}$$

$$q_{ccr}=q_{c0}\alpha_w\alpha_u\alpha_p \tag{3-6-29}$$

$$\alpha_w=1-0.065(d_w-2) \tag{3-6-30}$$

$$\alpha_u=1-0.05(d_u-2) \tag{3-6-31}$$

式中　p_{scr}，q_{ccr}——分别是饱和土液化静力触探比贯入阻力和锥尖阻力临界值(MPa)；

p_{s0}，q_{c0}——分别为 $d_w=2$ m，$d_u=2$ m 时，饱和土液化判别比贯入阻力和液化判别锥尖阻力基准值(MPa)，可按表 3-6-36 取值；

α_w——地下水位埋深影响系数，地面常年有水且与地下水有水力联系时，取 1.13；

α_u——上覆非液化土层厚度影响系数，对于深基础 $\alpha_u=1$；

d_w——地下水位深度(m)；

d_u——上覆非液化土层厚度(m)，计算时应将淤泥和淤泥质土层厚度扣除；

α_p——与静力触探摩阻比 R_f 有关的土性修正系数，按表 3-6-37 取值。

表 3-6-36　液化判别 p_{s0} 及 q_{c0} 值

地震动分档(g)	0.10(0.15)	0.20(0.30)	0.40
p_{s0}(MPa)	5.0～6.0	11.5～13.0	18.0～20.0
q_{c0}(MPa)	4.6～5.5	10.5～11.8	16.4～18.2

表 3-6-37　与静力触探摩阻比 R_f 有关的土性修正导数 α_p 值

土　类	砂　土	粉　土	
静力触探摩阻比 R_f	$R_f\leqslant0.4$	$0.4<R_f\leqslant0.9$	$R_f>0.9$
α_p	1.0	0.6	0.45

3. 波速测试判别法

采用波速测试法对饱和砂土或饱和粉土进行液化判别，当饱和土实测值剪切波速小于或等于土层剪切波速临界值时，可判为液化土。土层剪切波速临界值可按式(3-6-32)进行计算：

$$v_{scr}=v_{s0}(d_s-0.0133\,d_s^2)^{0.5}\left[1-0.185\left(\frac{d_w}{d_s}\right)\right]\sqrt{3/\rho_c} \tag{3-6-32}$$

式中 v_{scr}——饱和砂土或饱和粉土液化剪切波速临界值(m/s)；

v_{s0}——与抗震设防地震动分档、饱和土类型有关的经验系数，按表3-6-38取值；

d_s——剪切波速测点深度(m)；

d_w——地下水位深度(m)。

表3-6-38 与抗震设防地震动分档、饱和土类型有关的经验系数 v_{s0}

饱和土类型	v_{s0}(m/s)		
	0.10(0.15)g	0.20(0.30)g	0.40g
粉土	45	65	90
砂土	65	95	130

(五)液化土层设计参数的修正

对判定为发生液化的土层，应根据土层的液化程度对地基的变形模量、地基的基床系数、地基承载力的桩周边土的承载力等土层设计参数进行修正。

(1)可液化土层的设计参数宜采用该土层在不发生液化时的土层设计参数乘以该土层的液化影响折减系数 c_e 进行修正。土层液化影响折减系数可按表3-6-39取值。折减系数为0的土层不应计该土层的抗力作用。

表3-6-39 土层液化影响折减系数 c_e

土层的液化抵抗率	计算深度(m)	土层液化影响折减系数 c_e
$0.6\geqslant F_L$	$d_s\leqslant 10$	0
	$10<d_s\leqslant 20$	1/3
$0.8\geqslant F_L>0.6$	$d_s\leqslant 10$	1/3
	$10<d_s\leqslant 20$	2/3
$1.0\geqslant F_L>0.8$	$d_s\leqslant 10$	2/3
	$10<d_s\leqslant 20$	1

(2)当采用标准贯入试验锤击数表征土的液化抗力时，土层的液化抵抗率可按下式计算：

$$F_L=N_1/N_{cr} \tag{3-6-33}$$

式中 F_L——土层的液化抵抗率；

N_1——场地土标准贯入试验锤击数实测值；

N_{cr}——液化判别标准贯入试验锤击数临界值。

(六)液化指数和液化等级

1. 液化指数的计算

对存在可液化土层的地基，应探明各可液化土层的深度和厚度，按下式计算每个钻孔的液化指数：

$$I_{lE}=\sum_{i=1}^{n}\left(1-\frac{N_i}{N_{cri}}\right)d_iW_i \tag{3-6-34}$$

式中　I_{IE}——液化指数；

n——在判别深度范围内每一个钻孔标准贯入试验点的总数；

N_i——i 点标准贯入试验锤击数实测值；

N_{cri}——i 点液化判别标准贯入试验锤击数临界值，当实测值大于临界值时应取临界值的数值；

d_i——i 点所代表的土层厚度(m)，可采用与该标准贯入试验点相邻的上、下两标准贯入试验点深度差的一半，但上界不高于地下水位深度，下界不深于液化深度；

W_i——i 土层单位土层厚度的层位影响权函数值(m^{-1})，W_i 应按表 3-6-40 取值，但当只需考虑深度在 15 m 以内的液化时，15 m(不包括 15 m)以下的 W_i 值可视为零。

表 3-6-40　液化判别的单位土层厚度的层位影响权函数值 W_i

d_i	≤5	6	7	8	9	10	11	12	13	14	15	16	17	18	19	20
W_i	10.00	9.33	8.66	8.00	7.33	6.66	6.00	5.33	4.66	4.00	3.33	2.66	2.00	1.33	0.66	0

2. 液化等级的划分

根据每个钻孔的液化指数，按表 3-6-41 综合划分液化等级。

表 3-6-41　地基液化等级

地基液化等级	液化指数 I_{IE}	地面喷水冒砂情况	对建筑物危害程度的描述
轻微	$0<I_{IE}\leqslant 6$	地面无喷水冒砂，或仅在洼地、河边有零星的喷冒点	液化危害小，一般不致引起明显的震害
中等	$6<I_{IE}\leqslant 18$	喷水冒砂可能性大，从轻微到严重均有，多数属中等喷冒	液化危害性较大，可造成不均匀沉降和开裂，有时不均匀沉降可能达到 200 mm
严重	$I_{IE}>18$	一般喷水冒砂都很严重，地面变形明显	液化危害性大，不均匀沉降可能大于 200 mm，高重心结构可能产生不容许的倾斜

(七)抗液化措施

当可液化土层比较平坦且均匀时，宜按表 3-6-42 的要求选用地基抗液化措施；尚可计入上部结构重力荷载对液化危害的影响，根据液化震陷量的估计适当调整抗液化措施。不宜将未经处理的可液化土层作为天然地基持力层。

表 3-6-42　抗液化措施

抗震设防类别	地基液化等级		
	轻　微	中　等	严　重
重点设防类	部分消除液化沉陷，对结构和基础进行处理	全部消除液化沉陷，或部分消除液化沉陷且对结构和基础进行处理	全部消除液化沉陷
标准设防类	对结构和基础进行处理，亦可不采取措施	对结构和基础进行处理，或更高要求的措施	全部消除液化沉陷，或部分消除液化沉陷且对结构和基础进行处理

1. 全部消除地基液化沉陷的措施

全部消除地基液化沉陷的措施应符合下列规定：

(1)采用桩基时，桩端伸入液化深度以下稳定土层中的长度(不包括桩尖部分)，应按计算确定，且对碎石土，砾、粗、中砂，坚硬黏性土和密实粉土尚不应小于 0.5 m，对其他非岩石土尚不宜小于 1.5 m。

(2)区间隧道、地下车站结构以及特殊设防类、重点设防类的其他结构物的深基础，其底面应埋入液化深度以下的稳定土层中，其深度不应小于 0.5 m。

(3)当采用振冲、振动加密、挤密碎石桩或强夯等加密法加固时，应处理至液化深度下界；振冲或挤密碎石桩加固后，桩间土的标准贯入锤击数不宜小于式(3-6-27)的液化判别标准贯入锤击数临界值。

(4)采用非液化土替换液化土层。

(5)当采用加密法或换土法处理时，在基础边缘以外的处理宽度，应超过基础底面下处理深度的 1/2 且不应小于基础宽度的 1/5。当区间隧道、地下车站结构处于液化土层中并采用加密法或换土法处理时，其处理宽度不宜小于液化土层厚度。

(6)当采用注浆、旋喷或深层搅拌等方法进行基底土加固时，处理深度应达到可液化土层的下界。当区间隧道、地下车站结构处于液化土层中并采用注浆方法加固时，注浆厚度不宜小于液化土层厚度。

(7)将永久性围护结构嵌入非液化土层。

2. 部分消除地基液化沉陷的措施

部分消除地基液化沉陷的措施应符合下列规定：

(1)处理深度应使处理后的地基液化指数减小，当液化判别深度为 15 m 时，其值不宜大于 4；当液化判别深度为 20 m 时，其值不宜大于 5。对独立基础和条形基础，尚不应小于基础底面下液化土特征深度和基础宽度的最大值。

(2)采用振冲或挤密碎石桩加固后，桩间土的标准贯入锤击数不宜小于式(3-6-27)的液化判别标准贯入锤击数临界值。

(3)基础边缘以外的处理宽度，应超过基础底面下处理深度的 1/2 且不应小于基础宽度的 1/5。

3. 减轻液化影响的基础和上部结构处理措施

减轻液化影响的基础和上部结构处理，可综合采用下列各项措施：

(1)选择合适的基础埋置深度。

(2)调整基础底面积，减少基础偏心。

(3)加强基础的整体性和刚度。

(4)减轻荷载，增强上部结构的整体刚度和均匀对称性，避免采用对不均无沉降敏感的结构形式等。

(5)在管道穿过结构物处预留足够尺寸或采用柔性接头等。

七、软土震陷

(一)软土地基

当建筑物地基主要受力层范围内存在软弱黏性土层(抗震设防地震动分档为 0.10

(0.15)g、0.20(0.30)g、0.40g，其地基承载力特征值分别小于 80 kPa、100 kPa 和 120 kPa)时，应首先做好静力条件下的地基基础设计，并结合具体情况，综合考虑以下适当的抗震措施：

(1)必要时采用桩基或其他人工地基。

(2)选择合适的基础埋置深度。

(3)减轻基础荷载，调整基础底面积，减少基础偏心。

(4)加强基础的整体性和刚性，如采用箱基，筏基或钢筋混凝土十字条形基础，加设基础圈梁，基础系梁等。

(5)增加上部结构的整体刚度和均衡对称性，合理设置沉降缝，预留结构净空，避免采用对不均匀沉降敏感的结构形式等。

(二)震　陷

(1)定义：震陷是指地震作用下软弱土层塑性区的扩大或强度的降低而使建筑物或地面产生的附加下沉。

(2)当地基承载力特征值 f_{ak}或等效剪切波速(v_{se})大于表 3-6-43 所列数值时，可不考虑震陷影响，否则应在专门分析的基础上进行综合评价后采取有效的抗震措施。

表 3-6-43　临界承载力特征值与等效剪切波速值

抗震设防地震动分档	0.10(0.15)g	0.20(0.30)g	0.40 g
承载力特征值 f_{ak}(kPa)	>80	>100	>120
等效剪切波速 v_{se}(m/s)	>90	>140	>200

(3)当基础埋深小于 2 m 的 6 层以下建筑物，在抗震设防地震动分档为 0.10(0.15)g 时可不考虑震陷问题。当抗震设防地震动分档为 0.20(0.30)g、0.40g 时且满足表 3-6-44 中任一条件时，也可不考虑震陷影响。

表 3-6-44　不考虑软土震陷影响的条件

抗震设防地震动分档	地基承载力(kPa)	上覆非软弱土层厚度(m)	软弱土层厚度(m)	等效剪切波速(m/s)
0.20(0.30)g	≥80	≥10	≤10	≥120
0.40g	≥100	≥15	≤2	≥150

(4)对于需要考虑震陷影响的建筑物，应结合工程性质和地基条件，采用下列抗震措施：

①全部消除震陷的措施，包括桩基、深基础和挖除全部软弱土层等。

②部分消除震陷的措施，包括加固地基和挖除部分软弱土层等，当不具备加固条件时可降低地基承载力进行地基设计。

③与前述软土地基一样，对基础和结构采取构造措施可减小和使建筑物适应不均匀沉陷。

八、场地与地基勘察及评价要求

城市轨道交通结构的场地与地基的勘察和评价应至少包括下列内容：

(1)确定场地土的类型和场地类别。

(2)对可能产生滑坡、塌陷、崩塌和采空区等的岩土体,进行地震作用下的地基稳定性评价。

(3)对判别为液化的土层,根据液化等级提出处理方案;当不进行抗液化处理时,应计入液化效应的影响对土层的设计参数进行修正。

(4)划分场地抗震地段类别。

第七章　特殊性岩土

特殊性岩土是指含有特殊的矿物成分和结构，具有特殊的物理、力学和化学性质，并影响工程地质条件的岩石和土体。

城市轨道交通工程建设中常见的特殊性岩土主要有填土、软土、湿陷性土、膨胀岩土、强风化岩、全风化岩与残积土，而红黏土、混合土、多年冻土、盐渍岩土和污染土等特殊性岩土在大中城市分布不是很普遍，但是随着城际交通和市郊线路建设的增多，工程建设中会越来越多地遇到红黏土、混合土、污染土等特殊性岩土。

城市轨道交通工程的特殊性岩土勘察工作应符合下列一般规定：

(1)在分布特殊性岩土的场地，应通过踏勘、搜集已有工程资料和进行工程地质调查与测绘等工作，初步判断场地的特殊性岩土种类和场地复杂程度等级，结合工程的重要性等级工程周边环境风险等级，制定合理的岩土工程勘察方案。

(2)在分布特殊性岩土的场地，应结合城市轨道交通工程特点有针对性地布置勘察工作。勘探点的种类、数量、间距和深度等，应能查明特殊性岩土的分布特征。原位测试和室内试验的项目、方法和数量等，应能查明特殊性岩土的工程特性。

(3)特殊性岩土的勘探与测试方法、工艺和操作要点等，应确保能充分查明特殊性岩土的工程特性。

(4)应评价特殊性岩土对城市轨道交通工程建设和运营的影响，提供设计与施工所需的物理力学参数，并提出合理的工程措施建议。

第一节　填　　土

一、填土的分类及特征

填土是指由人类活动而堆积的土。填土根据其组成物质成分和堆填方式划分为素填土、杂填土、冲(吹)填土和填筑土，其分类应符合表 3-7-1 的规定。

表 3-7-1　填土的分类及特征

填土分类		填 土 特 征
素填土		堆填或弃置天然土的类型比较单一，不含杂质或只含少量的杂质，根据其主要组成物质，分为碎石土素填土，砂土素填土，粉土或黏性土素填土
杂填土	建筑垃圾杂填土	主要由建筑垃圾组成，土中含有大量的碎砖、瓦砾、混凝土块、墙皮灰渣、陶瓷、玻璃渣、朽木块等杂物，有机物含量较少
	工业废料杂填土	主要由工业生产的废料、废渣组成，土中含有大量的矿渣、煤矸石、灰煤渣、电石渣、下脚料等其他工业废料混有部分天然土类组成
	生活垃圾杂填土	主要由炉灰炭渣、碎骨菜根、残枝断木、塑胶残片、瓷玻碎器、金属残件等生活中的废弃物组成，夹杂天然土和建筑垃圾，含有机质和未分解的腐殖质较多

续上表

填土分类	填 土 特 征
冲(吹)填土	利用水力冲刷携带或管道吹扬运送泥砂或矿渣，到特定区域或地方堆积形成的填土或弃土。其土质成分随冲填或吹填的目的不同而变化，土层分布不均，多呈透镜体或扇形、锥体型出现
填筑土	按一定标准控制填料的成分、密度、含水量，经人工分层夯实或机械碾压后达到一定密实度或承载力要求，满足稳定条件，作为水库大坝，公路、铁路路基或土筑城墙的墙体、大型建筑的地基等工程结构的压实、夯实填土

二、填土的工程性质

一般来说，填土具有不均匀性、湿陷性、自重压密性及低强度、高压缩性等工程性质。

(一)素填土的工程性质

素填土的工程性质主要取决于其均匀性和密实度。在堆填过程中，未经人工压实，或堆填时间较短的素填土，由于结构疏松，压缩性大，强度低，并有浸水湿陷性，一般密实程度较差，作为天然地基，需现场试验确定。堆填时间较长，由于土的自重压密作用，素填土也能达到一定的密实度。如堆积时间超过 10 年的黏性土素填土，超过 5 年的粉土素填土和砂土素填土，均具有一定的密实度和强度，可作为一般建筑物的天然地基。

(二)杂填土的工程性质

杂填土主要具有以下工程性质：

1. 性质不均，厚度和密度变化大

由于杂填土的堆积条件、堆积时间，特别是物质来源和组成成分的复杂和差异，造成杂填土的性质很不均匀，密度变化大，分布范围和厚度的变化均缺乏规律性，带有极大的人为随意性，往往在很小范围内，变化很大。杂填土的堆积时间越长，物质组成越均匀，颗粒越粗，有机物含量越少，作为天然地基的可能性越大。

2. 变形大，并有湿陷性

就其变形特性而言，杂填土往往是欠压密土，一般具有较高的压缩性。对部分新的杂填土，除正常荷载作用下的沉降外，还存在自重压力下沉降及湿陷变形的特点；对生活垃圾杂填土还存在因进一步分解腐殖质而引起的变形。在干旱和半干旱地区，干或稍湿的杂填土，往往具有湿陷性。堆积时间短、结构疏松，是杂填土浸水湿陷和变形大的主要原因。

3. 压缩性大，强度低

杂填土的物质成分异常复杂，不同的物质成分，直接影响土的工程性质。建筑垃圾杂填土的组成物以砖块为主时，则优于以瓦片为主的土。建筑垃圾杂填土和工业废料杂填土，一般优于生活垃圾杂填土。因生活垃圾杂填土物质成分杂乱，含大量有机质和未分解的腐殖质，具有很大的压缩性和很低的强度，即使堆积时间较长，仍然会较松软。

4. 孔隙大且渗透性不均匀

由于杂填土组成物质的复杂多样性，造成杂填土孔隙大且渗透性不均匀，因此在地下水位较低的地区，地下水位以上的杂填土中经常存在透镜体状或鸡窝状上层滞水。

(三)冲(吹)填土的工程性质

冲(吹)填土的性质由颗粒组成、均匀性、排水固结条件及形成时间决定。冲(吹)填土主要有如下工程性质：

1. 不均匀性

冲(吹)填土的颗粒组成因泥砂的来源而不同，有砂土也有黏土或粉土。在吹泥的出口处，沉积的土颗粒较粗，甚至有石块，由出口向外围则逐渐变细。在冲(吹)填过程中由于泥砂来源的不同，造成冲(吹)填土在纵横方向上的不均匀性，故土层多呈透镜体状或薄层状出现。当有计划有目的地预先采取一些措施后冲(吹)填的土，则均匀性较好，类似于冲积地层。

2. 透水性能弱，排水固结差

冲(吹)填土的含水量大，一般大于液限，呈软塑或流塑状态。当黏粒含量多时，水分不易排出，土体形成初期呈流塑状态，后来虽表面土层经蒸发干缩龟裂，但下部土层由于水分不易排出仍处于流塑状态，稍加触动即发生触变现象。因此，冲(吹)填土多属未完成自重固结的高压缩性的软土。土的结构需要一定时间进行再组合，土的有效应力要在排水固结条件下才能提高。

土的排水固结条件，也决定于原地面的形态，如原地面高低不平或局部低洼，冲(吹)填土水分不易排出，经长时间仍处于饱和状态；如冲(吹)填于易排水的地段或采取了排水措施时，则固结进程加快。

(四)填筑土的工程性质

由于填筑土是按一定标准控制填料的成分、密度、含水量经人工分层夯实或机械碾压形成，因此，填筑土具有结构密实、压缩性低、强度高等特点，且具有一定的承载力。

三、填土对城市轨道交通工程建设的影响

填土对城市轨道交通工程建设的影响主要有以下几个方面：

1. 填土对基坑工程的影响

填土特别是杂填土，由于成分复杂且分布不均匀，难以获得反映填土真实性状的物理力学指标和设计施工参数，加大了设计和施工难度。在地下车站及明挖区间工程施工时，会导致地下连续墙成槽、成桩等围护结构施工困难，且质量也难以保证，易造成基坑坑壁局部或大范围坍塌。若基坑结构底板位于地下水位以下，围护结构容易出现裂缝渗水，进而影响围护结构的功能和整体稳定性。

2. 填土对区间隧道施工的影响

由于地铁区间隧道一般整体埋深较大，当填土层底与隧道结构顶板有一定距离时，局部填土对区间隧道工程建设影响不大，但需注意大面积厚填土引起的地面沉降问题，应加强对地层沉降的稳定性分析和评价。当填土层底与隧道结构顶板距离较小或位于隧道结构范围内时，由于填土的松散性和不均匀性，对隧道矿山法和盾构法施工会造成较大影响。

3. 填土对车辆基地建设的影响

由于填土具有结构疏松、强度低、压缩性高且有湿陷性等特点，若直接作为车辆基地中的建(构)筑物天然地基，容易造成建(构)筑物沉陷、开裂或倾倒。

另外，城市轨道交通工程车辆基地为满足防洪设计要求，一般会做填筑处理，大面积的填筑和堆载会引起局部区域地面沉降，对现有地基稳定性及邻近建(构)筑物变形会产生一定影响。

四、填土勘察

在城市轨道交通工程勘察工作中，遇人为活动堆积、弃置或填筑的黏性土、粉土、砂土、碎石土、建筑垃圾、生活垃圾和工业废料，判断其对城市轨道交通工程建设影响较大时，应按填土开展勘察工作。

(一)勘察工作内容

填土的勘察应查明下列内容：

(1)地形、地物的变迁，填土的来源、物质成分与堆填方式。

(2)不同物质成分填土的分布、厚度、深度、均匀程度与相互接触关系。

(3)不同物质成分填土的堆填时间与加载、卸荷经历。

(4)填土的含水量、密度、颗粒级配、有机质含量、密实度、压缩性、湿陷性与腐蚀性等。

(5)地下水的赋存状态、补给、径流、排泄方式与腐蚀性等。

(二)勘探与测试

1. 勘探方法

勘探方法应根据填土性质确定。对由粉土或黏性土为主的素填土和冲(吹)填土，可采用钻探取样、轻型钻具与原位测试相结合的方法；对含较多粗粒成分的素填土、杂填土和填筑土，宜采用动力触探、钻探，在具备施工条件时，可适当布置一定数量的探井。

2. 勘探点的布置

勘探点间距一般按复杂场地布置，逐步加密勘探点。勘探点的密度应能查明暗埋的塘、浜、坑的范围，查明不同种类与物质成分填土的分布、厚度、工程性质及其变化。

勘探孔的深度应穿透填土层，并应满足工程设计及地基加固施工的需要。

3. 测试与试验

宜采用下列测试与试验方法确定填土的工程特性指标：

(1)填土的均匀性和密实度宜采用触探法，并辅以室内试验。

(2)填土的压缩性和湿陷性宜采用室内固结试验或现场载荷试验。

(3)杂填土的密度试验宜采用大容积法。

(4)对压实填土应测定其干密度，并应测定填料的最优含水量和最大干密度，计算压实系数。

(5)填土的承载力可采用原位测试方法结合当地经验确定，必要时应作载荷试验。

(三)岩土工程分析与评价

填土的岩土工程分析与评价应包括下列内容：

(1)阐明填土的成分、分布、厚度与岩土工程性质及其变化。

(2)对填土的承载力、抗剪强度、基床系数和天然密度等提出建议值。

(3)暗挖工程应评价填土及其含水状况对隧道围岩稳定性的影响,提出处理措施和监测工作的建议。

(4)明挖、盖挖工程应评价填土对边坡坡度、支护形式及施工的影响,提出处理措施和监测工作的建议。

(5)填土开挖时应进行验槽,必要时应补充勘探及测试工作。

五、填土的工程措施

(一)地下车站和区间填土的防治措施

(1)对于含有大量抛石、填石和建筑垃圾的填土,可采取开挖、侧向置换等方式予以清除,再进行围护结构施工。

(2)在设计施工时宜充分考虑围护结构外侧填土分布的不均匀侧压力,采取结构措施来削除不均匀侧压力对围护结构产生的侧向变形。

(3)围护结构施工时可采取压密注浆等防漏补强措施,提高施工工艺,保证围护结构墙体施工质量。

(4)在盾构区间隧道上方存在较厚填土分布时,一般可采取通过控制隧道掘进速率、增加盾构环向注浆量及改进施工工艺的综合措施来降低填土的累积沉降量。

(5)对矿山法区间施工影响较大的填土可采取超前注浆等加固措施。

(二)车辆基地建(构)筑物填土地基处理措施

对于有机质含量较多的生活垃圾,对基础有腐蚀性的工业废料,堆填年限不长,未经处理的填土,均不宜作为车辆基地建(构)筑物的天然地基。

填土地基的处理方法,应从加固效果、经济费用、工程周期、环境影响以及地区经验等方面综合比选,并参照下列条件确定:

1. 换填垫层法

可用中砂、粗砂、角(圆)砾、碎(卵)石或矿渣、灰土、黏性土及其他性能稳定无腐蚀性的材料作为垫层。垫层厚度一般采用 1～5 m。适用于地下水位以上,可减少和调整地基不均匀沉降。

2. 压实法

用于处理地下水位离振实面大于 0.5 m 的含少量黏性土的建筑垃圾、工业废料和炉灰等填土地基。有效压实深度为 1.2～1.5 m。

地下水位以上填土,可采用碾压法和振动压实法,非黏性土或黏粒含量少、透水性较好的松散填土地基宜采用振动压实法(《建筑地基处理技术规范》(JGJ 79—2012)第 6.2.1 条)。

3. 重锤夯实法

用于处理杂填土和素填土地基。有效夯实深度可达 1.2 m。

4. 浅层灌水泥浆法

可用于填料为硬质岩的块石、漂石或不夹黏性土的弃渣填土地基。处理深度可达

1.0 m。

5. 表层片石挤密法、表面碾压加固法

适用于厚度不大的杂填土和素填土地基。处理深度一般可达 1.0 m。

6. 强夯法

可用于处理杂填土和素填土地层。处理深度一般为 4～5 m。

7. 灰土井柱法

是开挖直径在 1.0 m 以上的井，然后用灰土分层夯实，以提高地基强度的方法。可用于杂填土或素填土地基。处理深度一般 4～5 m。

8. 振动水冲法

用于加固素填土、冲填土和不含块石的杂填土地基。加固深度一般为 6～8 m。十字板剪切强度低于16～20 kPa 时，不宜使用。

9. 挤密桩、灰土桩

材料可用砂、碎石、灰土或素土，适用于地下水位以上的含砂砾、瓦屑的杂填土、素填土地基。加固深度一般可达 6～8 m。

10. 其他

另外，还可以采用 CFG 桩法、柱锤冲扩桩法等地基处理方法，以提高填土地基承载力。

利用填土作为天然地基时，除应根据工程情况进行适当地基加固处理外，还宜采取一定的建筑和结构措施，以提高和改善建筑物对填土地基不均匀沉降的适应能力。

处理后的填土地基，施工前应进行质量检验，基坑开挖后，应进行验槽工作。必要时，应及时采取补救措施。

第二节 软　　土

一、软土的成因类型和分布特征

(一)软土的判别与分类

软土是指天然孔隙比大于或等于 1.0，且天然含水量大于液限的细粒土。包括淤泥、淤泥质土、泥炭、泥炭质土等，分类标准见表 3-7-2。

表 3-7-2　软土的分类标准

土的名称	划分标准	备　注
淤　泥	$e\geqslant 1.5, I_L>1$	e——天然孔隙比； I_L——液性指数； W_u——有机质含量
淤泥质土	$1.0\leqslant e<1.5, I_L>1$	
泥　炭	$W_u>60\%$	
泥炭质土	$10\%<W_u\leqslant 60\%$	

(二)软土的成因类型

按软土的形成环境，我国软土的成因类型见表 3-7-3。

表 3-7-3　软土的成因类型

地貌特征	成因类型	沉积特征
滨海平原	滨海相	土质不均匀、极疏松，具交错层理，常与砂砾层混杂，砂砾分选、磨圆度好，有时也有生物贝壳及其碎片局部富集
	泻湖相	颗粒细、孔隙比大、强度低，显示水平纹层，交错层不发育，常夹有泥炭薄层
	溺谷相	孔隙比大、结构疏松、含水量高
	三角洲相	分选性差，结构疏松、多交错层理，多粉砂薄层
湖积平原	湖相	沉积物中粉土颗粒成分高，季节韵律带状层理，结构松软，表层硬壳厚度不规律
河流冲积平原	河漫滩相	沉积物成层情况较复杂，呈特殊的洪水层理，成分不均一，以淤泥及软黏性土为主，间与砂或泥炭互层
	牛轭湖相	沉积物成层情况较复杂，成分不均一，以淤泥及软黏性土为主，间与砂或泥炭互层，下部含有各种植物物质和软体动物贝壳
山间谷地	谷地相	软土呈片状、带状分布，靠山边浅，谷地中心深，厚度变化大。颗粒由山前到谷地中心逐渐变细。下伏硬层坡度较大
泥炭沼泽地	沼泽相	以泥炭沉积为主，且常出露于地表。孔隙极大，富有弹性。下部有淤泥层或薄层淤泥与泥炭互层

（三）软土的分布特征

我国软土主要分布在沿海地区，如东海、黄海、渤海、南海等沿海地区。内陆平原以及一些山间洼地亦有分布。我国软土的主要分布区域见表 3-7-4。

表 3-7-4　软土的成因类型

主要成因类型	主要分布区域
滨海沉积软土	天津塘沽、连云港、上海、舟山、杭州、宁波、温州、福州、厦门、泉州、漳州、沼安、广州
湖泊沉积软土	洞庭湖、洪泽湖、太湖、鄱阳湖四周和古云梦泽边缘地带
河滩沉积软土	长江中下游、珠江下游、淮河平原、松辽平原
沼泽沉积软土	昆明滇池周边、贵州水城、盘州

我国东南沿海软土的分布厚度较大，广州湾—兴化湾一带一般为 5～20 m（汕头除外），兴化湾—温州湾南为 10～30 m，温州湾北—连云港一带一般大于 40 m。

山区谷地的软土，在分布上甚为复杂，一般可从下列几个方面进行分析鉴别：

(1)从沉积环境分析：在沟谷的开阔地段，山间洼地，支沟与主沟交汇地段，冲沟与河流汇合地段，河流两侧山洼地段，河流弯曲地段，河漫滩地段，坳沟等处，往往有软土分布。

在山区河流的中、上游地段，一般沉积粗颗粒物质，但应特别注意河流两侧支沟、冲沟的影响。当上述支沟或冲沟地段有形成软土的物质来源时，这些地段往往有软土分布，或在卵石层间夹有软土薄层或透镜体。

(2)从水文地质条件分析：在泉水出露处，特别是潜水溢出泉出露处，水草发育，土体长期浸水呈饱和状态，往往有软土分布；在潜水位较浅的黄土及粉质黏土地区，也有软土分布。

(3)从古地理环境分析：一些古河道、古湖沼、古渠道等分布地段，往往有软土分布。

(4)从地表特征分析：地势低洼，排泄条件不良，有湿地、沼泽，喜水植物(如芦、蒲草等)发育的地段往往有软土分布。

(5)从人类活动分析：一些掩埋的粪池、牲畜棚圈、工厂及生活污水废池、人工蓄水构筑物(如渠、水库)大量漏水(引起地下水上升)等地段，往往有软土分布。

二、软土的性质

(一)软土的工程性质及对工程的影响

1. 天然含水量大

软土的天然含水量大于液限，呈软塑或半流塑状态。液限一般在40%～60%，天然含水量大于35%，饱和度大于95%。

软土的天然含水量虽然大于液限，但只要不被破坏扰动，仍可处于软塑状态，而一经扰动，土的结构受到破坏，将立即变成流塑状态。

2. 孔隙比大

软土的孔隙比大于1.0，一般介于1.0～2.0之间，最大可超过2.0，山区的软土可能还要大些。

3. 透水性能低

软土的含水量虽然很高，但透水性能很差，特别是垂直向透水性更差，垂直向渗透系数一般在$i\times(10^{-6}\sim10^{-8})$cm/s之间，属微透水或不透水层。对地基排水固结不利，常使建筑物沉降延续时间加长；同时，在加载初期，地基土中常出现较高的孔隙水压力，影响地基的强度。

软土的低透水性，使得注浆效果难以控制，难以一次形成有效的止水帷幕。

4. 高压缩性

软土属高压缩性土，压缩系数$a_{v1\text{-}2}$一般大于0.5 MPa^{-1}，且其压缩变形大部分发生在垂直压力为0.1 MPa左右时。因此，当车辆基地建(构)筑物位于软土地基上时，地基变形及沉降量大，影响建(构)筑物的稳定。对于盾构法施工的隧道若位于软土中，会引起地面较大沉降，从而导致隧道附近地下管网的断裂及建筑物开裂等严重问题。

5. 触变性

土经扰动由可塑状态转变为流动(流塑)状态的特性称为触变性。软土一经扰动，其强度将被削弱、降低(但在静置一段时间后，土粒与水分子等重新排列，恢复絮凝结构，强度又可得到恢复)。

其触变性的大小，常用灵敏度S_t表示，按式(3-7-1)计算。

$$S_t=\frac{q_u}{q_u'} \tag{3-7-1}$$

式中 S_t——土的灵敏度；

q_u——原状土的无侧限抗压强度(kPa)；

q_u'——重塑土的无侧限抗压强度(kPa)。

灵敏度划分界限见表 3-7-5。

表 3-7-5　灵敏度划分界限表

灵敏度(S_t)	1	1～2	2～4	4～8	8～16	>16
灵敏程度	非灵敏土	低灵敏土	中灵敏土	高灵敏土	极灵敏土	流动土

软土的灵敏度 S_t 一般在 3～4 之间，最大可达 8～9，故软土属于高灵敏土或极灵敏土。

当软土地基受振动荷载后，易产生侧向滑动、沉降或基础下土体挤出等现象。对于盾构法施工的地铁区间隧道，易造成盾构上部围岩松弛，难以形成压力拱，对于刚脱离盾尾的管片，经常出现局部或整体上浮，表现为管片错台、裂缝、破损甚至轴线偏位等现象。

6. 流变性(蠕变性)

软土在荷载长期作用下，压缩变形有随时间延长而增长的特性叫流变性。一般流变速度很小，每年只移动几厘米，但持续时间很长，有的持续达数十年。在剪切力作用下，土体长期出现缓慢的剪切变形，这对建筑物地基的沉降有较大影响。

7. 不均匀性

由于沉积环境的变化，土质均匀性差。例如三角洲相、河漫滩相软土常夹有粉土或粉砂薄层，具有明显的微层理构造，水平向渗透性常好于垂直向渗透性。湖泊相、沼泽相软土常在淤泥或淤泥质土层中夹有厚度不等的泥炭或泥炭质土薄层或透镜体。作为建筑物地基极易产生不均匀沉降。

8. 抗剪强度低

软土的抗剪强度很低。不排水剪切时，内摩擦角 φ 为 0°，黏聚力 c 一般小于 20 kPa，排水固结条件下，内摩擦角 φ 为 10°～15°，黏聚力 c 为 20 kPa 左右。当然抗剪强度的大小与施加荷载的速度和排水固结条件有关。

(二)软土的物理力学性质指标

我国各种成因类型和各地区软土的物理力学性质指标见表 3-7-6 和表 3-7-7。

表 3-7-6　各类软土的物理力学性质指标

成因类型	天然含水量 w (%)	容重 γ (kN/m³)	天然孔隙比 e	抗剪强度		压缩系数 $a_{v1\text{-}2}$ (MPa^{-1})	灵敏度 S_t
				φ(°)	c(kPa)		
滨海沉积软土	40～100	15～18	1.0～2.3	1～7	2～20	1.2～3.5	2～7
湖泊沉积软土	30～60	15～19	0.8～1.8	0～10	5～30	0.8～3.0	4～8
河滩沉积软土	35～70	15～19	0.9～1.8	0～11	5～25	0.8～3.0	4～8
沼泽沉积软土	40～120	14～19	0.52～1.5	0	5～19	>0.5	2～10

表 3-7-7　我国主要软土地区不同成因类型软土的物理力学性质指标

成因类型	地区	土层埋深(m)	含水量 w(%)	容重 γ (kN/m³)	孔隙比 e	液限 w_L (%)	塑性指数 I_P	液性指数 I_L	有机质含量 W_u (%)	压缩系数 a_{v1-2} (MPa⁻¹)	渗透系数 k(cm/s)	固结快剪		快剪	
												φ(°)	c(kPa)	φ(°)	c(kPa)
泻湖相	温州	1～35	63	16.2	1.79	53	30	1.5	5～8	1.93	—	12	5	6	2
	宁波	2～12	56	17.0	1.58	46	19	1.23	—	2.50	3×10^{-8}	—	—	—	—
		12～28	38	18.5	1.08	36	15	1.11	—	0.72	7×10^{-8}	—	—	—	—
溺谷相	福州	3～19	68	15.0	1.87	54	29	24	8～14	2.05	8×10^{-8}	11	5	—	—
		1～3,19～25	42	17.1	1.17	41	21	1.4		0.70	5×10^{-7}	16	10	—	—
滨海相	天津	7～14	34	18.2	0.97	34	17	1.1	—	0.51	1×10^{-7}	—	—	—	—
	塘沽	8～17	47	17.7	1.31	42	22		5～10	0.97	2×10^{-7}	4	17	2	13
		0～8,17～24	39	8.1	1.07	34	15	—		0.65				—	—
	新港	1.9	79	15.5	2.05	67	36	1.33	5～10	1.23	—	2	13	—	—
		＞18	58	16.5	1.66	—	26	1.09		0.88				—	—
	舟山	2～14	45	17.5	1.32	37	18	—	—	1.10	7×10^{-6}	—	—	—	—
		17～32	36	18.0	1.03	34	14	—	—	0.65	3×10^{-7}	—	—	—	—
	连云港	—	40～61	18.2～16.5	1.04～1.63		20～29	—	—	0.90～1.50	—	12～8	16～13	—	—
	厦门	—	37～68	14.5～18.0	1.00～2.00	35～60	16～30	—	—	0.70～1.90	—	4～16	3～15	—	—
	漳州	—	50～90	14.0～17.0	1.30～2.50	50～78	20～35	—	—	1.00～2.40	—	4～6	2～20	—	—
	泉州	—	45～76	15.0～17.0	1.00～2.05	40～60	20～30	—	—	0.70～1.80	—	8～14	3～15	—	—

续上表

成因类型	地区		土层埋深(m)	含水量 w(%)	容重 γ (kN/m³)	孔隙比 e	液限 w_L (%)	塑性指数 I_P	液性指数 I_L	有机质含量 W_u (%)	压缩系数 $a_{v1\text{-}2}$ (MPa⁻¹)	渗透系数 k(cm/s)	固结快剪		快剪	
													φ(°)	c(kPa)	φ(°)	c(kPa)
三角洲相	上海		6～7	50	17.2	1.37	43	20	1.16	—	1.24	6×10^{-7}	15	5	6	16
			1.5～6,>20	37	17.9	1.05	34	13	1.05	—	0.72	2×10^{-6}	18	6	11	14
	杭州		3～9	47	17.3	1.34	41	19	—	—	1.30	—	14	6	—	—
			9～19	35	18.4	1.02	33	15	—	—	1.17				—	—
	广州		0.5～10	73	16.0	1.82	46	19	—	—	1.18	3×10^{-6}	—	—	—	—
沼泽相	昆明		—	68	16.2	1.56	60	18	—	—	0.90	—	12	22	—	—
			—	42	18.5	0.95	34	12	—	—	0.40	—	19	15	—	—
	贵州	水城	—	91	14.7	2.30	77	34	1.47	17.1	2.14	—	2	4	—	—
			—	71	15.7	1.80	72	32	1.32		1.18	—	3	6	—	—
		盘县	—	83	14.7	2.16	75	32	1.32	19.7	2.25	—	2	9	—	—
河漫滩相	南京长江河谷		—	40～50	18.0～17.2	0.93～1.32	35～44	17～20	1.01～1.60	—	0.50～0.80	—	4～10	2～18	—	—
	苏北界首		—	48	17.4	1.31	39	16	1.56	—	1.09	—	5	11	—	—
	水城		—	81	14.9	2.00	78	32	1.09	17.3	1.44	—	—	—	—	—
			—	49	16.7	1.32	52	22	0.59	10.9	1.07	—	—	—	—	—
洪积堆积相	水城		—	78	15.4	2.05	74	33	1.16	17.9	1.44	—	10	11	—	—
			—	61	15.5	1.64	61	28	1.00	9.6	1.20	—	12	16	—	—
	盘县		—	75	15.4	1.89	69	26	1.19	15.0	1.72	—	18	5	4	13
			—	65	15.1	1.81	78	36	0.88	15.6	—	—	15	15	3	22

三、软土勘察

(一)勘察工作内容

城市轨道交通工程的软土勘察应包括下列内容：

(1)软土的成因类型、形成年代、岩性、分布规律、厚度变化、地层结构及均匀性。

(2)软土分布区的地形、地貌特征，尤其是沿线微地貌与软土分布的关系，以及古牛轭湖、埋藏谷，暗埋的塘、浜、坑、穴、沟、渠等分布范围及形态。

(3)软土硬壳层的分布、厚度、性质及随季节变化情况；硬夹层的空间分布、形态、厚度及性质；下伏硬底层的岩土组成、性质、埋深及起伏情况。

(4)软土的沉积环境、固结程度、强度、压缩特性、灵敏度及有机质含量等。

(5)地下水类型、埋藏深度与变化幅度、补给与排泄条件，软土中各含水层的分布、颗粒成分、渗透系数；地表水汇流和水位季节变化、地表水疏干条件等。

(6)调查基坑开挖施工、隧道掘进、基桩施工、填筑工程、工程降水等造成的土性变化、土体位移、地面变形及由此引起的工程设施受损或破坏及处理的情况。

(二)勘探与取样

软土的勘探与取样应符合下列要求：

(1)应采用钻探取样和原位测试相结合的综合勘探方法。原位测试可采用静力触探试验、十字板剪切试验、扁铲侧胀试验、旁压试验、螺旋板载荷试验等方法。

(2)勘探点的平面布置应根据城市轨道交通的工程类型、施工方法、基础形式及软土的地层结构、成因类型、成层条件和岩土工程治理的需要确定；勘探点的间距应满足相应勘察阶段岩土工程评价、工程设计的需要，一般宜为 25～50 m。当土层变化较大或有暗埋的塘、浜、沟、坑、穴时，应加密勘探点。必要时进行横断面勘探。

(3)勘探孔的深度应满足设计要求，一般应穿透软土层，钻至硬层或下伏基岩内 2～5 m。当软土层较厚时，勘探、测试孔深度应满足地基压缩层的计算深度和围护结构计算的要求。

(4)软土应采用薄壁取土器采取Ⅰ级土样，应严格按相关要求进行钻探、取样和及时送样、试验。对重要工点和重要的建筑物，在每个工程地质单元中每层的试样数量不应少于 10 组。

取样操作宜优先采用压入法，采用下击式重锤少击法时，应有导向装置，以免土样扰动。软土取样应用薄壁取样器，最好用连续式。在重复使用取土盒时，应注意保持其完整，将粘附在盒内外的蜡、土或锈斑予以清除。

原状土样应及时进行室内试验，以免长期存放导致水分的流失和蒸发以及低温下样品中孔隙水的冻结膨胀、融解，导致的试验结果失真。因此，样品存放期不宜超过 3 天。夏季原状土样应挖坑放置，冬季应严防受冻。

(三)室内试验

软土的室内试验应符合下列要求：

(1)试验项目应根据不同勘察阶段、不同工程类别和处理措施选定。

(2)除常规项目外，一般还应包括：渗透系数、固结系数、抗剪强度、静止侧压力系数、灵敏度、有机质含量等。

(3)抗剪强度指标室内宜采用三轴试验，在每一工程地质单元应有代表性高压固结试验，成果按 e-lg$p$ 曲线的形式整理，确定先期固结压力并计算压缩指数和回弹指数。

室内试验应以现场和工程的具体情况为依据，以测试结果为基础，以土力学的基本理论为指南，并以数理统计等分析方法为工具，取得合适的参数。对天然含水率、容重、密度、颗粒组成、液限、塑限等作为确定土质分类或阐明其物理、力学特性的一般土质特性指标，由于其离散性较小，通常可以采用平均值，并计算相应的标准差和变异系数或绝对误差与精度指标；对于试验成果中的异常数据，在调查、分析、研究的基础上，以 3 倍的标准差作为舍弃标准。

对于黏聚力、内摩擦角、压缩系数、固结系数、压缩和回弹模量等稳定性、变形计算指标，由于仪器误差、试验理论和土力学理论本身的不完善、土体自身的不均匀性和力学性质的非线性、施工质量等原因，变异性较大。宜根据统计分析的标准值，结合工程经验合理选取。

室内试验方法测定软土的力学性质时，应合理进行试验方法的选取：

(1)为地基承载力计算测定强度参数时，当加荷速率高，土中超孔隙水压力消散慢，宜采用自重压力预固结的不固结不排水剪 UU 试验或快剪试验。当加荷速率低，土中孔隙水压力消散快，可采用固结不排水剪 CU 试验或固结快剪试验。

(2)支护结构设计中土压力计算所需用的抗剪强度参数，应根据不同条件和要求，选用总应力强度参数或有效应力强度参数，后者可用固结不排水剪 CU 测孔隙水压力试验确定。

(3)固结试验方法，各土样的最大试验压力及所取得的系数应符合沉降计算的需要。

(四)岩土工程分析与评价

软土的岩土工程分析与评价应包括下列内容：

(1)应按土的先期固结压力与上覆土有效自重压力之比，判定土的历史固结程度。

(2)邻近有河湖、池塘、洼地、河岸、边坡时，或软土围岩和地基受力范围内有起伏、倾斜的基岩、硬土层或存在较厚的透镜体时，应分析软土侧向塑性挤出或产生滑移的危险程度，分析软土发生变形、不均匀变形的可能性，并提出工程处理措施意见。

(3)软土地基主要受力层中有薄的砂层或软土与砂土互层时，应根据其固结排水条件，判定其对地基变形的影响。

(4)应根据软土的成层、分布及物理力学性质对影响或危及城市轨道交通工程安全的不均匀沉降、滑动、变形作出评价，提出加固处理措施的建议。

(5)判定地下水位的变化幅度和承压水头等水文地质条件对软土地基和隧道围岩稳定性和变形的影响。

(6)对软土地层基坑和隧道的开挖、支护结构类型、地下水控制提出建议，提供抗剪强度指标、土压力系数、渗透系数等参数。

(7)根据建(构)筑物对沉降的限制要求，采用多种方法综合分析评价软土地基的承载能力：一般建筑物可利用静力触探及其他原位测试成果，结合地区经验确定，或采用工程地质类比法确定；对重要建筑物和缺乏经验的地区，宜采用载荷试验方法确定。

(8)桩基评价应考虑软土继续固结所产生的负摩擦力。当桩基邻近有堆载时，还应分析桩的侧向位移或倾斜。

(9)抗震设防地震动分档为 0.10(0.15)g、0.20(0.30)g、0.40 g 时的厚层软土，应判别软土震陷的可能性。

(10)对含有沼气等有害气体的软土地基、围岩，应判定有害气体逸出对地基稳定性、变形及施工的影响。

(11)对软土场地因施工、取土、运输等原因产生的环境地质问题应作出评价，并提出相应措施。

四、软土的工程措施

(一)软土地基处理措施

软土地区常用的地基处理方法如下：

1. 对暗浜、暗塘、墓穴、古河道的处理

(1)当范围不大时，一般采用基础加深或换垫处理。

(2)当宽度不大时，一般采用基础梁跨越处理。

(3)当范围较大时，一般采用短桩处理。

2. 对表层或浅层不均匀地基及软土的处理

(1)对不均匀地基常采用机械碾压法或夯实法。

(2)对软层常采用换填垫层法。

3. 对厚层软土处理

(1)采用堆载预压法或真空预压法，或在地基土层中埋置砂井、袋装砂井或塑料排水板与预压相结合的方法处理。

(2)采用复合地基，包括砂桩、碎石桩、灰土桩、旋喷桩和小断面的预制桩等。

(3)采用桩基，穿透软土层以达到增大承载力和减小沉降量的目的。

(二)软土区地下车站及区间隧道的处理措施

当地铁地下车站或区间隧道位于厚层软土场地时，应采取以下措施进行处理：

(1)对明挖基坑，可在围护结构和止水帷幕背后进行化学注浆或施作深层旋喷桩、搅拌桩进行止水。尽量在基坑内进行降水施工，防止因地铁降水引起地面沉降对临近建(构)筑物造成影响。

(2)对于盾构区间，加强盾构机姿态控制和管片背衬注浆，防止在施工中出现蛇形前进或垂直姿态下掉等事故。

(3)对于暗挖区间隧道和联络通道可采用冻结法进行施工。

(4)加强软土区地下车站及区间隧道施工的监测工作。

第三节 湿陷性土

湿陷性土是指具有疏松的粒状架空胶结结构体系，含水率较低时具有较高的结构强度，在自重和一定压力下浸水时，土体结构可迅速破坏，并产生明显的湿陷下沉现象的土。湿陷性土包括湿陷性黄土、湿陷性碎石土、湿陷性砂土、湿陷性粉土和湿陷性填土等，其中，湿陷性黄土最为常见，在我国分布较为广泛。湿陷性碎石土和湿陷性砂土等一般分布于我国干旱和半干旱地区的山前洪、坡积扇(裙)地带。

一、黄土的成因、时代和分布

(一)黄土的一般特征

我国的黄土一般具有以下全部特征，当缺少其中一项或几项特征的称为黄土状土。

(1)颜色:以黄色、褐黄色为主,有时呈灰黄色。

(2)颗粒组成:黄土的颗粒组成以粉粒(粒径为 0.005～0.05 mm)为主,含量一般在60%以上,粒径大于 0.25 mm 的甚为少见。

(3)孔隙比:黄土的孔隙比一般在 1.00 左右,有肉眼可见的大孔。

(4)含有物:黄土富含碳酸盐类;

(5)节理:垂直节理发育。

(二)黄土的时代划分和野外特征

我国黄土的堆积时代包括整个第四纪,黄土地层的时代划分见表 3-7-8。黄土的野外特征见表 3-7-9。

表 3-7-8　黄土地层的时代划分

年　代		黄土名称		成　因		湿陷性
全新世 Q_4	近期 Q_4^2	新黄土	新近堆积黄土	次生黄土	以水成为主	具强湿陷性
	早期 Q_4^1		黄土状土			具一般湿陷性
晚更新世 Q_3			马兰黄土	原生黄土	以风成为主	
中更新世 Q_2		老黄土	离石黄土			上部部分土层具湿陷性
早更新世 Q_1			午城黄土			不具湿陷性

注:1. 测定黄土湿陷性的试验压力为 200～300 kPa。
2. 深层离石黄土(Q_2)在大压力(超过 300 kPa)作用下有时会呈现湿陷性。

表 3-7-9　黄土的野外特征

黄土名称	颜　色	特征及包含物	古土壤	沉积环境	挖掘情况
新近堆积黄土 Q_4^2	浅褐至深褐色,或黄至黄褐色	土质松散不均,多虫孔和植物根孔,有粉末状或条纹状碳酸盐结晶,含少量小砾石或钙质结核,有时有砖瓦碎块或朽木等	无	河漫滩低级阶地,山间洼地的表面,黄土塬、梁、峁的坡脚、洪积扇或山前坡积地带,老河道及已填塞的沟槽、洼地的上部	锹挖极为容易,进度很快
黄土状土 Q_4^1	褐黄至黄褐色	具有大孔、虫孔和植物根孔,含少量小的钙质结核或小砾石。有时有人类活动遗物,土质较均匀	底部有深褐色黑垆土	河流阶地的上部	锹挖容易,但进度稍慢
马兰黄土 Q_3	浅黄、褐黄或黄褐色	土质均匀、大孔发育,具垂直节理,有虫孔及植物根孔,有少量小的钙质结核,呈零星分布	底部有一层古土壤,作为与 Q_2 黄土的分界	河流阶地和黄土塬、梁、峁的上部,以及黄土高原与河谷平原的过渡地带	锹、镐挖掘不困难
离石黄土 Q_2	深黄、棕黄或黄褐色	土质较密实,有少量大孔。古土壤层下部钙质结核含量增多,粒径可达 5～20 cm,常成层分布成为钙质结核层	夹有多层古土壤层,称"红三条"或"红五条"甚至更多	河流高阶地和黄土塬、梁、峁的黄土主体	锹、镐挖掘困难
午城黄土 Q_1	淡红或棕红色	土质密实,无大孔,柱状节理发育,钙质结核含量较 Q_2 黄土少	古土壤层不多	第四纪早期沉积,底部与第三纪红黏土或砂砾层接触	锹、镐挖掘很困难

（三）我国湿陷性黄土的工程地质分区

1. 黄土分布的气候特征

我国黄土主要分布在北纬33°～47°之间。在此区域内，一般气候干燥，降雨量少，蒸发量大，属于干旱、半干旱气候类型。黄土分布地区年平均降雨量在250～600 mm之间。年平均降雨量小于250 mm的地区，黄土很少出现，主要为沙漠和戈壁。年平均降雨量大于750 mm的地区，也基本没有黄土。

2. 我国湿陷性黄土的工程地质分区

我国湿陷性黄土的工程地质分区见表3-7-10。

表3-7-10　我国湿陷性黄土的工程地质分区

<table>
<tr><th>分　区</th><th>亚　区</th><th>地　貌</th><th>黄土层厚度（m）</th><th>湿陷性黄土层厚度（m）</th><th>地下水埋藏深度（m）</th><th>工程地质特征</th></tr>
<tr><td rowspan="2">陇西地区Ⅰ</td><td rowspan="2"></td><td>低阶地</td><td>4～25</td><td>3～16</td><td>4～18</td><td rowspan="2">自重湿陷性黄土分布很广，湿陷性黄土层厚度通常大于10 m，地基湿陷等级多为Ⅲ～Ⅳ级，湿陷性敏感</td></tr>
<tr><td>高阶地</td><td>15～100</td><td>8～35</td><td>20～80</td></tr>
<tr><td rowspan="2">陇东—陕北—晋西地区Ⅱ</td><td rowspan="2"></td><td>低阶地</td><td>3～30</td><td>4～11</td><td>4～14</td><td rowspan="2">自重湿陷性黄土分布很广，湿陷性黄土层厚度通常大于10 m，地基湿陷等级多为Ⅲ～Ⅳ级，湿陷性敏感</td></tr>
<tr><td>高阶地</td><td>50～150</td><td>10～15</td><td>40～60</td></tr>
<tr><td rowspan="2">关中地区Ⅲ</td><td rowspan="2"></td><td>低阶地</td><td>5～20</td><td>4～10</td><td>6～18</td><td rowspan="2">低阶地属非自重湿陷性黄土，高阶地和黄土塬多属自重湿陷性黄土，湿陷性黄土层厚度：在渭北高原一般大于10 m，在渭河流域两岸多为4～10 m，秦岭北麓地带有的小于4 m。地基湿陷等级一般为Ⅱ～Ⅲ级，自重湿陷性黄土层一般埋藏较深，湿陷发生较迟缓</td></tr>
<tr><td>高阶地</td><td>50～100</td><td>6～23</td><td>14～40</td></tr>
<tr><td rowspan="3">山西地区Ⅳ</td><td rowspan="2">汾河流域区Ⅳ1</td><td>低阶地</td><td>8～15</td><td>2～10</td><td>4～8</td><td rowspan="3">低阶地属非自重湿陷性黄土，高阶地（包括山麓堆积）多属自重湿陷性黄土，湿陷性黄土层厚度多为5～10 m，个别地段小于5 m或大于10 m，地基湿陷等级一般为Ⅱ～Ⅲ级。在低阶地新近堆积（Q_4^2）黄土分布较普遍，土的结构松散，压缩性高</td></tr>
<tr><td>高阶地</td><td>30～100</td><td>5～20</td><td>50～60</td></tr>
<tr><td>晋东南区Ⅳ2</td><td></td><td>30～53</td><td>2～12</td><td>4～7</td></tr>
<tr><td>河南地区Ⅴ</td><td></td><td></td><td>6～25</td><td>4～8</td><td>5～25</td><td>一般为非自重湿陷性黄土。湿陷性黄土层厚度一般为5 m，土的结构较密实，压缩性较低。该区浅部分布新近堆积黄土，压缩性较高</td></tr>
<tr><td rowspan="2">冀鲁地区Ⅵ</td><td>河北区Ⅵ1</td><td></td><td>3～30</td><td>2～6</td><td>5～12</td><td rowspan="2">一般为非自重湿陷性黄土，湿陷性黄土层厚度一般小于5 m，局部地段为5～10 m，地基湿陷等级一般为Ⅱ级，土的结构较密实，压缩性低，在黄土边缘地带及鲁山北麓的局部地段，湿陷性黄土层薄，含水量高，湿陷系数小，地基湿陷等级为Ⅰ级或不具湿陷性</td></tr>
<tr><td>山东区Ⅵ2</td><td></td><td>3～20</td><td>2～6</td><td>5～8</td></tr>
</table>

续上表

分　区	亚　区	地　貌	黄土层厚度（m）	湿陷性黄土层厚度（m）	地下水埋藏深度（m）	工程地质特征
北部边缘地区Ⅶ	宁—陕区Ⅶ$_1$		5～30	1～10	5～25	为非自重湿陷性黄土，湿陷性黄土层厚度一般小于 5 m，地基湿陷等级一般为Ⅰ～Ⅱ级，土的压缩性低，土中含砂量较多，湿陷性黄土分布不连续
	河西走廊区Ⅶ$_2$		5～10	2～5	5～10	
	内蒙古中部—辽西区Ⅶ$_3$	低阶地	5～15	5～11	5～10	靠近山西、陕西的黄土地区，一般为非自重湿陷性黄土，地基湿陷等级一般为Ⅰ级，湿陷性黄土层厚度一般为 5～10 m。低阶地新近堆积（Q_4^2）黄土分布较广，土的结构松散，压缩性较高，高阶地土的结构较密实，压缩性较低
		高阶地	10～20	8～15	12	
	Ⅶ$_4$		5～35	1.2～16	5～30	多属自重湿陷性黄土，湿陷性黄土层厚度一般为 5～10 m，地基湿陷等级为Ⅱ～Ⅲ级，压缩性较高，局部地段含水量较大，部分地区黄土含砂量大
新疆地区Ⅷ			3～30	2～10	1～20	一般为非自重湿陷性黄土场地，地基湿陷等级为Ⅰ～Ⅱ级，局部为Ⅲ级，湿陷性黄土层厚度一般小于 8 m，天然含水量较低，黄土层厚度和湿陷性变化大。主要分布于沙漠边缘，冲、洪积扇中上部，河流阶地和山麓斜坡，北疆呈连续条状分布，南疆呈零星分布

二、黄土的工程性质

（一）湿陷性黄土的物理性质

（1）颗粒组成：我国一些主要湿陷性黄土地区黄土的颗粒组成见表 3-7-11。

表 3-7-11　湿陷性黄土的颗粒组成（%）

地　区	粒径（mm）		
	砂粒（>0.05）	粉粒（0.05～0.005）	黏粒（<0.005）
陇西	20～29	58～72	8～14
陕北	16～27	59～74	12～22
关中	11～25	52～64	19～24
山西	17～25	55～65	18～20
豫西	11～18	53～66	19～26
总体	11～29	52～74	8～26

（2）孔隙比 e：孔隙比变化在 0.85～1.24 之间，大多数在 1.00～1.10 之间，随深度而减小。孔隙比是影响黄土湿陷性的主要指标之一，在其他条件相同，土的孔隙比越大，湿陷性越强。西安地区当 $e<0.90$，一般不具湿陷性或湿陷性很弱，兰州地区的黄土，如 $e<0.86$ 湿陷性不明显。

（3）天然含水量 w：土的天然含水量与湿陷性和承载力的关系都十分密切。含水量低时，湿陷性强烈，但土的承载力较高，随含水量的增大，湿陷性逐渐减弱。在三门峡地区，当黄土含水量 $w>23\%$时，已不具湿陷性或湿陷轻微，西安地区当黄土含水量 $w>24\%$、兰州地区当黄土含水量 $w>25\%$时，一般就不具湿陷性，但土的承载力却大幅度降低。

(4)饱和度 S_r：饱和度与湿陷系数成反比关系，S_r 愈小，土的湿陷系数愈大，表明湿陷强烈。随着饱和度的增大，湿陷系数逐渐减小。西安地区当 $S_r>70\%$时，只有 3%左右的土具有轻微湿陷性，当 $S_r>75\%$时，黄土已不具湿陷性。

(5)液限 w_L：液限是决定黄土性质的另一个重要指标。当液限 $w_L>30\%$时，黄土的湿陷性较弱，且多为非自重湿陷性黄土。当液限 $w_L<30\%$时，则湿陷一般较强烈。液限越高，黄土的承载力也高。

(二)湿陷性黄土的力学性质

1. 压缩性

我国湿陷性黄土的压缩系数一般介于 0.1～1.0 MPa^{-1}之间。压缩模量一般在 2.0～20.0 MPa 之间，在结构强度被破坏后，压缩模量一般随作用压力的增大而增大。

湿陷性黄土的压缩性除受土的天然含水量影响外，地质年代也是一个重要因素，Q_2 和 Q_3 早期黄土，其压缩性多为中等偏低，或低压缩性，而 Q_3 晚期和 Q_4 黄土，多为中等偏高压缩性。新近堆积黄土一般具有高压缩性，且峰值往往在压力不到 200 kPa 时出现，压缩系数最大值达 1.0～2.0 MPa^{-1}。

2. 抗剪强度

黄土的抗剪强度除与土的颗粒组成、矿物成分、黏粒和可溶盐含量等有关外，主要取决于土的含水量和密实程度(用干密度或孔隙比表示)。

(1)含水量的影响

当黄土的含水量低于塑限，水分变化对强度的影响最大，随含水量的增加，土的内摩擦角和黏聚力都降低较多，直剪仪中用慢剪法得出的试验结果表明，对于塑限为 18.2%～20.7%的黄土，当含水量由 7.8%增加到 18.2%时，内摩擦角和黏聚力都降低了约 1/4；但当含水量大于塑限时，含水量对抗剪强度的影响减小；而超过饱和含水量时，抗剪强度的变化不大。

(2)干密度的影响

当土的含水量相同时，则土的干密度越大，其抗剪强度也越高，黄土在不同干密度不同含水量的抗剪强度指标见表 3-7-12。

表 3-7-12 黄土在不同干密度不同含水量的抗剪强度指标

干密度 ρ_d (g/cm³)	含水量 w (%)	黏聚力 c (kPa)	内摩擦角 φ (°)	干密度 ρ_d (g/cm³)	含水量 w (%)	黏聚力 c (kPa)	内摩擦角 φ (°)
1.25～1.27	3.9	70	39°20′	1.42～1.44	—	—	—
	8.6	52	33°50′		18.3	40	29°20′
	14.5	32	31°20′		21.0	26	27°
	19.2	21	30°10′		23.3	20	26°30′
	23.8	6	26°20′		25.6	10	25°50′
	27.9	2	26°		—	—	—

续上表

干密度 ρ_d (g/cm^3)	含水量 w (%)	黏聚力 c (kPa)	内摩擦角 φ (°)	干密度 ρ_d (g/cm^3)	含水量 w (%)	黏聚力 c (kPa)	内摩擦角 φ (°)
1.36～1.38	6.1	80	36°50′	1.48～1.50	—	—	—
	9.5	65	35°		7.8	157	37°10′
	12.8	46	31°20′		10.0	120	33°
	15.1	35	29°		14.4	80	28°20′
	20.6	20	28°20′		18.5	52	26°30′
	25.4	10	26°30′		24.4	20	26°
	26.5	5	25°20′		—	—	—
1.42～1.44	—	—	—	1.53～1.55	14.3	132	36°10′
	7.0	96	34°10′		17.7	100	34°30′
	12.1	58	28°50′		21.6	70	31°20′
	15.8	46	28°30′		23.9	42	26°10′
	—	—	—		25.6	31	25°40′
	—	—	—		26.8	26	25°10′

(3)湿陷阶段的影响

浸水过程中黄土湿陷处于发展过程，此时土的抗剪强度降低最多，但当黄土的湿陷压密过程已基本结束，此时土的含水量虽很高，但抗剪强度却高于湿陷过程。因此湿陷性黄土处于地下水位变动带时，其抗剪强度最低，而处于地下水以下的黄土，抗剪强度反而高些(表 3-7-13)。

表 3-7-13　不同阶段的抗剪强度对比表

土的名称	干密度 ρ_d (g/cm^3)	湿　陷　前			湿陷过程中		湿　陷　后	
		含水量 w (%)	黏聚力 c (kPa)	内摩擦角 φ (°)	含水量 w (%)	黏聚力 c (kPa)	内摩擦角 φ (°)	含水量 w (%)
黄土状粉质黏土	1.29	11.7	20	38	2	24	5	33
黄土状粉土	1.45	8.1	28	36	2	24	5	33

3. 湿陷系数

湿陷系数 δ_s 是指单位厚度的土样，在一定压力下，下沉稳定后，土样浸水饱和所产生的附加下沉量，以小数表示。湿陷系数 δ_s 是判定黄土湿陷性的定量指标，由室内压缩试验测定。

4. 自重湿陷系数

自重湿陷系数 δ_{zs} 是指单位厚度的土样，在上覆土的饱和自重压力下，下沉稳定后，土样浸水饱和所产生的附加下沉量，以小数表示。自重湿陷系数 δ_{zs} 同样也是判定黄土湿陷性的定量指标，由室内压缩试验测定。

5. 湿陷起始压力

湿陷起始压力 p_{sh} 是指湿陷性黄土浸水饱和，开始出现湿陷时的压力。湿陷起始压力随着土的初始含水量的增大而增大。

湿陷起始压力可按下列方法确定：

(1)当按现场载荷试验结果确定时，应在 $p\text{-}s_a$（压力与浸水下沉量）曲线上，取其转折点所对应的压力作为湿陷起始压力值。当曲线上的转折点不明显时，可取浸水下沉量（s_a）与承压板直径（d）或宽度（b）之比值等于 0.017 所对应的压力作为湿陷起始压力值。

(2)按室内压缩试验结果确定时，在 $p\text{-}\delta_s$ 曲线上宜取 $\delta_s=0.015$ 所对应的压力作为湿陷起始压力值。

当湿陷压力小于湿陷起始压力时，相应的湿陷系数 δ_s 将达不到 0.015，在非自重湿陷性黄土场地上，当地基内各土层的湿陷起始压力大于其附加压力与上覆土的饱和自重压力之和时，各类建筑可按非湿陷性黄土地基设计。

湿陷系数、自重湿陷系数及湿陷起始压力的具体试验要求及指数计算见第三篇第五章第二节相关内容。

(三)黄土的物理力学性质指标

(1)不同地质年代黄土的物理力学性质见表 3-7-14。

表 3-7-14 不同地质年代黄土的物理力学性质

地质年代	物理性质		力学性质			
	干密度 ρ_d	孔隙比 e	压缩性	渗透性	抗剪强度	湿陷性
Q_4	小	大	高	强	低	强
Q_3	较小	较大	较高	较强	较低	较强
Q_2	较大	较小	较低	较弱	较高	弱
Q_1	大	小	低	弱	高	无

(2)不同地区湿陷性黄土的物理力学性质指标，见表 3-7-15。

表 3-7-15 不同地区湿陷性黄土的物理力学性质指标

工程地质分区	亚 区	地 貌	物理力学性质指标							
			含水量 w (%)	天然密度 ρ (g/cm³)	液限 w_L (%)	塑性指数 I_P	孔隙比 e	压缩系数 a (MPa⁻¹)	湿陷系数 δ_s	自重湿陷系数 δ_{zs}
陇西地区 Ⅰ		低阶地	6～25	1.20～1.80	21～30	4～12	0.70～1.20	0.10～0.90	0.020～0.200	0.010～0.200
		高阶地	3～20	1.20～1.80	21～30	5～12	0.80～1.30	0.10～0.70	0.020～0.220	0.010～0.200
陇东—陕北—晋西地区 Ⅱ		低阶地	10～24	1.40～1.70	20～30	7～13	0.97～1.18	0.26～0.67	0.019～0.079	0.005～0.041
		高阶地	9～22	1.40～1.60	26～31	8～12	0.80～1.20	0.17～0.63	0.023～0.088	0.006～0.048
关中地区 Ⅲ		低阶地	14～28	1.50～1.80	22～32	9～12	0.94～1.13	0.24～0.64	0.029～0.076	0.003～0.039
		高阶地	11～21	1.40～1.70	27～32	10～13	0.95～1.21	0.17～0.63	0.030～0.080	0.005～0.042

续上表

工程地质分区	亚区	地貌	物理力学性质指标							
			含水量 w（%）	天然密度 ρ（g/cm^3）	液限 w_L（%）	塑性指数 I_P	孔隙比 e	压缩系数 a（MPa^{-1}）	湿陷系数 δ_s	自重湿陷系数 δ_{zs}
山西地区 Ⅳ	汾河流域区 Ⅳ1	低阶地	9～19	1.50～1.70	25～29	8～12	0.94～1.10	0.24～0.87	0.030～0.070	—
		高阶地	11～18	1.50～1.60	27～31	10～13	0.97～1.18	0.17～0.62	0.027～0.089	0.007～0.040
	晋东南区 Ⅳ2		18～23	1.50～1.80	27～33	10～13	0.85～1.02	0.29～1.00	0.030～0.070	—
河南地区 Ⅴ			16～21	1.60～1.80	26～32	10～13	0.86～1.07	0.18～0.33	0.023～0.045	—
冀鲁地区 Ⅵ	河北区 Ⅵ1		14～18	1.60～1.70	25～29	9～13	0.85～1.00	0.18～0.60	0.024～0.048	—
	山东区 Ⅵ2		15～23	1.60～1.70	28～31	10～13	0.85～0.90	0.19～0.51	0.020～0.041	—
北部边缘地区 Ⅶ	宁—陕区 Ⅶ1		7～13	1.40～1.60	22～27	7～10	1.02～1.14	0.22～0.57	0.032～0.059	—
	河西走廊区 Ⅶ2		14～18	1.60～1.70	23～32	8～12	—	0.17～0.36	0.029～0.050	—
	内蒙中部—辽西区 Ⅶ3	低阶地	6～20	1.50～1.70	19～27	8～10	0.87～1.05	0.00～0.77	0.026～0.048	0.040
		高阶地	12～18	1.50～1.90	—	9～11	0.85～0.99	0.10～0.40	0.020～0.041	0.069
	Ⅶ4		6～24	1.40～1.56	26～28	8～9.5	0.58～1.31	0.12～1.77	0.015～0.116	0.015～0.052
新疆地区 Ⅷ			3～27	1.30～2.00	19～34	6～18	0.69～1.30	0.10～1.05	0.015～0.199	—

注：本表引自《湿陷性黄土地区建筑规范》(GB 50025—2004)。

我国湿陷性黄土在地域分布上具有以下的总体规律：由西北向东南，黄土的密度、含水量和强度都是由小变大，而渗透性、压缩性和湿陷性都是由大变小，颗粒组成由粗变细，黏粒含量由少变多，易溶盐由多变少。

(3)个别地区或城市黄土的物理力学性质指标(表 3-7-16 和表 3-7-17)

表 3-7-16 黄河中游地区黄土的物理力学性质指标

性质指标	单位	范围值	平均值
孔隙比 e	—	0.67～1.13	0.92
孔隙率 n	%	40.1～53.1	47.8
含水量 w	%	10.7～23.4	18.0
干密度 ρ_d	g/cm^3	1.10～1.68	1.45
液限 w_L	%	25.4～32.1	28.7

续上表

性质指标	单 位	范围值	平均值
塑限 w_P	%	15.4～20.5	18.5
塑性指数 I_P	—	8.2～14.0	11.7
液化指数 I_L	—	<0.1	—
压缩系数 a_{1-2}	MPa^{-1}	0.02～0.90	0.43
渗透系数 k_{10}	cm/s	5.8×10^{-5}～4.8×10^{-4}	1.5×10^{-4}
黏聚力 c	kPa	21～76	45
内摩擦角 φ	°	20.6～33.6	27.0

注:本表引自刘祖典《黄土力学与工程》,第15页,1997。

表 3-7-17 我国五个城市湿陷性黄土的性质指标

性质指标		单位	兰州	太原	西安	石家庄	洛阳
年降雨量		mm	330	500	600	535	650
相对湿度		%	60	60	65	65	71
颗粒组成	>0.05 mm	%	20～29	17～25	11～25	8～26	11～18
	0.05～0.005 mm		58～72	55～65	52～64	45～65	53～66
	<0.005 mm		8～15	18～20	19～25	5～18	19～26
天然密度 ρ		g/cm^3	1.33～1.69	1.45～1.72	1.50～1.67	1.60～2.10	1.60～1.80
含水量 w		%	9.2～18.0	11.0～20.0	15.0～22.0	6.0～35.0	16.0～24.0
饱和度 S_r		%	27～40	25～46	48～60	55～90	50～60
孔隙比 e		—	0.90～1.00	0.90～1.20	0.80～1.10	0.50～1.00	0.80～1.10
液限 w_L		%	23.0～28.5	25.0～31.0	26.0～31.0	20.0～45.0	26.0～32.0
塑性指数 I_P		—	8～11	9.5～11	9.5～12	8～17	10～13
湿陷性黄土层厚度		m	5～20	2～15	5～12	2～11	4～8
湿陷系数 δ_s		—	0.03～0.11	0.03～0.07	0.03～0.08	0.02～0.08	0.02～0.05
湿陷起始压力 p_{sh}		kPa	25～50	50	80～100	20～160	100～120
湿陷等级		—	Ⅲ～Ⅳ	Ⅱ	Ⅱ～Ⅲ	Ⅰ～Ⅱ	Ⅰ～Ⅱ
湿陷性质		—	强烈	中等	中等	轻微～中等	弱

注:本表引自刘祖典《黄土力学与工程》,第17页,1997。

三、黄土地基的承载力

(一)影响黄土地基承载力的主要因素

影响黄土地基承载力的因素主要为黄土的堆积年代、含水量(或饱和度)、密度(孔隙比或干密度)、粒度(黏粒含量、液限或塑性指数)和碳酸盐含量等,其中最主要的因素对黄土地基承载力的影响的一般规律见表3-7-18。

表 3-7-18　对黄土地基承载力影响的一般规律

影响因素	对承载力的影响
堆积年代越早	越高
含水量(或饱和度)增加	降低
孔隙比增大(或干密度减小)	降低
液限(或黏粒含量、塑性指数)增大	增高

(二)黄土地基承载力的确定方法

1. 确定承载力的基本规定

根据国家标准《湿陷性黄土地区建筑规范》(GB 50025—2004),湿陷性黄土的承载力的确定应符合下列规定:

(1)地基承载力特征值,应保证地基在稳定的条件下,使建筑物的沉降量不超过允许值。

(2)甲、乙类建筑的地基承载力特征值,可根据静载荷试验或其他原位测试、公式计算,并结合工程实践经验等方法综合确定。

(3)当有充分依据时,对丙、丁类建筑,可根据当地经验确定。

(4)对天然含水量小于塑限含水量的土,可按塑限含水量确定土的承载力(表 3-7-19)。

2. 按静载荷试验确定

(1)当压力—变形曲线有明显拐点时,黄土地基承载力特征值取压力—变形曲线线性变形段内规定的变形所对应的压力值,其最大值为比例界限值。

(2)当压力—变形曲线上的拐点不明显时,黄土地基承载力特征值,可取 $s/b=0.015$ 所对应的压力值,但其值不应大于最大加载压力的一半。

(3)当压力—变形曲线比较平缓,比例界限值较小(50～150 kPa),相应的沉降量也很小($s/b<0.01$),在比例界限荷载与极限荷载之间需经历较长的局部剪切破坏阶段,可按变形和强度双控制的方法确定黄土地基承载力特征值,满足条件为:①$s/b\leqslant 0.02$;② 取值小于极限荷载或最大加载压力的一半。

3. 按其他原位测试确定(参见第三篇第三章相关内容)

4. 根据黄土的塑限含水量确定

《湿陷性黄土地区建筑规范》(GB 50025—2018)曾列出黄土地基承载力基本值可根据土的液限 w_L、孔隙比 e 和含水量 w 的平均值或建议值按表 3-7-19 确定。

表 3-7-19　Q_3、Q_4^1 湿陷性黄土承载力基本值 f_0

w_L/e	w(%)				
	≤13	16	19	22	25
22	180	170	150	130	110
25	190	180	160	140	120
28	210	190	170	150	130
31	230	210	190	170	150
34	250	230	210	190	170
37	—	250	230	210	190

(三)黄土地基承载力的深度、宽度修正

当基础宽度大于 3 m 或埋置深度大于 1.50 m 时,地基承载力特征值应按下式修正:

$$f_a = f_{ak} + \eta_b \gamma (b - 3) + \eta_d \gamma_m (d - 1.50) \quad (3\text{-}7\text{-}2)$$

式中 f_a——修正后的地基承载力特征值(kPa);

f_{ak}——相应于 b=3 m 和 d=1.50 m 的地基承载力特征值(kPa),可按上节的规定确定。

η_b,η_d——分别为基础宽度和基础埋深的地基承载力修正系数,可按基底下土的类别由表 3-7-20 查得;

γ——基础底面以下土的容重(kN/m^3),地下水位以下取有效容重;

γ_m——基础底面以上土的加权平均容重(kN/m^3),地下水位以下取有效容重;

b——基础底面宽度(m),当基础宽度小于 3 m 或大于 6 m 时,可分别按 3 m 或 6 m 计算;

d——基础埋置深度(m),一般可自室外地面标高算起;当为填方时,可自填土地面标高算起,但填方在上部结构施工后完成时,应自天然地面标高算起;对于地下室,如采用箱形基础或筏形基础时,基础埋置深度可自室外地面标高算起;在其他情况下,应自室内地面标高算起。

表 3-7-20 基础宽度和埋置深度的地基承载力修正系数

土的类别	有关物理指标	承载力修正系数	
		η_b	η_d
晚更新世(Q_3)、全新世(Q_4^1)湿陷性黄土	$w \leqslant 24\%$	0.20	1.25
	$w > 24\%$	0	1.10
新近堆积(Q_4^2)黄土	—	0	1.00
饱和黄土①②	e 及 I_L 都小于 0.85	0.20	1.25
	e 或 I_L 大于 0.85	0	1.10
	e 及 I_L 都不小于 1.00	0	1.00
Q_4^2 新近堆积黄土		0	1.00

①只适用于 $I_P > 10$ 的饱和黄土。

②饱和度 $S_r \geqslant 80\%$ 的晚更新世(Q_3)、全新世(Q_4^1)黄土。

(四)湿陷性黄土场地的桩基承载力

1. 桩基础的适用条件

在湿陷性黄土场地,符合下列中的任一款,均宜采用桩基础:

(1)采用地基处理措施不能满足设计要求的建筑。

(2)对整体倾斜有严格限制的高耸结构。

(3)对不均匀沉降有严格限制的建筑和设备基础。

(4)主要承受水平荷载和上拔力的建筑或基础。

(5)经技术经济综合分析比较,采用地基处理不合理的建筑。

2. 桩端持力层的选择

在湿陷性黄土场地采用桩基础,桩端必须穿透湿陷性黄土层,并应符合下列要求:

(1)在非自重湿陷性黄土场地,桩端应支承在压缩性较低的非湿陷性黄土层中。

(2)在自重湿陷性黄土场地，桩端应支承在可靠的岩(或土)层中。

3. 单桩竖向承载力特征值的确定

(1)在湿陷性黄土厚度等于或大于 10 m 的场地，对于采用桩基础的甲类建筑和乙类中的重要建筑，其单桩竖向承载力特征值应按规范规定的试验要点，在现场通过单桩竖向承载力载荷浸水试验测定的结果确定。

(2)当单桩竖向承载力静载荷试验进行浸水确定有困难时，其单桩竖向承载力特征值按下列规定确定：

①在非自重湿陷性黄土场地，计算单桩竖向承载力时，湿陷性黄土层内的桩长部分可取桩周土在饱和状态下的正侧阻力。

②在自重湿陷性黄土场地，除不计中性点深度以上湿陷性黄土层的正侧阻力外，尚应扣除桩侧的负摩阻力。自重湿陷性场地桩基负摩阻力的测定宜进行现场试验。当进行现场试验有困难时，可按表 3-7-21 中的数值估算。

表 3-7-21　桩侧平均负摩阻力标准值(kPa)

自重湿陷量 Δ_{ZS}(mm)	钻、挖孔灌注桩	预制桩
$70<\Delta_{ZS}\leqslant 200$	10	15
$\Delta_{ZS}>200$	15	20

为提高桩基的竖向承载力，在自重湿陷性黄土场地，可采取减小桩侧负摩阻力的措施，具体措施见本节相关内容。

四、新近堆积黄土

(一)新近堆积黄土的分布和野外特征

新近堆积黄土为黄土近期搬运堆积而成，有坡积(滑坡堆积、崩塌堆积)、洪积、风积和冲积等成因，但以混合沉积为多，主要分布在山前坡脚地带，黄土塬、梁，峁的坡脚，山间洼地的表部，以及河谷低级阶地，洪积扇或河漫滩处。在勘察中应特别注意以下地段：

(1)后有滑坡圈谷的前缘平台常为新近堆积黄土地段。

(2)阶地后缘与塬梁交接处的缓坡地带。

(3)冲沟出口处的洪积扇堆积区和河流泛滥区。

(4)泥流沟床的下游两侧或沟床出口处。

(5)河道流水路线变化频繁处两侧新堆积成的阶地及河流泛滥的洪积平原。

(6)古河道的上部，以及被填埋的池、沼，坑洼地段。

新近堆积黄土以几十年到百余年内形成的土质最差，结构疏松，极易锹挖，土的颜色杂乱，灰黄，褐黄、黄褐，棕红等色常相杂或相间，大孔排列紊乱，常混有颜色不一的土块，多虫孔和植物根孔，在裂隙或孔壁上常有钙质粉末或菌丝状白色条纹存在。

新近堆积黄土的厚度由 1～2 m 到 7～10 m，厚度变化大，随地形起伏而异。水平和垂直方向上的岩性变化大，土质非常不均匀。

(二)新近堆积黄土的物理力学性质

1. 新近堆积黄土的特点

新近堆积黄土与一般湿陷性黄土相比有以下特点：

(1)具有略高于 Q_3 黄土的天然含水量。

(2)大都具有高压缩性,且压缩系数峰值多在 0～150 kPa 压力段出现,在 0～200 kPa 压力下的压缩曲线为前陡后缓,与 Q_3 黄土的前缓后陡有明显区别。

(3)液限多在 30%以下。

(4)在同一场地新近堆积黄土的湿陷性与承载力有差别。

2. 物理力学性质指标

部分地区新近堆积黄土的物理力学性质指标见表 3-7-22。

表 3-7-22 部分地区新近堆积黄土物理力学性质指标

地区	含水量 w(%)	天然密度 ρ(g/cm³)	孔隙比 e	液限 w_L(%)	塑性指数 I_P	压缩系数 $a_{v1\text{-}2}$ (MPa⁻¹)	湿陷系数 δ_s	湿陷起始压力 p_{sh}(kPa)	黏聚力 c(kPa)	内摩擦角 φ(°)	比例界限 P_0(kPa)
西宁南川	21.6	1.73	0.92	31.1	11.5	0.43	—	—	14	19.8	75～100
陇西	20.5	1.89	0.80	27.0	11.0	0.63	0.026	—	—	—	60～75
武山	17.9	1.61	0.98	23.7	7.3	0.62	0.050	—	16	27.2	105
甘谷	20.8	1.54	1.13	24.9	—	1.32	—	—	—	—	70～90
天水市区	21.1	—	0.99	28.5	—	0.60	—	—	—	—	—
天水吴家寺	23.2	1.79	0.86	27.8	9.5	0.68	0.010～0.060	—	—	—	—
天水社棠	20.0	1.50	1.16	28.6	11.0	1.10	0.009	—	—	—	—
定西	15.1	1.37	1.30	28.6	—	0.80	—	—	—	—	—
宁夏	19.8	1.50	1.14	29.8	—	0.82	—	—	—	—	—
陕西富平	21.0	1.78	0.85	26.4	8.9	0.43	0.029	—	—	—	120～130
陕西高店	20.7	1.81	0.81	—	9.7	0.62	0.019	—	37	22.9	75～100
宝鸡南	19.1	1.74	0.84	29.5	12.7	0.74	0.030	67～100	29	28.0	50～110
宝鸡	20.0	1.62	1.01	29.0	11.5	0.68	0.076	75	13	13.0	85
陕西耀县	21.0	1.64	1.02	26.4	11.5	1.10	0.041	66	18	22.2	50～75
太原	28.8	1.85	0.91	39.4	16.3	0.49	—	—	—	—	—
侯马	21.4	1.66	1.00	28.8	10.8	0.90	0.032	54	22	20.5	50～100
郑州	6.8～31.0	1.56～1.99	0.73～0.95	23.5～28.2	7.6～10.4	0.16～0.86	—	—	—	17.8～28.4	42～150
洛阳	18～24	1.73	0.75～0.95	25～32	8.0～12.0	0.30～0.80	0.01～0.06	75	10～33	—	—
邯郸	25.5	—	0.90	30.8	11.6	1.035	—	—	—	—	105

(三)新近堆积黄土的判定

当现场鉴别不明确时,可按下列试验指标判定为新近堆积黄土。

(1)在 50～150 kPa 压力段的压缩变形较大,小压力下具有高压缩性。

(2)利用判别式判定,见式(3-7-3)。

$$R=-68.45e+10.98a-7.16\gamma+1.18w \tag{3-7-3}$$

$$R_0 = -154.80$$

当 $R>R_0$ 时，可将该土判定为新近堆积（Q_4^2）黄土；如 $R<R_0$ 时，则为一般黄土。

式中　e——土的孔隙比；

a——压缩系数（MPa^{-1}），宜取 50～150 kPa 或 0～100 kPa 压力下的大值；

w——土的天然含水量（%）；

γ——土的天然容重（kN/m^3）。

（四）新近堆积黄土的地基承载力

新近堆积黄土的地基承载力除用现场载荷试验确定外，在经过必要的验证后，也可利用原位测试或土性指标建立的经验关系确定。

（1）用静力触探比贯入阻力 p_s 确定河谷阶地的新近堆积黄土的地基承载力，见表 3-7-23。

表 3-7-23　新近堆积黄土 Q_4^2 地基承载力基本值 f_0

比贯入阻力 p_s（MPa）	0.3	0.7	1.1	1.5	1.9	2.3	2.8	3.2	3.6
承载力基本值 f_0（kPa）	55	75	92	108	124	140	161	178	194

（2）根据轻型动力触探锤击数 N_{10} 确定新近堆积黄土的地基承载力，见表 3-7-24。

表 3-7-24　新近堆积黄土 Q_4^2 地基承载力基本值 f_0

轻型动力触探锤击数 N_{10}	7	11	15	19	23	27
承载力基本值 f_0（kPa）	80	90	100	110	120	135

（3）根据土的物理力学指标确定新近堆积黄土的地基承载力，见表 3-7-25。

表 3-7-25　新近堆积黄土 Q_4^2 地基承载力基本值 f_0

a（MPa^{-1}）	w/w_L					
	0.4	0.5	0.6	0.7	0.8	0.9
0.2	148	143	138	133	128	123
0.4	136	132	126	122	116	112
0.6	125	120	115	110	105	100
0.8	115	110	105	100	95	90
1.0	—	100	95	90	85	80
1.2	—	—	85	80	75	70
1.4	—	—	—	70	65	60

注：压缩系数 a 值可取 50～150 kPa 或 100～200 kPa 压力段的大值。

五、湿陷性土勘察

（一）勘察工作内容

城市轨道交通工程的湿陷性土勘察应查明下列内容：

（1）湿陷性土的年代、成因、分布及其与地质、地貌、气候之间的关系。

（2）湿陷性土的地层结构，厚度变化以及与非湿陷性土层的关系。

(3)湿陷系数与自重湿陷系数随深度的变化。

(4)湿陷类型和不同湿陷等级的平面分布。

(5)古墓、井坑、井巷、地道等的分布。

(6)大气降水的积聚与排泄条件,地下水位季节变化幅度及升降趋势。

(7)当地消除湿陷性的建筑经验。

(二)勘探与取样

湿陷性土的勘探与取样除满足各勘察阶段不同结构类型的勘察要求外,还应符合下列规定:

(1)探井数量宜占取土勘探点总数的1/3～1/2。

(2)取土勘探点的数量不应少于勘探点总数的1/2～2/3,当勘探点间距较大或数量不多时,宜将所有勘探点作为取土勘探点。

(3)勘探孔的深度,除应大于地基压缩层深度外,在非自重湿陷性场地尚应达到基础底面以下不小于10 m;在自重湿陷性场地尚应大于自重湿陷性土层的深度,并应满足工程设计与施工的特殊需要。

(4)土试样应为Ⅰ级土样,并应在探井中取样,竖向间距宜为1 m,土样直径不应小于120 mm;取样应按现行国家标准《湿陷性黄土地区建筑规范》(GB 50025)的有关规定执行。

(5)探井和钻孔应分层回填夯实,回填土的干密度不应小于1.5 g/cm^3。

(三)原位测试与室内试验

湿陷性土的试验应符合下列规定:

(1)室内试验除应满足一般要求外,尚应进行湿陷系数、自重湿陷系数、湿陷起始压力等试验,对浸水可能性大的工程,应进行饱和状态下的压缩和剪切试验。

(2)黄土的基坑稳定性计算与支护设计所需抗剪强度指标宜采用三轴固结不排水剪试验(CU),在初步设计阶段可采用固结快剪试验。

(3)根据工程需要可进行现场试坑浸水试验和现场载荷试验。

(4)湿陷性土的原位测试及室内试验应按现行国家标准《湿陷性黄土地区建筑规范》(GB 50025)的有关规定执行。

六、湿陷性土的岩土工程分析与评价

(一)分析与评价的内容

湿陷性土的岩土工程分析与评价应包括下列内容:

(1)判定场地湿陷类型。

(2)计算湿陷性黄土地基湿陷量。

(3)确定湿陷性黄土及湿陷性碎石土、湿陷性砂土、湿陷性粉土和湿陷性填土等地基的湿陷等级。

(4)应提出消除地基湿陷性措施的建议。

(5)确定湿陷性黄土等湿陷性土地基的承载力。

湿陷性黄土的承载力应按现行国家标准《湿陷性黄土地区建筑规范》(GB 50025)的有关规定确定。湿陷性碎石土、湿陷性砂土、湿陷性粉土和湿陷性填土等的承载力宜按载荷试验确定。

(6)应对自重湿陷性场地的桩基设计提出关于负摩阻力值的建议。

(7)应对黄土中可能存在的钙质结核及钙质结核富集层对隧道施工的影响进行分析评价。

(二)湿陷性的判定

1. 黄土湿陷性的判定

黄土的湿陷性，应按室内浸水(饱和)压缩试验，在一定压力下测定的湿陷系数 δ_s 进行判定。当湿陷系数 δ_s 值小于 0.015 时，应定为非湿陷性黄土；当湿陷系数 δ_s 值等于或大于 0.015 时，应定为湿陷性黄土。

以湿陷系数是否大于或等于 0.015 作为判定黄土湿陷性的界限值，是根据我国黄土地区的工程实践经验确定的。

2. 其他土湿陷性的判定

除湿陷性黄土外，在干旱和半干旱地区，特别是山前洪、坡积扇(裙)地带常遇到一些碎石土、砂土、粉土和填土等，这些土在一定压力下浸水也常常表现出强烈的湿陷性。

对于这些土，当不能采取试样进行室内湿陷性试验时，应采用现场载荷试验确定湿陷性。在 200 kPa 压力下浸水载荷试验的附加湿陷量与承压板宽度之比等于或大于 0.023 的土，应判定为湿陷性土。

(三)湿陷程度

1. 湿陷性黄土的湿陷程度

湿陷性黄土的湿陷程度，可根据湿陷系数 δ_s 值的大小分为下列三种：

(1)当 $0.015 \leqslant \delta_s \leqslant 0.03$ 时，湿陷性轻微。

(2)当 $0.03 < \delta_s \leqslant 0.07$ 时，湿陷性中等。

(3)当 $\delta_s > 0.07$ 时，湿陷性强烈。

2. 其他湿陷性土的湿陷程度

其他湿陷性土湿陷程度的划分应符合表 3-7-26 的判定。

表 3-7-26　其他湿陷性土的湿陷程度分类

湿陷程度	附加湿陷量 ΔF_s(cm)	
	承压板面积 0.50 m^2	承压板面积 0.25 m^2
轻　微	$1.6 < \Delta F_s \leqslant 3.2$	$1.1 < \Delta F_s \leqslant 2.3$
中　等	$3.2 < \Delta F_s \leqslant 7.4$	$2.3 < \Delta F_s \leqslant 5.3$
强　烈	$\Delta F_s > 7.4$	$\Delta F_s > 5.3$

注：对能用取土器取得不扰动试样并进行室内试验的湿陷性粉砂，其试验方法和评定标准应按湿陷性黄土进行，并符合现行国家标准《湿陷性黄土地区建筑规范》(GB 50025)相关要求。

(四)湿陷性黄土自重湿陷量的确定

1. 自重湿陷量的实测值 Δ'_{zs}

自重湿陷量的实测值 Δ'_{zs} 根据现场试坑浸水试验确定，并应符合下列要求：

(1)试坑宜挖成圆(或方)形，其直径(或边长)不应小于湿陷性黄土层的厚度，并不应小于 10 m；试坑深度宜为 0.50 m，最深不应大于 0.80 m。坑底宜铺 100 mm 厚的砂砾石。

(2)在坑底中部及其他部位,应对称设置观测自重湿陷的深标点,设置深度及数量宜按各湿陷性黄土层顶面深度及分层数确定。在试坑底部,由中心向坑边以不少于3个方向,均匀设置观测自重湿陷的浅标点;在试坑外沿线浅标点方向10～20 m范围内设置地面观测标点,观测精度为±0.10 mm。

(3)试坑内的水头高度不宜小于300 mm,在浸水过程中,应观测湿陷量、耗水量、浸湿范围和地面裂缝。湿陷稳定可停止浸水,其稳定标准为最后5 d的平均湿陷量小于1 mm/d。

(4)设置观测标点前,可在坑底面打一定数量及深度的渗水孔,孔内应填满砂砾石。

(5)试坑内停止浸水后,应继续观测不少于10 d,且连续5 d的平均下沉量不大于1 mm/d,试验终止。

2. 自重湿陷量的计算值Δ_{zs}

湿陷性黄土场地自重湿陷量的计算值Δ_{zs},应按下式计算:

$$\Delta_{zs}=\beta_0\sum_{i=1}^{n}\delta_{zsi}h_i \tag{3-7-4}$$

式中 Δ_{zs}——自重湿陷量的计算值(mm);

δ_{zsi}——第i层土的自重湿陷系数;

h_i——第i层土的厚度(mm);

β_0——因地区土质而异的修正系数,在缺乏实测资料时,可按下列规定取值:

(1)陇西地区取1.50。

(2)陇东—陕北—晋西地区取1.20。

(3)关中地区取0.90。

(4)其他地区取0.50。

自重湿陷量的计算值Δ_{zs},应自天然地面(挖、填方的厚度和面积较大时,应自设计地面)算起,至其下非湿陷黄土层的顶面止,其中自重湿陷系数δ_{zs}值小于0.015的土层不累计。

(五)场地湿陷类型

湿陷性黄土场地的湿陷类型,应按自重湿陷量的实测值Δ'_{zs}或计算值Δ_{zs}判定,并应符合下列规定:

(1)当自重湿陷量的实测值Δ'_{zs}或计算值Δ_{zs}小于或等于70 mm时,应定为非自重湿陷性黄土场地。

(2)当自重湿陷量的实测值Δ'_{zs}或计算值Δ_{zs}大于70 mm时,应定为自重湿陷性黄土场地 。

(3)当自重湿陷量的实测值和计算值出现矛盾时,应按自重湿陷量的实测值判定。

(六)地基湿陷量计算

1. 湿陷性黄土地基湿陷量

湿陷性黄土地基受水浸湿饱和,其湿陷量的计算值Δ_s应符合下列规定:

(1)湿陷量的计算值Δ_s,应按下式计算:

$$\Delta_s=\sum_{i=1}^{n}\beta\delta_{si}h_i \tag{3-7-5}$$

式中 Δ_s——湿陷量的计算值(mm);

δ_{si}——第 i 层土的湿陷系数；

h_i——第 i 层土的厚度(mm)；

β——考虑基底下地基土的受水浸湿可能性和侧向挤出等因素的修正系数，在缺乏实测资料时，可按下列规定取值：

①基底下 0～5 m 深度内，取 $\beta=1.50$；

②基底下 5～10 m 深度内，取 $\beta=1$；

③基底下 10 m 以下至非湿陷性黄土层顶面，在自重湿陷性黄土场地，可取工程所在地区的 β_0 值。

(2)湿陷量的计算值 Δ_s 的计算深度，应自基础底面(如基底标高不确定时，自地面下 1.50 m)算起；在非自重湿陷性黄土场地，累计至基底下 10 m(或地基压缩层)深度止；在自重湿陷性黄土场地，累计至非湿陷性黄土层的顶面止。其中湿陷系数 δ_s(10 m 以下为 δ_{zs})小于 0.015 的土层不累计。

2. 其他湿陷性土地基湿陷量

对不能采取不扰动土试样的湿陷性碎石土、湿陷性砂土、湿陷性粉土和湿陷性填土等，受水浸湿至下沉稳定后的地基湿陷量 Δ_s(mm)，应按下式计算：

$$\Delta_s=\sum_{i=1}^{n}\beta\Delta F_{si}h_i \tag{3-7-6}$$

式中　Δ_s——地基湿陷量(mm)；

ΔF_{si}——第 i 层土浸水载荷试验的附加湿陷量(mm)；

h_i——第 i 层土的厚度(mm)，从基础底面(初步勘察时自地面下 1.5 m)算起，$\Delta F_{si}/b<0.023$ 的土层厚度不计入；

β——修正系数(mm^{-1})。承压板面积为 0.50 m^2 时，$\beta=0.0014$；承压板面积为 0.25 m^2 时，$\beta=0.0020$。

(七)地基湿陷等级

1. 湿陷性黄土地基的湿陷等级

湿陷性黄土地基的湿陷等级应根据场地的湿陷类型、计算自重湿陷量 Δ_{zs} 和湿陷量 Δ_s 按表 3-7-27 确定。

表 3-7-27　湿陷性黄土地基的湿陷等级

湿陷量 Δ_s(mm)	非自重湿陷性场地	自重湿陷性场地	
	自重湿陷量 Δ_{ZS}(mm)		
	$\Delta_{ZS}\leqslant70$	$70<\Delta_{ZS}\leqslant350$	$\Delta_{ZS}\leqslant350$
$\Delta_s\leqslant300$	Ⅰ(轻微)	Ⅱ(中等)	—
$300<\Delta_s\leqslant700$	Ⅱ(中等)	*Ⅱ(中等)或Ⅲ(严重)	Ⅲ(严重)
$\Delta_s>700$	Ⅱ(中等)	Ⅲ(严重)	Ⅳ(很严重)

*注：当湿陷量的计算值 $\Delta_s>600$ mm、自重湿陷量的计算值 $\Delta_{ZS}>300$ mm 时，可判为Ⅲ级，其他情况可判为Ⅱ级。

2. 其他湿陷性土地基的湿陷等级

湿陷性碎石土、湿陷性砂土、湿陷性粉土和湿陷性填土等地基的湿陷等级应根据湿陷量Δ_s和湿陷性土总厚度按表3-7-28确定。

表3-7-28 湿陷性碎石土等其他湿陷性土地基的湿陷等级

<table>
<tr><th>湿陷量Δ_s(mm)</th><th>湿陷性土总厚度(m)</th><th>湿陷等级</th></tr>
<tr><td rowspan="2">$50<\Delta_s\leqslant 300$</td><td>>3</td><td>Ⅰ</td></tr>
<tr><td>≤3</td><td rowspan="2">Ⅱ</td></tr>
<tr><td rowspan="2">$300<\Delta_s\leqslant 600$</td><td>>3</td></tr>
<tr><td>≤3</td><td rowspan="2">Ⅲ</td></tr>
<tr><td rowspan="2">$\Delta_s>600$</td><td>>3</td></tr>
<tr><td>≤3</td><td>Ⅳ</td></tr>
</table>

七、湿陷性土对城市轨道交通工程建设的影响

湿陷性土对城市轨道交通工程建设的影响主要表现在以下几个方面：

(1)明挖车站或区间：由于湿陷性土浸水饱和后，土体软化，结构破坏，强度大幅降低，可能会引起边坡失稳等工程事故。

(2)对于暗挖地下车站或区间隧道，湿陷性土的影响较大，主要有以下个问题：

①湿陷性黄土具有多裂隙性、崩解性和湿陷性等工程特性，黄土垂直节理发育，垂直方向渗透性强，地表水很快渗透至地下，使深部黄土处于饱水状态，其原有结构完全丧失，从而使强度和承载力降低，当隧道开挖至饱水黄土层时，围岩随即因失去支撑而失稳，极易发生塌方、冒顶等事故。

②在干燥时，湿陷性土的强度较高，衬砌受力较小；遇水后颗粒黏结力削弱，湿陷性土强度随之降低，此时极易引起衬砌受力不均匀。

③湿陷性土的湿陷变形具有突变性、非连续性和不可逆性，极易导致隧道基础沉降、衬砌开裂等，对隧道产生严重危害。

④黄土溶洞和陷穴是黄土地区常见的不良地质现象，隧道若修建在其上方，则有基础下沉的危害；隧道若在下方则有冒顶的危险；隧道若修建在其一侧，则有可能承受偏压。

(3)对于高架线路：在重湿陷性黄土场地，浸水后会产生桩侧负摩阻力，降低桩基承载力，使桩基产生下沉，影响地铁运营安全。

(4)对于车辆基地：湿陷性土浸水饱和后土体结构破坏、强度降低，产生地基不均匀沉降，严重时会造成基地内建筑物开裂。

八、湿陷性土的工程措施

为防止或减小湿陷性土浸水湿陷对工程的影响，可采取的工程措施主要包括地基处理措施、防水措施和结构措施三种。

(一)湿陷性土地基处理

(1)当地基的湿陷变形、压缩变形或承载力不能满足设计要求时，应针对不同土质条件和建筑物的类别，在地基压缩层内或湿陷性黄土层内采取处理措施，各类建筑的地基处理应符合下列要求：

①甲类建筑应消除地基的全部湿陷量或采用桩基础穿透全部湿陷性黄土层，或将基础设置在非湿性黄土层上。

②乙、丙类建筑应消除地基的部分湿陷量。

(2)地基处理方法的选择，应根据建筑物的类别和湿陷性黄土的特性，并考虑施工设备、施工进度、材料来源和当地环境等因素，经技术经济综合分析比较后确定。湿陷性黄土地基常用的处理方法，可按表 3-7-29 选择其中一种或多种相结合的最佳处理方法。

表 3-7-29　湿陷性黄土地基常用的处理方法

处理方法	适　用　范　围	可处理的湿陷性黄土层厚度(m)
垫层法	地下水位以上，局部或整片处理	1～3
强夯法	地下水位以上，饱和度 $S_r \leqslant 60\%$ 的湿陷性黄土，局部或整片处理	3～12
挤密法	地下水位以上，饱和度 $S_r \leqslant 65\%$ 的湿陷性黄土	5～15
预浸水法	自重湿陷性黄土场地，地基湿陷等级为Ⅲ级或Ⅳ级，可消除地面下 6 m 以下湿陷性黄土层的全部湿陷性	6 m 以上，尚应采用垫层或其他方法处理
其他方法	经试验研究或工程实践证明行之有效	—

(二)防水措施

(1)基本防水措施：在建筑布置，场地排水，屋内排水、地面防水，散水等方面，防止雨水或生产生活用水渗入地基内的各项措施。

(2)检漏防水措施：在基本防水措施的基础上，对防护范围内的地下管道、应增设检漏管沟和检漏井。

(3)严格防水措施：对重要建筑场地和高级别湿陷地基，在检漏防水措施的基础上，对防水地面、排水沟、检漏管沟和检漏井等设施提高设计标准，如增设可靠的防水层，采用钢筋混凝土排水沟等。

(三)结构措施

减少建筑物的不均匀沉降，或使结构物适应地基的变形。建筑平面布置力求简单，或用沉降缝分成若干个体型简单的独立单元，用增设圈梁、基础梁、构造柱等办法，加强建筑物上部结构的整体刚度。

(四)减小桩侧负摩擦力的措施

为了提高自重湿陷性场地桩基的竖向承载力，可采取减小桩侧负摩擦力的措施如下：

(1)尽量采用非挤土桩(如钻、挖孔灌注桩)。

(2)对位于中性点以上的桩侧表面进行处理。

(3)桩基施工前，可采用强夯、挤密土桩等进行处理，消除上部或全部土层的自重湿陷性。

(4)采取其他有效而合理的措施。

第四节　膨 胀 岩 土

一、膨胀岩土的定义

膨胀岩土包括膨胀土和膨胀岩。

膨胀土是指土中黏粒成分主要由亲水性矿物组成，同时具有显著的吸水膨胀和失水收缩两种变形特性的黏性土。它的主要特征是：

(1)颗粒组成中黏粒(粒径小于 0.002 mm)含量大于 30%。

(2)黏土矿物成分中，伊利石、蒙脱石等强亲水性矿物占主导地位。

(3)土体湿度增高时，体积膨胀并形成膨胀压力；土体干燥失水时，体积收缩并形成收缩裂缝。

(4)膨胀、收缩变形可随环境变化往复发生，导致土的强度衰减。

(5)属液限大于 40%的高塑性土。

膨胀岩为具有上述(2)～(4)项特征的黏土类岩石。常见的膨胀岩有泥岩、泥质粉砂岩、页岩、风化的泥灰岩、蒙脱石化的凝灰岩、含硬石膏、芒硝的岩石等。

《膨胀土地区建筑技术规范》(GB 50112—2013)中对膨胀土的定义包括三个内容：

(1)控制膨胀土胀缩势能大小的物质成分主要是土中蒙脱石的含量、离子交换量以及小于 0.002 mm 黏粒含量。这些物质成分本身具有较强的亲水特性，是膨胀土具有较大胀缩变形的物质基础。

(2)除亲水特性外，物质本身的结构也很重要，电镜试验证明，膨胀土的微观结构属于面—面叠聚体，它比团粒结构有更大的吸水膨胀和失水收缩的能力。

(3)任何黏性土都具有胀缩性，问题在于这种特性对房屋安全的危害程度。以未经处理的一层砌体结构房屋的极限变形幅度 15 mm 作为划分标准，当计算建筑物地基土的胀缩变形量超过此值时，即应按规范进行勘察、设计、施工和维护管理。

二、膨胀岩土的判别

膨胀岩土目前尚无统一的判定标准，一般采用综合判定，分初判和详判两步。初判主要根据野外地质特征和自由膨胀率，详判是在初判的基础上，作进一步的室内试验分析。

(一)膨胀土的判别

(1)《岩土工程勘察规范》(GB 50021—2001)(2009 年版)规定，含有大量亲水矿物，湿度变化时有较大体积变化，变形受约束时产生较大内应力的岩土，应判定为膨胀岩土。具有下列特征的土可初判为膨胀土：

①多分布在二级或二级以上阶地、山前丘陵和盆地边缘。

②地形平缓、无明显自然陡坎。

③常见浅层滑坡、地裂，新开挖的路堑、边坡、基槽易生坍塌。

④裂缝发育，方向不规则，常有光滑面和擦痕，裂缝中常充填灰白、灰绿色黏土。

⑤平时坚硬，遇水软化，自然条件下呈坚硬或硬塑状态。

⑥自由膨胀率一般大于 40%。

⑦未经处理的建筑物成群破坏、低层较多层严重，刚性结构较柔性结构严重。

⑧建筑物开裂多发生在旱季，裂缝宽度随季节变化。

(2)《膨胀土地区建筑技术规范》(GB 50112—2013)规定，膨胀土应根据土的自由膨胀率、场地的工程地质特征和建筑物破坏形态综合判定。必要时，尚应根据土的矿物成分、阳离子交换量等试验验证。

(二)膨胀岩的判别

具有下列特征的岩石可判定为膨胀岩：

(1)多见于黏土岩、页岩、泥质砂岩;伊利石含量大于20%;

(2)具有前述(一)中的第②~⑤项的特征。

三、膨胀岩土的工程地质分类

(一)膨胀土的工程地质分类

根据膨胀土的成因和性质等将其分为四类,详见表3-7-30。

表3-7-30　膨胀土的工程地质分类

类　型		岩　性	孔隙比 e	液限 w_L(%)	自由膨胀率 δ_{ef}(%)	膨胀力 δ_{ep}(kPa)	收缩率 δ_e(%)	分布地区
Ⅰ(湖相)		黏土,黏土岩,灰白,灰绿色为主,灰黄,褐色次之	0.54~0.84	40~59	40~90	70~310	0.7~5.8	平顶山、邯郸、宁明、个旧、鸡街、襄樊、蒙自、曲靖、昭通
		黏土,灰色及灰黄色	0.92~1.29	58~80	56~100	30~150	4.1~13.2	
		粉质黏土、泥质粉细砂、泥灰岩、灰黄色	0.59~0.89	31~48	35~50	20~134	0.2~6.0	郧阳、荆门、枝江、安康、汉中、临沂、成都、合肥、南宁
Ⅱ(河相)		黏土,褐黄、灰褐色	0.58~0.89	38~54	40~77	53~204	1.8~8.2	
		粉质黏土,褐黄、灰白色	0.53~0.81	30~40	35~53	40~100	1.0~3.6	
Ⅲ(滨海相)		黏土,灰白、灰黄色,层理发育,有垂向裂隙,含砂	0.65~1.30	42~56	40~52	10~67	1.6~4.8	湛江、海口
		粉质黏土,灰色,灰白色	0.62~1.41	32~39	22~34	0~22	2.3~6.4	
Ⅳ(残积土)	Ⅳ-1(碳酸岩石地区)	下部黏土,褐黄、棕黄色	0.87~1.35	51~86	30~75	14~100	1.2~7.3	广西:贵港、柳州,来宾
		上部黏土,棕红、褐色等色	0.82~1.34	47~72	25~49	13~60	1.1~3.8	云南:昆明、砚山
	Ⅳ-2(古近系地区)	黏土、黏土岩、页岩、泥岩,灰、棕红、褐色	0.50~0.75	35~49	42~66	25~40	1.1~5.0	云南:开远;广东:广州;宁夏:中宁盐池;新疆:哈密
		粉质黏土、泥质砂岩及粉质页岩等	0.42~0.74	24~37	35~43	13~180	0.6~6.3	
	Ⅳ-3(火山灰地区)	黏土,褐红夹黄、灰黑色	0.81~1.00	51~58	81~126	—	2.0~4.0	海南:儋州

(二)膨胀岩的分类

膨胀岩可以参照表3-7-31分为典型的膨胀性软岩和一般的膨胀性软岩。

表3-7-31　膨胀岩的分类

指　标	典型的膨胀性软岩	一般的膨胀性软岩	指　标	典型的膨胀性软岩	一般的膨胀性软岩
蒙脱石含量(%)	≥50	≥10	体膨胀量(%)	≥3	≥2
单轴抗压强度(MPa)	≤5	>5,≤30	自由膨胀率(%)	≥30	≥25
软化系数	≤0.5	<0.6	围岩强度比	≤1	≤2
膨胀压力(MPa)	≥0.15	≥0.10	小于0.002 mm的黏粒含量(%)	>30	>15

四、膨胀土的工程地质特征及性质指标

(一)膨胀土的野外特征

(1)地貌特征:多分布在二级及二级以上的阶地与山前丘陵地区,个别分布在一级阶地上,呈龙岗,丘陵与浅而宽的沟谷,地形坡度平缓,一般坡度小于 12°,无明显的自然陡坎。在流水冲刷作用下的水沟水渠,常易崩塌、滑动而淤塞。

(2)结构特征:膨胀土多呈坚硬—硬塑状态,结构致密,呈棱形土块者常具有胀缩性,棱形土块越小,胀缩性越强。土内分布有裂隙,斜交剪切裂隙越发育,胀缩性越严重。

膨胀土多为细腻的胶体颗粒组成,断口光滑,土内常包含钙质结核和铁锰结核,呈零星分布,有时也富集成层。

(3)地表特征:分布在沟谷头部,库岸和路堑边坡上的膨胀土常易出现浅层滑坡,新开挖的路堑边坡,旱季常出现剥落,雨季则出现表面滑塌。膨胀土分布地区还有一个特点,即在旱季常出现地裂,长可达数十米至近百米,深数米,雨季闭合。

(4)地下水特征:膨胀土地区多为上层滞水或裂隙水,无统一水位,随着季节水位变化,常引起地基的不均匀胀缩变形。

(二)膨胀土的物理力学性质指标

我国有关地区膨胀土的物理力学性质指标见表 3-7-32。

表 3-7-32 膨胀土的物理力学性质指标

地 区	天然含水量 w (%)	容重 γ (kN/m³)	孔隙比 e	液限 w_L (%)	塑性指数 I_P(%)	液性指数 I_L	黏粒含量 <0.002 mm (%)	自由膨胀率 δ_{ef}(%)	膨胀率 δ_{ep}(%)	膨胀力 δ_{ep}(kPa)	收缩率 δ_e(%)
云南鸡街	24.0	20.2	0.68	50.0	25.0	<0	48	79	5.01	103	2.97
广西宁明	27.4	19.3	0.79	55.0	28.9	0.07	53	68		175	6.44
广西田阳	21.5	20.2	0.64	47.5	23.9	0.09	45			98	2.73
云南蒙自	39.4	17.8	1.15	73	34	0.03	42	81	9.55	50	8.20
云南文山	37.3	17.7	1.13	57	27	0.29	45	52		62	9.50
云南建水	32.5	18.3	0.99	59	29	0.06	50	52		40	7.00
河北邯郸	23.0	20.0	0.67	50.8	26.7	0.05	31	80	3.01	56	4.48
河南平顶山	20.8	20.3	0.61	50.0	26.4	<0	30	62		137	
湖北襄樊	22.4	20.0	0.65	55.2	24.3	<0	32	112		30	
山东临沂	34.8	18.2	1.05	55.2	29.2	0.33	—	61	—	7	—
广西南宁	35.0	18.6	0.98	62.2	33.2	0.15	61	56	2.6	34	3.8
安徽合肥工大	23.4	20.1	0.68	46.5	23.2	0.09	30	64		59	
江苏六合马集	22.1	20.6	0.62	41.3	19.8	0.05		56		85	
江苏南京卫岗	21.7	20.4	0.63	42.4	21.2	0.07	24.5				
四川成都川师	21.8	20.2	0.64	43.8	22.2	0.05	40	61	2.19	33	3.50
四川成都龙潭寺	23.3	19.9	0.61	42.8	20.9	0.01	38	90		39	5.90
湖北枝江	22.0	20.1	0.66	44.8	20.5	0.03	31	51	—	94	
湖北荆门	17.9	20.7	0.56	43.9	24.2	0.02	30	64		56	2.14
湖北郧阳	20.6	20.1	0.63	47.4	22.3	<0		53	4.43	26	4.31
陕西安康	20.4	20.2	0.62	50.8	20.3	0	25.8	57	2.07	37	3.47
陕西汉中	22.2	20.1	0.68	42.8	21.3	0.10	24.3	58	1.66	27	5.80

续上表

地　区	天然含水量 w (%)	容重 γ (kN/m^3)	孔隙比 e	液限 w_L (%)	塑性指数 I_P(%)	液性指数 I_L	黏粒含量 <0.002 mm (%)	自由膨胀率 δ_{ef}(%)	膨胀率 δ_{ep}(%)	膨胀力 δ_{ep}(kPa)	收缩率 δ_e(%)
山东泰安、临沂	22.3	19.6	0.71	40.2	20.2	0.12	—	65	0.09	14	—
广西金光农场	40.0	17.8	1.15	80.0	14.0	0.02	63	30	0.65	10	3.50
广西桂林奇峰镇	37.0	18.2	1.13	79.0	13.0	<0		24		47	2.40
贵州贵阳	52.7	16.8	1.57	90.0	46.0	0.13	54.5	33.3	0.76	14.7	9.38
广西武宣	36.0	18.3	0.99	68.0	26.0	<0		25	0.42		
广西来宾	29.0	18.5	0.89	58.0	30.0	0.04	30	44		9	1.50
广西贵港	32.0	19.2	0.91	67.0	25.0	<0	67	50		43	1.30
广西武鸣	27.0	18.5	0.90	72.0	15.0	<0	42	46		190	1.50
山东泗水泉林	32.5	18.4	0.98	60.0	32.0	0.18	—	—	—	—	1.7.0

注:本表所列数值均为平均值。

(三)膨胀土胀缩变形的主要因素

(1)膨胀土的矿物成分主要是次生黏土矿物——蒙脱石(微晶高岭土)和伊利石(水云母),具有较高的亲水性,当失水时土体即收缩,甚至出现干裂,遇水即膨胀隆起。因此,土中含有上述黏土矿物的多少直接决定土的膨胀性的大小。几种矿物的活动性能见表 3-7-33。

表 3-7-33　几种矿物的活动性

矿物名称	活动性	矿物名称	活动性
蒙脱石钠	7.2	白云母	0.23
蒙脱石钙	1.5	方解石	0.18
伊利石	0.9	石英	0
高岭石	0.33～0.46	—	—

(2)膨胀土的化学成分则以 SiO_2、Al_2O_3 和 Fe_2O_3 为主,黏土粒的硅铝分子比 $\frac{SiO_2}{Al_2O_3+Fe_2O_3}$ 的比值愈小,胀缩量就小,反之则大。

(3)黏土矿物中,水分子不仅与晶胞离子相结合,而且还与颗粒表面上的交换阳离子相结合。这些离子随与其结合的水分子进入土中,使土发生膨胀,因此离子交换量越大,土的胀缩性就越大。

(4)黏粒含量愈高,吸水能力愈强,胀缩变形就大,因颗粒小,比表面积大,颗粒负电场与极性水分子间的吸引作用,或由于阳离子的水化作用等影响所致。

(5)土的密度大,孔隙比就小,反之则孔隙比大,前者浸水膨胀强烈,失水收缩小,后者浸水膨胀小,失水收缩大。

(6)膨胀土含水量变化,易产生胀缩变形,当初始含水量与胀后含水量愈接近、土的膨胀就小,收缩的可能性和收缩值就大,如二者差值愈大,土膨胀可能性及膨胀值就大,收缩就愈小。

(7)膨胀土的微观结构与其膨胀性关系密切,一般膨胀土的微观结构属于面—面叠聚体,膨胀土微结构单元体集聚体中叠聚体越多其膨胀就越大。

五、膨胀岩土勘察

(一)勘察工作内容

膨胀岩土的勘察应查明下列内容:

(1)膨胀岩土的地层岩性、形成年代、成因、结构、分布及节理、裂隙等特征。

(2)膨胀岩土分布区的地形、地貌特征。

(3)膨胀岩土分布区不良地质作用的发育情况与危害程度。

(4)膨胀土的强度、胀缩特性及不同膨胀潜势、胀缩等级的分布特征。

(5)地表水的排泄条件,地下水位与变化幅度。

(6)多年的气象资料及大气的影响深度。

(7)当地的建筑经验,建筑物与道路的破坏形式,发生、发展特点与防治措施等。

(二)勘察工作要求

(1)膨胀土的勘探应符合下列要求:

①勘探点宜结合地貌特征和工程类型布置,采用钻探和井探相结合,钻探宜采用干钻。

②取土试样钻孔、探井的数量不应少于钻孔、探井总量的 1/2。

③勘探深度,除应超过压缩层深度外,尚应大于大气影响深度。勘探深度还应满足各类工程设计的需要。

④在大气影响深度内采取的土试样等级应为Ⅰ级,取样间隔宜为 1 m,在大气影响深度以下,取样间隔可适当增大,取土间距可为 1.5～2.0 m。

⑤钻孔、探井应分层回填夯实。

(2)膨胀岩的勘察应符合下列要求:

①除满足膨胀土的勘察规定外,尚应查明膨胀岩的地质构造、岩层产状、风化程度。

②勘探点应结合工程类型布置,勘探孔深度应大于大气影响深度和满足各类工程设计的需要。

③按岩性、风化带分层采取代表性样品,进行室内试验。

(三)室内试验要求

(1)膨胀土室内试验应符合下列要求:

①一般应包括常规物理力学指标、无侧限抗压强度、自由膨胀率、一定压力下的膨胀率、收缩系数、膨胀力等特性指标,必要时可测定蒙脱石含量和阳离子含量。

②计算在荷载作用下的地基膨胀量时,应测定土样在自重与附加压力之和作用下的膨胀率。

③必要时,进行三轴剪切试验、残余强度试验等。

(2)膨胀岩应进行密度、含水量、自由膨胀率、膨胀力、岩石的饱和吸水率等试验。

(3)确定土体抗剪强度应按下列要求进行:

①表面风化层宜采用干湿循环试验确定。

②地下水位以下或坡面无封闭、有雨水、地表水渗入,宜采用浸水条件下的直剪仪慢剪试验确定。

③地下水位以上或坡面及时封闭、无雨水、无地表水渗入,宜采用非浸水条件下的直

剪仪慢剪试验确定。

④裂隙面强度宜采用无侧限抗压强度试验或直剪仪裂面重合剪试验确定。

膨胀岩土的室内试验要求及各试验指标的确定详见第三篇第五章第二节相关内容。

(四)野外测试

1. 现场浸水载荷试验

现场浸水载荷试验可用于以确定膨胀土地基的承载力和浸水时的膨胀变形量。

现场浸水载荷试验(图 3-7-1)的方法与步骤，应符合下列规定：

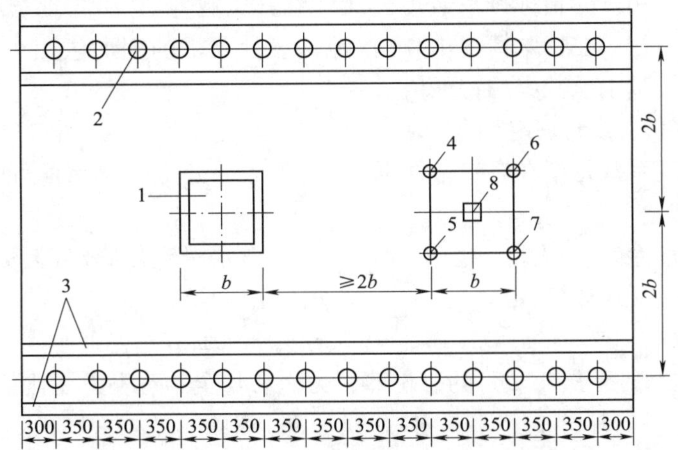

图 3-7-1　现场浸水载荷试验试坑及设备布置示意(单位：mm)

1—方形压板；2—ϕ127 砂井；3—砖砌砂槽；4—1b 深测标；5—2b 深测标；6—3b 深测标；7—大气影响深度测标；8—深度为零的测标

(1)试验场地应选在有代表性的地段。

(2)试验坑深度不应小于 1.0 m，承压板面积不应小于 0.5 m^2，采用方形承压板时，其宽度 b 不应小于 707 mm；

(3)承压板外宜设置一组深度为 0、1b、2b、3b(b 为承压板宽度或直径)和等于当地大气影响深度的分层测标，或采用一孔多层测标方法，以观测各层土的膨胀变形量。

(4)可采用砂井和砂槽双面浸水。砂槽和砂井内应填满中、粗砂，砂井的深度不应小于当地的大气影响深度，且不应小于 4b。

(5)应采用重物分级加荷和高精度水准仪观测变形量。

(6)应分级加荷至设计荷载。当土的天然含水量大于或等于塑限含水量时，每级荷载可按 25 kPa 增加；当土的天然含水量小于塑限含水量时，每级荷载可按 50 kPa 增加；每级荷载施加后，应按 0.5 h、1 h 各观测沉降一次，以后可每隔 1 h 或更长一些时间观测一次，直至沉降达到相对稳定后再加下一级荷载。

(7)连续 2 h 的沉降量不大于 0.1 mm/h 时可认为沉降稳定。

(8)当施加最后一级荷载(总荷载达到设计荷载)沉降达到稳定标准后，应在砂槽和砂井内浸水，浸水水面不应高于承压板底面；浸水期间应每 3 d 观测一次膨胀变形；膨胀变形相对稳定的标准为连续两个观测周期内，其变形量每 3 天不应大于 0.1 mm。浸水时间不应少于两周。

(9)浸水膨胀变形达到相对稳定后，应停止浸水并按第(6)、(7)两项要求继续加荷直至达到极限荷载。

(10)试验前和试验后应分层取原状土样在室内进行物理力学试验和膨胀试验。

(11)应绘制各级荷载下的变形和压力曲线(p-s 曲线)以及分层测标变形与时间关系曲线，确定土的承载力和可能的膨胀量。

(12)同一土层的试验点数不应少于 3 点，当实测值的极差不大于其平均值的 30% 时，可取平均值为其承载力极限值，应取极限荷载的 1/2 作为地基土承载力的特征值。

(13)必要时可用试验指标按承载力公式计算其承载力，并应与现场载荷试验所确定的承载力值进行对比。在特殊情况下，可按地基设计要求的变形值在 p-s 曲线上选取所对应的荷载作为地基土承载力的特征值。

2. 膨胀土湿度系数的确定

膨胀土的湿度系数是指在自然条件下，地表下 1 m 处土层含水量可能达到的最小值与其塑限值之比。

膨胀土的湿度系数应根据当地 10 年以上土的含水量变化确定，无资料时，可根据当地有关气象资料按下式计算：

$$\psi_w = 1.152 - 0.726\alpha - 0.001\,07c \tag{3-7-7}$$

式中 α——当地 9 月至次年 2 月的月份蒸发力之和与全年蒸发力之比值(月平均气温小于 0 ℃的月份不统计在内)。我国部分地区蒸发力及降水量的参考值可按表 3-7-34 取值；

c——全年中干燥度大于 1.0 且月平均气温大于 0 ℃月份的蒸发力与降水量差值之总和(mm)，干燥度为蒸发力与降水量之比值。

表 3-7-34 中国部分地区的蒸发力及降水量(mm)

站名	项别	月份											
		1	2	3	4	5	6	7	8	9	10	11	12
汉中	蒸发力	14.2	20.6	43.6	60.3	94.1	114.8	121.5	118.1	57.4	39.0	17.6	11.9
	降水量	7.5	10.7	32.2	68.1	86.6	110.2	158.0	141.7	146.9	80.3	38.0	9.3
安康	蒸发力	18.5	27.0	51.0	67.3	98.3	122.8	132.6	131.9	67.2	43.9	20.6	16.3
	降水量	4.4	11.1	33.2	80.8	88.5	78.6	120.7	118.7	133.7	70.2	32.8	7.0
通州	蒸发力	15.6	21.5	51.0	87.3	136.9	144.0	130.5	111.2	74.4	44.6	20.1	12.3
	降水量	2.7	7.7	9.2	22.7	35.6	70.6	70.6	243.5	64.0	21.0	7.8	1.6
唐山	蒸发力	14.3	20.3	49.8	83.0	138.8	140.8	126.2	112.4	75.5	45.5	20.4	19.1
	降水量	2.1	6.2	6.5	27.2	24.3	64.4	224.8	196.5	46.2	22.5	6.9	4.0
泰安	蒸发力	16.8	24.9	56.8	85.6	132.5	148.1	133.8	123.6	78.5	54.6	23.8	14.2
	降水量	5.5	8.7	16.5	36.8	42.4	87.4	228.8	163.2	70.7	32.2	26.4	8.1
兖州	蒸发力	16.0	24.9	58.2	87.7	137.9	158.5	140.3	129.5	81.0	56.6	24.8	14.7
	降水量	8.2	11.2	20.4	42.1	40.0	90.4	237.1	156.7	60.8	30.0	27.0	11.3
临沂	蒸发力	17.2	24.3	53.1	78.9	123.7	137.2	123.3	123.7	77.5	56.2	25.6	15.5
	降水量	11.5	15.1	24.4	52.1	48.2	111.1	284.8	183.1	160.4	33.7	32.3	13.3
文登	蒸发力	13.2	20.2	47.7	71.5	120.4	121.1	110.4	112.3	73.4	48.0	21.4	12.0
	降水量	15.7	12.5	22.4	44.3	43.3	82.4	234.1	194.3	107.9	36.0	35.3	16.3

续上表

站名	项　别	月　份											
		1	2	3	4	5	6	7	8	9	10	11	12
南京	蒸发力	19.5	24.9	50.1	70.5	103.5	120.6	140.0	139.1	80.7	59.0	27.3	17.8
	降水量	31.8	53.0	78.7	98.7	97.3	139.9	182.0	121.0	100.9	44.3	53.2	21.2
蚌埠	蒸发力	19.0	25.9	52.0	74.4	114.3	136.9	137.2	136.0	79.1	57.8	28.2	18.5
	降水量	26.6	32.6	60.8	62.5	74.3	106.8	205.8	153.7	87.0	38.2	40.3	22.0
合肥	蒸发力	19.0	25.6	51.3	71.7	111.5	131.9	150.0	146.3	80.8	59.2	27.9	18.5
	降水量	33.6	50.2	75.4	106.1	105.9	96.3	181.5	114.1	80.0	43.2	52.5	31.5
巢湖	蒸发力	22.8	27.6	54.2	72.6	111.3	134.8	159.7	149.9	84.2	64.7	31.2	21.6
	降水量	27.4	45.5	73.7	111.1	110.2	89.0	158.1	98.9	76.6	40.1	59.6	26.1
许昌	蒸发力	20.3	26.8	33.0	75.7	122.3	153.0	140.7	125.2	76.8	54.6	27.5	19.0
	降水量	13.0	15.0	19.8	53.0	53.8	70.4	185.7	156.4	72.2	39.9	37.9	10.7
南阳	蒸发力	19.2	29.9	53.3	74.4	113.8	144.8	137.6	132.6	78.8	55.6	26.5	18.6
	降水量	14.2	16.1	36.2	69.9	66.0	84.0	196.8	163.1	93.8	47.3	31.5	10.2
郧阳	蒸发力	17.5	23.3	46.5	65.7	105.3	131.0	135.7	127.0	69.4	49.0	23.3	16.2
	降水量	14.5	20.3	43.7	84.1	74.8	74.7	145.2	134.6	109.7	61.7	38.9	12.3
钟祥	蒸发力	23.4	29.1	52.2	70.5	108.6	131.2	151.3	146.2	89.9	62.5	31.9	21.7
	降水量	26.4	30.3	55.9	99.4	119.5	136.5	184.6	114.0	73.7	53.1	47.2	22.8
江陵荆州	蒸发力	20.1	24.8	45.6	61.7	96.5	120.2	146.8	136.9	82.3	54.4	27.0	18.8
	降水量	30.0	40.7	77.1	132.7	160.2	165.9	177.6	124.6	70.0	74.0	53.5	31.2
全州	蒸发力	29.1	27.9	47.1	59.4	90.6	105.8	151.5	137.7	98.6	68.5	35.7	27.5
	降水量	55.0	89.0	131.9	250.1	231.0	198.9	110.6	130.8	48.3	69.9	86.0	58.6
桂林	蒸发力	32.5	31.2	47.7	61.6	91.5	106.7	138.4	133.5	106.9	78.5	42.9	33.5
	降水量	55.6	76.1	134.0	279.7	318.4	315.8	224.2	166.9	65.2	97.3	83.2	56.6
百色	蒸发力	31.6	36.9	67.6	90.5	123.1	117.9	134.1	128.8	96.8	68.3	40.0	26.4
	降水量	19.9	17.3	31.1	66.1	168.7	195.7	170.3	189.3	109.4	81.3	39.6	17.7
田东	蒸发力	37.1	41.2	70.1	68.0	125.5	122.0	138.5	132.8	101.1	73.9	42.7	35.5
	降水量	17.4	22.3	37.2	66.0	159.4	213.5	153.7	211.2	134.5	67.3	37.2	22.4
贵港	蒸发力	41.8	36.7	52.7	67.6	110.6	109.2	135.0	133.1	111.4	91.2	52.1	42.1
	降水量	33.3	48.4	63.2	144.0	183.6	302.5	221.4	244.9	101.4	66.6	38.0	27.4
南宁	蒸发力	25.1	33.4	51.2	71.3	116.0	115.7	136.3	130.5	101.9	81.7	46.1	35.3
	降水量	40.2	41.8	63.0	84.1	183.3	241.8	179.9	203.6	110.1	67.0	43.3	25.1
上思	蒸发力	45.0	34.7	54.9	74.3	123.0	108.5	127.2	119.0	91.4	73.4	42.5	34.6
	降水量	23.4	26.0	23.1	62.4	126.7	144.3	201.0	235.6	141.7	74.1	40.4	18.0
来宾	蒸发力	36.0	34.2	51.3	76.4	107.5	112.6	140.9	135.7	107.0	79.9	43.4	34.2
	降水量	28.8	52.7	67.2	116.9	182.8	296.1	195.9	209.0	68.5	78.3	57.3	36.3
韶关（曲江）	蒸发力	32.2	31.8	51.4	65.0	103.4	111.4	155.6	141.2	109.9	79.5	44.4	32.2
	降水量	52.4	83.2	149.7	226.2	239.9	264.1	127.6	138.4	90.8	57.3	49.3	43.5
广州	蒸发力	40.1	35.9	53.1	66.2	105.4	109.2	137.5	131.1	99.5	88.4	54.5	41.8
	降水量	39.3	62.5	91.3	158.2	266.7	299.2	220.0	225.5	204.0	52.2	42.0	19.7
湛江	蒸发力	43.0	37.1	55.9	26.9	123.8	122.3	144.9	132.0	105.1	87.8	58.9	46.2
	降水量	25.2	38.7	63.5	40.6	163.3	209.2	163.5	251.2	254.4	90.9	44.7	19.5

续上表

站名	项别	月份											
		1	2	3	4	5	6	7	8	9	10	11	12
绵阳	蒸发力 降水量	16.8 6.1	21.4 10.9	43.8 20.2	61.2 54.5	92.8 83.5	97.0 162.0	109.4 244.0	104.0 224.6	56.7 143.5	38.2 43.9	21.9 19.7	15.2 6.1
成都	蒸发力 降水量	17.5 5.1	21.4 11.3	43.6 21.8	59.7 51.3	91.0 88.3	94.3 119.8	107.7 229.4	102.1 365.5	56.0 113.7	37.5 48.0	21.7 16.5	15.7 6.4
昭通	蒸发力 降水量	23.4 5.6	31.4 6.6	66.1 12.6	83.0 26.6	97.7 74.3	81.9 144.1	101.9 162.0	92.8 124.4	61.7 101.2	40.1 62.2	27.2 15.2	21.2 7.0
昆明	蒸发力 降水量	35.6 10.0	47.2 9.9	85.1 13.6	103.4 19.7	122.6 78.5	91.9 182.0	90.2 216.5	90.3 195.1	67.6 123.0	53.0 94.9	36.9 33.6	30.1 16.0
开远	蒸发力 降水量	44.4 14.2	56.9 14.2	99.6 25.9	116.7 40.9	140.2 75.7	105.4 131.8	107.5 166.6	100.8 135.1	81.6 83.2	66.5 55.2	44.2 33.2	39.2 20.0
元江	蒸发力 降水量	54.2 12.5	69.4 11.1	114.3 17.2	123.3 41.9	148.7 80.3	118.8 142.6	121.2 132.1	116.9 133.3	95.3 72.4	76.4 74.1	52.2 37.1	44.8 26.9
文山	蒸发力 降水量	36.1 13.7	45.8 12.4	84.3 24.5	104.4 61.6	120.8 103.9	94.5 154.0	99.3 194.6	93.6 175.0	70.5 103.6	59.5 64.9	40.4 31.1	34.3 23.0
蒙自	蒸发力 降水量	40.4 12.9	58.4 16.4	100.8 26.2	117.6 45.9	134.5 90.1	102.3 131.8	102.6 150.8	97.7 150.5	78.7 81.1	66.0 52.8	47.8 27.7	41.3 19.8
贵阳	蒸发力 降水量	21.0 19.7	25.0 21.8	51.8 33.2	70.3 108.3	90.9 191.8	92.7 213.2	116.9 178.9	110.1 142.0	74.4 82.6	46.7 89.2	28.1 55.9	21.1 25.7

注：表中“站名”为气象站所在地。

3. 大气影响深度及大气影响急剧层深度

大气影响深度是自然气候作用下，由降水、蒸发、地湿等因素引起土的升降变形的有效深度。

大气影响急剧层深度是指大气影响特别显著的深度。

大气影响深度应由各气候区土的深层变形观测或含水量观测及地温观测资料确定；无资料时，可按表 3-7-35 采用。

大气影响急剧层深度可按表 3-7-35 中的大气影响深度值乘以 0.45 采用。

表 3-7-35 大气影响深度(m)

膨胀土的湿度系数 ψ_w	大气影响深度 d_a(m)
0.6	5.0
0.7	4.0
0.8	3.5
0.9	3.0

六、膨胀岩土的岩土工程分析与评价

(一)膨胀潜势

膨胀土膨胀潜势应按表 3-7-36 进行分类：

表 3-7-36　膨胀潜势分类

分类指标	膨胀潜势		
	弱	中	强
自由膨胀率 δ_{ef}(%)	$40\leqslant\delta_{ef}<60$	$60\leqslant\delta_{ef}<90$	$\delta_{ef}\geqslant90$
蒙脱石含量 M'(%)	$7\leqslant M'<17$	$17\leqslant M'<27$	$M'\geqslant27$
阳离子交换量 $CEC(NH_4^+)$(mmol/kg)	$170\leqslant CEC(NH_4^+)<260$	$260\leqslant CEC(NH_4^+)<360$	$CEC(NH_4^+)\geqslant360$

注：当有两项指标符合时，即判定为该等级。

(二)膨胀土场地的分类

膨胀土场地应按下列条件进行分类：

(1)平坦场地：地形坡度小于5°；地形坡度大于5°小于14°而距坡肩的水平距离大于10 m的坡顶地带。

(2)坡地场地：地形坡度等于或大于5°；地形坡度虽小于5°但同一座建筑物或工程设施范围内的局部地形高差大于1 m。

(三)膨胀土地基胀缩等级

膨胀土地基胀缩等级应按表3-7-37进行划分：

表 3-7-37　膨胀土地基胀缩等级

级别	地基分级变形量 S_c(mm)
Ⅰ	$15\leqslant S_c<35$
Ⅱ	$35\leqslant S_c<70$
Ⅲ	$S_c\geqslant70$

注：1. 测定膨胀率的试验压力应为50 kPa。

2. 分级变形量的计算应按现行国家标准《膨胀土地区建筑技术规范》(GB 50112)的有关规定进行。

(四)膨胀土地基承载力的确定

确定膨胀土地基土的承载力应按下列要求进行：

(1)重要建(构)筑物或工程设施的地基承载力宜采用载荷试验或浸水载荷试验确定。

(2)一般建(构)筑物或工程设施的地基承载力宜根据三轴不固结不排水剪UU试验结果按国家现行的《建筑地基基础设计规范》(GB 5007)的有关规定计算确定。

(五)膨胀岩土地基的稳定性验算

位于坡地场地上的建(构)筑物的地基稳定性按下列几种情况验算：

(1)土质均匀且无节理面时按圆弧滑动法验算。

(2)岩土层较薄，层间存在软弱层时，取软弱层面为潜在滑动面进行验算。

(3)层状构造的膨胀岩土，如层面与坡面斜交且交角小于45°时，应验算层面的稳定性。

地基稳定性安全系数可取1.2。稳定性验算时，应计算建筑物和堆料的荷载、水平膨胀力，并应根据试验数据或当地经验考虑削坡卸荷应力释放、土体吸水膨胀后强度衰减的影响。

（六）其他要求

(1)分析膨胀岩土对工程的影响，建议相应的基础埋深、地基处理及隧道、边坡、基坑支护和防水、保湿措施等。

(2)应对建(构)筑物、工程设施、边坡等的变形、岩土的含水量变化及气候等环境条件变异的监测提出建议。

七、膨胀岩土对城市轨道交通工程建设的影响

膨胀岩土对城市轨道交通工程建设的影响主要表现在以下几个方面：

(1)胀缩性：膨胀岩土本身的遇水膨胀、失水收缩、龟裂的特性对在隧道施工极为不利，特别是地下水发育、地表降水渗透的条件下，隧道岩土体极易失稳，具体表现在收敛急剧扩展、拱顶下沉加大，甚至坍塌等。

(2)裂隙性及崩解性：膨胀岩土隧道开挖过程中，由于裂隙性和崩解性，使掌子面土体结构松散，开挖面应力释放导致掌子面向外崩塌，引起事故。

(3)风化特性：隧道开挖后，由于开挖面上岩土体原始应力释放产生胀裂。另外，因为表层岩土体风干而脱水，产生收缩裂缝，两种因素都可以使土中原生隐裂隙张开扩大。沿围岩周边产生裂缝，尤其在拱部围岩易产生张拉裂缝，并与上述裂缝贯通，形成局部变形区。

(4)超固结性：隧道底部开挖后，洞底围岩的上部压力解除，又无支护体约束的条件下，将产生土体超固结应力释放，洞底围岩产生卸荷膨胀；若坑道积水，洞底围岩产生浸水膨胀，造成洞底围岩鼓出变形。

(5)强度衰减性：随着岩土体受胀缩效应和风化作用时间的增加，抗剪强度将大幅度衰减。

八、膨胀岩土地区的工程措施

（一）场址选择

场址选择宜符合下列要求：

(1)宜选择地形条件比较简单，且土质比较均匀、胀缩性较弱的地段。

(2)宜具有排水畅通或易于进行排水处理的地形条件。

(3)宜避开地裂、冲沟发育和可能发生浅层滑坡等地段。

(4)坡度宜小于 14°并有可能采用分级低挡土结构治理的地段。

(5)宜避开地下溶沟、溶槽发育、地下水变化剧烈的地段。

（二）总平面设计

总平面设计应符合下列要求：

(1)同一建筑物地基土的分级变形量之差，不宜大于 35 mm。

(2)竖向设计宜保持自然地形和植被，并宜避免大挖大填。

(3)挖方和填方地基上的建筑物，应防止挖填部分地基的不均匀性和土中水分变化所造成的危害。

(4)应避免场地内排水系统管道渗水对建筑物升降变形的影响。

(5)地基基础设计等级为甲级的建筑物，应布置在膨胀土埋藏较深、胀缩等级较低或

地形较平坦的地段。

(6)建筑物周围应有良好的排水条件,距建筑物外墙基础外缘 5 m 范围内不得积水。

(三)建筑措施

在满足使用功能的前提下,建筑物的体型应力求简单,并应符合下列要求:

(1)建筑物选址宜位于膨胀土层厚度均匀,地形坡度小的地段。

(2)建筑物宜避让胀缩性相差较大的土层,应避开地裂带,不宜建在地下水位升降变化大的地段。当无法避免时,应采取设置沉降缝或提高建筑结构整体抗变形能力等措施。

(四)结构措施

建筑物结构设计应符合下列规定:

(1)应选择适宜的结构体系和基础形式。

(2)应加强基础和上部结构的整体强度和刚度。

(五)地基基础措施

膨胀土地基处理可采用换土、土性改良、砂石或灰土垫层等方法,亦可采用桩基或墩基。

(1)换土:膨胀土地基换土可采用非膨胀性土、灰土或改良土,换土厚度应通过变形计算确定。膨胀土土性改良可采用掺和水泥、石灰等材料,掺和比和施工工艺应通过试验确定。

(2)垫层:平坦场地上胀缩等级为Ⅰ级、Ⅱ级的膨胀土地基宜采用砂、碎石垫层。垫层厚度不应小于 300 mm。垫层宽度应大于基底宽度,两侧宜采用与垫层相同的材料回填,并应做好防、隔水处理。

(3)墩基或桩基:对较均匀且胀缩等级为Ⅰ级的膨胀土地基,可采用条形基础,基础埋深较大或基底压力较小时,宜采用墩基础;对胀缩等级为Ⅲ级或设计等级为甲级的膨胀土地基,宜采用桩基础。桩基设计应符合下列要求:

①桩顶标高低于大气影响急剧层深度的高、重建筑物,可按一般桩基础进行设计。

②桩顶标高位于大气影响急剧层深度内的三层及三层以下的轻型建筑物,桩基础设计应符合下列要求:

a. 按承载力计算时,单桩承载力特征值可根据当地经验确定。无资料时,应通过现场载荷试验确定;

b. 按变形计算时,桩基础升降位移应符合规范要求。

③桩端进入大气影响急剧层深度以下或非膨胀土层中的长度应符合下列规定:

a. 按膨胀变形计算时,应符合下式要求:

$$l_a \geqslant \frac{v_e - Q_k}{u_p \cdot \lambda \cdot q_{sa}} \tag{3-7-8}$$

b. 按收缩变形计算时,应符合下式要求:

$$l_a \geqslant \frac{Q_k - A_p q_{pa}}{u_p q_{sa}} \tag{3-7-9}$$

c. 按胀缩变形计算时,计算长度应取式(3-7-8)和式(3-7-9)中的较大值,且不得小于 4 倍桩径及 1 倍扩大端的直径,最小长度应大于 1.5 m。

式中 l_a——桩端进入大气影响急剧层以下或非膨胀土层中的长度(m);

v_e——在大气影响急剧层内桩侧土的最大胀拔力标准值，应由当地经验或试验确定(kN)；

Q_k——对应于荷载效应标准组合，最不利工况下作用于桩顶的竖向力，包括承台和承台上土的自重(kN)；

u_p——桩身周长(m)；

λ——桩侧土的抗拔系数，应由试验或当地经验确定；当无此资料时，可按现行行业标准《建筑桩基技术规范》(JGJ 94)的相关规定取值；

A_p——桩端截面积(m^2)；

q_{pa}——桩的端阻力特征值(kPa)；

q_{sa}——桩的侧阻力特征值(kPa)。

④当桩身承受胀拔力时，应进行桩身抗拉强度和裂缝宽度控制验算，并应采取通长配筋，最小配筋率应符合现行国家标准《建筑地基基础设计规范》(GB 50007)的规定。

⑤桩承台梁下应留有空隙，其值应大于土层浸水后的最大膨胀量，且不应小于100 mm。承台梁两侧应采取防止空隙堵塞的措施。

(六)膨胀岩地区的地下工程

膨胀岩地区的地下工程设计除应符合现行《岩土锚杆与喷射混凝土支护技术规范》(GB 50086)的规定外，尚需满足下列要求：

(1)开挖断面及导坑断面宜选用圆形，分部开挖时，各开挖断面形状应光滑，自立时间不能满足施工要求时，宜采用超前支护。

(2)全断面开挖、导坑及分部开挖时，应根据施工监控的收敛量和收敛率安设锚杆，分层喷射混凝土，必要时分层布筋，应使各层适时形成封闭型支护，并考虑各断面之间的相互影响。开挖时适当预留收敛裕量。早期变形过大时，宜采用可伸缩支护。

(3)设置封闭型永久支护，设置时间由施工监控的收敛量及收敛率决定。

(七)地基基础施工措施

(1)地基基础施工宜采取分段作业，施工过程中基坑(槽)不得暴晒或泡水。地基基础工程宜避开雨天施工；雨期施工时，应采取防水措施。

(2)基坑(槽)开挖时，应及时采取封闭措施。土方开挖应在基底设计标高以上预留150～300 mm土层，并应待下一工序开始前继续挖除，验槽后，应及时浇筑混凝土垫层或采取其他封闭措施。

(3)灌注桩施工时，成孔过程中严禁向孔内注水。孔底虚土经清理后，应及时灌注混凝土成桩。

(4)基础施工出地面后，基坑(槽)应及时分层回填，填料宜选用非膨胀土或经改良后的膨胀土，回填压实系数不应小于0.94。

(八)维护管理

(1)膨胀土场地内的建筑物、管道、地面排水、环境绿化、边坡、挡土墙等使用期间，应按设计要求进行维护管理。

(2)应定期检查管线漏水、阻塞情况，挡土结构及建筑物的位移、变形，裂缝等。必要时应进行变形、地温、岩土的含水量和岩土压力的观测工作。

第五节 强风化岩、全风化岩与残积土

风化岩与残积土都是新鲜岩层在物理风化作用和化学风化作用下形成的物质，可统称为风化残积物。风化岩与残积土的主要区别是因为岩石受到的风化程度不同，使其性状不同。风化岩是原岩受风化程度较轻，保存的原岩性质较多，而残积土则是原岩受到风化的程度极重，极少保持原岩的性质。风化岩基本上可以作为岩石看待，而残积土则完全成为土状物。两者的共同特点是均保持在其原岩所在的位置，没有受到搬运营力的水平搬运。

一、风化岩与残积土的划分

(1)岩石风化时常呈分带性，从地表到深处常可划分为全风化，强风化、中等风化、微风化及新鲜基岩等风化程度不同的带。

(2)相应于上述风化程度不同的带的物质，常相应地定名为残积土、强风化岩石、中等风化岩石、微风化岩石和新鲜岩石。

(3)对花岗岩类可根据含砾或含砂量将花岗岩类残积土划分为砾质黏性土、砂质黏性土和黏性土。当大于 2 mm 颗粒含量大于或等于 20%者定为砾质黏性土；小于 20%者定为砂质黏性土；不含者定为黏性土。

(4)风化岩的具体划分见第二篇第一章第五节相关内容。

(5)花岗岩类的强风化岩、全风化岩与残积土可按表 3-7-38 的规定划分。

表 3-7-38 花岗岩类的强风化岩、全风化岩与残积土划分

岩土名称	测试项目及指标	
	标准贯入试验击数 N(实测值)	剪切波波速 v_s(m/s)
强风化岩	$N \geqslant 50$	$v_s \geqslant 400$
全风化岩	$30 \leqslant N < 50$	$300 \leqslant v_s < 400$
残积土	$N < 30$	$v_s < 300$

二、强风化岩、全风化岩与残积土的勘察

(一)勘察工作内容

强风化岩、全风化岩与残积土的勘察应着重查明下列内容：

(1)母岩的地质年代和名称。

(2)强风化岩、全风化岩与残积土的分布、埋深与厚度变化。

(3)原岩矿物的风化程度、组织结构的变化程度。

(4)强风化岩、全风化岩与残积土的不均匀程度，破碎带和软弱夹层的分布、特征。

(5)强风化岩、全风化岩与残积土中岩脉的分布。

(6)强风化岩、全风化岩与残积土的透水性和富水性。

(7)强风化岩、全风化岩与残积土的物理力学性质及参数。

(8)当地强风化岩、全风化岩与残积土的工程经验。

(9)对花岗岩类尚应着重查明花岗岩分布区强风化岩、全风化岩与残积土中球状风化体(孤石)的分布。

(二)勘探与测试

强风化岩、全风化岩与残积土的勘探与测试应符合下列要求:

(1)采用钻探与标准贯入试验、超重型动力触探试验、波速测试等原位测试相结合的手段进行勘察工作。

(2)应有一定数量的探井。

(3)勘探点间距应按照表 3-7-39 的规定取小值。

(4)在强风化岩、全风化岩与残积土中应取得Ⅰ级试样。

表 3-7-39 勘探点间距(m)

场地复杂程度	复杂场地	中等复杂场地	简单场地
地下车站勘探点间距	10～20	20～40	40～50
地下区间勘探点间距	10～30	30～50	50～60

(三)室内试验

(1)根据工程需要按《城市轨道交通岩土工程勘察规范》(GB 50307—2012)的规定,对全风化岩、残积土和呈土状的强风化岩进行土工试验,对呈岩块状的强风化岩进行岩石试验,对残积土必要时进行湿陷性和湿化试验。

(2)对花岗岩类残积土和全风化岩进行细粒土的天然含水量、塑性指数、液性指数等试验,其值可按下列公式计算:

$$w_f = \frac{w - w_A \cdot 0.01P_{0.5}}{1 - 0.01P_{0.5}} \tag{3-7-10}$$

$$I_P = w_L - w_P \tag{3-7-11}$$

$$I_L = \frac{w_L - w_P}{I_P} \tag{3-7-12}$$

式中 w_f——花岗岩残积土中细粒土的天然含水量(%);

I_P——花岗岩残积土中细粒土的塑性指数;

I_L——花岗岩残积土中细粒土的液性指数;

w——花岗岩残积土(包括粗、细粒土)的天然含水量(%);

w_A——土中粒径大于 0.5 mm 颗粒吸着水含水量(%),可取 5%;

$P_{0.5}$——土中粒径大于 0.5 mm 颗粒的含量(%);

w_L——土中粒径小于 0.5 mm 颗粒的液限含水量(%);

w_P——土中粒径小于 0.5 mm 颗粒的塑限含水量(%)。

(四)参数指标的确定

强风化岩、全风化岩与残积土的技术指标和参数宜采用原位测试与室内试验相结合的方法确定。其承载力和变形模量 E_0 宜采用平板载荷试验的方法确定,亦可按现行国家标准《建筑地基基础设计规范》(GB 50007)的有关规定确定。

三、强风化岩、全风化岩与残积土的岩土工程分析与评价

（一）岩土工程分析与评价的内容

根据岩土工程特性和城市轨道交通工程实践，强风化岩、全风化岩与残积土的岩土工程分析与评价应包括下列内容：

（1）评价强风化岩、全风化岩与残积土的地基及边坡稳定性，并提出工程措施的建议。

（2）评价强风化岩、全风化岩与残积土中的桩基承载力和稳定性。

（3）分析岩土的不均匀程度，尤其是破碎带和软弱夹层的分布，指出隧道和基坑开挖、桩基施工中存在的岩土工程问题，提出工程措施的建议。

（4）评价强风化岩、全风化岩与残积土的透水性和地下水的富水性，分析在不同工法下，地下水对岩土体稳定性的影响，提出地下水控制措施的建议。

（5）分析岩脉、孤石和球状风化体对工程的影响，提出工程措施的建议。

（二）稳定性评价

强风化岩、全风化岩与残积土的地基及边坡稳定性应针对强风化岩、全风化岩与残积土遇水易软化崩解的工程特征进行分析和评价。

（三）地基承载性能评价

（1）对于没有建筑经验的残积土及风化岩地区的地基承载力，应采用载荷试验确定，并将载荷试验结果与其他原位试验结果建立统计关系，对于不含或极少含粗粒的土，能够取得保持原状结构的土试样时，亦可与其物理力学性质指标建立关系。对于残积土不宜套用一般土的承载力表查取承载力。

（2）对于完整、较完整和较破碎的岩石地基承载力特征值，可根据室内饱和单轴抗压强度按下式确定：

$$f_a = \psi_r \cdot f_{rk} \tag{3-7-13}$$

式中　f_a——岩石地基承载力特征值（kPa）；

f_{rk}——岩石的饱和单轴抗压强度标准值（kPa），岩样尺寸一般为 $\phi 50\times100$ mm；

ψ_r——折减系数。根据岩体完整程度以及结构面的间距、宽度、产状和组合，由地区经验确定。无经验时，对完整岩体可取 0.5；对较完整岩体可取 0.2～0.5；对较破碎岩体可取 0.1～0.2。

对于破碎、极破碎的岩石地基承载力特征值，可根据平板载荷试验确定。当试验难以进行时，可按表 3-7-40 确定岩石地基承载力特征值。

表 3-7-40　破碎、极破碎岩石地基承载力特征值 f_a（kPa）

岩石类别	风化程度		
	强风化	中等风化	微风化
硬质岩石	700～1 500	1 500～4 000	≥4 000
软质岩石	600～1 000	1 000～2 000	≥2 000

注：强风化岩石的标准贯入试验击数 $N\geq50$。

（3）对于花岗岩残积土的承载力可按下列方法确定：

甲、乙级建筑物应以载荷试验结果确定。丙级建筑物花岗岩残积土的承载力基本值

可按表 3-7-41 确定。

表 3-7-41 花岗岩残积土承载力基本值 f_0(kPa)

土的名称	N			
	4～10	10～15	15～20	20～30
	f_0			
砾质黏性土	(100)～250	250～300	300～350	350～(400)
砂质黏性土	(80)～200	200～250	250～300	300～(350)
黏性土	150～200	200～240	240～(270)	—

注:1. 括号内的数值供内插用。
2. 标准贯入击数 N 系经杆长修正后的值,其值过高或过低时应专门研究。

(4)如能准确地取得残积土的强度指标值及压缩性指标值时,其承载力亦可用计算方法确定。

(5)对于以物理风化作用为主形成的碎石质土以及砂质土的承载力亦可参照一般碎石土及砂土的承载力予以确定。

(6)单桩的承载力

残积土及风化岩的单桩承载力应通过现场载荷试验确定。对于乙、丙级建筑物,地基为花岗岩残积土及风化岩时,其确定单桩承载力的方法请参见第六篇第五章第二节。

(四)地基变形

(1)当建筑物的地基为同一种风化程度的岩石组成时,一般可以不考虑地基的沉降和差异沉降问题。但与同一建筑物的地基为风化程度相差两级的岩土组成时,应考虑不均匀沉降问题。

(2)对于用室内试验不能取得可靠变形性质资料的残积土及风化岩地基,在计算沉降及差异沉降时,应使用载荷试验或其他可靠方法求得的地基岩土的变形模量采用适当方法计算。

(3)花岗岩和泥质软岩的残积土、全风化和强风化岩的变形模量 E_0 值,应按平板载荷试验确定。对于乙级、丙级工程,当无试验条件时,可按标准贯入试验击数 N 按下式确定:

$$E_0=\alpha N \tag{3-7-14}$$

式中 E_0——变形模量(MPa);

α——载荷试验与标准贯入试验对比得到的经验系数,见表 3-7-42;

N——标准贯入试验击数实测值。

表 3-7-42 经验系数

经验值	花岗岩		泥质软岩	
	N	α	N	α
残积土	$10<N\leqslant30$	2.3	$10<N\leqslant25$	2.0
全风化岩	$30<N\leqslant50$	2.5	$25<N\leqslant40$	2.3
强风化岩	$50<N\leqslant70$	3.0	$40<N\leqslant60$	2.5

注:对于甲级建筑物使用本表确定 E_0 时,应用载荷试验予以验证。

(4)对于花岗岩残积土地基,可使用下述方法计算沉降:

①大基础地基变形计算

大基础(基础宽度 $b \geq 10$ m)的地基最终变形 S(mm)可根据变形模量计算。

②中小型基础地基变形计算

a. 中小型基础($b<10$ m)地基的最终变形量,按分层总和法计算。当地基中除花岗岩残积土外尚有其他类土时,应取得其他类土的变形模量后,计算地基变形。

b. 计算地基变形值时,地基压缩层深度算到附加压力等于土层自重压力的20%处。

(五)设计施工的准则和措施

(1)对具有膨胀性和湿陷性的残积土和风化岩在设计施工时应按膨胀土和湿陷性土的要求采取措施。

(2)在地基开挖过程中,应根据岩性风化程度确定稳定边坡角。

(3)在地下水位以下开挖深基坑时,应采取预先降水或支挡等防护措施。

(4)易风化的泥岩类,开挖基坑后不宜暴露过久,应及时砌置基础或浇混凝土垫层。

(5)在岩溶地区应对石芽与沟槽间的残积土采取工程措施。

(6)对于较宽的侵入岩脉或脉岩应根据其岩性、风化程度和工程性质采取利用、换土或挖除等措施。

第六节　红　黏　土

一、红黏土的定义、形成及其分布

(一)红黏土的定义

红黏土分为原生红黏土和次生红黏土。

颜色为棕红或褐黄,覆盖于碳酸盐岩系之上,其液限大于或等于50%的高塑性黏土,应判定为原生红黏土。

原生红黏土经再搬运、沉积后仍保留其基本特征,且其液限大于45%的黏土,可判定为次生红黏土。

(二)红黏土的形成条件

红黏土的形成,一般应具备气候和岩性两个条件。

(1)气候条件;气候变化大,年降水量大于蒸发量。因而气候潮湿,有利于岩石的机械风化和化学风化,风化的结果便形成红黏土。

(2)岩性条件:主要为碳酸盐类岩石。当岩层褶皱发育、岩石破碎,易于风化时,更易形成红黏土。

(三)红黏土的分布规律

1. 红黏土分布的地域性

红黏土主要为残积、坡积类型,因而其分布多在山区或丘陵地带。这种受形成条件所控制的土,为一种区域性的特殊性土。在我国以贵州、云南、广西分布最为广泛和典型,其次在安徽、川东,粤北、鄂西和湘西也有分布。一般分布在山坡、山麓、盆地或洼地中。

我国北方红黏土零星分布在一些较温湿的岩溶盆地,如陕南、鲁南和辽东等地,多为受到后期营力的侵蚀和其他沉积物覆盖的早期红黏土。

2. 红黏土土性的变化规律

各地区红黏土不论在外观颜色、土性上都有一定的变化规律，一般具有自西向东土的塑性和黏粒含量逐渐降低、土中粉粒和砂粒含量逐渐增高的趋势。

3. 红黏土厚度变化规律

红黏土厚度的变化与原始地形和下伏基岩面的起伏变化密切相关，分布在盆地或洼地时，其厚度变化大体是边缘较薄，向中间逐渐增厚，分布在基岩面或风化面上时，则取决于基岩起伏和风化层深度。当下伏基岩的溶沟、溶槽、石芽等较发育时，上覆红黏土的厚度变化极大，常有咫尺之隔，竟相差 10 m 之多。

地域性差异很大，贵州的红黏土厚度约 3～6 m，超过 10 m 者较少；云南地区一般为 7～8 m，个别地段可达 10～20 m，湘西、鄂西、广西等地一般在 10 m 左右。

二、红黏土的工程地质特性

(一)红黏土的物理力学性质

1. 红黏土物理力学指标的经验值

红黏土的物理力学指标的经验值见表 3-7-43。

表 3-7-43 红黏土物理力学性质指标经验值

指标	粒组含量(%)		天然含水率 w(%)	最优含水率 w_{op}(%)	土的容重 γ(kN/m^3)	最大干密度 ρ_{dmax}(t/m^3)	土粒比重 G_s
	粒径(mm) 0.005～0.002	粒径(mm) <0.002					
一般值	10～20	40～70	30～60	27～40	16.5～18.5	1.38～1.49	2.76～2.90
指标	饱和度 S_r(%)	孔隙比 e	液限 w_L(%)	塑限 w_P(%)	塑性指数 I_P	液性指数 I_L	含水比 α_w
一般值	88～96	1.1～1.7	50～100	25～55	25～50	−0.1～0.6	0.50～0.80
指标	孔隙渗透系数 k(cm/s)	裂隙渗透系数 k'(cm/s)	三轴剪切		无侧限抗压强度 q_u(kPa)	比例界限 p_0(kPa)	压缩系数 $a_{1\text{-}2}$(MPa^{-1})
			内摩擦角 φ(°)	黏聚力 c(kPa)			
一般值	$i\times10^{-8}$	$i\times10^{-5}$～$i\times10^{-3}$	0～3	50～160	200～400	160～300	0.1～0.4
指标	压缩模量 E_s(MPa)	变形模量 E_0(MPa)	自由膨胀率 δ_{ef}(%)	膨胀率 δ_{ep}(%)	膨胀力 δ_{ep}(kPa)	体缩率 δ_v(%)	线缩率 δ_s(%)
一般值	6～16	10～30	25～69	0.1～2.1	14～31	7～22	2.5～8.0

注：1. p_0、E_0 系根据载荷试验求得，p_0 系荷载与沉降量关系曲线的第一拐点。
2. $\alpha_w=w/w_L$。

2. 红黏土物理力学性质的基本特点

从表 3-7-44 可看出红黏土的物理力学指标与一般黏性土有很大区别，主要具有以下特点：

(1)土的天然含水量、孔隙比、饱和度以及塑性界限(液限、塑限和塑性指数)很高，但却具有较高的力学强度和较低的压缩性。

(2)粒度组成具有高分散性。红黏土中小于 0.005 mm 的黏粒含量为 60%～80%，其中小于 0.002 mm 的胶粒含量占 40%～70%，使红黏土具有高分散性。

(3)各种指标变化幅度都很大，如天然含水率、液限、塑限和天然孔隙比等，与其相关的力学指标的变化幅度也较大。

(4)土中裂隙的存在，使土体与土块的力学参数尤其是抗剪强度指标相差很大。

(二)红黏土的矿物化学成分

(1)红黏土的矿物成分(表 3-7-44)，主要为高岭石、伊利石和绿泥石。黏土矿物具有稳定的结晶格架、细粒组结成稳固的团粒结构，土体近于两相体且土中水又多为结合水，这三者是构成红黏土具良好力学性能的基本因素。

表 3-7-44 红黏土的矿物成分

粒　组	成分(以常见顺序排列)	鉴定方法
碎　屑	针铁矿、石英	目测、偏光显微镜
小于 0.002 mm 的颗粒	高岭石、伊利石、绿泥石。部分土中还有蒙脱石、云母、多水高岭石、三水铝矿	X 衍射、电子显微镜、差热分析

(2)红黏土的化学成分(见表 3-7-45)

表 3-7-45 红黏土的化学成分(%)

土　类	成　分							
	SiO_2	Fe_2O_3	Al_2O_3	CaO	MgO	K_2O	Na_2O	$\frac{SiO_2}{R_2O_3}$
全土	46.1	13.0	24.1	0.5	1.5	2.3	0.2	2.43
小于 0.002 mm 的颗粒	39.2	13.2	28.8	0.4	1.5	2.4	0.2	1.81

交换性阳离子(Me/100 g)		易溶盐(%)						有机质(%)	pH 值
K^++Na^+	$Ca^{2+}+Mg^{2+}$	CO_3^{2-}	HCO_3^-	Cl^-	SO_4^{2-}	Ca^{2+}	Mg^{2+}		
0.29	29.98	0	0.018	0.010	0.014	0.011	0.002	0.35	6.9

(三)红黏土厚度变化与由硬变软的现象

(1)厚度变化：这与所处地貌、基岩的岩性与岩溶发育程度有关。在其他因素相近的条件下，碳酸盐类岩体的岩性决定着岩溶发展程度的差异。石灰岩、白云岩易于岩溶化，岩体表而起伏剧烈，导致上覆红黏土层厚度变化很大，泥灰岩、泥质灰岩的岩溶化弱，故表面较平整，上覆红黏土层的厚度变化也较小。

(2)由硬变软现象，地层从地表向下由硬变软，相应地土的强度则逐渐降低，压缩性逐渐增大。工程实践中，红黏土的软硬程度多以含水比来划分的。

据统计结果，上部坚硬、硬塑状态的土约占红黏土层的 75%以上，厚度一般都大于 5 m，可塑状态的土占 10%～20%，多分布在接近基岩处；软塑、流塑状态的土小于 5%～10%，位于基岩面的低洼处，水平分布往往不连续。

(四)红黏土的胀缩性与裂隙性

(1)红黏土的胀缩性：有些地区的红黏土具有一定的胀缩性，有些地区红黏土的胀缩性很轻微，因此不宜把红黏土作为膨胀土对待。红黏土的胀缩性能表现为以缩为主，即在天然状态下膨胀量微小，收缩量较大，经收缩后的土试样浸水时，可产生较大的膨胀量。

(2)红黏土的裂隙性:在坚硬和硬塑状态的红黏土层由于胀缩作用形成了大量裂隙。裂隙发育深度一般为 2～4 m,已见最深者可达 8 m。裂隙面光滑,有的带擦痕、有的被铁锰质浸染。裂隙的发生和发展速度极快,在干旱气候条件下,新挖坡面数日内便可被收缩裂隙切割得支离破碎,使地面水易侵入,土的抗剪强度降低,常造成边坡变形和失稳。

(五)红黏土中的地下水特征

红黏土的透水性微弱,其中的地下水多为裂隙水和上层滞水,它的补给来源主要是大气降水,基岩岩溶裂隙水和地表水体,水量一般均很小。在地势低洼地段土层裂隙中或软塑、流塑状态土层中可见土中水,水量不大,且不具统一水位。红黏土层中的地下水对混凝土一般不具腐蚀性。

三、红黏土的工程分类

(一)红黏土的成因分类

按成因类型可分为原生红黏土与次生红黏土。

原生红黏土上硬下软,具明显的收缩性,裂隙发育。次生红黏土由于在搬运过程中掺和了一些外来物质,成分较复杂,固结程度也较差。

(二)红黏土按状态分类

按湿度状态,红黏土地区经过相关分析得出含水比 α_w 液性指数 I_L 之间存在如下关系:

$$\alpha_w = 0.45I_L + 0.55 \tag{3-7-15}$$

$$\alpha_w = w/w_L \tag{3-7-16}$$

式中 α_w——含水比;

I_L——液性指数;

w——天然含水率(%);

w_L——液限(%)。

用静力触探的比贯入阻力 p_s 与红黏土的强度之间建立了相关系数,通过强度的转换,可求出 p_s 与 α_w 的关系,而用 p_s 划分红黏土的软硬状态。

上述用 I_L、α_w 划分红黏土的软硬状态标准如表 3-7-46。

表 3-7-46 红黏土的状态分类

状态	含水比 α_w	液性指数 I_L
坚硬	$\alpha_w \leqslant 0.55$	$I_L \leqslant 0$
硬塑	$0.55 < \alpha_w \leqslant 0.70$	$0 < I_L \leqslant 0.33$
可塑	$0.70 < \alpha_w \leqslant 0.85$	$0.33 < I_L \leqslant 0.67$
软塑	$0.85 < \alpha_w \leqslant 1.00$	$0.67 < I_L \leqslant 1.00$
流塑	$\alpha_w > 1.00$	$I_L > 1.00$

(三)红黏土的结构分类

红黏土的结构可根据其裂隙发育特征按表 3-7-47 分类,其主要依据为野外观测的裂隙密度。红黏土网状裂隙分布与地貌有一定联系,如坡度,朝向等,且呈向深处递减的趋势。裂隙影响土的整体强度,降低其承载力,对土体稳定不利。

表 3-7-47　红黏土的结构分类

土体结构	裂隙发育特征
致密状的	偶见裂隙(<1 条/m)
巨块状的	较多裂隙(1～5 条/m)
碎块状的	富裂隙(>5 条/m)

(四)红黏土的复水特性分类

按土的复水特征,即以土的界限液塑比 I_r' 及液塑比 I_r 划分为两类,见表 3-7-48。

表 3-7-48　红黏土的复浸水特性分类

类　别	I_r 与 I_r' 的关系	复浸水特性
Ⅰ	$I_r \geq I_r'$	收缩后复浸水膨胀,能恢复到原位
Ⅱ	$I_r < I_r'$	收缩后复浸水膨胀,不能恢复到原位

注:1. $I_r = w_L / w_P$,称为液塑比。
2. $I_r' = 1.4 + 0.0066\ w_L$,称为界限液塑比。

划属Ⅰ类者,复水后随含水量增大而解体,胀缩循环呈现胀势,缩后土样高大于原始高,胀量逐次积累以崩解告终;风干复水,土的分散性、塑性恢复、表现出凝聚与胶溶的可逆性。

划属Ⅱ类者,复水土的含水量增量微小,外形完好,胀缩循环呈现缩势,缩量逐次积累,缩后土样高小于原始高;风干复水,干缩后形成的团粒不完全分离,土的分散性、塑性及 I_r 值降低,表现出胶体的不可逆性。

这两种红黏土表现出不同的水稳性和工程性能。

(五)红黏土的地基均匀性分类

按地基均匀性,即按基底下深度为 z 范围内的地层组成,分为两类,见表 3-7-49。

表 3-7-49　红黏土的地基均匀性分类

地基均匀性	地基压缩层 z 范围内岩土组成
均匀地基	全部由红黏土组成
不均匀地基	由红黏土和岩石组成

红黏土地区地基的均匀性差别很大。如地基压缩层范围均为红黏土,则为均匀地基;否则,上覆硬塑红黏土较薄,红黏土与岩石组成的土岩组合地基,是很严重的不均匀地基。

表 3-7-49 中的地基压缩层的厚度 z 一般应根据建筑物结构类型、基础形式、荷载等综合分析确定。

当独立基础的总荷载 P_1 为 500～3 000 kN、条形基础线荷载 p_2 为 100～250 kN/m 时,z 值(m)可分别按下式确定:

独立基础:
$$z_1 = \eta_1 P_1 + 1.5 \tag{3-7-17}$$

条形基础:
$$z_2 = \eta_2 p_2 - 4.5 \tag{3-7-18}$$

式中　η_1,η_2——系数,η_1 取 0.003 m/kN,η_2 取 0.05 m^2/kN。

四、红黏土勘察

(一)工程地质测绘与调查

红黏土地区的工程地质测绘与调查需包括下列内容：

(1)不同地貌单元的红黏土的分布、厚度、物质组成、土性等特征及其差异。

(2)下伏基岩的岩性、岩溶发育特征与红黏土土性、厚度变化的关系。

(3)地裂分布、发育特征及其成因，土体结构特征，土体中裂隙的密度、深度、延展方向及其发育规律。

(4)地表水体、地下水的分布、动态及其对红黏土状态垂向分带的关系。

(5)现有建筑物开裂原因分析，当地勘察，设计、施工的经验。

(二)勘探与取样

红黏土地区的勘察工作应满足以下要求：

(1)勘探点的间距应按规范要求取小值，在厚度和状态变化大的地段，还可加密。

(2)勘探孔的深度除满足一般要求外，对不均匀地基，勘探孔的深度应达到基岩。

(3)对不均匀地基、有土洞发育或采用岩面端承桩时，宜进行施工勘察，其勘探点间距和勘探孔深度根据需要确定。

(4)取样数量宜按工程地质单位控制，满足各层土的统计数量要求。

(三)水文地质勘察、试验和观测工作

水文地质条件对红黏土的评价是非常重要的因素，仅仅通过地面的测绘和调查往往难以满足岩土工程评价的需要。当岩土工程评价需要详细了解地下水埋藏条件、运动规律和季节变化时，应在测绘调查的基础上补充进行地下水的勘察、试验和观测工作。有关要求应满足现行《岩土工程勘察规范》(GB 50021)有关要求。

(四)室内试验

红黏土除应进行常规项目试验外，还应根据需要选择进行下列试验：

(1)对裂隙发育的红黏土应进行三轴剪切试验或无侧限抗压强度试验。

(2)必要时，可进行收缩试验和复浸水试验。

(3)当需要评价边坡稳定性时，宜进行重复剪切试验。

五、红黏土的岩土工程分析与评价

红黏土的岩土工程分析与评价应符合下列要求：

(1)地基承载力特征值，可采用静载荷试验和其他原位测试(如静力触探试验、旁压试验等)、理论公式计算并结合工程实践经验等方法综合确定。

(2)当基础浅埋、外侧地面倾斜、有临空面或承受较大水平荷载时，应结合以下因素综合考虑确定红黏土的承载力：

①土体结构和裂隙对承载力的影响。

②开挖面长时间暴露，裂隙发展和复浸水对土质的影响。

(3)建筑物应避免跨越地裂密集带或深长地裂地段。

(4)轻型建筑物的基础埋深应大于大气影响急剧层的深度；炉窑等高温设备的基础应考虑地基土的不均匀收缩变形；开挖明渠时应考虑土体干湿循环的影响；在石芽出露的地

段，应考虑地表水下渗形成的地面变形。

(5)选择适宜的持力层和基础形式，基础宜浅埋，利用浅部硬壳层，并进行下卧层承载力的验算；不能满足承载力和变形要求时，应建议进行地基处理或采用桩基础。

(6)基坑开挖时宜采取保湿措施，边坡应及时维护，防止失水干缩。

(7)土洞的存在和发展对工程建设和运营极为不利，必须查明其分布、规模、成因，并提出处理措施建议。

(8)研究地下水埋藏、运动条件与土体裂隙特征的关系，地表水、上层滞水、岩溶水之间的连通性，根据赋存于土中宽大裂隙的地下水流分布的不均匀性、季节性，评价其对工程的影响。

第七节　混　合　土

一、混合土的特征和分类

在自然界中，常常存在一种粗细粒混杂的土，其中细粒含量较多，这种土如果按颗粒组成分类常可视为砂类土甚至碎石类土，而其可通过 0.5 mm 筛后的数量较多又可进行可塑性试验，按其塑性指数又可视为粉土或黏性土。这类土在分类中找不到相应的位置。为了正确评价这一类土的工程性质，把它们称为混合土。

(一)混合土的定义

由细粒土和粗粒土混杂且缺乏中间粒径的土应定名为混合土。混合土可细分为粗粒混合土和细粒混合土。

(1)当碎石土中粒径小于 0.075 mm 的细粒土质量超过总质量的 25%时，应定名为粗粒混合土。

(2)当粉土或黏性土中粒径大于 2 mm 的粗粒土质量超过总质量的 25%时，应定名为细粒混合土。

(二)混合土的成因

混合土的成因一般有冲积、洪积、坡积、冰积、崩塌堆积和残积等。残积混合土的形成条件是在原岩中含有不易风化的粗颗粒，例如花岗岩中的石英颗粒。另外几种成因形成混合土的重要条件是要有提供粗大颗粒(如碎石、卵石)的条件。

(三)混合土的特点

(1)混合土中常因含有大量的粗颗粒，如碎(卵)石颗粒甚至漂砾，因此，取不扰动土试样十分困难，甚至也很难取到有代表性的扰动土样。用一般室内试验方法，几乎不能取得其正确的物理力学性质指标，甚至不能掌握其级配情况。

(2)混合土中的粗颗粒可能互相接触，可能为细粒局部包围，也可能呈斑状“浮”在细粒之中，因而使混合土极不均匀。要正确地评价混合土的工程性能，必须查明这些情况。

(3)混合土常具有地区土所具有的特殊性质，如膨胀性、湿陷性等。

(四)混合土的性质

混合土因其成分复杂多变，各种成分粒径相差悬殊，故其性质变化很大。混合土的性质主要决定于土中的粗、细颗粒含量的比例，粗粒的大小及其相互接触关系以及细粒土的状态。试验资料表明，粗粒混合土的性质将随其中细粒的含量增多而变差，细粒混合土的性质常因粗粒含量增多而改善。但是，在上述两种情况下，都存在一个粗、细粒含量的特征点，超过此特征点后，土的性质会发生突然的改变。例如：按粒径组成可定名为粗、中砂的砂质混合土中当细粒(粒径<0.1 mm)含量超过25%～30%时，标准贯入试验击数N和静力触探试验比贯入阻力p_s值都将呈现明显的下降趋势，内摩擦角φ也将减小而黏聚力c值增大。碎石混合土中随着细粒含量的增加，内摩擦角φ和载荷试验比例界限p_0都有所降低，而且呈现有一个明显的特征值，细粒含量达到或超过该值时，φ和p_0值都将急剧降低。

(五)混合土的分类

混合土的分类是一个复杂的问题，往往由于分类不当而造成错误的评价。例如，对于含多量黏性土的碎石混合土，把它作为黏性土看待，过低地估计了这种土的承载能力，造成浪费，反之，若把它作为碎石土看待，则又可能过高地估计了其承载性能，而造成潜在的不安全。因此，混合土的分类定名原则，应当是根据其组成材料的不同，呈现的性质的不同针对具体情况慎重对待。例如，土中以粗粒为主，且其性质主要受粗粒控制，定名时应以反映粗粒为主，可称为黏土质砂、砂土质砾石等。同样，如以细粒为主，则可定名为砂质黏性土、砾质黏性土等。

二、混合土勘察

(一)勘察工作内容

混合土的勘察应查明以下内容：

(1)查明地形和地貌特征，混合土的成因、分布，下卧土层或基岩的埋藏条件。

(2)查明混合土的组成、均匀性及其在水平方向和垂直方向上的变化规律。

(3)查明混合土中粗大颗粒的风化情况，细颗粒的成分和状态。

(4)混合土是否具有湿陷性、膨胀性。

(5)混合土场地是否存在崩塌、滑坡、潜蚀现象及洞穴等不良地质作用。

(6)当地对混合土的有效工程措施。

(二)勘探和测试

在城市轨道交通工程勘察工作中，遇混合土应满足以下要求：

(1)勘探点的间距和勘探孔的深度除满足一般要求外，尚应适当加密加深。

(2)应有一定数量的探井，并应采取大体积土试样进行颗粒分析和物理力学性质测定。

(3)对粗粒混合土宜采用动力触探试验的原位测试方法。

(4)现场载荷试验的承压板直径和现场直剪试验的剪切面直径都应大于试验土层最大粒径的5倍，载荷试验的承压板面积不应小于0.5 m^2，直剪试验的剪切面面积不宜小于0.25 m^2。

(三)室内试验

混合土的室内试验方法及试验项目除按一般常规土的物理力学性质试验进行外，应注意其与一般土试验的区别。

1. 天然密度

混合土中一般含有粗大颗粒，其天然密度试验一般宜用大块土进行。进行密度试验时，应特别注意土试样的代表性。如混合土中有集中的细粒团块时，应测定这些团块的密度。在利用密度的资料时，要考虑到土中实际存在的不能取到土样中的粗大颗粒的影响。

2. 天然含水量

混合土中含有粗颗粒的多少，对天然含水量的测定值影响很大。一般在室内试验测定含水量时，因土试样体积很小，粗大颗粒常不能包含进去，因此，在使用天然含水量的资料时，应考虑到这一影响。此外，由于粗细颗粒的比表面积相差悬殊，在这一类土中，所测得的包含粗细粒土试样的平均含水量也常常不能代表土中细粒的含水量。

3. 相对密度(比重)试验

混合土中的粗、细颗粒的矿物成分常有很大区别，它们的相对密度(比重)常相差很多，在测试和使用测试资料时应予注意。

4. 颗粒分析

取到室内的土样，常不能代表实际的土体，例如许多过大的颗粒(如卵石、碎石，漂石等)未能取到土试样中，使用颗粒分析资料时，应考虑到这一点。此外，常有许多细颗粒附着于粗颗粒上，筛分风干土试样常不能正确地反映细粒的含量，故一般宜用湿法进行颗粒分析。有些土中粗粒易粉碎，亦不宜对土试样锤捣。

5. 压缩试验

压缩试验常只能取混合土中的细粒集中部分的土试样进行试验，故在估计土体的压缩性时应将试验中未能包括的粗颗粒的影响估计进去。此外，因为土中会有粗颗粒，在室内制备试样时，常常破坏了土的结构，而歪曲了压缩试验结果。

总之，对混合土进行室内试验时应注意土试样的代表性，在使用室内试验资料时，应估计由于土试样代表性不够所造成的影响。必须充分估计到由于土中所含粗大颗粒对土样结构的破坏和对测试资料的正确性和完备性的影响。不可盲目地套用一般测试方法和不加分析地使用测试资料。

三、混合土的岩土工程分析和评价

对于残积成因的混合土以及膨胀性和湿陷性等具有特殊性质的混合土，除参考本节内容进行评价外，尚需参照本书中有关特殊性土的各章进行评价。

(一)混合土地基承载力评价

(1)混合土的承载力应采用载荷试验、动力触探试验并结合当地经验确定。

(2)混合土地基承载力经验值：中国建筑西南勘察院对粗粒混合土和细粒混合土分别提出了承载力表(表 3-7-50 和表 3-7-51)。该表适用于甲、乙级建筑物的初步勘察阶段和丙级建筑物的详细勘察阶段。当使用这些资料时应结合当地经验综合考虑。

表 3-7-50　粗粒混合土承载力基本值

干密度 ρ_d(t/m³)	1.6	1.7	1.8	1.9	2.0	2.1	2.2
承载力基本值 f_0(kPa)	170	200	240	300	380	480	620

表 3-7-51　细粒混合土承载力基本值

孔隙比 e	0.65	0.60	0.55	0.50	0.45	0.40	0.35	0.30
承载力基本值 f_0(kPa)	190	200	210	230	250	270	320	400

(二)混合土地基稳定性评价

对于混合土层,应充分考虑到其下伏岩土接触面或软弱面的性质,层面的倾向、倾角,核算地基的整体稳定性。对于含有巨大颗粒的漂石混合土,尤其是粒间填充不密实或为软土填充时,要考虑这些漂石滚动或滑动对地基稳定性的影响。

(三)混合土边坡稳定性评价

混合土边坡的容许坡度值可根据现场调查和当地经验确定。对于重要工程应进行专门试验研究。对一般工程的混合土边坡和混合填土边坡可参考表 3-7-52 和表 3-7-53 的坡度值。

表 3-7-52 混合土边坡容许坡度值

混合土的密实度	边坡容许坡度值(高宽比)	
	坡高<5 m	坡高 5～10 m
稍密	1∶0.75～1∶1.00	1∶1.00～1∶1.25
中密	1∶0.50～1∶0.75	1∶0.75～1∶1.00
密实	1∶0.35～1∶0.50	1∶0.40～1∶0.75

注:本表适用于粗粒混合土。对细粒混合土中碎石土重量大于 40%且其中黏性土、粉土为硬塑、坚硬状态时,亦可参照使用。

表 3-7-53 混合土填土边坡容许坡度值

填土类别	压实系数(λ_c)	边坡容许坡度值(高宽比)	
		坡高<8 m	坡高 8～15 m
粗粒混合土	0.94～0.97	1∶1.50～1∶1.25	1∶1.75～1∶1.50
细粒混合土		1∶1.50～1∶1.25	1∶2.00～1∶1.50

四、混合土的处理措施

(1)对不稳定的混合土地基,应根据其处理的技术可行性及经济合理性采取避开或其他处理措施。

(2)在崩塌堆积的混合土上进行建筑时,应考虑到形成这些崩塌堆积物的不良地质作用再次发生的可能性(如滑坡、泥石流等),采取避开或其他处理措施。

(3)具有特殊性质的混合土(如膨胀性、湿陷性等),可参照本书有关章节采取相应的措施。

(4)对于含有漂石且其间隙填充不实的混合土地基,可根据漂石的大小,采取重夯、强夯、灌浆等加固措施。

第八节 污 染 土

一、污染土的定义及污染作用过程

(一)污染土的定义和分类

由于致污物质的侵入,使土的成分、结构和性质发生了显著变异的土,应判定为污染土。污染土的定名可在原分类名称前冠以“污染”二字。

污染土的颜色、状态往往与正常土不同，多呈黑色、灰色乃至棕红、杏红色等，软塑或流塑状态，伴有特殊气味，地层结构多呈蜂窝状，甚至出现局部空穴。

污染土根据污染物的来源主要分为工业污染土、尾矿污染土、垃圾填埋场渗滤液污染土和核污染土，本节不适用于核污染土。

(二)地基土的污染作用过程

地基土受污染作用的过程如下：

(1)当地基土被污染时，首先是土颗粒间的胶结盐类被溶蚀，胶结强度被破坏，盐类在水的作用下溶解流失，土的孔隙比和压缩性增大，抗剪强度降低。

(2)土颗粒被污染后，形成的新物质在土的孔隙中产生相变结晶而膨胀，并逐渐溶蚀或分裂成小颗粒，新生成含结晶水的盐类，在干燥条件下，体积减小，浸水体积膨胀，经反复作用，土的结构受到破坏。

(3)地基土遇酸碱等腐蚀性物质，与土中的盐类形成离子交换，从而改变土的性质。

二、污染土对城市轨道交通工程建设的危害

污染土对城市轨道交通工程建设危害较大，主要表现在以下几个方面：

(1)由于污染一方面使地基土的结构破坏而造成沉陷变形，产生不均匀沉降，另一方面污染也会使地基土膨胀，导致地下结构开裂，行车轨道扭曲，影响运营安全。

(2)在地下车站和区间施工时或运营后，污染土中易挥发的有害物质会对施工人员或地铁乘客和工作人员的人体健康造成严重影响。

(3)污染土会对金属或建筑材料产生一定的腐蚀作用，对城市轨道交通工程施工机械和地下结构造成影响。

三、污染土勘察

(一)污染土场地和地基类型

污染土场地和地基可分为下列类型，不同类型场地和地基勘察应突出重点：

(1)已受污染的已建场地和地基。

(2)已受污染的拟建场地和地基。

(3)可能受污染的已建场地和地基。

(4)可能受污染的拟建场地和地基。

(二)污染土勘察的目的和内容

污染土场地的勘察除满足一般要求外，尚应包括以下内容：

(1)查明受污染前后土的物理力学性质、矿物成分、污染成分等。

(2)查明污染源、污染物的化学成分、污染途径、污染史等。

(3)查明污染土对金属材料和混凝土的腐蚀性。

(4)查明污染土的分布，划分污染等级，并进行分区。

(5)查明地下水的分布、运动规律及其与污染作用的关系。

(6)提出污染土的力学参数，评价污染土场地的工程特性及对工程建设和运营的影响。

(7)提出对污染土的治理方案和处理措施。

(三)污染土勘察的要求

污染土场地和地基的勘察,应根据工程特点和设计要求选择适宜的勘察手段,并应符合下列要求:

(1)以现场调查为主,对工业污染应着重调查污染源、污染史、污染途径、污染物成分、污染场地已有建筑物受影响程度、周边环境等。对尾矿污染应重点调查不同的矿物种类和化学成分,了解选矿所采用工艺、添加剂及其化学性质和成分等。对垃圾填埋场应着重调查垃圾成分、日处理量、堆积容量、使用年限、防渗结构、变形要求及周边环境等。

(2)采用钻探或坑探采取土试样,现场观察污染土颜色、状态、气味和外观结构等,并与正常土比较,查明污染土分布范围和深度。

(3)直接接触试验样品的取样设备应严格保持清洁,每次取样后均应用清洁水冲洗后再进行下一个样品的采取;对易分解或易挥发等不稳定组分的样品,装样时应尽量减少土样与空气的接触时间,防止挥发物质流失并防止发生氧化;土样采集后宜采取适宜的保存方法并在规定时间内运送试验室。

用于不同测试目的及不同测试项目的样品,其保存的条件和保存的时间不同。国家环境保护总局发布的《土壤环境监测技术规范》(HJ/T 166—2004)中对新鲜样品的保存条件和保存时间规定见表 3-7-54。

表 3-7-54 新鲜样品的保存条件和保存时间

测试项目	容器材质	温度(℃)	可保存时间(d)	备 注
金属(汞和六价铬除外)	聚乙烯、玻璃	<4	180	—
汞	玻璃	<4	28	—
砷	聚乙烯、玻璃	<4	180	—
六价铬	聚乙烯、玻璃	<4	1	—
氰化物	聚乙烯、玻璃	<4	2	—
挥发性有机物	玻璃(棕色)	<4	7	采样瓶装满装实并密封
半挥发性有机物	玻璃(棕色)	<4	10	采样瓶装满装实并密封
难挥发性有机物	玻璃(棕色)	<4	14	—

(4)对需要确定地基土工程性能的污染土,宜采用以原位测试为主的多种手段;当需要确定污染土地基承载力时,宜进行载荷试验。

(5)对污染土的勘探测试,当污染物对人体健康有害或对机具仪器有腐蚀性时,应采取必要的防护措施。

(四)污染土场地的勘察手段和工作量布置

(1)拟建场地污染土勘察宜在地铁勘察工作的初步勘察和详细勘察阶段进行。必要时应进行污染土场地专项勘察。

(2)初步勘察阶段应加强现场调查工作,查明污染源性质、污染途径,并初步查明污染土分布和污染程度;详细勘察阶段应在初步勘察的基础上,结合工程特点、可能采用的处理措施，有针对性地布置勘察工作量，查明污染土的分布范围、污染程度、物理力学和化学指标，为污染土处理提供参数。

(3)勘探测试工作量的布置应结合污染源和污染途径的分布进行，近污染物处勘探点间距宜密，远污染源处勘探点间距宜疏。为查明污染土分布的勘探孔深度应穿透污染土。详细勘察时，采取污染土试样的间距应根据其厚度及可能采取的处理措施等综合确定。确定污染土与非污染土界限时，取土间距不宜大于 1 m。

(4)有地下水的勘探孔应采取不同深度地下水试样，查明污染物在地下水中的空间分布。同一钻孔内采取不同深度的地下水试样时，应采用严格的隔离措施，防止因采取混合水样而影响判别结论。

(五)污染土和水的室内试验

污染土和水的室内试验，应根据污染情况和任务要求进行下列试验：

(1)污染土和水的化学成分。

(2)污染土的物理力学性质。

(3)对建筑材料腐蚀性的评价指标。

(4)对环境影响的评价指标。

(5)力学试验项目和试验方法应充分考虑污染土的特殊性质，进行相应的试验，如膨胀、湿化、湿陷性试验等。

(6)必要时进行专门的试验研究。

四、污染土的评价

(一)污染土的辨识

(1)地基土受污染、腐蚀后，往往会变色、变软，其状态由硬塑或可塑变为软塑，甚至变为流塑。污染土的颜色也与正常土不同，呈黑色、黑褐色、灰色、棕红色和杏红色，有铁锈斑点。

(2)建筑物地基内的土层变成具有蜂窝状结构，颗粒分散，表面粗糙，甚至出现局部空洞，建筑物也逐渐出现不均匀沉降。

(3)地下水质呈黑色或其他不正常颜色，有特殊气味。

(二)污染土场地和地基评价

污染土评价应根据任务要求进行，对场地和建筑物地基的评价应符合下列要求：

(1)污染源的位置、成分、性质、污染史及对周边的影响。

(2)污染土分布的平面范围和深度、地下水受污染的空间范围。

(3)污染土的物理力学性质，污染对土的工程特性指标的影响程度。

(4)工程需要时，提供地基承载力和变形参数，预测地基变形特征。

(5)污染土和水对建筑材料的腐蚀性。

(6)污染土和水对环境的影响。

(7)分析污染发展趋势。

(8)对已建项目的危害性或拟建项目适宜性的综合评价。

(三)污染土和水的腐蚀性评价

污染土和水对建筑材料的腐蚀性评价和腐蚀等级的划分，应符合现行《岩土工程勘察规范》(GB 50021)的关规定要求。

(四)污染对土的工程特性影响评价

污染对土的工程特性的影响程度可按表 3-7-55 划分。根据工程具体情况,可采用强度、变形、渗透等工程特性指标进行综合评价。

表 3-7-55 污染对土的工程特性的影响程度

影响程度	轻 微	中 等	大
工程特性指标变化率(%)	<10	10~30	>30

注:"工程特性指标变化率"是指污染前后工程特性指标的差值与污染前指标之百分比。

(五)污染土和水对环境影响评价

污染土和水对环境影响的评价应结合工程具体要求进行,无明确要求时可按现行国家标准《土壤环境质量建设用地土壤污染风险管控标准》(GB 36600),《地下水质量标准》(GB/T 14848)和《地表水环境质量标准》(GB 3838)进行评价。

根据《土壤环境监测技术规范》(HJ/T 166—2004),土壤环境质量评价一般以土壤单项污染指数、土壤污染超标率(倍数)等为主,也可用内梅罗污染指数划分污染等级,详见表 3-7-56。

表 3-7-56 土壤内梅罗污染指数评价标准

等级	内梅罗污染指数	污染等级
Ⅰ	$P_N \leqslant 0.7$	清洁(安全)
Ⅱ	$0.7 < P_N \leqslant 1.0$	尚清洁(警戒限)
Ⅲ	$1.0 < P_N \leqslant 2.0$	轻度污染
Ⅳ	$2.0 < P_N \leqslant 3.0$	中度污染
Ⅴ	$P_N > 3.0$	重度污染

其中:土壤单项污染指数=土壤污染物实测值/土壤污染物质量标准;

土壤污染超标率(倍数)=(某污染物实测值-某污染物质量标准)/某污染物质量标准。

内梅罗污染指数(P_N)=$\{[(Pl_{均}^2)+(Pl_{最大}^2)]/2\}^{1/2}$,式中 $Pl_{均}$ 和 $Pl_{最大}$ 分别是平均单项污染指数和最大单项污染指数。

五、污染土的防治和处理措施

污染土的处置与修复应根据污染程度、分布范围、土的性质、修复标准、处理工期和处理成本等综合考虑。

(一)污染土的防治

污染土的防治应满足下列要求:

(1)对可能受污染的场地,当土与污染物相互作用将产生有害结果时,应采取防止污染物侵入场地的措施,如隔离污染源、消除污染物等。

(2)在地下车站或区间施工作业时,应对工作面进行通风,同时作业人员配置相关防护器具进行防护施工,防止受污染的水、土对现场作业人员造成伤害。

(3)对已污染场地，当污染土的强度降低，或对基础和建筑物相邻构件具有腐蚀性等其他有害影响时，应按污染等级分别进行处理。

(4)对污染土进行处理时，应考虑污染作用的发展趋势。

(5)污染土场地完成建设或整治后，应定期监测污染源的污染扩散，场地内的土和污染物相互作用发展等情况，污染土的监测宜与环境监测配合进行。

(二)污染土的处理措施

(1)挖除换垫法：将已被污染的土清除，换填未污染土，或者采用耐酸性腐蚀的砂或砾作回填材料，作砂桩或砾石桩。但对挖出来的污染土尚应及时处理，或找地方储存，或原位隔离，总之不能随意弃置，以免造成新的污染。

(2)桩基法：采用桩基或水泥搅拌等加固以穿透污染土层，但应对混凝土桩身采取相应的防腐蚀措施。

(3)隔离法：在金属结构物的表面用涂料层与腐蚀介质隔离的方法进行防护。在加涂层前应清除金属表面的氧化皮、铁锈、油脂、杂漆等物质或喷镀金属锌。涂料要求与金属有较强的黏结性，防水、耐热，绝缘、化学稳定性高、有较好的机械强度和韧性。钢铝结构防护用涂料有：油沥青、氯化橡胶、环氧树脂等。

钢结构可采用以镁合金或铝合金为牺牲阳极的阴极保护方法和外加电流以石墨为辅助阳极的阴极保护法。

(4)采取防范措施，尽量减少腐蚀介质泄漏到地基中去，使地基土的腐蚀减少到最低限度。如使地面废水沟、排水沟、散水坡经常保持畅通，必要时还可采取完全隔离污染源的措施。

(5)根据土的性质，采取适用的地基加固措施和防止再次污染措施。

第九节　冻　　土

一、冻土的定义和构造

(一)冻土的定义

冻土是指地层温度在 0 ℃或 0 ℃以下，并含有冰晶或冰层的土(岩)层。

冻土应根据土的颗粒级配和液、塑限指标，按本书第二篇相关要求确定土类名称。

(二)冻土的构造与野外鉴别

冻土的构造可分为整体构造、层状构造和网状构造。野外鉴别可按表 3-7-57 进行。

表 3-7-57　冻土构造与野外鉴别

构造类别	冰的产状	岩性与地貌条件	冻结特征	融化特征
整体构造	晶粒状	1. 岩性多为细颗粒土，但砂砾石土冻结亦可产生此构造； 2. 一般分布在长草或幼树的阶地和缓坡地带以及其他地带； 3. 土壤湿度：稍湿，$w<w_p$	1. 粗颗粒土冻结，结构较紧密，孔隙中有冰晶，可用放大镜观察到； 2. 细颗粒土冻结，呈整体状； 3. 冻结强度一般(中等)，可用锤子击碎	1. 融化后原土结构不产生变化； 2. 无渗水现象； 3. 融化后不产生融沉现象

续上表

构造类别	冰的产状	岩性与地貌条件	冻结特征	融化特征
层状构造	微层状（冰厚一般可达1～5 mm）	1. 岩性以粉砂或黏性土为主； 2. 多分布在冲—洪积扇及阶地其他地带，地被物较茂密； 3. 土壤湿度：潮湿，$w_p \leqslant w < w_p+7$	1. 粗颗粒土冻结，孔隙被较多冰晶充填，偶尔可见薄冰层； 2. 细颗粒土冻结，呈微层状构造，可见薄冰层或薄透镜体冰； 3. 冻结强度很高，不易击碎	1. 融化后原土体积缩小现象不明显； 2. 有少量水分渗出； 3. 融化后产生弱融沉现象
	层状（冰厚一般可达5～10 mm）	1. 岩性以粉砂或黏性土为主； 2. 一般分布在阶地或塔头沼泽地带； 3. 有一定的水源补给条件； 4. 土壤水湿度：很湿，$w_p+7 \leqslant w < w_p+15$	1. 粗颗粒土如砾石被冰分离，可见到较多冰透镜体； 2. 细颗粒土冻结，可见到层状冰； 3. 冻结强度高，极难击碎	1. 融化后土体积缩小； 2. 有较多水分渗出； 3. 融化后产生融沉现象
网状构造	网状（冰厚一般可达10～25 mm）	1. 岩性以细颗粒土为主； 2. 一般分布在塔头沼泽与低洼地带； 3. 土壤湿度：饱和，$w_p+15 \leqslant w < w_p+35$	1. 粗颗粒土冻结，有大量冰层或冰透镜体存在； 2. 细颗粒土冻结，冻土互层； 3. 冻结强度偏低，易击碎	1. 融化后土体积明显缩小，水土界限分明，并可成流动状态； 2. 融化后产生融沉现象
	厚层网状（冰厚度一般可达 25 mm 以上）	1. 岩性以细颗粒土为主； 2. 分布在低洼积水地带，植被以塔头、苔藓、灌丛为主； 3. 土壤湿度：超饱和，$w \geqslant w_p+35$	1. 以中厚层状构造为主； 2. 冰体积大于土体积； 3. 冻结强度很低，极易击碎	1. 融化后水土分离现象极其明显，并成流动体； 2. 融化后产生融陷现象

注：w——冻土总含水率(%)；w_p——冻土塑限含水率(%)。

二、冻土的分类

（一）按冻结状态的持续时间分类及分布特征

冻土按冻结状态的持续时间，可分为多年冻土、隔年冻土和季节冻土。

(1)多年冻土：含有固态水，且冻结状态持续二年或二年以上的土(岩)。

(2)隔年冻土：指冬季冻结，而翌年夏季并不融化的那部分冻土。

(3)季节冻土：指地壳表层冬季冻结而在夏季又全部融化的土(岩)。

具体分类及其分布见表 3-7-58。

表 3-7-58 多年冻土与季节冻土的细分及其特征

冻土类别	分类依据	细分类	定义或分布特征
多年冻土	根据形成与存在的自然条件不同分类	高纬度多年冻土	主要分布在东北大小兴安岭地区，面积$(380\sim390)\times10^3$ km^2
		高海拔多年冻土	主要分布在青藏高原和喜玛朗雅山、祁连山、天山和阿尔泰山、长白山等高山地区，面积 $1\,769\times10^3$ km^2，其中青藏高原多年冻土面积 $1\,500\times10^3$ km^2

续上表

<table>
<tr><th>冻土类别</th><th>分类依据</th><th>细分类</th><th colspan="2">定义或分布特征</th></tr>
<tr><td rowspan="5">多年冻土</td><td rowspan="3">按水平分布分类</td><td>大片多年冻土</td><td colspan="2">在较大的地区内呈片状分布</td></tr>
<tr><td>岛状融区多年冻土</td><td colspan="2">在冻土层中有岛状的不冻层分布</td></tr>
<tr><td>岛状多年冻土</td><td colspan="2">呈岛状分布在不冻土区域内</td></tr>
<tr><td rowspan="2">按垂直构造分类</td><td>衔接的多年冻土</td><td colspan="2">冻土层中没有不冻结的活动层，冻层上限与受季节性气候影响的季节性冻结层下限相衔接</td></tr>
<tr><td>不衔接的多年冻土</td><td colspan="2">冻层上限与季节性冻结层下限不衔接，中间有一层不冻结层</td></tr>
<tr><td rowspan="2">季节冻土</td><td rowspan="2">按季节冻土与下卧土层的关系分类</td><td>季节冻结层</td><td>指每年寒季冻结，暖季融化，其年平均地温＞0 ℃的地壳表层，其下卧层为融土层或不衔接的多年冻土层。分布在多年冻土区的融区地带</td><td rowspan="2">季节冻土主要分布在长江流域以北、东北多年冻土南界和高海拔多年冻土下界以下的广大地区，面积 $514\times10^{4}\ km^{2}$</td></tr>
<tr><td>季节融化层</td><td>指每年寒季冻结，暖季融化，其年平均地温＜0 ℃的地壳表层，其下卧层为衔接的多年冻土层。分布在多年冻土区的大片多年冻土地带</td></tr>
</table>

（二）按冻土中的易溶盐分量分类

冻土中易溶盐含量超过表 3-7-59 中数值时，称为盐渍化冻土。

表 3-7-59 盐渍化冻土盐渍度的最小界限值

土 类	含细粒土砂	粉 土	粉质黏土	黏 土
盐渍度 ζ(%)	0.10	0.15	0.20	0.25

盐渍化冻土的盐渍度 ζ 可按下式计算：

$$\zeta=\frac{m_g}{g_d}\times100(\%) \tag{3-7-19}$$

式中 m_g——冻土中含易溶盐的质量(g)；

g_d——土骨架质量(g)。

（三）按冻土中的泥炭化程度分类

冻土中的泥炭化程度超过表 3-7-60 中数值时，称为泥炭化冻土。

表 3-7-60 泥炭化冻土的泥炭化程度限界值

土 类	粗颗粒土	黏性土
泥炭化程度 ξ(%)	3	5

泥炭化冻土的泥炭化程度 ξ，可按下式计算：

$$\xi=\frac{m_g}{g_d}\times100(\%) \tag{3-7-20}$$

式中 m_g——冻土中含植物残渣和泥炭的质量(g)；

g_d——土骨架质量(g)。

（四）按冻土的体积压缩系数或总含水量分类

按冻土的体积压缩系数 m_v 或总含水量 w，可分为坚硬冻土、塑性冻土和松散冻土，具体见表 3-7-61。

表 3-7-61 按冻土的体积压缩系数 m_v 或总含水量 w 分类

土 类	m_v(MPa^{-1})或 w(%)	特 征
坚硬冻土	$m_v \leqslant 0.01$	土中未冻水含量很少，土粒由冰牢固胶结，土的强度高。坚硬冻土在荷载作用下，表现出脆性破坏和不可压缩性，与岩石相似。坚硬冻土的温度界限对分散度不高的黏性土为－1.5 ℃，对分散度很高的黏性土为－5～－7 ℃
塑性冻土	$m_v > 0.01$	虽被冰胶结但仍含有多量未冻结的水，具有塑性，在荷载作用下可以压缩，土的强度不高。当土的温度在零度以下至坚硬冻土温度的上限之间，饱和度 $S_r \leqslant 80\%$ 时，常呈塑性冻土。塑性冻土的负温值高于坚硬冻土
松散冻土	$w \leqslant 3\%$	由于土的含水量较小，土粒未被冰所胶结，仍呈冻前的松散状态，其力学性质与未冻土无多大差别。砂土和碎石土常呈松散冻土

三、冻土的冻胀性和融沉性分类

（一）季节冻土与季节融化层土的冻胀性分类

季节冻土与季节融化层土的冻胀性，可根据土的平均冻胀率 η 的大小，按表 3-7-62 划分为不冻胀土、弱冻胀土、冻胀土、强冻胀土和特强冻胀土五类。冻土层的平均冻胀率 η 按下式计算：

$$\eta = \frac{\Delta_z}{h' - \Delta_z} \times 100(\%) \tag{3-7-21}$$

式中 Δ_z——地表冻胀量(mm)；

h'——冻土层厚度(mm)。

表 3-7-62 季节冻土与季节融化层土的冻胀性分类

土的名称	冻前天然含水量 w(%)	冻结期间地下水位距冻结面的最小距离 h_w(m)	平均冻胀率 η(%)	冻胀等级	冻胀类别
碎（卵）石，砾、粗、中砂（粒径小于 0.075 mm 的颗粒含量≤15%），细砂（粒径小于 0.075 mm 的颗粒含量≤10%）	不饱和	不考虑	$\eta \leqslant 1$	Ⅰ	不冻胀
	饱和含水	无隔水层	$1 < \eta \leqslant 3.5$	Ⅱ	弱冻胀
	饱和含水	有隔水层	$\eta > 3.5$	Ⅲ	冻胀
碎（卵）石，砾、粗、中砂（粒径小于 0.075 mm 的颗粒含量＞15%），细砂（粒径小于 0.075 mm 的颗粒含量＞10%）	$w \leqslant 12$	＞1.0	$\eta \leqslant 1$	Ⅰ	不冻胀
		≤1.0	$1 < \eta \leqslant 3.5$	Ⅱ	弱冻胀
	$12 < w \leqslant 18$	＞1.0			
		≤1.0	$3.5 < \eta \leqslant 6$	Ⅲ	冻胀
	$w > 18$	＞0.5			
		≤0.5	$6 < \eta \leqslant 12$	Ⅳ	强冻胀
粉 砂	$w \leqslant 14$	＞1.0	$\eta \leqslant 1$	Ⅰ	不冻胀
		≤1.0	$1 < \eta \leqslant 3.5$	Ⅱ	弱冻胀
	$14 < w \leqslant 19$	＞1.0			
		≤1.0	$3.5 < \eta \leqslant 6$	Ⅲ	冻胀
	$19 < w \leqslant 23$	＞1.0			
		≤1.0	$6 < \eta \leqslant 12$	Ⅳ	强冻胀
	$w > 23$	不考虑	$\eta > 12$	Ⅴ	特强冻胀

续上表

<table>
<tr><th>土的名称</th><th>冻前天然含水量
w(%)</th><th>冻结期间地下水位距
冻结面的最小距离 h_w(m)</th><th>平均冻胀率
η(%)</th><th>冻胀等级</th><th>冻胀类别</th></tr>
<tr><td rowspan="9">粉　土</td><td rowspan="2">$w \leqslant 19$</td><td>>1.5</td><td>$\eta \leqslant 1$</td><td>Ⅰ</td><td>不冻胀</td></tr>
<tr><td>$\leqslant 1.5$</td><td rowspan="2">$1<\eta \leqslant 3.5$</td><td rowspan="2">Ⅱ</td><td rowspan="2">弱冻胀</td></tr>
<tr><td rowspan="2">$19<w \leqslant 22$</td><td>>1.5</td></tr>
<tr><td>$\leqslant 1.5$</td><td rowspan="2">$3.5<\eta \leqslant 6$</td><td rowspan="2">Ⅲ</td><td rowspan="2">冻胀</td></tr>
<tr><td rowspan="2">$22<w \leqslant 26$</td><td>>1.5</td></tr>
<tr><td>$\leqslant 1.5$</td><td rowspan="2">$6<\eta \leqslant 12$</td><td rowspan="2">Ⅳ</td><td rowspan="2">强冻胀</td></tr>
<tr><td rowspan="2">$26<w \leqslant 30$</td><td>>1.5</td></tr>
<tr><td>$\leqslant 1.5$</td><td rowspan="2">$\eta>12$</td><td rowspan="2">Ⅴ</td><td rowspan="2">特强冻胀</td></tr>
<tr><td>$w>30$</td><td>不考虑</td></tr>
<tr><td rowspan="9">黏性土</td><td rowspan="2">$w \leqslant w_p+2$</td><td>>2.0</td><td>$\eta \leqslant 1$</td><td>Ⅰ</td><td>不冻胀</td></tr>
<tr><td>$\leqslant 2.0$</td><td rowspan="2">$1<\eta \leqslant 3.5$</td><td rowspan="2">Ⅱ</td><td rowspan="2">弱冻胀</td></tr>
<tr><td rowspan="2">$w_p+2<w \leqslant w_p+5$</td><td>>2.0</td></tr>
<tr><td>$\leqslant 2.0$</td><td rowspan="2">$3.5<\eta \leqslant 6$</td><td rowspan="2">Ⅲ</td><td rowspan="2">冻胀</td></tr>
<tr><td rowspan="2">$w_p+5<w \leqslant w_p+9$</td><td>>2.0</td></tr>
<tr><td>$\leqslant 2.0$</td><td rowspan="2">$6<\eta \leqslant 12$</td><td rowspan="2">Ⅳ</td><td rowspan="2">强冻胀</td></tr>
<tr><td rowspan="2">$w_p+9<w \leqslant w_p+15$</td><td>>2.0</td></tr>
<tr><td>$\leqslant 2.0$</td><td>$\eta>12$</td><td>Ⅴ</td><td>特强冻胀</td></tr>
<tr><td>$w_p>w_p+15$</td><td>不考虑</td><td></td><td colspan="2"></td></tr>
</table>

注：1. w_p——塑限含水量(%)；w——冻前天然含水量在冻层内的平均值。
2. 盐渍化冻土不在表列。
3. 塑性指数大于 22 时，冻胀性降低一级。
4. 粒径小于 0.005 mm 的颗粒含量大于 60%时为不冻胀土。
5. 碎石土当填充物大于全部质量的 40%时，其冻胀性按填充物土的类别判定。
6. 隔水层指季节冻结层底部及以上的隔水层。

(二)多年冻土的融沉性分类

根据融化下沉系数 δ_0 的大小，多年冻土可分为不融沉、弱融沉、融沉、强融沉和融陷土五类，分类时尚应符合表 3-7-63 的规定。冻土层的平均融化下沉系数 δ_0 可按下式计算：

$$\delta_0 = \frac{h_1 - h_2}{h_1} = \frac{e_1 - e_2}{1 + e_1} \times 100(\%) \tag{3-7-22}$$

式中　h_1, e_1——分别为冻土试样融化前的高度(mm)和孔隙比；

h_2, e_2——分别为冻土试样融化后的高度(mm)和孔隙比。

表 3-7-63　多年冻土的融沉性分类

<table>
<tr><th>土的名称</th><th>总含水量 w_0(%)</th><th>平均融化下沉系数 δ_0</th><th>融沉等级</th><th>融沉类别</th><th>冻土类型</th></tr>
<tr><td rowspan="2">碎(卵)石，砾、粗、中砂(粒径小于 0.075 mm 的颗粒含量不大于 15%)</td><td>$w_0<10$</td><td>$\delta_0 \leqslant 1$</td><td>Ⅰ</td><td>不融沉</td><td>少冰冻土</td></tr>
<tr><td>$w_0 \geqslant 10$</td><td>$1<\delta_0 \leqslant 3$</td><td>Ⅱ</td><td>弱融沉</td><td>多冰冻土</td></tr>
</table>

续上表

土的名称	总含水量 w_0(%)	平均融化下沉系数 δ_0	融沉等级	融沉类别	冻土类型
碎(卵)石,砾、粗、中砂(粒径小于 0.075 mm 的颗粒含量大于 15%)	$w_0<12$	$\delta_0\leqslant1$	Ⅰ	不融沉	少冰冻土
	$12\leqslant w_0<15$	$1<\delta_0\leqslant3$	Ⅱ	弱融沉	多冰冻土
	$15\leqslant w_0<25$	$3<\delta_0\leqslant10$	Ⅲ	融沉	富冰冻土
	$w_0\geqslant25$	$10<\delta_0\leqslant25$	Ⅳ	强融沉	饱冰冻土
粉、细砂	$w_0<14$	$\delta_0\leqslant1$	Ⅰ	不融沉	少冰冻土
	$14\leqslant w_0<18$	$1<\delta_0\leqslant3$	Ⅱ	弱融沉	多冰冻土
	$18\leqslant w_0<28$	$3<\delta_0\leqslant10$	Ⅲ	融沉	富冰冻土
	$w_0\geqslant28$	$10<\delta_0\leqslant25$	Ⅳ	强融沉	饱冰冻土
粉土	$w_0<17$	$\delta_0\leqslant1$	Ⅰ	不融沉	少冰冻土
	$17\leqslant w_0<21$	$1<\delta_0\leqslant3$	Ⅱ	弱融沉	多冰冻土
	$21\leqslant w_0<32$	$3<\delta_0\leqslant10$	Ⅲ	融沉	富冰冻土
	$w_0\geqslant32$	$10<\delta_0\leqslant25$	Ⅳ	强融沉	饱冰冻土
黏性土	$w_0<w_p$	$\delta_0\leqslant1$	Ⅰ	不融沉	少冰冻土
	$w_p\leqslant w_0<w_p+4$	$1<\delta_0\leqslant3$	Ⅱ	弱融沉	多冰冻土
	$w_p+4\leqslant w_0<w_p+15$	$3<\delta_0\leqslant10$	Ⅲ	融沉	富冰冻土
	$w_p+15\leqslant w_0<w_p+35$	$10<\delta_0\leqslant25$	Ⅳ	强融沉	饱冰冻土
含土冰层	$w_0\geqslant w_p+35$	$\delta_0>25$	Ⅴ	融陷	含土冰层

注:1. 总含水量 w_0,包括冰和未冻水。
2. 盐渍化冻土、冻结泥炭化土、腐殖土、高塑性黏土不在表列。
3. 粗颗粒土用起始融化下沉含水量代替 w_p。

四、冻土的工程性质指标

(一)冻土的物理力学及热学性质

冻土的物理力学及热学性质指标及其含义见表 3-7-64。

表 3-7-64 冻土的物理力学及热学性质指标及其含义

指标名称		符号	单 位	指 标 含 义
物理性质指标	总含水量	w_0	%	冻土中所有冰和未冻水的总质量与冻土骨架质量之比。即天然温度的冻土试样,在 105~110 ℃下烘至恒重时,失去的水的质量与干土的质量之比
	相对含冰量	i_c	%	冰的质量与冻土中全部水的质量之比
	质量含冰量	i_g	%	冻土中冰的质量与冻土中干土质量之比
	体积含冰量	i_v	%	冻土中冰的体积与冻土总体积之比
	未冻水含量	w_u	%	在一定负温条件下,冻土中未冻水质量与干土质量之比

续上表

指标名称		符号	单　位	指　标　含　义
力学性质指标	融化下沉系数	δ_0	—	冻土融化过程中，在自重作用下产生的相对融化下沉量
	融化压缩系数	a_0	—	冻土融化后，在单位荷重下产生的相对压缩变形量
	冻胀率	η	—	指单位冻结深度的冻胀量。土的冻胀是土冻结过程中土体积增大的现象。土的冻胀性以冻胀率来衡量
	冻胀力	σ	kPa	土的冻胀受到约束时产生的力。分为法向冻胀力和切向冻胀力
	法向冻胀力	σ_f	kPa	地基土冻结时，随着土体的冻胀，作用于基础底面向上的抬起力，称为基础底面的法向冻胀力，简称法向冻胀力
	切向冻胀力	σ_τ	kPa	平行向上作用于基础侧表面的抬起力
	冻结力	p	kPa	土中水在负温下变成冰的同时，将土和基础胶结在一起的胶结力。亦称为基础与冻土间的冻结强度
	冻土的抗剪强度	c_s、φ_s	kPa	冻土在外力作用下，抵抗剪切滑动的极限强度。冻土的抗剪强度不仅与外压力大小有关，而且与土的负温度及荷载作用时间有密切关系
热学性质指标	比热容	C	kJ/(kg·K)	又称重量热容量，是使单位质量的土温度升高 1 ℃所需的热量
	容积热容量	Q	kJ/(m³·K)	单位体积的土体温度变化 1 ℃所吸收或释放的热量
	导热系数	λ	W/(m·K)	指当土层界面温差为 1 ℃时，在单位时间内通过一单位面积、一单位厚度土层的热量。导热系数表示冻土在温度梯度作用下传导热能能力的指标
	导温系数	α	m²/h	冻土热惯性指标，表示土中某一点在相邻点温度变化的作用下改变自身温度的能力。在数值上等于导热系数与容积热容量之比

（二）冻土的强度指标

1. 冻土地基承载力特征值

冻土地基承载力特征值，当不进行原位试验确定时，可根据冻结地基土的名称、土的温度按表 3-7-65 的规定取值。

表 3-7-65　冻土承载力特征值 f_a

土的名称	不同土温(℃)时的承载力特征值(kPa)					
	−0.5	−1.0	−1.5	−2.0	−2.5	−3.0
碎砾石类土	800	1 000	1 200	1 400	1 600	1 800
砾砂、粗砂	650	800	950	1 100	1 250	1 400
中砂、细砂、粉砂	500	650	800	950	1 100	1 250
黏土、粉质黏土、粉土	400	500	600	700	800	900

注：1. 冻土“极限承载力”按表中数值乘以 2 取值。
2. 表中数值适用于表 3-7-63 中Ⅰ、Ⅱ、Ⅲ类的冻土类型。
3. 冻土含水量属于表 3-7-63 中Ⅳ类冻土类型时，黏性冻土承载力取值应乘以 0.8～0.6(含水量接近Ⅲ类时取 0.8，接近Ⅴ类时取 0.6，中间取中值)；碎石冻土和砂冻土承载力取值应乘以 0.6～0.4(含水量接近Ⅲ类时取 0.6，接近Ⅴ类时取 0.4，中间取中值)。
4. 当含水量小于或等于未冻水含水量时，应按不冻土取值。
5. 表中温度是使用期间基础底面下的最高地温，应按《冻土地区建筑地基基础设计规范》(JGJ 118—2011)的规定确定；
6. 本表不适用于盐渍化冻土及冻结泥炭化土。

2. 桩端冻土承载力

在无试验资料的情况下，桩端冻土承载力的特征值可按表 3-7-66 的规定确定。

表 3-7-66 桩端冻土端阻力特征值

土含冰率	土的名称	桩沉入深度(m)	不同土温(℃)时的桩端冻土端阻力特征值(kPa)							
			−0.3	−0.5	−1.0	−1.5	−2.0	−2.5	−3.0	−3.5
<0.2	碎石土	任意	2 500	3 000	3 500	4 000	4 300	4 500	4 800	5 300
	粗砂和中砂	任意	1 500	1 800	2 100	2 400	2 500	2 700	2 800	3 100
	细砂和粉砂	3～5	850	1 300	1 400	1 500	1 700	1 900	1 900	2 000
		10	1 000	1 550	1 650	1 750	2 000	2 100	2 200	2 300
		≥15	1 100	1 700	1 800	1 900	2 200	2 300	2 400	2 500
	粉土	3～5	750	850	1 100	1 200	1300	1 400	1 500	1 700
		10	850	950	1 250	1 350	1 450	1 600	1 700	1 900
		≥15	950	1 050	1 400	1 500	1 600	1 800	1 900	2 100
	粉质黏土及黏土	3～5	650	750	850	950	1 100	1 200	1 300	1 400
		10	800	850	950	1 100	1 250	1 350	1 450	1 600
		≥15	900	950	1 100	1 250	1 400	1 500	1 600	1 800
0.2～0.4	上述各类土	3～5	400	500	600	750	850	950	1 000	1 100
		10	450	550	700	800	900	1 000	1 050	1 150
		≥15	550	600	750	850	950	1050	1 100	1 300

注：本表不适用于盐渍化冻土及冻结泥炭化土。

五、冻土勘察

当城市轨道交通工程位于冻土地区时，应进行按冻土进行岩土工程勘察。冻土地区的勘察应包括工程地质调查和测绘、勘探、取样、原位测试和室内试验、定位观测以及冻土工程地质条件评价及其预报。

（一）季节冻土地区的勘察

季节冻土地区的勘察可按非冻土地区的勘察方法参照多年冻土地区的勘察方法进行，其勘探孔的深度和间距与非冻土地区的勘察要求相同，但要查明并提供场地土的标准冻结深度。

（二）多年冻土勘察内容

多年冻土勘察应根据多年冻土的设计原则、多年冻土的类型和特征进行，并应查明下列内容：

(1)多年冻土的分布范围及上限深度。

(2)多年冻土的类型、厚度、总含水量、构造特征、物理力学和热学性质。

(3)多年冻土层上水、层间水和层下水的赋存形式、相互关系及其对工程的影响。

(4)多年冻土的融沉性分类和季节融化层土的冻胀性分类。

(5)厚层地下冰、冰锥、冰丘、冻土沼泽、热融滑塌、热融湖塘、融冻泥流等不良地质作用的形态特征、形成条件、分布范围、发生发展规律及其对工程的危害程度。

(三)多年冻土勘探

多年冻土勘探点间距和勘探孔深度除满足城市轨道交通工程勘察一般要求外，尚应满足下列要求：

(1)根据《冻土地区建筑地基基础设计规范》(JGJ 118—2011)规定，多年冻土勘探点间距及勘探孔深度应满足以下要求。

①勘探点的间距

多年冻土勘探点间距应符合表 3-7-67 的规定。

表 3-7-67　多年冻土地区勘探点间距

冻土分布类型	勘探点间距(m)
岛状(不连续)多年冻土区	10～15
大片(连续)多年冻土区	15～25

注：为查清多年冻土平面分布界限时可根据情况适当加密勘探点间距。

②勘探孔深度

多年冻土勘探孔深度应符合表 3-7-68 的规定。

表 3-7-68　多年冻土地区勘探孔深度

冻土分布类型	钻孔类型	钻孔深度
岛状(不连续)多年冻土区	控制性钻孔	穿透下限进入稳定地层不小于 5 m 且孔深不小于 20 m，若采用桩基应大于 25 m
	一般性钻孔	穿透下限且孔深不小于 15 m，若采用桩基应大于 20 m
大片(连续)多年冻土区	控制性钻孔	一般场地大于 15 m；复杂场地或采用桩基大于 2 5m
	一般性钻孔	一般场地大于 10m；复杂场地或采用桩基大于 20 m

注：在钻探深度内遇到基岩时可适当减少钻孔深度。

(2)根据《岩土工程勘察规范》(2009 年版)(GB 50021—2001)规定，多年冻土勘探点间距除应满足规范要求外，尚应适当加密。勘探孔的深度应满足下列要求：

①对保持冻结状态设计的地基，不应小于基底以下 2 倍基础宽度，对桩基应超过桩端以下 3～5 m。

②对逐渐融化状态和预先融化状态设计的地基，应符合非冻土地基的要求。

③无论何种设计原则，勘探孔的深度均宜超过多年冻土上限深度的 1.5 倍。

④在多年冻土的不稳定地带，应查明多年冻土下限深度；当地基为饱冰冻土或含土冰层时，应穿透该层。

(四)多年冻土勘探测试要求

多年冻土的勘探测试应满足下列要求：

(1)多年冻土地区钻探宜缩短施工时间，宜采用大口径低速钻进，一般开孔直径不宜小于 130 mm，终孔直径不宜小于 108 mm；回次钻进时间不宜超过 5 min，进尺不宜超过 0.3 m，遇含冰量大的泥炭或黏性土可进尺 0.5 m；必要时可采用低温泥浆，并避免在钻孔周围造成人工融区或孔内冻结。

(2)应分层测定地下水位。

(3)保持冻结状态设计地段的钻孔,孔内测温工作结束后应及时回填。

(4)在季节冻土层深度与多年冻土季节融化层深度内,取样数量应根据设计需要确定,且每层不应少于一个试样,取样间距不大于 1 m。

(5)在钻探、取样、运输、储存及试验等过程中,应采取防止试样融化的措施。

(6)试验项目除按常规要求外,尚应根据需要,进行总含水量、体积含水量、相对含冰量、未冻水含量、冻结温度、导热系数、冻胀量、融化压缩等项目的试验;对盐渍化多年冻土和泥炭化多年冻土,尚应分别测定易溶盐含量和有机质含量。

(7)建立地温观测点,进行地温观测,孔内测温工作应在终孔 7 天后进行。

(8)当需查明与冻土融化有关的不良地质作用时,调查工作宜在二月至五月份进行;多年冻土上限深度的勘察时间宜在九、十月份。

(五)冻土的岩土工程分析与评价

冻土的岩土工程分析与评价应符合下列要求:

(1)冻土的地基承载力,应结合当地经验用载荷试验或其他原位测试方法综合确定,对于不进行原位测试的冻土可参考表 3-7-65 的规定取值。

(2)对于车辆基地,除次要工程外,建筑物宜避开饱冰冻土、含土冰层地段和冰锥、冰丘、热融湖、厚层地下冰,融区与多年冻土区之间的过渡带,宜选择坚硬岩层、少冰冻土和多冰冻土地段以及地下水位或冻土层上水位低的地段和地形平缓的高地。

(3)应分析冻土对工程建设和运营的影响,并提出工程措施建议。

六、多年冻土地区的工程处理措施

(一)一般工程处理原则

(1)在多年冻土地区修建工程,首先要判明工程所处位置的多年冻土的稳定程度。一般在多年冻土层厚度大、年平均地温低的相对稳定地带,多采用保持多年冻土冻结的设计原则。在冻土层较薄的,相对不稳定的边缘地带,一般宜采用挖除或部分挖除多年冻土的措施。

(2)当地基土为冻胀性土层时,要注意保护好建筑物周围天然地表状态。防止地表水的渗透作用及人为活动而破坏地表热平衡,导致上限下降,酿成病害。因此,建筑物周围一定范围内的天然覆盖层要切实加以保护。过水建筑宜尽量利用原有沟槽,不另开渠道,不破坏天然地表。

(3)建筑物基础宜放在基岩面或埋在人为上限以下,这样不但可以得到较大的地基承载力,同时可以充分利用冻土的冻结力来抵消冻胀力。

(4)在多年冻土地区,一般冻结深度大于融化深度。所以在相对稳定的多年冻土地带,当路堤修筑后,冻土上限能随之上升。其上升幅度与填土高度和填料性质有关。

(5)路堑工程,由于天然地表的改变,多年冻土上限则将随之下降。因此,当边坡或基底土为饱冰冻土,富冰冻土或含土冰层时,基底土应进行全部或部分挖除换填,边坡应采取保温措施,并做好排水工程。

(6)多年冻土地区工程用保温材料,要求有较低的导热性能、良好的防水性和一定的抗压强度。

（二）地下工程处理原则

（1）在多年冻土区，地下区间隧道（尤其是洞口）宜避开各种不良地质体，选在不受冻害影响的坚固地层上；越岭隧道则宜尽量选在无断裂，少裂隙的完整岩石地段。

（2）隧道洞口仰坡应尽可能少地扰动原地面；当仰坡范围内有地下水、厚层地下冰或冻胀土时，应采取接长明洞、坡脚以挡墙支挡等办法处理。开挖后的多年冻土，暴露时间不宜过长，进洞前必须先修好洞门，并作好洞口边坡、仰坡的处理（包括支挡、保温及排水工程等）。

（3）在多年冻土中，洞身开挖后，洞口地段及冻融交界处的衬砌应加强，并应适当设置沉降缝。

（4）多年冻土区的地下隧道，除确认为干燥无水者外，均应采用防水混凝土，并对工作缝、伸缩缝、沉降缝作好防水处理，以增强衬砌的密实性和不透水性，防止围岩的水渗入隧道，造成病害。

（5）当隧道在多年冻土下限以下通过并遇有地下水时，也应在衬砌背后设置环向和纵向盲沟并与防寒水沟或泄水洞连通，进行排水。

第十节　盐渍岩土

一、盐渍岩土的定义和形成条件

（一）盐渍岩土的定义和分布

岩土中易溶盐含量大于0.3%，并具有溶陷、盐胀、腐蚀等工程特性时，应判定为盐渍岩土。

盐渍土分布较广，我国西北、华北、东北的西部、内蒙古河套地区以及东南沿海一带都有分布，但比较集中的是在西北地区的内陆盆地。

（二）盐渍岩土的形成条件

盐渍岩是含盐度较高的天然水体（如泻湖、盐湖、盐海等）通过蒸发作用产生的化学沉积所形成的岩石。

盐渍土是当地下水沿土层的毛细管升高至地表或接近地表，经蒸发作用水中盐分被析出并聚焦于地表或地下土层中形成的。

岩渍岩土的形成主要有以下几个条件：

（1）气候条件：气候干旱、半干旱、蒸发量远远大于降水量，毛细作用强烈。

（2）地形条件：一般为封闭的内陆盆地和低洼地等排水不畅的地形。

（3）水文地质条件：地下水的矿化度高，埋藏浅，毛细水能达到或接近地表。

（4）生物条件：强烈的植物蒸腾作用及耐盐植物枯死之后，能增加土中的盐分。

（5）人为因素：农田洗盐、苦水灌溉、渠道渗漏、水库位置选择不当等，对盐分的积聚和迁移都有直接影响。

二、盐渍岩土的分类

(一)盐渍岩的分类

盐渍岩按含盐矿物成分可分为石膏盐渍岩、芒硝盐渍岩等

(二)盐渍土的分类

(1)盐渍土按含盐成分可按表 3-7-69 分类。

表 3-7-69 盐渍土按含盐成分分类

盐渍土名称	$\frac{c(Cl^-)}{2c(SO_4^{2-})}$	$\frac{2c(CO_3^{2-})+c(HCO_3^-)}{c(Cl^-)+2c(SO_4^{2-})}$
氯盐渍土	＞2	—
亚氯盐渍土	2～1	—
亚硫酸盐渍土	1～0.3	—
硫酸盐渍土	＜0.3	—
碱性盐渍土	—	＞0.3

注:表中 $c(Cl^-)$为氯离子在 100 g 土中所含毫摩数,其他离子同。

(2)盐渍土按含盐量可按表 3-7-70 分类。

表 3-7-70 盐渍土按含盐成分分类

盐渍土名称	平均含盐量(%)		
	氯及亚氯盐	硫酸及亚硫酸盐	碱性盐
弱盐渍土	0.3～1.0	—	—
中盐渍土	1～5	0.3～2.0	0.3～1.0
强盐渍土	5～8	2～5	1～2
超盐渍土	＞8	＞5	＞2

三、盐渍岩土的工程性质

(一)盐渍岩的工程性质

1. 整体性

盐渍岩是易溶和中溶的化学沉积岩。埋藏在地下深处呈整体结构,无裂隙、不透水。

2. 易溶性

盐渍岩一般具有强可溶性。在石膏—硬石膏岩分布地区,都有岩溶化现象发育。岩溶洞隙的形状、大小和分布与石膏、硬石膏的存在形状有关。成层分布的石膏、硬石膏,可能导致地面塌陷;而呈透镜体状或斑点状分布的石膏、硬石膏,则可能造成蜂窝状或鸡窝状溶蚀现象,而使地面或基础产生不均匀沉陷。

3. 膨胀性

硫酸盐类渍岩脱水后形成硬石膏(Ca_2SO_4)、无水芒硝(Na_2SO_4)、钙芒硝($Na_2SO_4 \cdot Ca_2SO_4$)等,在水的作用下,具有吸水结晶膨胀性,导致地质体变形(如岩层形成肠状褶曲)、岩体变形(如隧道底鼓)或造成工程破坏。无水芒硝吸收 10 个结晶水后变成芒硝

($Na_2SO_4 \cdot 10H_2O$),体积增大 10 倍,膨胀压力可达 10 MPa。岩石的膨胀还将导致岩石强度和弹性模量降低。

4. 腐蚀性

腐蚀性是盐渍岩,尤其是硫酸盐类盐渍岩的固有特性。硫酸盐对混凝土的腐蚀性是进入水中的硫酸根(SO_4^{2-}),通过毛细力作用进入混凝土中与水泥中的钙离子(Ca)结合,形成石膏($CaSO_4 \cdot 2H_2O$),由于石膏体积膨胀而使混凝土造成结构破坏。或无水芒硝(Na_2SO_4)溶液进行混凝土后,芒硝($Na_2SO_4 \cdot 10H_2O$)结晶膨胀,体积增大 10 倍,而使混凝土强烈腐蚀、破坏。

(二)盐渍土的工程性质

(1)氯盐渍土、硫酸盐渍土和碱性盐渍土的工程性质见表 3-7-71。

表 3-7-71　各类盐渍土的工程性质

盐渍土名称	工　程　性　质
氯盐渍土	1. 具有较强的吸湿性和保湿性。在潮湿地区土体易吸湿软化,强度降低,而在干旱地区则有利于施工; 2. 土中盐分极易溶失,特别在降水量较大的地区,常形成空洞酿成病害,含盐量愈高危害愈严重; 3. 液、塑限随含盐量的增加而降低,即在较小含水量的条件下,就能达到最佳夯实密度。 4. 在一定含水量的条件下,氯盐渍土的强度将随含盐量的增加而减小,但超过某一限度时(约8%)又逐渐增大,接近或超过非含盐土; 5. 起始冻结温度比不含盐土低,并随含盐量的增加而降低; 6. 氯盐对硫酸盐有一定的抑制作用,为减轻硫酸盐渍土的盐胀,可加入适量的氯化钙或氯化钡
硫酸盐渍土	1. 当硫酸钠含量超过 2%时,由于温度的变化,时而吸水结晶体积膨胀,时而脱水体积缩小,如此反复进行,破坏了土的结构,降低土体强度。膨胀量的大小,与含盐量、含水量、温度及土质有直接关系,其中温度起着主导因素; 2. 硫酸盐渍土的液、塑限随含盐量的增加而增高; 3. 硫酸盐对土的固结作用不显著,潮湿时强度随含盐量增加而降低
碱性盐渍土	1. 由于碱性盐渍土土溶液中,含有大量的吸附性碳酸盐钠离子,具有较强的亲水性,遇水后在其周围形成稳固的水化薄膜,进而减少了颗粒之间的凝聚力,使土颗粒高度分散,产生膨胀,致土体塑性增大,渗透性减弱。当碳酸盐含量大于 0.5%时,膨胀量显著增大,地下工程基坑和隧道稳定性也降低; 2. 碱性盐渍土的液、塑限随含盐量增加而提高; 3. 在干燥状态下,碱性盐渍土黏固性强;而一旦遇水便迅速崩解

(2)盐渍土还具有以下工程特性:

①溶陷性

盐渍土中的可溶盐经水浸泡后溶解、流失,致使土体结构松散,在土的饱和自重压力下出现溶陷;有的盐渍土浸水后,需在一定压力作用下,才会产生溶陷。盐渍土溶陷性的大小,与易溶盐的性质、含量、赋存状态和水的径流条件以及浸水时间的长短有关。盐渍土按溶陷系数可分为两类:当溶陷系数 δ 值小于 0.01 时,称为非溶陷性土;当溶陷系数 δ 值等于或大于 0.01 时,称为溶陷性土。

②盐胀性

硫酸(亚硫酸)盐渍土中的无水芒硝(Na_2SO_4)的含量较多,无水芒硝(Na_2SO_4)在 32.4 ℃以上时无水晶体,体积较小;当温度下降至 32.4 ℃时,吸收 10 个水分子的结晶水,成为芒硝($Na_2SO_4 \cdot 10H_2O$)晶体,使体积增大 10 倍,如此不断的循环反复作用,使土体变松。盐胀作用是盐渍土由于昼夜温差大引起的，多出现在地表下不太深的地方，一般约为 0.3 m。

碳酸盐渍土中含有大量吸附性阳离子，遇水时与胶体颗粒作用，在胶体颗粒和黏土颗粒周围形成结合水薄膜，减少了各颗粒间的黏聚力，使其互相分离，引起土体盐胀。资料表明，当土中的 Na_2CO_3 含量超过 0.5%时，其盐胀量显著增大。

③腐蚀性

盐渍土均具有腐蚀性。腐蚀程度，除与盐类的成分有关外，还与建筑结构所处的环境条件有关。

④吸湿性

氯盐渍土含较多的一价钠离子，使氯盐渍土具有较强的吸湿性和保水性。从而使氯盐渍土在潮湿地区土体极易吸湿软化，强度降低。吸湿的深度一般只限于地表，深度约为 10 m。

⑤有害毛细作用

盐渍土有害毛细上升能引起地基土的浸湿软化和造成次生盐渍土，并使地基土强度降低，产生盐胀、冻胀等不良作用。

⑥对土的物理力学性质影响较大

氯盐渍土的含氯量越高，液限、塑限和塑性指数越低，可塑性越低。由于氯盐晶粒充填了土颗粒间的空隙，一般能使土的孔隙比降低，土的密度、干密度提高。但硫酸盐渍土中无水芒硝吸水变成芒硝后，使土体体积变大，反复作用后使土体变松，孔隙比增大，密度减小。

当盐渍土的含水量较低且含盐量较高时，土的抗剪强度较高，反之较低。

氯盐渍土力学强度随总含盐量增大，强度增大。但硫酸盐渍土与氯盐渍土相反，即强度随总含盐量增大而减小。

四、盐渍岩土勘察

盐渍岩土地区的岩土工程勘察，除应满足城市轨道交通工程勘察的要求外，尚应满足以下规定。

(一)盐渍岩土地区的调查内容

盐渍岩土地区的调查工作，应包括下列内容：

(1)盐渍岩土的成因、分布和特点。

(2)含盐化学成分、含盐量及其在岩土中的分布。

(3)溶蚀洞穴发育程度和分布。

(4)搜集气象和水文资料。

(5)地下水的类型、埋藏条件、水质、水位及其季节变化。

(6)植物生长状况。

(7)含石膏为主的盐渍岩石膏的水化深度，含芒硝较多的盐渍岩，在隧道通过地段的地温情况。

(8)当地工程经验。

(二)盐渍岩土的勘探测试要求

盐渍岩土的勘探测试应符合下列规定:

(1)除应遵守城市轨道交通工程不同工法和勘察阶段的规定外,勘探点布置尚应满足查明盐渍岩土分布特征的要求。

(2)采取岩土试样宜在干旱季节进行,对于测定含盐离子的扰动土取样,宜符合表3-7-72的规定。

表3-7-72　盐渍土试样取样要求

勘察阶段	深度范围(m)	取土试样间距(m)	取样孔占勘探孔总数的百分数(%)
初步勘察	<5	1.0	100
	5～10	2.0	50
	>10	3.0～5.0	20
详细勘察	<5	0.5	100
	5～10	1.0	50
	>10	2.0～3.0	30

注:浅基取样深度到10 m即可。

(3)工程需要时,应测定有害毛细水上升的高度。

(4)应根据盐渍土的岩性特征,选用载荷试验等适宜的原位测试方法,对于溶陷性盐渍土尚应进行浸水载荷试验确定其溶陷性。

(5)对盐胀性盐渍土宜现场测定有效盐胀厚度和总盐胀量,当土中硫酸钠含量不超过1%时,可不考虑盐胀性。

(6)除进行常规室内试验外,尚应进行溶陷性试验和化学成分分析,必要时可对岩土的结构进行显微结构鉴定。

(7)溶陷性指标的测定可按湿陷性土的湿陷试验方法进行。

(三)盐渍岩土的岩土工程评价

盐渍岩土的岩土工程评价应包括下列内容:

(1)岩土中含盐类型、含盐量及主要含盐矿物对岩土工程特性的影响。

(2)岩土的溶陷性、盐胀性、腐蚀性和场地工程建设的适宜性。

(3)盐渍土地基的承载力宜采用载荷试验确定,当采用其他原位测试方法时,应与载荷试验结果进行对比。

(4)确定盐渍岩地基的承载力时,应考虑盐渍岩的水溶性影响。

(5)当地基承载力不能满足设计要求时,应提出地基处理措施。

(6)盐渍岩边坡的坡度宜比非盐渍岩的软质岩石边坡适当放缓,对软弱夹层、破碎带应部分或分部加以防护。

(7)盐渍岩土对建筑材料的腐蚀性评价。

五、盐渍岩土的工程措施

(1)工程设置应尽可能避开盐渍岩土主要分布地区,对盐渍岩中的蜂窝状溶蚀洞穴可采用抗硫酸盐水泥灌浆进行处理。

(2)应防止大气降水、地表水、工业和生活用水淹没或浸湿地基和附近场地。对湿润地基应设置防渗层;对基础应采取防腐蚀措施。

(3)对于区间隧道或基坑,施工时应保持岩石的干燥,禁止用水。开挖后应及时喷射混凝土进行封闭;基坑开挖后应及时进行基础施工,严禁施工用水渗入地基内。

(4)对具有盐胀性或溶陷性的盐渍土地基应采取地基处理措施。当采用桩基础时,桩的埋入深度应大于盐胀性盐渍土的盐胀临界深度。

(5)盐渍土地基处理,应根据盐渍土的性质、含盐类型、含盐量等,针对盐渍土的不同性状,对盐渍土的溶陷性、盐胀性、腐蚀性,采用不同的地基处理方法。

参考文献

[1]工程地质手册编委会．工程地质手册[M]. 5 版．北京:中国建筑工业出版社,2018.

[2]金淮,刘永勤．城市轨道交通工程勘察[M]. 北京:中国建筑出版社,2014.

[3]中华人民共和国住房和城乡建设部．城市轨道交通岩土工程勘察规范:GB 50307—2012[S]. 北京:中国计划出版社,2012.

[4]中华人民共和国住房和城乡建设部．建筑工程地质勘探与取样技术规程:JGJ/T 87—2012[S]．北京:中国建筑工业出版社, 2012.

[5]中华人民共和国住房和城乡建设部．软土地区岩土工程勘察规程:JGJ 83—2011[S]. 北京:中国建筑工业出版社,2011.

[6]李尚华．浅谈水上钻探[J]. 甘肃水利水电技术, 2002,38(2):133-135.

[7]国家铁路局．铁路工程地质原位测试规程:TB 10018—2018[S]. 北京:中国铁道出版社,2018.

[8]北京市规划委员会．北京地区建筑地基基础勘察设计规范:DBJ 11-501—2009[S]. 北京:中国计划出版社,2009.

[9]广东省住房和城乡建设厅．建筑地基基础设计规范:DBJ 15-31—2016[S]. 北京:中国建筑工业出版社,2016.

[10]中华人民共和国建设部．岩土工程勘察规范(2009 年版):GB 50021—2001[S]. 北京:中国建筑工业出版社,2009.

[11]中华人民共和国住房和城乡建设部．建筑桩基技术规范:JGJ 94—2008[S]. 北京:中国建筑工业出版社,2008.

[12]中华人民共和国住房和城乡建设部．建筑地基基础设计规范:GB 50007—2011[S]. 北京:中国建筑工业出版社,2012.

[13]中华人民共和国住房和城乡建设部．工程岩体分级标准:GB 50218—2014[S]. 北京:中国计划出版社,2015.

[14]中华人民共和国铁道部．铁路工程物理勘探规范:TB 10013—2010[S]. 北京:中国铁道出版社,2010.

[15]铁道部第一勘探设计院．铁路工程地质手册[M]. 北京:中国铁道出版社,1975.

[16]周天福．工程物探[M]. 北京:中国水利水电出版社,1996.

[17]李世民,张晓培,牛建军,等．地震 CT 技术在隧道工程中的应用[J]. 探矿工程(岩土钻掘工程),2004,31(9):63-65.

[18]徐昌平．TSP 法在隧道地质超前预报中的应用[J]. 广东水利水电:2009(9),59-60.

[19]中华人民共和国住房和城乡建设部．湿陷性黄土地区建筑标准:GB 50025—2018[S]. 北京:中国建筑工业出版社,2019.

[20]浙江省住房和城乡建设厅．浙江省城市轨道交通岩土工程勘察规范:DB 33/T

1126—2016[S]. 北京:中国计划出版社,2017.

[21]浙江省住房和城乡建设厅. 工程岩体试验方法标准:GB/T 50266—2013[S]. 北京:中国计划出版社,2013.

[22]王珊. 岩土工程新技术实用全书[M]. 长春:银声音像出版社,2004.

[23]陕西省建设厅. 西安地裂缝场地勘察与工程设计规程:DBJ 61-6—2006[S]. 2006.

[24]马明波. 地铁隧道穿越大范围地面沉降区域的影响及对策分析[J]. 建筑工程技术与设计,2015 (18):2092—2093,848.

[25]中华人民共和国铁道部. 铁路工程物理勘探规范:TB 10027—2012[S]. 北京:中国铁道出版社,2012.

[26]中华人民共和国住房和城乡建设部. 城市轨道交通结构抗震设计规范:GB 50909—2014[S]. 北京:中国计划出版社,2014.

[27]中华人民共和国住房和城乡建设部. 建筑抗震设计规范:GB 50011—2010[S]. 北京:中国建筑工业出版社,2010.

[28]中华人民共和国国家质量监督检验检疫总局. 中国地震动参数区划图:GB 18306—2015[S]. 北京:中国标准出版社,2016.

[29]中华人民共和国铁道部. 铁路工程特殊岩土勘察规程:TB 10038—2012[S]. 北京:中国铁道出版社,2012.

[30]中华人民共和国住房和城乡建设部. 膨胀土地区建筑技术规范:GB 50112—2013[S]. 北京:中国建筑工业出版社,2013.

[31]国家环境保护局. 土壤环境监测技术规范:HJ/T 166—2004[S]. 北京:中国环境出版社,2004.

[32]中华人民共和国住房和城乡建设部. 冻土地区建筑地基基础设计规范:JGJ 118—2011[S]. 北京:中国建筑工业出版社,2012.

[33]金淮. 中国城市轨道交通工程地质[M]. 北京:中国计划出版社,2015.

第四篇　水文地质勘察

第一章　地下水概述

地下水是地壳中一个极其重要的天然资源，也是岩土三相组成部分中的一个重要部分，地下水的存在将改变岩土体的物理力学性质，可以导致渗透变形破坏，所形成的静水压力和动水压力会导致岩土体稳定性降低。当地下水中的某些化学成分含量过高时，水对混凝土、可溶性石材、管道、钢铁构件及器材都有腐蚀作用。因此，有必要通过水文地质勘察查明地下水的形成、分布和埋藏条件，以及地下水的运动规律，防止地下水对城市轨道交通工程的危害和影响。

第一节　地下水及其赋存

一、地下水的埋藏条件

岩石和土体空隙既是地下水的储存场所，又是运移通道。空隙的大小、多少、连通性、充填程度及其分布规律决定着地下水位埋藏条件。根据成因可把空隙区分为孔隙、裂隙与溶隙三种。空隙的多少、大小、形状、连通情况和分布规律，对地下水的分布和运动具有重要影响。

(一)孔　隙

松散岩土是由大小不等的颗粒组成的。颗粒或颗粒集合体之间的空隙，称为孔隙。岩土中孔隙体积的多少是影响其储容地下水能力大小的重要因素。

孔隙体积的多少可用孔隙度表示。孔隙度是指某一体积岩土(包括孔隙在内)中孔隙体积所占的比例可以用百分数或小数表示。

$$n=\frac{V_n}{V}\times 100\% \tag{4-1-1}$$

式中　n——岩土的孔隙率；

V_n——岩土中孔隙的体积；

V——包括孔隙在内的岩土体积。

由于多孔介质中并非所有的孔隙都是连通的，于是人们提出了有效孔隙度的概念。有效孔隙度为重力水流动的孔隙体积(不包括结合水占据的空间)与岩土体积之比。显然，有效孔隙度小于孔隙度。

松散岩土中的孔隙分布于颗粒之间，连通良好，分布均匀，在不同方向上，孔隙通道的大小和多少都很接近。赋存于其中的地下水分布与流动都比较均匀。

(二)裂　隙

固结的坚硬岩石,包括沉积岩、岩浆岩和变质岩,一般不存在或只保留一部分颗粒之间的孔隙,而主要发育各种应力作用下岩石破裂变形产生的裂缝状空隙,称为裂隙。按裂隙的成因可分为成岩裂隙、构造裂隙和风化裂隙。

裂隙的多少以裂隙率 η_f 表示。

$$\eta_f = \frac{V_f}{V} \times 100\% \tag{4-1-2}$$

式中 V_f——岩石中裂隙的体积;

V——岩石总体积。

坚硬基岩的裂隙是宽窄不等,长度有限的线状缝隙,往往具有一定的方向性。只有当不同方向的裂隙相互穿切连通时,才在某一范围内构成彼此连通的裂隙网络。裂隙的连通性远较孔隙为差。因此,赋存于裂隙基岩中的地下水相互联系较差。分布与流动往往是不均匀的。

(三)溶　隙

可溶的沉积岩,如岩盐、石膏、石灰岩和白云岩等,在地下水溶蚀下会产生空洞,这种空隙称为溶隙(穴)。

衡量溶隙多少的定量指标称为岩溶率,以 K_K 表示。

$$K_K = \frac{V_K}{V} \times 100\% \tag{4-1-3}$$

式中 V_K——岩石中溶隙的体积;

V——岩石总体积。

溶隙的规模悬殊,大的溶隙宽可达数十米,高数十乃至百余米,长达几至几十公里,而小的溶隙宽度仅几毫米。因此,在岩溶发育地区,往往即使在相距极近的两处,其岩溶率可相差极大。

可溶岩石的溶隙是一部分原有裂隙与原生孔缝溶蚀扩大而成的,空隙大小悬殊且分布极不均匀。因此,赋存于可溶岩石中的地下水分布与流动通常极不均匀。

二、水在岩土中的赋存形式

岩土空隙中的水按其形态分为液态水、气态水和固态水。

(一)液 态 水

根据水分子受力状况又可分为结合水、重力水和毛细水。

(1)结合水:在松散岩土颗粒表面及坚硬岩石空隙壁面均带有电荷,水分子又是偶极体,由于静电引力作用,固相表面便具有吸附水分子的能力。根据库仑定律,电场强度与距离平方成正比,因此离固相表面越近的水分子,受到的静电引力越大,随着距离增大,吸引力逐渐减弱。受到固相表面的吸引力大于其自身重力的那部分水,称之为结合水。这部分水被静电引力束缚于固相表面,不能在自重作用下运动。

结合水区别于其他液态水的最大特征是具有抗剪强度,即必须施加一定的外力才能使其发生变形和流动。

(2)重力水:距离固相表面更远的水分子,重力对它们的影响大于固体表面对它的吸引力，因此能在重力作用下运移，这部分水称为重力水，即常称的地下水。重力水存在于较大的岩土空隙中，具有液态水的一般特征。

(3)毛细水：松散岩土中细小孔隙通道可构成毛细管，在毛细力的作用下，地下水沿细小孔隙上升到一定的高度，这种既受重力又受毛细力作用的水，称为毛细水。毛细水广泛存在于地下水面以上的包气带中。根据毛细力作用情况的不同，分为支持毛细水、悬着毛细水和孔角毛细水。

毛细水和重力水又称为自由水，均不能抗剪切，但可传递静水压力。

(二)气　态　水

气态水系指以水蒸气状态存在于非饱和含水岩土空隙中的水。气态水可随空气的流动面运移，但即使空气不流动，它也能从水汽压力(或绝对湿度)大的地方向小的地方移动。气态水在一定温度、压力条件下可与液态水相互转化，两者之间保持动态平衡。当岩土空隙内水汽增多而达到饱和时，或是当周围温度降至露点时，气态水便凝结成液态水，气态水对岩土中水的重新分布有一定影响。

(三)固　态　水

当岩土温度低于 0 ℃时，岩土空隙中的液态水凝结成冰，称为固态水。此时赋存地下水的岩土称为冻土。

三、含水层、隔水层与弱透水层

岩土中含有各种状态的地下水，由于和各类岩土的水理性质不同，可将岩土层划分为含水层和隔水层。

(1)含水层：是指能够给出并透过相当数量重力水的岩土层。构成含水层的条件，一是岩土中要有空隙存在，并充满足够的重力水；二是这些重力水能够在岩土空隙中自由运动。

(2)隔水层：是指不能透过或给出水的岩土层，或者透出或给出的水量很小的岩土层，如黏土层、致密的岩层等。

含水层和隔水层的划分是相对的，不存在截然的界限，并在一定条件下还可以相互转化。有些岩层也给出与透过一定数量的水，介于含水层与隔水层之间，于是有人提出了弱透水层(弱含水层)的概念。

(3)弱透水层(弱含水层)：所谓弱透水层是指那些渗透性相当差的岩层，透过或给出的水量微小，但在发生越流时，由于驱动水流的水力梯度大且发生渗透的过水断面很大(等于弱透水层分布范围)，因此，相邻含水层通过弱透水层交换的水量相当大，这些岩土层可称为弱透水层。松散沉积物中的黏性土，坚硬基岩中裂隙稀少而狭小的岩层(如砂质页岩、泥质粉砂岩等)都可以归入弱透水层之列。

四、地下水的补径排

(一)地下水的补给

含水层或含水系统从外界获得水量的作用称作补给。地下水的补给主要取决于自然因素，如地表水、大气降水、凝结水和来自其他含水层或含水系统的水，而这些地下水的补给与地质条件的相互作用直接影响到地下水位的变化。

1. 地表水体补给

如溪流、河流、水库、湖泊及冰川等，地表水体入渗是一些城市地下水补给的主要来源，影响着地下水位的变化。

2. 大气降水补给

大气降水也是地下水补给的一大来源，但降水后渗入到地表以下的水并未全部补给含水层。其中，相当一部分水滞留在包气带中构成土壤水，通过土壤蒸发与叶面蒸腾的方式从包气带水直接转化为大气水。

大气降水补给地下水也存在诸多影响因素，如气候(气象)、包气带的岩性和厚度、地形与植被覆盖以及城市路面硬化等，这些因素都决定了大气降水对地下水位的影响程度。

3. 含水层之间的补给

含水层之间的补给一般分为以下四种情况，这些情况都影响到地下水位的变化。

(1)两个含水层相邻：两个含水层之间存在水头差且有联系的通路，则水头较高的含水层便补给水头较低者，承压水补给潜水就属于这种情况。

(2)两个含水层间隔水层分布不稳定：在其缺失部位的相邻的含水层便通过“天窗”发生水力联系。

(3)两个含水层间为弱透水层：相邻含水层通过其间的弱透水层发生水量交换，即越流补给。

(4)两个含水层间有导水断层：切穿隔水层的导水断层往往成为基岩含水层之间的联系通路。同理，穿越数个含水层的钻孔或止水不良的分层钻孔，都将人为的构成水由高水头含水层流入低水头含水层的通道。

4. 凝结水补给

饱和湿度随温度降低，温度降到一定程度，空气中的绝对湿度与饱和湿度相等。温度继续下降，超过饱和湿度的那一部分水汽便凝结成水。这种由气态水转化为液态水的过程称作凝结作用。

一般情况下，凝结形成的水量相当有限，特别是在北方地区，这种地下水补给方式对地下水位的影响可以忽略不计。但在某些地方，水汽的凝结对地下水的补给有一定意义。

(二)地下水的径流

径流是指地下水由补给区流向排泄区的作用过程。一般情况下，地下水处在不断的径流运动之中，它是连接补给与排泄的中间环节，它将地下水的水量、盐量从补给区传输到排泄处，从而影响着含水层或含水系统中水量、水质的时空分布。

(三)地下水的排泄

排泄是指含水层或含水系统失去水量的过程。一般的排泄方式主要有泉、向河流泄流、蒸发和蒸腾、地下水开采等，以及一个含水层(含水系统)向另一个含水层(含水系统)的排泄。地下水的排泄对地下水位的影响较大。

五、岩土的水理性质

岩土的水理性质主要有容水性、持水性、给水性和透水性。

(一)容 水 性

岩土的容水性是指岩土能容纳一定水量的性能。度量容水性的指标为容水度，即指岩土完全饱水时所容纳的最大水体积与岩土总体积之比，可用小数或百分数表示。实际上，这时的岩土空隙已全部充满水体，其含水率即称为饱和含水率。容水度在数值上一般与孔隙度（裂隙率、岩溶率）相等，但对于有膨胀性的岩土，由于其充水后体积扩大，其容水度可大于孔隙度。

（二）持 水 性

含水岩土在重力作用下释水时，由于固体颗粒表面的吸附力和毛细力的作用，使在其空隙中能保持一定水量的性能，称为持水性。度量持水性的指标为持水度，即指饱水岩土在重力作用下，经过 2～3 天释水后，岩土空隙尚能保持的水体积与岩土总体积之比。

（三）给 水 性

含水岩土在重力作用下能自由释出一定水量的性能，称为给水性。度量给水性的指标为给水度 μ，系指饱水岩土在重力作用下所释出的水体积与岩土总体积之比，在数值上等于容水度减去持水度。

含水层的给水度宜采用抽水试验确定（参见本篇第四章第四节相关内容）。松散岩类含水层的给水度，可采用室内试验确定；岩石裂隙、岩溶的给水度，可采用裂隙率、岩溶率代替。有经验的地区，可采用经验值。松散类岩土给水度可参考表 4-1-1 的经验值。

表 4-1-1　岩土给水度的经验值

岩土名称	给水度 μ	岩土名称	给水度 μ
粉砂与黏土	0.10～0.15	粗砂及砾砂	0.25～0.35
细砂与泥质砂	0.15～0.20	黏土胶结的砂岩	0.02～0.03
中　砂	0.20～0.25	裂隙灰岩	0.008～0.10

（四）透 水 性

岩土允许水体透过的性能称为透水性。

岩土的透水性主要取决于岩土空隙的尺度、数量及连通性。度量岩土透水性的指标是渗透系数 k。渗透系数越大，表明岩土的透水性越强；反之，则越弱。含水层的渗透系数及导水系数宜采用抽水试验、注水试验求得。几种土的渗透系数经验数据值见表 3-5-11。

含水层的透水性根据渗透系数 k 按表 4-1-2 划分。

表 4-1-2　含水层的透水性分类

类　别	特强透水	强透水	中等透水	弱透水	微透水	不透水
k(m/d)	$k>200$	$10\leqslant k\leqslant 200$	$1\leqslant k<10$	$0.01\leqslant k<1$	$0.001\leqslant k<0.01$	$k<0.001$

第二节　地下水类型及特征

地下水按埋藏条件可分为三大类：包气带水、潜水、承压水。根据含水层的空隙性质，地下水可分为三个亚类：孔隙水、裂隙水、岩溶水。

一、包气带水

地表以下、潜水面以上的岩土层，在其空隙未被水分所充满，空隙中仍包含着部分空气，该岩土层称为包气带。包气带水泛指储存在包气带中的水，包括土壤水、沼泽水、上层滞水以及基岩风化壳(黏土裂隙)中季节性存在的水(图 4-1-1)。

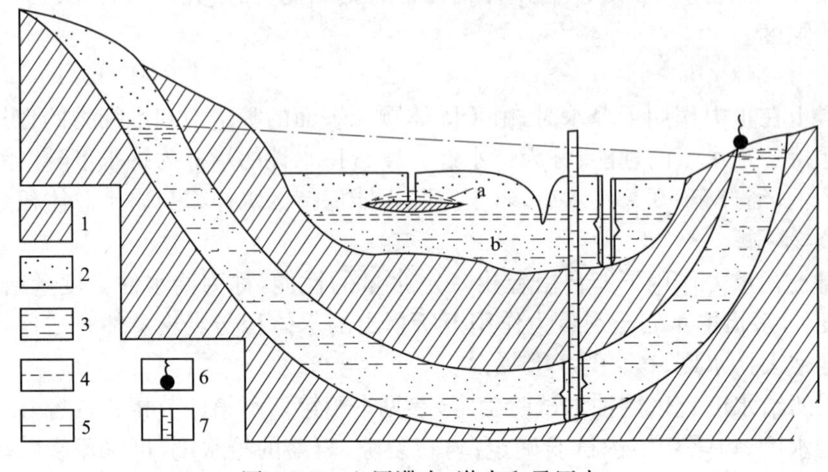

图 4-1-1 上层滞水、潜水和承压水

1—隔水层；2—透水层；3—饱水部分；4—潜水位；5—承压水测压水位；6—泉(上升泉)；7—水井；a—上层滞水；b—潜水；c—承压水

包气带水的主要特征是受气候控制，季节性明显，变化大，雨季水量多，旱季水量少，甚至干涸。包气带水对城市轨道交通工程建设有一定影响。

在包气带中当存在局部隔水层时，其上部可积聚具有自由水面的重力水，称之为上层滞水。上层滞水接近地表，补给区和分布区一致，可受大气降水及地表水的入渗补给，并以蒸发的形式排泄。

二、潜　水

(一)潜水的概念

潜水是埋藏在地表以下饱水带中第一个具有自由面的重力水。潜水没有隔水顶板，或只有局部隔水顶板。潜水面为自由面，不承受大气压以外的任何附加压强。从潜水面到地面的距离为潜水埋藏深度。潜水面到隔水底板的距离为潜水含水层的厚度。

(二)潜水的特征

潜水主要分布在地表各种岩、土里，多数存在于第四纪松散沉积层中，坚硬的沉积岩、岩浆岩和变质岩的裂隙及洞穴中也有潜水分布。

潜水的补给来源主要有：大气降水、地表水、深层地下水及凝结水。大气降水是补给潜水的主要来源。

潜水的排泄，可直接流入地表水体，一般在河谷的中上游，河流下切较深，使潜水直接流入河流。在干旱地区潜水也靠蒸发排泄。在地形有利的情况下，潜水则以泉的形式出露地表。

潜水的自由表面，承受大气压力，受气候条件影响，季节性变化明显，春、夏季多雨，水位上升，冬季少雨，水位下降，水温随季节而有规律的变化，水质易受污染。

三、承 压 水

（一）承压水的概念

承压水是地表以下充满两个稳定隔水层（弱透水层）之间的含水层中具有静水压力的重力水。如未充满水则称为无压层间水。

承压含水层有上下两个稳定的隔水层，上面的隔水层称隔水顶板，也叫限制层；下面的称隔水底板。顶、底板之间的距离为含水层的厚度。穿透隔水顶板后，则承压水层中的水由于其承压性将上升到含水层顶板以上某个高度后稳定下来，稳定水位高出含水层顶板面的垂直距离称为承压水头。井内稳定水位的高程称为承压水在该点的测压水位，也称为承压水位。当测压水位高出地表，承压水将喷出地表，形成自流水。

（二）承压水的特征

承压性是承压水的一个重要特征。由于地下水限制在两个隔水层之间，因而承压水具有一定压力，特别是含水层透水性愈好，压力愈大，人工开凿后能自流到地表。

承压水由于受到连续分布的隔水层的限制，它与大气水、地表水的联系较弱，主要通过含水层出露地表的补给区获得补给，并通过范围有限的排泄区进行径流排泄。当顶、底板为半隔水层时，还可通过半隔水层从上部或下部含水层获得补给（称为越流补给），或向上、下部含水层排泄（称为越流排泄）。

由于有隔水顶板存在，承压水不受气候的影响，动态较稳定，不易受污染（图 4-1-2）。

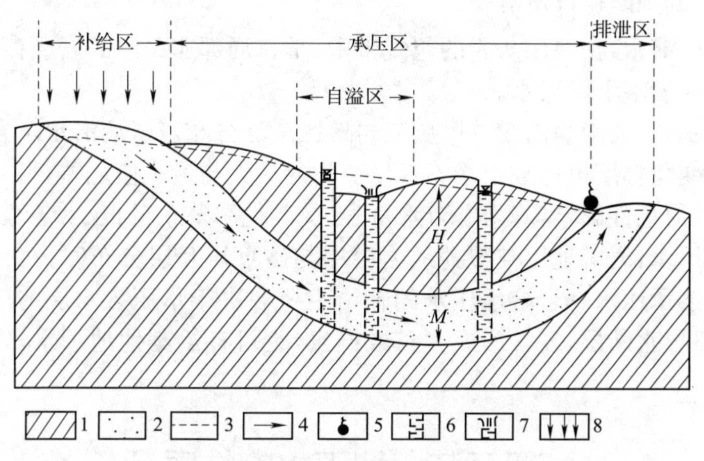

图 4-1-2　承压水示意图

1—隔水层；2—承压水含水层；3—承压水测压水位；4—径流方向；5—泉（上升泉）；6—水井；7—自喷井；8—补给；H—承压水头（压力水头）；M—含水层厚度

承压水的形成与所在地区的地质构造及沉积条件有密切关系。只要有适宜的地质构造条件，地下水都可形成承压水。适宜形成承压水的地质构造大致有两种：一为向斜构造盆地，称为自流盆地；另一为单斜构造亦称为自流斜地。

四、孔隙水、裂隙水及岩溶水

根据含水层的空隙性质，地下水可分为三个亚类：孔隙水、裂隙水、岩溶水。常与潜水和承压水相结合,如孔隙潜水、孔隙承压水,裂隙潜水、裂隙承压水,岩溶潜水、岩溶承压水等。

(一)孔 隙 水

孔隙水主要赋存于松散沉积物中。在不同沉积环境中形成的不同成因类型的沉积物,其地貌形态、地质结构、沉积颗粒粒度及分选性等均各具特点,使赋存其中孔隙水的分布及与外界的联系程度也不同。掌握沉积物的沉积规律和分析了解沉积物的特征,是识别孔隙水的分布和形成规律的主要依据。

(二)裂 隙 水

坚硬的基岩在应力作用下形成各种裂隙,赋存其间的水称为裂隙水。根据裂隙的不同成因类型,可将裂隙水分为风化裂隙水、成岩裂隙水和构造裂隙水三类。

裂隙水具有与孔隙水不同的分布和运动特征。

(1)由于裂隙在岩石中发育不均匀,从而导致赋存其间水的分布不均匀。

(2)裂隙水运动状况复杂,在流动过程中水力联系呈明显的各向异性。一方面,局部地段裂隙水的流向并不总和水流的总体方向一致,甚至有时会出现方向相逆的情况;另一方面,受裂隙产状的控制,即使裂隙潜水也往往呈局部承压现象。

(三)岩 溶 水

赋存和运移于可溶岩的溶隙、溶洞(洞穴、管道、暗河)中的地下水叫岩溶水。我国岩溶的分布比较广,特别在南方地区。岩溶水对城市轨道交通工程会带来较大的危害。

根据岩溶水的埋藏条件可分为:

(1)岩溶上层滞水:在厚层灰岩的包气带中,常有局部非可溶的岩层存在,起着隔水作用,在其上部形成岩溶上层滞水。

(2)岩溶潜水:在大面积出露的厚层灰岩地区广泛分布着岩溶潜水。岩溶潜水的动态变化很大,水位变化幅度可达数十米。水量变化的最大与最小值之差,可达几百倍。这主要是受补给和径流条件影响,降雨季节水量很大,其他季节水量很小,甚至干枯。

(3)岩溶承压水:岩溶地层被覆盖或岩溶层与砂页岩互层分布时,在一定的构造条件下,就能形成岩溶承压水。岩溶承压水的补给主要取决于承压含水层的出露情况。岩溶水的排泄多数靠导水断层,经常形成大泉或群泉,也可补给其他地下水,岩溶承压水动态较稳定。

第三节 地下水的性质

地下水储存于岩土的空隙中,并参与自然界的水循环,不断与其周围的介质发生复杂的物理和化学作用,从而具有一定的物理和化学性质,同时也具有地下水自身的水理性质。

一、地下水的物理性质

地下水的物理性质主要包括温度、颜色、透明度、气味、味道、密度、导电性及放射性等。

(一)温 度

地下水的温度受气候和地质条件控制。由于地下水所处的环境不同,其温度变化也很大。根据温度将地下水分为七类，见表 4-1-3。

表 4-1-3　地下水按温度分类

类　别	非常冷的水	极冷的水	冷　水	温　水	热　水	极热的水	沸腾的水
温度(℃)	<0	0～4	4～20	20～37	37～42	42～100	>100

（二）颜　色

地下水一般是无色的，但有时由于某种离子较多，或者富集了悬浮物和胶体物质，则可显示出各种颜色，见表 4-1-4。

表 4-1-4　地下水中存在物质与颜色的关系

存在的物质	硬水	黏土	低铁	高铁	硫化氢	锰化合物	腐殖酸盐	硫细菌
颜色	浅蓝	淡黄	浅绿灰	黄褐或锈色	翠绿	暗红	暗黄或灰黑	红色

（三）透 明 度

地下水的透明度取决于水中固体与胶体悬浮物的含量。含量越多，其对光线的阻碍程度越大，水越不透明。按透明度可将地下水分为四级，见表 4-1-5。

表 4-1-5　地下水透明度分级表

分　级	悬浮物及胶体	3 mm 黑线可见深度
透明的	无悬浮物及胶体	60 cm 水深
微浊的	有少量悬浮物	大于 30 cm 水深
混浊的	有较多的悬浮物，半透明状	小于 30 cm 水深
极浊的	有大量悬浮物或胶体，似乳状	水很浅也不能清楚看见

（三）气　味

地下水通常是无气味的，但当其中含有某些离子或气体时，则会产生特殊气味，见表 4-1-6。气味的强弱与温度有关，一般在低温下不易差别，而温度在 40 ℃左右时，气味最显著。故在测定地下水气味时，应将水稍稍加热，以使气味明显、易辨。

表 4-1-6　地下水含有物与气味的关系

含有物	硫化氢 H_2S	亚铁盐	有机质	腐殖质
气味	臭鸡蛋味	铁腥味	鱼腥味或霉臭味	沼泽味

（五）味　道

地下水的味道取决于它的化学成分。纯水是无味道的，但由于地下水中溶解一些盐类或气体而具一定味感，见表 4-1-7。水的味道在 20～30 ℃时最为显著，因此，测定地下水味道时也应将水稍稍加热。

表 4-1-7　地下水含有物与味道的关系

含有物	氯化钠 NaCl	硫酸钠 Na_2SO_4	硫酸镁 Mg_2SO_4 或氯化镁 MgCl	碳酸或重碳酸钙	有机物	铁较多
味道	咸味	涩味	苦味	清凉可口	略甜	铁锈味

（六）密　　度

地下水的密度决定于其中所溶解的盐分数量。地下淡水的密度认为与化学纯水的密度相同，其数值为 1.0 g/cm^3。水中溶解的盐分越多，密度越大，有时可达 1.2～1.3 g/cm^3。

（七）导 电 性

地下水的导电性取决于其中所含溶解电解质的数量的质量，即多种离子的含量与其离子价。离子含量越多，离子价越高，水的导电性也越强。此外，水温对导电性也有影响。通常以电导率 K 表示，一般地下淡水的电导率 K 值为 $33\times10^{-5}\sim33\times10^{-3}$ S/cm。其中，S 为西门子。

（八）放 射 性

地下水的放射性取决于其中所含放射性元素的数量，地下水放射性一般极微弱。储存和运动于放射性矿床以及酸性火山岩分布区的地下水，其放射性相应较强。

二、地下水的化学成分

地下水的化学成分比较复杂，含有各种气体、离子、胶体物质、有机物、微生物及放射性元素、同位素等。自然界中存在的 87 种稳定元素，在地下水中已发现 70 多种，但其含量不一，其溶解或活动于地下水中，详见表 4-1-8。

表 4-1-8　地下水的化学成分

组	化 学 元 素
气体成分	HCl，HF，H_2S，S，SO_4 等； CH_4，重碳氢化合物，N_2，H_2S； O_2，CO_2，惰性气体 Ar，Ne，He，Kr，N_2O，O_3，Xe； H_2，CO，N_2，HCl，HF，NH_3，$B(OH)_3$，SO_2，SO_3，Cl，Rn，Th
主要离子和分子成分、微量元素成分（含量＜10^{-3}%，即 10 mg/L）	Cl^-，SO_4^{2-}，HCO_3^-，NO_3^{2-}，NO_3^-，Na^+，K^+，Cu^{2+}，Mg^{2+}，H^+，NH_4^+，H_3SiO_4，Fe^{2+}，Fe^{3+}，Al^{3+} 及有机物质等
	Li，Be，B，F，Ti，V，Cr，Mn，Co，Ni，Cu，Zn，Ge，As，Se，Br，Rb，Sr，Zr，Nb，Mo，Ag，Cd，Sn，Sb，I，Ba，W，Au，Hg，Pb，Bi，Tb，U，Ra 等
胶体成分	$Fe(OH)_3$，$Al(OH)_3$，$Cd(OH)_3$，$Cr(OH)_3$，$Ti(OH)_4$，$Zr(OH)_4$，Ce(OH)
	黏性胶体，腐殖质，SiO_2，MnO_2，SnO_2，V_2O_5，Sb_2S_3，PbS，As_2S_3 等硫化物胶体
有机质成分（细菌）	高分子有机化合物，腐殖酸（雷酸 C:44%；H:53%；O:40%；N:15%）藻类介质，细菌，腐殖物质，地沥青，酚，酞，脂肪酸，环烷酸

第二章　地下水勘察

地下水勘察的目的是查明场地的水文地质条件，为工程设计提供合理的水文地质参数，提出工程防治措施建议，排除地下水或防止地下水造成危害。

第一节　地下水勘察要求

一、地下水勘察一般规定

城市轨道交通工程地下水的勘察应符合以下一般规定：

(1)城市轨道交通岩土工程勘察中应查明沿线与工程有关的水文地质条件，并应根据工程需要和水文地质条件，评价地下水对工程结构、工程施工和运行可能产生的作用并提出防治措施的建议。

(2)当水文地质条件复杂且对工程及地下水控制有重要影响时应进行水文地质专项勘察。

(3)地下水勘察应在搜集已有工程地质和水文地质资料的基础上，采用调查与测绘、钻探、物探、试验、动态观测等多种手段相结合的综合勘察方法。

二、地下水勘察一般要求

地下水勘察应符合下列规定：

(1)搜集区域气象资料，评价其对地下水的影响。

(2)查明地下水的类型和赋存状态、含水层的分布规律，划分水文地质单元。

在勘察中不但要查明稳定含水层分布规律还应查明地下含水透镜体的分布，在实际勘察中，由于地下含水透镜体的分布复杂性，查清其分布有一定难度，应高度重视。

(3)查明地下水的补给、径流和排泄条件，地表水与地下水的水力联系。

(4)查明勘察时的地下水位，调查历史最高地下水位、近3～5年最高地下水位、地下水水位年变化幅度、变化趋势和主要影响因素。

地下水位包括历年最高水位、最低水位、静止水位、初见水位、稳定水位等。埋测压管是测量地下水位较准确的方法。历年最高水位、最低水位指长期观测孔中历年地下水达到的最高、最低记录。静止水位指天然条件下的地下水水位，也指抽水前处于相对稳定状态时地下水位；稳定水位指抽水试验中某时间段内不随时间变化或变化很小时的水位或指钻探时的水位经过一定时间恢复到天然状态后的水位。稳定水位和自然静止水位是计算渗透系数、涌水量等地下水参数的重要数据之一。

(5)提供地下水控制所需的水文地质参数。

(6)调查是否存在污染地下水和地表水的污染源及可能的污染程度。

(7)评价地下水对工程结构、工程施工以及采取地下水控制措施对周边环境的作用和影响,提出防治措施的建议。

(8)必要时评价地下工程修建对地下水环境的影响。

三、山岭隧道或基岩隧道工程地下水勘察要求

山岭隧道或基岩隧道工程还应符合下列规定:

(1)查明不同岩性接触带、断层破碎带及富水带的位置与分布范围。

(2)当隧道通过可溶岩地区时,查明岩溶的类型、蓄水构造和垂直渗流带、水平径流带的分布位置及特征。

(3)预测隧道通过地段施工中可能发生集中涌水段、点的位置以及对工程的危害程度。

(4)分段预测施工阶段可能发生的最大涌水量和正常涌水量,并提出工程措施的建议。

四、地下水勘察的其他要求

(1)应根据地下水类型、基坑形状与含水构造特点等条件,提出地下水控制措施的建议。

(2)地下水对地下工程有影响时,应根据工程实际情况布设一定数量的水文地质试验孔和长期观测孔。

(3)对工程有影响的地下水应采取水试样进行水质分析,水质分析试验应符合现行国家标准《岩土工程勘察规范》(GB 50021)的有关规定。

第二节 地下水勘察方法

地下水勘察应在搜集已有工程地质和水文地质资料的基础上,采用水文地质调查与测绘、钻探、物探、试验、动态观测等多种手段相结合的综合勘察方法。

一、水文地质调查与测绘

(一)水文地质单元类型划分

水文地质调查和测绘时,可按表4-2-1划分水文地质单元类型。

表4-2-1 水文地质单元类型

类型		分布地区
孔隙水	山间河谷型	狭长山间河谷地区
	傍河型	具有常水头河流的傍河冲积平原地区
	冲洪积扇型	山前冲积、洪积倾斜平原及山间盆地冲积、洪积扇地区、古河道地区
	冲积、湖积平原型	冲积、湖积平原至滨海平原之间的宽阔平原及盆地地区
	滨海平原型	滨海平原地区
	河口三角洲型	河流入海口及内陆湖口三角洲地区

续上表

类　型		分布地区
岩溶水	裸露岩溶型	可溶岩大面积出露或局部出露地区
	浅覆盖岩溶型	可溶岩地区土层覆盖厚度<30 m 地区
	深覆盖岩溶型	可溶岩地区土层覆盖厚度≥30 m 地区
	埋藏岩溶型	覆盖层为非可溶岩，地表水与地下水连通不密切地区
裂隙水	红层孔裂隙型	主要指以红色为主的薄层泥岩，泥质胶结的砂岩、砾岩分布区
	碎屑岩裂隙型	主要指以钙质、铁质胶结的砂岩、页岩为主的地层分布区
	玄武岩裂隙孔洞型	主要指新生代玄武岩分布区
	块状岩石孔隙裂隙型	主要指岩浆岩、片麻岩、混合岩分布区及其风化带、接触带和断裂带

（二）水文地质条件复杂程度划分

水文地质调查和测绘时，可按表 4-2-2 划分水文地质条件的复杂程度。

表 4-2-2　水文地质条件复杂程度

类　型	复杂程度	水文地质特征
孔隙水	简单	浅埋的单、双层含水层，厚度比较稳定，补给、径流、排泄条件清楚，水质较好
	中等	双层或多层含水层，岩性、厚度不很稳定，地下水形成条件较复杂，补给和边界条件不易查清，水质比较复杂
	复杂	埋藏较深的多层含水层，岩性和厚度变化较大；含水层不稳定，其规模、补给和边界难以判定，水质复杂，或咸水、淡水相间，施工后易与咸水层或海水发生水力联系
岩溶水	简单	地质构造简单，可溶岩裸露或半裸露，岩溶发育比较均匀，补给、径流、排泄条件简单
	中等	地质构造比较复杂，可溶岩埋藏较浅（一般小于 30 m），岩溶发育不均匀，补给边界较复杂
	复杂	地质构造复杂，可溶岩埋藏较深，岩溶发育极不均匀，补给、径流、排泄条件及边界难以判定
裂隙水	简单	岩层水平或倾角很缓，岩性稳定均一，含水层比较稳定，补给、径流、排泄条件及水质较好，一般多为层间水（潜水或承压水）或强烈风化带潜水
	中等	岩相岩性不稳定，地貌形态多样，地质构造、补给条件及水质比较复杂，一般为深埋的断续分布的多层层间承压水或断裂带脉状水
	复杂	地质构造复杂，岩相变化极大，地貌形态多且难鉴别，含水层分布极不均匀，一般为构造裂隙水或断裂带脉状水

（三）水文地质调查与测绘的基本内容

1. 地貌调查

地貌调查的重点是研究地貌形态与地下水的补给、径流与排泄条件，以及地下水的分布情况和埋藏条件的关系。

2. 地层调查

地层调查是水文地质调查中的基础工作之一，是从水文地质观点出发，研究地层岩性及地质现象与地下水的联系。应着重调查各时代地层的含水特征。主要包括以下内容：

（1）调查地层岩性的分布、成因、时代、层序及接触关系。

（2）测定岩层的产状、厚度及分布范围。

(3)调查地层透水性、富水性及其变化规律。

3. 地质构造调查

大地构造体系往往控制着区域水文地质条件，因为地质构造不但控制含水层和隔水层分布规律，而且对地下水的形成、富集有很大影响。因此，地质构造调查也是水文地质调查中的基本工作之一。地质构造调查主要包括以下内容：

(1)调查断层的规模、产状等形态特征，确定断层的类型、破碎带宽度、透水性和富水性。

(2)调查褶皱轴的延伸和倾伏方向，查明两翼的产状、节理发育特征及其富水段的位置。

(3)调查节理裂隙类型、产状、发育程度、充填物性质、胶结情况、透水性和富水情况。

(4)调查新构造运动的特征及其对地貌和水文地质条件的影响。

4. 地表水调查

地表水包括河流、溪沟、渠道、湖泊、池塘、水库、沼泽等。它们对基坑工程和地下隧道的稳定往往起着很大的影响。地表水调查主要包括以下内容：

(1)地表水的洪水位、枯水位、流量(容量)、水质、水温、浑浊、冰冻、渗漏等。

(2)当前利用情况和未来规划情况。

(3)地表水与地下水的水力联系，地表水对隧道等工程的渗漏的可能性。

5. 地下水露头调查

地下水露头包括天然露头和人工露头。天然露头包括泉、地下水溢出带、某些沼泽湿地、岩溶区的暗河出口及岩溶洞穴等；人工露头包括井、孔、坑道涌水点等。其调查主要包括以下内容：

(1)地下水天然露头调查

①地质成因、水力特性、补给条件、流量、水质、水温、气体及沉淀物性质，以及与工程有关的水力联系。

②水量、水质的动态变化，当前利用情况和规划。

③与工程有关的露头，应进行长期观测。

④岩溶地区、基岩地区和松散层地区的地下水露头群，应查明与工程有关的水力联系，必要时进行连通试验。

⑤调查地下水露头与地质构造、地表水和城市轨道交通工程的关系。

(2)地下水人工露头调查

①地下水人工露头的类型、结构、地层剖面、出水量、静止水位、动水位、水质、水温等及其动态变化。

②取水、排水等构筑物的修建年代、用途和运转情况。

③与工程有关的取水、排水构筑物，必要时应进行水量查定。

④取水、排水等构筑物对工程设置危害的可能性。

⑤取水、排水等构筑物运转期间对周边环境的影响。

二、水文地质物探

水文地质物探的工作内容、方法，应根据勘察地区的水文地质条件和勘察目的及被探地质体的物理特征合理确定。必要时,应开展综合物探。

(1)采用物探方法时,被探测体应具备下列基本条件:

①被探测体与围岩有较明显的物性差异。

②被探测体的体积相对于其埋藏深度具有一定的规模。

③被探测体所引起的异常值,应有足够的显示。

(2)地下隧道工程水文地质物探应符合下列规定:

①长大深埋隧道水文地质条件较复杂时,采用可控源音频大地电磁法(CSAMT)或音频大地电磁法(AMT)进行富水段及富水程度的划分;岩溶隧道宜采用 AMT 等综合物探手段,探测岩溶洞穴在隧道的分布位置、规模、充填情况及岩溶水发育情况。

②物探解译的低阻异常区应结合地貌特点、地表水文网的分布、汇水条件、地层岩性、地质构造等进行综合分析,判定地下水对隧道的危害程度,必要时提出进行钻探验证的要求。

三、水文地质钻探

(一)水文地质钻探的任务

(1)查明测区含水层数目、厚度、岩性及各含水层的初见水位、稳定水位。

(2)查明测区含水层埋藏条件,分布规律及地下水补、排情况。

(3)查明各含水层之间,地表水与地下水之间的水力联系,以及构造带的导水性。

(4)查明各含水层在水平方向和垂直方向上透水性及含水性变化情况。

(5)查明地下水的物理性质及化学性质。

(6)查明地下水的流向和水力坡度。

(二)水文地质钻孔的布置原则

水文地质钻探应在水文地质调绘和物探的基础上进行,应与工程地质钻探紧密结合,同时应充分利用物探资料,以减少钻探量,提高质量。

(三)水文地质钻探的止水措施

水文地质钻进中,为了查明各含水层(带)的水位(水头)、水质、水量及其他水文地质参数,进行分层评价,必须对非试验层(带)进行止水工作。常用的止水方法和止水材料分别见表 4-2-3 和表 4-2-4。

表 4-2-3　常用止水方法

止水方法	适用条件	施工方法	优缺点	备　注
支撑管式止水器	适用于钻进中的单层止水或若干含水层的任何层次的分层止水	将海带、橡胶、桐油石灰等止水材料分别或联合包裹在止水器心管外壁,与止水器一起下入孔内,当支撑管(滤管)接触到孔底后,借助轴向压力;使止水物横向膨胀,封闭心管与孔壁间环状间隙,达到止水目的	结构较简单,操作方便,压缩力强。但需用管材多,不适宜深孔	据其结构不同可分为普通支撑管式止水器、带有检查装置的支撑管式止水器与双层止水物式止水器三种
提拉压缩式止水器	同上	将海带、橡胶、桐油石灰等止水材料分别或联合包裹在心管上,连同止水器下入孔内,向上提拉心管压缩止水物,使其横向膨胀,封闭心管与孔壁间环状间隙	需用管材少,可上、下移动调整止水部位,较方便灵活。但结构较复杂,过水断面较小	据其结构可分为空心丝拉杆式提拉压缩止水器与弹簧卡销式止水器两种

续上表

止水方法	适用条件	施工方法	优缺点	备 注
胶囊止水	适用于松软地层及大口径基岩钻孔中止水	借助压力水或压缩空气充满胶囊内腔，利用膨胀后体形的可变性，封闭管壁间的环状间隙，达到止水目的	止水效果较好，起拔套管方便。气压胶囊止水需配压气设备，仅能用于浅井	可分为锥形插头式和空心杆式水压胶囊止水器两种
托盘止水	松软地层及基岩钻进中的分层抽水或观测水位的分层止水	分上、下托盘法两种。上托盘法是把止水材料包缠在变径接头下部，下入变径台阶处，利用套管自重或加压，压挤止水物于套管和孔壁的环状间隙中，下托盘法是把止水托盘连接在止水套管上的相应止水孔段部位，下入孔内，投入黏土球或桐油石灰球，阻塞管壁间的环状间隙	止水效果较好，成本低，制作易。但起拔套管较难	
管靴止水	松软地层及基岩孔换径处止水	利用孔内换径造成的台阶，充填或挤压止水材料于台阶处的环状间隙内，达到止水目的	结构简单，操作方便	管靴止水有胶塞、上塞、下塞等方法，常用的止水物有橡胶圈、水泥浆、黏土、桐油石灰等
黏土围填止水	松软地层或含水层埋深 300 m 以内，隔水层较好的大口径抽水井、长期观测井	填砾结束的井孔，为封闭上部水层，于含水层顶部围填黏土球进行隔离止水	方法简单，成本低，止水效果好。但易被冲动而失去止水效果	
压力灌浆止水	含水层水头较高或因特殊要求，对含水层进行长期封闭的钻孔	用一定的压力使水泥浆渗入所需封闭的含水层(段)，把含水层全部封闭	止水效果好，耐久	一般分普通压力灌浆与封闭式压力灌浆两种方法

表 4-2-4 常用止水材料

止水材料	适用条件	使用方法	优缺点	备 注
海带	1. 松散地层和完整基岩井孔中的暂时性止水； 2. 孔斜不大的斜孔的同径或异径止水； 3. 管径与孔径必须相差两级以上	选用肉厚、叶宽、体长的海带，编成密实的海带辫，缠绕于止水心管或木塞上(缠绕方向应与套管回转方向一致)，外层用纱布、棕皮等包裹并用棉线或铅丝缠紧，用钻杆下至止水部位	海带膨胀性大，止水快，效果好。但成本高，手续繁琐，不适于作永久性止水物，亦不宜在破碎地段和裂隙发育岩层中止水	施工操作要快，以免海带在钻孔中途膨胀影响操作
黏土球	1. 水压和水流不太大，隔水层较厚(5 m 以上)的同径或异径止水； 2. 松散岩层和裂隙、岩溶岩层中的止水； 3. 斜孔或长期观测孔止水	选用优质黏土搓成直径 3～5 cm 的黏土球，阴干后投入管外的环状间隙中。投放速度不宜过快，以免中途堵塞。采用止水器压缩止水时，可将黏土包缠于心管外，下至止水部位	材料来源容易，操作方法简便，成本低，止水效果好。但止水处易被升降障钻具碰击而失效，且止水附近不宜作强烈的活塞洗井	1. 当钻孔水头压力较大时，黏土中掺入少量的棉絮或麻刀，以避免黏土球中途崩散； 2. 注意保护孔壁，以免黄泥填塞含水层

续上表

止水材料	适用条件	使用方法	优缺点	备　注
桐油石灰	同上	按桐油与石灰之比为1∶3～1∶5调匀做成油灰球，直接投入或用专门工具送入止水部位。当采用止水器压缩止水时，可将桐油石灰与海带辫或粗麻绳相间包缠于心管外，下至止水部位	黏性大，可塑性强，不易被水冲散，止水效果好。但成本高，材料来源少，起拔套管较麻烦	当孔壁不规则和有小裂隙时，桐油石灰止水物效果较好
水泥	除同黏土球止水外，还适用于岩层破碎地段的止水	与黏土球止水相似。为加速水泥的凝固，常加入适量的氯化钙或食盐，做成水泥球	止水牢固，效果好。但成本高，固结慢，起拔套管困难	可作为永久性止水材料
沥青	1. 水压和流量不大，且不太深的井孔止水； 2. 坚硬岩层止水； 3. 长期观测孔止水	把沥青融成胶体状，涂在棉纱上，并编成辫缠绕于异径接头上，下至止水部位。或用止水木塞配合，把融成胶状的沥青直接投入止水部位	可塑性大，止水处不易被碰动，效果好，但操作手续较烦	可作为永久性止水材料
橡胶	1. 完整的基岩井孔止水； 2. 松散岩层可试用	将橡胶制成一定几何形状的胶球、胶圈、胶囊等，固定于止水心管外，压缩或充气使之膨胀封闭心管与孔壁的间隙	可塑性大，富有弹性，止水效果好。但成本较高，工序繁琐。	暂时性止水材料

(四)洗　井

洗井的目的是彻底清除井内泥浆、破坏井壁泥皮，抽出渗入含水层中的泥浆和细小颗粒，使过滤器周围形成一个良好的人工滤层，以保证水文地质试验成果的真实性及准确性。

水文地质勘探试验孔应选用有效方法及时进行洗井，并符合下列规定：

(1)采用泥浆护壁的钻孔，应采用化学分散剂等联合方法。

(2)水文地质勘探试验孔宜根据试验目的选择机械、物理等洗井方法。

目前国内常用的洗井方法有机械、物理和化学洗井。简单介绍如下：

1. 机械洗井

常规的机械洗井方法见表4-2-5。

表4-2-5　常规的机械洗井方法

洗井方法		工　具	施工要点及适用条件
注水洗井法	冲孔洗井	冲孔器	利用水泵送水，适用于较小口径的井孔
	泵压反冲	特制托盘	适用于钻杆托盘下管法的井孔。在下完管后，立即送水反冲洗井，然后投砾。也可用于其他下管法，但需加工特制托盘
抽水洗井法		混合器	利用空压机振荡洗井，即送风—停风—再送风—再停风的程序，反复抽洗(上下移动风管，逐段冲洗)。适于任何一种管材与口径的井孔
活塞洗井法		洗井活塞	利用活塞在管内反复提拉造成的瞬时局部真空，破坏泥壁进行洗井。洗井强度大，效果好。在非金属管中应加大活塞和管壁间的间隙或下入一套保护套管

续上表

洗井方法		工　具	施工要点及适用条件
提筒洗井法		掏砂筒	选用 10～20 cm 掏砂筒上、下提动，破坏泥壁。设备简单，操作容易，适于各种管材的井孔，但洗井时间长，往往不彻底，常配合抽水进行洗井
联合洗井法	边刷边冲	洗井刷	将洗井刷下入井内，反复提拉，同时送入清水。适用于基岩孔
	压风机水泵接力	冲孔器与混合器	风压机、水泵同时进行工作，水泵冲洗下部沉淀物，由上部压风机排出。适用于含水层埋藏较深、井内泥浆较稠、涌砂、漏水严重的深井
	活塞送风(水)洗井	混合器(冲孔器)下部接洗井活塞	在混合器下部加一个洗井活塞，混合器下至动水位以下 2.5～3.0 m 送风的同时上下提动活塞。洗井效果好，时间短。采取活塞送水洗井时不受孔深的限制

注：在地下水位较浅的地区，没有空气压缩机时，当活塞洗井将大量泥砂冲出后，可以安装离心泵配合洗井，直至水清砂净为止。

2. 物理洗井

目前常用的物理洗井方法是液态二氧化碳洗井，液态二氧化碳洗井的应用条件是：

(1)当含水层的孔隙严重堵塞，用常规机械洗井有困难或效果不好时，采用二氧化碳洗井将可取得较满意的效果。

(2)当基岩(特别是碳酸盐类)裂隙或第四纪含水层孔隙被岩屑、岩块、泥浆颗粒堵塞、孔壁泥皮硬化时，采用液态二氧化碳洗井方法结合使用化学(压酸)方法效果更为理想。

(3)液态二氧化碳洗井不宜在气温 40 ℃以上或 0 ℃以下使用。

3. 化学洗井

化学洗井方法见表 4-2-6。

表 4-2-6　化学洗井方法

洗井方法		工　具	施工要点及适用条件
化学洗井	压盐酸洗井	钻杆	用钻杆向井(孔)内压酸“酸化”洗井，设备简单，易操作。适用于破碎带被碳酸盐物质充填，孔壁泥皮硬化。使充填含水层孔隙中的泥浆颗粒软化、清除，以达到疏通含水层通道，增加井(孔)出水量的目的
	压磷酸类洗井		

第三章　水文地质参数的测定

当水文地质条件复杂且对工程影响重大时，应通过现场试验确定水文地质参数。需要测定的地下水参数应根据地下水的作用评价要求确定，并根据岩土特性和工程的重要性确定测定方法。

水文地质试验方法可根据含水层介质、地下水分布特点按表 4-3-1 选择，有重要影响的含水层宜采用多孔抽水试验。

表 4-3-1　主要含水介质水文地质试验方法

含水层介质	水文地质试验方法
黏性土、黏质粉土	注水试验或提水试验
砂质粉土、粉砂	注水试验或抽水试验
细砂、中砂、粗砂、砾砂、圆砾	抽水试验
基岩	压水试验、抽水试验

第一节　地下水水位量测

勘察时遇地下水应量测水位。当场地存在对工程有影响的多层含水层时，应分层量测。必要时可进行地下水位的动态长期观测。

一、初见水位与稳定水位

(一)基本概念

(1)初见水位：指钻探时最初遇到的水位。在钻探过程中，初见水位一般通过岩芯湿度判断，土样由湿到很湿时的标高和埋深，即为初见水位。

(2)稳定水位：指钻探时的水位经过一定时间恢复到天然状态后的水位。

(二)技术要求

初见水位和稳定水位的量测应满足以下要求：

(1)初见水位和稳定水位，可在钻孔、探井和测压管内直接量测，量测精度不得低于 ±2 cm，并注明量测时间。

(2)稳定水位的间隔时间应根据地层的渗透性确定。从停钻至量测的时间，对砂土和碎石土不宜少于 0.5 h，对粉土和黏性土不宜少于 8 h。

(3)对位于江边、岸边的工程，地表水与地下水应同时量测。

二、分层量测

多层地下水分层水位的量测，尤其是承压水水头的观测，对地下隧道设计与施工、地下车站基础和基坑支护设计与施工十分重要。

多层地下水分层水位的量测要注意钻探过程中套管是否隔开上层水的影响，这是需要在现场进行判断的，如果无法取得准确的各层水水位，应设置分层观测孔。

三、动态长期观测

根据含水层的赋水性质，按上层滞水、潜水、承压水分别设置观测孔，观测不同含水层的水位变化，获取地下水动态资料。观测孔要设置在利于长期保存的位置，孔口设立保护装置，多层地下水要分层止水，并进行止水效果检查，以准确量测各含水层的地下水位。

长期观测孔的设置要能掌握同一水文地质单元各层地下水的动态，线路上方有地表水体的，应设置长期观测孔，了解地表水与地下水的动态关系。

水位观测要求：观测孔要测量坐标、观测孔孔口固定标高，水位观测从固定点量起，并将读数换算成从地面算起的水位埋深和水位标高。每次水位量测应进行两次，间隔不小于 1 min，取两次水位的平均值，水位观测精度为毫米。

观测工具及频率：水位用电测绳水位计量测或采用自动水位观测系统。采用电测水位计量测一般情况下，每 10 d 观测一次，雨季及施工降水期间适当增加观测次数，观测时限为观测孔完成至工程竣工后 2 年。

第二节　孔隙水压力的测定

孔隙水压力对土体的变形和稳定性有很大影响。在隧道开挖阶段，采取工程降水时，为了控制地面沉降，应对有关土层进行孔隙水压力的监测。

一、仪器设备

孔隙水压力测定所需要的仪器设备主要有孔隙水压力计和数显频率仪。

1. 孔隙水压力计

孔隙水压力计按仪器类型可以分为电阻式、振弦式、压阻式及硅压式等几种形式，工程中常用的是振弦式孔隙水压力计，振动弦式传感元件固定在中空圆柱体两端之间，一个柔性膜片焊接在钢性圆柱体上。振动弦是由液压挤压固定，相当于将所有零件焊在一起，但完全不影响其弹性。

2. 数显频率仪

测试设备为数显频率仪。在选择测试方法和测试仪器时，应注意地层条件和分析需要，是否能达到测试目的，对于静水压力和稳态渗流条件下的孔隙水压力的测试，孔隙水压力随时间的变化很小，可以忽略，可以选用反应虽然较慢但性能稳定的方法和仪具；对非稳定的超静孔隙水压力的测试，如打桩、强夯等产生的孔隙水压力，增长和消散随时间的变化很快，应选用反应迅速的方法和仪器。

3. 孔隙水压力的测定

孔隙水压力可按表 4-3-2 选用仪器类型和测定方法。

表 4-3-2　孔隙水压力仪器类型、测定方法和适用条件

<table>
<tr><th colspan="2">仪器类型</th><th>适用条件</th><th>测定方法</th></tr>
<tr><td rowspan="4">测压计式</td><td>立管式测压计</td><td>渗透系数大于 10^{-4} cm/s 的均匀孔隙含水层</td><td>将带有过滤器的测压管打入土层，直接在管内量测</td></tr>
<tr><td>水压式测压计</td><td>渗透系数低的土层，量测由潮汐涨落、挖方引起的压力变化</td><td>用装在孔壁的小型测压计探头，地下水压力通过塑料管传导至水银压力计测定</td></tr>
<tr><td>电测式测压计
（电阻应变式、钢弦应变式）</td><td>各种土层</td><td>孔压通过透水石传导至膜片，引起挠度变化，诱发电阻片（或钢弦）变化，用接收仪测定</td></tr>
<tr><td>气动测压计</td><td>各种土层</td><td>利用两根排气管使压力为常数，传来的孔压在透水元件中的水压阀产生压差测定</td></tr>
<tr><td colspan="2">孔压静力触探仪</td><td>各种土层</td><td>在探头上装有多孔透水过滤器、压力传感器，在贯入过程中测定</td></tr>
</table>

二、孔隙水压力测定要求

土中孔隙水压力的测定应符合下列规定：

(1)测试点位置应根据地质条件和分析需要选定。

孔隙水压力试验点的布置，应考虑地层性质、工程要求、基础形式等，包括量测地基土在荷载不断增加过程中，新建筑物对临近建筑物的影响、深基础施工和地基处理引起孔隙水压力的变化。

(2)测压计的安装和埋设应符合有关技术规定。

测压计的埋设与安装直接影响测试成果的正确性。埋设前必须经过标定，安装时将测压计探头放置到预定深度，其上覆盖 30 cm 砂均匀充填，并投入膨润土球，经压实，注入泥浆密封。泥浆的配合比为 4(膨润土)∶8～12(水)∶1(水泥)，地表部分应有保护罩，以防水灌入。

(3)测试数据应及时分析整理，出现异常时应分析原因，采取相应措施。

三、测试方法和数据处理

孔隙水压力计测试方法相对比较简单，用数显频率仪测读、记录孔隙水压力计频率即可。孔隙水压力按下式进行计算：

$$u = k(f_i^2 - f_0^2) \tag{4-3-1}$$

式中　u——孔隙水压力(kPa)；

k——标定系数(kPa/Hz²)；

f_i——测试频率(Hz)；

f_0——初始频率(Hz)。

第三节　地下水流向流速的测定

一、三点几何法

1. 地下水流向的测定

测定地下水流向可用三点几何法，沿等边三角形（或近似的等边三角形）的顶点布置

钻孔(井),测量钻孔(井)内水位高程并编绘等水位线图,垂直等水位线并向水位降低的方向为地下水流向。

用三点几何法测定地下水流向的钻孔布置,除应在同一水文地质单元外,尚需考虑形成等边三角形,其中最小的夹角不宜小于 40°;孔距宜为 50～150 m,过大和过小都将影响量测精度。

2. 水力梯度法测定流速

水力梯度法是间接求得场区地下水流速的方法,在等水位线图的地下水流向上,求出相邻两等水位间的水力梯度,然后利用以下公式计算地下水流速。

$$v = kI \tag{4-3-2}$$

式中 v——地下水的渗透速度(m/d);

k——渗透系数(m/d);

I——水力梯度。

二、指示剂法

利用指示剂来现场测定地下水流速,要求被测量的钻孔(井)能代表所要查明的含水层,钻孔附近的地下水流为稳定流,呈层流运动。

根据已有等水位线图或三点孔(井)资料,确定地下水流动方向后,在上、下游设置投剂孔和观测孔来实测地下水流速。为了防止指示剂绕过观测孔,可在其两侧 0.5～1.0 m 各布一辅助观测孔。投剂孔与观测孔的间距由含水层条件确定,一般细砂层为 2～5 m,含砾粗砂层为 5～15 m,裂隙岩层为 10～15 m,岩溶地区可大于 50 m。指示剂可采用各种盐类、着色颜料、^{131}I 等,其用量决定于地层的透水性和渗透距离。

根据试验观测资料绘制观测孔内指示剂随时间的变化曲线,并选指示剂浓度高峰值出现时间(或选用指示剂浓度中间值对应时间)来计算地下水流速:

$$v' = \frac{l}{t} \tag{4-3-3}$$

式中 v'——地下水实际流速(平均)(m/h);

l——投剂孔与观测孔距离(m);

t——观测孔内浓度峰值出现所需时间(h)。

三、充 电 法

充电法的原理是利用溶化的食盐,沿地下水流向扩散,使投放孔附近电场发生变化,通过观测其等电位线来判断和计算地下水流向和流速。

具体方法是将食盐放入孔中的含水层位置,将 A 电极置于井中,B 极插在离钻孔 $20H$(H 为含水层埋深)处,并使 $MN=2\sim4H$(N 极设置在水流上游),由地表观测到的等电位线由圆形渐变为似椭圆形,其长轴方向即为地下水流向。地下水流速可按下式进行计算:

$$v = \left(\frac{S_2 - S_1}{t_2 - t_1} + \frac{S_3 - S_2}{t_3 - t_2}\right) \times \frac{1}{2} \tag{4-3-4}$$

式中 v——地下水实际流速(m/h);

S_1, S_2, S_3——三次测得的等电位点距中心点的位移(m);

t_1, t_2, t_3——三次测定等电位点的时间(h)。

四、声纳渗流探测法

1. 工作原理

声纳渗流探测技术，是利用声波在水中的优异传播特性，而实现对水流速度场的测量。如果被测水体存在渗流，则必然在测点产生渗流场，声纳探测器阵列能够精细地测量出声波在流体中能量传递的大小与分布，依据阵列测量数据的时空分布，即可显示出渗流声源发出的方向；同时利用渗流声源方向上的声纳探测器 T_{21} 与探头顶部 T_{12} 声纳探测器的距离和相位之差，建立连续的渗流场的水流质点流速方程。

$$U = -\frac{L^2}{2X}\left(\frac{1}{T_{12}} - \frac{1}{T_{21}}\right) \tag{4-3-5}$$

式中　U——流体通过传感器 T_{12}、T_{21} 之间声道上平均流速(m/s)；

L——声波在传感器之间传播路径的长度(m)；

X——传播路径的轴向分量(m)；

T_{12}, T_{21}——从传感器 T_{12} 到 T_{21} 和从传感器 T_{21} 到 T_{12} 的传播时间(s)。

水平流速方向确定：

声纳水平流速矢量方向应按声纳传感器阵列测量到的渗流速度的大小投影到直角坐标系(图 4-3-1)，计算出流速矢量的指示方向。

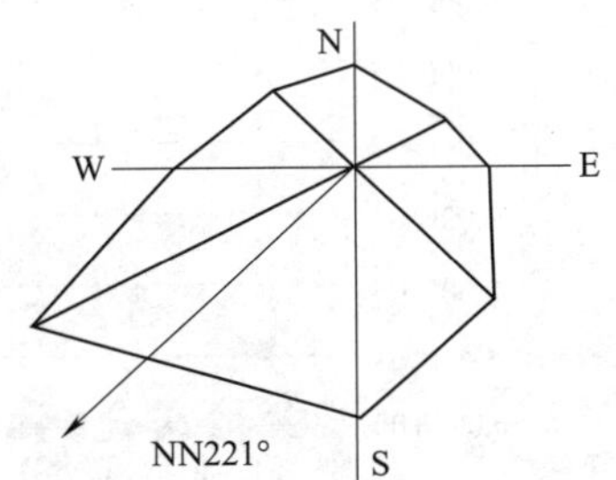

图 4-3-1　声纳水平流速矢量方向测量示意图

垂直流速方向确定：

地下水的垂直方向流速应按下式计算：

$$U_V = -\frac{L^2}{2Y}\left(\frac{1}{T_{B1}} - \frac{1}{T_{1B}}\right) \tag{4-3-6}$$

式中　U_V——流体通过传感器 B 到 1 或 1 到 B 之间声道上平均流速(m/s)；

L——声波在传感器 B 和 1 之间传播路径的长度(cm)；

Y——传播路径的垂直分量(cm)；

T_{B1}, T_{1B}——从传感器 B 到传感器 1 或从传感器 1 到传感器 B 的传播时间(s)。

声纳垂向流速矢量方向，应按声纳传感器阵列中的顶部 B 传感器和下部 1 传感器测量到的流速到达时间的先后，作为判断垂向流速向上还向下的依据。B 传感器先于 1 传感器到达，测量到的垂向流速是向下的，反之，测量到的垂向流速是向上的。

垂向流速向下：

$$T_B < T_1 \tag{4-3-7}$$

垂向流速向上：

$$T_B > T_1 \tag{4-3-8}$$

式中　T_B——探头顶部流速到达时间(s)；

T_1——探头下部流速到达时间(s)。

2. 测量方法

声纳渗流探测技术采用的仪器为三维流速矢量声纳测量仪(图 4-3-2)，是由测量探头、电缆和笔记本电脑三部分组成。仪器测量之前，都是通过室内外标准渗流试验验证，进行渗流参数标记后，才能进行现场渗流测量。野外试验测量前，要对测量仪器通电预热 3 min 后，把测量探头放入到水文地质测量孔中，每米 1 个测量点，1 个测点上的测量时间是 1 min，待 1 个断面测量完成后，测量数据自动保存在电子文档中，继续测量下 1 个断面，直到孔底。

图 4-3-2 三维流速矢量声纳测量仪

3. 数据处理

渗透流速声纳测量数据包括：原位测量孔内每米渗透流速、渗流方向、渗漏流量及渗透系数的分布数据。测量数据如图 4-3-3 所示。

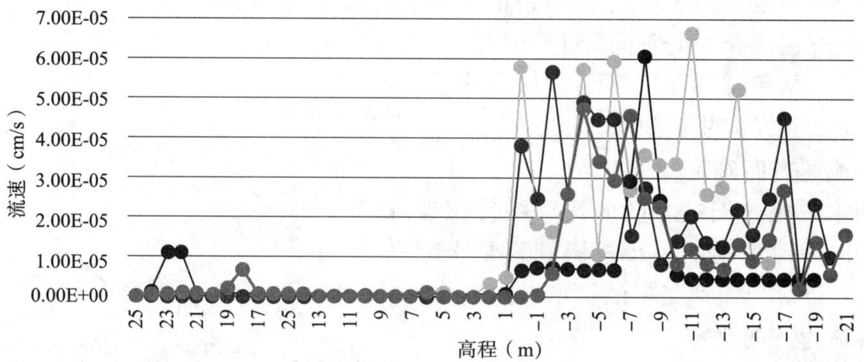

图 4-3-3 渗透流速沿高程测量曲线

在数据的处理上可通过三维多媒体示图软件，将渗透流速等值线及流量与流速方向形成地下流场的三维多媒体成像，具体如图 4-3-4 所示。

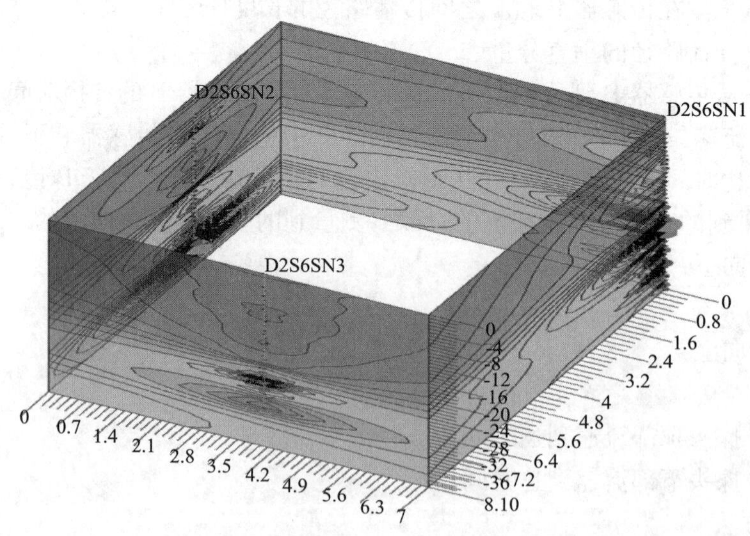

图 4-3-4 渗流场边界的流速等值线三维多媒体可视成像图

第四节　抽水试验

城市轨道交通工程地下水控制往往是决定工程成败的关键，地下工程往往埋深大、涉及多个含水层，仅靠经验参数进行地下水控制的设计不能满足要求，因此需要在现场布置一定数量的抽水试验，通过现场试验获取可靠的参数满足地下水控制设计施工的需要。

一、抽水试验的目的

通过抽水试验可达到以下几个主要目的：

(1)确定抽水钻孔(井)的特性曲线和实际涌水量，评价含水层的富水性，推断和计算钻孔(井)最大涌水量和单位涌水量。

(2)确定含水层的渗透系数等水文地质参数，用以预测基坑的可能涌水量，为基坑疏干排水方案提供依据。

(3)确定影响半径和降落漏斗的形态及扩展情况。

(4)了解地下水与地表水及不同含水层间的水力联系。

二、抽水试验方法的确定

(一)根据试验成果精度确定

抽水试验方法的选用可根据获得的试验成果精度按表 4-3-3 确定。

表 4-3-3　抽水试验方法和应用范围

试验方法	应用范围
钻孔或探井简易抽水	粗略估算弱透水层的渗透系数
不带观测孔抽水	初步测定含水层的渗透性参数
带观测孔抽水	较准确测定含水层的各种参数

(二)根据含水层数确定

(1)分层抽水试验，即分别确定各含水层的水文地质参数。当布有不同深度的观测孔时，尚可了解各含水层间的水力联系。该试验应严格分层止水。

(2)混合抽水试验，即概略的确定某一含水层组的水文地质参数。

(三)根据钻孔揭露含水层的情况确定

(1)完整井抽水。抽水孔(井)深度达到含水层的底部，且含水层的整个厚度都是透水的，即过滤器的长度等于含水层的厚度(当过滤器长度大于 3/4 含水层厚度时，也可视为完整井)。除大厚度含水层地区外，一般均应进行完整井抽水，以确定含水层的水文地质参数。

(2)非完整井抽水。抽水孔(井)深度未达到含水层底部，即过滤器长度小于含水层厚度。当为大厚度含水层或从经济条件考虑时，方采用非完整井抽水。

三、抽水试验的布置

(一)抽水试验孔及观测孔的要求

(1)松散含水层的抽水孔孔径不宜小于 200 mm；基岩含水层的抽水孔孔径不宜小于

130 mm。

(2)抽水试验孔及观测孔的布置应符合下列规定：

①抽水试验应布置在不同地貌单元、不同含水层(组)且富水性较强的地段，并应距隧道外侧 3～5 m。

②需人工降低地下水位的车站、区间应布置抽水试验孔。

③抽水试验的观测孔宜垂直或平行地下水流向。

观测孔应根据含水层的性质、均匀性，结合工程要求布置，一般可布置 1～3 个；必要时也可布置 1～2 条观测线。当布置 1 条观测线时，应尽量垂直地下水流向布置，场地条件不允许时也可平行地下水流向布置；当布置2 条观测线时，一条应垂直地下水流向，另一条应平行地下水流向。每条上观测线上的观测孔数量宜为 1～3 个。

④在含水构造复杂且富水性较强的地段应分层或分段进行抽水试验；潜水与承压水应分别进行抽水试验。

(二)观测孔至抽水孔的距离

观测孔的布置应根据场地条件综合考虑，一般为避开抽水时三维流对观测孔的影响，距抽水孔较近的观测孔与抽水井的距离不宜小于含水层的厚度；为了保证每个观测孔内都有一定的水位下降值，距抽水孔较远的观测孔不宜太远；如果场地条件允许宜在距抽水孔较远的位置布置 1 个观测孔以确定抽水试验的影响范围。观测孔至抽水孔的距离也可按表 4-3-4 确定。

表 4-3-4 观测孔与抽水孔的距离

含水层	渗透系数 k (m/d)	地下水性质	观测孔与抽水孔距离(m)			影响半径近似值(m)
			1	2	3	
非均质的杂粒砂和细砂	5～20	潜水	2～3	4～6	8～12	80～150
		承压水	3～5	6～8	10～15	
含有大量细颗粒的砾石土和卵石土	20～70	潜水	3～5	6～8	10～15	100～200
		承压水	5～7	8～12	15～20	
没有细颗粒的纯砾卵石层，均质的粗、中砂	＞70	潜水	4～6	10～15	20～25	200～300
		承压水	8～10	15～20	30～40	
坚硬稍有裂隙的岩层	20～70	潜水	5～7	8～12	15～20	150～250
		承压水	6～8	10～15	20～30	
坚硬多裂隙的岩层	＞70	潜水	10～15	20～30	40～60	＞500
		承压水	15～20	30～40	60～80	

四、抽水试验技术要求

1. 水位降深

(1)抽水试验宜进行三次降深；

(2)最大降深宜接近工程设计所需的地下水位降深的标高；其余两次水位降深，宜分别为最大降深值的 1/3 和 2/3。

2. 水位量测和出水量测量精度

(1)水位量测应采用同一方法与仪器，读数单位对抽水孔为厘米，对观测孔为毫米。

(2)抽水试验出水量的测量，采用堰箱或孔板流量计时，水位测量读数精确到毫米；采用容积法时，量桶充满水的时间不宜少于 15 s，读数精确到 0.1 s；采用水表时，读数精确到 0.001 m^3。

3. 稳定标准

(1)当涌水量与时间关系曲线和动水位与时间的关系曲线，在一定的范围内波动，而没有持续上升或下降时，可认为已经稳定。一般情况下动水位波动不应超过平均水位降深值的 1%，出水量波动值不应超过平均出水量的 3%。

(2)当水位降深小于 10 m，用空气压缩机抽水时，抽水孔动水位波动值不得超过 10～20 cm；用离心泵、深井泵等抽水时，动水位波动值不得超过 5 cm。

4. 稳定水位的延续时间

(1)卵石、圆砾和粗砂含水层为 8 h。

(2)中砂、细砂和粉砂含水层为 16 h。

(3)基岩含水层(带)为 24 h。

(4)根据含水层类型、已有抽水试验资料、补给条件、水质情况和试验目的等，稳定延续时间可适当调整。

(5)非稳定流抽水试验的延续时间，应按水位降深(s)与时间(t)的关系曲线确定：当 s(或 Δh^2)-lg$t$ 关系曲线有拐点时，延续时间宜至拐点后的线段趋于水平为止；如无拐点，延续时间宜根据试验目的确定。

承压含水层中抽水时，采用 s-lg$t$ 关系曲线；在潜水含水层抽水时，采用 Δh^2-lg$t$ 关系曲线。

有观测孔时，应采用最远观测孔的 s(或 Δh^2)-lg$t$ 关系曲线。

5. 动水位和出水量观测

(1)抽水试验时，动水位和出水量的观测应同步进行。

(2)稳定流抽水试验时，动水位和出水量的同步观测时间，宜在抽水开始后的第 5 min、10 min、15 min、20 min、25 min、30 min 各测一次，以后每隔 30 min 或 60 min 测一次。

(3)非稳定流抽水试验时，动水位和出水量的同步观测时间，宜按开始后的第 1 min、2 min、3 min、4 min、6 min、8 min、10 min、15 min、20 min、25 min、30 min、40 min、50 min、60 min、80 min、100 min、120 min进行观测，以后可每隔 30 min 观测一次。

6. 恢复水位观测

抽水试验每次停泵后的水位恢复，宜按每 1 min、2 min、3 min、4 min、6 min、8 min、10 min、15 min、20 min、25 min、30 min、40 min、50 min、60 min、80 min、100 min、120 min 进行观测，以后每隔 30 min 观测一次。

7. 温度观测

抽水试验时应观测气温和水温，每 4～8 h 观测一次。水温、气温宜用缓变温度计量测。

8. 水质取样

试验开始后半小时采取水质分析样一件，在抽水结束前再采取水质分析样一件，以了解含水层地下水水质状况、抽水过程中水质的变化及测定含砂量。

9. 测量设备

抽水试验测量设备主要包括水位、水温和出水量测量设备。水位量测一般采用水位计,宜采用电测水位计或自动测试水位计;水温测量一般采用温度表、水温仪等;出水量测量主要有容积法(量桶)、流量表和堰箱(三角堰、梯形堰)等。

五、抽水试验设备

(一)抽水设备

根据地下水的埋深,单孔最大涌水量以及井管直径按表 4-3-5 选择泵型。

表 4-3-5 常用抽水设备及其适用条件

抽水设备	吸水深度(m)	出水量(L/s)	适用条件及特点
往复式水泵(钻机上附属水泵)	4.5~6.5	1~3	适用于小口径钻孔抽水,调整降深及测量水位方便
拉杆式水泵	60	2.5~5.2	可用于水位较深、水量较小的抽水试验孔
离心泵	6~7	—	可根据单孔最大涌水量及钻孔直径选用适当型号,运用简便、经济
深水泵	70~150	—	可做大降深抽水试验,但要求钻孔直径要大,并对水中含砂量限制严格,可根据单孔最大涌水量、钻孔直径、水位降深选择适当型号
空气压缩机	50~70	—	试验孔管径不宜小于 127 mm,所需配套设备较多,试验成本较高

根据国家水利行业标准《水利水电工程钻孔抽水试验规程》(SL 320—2005),试验的抽水设备应根据地下水位埋深和钻孔出水量选择,并应符合下列规定:

(1)地下水位埋深小于 6.5 m 时,宜选用地面离心式水泵。

(2)地下水位埋藏较深,且钻孔出水量较大时,宜选用潜水电泵。

(3)地下水位埋藏较浅,且钻孔出水量不大时,宜选用空气压缩机。

(二)过 滤 器

过滤器是抽水时保护孔壁、防止孔壁坍塌的主要设备。过滤器选择得是否合理,直接影响抽水试验的质量。过滤器的类型,应根据含水层的岩性来选择。

水文地质试验孔的过滤器应符合下列规定:

(1)在松散地层中,宜采用包网、缠丝或填砾过滤器:

①过滤管的平均孔隙率不应小于 15%。

②非填砾的包网过滤器的网眼尺寸和非填砾的缠丝过滤器的缠丝间隙尺寸,应根据含水层的颗粒分析资料按下列要求确定:

a. 均匀的中砂和粗砂类含水层,网眼尺寸宜采用 d_{50} 的 1.5~2.0 倍,缠丝的间隙尺寸,宜采用 d_{50} 的 1.0~1.5 倍。

b. 非均匀的砂类含水层,网眼的尺寸和缠丝间隙的尺寸,中砂宜采用 $d_{40}\sim d_{50}$,粗砂宜采用 $d_{30}\sim d_{40}$。

③采用填砾过滤器时,滤料应选择磨圆度较好的天然砂砾充填,填砾的粒径和厚度应

符合国家现行规范的有关规定。可按下列规定确定：

a. 当砂土类含水层的不均匀系数 $\eta_1 = d_{60}/d_{10} < 10$ 时，填砾过滤器的滤料规格宜采用式 4-3-9 计算：

$$D_{50} = (6 \sim 8) d_{50} \tag{4-3-9}$$

式中　D_{50}——填砾筛分级配曲线上颗粒含量为 50%的粒径；

d_{50}——含水层土筛分级配曲钱上颗粒含量为 50%的粒径。

b. 当碎石土类含水层的 $d_{20} > 2$ mm 时，填砾过滤器的滤料规格，宜采用式 4-3-10 计算：

$$D_{50} = (6 \sim 8) d_{20} \tag{4-3-10}$$

式中　d_{20}——含水层土筛分级配曲钱上颗粒含量为 20%的粒径。

c. 当碎石土类含水层的 $d_{20} \geqslant 2$ mm 时，充填粒径 10～20 mm 的滤料。

d. 填砾过滤器滤料的不均匀系数 $\eta_2 = d_{60}/d_{10}$ 值应小于等于 2。

e. 填砾过滤器的滤料厚度，粗、砾砂等含水层宜为 75 mm；中、细、粉砂含水层宜为 100 mm。

(2)在基岩中，当裂隙稳定或溶洞中充填物较少时，可不设置过滤器。

六、抽水试验资料整理

(一)现场整理

抽水试验进行过程中，需要在现场整理、编制有关曲线图表，指导并检查试验情况，为室内整理做好基础工作。具体内容如图 4-3-5～图 4-3-7 所示。

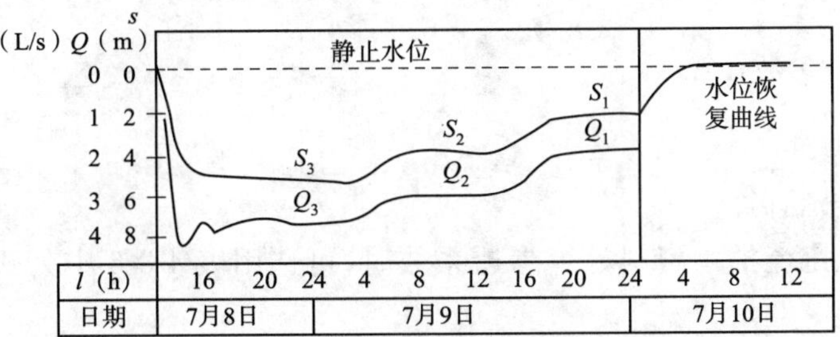

图 4-3-5　Q、s-t 过程曲线

注：有观测孔时，应绘制抽水孔与观测孔水位下降历时曲线

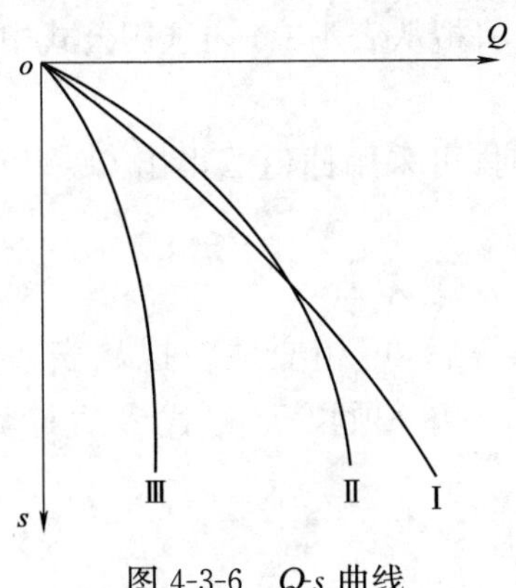

图 4-3-6　Q-s 曲线

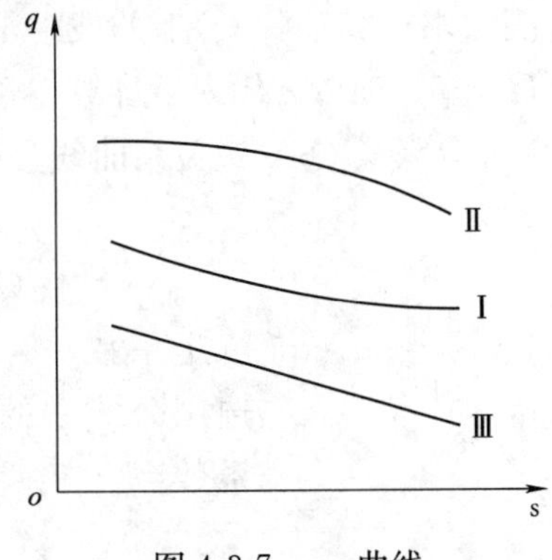

图 4-3-7　q-s 曲线

图 4-3-6、图 4-3-7 中，曲线Ⅰ代表含水层的渗透性、补给条件好，出水量大的抽水试验曲线；曲线Ⅱ代表含水层的渗透性、补给条件较好，出水量较大的抽水试验曲线；曲线Ⅲ代表含水层分布范围较小，含水层渗透性和地下水补给条件差的抽水试验曲线。

（二）室内整理

（1）绘制水文地质综合图表，内容包括：

①试验地段平面图。

②水位，流量与时间过程曲线图。

③对于稳定流抽水试验，应绘制 s-t、Q-t 和 Q-s 或 Q-Δh^2 关系曲线图；对非稳定流抽水试验，主要应绘制 s-$\lg t$ 或 $\lg s$-$\lg t$ 关系曲线图，若为多孔抽水，还应绘制 s-$\lg r$ 或 s-$\frac{t}{r^2}$ 关系曲线图。

④水位恢复曲线（过程）图。

⑤抽水孔、观测孔结构图（包括工艺、技术措施说明等）。

各图件的图形符号应规范、统一，所选择的图件比例尺和图幅应能全面反映勘测区水文地质条件的全貌。

（2）计算满足地下水控制设计施工要求的水文地质参数。在选用计算公式时，应充分考虑适用条件。具体内容见本节水文地质参数计算的内容。

（3）编写抽水试验报告，内容主要有：①试验的目的、方法和要求；②试验的成果和结论等。抽水试验报告应内容完整、条理清晰、图示规范，参数的选择、水文地质条件的评价等应有充分依据。

七、水文地质参数计算

（一）渗透系数

1. 单孔稳定流计算

根据单孔稳定流抽水资料计算渗透系数时，可选用表 4-3-6 中公式，但应符合下列要求：

（1）当 Q-s（或 Q-Δh^2）关系曲线呈直线时，可以直接选用表 4-3-6 中公式。

（2）当 Q-s（或 Q-Δh^2）关系曲线呈曲线，而 s/Q-Q（或 $\Delta h^2/Q$-Q）关系曲线呈直线时，可采用作图法求得纵轴（s/Q）上的截距 α（待定系数），并将拟从表 4-3-6 内选用公式中的 Q/s 或 $Q/(H^2-h^2)$ 项以 α 代入后计算渗透系数。

（3）当 Q-s（或 Q-Δh^2）关系曲线呈任一形式曲线时，可采用插值法得出 Q-s 代数多项式，即：

$$s=\alpha_1 Q+\alpha_2 Q^2+\cdots+\alpha_n Q^n \tag{4-3-11}$$

式中 $\alpha_1,\alpha_2,\cdots,\alpha_n$——待定系数。$\alpha_1$ 宜按均差表求得后，可相应地将拟从表 4-3-6 内选用公式中的 Q/s 或 $Q/(H^2-h^2)$ 项以 $1/\alpha_1$ 代入后计算渗透系数。

表 4-3-6　单孔抽水渗透系数计算公式表

序号	类型	示意图	计算公式	适用条件
1	承压水完整孔		$k=\frac{Q}{2\pi sM}\ln\frac{R}{r}$ 式中　k——渗透系数(m/d)； Q——出水量(m^3/d)； s——水位下降值(m)； M——承压水含水层厚度(m)； R——影响半径(m)； r——过滤器半径(m)	承压水含水层单孔完整井
2	潜水完整孔		$k=\frac{Q}{\pi(H^2-h^2)}\ln\frac{R}{r}$ 式中　H——自然状态下潜水含水层厚度(m)； h——潜水含水层在抽水试验时的厚度(m)	潜水含水层单孔完整井
3	承压水、潜水非完整孔		$k=\frac{Q}{2\pi sM}\left[\ln\frac{R}{r}+\frac{M-l}{l}\ln\frac{1.12M}{\pi r}\right]$ 式中　l——过滤器长度(m)； $\bar{h}$——潜水含水层在抽水试验时的厚度的平均值(m)	1. 承压水、潜水含水层。用于潜水时，将 M 换成 $\bar{h}$； 2. $M>150r$；l/M(或 $l/\bar{h}$)>0.1
4			$k=\frac{Q}{2\pi sM}\left[\ln\frac{R}{r}+\frac{M-l}{l}\ln\left(1+0.2\frac{M}{r}\right)\right]$	1. 承压水、潜水含水层。用于潜水时，将 M 换成 $\bar{h}$； 2. $M>150r$；l/M(或 $l/\bar{h}$)>0.1

2. 多孔稳定流计算

多孔稳定流抽水，当观测孔中的降深 s(或 Δh^2)，在 s-lg$r$(或 Δh^2-lg$r$)关系曲线上能连成直线时，则宜选用表 4-3-7 中的公式计算渗透系数。

表 4-3-7　多孔抽水渗透系数计算公式表

序号	类型	示意图	计算公式	适用条件
1	承压水完整孔		$k=\frac{Q}{2\pi M(s_1-s_2)}\ln\frac{r_2}{r_1}$ 式中　s_1,s_2——s-lg$r$ 关系曲线的直线段上任意两点的纵坐标值(m)； r_1,r_2——在 s-lg$r$ 关系曲线上纵坐标为 s_1、s_2 的两点至抽水孔的距离(m)	承压水含水层多孔完整井

续上表

序号	类型	示意图	计算公式	适用条件
2	潜水完整孔	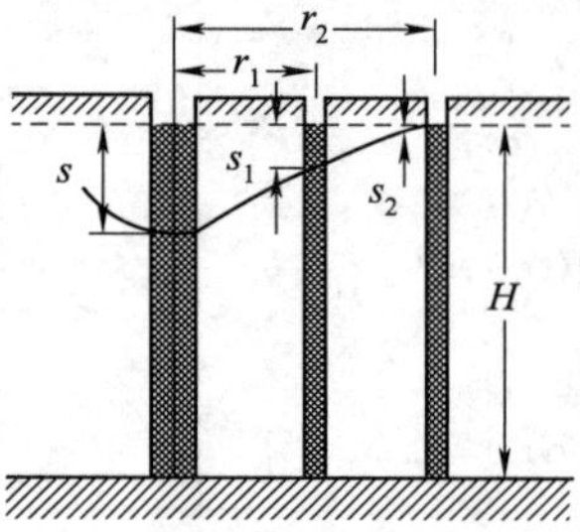	$k=\frac{Q}{\pi(\Delta h_1^2-\Delta h_2^2)}\ln\frac{r_2}{r_1}$ 式中 $\Delta h_1^2,\Delta h_2^2$——在 Δh^2-lg r 关系曲线的直线段上任意两点的纵坐标值(m^2)； r_1,r_2——在 Δh^2-lg r 关系曲线上纵坐标为 Δh_1^2、Δh_2^2 的两点至抽水孔的距离(m)	潜水含水层多孔完整井
3	承压水非完整孔	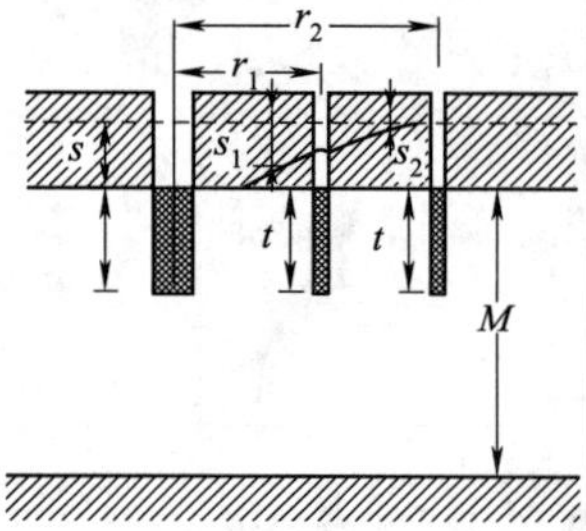	$k=\frac{0.16Q}{l(s_1-s_2)}\times\left[\text{arsh}\frac{l}{r_1}-\text{arsh}\frac{l}{r_2}\right]$	1. 承压水含水层； 2. 过滤器紧接含水层顶板； 3. $l<0.3M$； 4. $r_2\leqslant 0.3M$, $r_1=0.3r_2$； 5. $t=l$
4	承压水非完整孔		$k=\frac{0.16Q}{l(s_1-s_2)}\times\left[\text{arsh}\frac{l}{r_1}-\text{arsh}\frac{l}{r_2}-\frac{l}{M}\times\left(\text{arsh}\frac{M}{r_1}-\text{arsh}\frac{M}{r_2}-\ln\frac{r_2}{r_1}\right)\right]$	1. 承压水含水层； 2. $l>0.3M$
5	潜水非完整孔	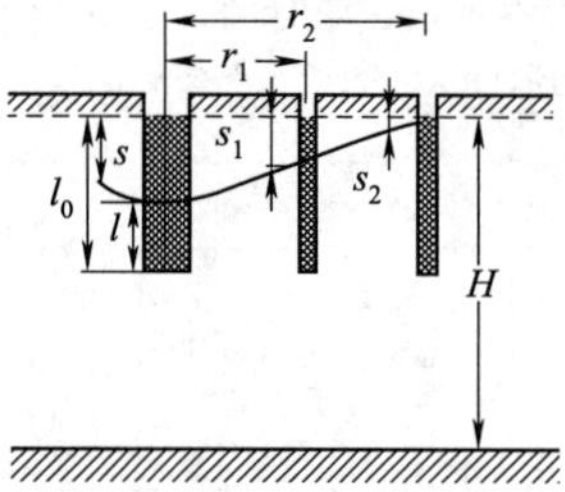	$k=\frac{0.16Q}{l''(s_1-s_2)}\times\left[\text{arsh}\frac{l''}{r_1}-\text{arsh}\frac{l''}{r_2}\right]$ 式中 $l''=l_0-0.5(s_1+s_2)$	1. 潜水含水层； 2. 抽水孔为非淹没式过滤器； 3. $l<0.3H$； 4. $S<0.3l_0$； 5. $r_1=0.3r_2$, $r_2\leqslant 0.3H$

3. 单孔非稳定流(无越流补给)计算

单孔非稳定流抽水试验，在没有越流补给的条件下，利用抽水孔或观测孔中的水位下降资料计算渗透系数时，应按下列公式计算：

(1)配线法

①承压水完整孔：

$$k=\frac{0.08Q}{M_s}W(u) \tag{4-3-12}$$

$$u=\frac{S}{4kM}\cdot\frac{r^2}{t} \tag{4-3-13}$$

②潜水完整孔：

$$k=\frac{0.159Q}{\Delta h^2}W(u) \tag{4-3-14}$$

$$u=\frac{\mu}{4kH}\cdot\frac{r^2}{t} \tag{4-3-15}$$

或

$$k=\frac{0.08Q}{\bar{h}s}W(u) \tag{4-3-16}$$

$$u=\frac{S}{4k\bar{h}}\cdot\frac{r^2}{t} \tag{4-3-17}$$

式中　$W(u)$——井函数；

μ——潜水含水层的给水度。

(2)直线法

当$\frac{r^2S}{4kMt}\left(或\frac{r^2\mu}{4k\bar{h}t}\right)<0.01$时，可采用表4-3-6中公式或下列公式计算：

①承压水完整孔：

$$k=\frac{Q}{4\pi M(s_2-s_1)}\ln\frac{t_2}{t_1} \tag{4-3-18}$$

②潜水完整孔：

$$k=\frac{Q}{2\pi(\Delta h_2^2-\Delta h_1^2)}\ln\frac{t_2}{t_1} \tag{4-3-19}$$

式中　s_1,s_2——观测孔或抽水孔在s-lg$t$关系曲线的直线段上任意两点的纵坐标值(m)；

$\Delta h_1^2,\Delta h_2^2$——观测孔或抽水孔在$\Delta h^2$-lg$t$关系曲线的直线段上任意两点的纵坐标值($m^2$)；

t_1,t_2——在s-lg$t$(或Δh^2-lg$t$)关系曲线上纵坐标为s_1、s_2(或Δh_1^2、Δh_2^2)两点的相应时间(min)。

4. 单孔非稳定流(有越流补给)计算

采用单孔非稳定流抽水试验，在有越流补给(不考虑弱透水层水的释放)的条件下，利用s-lg$t$关系曲线上拐点处的斜率计算渗透系数时，可按下式计算：

$$k=\frac{2.3Q}{4\pi\cdot M\cdot m_i\cdot e^{r/B}} \tag{4-3-20}$$

式中　r——观测孔至抽水孔的距离(m)；

B——越流参数；

m_i——s-lg$t$关系曲线上拐点处的斜率。

5. 根据水位恢复计算

稳定流抽水试验或非稳定流抽水试验，当利用停抽后(抽水孔或观测孔)的水位恢复资料计算渗透系数时，可采用下列公式：

(1)抽水试验停抽前，动水位稳定时，可采用公式(4-3-20)计算，式中的m_i值应采用恢复水位的s-lg$(1+t_K/t_T)$曲线上拐点的斜率。

(2)抽水试验停抽前，当动水位没有稳定，仍呈直线下降时，应按下列公式计算：

①承压水完整孔：

$$k=\frac{Q}{4\pi Ms}\ln\left(1+\frac{t_K}{t_T}\right) \tag{4-3-21}$$

③潜水完整孔：

$$k=\frac{Q}{2\pi(H^2-h^2)}\ln\left(1+\frac{t_K}{t_T}\right) \tag{4-3-22}$$

式中 t_K——抽水开始到停止的时间(min)；

t_T——抽水停止后算起的恢复时间(min)；

s——水位恢复时的剩余下降值(m)；

h——水位恢复时潜水含水层厚度(m)。

6. 渗透系数的经验数据

渗透系数的经验数据参见第三篇第五章第一节表 3-5-11 相关内容。

(二)给 水 度

(1)潜水含水层的给水度采用稳定流潜水完整孔抽水试验方法时，可按下列公式确定：

$$\mu = \frac{Qt}{\pi \dfrac{y+h}{2}(x^2 - r^2)} \tag{4-3-23}$$

式中 Q——抽水稳定出水量(m^3/d)；

t——指示剂(荧光红、NaCl、NH_4Cl 等)从观测孔投入到抽水孔出现经过的时间(d)；

x——抽水孔到观测孔距离(m)；

r——抽水孔半径(m)；

y——观测孔在抽水水位稳定时自含水层底板计起的厚度(m)。

(2)当无单孔抽水试验资料以及野外或室内试验资料时，可利用渗透系数按下列经验式近似求得潜水含水层的给水度：

$$\mu = 0.1\sqrt[7]{k} \tag{4-3-24}$$

(3)给水度的经验数据参见表 4-1-1。

(三)影响半径

(1)影响半径可通过计算法求得，当工程需要时，可用实测法确定。对于稳定流抽水试验有两个观测孔的水位下降资料可采用表 4-3-8 中的公式计算。

表 4-3-8 影响半径计算公式表

试验类型	地下水类型	计 算 公 式	适用条件	备注
多孔抽水试验	承压水	$\lg R=\frac{s_1\lg r_2 - s_2\lg r_1}{s_1 - s_2}$ 式中 s_1,s_2——在 s-$\lg r$ 关系曲线的直线段上任意两点的纵坐标值(m)； r_1,r_2——在 s-$\lg r$ 关系曲线上纵坐标为 s_1、s_2 的两点至抽水孔的距离(m)	1. 承压水完整井； 2. 两个观测孔	精度可靠
	潜水	$\lg R = \frac{s_1(2H-s_1)\lg r_2 - s_2(2H-s_2)\lg r_1}{(s_1-s_2)(2H-s_1-s_2)}$ 或 $\lg R = \frac{\Delta h_1^2 \lg r_2 - \Delta h_2^2 \lg r_1}{\Delta h_1^2 - \Delta h_2^2}$ 式中 Δh_1^2,Δh_2^2——在 Δh^2-$\lg r$ 关系曲线的直线段上任意两点的纵坐标值(m^2)； r_1,r_2——在 Δh^2-$\lg r$ 关系曲线上纵坐标为 Δh_1^2、Δh_2^2 的两点至抽水孔的距离(m)	1. 潜水完整井； 2. 两个观测孔	

续上表

试验类型	地下水类型	计算公式	适用条件	备注
多孔抽水试验	承压水	$\lg R = \frac{s_w \lg r_1 - s_1 \lg r_w}{s_w - s_1}$ 式中 s_w——水位下降值(m); r_w——过滤器半径(m)	1. 承压水完整井; 2. 一个观测孔	结果偏大
	潜水	$\lg R = \frac{s_w(2H - s_w)\lg r_1 - s_1(2H - s_1)\lg r_1}{(s_w - s_1)(2H - s_w - s_1)}$	1. 潜水完整井; 2. 一个观测孔	
单孔抽水试验	承压水	$\lg R = \frac{2.73kMs_w}{Q} + \lg r_w$	单孔	一般偏大
	潜水	$\lg R = \frac{1.366k(2H - s_w)s_w}{Q}\lg r_w$	单孔	
	承压水	$R = 10s\sqrt{k}$	单孔	概略计算
	潜水	$R = 2s\sqrt{HK}$	单孔	

(2)缺少观测孔的水位下降资料时,影响半径可采用经验数据,见表 4-3-9 和表 4-3-10。

表 4-3-9 影响半径经验值

岩性	主要颗粒粒径(mm)	影响半径(m)	岩性	主要颗粒粒径(mm)	影响半径(m)
粉砂	0.05~0.1	25~50	极粗砂	1.0~2.0	400~500
细砂	0.1~0.25	50~100	小砾	2.0~3.0	500~600
中砂	0.25~0.5	100~200	中砾	3.0~5.0	600~1 500
粗砂	0.5~1.0	300~400	大砾	5.0~10.0	1 500~3 000

注:根据《水利水电工程地质手册》,粗砂,粒径 0.5~2.0 mm 时,R 为 100~150 m。

表 4-3-10 根据单位出水量、单位水位下降确定影响半径经验值

单位出水量[L/(s·m)]	单位水位降低[m/(L·m)]	影响半径 R(m)
>2	≤0.5	300~500
2~1	1~0.5	100~300
1~0.5	2~1	60~100
0.5~0.33	3~2	25~50
0.33~0.2	5~3	10~25
<0.2	>5	<10

第五节 注 水 试 验

一、注水试验方法及适用范围

钻孔注水试验是野外测定岩层渗透性的一种比较简单的方法。其原理同抽水试验,只是以注水代替抽水,即在钻孔内用抬高水头的方法把水注入钻孔,使钻孔水柱在静水压力的作用下逐渐向岩土层中渗入,当形成稳定的水位时,即可以利用此时的注入水量计算出岩层的渗透系数。钻孔注水试验示意图如图 4-3-8 所示。

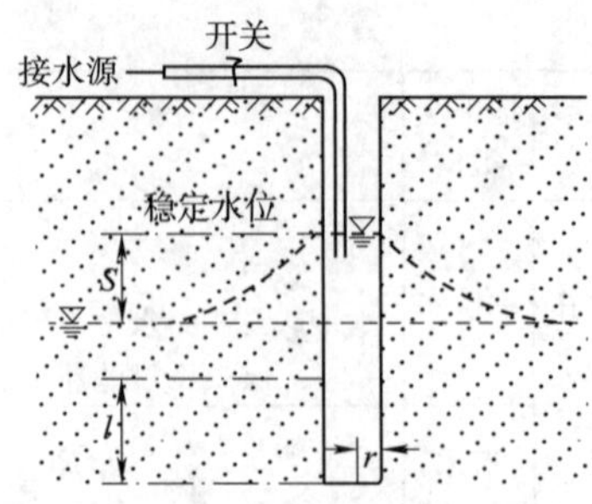

图 4-3-8 钻孔注水试验示意图
S—注水水头高度；l—试验段长度；
r—钻孔内半径

(1)钻孔注水试验通常适用于：

①地下水埋藏很深、水量或渗透系数较小，采用抽水试验方法较为困难的岩土层。

②无地下水存在的岩土层。

为正确利用注水资料，最好能参考附近抽水资料，综合分析对比后，提供渗透系数值。

(2)钻孔注水试验包括钻孔常水头法注水试验和钻孔变水头法注水试验。变水头法又可分为升水头法和降水头法。

①常水头法适用于砂、砾石、卵石等强透水地层；

②变水头法适用于粉砂、粉土、黏性土等弱透水地层。

二、注水试验的布置

进行城市轨道交通工程勘察，当布置抽水试验困难时，应进行注水试验，其布置应符合下列规定：

(1)试验应布置在不同地貌单元、不同含水层(组)且富水性较强的地段，并应距隧道外侧 3～5 m。

(2)需人工降低地下水位的车站、区间应布置试验孔。

三、注水试验步骤

(一)钻孔常水头注水试验步骤

钻孔常水头注水试验是在钻孔内进行的，在试验过程中水头保持不变。根据试验的边界条件，分为孔底进水和孔壁与孔底同时进水两种。其试验步骤应符合下列规定：

(1)注水前应测定孔内的静止水位。

(2)用流量箱连续向孔内注入清水，使管内水位升高到设计的高度后，应控制注水量，使水头、水量保持稳定。

(3)注水开始后，第 1 min、2 min、3 min、4 min、5 min、10 min、15 min、20 min、25 min、30 min 同时观测水位、水量，以后每隔 30 min 观测一次，至稳定后再延续 2～4 h 即可结束。

(4)注水试验结束后立即观测钻孔中的水位下降，其时间间隔与注水试验相同，直至水位下降到静止水位为止；当水位下降缓慢到距静止水位 5～10 cm 时，可停止观测。

(5)注水试验应进行三次水位升高，每次水位升高宜采用 2 m、4 m、6 m 或更大，间距不宜小于 1 m。

(6)注水量允许偏差为$(Q_{max}-Q_{min})/Q_{cp}<10\%$($Q_{cp}$为平均注水量)；水头允许波动幅度为±1 cm。

(二)钻孔变水头法注水试验步骤

钻孔变水头法注水试验，在试验过程中水头逐渐下降，最后趋近于零。主要适用于渗透系数较小的黏性土层。其试验步骤应符合下列规定：

(1)注水前测定孔内静止水位。

(2)向孔内注入清水,使管内水位高出地下水位一定高度或至孔口作为初始水头值,停止供水,开始记录孔内水位随时间变化的情况。

(3)孔内水位观测,开始时间为 1 min,连续观测 5 次;然后间隔为 10 min,观测 3 次;后期观测时间间隔应根据水位下降速度确定,可按 30 min 间隔进行。

(4)应在现场采用半对数坐标绘制水头比与时间[$\ln(H_t/H_0)-t$]关系曲线。当水头比与时间关系曲线不成直线时,应进行检查并重新试验。

(5)试验水头下降到初始试验水头的 0.3 倍或连续观测点达到 10 个以上时,即可结束试验。

四、渗透系数计算

(一)钻孔常水头注水试验

(1)试验段位于地下水位以下时,按下式计算试验岩土层的渗透系数:

$$k=\frac{16.67Q}{AH} \tag{4-3-25}$$

式中　k——试验岩土层的渗透系数(cm/s);

Q——注入流量(L/min);

H——试验水头(cm),等于试验水位与地下水位之差;

A——形状系数(cm),由钻孔和水流边界条件确定,按表 4-3-11 选用。

(2)试验段位于地下水位以上,且 $50<H/r<200$、$H\leqslant l$ 时,可按下式计算试验岩土层的渗透系数:

$$k=\frac{7.05Q}{lH}\lg\frac{2l}{r} \tag{4-3-26}$$

式中　r——钻孔内半径(cm);

l——试验段长度(cm)。

其他符号意义同公式(4-3-25)。

表 4-3-11　钻孔注水试验形状系数(A)值

试验条件	简　图	形状系数 A	备　注
试验段位于地下水位以下,钻孔套管下至孔底,孔底进水	2r, H	$5.5r$	
试验段位于地下水位以下,钻孔套管下至孔底,孔底进水,试验土层顶板为不透水层	2r, H	$4r$	

续上表

试验条件	简图	形状系数 A	备注
试验段位于地下水位以下，孔内不下套管或部分下套管，试验段裸孔或下花管，孔壁和孔底进水	2r H l	$\dfrac{2\pi l}{\ln\dfrac{ml}{r}}$	$\dfrac{l}{r}>8$ $m=\sqrt{K_h/K_v}$ 式中，K_h、K_v 分别为试验土层的水平、垂直渗透系数
试验段位于地下水位以下，孔内不下套管或部分下套管，试验段裸孔或下花管，孔壁和孔底进水，试验土层顶板为不透水层	2r H l	$\dfrac{2\pi l}{\ln\dfrac{2ml}{r}}$	$\dfrac{l}{r}>8$ $m=\sqrt{K_h/K_v}$ 式中，K_h、K_v 分别为试验土层的水平、垂直渗透系数

(二)钻孔变水头法注水试验

钻孔变水头法注水试验按下式计算试验岩土层的渗透系数：

$$k=\frac{0.0523r^2}{A}\cdot\frac{\ln\dfrac{H_1}{H_2}}{t_2-t_1} \tag{4-3-27}$$

式中 t_1,t_2——注水试验某一时刻的试验时间(min)；

H_1,H_2——在试验时间 t_1、t_2 时的试验水头(cm)；

r——套管内半径(cm)。

其他符号意义同公式(4-3-25)。

第六节 压 水 试 验

压水试验是用泵或利用自然地形条件等方法，将水压入钻孔中的野外水文地质试验方法。通过压水试验可以了解地下不同深度岩层的裂隙性和渗透性，获得岩土层单位吸水量等参数，为设计和施工提供基础资料。

压水试验适用于地下水位较深，抽水试验有困难或无地下水的地层中，它和抽水试验的原理相同只是两者的作用力方向相反。

一、压水试验方法

(1)按试验段的划分方法可分为分段压水试验、综合压水试验和全孔压水试验。城市轨道交通工程勘察中的压水试验宜采用分段压水试验，即每钻进一段，便用栓塞隔离，自上而下逐段进行试验。

(2)按压力点，又称流量—压力关系点，划分为一点压水试验、三点压水试验和多点压水试验。

(3)按加压的动力源划分为水柱压水法、自流式压水法和机械法压水试验。目前常用机械压水法，即利用水泵将水直接压入孔内造成水压，采用流量箱、流量表测流量，如图 4-3-9 所示。

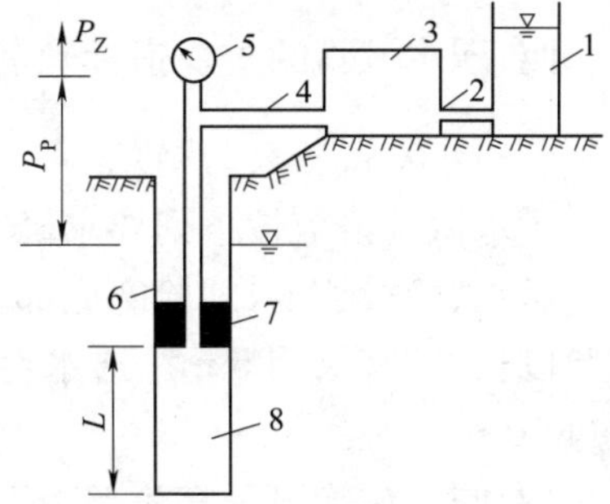

图 4-3-9 机械压水法示意图

1—量水箱；2，4—管路；3—加压泵；5—压力表；6—试验孔；7—栓塞；8—试验段；P_p—压力表指示压力；L—试验段长

二、压水试验设备及要求

(1)栓塞：压水栓塞有圆柱形、鼓形、球形 3 种，以圆柱形最为常用，栓塞直径较钻孔直径小 2～3 mm。

(2)工作管及承压管：工作管内径不得小于 50 mm，只有当吸水量 $Q<50$ L/min，才允许使用 50 mm 的钻杆代替；承压管可用直径 51 以上的铁管，也可用孔壁管；工作管和承压管内壁须光滑。

(3)压力表：压力表反应灵敏，精度不低于 2.5 级，卸压后指针回零，量测范围应控制在极限压力值的1/3～1/4。压力传感器的压力范围应大于试验压力。

(4)流量计：分为流量箱和流量表。当流量小于 5 L/min 时，应使用流量箱。流量表应能在 1.5 MPa 压力下正常工作，量测范围应与水泵的出力相匹配，并能测定正向和反向流量。宜使用能测量压力和流量的自动记录仪进行试验。

(5)水位计：有测钟和电测水位计。水位计应灵敏可靠，不受孔壁附着水或孔内滴水的影响。水位计的导线应经常检测。

(6)供水设备：当采用水泵压水时，一般采用双缸往复式水泵和电动离心泵，以保持压力值稳定，出水均匀。

(7)压水试验用的仪表应专门保管，并定期进行检定。

三、压水试验的钻孔要求

进行压水试验的钻孔应符合以下要求：

(1)进行压水试验的钻孔直径(孔壁直径)主要依据压水栓塞直径而定，常用栓塞直径为 73 mm、89 mm、108 mm 及 127 mm。

(2)压水试验钻孔孔径应尽可能保持均匀一致，孔壁必须完整，以使栓塞与孔壁密贴不漏水，必要时可考虑在预计设置栓塞的位置浇注水泥，待水泥凝固后，用旋转岩心钻钻穿水泥浇注孔段。

(3)在坚硬地层应用合金钻头钻进，在松软地层中应用冲击法钻进；若用钢砂钻进时，应使投砂量均匀，且在设置栓塞的孔段不宜采用。

(4)在钻进过程中应采用清水钻进，水质不能浑浊，禁止采用泥浆、泥球等钻进方法。如果用于特殊原因使用泥浆护壁钻进时，在压水试验前，应进行洗孔。

(5)对试验段以上所遇各层地下水，应进行止水，待含水层封闭后，始可继续钻进。

(6)在坚硬岩层中进行压水试验时，一般不在试验段设置过滤器，但在破碎带或松散地层中，为保护试验孔壁，应设置过滤器。在破碎地层进行压水试验，除采用设置过滤器的办法外，还可采用钻孔完后自下而上逐段填土的办法进行试验。

四、压水试验的主要指标确定

(一)压水试验段的确定

压水试验段应按下列要求确定:

(1)试验段长度(即栓塞底部至孔底的实际长度,当残留岩芯不超过 0.2 m 时,可计入试验段长度)宜采用 5 m。透水性较强的岩层和特殊孔段,宜根据具体情况确定,但不得超过 10 m。

(2)同一试验段不宜跨超透水性相差悬殊的几种岩层。

(3)相邻试验段之间应相互衔接,少量重叠。栓塞止水无效时,应将栓塞向上移动,但不宜超过上一试验段栓塞的位置。

(4)在同一工程中,试验段长度宜保持一致。

(二)压力阶段与压力值的确定

(1)压水试验宜采用三级压力、五个阶段[即 $P_1-P_2-P_3-P_4(=P_2)-P_5(=P_1)$,$P_1<P_2<P_3$]进行。$P_1$、$P_2$、$P$ 三级压力宜分别为 0.3 MPa、0.6 MPa 和 1 MPa。

(2)试段埋藏较浅时,宜适当降低试段压力。

(3)倾斜钻孔的水柱压力应进行换算,1 m 水柱压力=9.8 kPa≈1 N/cm^2。

(4)同一工程中试验总压力值宜一致。压水试验的总压力是指用于试段的实际平均压力。

(5)用安设在与试段连通的测压管上的压力计测压时,试段压力应按下式计算:

$$P=P_p+P_z \tag{4-3-28}$$

式中 P——试验段压力(MPa);

P_p——压力表指示压力(MPa);

P_z——压力表中心至压力计算零线的水柱压力(MPa)。

(6)安装在进水管上的压力表测压时,试验段压力应按下式计算:

$$P=P_p+P_z-P_s \tag{4-3-29}$$

式中 P_s——管路压力损失(MPa)。

其他符号意义同上。

(三)压力计算零线的确定

自压力表中心至压力计算零线的铅直距离的水柱压力。因此应首先确定压力计算零线。压力计算零线按以下三种情况确定:

(1)地下水位在试验段以下时,以通过试验段 1/2 处的水平线作为压力计算零线。

(2)地下水位在试验段以内时,以通过地下水位以上试验段 1/2 处的水平线作为压力计算零线。

(3)地下水位在试验段以上,且属于试验段所在的含水层时,以地下水位线作为压力计算零线。

(四)管路压力损失 P_s 值的确定

(1)工作管路内径一致且内壁粗糙度变化不大时,管路压力损失 P_s 值应按下式计算:

$$P_s=\lambda\frac{L_p}{d}\frac{v^2}{2g} \tag{4-3-30}$$

式中　λ——摩阻系数(MPa/m)，$\lambda=2\times10^{-4}$ MPa/m～4×10^{-4} MPa/m；

L_p——工作管长度(m)；

d——工作管内径(m)；

v——管内流速(m/s)；

g——重力加速度(m/s^2)，g 取 9.8 m/s^2。

(2)当工作管路内径不一致时，管路压力损失根据实测资料确定。确定原则如下：

①当使用钻杆作为单管柱栓塞的工作管，且钻杆内径与接头内径不一致时，需实测管路压力损失。

②测定压力损失所用的钻杆和接头需与实际使用的规格一致。

③测试管路为两套，每套管路总长不少于 40 m，第一套与第二套的长度差不大于 0.2 m，但接头数相差 3 副以上。

④管路需平置于地面，末端高于首端，两端安装压力表，末端安装流量计，流量计后的出水口要抬高 1～2 m，实测两端压力表的高差。

⑤将不同流量的水输入管路，流量范围 10～100 L/min，测点不少于 15 个，管路两端的压力差即为该流量下的管路压力损失。

⑥每套管路的实测工作需进行 2 次，取其平均值。

⑦绘制两套管路的压力损失与流量关系曲线，量得各流量值相应的压力损失差 ΔP_s(图 4-3-10)。

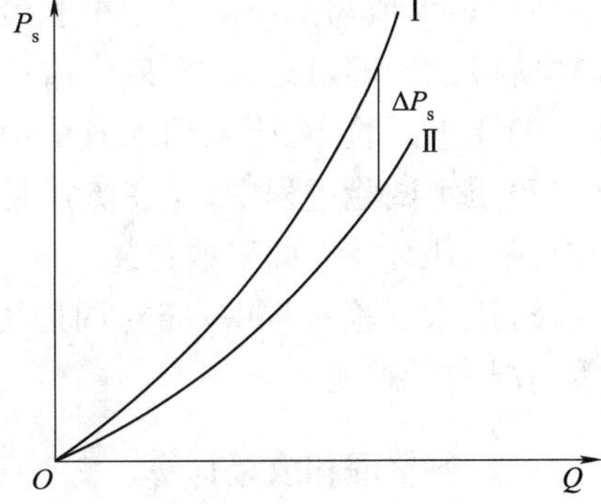

图 4-3-10　压力损失与流量关系曲线

⑧各种流量下每副接头的压力损失按下式计算：

$$P_{sj}=\frac{\Delta P_s}{n} \tag{4-3-31}$$

式中　P_{sj}——某流量下每副接头的压力损失(MPa)；

ΔP_s——该流量下两套管路的压力损失差(MPa)；

n——两套管路接头数之差。

⑨从各种流量下的管路压力损失中减去接头的压力损失，计算出各种流量下每米钻杆的压力损失值。

五、压水试验的步骤和要求

(一)洗　孔

(1)洗孔应采用压水法，洗孔时钻具应下到孔底，流量应达到水泵的最大出水量。

(2)洗孔应至孔口回水清洁，肉眼观察无岩粉时方可结束。当孔口无回水时，洗孔时间一般不得少于 15 min。在松软地层洗孔有困难时，可放过滤器后再进行洗孔。

(二)试段隔离

(1)下栓塞前应对压水试验工作管进行检查，不得有破裂、弯曲、堵塞等现象。接头处应采取严格的止水措施。

(2)采用气压式或水压式栓塞时，充气(水)压力应比最大试段压力 P_3 大 0.2～0.3 MPa，在试验过程中充气(水)压力应保持不变。

(3)栓塞应安设在岩石较完整的部位,定位应准确。

(4)当栓塞隔离无效时,应分析原因,采取移动栓塞、更换栓塞或灌制混凝土塞位等措施。移动栓塞时只能向上移,其范围不应超过上一次试验的塞位。

(三)水位、压力和流量量测

(1)下栓塞前应首先观测1次孔内水位,试段隔离后,再观测工作管内水位。

(2)工作管内水位观测应每隔5 min进行1次。当水位下降速度连续2次均小于5 cm/min时,观测工作即可结束,用最后的观测结果确定压力计算零线。

(3)压水试验前,应进行不少于20 min的试验性压水,其压力应为压水试验时的压力值。

(4)压水试验中试验压力应保持稳定。

(5)压水试验中,每1～2 min应观测一次压入流量,流量无持续增大趋势、且5次流量读数中最大值与最小值之差小于最终值的10%,或最大值与最小值之差小于1 L/min时,本阶段试验即可结束,取最终值作为计算值。

(6)压水试验中,压入的水应采用水质较好的清水。

(7)压水试验过程中,应在流量观测的同时测定管外水位的变化,发现有异常时,及时检查分析原因,并立即采取措施。

(8)压水试验过程中,应对周边可能受到影响的坑、孔、井、泉以及沿裂隙渗出地表的水等情况进行观测。

六、资料整理和成果计算

压水试验资料整理应包括校核原始记录、绘制 P-Q 曲线,确定 P-Q 曲线类型,计算试段透水率及渗透系数等。

(一)绘制 P-Q 曲线

(1)绘制 P-Q 曲线时,应采用统一比例尺,即纵坐标(P 轴)1 mm代表0.01 MPa,横坐标(Q 轴)1 mm代表1 L/min。曲线图上各点应标明序号,并依次用直线相连,升压阶段用实线,降压阶段用虚线,如图4-3-11所示。

(2)试段的 P-Q 曲线类型应根据升压阶段 P-Q 曲线的形状以及降压阶段 P-Q 曲线与升压阶段 P-Q 曲线之间的关系确定。

(3)当 P-Q 曲线中第4点与第2点、第5点与第1点的流量值绝对差不大于1 L/min或相对差不大于5%时,可认为基本重合。

(二)透水率计算

压水试段的透水率计算宜采用第三阶段的压力值 P_3 和流量值 Q_3,应按下式计算:

$$q=\frac{Q_3}{L\cdot P_3} \tag{4-3-32}$$

式中 q——试段的透水率(Lu,吕荣;1 Lu≈10^{-5} cm/s),取两位有效数字;

Q_3——第三阶段的计算流量(L/min);

P_3——第三阶段的试验压力(MPa);

L——试段长度(m)。

（三）渗透系数计算

利用压水试验资料计算渗透系数时，可根据不同条件采用相应公式。

（1）试段位于地下水位以下，透水性较小（$q<10$ Lu）、P-Q 曲线为层流型（图 4-3-11）时，可按下式计算岩体渗透系数：

$$k=\frac{Q}{2\pi HL}\ln\frac{L}{r_0} \tag{4-3-33}$$

式中　k——岩体渗透系数（m/d）；

Q——压入流量（m^3/d）；

H——试验水头（m）；

r_0——钻孔半径（m）。

（2）试段位于地下水位以下，透水性较小（$q<10$ Lu）、P-Q 曲线为紊流型（图 4-3-11）时，可用第一阶段的压力 P_1（换算成水头值，以米计）和流量 Q_1 代入式（4-3-33）近似地计算渗透系数。

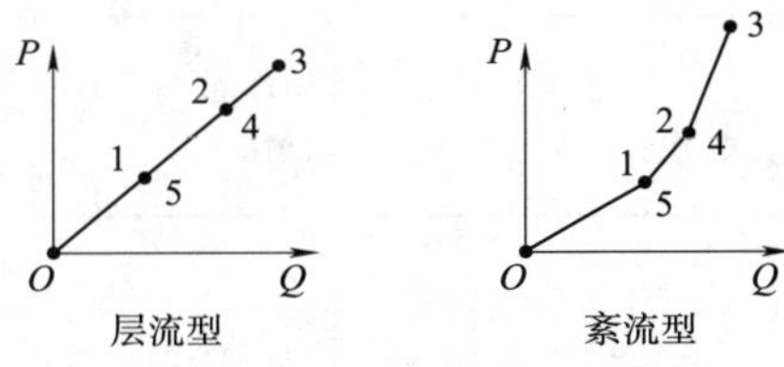

图 4-3-11　P-Q 曲线类型

第七节　连 通 试 验

一、连通试验的目的

岩溶特别是岩溶中的地下水对城市轨道交通工程施工影响很大，通过连通试验可以研究并了解岩溶地区地下水的以下特征：

（1）岩溶地下水的补给范围、补给速度、补给量及与相邻地下水的关系。

（2）岩溶地下水的径流特征，实测地下水流向、流速、流量。

（3）岩溶水与地表水的转化、补给等关系。

（4）配合抽水试验等确定水文地质参数。

（5）查明渗漏途径、渗漏量及洞穴规模、延伸方向等。

二、试验段（点）的选择原则

（1）需在地质调查与测绘的基础上，有一定的地质依据说明有连通性的地段。

（2）目的性要明确，针对性要强，并需考虑与试验方法相适应。

（3）尽量做到试验与观测方便。

（4）要经济合理，尽量做到就地取材。

三、连通试验的方法及其应用

连通试验常用方法见表 4-3-12。

表 4-3-12 连通试验常用方法表

试验方法		目　的	工作要点
水位传递法	闸水试验 放水试验 堵水试验 抽水试验	了解地下水系的连通情况及流域特征	利用天然通道或钻孔，进行闸水、放水、堵水或抽水、注水，观测上下游水位、水量、水色之变化，以判断其连通情况
指示剂法	浮标法 比色法 化学剂示踪法 放射性同位素示踪法	了解地下水连通情况及流域特征，实测地下水流向、流速、流量，查明地下水与地表水的转化补、排关系等	浮标法是根据地下水的流速、流态、流途长短等的不同，分别在上游投放谷糠、稗壳、稻草、锯木屑、废机油、黄泥水等，观测其连通情况
气体传递法	熏烟或烟幕弹法	了解与地下水系有密切联系的地下水位以上的溶洞连通情况	在溶洞内放烟，用人工鼓风或自然通风，使烟扩展，了解溶洞的连贯情况，判断地下水系的连通状况

四、连通试验的资料整理

(1)绘制试验段(点)的水位、水温、水量、水质或试验指示剂浓度变化的历时曲线。

(2)对曲线的各种形态和现象，结合区域水文地质资料进行合理的水文地质解释与定量计算。

(3)绘制试验得出的地下水连通平面图或岩溶地下水水系分布图。

(4)简要文字总结，其内容包括试验任务的提出，试验段(点)平面位置分布，连通地段的水文地质条件，试验采用方法，对试验结果的评述，经验教训以及建议等。

第四章　地下水的作用

第一节　地下水作用评价内容

地下水对岩土体及工程的作用，按作用机制可分为力学作用和物理、化学作用。不同工程、不同岩土条件下，其表现形式有所不同，评价重点亦应有区别。城市轨道交通工程岩土工程勘察应根据地层、岩性、透水性和工程重要性等条件的不同，确定评价地下水的作用。

一、地下水力学作用评价内容

城市轨道交通岩土工程勘察中地下水力学作用的评价应包括下列内容：

(1)对地下结构物和挡土墙应考虑在最不利组合情况下，地下水对结构物的上浮作用，提供抗浮设防水位；对节理不发育的岩石和黏土可根据地方经验或实测数据确定。有渗流时，地下水的水头和作用宜通过渗流计算进行分析评价。

(2)验算边坡稳定时，应考虑地下水对边坡稳定的不利影响。

(3)在地下水位下降的影响范围内，应分析地面沉降及其对工程和周边环境的影响。

(4)在有水头压差的粉细砂、粉土地层中，应分析产生潜蚀、流土、管涌以及突涌的可能性。

二、物理、化学作用评价内容

城市轨道交通岩土工程勘察中地下水的物理、化学作用的评价应包括下列内容：

(1)对地下水位以下的工程结构，应评定地下水对建筑材料的腐蚀性。

(2)对软质岩、强风化岩、残积土、湿陷性土、膨胀岩土和盐渍岩土，应评价地下水的聚集和散失所产生的软化、崩解、湿陷、胀缩和潜蚀等有害作用。

(3)在冻土地区，应评价地下水对土的冻胀和融陷的影响。

第二节　抗浮设防水位的确定及结构抗浮措施

抗浮设防水位是为满足地下结构抗浮设防安全及抗浮设计技术经济合理的需要，根据场地水文地质条件、地下水长期观测资料和地区经验，预测地下结构在施工期间和使用年限内可能遭遇到的地下水最高水位，用于设计按静水压力计算作用于地下结构基底的最大浮力。

城市轨道交通工程绝大部分敷设在地下，结构荷载较小，延伸较长，跨越多种地质单元，施工及运行过程中受地下水的影响较大，特别是在地下水位埋藏较浅或未来地下水位有可能大幅度上升的地区，城市轨道交通工程结构受地下水浮力的影响较大，在结构设计中需要涉及抗浮设防问题，即抗浮设防水位的确定问题。抗浮设防水位的取值不仅关系到结构的安全，也影响工程造价。

一、抗浮设防水位的确定

(一)规范及标准关于抗浮设防水位的取值要求

到目前为止，国内相关的规范和标准关于抗浮设防水位的取值主要有以下几种方法。

(1)《城市轨道交通岩土工程勘察规范》(GB 50307—2012)条文说明规定：抗浮水位的确定十分复杂，必要时应进行专项研究。一般抗浮设防水位可采用综合方法确定：

①当有长期水位观测资料时，抗浮设防水位可根据该层地下水实测最高水位和地下工程运营期间地下水的变化来确定；无长期水位观测资料或资料缺乏时，按勘察期间实测最高稳定水位并结合场地地形地貌、地下水补给、排泄条件等因素综合确定。

②场地有承压水且与潜水有水力联系时，应实测承压水水位并考虑其对抗浮设防水位的影响。

(2)《岩土工程勘察规范》(GB 50021—2001)(2009 年版)规定：对基础、地下结构物等，应考虑在最不利组合情况下，地下水对结构物的上浮作用；对节理不发育的岩石和黏土且有地方经验或实测数据时，可根据经验确定。

(3)《建筑工程抗浮技术标准》(JGJ 476—2019)中对抗浮设防水位取值的相关规定：

①抗浮设防水位可分为施工期抗浮设防水位和使用期抗浮设防水位。施工期与使用期可采用相同的抗浮设防水位，拟采取地下水控制措施的工程可采用不同的抗浮设防水位。

②施工期抗浮设防水位应取下列地下水水位的最高值。水位预测咨询报告提供的施工期最高水位，勘察期间获取的场地稳定地下水水位并考虑季节变化影响的最不利工况水位，考虑地下水控制方案、邻近工程建设对地下水补给排泄条件影响的最不利工况水位，场地近 5 年内的地下水最高水位，根据地方经验确定的最高水位。

③使用期抗浮设防水位应取下列地下水水位的最高值。地区抗浮设防水位区划图中场地区域的水位区划值，水位预测咨询报告提供的使用期最高水位，与设计使用年限相同时限的场地历史最高水位，与使用期相同时限的场地地下水长期观测的最高水位，多层地下水的独立水位、有水力联系含水层的最高混合水位，对场地地下水水位有影响的地表水系与设计使用年限相同时限的设计承载水位，根据地方经验确定的最高水位。

(4)浙江省标准《浙江省城市轨道交通岩土工程勘察规范》(DB 33/T 1126—2016)规定：

①当场地地下水为潜水或潜水位高于承压水位，并有长期观测资料时，可按最高实测水位确定；无长期水位观测资料或资料缺乏时，按勘察期间实测最高稳定水位并结合场地地形地貌，地下水补给、排泄条件等因素综合确定；对地下水埋藏较浅的滨海和滨江地区，应综合考虑各种因素后根据当地经验确定一个综合最高值水位。

②当地下水与地表水有水力联系时，须考虑地表水的影响。

③当只考虑施工期间的抗浮设防时，可按 1 个水文年观测的最高水位确定。

④当条件复杂时，抗浮设防水位宜进行专门研究。

(5)广东省标准《建筑地基基础设计规范》(DBJ 15-31—2003)指出，地下水对基础(或建筑物底板）的浮托力及对地下结构的侧压力应按下列原则进行计算：地下水的设防水位应取建筑物使用年限内（包括施工期）可能产生的最高水位。

（6）湖北省地方标准《建筑地基基础技术规范》（DB 42/242—2003）规定：抗浮设防水位若有长期水文观测资料和历史水位记录时，地下水作用力的计算可采用历史最高水位；若无长期水文观测资料和历史水位记录时，地下水作用力的计算可采用丰水期最高稳定水位。场地有承压水且与潜水有水力联系时，应按承压水和潜水的混合最高水位计算地下水对地下室的浮力作用。地下室在稳定水位作用下所受的浮力应按静水压力计算。临时高水位下的浮力，在黏性土中适当折减，折减系数由勘察单位提出；在砂土中不折减。

（7）《给水排水工程构筑物结构设计规范》（GB 50069—2002）规定：地表水或地下水对结构作用的浮托力，其标准值应按最高水位确定。

（二）抗浮设防水位专项研究

城市区域地下水位的变化受多种因素影响，主要有：

（1）地下含水层的水位与大气降水入渗的关系。

（2）城市规划中地下水的开采量变化对该地下水位的影响。

（3）建筑物周围的环境，与周围水系的联系。

（4）其他各层地下水与其补给排泄的影响。

因此，需要采用多种方法来预测未来地下水位的变化。抗浮设防水位专项研究是在收集相关资料的基础上，通过水文地质试验、数值模拟、理论分析等方法，预测地下水位的变化趋势，结合城市轨道交通工程沿线水文地质条件、地层分布特点，利用专家咨询、综合研究等方法，确定城市轨道交通工程各车站的抗浮设防水位。

1. 资料收集

根据抗浮设防水位研究的需要，结合场地的地质条件主要收集了以下相关资料：

（1）气象、水文资料。

（2）工程地质资料。

（3）水文地质资料。

（4）水资源开发利用规划。

（5）其他相关资料。

2. 数值模拟法

利用研究区的水文地质资料建立三维地质模型，采用数值模拟软件（目前常用的有 MODFLOW 软件、GMS 软件中的 MODFLOW 程序包、FEFLOW 软件及 FLAC3D 软件）建立研究区地下水流三维数值模型。通过分析影响地下水变化的各种随机因素，确定研究区地下水各种源汇项的大小。在对模型进行识别、验证的基础上，进行地下水位变化趋势分析，预测城市轨道交通工程沿线各车站使用期限内可能出现的最高地下水位值。

3. 理论分析法

理论分析包括动态曲线比拟法、统计回归分析法、频率分析法、水量均衡分析法等。

（1）动态曲线比拟法

利用地下水 1 年内及多年水位变化过程线，采用与最大水位埋深之差、与最小水位埋深之差的方法，推测出各车站今后百年的最小水位埋深。

(2)统计回归分析法

将地下水系统视为“灰箱”，根据地下水动态观测资料，提取和分析历史资料本身所蕴含的信息，找出其规律，并利用这些规律，达到预报未来的目的。

(3)频率分析法

利用多年动态曲线比拟法确定的过去的地下水位埋深序列，采用频率分析法确定$P=1\%$(百年一遇最大降水量)时最高水位埋深。

(4)水量均衡方程法

利用地下水均衡方程分析地下水位变化，按月份计算地下水补给量和排泄量，研究区近期水位埋深为基础，推算出各车站不同月份的平均地下水位埋深，再考虑设计标准情况下的水位增幅值影响，得到$P=1\%$(百年一遇最大降水量)时最高水位埋深。

4. 专家咨询法

将研究方案、中间成果、分项成果以及成果报告请专家进行咨询和评审，依靠国内外专家的智慧和经验，对地下水位预测结果进行修正，得出比较符合实际的未来可能出现的地下水位最高值。

5. 综合研究法

抗浮设防水位的确定取决于地下结构底板所处土层、地下水类型和水头高度，根据地下水位预测结果，结合地铁结构所处的地质环境条件，综合确定城市轨道交通工程地下结构的水压力建议值。城市轨道交通结构与地下水含水层的相对关系情况见表 4-4-1，不同埋深的地下水浮力见表 4-4-2。

表 4-4-1 地铁结构与地下水含水层的关系

编号	简 图	地铁结构与隔水层关系	地下水的作用	抗浮设计需考虑的地下水位(计算可参考表 4-4-2)
1	地铁结构	结构底板位于上部潜水层中	结构底板要承受地下水的上浮作用	设计水位为潜水水位
2	地铁结构	结构穿过上部潜水含水层，底板位于下部隔水层中	由于地下水的渗流作用，底板存在地下水的上浮作用	设计水位为潜水水位，但需折减
3	地铁结构	结构底板位于上部隔水层中	下部承压水由于渗流作用对底板有浮力作用	设计水位为承压水水位，考虑渗流要折减

续上表

编号	简　图	地铁结构与隔水层关系	地下水的作用	抗浮设计需考虑的地下水位（计算可参考表 4-4-2）
4	地铁结构	结构底板穿过上部隔水层，底板位于下部承压水含水层	结构底板承受下部承压水的浮力作用	承压水位为设计水位
5	地铁结构	结构穿过上部潜水层，底板位于隔水层之上，隔水层之下还存在承压水含水层	由于上下含水层的渗流作用，地下水对地铁结构的作用兼有编号 2、3 所示的特点	上下含水层水位均为考虑的设计水位，上部含水层向下传递过程中有水头损失要考虑折减
6	地铁结构	结构穿过上部潜水层及中间隔水层，底板位于承压水含水层	结构底板承受的上浮力作用同编号 4	设计水位为下部承压水水位

表 4-4-2　地下建筑结构不同埋深的地下水浮力

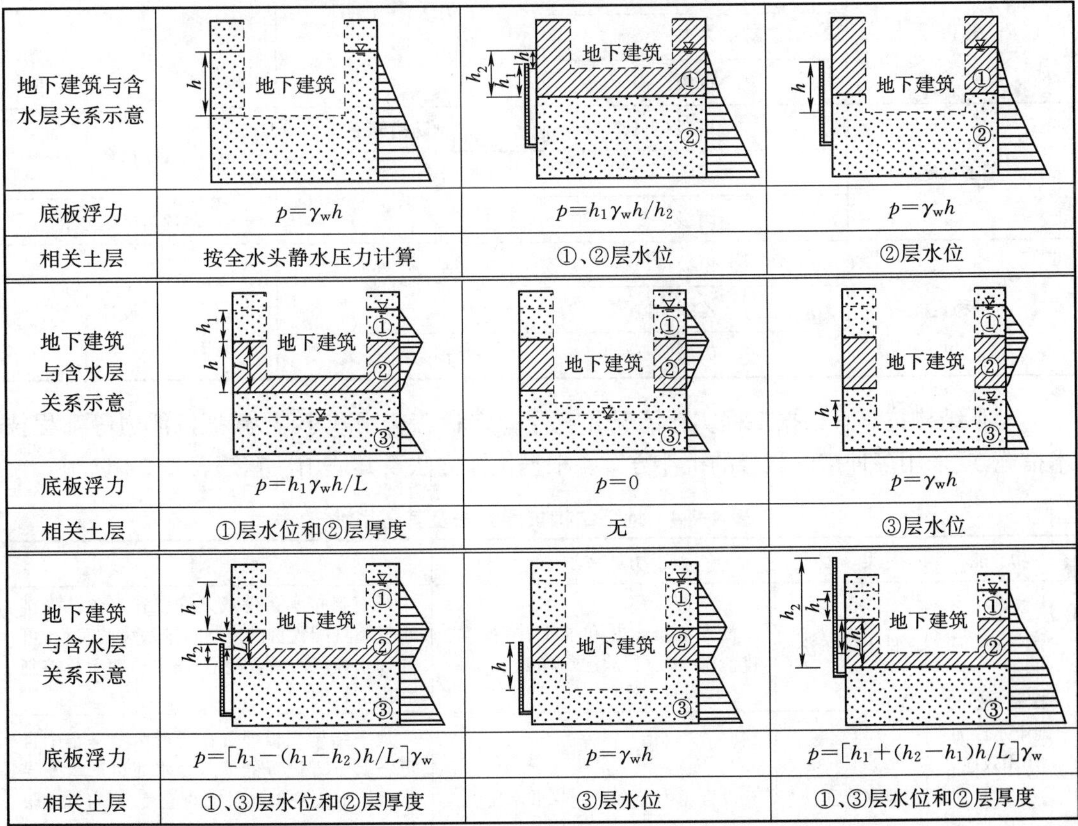

地下建筑与含水层关系示意	地下建筑（h）	地下建筑（h_1, h_2, ①, ②）	地下建筑（h, ①, ②）
底板浮力	$p=\gamma_w h$	$p=h_1\gamma_w h/h_2$	$p=\gamma_w h$
相关土层	按全水头静水压力计算	①、②层水位	②层水位
地下建筑与含水层关系示意	地下建筑（h_1, h, L, ①, ②, ③）	地下建筑（①, ②, ③）	地下建筑（h, ①, ②, ③）
底板浮力	$p=h_1\gamma_w h/L$	$p=0$	$p=\gamma_w h$
相关土层	①层水位和②层厚度	无	③层水位
地下建筑与含水层关系示意	地下建筑（h_1, h_2, h, L, ①, ②, ③）	地下建筑（h, ①, ②, ③）	地下建筑（h_1, h_2, h, L, ①, ②, ③）
底板浮力	$p=[h_1-(h_1-h_2)h/L]\gamma_w$	$p=\gamma_w h$	$p=[h_1+(h_2-h_1)h/L]\gamma_w$
相关土层	①、③层水位和②层厚度	③层水位	①、③层水位和②层厚度

注：表中如下假定①越流渗透已达稳定状态；②忽略越流渗透的水头损失；③地下建筑外墙不透水且没有排水措施

二、城市轨道交通工程结构抗浮措施

地铁车站上浮的原因是结构重量及车站侧壁摩擦力之和小于水浮力所引起的。当车站自身重量(包括顶板覆土重)不能抵抗地下水浮力时,地下车站将产生上浮,导致结构变形破坏,使地下车站不能发挥正常功效,故必要时需设置一定的抗浮措施。

抗浮措施有很多种,在实际工程中,可按其经济合理、技术先进、安全可靠和方便施工为原则,还应根据工程特点、地质情况、场地条件、环境和当地当时的情况等因素(如基坑的支护形式、基坑深度、基坑底的土层条件等)综合考虑,因地制宜,选择最佳有效的抗浮措施。

地铁抗浮措施主要有压载法、抗浮压顶梁法、降排截水法、抗浮桩法和抗浮锚杆法等,其中压载法和降排截水法等为预防措施,抗浮桩法和抗浮锚杆法等为抗浮设计措施。

根据《建筑工程抗浮技术标准》(JGJ 476—2019),地下结构抗浮措施应根据抗浮稳定状态和抗浮设计等级按表 4-4-3 确定。

表 4-4-3 地下结构抗浮措施

<table>
<tr><th rowspan="2">稳定状态</th><th rowspan="2">抗浮设计等级</th><th colspan="2">抗 浮 措 施</th></tr>
<tr><th>施工期</th><th>使用期</th></tr>
<tr><td rowspan="3">稳定</td><td>甲级</td><td rowspan="3">—</td><td rowspan="3">—</td></tr>
<tr><td>乙级</td></tr>
<tr><td>丙级</td></tr>
<tr><td rowspan="3">基本稳定</td><td>甲级</td><td>预防措施</td><td rowspan="2">抗浮设计</td></tr>
<tr><td>乙级</td><td rowspan="2">—</td></tr>
<tr><td>丙级</td><td>预防措施</td></tr>
<tr><td rowspan="3">不稳定</td><td>甲级</td><td rowspan="2">抗浮设计</td><td rowspan="3">抗浮设计</td></tr>
<tr><td>乙级</td></tr>
<tr><td>丙级</td><td>预防措施</td></tr>
</table>

地下结构抗浮宜根据工程实际情况和抗浮稳定状态选用减小浮力、抵抗浮力等工程技术措施,或采用多种措施联合的抗浮方案。根据抗浮方法及其适用性宜按表 4-4-4 选用。

表 4-4-4 地下结构抗浮方法及其适用性

功 能	类 型	方式方法	适用条件
控制、减小地下水浮力作用效应	排水限压法	设置集排水井和抽水井、盲沟、排泄沟、水压释放层等降低水位	具有自排水条件或允许设置永久性降排水设施且配置自动控制降排系统的工程;可与隔水控压法联合使用;需要长期运行控制和维护管理
	泄水降压法	设置压力控制系统降低水压力	地下结构底板埋置在弱透水地基土中且可在其下方设置能使压力水通过透水及导水系统汇集到集水系统的工程;可与排水限压法与隔水控压法联合使用;需要长期运行控制和维护管理

续上表

功　能	类　型	方式方法	适用条件
控制、减小地下水浮力作用效应	隔水控压法	设置隔离系统，控制水头差对基础底板产生的浮力作用	弱透水地层或水头差不大且易于设置隔水帷幕或设置具有隔水功能围护结构的工程；可与排水限压法联合使用；需要长期运行控制和维护管理
抵抗地下水浮力作用效应	压重抗浮法	增加基础底板及结构荷载；增加顶部或挑出结构填筑荷载；设置重型混凝土等压重、填充材料	抗浮力与浮力相差较小的工程；可能影响设计空间和使用功能
	结构抗浮法	增加底板或结构刚度和抗拔承载力；利用基坑围护结构增加竖向抗力；连结荷载大结构形成整体抗浮结构	抗浮力分布较小区域地下结构底板刚度不均的工程，有效作用范围不大
	锚固抗浮法	抗浮锚杆、抗浮桩	结构受力合理，不影响建筑功能，后期维护简单

(一)压　载　法

压载法是一种常规的抗浮措施，又称压重法，其主要通过三种途径：

(1)可以在其顶板上加厚覆土。

(2)可将车站底板延伸利用外伸的覆土增加压重。

(3)增加底板厚度。

地铁车站中由于大部分均设在道路下方，增加覆土厚度一般不可行；而将车站底板延伸，会使车站围护结构范围变大，围护结构与主体之间要回填压实，由于地铁车站基坑较深，施工较困难且填土一般达不到设计要求，对车站主体不利，且延伸部分使水浮力的受力面积增大，相应部分压载的作用部分被抵消，底板加厚会使基坑埋深加大水浮力相应增加，这样压载的作用会部分被抵消，因此使用该抗浮措施时应认真核算。从经济角度来说后，两种方法也会使车站造价相应提高，但对于地下与地上结合的地铁车站，由于车站基坑较浅，可考虑此方法与其他方法结合达到抗浮的目的。

(二)抗浮压顶梁法

抗浮压顶梁法是地铁车站设计中比较常用的方法。这种方法是利用地铁车站的围护结构(钻孔灌注桩或地下连续墙)在车站顶板上方沿围护结构设置一圈压顶梁，使车站在受水浮力上浮时，压顶梁对车站顶产生向下压力，同时利用围护结构的自重及侧摩阻力共同达到抗浮目的。该方法抗浮在地铁抗浮设计中是一种比较经济实用的方法，一般车站抗浮优先考虑此方法。

(三)降排截水法

降排截水法是一种比较直接的方法，通过降水、排水、截水来减少地下水的不利作用。降水措施主要是在底板下设置滤水层和排水管道，汇集到排水井再用水泵抽取，使地下水位维持到某一标高。

排水主要是采用无浮力底板(设有泄水减压系统)来实现，主要是设置泄水孔；截水措施主要是将止水帷幕(深层搅拌桩，高压旋喷桩)进入隔水层一定厚度，将地下建筑物范围内的水与外界丰富的水源截断。如此使地下水位始终低于能使结构浮起的预警水位，确保结构物不上浮，不仅解决了地下结构的整体抗浮问题，同时也解决了局部抗浮问题。该法的优点是施工方便。但是这种措施一般需要长期投资，常因排水管道数量大、埋置深，给结构物的日常管理和使用带来一定困难；并且存在风险，如暴雨灾害后的长时间停电会使水泵无法工作，而往往这时候正是最需要减水压的时候。

（四）抗浮桩法

抗浮桩法利用桩体自身重量和桩侧摩阻力来提供抗拔力，从而增加抵抗地下水浮力的方法。其抗浮能力与桩型、桩径、桩长及周围地质条件有关。地铁车站基坑一般较深，抗浮桩多采用机械钻孔灌注桩，其桩体承受拉力，桩体受力大小随地下水位的变化而变化。

抗拔桩一般根据浮力大小结合车站框架柱及底纵梁设计。其单桩承载力较大，一般布置在墙、柱及底纵梁下，造价较高。当按常规布置柱下桩不能满足抗浮要求时，需要在底板下增设抗拔桩。当工程桩（抗压桩）兼做抗浮桩时，只考虑局部抗浮验算，但需对桩本身抗拔（抗拉）验算，并且其受力钢筋应该通常布置。

抗浮桩作为抗浮措施的缺点在于：

（1）灌注桩的造价高。

（2）由于灌注桩与柱子连接，使抗浮桩的间距太大，需要很厚的底板才能抵抗浮力产生的弯矩和剪力，因而底板造价也较高。

（3）地下车站抗浮桩与底板相交处防水很难保证。

当地下水位或地铁车站结构使用荷载变化较大的，抗浮梁无法施作且必须进行抗浮设计时，可考虑采用抗浮桩法。

（五）抗浮锚杆法

抗浮锚杆法和抗浮桩法的原理类似，近年来大量应用于民建中，是一种适宜于各种岩石土层中解决建筑上浮的施工方法。该法一般采用高压注浆工艺，使浆液渗透到土体的孔隙或裂隙中，锚杆侧摩阻力比抗拔桩大，更有利于抗浮，且造价低，施工方便，具有良好的经济效益和社会效益。

抗浮锚杆分预应力锚杆和非预应力锚杆，当水浮力较大且对位移和渗漏要求较高的地下结构应采用预应力锚杆。预应力抗浮锚杆的构造要求、预应力张拉、锁定值应满足承载力、耐久性和变形控制要求。

近年来，由于地下结构面积逐渐增大，结构埋深逐渐加深，结构自重及设计附加压载无法抵抗地下水的上浮力，必须设置抗浮锚桩或锚杆以增强结构对上浮力的抵抗能力。而锚桩由于体积较大，特别是在岩石地层中成孔难度大，往往经济性偏差。而抗浮锚杆成孔简单，质量可靠，造价低，特别是在岩石地层中，采用新的施工设备和工艺，成孔速度快，生产效率高，造价低廉，因而是解决岩石地层结构抗浮问题的最佳方法（表 4-4-5）。

表 4-4-5 锚杆类型的选择

锚杆类型	锚杆工作特性与适用条件
全长黏结拉力型锚杆	1. 适用于岩层或土层； 2. 对竖向位移控制要求不严格的抗浮工程； 3. 单根锚杆拉力设计值较小（50～350 kN）； 4. 锚杆长度 5～15 m

续上表

<table>
<tr><th colspan="2">锚杆类型</th><th>锚杆工作特性与适用条件</th></tr>
<tr><td rowspan="2">拉力型</td><td>预应力锚杆</td><td>1. 锚固地层为硬岩、中硬岩或非软土层；
2. 单锚的承载力设计值可大于 400 kN；
3. 当锚固段长大于 10 m(岩层)和 15 m(土层)时，锚杆承载力的增加值有限或不再提高</td></tr>
<tr><td>分散型预应力锚杆</td><td>1. 锚固地层为软岩或土层；
2. 锚杆的承载力可随锚固段长度增大而获得有效增加；
3. 单位长度锚固段承载力高，且蠕变量小</td></tr>
<tr><td rowspan="2">压力型</td><td>预应力锚杆</td><td>1. 锚固地层为腐蚀性较高的岩土层；
2. 单锚的承载力设计值不大于 300 kN(土层)和 1 000 kN(岩石)；
3. 当锚固段长大于 10 m(岩层)和 15 m(土层)时，锚杆承载力的增加值有限或不再提高</td></tr>
<tr><td>分散型预应力锚杆</td><td>1. 锚固地层为软岩土层或腐蚀性较高的地层；
2. 锚杆的承载力可随锚固段长度增大而获得有效增加；
3. 单位长度锚固段承载力高，且蠕变量小</td></tr>
<tr><td colspan="2">扩大段(端)锚杆囊式锚杆</td><td>1. 适用于土层；
2. 对位移控制严格的抗浮工程可施加预应力；
3. 采用普通拉力型锚杆无法满足高拉力设计值的软弱地层抗浮工程</td></tr>
</table>

但是普通锚杆受拉后杆体周围的灌浆体开裂，使钢筋或钢绞线极易受到地下水的侵蚀，直接影响其耐久性，且抗浮锚杆与底板的结点是防水的薄弱环节。国内对抗浮锚杆的设计还不够成熟，缺乏有关的规范标准，尤其是锚杆的耐久性缺乏可靠的技术控制，又由于地铁是百年工程，对耐久性及防水要求更为严格。目前在国内地铁车站的抗浮设计中缺少该法有关的设计经验。

第三节　地下水对基坑工程的影响

一、对支护结构上水土压力的影响

在进行基坑支护结构的设计时，首先须计算作用在结构上的土压力和水压力。压力的大小主要取决于结构的高度、土的性质和地下水性质。

《建筑边坡工程技术规范》(GB 50330—2013)规定如下：

(1)边坡坡体中有地下水但未形成渗流时，作用于支护结构上的侧压力可按下列规定计算：

①对砂土和粉土应按水土分算原则计算。

②对黏性土宜根据工程经验按水土分算或水土合算原则计算。

③按水土分算原则计算时，作用在支护结构上的侧压力等于土压力和静水压力之和，地下水位以下的土压力采用浮容重(γ')和有效应力抗剪强度指标(c'、φ')计算。

④按水土合算原则计算时，地下水位以下的土压力采用饱和容重(γ_{sat})和总应力抗剪强度指标(c、φ)计算。

(2)边坡坡体中有地下水形成渗流时，作用于支护结构上的侧压力，除按上面计算外，尚应按下列要求计算渗透力。

①水下部分岩土容重取浮容重；

②第 i 计算条块岩土体所受的总渗透力 P_{wi}(kN/m)按下式计算：

$$P_{wi}=\gamma_w V_i \sin\frac{1}{2}(\alpha_i+\theta_i) \tag{4-4-1}$$

式中 γ_i——水的容重(kN/m^3)；

V_i——第 i 计算条块单位宽度岩土体的水下体积(m^3/m)；

θ_i,α_i——第 i 计算条块底面倾角和地下水位面倾角(°)。

③总渗透力作用的角度为计算条块底面和地下水位面倾角的平均值，指向低水头方向。

二、对边坡稳定性的影响

地下水对基坑边坡稳定性的影响主要表现在以下几个方面：

(1)地下水对基坑边坡岩土体的软化作用，降低岩土体的抗剪强度等力学指标。

(2)地下水可能引起锚杆或土钉与周围土体之间摩阻力的降低，从而降低抗拔力。

(3)地下水的存在可能造成施工的困难，常常会使支护结构在嵌固深度不足等条件下工作。

(4)地下水控制不当可能造成潜蚀、流砂等基坑侧壁土体的流失，严重时会形成较大"空洞"，威胁支护体系的整体稳定性。

(5)对于基底土质为粉土或砂土时，可能造成基底的管涌或基底抗隆起失效。

(6)可能由于施工降水不当，造成基坑侧面地面变形过大，引起邻近建筑、道路或地下设施的破坏，从而导致次生灾害的发生。

(7)开挖的基坑较深时，下伏承压水可能产生突涌。

三、基坑突涌

当基坑下有承压水存在，开挖基坑减小了含水层上覆不透水层的厚度，在厚度减小到一定程度时，承压水的水头压力能引起基坑隆起，造成突涌现象。基坑突涌将会破坏地基强度、顶裂或冲毁基坑底板，给施工带来很大困难，甚至造成安全事故。

(一)基坑突涌验算

基坑突涌验算需验算基坑底不透水层厚度与承压水水头压力，如图 4-4-1 所示，并按平衡式(4-4-2)进行计算：

$$\gamma H=\gamma_w \cdot h \tag{4-4-2}$$

基坑开挖后不透水层的安全厚度按式(4-4-3)计算：

$$H \geqslant (\gamma_w/\gamma) \cdot h \tag{4-4-3}$$

式中 H——基坑开挖后不透水层的安全厚度(m)；

γ——土的容重；

γ_w——水的容重；

h——承压水头高于含水层顶板的高度(m)。

当 $H \geqslant (\gamma_w/\gamma) \cdot h$ 时，基坑不产生突涌；$H<(\gamma_w/\gamma) \cdot h$ 时，基坑产生突涌。

当 $H=(\gamma_w/\gamma) \cdot h$ 时，处在极限平衡状态，工程实践中，应有一定的安全系数，安全系数应根据工程经验确定。

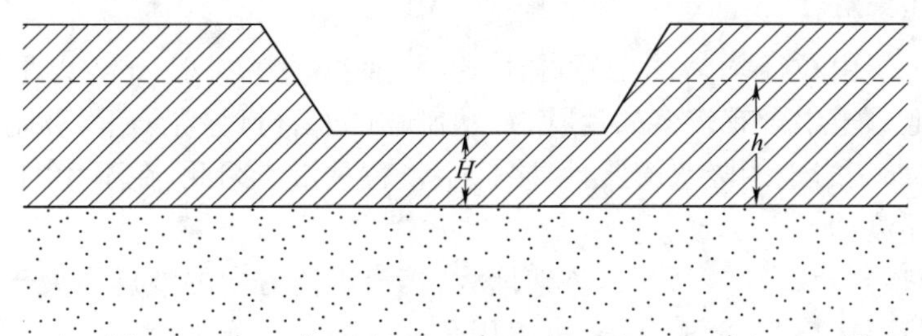

图 4-4-1　基坑突涌验算示意图

H—基坑开挖后不透水层的安全厚度(m)；

h—承压水头高于含水层顶板的高度(m)

(二)防止基坑突涌措施

首先应查明基坑范围内不透水层的厚度、岩性、强度及其承压水水头的高度，承压水含水层顶板的埋深等。然后按式(4-4-3)验算基坑开挖到预计深度时基底能否发生突涌。若能发生突涌，应在基坑位置的外围先设置抽水孔(或井)，采用人工方法局部降低承压水水位，直到把承压水位降低到基坑底以下某一许可值，方可动工开挖基坑，这样就能防止产生基坑突涌现象。对于采用止水措施的基坑，也可根据止水帷幕与需要采取措施的承压含水层的关系，适当加深止水帷幕进入下部隔水层，截断承压含水层的侧向补给也可以起到防止突涌的作用。

第四节　地下水的渗透变形

地下水的渗透变形是指岩土体在地下水渗透力(动水压力)的作用下，部分颗粒或整体发生移动，引起岩土体的变形和破坏的作用和现象。地下水的渗流变形作用可能产生潜蚀、流砂、流土或管涌现象，造成破坏。产生以上几种现象根本原因均为基坑底部某个部位的最大渗流梯度大于临界梯度。

一、渗透变形类型及其形成条件

土的渗透变形分为流土、管涌、接触冲刷和接触流失四种类型。黏性土的渗透变形主要是流土和接触流失两种类型。土的渗透变形特征应根据土的颗粒组成、密度和结构状态等因素综合分析确定。

(一)流　　土

流土是指在向上渗流作用下局部土体表面的隆起、顶穿或粗颗粒群同时浮动而流失的现象。前者多发生于表层由黏性土与其他细粒土组成的土体或较均匀的粉细砂层中；后者多在不均匀的砂土层中。

流砂多发生在颗粒级配均匀而细的粉、细砂中，有时在粉土中亦会发生，其表现形式是所有颗粒同时从一近似管状通道被渗透水流冲走，流砂发展结果是使基础发生滑移或不均匀下沉，基坑坍塌，基础悬浮等。流土破坏一般是突然发生的，对岩土工程危害很大。

流土的形成条件：

(1)岩性：土层由粒径均匀的细颗粒组成(一般粒径在 0.01 mm 以下的颗粒含量在 30％～35％以上)，土中含有较多的片状、针状矿物(如云母，绿泥石等)和附有亲水胶体矿物颗粒，从而增加了岩土的吸水膨胀性，降低了土粒重量。因此，在不大的水流冲力下，细小土颗粒即悬浮流动。

(2)水动力条件：水力梯度较大，流速增大，当沿渗流方向的渗透力大于土的有效容重时，就能使土颗粒悬浮流动形成流土，可以用公式判断。

(二)管　涌

管涌是指在渗流作用下，土体中的细颗粒被地下水从粗颗粒的空隙中带走，从而导致土体形成贯通的渗流通道，造成土体塌陷的现象。管涌破坏一般有一个发展过程，是一种渐进性的破坏。管涌一般发生在一定级配的无黏性土中，发生部位可以在渗流逸出处，也可以在土体内部，因而也被称之为渗流作用的一种潜蚀现象。

管涌多发生在非黏性土中，其特征是颗粒大小比值差别较大，往往缺少某种粒径，磨圆度较好，孔隙直径大而互相连通，细粒含量较少，不能全部充满孔隙。颗粒多由比重较小的矿物构成，易随水流移动，有较大的和良好的渗透水流出路。

(三)接触冲刷

接触冲刷是指当渗流沿着两种渗透系数不同的土层接触面，或建筑物与地基的接触面流动时，沿接触面带走细颗粒的现象。接触冲刷主要出现在多层结构土中。

(四)接触流失

接触流失是指在层次分明、渗透系数相差悬殊的两土层中，当渗流垂直于层面将渗透系数小的一层中的细颗粒带到渗透系数大的一层中的现象。接触流失主要出现在多层结构土中。

二、渗透变形的判别

土的渗透变形判别应包括以下内容：

(1)判别土的渗透变形类型。

(2)确定流土、管涌的临界水力比降。

(3)确定土的允许水力比降。

(一)细颗粒含量的确定

细颗粒含量 P 的确定应符合下列规定：

(1)级配不连续的土：颗粒大小分布曲线上至少有一个以上粒组的颗粒含量小于或等于 3％的土，称为级配不连续的土。以上述粒组在颗粒大小分布曲线上形成的平缓段的最大粒径和最小粒径的平均值或最小粒径作为粗、细颗粒的区分粒径 d，相应于该粒径的颗粒含量为细颗粒含量 P。

(2)级配连续的土：粗、细颗粒的区分粒径为

$$d = \sqrt{d_{70} \cdot d_{10}} \tag{4-4-4}$$

式中　d_{70}——小于该粒径的含量占总土重 70％的颗粒粒径(mm)。

(二)无黏性土渗透类型的判别

无黏性土渗透变形类型的判别可采用以下方法：

(1)不均匀系数小于等于 5 的土可判为流土。

(2)对于不均匀系数大于 5 的土可采用下列判别方法：

①流土：

$$P \geqslant 35\% \tag{4-4-5}$$

②过渡型取决于土的密度、粒径和形状：

$$25\% \leqslant P < 35\% \tag{4-4-6}$$

③管涌：

$$P < 25\% \tag{4-4-7}$$

(3)接触冲刷宜采用下列方法判别：

对双层结构地基，当两层土的不均匀系数均等于或小于 10，且符合下式规定的条件时，不会发生接触冲刷。

$$\frac{D_{10}}{d_{10}} \leqslant 10 \tag{4-4-8}$$

式中　D_{10}，d_{10}——分别代表较粗和较细一层土的颗粒粒径(mm)，小于该粒径的土重占总土重的 10%。

(4)接触流失宜采用下列方法判别：

对于渗流向上的情况，符合下列条件将不会发生接触流失。

①不均匀系数等于或小于 5 的土层：

$$\frac{D_{15}}{d_{85}} \leqslant 5 \tag{4-4-9}$$

式中　D_{15}——较粗一层土的颗粒粒径(mm)，小于该粒径的土重占总土重的 15%；

d_{85}——较细一层土的颗粒粒径(mm)，小于该粒径的土重占总土重的 85%。

②不均匀系数等于或小 10 的土层：

$$\frac{D_{20}}{d_{70}} \leqslant 7 \tag{4-4-10}$$

式中　D_{20}——较粗一层土的颗粒粒径(mm)，小于该粒径的土重占总土重的 20%；

d_{70}——较细一层土的颗粒粒径(mm)，小于该粒径的土重占总土重的 70%。

(三)流土与管涌的临界水力比降确定方法

流土与管涌的临界水力比降宜采用下列方法确定：

(1)流土型宜采用下式计算：

$$J_{cr} = (G_s - 1)(1 - n) \tag{4-4-11}$$

式中　J_{cr}——土的临界水力比降；

G_s——土粒比重；

n——土的孔隙率(以小数计)。

(2)管涌或过渡型可采用下式计算：

$$J_{cr} = 2.2(G_s - 1)(1 - n)^2 \frac{d_5}{d_{20}} \tag{4-4-12}$$

式中　d_5，d_{20}——分别为小于该粒径的含量占总土重的 5%和 20%的颗粒粒径(mm)。

(3)管涌型也可采用下式计算：

$$J_{cr}=\frac{42d_3}{\sqrt{\frac{k}{n^3}}} \tag{4-4-13}$$

式中 k——土的渗透系数(cm/s)；

d_3——小于该粒径的含量占总土重3%的颗粒粒径(mm)。

(四)无黏性土的允许水力比降确定方法

无黏性土的允许水力比降宜采用下列方法确定：

(1)以土的临界水力比降除以1.5～2.0的安全系数；当渗透稳定对工程的危害较大时，取2.0的安全系数；对于特别重要的工程也可用2.5的安全系数。

(2)无试验资料时，可根据表4-4-6选用经验值。

表4-4-6 无黏性土允许水力比降

允许水力比降	渗透变形类型					
	流土型			过渡型	管涌型	
	$C_u \leqslant 3$	$3<C_u \leqslant 5$	$C_u \geqslant 5$		级配连续	级配不连续
$J_{允许}$	0.25～0.35	0.35～0.50	0.50～0.80	0.25～0.40	0.15～0.25	0.10～0.20

注：本表不适用于渗流出口有反滤层的情况。

第五节 地下水、土腐蚀性评价

水和土对建筑材料的腐蚀性，可分为微、弱、中、强四个等级，可按下列规定进行评价。

一、水和土对混凝土结构的腐蚀性评价

(1)受环境类型影响，水和土对混凝土结构的腐蚀性，应符合表4-4-7的规定；环境类型的划分按表4-4-8执行。

表4-4-7 按环境类型水和土对混凝土结构的腐蚀性评价

腐蚀等级	腐蚀介质	环境类型		
		Ⅰ	Ⅱ	Ⅲ
微	硫酸盐含量 SO_4^{2-} (mg/L)	<200	<300	<500
弱		200～500	300～1 500	500～3 000
中		500～1 500	1 500～3 000	3 000～6 000
强		>1 500	>3 000	>6000
微	镁盐含量 Mg^{2+} (mg/L)	<1 000	<2 000	<3 000
弱		1 000～2 000	2 000～3 000	3 000～4 000
中		2 000～3 000	3 000～4 000	4 000～5 000
强		>3 000	>4 000	>5 000

续上表

腐蚀等级	腐蚀介质	环境类型		
		Ⅰ	Ⅱ	Ⅲ
微	铵盐含量 NH_4^+ (mg/L)	<100	<500	<800
弱		100～500	500～800	800～1 000
中		500～800	800～1 000	1 000～1 500
强		>800	>1 000	>1 500
微	苛性碱含量 OH^- (mg/L)	<35 000	<43 000	<57 000
弱		35 000～43 000	43 000～57 000	57 000～70 000
中		43 000～57 000	57 000～70 000	70 000～100 000
强		>57 000	>70 000	>100 000
微	总矿化度 (mg/L)	<10 000	<20 000	<50 000
弱		10 000～20 000	20 000～50 000	57 000～70 000
中		20 000～50 000	50 000～60 000	60 000～70 000
强		>50 000	>60 000	>70 000

注：1. 表中数值适用于有干湿交替作用的情况，Ⅰ、Ⅱ类腐蚀环境无干湿交替作用时，表中硫酸盐含量数值应乘以 1.3 的系数。

2. 表中数值适用于水的腐蚀性评价，对土的腐蚀性评价，应乘以 1.5 的系数；单位以 mg/kg 表示。

3. 表中苛性碱(OH^-)含量(mg/L)应为 NaOH 和 KOH 中的 OH^- 含量(mg/L)。

表 4-4-8　环境类型分类

环境类型	场 地 环 境 地 质 条 件
Ⅰ	1. 高寒区、干旱区直接临水； 2. 高寒区、干旱区强透水层中的地下水
Ⅱ	1. 高寒区、干旱区弱透水层中的地下水； 2. 各气候区湿、很湿的弱透水层湿润区直接临水； 3. 湿润区强透水层中的地下水
Ⅲ	1. 各气候区稍湿的弱透水层； 2. 各气候区地下水位以上的强透水层

注：1. 高寒区是指海拔高度等于或大于 3 000 m 的地区；干旱区是指海拔高度小于 3 000 m，干燥度指数 K 值等于或大于 1.5 的地区。

2. 强透水层是指碎石土和砂土；弱透水层是指粉土和黏性土。

3. 含水量 $w<3\%$ 的土层，可视为干燥土层，不具有腐蚀环境条件。

4. 当混凝土结构一边接触地面水或地下水，一边暴露在大气中，水可以通过渗透或毛细作用在暴露大气中的一边蒸发时，应定为Ⅰ类；(如隧道、坑道、竖井、地下洞室、路堑护面等)。

5. 当有地区经验时，环境类型可根据地区经验划分；当同一场地出现两种环境类型时，应根据具体情况待定。

(2)受地层渗透性影响，水和土对混凝土结构的腐蚀性评价，应符合表 4-4-9 的规定。

表 4-4-9　按地层渗透性水和土对混凝土结构的腐蚀性评价

腐蚀等级	pH 值		侵蚀性 CO_2 (mg/L)		HCO_3^- (mmol/L)
	A	B	A	B	A
微	>6.5	>5.0	<15	<30	>1.0
弱	6.5～5.0	5.0～4.0	15～30	30～60	1.0～0.5

续上表

腐蚀等级	pH值		侵蚀性 CO_2(mg/L)		HCO_3^-(mmol/L)
	A	B	A	B	A
中	5.0～4.0	4.0～3.5	30～60	60～100	<0.5
强	<4.0	<3.5	>60	—	—

注:1. 表中A是指直接临水或强透水层中的地下水;B是指弱透水层中的地下水。强透水层是指碎石土和砂土;弱透水层是指粉土和黏性土。

2. HCO_3^- 含量是指水的矿水度低于0.1 g/L的软水时,该类水质 HCO_3^- 的腐蚀性。

3. 土的腐蚀性评价只考虑pH值指标;评价其腐蚀性时,A是指强透水土层;B是指弱透水土层。

(3)当按表4-4-7和表4-4-9评价的腐蚀等级不同时,应按表4-4-10的规定进行综合评价。

表4-4-10 腐蚀性等级综合评价

腐蚀性综合等级	评 价 条 件
弱腐蚀	腐蚀等级中,只出现弱腐蚀,无中等腐蚀或强腐蚀时
中腐蚀	腐蚀等级中,无强腐蚀;最高为中等腐蚀时
强腐蚀	腐蚀等级中,有一个或一个以上为强腐蚀时

二、水和土对钢筋混凝土结构中钢筋的腐蚀性评价

水和土对钢筋混凝土结构中钢筋的腐蚀性评价,应符合表4-4-11的规定。

表4-4-11 对钢筋混凝土结构中钢筋的腐蚀性评价

腐蚀等级	水中的 Cl^- 含量(mg/L)		土中的 Cl^- 含量(mg/kg)	
	长期浸水	干湿交替	A	B
微	<10 000	<100	<400	<250
弱	10 000～20 000	100～500	400～750	250～500
中	—	500～5 000	750～7 500	500～5 000
强	—	>5 000	>7 500	>5 000

注:A是指地下水位以上的碎石土、砂土,稍湿的粉土,坚硬、硬塑的黏性土;B是湿、很湿的粉土,可塑、软塑、流塑的黏性土。

三、土对钢结构的腐蚀性评价

土对钢结构的腐蚀性评价,应符合表4-4-12的规定。

表4-4-12 土对钢结构腐蚀性评价

腐蚀等级	pH	氧化还原电位(mV)	视电阻率(Ω·m)	极化电流密度(mA/cm^2)	质量损失(g)
微	>5.5	>400	>100	<0.02	<1
弱	5.5～4.5	400～200	100～50	0.02～0.05	1～2
中	4.5～3.5	200～100	50～20	0.05～0.20	2～3
强	<3.5	<100	<20	>0.20	>3

注:土对钢结构的腐蚀性评价,取各指标中腐蚀等级最高者。

第五章　地下水控制

第一节　地下水控制方法概述

城市轨道交通岩土工程勘察应根据施工方法、开挖深度、含水层岩性和地层组合关系、地下水资源和环境要求，建议适宜的地下水控制方法。地下水控制的目的是获得基坑开挖的干作业空间，保证基坑边坡和底板的稳定性以及保证基坑周边环境的安全和正常使用。

一、地下水控制方法

地下水控制方法可分为集水明排、降水、截水和回灌等形式单独或组合使用。可根据降水深度、含水层岩性和渗透性，按表4-5-1选用。

表4-5-1　地下水控制方法及其适用范围

<table>
<tr><th colspan="3">地下水控制方法</th><th>适用地层</th><th>渗透系数 k(m/d)</th><th>水位降深(m)</th></tr>
<tr><td colspan="3">集水坑明排</td><td>风化岩石、黏性土、砂土</td><td>＜20.0</td><td>＜2</td></tr>
<tr><td rowspan="7">降水</td><td rowspan="3">井点降水</td><td>电渗井点</td><td>黏性土</td><td>＜0.1</td><td>＜6</td></tr>
<tr><td>喷射井点</td><td>填土、黏性土、粉土、粉砂</td><td>0.1～20.0</td><td>8～20</td></tr>
<tr><td>真空井点</td><td>黏性土、粉土、粉砂、细砂</td><td>0.1～20.0</td><td>单级＜6、多级＜20</td></tr>
<tr><td colspan="2">管井</td><td>砂类土、碎石土、岩溶、裂隙</td><td>1.0～200.0</td><td>＞5</td></tr>
<tr><td colspan="2">大口井</td><td>砂类土、碎石土</td><td>1.0～200.0</td><td>5～20</td></tr>
<tr><td colspan="2">辐射井</td><td>黏性土、粉土、砂土</td><td>0.1～20.0</td><td>＜20</td></tr>
<tr><td colspan="2">引渗井</td><td>黏性土、粉土、砂土</td><td>0.1～20.0</td><td>将上层水引渗到下层含水层</td></tr>
<tr><td colspan="3">截水</td><td>黏性土、粉土、砂土、碎石土、岩溶岩</td><td>不限</td><td>不限</td></tr>
<tr><td colspan="3">回灌</td><td>填土、粉土、砂土、碎石土</td><td>0.1～200</td><td>不限</td></tr>
</table>

二、地下水控制的评价内容

(1)采用降水方法进行地下水控制时，应评价工程降水可能引起的岩土工程问题。

①评价降水对工程周边环境的影响程度。

②评价降水形成区域性降落漏斗和引发地下水补给、径流、排泄条件的改变。

③采用辐射井降水方法时，应评价土层颗粒流失对工程周边环境的影响。

④采用减压井降水方法时，应分析评价基底稳定性和水位下降对工程周边环境的影响。

(2)采用帷幕隔水方法时，应分析截水帷幕的深度、施工工艺的可行性，并分析施工中存在的风险。

(3)采用引渗方法时，应评价上层水的下渗效果及对下层水水环境的影响。

(4)采用回灌方法时，应评价同层回灌或异层回灌的可能性，异层回灌时应评价不同含水层地下水混合后对地下水环境的影响。

第二节 工程降水

工程降水是地下水控制的常用措施之一。工程降水法就是在基坑开挖前，预先在基坑四周埋设深于坑底标高的井点或管井，利用抽水设备进行集中抽水，使地下水位降落到坑底以下，同时在基坑开挖和地下主体结构施工过程中仍不断抽水，以达到降低地下水位的目的。

目前常用的工程降水方法一般有：井点降水(电渗井点、喷射井点和真空井点)、管井、大口井、辐射井和引渗井降水。

一、井点降水

当基坑开挖较深，基坑涌水量大，且有围护结构时，应选择井点降水方法。即用井点或管井深入含水层内，用不断抽水方式使地下水位下降至坑底以下，同时使土体产生固结以方便土方开挖。

(一)适用条件

井点降水主要适用于以下条件：

(1)黏土、粉质黏土、粉土及粉细砂层。

(2)基坑边坡不稳，易产生流土、流砂、管涌等现象。

(3)地下水埋藏深度小于 6 m，宜用单级真空井点法；当大于 6 m 时，场地有限宜用喷射井点；场地条件允许时也可用多级井点。

(4)基坑场地有限时，根据需要可采用水平、倾斜井点降水方法。

(二)井点平面布置

(1)真空井点降水的井点应沿基坑周围布置成线状、封闭状，如图 4-5-1 所示；井点间距宜取 0.8～2.0 m，距边坡线至少 1 m。

(2)喷射井点降水的井间距宜取 1.5～3.0 m，如图 4-5-2 所示。

(3)电渗井点降水的井点管(阴极)应布置在钢筋或管制成的电极棒(阳极)外侧 0.8～1.5 m，露出地面 0.2～0.3 m，如图 4-5-3 所示。

(4)当真空井点、喷射井点的井口至设计降水水位的深度大于 6 m 时，可采用多级井点降水，多级井点上下级的高差宜取 4～5 m。

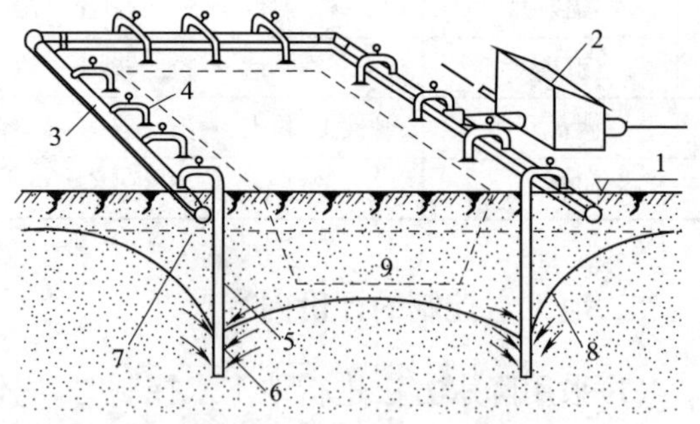

图 4-5-1 真空井点降水

1—地面；2—水泵房；3—连接总管；4—弯联管；5—井点管；6—滤管；7—原始地下水位；8—降水后水位；9—基坑底

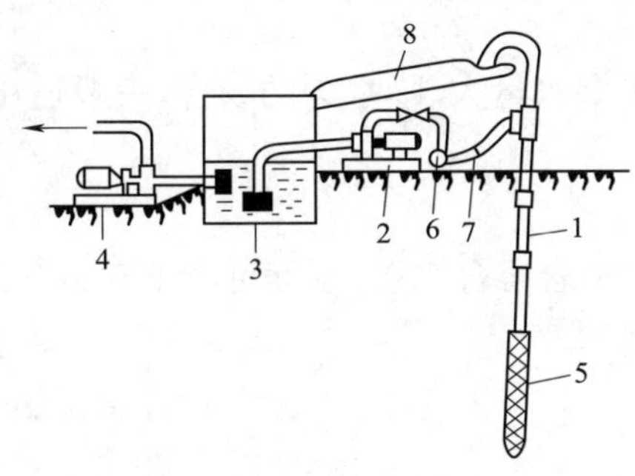

图 4-5-2　喷射井点降水

1—井点管；2—高压水泵；3—循环水槽；4—低压水泵；
5—滤管；6—导水总管；7—连接软管；8—排水槽

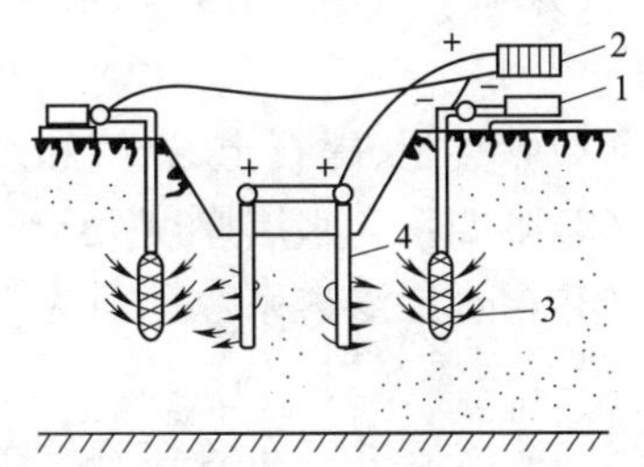

图 4-5-3　电渗井点降水

1—水泵；2—发电机；
3—井点管；4—金属棒

（三）井点构造

(1)真空井点的构造应符合下列要求：

①井管宜采用金属管，管壁上渗水孔宜按梅花状布置，渗水孔直径宜取 12～18 mm，渗水孔的孔隙率应大于15%，渗水段长度应大于 1.0 m；管壁外应根据土层的粒径设置滤网。

②真空井管的直径应根据设计出水量确定，可采用直径 38～110 mm 的金属管；成孔直径应满足填充滤料的要求，且不宜大于 300 mm。

③孔壁与井管之间的滤料宜采用中粗砂，滤料上方应使用黏土封堵，封堵至地面的厚度应大于 1 m。

(2)喷射井点的构造应符合下列要求：

①喷射井点过滤器的构造与真空井点构造一致；喷射器混合室直径可取 14 mm，喷嘴直径可取 6.5 mm。

②喷射井点的井孔直径宜取 400～600 mm，井孔应比滤管底部深 1 m 以上。

③孔壁与井管之间填充滤料的要求与真空井点构造要求一致。

④工作水泵可采用多级泵，水泵压力宜大于 2 MPa。

（四）施工要求

真空井点、喷射井点和电渗井点的施工应符合下列要求：

(1)真空井点和喷射井点的成孔工艺可选用清水或泥浆钻进、高压水套管冲击工艺(钻孔法、冲孔法或射水法)，对不易塌孔、缩孔的地层也可选用长螺旋钻机成孔；成孔深度宜大于降水井设计深度 0.5～1.0 m。

(2)钻进到设计深度后，应注水冲洗钻孔、稀释孔内泥浆；滤料填充应密实均匀，滤料宜采用粒径为 0.4～0.6 mm 的纯净中粗砂。

(3)成井后应及时洗孔，并应抽水检验井的滤水效果；抽水系统不应漏水、漏气。

(4)降水时真空度应保持在 55 kPa 以上，且抽水不应间断。

(5)电渗井点的井管做阴极，钢筋或铁管做阳极，阳极比阴极长 0.5～1.0 m。

二、管井降水

管井降水又称大井抽水，利用钻孔成井，在基坑外侧或内部每隔一定距离设置一个管井，每个管井单独用一台水泵不断抽取井内的水来降低地下水位。

（一）适用条件

管井降水适用于井点降水不易解决的含水层水量大、降水深的场合，一般适用于以下条件：

(1)砂类土、碎石土、岩溶和裂隙。

(2)第四系含水层厚度大于 5 m；基岩裂隙和岩溶含水层，厚度可小于 5 m。

(3)含水层渗透系数 k 值为 1.0～200.0 m/d。

（二）布置原则

(1)降水管井应布置在基坑边线 1 m 以外。

(2)根据抽水试验的浸润曲线，当井间地下分水岭的水位，低于设计降水深度时，应反算井距和井数。

(3)基坑范围较大时，允许在基坑内临设降水管井和观测孔。

（三）管井构造

管井的构造应符合下列要求：

(1)管井的滤管可采用无砂混凝土滤管、钢筋笼、钢管或铸铁管。

(2)滤管内径应按满足单井设计出水量要求而配置的水泵规格确定，滤管内径宜大于水泵外径 50 mm，且滤管外径不宜小于 200 mm。管井成孔直径应满足填充滤料的要求。

(3)井管外滤料宜选用磨圆度好的硬质岩石的圆砾，不宜采用棱角形石渣料、风化料或其他黏质岩石成分的砾石。滤料规格宜满足下列要求：

①砂土含水层

$$D_{50}=6d_{50}\sim 8d_{50} \tag{4-5-1}$$

式中 D_{50}——小于该粒径的填料质量占总填料质量 50%所对应的填料粒径(mm)；

d_{50}——小于该粒径的土的质量占总土质量 50%所对应的含水层土颗粒的粒径(mm)。

②$d_{20}<2$ mm 的碎石土含水层

$$D_{50}=6d_{20}\sim 8d_{20} \tag{4-5-2}$$

式中 d_{20}——小于该粒径的土的质量占总土质量 20%所对应的含水层土颗粒的粒径(mm)。

③对 $d_{20}\geqslant 2$ mm 的碎石土含水层，宜充填粒径为 10～20 mm 的滤料。

④滤料的不均匀系数应小于 2。

(4)采用深井泵或深井潜水泵抽水时，水泵的出水量应根据单井出水内力确定，水泵的出水量应大于单井出水能力的 1.2 倍。

(5)井管的底部应设置沉砂段，井管沉砂段长度不宜小于 3 m。

（四）施工要求

管井施工应符合下列要求：

(1)管井的成孔施工工艺应适合地层特点，对不易塌孔、缩孔的地层宜采用清水钻进；钻孔深度宜大于降水井设计深度 0.3～0.5 m。

(2)采用泥浆护壁时，应在钻进到孔底后清除孔底沉渣并立即置入井管、注入清水，当泥浆比重不大于 1.05 时，方可投入滤料；遇塌孔时不得置入井管，滤料填充体积不应小于计算量的 95%。

(3)填充滤料后，应及时洗井，洗井应充分直至过滤器及滤料滤水畅通，并应抽水检验降水井的滤水效果。

三、大口井降水

(一)适用条件

大口井降水适用于以下条件：

(1)第四系含水层，地下水补给丰富，渗透性强的砂土、碎石土。

(2)地下水位埋藏深度在 15 m 以内，且厚度大于 3 m 的含水层。当大口井施工条件允许时，地下水位深度可大于 15 m。

(3)布设管井受场地条件限制，机械化施工有困难。

(二)布置原则

大口井降水的布置应满足以下原则：

(1)大口井井周距基坑边侧处应大于 1 m。

(2)大口井可单独使用，亦可同引渗井、管井、辐射井组合使用。

(3)特殊施工条件下，也可布置在基坑中心，采用潜埋井技术。

(三)施工安装要求

(1)宜采用沉井法、反循环法施工，条件允许亦可人工成井。

(2)大口井施工应符合现行国家标准《供水水文地质勘察规范》(GB 50027)的规定。

(3)多采用井底壁同时进水，井体宜采用混凝土、钢筋混凝土材料，有条件地层也可采用石砌或砖砌井体。

(4)井径宜为 0.8～4.0 m，特殊情况不受限制。

四、辐射井降水

(一)适用条件

辐射井降水适用于以下条件：

(1)降水范围较大或地面施工困难。

(2)黏性土、砂土、砾砂地层。

(3)含水层渗透系数 k 值为 0.1～20.0 m/d。

(4)降水深度为 4～20 m。

(二)布置原则

辐射井降水的布置应满足以下原则：

(1)辐射井的布置，应使其辐射管最大限度地控制基坑降水范围。

(2)当含水层较薄时，宜单层对应均匀设置辐射管，辐射管的根数，宜每层采用 6～8 根；含水层较厚或多层时，宜设多层辐射管或倾斜辐射管。

(3)最下层辐射管距井底应大于 1 m。

(4)辐射管直径宜为 5～15 cm。

(三)施工安装要求

(1)集水井施工宜采用沉井法或反循环钻机钻进，要求预留辐射管位置并对应相应含水层。

(2)辐射管施工宜采用顶管机、水平钻机，个别情况也可采用千斤顶法。

(3)辐射井直径 D 应大于 2 m，应能满足井内辐射管施工为准。

(4)集水井结构同大口井,但需在不同高程设置辐射管部位,增设施工辐射管用的钢筋混凝土圈梁。

(5)辐射管规格可根据地层、进水量、施工长度,按表 4-5-2 和表 4-5-3 选用。

(6)辐射井宜封底防止进水,且可随钻进抽排水;

表 4-5-2 D=50～70 mm 的辐射管规格

辐射管管径(mm)	进水孔直径 d(mm)	每周小孔数(个)	小孔间距 l(mm)	每管孔数(个)	孔隙率(%)	适用地层
50	6	16	12.0	1 328	20	中砂、粗砂
	10	10	26.6	370	15	粗砂夹砾石
	12	8	38.7	232	14	粗砂夹砾石
	12	6	40.0	150	9	粗砂夹砾石
75	6	21	12.0	1 750	20	中砂、粗砂
	10	14	28.0	490	10	粗砂夹砾石
	12	10	30.0	330	31	粗砂夹砾石
	13	10	21.1	410	21	粗砂夹砾石

表 4-5-3 D=100～160 mm 的辐射管规格

管外径(mm)	壁厚 d(mm)	每周小孔数(个)	每延米行数(个)	第延长米孔数(个)	孔隙率(%)	适用地层
108	6	24	9	206	14.4	中砂
		22		198	14.1	中砂、粗砂
		19		171	16.1	中砂、粗砂
		13		117	16.5	粗砂夹砾石
		10		90	17.0	粗砂夹砾石
140	6	44	9	396	14.4	中砂
		29		261	14.2	中砂、粗砂
		24		216	15.7	中砂、粗砂
		17		153	16.7	粗砂夹砾石
		13		1 171	17.0	粗砂夹砾石
159	7	33	9	297	14.2	中砂、粗砂
		25		225	18.0	粗砂夹砾石
		26		144	16.1	粗砂夹砾石
		12		108	15.6	粗砂夹砾石

五、引渗井降水

(一)适用条件

引渗井降水适用于以下条件:

(1)当含水层的下层水位低于上层水位,上层含水层的重力水可通过钻孔引导渗入到下部含水层后,其混合水位满足降水要求时,可采用引渗自降。

(2)通过井孔抽水,使上层含水层的水通过井孔引导渗入到下层含水层,使其水位满足降水要求时,可采用引渗抽降。

(3)当采用引渗井降水时,应预防产生有害水质污染下部含水层。

(二)布置原则

引渗井降水的布置应满足以下原则：

(1)引渗井可在基坑内外布置，井间距根据引渗试验确定，井距宜为 2～10 m。

(2)引渗井深度宜揭穿被渗层，当厚度大时，揭进厚度不宜小于 3 m。

(三)施工安装要求

(1)引渗井施工宜采用螺旋钻、工程钻成孔，对易缩易塌地层可用套管法成孔，钻进中自造泥浆。

(2)裸井：成孔直径 D 为 200～500 mm，直接填入洗净的砂、砾或砂砾混合滤料，含泥量应小于 0.5%；

(3)管井：成孔后置入无砂混凝土滤水管、钢筋笼、铁滤水管，井周根据情况确定滤料。

六、地下水位降深计算

(1)含水层为粉土、砂土或碎石土时，潜水完整井的基坑地下水位降深(图 4-5-4，图 4-5-5)可按下式计算：

$$s_0 = H - \sqrt{H^2 - \sum_{j=1}^{n} \frac{q_j}{\pi k} \ln \frac{R}{r_{ij}}} \tag{4-5-3}$$

式中　s_0——基坑地下水位降深(m)；计算基坑地下水位降深时，对沿基坑周边闭合降水井群，s_0 应取相邻降水井连线上各点的最小降深；当相邻降水井的降深相同时，s_0 可取相邻降水井连线中点的降深；

H——潜水含水层厚度(m)；

q_j——按干扰井群计算的第 j 口降水井的单井流量(m^3/d)；

k——含水层的渗透系数(m/d)；

R——影响半径(m)，应按现场抽水试验确定；缺少试验时，也可按本书表 4-3-8 计算并结合当地工程经验确定；

r_{ij}——第 j 口井中心至 i 点的距离(m)，此处，i 点为降深计算点；当 $r_{ij}>R$ 时，取 $r_{ij}=R$；

n——降水井数量。

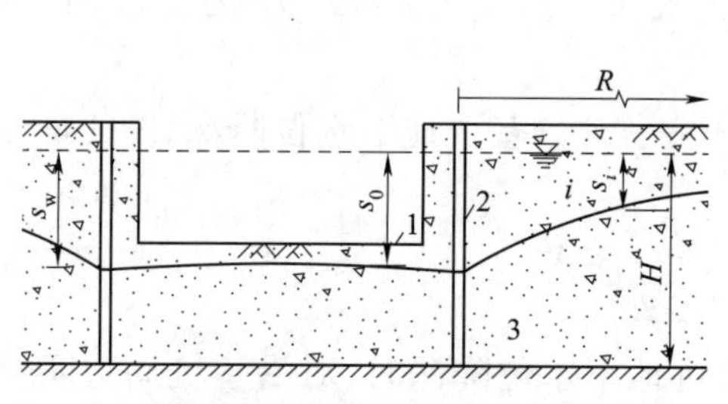

图 4-5-4　均质含水层潜水完整井地下水位降深计算

1—基坑面；2—降水井；
3—潜水含水层底板

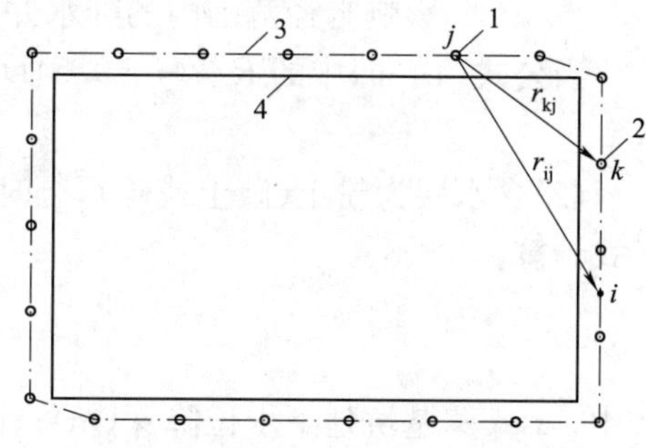

图 4-5-5　计算点与降水井的关系

1—第 j 口井；2—第 k 口井；
3—降水井所围面积的边线；4—基坑边线

当各降水井所围平面形状近似圆形或正方形且各降水井的间距、降深相同时，基坑地下水位降深也可按下列公式计算：

$$s_0 = H - \sqrt{H^2 - \frac{q}{\pi k}\sum_{j=1}^{n}\ln\frac{R}{2r_0\sin\frac{(2j-1)\pi}{2n}}} \tag{4-5-4}$$

$$q = \frac{\pi k(2H - s_w)s_w}{\ln\frac{R}{r_w} + \sum_{j=1}^{n-1}\ln\frac{R}{2r_0\sin\frac{j\pi}{n}}} \tag{4-5-5}$$

式中 s_0——基坑地下水位降深(m);取任意相邻两降水井连线中点处的地下水位降深;

q——按干扰井群计算的降水井单井流量(m^3/d);

r_0——各降水井所围面积的等效半径(m);取 $r_0 = u/(2\pi)$,此处,u 为各降水井中心点连线所围面积的周长;

j——第 j 口降水井;

s_w——降水井水位的设计降深(m);

r_w——降水井半径(m)。

当公式(4-5-4)中的 $R/(2r_0\sin((2j-1)\pi/2n))$ 项、公式(4-5-5)中的 $R/(2r_0\sin(j\pi/n))$ 项小于 1 时,其值应取 1。

对基坑宽度大于 $R/2$ 的基坑,当各降水井的间距、降深相同时,基坑地下水降深也可按下列公式计算:

$$s_0 = H - \sqrt{H^2 - \frac{q}{\pi k}\left[\sum_{j=1}^{n_1}\ln\frac{R}{(j-0.5)L} + \sum_{j=1}^{n_2}\ln\frac{R}{(j-0.5)L}\right]} \tag{4-5-6}$$

$$q = \frac{\pi k(2H - s_w)s_w}{\ln\frac{R}{r_w} + \sum_{j=1}^{n_1-1}\ln\frac{R}{jL} + \sum_{j=1}^{n_2}\ln\frac{R}{jL}} \tag{4-5-7}$$

式中 s_0——基坑地下水位降深(m);取任意相邻两降水井连线中点处的地下水位降深;

L——降水井间距(m);

n_1,n_2——选定的相邻两降水井连线中点两侧的计算降水井数量;可分别取由该点至影响半径范围内的降水井数量。

当公式(4-5-6)中的 $R/((j-0.5)L)$ 项、公式(4-5-7)中的 $R/(jL)$ 项小于 1 时,其值应取 1。

(2)含水层为粉土、砂土或碎石土时,承压完整井的基坑地下水位降深(图 4-5-6)可按下式计算:

$$s_0 = \sum_{j=1}^{n}\frac{q_j}{2\pi Mk}\ln\frac{R}{r_{ij}} \tag{4-5-8}$$

式中 s_0——基坑地下水位降深(m);计算基坑地下水位降深时,对沿基坑周边闭合降水井群,s_0 应取相邻降水井连线上各点的最小降深;当相邻降水井的降深相同时,s_0 可取相邻降水井连线中点的降深;

M——承压含水层厚度(m)。

当各降水井所围平面形状近似圆形或正方形且各降水井的间距、降深相同时,基坑地下水位降深也可按下列公式计算:

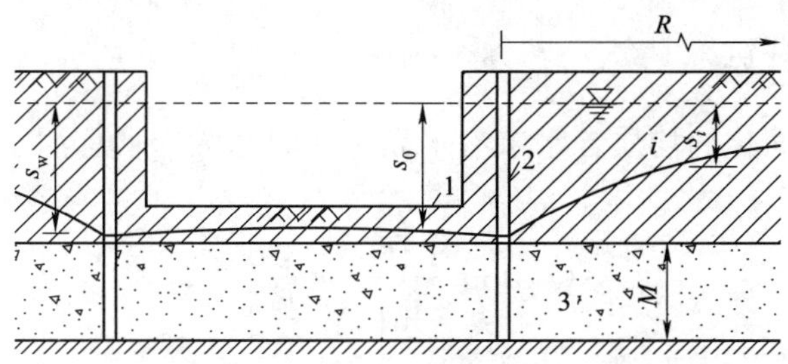

图 4-5-6　均质含水层承压水完整井地下水位降深计算
1—基坑面;2—降水井;3—承压水含水层底板

$$s_0 = \frac{q}{2\pi Mk}\sum_{j=1}^{n}\ln\frac{R}{2r_0\sin\frac{(2j-1)\pi}{2n}} \tag{4-5-9}$$

$$q = \frac{2\pi Mks_w}{\ln\frac{R}{r_w}+\sum_{j=1}^{n-1}\ln\frac{R}{2r_0\sin\frac{j\pi}{n}}} \tag{4-5-10}$$

式中　s_0——基坑内地下水位降深(m);取任意相邻两降水井连线中点处的地下水位降深;

q——按干扰井群计算的降水井单井流量(m^3/d);

r_0——各降水井所围面积的等效半径(m);取 $r_0=u/(2\pi)$,此处,u 为各降水井中心点连线所围面积的周长;

j——第 j 口降水井;

s_w——降水井水位的设计降深(m);

当公式(4-5-9)中的 $R/[2r_0\sin((2j-1)\pi/2n)]$项、公式(4-5-10)中的 $R/(2r_0\sin(j\pi/n))$项小于 1 时,其值应取 1。

对基坑宽度大于 $R/2$ 的基坑,当各降水井的间距、降深相同时,基坑地下水位降深也可按下列公式计算:

$$s_0 = \frac{q}{2\pi Mk}\left[\sum_{j=1}^{n_1}\ln\frac{R}{(j-0.5)L}+\sum_{j=1}^{n_2}\ln\frac{R}{(j-0.5)L}\right] \tag{4-5-11}$$

$$q = \frac{2\pi Mks_w}{\ln\frac{R}{r_w}+\sum_{j=1}^{n_1-1}\ln\frac{R}{jL}+\sum_{j=1}^{n_2}\ln\frac{R}{jL}} \tag{4-5-12}$$

式中　s_0——基坑地下水位降深(m);取任意相邻两降水井连线中点处的地下水位降深;

L——降水井间距(m);

n_1,n_2——选定的相邻两降水井连线中点两侧的计算降水井数量;可分别取由该点至影响半径范围内的降水井数量。

当公式(4-5-11)中的 $R/((j-0.5)L)$项、公式(4-5-12)中的 $R/(jL)$项小于 1 时,其值应取 1。

(3)粉土、砂土、碎石土含水层与粉质黏土、黏土弱透水层成层相间分布时,结构穿过潜水和承压含水层完整井的基坑水位降深可通过数值法求得。

七、基坑涌水量计算

(1)群井按大井简化的均质含水层潜水完整井的基坑降水总涌水量(图 4-5-7)可按下列公式计算：

$$Q=\pi k\frac{(2H_0-s_0)s_0}{\ln\left(1+\frac{R}{r_0}\right)} \tag{4-5-13}$$

式中 Q——基坑降水的总涌水量(m^3/d)；

k——渗透系数(m/d)；

H_0——潜水含水层厚度(m)；

s_0——基坑水位降深(m)；

R——降水影响半径(m)；

r_0——沿基坑周边均匀布置的降水井群所围面积等效圆的半径(m)；可按 $r_0=\sqrt{A/\pi}$计算，此处，A 为降水井群连线所围的面积。

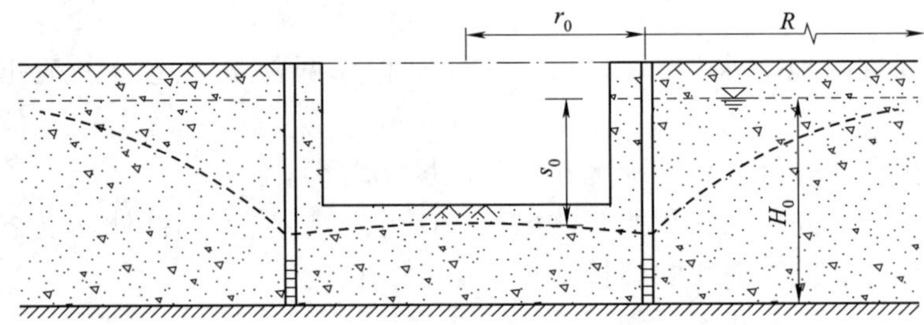

图 4-5-7 按均质含水层潜水完整井简化的基坑涌水量计算

(2)群井按大井简化的均质含水层潜水非完整井的基坑降水总涌水量(图 4-5-8)可按下列公式计算：

$$Q=\pi k\frac{H_0^2-h_m^2}{\ln\left(1+\frac{R}{r_0}\right)+\frac{h_m-1}{l}\ln\left(1+0.2\frac{h_m}{r_0}\right)} \tag{4-5-14}$$

$$h_m=\frac{H_0+h}{2} \tag{4-5-15}$$

式中 h——基坑动水位至潜水含水层底面的深度(m)；

l——滤管有效工作部分的长度(m)。

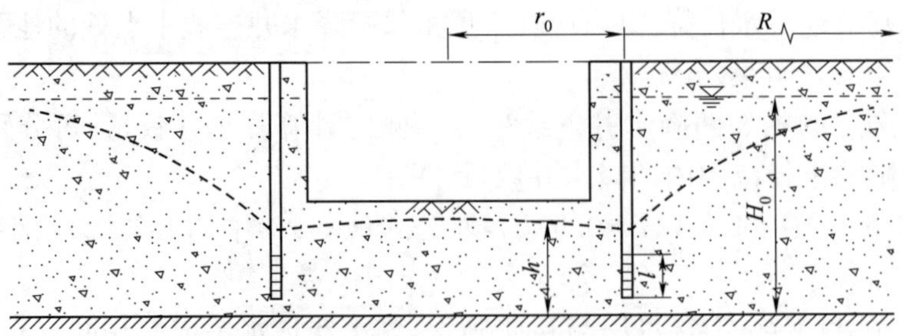

图 4-5-8 按均质含水层潜水非完整井简化的基坑涌水量计算

(3)群井按大井简化的均质含水层承压水完整井的基坑降水总涌水量(图 4-5-9)可按下列公式计算：

$$Q=\pi k\frac{Ms_0}{\ln\left(1+\frac{R}{r_0}\right)} \tag{4-5-16}$$

式中　M——承压水含水层厚度(m)。

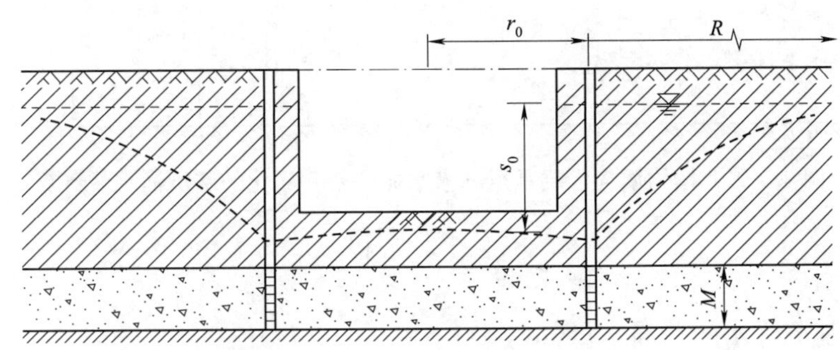

图 4-5-9　按均质含水层承压水完整井简化的基坑涌水量计算

(4)群井按大井简化的均质含水层承压水非完整井的基坑降水总涌水量(图 4-5-10)可按下式计算：

$$Q=2\pi k\frac{Ms_0}{\ln\left(1+\frac{R}{r_0}\right)+\frac{M-l}{l}\ln\left(1+0.2\frac{M}{r_0}\right)} \tag{4-5-17}$$

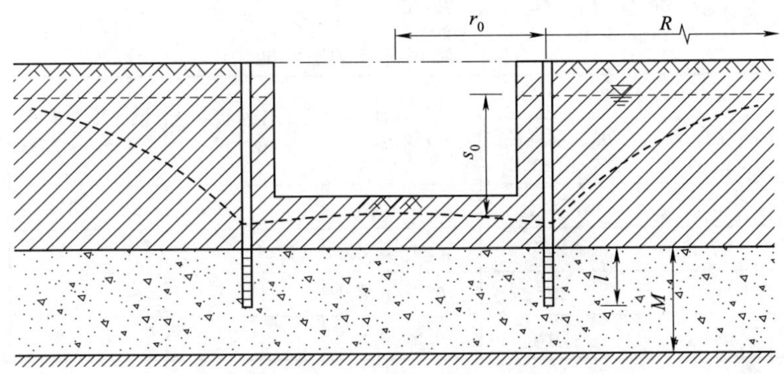

图 4-5-10　按均质含水层承压水非完整井简化的基坑涌水量计算

(5)群井按大井简化的均质含水层承压—潜水非完整井的基坑降水总涌水量(图 4-5-11)可按下式计算：

$$Q=\pi k\frac{(2H_0-M)M-h^2}{\ln\left(1+\frac{R}{r_0}\right)} \tag{4-5-18}$$

八、单井流量和单井出水能力

(一)单井流量计算

降水井的设计单井流量可按下式计算：

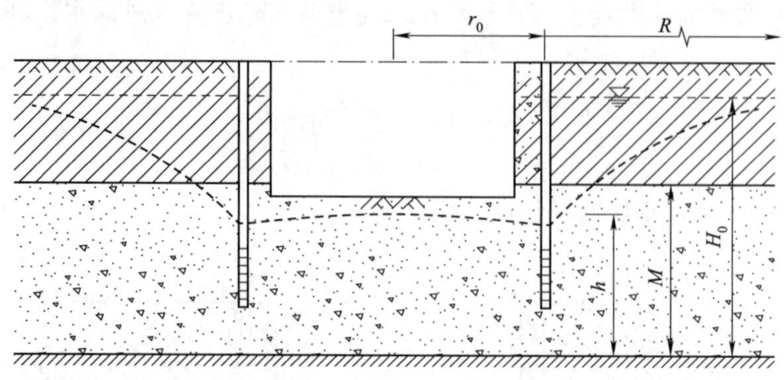

图 4-5-11 按均质含水层承压—潜水非完整井简化的基坑涌水量计算

$$q = 1.1\frac{Q}{n} \tag{4-5-19}$$

式中 Q——基坑降水的总涌水量(m^3/d)；

n——降水井数量。

(二)单井出水能力的取值

降水井的单井出水能力应大于按公式(4-5-19)计算的设计单井流量。当单井出水能力小于设计单井流量时,应增加井的数量、井的直径或深度。各类井的单井出水能力可按下列规定取值：

(1)真空井点出水能力可取 36～60 m^3/d。

(2)喷射井点出水能力可按表 4-5-4 取值。

表 4-5-4 喷射井点的出水能力

外管直径(mm)	喷射管		工作水压力(MPa)	工作水流量(m^3/d)	设计单井出水流量(m^3/d)	适用含水层渗透系数(m/d)
	喷嘴直径(mm)	混合室直径(mm)				
38	7	14	0.6～0.8	112.8～163.2	100.8～138.2	0.1～5.0
68	7	14	0.6～0.8	110.4～148.8	103.2～138.2	0.1～5.0
100	10	20	0.6～0.8	230.4	259.2～388.8	5.0～10.0
162	19	40	0.6～0.8	720	600～720	10.0～20.0

(3)管井的单井出水能力可按下式计算：

$$q_0 = 120\pi r_s l \sqrt[3]{k} \tag{4-5-20}$$

式中 q_0——单井出水能力(m^3/d)；

r_s——过滤器半径(m)；

l——过滤器进水部分长度(m)；

k——含水层渗透系数(m/d)。

九、降水的影响半径计算

按地下水稳定渗流计算井距、井的水位降深和单井流量时,影响半径(R)宜通过试验确定。缺少试验时,可按下列公式计算并结合当地经验取值：

(1)潜水含水层

$$R = 2s_w\sqrt{kH_0} \tag{4-5-21}$$

(2)承压含水层

$$R = 10s_w\sqrt{k} \tag{4-5-22}$$

式中　R——影响半径(m)；

s_w——井水位降深(m)；当井水位降深小于 10 m 时，取 $s_w=10$ m；

k——含水层的渗透系数(m/d)；

H_0——潜水含水层厚度(m)。

十、降水引起的地层变形计算

降水引起的地层变形量可按下式计算：

$$S = \psi_w \sum_{i=1}^{n} \frac{\Delta\sigma'_{zi}\Delta h_i}{E_{si}} \tag{4-5-23}$$

式中　s——降水引起的地层变形量(m)；

ψ_w——沉降计算经验系数，应根据地区工程经验取值，无经验时，宜取 $\psi_w=1$；

$\Delta\sigma'_{zi}$——降水引起的地面下第 i 土层中点处的附加有效应力(kPa)；对黏性土，应取降水结束时土的固结度下的附加有效应力；

Δh_i——第 i 层土的厚度(m)；

E_{si}——第 i 层土的压缩模量(kPa)；应取土的自重应力至自重应力与附加有效应力之和的压力段的压缩模量值。

第三节　地下水的其他控制措施

一、集水明排

集水明排降水是在基坑(槽)内设置排(截)水沟和集水井(坑)，用抽水设备将地下水从集水井(坑)内抽排走，从而达到疏干基坑内地下水的目的。

对基底表面汇水、基坑周边地表汇水及降水井抽出的地下水，可采用明沟排水；对坑底以下的渗出的地下水，可采用盲沟排水；当地下室底板与支护结构间不能设置明沟时，基坑坡脚处也可采用盲沟排水；对降水井抽出的地下水，也可采用管道排水。

(一)适用条件

集水明排适用于以下条件：

(1)不易产生流砂、流土、潜蚀、管涌、淘空、塌陷等现象的黏性土、砂土、碎石土的地层。

(2)基坑或涵洞地下水位超出基础底板或洞底标高不大于 2 m。

(二)布置原则和施工要求

(1)基坑周围或坑道边侧设置的明排井、排水管沟应与侧壁保持足够距离。

(2)明沟和盲沟坡度不宜小于 0.3%。采用明沟排水时，沟底应采取防渗措施。采用盲沟排出坑底渗出的地下水时，其构造、填充料及其密实度应满足主体结构的要求。

(3)沿排水沟宜每隔 30～50 m 设置一口集水井；集水井的净截面尺寸应根据排水流量确定，直径一般为 0.5 m，深度应低于挖土面 0.7～1.0 m。集水井应采取防渗措施。采用盲沟时，集水井宜采用钢筋笼外填碎石滤料的构造形式。

(4)当基坑挖至设计标高后，集水井(坑)底应低于基坑底 1～2 m，并铺设碎石滤水层，以免在抽水时将泥砂抽出，并防止井(坑)底的土体搅动。

(5)当基坑开挖的土层由多种土组成，中部夹有透水性能的砂类土，基坑侧壁出现分层渗水时，可在基坑边坡上按不同高程分层设置明沟和集水井构成明排水系统，分层阻截和排除上部土层中的地下水，避免上层地下水冲刷基坑下部边坡造成塌方。

(6)基坑坡面渗水宜采用渗水部位插入导水管排出。导水管的间距、直径及长度应根据渗水量及渗水土层的特性确定。

(7)采用管道排水时，排水管道的直径应根据排水量确定。排水管的坡度不宜小于 0.5%。排水管道材料可选用钢管、PVC 管。排水管道上宜设置清淤孔，清淤孔的间距不宜大于 10 m。

(8)基坑排水与市政管网连接前应设置沉淀池。明沟、集水井、沉淀池使用时应排水畅通并应随时清理淤积物。

(9)明排井、排水管沟不应影响基坑和涵洞施工。

二、截　水

基坑截水方法应根据工程地质条件、水文地质条件及施工条件等，选用水泥土搅拌桩帷幕、高压旋喷或摆喷注浆帷幕、搅拌—喷射注浆帷幕、地下连续墙或咬合式排桩、SMW 工法桩。支护结构采用排桩时，可采用高压喷射注浆与排桩相互咬合的组合帷幕。

对碎石土、杂填土、泥炭质土或地下水流速较大时，宜通过试验确定高压喷射注浆帷幕的适用性。

(1)当坑底以下存在连续分布、埋深较浅的隔水层时，应采用落底式帷幕。落底式帷幕进入下卧隔水层的深度应满足下式要求，且不宜小于 1.5 m。

$$l \geqslant 0.2\Delta h_w - 0.5b \qquad (4\text{-}5\text{-}24)$$

式中 l——帷幕进入隔水层的深度(m)；

Δh_w——基坑内外的水头差值(m)；

b——帷幕的厚度(m)。

(2)当坑底以下含水层厚度大而需采用悬挂式帷幕时，帷幕进入透水层的深度应满足地下水沿帷幕底端绕流的渗透稳定性要求，并应对帷幕外地下水位下降引起的基坑周边建筑物、地下管线、地下构筑物沉降进行分析。当不满足渗透稳定性要求时，应采取增加帷幕深度、设置减压井等防止渗透破坏的措施。

(3)截水帷幕宜采用沿基坑周边闭合的平面布置形式。当采用沿基坑周边非闭合的平面布置形式时，应对地下水沿帷幕两端绕流引起的基坑周边建筑物、地下管线、地下构筑物的沉降进行分析。

三、回　灌

当基坑开挖降水使基坑周边土层的地下水位下降并会影响临近建筑、地下管线等的

沉降和产后影响时,可采取地下水回灌措施。回灌的主要要求如下:

(1)回灌可采用井点、砂井、砂沟等形式。

(2)回灌井与降水井的距离不宜小于 6 m。

(3)回灌井的间距应根据降水井的间距和被保护物的平面位置确定。

(4)回灌井宜进入稳定水面下 1 m,且位于渗透性较好的土层中,过滤器的长度应大于降水井过滤器的长度。

(5)回灌水量可通过水位观测孔中水位变化进行控制和调节,不宜超过原水位标高。回灌水箱高度可根据灌入水量配置。

(6)回灌砂井的灌砂量应取井孔体积的 95%,填料宜采用泥量不大于 3%、不均匀系数在 3～5 之间的纯净中粗砂。

(7)回灌井与降水井应协调控制。

(8)回灌水宜采用清水,防止造成地下水污染。

四、质量控制标准

降水与排水施工质量检验标准见表 4-5-5。

表 4-5-5　降水与排水施工质量检验标准

序号	检查项目	允许值或允许偏差值		检查方法
		单位	数值	
1	排水沟坡度	‰	1～2	目测沟内不积水,沟内排水通畅
2	井管(点)垂直度	%	1	插管时目测
3	井管(点)间距(与设计相比)	mm	≤150	钢尺量
4	井管(点)插入深度(与设计相比)	mm	≤200	水准仪
5	过滤砂滤料填灌(与设计相比)	%	≤5	检查回填料用量
6	井点真空度:真空井点 喷射井点	kPa kPa	>60 >93	真空度表 真空度表
7	电渗井点阴阳极距离:真空井点 喷射井点	mm mm	80～100 120～150	钢尺量 钢尺量

参考文献

[1]张元禧，施鑫源．地下水水文学[M]. 北京：中国水利水电出版社，1998.

[2]工程地质手册编委会．工程地质手册[M].5版．北京：中国建筑工业出版社，2018.

[3]中华人民共和国住房和城乡建设部．城市轨道交通岩土工程勘察规范：GB 50307—2012[S]. 北京：中国计划出版社，2012.

[4]国家铁路局．铁路工程水文地质勘察规范：TB 10049—2014[S]. 北京：中国铁道出版社，2015.

[5]王卫国，田开详，施烨辉，等．声纳探测技术在工程勘察中的应用[J]. 山西建筑，2015，41(21)：41-42.

[6]王珊．岩土工程新技术实用全书[M]. 长春：银声音像出版社，2004.

[7]中华人民共和国水利部．水利水电工程钻孔抽水试验规程：SL 320—2005[S]. 北京：中国水利水电出版社，2005.

[8]中华人民共和国住房和城乡建设部．高层建筑岩土工程勘察标准：JGJ/T 72—2017[S]. 北京：中国建筑工业出版社，2017.

[9]布永忠，李世民，高文新，等．石家庄城市轨道交通工程结构抗浮研究与应用[M]. 北京：中国铁道出版社，2017.

[10]中华人民共和国住房和城乡建设部．建筑边坡工程技术规范：GB 50330—2013[S]. 北京：中国建筑工业出版社，2014.

[11]中华人民共和国住房和城乡建设部．水利水电工程地质勘察规范：GB 50487—2008[S]. 北京：中国计划出版社，2009.

[12]中华人民共和国建设部．岩土工程勘察规范(2009年版)：GB 50021—2001[S]. 北京：中国建筑工业出版社，2009.

[13]中华人民共和国住房和城乡建设部．建筑基坑支护技术规程：JGJ 120—2012[S]. 北京：中国建筑工业出版社，2012.

[14]中华人民共和国住房和城乡建设部．建筑工程抗浮技术标准：JGJ 476—2019[S]. 北京：中国建筑工业出版社，2020.

[15]建筑施工手册编委会．建筑施工手册[M].5版．北京：中国建筑工业出版社，2012.

[16]邱向荣，邓高、黄平安．地下水浮力计算的若干问题探讨[J]. 广东土木与建筑，2004(11)：21-23.

[17]河北省地质局水文地质四大队．水文地质手册[M]. 北京：地质出版社，1978.

第五篇　勘察方案设计

第一章　勘察大纲的编制

城市轨道交通工程勘察需针对不同勘察阶段的目的、任务、设计要求及勘察合同规定，进行勘察方案设计，用以指导勘察工作的实施。

城市轨道交通岩土工程勘察应分为可行性研究勘察、初步勘察和详细勘察；施工阶段可根据需要开展施工勘察工作；工程沿线或场地附近存在对工程设计方案和施工有重大影响的岩土工程问题时应进行专项勘察。

城市轨道交通工程勘察应在充分搜集、分析已有资料和现场踏勘的基础上，根据工程不同设计阶段的任务、目的和要求，针对拟建工程的结构类型、特点、规模和场地地质条件，制定勘察大纲。勘察大纲要有针对性和可操作性。在勘察实施前，应与设计单位进行确认，当设计方案变更，拟定勘察工作不能满足要求时，应及时调整勘察大纲或编制补充勘察大纲。

勘察大纲一般由文字部分和图表构成。

(1)勘察大纲的文字部分宜包括下列内容：

①工程概况。

②拟建路线自然地理气象环境条件，工程地质条件。

③勘察任务要求及需解决的主要技术问题。

④执行的技术标准。

⑤选用的勘察方法。

⑥勘察工作量布置。

⑦勘察实施细则、技术要求。

⑧施工组织设计。

⑨质量保证措施。

⑩安全保证措施。

⑪文明施工与环境保护措施。

⑫风险调查、风险源识别和风险评价。

⑬安全事故专项应急救援预案。

⑭勘察成果。

(2)勘察工作量布置应包括下列内容：

①钻探(井探、槽探等)间距、数量、深度。

②地球物理勘探、原位测试的种类、方法、深度等。

③取样方法选择、取岩、土样间距和水试样数量及储存、运输要求。

④室内岩、土、水试验内容、方法、数量。

⑤需要进行工程地质测绘和调查时，应明确测绘范围、比例、测绘方法等。

(3)勘察大纲应附勘探点平面布置图，需要时可附勘探及原位测试、室内试验计划表等。

第二章　可行性研究勘察

可行性研究阶段勘察是轨道交通建设的一个重要环节。城市轨道交通是复杂的系统工程，在规划可研阶段，就需要考虑众多的影响和制约因素，如城市发展规划、交通方式、预测客流等，同时地质条件、环境设施等也是线路敷设、走向、埋深以及工法选择时应重点考虑的内容。

可行性研究勘察应重点研究影响线路方案的不良地质作用、特殊性岩土及关键工程的工程地质条件。

第一节　一般规定

可行性研究勘察应在搜集已有地质资料和工程地质调查与测绘的基础上，开展必要的勘探与取样、原位测试、室内试验等工作。

可行性研究勘察的资料搜集应包括下列内容：

(1)工程所在地的气象、水文以及与工程相关的水利、防洪设施等资料。

(2)区域地质构造、地震、矿藏资源及砂土液化等资料。

(3)沿线地形、地貌、地层岩性、地下水、特殊性岩土、不良地质作用和地质灾害等资料。

(4)沿线古城址及河、湖、沟、坑的历史变迁及工程活动引起的地质变化等资料。

(5)影响线路方案的重要建(构)筑物、桥涵、隧道、管线、既有轨道交通设施等工程周边环境的设计与施工资料。

(6)沿线岩土工程和建筑经验等。

(7)沿线保护文物、风景名胜区、水源地等。

对影响沿线的特殊地质条件、重大环境工程地质问题应进行专题研究。

第二节　目的和任务

可行性研究勘察的目的是调查城市轨道交通工程线路沿线的岩土工程条件、周边环境条件，研究控制线路方案的主要工程地质问题和重要工程周边环境，为线位、站位、线路敷设形式、施工方法等方案的设计与比选、技术经济论证、工程周边环境保护及编制可行性研究报告提供地质资料。

可行性研究勘察应完成下列工作任务：

(1)搜集区域地质、地形、地貌、水文、气象、地震、矿产等资料，以及沿线的工程地质条件、水文地质条件、工程周边环境条件和当地轨道交通工程及相关工程建设经验。

(2)调查线路沿线的地层岩性、地质构造、地下水埋藏条件等，划分工程地质单元，进行工程地质分区，评价场地稳定性和适宜性。

(3)对控制线路方案的工程周边环境，分析其与线路的相互影响，提出规避、保护的初步建议。

(4)对控制线路方案的不良地质作用、特殊性岩土，了解其类型、成因、范围及发展趋势，分析其对线路的危害，提出规避、防治的初步建议。

(5)研究场地的地形、地貌、工程地质、水文地质、工程周边环境等条件，分析路基、高架、地下等工程方案及施工方法的可行性，提出线路比选方案的建议。

第三节 勘察工作量布置

一、勘 探

(一)勘探点的平面布置

可行性研究勘察勘探点平面布置应符合下列要求：

(1)勘探点间距不宜大于 1 000 m，每个站点不少于 1 个勘探点，且所有勘探点均为控制性钻孔。

(2)勘探点数量应满足工程地质分区的要求，每个地质单元或地貌单元均应有不少于 1 个勘探点，在地质条件复杂地段或不良地质作用及特殊性岩土分布区段应加密勘探点。

(3)当有两条或两条以上比选线路时，应根据要求进行同精度比较或差异化比较。

(4)利用已有的勘察孔，其距离拟建方案线路轴线不宜大于 100 m；且搜集利用的勘探点应与对应线路场地处于相同的工程地质单元。

(5)控制线路方案的江、河、湖等地表水体，应布置勘探点。

(二)勘探点的深度

勘探孔深度应满足场地稳定性、适宜性评价和线路方案设计、工法选择等需要，遇基岩时，进入中等风化或微风化基岩应不小于 10 m，且孔深不宜小于 30 m。

对于填土、软土、液化砂土、溶洞、球状风化体和断裂带等软弱层发育区，勘探孔深度应予以穿透。

二、取样、原位测试及室内试验

可行性研究勘察的取样、原位测试及室内试验的项目和数量，应根据线路方案、沿线工程地质和水文地质条件，并结合地貌和工程地质单元确定。同时应满足各地质单元子样数分层统计要求。

第三章　初步勘察

城市轨道交通工程初步勘察应在可行性研究勘察的基础上，针对城市轨道交通工程线路敷设形式、各类工程的结构形式、施工方法等开展工作，为初步设计提供地质依据。

初步勘察应对控制线路平面、埋深及施工方法的关键工程或区段进行重点勘察，并结合工程周边环境提出岩土工程防治和风险控制的初步建议。

第一节　目的和任务

一、初步勘察的目的

初步勘察的目的是初步查明城市轨道交通工程线路、车站、车辆基地和相关附属设施的工程地质条件、水文地质条件，分析评价地基基础形式和施工方法的适宜性，预测可能出现的岩土工程问题，提供初步设计所需的岩土参数，提出复杂或特殊地段岩土治理的初步建议。

二、初步勘察的任务

（一）初步勘察的一般任务

初步勘察应进行下列工作：

(1)搜集带地形图的拟建线路平面图、线路纵断面图、施工方法等有关设计文件及可行性研究勘察报告、沿线地下设施分布图。

(2)初步查明沿线地质构造、岩土类型及分布、岩土物理力学性质、地下水埋藏条件，进行工程地质分区。

(3)初步查明特殊性岩土的类型、成因、分布、规模、工程性质，分析其对工程的危害程度。

(4)查明沿线不良地质作用的类型、成因、分布、规模、工程性质，预测其发展趋势，分析其对工程的危害程度。

(5)初步查明沿线地表水的水位、流量、水质、河湖淤积物的分布，以及地表水与地下水的补排关系。

(6)初步查明地下水水位、地下水类型，补给、径流、排泄条件，历史最高水位，地下水动态和变化规律。

(7)对抗震设防烈度等于或大于 6 度的场地，应初步评价场地和地基的地震效应。

(8)评价场地稳定性和工程适宜性。

(9)初步评价水和土对建筑材料的腐蚀性。

(10)对可能采取的地基基础类型、地下工程开挖与支护方案、地下水控制方案进行初步分析评价。

(11)季节性冻土地区,应调查场地土的标准冻结深度。

(12)对环境风险等级较高的工程周边环境,分析可能出现的工程问题,提出预防措施的建议。

(13)勘察深度范围内遇基岩时,应初步查明基岩岩性、力学强度、风化程度及完整性。

(14)搜集和调查沿线土壤氡浓度,结合调查成果初步实测沿线各车站、车辆段、停车场和区间发育断层部位的有害气体。

(二)地下工程初勘任务

地下车站与区间工程初步勘察除应符合初步勘察一般任务的规定外,尚应满足以下要求:

(1)初步划分车站、区间隧道的围岩分级和岩土施工工程分级。

(2)根据车站、区间隧道的结构形式及埋置深度,结合岩土工程条件,提供初步设计所需的岩土参数,提出地基基础方案的初步建议。

(3)每个水文地质单元选择代表性地段进行水文地质试验,提供水文地质参数,必要时设置地下水位长期观测孔。

(4)初步查明地下有害气体、污染土层的分布、成分,评价其对工程的影响。

(5)针对车站、区间隧道的施工方法,结合岩土工程条件,分析基坑支护、围岩开挖支护、盾构设备选型、岩土加固与开挖、地下水控制等可能遇到的岩土工程问题,提出处理措施的初步建议。

(6)调查沿线重要建构筑物的地基、基础及使用情况,分析评价拟建工程与建构筑物的相互影响。

(7)提供设计要求深度范围内的地温资料。

(8)岩浆岩场地开展基岩放射性调查和测试。

(三)高架工程初勘任务

高架车站与区间工程初步勘察除应符合初步勘察一般任务的规定外,尚应满足以下要求:

(1)重点查明对高架工程基础类型确定有影响的地质体的情况。

(2)采用天然地基时,初步评价墩台基础地基稳定性和承载力,提供地基变形、基础抗倾覆和抗滑移稳定性验算所需的岩土参数。

(3)采用桩基时,初步查明桩基持力层的分布、厚度变化规律,提出桩型及成桩工艺的初步建议,提供桩侧土层摩阻力、桩端土层端阻力初步建议值,并评价桩基施工对工程周边环境的影响。

(4)跨河桥还应初步查明河流水文条件,提供冲刷计算所需的颗粒级配等参数。

(四)路基工程初勘任务

路基工程初步勘察除应符合初步勘察一般任务的规定外,尚应符合下列规定:

(1)初步查明各岩土层的岩性、分布情况及物理力学性质,重点查明对路基工程有控制性影响的不稳定岩土体、软弱土层等不良地质体的分布范围。

(2)初步评价路基基底的稳定性,划分岩土施工工程等级,指出路基设计应注意的事项并提出相关建议。

(3)初步查明水文地质条件,评价地下水对路基的影响,提出地下水控制措施的建议。

(4)高路堤应重点查明软弱土层的分布范围和物理力学性质,提出天然地基的填土允许高度或地基处理意见，对路堤的稳定性进行初步评价；必要时进行取土场勘察。

(5)深路堑应初步查明岩土体的不利结构面，调查沿线天然边坡、人工边坡的工程地质条件，评价边坡稳定性，提出边坡治理措施的建议。

(6)支挡结构应初步评价地基稳定性和承载能力，提出地基基础形式及地基处理措施的建议。路堑挡土墙还应提供墙后岩土体物理力学性质指标。

(五)涵洞工程初勘任务

涵洞工程初步勘察除应符合初步勘察一般任务的规定外，尚应符合下列规定：

(1)初步查明涵洞场地地貌、地层、岩性、地质构造、天然沟床稳定状态、隐伏的基岩倾斜面、不良地质作用和特殊性岩土。

(2)初步查明涵洞地基的水文地质条件，必要时进行水文地质试验，提供水文地质参数。

(3)初步评价涵洞地基稳定性和承载能力，提供涵洞设计、施工所需的岩土参数。

(六)地面车站、车辆基地初勘任务

地面车站、车辆基地的建(构)筑物初步勘察除应符合初步勘察一般任务的规定外，尚应进行下列主要工作：

(1)搜集拟建工程的有关文件、工程地质和岩土工程资料以及工程场地范围的地形图。

(2)高层建筑初步勘察时，应对可能采取的地基基础类型、基坑开挖与支护、工程降水方案进行初步分析评价。

(3)车辆基地内线路初步勘察，尚应符合路基工程初勘任务的要求。

第二节　勘察工作量布置

初步勘察工作应根据沿线区域地质和场地工程地质、水文地质、工程周边环境等条件，采用工程地质调查与测绘、勘探与取样、原位测试、室内试验等多种手段相结合的综合勘察方法。当地质条件复杂时可结合工程物探方法。

一、工程地质调查与测绘

(一)目　　的

收集现有的地质资料，了解沿线地质构造、地震及断裂活动情况、第四系覆盖层厚度等。研究沿线地形地貌与构造、地震历史、地上地下构筑物与古迹古建筑、地表水与地下水对线路设计、施工和运营的影响。

应通过调查与测绘掌握场地主要工程地质问题，结合区域地质资料对城市轨道交通工程场地的稳定性、适宜性作出评价，划分场地复杂程度，分析工程建设中存在的岩土工程问题，提出防治措施的建议，并为各勘察阶段的勘探与测试工作布置提供依据。

(二)工作内容

初步勘察阶段的工程地质调查与测绘主要完成以下工作内容：

(1)搜集区域性的地质、水文、气象、航卫片、建筑及植被等资料。

(2)搜集既有建(构)筑物的岩土工程勘察资料和施工经验。

(3)搜集已发生的岩土工程事故案例，了解其发生的原因、处理措施和整治效果。

(4)调查、测绘地形与地貌的形态，划分地貌单元，确定成因类型，分析其与基底岩性和新构造运动的关系。

(5)调查天然和人工边坡的形式、坡率、防护措施和稳定情况。

(6)调查地层的岩性、结构、构造、产状、岩体的结构特征和风化程度,了解岩石的坚硬程度和岩体的完整程度。

(7)调查构造类型、形态、产状、分布,对断裂、节理等构造进行分类,确定主要结构面与线路的关系。

(8)对主干断裂、强烈破碎带,应调查其分布范围、形态和物质组成,分析地下水软化作用对隧道围岩稳定性的影响和危害程度。

(9)调查地表水体及河床演变历史,搜集主要河流的最高洪水位、流速、流量、河床标高、淹没范围等。

(10)调查地下水各含水层类型、水位、变化幅度、水力联系、补给来源和排泄条件,地下水动态变化与地表水系的联系、腐蚀性情况,以及历年地下水位的长期观测资料。

(11)调查填土的堆积年代、坑塘淤泥层的厚度,以及软土、盐渍岩土、膨胀性岩土、风化岩和残积土等特殊性岩土的分布范围和工程地质特征。

(12)调查岩溶、人工空洞、滑坡、岸边冲刷、地面沉降、地裂缝、地下古河道、暗浜、含放射性或有害气体地层等不良地质的形成、规模、分布、发展趋势及对工程建设的影响。

(三)技术要求

工程地质调查与测绘应搜集工程沿线的既有资料,并进行综合分析研究,必要时可进行适量的勘探、物探和测试工作。在采用遥感技术的地段,应对室内解译结果进行现场核实。

工程地质调查和测绘应按勘察阶段所确定的线路、建(构)筑物平面范围及邻近地段开展地质调查与测绘工作,其范围应满足线路方案比选和建(构)筑物选址、地质条件评价的需要。

技术要求如下:

(1)当地质条件复杂时,宜采用填图的方法进行调查与测绘。当地质条件简单或既有地质资料比较充分时,可采用编图方法进行调查与测绘。

(2)地质观测点的布置应布置在具有代表性的岩土露头、地层界线、断层及重要的节理、地下水露头、不良地质、特殊岩土界线等处。

(3)地质观测点密度应根据技术要求、地质条件和成图比例尺等因素综合确定。其密度应能控制不同类型地质界线和地质单元体的变化。

(4)地质观测点的定位应根据精度要求和地质复杂程度选用目测法、半仪器法、仪器法。对构造线、地下水露头、不良地质作用等重要的地质观测点,应采用仪器定位。

(5)一般区间直线段向两侧不应少于 100 m;车站、区间弯道段及车辆基地向外侧不应少于 200 m;山岭隧道应根据需要适当扩大工作范围。对可溶岩分布地段,其两侧调查与测绘范围尚应满足场地岩溶水文地质分析评价的需要。

(6)测绘用图比例尺宜选用比最终成果图大一级的地形图作底图,在初步勘察阶段选用 1∶500~1∶1 000,在工程地质条件复杂地段应适当放大比例尺。

(7)地层单位和岩体年代单位均划分到"段",第四系应划分不同的成因类型,年代应划分到"世"。

(8)地质界线、地质观察点测绘在图面上的位置误差,不应大于图面比例尺 2 mm。

(9)地质单元在图上的宽度等于或大于 2 mm 时，均应在图上表示；有特殊意义或对工程有重要影响的地质单元体在图面上宽度小于 2 mm 时，应采用超比例尺方法适当扩大标示并加注明。

(10)对工程建设有影响的不良地质作用、特殊性岩土、断裂构造、地下富水区、既有建筑工地等地段应扩大调查范围。

(11)工程建设可能诱发地质灾害地段，其工作范围应包含可能的地质灾害发生的范围。

(12)当地质条件特别复杂或需要进行专项研究时，其工作范围应专门研究确定。

(13)工程地质调查与测绘的资料应准确可靠、图文相符。对工程设计、施工有影响的工程地质现象，应用素描图或照片记录并附文字说明。

(14)对地质条件简单地段，工程地质调查与测绘的成果可纳入相应阶段的岩土工程勘察报告；对地质条件复杂地段，应编制工程地质调查与测绘报告，报告内容包括文字报告、地质柱状图、工程地质图、纵横地质剖面图、遥感地质解译资料、素描图和照片等。

二、勘探与取样

初步勘察阶段应在充分分析和利用可研资料和工程特点的基础上进行勘探与取样工作量布置。

(1)勘探工作量的具体布置原则见表 5-3-1。

(2)取土、原位测试孔中采取土样的数量和孔内原位测试的竖向间距，应根据勘探孔数量、地层特点和土的均匀程度确定，并应满足子样数分层统计要求。

表 5-3-1　初步勘察阶段勘探工作量布置原则

工点类型		工作量布置原则		
		勘探孔平面布置	勘探孔深度确定	勘探点性质确定
地下工程	地下车站（地下明挖区间）	1. 勘探点宜按结构轮廓线布置，线路穿越的重要地段和车站端头位置应重点布置； 2. 每个车站勘探点数量不宜少于 4 个，且勘探点间距不宜大于 100 m； 3. 地下车站的勘探点宜布置在基坑边线外 2～3 m	1. 在第四纪地层控制性勘探孔深度进入结构底板以下不应小于 30 m；一般性勘探孔深度进入结构底板以下不应小于 20 m； 2. 在软土地区，控制性勘探孔深度应同时满足不小于 3 倍基坑深度；一般性勘探孔深度应同时满足不小于 2.5 倍基坑深度； 3. 在结构埋深范围内如遇强风化、全风化岩石地层，控制性勘探孔深进入结构底板以下不应小于 15 m；一般性勘探孔深度进入结构底板以下不应小于 10 m； 4. 在结构埋深范围内如遇中等风化、微风化岩石地层，控制性勘探孔深宜进入结构底板以下 5～8 m；一般性勘探孔深度进入结构底板以下不应小于 5 m； 5. 在钻孔预定深度内遇岩溶和破碎带时钻孔深度应适当加深； 6. 勘探孔深度应满足基坑支护设计、地基处理、变形验算和桩基设计要求； 7. 对于拟建换乘车站，换乘节点勘探孔深度应满足下层车站的深度要求	1. 取样、原位测试的勘探点数量不应少于勘探点总数的 2/3，其中控制性勘探孔不应少于勘探点总数的 1/3； 2. 在地质条件复杂地段，可全部为取样、原位测试钻孔； 3. 静力触探孔数量不宜超过勘探点总数的 1/2； 4. 湿陷性黄土场地应布置一定数量的探井，其数量宜为取土勘探点总数的 1/3～1/2，且不小于 3 个

续上表

工点类型		工作量布置原则		
		勘探孔平面布置	勘探孔深度确定	勘探点性质确定
地下工程	地下暗挖区间	1. 勘探点宜沿区间线路在隧道结构两侧轮廓线外侧 3～5 m 呈"Z"字形交叉布置； 2. 洞口位置应布置勘探点； 3. 勘探点间距宜为 100～200 m； 4. 在地貌、地质单元交接部位、地层变化较大地段以及不良地质作用和特殊性岩土发育地段应加密勘探点	1. 在第四纪地层控制性勘探孔深度进入结构底板以下不应小于 30 m；一般性勘探孔深度进入结构底板以下不应小于 20 m； 2. 在软土地区，控制性勘探孔深度应同时满足不小于 3 倍隧道直径；一般性勘探孔深度应同时满足不小于 2.5 倍隧道直径； 3. 在结构埋深范围内如遇强风化、全风化岩石地层，控制性勘探孔深进入结构底板以下不应小于 15 m；一般性勘探孔深度进入结构底板以下不应小于 10 m； 4. 在结构埋深范围内如遇中等风化、微风化岩石地层，控制性勘探孔深宜进入结构底板以下 5～8 m；一般性勘探孔深度进入结构底板以下不应小于 5 m； 5. 在钻孔预定深度内遇岩溶和破碎带时钻孔深度应适当加深	同上
	其他地下设施	主变电站及单独布置的风井应布置勘察工作量，且不宜少于 1 个勘探点	同地下车站	
高架工程	高架车站	勘探点间距不宜大于 100 m，且每个车站不宜少于 3 个	1. 控制性勘探孔深度应满足墩台基础或桩基沉降计算和软弱下卧层验算的要求，一般性勘探孔应满足查明墩台基础或桩基持力层和软弱下卧土层分布的要求； 2. 墩台基础置于无地表水地段时，应穿过最大冻结深度达持力层以下；墩台基础置于地表水水下时，应穿过水流最大冲刷深度达持力层以下； 3. 覆盖层较薄，下伏基岩风化层不厚时，勘探孔应进入微风化地层 3～8 m。为确认是基岩而非孤石，应将岩芯同当地岩层露头、岩性、层理、节理和产状进行对比分析，综合判断	同上
	高架区间高架其他附属设施	1. 勘探点应沿区间轴线布置于拟设墩台位置； 2. 勘探点间距应根据场地复杂程度和设计方案确定，宜为 80～150 m； 3. 过街天桥等附属设施应根据规模布置适当勘察工作量，且不宜少于 1 个勘探点		
地面和车辆基地工程	地面车站	1. 勘探点可沿建筑物周边布置； 2. 勘探点间距不宜大于 100 m，且每个车站不宜少于 3 个勘探点	1. 勘探孔的深度应符合表 5-3-4 的规定； 2. 采用桩基础时，孔深应满足桩基设计要求； 3. 对于地下车辆基地，勘探孔的深度按地下车站参考	同上
	车辆基地工程	1. 勘探点可结合建构筑物特点采用网格状布置； 2. 勘探线和勘探点间距应符合表 5-3-2 或表 5-3-3 的规定； 3. 主要设施均应有勘探点控制		1. 控制性勘探孔宜占勘探点总数的 1/5～1/3； 2. 静力触探孔数量不宜超过勘探点总数的 1/2，对于有经验的地区，该比例可适当放宽； 3. 湿陷性黄土场地应布置一定数量的探井，其数量宜为取土勘探点总数的 1/3～1/2，且不小于 3 个

续上表

<table>
<tr><td colspan="2" rowspan="2">工点类型</td><td colspan="3">工　作　量　布　置　原　则</td></tr>
<tr><td>勘探孔平面布置</td><td>勘探孔深度确定</td><td>勘探点性质确定</td></tr>
<tr><td rowspan="2">地面和车辆基地工程</td><td>路基
路堤
路堑</td><td>1. 每个地貌、地质单元均应布置勘探点，在地貌、地质单元交界部位和地层变化较大地段应加密勘探点；
2. 勘探点宜沿线路两侧交错布置，间距 100～150 m；
3. 高路堤、深路堑应布设横断面，每条横断面勘探点数量不宜少于 2 个；
4. 深路堑边坡存在顺层结构面的位置应单独布置横断面</td><td rowspan="2">1. 勘探孔深度应满足变形及稳定性验算要求，孔深不宜小于 30 m 且应钻穿软土层；预定深度内见坚实土层或岩层时可适当减少孔深；
2. 采用桩基础时，孔深应满足桩基设计要求；
3. 路基、涵洞工程的控制性勘探孔深度应满足稳定性评价、变形计算、软弱下卧层验算的要求；一般性勘探孔宜进入基底以下 5～10 m</td><td>取样、原位测试的勘探点数量不应少于勘探点总数的 2/3</td></tr>
<tr><td>涵洞</td><td>勘探点宜沿中线方向布置，每一涵洞不宜少于 1 个勘探点</td><td>取样、原位测试的勘探点数量不应少于勘探点总数的 2/3</td></tr>
</table>

表 5-3-2　地面车站、车辆基地工程初步勘察勘探线、勘探点间距(m)(广东省标准)

地基复杂程度等级	勘探线间距	勘探点间距
一级(复杂)	30～50	30～50
二级(中等复杂)	40～80	40～80
三级(简单)	80～150	80～150

表 5-3-3　车辆基地工程初步勘察勘探线、勘探点间距(m)

地基复杂程度等级	勘探线间距	勘探点间距
一级(复杂场地)	50～100	30～50
二级(中等复杂场地)	75～150	40～100
三级(简单场地)	150～300	75～200

表 5-3-4　车辆基地工程初步勘察勘探孔深度(m)

工程重要性等级	控制性勘探孔	一般性勘探孔
一级	⩾30	⩾15
二级	15～30	10～15
三级	10～20	6～10

三、原位测试

(一)方法的选择

初步勘察原位测试方法的选择应根据地区经验、工点类型、任务要求和适用范围按表 5-3-5 进行选择。

表 5-3-5 初步勘察原位测试方法选用

工点类型	测试方法													
	标准贯入试验	圆锥动力触探试验	预钻式旁压试验	自钻式旁压试验	静力触探试验	孔压静力触探试验	平板载荷试验	螺旋板载荷试验	扁铲侧胀试验	十字板剪切试验	波速测试	现场直接剪切试验	岩体原位应力测试	地温测试
地下工程	○	○	○	○	○	○	○	○	○	○	√	○	○	√
高架工程	○	○	○	○	○	○	○	○	○	○	√	○	○	—
地面和车辆基地工程	○	○	○	○	○	○	○	○	○	○	√	○	○	—

注:√:应做项目;○:需根据原位测试方法的适用范围和任务要求选做项目;—:可不做该项目。

(二)布置原则

初步勘察原位测试布置原则如下:

(1)波速测试:根据任务要求,可采用单孔法、跨孔法或面波法;布置原则为每车站不少于 1 个(组),车辆基地不少于 2 个(组),宜布置在控制性勘探孔中,测试深度为设计孔深;提供参数为剪切波波速 v_s、压缩波波速 v_p、动剪切模量 G_d 和动泊松比 μ_d 等。

(2)地温测试:每个地下车站均宜布置不少于 1 个地温测试孔;测试点宜布设在结构底板下 5 m 以上的地层中;发现有热源影响区域、采用冻结法施工或设计有特殊要求的部位应布置测试点。

(3)各原位测试方法的技术要求和成果应用见第三篇第三章相关内容。

四、地球物理勘探

初步勘察地球物理勘探的布置原则如下:

(1)视电阻率测井:

①布置原则为每个车站不少于 1 个。

②地下车站的测试深度不应小于结构底板下 5.0 m;高架车站的测试深度不应小于地面下 5.0 m,接地有特殊要求时,可根据设计要求确定。

③采样间隔宜小于 1 m。

视电阻率测井具体技术要求和成果应用见第三篇第四章第五节相关内容。

(2)其他地球物理勘探手段可根据任务要求、应用范围和适用条件选用。

五、室内试验

(一)试验项目的确定

初步勘察除应提供地基土常规指标外,尚需结合工点情况提供特殊参数,见表 5-3-6。

表 5-3-6 初步勘察需提供的主要特殊参数

工点类型	试验参数												
	渗透系数	三轴抗剪强度CU	三轴抗剪强度UU	无侧限抗压强度	静止侧压力系数	烧失量	热物理指标	基床系数	先期固结压力	固结系数	岩石单轴抗压强度	软化系数	岩石抗剪断强度
地下车站和明挖区间	√	√	√	√	√	○	○	○	—	—	○	○	—
盾构法区间	√	—	√	√	—	○	○	○	—	—	√	○	√
矿山法区间	√	—	○	√	○	○	○	○	—	—	√	√	—
高架工程	—	—	—	—	—	—	—	—	√	—	√	—	—
地面和车辆基地工程	√	√	√	√	○	○	—	—	√	√	—	—	—

注:√:应提供;○:可提供;—:可不提供。

(二)布置原则

初步勘察阶段室内试验项目的布置应符合以下原则:

(1)在钻探范围内的所有土层均要进行土的常规物理力学性质试验,每个主要土层的试验指标数量不应少于10件(组),且每一地质单元每一主要土层不应少于6件(组)。

(2)三轴抗剪强度:主要布置在地面至结构底板以下5 m深度范围内,每一主要土层的试验指标数量不宜少于3组。

(3)无侧限抗压强度:主要布置在地面至结构底板以下5.0 m深度范围内,每一主要土层的试验指标数量不宜少于6组。

(4)静止侧压力系数:主要布置在地面至结构底板以下5.0 m深度范围内,每一主要土层的试验指标数量不宜少于6组。

(5)热物理指标:主要在地下车站地面至结构底板以下5.0 m深度范围内进行,区间试验范围为区间隧道上下1倍直径范围,每一主要土层的试验指标数量不宜少于3组。

(6)基床系数:主要布置在地面至结构底板以下5.0 m深度范围内,每一主要土层的试验指标数量不宜少于3组。

水平基床系数主要布置在地面至结构底板以下5.0 m深度范围内,垂直基床系数主要布置在结构底板以下1倍基坑深度范围内的地层中;区间主要布置在隧道上下1倍直径范围内。

(7)先期固结压力和固结系数:主要布置在地面至结构底板以下10.0 m深度范围内,每一主要土层的试验指标数量不宜少于6组。

(8)岩石单轴抗压强度和软化系数:主要布置基岩地区,每一主要岩层的试验指标数量不应少于3组。

(9)岩石抗剪断强度:主要布置基岩地区的隧道上下各1倍洞径范围内,每一主要岩层的试验指标数量不宜少于3组。

(10)水的腐蚀性分析:每层地下水不应少于2组,地表水不应少于1组。

(11)土的腐蚀性分析:主要布置在地下水位以上深度的结构范围内,每一主要土层的试验指标数量不宜少于 2 组。

(12)其他室内试验项目可根据工点类型、施工方法、任务要求和适用条件进行布置，试验指标数量应满足子样数分层统计要求。

六、水文地质试验

(1)为保证设计充分使用水文地质试验成果资料，建议在初步勘察阶段进行大部分的水文地质试验布置。

(2)地下水水位量测：初步勘察应布置地下水水位量测孔，当场地存在对工程有影响的多层含水层时，应分层量测。

(3)地下水位动态长期观测：当地下水对车站和区间工程有影响时应布置地下水位动态长期观测孔，每个水文地质单元的每层地下水宜布置 1 组。

(4)水文地质试验：对需要进行地下水控制的车站和区间工程宜进行水文地质试验，每一水文地质单元不宜少于 1 组。

第四章　详细勘察

城市轨道交通工程的详细勘察应在初步勘察的基础上，以工点为单位，以具体的工程结构为对象，针对城市轨道交通各类工程的建筑类型、结构形式、埋置深度和施工方法等开展工作，提供具体的地质参数和详细的技术资料，并提出岩土工程问题预测及处理措施建议，满足施工图设计和工程施工要求。

第一节　目的和任务

一、详细勘察的目的

详细勘察目的是查明各类工程场地的工程地质、水文地质条件，分析评价地基、围岩及边坡稳定性，预测可能出现的岩土工程问题，提出地基基础、围岩加固与支护、边坡治理、地下水控制、周边环境保护方案建议，提供地基土物理力学指标和岩土设计参数，为施工图设计、工程施工提供依据。

二、详细勘察的任务

（一）详细勘察的强制性任务

详细勘察应进行下列工作：

(1)查明不良地质作用的特征、成因、分布范围、发展趋势和危害程度，提出治理方案的建议。

(2)查明场地范围内岩土层的类型、年代、成因、分布范围、工程特性，分析和评价地基的稳定性、均匀性和承载能力，提出天然地基、地基处理或桩基等地基基础方案的建议，对需进行沉降计算的建(构)筑物、路基等，提供地基变形计算参数。

(3)分析地下工程围岩的稳定性和可挖性，对围岩进行分级和岩土施工工程分级，提出对地下工程有不利影响的工程地质问题及防治措施的建议，提供基坑支护、隧道初期支护和衬砌设计、施工所需的岩土参数。

(4)分析边坡的稳定性，提供边坡稳定性计算参数，提出边坡治理的工程措施建议。

(5)查明对工程有影响的地表水体的分布、水位、水深、水质、防渗措施、淤积物分布及地表水与地下水的水力联系等，分析地表水体对工程可能造成的危害。

(6)查明地下水的埋藏条件，提供场地的地下水类型、勘察时水位、水质、岩土渗透系数、地下水位变化幅度等水文地质资料，分析地下水对工程的作用，提出地下水控制措施的建议。

(7)判定地下水和土对建筑材料的腐蚀性。

(8)分析工程周边环境与工程的相互影响，提出环境保护措施的建议。

(9)应确定场地类别,对抗震设防烈度大于 6 度的场地,应进行液化判别,提出处理措施的建议。

(10)在季节性冻土地区,应提供场地土的标准冻结深度。

(二)地下工程详勘任务

地下工程包括地下车站主体、出入口、风井、通道,地下区间、联络通道等,地下工程的详细勘察除应完成强制性任务外,尚应进行以下工作:

1. 一般任务

(1)查明各岩土层的分布,提供各岩土层的物理力学性质指标,提供地下工程设计、施工所需的岩土层的基床系数、静止侧压力系数、热物理指标和电阻率等岩土参数。

(2)查明不良地质作用、特殊性岩土及对工程施工不利的饱和砂层、卵石层、漂石层等地质条件的分布与特征,分析其对工程的危害和影响,提出工程防治措施的建议。

(3)基岩地区应查明岩石风化程度,岩层层理、片理、节理等软弱结构面的产状及组合形式,断裂构造和破碎带的位置、规模、产状和力学属性,划分岩体结构类型,分析隧道偏压的可能性及危害。

(4)对隧道围岩的稳定性进行评价,围岩分级、岩土施工工程分级。分析隧道开挖、围岩加固及初期支护等可能出现的岩土工程问题,提出防治措施建议,提供隧道开挖方式选择、围岩加固、初期支护和衬砌设计所需的岩土参数。

(5)对基坑边坡的稳定性进行评价,分析基坑支护可能出现的岩土工程问题,提出防治措施建议,提供基坑支护设计所需的岩土参数。

(6)分析地下水对工程施工的影响,预测基坑和隧道突水、涌砂、流土、管涌的可能性及危害程度;需进行地下水控制时,应进行水文地质试验,提出地下水控制所需的水文地质参数。

(7)分析地下水对工程结构的作用,对需采取抗浮措施的地下工程,提出抗浮设计水位的建议,提供抗拔桩或抗浮锚杆设计所需的各岩土层的侧摩阻力或锚固力等计算参数,必要时对抗浮设计水位进行专题研究。

(8)分析评价工程降水、岩土开挖对工程周边环境的影响,提出周边环境保护措施的建议。

(9)对出入口与通道、风井与风道、施工竖井与施工通道、联络通道等附属工程及隧道断面尺寸变化较大区段,应根据工程特点、场地地质条件和工程周边环境条件进行岩土工程分析与评价。

(10)对地基承载能力、地基处理和围岩加固效果等的工程检测提出建议,对工程结构、工程周边环境、岩土体的变形及地下水位变化等的工程监测提出建议。

(11)存在有毒有害气体时,应查明其分布、成分和压力。

2. 明挖法勘察工作任务

明挖法勘察应符合下列要求:

(1)查明场地岩土类型、成因、分布与工程特性,重点查明填土、暗浜、软弱土夹层及饱和砂层的分布,基岩埋深较浅地区的覆盖层厚度、基岩起伏、坡度及岩层产状。

(2)根据开挖方法和支护结构设计的需要提供必要的岩土参数及岩土工程施工分级。

(3)土的抗剪强度指标应根据土的性质、基坑安全等级、支护形式和工况条件选择室内试验方法；当地区经验成熟时，也可通过原位测试结合地区经验综合确定。

(4)查明场地水文地质条件，判定基坑开挖人工降低地下水位的可能性，为地下水控制设计提供参数；分析地下水位降低对工程及工程周边环境的影响，当采用坑内降水时还应预测降低地下水位对基底、坑壁稳定性的影响，并提出处理措施的建议。

(5)根据粉土、粉细砂分布及地下水特征，分析基坑发生流土、管涌、突涌的可能性。

(6)搜集场地附近既有建(构)筑物基础类型、埋深和地下设施资料，并对既有建(构)筑物、地下设施与基坑边坡的相互影响进行分析，提出工程周边环境保护措施的建议。

3. 矿山法勘察工作任务

矿山法勘察应符合下列要求：

(1)第四纪土层隧道应查明场地岩土类型、成因、分布与工程特性，重点查明隧道通过土层的性状、密实度及自稳性，古河道、古湖泊、地下水、饱和粉细砂层、有害气体的分布，填土的组成、性质及厚度。

(2)基岩地区应查明基岩起伏、岩石坚硬程度、岩体结构形态和完整状态、岩层风化程度、结构面发育情况、构造破碎带特征、岩溶发育及富水情况、围岩的膨胀性等。

(3)了解隧道影响范围内的地下人防、地下管线、古墓穴及废弃工程残留物的分布，以及地下管线渗漏、人防充水等情况。

(4)根据隧道开挖方法及围岩岩土类型与特征，提供所需的岩土参数。

(5)预测施工可能产生突水、涌砂、开挖面坍塌、冒顶、边墙失稳、洞底隆起、岩爆、滑坡、围岩松动等风险的地段，并提出防治措施的建议。

(6)查明场地水文地质条件，分析地下水对工程施工的危害，建议合理的地下水控制措施，提供地下水控制设计、施工所需的水文地质参数；当采用降水措施时应分析地下水位降低对工程及工程周边环境的影响。

(7)根据围岩岩土条件、隧道断面形式和尺寸、开挖特点分析隧道开挖引起的围岩变形特征；根据围岩变形特征和工程周边环境变形控制要求，对隧道开挖步序、围岩加固、初期支护、隧道衬砌以及环境保护提出建议。

4. 盾构法勘察工作任务

盾构法勘察应符合下列要求：

(1)查明场地岩土类型、成因、分布与工程特性，重点查明高灵敏度软土层、松散砂土层、高塑性黏性土层、含承压水砂层、软硬不均地层、含漂石或卵石地层等的分布和特征，分析评价其对盾构施工的影响。

(2)基岩地区应查明岩土分界面位置、岩石坚硬程度、岩石风化程度、结构面发育情况、构造破碎带、岩脉的分布与特征等，分析其对盾构施工可能造成的危害。

(3)通过专项勘察查明岩溶、土洞、孤石、风化岩和残积土中的球状风化体、地下障碍物、有害气体的分布。

(4)提供砂、卵石和全、强风化岩石的颗粒组成、最大粒径及曲率系数、不均匀系数、耐磨矿物成分及含量，岩石质量指标(RQD值)，土层的黏粒含量等。

(5)对盾构始发(接收)井及区间联络通道的地质条件进行分析和评价，预测可能发生的岩土工程问题，提出岩土加固范围和方法的建议。

(6)根据隧道围岩条件、断面尺寸和形式，对盾构设备选型及刀盘、刀具的选择以及辅助工法的确定提出建议，并提供所需的岩土参数。

(7)根据围岩岩土条件及工程周边环境变形控制要求，对不良地质体的处理及环境保护提出建议。

(8)盾构下穿地表水体时应调查地表水与地下水之间的水力联系，分析地表水体对盾构施工可能造成的危害。

(9)分析评价隧道下伏的淤泥层及易产生液化的饱和粉土层、砂层对盾构施工和隧道运营的影响，提出处理措施的建议。

(10)对盾构始发(接收)井端头及区间联络通道提出岩土加固方法建议。

(11)对不良地质作用及特殊性岩土可能引起的盾构法施工风险提出控制措施的建议。

5. 沉管法勘察工作任务

沉管法勘察应符合下列要求：

(1)搜集河流的宽度、流量、流速、含砂(泥)量、最高洪水位、最大冲刷线、汛期等水文资料。

(2)调查河道的变迁、冲淤的规律以及隧道位置处的障碍物。

(3)勘探点应布置在基槽及周围影响范围内，沿线路方向勘探点间距宜为 20～30 m，在垂直线路方向勘探点间距宜为 30～40 m。广东省要求沉管隧道勘探点可采用梅花形布设方式，管节底部投影区域勘探点间距宜为 30～50 m；水下浚挖边坡范围内勘探点间距宜为 40～60 m。

(4)勘探孔深度应达到基槽底以下不小于 10 m，并满足变形计算的要求。

(5)河岸的管节临时停放位置宜布置勘探点。

(6)查明水底以下软弱地层的分布及工程特性。

(7)提供砂土水下休止角、水下开挖边坡坡角。

6. 沉井法勘察工作任务

沉井法勘察应符合下列要求：

(1)沉井的位置应有勘探点控制，并宜根据沉井的大小和工程地质条件的复杂程度布置 1～4 个勘探孔。

(2)勘探孔进入沉井底以下的深度不宜小于 10 m，或进入中等风化或微风化岩层不宜小于 5 m。

(3)查明岩土层的分布及物理力学性质，特别是影响沉井施工的基岩面起伏、软弱岩层中的坚硬夹层、球状风化体、漂石等。

(4)查明含水层的分布、地下水位、渗透系数等水文地质条件，必要时进行抽水试验。

(5)提供岩土层与沉井侧壁的摩擦系数、侧壁摩阻力。

7. 导管注浆法勘察工作任务

导管注浆法勘察应符合下列要求：

(1)注浆加固的范围内均应布置勘探点。

(2)查明土的颗粒级配、孔隙率，岩石的裂隙宽度和分布规律，岩土渗透性，地下水埋深、流向和流速，有机质含量。

(3)宜通过现场试验测定岩土的渗透性。

(4)预测注浆施工中可能遇到的工程地质问题，并提出处理措施的建议。

8. 冻结法勘察工作任务

冻结法勘察应符合下列要求：

(1)查明需冻结土层的分布及物理力学性质，其中包括含水量、饱和度、固结系数、抗剪强度。

(2)查明需冻结土层周围含水层的分布，提供地下水流速、地下水中的含盐量。

(3)提供地层温度、热物理指标、冻胀率、融沉系数等参数。

(4)查明冻结施工场地周围的建(构)筑物、地下管线等分布情况，分析冻结法施工对周边环境的影响。

(三)高架工程详勘任务

高架工程包括高架车站、高架区间及其附属工程。高架工程的详细勘察除应完成强制性任务外，尚应进行以下工作：

(1)查明场地各岩土层类型、分布、工程特性和变化规律；确定墩台基础与桩基的持力层，提供各岩土层的物理力学性质指标；分析桩基承载性状，结合当地经验提供桩基承载力计算和变形计算参数。

(2)查明溶洞、土洞、人工洞穴、采空区、可液化土层和特殊性岩土的分布与特征，分析其对墩台基础和桩基的危害程度，评价墩台地基和桩基的稳定性，提出防治措施的建议。

(3)采用基岩作为墩台基础或桩基的持力层时，应查明基岩的岩性、构造、岩面变化、风化程度，确定其坚硬程度、完整程度和基本质量等级，判定有无洞穴、临空面、破碎岩体或软弱岩层。

(4)查明水文地质条件，评价地下水对墩台基础及桩基设计和施工的影响；判定地下水和土对建筑材料的腐蚀性。

(5)查明场地是否存在产生桩侧负摩阻力的地层，评价负摩阻力对桩基承载力的影响，并提出处理措施的建议。

(6)分析桩基施工存在的岩土工程问题，评价成桩的可能性，论证桩基施工对工程周边环境的影响，并提出处理措施的建议。

(7)对基桩的完整性和承载能力提出检测的建议。

(8)花岗岩地区应查明基础影响范围内球状风化体分布情况。

(四)路基工程详勘任务

路基工程的详细勘察除应完成强制性任务外，尚应进行以下工作：

(1)一般路基详细勘察应包括下列内容：

①查明地层结构、岩土性质、岩层产状、风化程度及水文地质特征；分段划分岩土施工工程等级；评价路基基底的稳定性。

②应分段采取岩土试样进行物理力学试验，采取水试样进行水质分析。

(2)高路堤详细勘察应包括下列内容：

①查明基底地层结构，岩土性质，覆盖层与基岩接触面的形态。查明不利倾向的软弱夹层，并评价其稳定性。

②调查地下水活动对基底稳定性的影响。

③地质条件复杂的地段应布置横剖面。

④应分段采取岩土试样进行物理力学试验，提供验算地基强度及变形的岩土参数。

⑤分析基底和斜坡稳定性，提出路基和斜坡加固方案的建议。

(3)深路堑详细勘察应包括下列内容：

①查明场地的地形、地貌、不良地质作用和特殊地质问题；调查沿线天然边坡、人工边坡的工程地质条件；分析边坡工程对周边环境产生的不利影响。

②土质边坡应查明土层厚度、地层结构、成因类型、密实程度及下伏基岩面形态和坡度。

③岩质边坡应查明岩层性质、厚度、成因、节理、裂隙、断层、软弱夹层的分布、风化破碎程度；主要结构面的类型、产状及充填物。

④查明路堑影响深度范围的含水层、地下水埋藏条件、地下水动态，评价地下水对路堑边坡及结构稳定性的影响，需要时应提供路堑结构抗浮设计的建议。

⑤建议路堑边坡坡度，分析评价路堑边坡的稳定性，提供边坡稳定性计算参数，提出路堑边坡治理措施的建议。

⑥调查雨期、暴雨量、汇水范围和雨水对坡面、坡脚的冲刷及对坡体稳定性的影响。

(五)涵洞工程详勘任务

涵洞工程的详细勘察除应完成强制性任务外，尚应进行以下工作：

(1)查明地形、地貌、地层、岩性、天然沟床稳定状态、隐伏的基岩斜坡、不良地质作用和特殊性岩土。

(2)查明涵洞场地的水文地质条件，必要时进行水文地质试验，提供水文地质参数。

(3)应采取勘探、测试和试验等方法综合确定地基承载能力，提供涵洞设计所需的岩土参数。

(4)调查雨期、雨量等气象条件及涵洞附近的汇水面积。

(六)支挡结构详勘任务

支挡结构的详细勘察除应完成强制性任务外，尚应进行以下工作：

(1)查明支挡地段地形、地貌、不良地质作用和特殊性岩土，地层结构及岩土性质。

(2)提供支挡结构设计所需的岩土参数。

(3)评价支挡结构地基稳定性和承载力，提出支挡形式和地基基础方案的建议。

(4)查明支挡地段水文地质条件，评价地下水对支挡结构的影响，提出处理措施的建议。

(七)地面和车辆基地工程详勘任务

地面工程详细勘察包括地面车站、地面区间及其附属设施的勘察；车辆基地的详细勘察宜包括站场股道、出入线、各类房屋建筑及其附属设施的勘察。

地面工程及车辆基地工程详细勘察除应完成强制性任务外，尚应进行以下工作：

(1)划分岩土工程施工等级，评价路基的稳定性。

(2)查明地下水、地表水分布及性质，评价对基底稳定性的影响。

(3)查明明浜和暗浜分布范围及回填情况，评价其对路基稳定性的影响。

(4)查明高路堤基底及其影响范围内的岩土层性质，提供沉降估算及稳定性验算参数；分析评价路堤的稳定性，提出路基及边坡地基处理和加固方案的建议。

(5)对路堑应查明挖方段的地形、地貌、不良地质及特殊性岩土的分布，查明边坡岩土体性质、断层及软弱夹层等不利结构面分布，查明覆盖层与基岩接触面的形态特征及起伏变化情况，调查区域汇水情况及其不利影响，分析评价边坡的稳定性，提出路堑边坡治理措施的建议。

（八）主变电站详勘任务

主变电站详细勘察应进行下列主要工作：

（1）查明各建（构）筑物的地基岩土类别、层次、厚度、分布规律及工程性质，分析评价地基的稳定性和均匀性。

（2）提供岩土的物理性质和抗剪强度、压缩模量、地基承载力等指标以及人工地基、桩基础等地基基础设计所需计算参数。

（3）查明地下水埋藏条件，提供地下水位及变化幅度。

（4）查明不良地质作用的类型、成因、分布范围、发展趋势和危害程度、提出整治方案的建议。

（5）分析和预测由于施工可能引起的环境地质问题，提出防治措施及建议。

第二节 勘察工作量布置

详细勘察工作前应搜集附有坐标和地形的拟建工程的平面图、纵断面图、荷载、结构类型与特点、施工方法、基础形式及埋深、地下工程埋置深度及上覆土层的厚度、变形控制要求等资料。

详细勘察工作量布置应满足以下基本要求：

（1）详细勘察工作应根据各类工程场地的工程地质、水文地质和工程周边环境等条件，以勘探与取样、原位测试、室内试验为主，辅以工程地质调查与测绘、工程物探的综合勘察方法。

（2）详细勘察一般以工点为单位进行工作量布置，勘探与取样、原位测试及室内试验等数量要求均以工点为单位进行统计。

（3）详细勘察应充分利用前阶段勘探、原位测试及室内试验等勘察成果，利用孔距离拟建结构边线距离不宜大于 15 m。

（4）详细勘察的工作量应根据工点类型、结构类型和施工方法进行布置。

一、地下车站和明挖法区间

（一）勘探与取样

1. 勘探点平面布置

勘探点的平面布置应符合下列规定：

（1）车站主体勘探点宜沿结构轮廓线布置，结构角点以及出入口与通道、风井与风道、施工竖井与施工通道、联络通道等附属工程部位应有勘探点控制。

（2）明挖法区间勘探点可沿基坑边线布置。

（3）明挖法车站和区间宜在开挖边界外按开挖深度的 1～2 倍范围内布置勘探点，当开挖边界外无法布置勘探点时，可通过搜集、调查取得相应资料。对于软土勘察范围尚应适当扩大。

（4）勘探点间距根据场地的复杂程度、地下工程类别及地下工程的埋深、断面尺寸等特点可按表 5-4-1～表 5-4-3 综合确定，地层变化较大时，应加密勘探点。

(5)每个车站不应少于 2 条纵剖面和 3 条有代表性的横剖面，车站端头部位应设置横剖面且孔数不少于 2 个。

(6)采用立柱桩的车站，勘探点的平面布置宜结合立柱桩的位置布设。

(7)宽度小于 15 m 的线型基坑，勘探点可沿基坑边线两侧交错布置，但基坑角点应有勘探点控制。

(8)在区间隧道洞口、陡坡段、大断面、异型断面、工法变换等部位以及联络通道、渡线、施工竖井等应有勘探点控制，并布设剖面。

表 5-4-1 勘探点间距(m)

场地复杂程度	复杂场地	中等复杂场地	简单场地
地下车站勘探点间距	10～20	20～40	40～50
地下区间勘探点间距	10～30	30～50	50～60

表 5-4-2 勘探点间距(m)(广东省标准)

场地复杂程度	复杂场地	中等复杂场地	简单场地
地下车站勘探点间距	10～20	20～30	30～50
地下区间勘探点间距	10～30	30～40	40～60

表 5-4-3 勘探点间距(m)(贵州省标准)

场地复杂程度	复杂场地	中等复杂场地	简单场地
基坑工程及浅埋暗挖车站	10～20	20～40	40～50
深埋暗挖车站	20～40	40～60	60～80
山岭车站	40～60	60～80	80～100
区间隧道	10～30	30～50	50～60

2. 勘探点性质确定

(1)控制性勘探孔的数量不应少于勘探点总数的 1/3。

(2)采取岩土试样及原位测试勘探孔的数量：车站工程不应少于勘探点总数的 1/2，区间工程不应少于勘探点总数的 2/3。

(3)静力触探孔数量不宜超过勘探点总数的 1/2，对于有经验的地区，静力触探孔数量可适当增加，但不应超过勘探点总数的 2/3。

浙江省标准要求详细勘察中采取土试样和进行原位测试的勘探点数量不宜少于总数的 2/3，其中取土试样的数量在区间和车站不应少于勘探点总数的 1/2、车辆基地不应少于 1/3。

广东省标准要求取岩土样和原位测试孔勘探点数量不应少于勘探点总数的 2/3，其中取样孔不少于1/2。每个勘探孔宜进行标准贯入试验，试验点间距宜 2～3 m，液化判别时试验点间距宜 1 ～1.5 m。

3. 勘探孔深度确定

勘探孔深度应符合下列规定：

(1)控制性勘探孔的深度应满足基坑支护设计、地基、隧道围岩、基坑边坡稳定性分析、变形计算以及地下水控制的要求。

(2)控制性勘探孔进入结构底板以下不应小于 25 m 且不小于 3 倍开挖深度或进入结构底板以下中等风化或微风化岩石不应小于 5 m。

(3)一般性勘探孔深度进入结构底板以下不应小于 15 m 且不小于 2.5 倍开挖深度或进入结构底板以下中等风化或微风化岩石不应小于 3 m。

(4)当采用立柱桩、抗拔桩或抗浮锚杆时，勘探孔深度应满足其设计的要求。

(5)当预定深度范围内存在软弱土层时，勘探孔应适当加深。

浙江省标准要求在钻孔预定深度内遇中等风化或微风化基岩时，孔深可适当减少，但控制性钻孔孔深宜进入结构底板下不小于 8 m，一般孔不小于 5 m，遇破碎带及岩溶等不良地质作用时，应适当加深。

广东省标准要求基坑工程勘探孔深度应根据场地条件和设计要求确定，宜为 2～3 倍基坑开挖深度，并应穿过主要的软弱土层和含水层，其中控制性勘探孔进入结构底板以下不小于 25 m 或进入结构底板以下中、微风化软岩不小于 10 m(硬岩不小于 5 m)，一般性勘探孔进入结构底板以下不小于 15 m 或进入结构底板以下中、微风化软岩不应小于 5 m(硬岩不应小于 3 m)。

4. 取样

(1)采取岩土试样应满足岩土工程评价的要求。

(2)每个车站或区间工程每一主要土层的原状土试样或原位测试数据不应少于 10 件(组)，且每一地质单元的每一主要土层不应少于 6 件(组)。

(3)采取岩土试样的质量和数量应满足要求进行的试验项目或试验方法的需要。

(4)取样的具体要求见第三篇第二章第五节相关内容。

(二)原位测试

地下车站和明挖法区间详细勘察原位测试工作应符合以下规定：

(1)每个车站或区间工程的波速测试孔不宜少于 3 个，宜布置在控制性勘探孔中，测试深度为设计孔深；提供参数为剪切波波速 v_s、压缩波波速 v_p、动剪切模量 G_d 和动泊松比 μ_d 等。

(2)每个车站工程的地温测试孔不宜少于 2 个；测试点宜布设地面至结构底板下一倍隧道洞径深度范围；发现有热源影响区域、采用冻结法施工或设计有特殊要求的部位应布置测试点。

(3)其他原位测试应根据需要和地区经验选取适合的测试方法，并满足岩土工程评价的要求。

(4)各原位测试方法的技术要求和成果应用见第三篇第三章相关内容。

(三)地球物理勘探

(1)每个车站或区间工程的电阻率测试孔不宜少于 2 个。测试深度不应小于结构底板下 5.0 m，接地有特殊要求时，可根据设计要求确定。

(2)其他地球物理勘探手段可根据任务要求、应用范围和适用条件选用。

(四)室内试验

1. 试验项目的确定

地下车站和明挖法区间工程详细勘察所需提供的岩土参数除常规指标外，其他地基土参数可从表 5-4-4 中选用。

表 5-4-4 地下车站和明挖法区间工程详细勘察岩土参数选择表

开挖施工方法		三轴抗剪强度CU	三轴抗剪强度UU	静止侧压力系数	无侧限抗压强度	十字板剪切强度	基床系数	热物理指标	水平抗力系数的比例系数	回弹及回弹再压缩模量	弹性模量	渗透系数	先期固结压力	灵敏度	软化系数	岩石单轴抗压(拉)强度	岩块波速	土体与锚固体黏结强度	桩基设计参数
放坡开挖		√	√	—	√	○	—	√	—	—	—	√	○	√	○	○	○	—	—
支护开挖	土钉墙	√	√	—	√	○	—	√	—	—	—	√	√	√	○	○	○	√	—
	排桩	√	√	√	√	○	√	√	○	○	○	√	√	√	○	○	○	○	√
	钢板桩	√	√	○	√	○	√	√	○	○	—	√	√	√	○	○	○	○	√
	地下连续墙	√	√	√	√	○	√	√	○	√	√	√	√	√	○	○	○	○	○
	水泥土挡墙	√	√	—	√	○	—	√	—	—	—	√	√	√	○	○	○	—	—
盖挖		√	√	√	√	○	√	√	√	○	√	√	√	√	○	○	○	—	√
矿山法车站		○	○	—	√	○	√	√	○	○	√	√	○	○	○	√	√	—	—

注:√:应提供;○:可提供;—:可不提供。

2. 布置原则

室内试验项目的布置应符合以下原则:

(1)在钻探范围内的所有土层均要进行土的常规物理力学性质试验,每个主要土层的试验指标数量不应少于 10 件(组),且每一地质单元每一主要土层不应少于 6 件(组)。

(2)三轴抗剪强度:主要布置在地面至结构底板以下 5 m 深度范围内,每一主要土层的试验指标数量不宜少于 3 组。

抗剪强度室内试验方法应根据施工方法、施工条件、设计要求等确定。岩土的抗剪强度指标宜通过室内试验、原位测试结合当地的工程经验综合确定。

(3)无侧限抗压强度:主要布置在地面至结构底板以下 5.0 m 深度范围内,每一主要土层的试验指标数量不宜少于 6 组。

(4)静止侧压力系数:主要布置在地面至结构底板以下 5.0 m 深度范围内,每一主要土层的试验指标数量不宜少于 6 组。

(5)回弹及回弹再压缩模量:宜在基底以下压缩层范围内采取岩土试样进行回弹再压缩试验,每层试验数据不宜少于 3 组。

(6)热物理指标:主要在地下车站地面至结构底板以下 5.0 m 深度范围内进行,区间试验范围为区间隧道上下 1 倍直径范围,每一主要土层的试验指标数量不宜少于 3 组。

(7)基床系数:主要布置在地面至结构底板以下 5.0 m 深度范围内,每一主要土层的试验指标数量不宜少于 3 组。

水平基床系数主要布置在地面至结构底板以下 5.0 m 深度范围内，垂直基床系数主要布置在结构底板以下 1 倍基坑深度范围内的地层中；区间主要布置在隧道上下 1 倍直径范围内。

基床系数在有经验地区可通过原位测试、室内试验结合规范的经验值综合确定，必要时通过专题研究或现场 K_{30} 载荷试验确定。

(8)先期固结压力：主要布置在地面至结构底板以下 10.0 m 深度范围内，每一主要土层的试验指标数量不宜少于 6 组。

(9)岩块波速：基岩地区应进行岩块的弹性波波速测试，每一主要岩层的测试指标数量不应少于 3 组。

(10)岩石单轴抗压(拉)强度和软化系数：基岩地区应进行岩石的饱和单轴抗压强度试验，必要时应进行软化试验；对软岩、极软岩可进行天然湿度的单轴抗压强度试验。每一主要岩层的试验指标数量不应少于 3 组。

(11)水的腐蚀性分析：每层地下水不应少于 2 组，地表水不应少于 1 组。

(12)土的腐蚀性分析：主要布置在地下水位以上深度的结构范围内，每一主要土层的试验指标数量不宜少于 2 组。

(13)其他室内试验项目可根据工点类型、施工方法、任务要求和适用条件进行布置，试验指标数量应满足子样数分层统计要求。

(五)水文地质试验

当地下水对车站和区间工程有影响时应布置长期水文观测孔，对需要进行地下水控制的车站和区间工程宜进行水文地质试验。

(1)地下水水位量测：应布置地下水水位量测孔，当场地存在对工程有影响的多层含水层时，应分层量测。地下水水位量测孔的数量在每个主要地质剖面上不宜少于 1 个。

(2)地下水位动态长期观测：可利用初勘成果。

(3)水文地质试验：当初勘水文地质试验成果不能满足施工图设计或施工要求时，应在详细勘察工作中增加水文地质试验数量。

二、盾构法区间

(一)勘探与取样

1. 勘探点平面布置

勘探点的平面布置应符合下列规定：

(1)区间勘探点宜在隧道结构外侧 3～5 m 的位置交叉布置；当左右线隧道中线距离大于等于 3 倍洞径时宜按单线分别布置勘探点。浙江省标准要求当上行、下行隧道内净距离大于等于 15 m 时宜按单线分别布置勘探点。勘探点间距不宜大于 50 m，水域段勘探点间距不宜大于 40 m，当地质条件复杂时，孔距不宜大于 45 m。联络通道位置应布置横向剖面且剖面不少于 2 个孔，孔距不宜大于 45 m。

(2)在区间隧道洞口、陡坡段、大断面、异型断面、工法变换等部位以及联络通道、渡线等应有勘探点控制，并布设剖面；联络通道不少于 2 个孔。广东省标准要求每条横剖面宜布置不少于 3 个勘探点(单洞隧道可布置 2 个勘探点)

(3)勘探点间距根据场地的复杂程度及地下工程的埋深、断面尺寸等特点可按表 5-4-1

综合确定,地层变化较大时,应加密勘探点。

2. 勘探点性质确定

(1)控制性勘探孔的数量不应少于勘探点总数的 1/3。

(2)区间工程采取岩土试样及原位测试勘探孔的数量不应少于勘探点总数的 2/3。

(3)静力触探孔数量不宜超过勘探点总数的 1/2,对于有经验的地区,静力触探孔数量可适当增加,但不应超过勘探点总数的 2/3。

3. 勘探孔深度确定

勘探孔深度应符合下列规定:

(1)控制性勘探孔的深度进入结构底板以下不小于 3 倍洞径或进入结构底板以下中等风化或微风化岩石不小于 5 m。

(2)一般性勘探孔应进入结构底板以下不小于 2 倍洞径或进入结构底板以下中等风化或微风化岩石不小于 3 m。

(3)联络通道位置孔深不应小于隧道底以下 3 倍洞径,并可根据具体施工工艺需要确定。

4. 取样

(1)采取岩土试样应满足岩土工程评价的要求。

(2)每个区间工程每一主要土层的原状土试样不应少于 10 件(组),且每一地质单元的每一主要土层不应少于 6 件(组)。

(3)在隧道上下 1 倍洞径深度范围内取土样间距不宜大于 2 m。

(4)在盾构进出洞端和联络通道各选取 1 个钻探孔在隧道开挖面的上下 2 m 深度范围内宜连续取土样,取样间距不宜大于 1 m。(《浙江省城市轨道岩土工程勘察规范》(DB 33/T1126—2016)第 7.3.2 条规定)

(5)采取岩土试样的质量和数量应满足要求进行的试验项目或试验方法的需要。

(二)原位测试

盾构法区间详细勘察原位测试工作应符合以下规定:

(1)每个区间工程的波速测试孔不宜少于 3 个,宜布置在控制性勘探孔中,测试深度为设计孔深。

(2)其他原位测试应根据需要和地区经验选取适合的测试方法,并满足岩土工程评价的要求。

(3)在隧道开挖断面深度范围内原位测试点间距不宜大于 2 m。

(三)地球物理勘探

(1)每个区间工程的电阻率测试孔不宜少于 2 个。测试深度不应小于结构底板下 5.0 m,接地有特殊要求时,可根据设计要求确定。

(2)其他地球物理勘探手段可根据任务要求、应用范围和适用条件选用。

(四)室内试验

1. 试验项目的确定

盾构法区间工程详细勘察所需提供的岩土参数除常规指标外,其他地基土参数可从表 5-4-5 中选用。

表 5-4-5　盾构法区间工程详细勘察岩土参数选择表

类　别	参　　数	类　别	参　　数
地下水	1. 孔隙水压力； 2. 渗透系数； 3. 水质分析； 4. 地下水水位	物理性质	1. 含砾石量、含砂量、含粉砂量、含黏土量； 2. d_{10}、d_{50}、d_{70}及曲率系数 C_c、不均匀系数 C_u； 3. 砂卵石中的石英、长石等硬质矿物含量； 4. 最大粒径、砾石形状、尺寸及硬度； 5. 颗粒级配； 6. 灵敏度； 7. 围岩的纵、横波速度； 8. 硬质岩石的岩矿组成及硬质矿物含量； 9. 浅层土的腐蚀性； 10. 比重、含水量、密度、孔隙比等； 11. 液限、塑限
力学性质	1. 抗剪强度指标； 2. 无侧限抗压强度； 3. 静止侧压力系数； 4. 泊松比； 5. 先期固结压力； 6. 次固结系数； 7. 热物理指标； 8. 基床系数； 9. 岩石质量指标(RQD 值)； 10. 软化系数； 11. 岩石单轴抗压强度(饱和及天然)	有害气体	1. 化学成分； 2. 有害气体成分、压力、含量

2. 布置原则

室内试验项目的布置应符合以下原则：

(1)在钻探范围内的所有土层均要进行土的常规物理力学性质试验，每个主要土层的试验指标数量不应少于 10 件(组)，且每一地质单元每一主要土层不应少于 6 件(组)。

(2)三轴抗剪强度(UU 和 CU)：主要布置在地面至结构底板以下 5 m 深度范围内，每一主要土层的试验指标数量不宜少于 3 组。抗剪强度室内试验方法应根据施工方法、施工条件、设计要求等确定。岩土的抗剪强度指标宜通过室内试验、原位测试结合当地的工程经验综合确定。

(3)无侧限抗压强度：主要布置在地面至结构底板以下 5.0 m 深度范围内，每一主要土层的试验指标数量不宜少于 6 组。

(4)静止侧压力系数：主要布置在地面至结构底板以下 5.0 m 深度范围内，每一主要土层的试验指标数量不宜少于 6 组。

(5)热物理指标：主要布置在区间隧道上下 1 倍直径范围内，每一主要土层的试验指标数量不宜少于 3 组。

(6)基床系数：主要布置在隧道上下 1 倍直径范围内，每一主要土层的试验指标数量不宜少于 3 组。在有经验地区可通过原位测试、室内试验结合规范的经验值综合确定，必要时通过专题研究或现场 K_{30} 载荷试验确定。

(7)先期固结压力和次固结系数：主要布置在地面至结构底板以下 10.0 m 深度范围内的黏性土中，每一主要土层的试验指标数量不宜少于 6 组。

(8)岩石试验指标：基岩地区应进行岩石的饱和单轴抗压强度试验，必要时尚应进行软化试验和抗剪断试验;对软岩、极软岩可进行天然湿度的单轴抗压强度试验;对在隧道开挖断面深度范围内的硬质岩石,应提供岩矿组成及硬质矿物含量。每一主要岩层的试验指标数量不应少于3组。

(9)颗粒分析等指标:对于砂、卵石和全、强风化岩石,应提供颗粒组成、最大粒径及曲率系数、不均匀系数、耐磨矿物成分及含量等。

(10)水的腐蚀性分析:每层地下水不应少于2组,地表水不应少于1组。广东省标准要求地下水分层取样时各层不少于3组。

(11)土的腐蚀性分析:主要布置在地下水位以上深度的结构范围内,每一主要土层的试验指标数量不宜少于2组。

(12)其他室内试验项目可根据工点类型、施工方法、任务要求和适用条件进行布置,试验指标数量应满足子样数分层统计要求。

(五)水文地质试验

(1)地下水水位量测:应布置地下水水位量测孔,当场地存在对工程有影响的多层含水层时,应分层量测。

(2)地下水位动态长期观测:可利用初勘成果。

(3)水文地质试验:盾构下穿地表水体时应调查(必要时通过水文地质试验查明)地表水与地下水之间的水力联系,分析地表水体对盾构施工可能造成的危害。

三、矿山法区间

(一)勘探与取样

1. 勘探点平面布置

勘探点的平面布置应符合下列规定:

(1)区间勘探点宜在隧道结构外侧3~5 m的位置交叉布置;当左右线隧道中线距离大于等于3倍洞径时宜按单线分别布置勘探点。

(2)在区间隧道洞口、陡坡段、大断面、异型断面、工法变换等部位以及联络通道、渡线等应有勘探点控制,并布设剖面;联络通道不少于2个孔。广标8.3.2要求:每条横剖面宜布置不少于3个勘探点(单洞隧道可布置2个勘探点)

(3)在地层分界线、断层、物探异常点、储水构造或地下水发育地段、隧道浅埋段及不良地质作用发育地段应布置勘探点。

(4)勘探点间距根据场地的复杂程度及地下工程的埋深、断面尺寸等特点可按表5-4-1综合确定,地层变化较大时,应加密勘探点。

(5)山岭隧道勘探点的布置可执行现行行业标准《铁路工程地质勘察规范》(TB 10012)的有关规定。广东省标准要求山岭隧道应根据前期勘察成果,在隧道埋深超过30 m且洞顶岩层厚度大于3倍洞跨的洞身段,勘探点间距可取隧道埋深的1.5~3倍,且不宜大于300 m,主要的地质界线、断层、风化深槽等位置应有勘探点控制。

2. 勘探点性质确定

(1)控制性勘探孔的数量不应少于勘探点总数的1/3。

(2)区间工程采取岩土试样及原位测试勘探孔的数量不应少于勘探点总数的2/3。

(3)静力触探孔数量不宜超过勘探点总数的1/2,对于有经验的地区,静力触探孔数量可适当增加，但不应超过勘探点总数的2/3。

3. 勘探孔深度确定

勘探孔深度应符合下列规定：

(1)控制性勘探孔的深度进入结构底板以下不小于3倍洞径或进入结构底板以下中等风化或微风化岩石不小于5 m。

(2)一般性勘探孔应进入结构底板以下不小于2倍洞径或进入结构底板以下中等风化或微风化岩石不小于3 m。

(3)联络通道位置孔深不应小于隧道底以下3倍洞径，并可根据具体施工工艺需要确定。

(4)勘探孔遇破碎带及岩溶等不良地质作用时，应适当加深。

4. 取样

采取岩土试样的要求参照盾构法区间。

(二)原位测试和地球物理勘探

矿山法区间详细勘察原位测试和地球物理勘探工作参照盾构法区间。

(三)室内试验

1. 试验项目的确定

矿山法区间工程详细勘察所需提供的岩土参数除常规指标外，其他地基土参数可从表5-4-6中选用。

表5-4-6　矿山法区间详细勘察岩土参数选择表

类　别	参　　数	类　别	参　　数
地下水	1. 地下水位、水量； 2. 渗透系数； 3. 水质分析	物理性质	1. 黏粒含量； 2. 颗粒级配； 3. 围岩的纵、横波速度； 4. 浅层土的腐蚀性
力学性质	1. 无侧限抗压强度； 2. 岩石单轴抗压(拉)强度； 3. 三轴抗剪强度指标(UU及CU)； 4. 岩体的弹性模量； 5. 土体的变形模量及压缩模量； 6. 泊松比； 7. 软化系数； 8. 静止侧压力系数； 9. 热物理指标； 10. 基床系数； 11. 岩石质量指标(RQD值)	矿物组成及工程特性	1. 矿物组成； 2. 浸水崩解度； 3. 吸水率、膨胀率； 4. 热物理指标
		有害气体	1. 土的化学成分； 2. 有害气体成分、压力、含量

2. 布置原则

室内试验项目的布置原则可参照盾构法区间。

（四）水文地质试验

（1）地下水水位量测：应布置地下水水位量测孔，当场地存在对工程有影响的多层含水层时，应分层量测。

（2）地下水位动态长期观测：可利用初勘成果。

（3）水文地质试验：

①对工程有影响的地下水应进行抽（压）水试验，每个矿山法区间不应少于 1 组，分层获取水文地质参数并评价其富水性和涌水量。

②下穿地表水体时应查明地表水与地下水之间的水力联系，分析地表水体对矿山法施工可能造成的危害。

四、高架工程

（一）勘探与取样

1. 勘探点平面布置

勘探点的平面布置应符合下列规定：

（1）高架车站勘探点应沿结构轮廓线和柱网布置，勘探点间距宜为 15～35 m。当桩端持力层起伏较大、地层分布复杂时，应加密勘探点。

浙江省标准要求，间距宜为 20～30 m；广东省标准要求，间距宜为 15～30 m。

（2）高架区间勘探点应逐墩布设；当地质条件复杂或跨径大于 35 m 时，宜增加勘探点数量，地质条件简单时可适当减少勘探点。

（3）过街天桥应布置剖面，且勘探点不宜少于 2 个。

（4）岩溶场地的轨道桥梁勘探点应根据岩溶发育程度分级综合确定，岩溶弱发育地段按每个墩台布置1～2孔，岩溶中等发育地段每个墩台适当增加钻孔，岩溶强发育地段对于明挖扩大基础应布置 5 个钻孔、对于桩基础应逐桩布置钻孔。

2. 勘探点性质确定

（1）控制性勘探孔的数量不应少于勘探点总数的 1/3。

（2）采取岩土试样及原位测试勘探孔的数量不应少于勘探点总数的 1/2。

（3）静力触探孔数量不宜超过勘探点总数的 1/2，对于有经验的地区，静力触探孔数量可适当增加，但不应超过勘探点总数的 2/3。

3. 勘探孔深度确定

勘探孔深度应符合下列规定：

（1）墩台基础的控制性勘探孔应满足沉降计算和下卧层验算要求。

（2）墩台基础的一般性勘探孔应达到基底以下 10～15 m 或墩台基础底面宽度的 2～3 倍；基岩地段，当风化层不厚或为硬质岩时，应进入基底以下中等风化岩石地层 2～3 m。

（3）桩基的控制性勘探孔深度应满足沉降计算和下卧层验算要求，应穿透桩端平面以下压缩层厚度；嵌岩桩的控制性勘探孔应深入预计桩端平面以下不小于 3～5 倍桩身设计直径，并穿过溶洞、破碎带，进入稳定地层；在预计深度范围内如遇中等风化、微风化岩石地层时控制性孔深进入基底或桩端以下不宜小于 8 m。

（4）桩基的一般性勘探孔深度应深入预计桩端平面以下 3～5 倍桩身设计直径，且不应小于 3 m，大直径桩不应小于 5 m。嵌岩桩一般性勘探孔应达到预计桩端平面以下 1～

3倍桩身设计直径。

(5)当预定深度范围内存在软弱土层时，勘探孔应适当加深。

4. 取样

(1)采取岩土试样应满足岩土工程评价的要求。

(2)每个车站或区间工程每一主要土层的原状土试样不应少于10件(组)，且每一地质单元的每一主要土层不应少于6件(组)。

(3)采取岩土试样的质量和数量应满足要求进行的试验项目或试验方法的需要。

(二)原位测试

高架工程详细勘察的原位测试工作应符合以下规定：

(1)每个车站或区间工程的波速测试孔不宜少于3个，宜布置在控制性勘探孔中，测试深度为设计孔深；提供参数为剪切波波速 v_s、压缩波波速 v_p、动剪切模量 G_d 和动泊松比 v_d 等。

(2)其他原位测试应根据需要和地区经验选取适合的测试方法，并满足岩土工程评价的要求。

(三)地球物理勘探

(1)每个车站的电阻率测试孔不宜少于2个。测试深度不应小于地面下5.0 m，接地有特殊要求时，可根据设计要求确定。

(2)其他地球物理勘探手段可根据任务要求、应用范围和适用条件选用。

(四)室内试验

1. 试验项目的确定

高架工程详细勘察所需提供的岩土参数除常规指标外，其他地基土参数可从表5-4-7中选用。

表5-4-7　高架工程详细勘察岩土参数选择表

类　别	参　　数	类　别	参　　数
力学性质	1. 无侧限抗压强度； 2. 三轴抗剪强度指标(CU)； 3. 岩石单轴抗压强度(饱和和天然)； 4. 软化系数； 5. 先期固结压力	地下水	水质分析
		物理性质	1. 黏粒含量； 2. 颗粒级配； 3. 围岩的纵、横波速度； 4. 浅层土的腐蚀性

2. 布置原则

室内试验项目的布置应符合以下原则：

(1)在钻探范围内的所有土层均要进行土的常规物理力学性质试验，每个主要土层的试验指标数量不应少于10件(组)，且每一地质单元每一主要土层不应少于6件(组)。

(2)三轴抗剪强度或无侧限抗压强度：当需估算基桩的侧阻力、端阻力和验算下卧层强度时，宜进行三轴剪切试验或无侧限抗压强度试验，三轴剪切试验受力条件应模拟工程实际情况。每一主要土层的试验指标数量不宜少于3组。

(3)先期固结压力：主要布置在桩端以下10.0 m深度范围内，每一主要土层的试验指标数量不宜少于6组。

(4)岩石单轴抗压强度和软化系数:桩端持力层为基岩时,应采取岩样进行饱和单轴抗压强度试验,必要时尚应进行软化试验;软岩和极软岩,可进行天然湿度的单轴抗压强度试验;对无法取样的破碎和极破碎岩石,应进行原位测试或点载荷试验。每一主要岩层的试验指标数量不应少于3组。

(5)水的腐蚀性分析:每层地下水不应少于2组,地表水不应少于1组。

(6)土的腐蚀性分析:主要布置在地下水位以上深度的结构范围内,每一主要土层的试验指标数量不宜少于2组。

(7)其他室内试验项目可根据工点类型、施工方法、任务要求和适用条件进行布置,试验指标数量应满足子样数分层统计要求。

五、路基、涵洞工程

(一)勘探点平面布置

勘探点的平面布置应符合下列规定:

(1)一般路基勘探点间距为50～100 m。

(2)高路堤、深路堑、支挡结构勘探点间距可根据场地复杂程度按表5-4-8综合确定。

表5-4-8 勘探点间距(m)

复杂场地	中等复杂场地	简单场地
15～30	30～50	50～60

(3)高路堤、陡坡路堤、深路堑应根据基底和斜坡的特征,结合工程处理措施,确定代表性工程地质断面的位置和数量。每个断面的勘探点不宜少于3个,地质条件简单时不宜少于2个。

(4)深路堑工程遇有软弱夹层或不利结构面时,勘探点应适当加密。

(5)支挡结构的勘探点不宜少于3个。

(6)涵洞的勘探点不宜少于2个。

(二)勘探点性质确定

控制性勘探孔的数量不应少于勘探点总数的1/3,取样及原位测试孔数量应根据地层结构、土的均匀性和设计要求确定,不应少于勘探点总数的1/2。

(三)勘探孔深度确定

勘探孔深度应满足以下要求:

(1)控制性勘探孔深度应满足地基、边坡稳定性分析、变形计算的要求。

(2)进行地震效应评价的勘探孔深度不应小于20 m。

(3)一般路基的一般性勘探孔深度不应小于5 m,高路堤不应小于8 m。

(4)路堑的一般性勘探孔深度应能探明软弱层厚度及软弱结构面产状,且穿过潜在滑动面并深入稳定地层内2～3 m,满足支护设计要求;地下水发育地段,根据排水工程需要适当加深。

(5)支挡结构的一般性勘探孔深度应达到基底以下不小于5 m。

(6)基础置于土中的涵洞一般性勘探孔深度应按表5-4-9确定。

表 5-4-9 涵洞一般性勘探孔深度(m)

碎石土	砂土、粉土和黏性土	软土、饱和砂土等
3~8	8~15	15~20

注:1. 勘探孔深度应由结构底板算起。
2. 箱型涵洞勘探孔应适当加深。

(7)预定深度内见中风化或微风化基岩时,进入基底下 3~5 m,且应进入中等或微风化基岩不小于1 m。

(8)遇软土、岩溶和破碎带时,勘探孔应适当加深。

(9)采用墩、桩基础时,勘探点间距及孔深应满足墩、桩基设计要求。

六、地面和车辆基地工程

(一)勘探与取样

地面和车辆基地工程的详细勘察应满足以下要求:

(1)地面工程的详细勘察包括地面车站、地面区间及其附属设施的勘察。

(2)车辆基地的详细勘察宜包括站场股道、出入线、各类房屋建筑及其附属设施的勘察。

(3)车辆基地可根据不同建筑类型分别进行勘察,同时考虑场地挖填方对勘察的要求。

(4)站场隧道及出入线的详细勘察,可根据线路敷设形式按地下区间、高架区间路基或地面区间等的相关规定执行。

(5)地面车站、车辆基地各类建筑及附属设施详细勘察勘探点布置和勘探孔深度,应根据建筑物特性和岩土工程条件确定。对岩质地基,应根据地质构造、岩体特性、风化情况等,结合建筑物对地基的要求,按地方标准或当地经验确定;对土质地基,应符合以下规定。

1. 勘探点平面布置

地面车站、车辆基地各类建筑及附属设施的详细勘察勘探点平面布置原则如下:

(1)地面车站勘探点应根据基础特点结合车站轮廓线布置。

(2)车辆基地各类建筑物及附属设施勘探点宜按建筑物周边线和角点布置,对无特殊要求的其他建筑物可按建筑物或建筑群的范围布置,每栋建筑物的控制性勘探点不应少于1个。

(3)同一建筑范围内的主要受力层或有影响的下卧层起伏较大时,应加密勘探点,查明其变化。

(4)勘探手段宜采用钻探与触探相配合,在复杂地质条件、湿陷性土、膨胀岩土、风化岩和残积土地区,宜布置适量探井。

(5)勘探点的间距可按表 5-4-10 确定。

表 5-4-10 地面车站、车辆基地详细勘察勘探点间距(m)

地基复杂程度等级	勘探点间距
一级(复杂)	10~15
二级(中等复杂)	15~30
三级(简单)	30~50

2. 勘探点性质确定

采取土试样和进行原位测试的勘探孔的数量，应根据地层结构、地基土的均匀性和工程特点确定，且不应少于勘探孔总数的1/2，钻探取土样孔的数量不应少于勘探孔总数的1/3。

3. 勘探孔深度确定

勘探孔深度自基础底面算起，应符合下列规定：

(1)勘探孔深度应能控制地基主要受力层，当基础底面宽度不大于5 m时，勘探孔的深度对条形基础不应小于基础底面宽度的3倍，对单独柱基不应小于1.5倍，且不应小于5 m。

(2)对高层建筑和需作变形验算的地基，控制性勘探孔的深度应超过地基变形计算深度；高层建筑的一般性勘探孔应达到基底下0.5～1.0倍的基础宽度，并深入稳定分布的地层。

(3)对仅有地下室的建筑或高层建筑的裙房，当不能满足抗浮设计要求，需设置抗浮桩或锚杆时，勘探孔深度应满足抗拔承载力评价的要求。

(4)当有大面积地面堆载或软弱下卧层时，应适当加深控制性勘探孔的深度。

(5)在上述规定深度内遇基岩或厚层碎石土等稳定地层，勘探孔深度可适当调整。

(6)地基变形计算深度，对中、低压缩性土可取附加压力等于上覆土层有效自重压力20%的深度；对于高压缩性土层可取附加压力等于上覆土层有效自重压力10%的深度。

(7)建筑总平面内的裙房或仅有地下室部分(或当基底附加压力 $p_0 \leqslant 0$ 时)的控制性勘探孔的深度可适当减小，但应深入稳定分布地层，且根据荷载和土质条件不宜少于基底下0.5～1.0倍基础宽度。

(8)当需进行地基整体稳定性验算时，控制性勘探孔深度应根据具体条件满足验算要求。

(9)当需确定场地抗震类别而邻近无可靠的覆盖层厚度资料时，应布置波速测试孔，其深度应满足确定覆盖层厚度的要求，且不应小于20 m。

(10)大型设备基础勘探孔深度不宜小于基础底面宽度的2倍。

(11)当需进行地基处理时，勘探孔的深度应满足地基处理设计与施工要求。

(12)当采用桩基时，勘探孔的深度应满足桩基设计要求。

4. 取样

(1)采取岩土试样应满足岩土工程评价的要求。

(2)每个场地每一主要土层的原状土试样不应少于6件(组)。

(3)在地基主要受力层内，对厚度大于0.5 m的夹层或透镜体，应采取土试样。

(4)当土层性质不均匀时，应增加取土试样的数量。

(5)采取岩土试样的质量和数量应满足要求进行的试验项目或试验方法的需要。

(二)原位测试

高架工程详细勘察的原位测试工作应符合以下规定：

(1)每场地的波速测试孔不宜少于3个，宜布置在控制性勘探孔中，测试深度为设计孔深且不小于20 m。

(2)当采用连续记录的静力触探或动力触探为主要勘察手段时，每个场地不应少于

3 个孔。

(3)在地基主要受力层内,对厚度大于 0.5 m 的夹层或透镜体,应进行原位测试。

(4)当土层性质不均匀时,应增加原位测试数量。

(5)其他原位测试应根据需要和地区经验选取适合的测试方法,并满足岩土工程评价的要求。

(三)地球物理勘探

(1)每个场地的电阻率测试孔不宜少于 2 个。测试深度不应小于地面下 5.0 m,接地有特殊要求时,可根据设计要求确定。

(2)其他地球物理勘探手段可根据任务要求、应用范围和适用条件选用。

(四)室内试验

1. 试验项目的确定

地面和车辆基地工程详细勘察所需提供的岩土参数应根据拟建(构)筑物基础类型和地质条件确定,基坑工程可参照地下车站及明挖法区间。

2. 布置原则

室内试验项目的布置应符合以下原则:

(1)在钻探范围内的所有土层均要进行土的常规物理力学性质试验,每个主要土层的试验指标数量不应少于 6 件(组)。

(2)水的腐蚀性分析:每层地下水不应少于 2 组,地表水不应少于 1 组。

(3)土的腐蚀性分析:主要布置在地下水位以上深度的结构范围内,每一主要土层的试验指标数量不宜少于 2 组。

(4)其他室内试验项目可根据建(构)筑物基础特点、施工方法、任务要求和适用条件进行布置,试验指标数量应满足子样数分层统计要求。

(五)水文地质试验

(1)地下水水位量测:应布置地下水水位量测孔,当场地存在对工程有影响的多层含水层时,应分层量测。地下水水位量测孔的数量在每个主要地质剖面上不宜少于 1 个。

(2)水文地质试验:当需要进行地下水控制时应进行水文地质试验。

七、主变电站

(一)勘　　探

1. 勘探点平面布置

勘探点的布置应根据建(构)筑物特点和场地复杂程度确定,并应符合下列要求:

(1)主控楼、配电装置楼的勘探点可沿基础柱列线、轴线或轮廓线布置,勘探点间距宜为 30～50 m,且每个单体建筑的勘探点数量不应少于 2 个。

(2)每台变压器区域的勘探点数量不应少于 1 个。

(3)构架、支架场地可结合基础位置按格网布置,勘探点间距宜为 30～50 m。《贵州城市轨道交通岩土工程勘察规范》(DBJ 52/T 009—2020)第 7.6.4 条要求:勘探点间距宜为 10～20 m。

(4)其他建(构)筑物地段可根据场地条件及建(构)筑物布置,按建筑群布置勘探点。

(5)对于简单场地或复杂场地应根据地形、地貌和地层变化情况增减勘探点。

(6)变电站为地下变电站时，勘探点间距宜为 15～30 m。

(7)地下变电站的勘测范围尚应满足不同支护类型结构设计的需要，宜在开挖边界外按开挖深度的 1～2 倍范围内布置勘探点，当开挖边界外无法布置勘探点时，可通过搜集、调查取得相应资料。对于软土勘察范围尚应适当扩大。

2. 勘探点性质确定

(1)控制性勘探点的数量应按场地复杂程度确定，且不宜少于勘探点总数的 1/3，主要建筑物或对地基变形敏感的建(构)筑物应布置有控制性勘探点。

(2)采取原状土试样和进行原位测试的勘探孔应为勘探孔总数的 1/3～1/2。

3. 勘探孔深度确定

自基础底面算起的勘探深度应符合下列要求：

(1)一般性勘探孔深度应能控制地基主要受力层，当基础宽度不大于 5 m 时，勘探孔深度对于条形基础不应小于基础底宽度的 3 倍，对于单独基础不应小于基础底宽度的 1.5 倍，且不应小于 5 m。

(2)控制性勘探孔深度应不小于地基变形计算深度，位于构架、支架区的控制性勘探孔深度可为 5～12 m，其他段的控制性勘探孔深度可为 8～20 m。

(3)在预定勘探深度内遇到基岩时，一般性勘探孔在达到确认的基岩后即可终孔，控制性勘探孔入岩深度不宜小于 3 m。

(4)在预定勘探深度内遇到软弱地层时，勘探孔深度适当加深或穿透软弱地层。

(5)当拟定基础埋深以下有厚度大于 3 m，分布均匀的坚实土层，且其下无软弱下卧层时，除控制性勘探孔深度应达到规定深度外，一般性勘探孔深度达到该层顶面即可。

(6)当采用桩基础时，勘探孔深度应满足桩基设计要求。

(7)地下变电站勘探孔深度应满足地基强度和变形计算、支护结构、土体及整体稳定性验算和地下水控制设计的要求。

(二)取样和原位测试

(1)原位测试方法应根据场地岩土条件、设计要求、地区经验和测试方法的适用性等因素合理选用。

(2)同一地质体单元内每一主要土层，取原状土试样或原位测试数据不应少于 6 件(组)。

(三)地球物理勘探

(1)土壤电阻率：

土壤电阻率量测应符合下列规定：

①量测 0～200 m 的土壤电阻率宜采用对称四极电测探法。

②应结合变电所规模、场地复杂程度、电性层特性和设计要求均匀布置土壤电阻率测点，量测密度不宜低于每 1 000 m^2 一个点，且不宜少于 30 点。地质地貌单元及地层较复杂地段应增加测点。

③当地层土壤电阻率各向异性较大时，应在测点相互垂直的两个方向上布设测线量测。

④整平场地应在填筑完成后进行量测。

⑤接地极电阻率量测时，最大量测极距应根据极圈形状和直径确定，且不宜小于 1 倍

极圈直径。

(2)其他地球物理勘探手段可根据任务要求、应用范围和适用条件选用。

(四)室内试验

主变电站详细勘察所需提供的岩土参数除常规指标外,其他地基土参数可从表 5-4-11 中选用。

表 5-4-11 主变电站详细勘察岩土参数选择表

类 别	参 数
地下水	1. 渗透系数; 2. 水质分析
力学性质	1. 三轴抗剪强度指标(CU); 2. 无侧限抗压强度; 3. 先期固结压力; 4. 回弹及回弹再压缩模量; 5. 泊松比
力学性质	6. 热物理指标; 7. 岩石单轴抗压强度(饱和及天然); 8. 软化系数
物理性质	1. 灵敏度; 2. 岩石波速; 3. 硬质岩石的岩矿组成及硬质矿物含量; 4. 浅层土的腐蚀性

(五)水文地质试验

(1)地下水水位量测:应布置地下水水位量测孔,当场地存在对工程有影响的多层含水层时,应分层量测。

(2)水文地质试验:当需要进行地下水控制时应进行水文地质试验。

第五章　施工勘察和专项勘察

第一节　施 工 勘 察

受勘察精度和场地条件的影响，详细勘察工作并不能解决施工中所有的工程地质问题，当遇到下列情况时，应根据工程实际需要进行相应的施工勘察工作：

(1)场地地质条件复杂、施工过程中出现地质异常，对工程结构及工程施工产生较大危害。

(2)施工方案有较大变更或采用新技术、新工艺、新方法、新材料，详细勘察资料不能满足要求。

(3)基坑或隧道施工过程中出现桩(墙)变形过大、基坑隆起、涌水、坍塌、失稳等岩土工程问题，或发生地面沉降过大、地面坍塌、相邻建筑开裂等工程环境问题。

(4)盾构始发(接收)井端头、联络通道的岩土加固等辅助工法需要时。

(5)需开展洞内超前地质预报的山岭隧道工程。

(6)其他需施工勘察的情况。

施工勘察应针对施工方法、施工工艺的特殊要求和施工中出现的工程地质问题等开展工作，提供地质资料，满足施工方案调整和风险控制的要求。

一、施工勘察工作内容

施工勘察工作一般由施工单位或委托勘察单位进行，施工勘察宜开展下列地质工作：

(1)研究工程勘察资料，掌握场地工程地质条件及不良地质作用和特殊性岩土的分布情况，预测施工中可能遇到的岩土工程问题。

(2)调查了解工程周边环境条件变化、周边工程施工情况、场地地下水位变化及地下管线渗漏情况，分析地质与周边环境条件的变化对工程可能造成的危害。

(3)施工中应通过观察开挖面岩土成分、密实度、湿度，地下水情况，软弱夹层、地质构造、裂隙、破碎带等实际地质条件，核实、修正勘察资料。

(4)绘制边坡和隧道地质描述图。

(5)复杂地质条件下的地下工程开展超前地质探测工作，进行超前地质预报。

(6)必要时对地下水动态进行观测。

二、施工勘察要求

施工勘察应符合下列要求：

(1)施工勘察应根据施工需要、地质条件和遇到的岩土工程问题，有针对性地选择勘察方法和手段，优先采用原位测试手段，尽可能降低对现场环境的影响。

(2)对抗剪强度、基床系数、桩端阻力、桩侧摩阻力等关键岩土参数缺少相关工程经验的地区，宜在施工阶段进行现场原位试验。

(3)对于工程施工险情或事故处理需要进行的施工勘察，应采取多手段验证，并进行不同状态及边界条件下的分析评价。

(4)根据施工勘察目的、现场条件进行相应的分析评价工作，并提出治理或处理措施的建议。

第二节 专项勘察

城市轨道交通工程的专项勘察主要包括不良地质作用及特殊性岩土专项勘察、水文地质专项勘察和冻结法施工专项勘察等。

专项勘察根据工程需要可在不同的勘察阶段进行。不良地质作用及特殊性岩土专项勘察可在可行性研究勘察阶段进行，水文地质专项勘察、冻结法施工专项勘察可在详细勘察阶段实施。

一、专项勘察实施条件

(一)不良地质作用及特殊性岩土专项勘察

遇下列情况时，可进行不良地质作用及特殊性岩土专项勘察：

(1)场地存在暗浜、古河道、空洞、岩溶、土洞等不良地质条件影响工程安全。

(2)场地存在孤石、漂石、球状风化体、破碎带、风化深槽等特殊岩土体对工程施工造成不利影响。

(3)当工程沿线存在其他可能影响拟建线路走向、平面与空间布置及施工工法选择的不良地质作用及特殊性岩土时需要特别查明。

(4)对应的勘察阶段对不良地质作用及特殊性岩土的勘察精度不能满足设计要求，需要进一步查明。

(二)水文地质专项勘察

遇下列情况时，可进行水文地质专项勘察：

(1)工程全线或分区段统一进行相关水文地质勘察。

(2)当水文地质条件复杂且对工程及地下水控制有重要影响。

(3)需要查明各含水层补给关系及需测定地下水流向和流速等特殊要求。

(4)对应的勘察阶段对水文地质的勘察精度难以满足工程要求。

(三)冻结法专项勘察

(1)遇下列情况时，应进行冻结法专项勘察并进行相应冻结试验：

①需评价冻结法施工对周边环境的影响及论证冻结法适应性。

②需提供冻结土层不同温度下的物理力学参数及提供冻融后土层的相关参数。

相关土层的冻结法专项勘察应在工程全线或分区段统一进行；进行的冻结试验项目包括原始土层热物理指标和冻土物理力学试验指标。

(2)冻结法勘察应提供以下勘察资料：

①周边地面环境及地下管线资料

主要应包括周边地面及地下的建(构)筑物结构、设备、管线特征及其与联络通道等拟建工程位置关系，建(构)筑物、设备和管线等的特殊保护要求等。

②勘察孔地质柱状图及相关描述

应包括勘察孔位置、深度，勘察孔主要施工工艺及主要施工过程，勘察孔全深范围内的土层分布图、土层名称、层顶标高、层厚、取样点位置、土体性状、包含物及物理特征等。勘察孔深度应不小于联络通道等拟建工程结构埋深的 2～3 倍。

③含水层及地下水活动特征

应包括含水层埋深、厚度、渗透系数、地下水水位及其变化幅度，以及含水层与地表水体的水力联系等。当联络通道等拟建工程附近含水层地下水活动频繁、地下水流速有可能超过 5 m/d 时，还应提供该含水层的地下水流向、流速等资料。

④土层的常规物理力学特性指标

主要应包括土层的密度、含水率、塑性指标、颗粒组成、内摩擦角和黏聚力、膨胀量和承载力等。

⑤土层的热物理特性指标

主要应包括原始地温、导温系数、导热系数、比热容和冻胀率等。

⑥冻土的物理力学特性指标

主要应包括不同温度下的抗压强度、剪切强度、抗折强度、蠕变参数和融沉率等。

二、专项勘察要求

施工专项勘察工作应符合下列规定：

(1)搜集施工方案、勘察报告、工程周边环境调查报告以及施工中形成的相关资料。

(2)搜集和分析工程检测、监测和观测资料。

(3)充分利用施工开挖面了解工程地质条件，分析需要解决的工程地质问题。

(4)根据工程地质问题的复杂程度、已有的勘察工作和场地条件等确定施工勘察的方法和工作量。

(5)针对具体的工程地质问题进行分析评价，并提供所需岩土参数，提出工程处理措施的建议。

参考文献

[1]中华人民共和国住房和城乡建设部．城市轨道交通岩土工程勘察规范:GB 50307—2012[S]．北京:中国计划出版社,2012.

[2]中华人民共和国住房和城乡建设部．建筑工程抗浮技术标准:JGJ 476—2019[S]．北京:中国建筑工业出版社,2019.

[3]浙江省住房和城乡建设厅．浙江省城市轨道交通岩土工程勘察规范:DB 33/T 1126—2016[S]．北京:中国计划出版社,2017.

[4]贵州省住房和城乡建设厅．贵州城市轨道交通岩土工程勘察规范:DBJ 52/T099—2020[S]．贵阳:中国建筑工业出版社,2020.

[5]中华人民共和国建设部．岩土工程勘察规范(2009 年版):GB 50021—2001[S]．北京:中国建筑工业出版社,2009.

[6]国家能源局．变电站岩土工程勘测技术规程:DL/T 5170—2015[S]．北京:中国计划出版社,2015.

[7]中华人民共和国住房和城乡建设部．房屋建筑和市政基础设施工程勘察文件编制深度规定(2020 年版)[S]．北京:中国建材工业出版社, 2020.

[8]旁通道冻结法技术规程:DG/T J08-902—2006[S]．上海:上海市建设和交通委员会,2006.

第六篇　岩土工程分析与评价

第一章　岩土工程分析评价的内容和要求

第一节　岩土工程分析评价的内容

一、岩土工程分析评价基本内容

勘察报告中的岩土工程分析评价应包括下列内容：

(1)工程建设场地的稳定性、适宜性评价。

(2)岩土工程的施工分级、地下工程的围岩分级、稳定和变形分析，对施工和衬砌方案的建议。

(3)地基稳定性与均匀性的分析评价。

(4)地下工程、高架工程、路基及各类建筑工程的地基基础形式、地基承载能力及变形的分析与评价。

(5)不良地质作用及特殊性岩土对工程影响的分析与评价，避让或防治措施的建议。

(6)划分场地土类型和场地类别，对于抗震设防烈度等于或大于 6 度的场地，应评价地震液化和软土震陷的可能性；计算地震液化指数，提出相关预防或处置建议。

(7)围岩、边坡稳定性和变形分析，支护方案和施工措施的建议。

(8)工程建设与工程周边环境相互影响的预测及防治对策的建议。

(9)地下水对工程的静水压力、浮托作用分析。

(10)水和土对建筑材料腐蚀性的评价。

二、不同工法岩土工程分析评价的内容

(一)明挖法施工

明挖法施工应重点分析评价下列内容：

(1)分析基底隆起、基坑突涌的可能性，提出基坑开挖方式及支护方案的建议。

(2)支护桩(墙)类型选择、连续墙槽壁稳定性评价，连续墙、立柱桩持力层和承载能力，软弱下卧层稳定性评价。

(3)软弱结构面空间分布、特性及其对边坡、坑壁稳定的影响。

(4)分析岩土层的渗透性及水位变化，评价阻水、降水等措施的可行性。

(5)分析钻孔灌注桩、地下连续墙、钻孔咬合桩、SMW 工法桩、立柱桩等施工及基坑开挖过程中可能出现的岩土工程问题，以及对附近地面、邻近建(构)筑物和管线的影响，提出防治措施建议。

(6)在既有轨道交通线路安保区开挖基坑时,应分析评价基坑开挖、降水对既有线路结构的影响,提出防治措施建议。

(二) 矿山法施工

矿山法施工应重点分析评价下列内容:

(1)分析岩土及地下水的特性,进行围岩分级,评价隧道围岩的稳定性,提出隧道开挖方式、衬砌形式、超前支护形式等建议;分析评价洞口仰坡及两侧边坡的稳定性,提出洞口边坡支护措施建议。

(2)在围岩分级的基础上,指出围岩破坏的可能形式和影响围岩稳定的薄弱部位。

(3)分析不良地质作用和特殊性岩土的情况,指出可能出现坍塌、冒顶、边墙失稳、洞底隆起、涌水或突水等风险的地段,提出防治措施的建议。

(4)根据隧道断面、埋深、岩土特性、施工方法等分析隧道开挖引起地面变形的特性及影响范围,提出环境保护措施建议。

(5)采用爆破法施工时,分析爆破可能产生的影响及范围,提出防治措施建议。

(6)分析周边重要给(排)水管线等破损、渗漏情况及分布地段,预测其对工程施工产生的影响,提出防治措施建议。

(三)盾构法施工

盾构法施工应重点分析评价下列内容:

(1)根据岩土层的特点和岩土物理力学性质指标,分析岩土层的特征,指出盾构机选型应注意的地质问题。

(2)分析联络通道、区间工作井等部位的岩土工程条件,提出开挖支护工法等建议。

(3)分析浅层气等不良地质对盾构掘进的不利影响,并提出防治措施。

(4)分析评价复杂地质条件以及河流、湖泊等地表水体对盾构施工的影响。

(5)提出在软硬不均地层中的开挖措施及开挖面障碍物处理方法的建议。

(6)分析黏性土黏粒含量对盾构掘进的不利影响,并提出相应的设计施工建议。

(7)分析碎石土中大粒径卵石、漂石的强度、级配等对盾构施工的影响。

(8)花岗岩区,还应考虑可能存在的球状风化对盾构施工的影响。

(6)分析盾构施工可能造成的土体变形特征,评价其对工程周边环境的影响,提出防治措施建议。

(四)高架工程

高架工程应重点分析评价下列内容:

(1)分析岩土层的特征,建议天然地基、桩基持力层,评价天然地基承载力、桩基承载力及变形特征。

(2)评价成桩的可能性和桩基施工对周边环境的影响,指出成桩过程应注意的问题。

(3)分析评价岩溶、土洞等不良地质作用和膨胀土、填土等特殊性岩土对桩基稳定性和承载力的影响,提出防治措施建议。

(4)分析评价地表冲刷对桥梁基础的不利影响。

(五)地面工程及车辆基地

地面建筑物、构筑物的岩土工程分析评价,应符合现行国家标准《岩土工程勘察规范》(GB 50021)的有关规定。

(六)主变电站

主变电站岩土工程分析评价应包括下列内容:

(1)站址稳定性和适宜性。

(2)岩土体、地下水的工程条件、性质、指标和统计参数。

(3)地基与基础形式及技术、经济分析与比较。

(4)工程施工与运行中的岩土工程问题分析。

(5)环境地质问题。

第二节 岩土工程分析评价的要求

岩土工程分析与评价应在工程地质测绘、勘探、测试和搜集已有资料的基础上,结合勘察阶段、勘察等级、工程特点、施工方法和设计要求进行。

岩土工程分析评价应符合下列要求:

(1)充分了解工程结构的类型、特点、荷载情况和变形控制要求。

(2)掌握场地的地质背景,考虑岩土材料的非均质性、各向异性和随时间的变化,评估岩土参数的不确定性,确定其最佳估值。

(3)充分考虑当地经验和类似工程的经验。

(4)对于理论依据不足、实践经验不多的岩土工程问题,可通过现场模型试验或足尺试验取得实测数据进行分析评价。

(5)必要时可建议通过施工监测,及时调整设计和施工方案。

岩土工程分析与评价应在定性分析的基础上进行定量分析。岩土体的变形、强度和稳定应定量分析;场地的适宜性、场地地质条件的稳定性,可仅作定性分析。岩土工程分析评价应论据充分、逻辑合理,所提建议应技术可行、经济合理。

第二章　场地稳定性和工程建设适宜性评价

第一节　场地稳定性评价

场地的稳定性是指在场地地震效应、活动断裂与其他不良地质作用、地质灾害影响下的规划场地的稳定状态。城市轨道交通工程场地稳定性评价可参照《城乡规划工程地质勘察规范》(CJJ 57—2012)，采用定性的评判方法。

场地稳定性可划分为不稳定、稳定性差、基本稳定和稳定等四级，其分级应符合下列规定：

(1)符合下列条件之一的，应划分为不稳定场地：

①强烈全新活动断裂带。

②对建筑抗震的危险地段。

③不良地质作用强烈发育，地质灾害危险性大地段。

(2)符合下列条件之一的，应划分为稳定性差场地：

①微弱或中等全新活动断裂带。

②对建筑抗震的不利地段。

③不良地质作用中等—较强烈发育，地质灾害危险性中等地段。

(3)符合下列条件之一的，应划分为基本稳定场地：

①非全新活动断裂带。

②对建筑抗震的一般地段。

③不良地质作用弱发育，地质灾害危险性小地段。

(4)符合下列条件的，应划分为稳定场地：

①无活动断裂。

②对建筑抗震的有利地段。

③不良地质作用不发育。

注：从不稳定开始，向稳定性差、基本稳定、稳定推定，以最先满足的为准。

第二节　工程建设适宜性评价

工程建设适宜性是基于对地形地貌、水文、工程地质和水文地质、不良地质作用和地质灾害的综合分析和评判，得出的规划区工程建设适宜程度。

城市轨道交通工程建设适宜性可参照《城乡规划工程地质勘察规范》(CJJ 57—2012)，划分为不适宜、适宜性差、较适宜和适宜等四级，并宜采用定性和定量相结合的综合评判方法。

一、定性评价

工程建设适宜性的定性评价应符合表 6-2-1 规定，按表 6-2-1 评定划分为适宜的场地，可不进行工程建设适宜性的定量评价。

表 6-2-1 工程建设适宜性的定性分级标准

级别	分级要求	
	工程地质与水文地质条件	场地治理难易程度
不适宜	1. 场地不稳定； 2. 地形起伏大，地面坡度大于 50%； 3. 岩土种类多，工程性质很差； 4. 洪水或地下水对工程建设有严重威胁； 5. 地下埋藏有待开采的矿藏资源	1. 场地平整很困难，应采取大规模工程防护措施； 2. 地基条件和施工条件差，地基专项处理及基础工程费用很高； 3. 工程建设将诱发严重次生地质灾害，应采取大规模工程防护措施，当地缺乏治理经验和技术； 4. 地质灾害治理难度很大，且费用很高
适宜性差	1. 场地稳定性差； 2. 地形起伏较大，地面坡度大于等于 25% 且小于 50%； 3. 岩土种类多，分布很不均匀，工程性质差； 4. 地下水对工程建设影响较大，地表易形成内涝	1. 场地平整较困难，需采取工程防护措施； 2. 地基条件和施工条件较差，地基处理及基础工程费用较高； 3. 工程建设诱发次生地质灾害的机率较大，需采取较大规模工程防护措施； 4. 地质灾害治理难度较大或费用较高
较适宜	1. 场地基本稳定； 2. 地形有一定起伏，地面坡度大于 10% 且小于 25%； 3. 岩土种类较多，分布较不均匀，工程性质较差； 4. 地下水对工程建设影响较小，地表排水条件尚可	1. 场地平整，较简单； 2. 地基条件和施工条件一般，基础工程费用较低； 3. 工程建设可能诱发次生地质灾害，采取一般工程防护措施可以解决； 4. 地质灾害治理简单
适宜	1. 场地稳定； 2. 地形平坦，地貌简单，地面坡度小于等于 10%； 3. 岩土种类单一，分布均匀，工程性质良好； 4. 地下水对工程建设无影响，地表排水条件良好	1. 场地平整简单； 2. 地基条件和施工条件优良，基础工程费用低廉； 3. 工程建设不会诱发次生地质灾害

注：1. 表中未列条件，可按其对场地工程建设的影响程度比照推定。
2. 划分每一级别场地工程建设适宜性分级，符合表中条件之一时即可。
3. 从不适宜开始，向适宜性差、较适宜、适宜推定，以最先满足的为准。

二、定量评价

工程建设适宜性的定量评价应在定性评价的基础上进行。定量评价宜采用评价单元多因子分级加权指数和法。当有成熟经验时，可采用模糊综合评判等其他方法评判。当采用定性和定量评价方法分别确定的工程建设适宜性级别不一致时，应分析原因后综合评判。

(1)当采用评价单元多因子分级加权指数和法进行工程建设适宜性评价时，应符合下列规定：

①评价单元的定量评价因子体系应由一级因子层和二级因子层组成。一级因子层应包括地形地貌、水文、工程地质、水文地质、不良地质作用和地质灾害、活动断裂和地震效应等；二级因子层应为反映各一级因子主要特征的具体指标。

②评价因子体系定量标准可按表 6-2-2 确定。

表 6-2-2　工程建设适宜性的定量分级标准

序号	一级因子	二级因子	量化标准			
			所属分级（1 分≤X_j<3 分）	所属分级（3 分≤X_j<6 分）	所属分级（6 分≤X_j<8 分）	所属分级（8 分≤X_j≤10 分）
1	地形地貌	地形形态	地形破碎，分割严重，非常复杂	地形分割较严重，复杂	地形变化较大，较完整	地形简单，完整
2		地面坡度 i	i≥50%	25%≤i<50%	10%<i<25%	i≤10%
3	水文	洪水淹没可能	洪水淹没深度或用地标高低于设防洪（潮）水位超过 1.0 m	洪水淹没深度或用地标高低于设防洪（潮）水位（0.5～1.0 m）	洪水淹没深度或用地标高低于设防洪（潮）水位<0.5 m	无洪水淹没，或用地标高高于设防洪（潮）标高
4		水系水域	跨区域防洪标准行洪、泄洪的水系水域	区域防洪标准蓄滞洪的水系水域； 城乡防洪标准行洪、泄洪的水系水域	城乡防洪标准蓄滞洪的水系水域	防洪保护区
5	工程地质	岩土特征	岩土种类多，分布不均匀，工程性质差； 分布严重湿陷、膨胀、盐渍、污染的特殊性岩土，且其他情况复杂，需作专门处理的岩土		岩土种类较多，分布较不均匀，工程性质一般； 分布中等—轻微湿陷、膨胀、盐渍、污染的特殊性岩土	岩土种类单一，分布均匀，工程性质良好； 无特殊性岩土分布
6		地基承载力 f_a	f_a<80 kPa	80 kPa≤f_a<150 kPa	150 kPa≤f_a<200 kPa	f_a≥200 kPa
7		桩端持力层埋深 d	d>50 m	30 m<d≤50 m	5 m≤d≤30 m	d<5 m
8	水文地质	地下水埋深	<1 m	1～3 m	3～6 m	>6 m
9		土、水腐蚀性	强腐蚀	中等腐蚀	弱腐蚀	微腐蚀
10		土、水污染	严重，不可修复	中度，可修复	轻微，可不作处理	无污染
11	不良地质作用和地质灾害	崩塌	不稳定	稳定性差	基本稳定	稳定
12		滑坡				
13		地面塌陷				
14		泥石流	Ⅰ$_1$、Ⅱ$_1$ 类泥石流沟谷	Ⅰ$_2$、Ⅱ$_2$ 类泥石流沟谷	Ⅰ$_3$、Ⅱ$_3$ 类泥石流沟谷	非泥石流沟谷
15		构造地裂缝	正在活动	近期活动过	近期无活动	无构造性地裂缝
16		采空区	采深采厚比小于 30，地表水平变形大于 6 mm/m，且非连续变形	采深采厚比小于 30，地表水平变形 2～6 mm/m	采深采厚比大于 30 且地表已稳定	非采空区
17		地面沉降　沿海	沉降速率大于 40 mm/a		沉降速率（20～40 mm/a）	沉降速率小于 20 mm/a
		地面沉降　内陆	沉降速率大于 50 mm/a		沉降速率（30～50 mm/a）	沉降速率小于 30 mm/a
18		坍岸	不稳定库岸	欠稳定库岸	较稳定库岸	稳定库岸

续上表

序号	一级因子	二级因子	量化标准			
			所属分级（1 分≤X_j<3 分）	所属分级（3 分≤X_j<6 分）	所属分级（6 分≤X_j<8 分）	所属分级（8 分≤X_j≤10 分）
19	活动断裂和地震效应	地震液化	严重液化		中等、轻微液化	不液化
20		活动断裂	强烈全新活动断裂	微弱、中等全新活动断裂	非全新活动断裂	无活动断裂
21		抗设防烈度	>Ⅸ度区	Ⅸ度区	Ⅶ、Ⅷ度区	≤Ⅵ度区

注：1. X_j 为评价因子的计算分值。

2. 表中数值型因子，可以内插确定其分值。

3. 表中未列入而确需列入的指标，在不影响评价因子系统性的前提下可建立相应的评价因子体系，相应评价因子体系定量标准应根据有关国家和行业规范、标准及地区经验比照确定。

③应以评价单元为单位，按以下步骤进行计算：

a. 按表 6-2-2 选定一级因子、二级因子。

b. 按表 6-2-2 的规定，确定二级因子的具体计算分值（X_j）。

c. 按下式计算评价单元的适宜性指数（I_S），并根据表 6-2-4 规定的标准判定评价单元的工程建设适宜性分级。

$$I_S = \sum_{i=1}^{n} \omega_i' \left(\sum_{j=1}^{m} \omega_{ij}'' \cdot X_j \right) \tag{6-2-1}$$

式中 n——参评一级因子总数；

m——隶属于第 i 项一级因子的参评二级因子总数；

ω_i'——第 i 项一级因子权重；

ω_{ij}''——隶属于第 i 项一级因子下的第 j 项二级因子的权重。

（2）评价单元多因子分级加权指数和法的一级、二级因子权重的确定应符合下列规定：

①应根据各级因子对工程建设适宜性的影响程度，将其划分为主控因素、次要因素或一般因素。

②一级因子权重（ω_i'）、二级因子权重（ω_{ij}''）应满足下列要求：

a. $\sum_{i=1}^{n} \omega_i' = 1$，$n$ 为参评一级因子总数。

b. $\sum_{j=1}^{m} \omega_{ij}'' = 10$，$m$ 为隶属于第 i 个一级因子的参评二级因子总数。

③一级、二级因子的权重宜根据对其划分的类别，按表 6-2-3 取值。

表 6-2-3 因子权重取值

因子类别	一级因子权重（ω_i'）	二级因子权重（ω_{ij}''）
主控因素	$\omega_i' \geq 0.50$	$\omega_{ij}'' \geq 5.00$
次要因素	$0.20 \leq \omega_i' < 0.50$	$2.00 \leq \omega_{ij}'' < 5.00$
一般因素	$\omega_i' < 0.20$	$\omega_{ij}'' < 2.00$

注：因子权重可根据专家会议法、德尔菲法（Delphi）或地区经验综合确定。

(3)各评价单元的工程建设适宜性可根据评价单元的适宜性指数,按表 6-2-4 判定。

表 6-2-4　评价单元的工程建设适宜性判定标准

评价单元的适宜性指数	工程建设适宜性分级
$I_S<20$	不适宜
$20\leqslant I_S<45$	适宜性差
$45\leqslant I_S<70$	较适宜
$I_S\geqslant 70$	适宜

第三章　围岩分级与岩土施工工程分级

第一节　隧道围岩分级

一、概　　述

(一)隧道围岩的概念

围岩是指隧道开挖后其周围产生重分布应力影响范围内的岩土体,或指隧道开挖后对其稳定性产生影响的那部分岩土体。在不同的岩土体中开挖隧道后其所表现的性态是不同的,可归纳为充分稳定、基本稳定、暂时稳定和不稳定四种。

(二)隧道围岩分级的概念

各种围岩的物理性质之间存在一定的内在联系和规律,依照这些联系和规律,可将围岩划分为若干等级,即为围岩分级。

(三)隧道围岩分级的目的

通过围岩分级可以达到以下目的:

(1)可以作为选择施工方法的依据。

(2)进行科学管理及正确评价经济效益。

(3)确定结构上的荷载(松散荷载)。

(4)给出衬砌结构的类型及其尺寸。

(5)制定劳动定额、材料消耗标准的基础等。

二、围岩基本分级

地下工程在勘察阶段仅进行围岩的基本分级,在施工阶段可根据施工揭示的地层情况,进行围岩分级修正。

围岩分级应根据隧道围岩的工程地质条件、开挖后的稳定状态、围岩基本质量指标、弹性纵波波速按表 6-3-1 划分为Ⅰ级、Ⅱ级、Ⅲ级、Ⅳ级、Ⅴ级和Ⅵ级。

表 6-3-1　隧道围岩分级

围岩级别	围岩主要工程地质条件		围岩开挖后的稳定状态(小跨度)	围岩基本质量指标 BQ	围岩弹性纵波速度 v_p(km/s)
	主要工程地质特征	结构形态和完整状态			
Ⅰ	坚硬岩(单轴饱和抗压强度 f_r>60 MPa);受地质构造影响轻微,节理不发育,无软弱面(或夹层);层状岩层为巨厚层或厚层,层间结合良好,岩体完整	呈巨块状整体结构	围岩稳定,无坍塌,可能产生岩爆	>550	A:>5.3

续上表

围岩级别	围岩主要工程地质条件		围岩开挖后的稳定状态(小跨度)	围岩基本质量指标 BQ	围岩弹性纵波速度 v_p(km/s)
	主要工程地质特征	结构形态和完整状态			
Ⅱ	硬质岩(f_r>30 MPa):受地质构造影响较重,节理较发育,有少量软弱面(或夹层)和贯通微张节理,但其产状及组合关系不致产生滑动;层状岩层为中厚层或厚层,层间结合一般,很少有分离现象,或为硬质岩石偶夹软质岩石	呈巨块状或大块状结构	暴露时间长,可能会出现局部小坍塌,侧壁稳定,层间结合差的平缓岩层顶板易塌落	550~451	A:4.5~5.3 B:>5.3 C:>5.0
Ⅲ	硬质岩(f_r>30 MPa):受地质构造影响严重,节理发育,有层状软弱面(或夹层),但其产状及组合关系尚不致产生滑动;层状岩层为薄层或中层,层间结合差,多有分离现象;硬、软质岩石互层	呈块(石)碎(石)状镶嵌结构	拱部无支护时可产生小坍塌,侧壁基本稳定,爆破震动过大易塌	450~351	A:4.0~4.5 B:4.3~5.3 C:3.5~5.0 D:>4.0
	较软岩(f_r=15~30 MPa):受地质构造影响轻微,节理不发育;层状岩层为厚层、巨厚层,层间结合良好或一般	呈大块状结构			
Ⅳ	硬质岩(f_r>30 MPa):受地质构造影响极严重,节理很发育;层状软弱面(或夹层)已基本破坏	呈碎石状压碎结构	拱部无支护时,可产生较大的坍塌,侧壁有时失去稳定	350~251	A:3.0~4.0 B:3.3~4.3 C:3.0~3.5 D:3.0~4.0 E:2.0~3.0
	软质岩(f_r≈5~30 MPa):受地质构造影响较重或严重,节理较发育或发育	呈块(石)碎(石)状镶嵌结构			
	土体: 1. 具压密或成岩作用的黏性土、粉土及砂类土 2. 黄土(Q_1、Q_2) 3. 一般钙质、铁质胶结的碎石土、卵石土、粗角砾土、粗圆砾土、大块石土	1 和 2 呈大块状压密结构;3 呈巨块状整体结构			
Ⅴ	岩体:较软岩、岩体破碎;软岩、岩体较破碎至破碎;全部极软岩及全部极破碎岩(包括受构造影响严重的破碎带)	呈角砾碎石状松散结构	围岩易坍塌,处理不当会出现大坍塌,侧壁经常出现小坍塌;浅埋时易出现地表下沉(陷)或塌至地表	≤250	A:2.0~3.0 B:2.0~3.3 C:2.0~3.0 D:1.5~3.0 E:1.0~2.0
	土体:一般第四系坚硬、硬塑黏性土,稍密及以上、稍湿或潮湿的碎石土、卵石土、圆砾土、角砾土、粉土及黄土(Q_3、Q_4)	非黏性土呈松散结构,黏性土及黄土呈松软结构			
Ⅵ	岩体:受构造影响严重呈碎石、角砾及粉末、泥土状的富水断层带,富水破碎的绿泥石或炭质千枚岩	黏性土呈易蠕动的松软结构,砂性土呈潮湿松散结构	围岩极易变形坍塌,有水时土砂常与水一齐涌出;浅埋时易塌至地表	—	<1.0(饱和状态的土<1.5)
	土体:软塑状黏性土,饱和的粉土、砂类土等,风积沙,松散状填土、严重湿陷性黄土,可塑、软塑、流塑状溶洞充填物,伴随有水流出				

注:1. 弹性纵波速度中 A、B、C、D、E 系指岩性类型,详见表 6-3-2。

2. 围岩分级宜采用定性分级与定量分级相结合的方法,综合分析确定围岩级别。

3. 强膨胀岩(土)、多年冻土、第三系富水弱胶结砂泥岩、岩体强度应力比小于 0.15 的极高地应力软岩等,属于特殊围岩(T),相应工程措施应进行针对性的特殊设计。

4. Ⅲ、Ⅳ、Ⅴ级围岩遇有地下水时,可根据具体情况和施工条件适当降低围岩级别。

表 6-3-2 岩性类型的划分

岩性类型	代表岩性
A	岩浆岩(花岗岩、闪长岩、正长岩、辉绿岩、安山岩、玄武岩、石英粗面岩、石英斑岩等); 变质岩(片麻岩、石英岩、片岩、蛇纹岩等); 沉积岩(熔结凝灰岩、硅质砾岩、硅质石灰岩等)
B	沉积岩(石灰岩、白云岩等碳酸盐类)
C	变质岩(大理岩、板岩等); 沉积岩(钙质砂岩、铁质胶结的砾岩及砂岩等)
D	第三纪沉积岩类(页岩、砂岩、砾岩、砂质泥岩、凝灰岩等); 变质岩(云母片岩、千枚岩等),且岩石单轴饱和抗压强度 $f_r>15$ MPa
E	晚第三纪～第四纪沉积岩类(泥岩、页岩、砂岩、砾岩、凝灰岩等),且岩石单轴饱和抗压强度 $f_r\leqslant 15$ MPa

三、围岩分级修正

围岩级别应在围岩基本分级的基础上,结合隧道工程的特点,考虑地下水出水状态、初始地应力状态、主要结构面产状状态等因素进行修正;围岩级别修正宜采用定性修正与定量修正相结合的方法,综合分析确定围岩级别。

(一) 围岩级别定性修正

围岩级别定性修正应符合下列规定:

(1)地下水出水状态的分级宜按表 6-3-3 确定。

表 6-3-3 地下水状态的分级

地下水出水状态	渗水量[L/(min·10 m)]
潮湿或点滴状出水	≤25
淋雨状或线流状出水	25～125
涌流状出水	>125

(2)地下水出水状态对围岩级别的修正,宜按表 6-3-4 进行。

表 6-3-4 地下水影响的修正

地下水出水状态	围岩级别				
	Ⅰ	Ⅱ	Ⅲ	Ⅳ	Ⅴ
潮湿或点滴状出水	Ⅰ	Ⅱ	Ⅲ	Ⅳ	Ⅴ
淋雨状或线流状出水	Ⅰ	Ⅱ	Ⅲ或Ⅳ①	Ⅴ	Ⅵ
涌流状出水	Ⅱ	Ⅲ	Ⅳ	Ⅴ	Ⅵ

①围岩岩体为较完整的硬岩时定为Ⅲ级;其他情况定为Ⅳ级。

(3)围岩初始地应力状态,当无实测资料时,可根据隧道工程埋深、地貌、地形、地质、构造运动史、主要构造线与开挖过程中出现的岩爆、岩芯饼化等特殊地质现象,按表 6-3-5 评估。

表 6-3-5 初始地应力状态评估基准

初始地应力状态	主要现象	评估基准(f_r/σ_{max})
一般地应力	硬质岩:开挖过程中不会出现岩爆,新生裂缝较少,成洞性一般较好 软质岩:岩芯无或少有饼化现象,开挖过程中洞壁岩体有一定的位移,成洞性一般较好	>7

续上表

初始地应力状态	主要现象	评估基准(f_r/σ_{max})
高地应力	硬质岩：开挖过程中可能出现岩爆，洞壁岩体有剥离和掉块现象，新生裂缝较多，成洞性较差	4～7
	软质岩：岩芯时有饼化现象，开挖过程中洞壁岩体位移显著，持续时间较长，成洞性差	
极高地应力	硬质岩：开挖过程中有岩爆发生，有岩块弹出，洞壁岩体发生剥离，新生裂缝多，成洞性差	<4
	软质岩：岩芯常有饼化现象，开挖过程中洞壁岩体有剥离，位移极为显著，甚至发生大位移，持续时间长，不易成洞	

注：表中 f_r 为岩石单轴饱和抗压强度(MPa)；σ_{max}为垂直洞轴线方向的最大初始地应力值(MPa)。

(4)初始地应力对围岩级别的修正，宜按表 6-3-6 进行。

表 6-3-6　初始地应力影响的修正级别

初始地应力状态	围岩级别				
	Ⅰ	Ⅱ	Ⅲ	Ⅳ	Ⅴ
极高应力	Ⅰ	Ⅱ	Ⅲ或Ⅳ①	Ⅴ	Ⅵ
高应力	Ⅰ	Ⅱ	Ⅲ	Ⅳ或Ⅴ②	Ⅵ

注：本表不适用于特殊围岩。
①围岩岩体为较破碎的极硬岩、较完整的硬岩时定为Ⅲ级；其他情况定为Ⅳ级。
②围岩岩体为破碎的极硬岩、较破碎及破碎的硬岩时定为Ⅳ级；其他情况定为Ⅴ级。

(5)主要结构面产状状态对围岩级别的修正，应考虑主要结构面产状与洞轴线的组合关系，并结合结构面工程特性、富水情况等因素综合分析确定。主要结构面是指对围岩稳定性起主要影响的结构面，如层状岩体的泥化层面，一组很发育的裂隙，次生泥化夹层，含断层泥、糜棱岩的小断层等。

(二) 围岩级别定量修正

围岩级别定量修正应对围岩基本质量指标 BQ 进行修正，并以修正后获得的围岩基本质量指标值[BQ]依据表 6-3-1 确定围岩级别。

围岩基本质量指标修正值[BQ]的计算见第二篇第一章第四节相关内容。

四、隧道围岩亚分级

隧道施工过程中可根据揭示的地质情况按表 6-3-7 进行围岩亚分级。

表 6-3-7　围岩亚分级

围岩级别		围岩主要工程地质条件		围岩基本质量指标 BQ
级别	亚级	主要工程地质特征	结构特征和完整状态	
Ⅲ	Ⅲ$_1$	极硬岩(f_r>60 MPa)，岩体较破碎，结构面较发育、结合差	裂隙块状或中厚层状结构	450～391
		硬岩(f_r=30～60 MPa)或软硬岩互层以硬岩为主，岩体较完整，结构面不发育、结合差	块状或厚层状结构	
	Ⅲ$_2$	极硬岩(f_r>60 MPa)，岩体较破碎，结构面发育、结合良好	镶嵌碎裂状或薄层状结构	390～351
		硬岩(f_r=30～60 MPa)或软硬岩互层以硬岩为主，岩体较完整，结构面较发育、结合良好	块状结构	
		较软岩(f_r=15～30 MPa)，岩体完整，结构面不发育、结合良好	整体状或巨厚层状结构	

续上表

围岩级别		围岩主要工程地质条件		围岩基本质量指标 BQ
级别	亚级	主要工程地质特征	结构特征和完整状态	
Ⅳ	Ⅳ1	极硬岩（f_r>60 MPa），岩体破碎，结构面发育、结合差	裂隙块状结构	350～311
		硬岩（f_r=30～60 MPa），岩体较破碎，结构面较发育、结合差或结构面发育、结合良好	裂隙块状或镶嵌碎裂状结构	
		较软岩（f_r=15～30 MPa）或软硬岩互层以软岩为主，岩体较完整，结构面较发育、结合良好	块状结构	
		软岩（f_r=5～15 MPa），岩体完整，结构面不发育、结合良好	整体状或巨厚层状结构	
	Ⅳ2	极硬岩（f_r>60 MPa），岩体破碎，结构面很发育、结合差	碎裂结构	310～251
		硬岩（f_r=30～60 MPa），岩体破碎，结构面发育或很发育、结合差	裂隙块状或碎裂状结构	
		较软岩（f_r=15～30 MPa）或软硬岩互层以软岩为主，岩体较破碎，结构面发育、结合良好	镶嵌碎裂状或薄层状结构	
		软岩（f_r=5～15 MPa），岩体较完整，结构面较发育、结合良好	块状结构	
		土体：1. 具压密或成岩作用的黏性土、粉土及砂类土；2. 黄土（Q_1、Q_2）；3. 一般钙质、铁质胶结的碎石土、卵石土、大块石土	1 和 2 呈大块状压密结构，3 呈巨块状整体结构	
Ⅴ	Ⅴ1	较软岩（f_r=15～30 MPa），岩体破碎，结构面很发育或很发育；	裂隙块状或碎裂结构	250～211
		软岩（f_r=5～15 MPa），岩体较破碎，结构面较发育、结合差或结构面发育、结合良好	裂隙块状或镶嵌碎裂结构	
		一般坚硬黏质土、较大天然密度硬塑状黏质土及一般硬塑状黏质土；压密状态稍湿至潮湿或胶结程度较好的砂类土；稍湿或潮湿的碎石土，卵石土、圆砾、角砾土及黄土（Q_3、Q_4）。	非黏性土呈松散结构，黏性土及黄土呈松软结构	
	Ⅴ2	软岩、岩体破碎；全部极软岩及全部极破碎岩（包括受构造影响严重的破碎带）	呈角砾状松散结构	≤210
		一般硬塑状黏土及可塑状黏质土；密实以下但胶结程度较好的砂类土；稍湿或潮湿且较松散的碎石土，卵石土、圆砾、角砾土；一般或坚硬松散结构的新黄土	非黏性土呈松散结构，黏性土及黄土呈松软结构	

五、围岩亚分级修正

围岩亚分级应在表 6-3-7 的基础上，结合隧道工程的特点，考虑地下水出水状态、初始地应力状态、主要结构面产状状态等因素进行修正；围岩亚分级修正宜采用定性修正与定量修正相结合的方法，综合分析确定围岩级别。

（一）围岩亚分级定性修正

围岩亚分级定性修正应符合下列规定：

（1）地下水出水状态分级宜按表 6-3-3 确定，地下水对围岩亚级级别的修正宜按表 6-3-8 进行。

表 6-3-8　地下水影响的修正

地下水出水状态	围岩级别					
	Ⅲ1	Ⅲ2	Ⅳ1	Ⅳ2	Ⅴ1	Ⅴ2
潮湿或点滴状出水	Ⅲ1	Ⅲ2	Ⅳ1	Ⅳ2	Ⅴ1	Ⅴ2
淋雨状或线流状出水	Ⅲ2	Ⅳ1	Ⅴ1	Ⅴ2	Ⅵ	Ⅵ
涌流状出水	Ⅳ1	Ⅳ2	Ⅴ1	Ⅴ2	Ⅵ	Ⅵ

(2)围岩初始地应力状态，当无实测资料时，可根据隧道工程埋深、地貌、地形、地质、构造运动史、主要构造线与开挖过程中出现的岩爆、岩芯饼化等特殊地质现象，按表 6-3-5 评估。初始地应力对围岩亚级级别的修正宜按表 6-3-9 进行。

表 6-3-9　地应力影响的修正

初始地应力状态	围岩级别					
	Ⅲ1	Ⅲ2	Ⅳ1	Ⅳ2	Ⅴ1	Ⅴ2
极高应力	Ⅲ2	Ⅳ1	Ⅴ1	Ⅴ2	Ⅵ	Ⅵ
高应力	Ⅲ1	Ⅲ2	Ⅳ2	Ⅴ1	Ⅵ	Ⅵ

注：本表不适用于特殊围岩。

(3)主要结构面产状状态对围岩亚分级的修正，应考虑主要结构面产状与洞轴线的组合关系，并结合结构面工程特性、富水情况等因素综合分析确定。主要结构面是指对围岩稳定性起主要影响的结构面，如层状岩体的泥化层面，一组很发育的裂隙，次生泥化夹层，含断层泥、糜棱岩的小断层等。

(二)围岩亚分级定量修正

围岩亚级分级定量修正应采用围岩基本质量指标修正值[BQ]，并根据修正后的围岩基本质量指标[BQ]按表 6-3-7 重新确定围岩级别。

第二节　岩土施工工程分级

岩土施工工程分级可根据岩土名称及特征、岩石饱和单轴抗压强度、钻探难度按表 6-3-10 分为松土、普通土、硬土、软质岩、次坚石和坚石。

表 6-3-10　岩土施工工程分级

等级	分类	岩土名称及特征	钻 1 m 所需时间			岩石单轴饱和抗压强度 f_r (MPa)	开挖方法
			液压凿岩台车、潜孔钻机(净钻分钟)	手持风枪湿式凿岩合金钻头(净钻分钟)	双人打眼(工天)		
Ⅰ	松土	砂类土、种植土、未经压实的填土	—	—	—	—	用铁锹挖，脚蹬一下到底的松散土层，机械能全部直接铲挖，普通装载机可满载

续上表

等级	分类	岩土名称及特征	钻1 m所需时间			岩石单轴饱和抗压强度 f_r（MPa）	开挖方法
			液压凿岩台车、潜孔钻机（净钻分钟）	手持风枪湿式凿岩合金钻头（净钻分钟）	双人打眼（工天）		
Ⅱ	普通土	坚硬的、硬塑和软塑的粉质黏土、硬塑和软塑的黏土，膨胀土，粉土，Q_3、Q_4黄土，稍密、中密的细角砾土、细圆砾土、松散的粗角砾土、碎石土、粗圆砾土、卵石土，压密的填土，风积沙	—	—	—	—	部分用镐刨松，再用锹挖，脚蹬连蹬数次才能挖动的。挖掘机、带齿尖口装载机可满载、普通装载机可直接铲挖，但不能满载
Ⅲ	硬土	坚硬的黏性土、膨胀土，Q_1、Q_2黄土，稍密、中密粗角砾土、碎石土、粗圆砾土、碎石土，密实的细圆砾土、细角砾土、各种风化成土状的岩石	—	—	—	—	必须用镐先全部松动才能用锹挖。挖掘机、带齿尖口装载机不能满载、大部分采用松土器松动方能铲挖装载
Ⅳ	软质岩	块石土、漂石土、含块石、漂石30%～50%的土及密实的碎石土、粗角砾土、卵石土、粗圆砾土；岩盐，各类较软岩、软岩及成岩作用差的岩石：泥质砾岩，煤、凝灰岩、云母片岩、千枚岩	—	<7	<0.2	<30	部分用撬棍及大锤开挖或挖掘机、单钩裂土器松动，部分需借助液压冲击镐解碎或部分采用爆破方法开挖
Ⅴ	次坚石	各种硬质岩：硅质页岩、钙质岩、白云岩、石灰岩、泥灰岩、玄武岩、片岩、片麻岩、正长岩、花岗岩	≤10	7～20	0.2～1.0	30～60	能用液压冲击镐解碎，大部分需用爆破法开挖
Ⅵ	坚石	各种极硬岩：硅质砂岩、硅质砾岩、石灰岩、石英岩、大理岩、玄武岩、闪长岩、花岗岩、角岩	>10	>20	>1.0	>60	可用液压冲击镐解碎，需用爆破法开挖

注：1. 软土（软黏性土、淤泥质土、淤泥、泥炭质土、泥炭）的施工工程分级，一般可定为Ⅱ级，多年冻土一般可定为Ⅳ级。

2. 表中所列岩石均按完整结构岩体考虑，若岩体极破碎、节理很发育或强风化时，其等级应按表对应岩石的等级降低一个等级。

第四章　围岩、边坡与基坑稳定性分析

第一节　围岩稳定性分析与评价

一、影响围岩稳定性的主要因素

（一）岩体完整性

岩体是否完整，岩体中各种节理、片理、断层等结构面的发育程度，对隧道围岩稳定性影响极大。对此应着重考虑三方面问题：

(1)结构面的组数、密度和规模。

(2)结构面的产状、组合形态及其与洞壁的关系。

(3)结构面的强度。

（二）岩土强度

岩石强度主要取决于岩石的物质成分、组织结构、胶结程度和风化程度等；土体的强度主要取决于塑性状态和密实程度等。

（三）地下水

地下水的长期作用将降低岩土强度、软弱夹层强度，加速岩石风化，对软弱结构面起软化润滑作用，促使岩块坍塌。如遇膨胀性岩石，还会引起膨胀，增加围岩压力。地下水位很高，还有静水压力作用、渗流压力，对隧道围岩稳定不利。

（四）工程因素

地下隧道的埋深、几何形状、跨度、高度，隧道立体组合关系及间距，施工方法，围岩暴露时间及衬砌类型等，对围岩应力的大小和性质影响很大。对深埋隧道必须考虑地应力的影响。

二、围岩稳定性分析评价

围岩稳定性主要从以下几方面进行分析与评价：

(1)确定隧道结构围岩的岩性与状态、围岩分级与岩土施工工程分级，根据地下水的影响程度等，对围岩分级进行修正。

(2)根据围岩岩性特征，判断围岩坍塌、冒顶的可能性。

(3)根据围岩的物理力学指标分析围岩自稳能力。

(4)分析围岩垂直压力与侧向压力，分析其分布特点，估算支护结构受力大小，分析拟定支护措施的可行性与安全性，并提供相应参数，如地层与混凝土之间的摩擦系数、土体与锚固体之间的黏结强度标准值等。

(5)根据不同施工方法，估算围岩可能产生的变形大小。对盾构法施工，分别考虑过洞前、过洞中、过洞后引起的沉降。

第二节 边坡稳定性分析

一、边坡稳定的影响因素分析

边坡的稳定性受多种因素影响,可分为内部因素和外部因素。内部因素包括岩土性质、地质构造、岩土结构、水的作用、地震作用、地应力和残余应力等;外部因素主要包括工程荷载条件、振动、斜坡形态以及风化作用、临空条件、气候条件和地表植被发育等。评价边坡的稳定性,应根据其地形地貌、形态特征、地层条件、地下水活动和出露位置等各种因素综合确定。

(一)影响边坡稳定性的因素

(1)岩土的性质:包括岩土的坚硬(密实)程度,抗风化和抗软化能力,抗剪强度,颗粒大小、形状以及透水性能等。

(2)岩层结构及构造:包括节理、劈理、裂隙的发育程度及分布规律,结构面胶结情况以及软弱面、破碎带的分布与斜坡的相互关系,下伏岩土面的形态和坡向、坡度等。

(3)水文地质条件:地下水埋藏条件,流动、潜蚀情况以及动态变化等。

(4)风化作用:风化作用使岩土的强度减弱,裂隙增加,影响边坡的形状和坡度,使地面水易于侵入,改变地下水的动态等;沿裂隙风化时,可使岩土体脱落或沿边坡崩塌、堆积、滑移等。

(5)气候作用:岩土风化速度、风化层厚度以及岩石风化后的机械变化和化学变化(矿物成分的改变),均与气候有关。

(6)地震作用:地震作用除了岩土体受到地震加速度的作用而增加下滑力外,在地震作用下,岩土中的孔隙水压力增加和岩土体强度降低都对边坡的稳定不利。

(7)地貌因素:边坡的高度、坡度和形态是影响斜坡稳定性的重要因素。

(8)人为因素:边坡不合理的设计和施工,大量外来水的渗入及爆破等都可能造成边坡失稳。

(二)边坡稳定性因素分析

(1)黏性土类边坡:均一的黏性土类边坡的稳定性,主要取决于黏性土的性质(状态、湿化性、抗剪强度等),地下水及地表水的活动。当为双层或多层结构时,还取决于层面的性质和软弱夹层的分布情况。当有裂隙存在时,裂隙的分布规律和发育程度,对边坡稳定性也有影响。

(2)碎石类边坡:其稳定性取决于碎石粒径大小和形状,胶结情况和密度程度。在山区,碎石类土一般均含有黏性土或黏性土夹层,其稳定性主要取决于黏性土性质与地下水活动情况。

当黏性土或碎石土与基岩接触成边坡时,其稳定性决定于接触面的形状、坡度的大小、地下水在接触面的活动以及基岩面的风化情况。

(3)黄土类边坡:其稳定性取决于土层的密实程度和地层年代、成因、不同时期黄土的接触情况,地形地貌和水文地质条件,黄土本身陷穴、裂隙发育程度,主要力学指标的变化幅度,气候条件、地震影响以及河流冲刷等因素。

(4)岩石类边坡:其稳定性主要取决于结构面的性质及其空间的组合,结构体的性质及其立体形式。用结构面分析岩石类边坡的稳定性时,应注意下列问题:

①软弱结构面:有些结构面上的物质软弱破碎,含泥物质及水理性质不良的黏土矿物,在水的作用下,抗剪强度降低,对岩体稳定情况影响最大,应予以充分注意,对其矿物物质组成应进行分析。

②有些结构面延展性较强,在一定工程范围内切割整个岩体,对稳定性影响较大。而另一些结构面比较短小,互相不连贯,岩体强度有一部分仍受岩石强度控制,稳定性较好。

③结构面的密集程度、平直程度及光滑程度或起伏差,都应予以研究和注意,以便区别各类结构面的力学特性,为确定强度参数提供依据。

二、边坡破坏形式

对于土质边坡,黏性土的破坏面基本上为圆弧形,无黏性土的破坏面基本上为直线形。

对于岩质边坡,多沿软弱结构面发生滑移,破坏面可分为直线形、折线形、楔形。对于较大规模的碎裂结构岩质边坡,破坏面为圆弧形。如岩土界面与边坡倾向一致时,则可能发生沿界面的滑移。

另外,还有岩土复合型滑动、岩石崩落等。

三、边坡稳定性评价

边坡稳定性评价主要通过分析边坡类型和破坏形式,并根据岩土类型,采用工程类比法与极限平衡法进行分析计算。

(一)边坡稳定性因素分析

边坡稳定安全系数是根据破坏形式分别采用圆弧滑动法、平面滑动法、折线滑动法、赤平极限投影法进行计算。计算方法不同,计算结果也存在一定差别,通常圆弧法计算结果较平面滑动法和折线滑动法偏低。因此,在依据计算稳定安全系数评价边坡稳定状态时,其稳定系数应不小于表 6-4-1 规定的稳定安全系数的要求,否则应对边坡进行处理。

表 6-4-1　边坡稳定安全系数

边坡类别	一　级	二　级	三　级
平面滑动法、折线滑动法	1.35	1.30	1.25
圆弧滑动法	1.30	1.25	1.20

注:对地质条件很复杂或破坏后果极严重的边坡工程,其稳定安全系数宜适当提高。

(二)稳定性计算

位于稳定土坡坡顶上的建筑物,当垂直坡顶边缘线的基础底面边长小于或等于 3 m 时,其基础底面外边线至坡顶水平距离(图 6-4-1)应符合下列要求,但不得小于 2.5 m。

条形基础:
$$a \geqslant 3.5b - d/\tan\beta \tag{6-4-1}$$

矩形基础:
$$a \geqslant 2.5b - d/\tan\beta \tag{6-4-2}$$

式中　a——基础底面外边线至坡顶水平距离(m);

b——垂直于坡顶边缘线的基础底面边长(m);

d——基础埋置深度(m);

β——边坡坡角。

当边坡坡角大于45°、坡高大于8 m时,尚应进行坡体稳定性验算。当基础底面外边缘线至坡顶的水平距离不满足式(6-4-1)、式(6-4-2)的要求时,可根据基底平均压力采用圆弧滑动面法进行地基稳定性验算,以确定基础距坡顶边缘的距离和基础埋深。

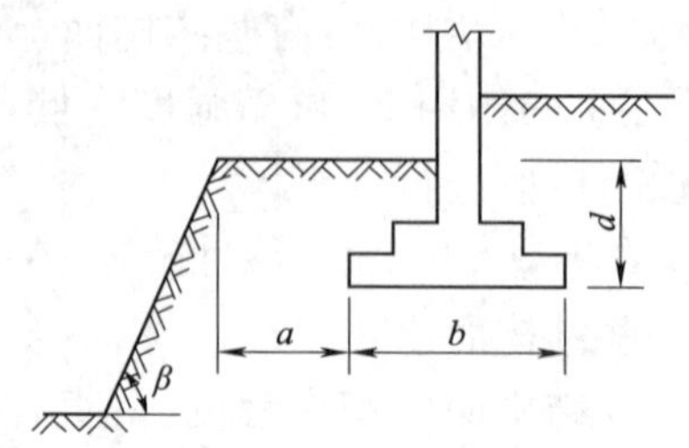

图 6-4-1 基础底面外边缘线至坡顶的水平距离示意

(三)边坡形式的选择

(1)直线形(即一坡到底):适用于垂直高度小于10 m的一般均质土坡及小于15 m的黄土边坡,岩石边坡一般宜采用直线形。

(2)折线形:适用于边坡较高,且上、下土层稳定性有差别的土质边坡。

①当上部土质较好,下部较差时,采用上陡下缓形。此种形式对黄土边坡不适宜。

②当上部土层较差,下部较好时,采用上缓下陡形。

(3)台阶形:当边坡较高或地层不均,应根据降雨量大小或土石分界处,分段设置平台,作为台阶形。平台上一般设置排水明沟。平台宽度为1.5~3.0 m。

第三节 基坑稳定性分析

一、基坑侧壁安全等级及重要性系数

根据《建筑基坑支护技术规程》(JGJ 120—2012),基坑支护设计时,应综合考虑基坑周边环境和地质条件的复杂程度、基坑深度等因素,按表6-4-2采用支护结构的安全等级。对同一基坑的不同部位,可采用不同的安全等级。

表 6-4-2 支护结构的安全等级

安全等级	破坏后果	重要性系数 γ_0
一级	支护结构失效、土体过大变形对基坑周边环境或主体结构施工安全的影响很严重	不小于1.1
二级	支护结构失效、土体过大变形对基坑周边环境或主体结构施工安全的影响严重	不小于1.0
三级	支护结构失效、土体过大变形对基坑周边环境或主体结构施工安全的影响不严重	不小于0.9

二、基坑稳定性验算内容及要求

(1)对于桩、墙式围护结构的基坑,其稳定性验算应包括以下内容:

①基坑底抗隆起稳定性验算。

②基坑抗渗流稳定性验算。

③基础抗浮稳定性验算。

④基坑整体稳定性验算。

对于放坡或浅部支护的基坑边坡应进行整体稳定性验算,方法可采用圆弧滑动面法。软土地区基坑稳定性分析时应考虑因基坑暴露时间对土体强度的影响。

(2)基坑各项稳定性验算所用的土的抗剪强度指标应根据土质条件与工程实际确定，并与稳定性分析时所选用的抗力分项系数取值配套。各地如有成熟经验或规定时应按当地经验或规定执行。

(3)对于基坑的整体稳定性计算，按平面问题考虑，并采用圆弧滑动面计算；有软弱夹层、倾斜基岩面等情况时，宜用非圆弧滑动面计算。且危险滑弧必须满足下式要求：

$$\gamma_R \leqslant \frac{M_R}{M_S} \tag{6-4-3}$$

式中 M_S, M_R——作用于危险滑弧上的总滑动力矩(kN·m)设计值和抗滑力矩(kN·m)标准值；

γ_R——抗力分项系数。

三、基坑底抗隆起稳定性验算

当基底为软土时，应按式(6-4-4)进行坑底土抗隆起稳定性验算(图 6-4-2)。

$$\gamma_0(\gamma_a H_d + q_0) \leqslant \frac{I}{\gamma_{Lq}}[\gamma_p h_d \cdot N_q + c_k(N_q - 1)\cot\varphi_k] \tag{6-4-4}$$

式中 γ_0——重要性系数，一级 γ_0=1.10，二级 γ_0=1.00，三级 γ_0=0.90；

q_0——基坑边地面超载(kPa)；

γ_{Lq}——坑底隆起抗力分项系数，不小于 1.2；

γ_a, γ_p——坑底隆起为主动侧、被动侧土层的加权平均重底(kN/m³)；

c_k, φ_k——桩、墙底部土层的抗剪强度指标标准值(kPa、°)；

N_q——承载力系数，$N_q = K_p \times e^{\pi\tan\varphi_k}$，$K_p = \tan^2(45° + \varphi_k/2)$。

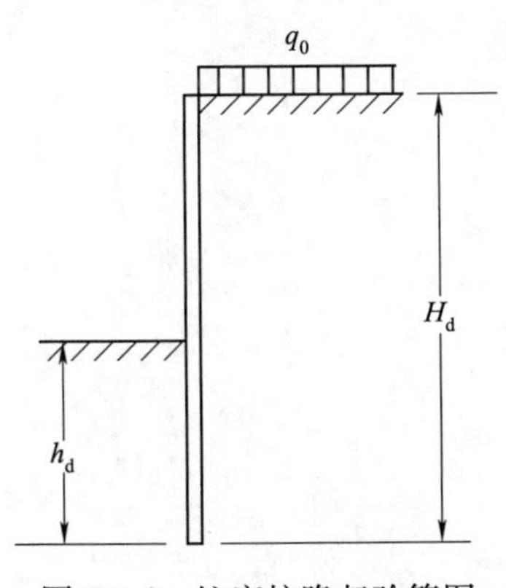

图 6-4-2 坑底抗隆起验算图

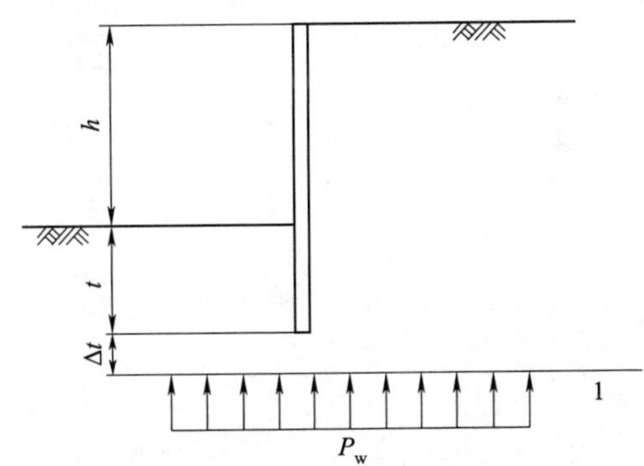

图 6-4-3 基坑底抗渗流稳定验算

1—透水层

四、基坑底抗渗流稳定性验算

(1)当上部为不透水层，坑底下某深度处有承压水层时，基坑抗渗流稳定性(图 6-4-3)可按式(6-4-5)验算：

$$\frac{\gamma_m(t + \Delta t)}{p_w} \geqslant 1.1 \tag{6-4-5}$$

式中 γ_m——透水层以上土的饱和容重(kN/m³)；

$t+\Delta t$——透水层顶面距基坑底面的深度(m);

p_w——含水层水压力(kPa)。

(2)当基坑内外存在水头差时,粉土和砂土应进行抗渗流稳定性验算,渗流的水力梯度不应超过临界水力梯度。

(3)当按式(6-4-5)验算不满足要求时,应采取降水等措施。

五、基础抗浮稳定性验算

当基础存在浮力作用时应进行抗浮稳定性验算。对于简单的浮力作用情况,基础抗浮稳定性应符合下式要求:

$$\frac{G_k}{N_{w,k}} \geqslant K_w \tag{6-4-6}$$

式中 G_k——建筑物自重及压重之和(kN);

$N_{w,k}$——浮力作用值(kN);

K_w——抗浮稳定安全系数,一般情况下可取1.05。

抗浮稳定性不满足设计要求时,可采用增加压重或设置抗浮构件等措施。在整体满足抗浮稳定性要求而局部不满足时,也可采用增加结构刚度的措施。具体措施见第四篇第四章第二节相关内容。

第五章　地基分析与评价

第一节　地基均匀性评价

地基的均匀性评价是岩土工程分析与评价的重要内容之一。地层均匀性是地基均匀性评价的主要依据之一，地基均匀性评价主要是基础以下持力层的压缩层厚度变化(持力层及其下卧层水平方向上的均匀性)和压缩层压缩性综合评价。地基均匀性评价的目的是预测建筑物的变形特征，是分析沉降和变形的需要，是拟选基础方案是否可行的重要依据。

一、天然地基均匀性评价

对于天然地基的均匀性可按下列要求进行定性和定量的评价：

(1)地基持力层跨越不同地貌单元或工程地质单元，工程特性差异显著的为不均匀地基。

(2)地基持力层虽属于同一地貌单元或工程地质单元，但存在下列情况之一时为不均匀地基：

①中—高压缩性地基，持力层底面或相邻基底高程的坡度大于10%；

②中—高压缩性地基，持力层及其下卧层在基础宽度方向上的厚度差值大于0.05 b(b为基础宽度)。

(3)同一建筑虽处于同一地貌单元或同一工程地质单元，但各处地基土的压缩性有较大差异时，可在计算各钻孔地基变形计算深度范围内当量模量的基础上，根据当量模量最大值$\overline{E}_{smax}$和当量模量最小值$\overline{E}_{smin}$的比值判定地基均匀性。

当$\overline{E}_{smax}/\overline{E}_{smin}$大于地基不均匀系数界限值$K$时，可按不均匀地基考虑。$K$值见表6-5-1。

表6-5-1　地基不均匀系数界限值K

同一建筑物下各钻孔压缩模量当量值$\overline{E}_s$的平均值(MPa)	≤4	7.5	15	>20
不均匀系数界限值K	1.3	1.5	1.8	2.5

在地基变形计算深度范围内，某一个钻孔的压缩模量当量值$\overline{E}_s$应根据平均附加应力系数在各层土的层位深度内积分值A_i和各土层压缩模量E_{si}(按实际应力段取值)按下式计算：

$$\overline{E}_s = \frac{\sum A_i}{\sum \frac{A_i}{E_{si}}} \tag{6-5-1}$$

式中 $\overline{E}_s$——压缩模量当量值；

A_i——第 i 层土的层位深度内平均附加应力系数的积分值。

(4)在同一钻孔内的地基压缩层范围内任意相邻两层岩土层的地基土压缩模量比值满足下式时为不均匀地基：

$$\frac{E_{s1}}{E_{s2}} > 3 \tag{6-5-2}$$

式中 E_{s1}——上层土压缩模量(MPa)；

E_{s2}——下层土压缩模量(MPa)。

二、桩基工程地基均匀性评价

桩基础持力层当为高强度低压缩性岩土层(压缩模量 E_s>20 MPa)或基岩(低压缩性地基)时，一般桩基变形量较小，可不考虑地基均匀性的影响，当桩端持力层顶面坡度大于10%时应考虑对工程的影响。

(1)桩基础的桩底高差 ΔH 大于或等于下式计算结果时，应判定为不均匀地基：

$$\Delta H \geqslant D\tan\alpha \tag{6-5-3}$$

式中 D——桩径；

α——相邻桩底中点连线与水平线的夹角。

(2)桩端持力层以下压缩层范围内存在中—高压缩性软弱夹层，持力层底面或相邻底标高的坡度大于10%时应判定为不均匀地基。

第二节 地基土承载力的确定

一、基本概念

地基承载力就是指地基所能承受荷载的能力。在不同的状态下，地基具有不同的承载力，如极限承载力，容许承载力等。

(1)地基极限承载力：使地基土发生剪切破坏而即将失去整体稳定性时相应的最小基础地面压力。

(2)地基容许承载力：要求作用在基底的压应力不超过地基的极限承载力，并且有足够的安全度，而且所引起的变形不能超过建筑物的容许变形，满足以上两项要求，地基单位面积上所能承受的荷载就定义为地基的容许承载力。

(3)地基承载力标准值(f_{ka})：按有关规范规定的标准方法试验并经统计处理后的承载力值。

(4)地基承载力特征值(f_{ak})：由载荷试验测定的地基土压力变形曲线线性变形段内规定的变形所对应的压力值，其最大值为比例界限值。可由载荷试验或其他原位测试、公式计算，并结合工程实践经验等方法综合确定。

(5)修正后的地基承载力特征值(f_a)：从载荷试验或其他原位测试、双经验值等方法确定的地基承载力特征值经深宽修正后的地基承载力值。按理论公式计算得来的地基承载力特征值不需要修正。

二、地基承载力的影响因素

地基承载力不仅取决于地基土的性质，还受到以下影响因素的制约：

(1)基础形状的影响：在用极限荷载理论公式计算地基承载力时是按条形基础考虑的，对于非条形基础应考虑形状不同对地基承载力的影响。

(2)荷载倾斜与偏心的影响：在用理论公式计算地基承载力时，均是按中心受荷考虑的。但荷载的倾斜与偏心对地基承载力是有影响的，当基础上的荷载倾斜或者倾斜和偏心两种情况同时出现时，基础可能由于水平分力超过基础底面的剪切阻力。

(3)覆盖层抗剪强度的影响：基底以上覆盖层抗剪强度越高，地基承载力显然越高，因而基坑开挖的大小和施工回填质量的好坏对地基承载力有影响。

(4)地下水位的影响：地下水位上升会降低土的承载力。

(5)下卧层的影响：确定地基持力层的承载力设计值应对下卧层的影响作具体的分析和验算。

此外，还有基底倾斜和地面倾斜的影响，地基压缩性和试验底板与实际基础尺寸比例的影响、相邻基础的影响、加荷速率的影响和地基与上部结构共同作用的影响等。在确定地基承载力时，应根据建筑物的重要性及其结构特点，对上述影响因素进行具体分析。

三、地基承载力的确定

(一)地基基本承载力(σ_0)

根据《铁路桥涵地基和基础设计规范》(TB 10093—2017)规定，土和岩石地基的基本承载力(σ_0)可按表 6-5-2～表 6-5-14 确定。

表 6-5-2　岩石地基的基本承载力 σ_0(kPa)

节理间(mm)	节理发育程度		
	节理很发育	节理发育	节理不发育或较发育
	20～200	200～400	＞400
硬质岩	1 500～2 000	2 000～3 000	＞3 000
较软岩	800～1 000	1 000～1 500	1 500～3 000
软岩	500～800	700～1 000	900～1 200
极软岩	200～300	300～400	400～500

注：裂隙张开或有泥质填充时应取低值。

表 6-5-3　碎石土类土地基的基本承载力 σ_0(kPa)

土　名	密　实　程　度			
	松　散	稍　密	中　密	密　实
卵石土、粗圆砾土	300～500	500～650	650～1 000	1 000～1 200
碎石土、粗角砾土	200～400	400～550	550～800	800～1 000
细圆砾土	200～300	300～400	400～600	600～850

续上表

土名	密实程度			
	松散	稍密	中密	密实
细角砾土	200～300	300～400	400～500	500～700

注:1. 半胶结的碎石类土可按密实的同类土的表值提高10%～30%。
2. 由硬质岩块组成,充填砂类土者用高值;由软质岩块组成,充填黏性土者用低值。
3. 自然界中很少见松散的碎石类土,其密实程度判定为松散时应慎重。
4. 漂石土、块石土的基本承载力值可参照卵石土、碎石土表值适当提高。

表 6-5-4 砂类土地基的基本承载力 σ_0(kPa)

土名	湿度	密实程度			
		松散	稍密	中密	密实
砾砂、粗砂	与湿度无关	200	370	430	550
中砂	与湿度无关	150	330	370	450
细砂	稍湿或潮湿	100	230	270	350
	饱和	—	190	210	300
粉砂	稍湿或潮湿	—	190	210	300
	饱和	—	90	110	200

表 6-5-5 粉土地基的基本承载力 σ_0(kPa)

e	w(%)						
	10	15	20	25	30	35	40
0.5	400	380	(355)	—	—	—	—
0.6	300	290	280	(270)	—	—	—
0.7	250	235	225	215	(205)	—	—
0.8	200	190	180	170	165	—	—
0.9	160	150	145	140	130	(125)	—
1.0	130	125	120	115	110	105	(100)

注:1. e为天然孔隙比,w为天然含水量,表中括号内数值用于内插取值。
2. 在湖、塘、沟、谷与河漫滩地段以及新近沉积的粉土应根据当年经验取值。

表 6-5-6 Q_4冲、洪积黏性土地基的基本承载力 σ_0(kPa)

孔隙比e	液性系数I_L												
	0	0.1	0.2	0.3	0.4	0.5	0.6	0.7	0.8	0.9	1.0	1.1	1.2
0.5	450	440	430	420	400	380	350	310	270	240	220	—	—
0.6	420	410	400	380	360	340	310	280	250	220	200	180	—
0.7	400	370	350	330	310	290	270	240	220	190	170	160	150
0.8	380	330	300	280	260	240	230	210	180	160	150	140	130

续上表

孔隙比 e	液性系数 I_L												
	0	0.1	0.2	0.3	0.4	0.5	0.6	0.7	0.8	0.9	1.0	1.1	1.2
0.9	320	280	260	240	220	210	190	180	160	140	130	120	100
1.0	250	230	220	210	190	170	160	150	140	120	110	—	—
1.1	—	—	160	150	140	130	120	110	100	90	—	—	—

注：土中含有粒径大于 2 mm 的颗粒且按质量计占全部质量的 30%以上时，σ_0 可酌情提高。

表 6-5-7　Q_3 及其以前冲、洪积黏性土地基的基本承载力 σ_0(kPa)

压缩模量 E_s(MPa)	10	15	20	25	30	35	40
基本承载力 σ_0(kPa)	380	430	470	510	550	580	620

注：1. 压缩模量为对应于 0.1～0.2 MPa 压力段的压缩模量。
2. 当压缩模量小于 10 MPa 时，其基本承载力可按黏性土表 6-5-6 确定。

表 6-5-8　残积土地基的基本承载力 σ_0(kPa)

压缩模量 E_s(MPa)	4	6	8	10	12	14	16	18	20
基本承载力 σ_0(kPa)	190	220	250	270	290	310	320	330	340

注：本表适用于西南地区碳酸盐类岩层的残积红土，其他地区可参照使用。

表 6-5-9　新黄土(Q_4、Q_3)地基的基本承载力 σ_0(kPa)

液限 w_L	孔隙比 e	天然含水率 w						
		5	10	15	20	25	30	35
24	0.7	—	230	190	150	110	—	—
	0.9	240	200	160	125	85	(50)	—
	1.1	210	170	130	100	60	(20)	—
	1.3	180	140	100	70	40	—	—
28	0.7	280	260	230	190	150	110	—
	0.9	260	240	200	160	125	85	—
	1.1	240	210	170	140	100	60	—
	1.3	220	180	140	110	70	40	—
32	0.7	—	280	260	230	180	150	—
	0.9	—	260	240	200	150	125	—
	1.1	—	240	210	170	130	100	60
	1.3	—	220	180	140	100	70	40

注：1. 非饱和 Q_3 新黄土，当 $0.85<e<0.95$ 时，σ_0 值可提高 10%。
2. 本表不适用于坡积、崩积和人工堆积等黄土。
3. 括号内数值供内插用。
4. 液限含水率试验采用圆锥仪法，圆锥仪总质量 76 g，入土深度 10 mm。

表 6-5-10 老黄土(Q_2、Q_1)地基的基本承载力 σ_0(kPa)

w/w_L	e			
	e<0.7	0.7≤e<0.8	0.8≤e<0.9	>0.9
<0.6	700	600	500	400
0.6～0.8	500	400	300	250
>0.8	400	300	250	200

注:1. w——天然含水率;w_L——液限含水率;e——天然孔隙比。
2. 老黄土黏聚力小于 50 kPa,内摩擦角小于 25°,σ_0 应降低 20%左右。
3. 液限含水率试验采用圆锥仪法,圆锥仪总质量 76 g,入土深度 10 mm。

表 6-5-11 多年冻土地基的基本承载力 σ_0(kPa)

序号	土 名	基础底面的月平均最高土温(℃)					
		−0.5	−1.0	−1.5	−2.0	−2.5	−3.5
1	块石土、卵石土、碎石土、粗圆砾土、粗角砾土	800	950	1 100	1 250	1 380	1 650
2	细圆砾土、细角砾土、砾砂、粗砂、中砂	600	750	900	1 050	1 180	1 450
3	细砂、粉砂	450	550	650	750	830	1 000
4	粉土	400	450	550	650	710	850
5	粉质黏土、黏土	350	400	450	500	560	700
6	饱冰冻土	250	300	350	400	450	550

注:1. 表列数值不适用于含盐量和泥炭化程度超过表 6-5-12 及表 6-5-13 中数值的多年冻土。
2. 本表序号 1～5 类的地基基本承载力,适合于少冰冻土、多冰冻土,当序号 1～5 类的地基为富冰冻土时,表列数值应降低 20%。
3. 含土冰层的承载力应实测确定。
4. 基础置于饱冰冻土的土层上时,基础底面应敷设厚度不小于 0.20～0.30 m 的砂垫层。

表 6-5-12 盐渍化冻土的盐渍程度界限值

土类	碎石类土、砂类土	粉 土	粉质黏土	黏 土
盐渍程度(%)	0.10	0.15	0.20	0.25

表 6-5-13 泥炭化冻土的泥炭化程度界限值

土 类	碎石类土、砂类土	黏土、粉土
泥炭化程度(%)	≥3	≥5

表 6-5-14 软土地基的基本承载力 σ_0(kPa)

天然含水率 w(%)	36	40	45	50	55	65	75
σ_0(kPa)	100	90	80	70	60	50	40

(二)地基承载力特征值 f_{ak}

地基承载力特征值 f_{ak} 可由载荷试验或其他原位测试、公式计算,并结合工程实践经验等方法综合确定。采用原位测试计算地基承载力特征值具体参见第三篇第三章相关内容。

(三)修正后的地基承载力特征值 f_a

根据《建筑地基基础设计规范》(GB 50007—2011),修正后的地基承载力特征值 f_a 按下列规定计算：

(1)当基础宽度大于 3 m 或埋置深度大于 0.5 m 时，从载荷试验或其他原位测试、经验值等方法确定的地基承载力特征值，尚应按下式修正：

$$f_a = f_{ak} + \eta_b \gamma (b-3) + \eta_d \gamma_m (d-0.5) \tag{6-5-4}$$

式中　f_a——修正后的地基承载力特征值(kPa)；

f_{ak}——地基承载力特征值(kPa)；

η_b，η_d——基础宽度和埋置深度的地基承载力修正系数，按基底下(一般为一倍基础宽度)土的类别查表 6-5-15 取值；

γ——基础底面以下土的容重(kN/m^3)，地下水位以下取浮容重；

b——基础底面宽度(m)，当基础底面宽度小于 3 m 时按 3 m 取值，大于 6 m 时按 6 m 取值；

γ_m——基础底面以上土的加权平均容重(kN/m^3)，位于地下水位以下的土层取有效容重；

d——基础埋置深度(m)，宜自室外地面标高算起。在填方整平地区，可自填土地面标高算起，但填土在上部结构施工后完成时，应从天然地面标高算起。对于地下室，如采用箱形基础或筏基时，基础埋置深度自室外地面标高算起；当采用独立基础或条形基础时，应从室内地面标高算起。

表 6-5-15　承载力修正系数

土的类别		η_b	η_d
淤泥和淤泥质土		0	1.0
人工填土、e 或 I_L 大于等于 0.85 的黏性土		0	1.0
红黏土	含水比 α_w>0.8	0	1.2
	含水比 α_w≤0.8	0.15	1.4
大面积压实填土	压实系数大于 0.95、黏粒含量 ρ_c≥10%的粉土	0	1.5
	最大干密度大于 2 100 kg/m^3 的级配砂石	0	2.0
粉土	黏粒含量 ρ_c≥10%的粉土	0.3	1.5
	黏粒含量 ρ_c<10%的粉土	0.5	2.0
e 及 I_L 均小于 0.85 的黏性土		0.3	1.6
粉砂、细砂(不包括很湿与饱和时的稍密状态)		2.0	3.0
中砂、粗砂、砾砂和碎石土		3.0	4.4

注：1. 强风化和全风化的岩石，可参照所风化成的相应土类取值，其他状态下的岩石不修正。
2. 地基承载力特征值采用深层平板载荷试验确定时 η_d 取 0。
3. 含水比是指土的天然含水量与液限的比值。
4. 大面积压实填土是指填土范围大于两倍基础宽度的填土。

(2)当偏心距 e 小于或等于 0.033 倍基础底面宽度时，根据土的抗剪强度指标确定地基承载力特征值可按下式计算，并应满足变形要求：

$$f_a = M_b \gamma b + M_b \gamma_m d + M_c c_k \tag{6-5-5}$$

式中　f_a——由土的抗剪强度指标确定的地基承载力特征值(kPa)；

M_b，M_d，M_c——承载力系数，按表 6-5-16 确定；

b——基础底面宽度(m)，大于 6 m 时按 6 m 取值，对于砂土小于 3 m 时按 3 m 取值；

c_k——基底下一倍短边宽度的深度范围内土的黏聚力标准值(kPa)。

表 6-5-16 承载力系数 M_b、M_d、M_c

土的内摩擦角标准值 φ_k(°)	M_b	M_d	M_c
0	0	1.00	3.14
2	0.03	1.12	3.32
4	0.06	1.25	3.51
6	0.10	1.39	3.71
8	0.14	1.55	3.93
10	0.18	1.73	4.17
12	0.23	1.94	4.42
14	0.29	2.17	4.69
16	0.36	2.43	5.00
18	0.43	2.72	5.31
20	0.51	3.06	5.66
22	0.61	3.44	6.04
24	0.80	3.87	6.45
26	1.10	4.37	6.90
28	1.40	4.93	7.40
30	1.90	5.59	7.95
32	2.60	6.35	8.55
34	3.40	7.21	9.22
36	4.20	8.25	9.97
38	5.00	9.44	10.80
40	5.80	10.84	11.73

注：φ_k——基底下一倍短边宽度的深度范围内土的内摩擦角标准值(°)。

(3)对于完整、较完整、较破碎的岩石地基承载力特征值可采用岩基载荷试验方法确定；对破碎、极破碎的岩石地基承载力特征值，可根据平板载荷试验确定。对完整、较完整和较破碎的岩石地基承载力特征值，也可根据室内饱和单轴抗压强度按下式进行计算：

$$f_a = \psi_r \cdot f_{rk} \tag{6-5-6}$$

式中 f_a——岩石地基承载力特征值(kPa)；

f_{rk}——岩石饱和单轴抗压强度标准值(kPa)；

ψ_r——折减系数。根据岩体完整程度以及结构面的间距、宽度、产状和组合，由地方经验确定。无经验时，对完整岩体可取 0.5；对较完整岩体可取 0.2～0.5；对较破碎岩体可取 0.1～0.2。

注：1. 上述折减系数值未考虑施工因素及建筑物使用后风化作用的继续。

2. 对于黏土质岩，在确保施工期及使用期不致遭水浸泡时，也可采用天然湿度的试样，不进行饱和处理。

(四)北京市平原地区地基承载力确定

根据《北京地区建筑地基基础勘察设计规范》(DBJ 11-501—2009),地基承载力标准值可按下列规定确定。

(1)采用查表方法时,地基土的承载力标准值 f_{ka} 可按表 6-5-17～表 6-5-22 确定,其基础标准埋深为1.0 m,标准宽度为 1.0 m(一般第四纪沉积土)和 1.5 m(新近沉积土和人工填土)。

表 6-5-17　一般第四纪黏性土及粉土地基承载力标准值 f_{ka}

压缩模量 E_s(MPa)	4	6	8	10	12	14	16	18	20	22	24
轻型圆锥动力触探锤击数 N_{10}	10	17	22	29	39	50	60	70	80	90	100
比贯入阻力 p_s(MPa)	1.0	1.3	2.0	3.1	4.6	6.2	7.7	9.2	11.0	12.5	14.0
下沉 1 cm 时的附加压力 $k_{0.08}$(kPa)	162	200	237	275	312	350	387	425	462	499	536
承载力标准值 f_{ka}(kPa)	120	160	190	210	230	250	270	290	310	330	350

注:1. 对饱和软黏性土,不宜单一采用轻型圆锥动力触探锤击数 N_{10} 确定地基承载力标准值 f_{ka},应和其他原位测试方法(如静力触探、旁压试验)综合确定。

2. 粉土指黏质粉土和塑性指数大于或等于 5 的砂质粉土。塑性指数小于 5 砂质粉土按粉砂考虑。

3. p_s 为单桥静力触探比贯入阻力标准值。

4. $k_{0.08}$ 系压板面积为 50 cm×50 cm 的平板载荷试验,当沉降量为 1 cm 时的附加压力(简称"下沉 1 cm 时的附加压力"),单位为 kPa。

表 6-5-18　新近沉积黏性土及粉土地基承载力标准值 f_{ka}

压缩模量 E_s(MPa)	2	3	4	5	6	7	8	9	10	11
轻型圆锥动力触探锤击数 N_{10}	6	8	10	12	14	16	18	20	23	25
比贯入阻力 p_s(MPa)	0.4	0.6	0.9	1.2	1.5	1.8	2.1	2.5	2.9	3.3
下沉 1 cm 时的附加压力 $k_{0.08}$(kPa)	57	71	85	98	112	125	139	153	166	180
承载力标准值 f_{ka}(kPa)	50	80	100	110	120	130	150	160	180	190

注:同表 6-5-17 之注 1、2、3、4。

表 6-5-19　一般第四纪粉砂、细砂地基承载力标准值 f_{ka}

标准贯入试验锤击数校正值 N'	15	20	25	30	35	40
比贯入阻力 p_s(MPa)	12	15	18	21	24	27.5
下沉 1 cm 时的附加压力 $k_{0.08}$(kPa)	378	471	565	658	752	845
承载力标准值 f_{ka}(kPa)	180	230	280	330	380	420

注:N'按式(6-5-7)计算。

表 6-5-20　新近沉积粉砂、细砂地基承载力标准值 f_{ka}

标准贯入试验锤击数校正值 N'	4	6	9	11	14
比贯入阻力 p_s(MPa)	3.3	4.6	6.5	7.7	10
轻型圆锥动力触探锤击数 N_{10}	22	32	48	59	75
下沉 1 cm 时的附加压力 $k_{0.08}$(kPa)	128	177	249	295	370
承载力标准值 f_{ka}(kPa)	90	110	140	160	180

注:同表 6-5-17 之注 1、2、3、4。

表 6-5-21 卵石、圆砾地基承载力标准 f_{ka}

剪切波速 v_s(m/s)		250～300	300～400	400～500
密实度		稍密	中密	密实
承载力标准值 f_{ka}(kPa)	卵石	300～400	400～600	600～800
	圆砾	200～300	300～400	400～600

注:本表适用于一般第四纪及新近沉积卵石和圆砾。

表 6-5-22 素填土和变质炉灰地基承载力标准值 f_{ka}

压缩模量 E_s(MPa)		1.5	3.0	5.0	7.0	9.0	11.0
比贯入阻力 p_s(MPa)		0.5	0.9	1.4	2.0	2.6	3.1
轻型圆锥动力触探锤击数 N_{10}		5	9	14	20	26	31
下沉 1 cm 时的附加压力 $k_{0.08}$(kPa)		74	94	122	149	177	205
承载力标准值 f_{ka}(kPa)	素填土	60～80	75～100	90～120	105～135	120～155	135～170
	变质炉灰	50～70	65～85	80～100	85～120	95～135	105～150

注:本表适用于自重固结完成后饱和度为 0.60～0.90 的均匀素填土和变质炉灰,饱和度高的取低值。

当有效覆盖压力 σ_v' 大于 25 kPa 时,标准贯入试验锤击数校正值 N'宜按下式计算:

$$N' = C_N \cdot N \tag{6-5-7}$$

$$C_N = \frac{1}{\left[\frac{\eta_N(\sigma_v' - 25)}{1\,000} + 1\right]^2} \tag{6-5-8}$$

式中 N——实测标准贯入试验锤击数;

C_N——有效覆盖压力校正系数;

σ_v'——标准贯入深度处有效覆盖压力(kPa);

η_N——与密实度有关的系数,按表 6-5-23 取值。

表 6-5-23 有效覆盖压力校正系数 η_N

N	30	15	5
η_N	0.45	0.80	3.80

注:可根据标准贯入试验锤击数进行插值。

(2)深宽修正后的地基承载力标准值 f_a 可按下式计算:

$$f_a = f_{ka} + \eta_b \gamma(b - 3) + \eta_d \gamma_0 (d - 1.5) \tag{6-5-9}$$

式中 f_a——修正后的地基承载力标准值(kPa);

f_{ka}——地基承载力标准值(kPa);

η_b,η_d——基础宽度和深度的地基承载力修正系数,按表 6-5-24 取值,当有充分依据时,也可按照实际情况及已有建筑经验另行确定;

γ_0,γ——基础底面以上和以下土的平均容重,地下水位以下取浮容重(kN/m³);

b——基础底面宽度(m),小于 3 m 时按 3 m 取值,大于 6 m 时按 6 m 取值;

d——基础埋置深度(m),小于 1.5 m 时按 1.5 m 考虑。

表 6-5-24　承载力修正系数

土的类别		η_b	η_d
一般第四纪沉积土	中、粗砂、砾砂与碎石土	3.0	4.5
	粉砂、细砂	2.0	2.8～3.2*
	砂质粉土	0.8～1.0*	2.5
	黏质粉土	0.8	2.2
	粉质黏土	0.5	1.6
	重粉质黏土、黏土	0.3	1.5
新近沉积土及人工填土	粉砂、细砂	0.3	1.5
	黏性土、松砂、人工填土	0	1.0

注：* 土的内摩擦角高的取大值。

进行深宽修正时，基础埋深 d 值的确定应符合下列规定：

一般基础（包括箱形和筏形基础）自室外地面标高算起。挖方整平时应自挖方整平地面标高算起。填方整平应自填方后的地面标高算起，但填方在上部结构施工后完成时，应从天然地面标高算起。

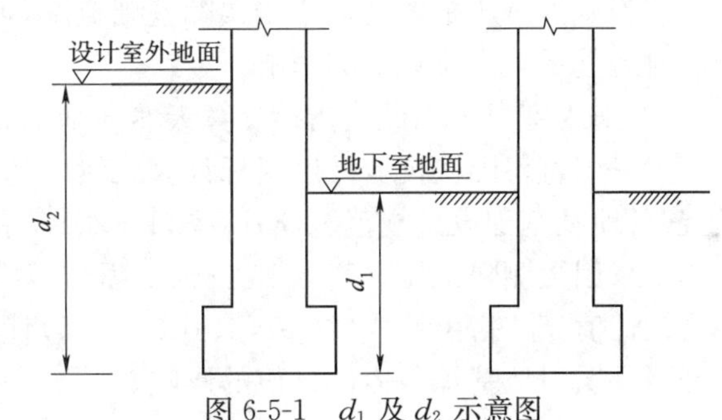

图 6-5-1　d_1 及 d_2 示意图

对于具有条形基础或独立基础的地下室，基础埋置深度应按图 6-5-1 所示分别按下式取值：

①外墙基础埋置深度 d_{ext}（m）按式（6-5-10）取值：

$$d_{ext}=\frac{d_1+d_2}{2} \tag{6-5-10}$$

②室内墙、柱基础埋置深度 d_{int}（m）按式（6-5-11）和式（6-5-12）取值：

一般第四纪沉积土：
$$d_{int}=\frac{3d_1+d_2}{4} \tag{6-5-11}$$

新近沉积土及人工填土：
$$d_{int}=d_1 \tag{6-5-12}$$

式中　d_1——基础室内埋置深度（m）；

d_2——基础室外埋置深度（m）。

③在确定高层建筑箱形或筏形基础埋深时，应考虑高层建筑外围裙房或纯地下室对高层建筑基础侧限的削弱影响，宜根据外围裙房或纯地下室基础宽度与主楼基础宽度之比，将裙房或纯地下室的平均荷载折算为土层厚度作为基础埋深。

（五）上海市地基承载力确定

根据上海市工程建设规范《岩土工程勘察规范》（DG J08-37—2012），天然地基的地基承载力设计值，应根据工程性质、设计要求和地基土特性，采用可靠的土性参数确定。对黏性土可由室内土工试验强度指标或原位测试方法确定；对粉性土、砂土或填土宜由原位测试方法确定；必要时，可采用静载荷试验方法确定；当具备条件时也可根据已有成熟的工程经验采用土性类比法确定。当采用不同方法所得结果有较大差异时，应综合分析加以选定,并说明其适用条件。

(1)采用静载荷试验确定天然地基承载力设计值时,应符合下列规定:

①当试验承压板宽度大于或接近实际基础宽度或其持力层下的土层力学性质好于持力层时,其天然地基承载力设计值 f_d 应按下式计算:

$$f_d = f_{kt}/\gamma_R + \gamma_0 d \tag{6-5-13}$$

式中 f_{kt}——浅层静载荷试验取得的天然地基极限承载力试验统计值(kPa);

γ_0——基础底面以上土层厚度的加权平均容重(kN/m^3),地下水位以下取浮容重;

d——基础埋置深度(m),一般自室外地面标高算起;在填方整平地区,可自填土地面标高算起,但填土在上部结构竣工后完成时,应从天然地面标高算起;

γ_0——天然地基承载力抗力分项系数,可取 2.0。

②当试验承压板宽度远小于实际基础宽度,且持力层下存在软弱下卧层时,应考虑下卧层对地基承载力设计值的影响。

(2)采用室内土工试验指标计算天然地基承载力设计值时,应符合下列规定:

①采用直剪固快抗剪强度指标计算天然地基承载力设计值 f_d 时,可按上海市工程建设规范《地基基础设计规范》(DGJ 08-11—2010)有关规定计算;

②采用无侧限抗压强度 q_u 或三轴不固结不排水抗剪强度 c_u 计算黏性土天然地基承载力设计值 f_d 时,可按式(6-5-14)、式(6-5-15)计算。当持力层下存在软弱下卧层时,应考虑下卧层对地基承载力设计值的影响。

$$f_d = \gamma_0 d + 2.5c_u \tag{6-5-14}$$

$$f_d = \gamma_0 d + 2.5q_u/2 \tag{6-5-15}$$

式中 c_u——三轴不固结不排水抗剪强度标准值(kPa);

q_u——无侧限抗压强度标准值(kPa)。

(3)采用原位测试成果确定天然地基承载力设计值时,应符合下列规定:

①当持力层厚度大于或接近实际基础宽度或其持力层下的土层力学性质好于持力层时,可根据下式确定:

$$f_d = 0.5f_k + \eta_d \gamma_0 (d - 0.5) + \eta_d \gamma (b - 3) \tag{6-5-16}$$

式中 f_k——由表 6-5-25 估算的天然地基极限承载力标准值(kPa);

η_d,η_b——基础埋深和宽度的地基承载力设计值修正系数,按基底下土类确定:

淤泥质土 $\eta_d=1.0$,$\eta_b=0$;

一般黏性土 $\eta_d=1.1$,$\eta_b=0$;

粉性土 $\eta_d=1.3$,$\eta_b=0.3$;

b——基础底面宽度(m),当基础宽度小于 3 m 时按 3 m 取值,大于 6 m 时按 6 m 取值;

d——基础埋置深度(m),一般自室外地面算起;在填土整平地区,可自填土地面标高算起,但填土在上部结构竣工后完成时,应从天然地面标高算起;

γ_0——基础底面以上土的加权平均容重(kN/m^3),地下水位以下取浮容重;

γ——基础底面以下土的容重(kN/m^3),地下水位以下取浮容重。

②当持力层下存在软弱下卧层时,应考虑下卧层对地基极限承载力标准值的影响,公

式(6-5-16)中天然地基极限承载力标准值 f_k 可按下列条件确定：

a. 当基底以下持力层厚度 h_1 与基础宽度 b 之比 $h_1/b>0.7$ 时不计下卧层影响，可按下式确定：

$$f_k = f_{k1} \tag{6-5-17}$$

式中　f_{k1}——持力层的地基极限承载力标准值(kPa)。

b. 当 $0.5 \leqslant h_1/b \leqslant 0.7$ 时，可按下式确定：

$$f_k = (f_{k1} + f_{k2})/2 \tag{6-5-18}$$

式中　f_{k2}——软弱下卧层的地基极限承载力标准值(kPa)。

c. 当 $0.25 \leqslant h_1/b < 0.5$ 时，可按下式确定：

$$f_k = (f_{k1} + 2f_{k2})/3 \tag{6-5-19}$$

d. 当 $h_1/b<0.25$ 时不计持力层影响，可按下式确定：

$$f_k = f_{k2} \tag{6-5-20}$$

表 6-5-25　天然地基极限承载力标准值 f_k

<table>
<tr><th>原位测试方法</th><th>土性</th><th>f_k(kPa)</th><th>适用范围值</th><th>符号说明</th></tr>
<tr><td rowspan="5">静力触探试验</td><td>一般黏性土</td><td>$f_k=68+0.135p_s$
$f_k=68+0.150q_c$</td><td>滨海平原区：
$p_s>1\ 500$ kPa 取 1 500
$q_c>1\ 300$ kPa 取 1 300
湖沼平原 I-1 区：
$p_s>2\ 000$ kPa 取 2 000
$q_c>1\ 700$ kPa 取 1 700</td><td rowspan="7">p_s——各土层静探比贯入阻力(kPa)；
q_c——各土层静探锥尖阻力(kPa)；
N_{10}——轻便触探试验的锤击数(击/30 cm)</td></tr>
<tr><td>淤泥质土</td><td>$f_k=58+0.125p_s$
$f_k=58+0.145q_c$</td><td>$p_s>800$ kPa 取 800
$q_c>700$ kPa 取 700</td></tr>
<tr><td>粉性土</td><td>$f_k=72+0.090p_s$
$f_k=72+0.108q_c$</td><td>$p_s>2\ 500$ kPa 取 2 500
$q_c>2\ 200$ kPa 取 2 200</td></tr>
<tr><td>素填土</td><td>$f_k=54+0.108p_s$
$f_k=54+0.125q_c$</td><td>$p_s>1\ 500$ kPa 取 1 500
$q_c>1\ 300$ kPa 取 1 300</td></tr>
<tr><td>冲填土</td><td>$f_k=40+0.080p_s$
$f_k=40+0.095q_c$</td><td>$p_s>1\ 000$ kPa 取 1 000
$q_c>900$ kPa 取 900</td></tr>
<tr><td rowspan="2">轻便触探试验</td><td>素填土</td><td>$f_k=80+4.0N_{10}$</td><td rowspan="2">$N_{10}>30$ kPa 取 30</td></tr>
<tr><td>冲填土</td><td>$f_k=58+2.9N_{10}$</td></tr>
<tr><td rowspan="3">旁压试验</td><td>黏性土</td><td>$f_k=1.6(p_y-p_0)$
$f_k=(p_L-p_0)/1.2$</td><td rowspan="3">—</td><td rowspan="3">p_0——由旁压试验曲线和经验综合确定的侧向压力(kPa)；
p_y——由旁压试验曲线确定的临塑压力(kPa)；
p_L——由旁压试验曲线确定的极限压力(kPa)</td></tr>
<tr><td>粉性土</td><td>$f_k=1.4(p_y-p_0)$
$f_k=(p_L-p_0)/1.3$</td></tr>
<tr><td>砂土</td><td>$f_k=1.3(p_y-p_0)$
$f_k=(p_L-p_0)/1.5$</td></tr>
</table>

注：对浅部的非均质土、人工填土和新近沉积土，宜采用轻便触探或静力触探试验，查明其均匀情况。当土质较均匀时，宜取平均值；当土质不均匀时，宜取最小平均值。

(4)采用类比法确定天然地基承载力设计值 f_d 时，应充分比较类同工程的沉降观测资料、工程地质条件、荷载条件和基础条件等。

(六)广东省地基承载力确定

根据广东省地方标准《建筑地基基础设计规范》(DBJ 15-31—2016)，各岩土层的地基承载力特征值可按下列规定确定。

(1)对完整、较完整的岩石地基承载力特征值，可根据室内单轴抗压强度按式(6-5-6)计算，其中折减系数 ψ_r 可按表 6-5-26 取值。

表 6-5-26 折减系数 ψ_r 的建议值

	较完整岩体	完整岩体
硬质岩	0.25～0.30	0.30～0.40
软质岩	0.30～0.40	0.40～0.50

(2)较破碎、破碎、极破碎的岩石地基承载力特征值可根据平板载荷试验确定；当试验难以进行时，也可按表 6-5-27 确定。

表 6-5-27 较破碎、破碎、极破碎岩石地基承载力特征值 f_a(kPa)

岩石类别	风化程度		
	强风化	中风化	微风化
硬质岩石	700～1 500	1 500～4 000	≥4 000
软质岩石	600～1 000	1 000～2 000	≥2 000

注：强风化岩石的实测标准贯入试验击数 $N' \geq 50$。

(3)碎石土、砂土、粉土、黏性土、淤泥、红黏土和填土的承载力特征值的经验值可分别根据土的物理力学指标按表 6-5-28～表 6-5-34 确定。

表 6-5-28 碎石土承载力特征值的经验值 f_{ak}(kPa)

土的名称	密实度		
	稍密	中密	密实
卵石	300～500	500～800	800～1 000
碎石	200～400	400～700	700～900
圆砾	200～300	300～500	500～700
角砾	150～200	200～400	400～600

表 6-5-29 砂土承载力特征值的经验值 f_{ak}(kPa)

土的名称		密实度		
		稍密	中密	密实
砾砂、粗砂、中砂		160～240	240～340	>340
细砂、粉砂	稍湿	120～160	160～220	>220
	很湿		120～160	>160

表 6-5-30 粉土承载力特征值的经验值 f_{ak}(kPa)

第一指标孔隙比 e	第二指标液性指数 I_L					
	0	0.25	0.50	0.75	1.0	1.20
0.5	350	330	310	290	280	—
0.6	300	280	260	240	230	—
0.7	250	230	210	200	190	150

续上表

第一指标孔隙比 e	第二指标液性指数 I_L					
	0	0.25	0.50	0.75	1.0	1.20
0.8	200	180	170	160	150	120
0.9	160	150	140	130	120	100
1.0	—	130	120	110	100	—
1.1	—	—	100	90	80	—

注：在湖、塘、沟、谷与河漫滩地段新近沉积的粉土，其工程性质较差，特征值应根据当地实践经验取值。

表 6-5-31　一般黏性土承载力特征值的经验值 f_{ak}（kPa）

第一指标孔隙比 e	第二指标液性指数 I_L					
	0	0.25	0.50	0.75	1.0	1.2
0.5	450	410	370	(340)	—	—
0.6	380	340	310	280	(250)	—
0.7	310	280	250	230	190	160
0.8	260	230	210	190	160	130
0.9	220	200	180	160	130	100
1.0	190	170	150	130	110	—
1.1	—	150	130	110	100	—

注：1. 在湖、塘、沟、谷与河漫滩地段新近沉积的黏性土，其工程性质一般较差；第四纪晚更新世（Q_3）及其以前沉积的老黏性土，其工程性质通常较好。这些土应根据当地实践经验取值。

2. 有括号者仅供内插用。

表 6-5-32　沿海地区淤泥和淤泥质土承载力特征值的经验值 f_{ak}（kPa）

天然含水量 w(%)	36	40	45	50	55	65	75
承载力特征值 f_{ak}	100	90	80	70	60	50	40

注：1. 对于内陆淤泥和淤泥质土，可酌情采用。

2. w 为原状土的天然含水量。

表 6-5-33　红黏土承载力特征值的经验值 f_{ak}（kPa）

土的名称	第二指标液塑比 I_r	第一指标含水比 α_w					
		0.5	0.6	0.7	0.8	0.9	1.0
红黏土	≤1.7	350	260	210	170	130	110
	≥2.3	260	190	160	120	100	80
次生红黏土		230	180	150	120	100	80

表 6-5-34　黏性素填土承载力特征值的经验值 f_{ak}（kPa）

E_s(%)	7	5	4	3	2
f_{ak}(kPa)	150	130	110	80	60

注：本表只适用于堆填时间超过 10 年的黏土和粉质黏土，以及超过 5 年的粉土。

（4）砂土、粉土、残积土、黏性土和填土的承载力特征值的经验值也可根据标准贯入试验锤击数和触探试验指标按表 6-5-35～表 6-5-41 确定。

表 6-5-35 砂土承载力特征值的经验值 f_{ak}(kPa)

土的名称	N			
	10	20	30	50
中砂、粗砂	180	250	340	500
粉砂、细砂	140	180	250	340

表 6-5-36 砂土承载力特征值的经验值 f_{ak}(kPa)

土的名称	$N_{63.5}$							
	3	4	5	6	7	8	9	10
中砂、粗砂	120	160	200	240	280	320	360	400
粉砂、细砂	75	100	125	150	175	200	225	250

表 6-5-37 一般黏性土和花岗岩残积土承载力特征值的经验值 f_{ak}(kPa)

N	3	5	7	9	11	13	15	17	19	21	23
f_{ak}	100	150	200	240	280	320	360	420	500	580	660

表 6-5-38 一般黏性土承载力特征值的经验值 f_{ak}(kPa)

$N_{63.5}$	2	3	4	5	6	7	8	9	10	11	12
f_{ak}	120	150	180	210	240	265	290	320	350	375	400

表 6-5-39 粉土承载力特征值的经验值 f_{ak}(kPa)

N	3	4	5	6	7	8	9	10	11	12	13	14	15
f_{ak}	100	120	140	160	180	200	220	240	260	280	300	320	340

表 6-5-40 黏性土承载力特征值的经验值 f_{ak}(kPa)

N_{10}	15	20	25	30
f_{ak}	100	140	180	220

表 6-5-41 黏性素填土承载力特征值的经验值 f_{ak}(kPa)

N_{10}	10	20	30	40
f_{ak}	80	110	130	150

(七)南京地区地基承载力确定

根据江苏省工程建设标准《南京地区建筑地基基础设计规范》(DGJ 32/J-12—2005),南京地区各岩土层地基的承载力可按下列规定确定。

(1)当以岩石作为天然地基或桩基础的持力层时,其承载力宜按岩基载荷试验确定。当岩基载荷试验有困难时,可采用岩石单轴抗压强度乘以折减系数的方法确定其承载力。

中等风化及微风化整体状或块状的岩石地基,岩样采取方式为泥浆护壁钻孔取样时,其承载力特征值 f_{ak} 可按式(6-5-21)确定:

$$f_{ak} = 1\,000\psi_r \cdot f_{rk} \tag{6-5-21}$$

式中 f_{ak}——岩石地基承载力特征值(kPa);

f_{rk}——岩石饱和单轴抗压强度标准值(MPa),对软质岩石也可采用天然湿度岩样的单轴抗压强度标准值；

ψ_r——折减系数，可按表 6-5-42 确定。

表 6-5-42　折减系数 ψ_r 及岩石地基承载力特征值 f_{ak}

岩石单轴抗压强度标准值 f_{rk}(MPa)	折减系数 ψ_r	岩石地基承载力特征值 f_{ak}(kPa)
1.0～5.0	0.90～0.60	900～3 000
5.0～10.0	0.60～0.40	3 000～4 000
10.0～30.0	0.40～0.25	4 000～10 000
>30.0	0.25	>10 000

注：1. 当岩石为强风化岩时，可按表 6-5-43 确定其承载力特征值。

2. 当有经验时，岩石地基承载力可适当调整。

3. 当岩石破碎时，应适当降低 ψ_r 值。

4. 当岩石被浸水软化时，应乘以软化系数。

(2)当根据野外鉴别结果确定地基承载力特征值时，应符合表 6-5-43、表 6-5-44 的规定。

表 6-5-43　岩石地基承载力特征值 f_{ak}(kPa)

岩石类型	风化程度		
	强风化	中风化	微风化
硬质岩石	500～1 500	1 500～4 000	>4 000
软质岩石	300～750	750～1 500	1 500～4 000
极软岩石	200～400	400～750	750～1 500

注：1. 对于微风化硬质岩石地基，其承载力如取用大于 4 000 kPa 时，应由试验确定。

2. 对于强风化岩石和浸水易软化的软质岩石及极软岩石，基坑挖至设计标高后应立即浇筑混凝土，确保岩石不被水浸泡。

3. 对于强风化岩石，当与残积土难于区分时按土考虑。

表 6-5-44　卵砾石地基承载力特征值 f_{ak}(kPa)

剪切波速(m/s)	250～300	300～400	400～500
密实度	稍密	中密	密实
地基承载力特征值	150～250	250～350	350～700

注：1. 骨架颗粒间充填饱和粉土、粉细砂或可塑、软塑黏性土时，采用较低值；充填中、粗砂及硬塑、坚硬黏性土时采用较高值。

2. 骨架颗粒中等风化或强风化时，可根据风化程度适当降低承载力，当颗粒间为半胶结状时，可适当提高承载力。

(3)当根据室内物理、力学指标平均值确定地基承载力特征值时，应按下列规定将表 6-5-45～表 6-5-48 中的承载力基本值乘以回归修正系数 ψ_f。

$$\psi_f = 1 - \left(\frac{2.884}{\sqrt{n}} + \frac{7.918}{n^2}\right)\delta \tag{6-5-22}$$

式中　ψ_f——回归修正系数；

n——据以查表的物性指标参加统计的数据个数；

δ——变异系数。

①当 ψ_f 小于 0.75 时，应分析 δ 过大的原因(如分层是否合理，试验有无差错等)，并应同时增加试样数量。

②当表中并列两个指标时，变异系数应按下式计算：

$$\delta=\delta_1+\xi\delta_2 \tag{6-5-23}$$

式中 δ_1——第一指标的变异系数；

δ_2——第二指标的变异系数；

ξ——第二指标的折算系数，见有关承载力表的注。

表 6-5-45 黏性土地基承载力基本值 f(kPa)

第一指标 e	第二指标 I_L					
	0	0.25	0.50	0.75	1.00	1.20
0.5	425	385	350	(325)	—	—
0.6	360	325	290	265	(235)	—
0.7	295	265	250	220	180	140
0.8	260	230	210	180	140	115
0.9	220	200	180	155	125	100
1.0	190	170	145	115	90	(75)
1.1	—	150	125	90	75	(65)

注：1. 有括号者仅供内插用。
2. 折算系数 ξ 为 0.1。
3. 在沟谷与河漫滩地段的新近沉积黏性土，其工程性能较差，可按上表查得之数乘以 0.8～0.9 的折减系数（当 $e\leqslant0.8$ 时，乘 0.8；当 $e>0.8$ 时乘 0.9）。

表 6-5-46 粉土地基承载力基本值 f(kPa)

第一指标 e	第二指标 w(%)				
	20	25	30	35	40
0.6	280	270	—	—	—
0.7	230	220	(205)	—	—
0.8	185	175	165	—	—
0.9	145	140	130	(125)	—
1.0	120	115	110	105	(100)

注：1. 有括号者仅供内插用。
2. 折算系数 ξ 为 0。

表 6-5-47 淤泥和淤泥质土地基承载力基本值 f(kPa)

第一指标 w(%)	第二指标 $E_{s1\text{-}2}$(MPa)			
	1.5	2.5	3.5	4.0
35	—	65	70	80
40	55	60	65	(75)
45	50	55	(60)	—
50	45	(50)	—	—
55	40	—	—	—

注：1. 有括号者仅供内插用。
2. 折算系数 ξ 为 0。

表 6-5-48　素填土地基承载力基本值 f(kPa)

压缩模量 E_{s1-2}(MPa)	7	6	5	4	3	2
f(kPa)	130	115	105	85	65	50

注:本表只适用于堆填时间超过 10 年的黏性土以及超过 5 年的粉土。

(4)当根据经杆长修正后的标准贯入锤击数标准值 N、轻便触探试验锤击数标准值 N_{10}、静力触探比贯入阻力 p_s 统计计算标准值、重型动力触探锤击数标准值 $N_{63.5}$ 确定地基承载力特征值 f_{ak}时,可按表 6-5-49～表 6-5-55 确定。

表 6-5-49　粉细砂地基承载力特征值 f_{ak}(kPa)

N(击数)	3～10	10～15	15～30	>30
p_s(kPa)	1 500～3 500	3 500～6 000	6 000～12 000	>12 000
地基承载力特征值	110～140	140～180	180～240	240～330

注:N——经杆长修正后的锤击数统计标准值,杆长校正系数见表 6-5-50。

表 6-5-50　标准贯入试验杆长校正系数

杆长(m)	≤3	6	9	12	15	18	21	25	30	40	50	75
校正系数 α	1.00	0.92	0.86	0.81	0.77	0.73	0.70	0.70	0.68	0.64	0.60	0.50

表 6-5-51　中粗砂地基承载力特征值 f_{ak}(kPa)

N(击数)	10	15	30	50
地基承载力特征值	180	250	340	500

表 6-5-52　黏性土地基承载力特征值 f_{ak}(kPa)

N(击数)	3	5	7	9	11	13	15	17	19
p_s(kPa)	700	1 200	1 700	2 100	2 600	3 000	3 200	3 700	4 200
地基承载力特征值	85	115	150	190	225	240	260	300	335

表 6-5-53　粉土地基承载力特征值 f_{ak}(kPa)

p_s(kPa)	1 300～2 000	2 000～4 000	4 000～6 000
地基承载力特征值	100～130	130～160	160～200

表 6-5-54　黏性素填土地基承载力特征值 f_{ak}(kPa)

N_{10}(击数)	10	20	30	40
地基承载力特征值	70	90	110	130

表 6-5-55　卵砾石土地基承载力特征值 f_{ak}(kPa)

重型动力触探锤击数标准值 $N_{63.5}$	5	10	15	20	25	30	35	40
地基承载力特征值	150	200	270	350	400	450	500	550

注:1. 对雨花台砾石层地基承载力特征值应予以提高,可乘 1.2 的增大系数。
2. 当卵砾石中充填软塑—流塑粉质黏土的粉土,饱和稍密粉砂,地基承载力特征值应适当减小,可乘 0.8 的折减系数。

(八)成都地区地基承载力确定

根据四川省地方标准《成都地区建筑地基基础设计规范》(DB51/T 5026—2001),成都地区各岩土层地基的承载力可按下列规定确定。

(1)岩石地基根据风化程度确定极限承载力标准值时,应符合表 6-5-56 的规定。

表 6-5-56 岩石地基极限承载力标准值 f_{uk}(kPa)

岩石类别	强风化	中风化	微风化
硬质岩	1 000～3 000	3 000～8 000	>8 000
软质岩	500～1 000	1 000～3 000	3 000～8 000
极软质岩	300～500	500～1 000	1 000～3 000

(2)根据室内物理、力学指标平均值确定地基极限承载力标准值时,应按将表 6-5-57～表 6-5-61 中的极限承载力基本值 f_{uo}乘以回归修正系数 ψ_f。回归修正系数 ψ_f 按式(6-5-22)计算;当表中并列两个指标时,变异系数应按式(6-5-23)计算。

表 6-5-57 黏性土极限承载力基本值 f_{uo}(kPa)

第一指标孔隙比 e	第二指标液性指数 I_L				
	0	0.25	0.50	0.75	1.00
0.5	950	860	780	(720)	—
0.6	800	720	650	590	(530)
0.7	650	590	530	480	420
0.8	550	480	440	400	340
0.9	460	420	380	340	270
1.0	400	360	320	270	230

注:1. 有括号者仅供内插用。
2. 折算系数 ξ 为 0.1。
3. 在湖、塘、沟、谷与河漫滩地段的新近沉积的黏性土,其工程性能一般较差,这些土应根据当地经验选取分项系数。

表 6-5-58 粉土极限承载力基本值 f_{uo}(kPa)

第一指标孔隙比 e_2	第二指标含水量 w(%)						
	10	15	20	25	30	35	40
0.5	820	780	(730)	—	—	—	—
0.6	620	600	560	(540)	—	—	—
0.7	500	480	450	430	(410)	—	—
0.8	400	380	360	340	(330)	—	—
0.9	320	300	290	280	260	(250)	—
1.0	260	250	240	230	220	210	(200)

注:1. 有括号者仅供内插用。
2. 折算系数 ξ 为 0。
3. 在湖、塘、沟、谷与河漫滩地段的新近沉积的粉土,其工程性能一般较差,这些土应根据当地经验选取分项系数。

表 6-5-59 淤泥和淤泥质土极限承载力基本值 f_{uo}(kPa)

天然含水量 w(%)	36	40	45	50	55	65
f_{uo}(kPa)	200	180	160	140	120	100

表 6-5-60　素填土极限承载力基本值 f_{uo}(kPa)

压缩模量 $E_{s1\text{-}2}$(MPa)	7	5	4	3	2
f_{uo}(kPa)	320	270	230	170	130

注:本表只适用于堆填时间超过 10 年的黏性土以及超过 5 年的粉土;

表 6-5-61　膨胀土极限承载力基本值 f_{uo}(kPa)

第二指标含水比 v	第一指标孔隙比 e			
	0.6	0.7	0.8	0.9
<0.5	700	640	580	520
0.5～0.6	600	550	500	440
0.6～0.7	500	460	420	380

注:1. 折算系数 ξ 为 0。
　2. 含水比 v 为天然含水量 w 与液限 w_L 之比值($v=w/w_L$)。

(3)根据现场原位测试确定地基承载力标准值,试验指标应按第七篇第一章式(7-1-5)进行修正后得出原位测试指标的标准值,分别查表 6-5-62～表 6-5-72。

①根据超重型动力触探锤击数 N_{120} 按表 6-5-62 确定卵石土的极限承载力标准值及变形模量。

表 6-5-62　卵砾石土极限承载力标准值 f_{uk}(kPa)及变形模量 E_o

N_{120}	4	5	6	7	8	9	10	12	14	16	18	20
f_{uk}(kPa)	700	860	1 000	1 160	1 340	1 500	1 640	1 800	1 950	2 040	2 140	2 200
E_o(MPa)	21	23.5	26	28.5	31	34	37	42	47	52	57	62

②根据重力触探锤击数 $N_{63.5}$,按表 6-5-63 确定松散卵石、圆砾、砂土地基极限承载力标准值。

表 6-5-63　松散卵石、圆砾、砂土极限承载力标准值 f_{uk}(kPa)

$N_{63.5}$	2	3	4	5	6	8	10
卵石				400	480	640	800
圆砾			320	400	480	640	800
中、粗、砾砂		240	320	400	480	640	800
粉细砂	160	220	280	330	380	450	

③根据标准贯入试验锤击数 N,轻便动力触探试验锤击数 N_{10},按表 6-5-64～表 6-5-68 确定砂土、粉土、黏性土和素填土地基极限承载力标准值。

表 6-5-64　砂土极限承载力标准值 f_{uk}(kPa)

土　类	N						
	4	6	8	10	15	20	30
中、粗砂	240	280	320	360	500	560	680
粉、细砂	200	220	250	280	360	410	500

表 6-5-65 粉土极限承载力标准值 f_{uk}(kPa)

N	2	4	6	8	10	12	15
f_{uk}(kPa)	160	220	280	340	400	460	550

表 6-5-66 黏性土极限承载力标准值 f_{uk}(kPa)

N	3	5	7	9	11	13	15
f_{uk}(kPa)	210	290	380	470	560	650	740

注:本表不适用于软塑～流塑状态的黏性土。

表 6-5-67 黏性土极限承载力标准值 f_{uk}(kPa)

N_{10}	15	20	25	30
f_{uk}(kPa)	210	290	380	460

表 6-5-68 素填土极限承载力标准值 f_{uk}(kPa)

N_{10}	10	20	30	40
f_{uk}(kPa)	170	230	270	320

④根据静力触探比贯入阻力 p_s,按表 6-5-69～表 6-5-72 确定砂土、粉土、黏性土和素填土地基极限承载力标准值。

表 6-5-69 砂土极限承载力标准值 f_{uk}(kPa)

p_s(MPa)	2	3	4	5	6	7	8
中、粗砂	200～240	280～320	360～400	440～480	520～560	580～620	640～680
粉、细砂	180～200	220～240	260～280	300～320	340～360	380～400	420～440

注:中砂用低值,粗砂用高值;粉砂用低值,细砂用高值。

表 6-5-70 粉土极限承载力标准值 f_{uk}(kPa)

p_s(MPa)	1	2	3	4	5
砂质粉土	200	240	280	320	360
黏质粉土	220	270	320	370	420

表 6-5-71 黏性土极限承载力标准值 f_{uk} 及压缩模量 E_s

p_s(MPa)	0.5	1	1.5	2	2.5	3	3.5	4
f_{uk}(kPa)	160	240	320	400	480	560	620	680
E_s(MPa)	3	5	7	9	11	12.5	14	15

表 6-5-72 素填土极限承载力标准值 f_{uk} 及压缩模量 E_s

p_s(MPa)	0.5	1	1.5	2	2.5
f_{uk}(kPa)	120	200	270	340	400
E_s(MPa)	2.6	4.2	5.8	7.4	9

注:本表只适用于黏性土组成堆填时间超过 10 年的素填土。

第三节　软弱下卧层验算

当地基受力层范围内有软弱下卧层时，应符合下列规定：

(1)应按下式验算软弱下卧层的地基承载力：

$$p_z + p_{cz} \leqslant f_{az} \tag{6-5-24}$$

式中　p_z——相应于作用的标准组合时，软弱下卧层顶面处的附加压力值(kPa)；

p_{cz}——软弱下卧层顶面处土的自重压力值(kPa)；

f_{az}——软弱下卧层顶面处经深度修正后的地基承载力特征值(kPa)。

(2)对条形基础和矩形基础，式(6-5-24)中的 p_z 值可按下列公式简化计算：

条形基础

$$p_z = \frac{b(p_k - p_c)}{b + 2z\tan\theta} \tag{6-5-25}$$

矩形基础

$$p_z = \frac{lb(p_k - p_c)}{(b + 2z\tan\theta)(l + 2z\tan\theta)} \tag{6-5-26}$$

式中　b——矩形基础或条形基础底边的宽度(m)；

l——矩形基础底边的长度(m)；

p_c——基础底面处土的自重压力值(kPa)；

z——基础底面至软弱下卧层顶面的距离(m)；

θ——地基压力扩散线与垂直线的夹角(°)，可按表 6-5-73 采用。

表 6-5-73　地基压力扩散角 θ

E_{s1}/E_{s2}	z/b	
	0.25	0.50
3	6°	23°
5	10°	25°
10	20°	30°

注：1. E_{s1} 为上层土的压缩模量；E_{s2} 为下层土压缩模量。

2. $z/b<0.25$ 时取 $\theta=0°$，必要时，宜由试验确定；$z/b>0.50$ 时，θ 值不变。

3. z/b 在 0.25 与 0.50 之间可插值使用。

第四节　地 基 处 理

地基处理，即提高地基强度，改善其变形性质或渗透性质而采取的技术措施。

当城市轨道交通工程地基面临承载力及稳定性不足、压缩及不均匀沉降、渗漏、液化或特殊性岩土等问题时，应需采用地基处理措施以保证上部结构的安全与正常使用。岩土工程分析与评价应提出地基处理方案和措施建议。

在选择地基处理方案时，应考虑上部结构、基础和地基的共同作用，并经过技术经济比较，选用处理地基或加强上部结构和处理地基相结合的方案。

地基处理方法分类及适用范围见表 6-5-74。也可根据地基结构类型按表 6-5-75 选用。

表 6-5-74 地基处理方法分类及其适用范围

类别	方法	简 要 原 理	适用范围
置换	换土垫层法	将软弱土或不良土开挖至一定深度，回填抗剪强度较大、压缩性较小的土，如砂、砾、石渣、灰土等，并分层夯实，形成双层地基。垫层能有效扩散基底压力，提高地基承载力、减少沉降	各种软弱土地基
	挤淤置换法	通过抛石或夯击回填碎石置换淤泥达到加固地基的目的	厚度较小的淤泥地基
	褥垫法	当建(构)筑物的地基一部分压缩性很小，而另一部分压缩性较大时，为了避免不均匀沉降，在压缩性很小的部分，通过换填法铺设一定厚度可压缩性的土料形成褥垫，以减少沉降差	建(构)筑物部分坐落在基岩上，部分坐落在土上，以及类似情况
	振冲置换法	利用振冲器在高压水流作用下边振边冲在地基中成孔，在孔内填入碎石、卵石等粗粒料且振密成碎石桩。碎石桩与桩间土形成复合地基，以提高承载力，减小沉降	不排水抗剪强度不小于 20 kPa 的黏性土、粉土、饱和黄土和人工填土等地基
	强夯置换法	采用边填碎石边强夯的强夯置换法在地基中形成碎石墩体，由碎石墩、墩间土以及碎石垫层形成复合地基，以提高承载力，减小沉降	人工填土、砂土、黏性土和黄土、淤泥和淤泥质土地基
	砂石桩(置换)法	在软黏土地基中采用沉管法或其他方法设置密实的砂桩或碎石桩，置换同体积的黏性土形成砂石桩复合地基，以提高地基承载力。同时砂石桩还可以同砂井一样起排水作用，以加速地基土固结	软黏土地基
	石灰桩法	通过机械或人工成孔，在软弱地基中填入生石灰块或生石灰块加其他掺合料，通过石灰的吸水膨胀、放热以及离子交换作用改善桩周土的物理力学性质，并形成石灰桩复合地基，可提高地基承载力，减少沉降	杂填土、软黏土地基
	CFG 桩法	采用机械或人工成孔，通过振支、泵送、人工灌注等方式在地基中形成 CFG 桩体，桩与桩间土、垫层形成 CFG 桩复合地基，可提高地基承载力，减少沉降	杂填土、素填土、砂土、粉土、黏性土地基
	EPS 超轻质料填土法	发泡聚苯乙烯(EPS)密度只有土的 1/50～1/100，并具有较好的强度和压缩性能，用于填土料，可有效减小地基上的荷载，需要时也可置换部分地基土，以达到更好效果	软弱地基上的填方工程
排水固结	加载预压法	在建造建(构)筑物以前，天然地基在预压荷载作用下，压密、固结，地基产生变形，地基土强度提高，卸去预压荷载后再建造建(构)筑物，完工后沉降小，地基承载力也得到提高。堆载预压有时也利用建筑物自重进行。当天然地基土体渗透性较小时，为了缩短土体排水距离，加速土体固结，在地基中设置竖向排水通道，常用形式有：普通砂井、袋装砂井、塑料排水带等。 当采用竖向排水通道时，也有人将其分别称为砂井法、袋装砂井法或塑料排水带法等	软黏土、粉土、杂填土、冲填土、泥炭土地基等
	超载预压法	基本上与堆载预压法相同，不同之处是预压荷载大于建(构)筑物的实际荷载。超载预压不仅可减少建(构)筑物完工后固结沉降，还可消除部分完后次固结沉降	软黏土、粉土、杂填土、冲填土、泥炭土地基等

续上表

类别	方法	简要原理	适用范围
排水固结	真空预压法	在饱和软黏土地基中设置竖向排水通道(砂井或塑料排水带等)和砂垫层,在其上覆盖不透气密封膜。通过埋设于砂垫层的抽水管进行长时间不断抽气和水,使砂垫层和砂井中造成负气压,而使软黏土层排水固结。负气压形成的当量预压荷载一般可达 85 kPa	软黏土、粉土、杂填土、冲填土、泥炭土地基等
	真空预压与堆载联合作用法	当真空预压达不到要求的预压荷载时,可与堆载预压联合使用,其堆载预压荷载和真空预压荷载可叠加计算	软黏土、粉土、杂填土、冲填土、泥炭土地基等
	降低地下水位法	通过降低地下水位,改变地基土受力状态,其效果如堆载预压,使地基土固结。在基坑开挖围护设计中可减小作用在围护结构上的土压力	砂土或渗水性较好的软黏土层
	电渗法	在地基中设置阴极、阳极,通过直流电,形成电场。土中水流向阴极。采用抽水设备将水抽走,达到地基土体排水固结效果	软黏土地基
灌入固化物	深层搅拌法	利用深层搅拌机将水泥或石灰和地基土原位搅拌形成圆柱状,格栅状或连续墙水泥土增强体,形成复合地基以提高地基承载力,减小沉降。深层搅拌法分喷浆搅拌法和喷粉搅拌法两种。也用它形成防渗帷幕	淤泥、淤泥质土和含水量较高地基承载力标准值不大于 120 kPa 的黏性土、粉土等软土地基。用于处理泥炭土或地下水具有腐蚀性时宜通过试验确定其适用性
	高压喷射注浆法	利用钻机将带有喷嘴的注浆管钻至预定位置,然后用 20 MPa 左右的浆液或水的高压流冲切土体,用浆液置换部分土体,形成水泥土增强体。高压喷射注浆法有单管法、二重管法、三重管法。在喷射浆液的同时通过旋转、提升可形成定喷、摆喷和旋喷。高压喷射注浆法可形成复合地基以提高承载力,减少沉降。也常用它形成防渗帷幕	淤泥、淤泥质土、黏性土、粉土、黄土、砂土、人工填土和碎石土等地基。当土中含有较多的大块石,或有机质含量较高时应通过试验确定其适用性
	渗入性灌浆法	在灌浆压力作用下,将浆液灌入土中原有孔隙,改善土体的物理力学性质	中砂、粗砂、砾石地基
	劈裂灌浆法	在灌浆压力作用下,浆液克服地基土中初始应力和抗拉强度,使地基中原有的孔隙或裂隙扩张,或形成新的裂缝和孔隙,用浆液填充,改善土体的物理力学性质。与渗入性灌浆相比,其所需灌浆压力较高	岩基或砂、砂砾石、黏性土地基。形成劈裂需要一定条件
	压密灌浆法	通过钻孔向土层中压入浓浆液,随着土体压密将在压浆点周围形成浆泡。通过压密和置换改善地基性能。在灌浆过程中因浆液的挤压作用可产生辐射状上抬力,可引起地面局部隆起。利用这一原理可以纠正建筑物不均匀沉降和建筑物纠倾	常用于中砂地基,排水条件较好的黏性土地基
	电动化学灌浆法	当在黏性土中插入金属电极并通以直流电后,在土中引起电渗、电泳和离子交换等作用,在通电区含水量降低,从而在土中形成浆液“通道”。若在通电同时向土中灌注化学浆液,就能达到改善土体物理力学性质的目的	黏性土地基

续上表

类别	方法	简 要 原 理	适用范围
振密、挤密	表层原位压实法	采用人工或机械夯实、碾压或振动，使土密实。但密实范围较浅	杂填土、疏松无黏性土、非饱和黏性土、湿陷性黄土等地基的浅层处理
	强夯法	采用质量为 100～400 kN 的夯锤从高处自由落下，地基土在强夯的冲击力和振动力作用下密实，可提高承载力，减少沉降	碎石土、砂土、低饱和度的粉土和黏性土，湿陷性黄土、杂填土和素填土等地基
	振冲密实法	依靠振冲器的强力振动使饱和砂层发生液化，砂颗粒重新排列，孔隙减小，另一方面依靠振冲器的水平振动力，加回填料使砂层挤密，从而达到提高地基承载力，减小沉降，并提高地基土体抗液化能力	黏粒含量小于 10%的疏松砂土地基
	挤密砂石桩法	采用沉管法或其他方法在地基中设置砂桩、碎石桩，在成桩过程中对周围土层产生挤密，被挤密的桩间土和砂石桩形成复合地基，达到提高地基承载力和减小沉降的目的	疏松砂土、杂填土、非饱和黏性土地基、黄土地基
	土桩、灰土桩法	采用沉管法、爆扩法和冲击法在地基中设置土桩或灰土桩，在成桩过程中挤密桩间土，由挤密的桩间土和密实的土桩或灰土桩形成复合地基	地下水以上的湿陷性黄土、杂填土、素填土等地基
	夯实水泥土桩法	通过人工成孔或其他成孔方法成孔，回填水泥和土拌和料，分层夯实，形成水泥土桩并挤密桩间土桩与桩间土形成复合地基，可提高承载力和减小沉降	地下水位以上各种软弱地基
	CFG 桩法	通过振动沉管成孔，灌注水泥、粉煤灰、碎石、中粗砂混合料，形成 CFG 桩，振动沉管对桩间土有挤密作用，桩与桩间土、垫层形成 CFG 桩复合地基，可提高地基承载力，减少沉降	杂填土、素填土、砂土、粉土、黏性土地基
	柱锤冲扩桩法	通过人工成孔、或螺旋钻成孔、或振动沉管成孔、或柱锤冲击成孔，填入碎石，或矿渣，或灰土，或水泥加土，或渣土、或 CFG 料等，分层夯击，夯扩桩体，挤密桩间土，形成复合地基以提高地基承载力和减小沉降	杂填土、素填土、砂土、粉土、黏性土地基因地制宜采用适当的成孔工艺、回填料和夯扩工艺

表 6-5-75 地基处理方法

土的种类	方法名称	适用条件	方法要点	作用及效果
岩石	褥垫法	基底局部基岩突出地段	将基岩凿去 5～50 cm，换填压缩性较高土层	减少差异沉降
	灌浆法	裂隙性基岩，溶洞	利用压力灌入水泥，沥青或黏土泥浆等	防渗及加强地基
砂土	硅化法	渗透系数为 2～80 m/d	注入硅酸钠和氯化钠溶液	防渗及加强地基
	振动法，振冲法，砂桩法，强夯法	饱和与非饱和松散砂层	浅层用振动法，深层用振冲法、强夯法及砂桩法	使地基密实，提高地基强度及抗液化能力

续上表

土的种类	方法名称	适用条件	方法要点	作用及效果
湿陷性黄土	换土垫层法	黄土	换去一定厚度的湿陷性土	提高地基强度、减少湿陷性
	重锤夯实法，强夯法	湿陷性黄土	重锤吊起一定高度自由落下	消除或减少湿陷性，提高强度
	挤密土桩法	湿陷性黄土	桩管成孔，内填夯实素土或灰土	消除湿陷性，提高强度
	灰土井柱法	下有非湿陷性密实土层	挖井或钻探成孔，填以夯实灰土	消除湿陷性，提高强度
	硅化法、碱液加固法、热加固法	湿陷性黄土	向土中灌注化学溶液或加热	消除湿陷性，提高地基强度
软弱黏性土，淤泥质土	砂石垫层法	饱和与非饱和土	换掉一定深度的软土	提高地基强度，减少地基变形
	砂桩法	饱和与和非饱和土	桩管成孔，孔内夯填砂砾	
	电动硅化法	饱和黏性土	电渗排水，硅化加固	
	旋喷注浆加固法	饱和软性土，松散砂土	强力将浆液与土搅拌混合经凝固在土中形成固结体	增加地基强度，防渗、防液化，防基底隆起
	砂井排水法	饱和软黏性土	加速排水，缩短地基固结时间	提高地基强度，减少地基变形
	堆载预压法	软土地基	加速地基固结时间	提高地基强度，减少地基变形
杂填土	机械压实法	非饱和土	用机械方法进行压实	使地基密实，提高地基强度
	换土垫层法	饱和或非饱和土	挖去杂填土，换夯素土，灰土或砂砾	
	土桩，砂桩法，灰土桩、夯实水泥土桩	饱和或非饱和土	桩管成孔，换填土、灰土或砂砾	
膨胀土	换土法	地基内有膨胀性土　挖去膨胀性土，换填非膨胀性土		消除膨胀性的危害
	封闭处理法	地基内有膨胀性土	防止地面水渗入，防止地基内水分散失	
各类土层	冻结法	地下水位以下地层	将冷气循环送入钻孔内	降低透水性，提高土的暂时强度
杂填土、素填土、新近沉积土	水泥土桩法、灰土桩法、夯实水泥土桩、CFG桩等	非饱和土	人工或机械成孔，填入水泥土、灰土、CFG料	提高地基强度，减少地基变形
	碎石桩法	饱和土或非饱和土	机械成孔，填入碎石	

第六章　桩基础分析与评价

第一节　桩的分类与桩型选择

一、桩的分类

桩的分类可参照表 6-6-1。

表 6-6-1　桩的分类

<table>
<tr><th>划分依据</th><th colspan="2">桩的名称</th><th>说　明</th></tr>
<tr><td rowspan="4">按承载性状分</td><td rowspan="2">摩擦型桩</td><td>摩擦桩</td><td>在承载能力极限状态下，桩顶竖向荷载由桩侧阻力承受，桩端阻力小到可忽略不计</td></tr>
<tr><td>端承摩擦桩</td><td>在承载能力极限状态下，桩顶竖向荷载主要由桩侧阻力承受</td></tr>
<tr><td rowspan="2">端承型桩</td><td>端承桩</td><td>在承载能力极限状态下，桩顶竖向荷载由桩端阻力承受，桩侧阻力小到可忽略不计</td></tr>
<tr><td>摩擦端承桩</td><td>在承载能力极限状态下，桩顶竖向荷载主要由桩端阻力承受</td></tr>
<tr><td rowspan="4">按使用功能分</td><td colspan="2">竖向抗压桩(抗压桩)</td><td>主要承受竖向荷载</td></tr>
<tr><td colspan="2">竖向抗拔桩(抗拔桩)</td><td>主要承受上拔力</td></tr>
<tr><td colspan="2">水平受荷桩</td><td>主要承受水平荷载</td></tr>
<tr><td colspan="2">复合受荷桩</td><td>承受竖向荷载和水平荷载</td></tr>
<tr><td rowspan="4">按桩身材料分</td><td rowspan="2">混凝土桩</td><td>灌注桩</td><td>就地浇注成桩</td></tr>
<tr><td>预制桩</td><td>在工场预先浇注成桩</td></tr>
<tr><td colspan="2">钢桩</td><td></td></tr>
<tr><td colspan="2">组合材料桩</td><td></td></tr>
<tr><td rowspan="3">按成桩方法分</td><td colspan="2">非挤土桩</td><td>干作业法钻(挖)孔灌注桩、泥浆护壁法钻(挖)孔灌注桩、套管护壁法钻(挖)孔灌注桩</td></tr>
<tr><td colspan="2">部分挤土桩</td><td>冲孔灌注桩、钻孔挤扩灌注桩、搅拌劲芯桩、预钻孔打入(静压)预制桩、打入(静压)式敞口钢管桩、敞口预应力混凝土空心桩和 H 型钢桩</td></tr>
<tr><td colspan="2">挤土桩</td><td>沉管灌注桩、沉管夯(挤)扩灌注桩、打入(静压)预制桩、闭口预应力混凝土空心桩和闭口钢管桩</td></tr>
<tr><td rowspan="3">按桩径大小分</td><td colspan="2">小直径桩</td><td>$d \leqslant 250$ mm</td></tr>
<tr><td colspan="2">中等直径桩</td><td>250 mm$<d<$800 mm</td></tr>
<tr><td colspan="2">大直径桩</td><td>$d \geqslant 800$ mm</td></tr>
</table>

二、桩型选择

桩型和成桩工艺应根据城市轨道交通工程结构类型、荷载性质、桩的使用功能、穿越土层、桩端持力层、地下水位、施工设备、施工环境、施工经验、制桩材料供应条件等，按安全适用、经济合理的原则选择，具体见表 6-6-2。

表 6-6-2　桩型与成桩工艺选择

桩类			桩径		最大桩长（m）	穿越土层											桩端进入持力层				地下水位		对环境影响		孔底有无挤密
			桩身（mm）	扩大头（mm）		一般黏性土及其填土	淤泥和淤泥质土	粉土	砂土	碎石土	季节性冻土膨胀土	黄土		中间有硬夹层	中间有砂夹层	中间有砾石夹层	硬黏性土	密实砂土	碎石土	软质岩石和风化岩石	以上	以下	振动和噪声	排浆	
												非自重湿陷性黄土	自重湿陷性黄土												
非挤土成桩	干作业法	长螺旋钻孔灌注桩	300～800	—	28	○	×	○	△	×	○	○	△	×	△	×	○	○	△	△	○	×	无	无	无
		短螺旋钻孔灌注桩	300～800	—	20	○	×	○	△	×	○	○	×	×	△	×	○	○	×	×	○	×	无	无	无
		钻孔扩底灌注桩	300～600	800～1 200	30	○	×	○	×	×	○	○	△	×	△	×	○	○	△	△	○	×	无	无	无
		机动洛阳铲成孔灌注桩	300～500	—	20	○	×	△	×	×	○	○	△	△	×	△	○	○	×	×	○	×	无	无	无
		人工挖孔扩底灌注桩	800～2 000	1 600～3 000	30	○	×	△	△	△	○	○	○	○	△	△	○	△	△	○	○	△	无	无	无
	泥浆护壁法	潜水钻成孔灌注桩	500～800	—	50	○	○	○	△	×	△	△	×	×	△	×	○	○	△	×	○	○	无	有	无
		反循环钻成孔灌注桩	600～1 200	—	80	○	○	○	△	△	△	○	○	○	○	△	○	○	△	○	○	○	无	有	无
		正循环钻成孔灌注桩	600～1 200	—	80	○	○	○	△	△	△	○	○	○	○	△	○	○	△	○	○	○	无	有	无
		旋挖成孔灌注桩	600～1 200	—	60	○	△	○	△	△	△	○	○	○	△	△	○	○	○	○	○	○	无	有	无
		钻孔扩底灌注桩	600～1 200	1 000～1 600	30	○	○	○	△	△	△	○	○	○	○	△	○	△	△	△	○	○	无	有	无
	套管护壁	贝诺托灌注桩	800～1 600	—	50	○	○	○	○	○	△	○	△	○	○	○	○	○	○	○	○	○	无	无	无
		短螺旋钻孔灌注桩	300～800	—	20	○	○	○	○	×	△	○	△	△	△	△	○	○	△	△	○	○	无	无	无

续上表

桩类			桩径		最大桩长(m)	穿越土层											桩端进入持力层				地下水位		对环境影响		孔底有无挤密
			桩身(mm)	扩大头(mm)		一般黏性土及其填土	淤泥和淤泥质土	粉土	砂土	碎石土	季节性冻土膨胀土	黄土		中间有硬夹层	中间有砂夹层	中间有砾石夹层	硬黏性土	密实砂土	碎石土	软质岩石和风化岩石	以上	以下	振动和噪声	排浆	
												非自重湿陷性黄土	自重湿陷性黄土												
部分挤土成桩	灌注桩	冲击成孔灌注桩	600～1 200	—	50	○	△	△	△	○	△	×	×	○	○	○	○	○	○	○	○	○	有	有	无
		长螺旋钻孔压灌桩	300～800	—	25	○	△	○	○	△	○	○	○	△	△	△	○	○	△	△	○	△	无	无	无
		钻孔挤扩多支盘桩	700～900	1 200～1 600	40	○	○	○	△	△	△	○	○	○	○	△	○	○	△	×	○	○	无	有	无
	预制桩	预钻孔打入式预制桩	500	—	50	○	○	○	△	×	○	○	○	○	○	△	○	○	△	△	○	○	有	无	有
		静压混凝土(预应力混凝土)敞口管桩	800	—	60	○	○	○	△	×	△	○	○	△	△	△	○	○	○	△	○	○	无	无	有
		H型钢桩	规格	—	80	○	○	○	○	○	△	△	△	○	○	○	○	○	○	○	○	○	有	无	无
		敞口钢管桩	600～900	—	80	○	○	○	○	△	△	○	○	○	○	○	○	○	○	○	○	○	有	无	有
挤土成桩	灌注桩	内夯沉管灌注桩	325,377	460～700	25	○	○	○	△	△	○	○	○	×	△	×	○	△	△	×	○	○	有	无	有
	预制桩	打入式混凝土预制桩 闭口钢管桩、混凝土管桩	500×500 1 000	—	60	○	○	○	△	△	△	○	○	○	○	△	○	○	△	△	○	○	有	无	有
		静压桩	1 000	—	60	○	○	△	△	△	△	○	△	△	△	×	○	○	△	×	○	○	无	无	有

注：表中符号○表示比较合适；△表示有可能采用；×表示不宜采用。

三、基坑围护桩的适用条件

不同桩型用作基坑支护结构的适用条件见表 6-6-3。

表 6-6-3　不同桩型用作支护结构的适用条件

成孔或成孔工艺		干作业		泥浆护壁		套管成孔		打入桩		旋喷桩	深层搅拌桩
		螺旋钻	人工挖孔	回转钻	冲击钻	锤击	振动	混凝土	钢管		
桩径(cm)		30～60	>80	50～100	60～150	27～48	27～40	25～50	27～80	40～230	40～70
桩长(m)		<12	<35	<50	<50	<23	<20	<35	<60	<30	<15
黏性土	软塑	×	△	○	△	△	△	△	○	○	○
	可塑	○	○	○	○	○	○	○	○	○	△
	硬塑	○	○	○	○	○	○	△	△	△	×
砂性土	稍密	△	×	△	○	○	○	○	○	○	△
	中密	○	△	○	○	○	○	△	○	○	×
	密实	○	△	○	○	△	△	×	△	○	×
公害	噪声	◇	◇	◇	◇	＋	＋	＋	＋	◇	◇
	振动	◇	◇	◇	＋	＋	＋	＋	＋	◇	◇
	排浆污染	◇	◇	＋	＋	◇	◇	◇	◇	＋	◇

注：1. 表中符号表示：○——合适；△——尚适合；×——不适合；◇——一般无影响；＋——需注意。
2. 对于淤泥和松砂地基应考虑其触变和液化问题。

第二节　单桩承载力的确定

一、单桩竖向承载力

单桩竖向极限承载力以现场静载荷试验等原位原型试验为最可靠的确定方法，其次是利用地质条件相同的试桩资料和原位测试及端阻力、侧阻力与土的物理指标的经验关系参数确定。对于不同桩基设计等级应采用不同可靠性水准的单桩竖向极限承载力确定的方法。

不同行业、不同地区所采用的单桩竖向承载力代表值不完全一致，但计算方法及取值原则大同小异。目前城市轨道交通工程桩基承载力常采用《建筑桩基技术规范》(JGJ 94—2008)和《铁路桥涵地基和基础设计规范》(TB 10093—2017)，并参考地方规范综合确定。

(一)《建筑桩基技术规范》(JGJ 94—2008)

单桩竖向承载力特征值 R_a 应按下式确定：

$$R_a = \frac{1}{K} Q_{uk} \tag{6-6-1}$$

式中　Q_{uk}——单桩竖向极限承载力标准值；

K——安全系数，取 $K=2$。

1. 原位测试法

(1)当根据单桥探头静力触探资料确定混凝土预制桩单桩竖向极限承载力标准值时，如无当地经验，可按下式计算：

$$Q_{uk} = Q_{sk} + Q_{pk} = u \sum q_{sik} l_i + \alpha p_{sk} A_p \tag{6-6-2}$$

当 $p_{sk1} \leqslant p_{sk2}$ 时：

$$p_{sk}=\frac{1}{2}(p_{sk1}+\beta \cdot p_{sk2}) \tag{6-6-3}$$

当 $p_{sk1} > p_{sk2}$ 时：

$$p_{sk}=p_{sk2} \tag{6-6-4}$$

式中 Q_{sk}，Q_{pk}——分别为总极限侧阻力标准值和总极限端阻力标准值；

u——桩身周长；

q_{sik}——用静力触探比贯入阻力值估算的桩周第 i 层土的极限侧阻力，按图 6-6-1 取值；

l_i——桩周第 i 层土的厚度；

α——桩端阻力修正系数，可按表 6-6-4 取值；

p_{sk}——桩端附近的静力触探比贯入阻力标准值(平均值)；

A_p——桩端面积；

p_{sk1}——桩端全截面以上 8 倍桩径范围内的比贯入阻力平均值；

p_{sk2}——桩端全截面以下 4 倍桩径范围内的比贯入阻力平均值，如桩端持力层为密实的砂土层，其比贯入阻力平均值 p_s 超过20 MPa时，则需乘以表 6-6-5 中系数 C 予以折减后，再计算 p_{sk2} 及 p_{sk1} 值；

β——折减系数，按表 6-6-6 选用。

表 6-6-4 桩端阻力修正系数 α 值

桩长(m)	$l<15$	$15 \leqslant l \leqslant 30$	$30<l \leqslant 60$
α	0.75	0.75～0.90	0.90

注：桩长 15 m≤l≤30 m，α 值按 l 值直线内插；l 为桩长(不包括桩尖高度)。

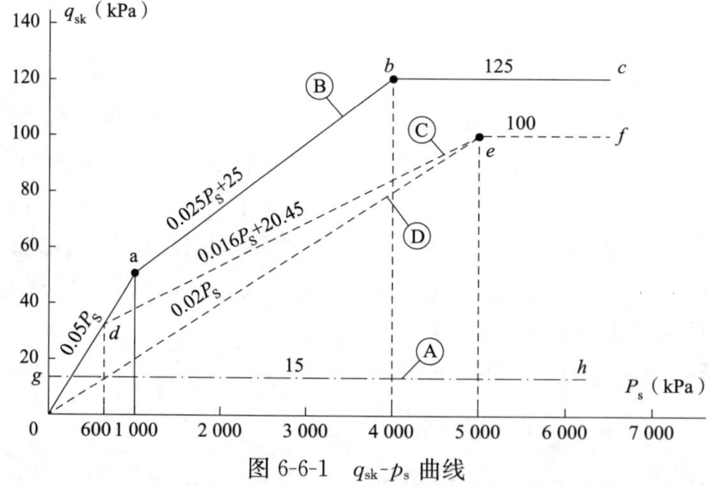

图 6-6-1 q_{sk}-p_s 曲线

注：1. q_{sik}值应结合土工试验资料，依据土的类别、埋藏深度、排列次序，按图 6-6-1 折线取值；图 6-6-1 中，直线(A)(线段 gh)适用于地表下 6 m 范围内的土层；折线(B)($oabc$)适用于粉土及砂土土层以上(或无粉土及砂土土层地区)的黏性土；折线(C)(线段 $odef$)适用于粉土及砂土土层以下的黏性土；折线(D)(线段 oef)适用于粉土、粉砂、细砂及中砂。

2. p_{sk}为桩端穿过的中密～密实砂土、粉土的比贯入阻力平均值；p_{sl}为砂土、粉土的下卧软土层的比贯入阻力平均值。

3. 采用的单桥探头，圆锥底面积为 15 cm²，底部带 7 cm 高滑套，锥角 60°。

4. 当桩端穿过粉土、粉砂、细砂及中砂层底面时，折线(D)估算的 q_{sik}值需乘以表 6-6-7 中系数 η_s 值。

表 6-6-5　系数 C

p_s(MPa)	20～30	35	>40
系数 C	5/6	2/3	1/2

表 6-6-6　折减系数 β

p_{sk2}/p_{sk1}	≤5	7.5	12.5	≥15
β	1	5/6	2/3	1/2

注：表 6-6-4、表 6-6-5 可内插取值。

表 6-6-7　系数 η_s 值

p_{sk}/p_{sl}	≤5	7.5	≥10
η_s	1.00	0.50	0.33

(2)当根据双桥探头静力触探资料确定混凝土预制桩单桩竖向极限承载力标准值时，对于黏性土、粉土和砂土，如无当地经验时可按下式计算：

$$Q_{uk}=Q_{sk}+Q_{pk}=u\sum l_i\cdot\beta_i\cdot f_{si}+\alpha\cdot q_c\cdot A_p \tag{6-6-5}$$

式中　f_{si}——第 i 层土的探头平均侧阻力(kPa)；

q_c——桩端平面上、下探头阻力，取桩端平面以上 $4d$(d 为桩的直径或边长)范围内按土层厚度的探头阻力加权平均值(kPa)，然后再和桩端平面以下 $1d$ 范围内的探头阻力进行平均；

α——桩端阻力修正系数，对于黏性土、粉土取 2/3，饱和砂土取 1/2；

β——第 i 层土桩侧阻力综合修正系数，黏性土、粉土：$\beta_i=10.04(f_{si})^{-0.55}$；砂土：$\beta_i=5.05(f_{si})^{-0.45}$。

注：双桥探头的圆锥底面积为 15 cm^2，锥角 60°，摩擦套筒高 21.85 cm，侧面积 300 cm^2。

2. 经验参数法

(1)当根据土的物理指标与承载力参数之间的经验关系确定单桩竖向极限承载力标准值时，宜按下式估算：

$$Q_{uk}=Q_{sk}+Q_{pk}=u\sum q_{sik}l_i+q_{pk}A_p \tag{6-6-6}$$

式中　q_{sik}——桩侧第 i 层土的极限侧阻力标准值，如无当地经验时，可按表 6-6-8 取值；

q_{pk}——极限端阻力标准值，如无当地经验时，可按表 6-6-9 取值。

表 6-6-8　桩的极限侧阻力标准值 q_{sik}(kPa)

土的名称	土的状态	混凝土预制桩	泥浆护壁钻(冲)孔桩	干作业钻孔桩
填土	—	22～30	20～28	20～28
淤泥	—	14～20	12～18	12～18
淤泥质土	—	22～30	20～28	20～28

续上表

土的名称	土的状态		混凝土预制桩	泥浆护壁钻(冲)孔桩	干作业钻孔桩
黏性土	流塑	$I_L>1$	24～40	21～38	21～38
	软塑	$0.75<I_L\leqslant 1$	40～55	38～53	38～53
	可塑	$0.50<I_L\leqslant 0.75$	55～70	53～68	53～66
	硬可塑	$0.25<I_L\leqslant 0.50$	70～86	68～84	66～82
	硬塑	$0<I_L\leqslant 0.25$	86～98	84～96	82～94
	坚硬	$I_L\leqslant 0$	98～105	96～102	94～104
红黏土	$0.7<a_w\leqslant 1$		13～32	12～30	12～30
	$0.5<a_w\leqslant 0.7$		32～74	30～70	30～70
粉土	稍密	$e>0.9$	26～46	24～42	24～42
	中密	$0.75\leqslant e\leqslant 0.9$	46～66	42～62	42～62
	密实	$e<0.75$	66～88	62～82	62～82
粉细砂	稍密	$10<N\leqslant 15$	24～48	22～46	22～46
	中密	$15<N\leqslant 30$	48～66	46～64	46～64
	密实	$N>30$	66～88	64～86	64～86
中砂	中密	$15<N\leqslant 30$	54～74	53～72	53～72
	密实	$N>30$	74～95	72～94	72～94
粗砂	中密	$15<N\leqslant 30$	74～95	74～95	76～98
	密实	$N>30$	95～116	95～116	98～120
砾砂	稍密	$5<N_{63.5}\leqslant 15$	70～110	50～90	60～100
	中密(密实)	$N_{63.5}>15$	116～138	116～130	112～130
圆砾、角砾	中密、密实	$N_{63.5}>10$	160～200	135～150	135～150
碎石、卵石	中密、密实	$N_{63.5}>10$	200～300	140～170	150～170
全风化软质岩	—	$30<N\leqslant 50$	100～120	80～100	80～100
全风化硬质岩	—	$30<N\leqslant 50$	140～160	120～140	120～150
强风化软质岩	—	$N_{63.5}>10$	160～240	140～200	140～220
强风化硬质岩	—	$N_{63.5}>10$	220～300	160～240	160～260

注：1. 对于尚未完成自重固结的填土和以生活垃圾为主的杂填土，不计算其侧阻力。

2. a_w 为含水比，$a_w=w/w_L$，w 为土的天然含水量，w_L 为土的液限。

3. N 为标准贯入击数；$N_{63.5}$ 为重型圆锥动力触探击数。

4. 全风化、强风化软质岩和全风化、强风化硬质岩系指其母岩分别为 $f_{rk}\leqslant 15$ MPa、$f_{rk}>30$ MPa 的岩石。

表 6-6-9　桩的极限端阻力标准值 q_{pk}(kPa)

土名称	土的状态		混凝土预制桩桩长 l(m)				泥浆护壁钻(冲)孔桩桩长 l(m)				干作业钻孔桩桩长 l(m)		
			$l \leqslant 9$	$9 < l \leqslant 16$	$16 < l \leqslant 30$	$l > 30$	$5 \leqslant l < 10$	$10 \leqslant l < 15$	$15 \leqslant l < 30$	$30 \leqslant l$	$5 \leqslant l < 10$	$10 \leqslant l < 15$	$15 \leqslant l$
黏性土	软塑	$0.75 < I_L \leqslant 1$	210~850	650~1 400	1 200~1 800	1 300~1 900	150~250	250~300	300~450	300~450	200~400	400~700	700~950
	可塑	$0.50 < I_L \leqslant 0.75$	850~1 700	1 400~2 200	1 900~2 800	2 300~3 600	350~450	450~600	600~750	750~800	500~700	800~1 100	1 000~1 600
	硬可塑	$0.25 < I_L \leqslant 0.50$	1 500~2 300	2 300~3 300	2 700~3 600	3 600~4 400	800~900	900~1 000	1 000~1 200	1 200~1 400	850~1 100	1 500~1 700	1 700~1 900
	硬塑	$0 < I_L \leqslant 0.25$	2 500~3 800	3 800~5 500	5 500~6 000	6 000~6 800	1 100~1 200	1 200~1 400	1 400~1 600	1 600~1 800	1 600~1 800	2 200~2 400	2 600~2 800
粉土	中密	$0.75 \leqslant e \leqslant 0.9$	950~1 700	1 400~2 100	1 900~2 700	2 500~3 400	300~500	500~650	650~750	750~850	800~1 200	1 200~1 400	1 400~1 600
	密实	$e < 0.75$	1 500~2 600	2 100~3 000	2 700~3 600	3 600~4 400	650~900	750~950	900~1 100	1 100~1 200	1 200~1 700	1 400~1 900	1 600~2 100
粉砂	稍密	$10 < N \leqslant 15$	1 000~1 600	1 500~2 300	1 900~2 700	2 100~3 000	350~500	450~600	600~700	650~750	500~950	1 300~1 600	1 500~1 700
	中密、密实	$N > 15$	1 400~2 200	2 100~3 000	3 000~4 500	3 800~5 500	600~750	750~900	900~1 100	1 100~1 200	900~1 000	1 700~1 900	1 700~1 900
细砂	中密、密实	$N > 15$	2 500~4 000	3 600~5 000	4 400~6 000	5 300~7 000	650~850	900~1 200	1 200~1 500	1 500~1 800	1 200~1 600	2 000~2 400	2 400~2 700
中砂			4 000~6 000	5 500~7 000	6500~8000	7 500~9 000	850~1 050	1 100~1 500	15 00~1 900	1 900~2 100	1 800~2 400	2 800~3 800	3 600~4 400
粗砂			5 700~7 500	7 500~8 500	8 500~10 000	9 500~1 1000	1 500~1 800	2 100~2 400	2 400~2 600	2 600~2 800	2 900~3 600	4 000~4 600	4 600~5 200
砾砂	中密、密实	$N > 15$	6 000~9 500		9 000~10 500		1 400~2 000		2 000~3 200		3 500~5 000		
角砾、圆砾		$N_{63.5} > 10$	7 000~10 000		9 500~11 500		1 800~2 200		2 200~3 600		4 000~5 500		
碎石、卵石		$N_{63.5} > 10$	8 000~11 000		10 500~13 000		2 000~3 000		3 000~4 000		4 500~6 500		

续上表

土名称	土的状态	混凝土预制桩桩长 l(m)				泥浆护壁钻(冲)孔桩桩长 l(m)				干作业钻孔桩桩长 l(m)		
		$l \leqslant 9$	$9 < l \leqslant 16$	$16 < l \leqslant 30$	$l > 30$	$5 \leqslant l < 10$	$10 \leqslant l < 15$	$15 \leqslant l < 30$	$30 \leqslant l$	$5 \leqslant l < 10$	$10 \leqslant l < 15$	$15 \leqslant l$
全风化软质岩	$30 < N \leqslant 50$	4 000～6 000				1 000～1 600				1 200～2 000		
全风化硬质岩	$30 < N \leqslant 50$	5 000～8 000				1 200～2 000				1 400～2 400		
强风化软质岩	$N_{63.5} > 10$	6 000～9 000				1 400～2 200				1 600～2 600		
强风化硬质岩	$N_{63.5} > 10$	7 000～11 000				1 800～2 800				2 000～3 000		

注：1. 砂土和碎石类土中桩的极限端阻力取值，宜综合考虑土的密实度，桩端进入持力层的深径比 h_b/d，土愈密实，h_b/d 愈大，取值愈高。

2. 预制桩的岩石极限端阻力指桩端支承于中、微风化基岩表面或进入强风化岩、软质岩一定深度条件下极限端阻力。

3. 全风化、强风化软质岩和全风化、强风化硬质岩指其母岩分别为 $f_{rk} \leqslant 15$ MPa 、$f_{rk} > 30$ MPa 的岩石。

(2)根据土的物理指标与承载力参数之间的经验关系，确定大直径桩单桩极限承载力标准值时，可按下式计算：

$$Q_{uk}=Q_{sk}+Q_{pk}=u\sum\psi_{si}q_{sik}l_i+\psi_p q_{pk}A_p \tag{6-6-7}$$

式中　q_{sik}——桩侧第 i 层土极限侧阻力标准值，如无当地经验值时，可按表 6-6-8 取值，对于扩底桩变截面以上 $2d$ 长度范围不计侧阻力；

q_{pk}——桩径为 800 mm 的极限端阻力标准值，对于干作业挖孔(清底干净)可采用深层载荷板试验确定；当不能进行深层载荷板试验时，可按表 6-6-10 取值；

ψ_{si}，ψ_p——大直径桩侧阻、端阻尺寸效应系数，按表 6-6-11 取值；

u——桩身周长，当人工挖孔桩桩周护壁为振捣密实的混凝土时，桩身周长可按护壁外直径计算。

表 6-6-10　干作业挖孔桩(清底干净，D=800 mm)极限端阻力标准值 q_{pk}(kPa)

土名称		状　态		
黏性土		$0.25<I_L\leqslant0.75$	$0<I_L\leqslant0.25$	$I_L\leqslant0$
		800～1 800	1 800～2 400	2 400～3 000
粉　土		—	$0.75\leqslant e\leqslant0.9$	$e<0.75$
		—	1 000～1 500	1 500～2 000
砂土碎石类土		稍密	中密	密实
	粉砂	500～700	800～1100	1 200～2 000
	细砂	700～1 100	1 200～1 800	2 000～2 500
	中砂	1 000～2 000	2 200～3 200	3 500～5 000
	粗砂	1 200～2 200	2 500～3 500	4 000～5 500
	砾砂	1 400～2 400	2 600～4 000	5 000～7 000
	圆砾、角砾	1 600～3 000	3 200～5 000	6 000～9 000
	卵石、碎石	2 000～3 000	3 300～5 000	7 000～11 000

注：1. 当桩进入持力层的深度 h_b 分别为：$h_b\leqslant D$，$D<h_b\leqslant4D$，$h_b>4D$ 时，q_{pk}可相应取低、中、高值。

2. 砂土密实度可根据标贯击数判定，$N\leqslant10$ 为松散，$10<N\leqslant15$ 为稍密，$15<N\leqslant30$ 为中密，$N>30$ 为密实。

3. 当桩的长径比 $l/d\leqslant8$ 时，q_{pk}宜取较低值。

4. 当对沉降要求不严时，q_{pk}可取高值。

表 6-6-11　大直径灌注桩侧阻尺寸效应系数 ψ_{si}、端阻尺寸效应系数 ψ_p

土类型	黏性土、粉土	砂土、碎石类土
ψ_{si}	$(0.8/d)^{1/5}$	$(0.8/d)^{1/3}$
ψ_p	$(0.8/D)^{1/4}$	$(0.8/D)^{1/3}$

3. 钢管桩

当根据土的物理指标与承载力参数之间的经验关系确定钢管桩单桩竖向极限承载力标准值时，可按下列公式计算：

$$Q_{uk}=Q_{sk}+Q_{pk}=u\sum q_{sik}l_i+\lambda_p q_{pk}A_p \tag{6-6-8}$$

当 $h_b/d<5$ 时，　$\lambda_p=0.16h_b/d$　(6-6-9)

当 $h_b/d\geqslant5$ 时，　$\lambda_p=0.8$　(6-6-10)

式中 q_{sik},q_{pk}——分别按表 6-6-8、表 6-6-9 取与混凝土预制桩相同值；

λ_p——桩端土塞效应系数,对于闭口钢管桩 $\lambda_p=1$,对于敞口钢管桩按式(6-6-9)、(6-6-10)取值；

h_b——桩端进入持力层深度；

d——钢管桩外径。

对于带隔板的半敞口钢管桩,应以等效直径 d_e 代替 d 确定 λ_p;$d_e=d/\sqrt{n}$;其中 n 为桩端隔板分割数(图 6-6-2)。

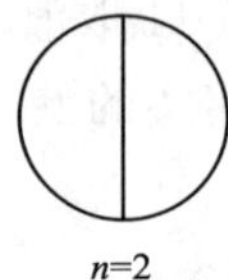

n=2

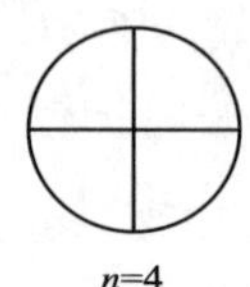

n=4

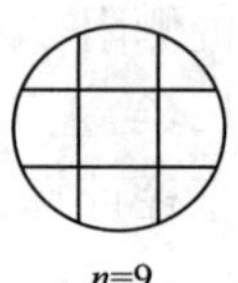

n=9

图 6-6-2 隔板分割

4. 混凝土空心桩

当根据土的物理指标与承载力参数之间的经验关系确定敞口预应力混凝土空心桩单桩竖向极限承载力标准值时,可按下列公式计算：

$$Q_{uk}=Q_{sk}+Q_{pk}=u\sum q_{sik}l_i+q_{pk}(A_i+\lambda_p A_{p1}) \tag{6-6-11}$$

当 $h_b/d<5$ 时，
$$\lambda_p=0.16h_b/d \tag{6-6-12}$$

当 $h_b/d\geqslant5$ 时，
$$\lambda_p=0.8 \tag{6-6-13}$$

式中 q_{sik},q_{pk}——分别按表 6-6-8、表 6-6-9 取与混凝土预制桩相同值；

A_j——空心桩桩端净面积：

管桩:$A_j=\frac{\pi}{4}(d^2-d_1^2)$；

空心方桩:$A_j=b^2-\frac{\pi}{4}d_1^2$；

A_{p1}——空心桩敞口面积:$A_{p1}=\frac{\pi}{4}d_1^2$；

λ_p——桩端土塞效应系数；

d,b——空心桩外径、边长；

d_1——空心桩内径。

5. 嵌岩桩

桩端置于完整、较完整基岩的嵌岩桩单桩竖向极限承载力,由桩周土总极限侧阻力和嵌岩段总极限阻力组成。当根据岩石单轴抗压强度确定单桩竖向极限承载力标准值时,可按下列公式计算：

$$Q_{uk}=Q_{sk}+Q_{rk} \tag{6-6-14}$$

$$Q_{sk}=u\sum q_{sik}l_i \tag{6-6-15}$$

$$Q_{rk}=\zeta_r f_{rk}A_p \tag{6-6-16}$$

式中 Q_{sk},Q_{rk}——分别为土的总极限侧阻力、嵌岩段总极限阻力；

q_{sik}——桩周第 i 层土的极限侧阻力,无当地经验时,可根据成桩工艺按表 6-6-8

取值；

f_{rk}——岩石饱和单轴抗压强度标准值，黏土岩取天然湿度单轴抗压强度标准值；

ζ_r——嵌岩段侧阻和端阻综合系数，与嵌岩深径比 h_r/d、岩石软硬程度和成桩工艺有关，可按表 6-6-12 采用；表中数值适用于泥浆护壁成桩，对于干作业成桩（清底干净）和泥浆护壁成桩后注浆，ζ_r 应取表列数值的 1.2 倍。

表 6-6-12　嵌岩段侧阻和端阻综合系数 ζ_r

嵌岩深径比 h_r/d	0	0.5	1.0	2.0	3.0	4.0	5.0	6.0	7.0	8.0
极软岩、软岩	0.60	0.80	0.95	1.18	1.35	1.48	1.57	1.63	1.66	1.70
较硬岩、坚硬岩	0.45	0.65	0.81	0.90	1.00	1.04	—	—	—	—

注：1. 极软岩、软岩指 $f_{rk}\leqslant 15$ MPa，较硬岩、坚硬岩指 $f_{rk}>30$ MPa，介于二者之间可内插取值。

2. h_r 为桩身嵌岩深度，当岩面倾斜时，以坡下方嵌岩深度为准；当 h_r/d 为非表列值时，ζ_r 可内差取值。

6. 后注浆灌注桩

后注浆灌注桩的单桩极限承载力，应通过静载试验确定。在符合规范中后注浆技术实施规定的条件下，其后注浆单桩极限承载力标准值可按下式估算：

$$Q_{uk}=Q_{sk}+Q_{gsk}+Q_{gpk}=u\sum q_{sjk}l_i+u\sum \beta_{sjk}l_{gi}+\beta_p q_{pk}A_p \tag{6-6-17}$$

式中　Q_{sk}——后注浆非竖向增强段的总极限侧阻力标准值；

Q_{gsk}——后注浆竖向增强段的总极限侧阻力标准值；

Q_{gpk}——后注浆总极限端阻力标准值；

u——桩身周长；

l_j——后注浆非竖向增强段第 j 层土厚度；

l_{gi}——后注浆竖向增强段内第 i 层土厚度：对于泥浆护壁成孔灌注桩，当为单一桩端后注浆时，竖向增强段为桩端以上 12 m；当为桩端、桩侧复式注浆时，竖向增强段为桩端以上 12 m 及各桩侧注浆断面以上 12 m，重叠部分应扣除；对于干作业灌注桩，竖向增强段为桩端以上、桩侧注浆断面上下各 6 m；

q_{sik}，q_{sjk}，q_{pk}——分别为后注浆竖向增强段第 i 土层初始极限侧阻力标准值、非竖向增强段第 j 土层初始极限侧阻力标准值、初始极限端阻力标准值；根据表 6-6-8、表 6-6-9 确定；

β_{si}，β_p——分别为后注浆侧阻力、端阻力增强系数，无当地经验时，可按表 6-6-13 取值。对于桩径大于 800 mm 的桩，应按表 6-6-11 进行侧阻和端阻尺寸效应修正。

表 6-6-13　后注浆侧阻力增强系数 β_{si}、端阻力增强系数 β_p

土层名称	淤泥 淤泥质土	黏性土 粉土	粉砂 细砂	中砂	粗砂 砾砂	砾石 卵石	全风化岩 强风化岩
β_{si}	1.2～1.3	1.4～1.8	1.6～2.0	1.7～2.1	2.0～2.5	2.4～3.0	1.4～1.8

续上表

土层名称	淤泥 淤泥质土	黏性土 粉土	粉砂 细砂	中砂	粗砂 砾砂	砾石 卵石	全风化岩 强风化岩
β_p	—	2.2～2.5	2.4～2.8	2.6～3.0	3.0～3.5	3.2～4.0	2.0～2.4

注：干作业钻、挖孔桩，β_p 按表列值乘以小于1.0的折减系数。当桩端持力层为黏性土或粉土时，折减系数取0.6；为砂土或碎石土时，取0.8。

后注浆钢导管注浆后可替代等截面、等强度的纵向主筋。

7. 液化效应

对于桩身周围有液化土层的低承台桩基，当承台底面上下分别有厚度不小于1.5 m、1.0 m的非液化土或非软弱土层时，可将液化土层极限侧阻力乘以土层液化影响折减系数计算单桩极限承载力标准值。土层液化影响折减系数 ψ_1 可按表6-6-14确定。

表6-6-14 土层液化影响折减系数 ψ_1

$\lambda_N=\frac{N}{N_{cr}}$	自地面算起的液化土层深度 d_L(m)	ψ_1
$\lambda_N \leqslant 0.6$	$d_L \leqslant 10$ $10 < d_L \leqslant 20$	0 1/3
$0.6 < \lambda_N \leqslant 0.8$	$d_L \leqslant 10$ $10 < d_L \leqslant 20$	1/3 2/3
$0.8 < \lambda_N \leqslant 1.0$	$d_L \leqslant 10$ $10 < d_L \leqslant 20$	2/3 1.0

注：1. N 为饱和土标贯击数实测值；N_{cr}为液化判别标贯击数临界值；λ_N 为土层液化指数；

2. 对于挤土桩当桩距小于 $4d$，且桩的排数不少于5排、总桩数不少于25根时，土层液化影响折减系数可按表列值提高一档取值；桩间土标贯击数达到 N_{cr}时，取 $\psi_1=1$。

当承台底面上下非液化土层厚度小于以上规定时，土层液化影响折减系数 ψ_1 取0。

（二）《铁路桥涵地基和基础设计规范》（TB 10093—2017）

单桩的轴向容许承载力应分别按桩身材料强度和岩土的阻力进行计算，取其较小值。按岩土的阻力确定桩的容许承载力时，可按下列规定计算。

（1）打入、震动下沉和桩尖爆扩摩擦桩的轴向受压容许承载力应按下式计算：

$$[P]=\frac{1}{2}(U\sum\alpha_i f_i l_i+\lambda AR\alpha) \quad (6\text{-}6\text{-}18)$$

式中 $[P]$——桩的容许承载力(kN)；

α_i，α——振动沉桩对各土层桩周摩阻力和桩底承压力的影响系数（表6-6-15），对于打入桩其值为1.0；

λ——系数，见表6-6-16。

f_i——桩周土的极限摩阻力(kPa)。可根据土的物理性质查表6-6-17确定，或采用静力触探试验测定，即 $f_i=\beta_i\bar{f}_{si}$，式中 $\bar{f}_{si}$ 为桩侧第 i 层土经静力触探测得的平均侧摩阻力(kPa)。当 $\bar{f}_{si}<5$ kPa时，可采用5 kPa。β_i 为桩侧摩阻综合修正系数，按下列判别标准选用相应的计算公式（不适用于以城市杂填土为主的短桩）。β_i 用于黄土地区时应做试验校核。当桩侧第 i 层土的 $\bar{q}_{ci}>2\,000$ kPa时且 $\bar{f}_{si}/\bar{q}_{ci}\leqslant 0.014$ 时，

$\beta_i=5.067(\bar{f}_{si})^{-0.45}$，当不满足上述 $\bar{q}_{ci}$ 和 $\bar{f}_{si}/\bar{q}_{ci}$ 条件时，

$\beta_i=10.045(\bar{f}_{si})^{-0.55}$。$\bar{q}_{ci}$ 为相应于 $\bar{f}_{si}$ 土层中桩侧触探平均端阻。

R——桩尖土的极限承载力(kPa)，可根据土的物理性质查表 6-6-18 确定，或采用静力触探试验测定，即 $R=\beta\bar{q}_c$，式中 $\bar{q}_c$ 为桩尖(不包括桩靴)高程以上和以下各 $4d$(d 为桩的直径或边长)范围内静力触探平均端阻力 $\bar{q}_{c1}$ 和 $\bar{q}_{c2}$(均以 kPa 计)的平均值。$\bar{q}_{c1}>\bar{q}_{c2}$ 时，$\bar{q}_c$ 取 $\bar{q}_{c2}$ 的值。β 为桩端阻的综合修正系数，按下列判别标准选用相应的计算公式(不适用于以城市杂填土为主的短桩)。β 用于黄土地区时应做试验校核。桩底土的 $\bar{q}_{c2}>2\,000$ kPa 时且 $\bar{f}_{s2}/\bar{q}_{c2}\leqslant 0.014$ 时，

$\beta=3.975(\bar{q}_c)^{-0.25}$，当不满足上述 $\bar{q}_{c2}$ 和 $\bar{f}_{s2}/\bar{q}_{c2}$ 条件时，

$\beta=12.064(\bar{q}_c)^{-0.35}$。$\bar{f}_{s2}$ 为相应于 $\bar{q}_{c2}$ 土层中桩底触探平均侧阻。

U——桩身截面周长(m)；

l_i——各土层厚度(m)；

A——桩底支承面积(m^2)。

表 6-6-15　振动下沉桩系数 α_i、α

桩径或边宽	砂类土	粉　土	粉质黏土	黏　土
$d\leqslant 0.8$ m	1.1	0.9	0.7	0.6
0.8 m$<d\leqslant 2.0$ m	1.0	0.9	0.7	0.6
$d>2.0$ m	0.9	0.7	0.6	0.5

表 6-6-16　系数 λ

D_p/d	桩尖爆扩体处土的种类			
	砂类土	粉土	粉质黏土 $I_L=0.5$	黏土 $I_L=0.5$
1.0	1.0	1.0	1.0	1.0
1.5	0.95	0.85	0.75	0.70
2.0	0.90	0.80	0.65	0.50
2.5	0.85	0.75	0.50	0.40
3.0	0.80	0.60	0.40	0.30

注：d 为桩身直径，D_p 为爆扩桩的爆扩体直径。

表 6-6-17　桩周土的极限摩擦阻力 f_i(kPa)

土的种类	土性状态	极限摩阻力 f_i
黏性土	$1\leqslant I_L<1.5$	15～30
	$0.75\leqslant I_L<1$	30～45
	$0.5\leqslant I_L<0.75$	45～60
	$0.25\leqslant I_L<0.5$	60～75
	$0\leqslant I_L<0.25$	75～85
	$I_L<0$	85～95

续上表

土的种类	土性状态	极限摩阻力 f_i
粉土	稍密	20～35
	中密	35～65
	密实	65～80
粉、细砂	松散	20～35
	稍、中密	35～65
	密实	65～80
中砂	稍、中密	55～75
	密实	75～90
粗砂	稍、中密	70～90
	密实	90～105

表 6-6-18 桩尖土的极限承载力 R(kPa)

土的种类	土性状态	桩尖极限承载力		
黏性土	$1 \leqslant I_L$	1 000		
	$0.65 \leqslant I_L < 1$	1 600		
	$0.35 \leqslant I_L < 0.65$	2 200		
	$I_L < 0.35$	3 000		
		桩尖进入持力层的相对深度		
		$\frac{h'}{d} < 1$	$1 \leqslant \frac{h'}{d} < 4$	$4 \leqslant \frac{h'}{d}$
粉土	中密	1 700	2 000	2 300
	密实	2 500	3 000	3 500
粉砂	中密	2 500	3 000	3 500
	密实	5 000	6 000	7 000
细砂	中密	3 000	3 500	4 000
	密实	5 500	6 500	7 500
中、粗砂	中密	3 500	4 000	4 500
	密实	6 000	7 000	8 000
圆砾土	中密	4 000	4 500	5 000
	密实	7 000	8 000	9 000

注：h'为桩尖进入持力层的深度(不包括桩靴)，d为桩的直径或边长。

(2)钻(挖)孔灌注摩擦桩的轴向受压容许承载力应按下式计算：

$$[P]=\frac{1}{2}U\sum f_i l_i + m_0 A[\sigma] \tag{6-6-19}$$

式中 $[P]$——桩的容许承载力(kN)；

U——桩身截面周长(m)，按设计桩径计算；

f_i——各土层的极限摩阻力(kPa)，按表 6-6-19 采用；

l_i——各土层的厚度(m);

A——桩底支承面积(m^2),按设计桩径计算;

$[\sigma]$——桩底地基土的容许承载力(kPa),按表 6-6-20 中所列方法计算;

m_0——钻孔灌注桩桩底支承力折减系数,按表 6-6-21 采用;挖孔灌注桩桩底支承力折减系数可根据具体情况确定,一般可取 1.0。

表 6-6-19　钻(挖)孔灌注桩桩周极限摩擦阻力 f_i(kPa)

土的种类	土性状态	极限摩阻力 f_i
软土	—	12～22
黏性土	流塑	20～35
	软塑	35～55
	硬塑	55～75
粉土	中密	30～55
	密实	55～70
粉砂、细砂	中密	30～55
	密实	55～70
中砂	中密	45～70
	密实	70～90
粗砂、砾砂	中密	70～90
	密实	90～150
圆砾土、角砾土	中密	90～150
	密实	150～220
碎石土、卵石土	中密	150～220
	密实	220～420

注:漂石土、块石土极限摩阻力可采用 400～600 kPa。

表 6-6-20　桩底地基土容许承载力$[\sigma]$

埋深情况	计　算　方　法
$h \leqslant 4d$	$[\sigma]=\sigma_0+k_2\gamma_2(h-3)$
$4d < h \leqslant 10d$	$[\sigma]=\sigma_0+k_2\gamma_2(4d-3)+k_2'(h-4d)$
$h > 10d$	$[\sigma]=\sigma_0+k_2\gamma_2(4d-3)+k_2'\gamma_2(6d)$

注:σ_0——桩底土地基基本承载力(kPa)。

γ_2——基底以上土层的加权平均容重(kN/m^3);换算时若持力层在水面以下且不透水时,不论基底以上土的透水性如何,均取饱和容重;透水时水中部分土层应取浮重。

h——基础底面的埋置深度(m),自天然地面起算,有水流冲刷时自一般冲刷线起算;位于挖方内,由开挖后地面算起;h 小于 3 m 时,取 h 等于 3 m,h/b 大于 4 时,h 取 $4b$。b 为基础底面最小边宽度(m),b 小于 2 m 时,b 取 2 m;当 b 大于 10 m 时,b 取 10 m。

d——桩径或桩的宽度(m)。

k_2, k_2'——深度修正系数;对于黏性土和黄土 k_2' 取 1.0;对于其他土,k_2' 为 $k_2/2$;k_2 可按表 6-6-22 取值。

表 6-6-21 钻(挖)孔灌注桩桩底支承力折减系数 m_0

土质及清底情况	m_0		
	$5d<h\leqslant 10d$	$10d<h\leqslant 25d$	$25d<h\leqslant 50d$
土质较好,不易坍塌,清底良好	0.9～0.7	0.7～0.5	0.5～0.4
土质较差,易坍塌,清底稍差	0.7～0.5	0.5～0.4	0.4～0.3
土质差,难以清底	0.5～0.4	0.4～0.3	0.3～0.1

注:h 为地面线或局部冲刷线以下桩长,d 为桩的直径,均以米计。

表 6-6-22 深度修正系数 k_2

修正系数	黏性土				粉土	黄土		砂类土								碎石类土			
	Q_4 冲、洪积土		Q_3 及其以前的冲、洪积土	残积土		新黄土	老黄土	粉砂		细砂		中砂		砾砂、粗砂		碎石圆砾角砾		卵石	
	$I_L<0.5$	$I_L\geqslant 0.5$						稍、中密	密实	稍、中密	密实	稍、中密	密实	稍、中密	密实	稍、中密	密实	稍、中密	密实
k_2	2.5	1.5	2.5	1.5	1.5	1.5	1.5	2	2.5	3	4	4	5.5	5	6	5	6	6	10

注:1. 节理不发育或较发育的岩石不作深度修正;节理发育或很发育的岩石,k_2 可采用碎石类土的系数;对已风化成砂、土状的岩石,则按砂类土、黏性土的系数。

2. 稍松状态的砂类土和松散状态的碎石类土,k_2 值可采用表列稍、中密值的 50%。

3. 冻土的 k_2 取 0。

(3)支承于岩石层上的打入桩、振动下沉桩(包括管柱)等柱桩的轴向受压容许承载力应按下式计算:

$$[P]=C\cdot R\cdot A \tag{6-6-20}$$

式中 $[P]$——桩的容许承载力(kN);

R——岩石单轴抗压强度(kPa);

C——系数,匀质无裂缝的岩石层取 0.45;有严重裂缝的、风化的或易软化的岩石层取 0.30;

A——柱底面积(m^2)。

(4)支承于岩石层上与嵌入岩石层内的钻(挖)孔灌注桩、管柱等柱桩的轴向受压容许承载力应按下式计算:

$$[P]=R(C_1A+C_2Uh) \tag{6-6-21}$$

式中 $[P]$——桩及管柱的容许承载力(kN);

U——嵌入岩石层内的桩及管柱的钻孔周长(m);

h——自新鲜岩石面(平均高程)算起的嵌入深度(m);

C_1,C_2——系数,根据岩石层破碎程度和清底情况确定,按表 6-6-23 采用。

表 6-6-23 系数 C_1、C_2

岩石层及清底情况	C_1	C_2
良好	0.5	0.04
一般	0.4	0.03
较差	0.3	0.02

注:当 h 小于等于 0.5 m 时,C_1 应乘以 0.7,C_2 为 0。

(5)摩擦桩轴向受拉的容许承载力应按下式计算：

$$[P'] = 0.30U\sum \alpha_i l_i f_i \tag{6-6-22}$$

式中　$[P']$——摩擦桩轴向受拉的容许承载力(kN)。

其他符号意义同前。

二、特殊条件下桩基竖向承载力验算

(一) 软弱下卧层验算

对于桩距不超过 $6d$ 的群桩基础，桩端持力层下存在承载力低于桩端持力层承载力1/3的软弱下卧层时，可按下列公式验算软弱下卧层的承载力(图 6-6-3)：

$$\sigma_z + \gamma_m z \leqslant f_{az} \tag{6-6-23}$$

$$\sigma_z = \frac{(E_K + G_k) - 3/2(A_0 + B_0)\cdot\sum q_{sik} l_i}{(A_0 + 2t\cdot\tan\theta)(B_0 + 2t\cdot\tan\theta)} \tag{6-6-24}$$

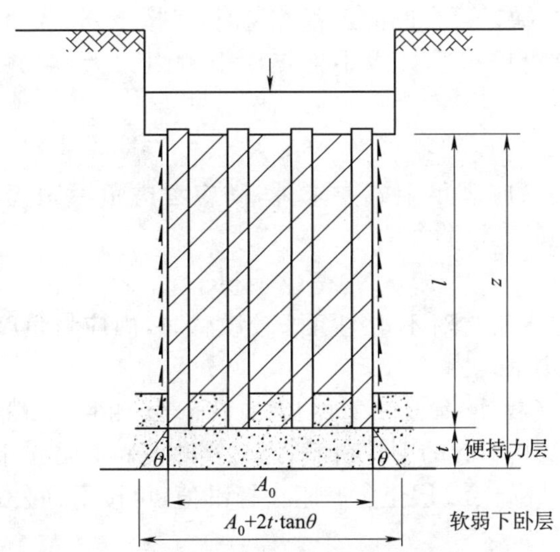

图 6-6-3　软弱下卧层承载力验算

式中　σ_z——作用于软弱下卧层顶面的附加应力；

γ_m——软弱层顶面以上各土层容重(地下水位以下取浮容重)的厚度加权平均值；

t——硬持力层厚度；

f_{az}——软弱下卧层经深度 z 修正的地基承载力特征值；

A_0,B_0——桩群外缘矩形底面的长、短边边长；

q_{sik}——桩周第 i 层土的极限侧阻力标准值，无当地经验时，可根据成桩工艺按表 6-6-8 取值；

θ——桩端硬持力层压力扩散角，按表 6-6-24 取值。

表 6-6-24 桩端硬持力层压力扩散角 θ

E_{s1}/E_{s2}	$t=0.25B_0$	$t\geqslant 0.50B_0$
1	4°	12°
3	6°	23°
5	10°	25°
10	20°	30°

注：1. E_{s1}、E_{s2}为硬持力层、软弱下卧层的压缩模量。

2. 当 $t<0.25B_0$ 时，取 $\theta=0°$，必要时，宜通过试验确定；当 $0.25B_0<t<0.50B_0$ 时，可内插取值。

（二）负摩阻力计算

当桩穿越较厚松散填土、自重湿陷性黄土、欠固结土、液化土层进入相对较硬土层；桩周存在软弱土层，邻近桩侧地面承受局部较大的长期荷载，或地面大面积堆载（包括填土）；以及由于降低地下水位，使桩周土有效应力增大，并产生显著压缩沉降时，桩周土层产生的沉降超过基桩的沉降，在计算基桩承载力时应计入桩侧负摩阻力。

(1)桩周土沉降可能引起桩侧负摩阻力时，应根据工程具体情况考虑负摩阻力对桩基承载力和沉降的影响；当缺乏可参照的工程经验时，可按下列规定验算。

①对于摩擦型基桩可取桩身计算中性点以上侧阻力为零，并可按下式验算基桩承载力：

$$N_k \leqslant R_a \tag{6-6-25}$$

②对于端承型基桩除应满足上式要求外，尚应考虑负摩阻力引起基桩的下拉荷载 Q_g^n，并可按下式验算基桩承载力：

$$N_k + Q_g^n \leqslant R_a \tag{6-6-26}$$

③当土层不均匀或建筑物对不均匀沉降较敏感时，尚应将负摩阻力引起的下拉荷载计入附加荷载验算桩基沉降。

注：本条中基桩的竖向承载力特征值 R_a 只计中性点以下部分侧阻值及端阻值。

(2)桩侧负摩阻力及其引起的下拉荷载，当无实测资料时可按下列规定计算：

①中性点以上单桩桩周第 i 层土负摩阻力标准值，可按下列公式计算：

$$q_{si}^n = \xi_{ni}\sigma'_i \tag{6-6-27}$$

当填土、自重湿陷性黄土湿陷、欠固结土层产生固结和地下水降低时：$\sigma'_i=\sigma'_{\gamma i}$ 当地面分布大面积荷载时：$\sigma'_i = p+\sigma'_{\gamma i}$

$$\sigma'_{\gamma i} = \sum_{e=1}^{i-1}\gamma_e\Delta z_e + \frac{1}{2}\gamma_i\Delta z_i \tag{6-6-28}$$

式中 q_{si}^n——第 i 层土桩侧负摩阻力标准值；当按式(6-6-27)计算值大于正摩阻力标准值时，取正摩阻力标准值进行设计；

ξ_{ni}——桩周第 i 层土负摩阻力系数，可按表 6-6-25 取值；

$\sigma'_{\gamma i}$——由土自重引起的桩周第 i 层土平均竖向有效应力；桩群外围桩自地面算起，桩群内部桩自承台底算起；

σ'_i——桩周第 i 层土平均竖向有效应力；

γ_i,γ_e——分别为第 i 计算土层和其上第 e 土层的容重，地下水位以下取浮容重；

$\Delta z_i,\Delta z_e$——第 i 层土、第 e 层土的厚度；

p——地面均布荷载。

表 6-6-25　负摩阻力系数 ξ_n

土　类	ξ_n
饱和软土	0.15～0.25
黏性土、粉土	0.25～0.40
砂土	0.35～0.50
自重湿陷性黄土	0.20～0.35

注：1. 在同一类土中，对于挤土桩，取表中较大值，对于非挤土桩，取表中较小值。
2. 填土按其组成取表中同类土的较大值。

②考虑群桩效应的基桩下拉荷载可按下式计算：

$$Q_g^n = \eta_n \cdot u \sum_{i=1}^{n} q_{si}^n l_i \tag{6-6-29}$$

$$\eta_n = s_{ax} \cdot s_{ay} \Big/ \left[\pi d\left(\frac{q_s^n}{\gamma_m} + \frac{d}{4}\right)\right] \tag{6-6-30}$$

式中　n——中性点以上土层数；

l_i——中性点以上第 i 土层的厚度；

η_n——负摩阻力群桩效应系数；

s_{ax}，s_{ay}——分别为纵横向桩的中心距；

q_s^n——中性点以上桩周土层厚度加权平均负摩阻力标准值；

γ_m——中性点以上桩周土层厚度加权平均容重(地下水位以下取浮容重)。

对于单桩基础或按式(6-6-30)计算的群桩效应系数 $\eta_n>1$ 时，取 $\eta_n=1$。

③中性点深度 l_n 应按桩周土层沉降与桩沉降相等的条件计算确定，也可参照表 6-6-26 确定。

表 6-6-26　中性点深度 l_n

持力层性质	黏性土、粉土	中密以上砂	砾石、卵石	基岩
中性点深度比 l_n/l_0	0.5～0.6	0.7～0.8	0.9	1.0

注：1. l_n、l_0——分别为自桩顶算起的中性点深度和桩周软弱土层下限深度。
2. 桩穿过自重湿陷性黄土层时，l_n 可按表列值增大 10%(持力层为基岩除外)。
3. 当桩周土层固结与桩基固结沉降同时完成时，取 $l_n=0$。
4. 当桩周土层计算沉降量小于 20 mm 时，l_n 应按表列值乘以 0.4～0.8 折减。

(三) 抗拔桩基承载力验算

(1)承受拔力的桩基，应按下列公式同时验算群桩基础呈整体破坏和呈非整体破坏时基桩的抗拔承载力：

$$N_k \leqslant T_{gk}/2 + G_{gp} \tag{6-6-31}$$

$$N_k \leqslant T_{uk}/2 + G_p \tag{6-6-32}$$

式中　N_k——按荷载效应标准组合计算的基桩拔力；

T_{gk}——群桩呈整体破坏时基桩的抗拔极限承载力标准值，可按式(6-6-34)确定；

T_{uk}——群桩呈非整体破坏时基桩的抗拔极限承载力标准值，可按式(6-6-33)确定；

G_{gp}——群桩基础所包围体积的桩土总自重除以总桩数，地下水位以下取浮容重；

G_p——基桩自重，地下水位以下取浮容重，对于扩底桩应按表 6-6-27 确定桩、土柱体周长,计算桩、土自重。

表 6-6-27 扩底桩破坏表面周长 u_i

自桩底起算的长度 l_i	≤(4～10)d	>(4～10)d
u_i	πD	πd

注:l_i 对于软土取低值,对于卵石、砾石取高值;l_i 取值按内摩擦角增大而增加。

(2)群桩基础及其基桩的抗拔极限承载力的确定应符合下列规定:

①对于设计等级为甲级和乙级建筑桩基,基桩的抗拔极限承载力应通过现场单桩上拔静载荷试验确定。单桩上拔静载荷试验及抗拔极限承载力标准值取值可按现行行业标准《建筑基桩检测技术规范》(JGJ 106)进行。

②如无当地经验时,群桩基础及设计等级为丙级建筑桩基,基桩的抗拔极限承载力取值可按下列规定计算:

a. 群桩呈非整体破坏时,基桩的抗拔极限承载力标准值可按下式计算:

$$T_{\mathrm{uk}}=\sum\lambda_i q_{\mathrm{sik}}u_i l_i \tag{6-6-33}$$

式中 T_{uk}——基桩抗拔极限承载力标准值;

u_i——桩身周长,对于等直径桩取;对于扩底桩按表 6-6-27 取值;

q_{sik}——桩侧表面第 i 层土的抗压极限侧阻力标准值,可按本手册表 6-6-8 取值;

λ_i——抗拔系数,可按表 6-6-28 取值。

表 6-6-28 抗拔系数 λ

土 类	λ 值
砂土	0.50～0.70
黏性土、粉土	0.70～0.80

注:桩长 l 与桩径 d 之比小于 20 时,λ 取小值。

b. 群桩呈整体破坏时,基桩的抗拔极限承载力标准值可按下式计算:

$$T_{\mathrm{gk}}=\frac{1}{n}u_1\sum\lambda_i q_{\mathrm{sik}}l_i \tag{6-6-34}$$

式中 u_1——桩群外围周长。

(3)季节性冻土上轻型建筑的短桩基础,应按下列公式验算其抗冻拔稳定性:

$$\eta_{\mathrm{f}}q_{\mathrm{f}}uz_0\leqslant T_{\mathrm{gk}}/2+N_{\mathrm{G}}+G_{\mathrm{gp}} \tag{6-6-35}$$

$$\eta_{\mathrm{f}}q_{\mathrm{f}}uz_0\leqslant T_{\mathrm{uk}}/2+N_{\mathrm{G}}+G_{\mathrm{p}} \tag{6-6-36}$$

式中 η_{f}——冻深影响系数,按表 6-6-29 采用;

q_{f}——切向冻胀力,按表 6-6-30 采用;

z_0——季节性冻土的标准冻深;

T_{gk}——标准冻深线以下群桩呈整体破坏时基桩抗拔极限承载力标准值,可按式(6-6-34)确定;

T_{uk}——标准冻深线以下单桩抗拔极限承载力标准值,可按式(6-6-33)确定;

N_{G}——基桩承受的桩承台底面以上建筑物自重、承台及其上土重标准值。

表 6-6-29　冻深影响系数 η_f 值

标准冻深(m)	$z_0 \leqslant 2.0$	$2.0 < z_0 \leqslant 3.0$	$z_0 > 3.0$
η_f	1.0	0.9	0.8

表 6-6-30　切向冻胀力 q_f(kPa)值

土　类	弱冻胀	冻胀	强冻胀	特强冻胀
黏性土、粉土	30～60	60～80	80～120	120～150
砂土、砾(碎)石(黏、粉粒含量＞15％)	＜10	20～30	40～80	90～200

注:1. 表面粗糙的灌注桩,表中数值应乘以系数 1.1～1.3。
2. 本表不适用于含盐量大于 0.5％的冻土。

(4)膨胀土上轻型建筑的短桩基础,应按下列公式验算群桩基础呈整体破坏和非整体破坏的抗拔稳定性:

$$u\sum q_{ei}l_{ei} \leqslant T_{gk}/2 + N_G + G_{gp} \tag{6-6-37}$$

$$u\sum q_{ei}l_{ei} \leqslant T_{uk}/2 + N_G + G_p \tag{6-6-38}$$

式中　T_{gk}——群桩呈整体破坏时,大气影响急剧层下稳定土层中基桩的抗拔极限承载力标准值,可按式(6-6-34)计算;

T_{uk}——群桩呈非整体破坏时,大气影响急剧层下稳定土层中基桩的抗拔极限承载力标准值,可按式(6-6-33)计算;

q_{ei}——大气影响急剧层中第 i 层土的极限胀切力,由现场浸水试验确定;

l_{ei}——大气影响急剧层中第 i 层土的厚度。

三、桩基水平承载力

(一)单桩基础

单桩的水平承载力特征值的确定应符合下列规定:

(1)对于受水平荷载较大的设计等级为甲级、乙级的建筑桩基,单桩水平承载力特征值应通过单桩水平静载试验确定,试验方法可按现行行业标准《建筑基桩检测技术规范》(JGJ 106)执行。

(2)对于钢筋混凝土预制桩、钢桩、桩身正截面配筋率不小于 0.65％的灌注桩,可根据静载试验结果取地面处水平位移为 10 mm(对于水平位移敏感的建筑物取水平位移 6 mm)所对应的荷载的 75％为单桩水平承载力特征值。

(3)对于桩身配筋率小于 0.65％的灌注桩,可取单桩水平静载试验的临界荷载的 75％为单桩水平承载力特征值。

(4)当缺少单桩水平静载试验资料时,可按下列公式估算桩身配筋率小于 0.65％的灌注桩的单桩水平承载力特征值:

$$R_{ha} = \frac{0.75\alpha\gamma_m f_t W_0}{\nu_M}(1.25 + 22\rho_g)\left(1 \pm \frac{\zeta_N N_k}{\gamma_m f_t A_n}\right) \tag{6-6-39}$$

式中 α——桩的水平变形系数,按式(6-6-50)确定;

R_{ha}——单桩水平承载力特征值,± 号根据桩顶竖向力性质确定,压力取“+”,拉力取“—”;

γ_m——桩截面模量塑性系数，圆形截面 $\gamma_m=2$，矩形截面 $\gamma_m=1.75$；

f_t——桩身混凝土抗拉强度设计值；

W_0——桩身换算截面受拉边缘的截面模量，

圆形截面为 $W_0=\frac{\pi d}{32}[d^2+2(\alpha_E-1)\rho_g d_0^2]$

方形截面为 $W_0=\frac{b}{6}[b^2+2(\alpha_E-1)\rho_g b_0^2]$，

其中 d 为桩直径，d_0 为扣除保护层厚度的桩直径；b 为方形截面边长，b_0 为扣除保护层厚度的桩截面宽度；α_E 为钢筋弹性模量与混凝土弹性模量的比值；

ν_M——桩身最大弯矩系数，按表 6-6-31 取值，当单桩基础和单排桩基纵向轴线与水平力方向相垂直时，按桩顶铰接考虑；

ρ_g——桩身配筋率；

A_n——桩身换算截面积，圆形截面为：$A_n=\frac{\pi d^2}{4}[1+(\alpha_E-1)\rho_g]$；

方形截面为 $A_n=b^2[1+(\alpha_E-1)\rho_g]$；

ζ_N——桩顶竖向力影响系数，竖向压力取 0.5；竖向拉力取 1.0；

N_k——在荷载效应标准组合下桩顶的竖向力(kN)。

表 6-6-31 桩顶(身)最大弯矩系数 ν_M 和桩顶水平位移系数 ν_x

桩顶约束情况	桩的换算埋深(αh)	ν_M	ν_x
铰接、自由	4.0	0.768	2.441
	3.5	0.750	2.502
	3.0	0.703	2.727
	2.8	0.675	2.905
	2.6	0.639	3.163
	2.4	0.601	3.526
固　接	4.0	0.926	0.940
	3.5	0.934	0.970
	3.0	0.967	1.028
	2.8	0.990	1.055
	2.6	1.018	1.079
	2.4	1.045	1.095

注：1. 铰接(自由)的 ν_M 系桩身的最大弯矩系数，固接的 ν_M 系桩顶的最大弯矩系数。
2. 当 $\alpha h>4$ 时取 $\alpha h=4$。

(5)对于混凝土护壁的挖孔桩，计算单桩水平承载力时，其设计桩径取护壁内直径。

(6)当桩的水平承载力由水平位移控制，且缺少单桩水平静载试验资料时，可按下式估算预制桩、钢桩、桩身配筋率不小于 0.65%的灌注桩单桩水平承载力特征值：

$$R_{ha}=0.75\frac{\alpha^3 EI}{\nu_x}\chi_{0a} \tag{6-6-40}$$

式中 EI——桩身抗弯刚度，对于钢筋混凝土桩，$EI=0.85E_cI_0$；其中 E_c 为混凝土弹性模量，I_0 为桩身换算截面惯性矩：圆形截面为 $I_0=W_0d_0/2$；矩形截面为 $I_0=W_0b_0/2$；

χ_{0a}——桩顶允许水平位移；

ν_x——桩顶水平位移系数，按表 6-6-31 取值，取值方法同 ν_M。

(7)验算永久荷载控制的桩基的水平承载力时，应将上述(2)～(5)条方法确定的单桩水平承载力特征值乘以调整系数 0.80；验算地震作用桩基的水平承载力时，宜将按上述(2)～(5)条方法确定的单桩水平承载力特征值乘以调整系数 1.25。

(二) 群桩基础

(1)群桩基础(不含水平力垂直于单排桩基纵向轴线和力矩较大的情况)的基桩水平承载力特征值应考虑由承台、桩群、土相互作用产生的群桩效应，可按下列公式确定：

$$R_h = \eta_h R_{ha} \tag{6-6-41}$$

考虑地震作用且 $s_a/d \leqslant 6$ 时：

$$\eta_h = \eta_i \eta_r + \eta_l \tag{6-6-42}$$

$$\eta_i = \frac{\left(\dfrac{s_a}{d}\right)^{0.015n_2+0.45}}{0.15n_1 + 0.10n_2 + 1.9} \tag{6-6-43}$$

$$\eta_l = \frac{m\chi_{0a} B'_c h_c^2}{2n_1 n_2 R_{ha}} \tag{6-6-44}$$

$$\chi_{0a} = \frac{R_{ha}\upsilon_x}{\alpha^3 EI} \tag{6-6-45}$$

其他情况：

$$\eta_h = \eta_i \eta_r + \eta_l + \eta_b \tag{6-6-46}$$

$$\eta_b = \frac{\mu P_c}{n_1 n_2 R_h} \tag{6-6-47}$$

$$B'_c = B_c + 1 \tag{6-6-48}$$

$$P_c = \eta_c f_{ak}(A - nA_{ps}) \tag{6-6-49}$$

式中　η_h——群桩效应综合系数；

η_i——桩的相互影响效应系数；

η_r——桩顶约束效应系数(桩顶嵌入承台长度 50～100 mm 时)，按表 6-6-32 取值；

η_l——承台侧向土抗力效应系数(承台侧面回填土为松散状态时取 $\eta_l=0$)；

η_b——承台底摩阻效应系数；

s_r/d——沿水平荷载方向的距径比；

n_1，n_2——分别为沿水平荷载方向与垂直水平荷载方向每排桩中的桩数；

μ——承台底与基土间的摩擦系数，可按表 6-6-33 取值；

m——承台侧面土水平抗力系数的比例系数，当无试验资料时可按本规范表 6-6-34 取值；

χ_{0a}——桩顶(承台)的水平位移允许值，当以位移控制时，可取 $\chi_{0a}=10$ mm(对水平位移敏感的结构物取 $\chi_{0a}=6$ mm)；当以桩身强度控制(低配筋率灌注桩)时，可近似按式(6-6-45)确定；

B'_c——承台受侧向土抗力一边的计算宽度；

B_c——承台宽度；

h_c——承台高度；

P_c——承台底地基土分担的竖向总荷载标准值；

η_c——承台效应系数；

A——承台总面积；

A_{ps}——桩身截面面积。

表 6-6-32 桩顶约束效应系数 η_r

换算深度 αh	2.4	2.6	2.8	3.0	3.5	≥4.0
位移控制	2.58	2.34	2.20	2.13	2.07	2.05
强度控制	1.44	1.57	1.71	1.82	2.00	2.07

注：$\alpha=\sqrt[5]{\dfrac{mb_0}{EI}}$，$h$ 为桩的入土长度。

表 6-6-33 承台底与地基土间的摩擦系数 μ

土的类别		摩擦系数 μ
黏性土	可塑	0.25～0.30
	硬塑	0.30～0.35
	坚硬	0.35～0.45
粉土	密实、中密(稍湿)	0.30～0.40
中砂、粗砂、砾砂		0.40～0.50
碎石土		0.40～0.60
软岩、软质岩		0.40～0.60
表面粗糙的较硬岩、坚硬岩		0.65～0.75

(2)桩的水平变形系数和地基土水平抗力系数可按下列规定确定：

①桩的水平变形系数 $\alpha(1/m)$

$$\alpha=\sqrt[5]{\frac{mb_0}{EI}} \tag{6-6-50}$$

式中 m——桩侧土水平抗力系数的比例系数；

b_0——桩身的计算宽度(m)；

圆形桩：当直径 $d\leqslant 1$ m 时，$b_0=0.9(1.5d+0.5)$；

当直径 $d>1$ m 时，$b_0=0.9(d+1)$；

方形桩：当边宽 $b\leqslant 1$ m 时，$b_0=1.5d+0.5$；

当边宽 $b>1$ m 时，$b_0=b+1$。

②地基土水平抗力系数的比例系数 m，宜通过单桩水平静载试验确定，当无静载试验资料时，可按表 6-6-34 取值。

表 6-6-34 地基土水平抗力系数的比例系数 m 值

序号	地基土类别	预制桩、钢桩		灌注桩	
		m (MN/m^4)	相应单桩在地面处水平位移(mm)	m (MN/m^4)	相应单桩在地面处水平位移(mm)
1	淤泥；淤泥质土；饱和湿陷性黄土	2～4.5	10	2.5～6	6～12

续上表

序号	地基土类别	预制桩、钢桩		灌注桩	
		m (MN/m^4)	相应单桩在地面处水平位移(mm)	m (MN/m^4)	相应单桩在地面处水平位移(mm)
2	流塑($I_L>1$)、软塑($0.75<I_L\leqslant1$)状黏性土；$e>0.9$粉土；松散粉细砂；松散、稍密填土	4.5～6.0	10	6～14	4～8
3	可塑($0.25<I_L\leqslant0.75$)状黏性土、湿陷性黄土；$e=0.75\sim0.9$粉土；中密填土；稍密细砂	6.0～10	10	14～35	3～6
4	硬塑($0<I_L\leqslant0.25$)、坚硬($I_L\leqslant0$)状黏性土、湿陷性黄土；$e<0.75$粉土；中密的中粗砂；密实老填土	10～22	10	35～100	2～5
5	中密、密实的砾砂、碎石类土	—	—	100～300	1.5～3

注：1. 当桩顶水平位移大于表列数值或灌注桩配筋率较高(≥0.65%)时，m值应适当降低；当预制桩的水平向位移小于10 mm时，m值可适当提高。

2. 当水平荷载为长期或经常出现的荷载时，应将表列数值乘以0.4降低采用。

3. 当地基为可液化土层时，应将表列数值乘以表6-6-14中相应的系数ψ_l。

第三节　桩基沉降验算及桩基检测要求

一、桩基沉降验算要求

(1)根据《建筑地基基础设计规范》(GB 50007—2011)规定，对以下建筑物的桩基应进行沉降验算：

①地基基础设计等级为甲级的建筑物桩基。

②体形复杂、荷载不均匀或桩端以下存在软弱土层的设计等级为乙级的建筑物桩基。

③摩擦型桩基。

(2)建筑桩基沉降变形计算值不应大于桩基沉降变形允许值。桩基沉降变形可用下列指标表示：

①沉降量。

②沉降差。

③整体倾斜：建筑物桩基础倾斜方向两端点的沉降差与其距离之比值。

④局部倾斜：墙下条形承台沿纵向某一长度范围内桩基础两点的沉降差与其距离之比值。

(3)计算桩基沉降变形时，桩基变形指标应按下列规定选用：

①由于土层厚度与性质不均匀、荷载差异、体型复杂、相互影响等因素引起的地基沉降变形，对于砌体承重结构应由局部倾斜控制。

②对于多层或高层建筑和高耸结构应由整体倾斜值控制。

③当其结构为框架、框架－剪力墙、框架－核心筒结构时，尚应控制柱(墙)之间的差异沉降。

(4)建筑桩基沉降变形允许值，应按表 6-6-35 规定采用。

表 6-6-35 建筑桩基沉降变形允许值

变形特征		允许值
砌体承重结构基础的局部倾斜		0.002
各类建筑相邻柱(墙)基的沉降差 (1)框架、框架—剪力墙、框架—核心筒结构 (2)砌体墙填充的边排柱 (3)当基础不均匀沉降时不产生附加应力的结构		 $0.002l_0$ $0.0007\ l_0$ $00.005\ l_0$
单层排架结构(柱距为 6 m)桩基的沉降量(mm)		120
桥式吊车轨面的倾斜(按不调整轨道考虑) 纵向 横向		 0.004 0.003
多层和高层建筑的整体倾斜	$H_g \leqslant 24$ $24 < H_g \leqslant 60$ $60 < H_g \leqslant 100$ $H_g > 100$	0.004 0.003 0.002 5 0.002
高耸结构桩基的整体倾斜	$H_g \leqslant 20$ $20 < H_g \leqslant 50$ $50 < H_g \leqslant 100$ $100 < H_g \leqslant 150$ $150 < H_g \leqslant 200$ $200 < H_g \leqslant 250$	0.008 0.006 0.005 0.004 0.003 0.002
高耸结构基础的沉降量(mm)	$H_g \leqslant 100$ $100 < H_g \leqslant 200$ $200 < H_g \leqslant 250$	350 250 150
体型简单的剪力墙结构 高层建筑桩基最大沉降量(mm)	—	200

注：l_0 为相邻柱(墙)二测点间距离，H_g 为自室外地面算起的建筑物高度。

二、桩基检测要求

(1)基桩检测可分为施工前为设计提供依据的试验桩检测和施工后为验收提供依据的工程桩检测。

当设计有要求或有下列情况之一时，施工前应进行试验桩检测并确定单桩极限承载力：

①设计等级为甲级的桩基。

②无相关试桩资料可参考的设计等级为乙级的桩基。

③地基条件复杂、基桩施工质量可靠性低。

④本地区采用的新桩型或采用新工艺成桩的桩基。

施工完成后的工程桩应进行单桩承载力和桩身完整性检测。除应在施工前和施工后进行基桩检测外，尚应根据工程需要，在施工过程中进行质量的检测与监测。

(2)基桩检测应根据检测目的、检测方法的适应性、桩基的设计条件、成桩工艺等，按

表 6-6-36 合理选择检测方法。当通过两种或两种以上检测方法的相互补充、验证，能有效提高基桩检测结果判定的可靠性时，应选择两种或两种以上的检测方法。

表 6-6-36　建筑桩基检测目的及检测方法

检　测　目　的	检　测　方　法
确定单桩竖向抗压极限承载力； 判定竖向抗压承载力是否满足设计要求； 通过桩身应变、位移测试，测定桩侧、桩端阻力； 验证高应变法的单桩竖向抗压承载力检测结果	单桩竖向抗压静载试验
确定单桩竖向抗拔极限承载力； 判定竖向抗拔承载力是否满足设计要求； 通过桩身应变、位移测试，测定桩的抗拔侧阻力	单桩竖向抗拔静载试验
确定单桩水平临界荷载和极限承载力，推定土抗力参数； 判定水平承载力或水平位移是否满足设计要求； 通过桩身应变、位移测试，测定桩身弯矩	单桩水平静载试验
检测灌注桩桩长、桩身混凝土强度、桩底沉渣厚度，判定或鉴别桩端持力层岩土性状，判定桩身完整性类别	钻芯法
检测桩身缺陷及其位置，判定桩身完整性类别	低应变法
判定单桩竖向抗压承载力是否满足设计要求； 检测桩身缺陷及其位置，判定桩身完整性类别； 分析桩侧和桩端土阻力； 进行打桩过程监控	高应变法
检测灌注桩桩身缺陷及其位置，判定桩身完整性类别	声波透射法

第四节　成桩可能性和成桩施工对环境的影响

一、预 制 桩

（一）预制桩沉桩可能性

预制桩沉桩可能性取决于沉桩方式、沉桩设备及沉桩阻力，影响沉桩阻力的主要因素有：地基土层性质及分布状况，桩型、桩径、桩长，沉桩过程中的间歇时间以及土层因先期沉桩被挤密程度等。

1. 锤击法沉桩

锤击法沉桩锤重选用可参考表 6-6-37。

表 6-6-37　锤重选择表

锤　　型		柴　油　锤　(t)						
		D25	D35	D45	D60	D72	D80	D100
锤的动力性能	冲击部分质量(t)	2.5	3.5	4.5	6.0	7.2	8.0	10.0
	总质量(t)6.5	7.2	9.6	15.0	18.0	17.0	20.0	
	冲击力(kN)	2 000～2 500	2 500～4 000	4 000～5 000	5 000～7 000	7 000～10 000	>10 000	>12 000
	常用冲程(m)	1.8～2.3					—	—

续上表

锤型			柴油锤(t)						
			D25	D35	D45	D60	D72	D80	D100
		预制方桩、预应力管桩的边长或直径(mm)	350～400	400～450	450～500	500～550	550～600	600 以上	600 以上
		钢管桩直径(mm)	400		600	900	900～1 000	900 以上	900 以上
持力层	黏性土粉土	一般进入深度(m)	1.5～2.5	2.0～3.0	2.5～3.5	3.0～4.0	3.0～5.0	—	—
		静力触探比贯入阻力 P_s 平均值(MPa)	4	5	>5	>5	>5	—	—
	砂土	一般进入深度(m)	0.5～1.5	1.0～2.0	1.5～2.5	2.0～3.0	2.5～3.5	4.0～5.0	5.0～6.0
		标准贯入击数 $N_{63.5}$(未修正)	20～30	30～40	40～45	45～50	50	>50	>50
锤的常用控制贯入度(cm/10击)			2～3		3～5	4～8		5～10	7～12
设计单桩极限承载力(kN)			800～1 600	2 500～4 000	3 000～5 000	5 000～7 000	7 000～10 000	>10 000	>10 000

注:1. 本表仅供选锤用。

2. 本表适用于桩端进入硬土层一定深度的长度为 20～60 m 的钢筋混凝土预制桩及长度为 40～60 m 的钢管桩。

2. 静压法沉桩

静压法沉桩一般适用于软土地基，当桩需穿越或进入中密或密实的厚层砂土或砂质粉土层时，采用静压法沉桩十分困难。一般情况下，静压力为 800～2 500 kN 的压桩机适用于桩径或边长小于等于 400 mm，桩长不大于 30 m 的桩基工程；静压力为 3 500～6 000 kN 的压桩机适用于桩径或边长小于等于 500 mm，桩长不大于 40 m 的桩基工程。

沉桩过程中，桩身下部的桩侧摩阻力约占沉桩摩阻力的 50%～80%，沉桩过程中因接桩施工或其他原因而暂停沉桩将会明显增大后续沉桩阻力，桩侧摩阻力的增大值与间歇时间长短成正比，并与地基土层性质有关，应避免将桩尖停留在硬土层或砂性较重的土层中进行接桩施工，并应尽可能减少接桩时间。

3. 辅助沉桩法

为减少沉桩阻力或减轻对周围环境的影响，在上述基本沉桩施工方法基础上，可选用下列一种或多种辅助沉桩法。

① 预钻孔辅助沉桩法。

② 冲水辅助沉桩法。

③ 振动辅助沉桩法。

④ 掘削辅助沉桩法。

⑤ 爆破辅助沉桩法。

(二)预制桩施工对环境的影响及防治措施

(1)振动与噪声：主要指锤击法或振动法沉桩施工。打桩时产生的振动会造成地基变形，房屋、管道等公共设施损害，设备及各种精密机械工作性能损害等；城市内桩基施工过程中也不可避免产生的噪声对周围环境产生了影响，严重干扰居民的生活、学习。

振动的防治：对在打桩受影响的建筑物周围可以设置防振沟，既隔断了打桩产生的振动波的传播，又缓解了地表土体的侧向位移。而对周围建筑物内的精密仪器、仪表或机床采取隔振措施，了解打桩干扰频率，使保护对象的固有频率避开干扰频率，防止产生共振。

噪声的防治：在打桩施工时，应将桩架用隔音板或布篷围起，不在规范规定以外的时间打桩，尤其是不在夜间打桩，以保证居民的生活不受干扰。

(2)挤土效应：预制桩施工中会遇到一种称为挤土效应的现象，这是由于沉桩时使桩四周的土体结构受到扰动，改变了土体的应力状态而产生的。当桩身进入地下时，桩身将置换出同体积的土。因此在打桩区内和打桩区外一定范围外的地层，会发生竖向和水平向的位移。挤土效应会不仅对附近建筑物和地下管线造成危害，而且也会使得桩体抬高、挠曲及折断。

对于挤土桩，在一般黏性土和密实砂土地基中土体的侧向位移和隆起在沉桩区及邻近 10～15 倍桩径范围内常达到较大值，并随距离增大而减小，影响范围约为 1 倍桩长。对软土地基影响范围可达 50 m 以外；在松散和中密的砂土中，较大的沉降影响区为沉桩区及邻近 4～5 倍桩径范围。

为减小挤土效应对周围环境的影响，可根据情况采取以下防治措施：

①合理选择桩型，采用空心管桩、长桩等，减小桩的挤土率。

②采用掘削、水冲、预钻等辅助沉桩法，减少排土量。

③合理安排沉桩施工顺序、进度。

④采用先开挖基坑后沉桩工艺。

⑤采用降低地下水位或改善地基土排水特性，减小和加快消散沉桩引起的超静孔隙水压力。

⑥采用防渗防挤壁。

⑦设置防挤土槽或防挤孔。

二、灌 注 桩

(一) 灌注桩成桩的影响因素

影响灌注桩成桩的主要因素如下：

(1)地下障碍物、孤石等，钻进困难。

(2)松散砂、石地层，易塌孔。

(3)软土地层，易缩径、塌孔。

(4)承压水，易塌孔。

(5)浅层气，易塌孔，喷气时，危及安全。

(6)其他不良地质条件，如卵石层，破碎带、基岩裂隙、洞穴等。

(二)灌注桩施工对环境的影响

各类灌注桩对环境的影响见表 6-6-2。

(1)钻孔灌注桩虽可以避免振动影响，但当桩穿过砂层时，若未能及时用泥浆护孔，就会造成孔内涌砂、塌孔等，对周围已有建筑物构成威胁。

(2)钻孔灌注桩施工产生的泥浆会造成对环境的污染。

由于钻孔灌注桩采用泥浆作业，特别是在易于自然造浆的黏土层钻进，往往会产生大量的高黏度、高密度的废泥浆，加上排除的大量钻渣，如果处理不当很容易造成附近水质污染。

三、深层搅拌桩

深层搅拌法是利用水泥等材料为固化剂，通过特制的搅拌机械，在地基深处就地将软土和固化剂搅拌。由于固化剂和软土间产生一系列物理化学反应，使软土硬结成具有整体性、水稳定性和一定强度的水泥加固土，从而提高地基强度和增大变形模量。深层搅拌桩主要的环境问题是挤土效应。

对深层搅拌桩施工造成的环境问题可采取如下措施：

(1)减少每次连续成桩数量，减缓成桩数率。

(2)在可能的情况下，先施工外排桩，再施工内排桩，以达到一定的屏蔽作用。

(3)在被保护对象与桩之间挖设卸压槽，以减少挤压力，阻隔其隆起。

(4)进行连续施工监测，根据检测资料调整施工部署，当隆起值过大时暂时停工，待隆起值降低到一定程度后再行施工。根据监测数据，调整至最佳施工参数。

参考文献

[1]中华人民共和国住房和城乡建设部．城市轨道交通岩土工程勘察规范:GB 50307—2012[S]. 北京:中国计划出版社,2012.

[2]金淮,刘永勤．城市轨道交通工程勘察[M]. 北京:中国建筑工业出版社,2014.

[3]中华人民共和国建设部．岩土工程勘察规范(2009 年版):GB 50021—2001[S]. 北京:中国建筑工业出版社,2009.

[4]国家铁路局．铁路隧道设计规范:TB 10003—2016[S]. 北京:中国铁道出版社,2017.

[5]工程地质手册编委会．工程地质手册[M]. 5 版．北京:中国建筑工业出版社,2018.

[6]中华人民共和国住房和城乡建设部．建筑地基基础设计规范:GB 50007—2011 [S]. 北京:中国建筑工业出版社,2012.

[7]中华人民共和国住房和城乡建设部．建筑基坑支护技术规程:JGJ 120—2012 [S]. 北京:中国建筑工业出版社,2012.

[8]中华人民共和国住房和城乡建设部．高层建筑岩土工程勘察标准:JGJ/T 72—2017 [S]. 北京:中国建筑工业出版社,2017.

[9]国家铁路局．铁路桥涵地基和基础设计规范:TB 10093—2017[S]. 北京:中国铁道出版社,2017.

[10]北京市规划委员会．北京地区建筑地基基础勘察设计规范:DBJ 11-501—2009[S]. 北京:中国计划出版社,2009.

[11]上海市城乡建设和交通委员会．岩土工程勘察规范:DGJ 08-37—2012[S]. 北京:中国建筑工业出版社,2012.

[12]广东省住房和城乡建设厅．建筑地基基础设计规范:DBJ 15-31—2016[S]. 北京:中国建筑工业出版社,2017.

[13]南京市建设委员会．南京地区建筑地基基础设计规范:DGJ32/J12—2005[S]. 北京:中国建筑工业出版社,2005.

[14]成都地区建筑地基基础设计规范:DB51/T 5026—2001[S]. 2001.

[15]中华人民共和国住房和城乡建设部．建筑地基处理技术规范:JGJ 79—2012[S]. 北京:中国建筑工业出版社,2013.

[16]中华人民共和国建设部．建筑桩基技术规范:JGJ 94—2008[S]. 北京:中国建筑工业出版社,2008.

[17]中华人民共和国住房和城乡建设部．建筑桩基检测技术规范:JGJ 106—2014[S]. 北京:中国建筑工业出版社,2014.

[18]史佩栋．桩基工程手册[M]. 北京:人民交通出版社,2008.

[19]王梦恕．中国隧道及地下工程修建技术[M]．北京:人民交通出版社,2010.

[20]中华人民共和国住房和城乡建设部．城乡规划工程地质勘察规范:CJJ 57—2012 [S]. 北京:中国建筑工业出版社,2013.

第七篇　岩土参数分析与勘察成果报告

第一章　岩土参数的统计分析与选定

岩土参数是岩土工程设计的基础。由于岩土体的非均匀性和各向异性，空间各点岩土的物理力学性质是不同的，相应地由试验或测试得到的岩土参数也是不同的，尤其是不同岩土层的岩土参数变异性较大。因此岩土性质指标应进行统计分析后选用。

第一节　岩土参数的统计分析

一、岩土参数统计基本要求

岩土参数统计应符合下列要求：

(1)岩土的物理力学指标，在可行性研究勘察和初步勘察阶段应按场地的工程地质单元和层位分别统计；在详细勘察阶段可按工点和层位分别统计。

(2)每层岩土参数均应计算平均值、最大值、最小值、标准差和变异系数，视需要计算试验成果标准值。

(3)分析数据的分布情况并说明数据的取舍标准。

二、工程地质单元的划分标准

工程地质单元是指在工程地质数据的统计工作中具有相似的地质条件或某方面有相似的地质特征，而将其作为一个可统计单位的单元体。一般情况下，工程地质单元可根据以下特征进行划分。

(1)具有同一地质年代、成因类型，并处于同一构造部位和同一地貌单元。

(2)具有基本相同的岩土性质特征，包括矿物成分、结构构造、风化程度、物理力学性能和工程性能。

(3)影响岩土体工程地质性质的因素基本相似。

(4)对不均匀变形敏感的建(构)筑物的关键部位，视需要可划分更小的单元。

三、统计计算方法

由于土的不均匀性，用相同的试验或测试方法测出的数据也是离散的，并以一定规律分布。为方便统计时应用，常采用平均值、标准差和变异系数等统计特征值。

（一）平 均 值

平均值表示分布的平均趋势，岩土参数的平均值应按下式计算：

$$\phi_{\mathrm{m}} = \frac{\sum_{i=1}^{n} \phi_i}{n} \tag{7-1-1}$$

式中　ϕ_{m}——岩土参数的平均值；

　　n——统计样本个数。

（二）标 准 差

标准差是总体各参数标准值与其平均数离差平方的算术平均数的平方根，用 σ_{f} 表示，具有和平均值相同的量纲。它反映了组内参数间的离散程度。标准差按下式计算：

$$\sigma_{\mathrm{f}} = \sqrt{\frac{1}{n-1}\left[\sum_{i=1}^{n} \phi_i^2 - \frac{(\sum_{i=1}^{n} \phi_i)^2}{n}\right]} \tag{7-1-2}$$

式中　σ_{f}——岩土参数的标准差。

其他符号同上。

（三）变异系数

岩土参数的标准差虽然可以用来衡量参数离散程度，但由于它是有量纲的，只能用于同一参数的比较，而对于不同参数的离散性则无法进行比较。为了评价岩土参数的变异特点，引入了变异系数的概念。

变异系数又称"离散系数"，是概率分布离散程度的一个归一化量度，其定义为标准差与平均值之比，变异系数是无量纲系数。变异系数按下式进行计算：

$$\delta = \frac{\sigma_{\mathrm{f}}}{\phi_{\mathrm{m}}} \tag{7-1-3}$$

式中　δ——岩土参数的变异系数。

其他符号同上。

《北京地区建筑地基基础勘察设计规范》(DBJ 11-501—2009)规定，岩土参数的变异系数应满足表 7-1-1 的规定，当变异系数超过表 7-1-1 的规定时，应分析原因，重新统计。

表 7-1-1　变异系数

指　　标	变异系数 δ	备　　注
压缩模量 E_{s}	0.35	
孔隙比 e	0.10	
内摩擦角 φ	0.25	
黏聚力 c	0.30	不排水
轻型圆锥动力触探锤击数 N_{10}	0.35	
标准贯入试验锤击数 N	0.30	

注：人工填土可不计算变异系数。

表 7-1-2 国内研究成果的变异系数

地区	土类	容重 γ	压缩模量 E_s	内摩擦角 φ	黏聚力 c
上海	淤泥质黏土	0.017～0.020	0.044～0.213	0.206～0.308	0.049～0.080
	淤泥质粉质黏土	0.019～0.020	0.166～0.178	0.197～0.424	0.162～0.245
	暗绿色粉质黏土	0.015～0.031	—	0.097～0.268	0.333～0.646
江苏	黏土	0.005～0.033	0.177～0.257	0.164～0.370	0.156～0.290
	粉质黏土	0.014～0.030	0.122～0.300	0.100～0.360	0.160～0.550
安徽	黏土	0.020～0.034	0.170～0.500	0.140～0.168	0.280～0.300
河南	粉质黏土	0.015～0.018	0.166～0.469	—	—
	粉土	0.017～0.044	0.209～0.417	—	—

表 7-1-3 Ingles 建议的变异系数

岩 土 参 数	范 围 值	建 议 值
内摩擦角 φ(砂土)	0.05～0.15	0.10
内摩擦角 φ(黏性土)	0.12～0.56	0.30
黏聚力 c(不排水)	0.20～0.50	0.30
压缩系数 $a_{v1\text{-}2}$	0.18～0.73	0.30
固结系数 C_v	0.25～1.00	0.50
弹性模量 E	0.02～0.42	0.30
液限 w_L	0.02～0.48	0.10
塑限 w_P	0.09～0.29	0.10
标准贯入试验锤击数 N	0.27～0.85	0.30
无侧限抗压强度 q_u	0.06～1.00	0.40
孔隙比 e	0.13～0.42	0.25
容重 γ	0.01～0.10	0.03
黏粒含量 ρ_c	0.09～0.70	0.25

四、数据的取舍

岩土参数统计得出结果后，应分析出现误差的原因，认真筛选，对一些离散性较大的粗差数据应予以剔除，剔除后重新进行统计。剔除粗差数据的常用方法是正负三倍标准差法，即将离差大于$\pm 3\sigma_f$ 的数据剔除。如果求得的变异系数过高，应检查原因，必要时应考虑重新划分统计单元。

主要参数宜绘制参数沿深度变化的图件，并按参数变化特点划分为相关型和非相关型。需要时应分析参数在水平方向的变异规律。

相关型参数宜结合岩土参数与深度的经验关系，按下式确定剩余标准差，并用剩余标准差计算变异系数。

$$\sigma_r = \sigma_f \sqrt{1 - r^2} \tag{7-1-4}$$

式中 σ_r——剩余标准差；

r——相关系数；对非相关型，$r=0$。

第二节　岩土参数的选定

一、岩土参数的可靠性和适用性

岩土工程评价是否符合客观实际，岩土工程设计是否可靠，很大程度上取决于参数选取的合理性。因此，要求所选用的岩土参数必须能够正确地反映岩土体在规定条件下的性状，能比较真实地估计参数真值所在的区间，从而能够满足岩土工程设计计算的精度要求。

可靠性是指参数能正确反映岩土体的基本特性，能够较准确地估计岩土参数所在区间。适用性是指参数能满足岩土工程设计的假定条件和计算精度要求。岩土参数应根据工程特点和地质条件选用，并按下列内容评价其可靠性和适用性。

(1)取样方法和其他因素对试验结果的影响。岩土试样从地层中取出到实验室进行再制样的过程中，土样原来的应力状态及结构均不同程度地受到了扰动。不同的取样方法，所取土样的质量等级不同，对土的扰动程度亦不相同。

(2)采用的试验方法和取值标准。试验方法对岩土参数也有很大影响，对于同一地层的同一指标，用不同试验标准所得的结果会有很大误差。因此，进行岩土工程分析评价与设计时，首先要对岩土参数的可靠性和适用性进行分析评价，对土样从采取、制备及测试方法要有全面合理选用。

(3)不同测试方法所得结果的分析比较。

(4)测试结果的离散程度。

(5)测试方法与计算模型的配套性。

二、岩土参数的选定

岩土参数的选定一般满足以下要求：

(1)评价岩土性状的物理指标，如密度、含水量、液限、塑限、塑性指数、液性指数、饱和度、相对密度、吸水率等，应选用指标的平均值。

(2)正常使用极限状态计算需要的岩土参数指标，如压缩系数、压缩模量、渗透系数等，宜选用平均值，当变异系数较大时，可根据经验作适当调整。

(3)承载能力极限状态计算需要的岩土参数，如岩土的抗剪强度指标等，应选用指标的标准值。

(4)载荷试验承载力应取特征值。

(5)容许应力法计算需要的岩土指标，应根据计算和评定的方法选定，可选用平均值，并作适当经验调整。

三、标准值的确定

岩土参数的标准值是岩土工程设计的基本代表值，是岩土参数的可靠性估值，是在统计学区间估计理论基础上得到的关于母体平均值置信区间的单侧置信界限值。对于承载能力极限状态计算需要的岩土参数，岩土工程勘察报告应提供参数指标的标准值。

岩土参数的标准值可按下列方法确定：

$$\phi_k = \gamma_s \phi_m \tag{7-1-5}$$

$$\gamma_s = 1 \pm \left\{ \frac{1.704}{\sqrt{n}} + \frac{4.678}{n^2} \right\} \delta \tag{7-1-6}$$

式中 ϕ_k——岩土参数的标准值；

γ_s——统计修正系数。

注：式中正负号按不利组合考虑，如抗剪强度指标的修正系数应取负值。

统计修正系数 γ_s 也可按岩土工程的类型和重要性、参数的变异性和统计数据的个数，根据经验选用。

当设计规范另有专门规定的标准值取值方法时，可按有关规范执行。

另外，岩土工程勘察报告中一般只提供岩土参数的标准值，不提供设计值。需要提供设计值，当采用分项系数设计表达式计算时，岩土参数设计值 ϕ_d 可按下式计算：

$$\phi_d = \frac{\phi_k}{\gamma} \tag{7-1-7}$$

式中 γ——岩土参数的分项系数，按有关设计规范的规定取值。

第二章　勘察报告的基本要求

城市轨道交通岩土工程勘察报告，应在搜集已有资料，取得工程地质调查与测绘、勘探、测试和室内试验成果的基础上，根据勘察阶段、工程特点、设计方案、施工方法对勘察工作的要求进行岩土工程分析与评价，提供工程场地的工程地质及水文地质资料。

第一节　勘察报告编制基本要求

勘察报告应符合以下基本要求：

(1)勘察报告应资料完整，数据真实，内容可靠，逻辑清晰，文字、表格、图件互相印证；文字、标点符号、术语、数字和计量单位等应符合国家现行有关标准的规定。

(2)勘察报告中应统一全线地质单元、工程地质水文地质分区、岩土分层的划分标准。

(3)勘察报告中的岩土工程分析评价，应论据充分、针对性强，所提建议应技术可行、经济合理、安全适用。岩土参数的分析与选用应符合现行国家标准《岩土工程勘察规范》GB 50021 的有关规定。

(4)可行性研究阶段岩土工程勘察报告宜按照线路编制，初步勘察阶段岩土工程勘察报告宜按照线路编制或按照地质单元、线路敷设形式编制，详细勘察阶段岩土工程勘察报告宜按照车站、区间、车辆基地等分别编制。

(5)各阶段勘察成果应具有连续性、完整性。

(6)相邻区段、相邻工点的衔接部位或不同线路交叉部位的勘察成果资料应互相利用、保持一致。

(7)勘察报告应包括文字部分、表格、图件，重要的支持性资料可作为附件。文字部分幅面宜采用 A3 或 A4，篇幅较大时可分册装订。

(8)勘察报告中的图例宜符合现行《城市轨道交通岩土工程勘察规范》(GB 50307)的规定。

第二节　勘察报告内容基本要求

一、可行性研究勘察报告基本要求

可行性研究勘察报告应符合下列规定：

(1)提供区域性的地形地貌、地质构造、地层岩性、水文地质等资料，提供地震、地表水文、气象等资料。

(2)对搜集的资料和勘察结果进行综合分析，初步划分工程地质单元或进行工程地质分区。

(3)初步评价拟建场地稳定性和适宜性。

(4)初步分析评价场地不良地质作用和特殊性岩土对线路方案、敷设形式及施工方法的影响，为编制规划与工程可行性研究报告提供基本的工程地质依据。

(5)当有两个或者两个以上的拟选线路方案、站位方案、铺设方案时，应从工程地质、水文地质、工程周边环境等综合分析和评价，提出比选结论和建议。

(6)提出初步勘察工作的建议。

二、初步勘察报告基本要求

初步勘察报告应符合下列规定：

(1)提供场地地形、地貌、地层、地质构造、岩土性质，确定场地不良地质作用和特殊性岩土发育区段，评价对工程的影响。

(2)初步确定地下水的类型、补给、径流和排泄条件，含水层和隔水层的分布，水位动态变化规律，初步评价地下水对工程的作用与影响。

(3)对全线进行工程地质及水文地质分区。

(4)查明场地不良地质作用、特殊性岩土的分布与特性，初步分析评价其对工程的影响，并提出防治措施建议。

(5)初步确定线路沿线的抗震设计条件，进行场地土类别初步划分和地基土初步液化判定。

(6)初步划定围岩分级，对岩土性状进行初步评价，提出岩土参数建议值。

(7)评价场地拟建地段稳定性和适宜性。

(8)对线路地基基础方案进行初步评价。

(9)对线路位置、隧道埋深、施工方法等提出建议；

(10)结合工程周边环境调查成果，初步分析评价工程建设与重要环境对象的相互影响，提出处理措施建议。

(11)提出详细勘察工作建议。

三、详细勘察报告基本要求

在初步勘察工作的基础上，进行详细勘察工作，详细勘察报告应符合下列规定：

(1)提供场地地形、地貌、地层、地质构造，分层提供设计、施工需要的岩土指标与参数。

(2)提供地下水类型、埋深、补给、径流和排泄条件，含水层和隔水层的分布，水位动态变化规律(必要时需评价周围环境对地下水位的影响)，评价地下水对工程的影响；对需进行降水的工程还需要提供渗透系数等参数，评价地下水对混凝土等建筑材料的腐蚀性。

(3)提供场地抗震设计参数，划分场地土类型和场地类别；抗震设防烈度等于或大于6度的场地应评价地震液化和软土震陷的可能性。

(4)提供场地不良地质作用及特殊性岩土的分布特征和工程特征，分析其对工程的影响并提出工程防治建议。

(5)划分地下工程的围岩级别和岩土施工工程等级，并分段评价围岩的稳定性。

(6)评价场地的适宜性和稳定性。

(7)分析地基、围岩、边坡设计、施工中的岩土工程问题,预测岩土条件给工程施工带来的风险,提出地基基础方案、基坑开挖和支护、地下水控制措施、岩土加固等建议。

(8)结合工程周边环境调查成果,分析评价工程建设与工程周边环境的相互影响,提出保护措施建议。

(9)对工程施工和运营过程中可能产生的环境地质问题进行预测,提出防治措施的建议。

(10)针对不同工点特性提出工程监测建议。

四、施工勘察报告基本要求

施工勘察报告应针对工程的具体情况,对需要补充调查、勘察、测试的问题,提供补充勘察资料和数据,并应进行分析评价,提出建议。

(1)搜集施工方案、勘察报告、工程周边环境调查报告以及施工中形成的相关资料。

(2)搜集和分析工程检测、监测和观测资料。

(3)充分利用施工开挖面了解工程地质条件,分析需要解决的工程地质问题。

(4)根据工程地质问题的复杂程度、已有的勘察工作和场地条件等确定施工勘察的方法和工作量。

(5)针对具体的工程地质问题进行分析评价,并提供所需岩土参数,提出工程处理措施的建议。

第三章　勘察报告文字编制

第一节　勘察报告文字部分内容

勘察报告的文字部分宜包括下列内容：

(1)勘察任务依据、拟建工程概况、勘察目的与要求、勘察范围、执行的技术标准、勘察方法、完成工作量等。

(2)区域地质概况及勘察场地的地形、地貌、水文、气象。

(3)场地地面条件及工程周边环境条件等。

(4)岩土工程特征描述，岩土分区与分层，岩土物理力学性质、岩土施工工程分级、隧道围岩分级。

(5)地下水类型，赋存、补给、径流、排泄条件，地下水位及其变化幅度、腐蚀性评价，岩土层的透水及富水性。

(6)场地不良地质作用、特殊性岩土的描述及其对工程危害程度的评价。

(7)场地土类型、场地类别、抗震设防烈度、饱和粉土和粉砂地震液化及软土震陷判别。

(8)场地稳定性和适宜性评价。

(9)地基稳定性和均匀性评价。

(10)场地工程周边环境条件分析和工程相互影响的评价，环境保护的工程措施建议。

(11)进行岩土工程分析评价，并提出相应的建议。

(12)对设计、施工过程中可能出现的岩土工程问题进行预测，提出相应预防措施建议。

(13)针对工程特点对地质条件风险进行评价，并提出相应的风险控制措施。

(14)其他需要说明的问题。

第二节　勘察报告文字部分编制导则

由于城市轨道交通工程结构类型、勘察阶段不同，且各地地质条件差别较大，勘察报告的内容组成不可能完全相同。

一、综　　述

(一) 任务来源、建设单位及设计单位

介绍本工程的任务来源、建设单位、设计总体单位以及工点设计单位。

(二) 全线工程概况

介绍线路走向，穿越主要地区、街道等，全线长度，车站、区间、车辆段设置情况，勘察

标段划分,附全线线路走向图。

本勘察合同段概况,重点说明本合同段的正线起止里程,敷设方式,车站与区间的个数,以及车辆段的面积,车站及区间概况分别列表说明。

1. 车站

列表说明本勘察标段车站工程概况,包括车站名称、站中里程、车站长度、宽度、车站形式、基底埋深、施工方法、换乘线路等。

2. 区间

列表说明本勘察合同段区间工程概况,包括区间名称、区间里程、区间长度、底板埋深、施工方法等。

(三)报告格式说明

对全线各工点成果报告统一原则进行说明。

1. 报告分册及勘察编号

列表各工点报告名称、各工点勘察编号以及各工点钻孔编号。

2. 勘探孔编号

本合同段勘探孔编号的编制原则。

3. 地层编号

叙述全线统一分层情况,本勘察合同段共计包括几个地质时代的地层,层号和对应的岩性名称等。

4. 地下水标注序号

叙述全线地下水统一分层情况,说明全线存在几层地下水,及地下水类型。

5. 其他说明

对本报告其他需要说明的问题进行叙述。

二、工程概况

(一)本工点概况

拟建工程概况应详细叙述如下内容:车站名称、站中里程、车站长度、宽度、车站形式、基底埋深、荷载要求、地基变形要求、施工方法、换乘线路等;区间起止里程、区间结构底板埋深、底板标高、覆土厚度、坡向、坡度、施工方法等。附属设施名称、里程、结构埋深、施工方法、支护形式等。附工点位置地图或卫星图片。

(二)场地周边环境条件及风险等级划分

叙述拟建场地道路交通状况、重大建构筑物,特别是与结构距离较近,应重点说明,附典型地物照片。拟建场地内重大管线情况、说明走向、管径和埋深等,以及与线路的关系。

根据现行《城市轨道交通岩土工程勘察规范》(GB 50307),结合本段工程特点和环境特点,对周边环境条件进行环境风险等级划分,列表说明。

三、勘察依据

(一)设计依据

业主、设计、总体提供的技术文件、图纸、联系单等,并注明提供版本和日期。

（二）勘察执行标准、规范、规程

列举报告所使用规范及标准，按照国家标准、行业标准、地方标准及其他依据资料分类叙述。

（三）利用已有地质资料

收集列举本工程的已完成阶段勘察报告、地质灾害危险性评估报告、地震安全性评价报告等。

（四）勘察目的和任务

依据现行《城市轨道交通岩土工程勘察规范》（GB 50307）的勘察目的和任务，并要结合本工程特点和要解决的一些特殊问题，均应写在勘察目的和任务中。

四、勘察工作方法与工作量

（一）岩土工程勘察等级

根据现行《岩土工程勘察规范》（GB 50021）和现行《城市轨道交通岩土工程勘察规范》（GB 50307）的规定，按照工程重要性等级、场地复杂程度等级、工程周边环境风险等级等方面，最终确定本工程的岩土工程勘察等级。

（二）勘察工作过程

叙述本工点勘察过程时间节点（设计图纸提供、纲要制定、测量放孔、外业钻探、土工试验、资料整理等）。

（三）勘察手段与方法

总述本工程的勘察手段与方法。

1. 工程地质调查与调绘

叙述本次调查方式、调查范围、调查内容以及调查完成工作量。

2. 工程地质钻探

总述本次钻探采用的钻机型号、钻孔直径、钻探工艺、岩芯采取率等内容。

(1)勘探孔平面布置

叙述本次勘察勘探孔平面布置原则。

(2)勘探孔性质

叙述勘探孔性质布置原则。

(3)勘探孔深度

叙述勘探孔深度布置原则。

3. 原位测试

总述本次采用的原位测试手段、方法。

(1)标准贯入试验

叙述标准贯入试验的方法以及布置原则。

(2)重型动力触探试验

叙述重型动力触探试验的方法以及布置原则。

(3)波速测试

叙述波速测试采用的方法、仪器，波速测试数据以及布置原则。

(4)地温测试

叙述地温测试采用的方法、仪器，测试数据、间距以及布置原则。

(5)静力触探

叙述静力触探采用的方法、仪器,测试数据以及布置原则。

(6)十字板剪切试验

叙述十字板剪切试验采用的方法、仪器,测试数据以及布置原则。

(7)旁压试验

叙述旁压试验采用的方法、仪器,测试数据以及布置原则。

4. 岩、土、水样的采取

叙述原状样、扰动样、水样、岩样的采取方法和取样间距。

5. 物探测试

总述本次采用的物探手段、方法。

6. 水文地质试验

总述本次采用的水文地质试验方法和布置原则。

7. 室内土工试验

(1)土的物理力学性质试验

列举本次土的物理力学试验参数指标。

(2)岩石试验

列举本次岩石的物理力学试验参数指标。

(3)水(土)质分析

列举水、土腐蚀性试验参数指标。

8. 岩芯拍照

叙述岩芯摆放、拍照内容等。

9. 钻孔封孔

叙述封孔措施。

(四)勘察工作量

1. 勘察布置工作量

本次勘察布置的勘探工作量、水文地质试验工作量、物探测试工作量,汇总成表,重点说明控制性勘探孔与一般性勘探孔的比例。

2. 勘察完成工作量

完成钻探工作量、试验工作量、原位测试工作量、物探测试工作量,汇总成表。

3. 遗留工作

未完成工作量要说明孔号、个数、位置、未施工的原因以及处理措施和建议。

(五)勘探孔定位及测量

1. 基准点

叙述本次勘察采用的基准点信息。

2. 测量方法和精度

叙述本次勘察采用的测量方法及精度要求。

3. 测量成果

各勘探点坐标、高程等信息,可见“勘探点平面位置图”和“勘探点情况一览表”。

五、自然地理概况

(一)地理位置

叙述所属城市经纬度、基本地貌,本工程位于城市部位等。

(二)地形地貌

叙述沿线地貌特征、地形起伏情况、地面标高、河流等,以及本工点位于的地貌单元,附地貌图。

(三)气　　象

叙述本地区的气象条件,包括降雨量、气温、风速、风向、标准冻结深度等。

列表(气象局收集资料)

(四)水　　文

叙述本地区水系分布情况,以及本段线路所属水系。

六、区域工程地质条件与水文地质条件

(一)区域工程地质条件

叙述本地区区域地质构造、活动断裂、第四系成因等。

1. 区域地质构造

叙述本地区区域地质构造情况,附区域地质构造图。

2. 沿线地质构造与断裂

依据本段线路地震安全性评价报告,对沿线活动断裂进行叙述,说明断裂与本条线路的位置关系、活动断裂对工程的影响等。附线路与断裂的位置关系图。

3. 第四系成因及特点

叙述本地区第四系成因及特点,本段线路所属地层的成因、时代等。

(二)区域水文地质条件

叙述本地区区域地下水类型、地下水动态、补、径、排关系。

1. 区域地下水类型

按地下水类型分段叙述各层地下水的补、径、排条件。

2. 区域地下水动态

按地下水类型分段叙述各层地下水动态变化规律,丰水期、枯水期、年变幅、动态因素等。

七、场地工程地质与水文地质条件

(一)工程地质条件

1. 岩土的成因、年代和特征

(叙述本工程的分层依据)

地层描述顺序按照野外编录情况,具体内容如下:物理力学性质指标(湿度、稠度、密实度、压缩性)及分布情况(层厚、层底标高、分布情况)等:

(1)碎石土描述颜色、颗粒级配、最大粒径、颗粒形状、颗粒排列、母岩成分、风化程度、充填物和充填程度、密实度、层理特征等。

(2)砂土宜描述颜色、矿物组成、颗粒级配、颗粒形状、细粒含量、湿度、密实度及层理特征等。

(3)粉土描述颜色、含有物、湿度、密实度、摇振反应及层理特征等。

(4)黏性土描述颜色、状态、含有物、光泽反应、土的结构和结构性、层理特征及状态、断面状态等。

(5)岩石的描述包括地质年代、名称、风化程度、颜色、主要矿物、结构、构造和岩石质量指标 RQD。对沉积岩应着重描述沉积物的颗粒大小、形状、胶结物成分和胶结程度。

(6)特殊性岩土参照相关规范进行描述。

2. 不良地质作用

叙述不良地质作用的成因类型、分布范围、规模及特征，评价对工程的影响程度，以及工程施工对不良地质作用的诱发，提出避让或防治措施的建议。不良地质应引用地质灾害评估报告中的评价内容。

3. 特殊性岩土

叙述特殊性岩土的分布范围、工程特性以及对工程的不利影响等。

(二)水文地质条件

1. 地表水概况

叙述拟建场地地表水体情况，包括河宽、河底标高、河底衬砌及淤泥厚度等。

2. 地下水概况

叙述拟建场地地下水类型、稳定水位埋深、标高、观测时间、含水层岩性、补径排条件、地下水变幅和地层渗透性等。

3. 历年最高水位

根据收集当地高水位资料，提供场地历年最高水位标高。

4. 地下水的腐蚀性

确定勘察场地环境类型，地层渗透性，对地下水腐蚀性进行判定。(对主要离子试验指标列表说明)

5. 场地土的腐蚀性

确定勘察场地环境类型，对场地土腐蚀性进行判定。(对主要离子试验指标列表说明)

6. 抗浮设防及防渗设计水位

提供拟建场地的抗浮设防及防渗设计水位。

八、场地和地基的地震效应评价

(一)历史地震

叙述历史地震情况，地震震级、最大地震震级、烈度、发震时间等。

(二)抗震地段划分

从地质构造、不良地质、特殊性岩土等方面进行综合判定。

(三)建筑场地类别

对建筑场地类别进行判定。

(四)场地土类型

提供拟建场地钻探深度范围内各土层类型。

(五)抗震设计参数

提供抗震设防烈度、设计基本地震加速度值、设计地震分组、场地类别、设计特征周期等设计参数。

(六)饱和砂土和粉土的液化判别

对拟建场地 20 m 深度范围内的饱和粉土和砂土进行地震液化判别。若存在液化土层,需提供土层液化指数和液化抵抗率,并提出抗液化措施建议。

(七)软土震陷评价

根据现行《软土地区岩土工程勘察规程》(JGJ 83)、《岩土工程勘察规范》(GB 50021)的有关规定,提出是否有软土震陷、震陷量估算及处理措施建议。

九、隧道围岩分级与岩土施工工程分级

结合本次勘察所揭露的岩土资料,对本工点各土层进行隧道围岩分级和岩土施工工程分级。

十、岩土参数的分析和选用

叙述本报告岩土参数分析和选用原则、建议值提供依据。

十一、岩土工程分析评价与方案建议

(一)场地稳定性和适宜性

从场区的区域地质、不良地质作用与特殊性岩土的分布两个方面来评价场地的稳定性和适宜性。

(1)区域稳定性分析:收集有关地震资料,根据沿线地震活动频率及地震烈度分析构造断裂的活动性,并分析构造断裂对拟建工程的影响和程度。

(2)不良地质作用和特殊性岩土:判断场地是否存在不良地质作用和特殊性岩土,如存在,则根据分布范围和特征评价其对工程的影响程度和治理建议。

(二)岩土层工程地质评价

根据岩土层的岩性特征和工程性质,进行工程地质评价。

(三)地基均匀性评价

对场地地基均匀性进行评价。详见本书第六篇第五章第一节相关内容。

(四)地基基础方案

按主体、附属设施分别建议地基基础方案。

(五)围岩稳定性评价(地下工程)

根据地层结构、结构与隧道围岩的关系,围岩分级与岩土施工工程分级,围岩特点和稳定性、施工风险等分段评价围岩稳定性。围岩分级与岩土施工工程分级详见本书第六篇第三章相关内容。

(六)边坡稳定性评价(明挖或地面工程)

详见本书第六篇第四章相关内容。

(七)桩基础分析与评价(桩基工程)

1. 桩型选择。

2. 桩基持力层选择。

3. 桩基设计参数。

4. 单桩承载力估算。

5. 沉(成)桩可行性分析。

6. 沉(成)桩对周边环境影响分析。

详见本书第六篇第五章相关内容。

(八)地下水控制措施及建议

叙述地下水概况,地下水对工程影响分析,以及地下水控制措施。详见本书第四篇第五章相关内容。

十二、工程建设与环境的相互影响分析及建议

(一)工程建设对环境影响

工程建设对环境影响可从以下几方面叙述:

(1)地面沉降。

(2)下/侧穿既有铁路。

(3)下/侧穿地表水体。

(4)下/侧穿桥桩。

(5)下/侧穿建构筑物。

(6)下/侧穿重大管线。

(7)泥浆、噪声污染。

(二)环境对工程建设影响

环境对工程建设影响可从以下几方面叙述:

(1)地面交通。

(2)地下管线。

(3)建构筑物。

(4)地表水体。

(5)架空管线。

(6)文物古迹。

(三)关于工程环境风险及保护措施的建议

根据工程实际及工程周边环境资料,结合环境与工程的相互影响,说明地质条件可能造成的工程及环境风险,并提出有针对性保护措施建议。

十三、工程施工、检测与监测建议

(一)施工建议

1. 明挖法施工建议。

2. 矿山法施工建议。

3. 盾构法施工建议。

4. 地下水控制建议。
5. 其他施工建议。

(二)关于现场检测的建议

1. 地基验槽。
2. 地基处理检测建议。
3. 对桩基工程检测建议。
4. 支护体系的检测建议。
5. 其他检测建议。

(三)关于工程监测的建议

1. 既有建构筑物的监测。
2. 既有道路的监测。
3. 地下管线的监测。
4. 支护结构的监测。
5. 地下水的监测。
6. 基坑稳定性监测。
7. 地面沉降监测。

十四、结　论

1. 场地稳定性与适宜性。
2. 地基稳定性和均匀性。
3. 场地地震效应评价。
4. 不良地质作用及特殊性岩土。
5. 土和水对建筑材料的腐蚀性。
6. 围岩分级、岩土施工工程分级。
7. 地基基础方案。
8. 基坑支护方案。
9. 地下水控制措施。
10. 抗浮设防水位。
11. 标准冻结深度。

十五、其　他

本节对一些需要说明的事项进行汇总,如水准基点、有无钻杆或钻具遗留等。

第四章 勘察报告图表绘制

第一节 勘察报告图表内容

一、勘察报告的表格内容

勘察报告的表格宜包括下列内容：

(1)勘探点主要数据一览表。

(2)各岩土层物理力学性质指标综合统计表及参数建议值表。

(3)标准贯入试验、静力触探等原位测试成果表。

(4)土工试验成果表。

(5)岩石试验成果表。

(6)水质分析等成果表。

(7)各岩土层的原位测试统计汇总表。

(8)岩土室内试验统计汇总表。

(9)地震液化判别成果表。

(10)其他的相关分析表格。

二、勘察报告的图件内容

勘察报告的图件宜包括下列内容：

(1)勘探点平面位置图。

(2)工程地质纵、横断(剖)面图。

(3)钻孔柱状图。

(4)波速、静力触探、载荷试验等原位测试成果图。

(5)电阻率测井试验成果图。

(6)水文地质试验成果图。

(7)室内土工试验、岩石试验成果图。

(8)填土、软土及基岩埋深等值线图。

(9)岩芯照片。

(10)必要时提供区域地质构造图、水文地质图，线路综合工程地质图，工程地质及水文地质单元分区图、工程地质及水文地质分区图。

(11)其他相关图件。

第二节 主要图件绘制要求

一、勘探点平面位置图

（一）基本内容

勘探点平面位置图应包括下列基本内容：

(1)底图(由设计、测量单位提供，含地形、拟建构筑物的外轮廓线、用地红线等)。

(2)拟建车站或区间等建(构)筑物的线(站)位、里程及结构轮廓线。

(3)勘探点的位置、类型和编号。

(4)原位测试点的位置及编号。

(5)剖面线的位置及编号。

(6)已有的其他重要地物。

(7)方向标、比例尺及必要的文字说明。

（二）绘制要求

(1)勘探点平面图应以地形或建(构)筑物总平面布置图为底图进行绘制，宜取合适的比例尺。一般车站为 1∶500 或 1∶1000；区间为 1∶1 000 或 1∶2 000。

(2)一般以上方为正北，只有当影响图件内容时，方向可斜置，但应标明指北方向。

(3)图上地形、地物可适当删减，但文字报告中涉及的地名、地物及有关系的地形、地物应标出。

(4)拟建建(构)筑物轮廓线用粗虚线表示；已建建(构)筑物轮廓线用细实线表示。

(5)应将重要的地下管线、地下设施等位置标注在平面图中。

(6)如拟建场地有暗塘、暗浜等也应在平面图中标注其位置及界线。

(7)图例、列表、镶图及简要说明等，可根据图面具体情况安排，以协调美观为原则。

(8)勘探点应按图例要求绘制(常用图例见附录Ⅱ)。

(9)勘探点编号应统一编制，并符合以下要求。

①勘探点编号一般包括线路编号、工点编号、勘察阶段、勘探点类型和勘探点序号等。

②勘探点类型应按其不同性质分别表示，可按下列要求进行表示：钻探孔为 Z、静探孔为 J、十字板孔为 S、多孔抽水试验为 W、单孔抽水试验为 C、电阻率试验孔为 D、旁压试验孔为 P、承压水观测孔为 Y、地温观测孔为 T、波速试验孔为 V、地下水位长期观测孔为 G。

(10)剖面线应按下列要求绘制：

①剖面线绘制的起止方向应自左向右、自下而上绘制。

②剖面编号一般按先主体结构后附属结构；先横向，自上而下；后竖向，由左向右的顺序进行，并以绘制、读图方便为原则，一般宜采用阿拉伯数字表示，如：1-1′、2-2′、……。

③剖面线用双点划线表示，并超过两侧勘探点 20 mm 为宜，超出部分的剖面线按最近两个勘探点之间的连线方向向外延伸并用细实线表示；当拟建建(构)筑物轮廓线与剖面线重叠时，则在轮廓线的断开处用双点表示。

二、工程地质断(剖)面图

(一) 基本内容

工程地质断(剖)面图是岩土工程勘察成果的主要图件之一,一般应包括下列内容:

(1)勘探孔在剖面图上的位置、编号、孔口高程、孔深、孔距,剖面方向(基岩地区)。

(2)岩土图例符号、岩性名称、岩土分层编号、分层界线及前第四纪地层的接触关系界线、地层产状。

(3)断层等地质构造的位置、产状、性质。

(4)岩、土试样位置及编号。

(5)地下水稳定水位。

(6)静力触探成果。

(7)标准贯入、动力触探等原位测试的位置及成果。

(8)其他有关的地质现象。

(9)标尺、比例尺、剖面编号。

(10)拟建车站或区间等建(构)筑物的名称、里程及结构断面等。

(二)绘制要求

(1)绘制工程地质断面图时,勘探点宜投影至线路断面上,断面图应包含里程标、地面高程、线路及车站断面等。

(2)图幅左边设置高程标尺,并说明高程体系。

(3)孔口标识,宜在标尺上方同一水平线位置上标注,水平线上面标注孔号,下面标注孔口高程(地面起伏大时可不受此限制)。

(4)地面线按孔口高程的边线绘制,但当地形变化较大或剖面跨越河、湖等的地面线应在地形图上切绘,必要时应按实测剖面绘制。

(5)地层岩性花纹应视剖面内容的具体情况采用全部绘制或选择代表性地段绘制地层花纹柱状两种,两种方法可选择一种;地层岩性花纹应按规范要求绘制。

(6)在图上适当位置应标注地层编号,必要时在编号侧标注上地层岩性名称。根据需要可标上地层成因、时代。

(7)图上地层分界线采用细实线绘制;分层推测界线及岩层风化带界线采用细虚线绘制。

(8)在图幅底部应标注勘探孔间距,区间还应标注里程标。

(9)在图幅的下方或右方宜绘制相应图例,如剖面图较多或无空隙位置则图例可单独绘制并作为附件附后。

(10)比例尺应按设计要求生成,一般可研阶段按水平 1∶5 000、竖直 1∶200;初步勘察阶段按水平 1∶2 000,竖直 1∶100 或水平 1∶2 000,竖直 1∶200 生成;详细勘察阶段地铁车站按水平 1∶500、竖直 1∶200 生成,区间按水平 1∶1 000、竖直 1∶100 或水平 1∶1 000、竖直 1∶200 生成。

三、钻孔柱状图

钻孔工程地质柱状图(钻孔地质柱状图)由图头、主体和图尾三部分组成。

(1)图头由图名、工程名称、工程编号、钻孔编号、钻孔坐标、孔口高程、终孔深度、开(终)孔直径、地下水位及测量日期和开(终)孔日期等组成。

(2)主体内容(从左至右)包括成因时代、层号、岩土层深度和高程、分层厚度、柱状图(含比例尺)、岩土层性质描述(岩性描述)、取样及测试点深度和编号、有关岩土物理力学性质指标等。

(3)图尾由勘察单位、复核、编制、日期和图号组成。

参考文献

[1]中华人民共和国住房和城乡建设部．城市轨道交通岩土工程勘察规范:GB 50307—2012[S]. 北京:中国计划出版社,2012.

[2]浙江省住房和城乡建设厅．浙江省城市轨道交通岩土工程勘察规范:DB33/T1126—2016[S]. 北京:中国计划出版社,2017.

[3]中华人民共和国建设部．岩土工程勘察规范:GB 50021—2001(2009 年版)[S]. 北京:中国建筑工业出版社,2009.

[4]国家能源局．变电站岩土工程勘测技术规程:DL/T 5170—2015[S]. 北京:中国计划出版社,2015.

[5]北京规划委员会．北京地区建筑地基基础勘察设计规范:DBJ 11-501—2009[S]. 北京:中国计划出版社,2009.

[6]王奎华．岩土工程勘察[M]. 2 版．北京:中国建筑工业出版社,2016.

[7]金淮．中国城市轨道交通工程地质[M]. 北京:中国计划出版社,2015.

[8]金淮,刘永勤．城市轨道交通工程勘察[M]. 北京:中国建筑工业出版社,2014.

[9]产品标准化手册:CKQB/BZHSC—2013[S]. 北京城建勘测设计研究院有限责任公司,2013.

第八篇　工程周边环境调查与风险评估

第一章　工程周边环境调查

城市轨道交通工程周边环境(以下简称工程周边环境)是指城市轨道交通工程建设影响范围内既有(或在建)的房屋、管线、桥梁、隧道、道路、轨道交通等建(构)筑物和设施,以及文物古迹、地表水体等。

工程周边环境是影响城市轨道交通工程规划、设计和施工的重要因素,一旦对某一环境因素没有查清,可能引起线路位置埋深、结构等的变更,严重时引发工程事故和人员伤亡。因此,通过城市轨道交通工程周边环境调查工作,可以保证工程周边环境调查资料满足工程勘察、设计、施工需要,确保工程及其周边环境安全。

第一节　工程周边环境调查方法和程序

一、工作方法

城市轨道交通工程周边环境调查应在搜集和分析工程线路平面布置图、线路纵断面图、线路敷设形式、地下工程埋置深度和施工方法、工程地质条件等工程资料的基础上采用资料调阅、实地调查、现场勘查与探测等方法。

工程周边环境调查宜分阶段进行,不同阶段环境调查内容应满足相应阶段深度要求。

(1)可行性研究阶段应通过收集地形图、管线图等方式获取工程周边环境资料。对影响线路方案的重要工程周边环境,需进行重点调查。

(2)初步设计阶段应通过查询收集资料、实地调查走访和必要的现场勘查探测等手段对工程周边环境现状进行全面调查。

(3)施工图设计阶段应根据工程设计条件变化或工程需要,补充完善工程周边环境资料。

二、工作程序

城市轨道交通工程周边环境调查应按照下列程序进行工作。

(1)建设单位负责组织工程周边环境调查工作,并在工程概算中确定工程周边环境调查费用。建设单位可以委托相关单位开展工程周边环境调查工作。

(2)建设单位应组织设计单位研究提出工程周边环境调查的技术要求,明确调查的范围、对象、内容及成果要求等，并向受委托从事工程周边环境调查的单位（以下简称调查单位）进行技术交底。

（3）调查单位在开展工程周边环境调查前应编制调查方案和调查表。

调查方案主要包括工程概况、调查目的和依据、调查范围和对象、调查内容、调查方法和手段、调查成果要求等。

建筑物、桥梁、地下管线调查表见表 8-1-1～表 8-1-3。

表 8-1-1　建筑物调查表

工程名称			
建筑物名称		编号	
地理位置			
修建年代或竣工日期		竣工图纸情况	
产权人或管理单位及电话			
建设、勘察、设计、施工等单位			
使用现状			
地上层数		地下层数	
地面高度		基础埋深（标高）	
结构形式		基础形式	
地基变形允许值		沉降观测值	
备注	说明资料来源，有无实测、影像等资料		
与轨道交通工程空间关系示意图			

表 8-1-2　桥梁调查表

工程名称			
桥梁名称		编号	
桥梁类型			
地理位置			
修建年代或竣工日期		竣工图纸情况	
产权人或管理单位及电话			
建设、勘察、设计、施工等单位			
使用现状			
结构形式		桥宽、桥长	
跨度		基础形式	
桩径		桩长	
地基变形允许值		沉降观测值	
备注	说明资料来源，有无实测、影像等资料		
与轨道交通工程空间关系示意图			

表 8-1-3 地下管线调查表

<table>
<tr><td>工程名称</td><td colspan="4"></td></tr>
<tr><td>管线名称</td><td colspan="2"></td><td>编号</td><td></td></tr>
<tr><td>管线类型、功能</td><td colspan="4"></td></tr>
<tr><td>地理位置</td><td colspan="4"></td></tr>
<tr><td>修建年代或竣工日期</td><td colspan="2"></td><td>竣工图纸情况</td><td></td></tr>
<tr><td>产权人或管理单位及电话</td><td colspan="4"></td></tr>
<tr><td>建设、勘察、设计、施工等单位</td><td colspan="4"></td></tr>
<tr><td>使用现状</td><td colspan="4"></td></tr>
<tr><td>管线材质</td><td></td><td>管线规格</td><td colspan="2"></td></tr>
<tr><td>埋设方式</td><td></td><td>埋深(标高)</td><td colspan="2"></td></tr>
<tr><td>施工方法</td><td></td><td>管节长度</td><td colspan="2"></td></tr>
<tr><td>接口形式</td><td></td><td>节(阀)门(或检查井)位置</td><td colspan="2"></td></tr>
<tr><td>载体特征(压力、流量、流向)</td><td></td><td>特殊要求</td><td colspan="2"></td></tr>
<tr><td>备注</td><td colspan="4">说明资料来源,有无实测、影像等资料</td></tr>
<tr><td>与轨道交通工程
空间关系示意图</td><td colspan="4"></td></tr>
</table>

(4)调查单位应当编制工程周边环境调查报告,并按合同要求及时提交建设单位。

(5)建设单位应组织对工程周边环境调查报告进行验收,并按合同要求及时提供给勘察、设计、施工等单位。

(6)勘察、设计、施工单位应对工程周边环境进行核查。工程周边环境实际状况与建设单位提供的资料不一致或工程周边环境调查资料不能满足勘察、设计、施工需要的,建设单位应组织补充完善。

第二节 工程周边环境调查范围

工程周边环境的调查范围应根据城市轨道交通工程的线路位置、敷设方式、埋置深度、结构形式、施工方法、地质条件及工程周边环境重要性等因素综合确定。

城市轨道交通地下工程主要施工工法的调查范围可参考下表确定。

表 8-1-4 调查范围参考表

工法类别	调查范围	备 注
明(盖)挖法工程	不小于基坑结构外边线两侧各 30 m(或 $3H$,取大值)	H—基坑设计开挖深度
矿山法工程	不小于隧道结构外边线两侧各 30 m(或 $3H_i$、$3B$,取最大值)	H_i—隧道设计底板埋深 B—隧道设计开挖宽度
盾构法工程	不小于隧道结构外边线两侧各 30 m(或 $3H_i$、$3D$,取最大值)	H_i—隧道设计底板埋深 D—盾构隧道设计外径

注:各地可根据本地区地质条件和工程经验等,适当调整调查范围。

地面线、高架线工程的调查范围原则上不小于线路结构外边线两侧各 30 m。

第三节　工程周边环境调查内容

在城市轨道交通工程建设各阶段均应进行工程周边环境调查工作，调查的内容和深度应满足各阶段工程风险规避和工程周边环境保护的要求。

工程周边环境调查的内容一般包括调查对象的名称、类型（或用途），地理位置，与轨道交通工程的空间关系，修建年代或竣工日期，产权人或管理单位，原建（构）筑物建设、勘察、设计、施工等单位，使用（或在建）现状，竣工图纸情况，特殊保护要求等。

针对不同调查对象进行如下调查内容。

一、建（构）筑物

（1）地上建（构）筑物需重点调查建筑层数、高度、结构形式、基础形式、基础埋深（标高）、地基变形允许值及沉降观测资料等内容。

采用复合地基、桩基的建（构）筑物还包括地基基础的主要设计参数、施工工艺等内容。

（2）地下构筑物需重点调查结构形式、外轮廓尺寸、顶（底）板埋深（标高）、原施工开挖范围、围（支）护结构形式、抗浮措施、施工方法等内容。

二、地下管线

（1）地下管线需重点调查管线的类型、功能、材质、规格、坐标位置、走向、埋设方式、埋深（标高）、施工方法等内容。

（2）各类管道还包括管节长度、接口形式、拐折点坐标、管径变化位置、节（阀）门（或检查井）位置、载体特征（压力、流量流向）、使用情况（正常、废弃）等内容。

（3）采用地下综合管道共同沟的，还包括共同沟的结构形式、断面尺寸、顶（底）板埋深（标高）、围（支）护结构形式、变形缝设置情况等内容。

三、隧　　道

隧道应重点调查隧道的顶（底）板埋深（标高）、断面尺寸、衬砌厚度、施工方法、原施工开挖范围、附属结构（通道、洞门、竖井、小室）、变形缝设置及渗漏情况等内容。

四、市政道路及高速公路

市政道路及高速公路调查主要为路基调查和桥梁调查，应包括下列内容：

（1）路基应重点调查道路等级、路面材料、路面宽度、路基填料及填筑厚度、支挡结构及沉降观测资料等内容。

（2）桥梁应重点调查结构形式、桥宽、桥长、跨度、基础形式及桥梁承载力、桥梁限载、限速、桥面破损情况、桩基参数（桩长、桩径等）、试桩资料、地基变形允许值及沉降观测资料等内容。

五、既有轨道交通设施

既有轨道交通设施应重点调查敷设方式、线路形式、道床形式、行车间隔、运行速度、车辆荷载、轨道变形要求等内容。

(1)地下结构调查应包括结构平面走向,地基基础形式与埋深,隧道断面形式与尺寸、支护形式与参数,施工方法。

(2)高架线路调查应包括桥梁的结构形式、墩台跨度与荷载、基础桩桩位、桩长、桩径等。

(3)地面线路调查应包括路基的类型、结构形式、道床类型,涵洞与支挡结构形式以及地基基础形式与埋深。

六、边坡、高切坡

边坡、高切坡应重点调查边坡的支挡结构形式、地基基础形式、设计参数、施工工艺、排水设施、边坡允许变形量及变形观测资料、破损及渗漏情况等内容。

七、地表水体

地表水体应重点调查水体范围、水底淤泥厚度、防洪水位、河床冲刷标高、通航要求、防渗方式、渗漏情况,水工建筑的地基变形允许值和沉降观测资料等内容。

八、水　　井

水井需重点调查井深、井径、井壁材质、出水量、服务范围等内容。

九、文物古迹

文物古迹调查除参照地上建(构)筑物或地下构筑物的调查内容外,还需调查文物等级、保护控制范围及要求等内容。

第四节　工程周边环境调查报告

城市轨道交通工程周边环境调查应分阶段编制调查报告。调查报告及相关资料应真实、准确、完整,满足城市轨道交通工程勘察、设计、施工等单位的需要。

调查报告应当由调查、校核人员签字,经调查单位技术负责人审批后加盖调查单位公章。

一、调查报告内容

调查报告主要包括以下内容:

(1)工程概况。

(2)调查目的和依据。

(3)调查范围和对象。

(4)调查方法和手段。

(5)调查成果及资料说明。

(6)附图、附表。

二、调查报告图表内容

调查报告的附图、附表主要包括：

(1)工程周边环境基本情况调查统计表(表 8-1-5)。

(2)调查对象相关图纸。

(3)现场有关影像资料、实测数据。

(4)相关资料复印件等。

表 8-1-5　工程周边环境基本情况调查统计表

编号	名称	类型	地理位置	与轨道交通工程的空间关系	修建年代或竣工日期	使用现状	产权人或管理单位	联系电话	调查日期	备注

第二章　工程周边环境风险评估

第一节　工程周边环境风险评估的概念和目的

一、基本概念

工程周边环境风险是指工程建设中因周边环境对象自身特点(重要性、安全性等)和工程技术可控性限制等可能导致的环境对象保护难度较大、安全风险较高以及带来的相关损失的组合。

工程周边环境风险评估则是对工程周边环境风险进行分析和评价,对周边环境风险危害性及其处置措施进行决策。

二、工程周边环境风险评估目的

通过周边环境评估可以识别不同建设阶段的环境风险因素,明确环境对象风险等级,确定工程监测的重点对象、控制指标和监测精度等内容,使工程监测和风险控制可以有针对性地开展工作,及时发现和解决安全隐患,保证工程周边环境对象的安全。

根据《危险性较大的分部分项工程安全管理规定》(中华人民共和国住房和城乡建设部令第 37 号)规定,勘察单位应当根据工程实际及工程周边环境资料,在勘察文件中说明地质条件可能造成的工程风险。

第二节　工程周边环境风险评估内容

工程周边环境风险评估主要包括重要性评估、安全现状评估、施工影响评估和综合性评估。

一、重要性评估

重要性评估是指在综合环境对象自身特点的基础上,对其在城市整体功能中的价值大小和重要程度进行评价,划分周边环境对象的重要性等级。

重要性评估的影响因素主要包括风险对象的功用、规模、政治影响和经济影响等。重要性等级一般分为 A、B、C、D、E 五个等级,见表 8-2-1。

表 8-2-1　重要性评估表

重要性等级	风险后果程度	政治影响	经济影响	风险对象的功用、规模
A	后果极为严重	造成重大国际影响或非常严重的国内政治影响	很巨大的经济损失	1. 停机坪、城市快速路、高速路； 2. 文物建筑、近代优秀建筑，重要的工业建筑； 3. 10 层以上高层、超高层建筑物，大于 24 m 的地上构筑物及极为重要的地下构筑物； 4. 很重要的有压管线、通信光缆； 5. 铁路桥梁、很重要的城市高架桥，重要交通枢纽立交桥、跨江桥； 6. 既有线地下区间、轨道岔区
B	后果很严重	较重大国际影响或较严重的国内政治影响	巨大的经济损失	1. 城市主干路； 2. 较重要的工业建筑物，7～9 层中高层建筑物，16～24 m 的地上构筑物，很重要的地下构筑物； 3. 重要的有压管线、通信光缆； 4. 重要的城市高架桥、一般立交桥主桥（连续箱梁）、大型跨河桥； 5. 既有线地下区间其他部位、地下车站
C	后果严重	严重政治影响	较大经济损失	1. 城市次干路； 2. 重要的工业建筑物，4～6 层的多层建筑物，8～16 m 的地上构筑物，重要的地下构筑物； 3. 一般的有压管线、通信光缆； 4. 一般立交主桥（简支 T 梁、异形板）、一般跨河桥； 5. 既有线联络通道、地面车站
D	后果一般	一般政治影响	一般经济损失	1. 城市支路； 2. 一般工业建筑物，2～3 层的低层建筑物，4～8 m 的地上构筑物，一般地下构筑物； 3. 无压雨水、污水管线； 4. 一般立交桥匝道桥； 5. 既有线通风竖井、风道
E	后果轻微	有一定的政治影响	有一定的经济损失	1. 人行道和其他一般道路； 2. 次要的工业建筑物，1 层的低层建筑物，小于 4 m 的地上构筑物，次要的地下构筑物； 3. 无压其他管线； 4. 人行天桥及其他一般桥梁； 5. 地下车站出入口等一般部位

二、安全现状评估

安全现状评估是指在周边环境调查的基础上，对环境对象的安全状态（易损性）进行评价，划分其安全等级，必要时通过结构检测确定剩余抗变形能力、剩余承载能力。

安全现状评估需考虑影响环境对象安全状态的因素主要包括外观状态、质量状况、材质、结构形式、基础形式、修建年代、既有变形以及地质条件等。工程环境风险安全性等级一般分为优、良、中、差和很差五个等级，见表 8-2-2。

表 8-2-2　安全性评估表

安全性等级	评估标准
优	周边环境对象安全状态符合国家现行标准规范的要求，安全未受影响，使用功能正常，安全适用
良	周边环境对象安全状态基本符合国家现行标准规范的要求，安全受到一定影响，使用功能良好，不必采取措施

续上表

安全性等级	评 估 标 准
中	周边环境对象安全状态略低于国家现行标准规范的要求，安全受到影响，使用功能一般，可不必采取措施
差	周边环境对象安全状态不符合国家现行标准规范的要求，影响安全或影响正常使用，应采取措施
很差	周边环境对象安全状态严重不符合国家现行标准规范的要求，危及安全或不能正常使用，必须采取措施

三、施工影响评估

施工影响评估是指根据环境与工程结构的空间位置关系、地质条件进行工程影响分区，并结合支护结构风险确定工程施工对工程环境风险的影响程度。

1. 工程影响分区

工程影响分区可根据工程支护结构、地质条件、施工对地层扰动和周边环境影响的程度和范围等划分为主要、中等、一般和轻微四个影响区域。

2. 工程影响程度等级

根据周边环境对象所处影响分区、地质条件复杂程度、支护结构风险，将工程施工对其影响程度分为严重、较严重、一般和轻微影响四个等级，见表 8-2-3。

表 8-2-3 工程影响程度等级表

影响程度等级	评 估 标 准
严重	周边环境对象位于主要影响区，工程施工对周边环境对象产生严重影响，安全状态有很大降低
较严重	周边环境对象位于中等影响区，工程施工对周边环境对象产生很大影响，安全状态有较大降低
一般	周边环境对象位于一般影响区，工程施工对周边环境对象影响一般，安全状态有一定降低
轻微	周边环境对象位于轻微影响区，工程施工对周边环境对象影响很小，安全状态略有降低

四、综合性评估

综合性评估是指在重要评估、安全现状评估和施工影响评估的基础上，对环境风险进行全面、系统的评价，确定工程环境风险等级和控制指标，并制定必要的控制措施。

工程环境风险等级同环境对象的重要性和风险发生的可能性综合确定。风险发生的可能性由环境对象的安全性受影响程度确定，分为可能性小、较可能、可能和很可能（表 8-2-4），周边环境风险等级一般分为Ⅰ级、Ⅱ级、Ⅲ级和Ⅵ级四个等级（表 8-2-5）。

表 8-2-4 工程环境风险发生的可能性

风险发生可能性		安全性等级				
		优	良	中	差	很差
影响程度	一般	可能性小	较可能	可能	可能	很可能
	较严重	较可能	较可能	可能	可能	很可能
	严重	可能	可能	可能	很可能	很可能

注：一般不考虑受轻微影响的环境对象。

表 8-2-5　工程环境风险等级

工程环境风险等级		重要性等级				
		A	B	C	D	E
可能性	很可能	Ⅰ级	Ⅰ级	Ⅱ级	Ⅱ级	Ⅲ级
	可能	Ⅰ级	Ⅱ级	Ⅱ级	Ⅲ级	Ⅲ级
	较可能	Ⅱ级	Ⅱ级	Ⅲ级	Ⅲ级	Ⅳ级
	可能性小	Ⅲ级	Ⅲ级	Ⅳ级	Ⅳ级	Ⅳ级

第三节　勘察阶段风险控制要点

根据住房城乡建设部颁布的《大型工程技术风险控制要点》(2018 年 2 月)要求，勘察单位应在项目勘察阶段做好项目前期的风险识别工作，包括所属项目的地质构造风险、地下水控制风险、地下管线风险、周边环境风险等，为项目建设设计提供依据或进行相关提示，也为施工阶段的风险控制提供相关的信息。同时在工程设计、施工条件发生变化时，配合建设单位完成必要的补勘工作。做好勘察交底，及时解决施工中出现的勘察问题。对于勘察阶段风险因素分析及风险控制要点介绍如下：

一、建设场址

(一)地质灾害风险

1. 风险因素分析

在地质条件复杂地区，可能导致建设场地地质灾害的主要因素有：

(1)存在影响拟建场地稳定性的不良地质作用，包括滑坡、崩塌、泥石流、活动断裂、地裂缝、岩溶、古河道、暗浜、暗塘、洞穴等。

(2)拟建场地位于地面沉降持续发展的地区。

(3)拟建场地位于地下采空区。

2. 风险控制要点

(1)研究已有勘察资料，从地形地貌宏观上确定拟建场地所在的地质单元，查明影响场地稳定性的不良地质作用，如滑坡体、高边坡或岸坡的稳定性，断裂、破碎带、地裂缝及其活动性，岩溶及其发育程度，有无古河道、暗浜、暗塘、洞穴或其他不良地质现象及其分布范围、成因、类型、性质，判断对场地稳定性的影响程度。

(2)确定合理的拟建场地位置及其范围，对有直接危害的不良地质作用，应予以避让，对虽有不良地质作用存在，但经技术经济论证可以治理的场地，应提出整治方案及所需的岩土工程技术参数。

(3)对处于边坡附近的建筑场地，应对坡体进行勘察，验算滑坡稳定性，分析判断整体滑动的可能性；对存在滑坡可能的地段，应确定安全避让距离，提出整治措施，包括滑坡体周边地表排水和地下排水方案。

(4)对处于复杂地形地貌环境下的场地，进行危岩、崩塌、泥石流勘察，分析评价发生崩塌、泥石流等不良地质灾害的可能性，建议处理措施。

(5)在地面沉降持续发展的地区，应收集地面沉降历史资料，分析地面沉降的分布范围、沉降中心、沉降速率及沉降量，预测地面沉降发展趋势，评价对场地的影响程度，建议应对措施。

(6)在地下采空区，应查明采空区上覆岩土的性质、地表沉降特征，分析评价拟建工程可能遭受的影响程度，进行拟建场地、地铁线路方案的比选，明确最佳方案。

(7)在岩溶发育区，应查明岩溶洞隙、土洞的分布范围、规模、埋深、充填情况，分析岩溶洞隙、土洞的发育条件，并评价其稳定性，对于可能塌陷的岩溶洞隙、土洞提出处理措施。

(二)地震安全性风险

1. 风险因素分析

拟建场地位于抗震设防区，可能导致建设场地地震安全风险的主要因素有：

(1)在地形地貌上属于抗震不利或危险地段。

(2)场地浅部分布饱和砂土或粉性土且具有地震液化可能性。

(3)场地浅部分布的饱和软土具有震陷可能性。

2. 风险控制要点

(1)对全新活动断裂、发震断裂和正在活动的地裂缝，应选择合理的避让措施或地基处理措施。

(2)在抗震设防区，应查明拟建场地类别，划分抗震有利、不利或危险地段。

(3)对场地 20 m 深度范围内分布的饱和砂土和粉性土进行地震液化判别，对饱和软土进行震陷可能性判定。

(4)对特殊设防类工程，应根据有关规定进行场地地震安全性评价，提供抗震设计动力参数。

二、地基基础

(一)地基强度不足和变形超限风险

1. 风险因素分析

导致地基强度不足，变形超过规范限值不能满足使用功能的主要因素有：

(1)未查明拟建场地地层分布规律、地基均匀性及其物理力学性质。

(2)建议的地基基础方案选型失误，地基承载力不足，绝对沉降、差异沉降或倾斜过大，影响地基基础稳定性。

(3)土层物理力学性指标不准确，特别是提供给设计使用的强度和变形计算参数有误。

2. 风险控制要点

(1)查明地基土分布规律和均匀性，准确划分各类岩土，对与工程关系密切的湿陷性黄土、膨胀岩土、红黏土、饱和软土、填土等特殊性岩土做专门研究，取得岩土物理力学性质参数，对地质条件复杂的场地进行工程地质单元划分。

(2)根据工程结构类型、特点、荷载分布及对地基基础变形控制的要求，建议合理的地基基础方案：对箱形基础、筏形基础，评价地基均匀性；对桩基础，通过分析比选，建议合理的基础持力层，评价桩基的适宜性、安全性、经济性、合理性，建议合理的桩型、桩径、桩长；

考虑桩基施工条件、沉桩可能性、沉桩对周围环境的不良影响，就应注意的问题建议防治措施。

（3）合理确定土的强度参数和变形参数，准确估算天然地基承载力、桩基承载力，预测天然地基和桩基沉降量、沉降差、倾斜值、局部倾斜。

（4）对于地基基础的重大技术问题，应在定性分析的基础上进行定量分析，对理论依据不足且缺乏实践经验的工程问题，需通过现场模型试验或足尺试验进行分析评价。

（二）基坑失稳坍塌和流砂突涌风险

1. 风险因素分析

导致基坑发生失稳坍塌、流砂突涌等重大安全事故风险的主要因素有：

（1）未查明拟建场地地层分布规律、地基均匀性及其物理力学性质。

（2）在现有技术设备条件下，超大、超长桩基础或地下连续墙等深基坑围护结构体施工难以实现。

（3）未查明水文地质条件，如地下水类型、赋存条件、水头高度等，地下水控制方案（降水、截水或回灌措施）建议不当。

（4）深大建筑基坑、地铁车站基坑和工作井等抗隆起稳定性、抗渗流稳定性、整体稳定性不足。

2. 风险控制要点

（1）采用多种勘探、测试和室内试验等方法，发挥各种方法的互补性，进行综合勘探，查明地基土分布规律及其特征，取得岩土物理力学性质参数，对地质条件复杂的场地进行工程地质单元划分。

（2）建议合理的深基坑支护形式，提供准确的岩土物理力学参数，尤其是抗剪强度指标，要说明其试验方法和适用工况条件。

（3）针对深基坑工程降排水及阻水需要，进行专项水文地质勘察，查明地下水类型、补给和排泄条件，查明含水层和隔水层的分布进行地下水的长期观测，提供随季节变化的最高水位、最低水位值，建议设计长期设防水位；分析评价各含水层对基坑工程的影响，包括突涌、流砂的可能性，根据地质条件和周边环境条件，建议合理可行的降水、截水及其他地下水控制方案。

（4）当需要采用降水控制措施时，应提供水文地质计算模型。

（5）收集深基坑开挖施工影响范围内的相邻建（构）筑物的结构类型、层数、基础类型（天然地基、复合地基、桩基础等）、埋深、持力层等情况，周边地下各类管线及地下设施，就基坑支护结构、周边环境和设施监测提出建议。

（6）对于深基坑工程重大技术问题，应在定性分析的基础上进行定量分析，对理论依据不足且缺乏实践经验的工程问题，需通过现场模型试验或足尺试验进行分析评价。

（三）地下结构上浮风险

1. 风险因素分析

导致地下结构上浮的主要因素有：

（1）未查明水文地质条件，如地下水类型、赋存条件、水头高度等。

（2）未查明临近地表水体与地下水的水力联系。

（3）提供的抗浮设防水位不准确或地下结构抗浮措施不当。

(4)施工阶段地下水控制方案(降水、截水或回灌措施)建议不当。

2. 风险控制要点

(1)查明地下水类型、补给和排泄条件,进行地下水位的长期观测,提供随季节变化的最高水位、最低水位值,建议设计长期设防水位。

(2)查明临近地表水体的蓄水、衬砌等情况,必要时在地表水体附近设置地下水位长期观测孔,判断地表水体与地下水间的水力联系。

(3)分析评价各含水层对地下结构工程的影响,建议合理可行的降水、截水及其他地下水控制方案。

(4)当需要采用降水控制措施时,应提供水文地质计算模型。

(5)水文地质条件复杂时,应进行专项水文地质勘察。

三、地铁隧道

(一)盾构隧道掘进涌水、流砂和坍塌风险

1. 风险因素分析

引起盾构隧道掘进(包括联络通道施工)发生涌水、流砂和坍塌的主要因素有:

(1)未查明工程地质、水文地质条件,如粉性土和砂土、承压含水层等分布情况。

(2)未查明盾构穿越沿线地表水体水下地形、河床深度、河底淤泥等情况。

(3)盾构隧道上覆土层厚度不足。

2. 风险控制要点

(1)查明地铁隧道沿线岩土工程条件和地下水分布情况,隧道穿越沿线、进出洞位置是否分布砂土、粉性土层或夹层、透镜体,查明其颗粒组成、密实度和均匀性。

(2)查明沿线所涉及的河道深度及河床底部淤泥厚度,进行河床地形测量、专项水文分析及河势调查。

(3)按地貌单元开展有针对性的水文地质试验,建议合理的水文地质参数。

(二)盾构隧道掘进遭遇障碍物风险

1. 风险因素分析

盾构掘进遭遇地下障碍物的主要因素在于未查明盾构隧道所穿越建构筑物地基基础形式、沿线地下障碍物情况,如桩基础、地下管道、人防设施、土层中的孤石等。

2. 风险控制要点

(1)收集、调查盾构穿越沿线的地下障碍物、重要建(构)筑物及其地基基础状况,判断是否会影响盾构掘进。

(2)采用多种手段查明土层中是否存在影响盾构掘进的各类地下障碍物。

(3)预测盾构隧道施工过程中可能对沿线相邻重要建(构)筑物造成的不良影响,提出相应的监测和预防措施。

(三)盾构隧道掘进遭遇地下浅层气害风险

1. 风险因素分析

盾构掘进遭遇地下浅层气害的主要因素,在于未查明盾构隧道所穿越地层中富含的天然气,因隧道施工扰动释放,造成隧道外围土体失稳,可致使隧道产生竖向和水平向位移,引起隧道结构本体损坏,并且当地层中释放的天然气在盾构机舱内积聚,可引起燃烧

和爆炸。

2. 风险控制要点

分析地层是否具备储气特性，加强浅层天然气的调查和检测，提出处置建议。

(四)矿山法施工隧道涌水塌方风险

1. 风险因素分析

矿山法施工隧道掘进过程中掌子面发生涌水、流砂、突泥，以及围岩、断层破碎带松动塌方的主要因素有：

(1)未查明工程地质、水文地质条件，如岩溶、断层、破碎带、地下水赋存等情况。

(2)未准确进行围岩分级。

2. 风险控制要点

(1)查明地铁隧道沿线岩土工程条件和地下水分布情况，划分岩溶、断层、破碎带等不良地质作用地段，判断对线路的危害程度。

(2)研究地貌特征、地质构造、断裂的情况、走向与线路夹角，对围岩稳定性的影响程度。

(3)隧道掘进施工阶段，在掌子面通过地质测绘、物探等手段进行超前预报。

参考文献

[1]中华人民共和国住房和城乡建设部．城市轨道交通工程周边环境调查指南：建质〔2012〕56 号[S]．2012．

[2]中华人民共和国住房和城乡建设部．城市轨道交通岩土工程勘察规范：GB 50307—2012[S]．北京：中国计划出版社，2012．

[3]金淮，刘永勤．城市轨道交通工程勘察[M]．北京：中国建筑工业出版社，2014．

[4]中华人民共和国住房和城乡建设部．危险性较大的分部分项工程安全管理规定：中华人民共和国住房和城乡建设部令第 37 号[S]．2018．

[5]中华人民共和国住房和城乡建设部．大型工程技术风险控制要点：建质函〔2018〕28 号[S]．2018．

第九篇　现场检验与监测

第一章　现场检验

城市轨道交通工程在基槽、基坑、路基开挖后及隧道开挖过程中，应检验地基和围岩的地质条件与勘察报告是否一致，遇到异常情况时，应提出处理措施或修改设计的建议，当与勘察报告有较大差异时宜进行施工勘察。

现场检验、检测方法可根据工程类型、岩土条件及周边环境采用现场观察、试验、仪器量测等手段。

第一节　地基检验

一、地基检验的目的和内容

（一）地基检验的目的

地基检验（基础验槽）是城市轨道交通基坑工程勘察工作最后一个环节。当施工单位将基坑开挖完毕后，由勘察、设计、施工、建设方和工程监理等方面的技术负责人，共同到施工现场进行地基检验。

(1)通过地基检验有限的钻孔与实际全面开挖的地基土是否一致，勘察报告的结论与建议是否正确合理。

(2)根据基坑开挖的实际情况，研究解决新发现的问题和勘察报告中遗留的问题。

（二）地基检验的内容

城市轨道交通工程地基检验应包括下列内容：

(1)岩土分布、均匀性和特征。

(2)地下水情况。

(3)暗浜、古井、古墓、洞穴、防空掩体及地下埋设物，并查清其位置、深度、性状。

(4)污染土及有害气体的分布特征。

(5)检查地基是否受到施工的扰动，及扰动的范围和深度。

(6)冬季、雨季施工时应注意检查地基的防护措施，地基土质是否受冻、浸泡、冲刷或干裂等，并查明影响的范围和深度。

二、地基检验的步骤和方法

(1)城市轨道交通工程基坑开挖至设计基底标高后，首先由施工单位全面了解基底土层的均匀性，以及基底浅部是否存在软弱下卧层、古井、坑穴、古墓、菜窖等。对土质或砂质地基，可采用轻型圆锥动力触探试验进行检验，对轻型动力触探试验深度及间距在无特殊要求时，可按表 9-1-1 确定。

表 9-1-1 轻型动力触探检验深度及间距表(m)

基槽宽度(m)	排列方式	试验深度	试验间距
＜0.8	中心一排	1.2	1.0～1.5 m，视地层复杂程度确定
0.8～2.0	两排错开	1.5	
＞2.0	梅花形	2.1	

遇下列情况之一时，不可进行轻型动力触探：

①基坑不深处有承压水层，触探可造成冒水涌砂时。

②持力层为砾石层或卵石层，且其厚度符合设计要求时。

(2)核对基坑位置、平面尺寸和基底标高是否与勘察时相同。

(3)审阅施工单位的轻型动力触探试验记录，试验异常点的分布地段及其分布规律，分析异常的原因，必要时用其他勘探手段进行验证。

(4)车站或区间应逐段、车辆基地应按每个建筑物单元详细检查基底土质是否与勘察报告中所建议的持力层相符，特别注意基底是否存在杂填土及其分布情况，对于轻型动力触探试验异常部位应特别仔细查验，找到原因，同时核对地下水情况。

(5)基底为干硬或稍湿的黏性土层，可进行夯拍(对潮湿和软土地基不宜夯拍，以免破坏基底土层)，从夯拍声音判断是否存在土洞、古井、墓穴及虚土等，对可疑迹象，可采用轻便勘探仪进一步探查。

(6)在进行直接观察时可使用袖珍贯入仪作为辅助手段。

(7)对于有问题的基底，应提出处理措施建议。

(8)填写验槽记录或检验报告。

三、地基检验的注意事项

(1)检查基底土质时，应仔细观察，判断是否为刚开挖的、结构未被破坏的原状土，是否存在扰动或橡皮土，检验人员应亲自挖土观察，冬季时应注意基底土是否存在冰冻现象。

(2)为了保持土的天然状态，不容许基槽内积水，如发现积水，应立即排除，并检验淹没处土的湿度变化，湿度变化大时，应采取处理措施。

(3)审阅施工单位的轻型动力触探试验记录时，应详细了解轻型动力触探试验设备的规格及试验情况，以便排除人为因素导致的异常现象。

(4)当基槽下不深处有承压水层且触探可造成冒水涌砂时，或者地基持力层为卵砾石层且其厚度符合设计要求时，可不进行轻型动力触探试验。

(5)采用桩基础或进行地基处理的工程，在基槽开挖后，应先检验槽底土质是否与勘察报告相符，然后再进行桩基础或地基处理施工。

四、地基检验的防护处理

(1)在基坑内如采用较大型机械挖土时，应先挖至设计基底标高以上 30～50 cm，然后采用人工挖掘方法挖至设计标高，以防地基土遭到扰动破坏。

(2)如地基土湿度较大，则不得夯拍基底，施工运料不应从基坑顶将砖石抛入坑内，应沿斜板滑下，以免扰动基底土质。

(3)若基底土被践踏而受到扰动时，基础施工前应将扰动部分清除至原状土，如不能完全清除或基底位于地下水位以下，土的湿度较大、土质较软时，应先铺设砂石垫层，将浮土挤紧，再施工基础。

(4)干砂地基，在基础施工前应适当洒水夯实。

(5)基坑开挖后的地基土应防止水浸和受冻。

五、地基检验常见问题处理方法

(一)墓坑、菜窖及小型洞穴

(1)将坑洞内的虚土全部挖除，然后按照保持均匀沉降的原则进行回填，采用与地基土压缩性近似的材料回填，分层夯实至基底设计标高。如天然土为砂时，可用砂石回填，分层洒水夯实；天然土为密实的黏性土时，可用 3∶7 灰土回填；天然土为中等密实可塑的黏性土时，可用 2∶8 灰土回填。回填的坑、洞侧壁在槽内部分，应先挖成 1∶2 的踏步与天然土衔接后再回填。

(2)坑洞较深挖除全部虚土有困难时，可部分挖除，挖除的深度一般为坑洞宽的 2 倍，如剩余的虚土为软土时，可先用块石夯实挤紧后再回填。

(3)坑洞范围超出槽宽、槽壁仍为虚土时，槽壁部分应放坡。用砂石或黏性土回填时，坡度为 1∶1；用灰土回填时，坡度为 1∶0.5；如用 3∶7 灰土回填且基础刚度较大时，可不放坡。

(4)对独立柱基，当坑洞范围大于基坑的 1/2 时，应尽量挖除虚土将基底落实，但两相邻柱基的基底高差需满足黏性土中不得大于相邻基底的净距，砂土中不得大于相邻基础净距的 1/2。

(5)如挖除全部虚土有困难时，亦可采用加强基础刚度、用梁板形式跨越、改变基础类型或采用桩基等方式进行处理。

(二)古　井

(1)当古井内无水时应按以下方式进行处理。

(2)当古井内存在地下水时，应降低井内水位，用粗颗粒物回填至水位以上 50 cm，拆除井圈，用素土或灰土分层夯实回填至基底。

(3)当古井在基础转角处，除回填外，还应对基础进行加长或加宽处理。

(三)局部坚硬地基

局部坚硬地基包括压实的路面、旧房基、老灰土、大石块或基岩等，其处理方法可将局部坚硬地基的表层挖除，然后填以与正常地基土层性质近似的较软弱的垫层，挖除厚度视正常地基土层性质而定，一般为 1 m 左右。根据上部结构情况，可再在垫层与天然土的过渡部位，适当加强刚度，避免不均匀沉降使基础断裂。必要时可将局部坚硬地基浅部挖成踏步状，再进行换填。

(四)橡皮土(含水量过大的黏性土)

含水量很大，趋于饱和的黏性土，颗粒之间的毛细孔堵塞，水分不易渗透和散发，当气温较高时夯击或碾压，表层会形成硬壳，更阻止了水分的渗透和散发，埋藏深的土水分散发慢，往往长时间不易消失，形成软塑状的橡皮土。

(1)为防止橡皮土的形成，应避免直接碾压，可晾晒槽底，或掺石灰粉降低土的含水量，或在土中压入碎石、卵石。

(2)已出现的橡皮土要全部清除，以 3∶7 的灰土或砂土夯实，也可将橡皮土翻松、晾晒，风干至最优含水率时再夯实。

第二节 其他现场检验的主要内容

一、支护结构、桩基工程和地基处理工程检验

支护结构、桩基工程和地基处理工程检验应包括下列内容：

(1)通过试成孔、试成槽或试成桩，检验施工机械、施工工艺和施工参数等与地层的适用性以及施工过程的环境影响。

(2)桩端或墙端进入持力层的状况，对大直径挖孔桩，应逐桩检验孔底尺寸及岩土情况。

(3)地基加固体、桩身或墙身完整性及强度。

(4)工程桩的竖向和水平承载力。

二、明挖法施工检验

明挖法施工检验应包括下列内容：

(1)岩土类型、成因、分布与工程特性，涉及基岩时的覆盖层厚度、基岩起伏、强度、坡度及岩层产状。

(2)地基土体的渗透性能及降水效果。

(3)截水帷幕截水效果、基坑渗漏状况以及坑底土体突涌的可能性。

(4)土体加固处理的效果。

(5)坑底土体的承载力。

(6)岩溶发育区坑底下可采用物探进一步探测是否存在溶洞。

三、矿山法施工检验

矿山法施工检验应包括下列内容：

(1)开挖揭露的围岩性质、分布和特征；涉及基岩时的基岩起伏、强度、岩体结构形态和完整状态、岩层风化程度、结构面发育情况、构造破碎带特征、岩溶发育及富水情况、围岩的膨胀性等。

(2)地下水特征、地下水处理效果及渗漏情况。

(3)工作面岩土体的稳定状态。

(4)地下不良地质现象及有害气体分布。

(5)围岩超挖或坍塌情况。

(6)根据开挖揭露的岩土情况，对围岩分级进行确认或修正。

四、盾构法施工检验

盾构法施工检验应包括下列内容：

(1)围岩岩土类型、成因、分布与工程特性，涉及基岩时的岩土分界面位置、强度等，涉及砂土、卵石和岩石时的颗粒组成、最大粒径及曲率系数、不均匀系数、耐磨矿物成分等。

(2)始发(接收)井地基加固效果，包括加固体强度及抗渗性能。

(3)地下障碍物、岩溶、土洞、孤石、有害气体的分布等。

(4)对联络通道等可能采用冻结法的部位，地层温度、热物理指标、冻胀率、融沉系数等。

(5)地下水分布、流速及含盐量。

第二章　现场监测

城市轨道交通工程应在土建施工阶段对地下工程及周边环境开展监测工作，设计文件中应提出工程监测的技术要求。

城市轨道交通工程监测应综合考虑工程建设场地的岩土工程条件、周边环境条件、设计方案及施工方案等因素，编制合理的监测方案，精心组织和实施监测，及时提供准确、有效的监测成果。

监测范围应根据基坑开挖深度、隧道埋深和断面尺寸、地质条件、周边环境条件等综合确定，并应满足判定周围岩土体稳定性和周边环境安全状态的要求。

第一节　监测对象

工程监测对象应包括明(盖)挖法基坑、盾构法和矿山法隧道的围(支)护结构体系、周围岩土体及周边环境等。

围(支)护结构体系监测对象应包括：

(1)明(盖)挖法基坑围护桩(墙)、立柱、支撑、锚杆(索)、土钉等围护结构。

(2)盾构法隧道管片结构。

(3)矿山法隧道初期支护结构和临时支护结构等。

监测对象应根据项目特点、设计要求、施工工法、工程地质条件、环境条件等因素综合确定。

第二节　监测项目

工程监测项目应与设计方案、施工方案、监测对象、工程监测等级相匹配，形成有效、完整的监测体系。

一、围(支)护结构体系监测

明(盖)挖法基坑围护结构和周围岩土体监测项目应根据表 9-2-1 选择。

表 9-2-1　明(盖)挖法基坑围护结构和周围岩土体仪器监测项目

监测项目	工程监测等级		
	一级	二级	三级
围护桩(墙)、边坡顶部水平位移	√	√	√
围护桩(墙)、边坡顶部竖向位移	√	√	√
围护桩(墙)水平位移	√	√	○

续上表

监　测　项　目	工程监测等级		
	一级	二级	三级
围护桩(墙)结构应力	○	○	○
立柱结构竖向位移	√	√	○
栓结构水平位移	√	○	○
立柱结构应力	○	○	○
支撑轴力	√	√	○
顶板应力	○	○	○
锚杆、锚索拉力	√	√	√
土钉拉力	○	○	○
地表沉降	√	√	√
竖井初期支护井壁净空收敛	√	√	√
土体深层水平位移	○	○	○
土体分层竖向位移	○	○	○
坑底隆起(回弹)	○	○	○
围护桩(墙)侧向土压力	○	○	○
地下水位	√	√	√
孔隙水压力	○	○	○

注:√——应测项目;○——选测项目。

二、盾构法隧道监测

盾构法隧道管片结构和周围岩土体监测项目应根据表 9-2-2 选择。

表 9-2-2　盾构法隧道管片结构和周围岩土体仪器监测项目

监　测　项　目	工程监测等级		
	一级	二级	三级
管片结构竖向位移	√	√	√
管片结构水平位移	√	○	○
管片结构净空收敛	√	√	√
管片结构应力	○	○	○
管片连接螺栓应力	○	○	○
地表沉降	√	√	√
土体深层水平位移	○	○	○
土体分层竖向位移	○	○	○
管片围岩压力	○	○	○
孔隙水压力	○	○	○

注:√——应测项目;○——选测项目。

三、矿山法隧道监测

矿山法隧道支护结构和周围岩土体监测项目应根据表 9-2-3 选择。

表 9-2-3 矿山法隧道支护结构和周围岩土体仪器监测项目

监 测 项 目	工程监测等级		
	一级	二级	三级
初支结构拱顶沉降	√	√	√
初支结构底板竖向位移	√	○	○
初支结构净空收敛	√	√	√
隧道拱脚竖向位移	○	○	○
中柱结构竖向位移	√	√	○
中柱结构位移	○	○	○
中柱结构应力	○	○	○
初支结构、二次衬砌应力	○	○	○
地表沉降	√	√	√
土体深层水平位移	○	○	○
土体分层竖向位移	○	○	○
围岩压力	○	○	○
地下水位	√	√	√

注：√——应测项目；○——选测项目。

四、工程周围岩土体

(1)基坑深度较大、基底土质软弱或基底下存在承压水且对工程影响较大时，应进行坑底隆起(回弹)监测。

(2)基坑侧壁、隧道围岩的地质条件复杂，岩土体易产生较大变形、空洞、坍塌的部位或区域，应进行土体分层竖向位移或深层水平位移监测。

(3)在软土地区，基坑或隧道邻近对沉降敏感的建(构)筑物等环境时，应进行孔隙水压力、土体分层竖向位移或深层水平位移监测。

(4)工程邻近或穿越岩溶、断裂带等不良地质条件，或施工扰动引起周围岩土体物理力学性质发生较大变化，并对支护结构、周边环境或施工可能造成危害时，应结合工程实际选择岩土体监测项目。

五、周边环境监测

周边环境仪器监测项目应根据表 9-2-4 选择。

表 9-2-4　周边环境仪器监测项目

监测对象	监测项目	工程影响分区	
		强烈影响区	一般影响区
建(构)筑物	竖向位移	√	√
	水平位移	○	○
	倾斜	○	○
	裂缝	√	○
地下管线	竖向位移	√	○
	水平位移	○	○
	差异沉降	√	○
高速公路与城市道路	路面竖向位移	√	○
	路基竖向位移	√	○
	挡墙竖向位移	√	○
	挡墙倾斜	√	○
桥梁	墩台竖向位移	√	√
	墩台差异沉降	√	√
	墩柱倾斜	√	√
	梁板应力	○	○
	裂缝	√	○
既有城市轨道交通	隧道结构竖向位移	√	√
	隧道结构水平位移	√	○
	隧道结构净空收敛	○	○
	隧道结构变形缝差异沉降	√	√
	轨道结构(道床)竖向位移	√	√
	轨道静态几何形位(轨距、轨向、高低、水平)	√	√
	隧道、轨道结构裂缝	√	○
既有铁路	路基竖向位移	√	√
	轨道静态几何形位(轨距、轨向、高低、水平)	√	√

注:1. √——应测项目;○——选测项目。
2. 对高层、高耸建(构)筑物应进行倾斜监测。
3. 既有城市轨道交通地面线的监测项目可按照既有铁路地面线的监测项目选择,高架线的监测项目可按照桥梁的监测项目选择。
4. 当工程周边存在既有轨道交通或对位移有特殊要求的建(构)筑物及设施时,监测项目应与有关管理部门或单位共同确定。
5. 采用钻爆法施工时,应对爆破振动影响范围内的建(构)筑物、桥梁等高风险环境进行振动速度或加速度监测。

六、地下水动态监测

地下水动态监测应符合下列规定:

(1)遇下列情况应进行地下水动态监测:

①地下水位升降影响岩土稳定、对地下室或地下构筑物的防潮、防水或稳定性产生较

大影响时。

②施工降水对拟建工程、相邻工程和周边环境有较大影响时。

③孔隙水压力、地下水压力变化对工程设计或施工有较大影响时。

(2)监测方法：

①地下水位的监测可设置专门的地下水位观测孔或利用水井进行。

②孔隙水压力、地下水压力的监测可采用孔隙水压力计、测压计进行。

(3)监测点的布置和监测频率：

①每个施工场地的观测点不宜少于 3 个，深度不应小于最大可能降深以下 1 m。

②区间隧道的观测点应根据工程的需要及地质条件布置。

③动态监测不应少于 1 个水文年，并宜每周监测 2 次，雨天宜每天监测 1 次。

参考文献

[1]中华人民共和国住房和城乡建设部．城市轨道交通岩土工程勘察规范：GB 50307—2012[S]. 北京：中国计划出版社，2012.

[2] 浙江省住房和城乡建设厅．浙江省城市轨道交通岩土工程勘察规范：DB33/T 1126—2016.[S]. 北京：中国计划出版社，2017.

[3]中华人民共和国住房和城乡建设部．建筑地基基础工程施工质量验收标准：GB 50202—2018.[S]. 北京：中国计划出版社，2002.

[4]中华人民共和国住房和城乡建设部．城市轨道交通工程监测技术规范：GB 50911—2013[S]. 北京：中国建筑工业版社，2014.

第十篇 勘察管理

第一章 勘察监理

城市轨道交通岩土工程勘察监理由工程建设单位直接委托满足相关资质要求的勘察单位承担，是代替建设单位对城市轨道交通岩土工程勘察工作的全过程，或对某重点工程的岩土工程勘察工作，或仅对某种勘察手段全过程进行的检查和监督活动。

第一节 勘察监理概述

一、勘察监理工作依据

城市轨道交通岩土工程勘察监理应按下列依据开展工作：

(1)国家和住建部有关工程建设的法律、法规、规章。

(2)国家相关技术标准及住建部岩土工程勘察、轨道交通岩土工程勘察系列标准。

(3)建设项目意见书、可行性研究报告的批复意见。

(4)勘察监理委托书、合同。

(5)城市轨道交通工程勘察设计合同等。

监理人员应根据城市所在地的环境条件和地质条件、勘察单位正式提供的岩土工程调绘及勘探、测试资料等进行监理活动。

二、勘察监理工作范围

城市轨道交通岩土工程勘察监理的工作范围如下：

(1)勘察监理应对方案策划、现场实施、室内试验、成果资料的合理性、真实性、可靠性、规范性进行监督检查和咨询。

(2)勘察监理应依据相关规范和合同要求，对工程勘察的进度、造价、进度款及组织等方面进行审查，并提出书面意见。

①岩土工程勘察大纲。

②勘察单位的相关资质、业绩等资料。

③勘察单位的技术、质量管理体系和安全文明施工管理体系。

④现场作业人员的配备和上岗人员资格。

⑤勘察手段、方法和程序，投入工程的钻机设备的数量、质量，测试仪器、室内试验设备的检定和标定情况，钻探现场的文明施工等。

(3)勘察监理应与建设单位、设计单位沟通协调，可参加建设单位、设计单位组织的有关地质方面的技术讨论会、分析会等,并提出自己的意见和建议。

(4)监理人员应审核以下岩土勘察工作内容是否满足规程、规范和勘察阶段的要求。

①收集周围工程地质、水文地质和岩土工程资料的范围、内容和精度。

②钻探的勘探点位置、勘探点间距、数量、深度及勘探施工工艺;原位测试、现场钻探记录和成果资料。

③现场取样(土和水)的数量,取样、运输和保管方法,试验项目、试验方法和成果资料。

④物探方法的选择、工作过程和成果资料的地质解析。

⑤水文地质调绘、抽水试验的方法、工作过程及成果资料。

⑥对勘探资料、土工试验成果的综合分析,勘察报告的内容、分析评价和主要结论。

(6)监理人员应审查勘察单位有关现场实施的安全操作、文明施工的规章制度,检查现场执行情况。

(7)监理人员应调查、核实勘察单位记录、报告的因自然条件或人为因素造成工期延误的相关资料,应调查、签认因设计要求变更或地质条件发生较大变化而引起的对工期的影响程度和工作量的增减数量,并报建设单位备案。

三、勘察监理工作方法

城市轨道交通岩土工程勘察监理工作包括外业监理和内业监理两部分。

(1)外业监理工作方法主要包括:旁站、巡检、抽检、平行检验、验证的方式。对关键技术质量节点应进行旁站监理。

(2)内业监理工作方法主要包括:审核、专家评审、计量。

四、勘察监理工作程序

城市轨道交通岩土工程勘察监理的工作程序(图 10-1-1)和要求如下:

(1)签订勘察监理合同后,应根据工程的具体情况编写相关的勘察监理大纲。

(2)应督促建设单位在勘察项目开工前组织第一次勘察监理例会。参会单位应包括建设单位、勘察总监、监理项目部全体人员和各标段勘察单位负责人,会议中应向各勘察标段简要介绍勘察监理过程,会后形成各方代表会签的会议纪要。

(3)应根据监理合同内容审查勘察单位上报的勘察技术方案,审核勘察单位的人员、设备和试验室的相关资质,应对勘察单位提交的《勘察开工申请报告》进行审查,具备开工必需的技术条件和人员、设备、试验室条件后,由总监理工程师签发开工报告,并报建设单位核备。

(4)岩土工程勘察外业工作的监理,以“标段”为单位,对各标段的地层、水位参数等的协调统一管理;采用巡视、旁站和抽查的方法分段、点开展。

(5)监理在现场监督检查过程中发现有与勘察大纲或相关规范不符时,应及时提出,并责令改正。发生重大质量问题或隐患、安全和文明施工问题时,总监理工程师应及时处理,必要时签发《勘察暂停工作通知单》,即时报建设单位备案。勘察单位完成整改,具备复工条件时,总监理工程师按程序及时签署《勘察复工通知单》。

(6)对现场出现的质量问题、安全问题及文明施工问题,监理人员和勘察单位人员应

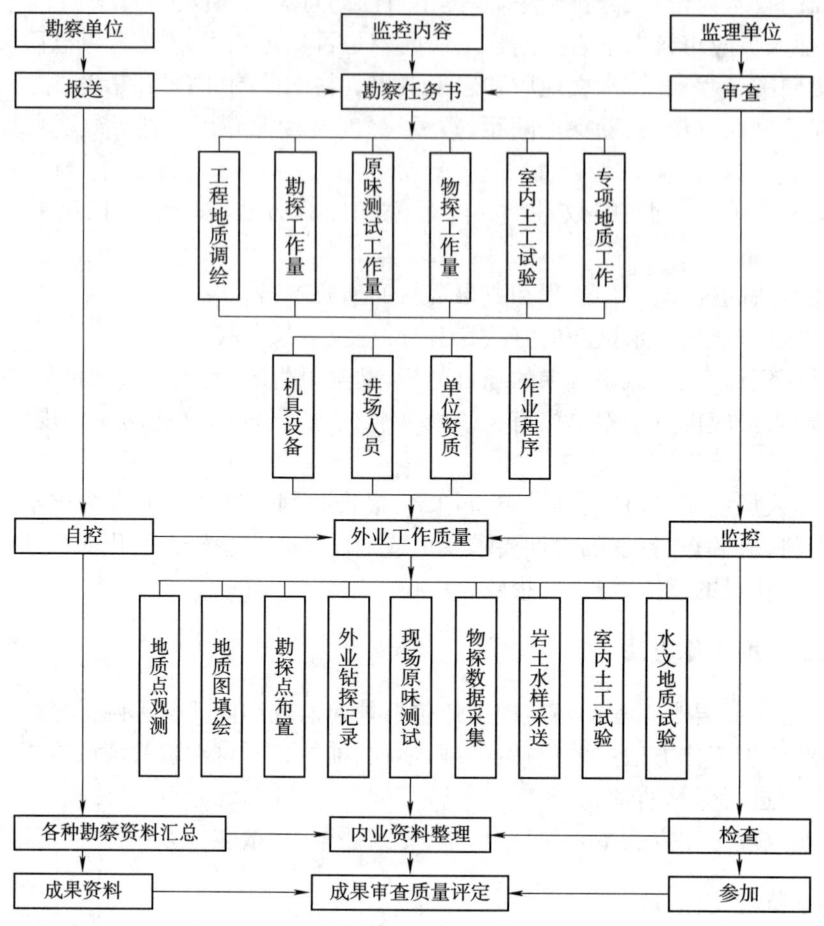

图 10-1-1 勘察监理工作程序

一同到现场确认核实，如有对问题的认识和处理产生不一致时，监理单位应向勘察单位提出书面意见，并报建设单位备案。

(7)监理、勘察和建设单位之间往来的表格或通知单等应办理签收手续，并及时回复。

(8)监理工作结束后，应向建设单位提交勘察监理工作报告，对勘察单位完成的原始资料、勘察报告及图件的完整性、可靠性提出评价意见。

(9)所有发出的联系单、通知单、批复或答复意见、监理总结报告，与勘察单位、建设单位来往的文件，向上级部门的请示及汇报材料等应及时进行归档。

第二节 监理机构与监理人员职责

一、项目监理机构设置

城市轨道交通岩土工程勘察监理应在岩土工程勘察现场设置项目监理机构。项目监理机构的组织形式、人员配备和检测设备等应符合委托监理合同的约定。

监理人员应包括总监理工程师、监理工程师和监理员，必要时可配备副总监理工程师

(或总监理工程师代表)。各级监理人员应具备相应的技术水平,且监理人员的数量应满足现场监理工作的需要。

监理单位调整项目总监理工程师应书面通知建设单位和勘察单位,并征得建设单位同意。监理单位应按合同要求和专业需要配备常规设备和工具。

二、监理人员的职责

监理人员必须贯彻执行国家发布的有关岩土工程勘察的系列标准,依法实施岩土工程勘察监理工作。并应深入现场,从实际出发,紧密结合岩土工程勘察的内容、方法和手段开展监理工作,遵循“守法、诚实、公正、科学”的准则。

(一)总监理工程师职责

总监理工程师作为项目监理机构的主要负责人,应履行以下职责:

(1)主持编写工程勘察项目监理大纲,审批实施细则,并负责管理项目监理机构的日常工作。

(2)确定项目监理机构人员的分工和具体岗位职责,并以书面形式通知建设单位和勘察单位;检查、监督监理人员的工作;根据项目进展情况和人员状况进行调整。

(3)核查劳务分包及试验测试的单位资质,并提出审查意见。对不符合资质条件的单位,通知勘察单位予以清退。

(4)主持监理工作会议、工地会议,签发监理机构的文件和指令。

(5)审查勘察单位提交的勘察计划、技术要求、开工报告,签署勘察暂停工作通知单、勘察复工通知单等文件。

(6)参与重大工程或地质特殊复杂工点的检查、指导和监理工作。

(7)参与(或主持)工程勘察重大质量问题、质量事故的调查。

(8)参与调解建设单位与勘察单位的合同争议、索赔等事宜。

(9)审查勘察单位的岩土工程勘察报告及图件,审核完成的岩土工程勘察工作量,对岩土工程勘察工作提出评价意见。

(10)组织编写、整理岩土工程勘察监理相关档案资料(监理月报、监理工作阶段总结)、专题报告、监理工作总结报告等。

(二)总监理工程师代表职责

总监理工程师可委托代表负责总监理工程师指定或交办的监理工作,以及按总监理工程师的授权,行使总监理工程师的部分职责和权力。

但总监理工程师不得将下列工作委托总监理工程师代表完成:

(1)主持编写工程勘察项目监理大纲,审批实施细则。

(2)审查勘察单位提交的勘察计划、技术要求,签发开工报告、暂停通知单和复工通知单等文件。

(3)审查勘察单位的岩土工程勘察报告,并对岩土工程勘察工作提出评价意见。

(4)审核、签认勘察单位完成的勘察工作量。

(三)监理工程师职责

监理工程师应履行下列职责:

(1)负责编制监理实施细则,并在监理工作中实施。

(2)审查勘察单位提交的勘察计划、技术要求、变更、报告等。

(3)及时填写监理日志及现场检查记录。根据实际勘察工作的实施情况,向总监理工程师提出暂停通知或复工通知的建议,并检查整改情况。

(4)审核勘察单位提交的原始资料、工作量、分段成果报告及图件等,并提出评价意见。

(5)及时向上级汇报监理工作情况,编写监理周(月)报。

(6)完成上级交办的其他工作。

(四)监理员职责

监理员应完成下列工作:

(1)开展现场监理工作,并认真填写监理日志及其他监理记录。必要时,对重点工程的重要勘察环节应进行旁站监理。

(2)检查勘察单位提交的基础资料及勘察成果,核实工作量。

(3)及时向监理工程师反映勘察过程中发生的问题,检查勘察单位的整改情况。

(4)完成上级交办的其他工作。

第三节 勘察监理大纲和监理实施细则

一、勘察监理大纲

城市轨道交通工程岩土工程勘察监理大纲应针对项目全局的质量、安全、经济和进度等实际情况,明确监理工作目标和内容,制定针对性的监理工作制度、程序、方法和措施。

(一)勘察监理大纲编制依据

城市轨道交通工程岩土工程勘察监理大纲应由总监理工程师主持编写,经监理单位审查并报建设单位批准后执行。勘察监理大纲的编制依据如下:

(1)与工程勘察项目有关的法律、法规、规章、标准。

(2)工程勘察项目的设计文件、审批意见。

(3)批准的城市轨道交通工程岩土工程勘察大纲。

(4)与工程项目有关的合同文件。

(二)勘察监理大纲内容

城市轨道交通工程岩土工程勘察监理大纲应包括以下主要内容:

(1)工程项目概况。

(2)勘察监理实施范围。

(3)监理工作的重点任务。

(4)勘察监理的依据。

(5)监理工作的程序和方法。

(6)现场监理组织机构的设置。

(7)勘察监理的质量控制措施。

(8)工程岩土工程勘察工作量的确定。

(9)工程岩土工程勘察监理资料分类及归档。

(10)勘察监理现场会议制度。

(11)勘察监理成果报告模式。

(12)其他监理工作文件的格式。

(13)应急预案。

监理大纲在实施过程中,如实际情况发生重大变化,应在总监理工程师的主持下进行修改,并按原审批程序从新批准。

二、勘察监理实施细则

对于全线城市轨道交通工程勘察监理项目,在工程岩土工程勘察前,应根据勘察监理合同和监理大纲编制勘察监理实施细则。实施细则应在城市轨道交通、铁路和公路桥梁、各类建筑物等多种情况下综合考虑,并结合不良地质、特殊性岩土的岩土工程勘察特点编写,监理实施细则具备较高的地域性和可操作性。

勘察监理实施细则应在总监理工程师的主持下,由监理工程师编写,并经总监理工程师批准后执行。监理实施细则应根据监理工作的实施情况不断完善。

(一)勘察监理实施细则编制依据

勘察监理实施细则应依据以下内容编制:

(1)已批准的监理大纲及其他相关文件。

(2)与工程相关的规范、标准。

(3)项目上阶段的设计文件。

(4)批准的城市轨道交通勘察大纲。

(二)勘察监理实施细则内容

勘察监理实施细则应包括以下内容:

(1)监理工作的要点、工作流程。

(2)监理工作的质量目标。

(3)勘察监理的主要手段和方法。

①工程地质调查及测绘监理。

②岩土工程钻探监理。

③物探监理。

④原位测试监理。

⑤水文地质试验勘察的监理。

⑥土工室内试验监理。

⑦不良地质与特殊性岩土勘察监理。

⑧不同结构设计和工法勘察监理。

⑨勘察资料整编的监理。

⑩城市轨道交通勘察工作量的监理。

⑪城市轨道交通勘察模板统一化的监理。

(4)监理勘察各阶段质量安全对策和处理措施。

(5)监理工作应填写的基本表格及工作报告制度。

(6)监理过程报表文件、档案的管理办法。

第四节 勘察监理技术要求

一、各勘察阶段监理

城市轨道交通工程岩土工程勘察监理应根据不同勘察阶段的技术要求和地质条件，有针对性地开展工作。

(一)可行性研究阶段勘察监理内容

城市轨道交通工程可行性研究阶段应重点核查以下内容：

(1)勘探孔布置、测试手段和室内试验项目。

(2)城市轨道交通线网周边岩土工程地质条件，不良地质作用及重大影响方案的地质条件。

(3)工程地质调研的范围、精度是否满足城市轨道交通线网方案规划、比选的可行性研究要求；规划线网方案与周边环境之间的相互影响评价。

(4)对宏观地质条件评价的依据是否充分，结论是否正确，有无遗漏有价值的方案。

(二)初步勘察阶段监理内容

城市轨道交通工程初步勘察阶段应重点核查以下内容：

(1)工程地质调研的范围、精度是否满足城市轨道交通线网方案初步设计的要求。

(2)对风险控制和影响线路方案的不良地质和特殊性岩土的评价意见、依据是否充分，结论是否正确。

(3)控制性勘探点的布置原则、勘探测试手段和室内试验项目是否得当，勘探测试工作及手段是否齐全。

(4)工程地质和水文地质条件是否满足初步设计的需要，施工方式及工程建设结论分析是否充分，评价是否符合实际。

(5)全线工程地质资料的完整性和统一性。

(6)对初步设计提供的岩土力学参数是否准确。

(三)详细勘察阶段监理内容

城市轨道交通工程详细勘察阶段应针对具体工程、建筑类型、结构形式、埋置深度、施工方法、不良地质和特殊性岩土等开展具体工作，按本章第四、五、六、七节的相关规定进行勘察监理工作，以满足施工图设计需要。

二、工程地质调查监理

工程地质调查的监理工作应以抽查为主。对重要站点、重大地质问题、重要的地质观测点(包括观测点、钻孔、取样点、特殊试验点、井泉等)应到现场进行核查；对遗漏的地质问题，监理人员应及时提出，并督促勘察单位到现场补充、完善。

工程地质调查监理的要点如下：

(1)核对有代表性的岩土层出露点、地层界线、构造断层及重要节理、地下水泉眼、不良地质、特殊性岩土界线等调查和判别是否准确，有无漏划或错判。

(2)观测点密度、精度是否根据相关技术规范要求、地质条件等综合因素共同确定。

(3)观测使用方法是否正确，观测使用仪器设备是否有相关定期检测报告，使用人员是否有上岗证书。

(4)检查剖面图上的地质界线是否依据充分、合理；地质条件特殊且特别复杂地区是否开展相应专项研究。

三、钻探及现场巡查监理

对钻探及其他勘探方法的监理应采取巡视、核查和旁站的方法。一般钻孔及勘探的监理以巡视为主。对重要的钻孔或钻孔中关键段落应重点核查，必要时旁站监理。钻进过程中或终孔前，监理人员认为未达到目的或不满足技术要求时，应及时提出处理意见，并督促勘察单位完成。发现勘探操作过程中存在安全、技术问题，监理人员应立即责令勘察单位停工并进行改正，待整改完成检查后方可再行开工。

钻探及现场巡查监理的要点如下：

(1)检查使用的钻探及勘探设备是否符合勘探技术要求。

(2)检查孔位、管线探测记录、孔口标高、开孔记录、钻进方法、钻探记录、钻孔口径、岩性分层及描述、地下水初见及稳定水位、终孔深度是否满足技术要求。

(3)检查勘察单位技术负责人、现场技术员、现场安全员是否对机组人员开展相关指导技术和安全培训，是否到现场鉴定、核对岩芯。

(4)检查孔内取样和测试设备是否满足技术要求，操作方法是否正确；检查取样及封装质量；检查测试数据是否完整。

(5)检查操作安全制度、职业健康检查、环境保护、应急预案及现场执行情况。

(6)检查钻孔回填方法、材料和过程，避免对工程施工及社会人员造成危害。

四、原位测试监理

原位测试工作的监理应采取抽查、巡视的方法进行，对重要地段和复杂地层站点的原位测试点采取旁站的方式监理。发现操作过程及数据处理中的问题，监理人员应及时提出，并责令改正。

原位测试监理的要点如下：

(1)检查原位测试设备是否满足勘探技术要求，是否按照规定期限进行标定。

(2)检查孔位、孔口高程、测试方法和操作过程是否符合技术要求及相关规定要求。

(3)检查资料整理及采用的公式是否符合相关规范要求，与其他试验方法取得的参数对比是否合理。

五、物探监理

对物探的监理一般应采取巡视、抽查的方式，对重要站点、地质复杂地段或重要钻孔的物探工作应采取旁站的方式进行。当发现使用的物探方法不当，达不到勘察目的时，监理人员应及时提出采用其他物探方法或采取其他勘探手段的意见，并督促改正。

物探工作监理的要点如下：

(1)检查所采用的物探方法、手段与勘探目的是否匹配，是否能满足技术要求。

(2)检查使用的仪器设备是否符合有关技术标准，是否定期检测。

(3)检查作业过程是否符合操作规程,数据采集、观测及记录整理是否齐全、符合规范。

(4)检查资料的整理和解释是否符合相关规范要求,成果资料应考虑其多解性与其他物探方法和勘探手段进行对比、修正。

六、室内试验监理

室内试验监理工作应采取巡视、抽查的方式进行,对重点试样的开样、制样和试验操作应采取旁站的方式进行监理。当试验质量因试样、仪器设备、操作水平等达不到规范要求时,监理人员应及时停止试验并督促改正。

室内试验监理的要点如下:

(1)检查室内试验的环境条件是否满足试验工作的要求,仪器设备是否满足试验要求并已通过鉴定和校验。

(2)检查试验人员是否经过上岗培训或取得相关资质。

(3)检查样品运输、验收和试样制备是否符合规定。

(4)检查试验操作过程是否符合相关规程规定。

(5)检查试验成果的整理、分析是否符合相关规范要求,计算是否准确无误,提交的试验成果资料是否签署齐全。

七、水文地质试验勘察监理

(一)水文地质试验勘察监理工作方法

(1)对重要的、影响水文地质评价的地质要素(包括岩性、地层结构、断层、褶皱、节理、风化程度等)应进行现场核对。

(2)对抽水试验的机具设备进行检查,对操作人员的资质和岗前教育进行核查。(水文地质钻探方面还应同时满足钻探及现场巡查监理的要求。)

(3)对重要地段和复杂地层站点水文地质勘探和试验过程进行旁站监理。

(4)对试验过程中发生的不满足质量、技术要求、安全规程的现象及时提出并督促改正,同时强化泥浆池回填的重大安全隐患。

(二)水文地质试验勘察监理工作要点

水文地质工程勘察监理的工作要点如下:

(1)核查供水水源地、供水站点、长期监测点(包括长期观测孔)、专门水文岩土工程勘察的工点等地形、地貌、地质条件的调研是否准确全面。

(2)核查对进行专门水文岩土工程勘察工点中的主要涉及含水层和拟开挖地下水含水层的性质、含水体的补径排关系、涌水量、富水性、渗透系数、影响半径、水质试验等的分析、计算资料是否齐全、准确。

(3)检查勘探点(包括长期观测孔)的布置、取样及试验等技术要求是否满足城市轨道交通设计及规范的要求。

(4)检查使用的水泵、发电机组、测绳、水量监测仪器设备是否符合有关技术标准,是否定期校准及检测。

(5)检查水文地质勘探记录、水文地质试验综合大表、水质分析试验资料及分析、计算过程及结论是否满足相关规范和设计的要求。

八、勘察工作量监理

勘察工作量监理的要点如下：

(1)依据批准的勘察大纲(包括勘察计划)和设计联系单核查勘察单位确定的工作内容、工作方法、勘察手段是否齐全；计划时间、完成时间是否满足工期要求；计划工作量、变更工作量和实际完成工作量是否合理。整体完成情况是否满足相关规范和城市轨道交通设计的要求。

(2)勘察过程中重点检查勘察大纲中有关勘探工作量的执行和变更情况。

①核查实际完成工作量，对于未到达勘察大纲的要求工作量，勘察单位应以书面形式说明缘由及后期处理意见，并由监理督促执行。

②核查由地质特殊性引起的少量超出勘察大纲工作量，相关工作量经监理单位核查、委托单位代表复查后结算。

③核查由设计变更或其他原因导致大量超出勘察大纲工作量，相关工作量经监理单位核查、委托单位代表复查后报地方财政部门(按地方政府要求执行)审查程序后结算。

(3)工程勘察结束后，勘察单位应及时提交完成的工作量。监理人员应认真进行核查，核查结果应写入监理报告。

九、勘察资料整编监理

勘察单位在整理完成一段勘察资料后，应及时报送监理单位进行审查；监理单位应对该资料及时作出评价及回复。

监理单位应首先检查勘察原始资料是否由现场勘察人员进行签字、编录和整理。重点对重要站点及复杂地段的主要不良地质和特殊性岩土的成果资料进行详细核查校对。

勘察资料整编监理的要点如下：

(1)检查现场调研的资料是否齐全，内容是否详实、可靠。

(2)检查重要站点和不良地质、特殊性岩土的勘探、原位测试、土工试验资料是否齐全、真实并满足勘察设计要求。

(3)检查勘察资料的综合分析、土工试验数据的统计分析、设计参数的取值是否符合相关规范的要求，工程地质评价及工程措施建议是否合理。

(4)检查图件、计算资料与说明是否吻合，有无差错、遗漏的问题。

(5)检查成果报告各负责人是否签署，各级审核是否签署，是否符合有关规定。

若对资料有疑问或遗漏勘察内容，应责成勘察单位到现场核对或提出补充勘察意见。

第五节　建(构)筑物勘察监理

城市轨道交通工程岩土工程勘察监理时，应针对工程各类构(建)筑物不同的勘察重点，有针对性地进行监理。对于勘察重要工序或地质条件复杂的工点，监理人员应到现场巡视或进行旁站监理。遗漏的工点应监督勘察单位到现场进行补充勘察。

一、构(建)筑物勘察监理内容

各类构(建)筑物勘察监理应重点核查以下内容：

(1)各类构(建)筑物所处地质环境的调查是否准确,依据是否充分。

(2)勘探点的布置、取样、试验是否考虑了各类构(建)筑物的特点,是否符合相关规范的规定,是否满足勘察大纲(方案)和勘察技术要求。

(3)工程措施建议、岩土参数的提供是否依据充分、合理。

(4)勘察资料、报告、图件是否齐全,审查签署是否符合相关规定。

二、地下工程勘察监理

城市轨道交通地下工程勘察监理时,当地下车站采用承重桩、抗拔桩或抗浮锚杆时,应检查勘探孔深度是否满足规范和设计要求;当在预定孔深范围内存在软弱土层时,还应检查勘探孔是否穿过软弱土层或适当加深;并检查提供的岩土参数是否满足设计要求;特别对在特殊性岩土和不良地质地段修建的地下工程,应重点核查地质条件评价的依据是否充分、正确,勘探、试验项目和测试数据是否准确。

对车站主体、联络通道、施工竖井等重要地段或地质条件复杂的地段应进行现场核对或旁站监理。

地下工程勘察监理的要点如下：

(1)检查是否根据不同的工法进行有针对性的勘察工作。

(2)检查地层岩性、地质构造、地下水发育情况等地质条件的调查和评价是否准确。

(3)检查不良地质或特殊性岩土问题的调查和评价是否准确。

(4)检查是否进行了分层测水;地下水与地下工程的关系评价是否准确。

(5)检查勘探点的位置、数量、深度是否满足设计及相关规范要求。

(6)检查水、土、岩石试样的数量和试验项目是否满足设计及相关规范要求。

(7)检查是否根据需要和地区经验选取了合适的原位测试手段,且原位测试的数量是否满足相关规范要求。

(8)在基岩地区检查节理发育程度、岩体风化程度、断层破碎带等地质条件的调查和评价是否准确。

(9)当地下水对地下工程有影响时,检查是否布置长期水文观测孔。

(10)检查所提供的岩土层的物理力学性质指标、地下工程设计、施工所需的基床系数、静三轴剪切指标、静止侧压力系数、无侧限抗压强度、热物理指标、波速和电阻率等岩土参数、隧道围岩分级、岩土施工工程分级等设计参数和工程措施意见依据是否充分、合理。

(11)检查是否对工程建设和周边环境的相互影响进行分析并提出建议。

当区间工程穿越山体时,应注意以下几点：

①核对隧道通过地段产生突水突泥、断层、岩溶、有害气体、放射性岩体、高地应力、膨胀性围岩等地质灾害的可能性及评价是否依据充分,工程措施建议是否全面、合理。

②检查隧道进出口山体覆盖层与其下基岩的接触关系和稳定性评价。

③检查长隧道水文地质条件的调查和评价是否符合规范及相关技术要求。

④核查第四系地层覆盖的洞口及隧道通过的主要地质界线是否有地质点控制。

三、高架工程勘察监理

对高架工程进行勘察监理工作，当采用基岩作为墩台基础或桩基的持力层时，应检查基岩地质条件评价的依据是否充分、准确；当场地存在产生桩侧负摩阻力的地层时，检查评价和处理措施是否合理；当需要进行沉降计算时，检查压缩试验压力是否满足设计要求。

对地质条件复杂的高架段，监理人员应到现场核对地质条件，重要的勘探、测试工作应旁站监理。

高架工程勘察监理的要点如下：

(1)核查桥址处的地层岩性、地层结构、地质构造、岩溶洞穴、岩层风化程度等地质条件是否准确。

(2)核查河(沟)床岸坡的稳定性、覆盖层下基岩横坡对桥墩台稳定性的影响。

(3)检查地下水水位埋深及水对混凝土、钢材的侵蚀性。

(4)检查勘探、测试是否符合相关规范及满足设计的要求。

(5)核查地基承载力和建议的基础持力层等设计参数依据是否充分、合理。

(6)检查对地震可液化地层的判定是否符合规范要求。

四、地面车站、车辆基地勘察监理

对车辆段、停车场等大型建筑场地岩土工程勘察的监理工作应重点核查是否按现行国家标准《岩土工程勘察规范》(GB 50021)的要求进行勘察。并对重点建筑物和主要基底持力层的勘探、测试工作应进行旁站监理。

地面车站、车辆基地岩土工程勘察监理的要点如下：

(1)检查工程范围内的地层岩性、地质构造、岩体风化程度、地下水埋深及变幅等地质条件。

(2)检查基底持力层的地质情况、地基承载力、边坡坡率、岩土施工工程分级等，尤其应重点核查填土的工程性质。

(3)检查建筑工程范围内不良地质与特殊性岩土的发育情况，勘探测试的手段和项目，不良地质及特殊性岩土与建筑物的关系、岩土工程评价。

(4)检查对地震可液化土层的判定是否符合规范要求。

五、路基、涵洞勘察监理

(1)路基、涵洞岩土工程勘察监理的要点：

①检查地层岩性、地质构造、节理发育程度、岩体风化程度、地下水埋藏情况等地质条件的调查和评价是否充分、准确。

②检查地质横断面的填绘是否依据充分、合理。

③检查对天然沟床的稳定状态、隐伏的基岩斜坡的调查是否充分、准确。

④对不良地质作用和特殊性岩土的调查是否充分，评价是否合理。

⑤对涵洞工程，是否调查雨期、雨量等气象条件及涵洞附近的汇水面积等。

(2)高路堤岩土工程勘察的监理应重点核查对路基基底和山坡稳定性评价的依据是否充分,结论是否正确。

(3)深路堑岩土工程勘察的监理应重点核查:

①地层结构、软弱层面、节理面及其他软弱面产状与路堑边坡稳定性的关系。

②岩体风化程度、地下水对路堑工程的影响。

③分析边坡工程对周边环境的不利影响是否全面。

④分析雨水对坡体稳定性的影响依据是否充分、合理。

(4)支挡结构物岩土工程勘察的监理重点应核查基底地层岩性、软弱结构面的位置、地下水水位和水质、软弱结构面和基底岩土的设计参数是否依据充分、合理。

(5)对在特殊性岩土和不良地质地段修筑的路基,应重点核查地质条件评价的依据是否充分、正确,勘探、试验项目和测试数据是否准确并满足设计要求。

(6)对路基防护工程,应重点核查路基边坡的稳定性、基底地质条件的评价及地震可液化地层的判定是否正确。

(7)对以上重要工程或地质条件特殊复杂的地段应进行现场核对或旁站监理。

第六节 不良地质勘察监理

城市轨道交通工程不良地质勘察监理,应首先检查线路通过不良地质地区的选线原则是否合理,并在现场对不良地质工点地质条件进行核查;与城市轨道交通工程关系密切,或对线路方案有较大影响的关键勘探点应旁站监理。对于专项勘察应进行专项监理。

不良岩土工程勘察的监理应重点核对以下内容:

(1)不良地质的范围、类型,产生不良地质的地质条件、发生和发展规律及对城市轨道交通工程的影响。

(2)勘探点的布置和数量、勘探方法是否符合规范要求。

(3)取样位置及数量、试验方法是否符合规范要求。

(4)相关计算、场地评价依据是否充分,工程措施意见是否合理。

(5)开挖试坑与钻探过程的安全措施和保障。

一、岩溶勘察监理

(一)岩溶勘察监理工作方法

(1)勘探手段与方法是否适应岩溶的发育特征,物探异常范围是否进行了钻探或其他勘探方法的验证。

(2)对岩溶地区的桥梁、大型路基工程、隧道的勘探是否符合规范要求。

(3)地表水和岩溶水、覆盖土层和溶洞充填物的试验项目和方法是否符合相关规范的规定。

(4)岩溶连通性试验和水文地质动态观测的方法、试验过程及结论是否符合相关规范的要求。

(5)与城市轨道交通工程关系密切的岩溶发育区、溶洞及其充填物应进行现场核对,重要勘探点的钻探、取样过程应进行旁站监理。

（二）岩溶勘察监理工作要点

岩溶勘察监理的工作要点如下：

（1）岩溶分布的范围、形态、地貌特征、发育强度，及其与线路的关系。

（2）岩溶与岩性、地层厚度、地质构造、产状、节理裂隙的发育程度、岩体风化程度、地表水及地下水水质等的关系。

（3）溶洞发育的形态、高程，洞顶厚度及完整程度，洞中化学沉积和机械沉积物状况，溶洞充填物成分及其物理力学性质，突水突泥的可能性。

（4）溶洞层与河流阶地、夷平面的关系。

（5）覆盖型岩溶地区岩溶的发育形态，覆盖层的岩性和地层结构，岩溶裂隙充填情况，水文地质条件，地下水开采，土洞及地面塌陷情况。

（6）钻探岩芯的采取率和钻具自然下落或减压、冲洗液变化等现场记录应满足规范要求。

（7）隧道或路堑排泄岩溶水后对周围环境的影响。

（8）大型溶洞的调查及岩溶泉、暗河连通试验的安全措施。

二、地面沉降勘察监理

城市轨道交通线路通过已发生地面沉降或可能发生地面沉降的地区时，地面沉降勘察监理应检查评价地面沉降对工程线路的影响是否符合相关规范的规定，提出的建设和运营期间工程措施建议是否符合相关规范的规定，以及对地面沉降现状的调查是否符合相关规范的规定。

地面沉降勘察监理要点如下：

（1）场地的地貌和微地貌。

（2）第四系堆积物的年代、成因、厚度、埋藏条件和土性特征，硬土层和软弱压缩层的分布。

（3）含水层和隔水层的埋藏条件和承压性质，含水层的渗透系数、单位涌水量等水文地质参数。

（4）地下水的补给、径流、排泄条件，地下水与地表水的水力联系。

（5）历年地下水位、水头的变化幅度和速率。

三、断裂及地裂缝勘察监理

（一）断裂及地裂缝勘察监理工作方法

（1）断裂带及地裂缝勘察方法是否符合相关规范要求。

（2）每个场地勘探线数量、勘探线间距是否符合相关规范要求，在线路通过位置是否布置勘探线。

（3）断裂带及地裂缝场地岩土工程分析与评价是否包括下列内容：

①岩土工程图中应标明断裂带及地裂缝在地面的位置、延伸方向及相应的坐标，分出主变形区和微变形区。

②岩土工程剖面图中应标明断裂带及地裂缝的倾向、倾角及主变形区和微变形区。

③评价断裂带及地裂缝的活动性及活动速率，预估断裂带及地裂缝在工程设计周期

内的最大变形量。

④提出减缓或预防断裂带及地裂缝活动的措施。

⑤地上工程不宜建在断裂带及地裂缝上，应根据其重要程度建议合理地避让距离，必须建在断裂带及地裂缝上时，应建议需采取的工程措施。

⑥地下工程宜避开断裂带及地裂缝，应根据其分布情况建议合理地避让距离，无法避开时，宜大角度穿越，并应建议需采取的工程措施。对于活动断裂带及地裂缝，尚应建议工程线路的通过方式。

⑦应评价断裂带及地裂缝对工程开挖、隧道涌水的影响，建议需采取的工程措施。

⑧提出对工程结构和断裂带及地裂缝进行长期监测的建议。

（二）断裂及地裂缝勘察监理工作要点

断裂及地裂缝勘察主要监理工作要点如下：

(1)断裂带及地裂缝的性质、成因、形成年代、发生发展规律。

(2)场地的地形、地貌、地层岩性及地质构造等地质背景与断裂带及地裂缝之间的关系。

(3)场地的新构造运动和地震活动情况与断裂带及地裂缝之间的关系。

(4)场地的地下水类型、含水层分布、地下水开采及水位变化情况与断裂带及地裂缝之间的关系。

(5)场地人工坑洞分布及地面沉降等情况与断裂带及地裂缝之间的关系。

(6)断裂带及地裂缝的分布规律、具体位置、出露情况、延伸长度、产状、上下盘主变形区和微变形区的宽度、次生裂缝发育情况。

(7)断裂带及地裂缝形态、宽度、充填物、充填程度。

(8)断裂带及地裂缝的活动性、活动速率、不同位置的垂直和水平错距。

(9)断裂带及地裂缝对既有建(构)筑物的破坏情况及针对地裂缝破坏所采取工程措施的成功经验。

四、孤石和基岩破碎带勘察监理

（一）孤石和基岩破碎带勘察监理方法

(1)检查孤石和基岩破碎带勘探点的布置和数量是否满足岩土工程勘察和工程设置的需要。

(2)对孤石和基岩破碎带稳定性的评价是否依据充分，工程措施是否合理。

(3)对孤石和基岩破碎带稳定性进行观测时，应检查观测点的布设和观测过程是否规范；岩块滚落试验过程是否合理。

(4)对孤石和基岩破碎带应在现场核对其发生的地质条件、影响范围，抽查观测过程。岩块滚落试验和重要的观测过程，应进行旁站监理。

（二）孤石和基岩破碎带勘察监理工作要点

孤石和基岩破碎带勘察监理的工作要点如下：

(1)核对孤石和基岩破碎带的范围、成因、形态、分类、粒径大小、崩落方向、影响范围及其与线路工程的关系。

(2)核对孤石和基岩破碎带产生的地形、地质条件，包括山坡坡度、高度，地层层序、岩性、地质构造、节理等结构面的发育、充填和组合情况、风化作用、地下水和地震的影响。

(3)检查孤石和基岩破碎带稳定性的评价,选线原则及执行情况。

五、采空区勘察监理

采空区的勘探方法应采用综合物探、钻探或其他勘探方法进行,物探成果应有其他勘探方法的验证。

(一)采空区勘察监理工作方法

(1)与线路工程关系密切的近期开采的坑洞应到现场核对开采情况和地下水、有害气体等情况。对古窑和已塌陷的坑洞应到现场核对采空区的范围,确定适宜的调查及勘探方法。

(2)核查采空区稳定性评价中地质条件的依据、地质参数的选择、计算或图解过程、结论等是否正确,与地表变形状况是否吻合,分区与预测是否合理。

(3)采空区内地下水和有害气体危害的可能性评价是否依据充分。

(4)核查建筑物和地面变形定位观测点的布置、观测方法的选择、数据分析和计算、结论。

(5)关键勘探点的钻进和取样过程应旁站监理。

(二)采空区勘察监理工作要点

采空区勘察监理的工作要点如下:

(1)采空区的分布范围,开采的时间、规模、开采方法、开采边界,顶板管理办法,巷道分布情况、断面形态等的调查情况。

(2)采空区范围内的地层岩性、地质构造、开采地层的厚度和顶底板高程、地下水等地质条件和水文地质条件。

(3)地面变形和建筑物变形的调查,及与采空区、线路的关系。

(4)采空区内地下水的动态变化及其对采空区稳定性的影响,附近地下水开采对采空区稳定的影响。

(5)洞内有害气体的类型、浓度、压力、危害程度。

(6)采空区的稳定性分区条件及地质参数,稳定性评价的结论是否正确。

(7)采空区调查和勘探的安全措施。

六、有害气体勘察监理

对有害气体勘察进行监理工作时,应核查岩样、气样、水样的采取、密封、运送方式是否符合规范要求;核查被委托的试验单位的资质,对试验过程应进行监理;以及检查地质调查及勘探过程中的安全制度与措施。

有害气体勘察监理的要点如下:

(1)产生有害气体的油、气、煤层的地层岩性、区域地质构造、地下水情况及水质。

(2)产生有害气体的厚层生活垃圾或工业废料掩埋、堆填场地,及其与铁路工程的关系。

(3)当地油、气、煤的开采和利用情况。

(4)有害气体的种类、含量、压力、涌出量。

(5)有害气体的评价及对城市轨道交通施工、运营的影响结论是否符合相关规范的要求。

第七节 特殊性岩土勘察监理

一、特殊性岩土勘察监理基本要求

城市轨道交通工程特殊性岩土勘察监理基本要求如下：

(1)检查特殊岩土分布的范围、类型、成因、地层结构、地下水水位和水质，及对轨道交通的影响。

(2)检查勘探点布置的数量和勘探深度、勘探方法的选用是否符合规范要求。

(3)检查取样位置和数量、试验方法是否符合相关规范要求。

(4)检查相关计算和场地评价的依据是否充分，工程措施建议是否合理。

(5)检查开挖试坑、取样的安全措施和保障。

(6)检查勘察方案是否考虑环境保护及是否有安全风险应急预案等措施。

二、填土勘察监理

(一)填土勘察监理工作方法

(1)检查勘探、试验是否满足规范要求，对存在有害物质、有害气体和水体的填土是否取水样、气样和土样进行了试验。

(2)检查填土密实度评价、稳定性评价、工程措施建议是否符合规范要求。

(3)对重点部位(车站附属设施，或对结构安全存在较大影响部位)的勘探、测试应进行现场抽检、核对；存在安全风险部位应对勘探、取样的过程进行旁站监理。

(二)填土勘察监理工作内容

填土勘察监理的工作内容如下：

(1)检查填土的分布范围、物质组成，填土的堆填方式、时代、颗粒级配、厚度、均匀性和密实度。

(2)检查填土下伏地层的岩性、坡度，有无埋藏的浜、塘、沟、坑渠等情况。

(3)检查生活垃圾和工业废料堆积物中有害物质，有害气体、水体对轨道交通工程的影响。

(4)检查施工过程中是否会导致周围环境进一步恶化。

三、软土勘察监理

(一)软土勘察监理工作方法

(1)检查勘探、试验是否满足规范要求，对存在有害物质、有害气体和水体的填土是否取水样、气样和土样进行了试验。

(2)检查软土的密实度评价、稳定性评价、工程措施建议是否符合规范要求。

(3)对重点部位(对结构安全存在较大影响部位)的勘探、测试应进行现场抽检、核对，必要时应进行旁站监理。

(二)软土勘察监理工作内容

软土勘察监理的工作内容如下：

(1)检查软土的分布规律、岩性特征、分类、埋藏深度及厚度、有机质含量、成因年代，与古地貌、古牛轭湖、暗埋的塘、浜、河道、沟渠的关系。

(2)检查地形及地貌特征、地层结构、地表硬壳和下伏硬底的岩性、硬底坡度。

(3)检查软土的岩性、物理力学性质、水理性质、固结状态。

(4)检查软土的勘探方法、判断依据。

(5)检查地下水水位、水质等水文地质条件对软土和松散土性质的影响。

(6)检查软土的场地土层的工程性质、稳定性评价、设计参数、工程措施建议。

(7)检查勘探过程中对有害气体的防护措施、出现突发事故时是否有执行应急预案。

四、膨胀岩土勘察监理

(一)膨胀岩土勘察监理工作方法

膨胀岩土勘察监理工作时，对重点部位(对结构安全存在较大影响部位)的勘探、测试应进行现场抽检、核对，必要时应进行旁站监理。

(二)膨胀岩土勘察监理工作内容

膨胀岩土勘察监理的工作内容如下：

(1)检查膨胀岩土的分布范围、成因、时代、类型、厚度、岩性特征、地层结构、软弱夹层、夹杂物、裂隙发育情况。

(2)检查膨胀岩土地区地形及地貌特征、不良地质的发育情况、地表水排泄和聚集情况、大气影响深度和大气影响急剧层深度、地下水水位和变幅、地表植被特征。

(3)检查膨胀岩土下伏基岩的岩性、坡度、岩溶发育特征。

(4)检查膨胀岩土的膨胀特性、基岩的风化程度。

(5)检查地下水水位、水质等水文地质条件对膨胀岩土性质的影响。

(6)检查膨胀岩土的场地土层的工程性质、稳定性评价、设计参数、工程措施建议。

五、风化岩与残积土勘察监理

(一)风化岩与残积土勘察监理工作方法

风化岩与残积土勘察监理工作时，对重点部位(对结构安全存在较大影响部位)的勘探、测试应进行现场抽检、核对，必要时应进行旁站监理。

(二)风化岩与残积土勘察监理工作内容

风化岩与残积土勘察监理的工作内容如下：

(1)检查岩石在风化营力作用下其结构、成分和性质产生的变异程度。

(2)检查母岩地质年代和岩石名称。

(3)检查岩脉和风化花岗岩中球状风化体(孤石)的分布。

(4)检查岩土的均匀性、破碎带和软弱夹层的分布。

(5)检查地下水的赋存条件。

(6)检查勘探点(探井、探槽)的数量、位置、取样设备、方法和取样质量、试验项目、试验方法和结果。

(7)检查岩芯采取率、节理裂隙发育程度。

(8)检查基岩走向、倾向和倾角,以及与工程基础的关系。

(9)检查地层中是否存在溶洞、构造裂隙、水囊等不良地质体。

六、湿陷性土勘察监理

(一)湿陷性土勘察监理工作方法

湿陷性土勘察监理工作时,对重点部位(对结构安全存在较大影响部位)的勘探、测试应进行现场抽检、核对,必要时应进行旁站监理。

(二)湿陷性土勘察监理工作内容

湿陷性土勘察监理的工作内容如下:

(1)检查湿陷性土的分布范围、地貌类型、土层厚度、时代、成因、地层结构、土质特征。

(2)检查湿陷性土的湿陷性类型、湿陷等级、湿陷土层厚度及湿陷性土场地的划分和评价。

(3)检查湿陷性土下伏地层的岩性、坡度、地下水情况。

(4)检查黄土地区陷穴、裂缝、滑坡、错落、崩塌、泥石流、人为坑洞的分布、规模、发育情况、稳定性和发展趋势。

(5)检查饱和黄土、黄土层与其他地层的界面附近地下水或软塑土层的发育情况及对城市轨道交通工程稳定性的影响。

(6)检查原状样的取样设备、方法和取土质量,试验项目、试验方法和结果。

(7)检查试验结果的计算过程、湿陷类型和湿陷等级的计算、评价。

(8)检查湿陷性土地区不良地质现象与轨道交通的关系,有无恶化或复活的可能性。

(9)检查开挖试坑的安全制度、措施与执行情况。

(10)检查湿陷性类型和湿陷等级判定的依据是否充分,工程措施是否合理。

七、冻土勘察监理

(一)冻土勘察监理工作方法

冻土勘察监理工作方法如下:

(1)对重点部位(对结构安全存在较大影响部位)的勘探、测试、取样过程应进行现场抽检、核对,必要时应进行旁站监理。

(2)检查勘探方法是否符合冻土勘察的特殊要求,地温观测是否满足技术要求。

(3)检查取样设备和取样过程、试样封装、运送、保存是否符合规范要求。

(4)检查冻土试验的环境条件和试验过程是否满足规范要求。

(5)检查地温观测点的布置、钻探、设备校正与安装、观测周期的确定、观测成果的分析、结论。

(6)检查多年冻土区资料的分析、评价是否符合规范要求。

(7)对多年冻土的分类、多年冻土的上下限的确定、年平均地温分区等多年冻土的基础资料进行核对;应现场核对重点工程的多年冻土地质条件。

(8)检查季节性冻土地下水分布情况及毛细作用。

(二)冻土勘察监理工作内容

冻土勘察监理的工作内容如下：

(1)检查冻土的类型。

(2)检查多年冻土的分布范围，多年冻土区的地形地貌、地层岩性、地层结构、地质构造，多年冻土的冻土级别、冻土上限与下限的深度、活动层厚度、冻土融沉分级。

(3)检查当地气温等气象资料、年平均地温及其分布特征。

(4)检查地表水、井、泉的分布规律，多年冻土区的水文地质条件与山坡朝向、地质构造、融区的关系。

(5)检查不良冻土现象、厚层地下冰、冻土沼泽等的分布规律及形成条件。

(6)检查轨道交通工程建设对地表植被及其他环境条件的影响。

八、盐渍土勘察监理

(一)盐渍土勘察监理工作方法

盐渍土勘察监理工作方法如下：

(1)对重点部位(对结构安全存在较大影响部位)的勘探、测试、取样过程应进行现场抽检、核对，必要时应进行旁站监理。

(2)检查盐渍土场地的评价，填料、基底处理及其他工程措施意见是否合理并符合规范要求。

(二)盐渍土勘察监理工作内容

盐渍土勘察监理的工作内容如下：

(1)检查盐渍土的分布范围、规律，地表盐壳和地层的含盐量、含盐成分、类型和含盐程度，土质成分。

(2)检查盐渍土地区的地形、地貌、植被种类及其覆盖度。

(3)检查盐渍土与地表水、地下水水位、水质变化规律的关系。

(4)检查当地气象资料，水库蓄水、灌溉和地下水开发利用等人为活动与盐渍土的关系。

第八节　质量问题判定及处理

在城市轨道交通工程勘察监理过程中，工程勘察的质量问题可分为一般质量问题、较大质量问题和重大质量问题三个等级。当监理单位与勘察单位对质量问题的判定发生分歧时，报请建设单位，组织现场调查后确定。

一、一般质量问题的判定与处理

(一)一般质量问题的判定

当出现以下问题时，应判定为一般质量问题：

(1)地质调绘不细、遗漏一般地质界限与线路关系不密切的不良地质现象或特殊性岩土类型，经补充后不影响岩土工程勘察整体质量。

(2)勘探、测试点的数量偏少或勘探方法欠妥，经补充后不影响地质条件定性和总体勘察质量。

(3)室内试验环境、仪器设备、试验过程有缺陷,但试验成果可基本满足要求。

(4)计算、评价及工程措施建议存在一般性的差、错、漏等类型的错误,不影响整体勘察水平。

(5)岩土工程说明、原始资料及图件等较混乱,但不存在漏项,经重新整理后可基本满足要求。

(二)一般质量问题的处理

当出现一般质量问题时,可采用以下方法和手段进行处理:

(1)出现一般质量问题或隐患时,监理人员应及时填写"监理工程师通知单",以书面形式通知勘察单位,责令尽快改正,并要求勘察单位将整改情况以"监理工程师通知回复单"书面回复。

(2)监理人员应到现场对改正后的情况进行检查、核实。

(3)按照业主、总体单位下发的奖惩办法进行管理。

二、较大质量问题的判定与处理

(一)较大质量问题的判定

当出现以下问题时,应判定为较大质量问题:

(1)地质调绘不细,遗漏与线路关系密切的地质界限、不良地质现象和特殊性岩土类型,经补充后不影响岩土工程勘察整体质量。

(2)勘探、测试点的数量不足或勘探方法不当,未按规定完成勘察大纲的要求,需要返工,已影响地质条件定性和总体勘察质量。

(3)室内试验环境、仪器设备、试验过程有缺陷,部分试验成果不能满足要求,已影响试验工作质量。

(4)计算、评价及工程措施建议存在较多的差、错、漏等类型的错误,已影响整体勘察水平。

(5)岩土工程说明、原始资料及图件等混乱,不存在漏项,经补充整理后基本满足要求。

(6)多次发生一般性质量问题,已经影响总体的岩土工程勘察质量。

(二)较大质量问题的处理

当出现较大质量问题时,可采用以下方法和手段进行处理:

(1)出现较大质量问题时,监理人员应及时填写"监理工程师通知单",以书面形式通知勘察单位。勘察单位应填写"勘察质量安全问题调查报告单",提出纠正方案及方法,报监理单位同意后执行。

(2)监理人员应到现场对改正情况进行监督和检查。

(3)按照业主、总体单位下发的奖惩办法进行管理。

三、重大质量问题的判定与处理

(一)重大质量问题的判定

当出现以下问题时,应判定为重大质量问题:

(1)遗漏与线路关系密切的、重要的不良地质现象和特殊性岩土类型的岩土工程勘察工作。

(2)因岩土工程勘察原因遗漏重大工点、造成大规模补充勘探工作。

(3)勘探点的数量、位置、深度、取样及岩芯鉴定成果等,有多项不符合规范要求,影响地质评价,必须返工且造成较大工作量。

(4)工点地质资料严重不足或错误,必须进行重新勘探。

(5)勘探、测试、取样、土工试验有造假行为。

(二)重大质量问题的处理

出现重大质量问题或隐患,监理人员应及时填写监理工程师通知单或勘察暂停工作通知单,以书面形式分别通知勘察单位、建设单位。

(1)监理人员应监督勘察单位尽快组织自查,填写勘察质量安全问题调查报告单,提出事故调查报告及处理方案,报监理单位和建设单位。

(2)总监理工程师组织监理、建设和勘察单位研究、审定处理方案,报建设单位批准、下达复工令后,由勘察单位实施。

(3)监理人员应对勘察单位的执行过程和结果进行检查,必要时应旁站监理。

(4)重大质量问题处理完毕,勘察监理单位应向建设单位书面报告处理经过及结果。

(5)按照业主、总体单位下发的奖惩办法进行管理。

第九节 监理例会

现场监理例会一般分为第一次现场监理例会、日常监理例会及专题会议三种。第一次现场监理例会应在工程开工前适当时间举行;日常监理例会应与各单位在第一次现场监理例会上约定后,在勘察施工过程中形成制度定期举行;专题会议视需要召开。

一、第一次现场监理例会

第一次现场监理例会由建设单位主持,工程勘察单位和勘察监理单位参加。会议主要了解工程准备及勘察施工准备情况,明确各方职责及主要负责人,介绍"监理大纲、细则"的主要内容及相关要求,商定今后各方参加会议人员及召开时间等。监理部负责人向工程勘察单位介绍主要监理成员及监理工作基本程序、办法和手段等。

二、日常监理例会

勘察过程中,总监理工程师或授权的监理工程师应按商定的时间定期主持召开工地例会。就上周(月)工程质量、施工进度、存在问题和下周(月)工作计划及需要协调处理的有关问题等进行讨论和安排。会议纪要应由项目监理机构起草,与会各方代表签认。必要时,可邀请建设单位和设计单位有关人员参加,协调及处理工程施工过程中存在的问题。每次例会将各类文件、照片归类后,以电子文件形式复制勘察监理存留。

日常监理例会应包括以下内容:

(1)检查上次例会决定事项的落实情况,分析未完成的原因。

(2)分析当前勘察工作的质量状况,针对存在的质量问题提出改进措施。

(3)互相通报各单位近期工作的重点和安排。

(4)解决需要协调及其他有关事项。

(5)对于处理时间较长的,要建立问题销号制度,将问题在各级人员易了解的地方进行特殊标识,提醒注意,跟踪闭合。

三、专题会议

建设单位、勘察单位、监理单位任何一方认为有必要或出现亟待解决的问题时,监理单位组织召开专题会议。

第十节 监理资料管理

一、一般规定

(1)监理人员在工作过程中应按下列规定及时填写监理记录:

①对勘察全过程的检查,应按表列内容填写监理日志、勘察监理现场检查记录表,每月应编写监理月报。

②旁站监理过程应填写勘察监理现场检查记录表。

a. 对重大工程及勘察难点要点工序施工进行旁站监理。

b. 监理部及时将需旁站监理的项目工序通知工程勘察单位,并要求勘察单位在该项目工序施工前 24 h 通知监理工程师。

c. 监理部应组织监理人员学习旁站监理要点,旁站监理人员无权更改、增减旁站监理项目。

d. 监理人员接到工程勘察单位通知后,按时到达施工现场实施旁站监理,不得迟到、早退或离岗。

e. 认真填写旁站记录,真实反映实际,不得弄虚作假。

③出现“一般质量问题”或“较大质量问题”应根据性质和规模填写监理工程师通知单或勘察暂停通知单。

④出现“重大质量问题”应填写勘察暂停通知单;经相关程序批准复工后填写勘察复工通知单。

(2)勘察单位应按规定要求填写勘察开工申请报告、主要进场人员报审表、分包单位资格报审表、主要进场机械、设备报审表、勘察成果资料报审表、已完成勘察工作量周(月)报表、勘察质量安全问题调查报告单、勘察复工申请表等文件,报监理单位。

(3)监理单位、建设单位、勘察单位之间有联系事项时,应填写监理工作联系单、工程勘察变更通知单等。

二、监理日志

监理日志应使用专门的笔记本记录,监理日志应按监理过程中日历天数、连续无间断填写,书写工整、清晰,用语规范,语言表达简明扼要,措辞严谨。监理过程中发现并要求整改的问题,要对问题表述清楚,整改指令明确,记录负责落实的勘察单位负责人姓名,记录整改完成时间及监理复检结果。

监理日志应记录以下主要内容：

(1)地点、时间、气象、温度记录。

(2)当日施工情况(包括施工工点、勘察设备数量、当日完成工作量)。

(3)当日主要监理工作(检查验收的内容及结果，监理巡检中发现的问题及整改结果，各种监理指令及整改结果)。

(4)其他有关情况(参加或组织会议、学习文件和法规情况，施工单位提出的问题及答复意见，上级单位检查的意见及整改情况)。

监理日志记录完一册后及时交回监理部统一存档管理。

三、监理月报

监理月报应由监理工程师按月编制，并经总监理工程师审查(签署)后在规定期限内报建设单位。

监理月报应包括以下内容：

(1)本月工程动态：工程勘察单位人员、机械、施工情况的变化等。

(2)工程形象进度：细化到每个单位工程或施工工点。

(3)工程质量情况：本月质量情况，存在的质量问题，工程质量控制采取的措施及效果。

(4)安全文明施工：本月安全情况，存在的问题，本月安全控制的重点，采取的措施及效果，文明施工情况。

(5)变更设计。

(6)工程质量事故或存在问题。

(7)本月监理工作情况，详细阐述本月以来的主要监理工作。

(8)下月工作重点及建议。

四、监理工作总结

勘察工作完成(或完成某阶段)后，应在总监理工程师的主持下编写“监理工作总结(阶段)报告”，经上级领导审查批准后报建设单位。

“监理工作总结(阶段)报告”的主要内容应包括：工程概况，岩土工程勘察概况，监理工作概况，勘察工作中重大工程、重点项目的质量状况及监理措施，质量问题和事故的处理情况，监理工作的体会和建议，工作监理照片等。

五、监理资料的管理

监理资料应及时分类整理，完整有序，必要时可对重大工点、重要事件分别归纳整理。监理工作结束后应及时按有关规定归档、保存。

第二章　勘察风险管理

为保障城市轨道交通工程勘察工作人员的作业安全和职业健康，以及勘察工作安全顺利地进行，需要根据工程勘察行业安全生产特点，在充分考虑勘察主要作业工序和作业环境中可能存在涉及人身安全和健康的危险因素基础上，找出勘察过程中的各类风险，制定控制措施，提供可靠的勘察资料，将轨道交通工程勘察方面的风险降低到可接受水平。

工程勘察风险管理应按现行《城市轨道交通地下工程建设风险管理规范》(GB 50652)执行，主要流程包括：风险界定、风险辨识、风险估计、风险评价和风险控制。勘察风险管理应由建设单位组织实施，并明确约定工程参与各方的风险管理责任。

第一节　勘察风险的界定和辨识

城市轨道交通工程勘察实施过程中风险类型有技术标准风险、施工安全风险、质量风险和随机性风险。对可能出现的风险源进行识别和分级，并分析原因，采取相应的风险控制预防措施。

勘察风险辨识过程可分为风险定义、确定参与者、收集相关资料、风险识别、风险筛选、编制风险辨识报告等步骤。

勘察风险分析可采用定性分析、定量分析和综合分析等方法。

一、勘察风险内容

工程勘察风险主要包括施工安全风险和质量风险。

(一)施工安全风险

施工安全风险应根据项目特点、场地施工及地质条件、勘察手段等对施工过程中危险源进行识别和分级，一般包括下列内容：

(1)机械、设备和人员自身的安全风险。

(2)由于施工不当，导致钻探过程中对地下设施、地下管线和周边环境的破坏引发的各类安全风险。

(3)由于钻孔封堵措施不当、遗留钻具造成的风险。

(二)质量风险

质量风险一般包括下列内容：

(1)引用规范不当或未执行规范强制性条文引发的。

(2)因场地条件或现有技术手段的限制，难以查明工程地质和水文地质条件引发的。

(3)勘察资料缺陷引发的，包括但不限于下列：

①勘察方案不全面、不合理，包括勘探点位布置与数量、钻探与原位测试技术、室内土

工试验方法、试验数量等。

②现场调查、编录和测量成果不当或错误的。

③勘探、取样、原位和室内试验成果错误的。

④填土、软土、污染土和泥炭质土性质没有查明的。

⑤地下水条件或水对建筑材料腐蚀性没有查明的。

⑥滑坡、崩塌、地面塌陷、区域地面沉降和浅层气体条件没有查明的。

⑦地下管线、地下设施和地下障碍物没有查明的。

⑧暗浜、暗塘等调查不清的。

⑨对影响基坑或隧道施工的地质环境条件没有查明的。

⑩勘察报告提供的岩土设计参数错误，评价和建议不当的。

⑪提供的勘察资料不全的。

二、勘察风险分级

勘察风险分级可采用作业条件危险性评价法（*LEC* 法）。用 *LEC* 评分法评价危险源时，风险分级可按表 10-2-1 分为 5 级，当风险值 $D \geqslant 70$ 时，判定为不可接受风险。

$$D = L \cdot E \cdot C \tag{10-2-1}$$

式中　D——风险值（取值见表 10-2-1）；

L——发生事故的可能性大小（取值见表 10-2-2）；

E——暴露于危险环境的频繁程度（取值见表 10-2-3）；

C——发生事故可能出现的结果（取值见表 10-2-4）。

表 10-2-1　风险值（D）及风险等级

分　值　数	事故发生的可能性	风险等级
$D \geqslant 320$	极其危险，不能继续作业	5 级
$160 \leqslant D < 320$	高度危险，需立即改正	4 级
$70 \leqslant D < 160$	显著危险，需要整改	3 级
$20 \leqslant D < 70$	一般危险，需要注意	2 级
$D < 20$	稍有危险，可以接受	1 级

表 10-2-2　事故发生的可能性（L）

事故发生的可能性	分　值　数　（L）
完全可以预料	10
相当可能	6
可能，但不经常	3
可能性小，完全意外	1
很不可能，可以设想	0.5
极不可能	0.2
实际不可能	0.1

表 10-2-3 暴露于危险环境频繁程度(E)

频繁程度	分 值 数 (E)
连续暴露	10
每天工作时间内暴露	6
每周一次,或偶然暴露	3
每月一次暴露	2
每年几次暴露	1
非常罕见地暴露	0.5

表 10-2-4 可能出现的结果(C)

可能出现的结果	分 值 数 (C)
大灾难,很多人死亡	100
灾难,数人死亡	40
非常严重,一人死亡	15
严重,重伤	7
重大,致残	3
引人注目,需要救护,轻伤	1

第二节 勘察风险控制措施

勘察风险控制必须坚持"安全第一、保护环境、预防为主"的原则,采取经济、可行、主动的处置措施来减少或降低风险的影响。

勘察风险管理控制处理措施包括:风险消除、风险降低、风险转移及风险自留。

一、勘察风险控制措施要求

勘察风险实行分级控制,法律法规的强制性要求必须予以控制;对不可接受风险要进行重点控制,制定有针对性的控制措施。

风险控制措施要求见表 10-2-5。

表 10-2-5 风险控制措施要求

风险级别	控 制 措 施 及 要 求
稍有风险($D<20$)	不需采取措施且不必保留文件记录
一般风险 ($20\leqslant D<70$)	可保持现有控制措施,即不需要另外增加控制措施,但应考虑投资效果更佳的解决方案或不增加额外成本的改进措施,需要通过检测来确保控制措施得以维持
显著风险 ($70\leqslant D<160$)	应努力采取措施降低风险,但应仔细测定并限定预防成本,并应在规定时间期限内实施风险减少措施,如现有条件不具备,可考虑长远措施和当前简易控制措施。 在中度风险与严重伤害后果相关的场合,必须进一步评价以更准确地确定伤害的可能性,确定是否需要改进的控制措施,是否需要制定管理目标和管理方案
高度风险 ($160\leqslant D<320$)	直至风险降低后才能开始工作。为降低风险有时必须配给大量资源。当风险涉及正在进行中的工作时,应采取应急措施并制定管理目标和管理方案降低风险
极其风险 ($D\geqslant 320$)	只有当风险已降低时,才能开始或继续工作,若即使以无限的资源投入也不能降低风险,就必须禁止工作

二、施工现场安全风险保障措施

影响地铁勘察钻探施工安全的因素较多，主要包括管线安全、交通安全、管线探测安全及钻探作业安全等。

(一)管线安全措施

城市轨道交通工程一般位于城市主要道路下，地下、地上管线及构筑物密集且复杂。由于地下管线及构筑物属于施工盲点，容易造成损坏，因此，野外作业过程中对地下管线及构筑物的现场保护是各阶段勘察重点考虑的问题之一，所有勘察钻孔必须采取相应措施避开所有地下管线及构筑物，确保管线及构筑物的安全。

地下管线及构筑物的避让和现场保护总体原则遵循“查、访、探、挖、护、听”六字方针，即查：认真研究建设单位提供的管线资料，确定沿线管线的分布和具体位置，并进一步查询、收集管线竣工资料；访：走访各管线主管单位确定沿线管线的分布和具体位置，走访沿线的居民了解管线施工的历史；探：采用管线探测仪进行现场实地探测确定管线的位置；挖：采取挖探的办法确定浅部管线的位置；护：将钻孔周围距离小于 2 m 的管线位置标示出来，给予保护；听：在钻探过程中听到有异响或钻机有异常，立即停钻。具体的避让和保护措施以及程序如下：

(1)野外钻探准备期间，走访地下管线及构筑物的主管单位，调查和了解沿线地下管线、地下通道、地下暗河、地下人防、地下隐蔽或遗弃临设的位置与数量。钻孔定位后，请各主管单位到现场沿线查看钻孔与各种管线的位置关系，明确管线位置，确保钻孔避开管线。

(2)查询、收集管线图，认真阅读地下管线、管道图，明确其位置，结合调查资料，在钻孔布置时尽量避开地下管线管道与构筑物。

(3)在放孔过程中，仔细观察地面的管线、管道标志，向周围居民了解管线施工历史。对每个钻孔用管线探测仪进行实地探测，确保钻孔孔位避开管线，并将钻孔周围 2 m 范围内的管线位置标示出来。

(4)钻探施工前，首先进行人工挖探至原状土层，或挖探深度不少于 2 m。在钻探过程中，要求操作人员在确认穿过管线埋设深度前，一定要保持高度警惕，如感觉与正常操作有异，必须立即停机，通知施工管理人员和管线探测人员到场，重新探测(仪器探测、人工探测)和调查后，确认是否继续钻进或钻孔移位。

(5)支立钻机井架时，丈量好支立空间，按规定的安全距离避让空中的动力电缆、通信电缆。

(二)交通安全措施

城市轨道交通钻探施工多位于市区交通繁忙的道路上，占道施工的交通安全是钻探施工的另一大安全风险源。通常采取下列措施，确保施工时的交通安全。

(1)勘察现场设置临时围蔽设施，围蔽要求安全、牢固、整齐、美观，道路上只允许占用一条车道，并安排专人劝阻非工作人员围观，严禁非工作人员进入勘察现场。

(2)在交通道路上勘察施工时，按照《城市道路施工作业交通组织规范》(GA/T 900—2010)及当地交通管理局的要求和标准设置交通疏导标志，夜间施工时还要按要求和标准设置夜间施工交通警示灯。

(3)勘察人员需穿戴专用的交通警告服饰。

(4)当天不能完成的钻孔,在撤场前必须将现场清理干净,用特制的孔口盖板盖住孔口,避免伤及行人和过往车辆。

(5)钻孔完工后应做好场地清理,钻孔回填。

(三)管线探测安全措施

管线探测工作应满足以下规定:

(1)地下管线探测作业人员,应熟悉本工作岗位的安全保护规定,做到安全生产。

(2)在市区或道路上进行地下管线探测的作业人员,必须穿戴安全标志服,遵守城市交通法规。

(3)进入企业厂区进行地下管线探测的作业人员,必须熟悉该厂安全保护规定,遵守该企业工厂的厂规。

(4)对规模较大的排污管道,在下井调查或施放探头、电极导线时,严禁明火,并应进行有害、有毒及可燃气体的浓度测定。超标的管道要采取安全保护措施后才能作业。

(5)严禁在氧、煤气、乙炔等易燃、易爆管道上作充电点,进行直接法或充电法作业。

(6)使用大功率仪器设备时,作业人员应具备安全用电和触电急救的基础知识。工作电压超过 36 V,供电作业人员应使用绝缘防护用品。接地电极附近应设置明显警告标志,并委派专人看管。雷电天气严禁使用大功率仪器设备施工。井下作业的所有电气设备外壳必须接地。

(7)打开井盖实地调查时,井口必须有专人看管,或用设有明显标志的栅栏圈围起来。夜间作业时,应有安全照明标记。调查完毕必须立即盖好窨井盖,打开窨井盖后严禁作业人员离开现场。

(8)发生人身事故时,除立即将受害者送到附近医院急救外,还必须保护现场,及时上报上级主管部门,组织有关人员进行调查,明确事故责任。

(9)地下管线信息管理系统运行中应采取必要的措施,防止病毒侵入和数据流失,确保数据安全。

(四)钻探作业安全措施

(1)贯彻执行安全生产岗位责任制,现场工作人员要进行培训,做好岗前安全教育,制定分工序的安全操作规程和安全奖惩制度。

(2)施工前由技术负责人对所有参与人员进行安全技术交底。严格执行制定地下管线及构筑物保护措施,确保地下管线及构筑物在勘察过程中不受到破坏。

(3)各种机械操作人员和车辆驾驶员,必须取得操作合格证,不准操作与操作证不相符的机械,不准将机械设备交给无该机操作证的人员操作,对机械操作人员要建立档案,由专人管理。

(4)进入施工现场的人员一律戴安全帽,禁止赤脚及穿拖鞋上机操作。施工人员严禁上岗前饮酒;工作中思想必须高度集中,禁止嬉戏或打闹。

(5)施工现场设置临时围挡设施,避免非施工人员进入现场。安排专人劝阻非施工人员的围观。

(6)对施工人员进行公共财产、地下管线保护教育,加强施工人员责任和保护地下管线的法律意识，并加强管理，杜绝施工中无意与有意的破坏行为。

(7)操作人员必须按照机械说明书的规定，严格执行工作前的检查制度和工作中注意观察及工作后的检查保养制度，严禁机械带病运转或超负荷运转。

(8)用手柄起动的机械应注意手柄倒转伤人。向机械加油时要严禁烟火。

(9)严禁对运转中的机械设备进行维修、保养、调整等作业。

(10)指挥施工机械作业人员，必须站在可让人瞭望的安全地点，并应明确规定指挥联络信号。

(11)使用钢丝绳的机械，在运转中严禁用手套或其他物件接触钢丝绳，用钢丝绳拖、拉机械或重物时，人员应远离钢丝绳。若钻孔位于高压线下，应保证钻机机具与高压线之间有足够的距离，否则应移位钻孔避开高压线。

(五)水上钻探安全措施

水上钻探受水文、气象、航运和潮汐等条件的影响，容易发生事故，因而安全管理显得特别重要。为保证水上钻探顺利进行，必须配备必要的安全设备，采取有效的安全措施，切实把“安全生产”放在首要位置。

1. 安全设备

(1)交通设备。应备有小型机动船作为交通与联系工作之用。钻探船和交通船上必须配备足够的救生衣、救生圈。交通船必须正确运用航行标志、信号，严格遵守航行规程，保证水上交通安全。

(2)航行标志。进行水上钻探时，钻探船应遵守有关规定，悬持号灯、号旗与航行标志。

(3)照明设备。一般采用电力照明，可配备发电机，为防止发电机发生故障，造成电力中断，应配备煤油马灯。严禁采用火焰外露的照明设备，防止造成火灾。

(4)通信设备。水上钻探，为了使钻探船与来往大型机动船舶或岸上进行联系，保证钻探顺利进行，应设有通信设备。如采用高频无线电话机、对讲机、高音喇叭设备，指定专人负责管理，规定通信时间，保持经常联系。

此外，应配备足够的灭火砂箱、医疗设备、防寒设备与防滑设备及安全护栏等。

2. 安全技术

应特别注意施钻中的安全问题。为防止钻杆、套管折断、钻船被撞、钻孔报废等重大事故发生，应采取各种有效技术措施。

(1)轮船过境产生涌浪时，应松开卡盘、停止钻进，待轮船过境后，才可继续作业。

(2)值班人员经常检查锚绳、定位绳、保险绳等安全情况。注意观察来往船舶，严防发生撞船事故。

(3)各班记录员应观测、记录水位涨落情况，及时校正孔深、接卸套管。

(4)及时掌握风力与水情资料，如有大风、洪峰预报，应及时通知机组人员作好准备，采取预防措施。

(5)严禁在钻船及其抛锚范围内进行爆破作业和采取砂石。

(6)如有五级以上大风，应卸掉钻场篷布，以减小风的阻力，保持钻船稳定。

(7)停工时，钻船上必须派专人值班。注意钻船安全与防火事宜。

(8)铁驳钻探船应按时进行维护和管理，保证船舶安全，延长使用寿命。

(六)文明施工与环境保护

城市轨道交通工程勘察在钻探过程中应加强文明施工和环境保护工作,主要措施和注意事项介绍如下:

(1)临时占用人行道及机动车道路,严格执行申报审批的规定。在经批准占用的区域,设置围挡,并且在批准占用的有效期内按照所批准的施工项目进行施工。

(2)泥浆护壁施工过程中,将采用有效措施将泥浆与路面隔离,禁止将泥浆向施工现场和附近水域任意排放,杜绝泥浆溢流,保证施工现场和附近水域不受泥浆污染。所有泥浆坑和泥浆循环通道均在钻孔施工完成后予以清理。在市区和交通道路上钻探时,使用专用泥浆桶进行泥浆循环,避免泥浆污染路面。

(3)当天不能完成的钻孔,在撤场前,必须将岩芯与废土一起装车带走,并将路面清扫干净,用特制的孔口盖板盖住孔口,避免伤及行人和过往车辆。已完成的钻孔,按要求进行封孔回填,并将废土带走,将路面残留的泥浆清扫干净。在钻孔位置设置明显标志,以方便将来孔位查找。

(4)施工中要确保城市公共设施的安全,支立钻机井架时,丈量好支立空间,避免损坏房屋、树木。保护施工现场附近的建筑物、地上或地下的管线设施、水利设施、道路、铁路、河道、树木、光缆等及其他财产免遭破坏。施工中应指定专人检查保护措施的可靠性。不明管线须先探明,后施工,严禁蛮干。施工中若发生管线等公共设施损坏情况,立即采取必要的抢救措施,并及时报告相关部门。

(5)施工前,做好对当地居民的走访与宣传工作,取得市民对勘察工作的理解与支持。与当地居民搞好关系,礼貌待人。

(6)所有机具设备均在单位检修好,保证机具设备在进场前所有油路系统完好,杜绝机油、柴油等油料的跑、冒、滴、漏,尽量减少施工过程中的机械修理,以免油料污染周围环境和水域。注意钻探污水排放,避免造成地面污染。

(7)钻探机具应堆放整齐,擦拭干净。保持现场施工场地整洁,泥浆应围在钻机周围,不得外流。并清洗干净施工场地。

(8)施工人员不得在居住工棚乱丢垃圾,随便倾倒污水,做好周围环境卫生。临时居住工棚拆迁后,必须清扫干净,恢复原貌。

(9)施工中要严格控制噪声。

(七)封孔技术措施

钻孔、探井、探槽用完后应及时妥善回填,并记录回填方法、材料和过程;回填质量应满足工程施工要求,避免对工程施工造成危害。未按照要求封填,可能造成以下问题:

(1)可能造成地下水涌入隧道或基坑,也会导致上下含水层中地下水的连通,尤其是下部承压水沿钻孔上升,造成突涌,对施工造成严重的影响。

(2)可能造成暗挖或盾构隧道施工注浆浆液沿未封闭钻孔溢流或喷出,影响地面人员及交通安全,对环境造成污染。

位于隧道、基坑结构线范围内的勘探点应列为回填的重点。封孔措施如下:

(1)对钻孔可采用直径 20 mm 左右黏土球回填封孔;或采用全孔回灌水泥浆、水泥与膨润土或粉煤灰浆液方法进行封孔。

(2)采用黏土球回填封孔时应均匀回填黏土球,每 0.5~1 m 分层捣实;有套管护壁的钻孔应边起拔套管边回填。

(3)采用全孔灌浆封孔时应将灌浆管插进孔中，管口下放至孔底，施加 0.2～0.5 MPa 压力灌浆，不拔注浆管，直至水泥浆等浆液从孔口流出，并保持此状态不少于 2 min。

(4)对探井和探槽可用原土回填，每 30 cm 分层夯实。夯实土干容重不小于 15 kN/m³。有特殊要求时可用低标号混凝土回填。

(5)对混凝土或沥青路面还应对孔口位置用水泥砂浆填补抹平，以尽可能恢复原状。

三、室内试验安全风险保障措施

(一)用水用电等安全措施

(1)试验室水、电设施应配备齐全。临时中断供电、供水时应将电源和水源全部关闭。

(2)试验室应设置通风、除尘、防火和防爆等设施，并应采取废水、废气和废弃物处理措施。

(3)作业人员从事有可能烫伤、烧伤、损伤眼睛或发生其他危险试验项目时，应佩戴防烫手套、防腐蚀乳胶手套、防护眼睛等相应的安全防护用品。

(4)试验室采光与照明应满足作业人员安全生产作业要求。作业位置和潮湿工作场所的地面应设置绝缘和防滑等安全生产防护措施。

(5)试验室用电设备应由固定式电源座供电，电源插座回路应设置带短路、过载和剩余电流动作保护装置的断路器。

(6)潮湿、有腐蚀性气体、蒸汽、火灾危险和爆炸危险等作业场所，应选用具有相应安全防护性能的配电设施。

(7)高温炉、烘箱、微波炉、电砂浴和电蒸馏器等电热设备应置于不可燃基座上，使用时应有专人值守。

(8)从用电设备中取放样品时，应先切断电源。

(二)土、水试验安全措施

(1)压力试验等相关试验设备应配备过压和故障保护装置。

(2)使用环刀人工压切取样时，环刀上应垫承压物，不得用手直接加压。

(3)移到接近沸点的水或溶液时，应先用烧杯夹将其轻轻摇动。

(4)中和浓酸、强碱时应先进行稀释；稀释时不得将水直接加入浓酸中。

(5)开启装有易挥发的液体试剂和其他苛性溶液容器时，应先将水冷却并在通风环境下进行，不得将瓶口朝向他人。

(6)使用会爆炸、溅洒热液或腐蚀性液体的玻璃仪器时，首次试验应使用最小剂量，作业人员应佩戴防护眼镜和使用防护挡板进行作业。

(7)采取或吸取酸、碱、有毒、放射性试剂和有机溶剂时，应使用专用工具或专用器械。

(8)经常使用强酸、强碱或其他腐蚀性药品的试验室应设置安全标志，并宜在出入口就近处设置应急喷淋器和应急眼睛冲洗器。

(9)放射源使用应由专人负责，并应限量领用；作业人员应穿戴符合规定的放射性防护用品。

(三)岩石试验安全措施

(1)试验前应检查仪器和设备性能，发现异常时应进行维修，并应经检测合格后再投入使用。

(2)制备试样时应将试样夹持牢固,并应在刀口注上冷却水。

(3)岩石抗压试验试样应置于上下承压板中心,试样与上下承压板应保持均匀接触。

(4)压力机周边应设置保护网或防护罩。

四、质量风险保障措施

勘察风险管理中,可采用的质量风险控制措施包括以下内容:

(1)实行勘察大纲、勘察报告评审和勘察监理制度。

(2)外业施工前对所有现场施工人员进行技术交底。

(3)加强对勘探孔定位测量、岩芯采取率、取样质量、原位测试等环节质量控制。

(4)检查室内试验方法与数据,抽查钻孔芯样。

(5)地质条件变化较大时及时调整钻孔间距,增加钻孔数量;线路调整后应及时补充地质钻孔。

(6)采取多种勘察手段,将地质钻探与物探相结合或对照参考。

(7)进行多种勘察手段进行专项不良工程地质与水文地质勘察工作及周边环境调查工作。

(8)充分利用勘察技术人员的工程实践经验。

(9)充分利用邻近已建建构筑物的勘察成果和经验。

第三章　工程勘察项目的信息化管理

第一节　工程勘察项目信息系统概述

工程勘察信息系统是工程勘察行业的地理信息系统。从地理系统本身的概念上来分析，工程勘察信息系统是利用当今众多尖端科学技术、资源来加速和规范工程勘察行业发展的现代化信息系统。是在计算机硬、软件系统支持下，对现实世界各类空间数据及描述这些空间数据特性的属性进行采集、储存、管理、运算、分析、显示、描述和综合分析应用的技术系统。工程勘察信息系统作为集计算机科学、土力学、工程地质学、水文地质学、空间科学、信息科学和管理科学为一体的新兴学科正在迅速地兴起。

工程勘察信息化管理是利用信息技术手段实现规则统一、数据信息共享，专业协同工作，提高工作效率和质量。适用于工程勘察项目的纲要设计、钻探实施、地质调查、土工试验、资料整理、报告审核、资料归档、产品提交等各个生产环节。工程勘察信息化管理系统(平台)应满足勘察生产全生命周期的数据(信息)共享、协同办公的需要，支持工程勘察所有勘察阶段、勘察业务以及不同专业人员之间信息的快捷获取、更新以及管理。

勘察生产信息化产品的开发应结合勘察工作流程，可划分为勘察外业的信息化、勘察试验室的信息化、勘察资料整理的信息化、勘察项目管理的信息化、勘察产品提交的信息化等内容。

从可实施性上，勘察项目信息化发展应与主流技术发展相匹配，包含硬件、软件、数据格式、人员培养和实施方案等。其中，硬件包括计算存储的计算机、服务器、移动终端、通信网络、传感器等设施；软件包括：BIM 平台、GIS 服务平台、地图服务平台、办公软件(Office)、数据库平台、开发平台、专业制图软件(AutoCAD、Revit 等)等；数据格式包括通信协议、工程管理数据、工程数据、编程语言等。

从使用行为上，勘察项目信息化涵盖数据的输入、存储、编辑、查询、分析、更新、显示、结果输出等内容。

从规划与实施上，工程勘察信息系统应摒除之前行业内通用做法，零敲碎打的今天规划一个模块，明天添加一个功能的模式。应从源头上就开始做整体性规划，可分步实施。在规划过程中，各模块之间应该保持一个良好的整体性和独立运行的能力，既可以单独运行，又可以组成协作网络，协同办公。

第二节　工程勘察信息系统的功能

一、工程勘察生产系统的目标

勘察生产信息化流程应以勘察项目生产流程为主线，纵向打通所有工作环节，实现从项目建立到数据发布与重复利用整个生产过程的信息化管理。

横向上实现所有勘察项目跨地区、跨网域在一个系统、一个平台下协同工作，提高工程勘察的生产效率，同时规范生产流程。

此外，根据工程管理的需要，系统需要将不同勘察阶段（一般分为规划阶段的预可研勘察、可研勘察；初步设计阶段的初步勘察、施工图设计阶段的详细勘察）、不同勘察项目（以轨道交通为例：不同车站、区间等工点）之间实现数据（信息）共享。

二、工程勘察生产系统的标准

为确保勘察信息系统中的各数据库和各子系统数据分类，编码及数据文件命名的系统性、唯一性，保证本系统与后继系统以及其他信息系统的联网，实现系统相互兼容，信息共享，勘察生产信息系统的设计必须充分考虑到工程的技术标准，对规范化，标准化原则予以重视，在遵守已有国家标准、行业标准、地方标准的前提下，还应根据系统本身的需要制定必要的标准、规则与规定。

三、工程勘察生产系统性能需求

系统应具有高可用性，支持负载均衡，保持系统运行稳定，确保数据不因意外情况丢失或损坏，系统上线后应在客户端与服务器各个环节达到以下性能要求：

(1)系统的高可靠性和高可扩展性，即便在用户量增大时，也能保持一个良好的响应时间。

(2)系统应具有高可用性，系统应不限制注册用户数，保证系统使用流畅。自动实现负载均衡，保持系统运行稳定，确保数据不因意外情况丢失或损坏。

(3)系统各模块典型事件的响应时间应符合用户需求。

(4)系统可保证主机、操作系统、网络、数据库和应用软件能 7×24 h 平稳运行。

(5)系统支持集群扩展，能通过扩充机器数量扩充系统能力。

(6)系统支持热备冗余，单台设备的故障不影响业务进行，进行故障恢复不中断业务服务。

四、工程勘察信息系统的更新

工程勘察信息系统的开发与运行是动态的，应在系统规划设计阶段充分考虑系统的更新，确保系统具有旺盛的生命力，满足不同客户群和不同阶段的需要。

系统的更新包括：硬件更新、系统软件更新、运行数据更新、系统模型更新、系统维护的技术人员知识更新等。

第三节 工程勘察信息系统的子模块

一、工程勘察野外作业信息化系统

工程勘察外业数据采集系统是指利用计算机技术、移动互联技术、GIS 技术实现工程勘察外业数据的快速入库和信息化管理，同时进一步推进勘察质量全过程信息化监管，实现对勘察质量全过程监管。

工程勘察野外作业信息化是工程勘察信息化一个重要组成部分，为了便于实施与管理，一般规划成"工程勘察外业数据采集系统""工程地质勘察原始数据录入 App"和"工程勘察工地远程管理 App"三个部分。

二、工程勘察土工试验室信息化系统

勘察试验室信息化管理系统是以试验室的日常生产为中心结合项目管理流程，将试验室的业务流程、规章制度、管理规定、人员、仪器设备、药品管理、环境、视频监控、档案管理、对外宣传等各因素有机结合，实现了试验室人、机、料、法、环全面资源管理的应用系统，具体内容一般包括：

(1)实现试验室从取样、收样、开土、试验到提交整个生产流程的自动化。

(2)实现试验数据自动提交审核。

(3)实现试验数据自动化采集、处理、汇总。

(4)试验室日常人员管理、仪器管理、档案管理的信息化。

(5)根据政府质量监管平台对试验数据质量监管需求，对接政府质量监管平台。

(6)与外业采集 App 和勘察生产系统对接，打通勘察外业、试验室和内业整理的生产环节，实现数据互通和共享。

三、轨道交通三维地质可视化系统

轨道交通三维地质模型在地下空间开发利用、既有建筑周边施工、市政管线等管道复杂地段工程建设方面有着二维图纸无可比拟的优势。在工程地质条件、水文地质条件复杂，不规则地质体发育，且在空间上复杂多变的情况下，简单的二维投影会丢失较多的信息，简单地使用二维图纸会导致工程建设风险增加，三维地质模型在此等环境下可以充分发挥其三维可视的直观性、精准性，因此轨道交通三维地质在建设与规划时应满足以下要求：

(一)快速、准确地建立三维地质结构模型

系统根据用户选定的分析区域内的钻孔分层数据自动建立起表达该区域地质构造单元(地层)空间展布特征的三维地质结构模型；对于地质条件比较复杂的区域，可通过用户自定义剖面或属性数据干预建模，处理夹层、尖灭、透镜体等特殊地质现象。

(二)三维可视化表现功能

系统提供如下模型显示、表现功能：

(1)系统提供对三维模型的放大(开窗放大)、缩小，实时旋转、平移、前后移动等三维窗口操作功能，支持鼠标和键盘两种操作方式。

(2)钻孔数据的多种三维表现形式。

(3)提供对钻孔数据立体散点表现形式及立体管状表现形式。

(4)三维地质模型与钻孔数据的组合显示。

(5)可对某些感兴趣的地层进行单独显示和分析。

(三)三维可视化分析功能

(1)任意方向切割模型。

(2)立体剖面图生成。

(3)三维空间量算功能。

(四)成果生成与输出

1. 资料图件输出

输出指定范围内已有资料中的多种基础平面图图件,包括本区基础地理底图、水系分布图、地貌分区图、地质图、基岩地质图、水文地质图、工程地质图等。

2. 表格数据输出

提供对各类表格数据、报表的输出。

3. 平面成果图件生成

(1)生成与钻孔相关的钻孔平面布置图、柱状图、剖面图。

(2)生成各种等值线(彩色、填充),包括地层等值线(层顶、层底、层厚)、第四纪土等值线(层底、层厚)、基岩面等值线等。

4. 三维地质模拟结果输出

(1)立体剖面栅状图。

(2)针对三维地质模型的空间分析、量算结果。

(3)三维地质模型静态效果图。

(4)三维地质模型漫游动画。

参考文献

[1]中华人民共和国住房和城乡建设部．城市轨道交通岩土工程勘察规范:GB 50307—2012[S]．北京:中国计划出版社,2012.

[2]城市轨道交通勘察监理工作标准化手册:CKQB/KCJLSC—2017[S]．北京城建勘测设计研究院有限责任公司,2017.

[3]中华人民共和国住房和城乡建设部．城市轨道交通地下工程建设风险管理规范:GB 50652—2011[S]．北京:中国建筑工业出版社,2012.

[4]金淮,刘永勤．城市轨道交通工程勘察[M]．北京:中国建筑工业出版社,2014.

[5]工程地质手册编委会．工程地质手册[M].5版．北京:中国建筑工业出版社，2018.

[6]中华人民共和国建设部．岩土工程勘察规范（2009年版）:GB 50021—2001[S]．北京:中国建筑工业出版社，2009.

附 录

附录Ⅰ 地层与地质年代表

界(代)	系(纪)	统(世)	构造运动	距今年龄*(亿年)	我国地史特征	生物特征
新生界(代)Kz	第四系(纪)Q	全新统(世)Q_4 或 Q_h	喜马拉雅期	0.02～0.03	地球发展成现代形势，冰川广泛、岩层多为疏松砂、砾、黄土	人类
		更新统(世)Q_p：上(晚)更新统(世)Q_3				
		更新统(世)Q_p：中更新统(世)Q_2				
		更新统(世)Q_p：下(早)更新统(世)Q_1				
	第三系(纪)R：上(晚)第三系(纪)N	上新统(世)N_2		0.12	地球表面具有现代轮廓，喜马拉雅山系形成。岩层多为陆相沉积和火山岩，常见砂砾、红土、砂页岩、褐煤、玄武岩、流纹岩等	高等哺乳动物，如马、象、类人猿等，显花植物繁盛
		中新统(世)N_1		0.12～0.25		
	第三系(纪)R：下(早)第三系(纪)E	渐新统(世)E_3		0.25～0.40		
		始新统(世)E_2		0.40～0.60		
		古新统(世)E_1		0.60～0.80		
中生界(代)Mz	白垩系(纪)K	上(晚)白垩统(世)K_2	燕山期	0.80～1.40	岩浆活动强烈，岩层为火山喷出岩及砂砾岩	恐龙，植物茂盛
		下(早)白垩统(世)K_1				
	侏罗系(纪)J	上(晚)侏罗统(世)J_3		1.40～1.95	除西藏等地外，其它地区上升为陆地，以砂、页岩、煤层为主	
		中侏罗统(世)J_2				
		下(早)侏罗统(世)J_1				
	三叠系(纪)T	上(晚)三叠统(世)T_3	印支期	1.95～2.30	华北为陆地，沉积砂页岩，华南为浅海、沉积石灰岩	
		中三叠统(世)T_2				
		下(早)三叠统(世)T_1				

续上表

界(代)		系(纪)	统(世)	构造运动	距今年龄*(亿年)	我国地史特征	生物特征
中生界(代)Pz	上古生界(晚古生代)Pz_2	二叠系(纪)P	上(晚)二叠统(世)P_2	华力西期	2.30～2.80	地壳运动强烈，海陆变迁频繁，华北为海陆交互相沉积，夹煤层，华南以灰岩为主，有煤层	植物，两栖动物
			下(早)二叠统(世)P_1				
		石炭系(纪)C	上(晚)石炭统(世)C_3		2.80～3.50		
			中石炭统(世)C_2				
			下(早)石炭统(世)C_1				
		泥盆系(纪)D	上(晚)泥盆统(世)D_3		3.50～4.10	华北为陆地，受风化剥蚀、极少沉积；华南为浅海，有砂页岩、灰岩	鱼类
			中泥盆统(世)D_2				
			下(早)泥盆统(世)D_1				
	下古生界(晚古生代)Pz_1	志留系(纪)S	上(晚)志留统(世)S_3	加里东期	4.10～4.40	地壳运动强烈，华北上升为陆地，华南为浅海，沉积砂页岩	无脊椎动物
			中志留统(世)S_2				
			下(早)志留统(世)S_1				
		奥陶系(纪)O	上(晚)奥陶统(世)O_3		4.40～5.00	地势低平，海水入侵广泛，以海相沉积灰岩为主，有页岩，华北在中奥陶纪后上升为陆地	
			中奥陶统(世)O_2				
			下(早)奥陶统(世)O_1				
		寒武系(纪)∈	上(晚)寒武统(世)$\in_3$		5.00～6.00		
			中寒武统(世)$\in_2$				
			下(早)寒武统(世)$\in_1$				
元古界(代)Pt	上元古界(晚元古代)Pt_2	震旦系(纪)Z	上(晚)震旦统(世)Z_3	蓟县	6.00～17.00	开始有沉积岩覆盖。下部为砂砾岩、中部有冰碛层，上部为海相石灰岩，后期地壳动动强烈，岩石轻微变质	低等植物
			中震旦统(世)Z_2				
			下(早)震旦统(世)Z_1				
	下元古界(早元古代)Pt_1			吕梁	17.00～25.00		
太古界(代)Ar				五台，泰山	25.00～35.00	地壳运动普遍强烈，变质作用显著	无生物
远太古界(代)					>35.00		

注：*综合国内外年表的控制数据。

附录Ⅱ 常用图例

松 散 土 图 例

漂石	细砂	淤泥
块石	粉砂	有机土
卵石	砂质粉土	含有机质土（与岩性图例叠加）
碎石	黏质粉土	泥（草）炭
圆砾	粉质黏土	素填土（与岩性图例叠加）
角砾	重粉质黏土	杂填土
砾砂	黏土	炉灰
粗砂	新近沉积（与岩性图例叠加）	变质炉灰
中砂	淤泥质土（与岩性图例叠加）	耕土

常用岩石图例

角砾岩	花岗岩	片岩
砾岩	闪长岩	板岩
砂岩	安山岩	石英岩
页岩	火山角砾岩	大理岩
泥灰岩	辉绿岩	片麻岩
石灰岩	玄武岩	
白云岩	千枚岩	

其 他 图 例

勘探孔	未施工勘探孔	Ⅲ Ⅱ Ⅰ 一、二、三级阶地
取土及原位测试孔	利用已有资料钻孔	静止水位
取水试样孔	电阻率测试孔	初见水位
标准贯入试验孔	Ⓣ 地温测试孔	取原状样位置
静力触探试验孔	Ⓑ 扁铲侧胀试验孔	取扰动样位置
轻型圆锥动力触探试验孔	勘探点号/孔口标高 ○ 水位深度/水位标高	N 标准贯入试验锤击数
重型圆锥动力触探试验孔	压桩试验点	P_S 比贯入阻力值
波速试验孔	探　井	N_{10} 轻型圆锥动力触探试验锤击数
旁压试验孔	取原状土探井	$N_{63.5}$ 重型圆锥动力触探试验锤击数
承压水观测孔	探　槽	45° 地质倾向及倾角
㊎ 地下水位长期观测孔	1 1 地质剖面线及编号	断层
多孔抽水试验孔	单孔抽水试验孔	Ⅰ Ⅱ 工程地质分区线及编号
载荷试验点		

附录Ⅲ 勘察及监理常用表格

为规范勘察和监理工作,保证工作规范、统一,制定了工作常用表格的内容和形式,具体应用表格如下,供参考使用。

一、勘察单位使用的表格

附表Ⅲ-1:勘察方案报审表

附表Ⅲ-2:勘察开工申请报告

附表Ⅲ-3:主要进场机械、设备报审表

附表Ⅲ-4:主要进场人员报审表

附表Ⅲ-5:分包单位资格报审表

附表Ⅲ-6:勘察成果资料报审表

附表Ⅲ-7:已完成勘察工作量周(月)报表

附表Ⅲ-8:监理工程师通知回复单

附表Ⅲ-9:勘察质量安全问题调查报告单

附表Ⅲ-10:勘察复工申请表

附表Ⅲ-11:钻孔开孔记录表

附表Ⅲ-12:钻孔终孔质量验收表

附表Ⅲ-13:钻孔封孔记录表

附表Ⅲ-14:勘察进度款支付申请表

二、监理单位使用的表格

附表Ⅲ-15:监理工程师通知单

附表Ⅲ-16:勘察暂停工作通知单

附表Ⅲ-17:勘察复工通知单

附表Ⅲ-18:勘察报告监理审查表

附表Ⅲ-19:勘察监理现场检查记录表

三、勘察、监理、建设单位各方共用的表格

附表Ⅲ-20:监理工作联系单

附表Ⅲ-21:工程勘察变更通知单

附表Ⅲ-1　勘察方案报审表

<table>
<tr><td>致：
　　我单位已根据×××勘察设计合同和有关规定，完成工程地质勘察大纲编制工作，并经过我单位内部审批及专家评审后修改完善，现呈报请予审批。
（除勘察大纲外，其他：工程地质调查与测绘、物探测试及抽水试验等专项方案报审也用此表）
勘察单位（章）：
勘察单位技术负责人：　　　　日期：　年　月　日</td></tr>
<tr><td>设计单位审批意见：
设计单位（章）：
设计负责人（签字）：　　　　日期：　年　月　日</td></tr>
<tr><td>监理单位审批意见：
监理单位（章）：
总监理工程师（签字）：　　　　日期：　年　月　日</td></tr>
<tr><td>建设单位审批意见：
建设单位：
负责人（签字）：　　　　日期：　年　月　日</td></tr>
</table>

注：此表一式三份，勘察单位、监理单位、建设单位各一份。

附表Ⅲ-2　勘察开工申请表

<table>
<tr><td>致：
　　我单位已根据×××勘察设计合同、工程地质勘察大纲和有关规定，完成了工程地质勘察开工前的人员、技术、设备等的准备工作，请予以批准开工。机械设备及人员情况详见主要进场机械、设备报验表及主要进场人员报审表。

勘察单位（章）：
勘察项目负责人：　　　　日期：　年　月　日</td></tr>
<tr><td>监理单位审批意见：

监理单位（签章）：
总监理工程师（签字）：　　　　日期：　年　月　日</td></tr>
<tr><td>建设单位审批意见：

建设单位（章）：
负责人（签字）：　　　　日期：　年　月　日</td></tr>
</table>

注：此表一式三份，勘察单位、监理单位、建设单位各一份。

附表Ⅲ-3 主要进场机械、设备报审表

致：

根据×××工程地质勘察的需要，我单位已将下列机械、设备准备完毕，请予审查、签证，并准予使用。（包括试验设备和钻探设备，该页满了另起一页，格式不变）

勘察单位：（盖章）

勘察项目负责人：（签字） 日期： 年 月 日

序号	机械设备名称	是否进行技术交底	是否进行安全、文明施工交底	进场日期	负责人（签字）
1					
2					
3					
4					
5					
6					

监理单位意见：

监理单位（签章）：

日期： 年 月 日

注：此表一式三份，勘察单位、监理单位、建设单位各一份。

附表Ⅲ-4 主要进场人员报审表

致：

根据×××工程地质勘察的需要，我单位拟安排下列主要技术（管理）人员参加本项目的勘察工作，请予审查。（该页满了另起一页，格式不变）

勘察单位（盖章）：

勘察项目负责人： 日期： 年 月 日

序号	姓名	性别	出生年月	学历	专业	职称	专业年限	备注
1								
2								
3								
4								
5								
6								

监理单位意见：

监理单位（签章）：

日期： 年 月 日

注：此表一式三份，勘察单位、监理单位、建设单位各一份。

附表Ⅲ-5 分包单位资格报审表

<table>
<tr><td>致：
根据工作需要，拟将本勘察项目中×××段×××项目分包给×××单位，经我单位对其资质和业绩的考核，认为该单位可胜任此项工作。请予审查、批准。（如无分包单位可不填）
附件：
1. ×××单位资质证书复印件；
2. ×××单位的营业执照复印件；
3. ×××单位安全生产许可证；
4. ×××单位主要工程地质勘察工作业绩；
5. 参加本项目工作主要技术（管理）人员名单及其资质。
勘察单位（章）：
勘察项目负责人：　　　　日期：　　年　月　日</td></tr>
<tr><td>监理单位意见：
监理单位（签章）：
日期：　　年　月　日</td></tr>
</table>

注：此表一式三份，勘察单位、监理单位、建设单位各一份。

附表Ⅲ-6 勘察成果资料报审表

<table>
<tr><td>致：
我单位已全面完成×××工程阶段×××（项）的编制工作，地质勘察资料已整理完毕，并通过施工图审查，现报请审查。
附件：
1. ×××工程地质勘察资料报审清单；
2. ×××工程地质勘察报告；
3. ×××工程专家评审意见（如果经过专家评审）；
4. ×××工程施工图审查报告。
勘察单位（章）：
勘察单位技术负责人：
日期：　　年　月　日</td></tr>
<tr><td>监理单位（签章）：
总监理工程师（签字）：
日期：　　年　月　日</td></tr>
</table>

注：此表在一段或全部地质勘察工作完成后填报，一式三份，勘察单位、监理单位、建设单位各一份。

附表Ⅲ-7 已完成勘察工作量周(月)报表

<table>
<tr><td colspan="2">工程名称</td><td colspan="5"></td></tr>
<tr><td colspan="2">起止时间</td><td colspan="5"></td></tr>
<tr><td>序号</td><td>工点名称</td><td>时间</td><td>完成孔数/延米</td><td>占总数的百分比</td><td>累计完成孔数/延米</td><td>占总数的百分比</td></tr>
<tr><td></td><td></td><td></td><td></td><td></td><td></td><td></td></tr>
<tr><td></td><td></td><td></td><td></td><td></td><td></td><td></td></tr>
<tr><td></td><td></td><td></td><td></td><td></td><td></td><td></td></tr>
<tr><td></td><td></td><td></td><td></td><td></td><td></td><td></td></tr>
<tr><td></td><td></td><td></td><td></td><td></td><td></td><td></td></tr>
<tr><td></td><td></td><td></td><td></td><td></td><td></td><td></td></tr>
<tr><td></td><td></td><td></td><td></td><td></td><td></td><td></td></tr>
<tr><td></td><td></td><td></td><td></td><td></td><td></td><td></td></tr>
<tr><td colspan="3">勘察单位：
项目负责人：
日期:年月日</td><td colspan="4">监理单位：
监理工程师：
日期:年月日</td></tr>
</table>

注:此表一式三份,勘察单位、监理单位、建设单位各一份。

附表Ⅲ-8 监理工程师通知回复单

<table>
<tr><td>致：

勘察单位(章)：
勘察单位负责人：　　　　日期：　　年　月　日</td></tr>
<tr><td>

监理单位签收：　　　　日期：　　年　月　日</td></tr>
</table>

注:1. 此表主要用于对监理通知单的书面回复,如监理工程师提出的整改意见、一般质量问题处理情况的书面回复等。

2. 此表一式二份,勘察单位、监理单位各一份。

附表Ⅲ-9　勘察质量安全问题调查报告单

工程项目名称：　　　　　　　　　　　　　　　　　　　　　　编号：

致： （此表用于较严重质量、安全问题的检查报告，应简要说明以下内容：） 1. 质量问题发生的时间、地点； 2. 质量问题的经过、发生原因； 3. 问题的性质、估计造成的损失； 4. 应急措施及初步处理意见； 附件：详细的质量问题说明及必要的图件。 勘察单位（章）： 项目负责人：　　　　　　　　　　　　　　日期：　年　月　日
监理单位签收：　　　　　　　　　　　　　日期：　年　月　日

注：此表一式三份，勘察单位、监理单位、建设单位各一份。

附表Ⅲ-10　勘察复工申请表

致： 我单位已按照监理单位名称及业主单位名称××年××月××日签发的“停止勘察工作通知单”的要求，对××进行了调查和整改，“暂停地质勘察”的原因已消除，现申请复工。 附件： 1. 勘察质量问题调查报告； 2. 整改后的方案（或补救措施）。 勘察单位（章）： 项目负责人： 日期：　年　月　日
监理单位意见： 监理单位（签章）： 日期：　年　月　日
建设单位意见： 建设单位（签章）： 日期：　年　月　日

注：此表一式三份，勘察单位、监理单位、建设单位各一份。

附表Ⅲ-11 钻孔开孔记录表

工程项目名称： 编号：

<table>
<tr><td>工点名称</td><td colspan="3"></td><td>钻孔编号</td><td></td></tr>
<tr><td>坐标</td><td colspan="3">X= Y=</td><td>高程(m)</td><td></td></tr>
<tr><td>开工日期</td><td></td><td>钻孔里程</td><td></td><td>钻机编号</td><td></td></tr>
<tr><td>钻机机长</td><td></td><td>描述员</td><td></td><td>设计孔深</td><td>m</td></tr>
<tr><td colspan="6">安全文明措施情况</td></tr>
<tr><td colspan="2">项目</td><td colspan="2">内容</td><td colspan="2">相关负责人</td></tr>
<tr><td colspan="2">管线图是否调阅</td><td>□是</td><td>□否</td><td colspan="2"></td></tr>
<tr><td colspan="2">钻孔是否布置在管线上</td><td>□是</td><td>□否</td><td colspan="2"></td></tr>
<tr><td colspan="2">钻孔测放(是否移位)</td><td>□是</td><td>□否</td><td colspan="2"></td></tr>
<tr><td colspan="2">管线单位是否确认</td><td>□是</td><td>□否</td><td colspan="2"></td></tr>
<tr><td colspan="2">是否管线探测</td><td>□是</td><td>□否</td><td colspan="2"></td></tr>
<tr><td colspan="2">是否挖探</td><td>□是</td><td>□否</td><td colspan="2"></td></tr>
<tr><td colspan="2">开钻前是否核查</td><td>□是</td><td>□否</td><td colspan="2"></td></tr>
<tr><td colspan="2">是否对钻机交底</td><td>□是</td><td>□否</td><td colspan="2"></td></tr>
<tr><td colspan="2">是否采取安全防护措施</td><td>□是</td><td>□否</td><td colspan="2"></td></tr>
<tr><td colspan="2">围挡搭设是否牢固</td><td>□是</td><td>□否</td><td colspan="2"></td></tr>
<tr><td colspan="2">是否采取文明施工措施</td><td>□是</td><td>□否</td><td colspan="2"></td></tr>
<tr><td colspan="6">安全员(签字)：
项目负责人(签字)： 日期： 年 月 日
勘察单位：</td></tr>
</table>

注：此表一式两份，勘察单位、监理单位各一份。

附表Ⅲ-12 钻孔终孔质量验收表

工程项目名称： 编号：

<table>
<tr><td>钻孔编号</td><td colspan="2"></td><td>里程</td><td></td><td>勘察阶段</td><td colspan="2"></td></tr>
<tr><td>坐标</td><td colspan="2">X=</td><td colspan="2">Y=</td><td>高程(m)</td><td colspan="2"></td></tr>
<tr><td>钻孔位置</td><td></td><td colspan="2">开孔口径(mm)</td><td></td><td>终孔口径(mm)</td><td colspan="2"></td></tr>
<tr><td>开孔日期</td><td></td><td colspan="2">终孔日期</td><td></td><td>初见/稳定水位</td><td colspan="2">m</td></tr>
</table>

<table>
<tr><td colspan="2">项目</td><td>工作量</td><td>是否满足技术要求</td><td rowspan="2">质量自评</td></tr>
<tr><td colspan="2">孔深(m)</td><td></td><td></td></tr>
<tr><td rowspan="4">取样</td><td>土样(个)</td><td></td><td></td><td rowspan="10">1. 施钻方法、钻进工艺符合技术要求□是□否
2. 换径深度符合地层条件及取样直径要求□是□否
3. 孔深满足技术要求□是□否
4. 按不同地层控制回次进尺□是□否
5. 地层分层深度正确，不漏层□是□否
6. 取样数量及位置符合技术要求□是□否
7. 岩芯采取率达到钻探质量标准规定的各项值□是□否
8. 按规定做好岩芯样品的整理和保管□是□否
9. 现场及时填写，字迹整洁，原始记录无漏项□是□否
10. 地层描述详细，分层清晰准确□是□否
11. 签署手续齐全□是□否
12. 标贯深度、操作方法符合技术要求□是□否
13. 涌升砂层采取措施标贯正确□是□否
14. 标贯器及取土器刃口符合钻规要求□是□否
15. 初见水位、稳定水位测量符合要求□是□否
16. 测水及取水方法正确及时，无漏样□是□否</td></tr>
<tr><td>岩样(个)</td><td></td><td></td></tr>
<tr><td>水样(个)</td><td></td><td></td></tr>
<tr><td>砂样(个)</td><td></td><td></td></tr>
<tr><td rowspan="3">原位测试</td><td>标准贯入(次)</td><td></td><td></td></tr>
<tr><td>波速(m)</td><td></td><td></td></tr>
<tr><td></td><td></td><td></td></tr>
<tr><td rowspan="3">岩芯采取率(%)
按深度</td><td></td><td colspan="2"></td></tr>
<tr><td></td><td colspan="2"></td></tr>
<tr><td></td><td colspan="2"></td></tr>
<tr><td colspan="2">岩芯处理</td><td colspan="2">□拍照
□保留</td><td>机组负责人：
日期： 年 月 日</td></tr>
<tr><td colspan="5">项目技术负责人：

项目负责人(签字)： 日期： 年 月 日</td></tr>
<tr><td colspan="5">备注：</td></tr>
</table>

注：此表一式二份，勘察单位、监理单位各一份。

附表Ⅲ-13 钻孔封孔记录表

工程项目名称： 编号：

工点名称		钻孔编号		终孔深度(m)	
孔径(mm)		开始时间		结束时间	
封孔材料		水灰比		用量(袋)	
封孔负责人：项目负责人：					
工点名称		钻孔编号		终孔深度(m)	
孔径(mm)		开始时间		结束时间	
封孔材料		水灰比		用量(袋)	
封孔负责人：项目负责人：					
工点名称		钻孔编号		终孔深度(m)	
孔径(mm)		开始时间		结束时间	
封孔材料		水灰比		用量(袋)	
封孔负责人：项目负责人：					
工点名称		钻孔编号		终孔深度(m)	
孔径(mm)		开始时间		结束时间	
封孔材料		水灰比		用量(袋)	
封孔负责人：项目负责人：					
勘察单位：					

注：此表一式两份，勘察单位、监理单位各一份。

附表Ⅲ-14 勘察进度款支付申请表

工程项目名称： 编号：

致： 我单位现已完成项目勘察工作的____%，并于年月日经验收合格，根据《×××合同》第____条款，请予支付工程款人民币______(大写)元整。 特此申请。 附件： 1. 已完成勘察工作量周/月报表； 2. 钻孔终孔质量验收表。 勘察单位(章)： 负责人： 日期： 年 月 日
我方对工程(项目)完成情况进行验收，经核查工作量，同意支付勘察工程款进度款。 监理单位(章)： 总监理工程师(签章)： 日期： 年 月 日
根据《×××合同》第____条款，同意支付工程勘察工程款人民币____(大写)元整。 建设单位(章)： 负责人： 日期： 年 月 日

注：此表一式三份，勘察单位、监理单位和建设单位各一份。

附表Ⅲ-15 监理工程师通知单

工程项目名称： 编号：

工点名称		日期		天气	
检查项目		方式	旁站□巡检□抽检□		
存在问题：					
问题级别	一般问题□ 较大问题 □重大问题□				
处理方法：					
勘察单位： 负责人(签字)： 日期： 年 月 日			监理单位： 监理工程师(签字)： 日期： 年 月 日		

注：此表一式三份，勘察单位、监理单位和建设单位各一份。

附表Ⅲ-16 勘察暂停工作通知单

工程项目名称： 编号：

致： 由于________的原因，现通知你方必须于年月日起，暂停的工程地质勘察工作。
停工原因及整改要求：
监理单位(章)： 总监理工程师(签章)： 日期： 年 月 日
建设单位(章)： 负责人： 日期： 年 月 日
勘察单位： 接收人： 日期： 年 月 日

注：此表一式三份，勘察单位、监理单位和建设单位各一份。

附表Ⅲ-17 勘察复工通知单

工程项目名称： 编号：

<table>
<tr><td colspan="2">致：
由于________的原因，现通知你方于年月日起，恢复的工程地质勘察工作。</td></tr>
<tr><td colspan="2">复工应做如下工作：</td></tr>
<tr><td>监理单位(章)：
总监理工程师(签章)：</td><td>日期： 年 月 日</td></tr>
<tr><td>建设单位(章)：
负责人：</td><td>日期： 年 月 日</td></tr>
<tr><td>勘察单位：
接收人：</td><td>日期： 年 月 日</td></tr>
</table>

注：此表一式三份，勘察单位、监理单位和建设单位各一份。

附表Ⅲ-18 勘察报告监理审查表

工程项目名称： 编号：

<table>
<tr><td>勘察单位</td><td></td><td>出版日期</td><td></td></tr>
<tr><td>建设单位</td><td colspan="3"></td></tr>
<tr><td colspan="4">符合性程序审查</td></tr>
<tr><td colspan="2">1. 勘察工作的目的、任务、要求：
2. 拟建工程概述：
3. 工作量完成情况：
4. 不需补孔：
5. 地层描述：
6. 原位测试：
7. 室内试验：
8. 实测地下水位：
9. 近 3～5 年水位：
10. 历年最高水位：
11. 水的腐蚀性判别：
12. 地震烈度：
13. 场地类型划分：
14. 场地液化判别：</td><td colspan="2">15. 不良地质作用：
16. 特殊性土：
17. 地基承载力：
18. 地基方案：
19. 桩基础：
20. 地基处理方案：
21. 变形计算建议及参数：
22. 深基坑支护、降水建议及参数(来源方式)：
23. 建筑环境影响：
24. 施工使用期间的建议：
25. 图件：
26. 其他：
综合评定：</td></tr>
<tr><td colspan="4">监理对勘察报告的修改建议</td></tr>
<tr><td colspan="4"></td></tr>
<tr><td>勘察监理单位</td><td></td><td>勘察报告审查人</td><td>年 月 日</td></tr>
</table>

注：此表一式三份，勘察单位、监理单位和建设单位各一份。

附表Ⅲ-19　勘察监理现场检查记录表

工程项目名称：　　　　　　　　　　　　　　　　　　　　　　　　编号：

工程地点		日期		天气	
部位		方式	旁站□巡检□抽检□		
开始时间		结束时间			
检查记录：					
勘察单位： 负责人(签字)： 日期：　　年　月　日			监理单位： 工程师(签字)： 日期：　　年　月　日		

注：此表一式三份，勘察单位、监理单位和建设单位各一份。

附表Ⅲ-20　监理工作联系单

工程项目名称：　　　　　　　　　　　　　　　　　　　　　　　　编号：

致：
事由、内容： （工程延期申请、资金申请、索赔申请等，以及其他业务往来可用此表） 附件： 1. ××× 2. ××× 单位(章)： 负责人(签字)：　　　　日期：　　年　月　日　　　　签收人(签字)：　　　　日期：　　年　月　日

注：此表相关单位各一份。

附表Ⅲ-21　工程勘察变更通知单

工程项目名称：　　　　　　　　　　　　　　　　　　　　　　　　编号：

勘察项目名称	
变更里程/工点名称	
工程勘察变更的主要内容：	
工程地质勘察的主要技术要求：	
通知单位(章)： 负责人(签字)： 日期：　　年　月　日	接收单位(章)： 接收人(签字)： 日期：　　年　月　日

注：此表相关单位各一份。

附录Ⅳ 部分城市岩土参数的经验数据

根据当地城市轨道交通工程勘察成果资料及地区经验,给出了部分城市各岩土层的物理力学性质指标和特殊试验参数,供勘察设计人员参考使用。

附录Ⅳ-1:北京

附录Ⅳ-2:成都

附录Ⅳ-3:大连

附录Ⅳ-4:福州

附录Ⅳ-5:广州

附录Ⅳ-6:哈尔滨

附录Ⅳ-7:杭州

附录Ⅳ-8:合肥

附录Ⅳ-9:济南

附录Ⅳ-10:昆明

附录Ⅳ-11:兰州

附录Ⅳ-12:南宁

附录Ⅳ-13:宁波

附录Ⅳ-14:青岛

附录Ⅳ-15:上海

附录Ⅳ-16:深圳

附录Ⅳ-17:石家庄

附录Ⅳ-18:天津

附录Ⅳ-19:无锡

附录Ⅳ-20:武汉

附录Ⅳ-21:西安

附录Ⅳ-22:郑州

附录Ⅳ-1 北京

一、主要地层物理性质指标

物理性质指标具体见附表Ⅳ-1-1。

表Ⅳ-1-1 北京地区主要地层物理性质指标表附

地层编号	岩土名称	物理性质			稠性黏度		固结试验	
		天然含水量 w	天然密度 ρ	孔隙比 e	液限 w_L	塑限 w_P	压缩模量 E_{s1-2}	压缩系数 a_{v1-2}
		%	g/cm³		%	%	MPa	MPa^{-1}
①	素填土	—	1.60～1.70	0.630～0.950	23.0～25.0	18.0～19.0	—	—
①$_1$	杂填土	—	1.65～1.70	—	—	—	—	—
②	粉土	13～30	1.85～1.95	0.550～0.750	20.0～30.0	15.0～25.0	5～10	0.1～0.2
②$_1$	粉质黏土	16～38	1.75～1.90	0.600～0.850	25.0～35.0	18.0～28.0	4～8	0.1～0.5
②$_3$	粉细砂	—	1.90～2.02	—	—	—	8～12	—
②$_5$	圆砾	—	2.05～2.10	—	—	—	15～35	—
③	粉土	14～25	1.95～2.10	0.515～0.780	23.0～30.0	16.0～22.0	4～12	0.1～0.3
③$_1$	粉质黏土	19～39	1.85～2.00	0.660～0.950	27.0～37.0	17.0～27.0	3～10	0.1～0.5
③$_3$	粉细砂	—	2.00～2.03	—	—	—	12～20	—
④	粉质黏土	17～35	1.85～2.00	0.620～0.950	27.0～45.0	19.0～29.0	6～10	0.1～0.3
④$_2$	粉土	14～28	1.90～2.00	0.500～0.750	22.0～30.0	15.0～25.0	8～15	0.1～0.3
④$_3$	粉细砂	—	2.00～2.03	—	—	—	15～30	—
⑤	圆砾	—	2.05～2.10	—	—	—	70～100	—
⑤$_1$	中粗砂	—	2.02～2.05	—	—	—	30～40	—
⑤$_2$	粉细砂	—	2.00～2.03	—	—	—	15～30	—
⑥	粉质黏土	19～36	1.90～2.00	0.600～0.900	28.0～48.0	20.0～30.0	7～10	0.1～0.3
⑥$_1$	黏土	18～38	1.90～2.00	0.660～0.960	25.0～44.0	14.0～25.0	10～15	0.1～0.5
⑥$_2$	粉土	16～25	1.95～2.02	0.540～0.730	24.0～31.0	16.0～26.0	15～20	0.1～0.4
⑦	卵石圆砾	—	2.10～2.20	—	—	—	80～150	—
⑦$_1$	中粗砂	—	2.02～2.05	—	—	—	30～60	—
⑦$_2$	粉细砂	—	2.00～2.03	—	—	—	30～40	—
⑧	粉质黏土	20～40	1.85～2.00	0.560～0.780	26.0～46.0	16.0～29.0	15～25	0.1～0.4
⑧$_1$	黏土	20～40	1.85～2.00	0.650～0.950	28.0～48.0	18.0～30.0	15～25	0.1～0.5
⑧$_2$	粉土	15～30	1.95～2.00	0.550～0.750	26.0～30.0	17.0～27.0	15～20	0.1～0.3
⑧$_3$	粉细砂	—	2.00～2.03	—	—	—	30～50	—
⑨	卵石	—	2.10～2.20	—	—	—	100～180	0.2～0.3
⑨$_2$	粉细砂	—	2.00～2.03	—	—	—	30～50	—
⑨$_4$	粉质黏土	29～40	1.85～2.00	0.550～0.780	26.0～45.0	17.0～27.0	15～25	0.1～0.4
⑩	粉质黏土	18～35	1.85～2.00	0.530～0.780	25.0～45.0	15.0～28.0	15～25	0.1～0.4

续上表

地层编号	岩土名称	物理性质			稠性黏度		固结试验	
		天然含水量 w	天然密度 ρ	孔隙比 e	液限 w_L	塑限 w_P	压缩模量 $E_{s1\text{-}2}$	压缩系数 $a_{v1\text{-}2}$
		%	g/cm³		%	%	MPa	MPa^{-1}
⑩$_1$	黏土	20～40	1.85～2.00	0.650～0.880	26.0～48.0	17.0～30.0	15～25	0.1～0.4
⑪	卵石	—	2.10～2.20	—	—	—	100～180	—
⑪$_1$	中粗砂	—	2.02～2.05	—	—	—	40～60	—
⑫	粉质黏土	18～30	1.85～2.00	0.530～0.750	24.0～43.0	14.0～26.0	15～25	0.1～0.4
⑫$_2$	粉土	15～250	1.98～2.03	0.500～0.750	23.0～32.0	15.0～23.0	15～20	0.1～0.3
⑫$_3$	粉细砂	—	2.00～2.03	—	—	—	30～50	—
⑬	砾岩	—	2.20～2.50	—	—	—	100～130	—
⑬$_1$	泥岩	—	2.10～2.40	—	—	—	60～120	—

二、主要地层力学性质指标

力学指标具体见附表Ⅳ-1-2。

附表Ⅳ-1-2 北京地区主要地层力学性质指标表

地层编号	岩土名称	直接剪切				三轴剪切			
		快剪		固结快剪		UU		CU	
		c_q	φ_q	c_{cq}	φ_{cq}	c_{uu}	φ_{uu}	c_{cu}	φ_{cu}
		kPa	°	kPa	°	kPa	°	kPa	°
①	素填土	5～10	8～15	—	—	—	—	—	—
①$_1$	杂填土	3～8	5～10	—	—	—	—	—	—
②	粉土	12～18	19～28	14～20	20～30	18～28	3～8	15～25	22～32
②$_1$	粉质黏土	20～30	14～20	22～32	15～25	30～40	1～8	25～35	15～25
②$_3$	粉细砂	0	15～25	—	—	—	—	—	—
②$_5$	圆砾	0	25～35	—	—	—	—	—	—
③	粉土	15～25	20～30	18～28	25～35	20～30	2～10	19～29	25～35
③$_1$	粉质黏土	20～30	15～20	23～33	16～26	25～38	1～8	24～34	15～26
③$_3$	粉细砂	0	20～30	—	—	—	—	—	—
④	粉质黏土	22～32	17～30	23～33	18～32	25～40	1～8	25～36	15～26
④$_2$	粉土	16～26	22～32	18～28	25～35	20～30	2～10	20～30	25～35
④$_3$	粉细砂	0	25～35	—	—	—	—	—	—
⑤	圆砾	0	35～45	—	—	—	—	—	—
⑤$_1$	中粗砂	0	30～40	—	—	—	—	—	—
⑤$_2$	粉细砂	0	25～35	—	—	—	—	—	—
⑥	粉质黏土	22～33	18～30	23～33	18～33	25～40	1～8	25～36	15～26
⑥$_1$	黏土	30～40	10～20	32～42	12～20	35～45	1～8	35～45	13～23
⑥$_2$	粉土	15～25	20～30	18～28	25～35	20～30	2～10	19～29	25～35

续上表

地层编号	岩土名称	直接剪切				三轴剪切			
		快剪		固结快剪		UU		CU	
		c_q kPa	φ_q °	c_{cq} kPa	φ_{cq} °	c_{uu} kPa	φ_{uu} °	c_{cu} kPa	φ_{cu} °
⑦	卵石圆砾	0	40～50	—	—	—	—	—	—
⑦₁	中粗砂	0	30～40	—	—	—	—	—	—
⑦₂	粉细砂	0	25～35	—	—	—	—	—	—
⑧	粉质黏土	25～35	19～30	27～37	20～30	30～40	1～8	28～38	18～28
⑧₁	黏土	30～40	10～20	33～43	12～20	35～45	1～8	35～45	14～24
⑧₂	粉土	15～26	22～32	18～28	25～35	20～30	2～10	20～30	25～36
⑧₃	粉细砂	0	28～38	—	—	—	—	—	—
⑨	卵石	0	40～50	—	—	—	—	—	—
⑨₂	粉细砂	0	28～38	—	—	—	—	—	—
⑨₄	粉质黏土	25～35	20～30	28～38	22～32	30～42	1～8	30～40	20～30
⑩	粉质黏土	25～36	20～31	30～40	22～33	30～43	1～8	30～42	20～32
⑩₁	黏土	32～45	10～20	34～44	12～23	36～46	1～8	35～45	14～24
⑪	卵石	0	40～50	—	—	—	—	—	—
⑪₁	中粗砂	0	30～40	—	—	—	—	—	—
⑫	粉质黏土	25～38	20～32	30～42	22～34	30～45	1～8	30～45	20～35
⑫₂	粉土	15～26	22～35	18～30	25～35	20～35	2～10	20～35	25～38
⑫₃	粉细砂	0	30～40	—	—	—	—	—	—
⑬	砾岩	25-40	30-45	—	—	—	—	—	—
⑬₁	泥岩	30-45	25-40	—	—	—	—	—	—

注：UU为三轴不固结不排水剪，CU为三轴固结不排水剪。

三、主要地层特殊试验参数

参数具体见附表Ⅳ-1-3。

附表Ⅳ-1-3 北京地区主要地层特殊试验参数表

地层编号	岩土名称	热物理			基床系数		静止侧压力系数 K_0	无侧限抗压强度 q_u
		比热容 C	导热系数 λ	导温系数 $\alpha\times10^{-3}$	垂直 K_v	水平 K_h		
		kJ/(kg·K)	W/(m·K)	m²/h	MPa/m	MPa/m		kPa
①	素填土	—	—	—	—	—	0.65～0.75	—
①₁	杂填土	—	—	—	—	—	0.60～0.71	—
②	粉土	1.20～1.45	1.15～1.85	1.45～2.55	28～30	30～40	0.35～0.45	55～130
②₁	粉质黏土	1.05～1.85	1.08～1.95	0.95～2.65	20～35	25～35	0.40～0.50	60～140
②₃	粉细砂	1.05～1.45	0.55～1.45	1.10～2.55	30～40	35～45	0.30～0.40	—
②₅	圆砾	1.05～1.50	0.75～2.55	1.55～3.55	35～50	40～50	0.25～0.35	—
③	粉土	1.25～1.55	1.18～1.88	1.47～2.57	35～45	40～50	0.30～0.40	60～120

续上表

地层编号	岩土名称	热物理			基床系数		静止侧压力系数 K_0	无侧限抗压强度 q_u
		比热容 C	导热系数 λ	导温系数 $\alpha\times10^{-3}$	垂直 K_v	水平 K_h		
		kJ/(kg·K)	W/(m·K)	m^2/h	MPa/m	MPa/m		kPa
③$_1$	粉质黏土	1.08～1.88	1.11～1.98	0.98～2.68	30～45	30～50	0.35～0.45	40～90
③$_3$	粉细砂	1.06～1.46	0.56～1.46	1.11～2.56	40～50	40～55	0.30～0.40	—
④	粉质黏土	1.09～1.89	1.12～1.99	0.99～2.69	30～40	40～55	0.35～0.45	45～100
④$_2$	粉土	1.27～1.47	1.19～1.89	1.48～2.58	30～40	30～40	0.33～0.43	65～130
④$_3$	粉细砂	1.08～1.48	0.58～1.48	1.12～2.57	40～50	45～55	0.30～0.35	—
⑤	圆砾	1.08～1.53	0.78～2.58	1.58～3.58	40～60	45～60	0.28～0.35	—
⑤$_1$	中粗砂	0.95～1.45	0.65～1.65	1.05～3.15	50～80	55～90	0.28～0.35	—
⑤$_2$	粉细砂	1.09～1.49	0.59～1.49	1.13～2.58	40～55	45～55	0.30～0.46	—
⑥	粉质黏土	1.11～1.91	1.14～1.99	0.99～2.69	34～45	38～48	0.38～0.48	54～122
⑥$_1$	黏土	1.05～1.85	1.08～1.95	0.95～2.65	30～40	35～45	0.36～0.46	60～120
⑥$_2$	粉土	1.30～1.50	1.20～1.90	1.50～2.60	45～50	45～55	0.35～0.45	33～66
⑦	卵石圆砾	1.15～1.45	0.85～2.75	1.65～3.65	80～100	85～110	0.25～0.30	—
⑦$_1$	中粗砂	0.95～1.45	0.65～1.65	1.05～3.15	50～80	60～80	0.28～0.35	—
⑦$_2$	粉细砂	1.10～1.50	0.60～1.50	1.14～2.60	40～50	40～50	0.30～0.35	—
⑧	粉质黏土	1.22～1.91	1.16～2.03	1.00～2.72	35～45	45～55	0.30～0.35	70～140
⑧$_1$	黏土	1.05～1.85	1.08～1.95	0.95～2.65	30～40	45～55	0.31～0.36	65～130
⑧$_2$	粉土	1.32～1.52	1.22～1.95	1.51～2.62	45～55	45～60	0.30～0.38	75～150
⑧$_3$	粉细砂	1.12～1.52	0.62～1.52	1.16～2.62	45～55	45～65	0.25～0.30	—
⑨	卵石	1.18～1.48	0.88～2.78	1.68～3.68	85～110	85～110	0.22～0.32	—
⑨$_2$	粉细砂	1.13～1.53	0.63～1.53	1.17～2.63	50～65	50～70	0.28～0.35	—
⑨$_4$	粉质黏土	1.15～1.94	1.17～2.04	1.04～2.73	35～45	45～60	0.30～0.48	75～150
⑩	粉质黏土	1.15～1.95	1.17～2.05	1.04～2.74	38～48	48～60	0.30～0.48	78～155
⑩$_1$	黏土	1.15～1.90	1.13～1.98	0.98～2.68	35～45	45～60	0.38～0.48	75～150
⑪	卵石	1.21～1.51	0.91～2.81	1.71～3.71	90～130	95～130	0.21～0.31	—
⑪$_1$	中粗砂	0.98～1.48	0.68～1.68	1.08～3.18	50～80	55～85	0.25～0.35	—
⑫	粉质黏土	1.16～1.96	1.18～2.08	1.05～2.75	45～55	50～65	0.38～0.43	80～160
⑫$_2$	粉土	1.35～1.55	1.30～1.96	1.52～2.63	45～65	45～70	0.30～0.35	85～170
⑫$_3$	粉细砂	1.14～1.54	0.64～1.53	1.18～2.65	45～70	45～70	0.28～0.35	—
⑫	砾岩	0.54～1.55	1.00～1.75	1.30～3.50	135～160	160～180	0.20～0.30	—
⑫$_1$	泥岩	0.54～1.55	1.00～1.75	1.30～3.50	135～160	160～180	0.20～0.30	—

附录Ⅳ-2　成都

一、主要地层物理性质指标

物理性质指标见附表Ⅳ-2-1。

附表Ⅳ-2-1　成都地区主要地层物理性质指标表

地层编号	岩土名称	物理性质			稠性黏度		固结试验	
		天然含水量 w	天然密度 ρ	孔隙比 e	液限 w_L	塑限 w_P	压缩模量 E_{s1-2}	压缩系数 a_{v1-2}
		%	g/cm³	—	%	%	MPa	MPa⁻¹
①	人工填土	—	1.60～1.70	—	—	—	—	—
②₁	软土	—	1.85～1.95	0.800～1.800	30～35	15～18	1～5	0.10～0.50
②₂	黏土（硬塑）	23～33	1.90～2.00	0.640～0.860	25～40	18～25	4～12	0.10～0.40
②₃	粉质黏土（硬塑）	18～33	1.90～2.00	0.650～0.850	25～35	16～28	6～10	0.10～0.40
②₄	粉土（中密）	11～37	1.85～1.98	0.550～0.800	20～30	14～26	8～12	0.10～0.30
②₅	粉细砂（稍密）	—	1.95～2.05	—	—	—	—	—
②₆	中粗砂（稍密）	—	1.95～2.10	—	—	—	—	—
②₈	卵石（中密）	—	2.00～2.30	—	—	—	—	—
③₄	粉细砂（稍密）	—	1.95～2.05	—	—	—	—	—
③₅	中粗砂（中密）	—	1.95～2.10	—	—	—	—	—
③₇	卵石（中密）	—	2.05～2.35	—	—	—	—	—
④₁	粉细砂（中密）	—	1.90～2.05	—	—	—	—	—
④₂	中粗砂（中密）	—	1.95～2.10	—	—	—	—	—
④₄	卵石（密实）	—	2.10～2.40	—	—	—	—	—
⑤₁	全风化泥岩	15～25	1.95～2.15	—	—	—	8～12	0.1～0.3
⑤₂	强风化泥岩	12～25	2.10～2.50	—	—	—	—	—
⑤₃	中等风化泥岩	12～25	2.10～2.50	—	—	—	—	—

二、主要地层力学性质指标

力学性质指标见表Ⅳ-2-2。

附表Ⅳ-2-2 成都地区主要地层力学试验指标表

地层编号	岩土名称	直接剪切				三轴剪切			
		快剪		固结快剪		UU		CU	
		c	φ	c_{cq}	φ_{cq}	c_{uu}	φ_{uu}	c_{cu}	φ_{cu}
		kPa	°	kPa	°	kPa	°	kPa	°
①	人工填土	—	—	—	—	—	—	—	—
②$_1$	软土	15～25	9～19	22～38	10～20	25～45	1～8	23～40	13～35
②$_2$	黏土（硬塑）	25～40	10～14	28～57	10～14	28～45	1～6	28～57	11～15
②$_3$	粉质黏土（硬塑）	25～40	14～28	26～45	16～30	30～47	2～8	28～50	18～35
②$_4$	粉土（中密）	11～30	20～32	13～35	20～35	20～30	2～7	15～35	22～38
②$_5$	粉细砂（稍密）	0	20～30	—	—	—	—	—	—
②$_6$	中粗砂（稍密）	0	25～35	—	—	—	—	—	—
②$_8$	卵石（中密）	0	35～45	—	—	—	—	—	—
③$_4$	粉细砂（稍密）	0	20～30	—	—	—	—	—	—
③$_5$	中粗砂（中密）	0	25～38	—	—	—	—	—	—
③$_7$	卵石土（中密）	0	35～48	—	—	—	—	—	—
④$_1$	粉细砂（中密）	0	25～35	—	—	—	—	—	—
④$_2$	中粗砂（中密）	0	30～40	—	—	—	—	—	—
④$_4$	卵石（密实）	0	35～50	—	—	—	—	—	—
⑤$_1$	全风化泥岩	15～25	20～30	—	—	—	—	—	—
⑤$_2$	强风化泥岩	12～25	35～45	—	—	—	—	—	—
⑤$_3$	中等风化泥岩	10～25	40～60	—	—	—	—	—	—

注：UU为三轴不固结不排水剪，CU为三轴固结不排水剪。

三、主要地层特殊试验参数

试验参数见附表Ⅳ-2-3。

附表Ⅳ-2-3　成都地区主要地层特殊试验参数表

地层编号	岩土名称	热物理			基床系数		静止侧压力系数 K_0
		导热系数 λ	导温系数 $\alpha\times10^{-3}$	比热容 C	垂直 K_v	水平 K_h	
		W/(m·K)	m^2/h	kJ/(kg·K)	MPa/m	MPa/m	
①	人工填土	—	—	—	—	—	0.6～0.75
②$_1$	软土	1.35～1.45	1.64～2.05	1.55～2.35	4～8	4～10	0.55～0.75
②$_2$	黏土（硬塑）	1.10～1.65	1.20～1.85	1.20～1.60	25～5	25～30	0.40～0.60
②$_3$	粉质黏土（硬塑）	1.15～1.70	1.25～1.88	1.25～1.65	25～35	28～38	0.40～0.50
②$_4$	粉土（中密）	1.20～1.85	1.30～2.20	1.10～1.30	15～25	10～20	0.30～0.40
②$_5$	粉细砂（稍密）	0.50～1.40	1.10～2.50	1.10～1.45	10～15	10～15	0.35～0.45
②$_6$	中粗砂（稍密）	0.60～1.60	1.10～2.80	0.95～1.40	15～25	15～28	0.28～0.38
②$_8$	卵石（中密）	0.85～2.30	1.65～3.50	1.20～1.40	80～120	85～120	0.25～0.35
③$_4$	粉细砂（稍密）	0.52～1.42	1.12～2.52	1.12～1.47	10～15	10～15	0.35～0.45
③$_5$	中粗砂（中密）	0.62～1.62	1.14～2.84	0.97～1.47	15～25	15～28	0.30～0.40
③$_7$	卵石（中密）	1.00～2.50	1.68～3.58	1.24～1.44	120～160	120～165	0.20～0.30
④$_1$	粉细砂（中密）	0.55～1.45	1.15～2.55	1.15～1.48	10～15	10～15	0.30～0.40
④$_2$	中粗砂（中密）	0.68～1.68	1.20～2.88	0.99～1.49	15～25	15～28	0.30～0.40
④$_4$	卵石（密实）	1.10～2.60	1.70～3.59	1.26～1.45	130～160	130～165	0.20～0.30
⑤$_1$	全风化泥岩	1.15～2.45	1.15～2.50	1.15～1.45	50～70	50～75	0.35～0.45
⑤$_2$	强风化泥岩	1.00～1.55	1.30～2.50	0.60～1.50	90～120	95～120	0.30～0.40
⑤$_3$	中等风化泥岩	1.60～3.50	0.90～1.10	1.65～2.40	130～160	135～165	0.20～0.30

附录Ⅳ-3 大连

大连地区的土层及岩石的力学性质指标具体见附表Ⅳ-3-1、附表Ⅳ-3-2。

附表Ⅳ-3-1 大连地区主要土层物理力学性质指标表

地层时代	岩性名称	抗剪强度		基床系数		静止侧压力系数 K_0	泊松比 μ	地基承载力特征值 f_{ak}（kPa）
		黏聚力 c（kPa）	摩擦角 φ（°）	垂直 K_h（MPa/m）	水平 K_h（MPa/m）			
第四系全新统（Q_4）	粗砂	0	25～28	40	35	0.40	0.30	180～200
	粉质黏土	25～30	18～20	35	30	0.60	0.35	160～170
	卵石	0	30～32	100	80	0.33	0.30	250～300
第四系晚更新统（Q_3）	粉质黏土	25～32	18～20	45	40	0.50	0.33	180～200
	碎石	5	28～30	90	80	0.33	0.30	250～300
	卵石	0	30～35	100	90	0.30	0.28	260～350

附表Ⅳ-3-2 大连地区主要岩石层物理力学性质指标表

地层时代	岩性名称	天然密度（g/cm³）	饱和单轴抗压强度（MPa）	抗剪强度				弹性模量	泊松比
				岩体		结构面		E（$\times10^4$ MPa）	μ
				c（MPa）	φ（°）	c（MPa）	φ（°）		
震旦系长岭子组	全风化板岩	—	—	—	—	0.03～0.04	16～25	—	—
	强风化板岩	—	—	—	—	0.05～0.07	24～29	—	—
	中风化板岩	2.60～2.70	12～30	1.5～3.0	30～35	0.07～0.08	28～30	1.2～3.0	0.15～0.25
燕山期	全风化辉绿岩	—	—	—	—	0.032～0.04	16～25	—	—
	强风化辉绿岩	—	—	—	—	0.05～0.065	24～29	—	—
	中风化辉绿岩	2.70～2.80	20～35	3.0～4.0	35～40	0.08～0.10	30～32	3.0～5.0	0.10～0.20

附录Ⅳ-4 福州

一、主要地层物理性质指标

物理性质指标见附表Ⅳ-4-1。

附表Ⅳ-4-1 福州地区主要地层物理性质指标表

岩土名称	物理性质			稠性黏度		固结试验		强度试验
	天然含水量 w	天然密度 ρ	孔隙比 e	液限 w_L	塑限 w_P	压缩模量 E_{s1-2}	压缩系数 a_{v1-2}	单轴极限抗压强度饱和（f_r）
	%	g/cm³	—	%	MPa	MPa^{-1}	MPa	MPa
粉质黏土	20～45	1.70～1.98	0.688～1.060	28.0～46.0	17.0～30.0	3.0～8.0	0.2～0.8	—
黏土	25～40	1.71～1.91	0.800～1.096	40.0～47.0	22.0～28.0	3.5～9.0	0.2～0.6	—
淤泥	55～71	1.40～1.70	1.600～1.900	55.0～67.0	26.0～38.0	1.5～4.0	0.65～1.61	—
淤泥质土	30～60	1.50～1.85	1.004～1.600	35.0～60.0	18.0～35.0	1.6～5.5	0.40～1.02	—

续上表

岩土名称	物理性质			稠性黏度		固结试验		强度试验
	天然含水量 w	天然密度 ρ	孔隙比 e	液限 w_L	塑限 w_P	压缩模量 $E_{s1\text{-}2}$	压缩系数 $a_{v1\text{-}2}$	单轴极限抗压强度饱和(f_r)
	%	g/cm³	—	%	MPa	MPa^{-1}	MPa	MPa
淤泥夹砂	30～65	1.50～1.90	0.800～1.700	23.0～60.0	14.0～35.0	1.5～5.5	0.30～1.25	—
中粗砂	—	1.80～1.95	—	—	—	18.0～31.0	—	—
卵石	—	2.00～2.15	—	—	—	35.0～45.0	—	—
残积土	16～35	1.70～1.98	0.550～0.970	25.0～39.0	17.0～24.0	3.0～8.0	0.20～0.65	—
全风化花岗岩	22～50	1.60～1.90	0.770～1.400	35.0～55.0	—	15～20	0.30～0.40	—
强风化花岗岩	22～50	1.60～1.90	0.770～1.400	35.0～55.0	—	20～30	0.28～0.37	2.9～19
中风化花岗岩	—	2.40～2.60	—	—	—	—	—	45～70
微风化花岗岩	—	2.50～2.70	—	—	—	—	—	70～200

二、主要地层力学性质指标

力学性质指标见附表Ⅳ-4-2。

附表Ⅳ-4-2　福州地区主要地层力学性质指标表

岩土名称	直接剪切				三轴剪切					
	快剪		固结快剪		UU		CU			
	c	φ	c_q	φ_q	c_{uu}	φ_{uu}	c_{cu}	φ_{cu}	c'	φ'
	kPa	°	kPa	°	kPa	°	kPa	°	kPa	°
粉质黏土	15～40	7～18	13～30	12～22	—	—	—	—	—	—
黏土	25～42	10～20	—	—	—	—	—	—	—	—
淤泥	8～25	1～5	5～21	11～16	7～18	2～4	4～9	7～10	—	—
淤泥质土	13～32	1～7	7～32	9～19	17～26	2～4	5～12	9～13	—	—
淤泥夹砂	9～36	2～10	6～33	8～23	—	—	—	—	—	—
中粗砂	0～4	20～30	—	—	—	—	—	—	—	—
卵石	0～3	30～40	—	—	—	—	—	—	—	—
残积土	30～35	16～20	23～30	17～26	—	—	—	—	—	—
全风化花岗岩	20～28	20～28	22～30	22～30	—	—	—	—	—	—
强风化花岗岩	24～35	24～35	26～35	26～35	—	—	—	—	—	—
中风化花岗岩	100～150	30～50	—	—	—	—	—	—	—	—
微风化花岗岩	120～170	35～60	—	—	—	—	—	—	—	—
全风化凝灰熔岩	—	—	18	23	—	—	—	—	—	—

注：UU为三轴不固结不排水剪，CU为三轴固结不排水剪。

三、主要地层特殊试验参数

试验参数见附表Ⅳ-4-3。

附表Ⅳ-4-3 福州地区主要地层特殊试验参数表

岩土名称	热物理			基床系数		静止侧压力系数 K_0	无侧限抗压强度 q_u
	导热系数 λ	导温系数 α	比热容 C	垂直 K_v	水平 K_h		
	W/(m·K)	m^2/h	kJ/(kg·K)	MPa/m	MPa/m		kPa
粉质黏土	1.30～1.55	0.001 5～0.002 0	1.40～1.65	18～22	25～30	0.45～0.50	112.5
黏土	0.90～1.80	0.001 0～0.003 5	0.90～1.65	15～20	20～25	0.45～0.50	
淤泥	0.90～1.80	0.001 0～0.002 4	1.40～1.98	4～6	5～7	0.60～1.25	143.4
淤泥质土	0.80～1.00	0.001 0～0.002 0	1.50～1.80	6～8	8～12	0.55～1.24	34.0～100.0
淤泥夹砂	0.70～2.00	0.000 9～0.003 0	1.30～1.90	—	—	—	40.0～60.0
中粗砂	1.90～2.20	0.002 5～0.003 5	1.00～1.26	—	—	—	—
全风化花岗岩	—	—	—	50～60	70～80	0.35～0.40	—
强风化花岗岩	—	—	—	80～120	70～120	0.25～0.35	—
中风化花岗岩	—	—	—	800	—	—	—
全风化凝灰熔岩	—	—	—	30	28	0.27	
中风化凝灰熔岩	—	—	—	700	—	—	—

附录Ⅳ-5 广州

一、增城凸起区主要地层物理力学性质指标

增城凸起区地层及岩层的指标参考值见附表Ⅳ-5-1～附表Ⅳ-5-4。

附表Ⅳ-5-1 主要地层物理性质指标参考值表

地层编号	岩土名称	物 理 性 质			黏 性 稠 度			
		天然含水量 w	天然密度 ρ	孔隙比 e	液限 w_L	塑限 w_P	塑性指数 I_P	液性指数 I_L
		%	g/cm^3	—	%	%	—	—
<3-1>	粉细砂	—	1.80～1.85	0.700～0.725	—	—	—	—
<3-2>	中粗砂	—	1.85～1.90	0.667～0.700	—	—	—	—
<4N-2>	(可塑)黏性土	20.0～30.6	1.85～1.89	0.670～0.757	30.6～35.6	20.0～25.0	10.0～14.1	0.25～0.47
<4-3>	坡积土	23.0～29.0	1.80～1.91	0.726～0.997	28.8～64.1	18.2～36.2	9.6～17.9	0.00～0.45
<5H-1>	(可塑)黏性土	20.8～25.7	1.83～1.95	0.721～0.848	34.9～44.5	23.0～32.0	10.9～14.9	0.25～0.75
<5H-2>	(硬塑)黏性土	13.9～42.5	1.83～2.00	0.526～0.848	25.8～64.7	16.7～35.6	10.1～19.1	0.00～0.25

续上表

地层编号	岩土名称	物理性质			黏性稠度			
		天然含水量 w	天然密度 ρ	孔隙比 e	液限 w_L	塑限 w_P	塑性指数 I_P	液性指数 I_L
		%	g/cm^3	—	%	%	—	—
＜5Z-1＞	(可塑)黏性土	21.6～44.4	1.80～2.05	0.507～0.864	30.0～48.3	19.9～31.5	10.7～18.1	0.25～0.75
＜5Z-2＞	(硬塑)黏性土	19.7～44.9	1.85～2.05	0.604～0.986	28.1～50.3	17.3～33.8	8.1～21.8	0.00～0.25
＜6H＞	(全风化)花岗岩	17.0～41.4	1.73～2.02	0.568～0.975	27.2～44.9	19.6～33.2	7.2～18.8	0.00～0.24
＜6Z＞	(全风化)变质岩	12.5～33.8	1.74～2.10	0.496～0.992	25.3～46.9	16.8～30.9	6.0～18.6	0.00～0.28
＜7H＞	(强风化)花岗岩	14.4～39.6	1.76～2.07	0.545～0.934	22.5～49.8	15.0～31.5	7.5～20.4	0.00～0.13
＜7Z＞	(强风化)变质岩	12.6～30.3	1.79～2.11	0.541～0.946	23.5～39.7	15.7～26.2	7.4～14.4	0.00～0.05

附表Ⅳ-5-2　主要地层力学性质指标参考值表

地层编号	岩土名称	直接剪切				固结试验	
		快剪		固结快剪		压缩模量	压缩系数
		c	φ	c_q	φ_q	$E_{s1\text{-}2}$	$a_{v1\text{-}2}$
		kPa	°	kPa	°	MPa	MPa^{-1}
＜3-1＞	粉细砂	—	22	—	—	—	—
＜3-2＞	中粗砂	—	25	—	—	—	—
＜4N-2＞	(可塑)黏性土	20	16	20	18	4.5	0.39
＜4-3＞	坡积土	20	20	23	21	5.01	0.38
＜5H-1＞	(可塑)黏性土	20	22	22	22	3.5	0.51
＜5H-2＞	(硬塑)黏性土	25	21	26	23	4.18	0.45
＜5Z-1＞	(可塑)黏性土	20	20	25	22	3.5	0.51
＜5Z-2＞	(硬塑)黏性土	25	22	28	23	4.16	0.43
＜6H＞	(全风化)花岗岩	28	24	30	25	4.33	0.41
＜6Z＞	(全风化)变质岩	28	25	30	25	5.24	0.34
＜7H＞	(强风化)花岗岩	35	27	37	30	6.0	0.30
＜7Z＞	(强风化)变质岩	35	28	28	30	6.0	0.33

附表Ⅳ-5-3　主要地层特殊试验指标参考值表

地层编号	岩土名称	热物理			基床系数		静止侧压力系数 K_0
		比热容 C	导热系数 λ	导温系数 α	垂直 K_v	水平 K_h	
		kJ/(kg·K)	W/(m·K)	m^2/h	MPa/m	MPa/m	
＜3-1＞	粉细砂	1.53	1.60	0.00209	10	10	0.33
＜3-2＞	中粗砂	0.93	1.41	0.00281	15	20	0.29

续上表

地层编号	岩土名称	热物理			基床系数		静止侧压力系数 K_0
		比热容 C	导热系数 λ	导温系数 α	垂直 K_v	水平 K_h	
		kJ/(kg·K)	W/(m·K)	m^2/h	MPa/m	MPa/m	
＜4N-2＞	(可塑)黏性土	1.41	1.55	0.00183	20	25	0.47
＜4-3＞	坡积土	1.51	1.19	0.00136	50	50	0.43
＜5H-1＞	(可塑)黏性土	1.55	1.60	0.00175	30	30	0.47
＜5H-2＞	(硬塑)黏性土	1.65	1.70	0.00183	50	50	0.43
＜5Z-1＞	(可塑)黏性土	1.55	1.60	0.00175	30	30	0.47
＜5Z-2＞	(硬塑)黏性土	1.65	1.70	0.00183	50	50	0.43
＜6H＞	(全风化)花岗岩	1.65	2.00	0.00155	80	80	0.33
＜6Z＞	(全风化)变质岩	1.65	2.00	0.00155	80	80	0.33
＜7H＞	(强风化)花岗岩	1.30	1.89	0.00250	200	200	0.28
＜7Z＞	(强风化)变质岩	1.30	1.89	0.00250	200	200	0.28

附表Ⅳ-5-4 主要岩层物理力学性质指标表

地层编号	岩性名称	天然密度 (g/cm^3)	饱和单轴抗压强度 (MPa)	岩体抗剪强度		弹性模量	泊松比
				c	φ	E	μ
				(MPa)	(°)	($\times10^4$MPa)	
＜8H＞	(中风化)花岗岩	2.38～2.53	10.5～30.6	0.8	35	1	0.20
＜8Z＞	(中风化)变质岩	2.54～2.66	16.4～28.8	0.8	35	1	0.20
＜9H＞	(微风化)花岗岩	2.67～2.78	46.4～110.5	7	36	2.5	0.18
＜9Z＞	(微风化)变质岩	2.62～2.69	31.7～115.6	8	41	2.5	0.18

二、广花凹陷区主要地层物理力学性质指标

广花凹陷区的地层及岩层的指标参考值具体见附表Ⅳ-5-5～附表Ⅳ-5-8。

附表Ⅳ-5-5 主要地层物理性质指标参考值表

地层编号	岩土名称	物理性质			黏性稠度			
		天然含水量 w	天然密度 ρ	孔隙比 e	液限 w_L	塑限 w_P	塑性指数 I_P	液性指数 I_L
		%	g/cm^3	—	%	%	—	—
＜3-1＞	粉细砂	—	1.85～1.96	0.670～0.720	—	—	—	—
＜3-2＞	中粗砂	—	1.95～2.00	0.700～0.650	—	—	—	—
＜4N-2＞	(可塑)黏性土	19.5～26.7	1.80～2.10	0.523～0.778	20.6～61.4	11.0～39.6	10.0～27.2	0.25～0.75
＜5C-1A＞	(软塑)黏性土(含红黏土)	21.4～30.1	1.78～1.90	0.679～0.970	23.5～30.2	13.6～20.7	10.0～19.2	0.75～1.06

续上表

地层编号	岩土名称	物理性质			黏性稠度			
		天然含水量 w	天然密度 ρ	孔隙比 e	液限 w_L	塑限 w_P	塑性指数 I_P	液性指数 I_L
		%	g/cm^3	—	%	%	—	—
<5C-1B>	(可塑)黏性土(含红黏土)	16.0～45.4	1.80～2.10	0.584～0.910	28.0～54.0	16.0～31.0	10.0～21.6	0.65～0.75
<5C-2>	(硬塑)黏性土(含红黏土)	16.1～38.1	1.80～2.00	0.598～0.875	22.4～54.4	13.2～29.2	10.0～25.2	0.00～0.25
<6C>	(全风化)石灰岩	18.1～39.7	1.80～2.05	0.594～0.850	24.2～44.6	16.5～31.1	6.8～18.9	0.00～0.50
<7C>	(强风化)石灰岩	9.5～21.0	1.98～2.15	0.430～0.632	24.3～33.5	12.9～20.1	5.9～14.4	0.00～0.50

附表Ⅳ-5-6　主要地层力学性质指标参考值表

地层编号	岩土名称	直接剪切				固结试验	
		快剪		固结快剪		压缩模量	压缩系数
		c_q	φ_q	c_{cq}	φ_{cq}	$E_{s1\text{-}2}$	$a_{v1\text{-}2}$
		kPa	°	kPa	°	MPa	MPa^{-1}
<3-1>	粉细砂	—	25	—	—	—	—
<3-2>	中粗砂	—	30	—	—	—	—
<4N-2>	(可塑)黏性土	21	16	25	14	5.7	0.33
<5C-1A>	(软塑)黏性土(含红黏土)	12	14	12	15	5.3	0.32
<5C-1B>	(可塑)黏性土(含红黏土)	16	18	20	25	4.3	0.45
<5C-2>	(硬塑)黏性土(含红黏土)	20	16	24	18	4.7	0.39
<6C>	(全风化)石灰岩	30	26	32	25	5.2	0.34
<7C>	(强风化)石灰岩	36	28	45	32	6.0	0.30

附表Ⅳ-5-7　主要地层特殊试验指标参考值表

地层编号	岩土名称	热物理			基床系数		静止侧压力系数 K_0
		比热容 C	导热系数 λ	导温系数 α	垂直 K_v	水平 K_h	
		kJ/(kg·K)	W/(m·K)	m^2/h	MPa/m	MPa/m	
<3-1>	粉细砂	1.53	1.60	0.002 09	10	10	0.41
<3-2>	中粗砂	0.93	1.41	0.002 81	15	20	0.38
<4N-2>	(可塑)黏性土	1.41	1.55	0.001 83	20	25	0.50
<5C-1A>	(软塑)黏性土(含红黏土)	1.41	1.55	0.002 23	10	12	0.67
<5C-1B>	(可塑)黏性土(含红黏土)	1.53	1.60	0.002 10	30	30	0.51

续上表

地层编号	岩土名称	热物理			基床系数		静止侧压力系数 K_0
		比热容 C	导热系数 λ	导温系数 α	垂直 K_v	水平 K_h	
		kJ/(kg·K)	W/(m·K)	m^2/h	MPa/m	MPa/m	
<5C-2>	(硬塑)黏性土(含红黏土)	1.65	1.70	0.001 83	50	50	0.48
<6C>	(全风化)石灰岩	1.65	2.00	0.001 55	80	80	0.43
<7C>	(强风化)石灰岩	1.30	1.89	0.002 50	200	200	0.38

附表Ⅳ-5-8 主要岩层物理力学性质指标表

地层编号	岩性名称	天然密度 (g/cm^3)	饱和单轴抗压强度 (MPa)	岩体抗剪强度		弹性模量	泊松比
				c	φ	E (MPa)	μ
				MPa	°		
<8C-1>	(中风化)泥质、炭质灰岩或泥灰岩	2.60	20	0.7	30	0.7×10^4	0.28
<8C-2>	(中风化)石灰岩或硅质灰岩	2.65	40	1	35	1.0×10^4	0.21
<9C-1>	(微风化)泥质、炭质灰岩或泥灰岩	2.70	50	5	40	1.5×10^4	0.20
<9C-2>	(微风化)石灰岩或硅质灰岩	2.74	60	7	40	2.5×10^4	0.18

三、瘦狗岭断裂以南盆地区主要地层物理力学性质指标

瘦狗岭断裂以南盆地区地层及岩层的指标参考值见附表Ⅳ-5-9～附表Ⅳ-5-11。

附表Ⅳ-5-9 主要地层物理性质指标参考值表

地层编号	岩土名称	物理性质			黏性稠度			
		天然含水量 w	天然密度 ρ	孔隙比 e	液限 w_L	塑限 w_P	塑性指数 I_P	液性指数 I_L
		%	g/cm^3	—	%	%	—	—
<2-1A>	淤泥	47.9～78.4	1.63～1.65	1.500～2.400	44.1～69.7	19.8～50.0	10.5～30.9	0.75～3.91
<2-1B>	淤泥质土	37.1～58.3	1.65～1.68	1.000～1.500	32.7～48.0	18.1～47.8	9.8～20.1	0.62～1.95
<2-2>	淤泥质粉细砂	25.0～30.0	1.75～1.80	0.900～0.950	—	—	—	—
<2-3>	淤泥质中粗砂	22.0～26.4	1.80～1.88	0.950～1.250	—	—	—	—
<2-4>	粉质黏土、粉土	21.0～48.0	1.68～2.08	0.582～1.318	26.0～65.4	15.3～41.7	8.4～24.1	0.47～0.950
<5N-1>	(可塑)黏性土	16.0～37.8	1.80～2.05	0.600～0.978	26.0～55.5	16.0～40.0	10.6～18.6	0.25～0.75
<5N-2>	(硬塑)黏性土	15.6～36.5	1.85～2.10	0.519～0.989	25.0～46.4	18.0～27.8	10.1～17.5	0.00～0.25
<6>	(全风化)碎屑岩	15.8～30.2	1.90～2.15	0.431～0.816	25.6～39.3	17.2～25.7	3.6～14.0	0.00～0.37

续上表

地层编号	岩土名称	物理性质			黏性稠度			
		天然含水量 w	天然密度 ρ	孔隙比 e	液限 w_L	塑限 w_P	塑性指数 I_P	液性指数 I_L
		%	g/cm^3	—	%	%	—	—
<7-1>	(强风化)砾岩、粗砂岩、含砾粗砂岩	15.0～30.0	1.98～2.15	0.440～0.700	25.0～40.0	15.0～28.0	7.0～11.0	0.00～0.50
<7-2>	(强风化)泥岩、粉砂质泥岩、页岩	16.0～31.0	1.89～2.10	0.446～0.841	26.0～40.4	17.2～27.9	7.4～13.9	0.00～0.83
<7-3>	(强风化)粉砂岩、粗砂岩、泥质粉砂岩	15.5～30.5	1.90～2.15	0.445～0.750	25.0～40.0	15.0～28.0	7.0～12.0	0.00～0.65

附表Ⅳ-5-10　主要地层力学性质指标参考值表

地层编号	岩土名称	直接剪切				固结试验	
		快剪		固结快剪		压缩模量	压缩系数
		c_q	φ_q	c_{cq}	φ_{cq}	$E_{s1\text{-}2}$	$a_{v1\text{-}2}$
		kPa	°	kPa	°	MPa	MPa^{-1}
<2-1A>	淤泥	5	5	10	15	2.0	1.30
<2-1B>	淤泥质土	7	6	11	16	2.2	1.19
<2-2>	淤泥质粉细砂	5	20	—	—	5.0	0.80
<2-3>	淤泥质中粗砂	0	25	—	—	4.8	0.90
<2-4>	粉质黏土、粉土	23	17	23	20	4.6	0.95
<5N-1>	(可塑)黏性土	24	16	25	17	5.0	0.50
<5N-2>	(硬塑)黏性土	23	22	23	23	5.4	0.31
<6>	(全风化)碎屑岩	24	23	25	24	8.5	0.24
<7-1>	(强风化)砾岩、粗砂岩、含砾粗砂岩	80	35	—	—	20	0.05
<7-2>	(强风化)泥岩、粉砂质泥岩、页岩	50	35	—	—	15	0.10
<7-3>	(强风化)粉砂岩、粗砂岩、泥质粉砂岩	60	35	—	—	17	0.08

附表Ⅳ-5-11　主要地层特殊试验指标参考值表

地层编号	岩土名称	热物理			基床系数		静止侧压力系数 K_0
		比热容 C	导热系数 λ	导温系数 α $\times10^{-3}$	垂直 K_v	水平 K_h	
		kJ/(kg·K)	W/(m·K)	m^2/h	MPa/m	MPa/m	
<2-1A>	淤泥	1.40	1.85	2.23	6	6	0.70
<2-1B>	淤泥质土	1.40	1.85	2.23	7	8	0.66
<2-2>	淤泥质粉细砂	1.53	1.60	2.10	10	12	0.33

续上表

地层编号	岩土名称	热物理			基床系数		静止侧压力系数 K_0
		比热容 C	导热系数 λ	导温系数 α $\times 10^{-3}$	垂直 K_v	水平 K_h	
		kJ/(kg·K)	W/(m·K)	m^2/h	MPa/m	MPa/m	
<2-3>	淤泥质中粗砂	0.99	1.06	2.55	12	15	0.33
<2-4>	粉质黏土、粉土	1.41	1.55	1.83	15	15	0.53
<5N-1>	(可塑)黏性土	1.56	1.41	1.64	20	22	0.47
<5N-2>	(硬塑)黏性土	1.42	1.20	1.52	45	50	0.42
<6>	(全风化)碎屑岩	1.42	1.20	1.52	80	90	0.38
<7-1>	(强风化)砾岩、粗砂岩、含砾粗砂岩	1.42	1.20	1.52	150	200	0.28
<7-2>	(强风化)泥岩、粉砂质泥岩、页岩	0.89	1.62	1.90	100	150	0.31
<7-3>	(强风化)粉砂岩、粗砂岩、泥质粉砂岩	0.89	1.62	1.90	120	180	0.29

附表Ⅳ-5-12 主要岩层物理力学性质指标表

地层编号	岩性名称	天然密度 (g/cm^3)	饱和单轴抗压强度 (MPa)	岩体抗剪强度		弹性模量	泊松比
				c	φ	E (MPa)	μ
				MPa	°		
<8-1>	(中风化)砾岩、粗砂岩、含砾粗砂岩	2.54	20.0～25.0	0.6	35	1.0×10^4	0.20
<8-2>	(中风化)泥岩、粉砂质泥岩、页岩	2.50	3.0～10.0	0.3	30	0.4×10^4	0.25
<8-3>	(中风化)粉砂岩、粗砂岩、泥质粉砂岩	2.53	11.4～15.0	0.5	30	0.8×10^4	0.22
<9-1>	(微风化)砾岩、粗砂岩、含砾粗砂岩	2.64	25.0～35.0	2.5	40	2.0×10^4	0.18
<9-2>	(微风化)泥岩、粉砂质泥岩、页岩	2.54	15.0～22.0	1.0	30	1.0×10^4	0.20
<9-3>	(微风化)粉砂岩、粗砂岩、泥质粉砂岩	2.57	18.3～25.0	1.5	35	1.5×10^4	0.19

附录Ⅳ-6 哈尔滨

一、主要地层物理性质指标

物理性质指标见附表Ⅳ-6-1。

附表Ⅳ-6-1 哈尔滨地区主要地层物理性质指标表

地层编号	岩土名称	物理性质			稠性黏度			
		天然含水量 w	天然密度 ρ	孔隙比 e	液限 w_L	塑限 w_P	液性指数 I_L	塑性指数 I_P
		%	g/cm^3	—	%	%	—	—
②	粉质黏土	23.9～45.8	1.68～2.00	0.700～1.365	26.5～51.5	15.1～24.6	0.75～1.36	11.4～16.9

续上表

地层编号	岩土名称	物理性质			稠性黏度			
		天然含水量 w	天然密度 ρ	孔隙比 e	液限 w_L	塑限 w_P	液性指数 I_L	塑性指数 I_P
		%	g/cm³	—	%	%	—	—
②$_1$	淤泥质粉质黏土	32.8～43.9	1.74～1.87	0.953～1.224	29.4～41.2	16.5～21.3	1.02～1.28	12.9～19.9
②$_3$	粉砂	9.7～29.8	1.77～2.12	0.421～0.801	—	—	—	—
③	粉质黏土	11.1～26.6	1.59～2.07	0.568～0.897	26.9～38.9	15.1～19.4	0.01～0.64	11.8～16.9
④	粉质黏土	21.1～31.5	1.82～2.01	0.693～0.858	26.4～36.5	14.9～18.7	0.27～0.75	11.5～16.9
⑤	粉质黏土	16.9～36.1	1.78～2.07	0.536～1.034	26.1～40.8	14.8～19.8	0.01～0.74	11.3～16.9
⑥$_2$	粉质黏土	21.3～25.4	1.87～2.03	0.607～0.811	26.0～30.4	14.7～16.5	0.58～0.64	11.3～13.9
⑦$_2$	粉质黏土	22.8～28.9	1.87～1.96	0.694～0.800	24.8～37.3	14.2～18.9	0.81～0.83	10.6～17.0
⑨	粉质黏土	24.0～35.0	1.84～2.00	0.678～0.949	28.3～46.9	16.0～23.2	0.25～0.93	12.3～17
⑩	粉质黏土	24.5～30.5	1.88～2.00	0.696～0.877	30.1～41.3	16.8～21.3	0.35～0.71	13.3～17.0
⑩$_1$	中粗砂	13.3～17.3	1.98～2.04	0.524～0.547	—	—	—	—

二、主要地层力学性质指标

力学性质指标见附表Ⅳ-6-2。

附表Ⅳ-6-2　哈尔滨地区主要地层力学性质指标表

地层编号	岩土名称	固结试验		天然快剪		原位测试
		压缩系数 $a_{v1\text{-}2}$	压缩模量 $E_{s1\text{-}2}$	黏聚力 c_q	摩擦角 φ_q	标准贯入 $N_{63.5}$
		°	kPa	kPa	°	击
③	粉质黏土	0.19～0.56	3.34～9.04	25.6～38.5	11.9～19.3	—
④	粉质黏土	0.23～0.55	3.32～7.67	36.8～48.5	15～23.5	—
⑤	粉质黏土	0.16～0.57	3.14～16.27	36.0	7.7	8～12
⑥	中砂	—	—	—	—	24～34
⑥$_1$	粉砂	—	—	—	—	20～32
⑥$_2$	粉质黏土	0.19～0.45	4.0～9.1	30.2	20.1	14
⑥$_3$	砾砂	—	—	—	—	50
⑦	粗砂	—	—	—	—	48～50
⑦$_1$	中砂	—	—	—	—	33～50
⑦$_2$	粉质黏土	0.20～0.34	5.4～8.9	21.5	15.7	—

三、主要地层特殊试验参数

试验参数见附表Ⅳ-6-3。

附表Ⅳ-6-3 哈尔滨地区主要地层特殊试验参数表

地层编号	岩土名称	渗透系数		基床系数		静止侧压力系数 K_0	泊松比 μ	无侧限抗压强度 q_u
		水平 k_h	垂直 k_v	垂直 K_v	水平 K_h			
		10^{-6}cm/s	10^{-6}cm/s	MPa/m	MPa/m			kPa
③	粉质黏土	1.69～28.0	2.22～65.2	4.5～20.1	3.5～16.5	0.38～0.61	0.275～0.355	28.0～135.0
④	粉质黏土	0.10～72.61	0.10～98.46	9.7～30.2	7.2～27.5	0.21～0.58	—	38.7～224.1

附录Ⅳ-7 杭州

一、主要地层物理性质指标

物理性质指标见附表Ⅳ-7-1。

附表Ⅳ-7-1 杭州市区土层物理性质指标表

岩土编号	岩土名称	数据统计	天然含水量 w(%)	质量密度 ρ(g/cm³)	天然孔隙比 e	液限 w_L (%)	塑限 w_P(%)	液性指数 I_L	塑性指数 I_P
①$_1$	砂质粉土	幅值	28.1～28.8	1.75～1.88	0.808～0.823	—	—	—	—
		变异系数	0.014	0.040	0.009	—	—	—	—
①$_2$	粉质黏土	幅值	27.7～33.1	1.75～1.94	0.789～1.399	35.2～39.7	21.0～25.0	12.3～15.4	0.60～0.88
		变异系数	0.072	0.026	0.224	0.049	0.078	0.057	0.161
②$_1$	砂质粉土	幅值	26.5～30.7	1.83～1.92	0.774～0.870	—	—	—	—
		变异系数	0.037	0.013	0.032	—	—	—	—
②$_2$	砂质粉土夹粉砂	幅值	24.7～29.4	1.87～1.91	0.720～0.823	—	—	—	—
		变异系数	0.051	0.007	0.035	—	—	—	—
②$_3$	砂质粉土	幅值	23.4～31.5	1.84～1.93	0.702～0.893	—	—	—	—
		变异系数	0.070	0.014	0.063	—	—	—	—
②$_4$	粉砂夹砂质粉土	幅值	23.2～29.3	1.81～1.94	0.680～0.850	—	—	—	—
		变异系数	0.061	0.016	0.063	—	—	—	—
②$_5$	砂质粉土夹黏质粉土	幅值	29.2～39.7	1.78～1.89	0.829～1.055	—	—	—	—
		变异系数	0.092	0.020	0.075	—	—	—	—
②$_6$	砂质粉土夹粉砂	幅值	26.6～29.4	1.86～1.88	0.786～0.844	—	—	—	—
		变异系数	0.039	0.004	0.027	—	—	—	—

续上表

岩土编号	岩土名称	数据统计	天然含水量 w(%)	质量密度 ρ(g/cm³)	天然孔隙比 e	液限 w_L (%)	塑限 w_P(%)	液性指数 I_L	塑性指数 I_P
②₇	淤泥质黏土	幅值	32.3～53.0	1.65～1.82	0.924～1.497	37.5～49.7	23.2～29.7	14.3～21.1	1.08～1.28
		变异系数	0.142	0.028	0.142	0.102	0.085	0.138	0.058
②₈	淤泥质粉质黏土	幅值	34.5～47.0	1.70～1.82	0.989～1.345	31.9～44.3	19.3～26.9	11.6～17.3	1.00～1.63
		变异系数	0.103	0.022	0.102	0.106	0.098	0.132	0.161
②₉	砂质粉土	幅值	28.8～29.1	1.83～1.89	0.816～0.862	—	—	—	—
		变异系数	0.016	0.014	0.028	—	—	—	—
③₁	粉质黏土	幅值	26.4～26.4	1.93～1.97	0.749～0.749	—	—	—	—
		变异系数	0.000	0.012	0.000	—	—	—	—
③₂	淤泥质粉质黏土	幅值	35.3～44.0	1.70～1.81	1.010～1.267	29.9～41.8	18.0～25.4	11.8～16.8	1.01～1.51
		变异系数	0.064	0.012	0.063	0.092	0.086	0.112	0.104
③₃	粉砂夹砂质粉土	幅值	22.5～28.1	1.81～1.95	0.660～0.877	—	—	—	—
		变异系数	0.088	0.031	0.104	—	—	—	—
④₁	粉质黏土	幅值	26.9～33.9	1.75～1.91	0.774～0.95	35.1～47.1	21.3～28.8	13.5～18.3	0.23～0.92
		变异系数	0.059	0.023	0.054	0.096	0.093	0.105	0.415
④₂	粉质黏土	幅值	29.5～47.9	1.67～1.88	0.843～1.392	30.9～51.1	20.5～29.1	10.5～22.2	0.64～0.95
		变异系数	0.140	0.043	0.170	0.139	0.111	0.190	0.110
⑤₁	粉质黏土	幅值	24.7～29.1	1.86～1.99	0.723～0.857	33.2～40.6	20.6～25.0	12.0～16.3	0.16～0.44
		变异系数	0.051	0.017	0.054	0.073	0.062	0.100	0.339
⑤₂	含砂粉质黏土	幅值	22.2～36.0	1.74～1.95	0.686～1.087	26.5～41.7	16.8～28.7	9.8～17.8	0.37～0.91
		变异系数	0.144	0.034	0.142	0.124	0.125	0.179	0.279
⑤₃	含砾细砂	幅值	16.6～23.7	1.75～2.00	0.575～0.726	—	—	—	—
		变异系数	0.159	0.043	0.116	—	—	—	—
⑥₁	粉质黏土	幅值	28.3～39.2	1.82～1.86	0.822～0.973	32.9～41.5	21.0～24.3	11.8～17.3	0.60～0.83
		变异系数	0.117	0.008	0.059	0.080	0.059	0.133	0.138
⑥₂	粉砂夹粉质黏土	幅值	21.5～26.2	1.88～1.97	0.647～0.807	26.9～35.8	17.2～22.9	8.4～12.9	0.43～0.72
		变异系数	0.066	0.014	0.063	0.094	0.088	0.132	0.219

二、主要地层力学性质指标

力学性质指标见附表Ⅳ-7-2。

附表Ⅳ-7-2　杭州市区土层力学性质指标表

岩土编号	岩土名称	数据统计	双桥静探锥尖阻力 q_c (MPa)	压缩模量 E_{s1-2} (MPa)	静三轴(固结不排水剪)		直剪(固结快剪)	
					黏聚力 c_{cu} (kPa)	内摩擦角 φ_{cu}(°)	黏聚力 c_{cq} (kPa)	内摩擦角 φ_{cq}(°)
①$_1$	砂质粉土	幅值	3.14～3.92	5.0～7.0	—	—	4～9	24～28
		变异系数	0.042	0.129	—	—	0.259	0.093
①$_2$	粉质黏土	幅值	0.50～1.33	3.5～4.2	—	—	19.0～30.0	13.0～15.0
		变异系数	0.206	0.063	—	—	0.178	0.068
②$_1$	砂质粉土	幅值	2.61～5.46	6.0～8.0	—	—	4.0～8.0	23.0～29.5
		变异系数	0.253	0.116	—	—	0.237	0.134
②$_2$	砂质粉土夹粉砂	幅值	5.74～10.17	9.0～11.0	—	—	3.0～7.0	28.5～31.0
		变异系数	0.238	0.095	—	—	0.251	0.098
②$_3$	砂质粉土	幅值	3.33～6.37	6.0～9.0	—	—	4.0～9.0	24.0～29.0
		变异系数	0.273	0.121	—	—	0.236	0.115
②$_4$	粉砂夹砂质粉土	幅值	5.92～10.19	9.5～12.0	—	—	2.0～7.0	29.0～31.5
		变异系数	0.245	0.108	—	—	0.258	0.103
②$_5$	砂质粉土夹黏质粉土	幅值	1.28～5.00	3.0～9.0	—	—	4.0～12.0	18.0～28.0
		变异系数	0.289	0.314	—	—	0.267	0.165
②$_6$	砂质粉土夹粉砂	幅值	5.27～9.01	8.0～11.5	—	—	4.0～8.0	28.0～31.0
		变异系数	0.234	0.112	—	—	0.217	0.094
②$_7$	淤泥质黏土	幅值	0.27～0.72	2.0～2.8	16～27	0.5～1.0	12.0～18.0	8.0～11.5
		变异系数	0.087	0.057	0.237	0.296	0.173	0.146
②$_8$	淤泥质粉质黏土	幅值	0.40～1.12	2.4～3.0	19～34	0.4～1.5	13.0～19.0	9.0～12.0
		变异系数	0.075	0.042	0.243	0.345	0.157	0.123
②$_9$	砂质粉土	幅值	3.07～4.70	5.0～7.5	—	—	4.0～11.0	24.0～27.5
		变异系数	0.113	0.075	—	—	0.193	0.105
③$_1$	粉质黏土	幅值	1.50～2.22	5.0～6.5	—	—	35.0～50.0	16.0～20.0
		变异系数	0.086	0.063	—	—	0.177	0.095
③$_2$	淤泥质粉质黏土	幅值	0.64～1.17	2.7～3.2	21～37	0.3～1.4	13.0～18.0	10.0～12.0
		变异系数	0.067	0.048	0.191	0.329	0.141	0.085
③$_3$	粉砂夹砂质粉土	幅值	3.43～8.19	6.5～11.0	—	—	2.0～10.0	26.5～30.5
		变异系数	0.249	0.187	—	—	0.286	0.076
④$_1$	粉质黏土	幅值	1.13～3.21	4.5～6.8	—	—	27.0～60.0	15.0～20.0
		变异系数	0.182	0.134	—	—	0.288	0.103
④$_2$	粉质黏土	幅值	0.84～2.10	3.2～4.8	—	—	18.0～33.0	12.0～14.5
		变异系数	0.137	0.126	—	—	0.194	0.071
⑤$_1$	粉质黏土	幅值	2.20～3.06	5.5～6.9	—	—	42.0～65.0	16.0～20.0
		变异系数	0.124	0.098	—	—	0.218	0.115

续上表

岩土编号	岩土名称	数据统计	双桥静探锥尖阻力 q_c (MPa)	压缩模量 E_{s1-2} (MPa)	静三轴(固结不排水剪)		直剪(固结快剪)	
					黏聚力 c_{cu} (kPa)	内摩擦角 φ_{cu} (°)	黏聚力 c_{cq} (kPa)	内摩擦角 φ_{cq} (°)
⑤$_2$	含砂粉质黏土	幅值		4.0～5.5	—	—	35～45	16.0～17.0
		变异系数		0.137	—	—	0.135	0.026
⑤$_3$	含砾细砂	幅值		10.0～12.0	—	—	1.0～5.0	29.0～33.0
		变异系数		0.056	—	—	0.167	0.063
⑥$_1$	粉质黏土	幅值		4.0～6.5	—	—	20.0～45.0	13.0～18.0
		变异系数		0.147	—	—	0.227	0.092
⑥$_2$	粉砂夹粉质黏土	幅值		5.0～9.0	—	—	0～4.0	30.0～35.0
		变异系数		0.165	—	—	0.068	0.087

注：1. 本次统计工作共收集杭州地铁 1、2 号线 50 多份具有代表性的详勘报告，共计土试样约 10 000 个，统计成果可作参考。

2. 杭州大部分地段浅部均存在大厚度的粉土、粉砂层，双桥静力触探锥尖阻力能有效地划分亚层、评估力学性能，故表中予以纳入。

3. 对隧道区间穿越的淤泥质土采用了三轴 UU 试验。

附录Ⅳ-8　合肥

一、主要土层物理性质指标

物理性质指标见附表Ⅳ-8-1。

附表Ⅳ-8-1　合肥地区主要土层物理性质参数表

地貌单元	岩性名称	具体分布	天然含水量 w	天然密度 ρ	孔隙比 e	液限 w_L	塑限 w_p	塑性指数 I_P	液性指数 I_L
			%	g/cm³	—	%	%	—	—
二级阶地	黏土	—	20.0～29.8	1.91～1.99	0.626～0.708	36.6～47.7	17.9～29.0	17.1～28.5	0.00～0.12
	粉质黏土	—	17.3～25.8	1.96～2.03	0.605～0.653	28.5～37.2	17.6～22.7	10.1～15.7	0.28～0.56
	粉土	—	12.2～19.8	1.98～2.05	0.500～0.616	21.7～27.2	15.0～23.4	6.1～9.6	0.15～0.45
	粉细砂	—	—	2.10	0.500	—	—	—	—
一级阶地	黏土	—	22.5～26.5	1.89～2.00	0.656～0.737	36.5～48.3	18.9～23.3	17.6～25.1	0.00～0.18
	粉质黏土	—	17.7～22.9	1.90～2.02	0.644～0.766	24.0～38.5	13.9～22.1	10.2～16.4	0.09～0.50
	粉土	上层	19.3～25.5	1.97～2.05	0.577～0.633	26.5～28.8	16.8～19.5	9.1～10.0	0.22～0.52
	粉土	下层	17.1～22.0	1.98～2.06	0.570～0.609	24.3～28.4	15.4～18.9	7.5～9.9	0.11～0.32
	粉细砂	—	—	2.05	0.520	—	—	—	—

续上表

地貌单元	岩性名称	具体分布	天然含水量 w	天然密度 ρ	孔隙比 e	液限 w_L	塑限 w_p	塑性指数 I_P	液性指数 I_L
			%	g/cm³	—	%	%	—	—
河床河漫滩	粉质黏土	漫滩后缘及表部	18.4～31.2	1.81～1.98	0.716～0.856	26.6～39.7	16.1～23.5	10.5～16.9	0.26～0.85
	粉质黏土	漫滩前缘及下部	20.0～34.3	1.77～1.90	0.760～1.071	31.0～39.3	17.5～23.1	13.5～16.6	0.56～0.92
	粉土	上层	18.3～23.9	1.95～2.02	0.619～0.685	23.4～30.3	15.4～21.8	7.1～10.0	0.30～0.84
	粉土	下层	18.1～27.6	1.96～2.03	0.560～0.641	24.4～28.4	15.0～18.8	8.6～10.0	0.09～0.65
	粉细砂	—	—	2.05	0.550	—	—	—	—

注：1. 本表是根据合肥轨道交通 1 号线及其他部分勘察资料整理统计得出，后续表格相同，仅供参考。

2. 河床河漫滩位置的岩性定名为主要岩性，粉质黏土中多夹砂或粉土，粉土中多夹砂或粉质黏土，以下定名与本表相同。

二、主要土层剪切试验指标

试验指标见附表Ⅳ-8-2。

附表Ⅳ-8-2 合肥地区主要土层剪切验参数表

地貌单元	岩性名称	具体分布	直剪				静三轴	
			直接快剪		固结快剪		不固结不排水剪	
			黏聚力 c_q	内摩擦角 φ_q	黏聚力 c_{cq}	内摩擦角 φ_{cq}	黏聚力 c_{uu}	内摩擦角 φ_{uu}
			kPa	°	kPa	°	kPa	°
二级阶地	黏土	—	50～118	10～15	69～132	10～18	40～75	6～11
	粉质黏土	—	30～48	13～21	31～55	17～23	25～40	8～11
	粉土	—	25～35	20～28	28～40	22～26	20～30	15～20
	粉细砂	—	0	25～30	—	—	—	—
一级阶地	黏土	—	52～76	11～23	58～80	12～26	35～50	6～12
	粉质黏土		29～35	12～19	31～40	14～22	20～35	6～8
	粉土	上层	23～35	15～20	24～38	16～22	15～25	8～12
	粉土	下层	19～30	15～22	25～32	19～25	20～25	12～16
	粉细砂	—	0	20～25	—	—	—	—
河床河漫滩	粉质黏土	漫滩后缘及表部	29～57	7～15	30～60	11～15	40～52	7～10
	粉质黏土	漫滩前缘及下部	18～31	5～8	22～35	6～10	—	—
	粉土	上层	20～28	7～14	23～40	10-15	—	—
	粉土	下层	23～30	17～21	25～35	18～24	—	—
	粉细砂	—	0	10～20	—	—	—	—

三、膨胀土的膨胀性指标

指标具体见附表Ⅳ-8-3。

附表Ⅳ-8-3　合肥城区二级阶地黏土膨胀性指标表

土层位置	岩性名称	蒙脱石（%）	阳离子交换量 CEC(NH_4^+)（mmol/kg）	自由膨胀率 δ_{ef}（%）	膨胀率 δ_{e50}（%）	收缩系数 λ_s	膨胀力 P_e(kPa)
上层	黏土	9～13	190～220	50.0～59.4	0.6～2.2	0.35～0.50	44～69
下层	黏土	10～15	195～230	50.0～61.0	0.5～3.9	0.45～1.12	50～83

四、岩层的主要物理力学性质指标

力学性质指标见附表Ⅳ-8-4。

附表Ⅳ-8-4　主要岩层物理力学性质指标表

年代	岩性及风化程度		天然容重 γ (kN/m³)	抗压强度	
				天然	饱和
				MPa	MPa
侏罗系	砂岩、砂质泥岩	强风化	24.3～26.3	—	8～12
		弱风化		—	9～17
		微风化		—	20～70
白垩系	砂质泥岩、泥质砂岩	强风化	22.7～23.4	0.3～1.0	—
		弱风化		2.0～5.0	—
		微风化		5.0～20.0	—
第三系	砂质泥岩、泥质砂岩	强风化	21.5～22.6	0.2～0.9	—
		弱风化		0.9～2.8	—
		微风化		2.6～8.0	—

附录Ⅳ-9　济南

一、主要地层物理力学性质指标

物理力学性质指标见附表Ⅳ-9-1。

附表Ⅳ-9-1　济南地区主要土层物理力学性质指标表

地层编号	岩土名称	物理性质			稠性黏度		固结试验	
		天然含水量 w	天然密度 ρ	孔隙比 e	液限 w_L	塑限 w_P	压缩模量 $E_{s1\text{-}2}$	压缩系数 $a_{v1\text{-}2}$
		%	g/cm³	—	%	%	MPa	MPa^{-1}
①	填土	17.6～30.5	1.80～2.00	0.5～1.0	20.0～45.0	18.0～23.0	4.0～9.0	0.15～0.40
②	新近堆积黄土	15.0～30.0	1.80～2.01	0.615～0.899	27.0～40.5	16.0～22.5	3.3～7.6	0.23～0.58
②₁	粉土	20.7～28.4	1.93～2.02	0.614～0.789	26.2～48.1	26.0～30.9	11～20	0.08～0.15
②₂	粉质黏土	20.6～33.3	1.77～2.08	0.608～0.915	26.8～36.2	17.2～23.2	4～8	0.23～0.52
③	黏土	21.4～31.6	1.87～2.08	0.621～0.904	38.2～46.5	19.9～23.2	5～9	0.18～0.46

续上表

地层编号	岩土名称	物理性质			稠性黏度		固结试验	
		天然含水量 w	天然密度 ρ	孔隙比 e	液限 w_L	塑限 w_P	压缩模量 $E_{s1\text{-}2}$	压缩系数 $a_{v1\text{-}2}$
		%	g/cm³	—	%	%	MPa	MPa^{-1}
③₁	粉土	19.8～25.5	1.93～2.05	0.588～0.738	24.5～31.8	17.2～22.8	6～11	0.15～0.38
④	粉土	19.2～26.5	1.91～2.07	0.456～0.728	24.2～32.8	16.8～23.2	6～11	0.13～0.37
④₁	粉质黏土	22.5～29.8	1.96～1.99	0.673～0.754	25.5～34.1	17.9～25.7	4～9	0.15～0.32
⑤₁	粉质黏土	20.6～32.2	1.78～2.03	0.626～0.897	29.7～38.4	18.2～23.6	6～10	0.17～0.34
⑤₂	淤泥质土	39.0～61.8	1.43～1.72	1.242～1.863	36.1～60.3	20.9～34.4	1.0～2.5	1.45～1.85
⑥	黏土	19.0～33.2	1.83～2.09	0.543～0.987	24.9～36.9	14.3～20.9	4～9	0.19～0.49
⑦	黄土	10.1～35.1	1.55～2.10	0.606～0.887	27.1～45.6	16.2～25.4	4～9	0.16～0.42
⑧₁	粉土	16.0～25.0	1.76～2.01	0.576～0.912	24.5～33.2	16.4～22.5	8～14	0.15～0.28
⑧	粉质黏土	17.4～33.8	1.78～2.01	0.648～0.907	25.1～40.7	14.5～24.0	5～11	0.18～0.50
⑨	粉质黏土混姜石	23.8～33.1	1.82～1.99	0.744～0.916	30.3～38.8	18.0～23.9	5～8	0.24～0.38
⑨₁	黏土	21.4～35.9	1.81～2.00	0.686～0.891	36.9～49.7	19.3～26.4	5～9	0.20～0.40
⑩	粉质黏土	18.2～33.7	1.83～2.05	0.629～0.904	28.7～40.6	16.0～24.4	6～12	0.17～0.38
⑪	黏土	22.3～40.0	1.79～2.02	0.709～0.926	20.3～26.7	16.2～24.7	7～12	0.15～0.24
⑪₂	粉质黏土	20.9～34.2	1.71～2.05	0.735～0.996	22.4～29.0	16.0～22.4	6～11	0.20～0.42

二、主要地层剪切试验参数

剪切试验参数见附表Ⅳ-9-2。

附表Ⅳ-9-2 济南地区主要土层剪切试验参数表

地层编号	岩土名称	直接剪切				三轴剪切					
		快剪		固结快剪		UU		CU			
		c_q	φ_q	c_{cq}	φ_{cq}	c_{uu}	φ_{uu}	c_{cu}	φ_{cu}	c'	φ'
		kPa	°	kPa	°	kPa	°	kPa	°	kPa	°
②	新近堆积黄土	10～28	8～16	13～24	20～30	20	11	24～32	10～20	18～25	12～22
②₁	粉土	7～16	21～31	8～18	22～33	55	16	15	26	22	22
②₂	粉质黏土	10～25	16～29	12～27	18～32	16	8	24～42	9～11	16～37	12～15
③	黏土	19～36	18～28	20～38	19～30	45	11	36	10	16	19

续上表

地层编号	岩土名称	直接剪切				三轴剪切					
		快剪		固结快剪		UU		CU			
		c_q	φ_q	c_{cq}	φ_{cq}	c_{uu}	φ_{uu}	c_{cu}	φ_{cu}	c'	φ'
		kPa	°	kPa	°	kPa	°	kPa	°	kPa	°
③$_1$	粉土	9～18	25～32	10～20	25～34	52	15	16	27	23	24
④	粉土	10～20	26～32	12～22	26～37	53	16	17	27	22	23
④$_1$	粉质黏土	13～31	11～30	15～32	12～35	15	7	31	12	23	16
⑤$_1$	粉质黏土	15～33	12～30	16～34	15～35	17	8	33	14	25	17
⑤$_2$	淤泥质土	9～16	9～13	10～18	10～14	—	—	—	—	—	—
⑥	黏土	12～26	15～22	12～25	14～26	46～67	0.7～3.4	21～26	17～21	10～22	22～25
⑦	黄土	17～38	10～20	16～41	10～28	—	—	20～48	13～18	18～51	16～20
⑧$_1$	粉土	13-17	11～21	14-18	12～22	—	—	—	—	—	—
⑧	粉质黏土	12～30	8～17	21～38	13～19	—	—	20～24	13～19	16～21	16～22
⑨	粉质黏土混姜石	24～30	14～18	18～36	12～20	—	—	20～24	13～16	17～22	15～18
⑨$_1$	黏土	35～47	14～19	42～63	22～25	—	—	21～27	12～14	19～25	14～16
⑩	粉质黏土	16～28	11～16	20～37	12～20	—	—	19～23	15～19	14～19	18～22
⑪	黏土	38～70	15～26	34～60	12～22	—	—	22～30	11～16	19～30	15～22
⑪$_2$	粉质黏土	14～31	8～17	24～37	12～23	—	—	21～29	12～17	18～29	13～21

注：UU 为三轴不固结不排水剪，CU 为三轴固结不排水剪。

三、主要地层特殊试验参数

试验参数见附表Ⅳ-9-3。

附表Ⅳ-9-3　济南地区主要地层特殊试验参数表

地层编号	岩性	基床系数		热物理指标			静止侧压力系数 K_0	无侧限抗压强度 q_u (kPa)
		水平基床系数 K_h(MPa/m)	垂直基床系数 K_v(MPa/m)	导热系数 λ [W/(m·K)]	导温系数 α(m²/h)	比热容 C [kJ/(kg·K)]		
①	填土	20～24	18～23	1.05	0.001 45	1.38	0.48	10.5
②	新近堆积黄土	25～28	20～25	1.45	0.001 58	1.59	0.56	14.5
②$_1$	粉土	28～30	23～25	1.40	0.001 54	1.52	0.52	13.8
②$_2$	粉质黏土	28～31	29～75	0.96	0.001 24	1.36	0.45	18.5
③	黏土	32～35	35～37	1.32	0.001 51	1.55	0.47	20.0
③$_1$	粉土	21～29	25～32	1.42	0.001 56	1.52	0.52	13.9
④	粉土	24～26	26～39	1.79	0.002 56	1.34	0.41	28.4
④$_1$	粉质黏土	31～35	30～34	1.17	0.001 36	1.61	0.43	40
⑤$_1$	粉质黏土	40～43	50～54	1.03	0.001 11	1.68	0.46	53
⑤$_2$	淤泥质土	20～23	21～23	1.43	0.002 11	1.38	0.26	—
⑤$_3$	粉土	26～29	25～28	1.69	0.002 66	1.36	0.42	28.6

续上表

地层编号	岩性	基床系数		热物理指标			静止侧压力系数 K_0	无侧限抗压强度 q_u (kPa)
		水平基床系数 K_h(MPa/m)	垂直基床系数 K_v(MPa/m)	导热系数 λ [W/(m·K)]	导温系数 α(m^2/h)	比热容 C [kJ/(kg·K)]		
⑥	黏土	42～45	50～54	1.53	0.001 71	1.53	0.45	63.6
⑦	黄土	30～34	28～32	1.65	0.002 15	1.45	0.45	107.6
⑦1	碎石	52～28	50～55	1.25	0.002 13	1.21	0.26	—
⑧1	粉土	29～34	28～31	1.30	0.002 10	1.25	0.45	68
⑧	粉质黏土	32～36	24～30	1.63	0.001 91	1.57	0.45	65.6
⑧2	碎石	55～60	50～55	1.25	0.002 15	1.24	0.28	—
⑧3	砂土	40～45	35～40	1.15	0.002 35	1.10	0.33	—
⑨	粉质黏土混姜石	38～42	37～40	1.37	0.001 49	1.67	0.52	—
⑨1	黏土	42～45	35～38	1.58	0.001 90	1.55	0.38	238
⑩	粉质黏土	35～40	26～35	1.54	0.001 86	1.56	0.47	55.7
⑩1	碎石	65～70	55～60	1.35	0.002 50	1.30	0.25	—
⑩3	砂土	45～50	40～45	1.20	0.002 40	1.15	0.32	—
⑪	黏土	40～45	38～42	1.65	0.001 95	1.60	0.36	—
⑪1	碎石	85～90	75～80	1.45	0.00280	1.38	0.25	—
⑪2	粉质黏土	35～38	30～35	1.60	0.00190	1.56	0.38	63
⑫	碎石	95～100	86～90	1.50	0.00290	1.45	0.24	—
⑬	全风化闪(辉)长岩残积土	55～60	50～55	1.05	0.00185	1.24	—	—
⑭	强风化闪(辉)长岩	105～110	100～105	1.35	0.00235	1.15	—	—
⑮	中风化闪(辉)长岩	150～160	140～150	2.05	0.00275	1.05	—	—
⑯	微风化闪(辉)长岩	180～190	165～175	2.23	0.00309	0.84	—	—
⑰	石灰岩、泥灰岩	185～190	175～180	2.14	0.00265	1.05	—	—

附录Ⅳ-10 昆明

一、主要地层物理性质指标

物理性质指标见附表Ⅳ-10-1。

附表Ⅳ-10-1 昆明地区第四系主要土层的物理性质指标

地层编号	岩性名称	天然密度 ρ	天然含水量 w	孔隙比 e	液性指数 I_L	压缩模量 $E_{s1\text{-}2}$
		g/cm³	%	—	—	MPa
②1	粉质黏土	1.85～1.90	19～51	0.55～1.42	0.25～0.87	4～7

续上表

地层编号	岩性名称	天然密度 ρ	天然含水量 w	孔隙比 e	液性指数 I_L	压缩模量 E_{s1-2}
		g/cm³	%	—	—	MPa
②₂	黏土	1.70～1.85	30～50	0.70～1.43	0.16～0.87	3～6
②₃	淤泥质黏土、泥炭质土	1.50～1.65	68～75	1.00～4.63	0.24～1.10	3～4
④₁	淤泥质黏土、淤泥	1.50～1.60	22～75	0.64～2.00	0.70～1.10	2～3
④₂	有机质土、泥炭质土	1.30～1.70	35～134	0.992～3	0.59～0.95	2～3
④₃	粉质黏土、黏土	1.72～1.84	30～50	0.84～1.44	0.43～1.00	3～5
④₆	粉砂	1.90～1.95	19～30	0.53～0.85	—	(6.5～12)
④₈	圆砾	1.90～2.90	15～30	0.50～0.70	—	—
⑥₁	粉质黏土、黏土	1.80～1.90	24～35	0.65～1.06	0.04～0.47	6～7
⑧₁	粉质黏土	1.90～1.95	21～29	0.68～0.86	0.18～0.74	4～7
⑧₂	黏土	1.80～1.85	33～45	0.95～1.28	0.12～0.78	3～7
⑧₄	有机质土、泥炭质土	1.60～1.70	46	1.28～1.34	0.53～1.11	2～3
⑧₇	砂卵石	2	—	—	—	—
⑨₁	淤泥质黏土、有机质土、泥炭质土	1.50～1.80	37～76	0.90～1.89	0.32～0.96	2～5
⑨₂	粉质黏土、黏土	1.70～1.90	19.0～54.0	0.90～1.16	0～0.87	3～7
⑨₆	粉砂	1.95～2.02	22.0～35.7	0.65～0.92	—	—

二、主要地层剪切试验指标

剪切试验指标见附表Ⅳ-10-2。

附表Ⅳ-10-2　昆明地区第四系主要土层的剪切试验参数

地层编号	岩性名称	直接快剪		固结快剪	
		c_q	φ_q	c_{cq}	φ_{cq}
		kPa	°	kPa	°
②₁	粉质黏土	18～30	10～15	51～63	10～16
②₂	黏土	20～30	4～13	27～37	6～9
②₃	淤泥质黏土、泥炭质土	8～12	6～8	21～59	4～14
④₁	淤泥质黏土、淤泥	8～12	3～6	10～15	6～8
④₂	有机质土、泥炭质土	8～16	3～7	12～15	10
④₃	粉质黏土、黏土	13～25	3～12	10～25	8～12
④₆	粉砂	5	20～25	—	—
④₈	圆砾	—	30～35	—	—
⑥₁	粉质黏土、黏土	23～30	10～15	—	—
⑧₁	粉质黏土	20～30	5～10	—	—
⑧₂	黏土	15～30	5～10	—	—
⑧₄	有机质土、泥炭质土	13～15	3～4	—	—

续上表

地层编号	岩性名称	直接快剪		固结快剪	
		c_q	φ_q	c_{cq}	φ_{cq}
		kPa	°	kPa	°
⑧$_7$	砂卵石	—	30～35	—	—
⑨$_1$	淤泥质黏土、有机质土、泥炭质土	12～25	5～20	15	8
⑨$_2$	粉质黏土、黏土	16～40	5～20	25～40	9～10
⑨$_6$	粉砂	5～20	25～35	—	—

三、主要地层特殊试验参数

特殊试验参数见附表Ⅳ-10-3。

附表Ⅳ-10-3 昆明地区主要地层特殊试验参数表

地层编号	岩土名称	热物理			基床系数		固结不排水剪		无侧限抗压强度
		导热系数 λ	导温系数 α	比热容 C	垂直 K_v	水平 K_h	黏聚力 c_{cq}	内摩擦角 φ_{cq}	q_u
		W/(m·K)	m^2/h	kJ/(kg·K)	MPa/m	MPa/m	kPa	°	kPa
②$_1$	粉质黏土	1.26～1.41	0.000 98～0.001 64	1.50～1.70	15～18	13～15	30	18	50～55
②$_2$	黏土	0.95～1.41	0.001 43～0.002 00	1.30～1.56	13～18	13～16	28	16	45～50
②$_3$	淤泥质黏土、泥炭质土	0.82～1.20	0.001 2～0.001 52	1.15～1.42	5～8	4～5	10	11	20
④$_1$	淤泥质黏土、淤泥	0.82～1.75	0.001 2～0.002	1.16～1.83	3～8	3～5	10	11	18～25
④$_2$	有机质土、泥炭质土	0.77～1.20	0.000 98～0.001 52	1.15～1.70	4～8	3～5	16	13	18～25
④$_3$	粉质黏土、黏土	1.34～1.45	0.001 78～0.002	1.26～1.84	10～18	12～15	25	15	55
④$_6$	粉砂	0.82～1.60	0.001 75～0.002 09	1.00～1.59	10～20	8～18	10	27	—
④$_8$	圆砾	1.40～1.65	0.002 6～0.003 6	0.89～0.91	25～30	20～25	—	35	—

附录Ⅳ-11 兰州

一、主要地层物理性质指标

物理性质指标见附表Ⅳ-11-1。

附表Ⅳ-11-1 兰州地区主要地层物理性质指标表

岩土名称	物理性质			稠性黏度		固结试验		湿陷性	
	天然含水量 w	天然密度 ρ	孔隙比 e	液限 w_L	塑限 w_P	压缩模量 $E_{s1\text{-}2}$	压缩系数 $a_{v1\text{-}2}$	湿陷系数	自重湿陷系数
	%	g/cm^3	—	%	%	MPa	MPa^{-1}	$\delta_{s2.0}$	δ_{zs}
黄土状土	7.6～30.2	1.70～1.85	0.689～0.934	24～35	13～20	2.5～14.0	0.10～0.70	0.002～0.038	0.001～0.014

续上表

岩土名称	物理性质			稠性黏度		固结试验		湿陷性	
	天然含水量 w	天然密度 ρ	孔隙比 e	液限 w_L	塑限 w_P	压缩模量 $E_{s1\text{-}2}$	压缩系数 $a_{v1\text{-}2}$	湿陷系数	自重湿陷系数
	%	g/cm³	—	%	%	MPa	MPa^{-1}	$\delta_{s2.0}$	δ_{zs}
粉土	10.0～35.0	1.80～1.95	0.910～0.980	—	—	—	—	—	—
泥岩	10.0～20.0	2.10～2.20	0.350～0.426	—	—	—	—	—	—
强风化砂岩	8.3～16.2	2.03～2.21	0.241～0.465	—	—	13～37	0.04～0.08	—	—

二、主要地层力学性质指标

力学性质指标见附表Ⅳ-11-2。

附表Ⅳ-11-2　兰州地区主要地层力学性质指标表

岩土名称	直接剪切				三轴剪切					
	快剪		固结快剪		UU		CU			
	c	φ	c_q	φ_q	c_{uu}	φ_{uu}	c_{cu}	φ_{cu}	c'	φ'
	kPa	°	kPa	°	kPa	°	kPa	°	kPa	°
黄土状土	13～30	20～35	18～30	23～35	—	—	—	—	—	—
卵石	0	35～45	—	—	—	—	—	—	—	—
强风化砂岩	10～50	29～35	—	—	—	—	20～46	30～40	13～27	35～40

三、主要地层特殊试验参数

特殊试验参数见附表Ⅳ-11-3。

附表Ⅳ-11-3　兰州地区主要地层特殊试验参数表

岩土名称	热物理			基床系数		静止侧压力系数 K_0	泊松比 μ	无侧限抗压强度 q_u
	导热系数 λ	导温系数 α	比热容 C	垂直 K_v	水平 K_h			
	W/(m·K)	m²/h	kJ/(kg·K)	MPa/m	MPa/m			kPa
黄土状土	0.63～1.43	0.001 29～0.002 69	1.05～1.11	35～70	40～50	0.40～0.45	0.30～0.34	—
卵石	1.55～1.65	0.003 47～0.003 64	0.80～0.89	80～110	85～150	0.18～0.33	0.15～0.28	—
泥岩	1.60～1.85	0.002 25～0.003 59	0.84～1.27	170～200	130～200	—	—	—
强风化砂岩	2.90～2.99	0.005 20～0.004 80	0.90～1.06	100～200	80～150	0.24～0.31	0.22～0.24	—

附录Ⅳ-12　南宁

一、南宁地区主要岩土层物理力学参数参考取值

物理力学参数参考值见附表Ⅳ-12-1、附表Ⅳ-12-2。

附表Ⅳ-12-1 南宁市主要岩土层的物理力学参数参考值

成因	岩土类别	状态	天然容重 γ kN/m³	压缩模量 E_{s1-2} MPa	地基承载力特征值 f_{ak} kPa	黏聚力 C_q kPa	内摩擦角 φ_q °	桩的极限侧阻力标准值 q_{sik} kPa	垂直基床系数 K_v MPa/m	水平基床系数 K_h MPa/m
冲积	黏土	软塑	15.6～19.8	3.2～5.1	60～130	13～32	4～9	30～45	8～22	10～25
		可塑	17.4～20.7	6.3～11.5	140～220	28～92	8～15	45～70	20～45	20～45
		硬塑	18.1～20.8	10.2～17.6	170～250	68～100	12～20	70～80	30～70	30～65
		坚硬	18.3～20.5	12.9～23.7	200～350	73～145	18～22	80～95	55～90	60～100
	粉质黏土	软塑	17.3～20.9	4.5～7.0	90～150	14～33	6～11	30～40	8～25	12～28
		可塑	18.5～21.2	6.0～10.4	130～210	31～79	10～18	40～65	23～45	25～50
		硬塑	18.5～21.4	8.8～13.7	170～260	53～99	15～20	65～75	35～75	33～68
		坚硬	18.4～21.4	11.4～20.1	210～450	63～107	18～23	75～90	60～95	65～105
	粉土	稍密	16.0～19.1	5.7～9.8	70～130	5～23	8～12	20～40	11～20	10～25
		中密	18.2～19.6	7.6～13.8	90～180	10～26	10～20	40～60	15～35	15～40
		密实	19.0～21.7	8.2～24.8	145～230	19～51	15～23	60～80	25～70	20～70
	粉细砂	松散	18.0～19.0	5.0～15.0	<120	0～1	18～20	15～22	10～48	3～38
		稍密	18.5～19.5	15.0～25.0	120～160	0～2	21～23	22～45	12～73	10～58
		中密	19.0～20.0	25.0～35.0	120～220	0～5	22～25	45～60	20～100	20～70
	中粗砂	松散	18.0～19.0	—	<160	0～2	20～23	20～35	12～50	8～40
		稍密	18.5～19.5	—	160～240	0～2	23～25	35～60	15～75	15～60
		中密	19.0～20.0	—	240～340	0～4	24～27	60～90	23～100	25～70
	砾砂	稍密	18.5～19.5	—	160～240	0～2.0	23～26	50～85	20～60	18～60
		中密	19.0～20.3	—	240～340	0～3.5	25～28	85～120	25～90	30～70
	圆砾	松散	18.0～19.0	—	<200	0	22～26	20～60	10～45	10～40
		稍密	18.5～19.5	—	200～300	0～0.5	23～28	65～95	15～50	15～48
		中密	19.0～20.0	—	300～500	0～1.0	26～35	95～120	25～75	25～70
		密实	19.5～20.5	—	500～700	0～2.0	30～42	120～150	60～110	60～100
残(坡)积	黏性土	可塑	18.2～21.3	6.4～10.4	100～340	42～79	10～20	40～50	23～48	22～47
		硬塑	18.2～21.6	8.9～14.9	140～400	60～120	12～23	50～70	35～75	35～70
		坚硬	17.7～22.1	12.7～24.5	180～500	81～172	14～25	70～80	55～95	65～100
沉积(湖相)	泥岩、粉砂质泥岩	全风化	18.0～22.7	8.0～17.9	<400	58～175	12～23	80～100	41～45	35～39
		强风化	18.3～23.4	13.9～29.9	400～750	104～256	16～34	100～150	160～180	135～160
		中风化	20.0～23.0	20.6～36.5	750～1600	154～371	23～38	—	220～250	200
	砂岩、泥质粉砂岩	全风化	17.7～21.3	7.0～13.4	<500	63～109	13～25	60～90	—	—
		强风化	18.7～22.3	10.4～20.5	500～1000	75～181	16～34	90～150	—	—
		中风化	19.2～22.6	12.0～33.6	1000～2000	80～150	19～41	—	—	—
		中风化	19.2～22.6	12.0～33.6	1000～2000	80～150	19～41	—	—	—

附表Ⅳ-12-2　各类软弱层面抗剪强度参考值

类　　型	黏聚力(kPa)	内摩擦角(°)
胶结的结构面(坚硬岩、较硬岩层面、节理面)	100～200	30～38
无充填的结构面(坚硬岩、较硬岩层面、节理面)	50～100	25～35
胶结的结构面(较软岩层面、节理面)	100～150	20～25
无充填的结构面(较软岩层面、节理面)	50～100	16～20
泥夹岩屑型(软岩结构面、岩土界面)	30～50	12～16
泥夹岩屑型(极软岩结构面、岩土界面)	10～30	8～12
夹泥层	5～10	4～8

附录Ⅳ-13　宁波

一、主要地层物理性质指标

物理性质指标见附表Ⅳ-13-1。

附表Ⅳ-13-1　宁波市区土层物理性质指标表

岩土编号	岩土名称	数据统计	天然含水量 w(%)	质量密度 ρ(g/cm³)	天然孔隙比 e	液限 w_L (%)	塑限 w_P (%)	液性指数 I_L	塑性指数 I_P
①₂	黏土	幅值	28.0～41.3	1.79～1.94	0.71～0.99	36.6～49.8	20.3～27.1	0.3～0.8	16.0～22.9
		变异系数	0.101	0.021	0.070	0.080	0.073	0.248	0.090
①₃	淤泥质黏土	幅值	39.9～57.2	1.65～1.81	1.12～1.65	36.6～47.5	20.8～25.9	1.0～1.6	15.6～21.5
		变异系数	0.092	0.024	0.097	0.065	0.056	0.139	0.080
②₁	黏土	幅值	33.8～43.3	1.76～1.88	0.74～0.95	36.4～46.8	20.3～25.9	0.7～1.0	16.2～21.1
		变异系数	0.059	0.019	0.068	0.064	0.068	0.095	0.065
②₂₋₁	淤泥	幅值	50.4～60.4	1.63～1.71	1.42～1.74	40.9～48.5	22.6～26.6	1.3～1.7	17.8～22.2
		变异系数	0.046	0.013	0.047	0.044	0.043	0.08	0.060
②₂₋₂	淤泥质黏土	幅值	41.3～53.8	1.67～1.79	1.23～1.55	35.8～45.1	20.3～24.8	1.1～1.7	15.2～20.5
		变异系数	0.067	0.018	0.060	0.057	0.052	0.112	0.074
②₃	淤泥质粉质黏土	幅值	35.8～48.8	1.71～1.83	1.08～1.46	31.4～40.0	18.7～21.9	1.1～1.7	12.8～17.7
		变异系数	0.085	0.020	0.091	0.060	0.040	0.115	0.082
②₄	淤泥质黏土	幅值	42.8～52.7	1.69～1.77	1.20～1.52	36.6～43.4	20.4～22.6	1.2～1.7	16.2～20.8
		变异系数	0.054	0.013	0.057	0.043	0.025	0.092	0.064
③₁	含黏性土粉砂	幅值	24.1～30.2	1.88～2	0.70～0.94	—	—	—	—
		变异系数	0.058	0.017	0.066	—	—	—	—

续上表

岩土编号	岩土名称	数据统计	天然含水量 w(%)	质量密度 ρ(g/cm^3)	天然孔隙比 e	液限 w_L (%)	塑限 w_P (%)	液性指数 I_L	塑性指数 I_P
③$_2$	粉质黏土	幅值	27.1～35.1	1.83～1.93	0.83～1.08	26.8～32.3	16.0～19.5	0.9～1.3	10.4～13.4
		变异系数	0.070	0.015	0.061	0.048	0.051	0.113	0.068
④$_1$	淤泥质粉质黏土	幅值	38.1～51.9	1.68～1.81	1.11～1.54	34.8～47.0	20.0～26.0	1.0～1.4	14.4～21.2
		变异系数	0.083	0.020	0.107	0.078	0.068	0.110	0.102
④$_2$	黏土	幅值	35.0～48.6	1.69～1.85	1.14～1.36	35.9～50.0	20.0～27.2	0.8～1.0	15.7～23.0
		变异系数	0.085	0.025	0.048	0.085	0.079	0.057	0.097
④$_3$	粉质黏土	幅值	30.1～40.0	1.75～1.88	0.82～1.07	29.3～43.6	17.4～24.1	0.8～1.0	12.1～18.6
		变异系数	0.068	0.017	0.056	0.094	0.075	0.079	0.103
⑤$_1$	黏土	幅值	25.1～33.2	1.9～1.98	0.71～0.96	32.5～44.9	19.1～24.4	0.2～0.7	13.6～20.2
		变异系数	0.107	0.012	0.066	0.081	0.062	0.292	0.103
⑤$_2$	粉质黏土	幅值	26.4～34.6	1.86～1.98	0.81～1.05	29.8～43.3	17.8～24.0	0.3～0.9	12.0～19.1
		变异系数	0.068	0.017	0.060	0.094	0.078	0.262	0.117
⑤$_3$	砂质粉土	幅值	11.4～26.9	1.85～1.97	0.70～1.09	27.7～34.6	17.0～26.4	0.6～1.3	5.8～13.1
		变异系数	0.178	0.016	0.081	0.060	0.159	0.182	0.225
⑤$_4$	粉质黏土	幅值	28.7～39.8	1.82～1.94	0.82～1.06	31.1～45.9	18.1～25.6	0.5～1.0	12.8～20.4
		变异系数	0.085	0.018	0.061	0.103	0.092	0.168	0.124
⑥$_1$	黏土	幅值	24.0～35.1	1.89～1.98	0.74～0.97	29.8～47.8	17.6～26.5	0.2～0.7	12.1～21.4
		变异系数	0.100	0.014	0.072	0.129	0.107	0.297	0.158
⑥$_2$	粉质黏土	幅值	28.8～37.9	1.82～1.93	0.71～1.07	30.2～38.8	18.1～21.9	0.7～1.0	12.1～17.0
		变异系数	0.069	0.015	0.075	0.065	0.049	0.109	0.089
⑥$_3$	黏土	幅值	27.4～41.8	1.78～1.95	0.80～0.93	30.7～48.8	18.1～26.4	0.5～0.9	12.5～21.9
		变异系数	0.104	0.024	0.035	0.120	0.100	0.144	0.147
⑥$_4$	砂质粉土	幅值	19.4～34.6	1.79～2.05	0.61～0.85	26.5～31.0	19.9～22.3	0.7～0.9	6.0～8.2
		变异系数	0.155	0.038	0.088	0.037	0.029	0.084	0.086
⑦$_1$	粉质黏土	幅值	21.7～30.0	1.83～1.97	0.64～0.92	27.8～40.2	16.4～22.6	0.4～0.7	11.3～17.4
		变异系数	0.084	0.017	0.102	0.095	0.082	0.115	0.112
⑦$_2$	粉质黏土	幅值	22.9～37.4	1.82～2.00	0.81～1.04	27.3～41.3	16.4～23.5	0.4～0.9	10.8～18.4
		变异系数	0.131	0.028	0.069	0.105	0.089	0.152	0.132

续上表

岩土编号	岩土名称	数据统计	天然含水量 w(%)	质量密度 ρ(g/cm³)	天然孔隙比 e	液限 w_L (%)	塑限 w_P (%)	液性指数 I_L	塑性指数 I_P
⑧$_2$	粉质黏土	幅值	24.1～31.8	1.87～2	0.71～0.93	28.3～35.3	17.6～20.6	0.5～0.9	10.8～14.8
		变异系数	0.084	0.020	0.072	0.059	0.041	0.145	0.087
⑨$_1$	粉质黏土	幅值	22.8～31.1	1.88～1.98	0.73～0.92	30.1～42.3	17.9～23.3	0.1～0.7	12.2～18.6
		变异系数	0.081	0.015	0.072	0.083	0.067	0.375	0.107

二、主要地层力学性质指标

力学性质指标见附表Ⅳ-13-2。

附表Ⅳ-13-2　宁波市区土层力学性质指标表

岩土编号	岩土名称	数据统计	压缩系数 $a_{v1\text{-}2}$ (MPa)	压缩模量 $E_{s1\text{-}2}$ (MPa)	黏聚力 c_q (kPa)（快剪）	内摩擦角 φ_q(°)（快剪）	黏聚力 c_{cq} (kPa)（固快）	内摩擦角 φ_{cq}(°)（固快）
①$_2$	黏土	幅值	0.4～0.7	3.2～4.7	16.3～30.8	5.9～10.3	24.2～38.8	12.1～16
		变异系数	0.184	0.148	0.239	0.208	0.180	0.107
①$_3$	淤泥质黏土	幅值	0.8～1.4	2.0～2.6	5.9～11.6	1.6～3.4	12.6～18.8	7.7～10.8
		变异系数	0.219	0.107	0.253	0.285	0.153	0.130
②$_1$	黏土	幅值	0.6～0.9	2.6～3.5	8.6～17.7	3.2～6.1	17.1～25.4	9.4～12.3
		变异系数	0.142	0.113	0.268	0.239	0.153	0.102
②$_{2\text{-}1}$	淤泥	幅值	1.1～1.6	1.6～2.3	4.2～9.3	1.6～2.9	11.9～16.7	7.4～9.1
		变异系数	0.157	0.128	0.289	0.230	0.131	0.083
②$_{2\text{-}2}$	淤泥质黏土	幅值	0.8～1.3	1.9～2.8	2.5～10.0	1.4～3.8	12.0～19.8	7.4～10.9
		变异系数	0.129	0.099	0.281	0.236	0.125	0.110
②$_3$	淤泥质粉质黏土	幅值	0.7～1.2	2.0～2.7	4.8～12.0	1.6～4.7	13.5～21.1	7.6～12.3
		变异系数	0.128	0.071	0.204	0.256	0.109	0.139
③$_1$	含黏性土粉砂	幅值	0.2～0.3	5.6～8.6	9.5～29.1	16.3～25.0	7.9～17.6	23.8～33.4
		变异系数	0.073	0.114	0.299	0.120	0.177	0.051
③$_2$	粉质黏土	幅值	0.3～0.6	3.0～5.1	5.5～22.7	3.1～12.0	15.0～23.9	9.4～14.2
		变异系数	0.154	0.136	0.283	0.199	0.101	0.099
④$_1$	淤泥质粉质黏土	幅值	0.8～1.2	2.0～2.8	5.4～16.6	1.6～5.3	13.3～21.9	7.8～11.9
		变异系数	0.122	0.091	0.264	0.269	0.127	0.130
④$_2$	黏土	幅值	0.6～1.0	2.3～3.4	6.6～22.5	2.7～7.8	15.4～27.2	8.7～13.5
		变异系数	0.143	0.102	0.286	0.246	0.149	0.115
④$_3$	粉质黏土	幅值	0.3～0.7	2.7～5.4	12.0～27.6	4.9～10.1	15.7～34.2	9.8～15.9
		变异系数	0.214	0.169	0.201	0.164	0.189	0.128
⑤$_1$	黏土	幅值	0.2～0.4	4.7～7.9	24.2～50.1	8.7～16.2	30.5～53.0	14.5～21.1
		变异系数	0.164	0.136	0.188	0.159	0.125	0.106

续上表

岩土编号	岩土名称	数据统计	压缩系数 $a_{v1\text{-}2}$ (MPa)	压缩模量 $E_{s1\text{-}2}$ (MPa)	黏聚力 c_q (kPa)	内摩擦角 φ_q(°)	黏聚力 c_{cq} (kPa)	内摩擦角 φ_{cq}(°)
					(快剪)	(快剪)	(固快)	(固快)
⑤$_2$	粉质黏土	幅值	0.2～0.4	4.5～7.6	21.2～46.8	8.0～16.4	27.8～51.1	14.0～20.9
		变异系数	0.172	0.140	0.191	0.181	0.162	0.109
⑤$_3$	砂质粉土	幅值	0.1～0.3	5.6～10.7	8.0～17.0	24.7～31.3	8.6～18.5	26.6～32.4
		变异系数	0.190	0.167	0.187	0.065	0.208	0.047
⑤$_4$	粉质黏土	幅值	0.2～0.5	3.6～7.1	16.8～38.1	6.3～13.7	23.3～44.9	11.9～18.5
		变异系数	0.209	0.170	0.196	0.194	0.155	0.114
⑥$_1$	黏土	幅值	0.2～0.4	4.8～8.7	24.2～54.4	9.1～18.4	29.5～55.6	14.6～21.1
		变异系数	0.170	0.084	0.215	0.173	0.165	0.106
⑥$_2$	粉质黏土	幅值	0.3～0.6	3.6～6.1	14.4～31.2	4.6～14.6	20.6～36.0	11.2～17.5
		变异系数	0.169	0.143	0.187	0.272	0.138	0.115
⑥$_3$	黏土	幅值	0.2～0.5	3.9～8.0	18.3～43.5	6.5～16.9	25.2～50.3	12.5～19.2
		变异系数	0.209	0.173	0.217	0.235	0.186	0.105
⑥$_4$	砂质粉土	幅值	0.1～0.2	7.1～14.0	8.0～17.2	27.5～33.6	6.6～14.0	28.3～35.9
		变异系数	0.222	0.190	0.204	0.059	0.128	0.065
⑦$_1$	粉质黏土	幅值	0.2～0.3	5.1～9.7	25.9～55.3	9.7～19.0	30.1～54.0	15.1～22.6
		变异系数	0.173	0.156	0.195	0.175	0.085	0.110
⑦$_2$	粉质黏土	幅值	0.2～0.5	4.1～7.6	19.2～44.3	6.5～16.0	24.7～47.3	12.3～20.3
		变异系数	0.218	0.157	0.215	0.238	0.166	0.123
⑧$_1$	粉砂、细砂	幅值	0.1～0.2	7.9～13.9	7.9～33.2	7.4～33.8	5.6～17.4	29.2～35.6
		变异系数	0.170	0.148	0.186	0.254	0.255	0.054
⑧$_3$	粗砂、砾砂	幅值	<0.1	24.0～46.0	2.0～7.0	29.1～35.0	2.0～8.0	30.1～35.4
		变异系数	0.027	0.168	0.263	0.044	0.270	0.044
⑨$_1$	粉质黏土	幅值	0.2～0.3	5.2～9.3	24.4～55.1	9.7～19.2	26.9～58.8	15.3～22.8
		变异系数	0.146	0.144	0.162	0.173	0.171	0.105
⑨$_2$	砾砂、圆砾	幅值	<0.1	28.0～46.0	2.5～7.8	24.7～34.8	2.8～8.1	29.7～35.0
		变异系数	0.012	1.147	0.122	0.106	0.156	0.056

三、特殊试验参数

参数见附表Ⅳ-13-3。

附表Ⅳ-13-3 宁波地区主要地层特殊试验指标参考值

地层编号	岩土名称	热物理			基床系数		静止侧压力系数 K_0	无侧限抗压强度 q_u
		导热系数 λ	导温系数 α	比热容 C	垂直 K_v	水平 K_h		
		W/(m·K)	m^2/h	kJ/(kg·K)	MPa/m	MPa/m		kPa
①$_3$	淤泥质黏土	1.01	0.001 224	1.74	6.0	7.0	0.62	39.7

续上表

地层编号	岩土名称	热物理			基床系数		静止侧压力系数 K_0	无侧限抗压强度 q_u
		导热系数 λ	导温系数 α	比热容 C	垂直 K_v	水平 K_h		
		W/(m·K)	m^2/h	kJ/(kg·K)	MPa/m	MPa/m		kPa
②$_{2-1}$	淤泥	1.00	0.001 188	1.78	5.0	5.5	0.66	27.3
②$_{2-2}$	淤泥质黏土	0.96	0.001 152	1.79	6.0	6.0	0.62	32.7
③$_1$	含黏性土粉砂	1.29	0.001 728	1.40	16.0	18.0	0.35	—
③$_2$	粉质黏土	1.16	0.001 548	1.42	12.0	16.0	0.50	—
④$_{1-2}$	粉质黏土	1.25	0.001 650	1.50	13.0	17.0	0.47	—
④$_2$	黏土	1.20	0.001 550	1.45	11.0	16.0	0.52	—
⑤$_2$	粉质黏土	1.40	0.002 200	1.40	35.0	45.0	0.35	—

附录Ⅳ-14　青岛

一、主要土层物理性质指标

物理性质指标见附表Ⅳ-14-1。

附表Ⅳ-14-1　青岛地区主要土层物理性质指标表

地层编号	岩土名称	物理性质			稠性黏度		固结试验	
		天然含水量 w	天然密度 ρ	孔隙比 e	液限 w_L	塑限 w_P	压缩模量 E_{s1-2}	压缩系数 a_{v1-2}
		%	g/cm^3	—	%	%	MPa	MPa^{-1}
3-0	粉质黏土	—	1.90	—	—	—	5.0	—
6-0	淤泥质粉质黏土	23.5～35.1	1.65～1.99	0.670～1.220	23.1～33.3	13.1～16.9	3.0～5.6	0.32～0.65
7-0	粉质黏土	16.5～34.8	1.67～2.08	0.551～1.135	25.1～532.6	10.3～29.5	4.5～9.9	0.21～0.43
10-0	淤泥质粉质黏土	30.7	—	0.900	—	—	4.9	0.40
11-0	粉质黏土	18.3～57.0	1.65～2.08	0.610～0.860	24.0～76.3	11.9～38.0	6.5～8.7	0.22～0.30

二、主要土层力学性质指标

力学性质指标见附表Ⅳ-14-2。

附表Ⅳ-14-2　青岛地区主要土层力学性质指标表

地层编号	岩土名称	直接剪切				三轴剪切	
		快剪		固结快剪		UU	
		c	φ	c_q	φ_q	c_{uu}	φ_{uu}
		kPa	°	kPa	°	kPa	°
6-0	淤泥质粉质黏土	3.3	19.7	9.2	15.7	—	—
7-0	粉质黏土	4.1～37.7	10.7～19.5	8.1～50.4	20.0～21.1	38.5	16.0
9-1	粉质黏土	50.8	19.4	—	—	—	—
10-0	淤泥质粉质黏土	—	—	5.3	20.6	—	—
11-0	粉质黏土	7.5～45.9	8.9～65.8	16.2～49.7	18.20～22.1	28.20～35.5	14.60～15.4

三、主要岩土层特殊试验参数

特殊试验参数见附表Ⅳ-14-3。

附表Ⅳ-14-3 青岛地区主要地层特殊试验参数表

地层编号	岩性	基床系数		热物理指标			静止侧压力系数 K_0
		水平基床系数 K_h(MPa/m)	垂直基床系数 K_v(MPa/m)	导热系数 λ [W/(m·K)]	导温系数 α (m^2/h)	比热容 C [kJ/(kg·K)]	
2	粗砂	—	—	1.40	0.001 85	1.47	0.49
3-0	粉质黏土	12	10	1.40	0.001 85	1.47	0.43
4	淤泥质砂土	—	—	1.40	0.001 85	1.47	0.49
5-0	中粗砂	13～50	12～30	1.40～1.66	0.001 85	1.47	0.33～0.47
6-0	淤泥质粉质黏土	10～12	6～10	1.55～1.85	0.001 83～0.001 85	1.41～1.83	0.49～0.54
7-0	粉质黏土	12～18	11～15	1.64～1.70	0.001 8～0.001 83	1.41～1.72	0.47～0.49
7-1	含黏性土中粗砂	25	20	—	—	—	0.41
9-0	粗砾砂	20～50	18～30	1.11～1.40	0.001 85～0.002 64	1.39～1.47	0.33～0.43
9-1	粉质黏土	25	20	—	—	—	0.44
10	淤泥质粉质黏土	—	—	1.80	0.001 85	1.85	0.19
11-0	粉质黏土	28～30	20	1.52～1.70	0.001 81～0.001 85	1.47～1.71	0.43～0.49
11-1	含黏性土粗砂	50	30	—	—	—	0.40
12-0	含黏性土粗砾砂	35～60	40	1.40	0.001 85	1.47	0.33～0.39
12-1	粉质黏土	30	20	—	—	—	0.44
15	全风化花岗岩	120	100	—	—	—	0.45
15-1	全风化煌斑岩	100	80	—	—	—	0.50
16-上	强分化粗粒花岗岩	180	150	1.88～2.18	0.002 71～0.003 01	1.11～1.21	0.32～0.46
16-下	强分化粗粒花岗岩	200	160	1.99～2.12	0.002 8～0.003 2	1.11～1.23	0.30～0.44
16-0	强风化花岗岩	180	150	—	—	—	0.43
16-1	强风化煌斑岩	150	130	2.04～2.12	0.002 89	1.20	0.33
16-2	强风化细粒黄岗岩	180	150	1.99	0.002 8	1.11	0.30～0.43
16-2-2	砂土状碎裂岩	150	130	2.17～2.18	0.002 8～0.003 01	1.21～1.24	0.33
16-3	强风化花岗斑岩	180	150	—	—	—	0.43
16-5	强风化闪长岩	—	—	2.22	0.002 89	1.20	0.30
16-7	强风化流纹岩	150	130	—	—	—	0.32
16-7-1	强风化流纹岩(糜棱状)	80	60	—	—	—	0.36

续上表

地层编号	岩性	基床系数		热物理指标			静止侧压力系数 K_0
		水平基床系数 K_h(MPa/m)	垂直基床系数 K_v(MPa/m)	导热系数 λ [W/(m·K)]	导温系数 α (m^2/h)	比热容 C [kJ/(kg·K)]	
16-7-2	强风化流纹岩(碎裂状)	100	80	—	—	—	0.34
16-8	强风化凝灰岩	—	—	2.22	0.002 89	1.20	0.30
16-9	强风化安山岩	150	130	2.22	0.002 89	1.20	0.28～0.32
16-9-1	强风化安山岩(糜棱状)	80	60	—	—	—	0.33～0.36
16-9-2	强风化安山岩(碎裂状)	100	80	—	—	—	0.30-0.34
16-10	强风化粗面安山岩	150	130	—	—	—	0.32
16-10-2	强风化粗面安山岩(碎裂状)	100	80	—	—	—	0.34
16-11	强风化火山角砾岩	150	130	—	—	—	0.32
16-11-1	强风化火山角砾岩(糜棱状)	80	60	—	—	—	0.36
16-11-2	强风化火山角砾岩(砂土碎裂状)	100	80	—	—	—	0.34
16-13	强风化泥质砂岩	100	80	—	—	—	0.30
16-13-1	泥质砂岩(糜棱状)	80	60	—	—	—	0.33
16-13-2	泥质砂岩(砂土碎裂岩)	100	80	—	—	—	0.30
16-14	强风化火山集块岩	80	60	—	—	—	0.32
16-14-2	强风化火山集块岩(砂土碎裂状)	100	80	—	—	—	0.34
17-0	中等风化粗粒花岗岩	500	400	2.67～2.78	0.003 85	1.04	0.18～0.28
17-0-2	中等风化粗粒花岗岩(块状碎裂岩)	250	200	—	—	—	0.27
17-0-3	中等风化粗粒花岗岩(节理发育带)	450	350	—	—	—	0.25
17-1	中风化煌斑岩	350	300	2.64～2.67	0.003 74	1.07	0.20
17-2	中等风化细粒花岗岩	500	400	2.67～2.78	0.003 01	1.04～1.21	0.18～0.28
17-2-2	块状碎裂岩	350	300	2.12	0.003 2	1.23	0.20
17-3	中等风化细粒花岗斑岩	500	400	2.67	0.003 85	1.04	0.18～0.28
17-4	中风化闪长岩	—	—	2.78	0.003 85	1.04	0.18
17-7	中等风化流纹岩	350	300	—	—	—	0.25
17-7-2	中等风化流纹岩(块状碎裂岩)	250	200	—	—	—	0.27

续上表

地层编号	岩 性	基床系数		热物理指标			静止侧压力系数 K_0
		水平基床系数 K_h(MPa/m)	垂直基床系数 K_v(MPa/m)	导热系数 λ [W/(m·K)]	导温系数 α (m^2/h)	比热容 C [kJ/(kg·K)]	
17-7-3	中等风化流纹岩（节理发育带）	300	250	—	—	—	0.26
17-8	中风化凝灰岩	—	—	2.78	0.003 85	1.04	0.18
17-9	中等风化安山岩	350	300	2.78	0.003 85	1.04	0.20～0.25
17-9-2	中等风化安山岩（碎裂状）	250	200	—	—	—	0.27
17-9-3	中等风化安山岩（节理发育带）	300	250	—	—	—	0.26
17-10	中等风化粗安岩	350	300	—	—	—	0.25
17-10-2	中等风化粗安岩（碎裂状）	250	200	—	—	—	0.27
17-10-3	中等风化粗安岩（节理发育带）	300	250	—	—	—	0.27
17-11	中等风化火山角砾岩	350	300	—	—	—	0.25
17-11-2	中等风化火山角砾岩（块状碎裂岩）	250	200	—	—	—	0.27
17-13	中等风化泥质砂岩	250	200	—	—	—	0.22
17-14	中等风化火山集块岩	450	350	—	—	—	0.24
17-14-2	中等风化火山集块岩（块状碎裂岩）	250	200	—	—	—	0.27
17-14-3	中等风化火山集块岩（节理发育带）	400	300	—	—	—	0.25
18-0	微风化粗粒花岗岩	1 000	800	2.93～3.11	0.004 6	0.90	0.15～0.18
18-0-2	微风化粗粒花岗岩（块状碎裂岩）	900	700	—	—	—	0.19
18-0-3	微风化粗粒花岗岩（节理发育带）	900	700	—	—	—	0.19
18-1	微风化煌斑岩	1 000	800	2.93～3.11	0.004 6	0.90	0.15
18-2	微风化细粒花岗岩	1000	800	2.93～3.11	0.004 6	0.90	0.15
18-2-3	节理密集带	500	400	2.67	0.003 85	1.04	0.18
18-3	微风化细粒花岗岩	1 000	800	3.11	0.004 6	0.90	0.15
18-4	微风化闪长岩	—	—	2.93	0.004 6	0.90	0.15
18-6	微风化辉绿岩	1 000	800	3.11	0.004 6	0.90	0.15
18-7	微风化流纹岩	1 000	800	—	—	—	0.19
18-7-2	微风化流纹岩（块状碎裂岩）	900	700	—	—	—	0.21
18-7-3	微风化流纹岩（节理发育带）	900	700	—	—	—	0.21

续上表

地层编号	岩　性	基床系数		热物理指标			静止侧压力系数 K_0
		水平基床系数 K_h(MPa/m)	垂直基床系数 K_v(MPa/m)	导热系数 λ [W/(m·K)]	导温系数 α (m^2/h)	比热容 C [kJ/(kg·K)]	
18-8	微风化凝灰岩	—	—	2.93	0.004 6	0.90	0.15
18-9	微风化安山岩	1 000	800	2.93	0.004 6	0.90	0.15～0.19
18-9-2	微风化安山岩(块状碎裂岩)	900	700	—	—	—	0.21
18-9-3	微风化安山岩(节理发育带)	900	700	—	—	—	0.21
18-10	微风化粗安岩	1 000	800	—	—	—	0.19
18-10-3	微风化粗安岩(节理发育带)	900	700	—	—	—	0.21
18-11	微风化火山角砾岩	1 000	800	—	—	—	0.19
18-13	微风化泥质粉砂岩	—	—	2.88	0.004 5	0.92	0.20
18-14	微风化火山集块岩	1 000	800	—	—	—	0.19
18-14-3	微风化火山集块岩(节理发育带)	900	700	—	—	—	0.21

四、主要岩层参数统计表

参数统计见附表Ⅳ-14-4。

附表Ⅳ-14-4　岩层的试验参数及围岩基本分级表

岩层编号	岩层名称	岩体弹性纵波波速 v_{pm}(m/s)	岩石弹性纵波波速 v_{pr}(m/s)	岩石单轴饱和抗压强度 R_c(m/s)	围岩基本分级
16	强风化花岗岩	*2 000	—	—	Ⅴ
16-0-2	花岗岩(砂土碎裂岩)	2 367	—	—	Ⅴ
17	中等风化花岗岩	2 412～5 814	2 851～6 375	14.3～47.5	Ⅲ
17-0-2	花岗岩(块状碎裂岩)	*3 400	—	—	Ⅳ
17-0-3	中等风化花岗岩(JL)	3 430	—	—	Ⅳ
18	微风化花岗岩	3 690～5 618	4 575～6 240	43.0～120.0	Ⅱ
18-0-3	微风化花岗岩(JL)	4 642	—	—	Ⅲ
16-1	强风化煌斑岩	2 499	—	—	Ⅴ
16-1-2	煌斑岩(砂土碎裂岩)	*1 800	—	—	Ⅴ
17-1	中等风化煌斑岩	2 412～3 366	2 851	14.3～15.0	Ⅳ
18-1	微风化煌斑岩	3 546～5 102	4 390～5 673	33.3～68.4	Ⅲ
16-2	强风化细粒花岗岩	2 100	—	—	Ⅴ
16-2-2	细粒花岗岩(砂土碎裂岩)	2 000	—	—	Ⅴ
17-2	中等风化细粒花岗岩	3 125～3 212	4 325～4 439	23.2～31.3	Ⅲ

续上表

岩层编号	岩层名称	岩体弹性纵波波速 v_{pm}(m/s)	岩石弹性纵波波速 v_{pr}(m/s)	岩石单轴饱和抗压强度 R_c(m/s)	围岩基本分级
17-2-2	细粒花岗岩(块状碎裂岩)	*3 570	—	12.0	Ⅳ
17-2-3	细粒花岗岩(JL)	*3 570	—	—	Ⅳ
18-2	微风化细粒花岗岩	4 275～4 536	—	20.1～96.4	Ⅱ
18-2-3	微风化细粒花岗岩(JL)	4 080	—	25.0	Ⅲ
17-3	中等风化花岗斑岩	3 590	—	24.8～28.8	Ⅲ
17-3-2	花岗斑岩(块状碎裂岩)	2 740	—	—	Ⅳ
17-3-3	花岗斑岩(JL)	2 744	—	—	Ⅳ
18-3	微风化花岗斑岩	4 414	—	49.3	Ⅱ
18-3-3	微风化花岗斑岩(JL)	4 678	—	—	Ⅲ
16-9	强风化安山岩	1 567	—	—	Ⅴ
16-9-1	安山岩(糜棱状)	1 778	—	—	Ⅴ
16-9-2	安山岩(砂土碎裂岩)	2 181	—	—	Ⅴ
17-9	中等风化安山岩	3 431	—	10.8～35.7	Ⅲ
17-9-2	安山岩(块状碎裂岩)	2 908	—	21.5～62.8	Ⅳ
17-9-3	中等风化安山岩(JL)	3 095	—	—	Ⅳ
17-13	中等风化泥质粉砂岩	2 468	—	12.6～47.1	Ⅳ
18-9-3	微风化安山岩(JL)	3 500～3 971	—	41.4	Ⅲ
16-13	强风化泥质粉砂岩	1 744	—	—	Ⅴ
16-13-1	泥质粉砂岩(糜棱状)	*1 600	—	—	Ⅴ

注：* 表示经验值，其他为实测值。

附录Ⅳ-15 上海

上海市地方标准《地基基础设计规范》(DGJ 08-11—2010)对上海市滨海平原区地区各层土的物理力学性质指标描述见附表Ⅳ-15-1、附表Ⅳ-15-2。

附表Ⅳ-15-1 上海滨海平原区土的物理力学性质指标

土层名称	土层序号	数值统计	含水量 w(%)	密度 ρ(g/m³)	比重 G	孔隙比 e	液限 w_L(%)	塑限 w_p(%)	塑性指数 I_p	压缩系数 $a_{v1\text{-}2}$(MPa^{-1})	压缩模量 $E_{s1\text{-}2}$(MPa)
褐黄～灰黄色黏性土	②$_1$ ②$_2$	幅值	25.4～40.5	1.79～1.98	2.72～2.75	0.73～1.14	30.1～43.8	17.6～24.1	11.5～21.0	0.20～0.65	3.00～7.22
		变异系数	0.094	0.022	0.001	0.086	0.086	0.069	0.145	0.251	0.274

续上表

土层名称	土层序号	数值统计	含水量 ω (%)	密度 ρ (g/m^3)	比重 G	孔隙比 e	液限 w_L (%)	塑限 w_p (%)	塑性指数 I_p	压缩系数 $a_{v1\text{-}2}$ (MPa^{-1})	压缩模量 $E_{s1\text{-}2}$ (MPa)
灰色粉性土、粉砂	②$_3$	幅值	36.0～43.0	1.76～1.93	2.69～2.72	0.75～1.17	—	—	—	0.09～0.57	3.50～12.50
		变异系数	0.124	0.025	0.003	0.114	—	—	—	0.439	0.315
灰色淤泥质粉质黏土	③$_1$ ③$_3$	幅值	36.0～49.7	1.71～1.86	2.72～2.74	1.00～1.36	29.6～40.1	17.8～23.0	10.3～17.0	0.30～1.03	2.20～5.97
		变异系数	0.110	0.022	0.001	0.104	0.066	0.060	0.145	0.290	0.292
灰色淤泥质黏土	④	幅值	40.0～59.6	1.64～1.79	2.73～2.76	1.12～1.67	34.4～50.2	19.0～26.0	17.0～25.1	0.55～1.65	1.32～3.58
		变异系数	0.08	0.018	0.001	0.075	0.078	0.067	0.112	0.196	0.179
褐灰色黏性土	⑤或⑤$_1$	幅值	29.8～42.5	1.75～1.90	2.72～2.74	0.85～1.22	28.3～42.9	17.3～23.8	10.2～20.0	0.28～0.71	3.00～6.77
		变异系数	0.082	0.019	0.003	0.079	0.096	0.073	0.152	0.214	0.200
灰色粉性土、粉砂	⑤$_2$	幅值	28.0～37.1	1.78～1.93	2.69～2.73	0.78～1.09	—	—	—	0.12～0.47	4.50～11.50
		变异系数	0.060	0.019	0.004	0.069	—	—	—	0.331	0.342
灰～褐灰色黏性土	⑤$_3$	幅值	28.1～40.0	1.78～1.91	2.72～2.74	0.82～1.15	28.3～41.6	17.0～24.3	10.4～18.6	0.22～0.52	4.00～7.50
		变异系数	0.062	0.013	0.001	0.057	0.081	0.077	0.121	0.174	0.168
灰绿色黏性土	⑤$_4$	幅值	19.3～28.3	1.89～2.08	2.71～2.73	0.58～0.84	25.1～34.0	14.1～19.5	10.1～15.8	0.14～0.34	5.26～11.27
		变异系数	0.090	0.024	0.002	0.101	0.076	0.074	0.124	0.253	0.210
暗绿～草黄色黏性土	⑥$_1$ ⑥$_2$	幅值	21.3～27.7	1.91～2.05	2.72～2.73	0.63～0.80	28.2～36.5	15.6～20.3	11.3～16.8	0.14～0.30	5.50～10.51
		变异系数	0.054	0.017	0.001	0.056	0.056	0.058	0.096	0.111	0.156

附表Ⅳ-15-2 上海滨海平原区土的物理力学性质指标表

土层序号	数值统计	固结快剪		三轴 UU		三轴 CU				无侧限抗压强度	高压固结		波速试验	
		c_{cq}(kPa)	φ_{cq}(°)	c_{uu} (kPa)	φ_{uu} (°)	c_{cu} (kPa)	φ_{cu} (°)	c' (kPa)	φ' (°)	q_u(kPa)	C_c	C_v	v_P (m/s)	v_S (m/s)
②₁ ②₂	幅值	8.5～28.5	12.7～26.2	32.0～80.0	0	0～32.0	21.0～26.0	0～10.0	30.0～32.0	48～89	0.166～0.403	0.017～0.081	300～129 0	84～117
	变异系数	0.278	0.19	0.27	—	—	—	—	—	0.239	0.3	0.35	0.373	0.092
②₃	幅值	0～13.0	23.5～35.0	—	—	—	—	—	—	—	—	—	—	—
	变异系数	0.42	0.126	—	—	—	—	—	—	—	—	—	—	—
③₁ ③₃	幅值	8.5～14.2	12.1～28.0	21.0～40.0	0	0～5.0	18.0～26.0	0	31.0～38.0	31～66	0.169～0.472	0.024～0.070	708～144 9	84～142
	变异系数	0.24	0.25	0.18	—	—	—	—	—	0.186	0.266	0.336	0.176	0.126
④	幅值	11.5～15.7	8.5～16.9	18.0～44.0	0	0～19.0	11.0～19.2	0～12.0	22.0～32.5	42～77	0.429～0.628	0.041～0.109	874～1481	100～166
	变异系数	0.037	0.162	—	—	—	—	—	—	0.152	0.107	0.263	0.121	0.114
⑤或⑤₁	幅值	11.5～20.0	12.7～27.4	35.0～94.0	0	0～25.0	15.0～27.0	0～15.0	30.0～35.3	50～135	0.239～0.436	0.020～0.093	656～157 0	112～256
	变异系数	0.223	0.217	0.24	—	—	—	—	—	0.256	0.208	0.4	0.233	0.185
⑤₂	幅值	0～14.2	23.5～37.0	—	—	—	—	—	—	—	—	—	1 040～1 370	183～232
	变异系数	0.39	0.124	—	—	—	—	—	—	—	—	—	0.068	0.072
⑤₃	幅值	10.0～24.3	15.5～28.7	50.0～139.0	0	—	—	—	—	119～136	0.251～0.345	0.016～0.039	823～1781	151～310
	变异系数	0.272	0.169	0.275	—	—	—	—	—	—	0.116	0.233	0.211	0.189
⑤₄	幅值	28.5～57.1	15.5～27.4	100～177	0	—	—	—	—	—	0.087～0.189	0.00 6～0.027	1 087～2 223	172～373
	变异系数	0.359	0.186	0.283		—	—	—	—	—	0.34	0.45	0.272	0.209
⑥₁ ⑥₂	幅值	42.9～53.0	15.5～20.9	135～195	0	30.0～70.0	20.0～29.0	20.0～43.0	25.2～35.0	185～382	0.132～0.245	0.016～0.026	1 250～1 739	227～357
	变异系数	0.06	0.099	0.13	—	—	—	—	—	0.231	0.165	0.202	0.095	0.152

附录Ⅳ-16 深圳

根据深圳市地铁 9 号线经过区域的地貌单元特征、工程地质特征及水文地质特征等因素，将全线分为三个岩土工程分区，并根据参数统计结果给出各区的岩土物理力学性质指标，详见附表Ⅳ-16-1～附表Ⅳ-16-6，供参考使用。

一、主要地层物理性质指标

附表Ⅳ-16-1 Ⅰ区各地层主要物理性质指标范围值

地层编号	岩土名称	物理性质			稠性黏度		垂直渗透系数 k_v
		天然含水量 w	天然密度 ρ	孔隙比 e	塑性指数 I_P	液性指数 I_L	
		%	g/cm^3	—	—	—	cm/s
①$_1$	黏土素填土	19.2～25.9	1.82～1.86	0.801～0.804	20.0	−0.30	—
②$_1$	淤泥及淤泥质土层	47.7～68.6	1.60～1.63	1.539～1.866	11.6～27.1	0.97～3.77	—
③$_2$	黏性土层	14.4～37.4	1.82～2.09	0.509～1.076	8.1～24.2	0.28～0.62	0.006～124.0
⑥$_1$	残积可塑状黏性土层	17.6～42	1.70～2.12	0.615～1.287	8.8～39.3	−0.43～1.01	0.006～200.0
⑥$_2$	残积硬塑状黏性土层	17.4～40.4	1.63～2.01	0.617～1.362	12.0～30.5	−0.25～1.02	0.695～18.2
⑫$_1$	全风化花岗岩	14.0～36.6	1.55～2.17	0.457～1.199	7.7～21.8	−0.34～1.00	0.920～22.3
⑫$_2$	强风化花岗岩	10.9～22.8	1.69～2.05	0.551～0.968	9.0～38.2	−0.44～0.48	81.5～81.5

附表Ⅳ-16-2 Ⅱ区各土层主要物理性质指标范围值

地层编号	岩土名称	物理性质			稠性黏度		垂直渗透系数 k_v
		天然含水量 w	天然密度	孔隙比 e	塑性指数 I_P	液性指数 I_L	
		%	g/cm^3	—	—	—	cm/s
①$_1$	黏土素填土	15.0～44.9	1.64～2.01	0.581～1.312	9.1～31.4	−0.46～2.91	90.2
③$_1$	淤泥及淤泥质土层	33.5～100.0	1.31～2.15	1.010～3.292	8.0～35.0	0.33～2.48	0.008～12.1
③$_2$	黏性土层	14.3～44.7	1.62～2.13	0.485～1.402	7.4～28.9	−0.50～0.86	0.061～9.4
⑥$_1$	残积可塑状黏性土层	18.4～91.5	1.55～2.03	0.612～1.936	5.4～28.6	−0.24～3.97	0.066～187.0
⑥$_2$	残积硬塑状黏性土层	13.9～47.8	1.46～2.07	0.540～1.405	1.8～33.0	−0.29～10.94	0.532～32.9
⑪$_1$	全风化混合岩	12.5～38.2	1.69～2.08	0.545～1.232	7.4～17.0	−0.30～1.19	0.011～2.40
⑪$_2$	强风化混合岩	6.5～46.7	1.69～1.97	0.628～1.378	8.5～18.9	−1.04～1.40	0.038～11.2
⑫$_1$	全风化花岗岩	12.8～54.7	1.62～2.08	0.505～1.636	3.5～23.2	−0.49～2.51	42.9～46.3
⑪$_2$	强风化花岗岩	12.1～42.1	1.65～1.97	0.623～1.370	8.9～23.8	−0.46～0.76	27.8～27.8

附表Ⅳ-16-3 Ⅲ区各土层主要物理性质指标范围值

地层编号	岩土名称	物理性质			稠性黏度		垂直渗透系数 k_v
		天然含水量 w	天然密度 ρ	孔隙比 e	塑性指数 I_P	液性指数 I_L	
		%	g/cm^3	—	—	—	cm/s
③$_1$	淤泥及淤泥质土层	37.1～64.0	1.53～1.75	1.220～1.875	7.4～30.0	1.01～4.05	—

续上表

地层编号	岩土名称	物理性质			稠性黏度		垂直渗透系数 k_v
		天然含水量 w	天然密度 ρ	孔隙比 e	塑性指数 I_P	液性指数 I_L	
		%	g/cm³	—	—	—	cm/s
③₂	黏性土层	14.5～47.9	1.73～2.08	0.559～1.351	7.6～42.0	−0.40～1.23	—
⑥₂	残积硬塑状黏性土层	13.7～40.0	1.72～2.07	0.485～1.208	6.6～21.3	0.00～1.25	0.003～6.3
⑧₁	全风化变质砂岩	12.7～36.7	1.79～2.07	0.485～1.036	0.9～16.0	−0.47～7.67	4.1
⑧₂	强风化变质砂岩	13.8～27.6	1.69～2.16	0.433～1.005	9.7～14.9	—	—

二、主要地层力学性质指标

附表Ⅳ-16-4 Ⅰ区各地层主要力学性质指标范围值

地层编号	岩土名称	直接快剪		固结快剪		固结试验	
		黏聚力 c_q	摩擦角 φ_q	黏聚力 c_{cq}	摩擦角 φ_{cq}	压缩系数 $a_{v1\text{-}2}$	压缩模量 $E_{s1\text{-}2}$
		kPa	°	kPa	°	°	kPa
①₁	黏土素填土	11.1～14.1	24.7～28.2	—	—	0.45～0.71	2.5～4.1
②₁	淤泥及淤泥质土层	9.0～12.9	3.2～8.9	6.3	21.5	0.70～1.78	1.6～3.6
③₂	黏性土层	6.1～31.9	6.5～28.5	22.0～39.8	13.9～15	0.20～0.50	3.7～7.7
⑥₁	残积可塑状黏性土层	6.7～29.8	15.0～36.1	12.2～33.9	24.0～34.8	0.28～0.92	2.0～6.6
⑥₂	残积硬塑状黏性土层	6.7～36.7	8.8～37.4	15.4～25.4	30.1～33.3	0.29～0.96	2.2～5.7
⑫₁	全风化花岗岩	9.7～35.6	20.8～41.9	16.1～21.0	33.8～34.9	0.23～0.81	2.6～6.3
⑫₂	强风化花岗岩	11.5～32.7	28.4～38.7	—	—	—	—

附表Ⅳ-16-5 Ⅱ区各土层主要力学性质指标范围值

地层编号	岩土名称	直接快剪		固结快剪		固结试验	
		黏聚力 c_q	摩擦角 φ_q	黏聚力 c_{cq}	摩擦角 φ_{cq}	压缩系数 $a_{v1\text{-}2}$	压缩模量 $E_{s1\text{-}2}$
		kPa	°	kPa	°	°	kPa
①₁	素填土	1.0～52.0	12.6～41.4	31.5～31.5	24.0～24.0	0.150～0.640	3.0～13.1
③₁	淤泥及淤泥质土层	3.3～31.8	4.1～17.6	7.4～55.9	3.1～16.3	0.300～2.630	1.5～6.8
③₂	黏性土层	11.5～47.2	4.1～36.3	34.8～34.8	14.4～19.9	0.090～0.830	2.4～19.9
⑥₁	残积可塑状黏性土层	5.5～54.8	12.2～39.5	9.1～50.2	13.6～39.5	0.180～1.120	2.2～13.6
⑥₂	残积硬塑状黏性土层	2.0～39.0	11.0～38.8	9.6～40.8	15.3～41.6	0.150～1.270	1.8～12.1
⑪₁	全风化混合岩	6.7～39.9	13.8～39.5	16.3～30.2	27.1～32.0	—	—
⑪₂	强风化混合岩	11.7～43.9	16.4～35.1	24.5～24.5	34.2～34.3	—	—
⑫₁	全风化花岗岩	5.3～44.9	23.7～41.8	15.2～22.5	29.6～38.6	—	—
⑫₂	强风化花岗岩	8.2～32.2	17.7～36.4	24.4～24.4	34.7～34.7	—	—

附表Ⅳ-16-6 Ⅲ区各土层主要力学性质指标范围值

地层编号	岩土名称	直接快剪		固结快剪		固结试验	
		黏聚力 c_q	摩擦角 φ_q	黏聚力 c_{cq}	摩擦角 φ_{cq}	压缩系数 a_{v1-2}	压缩模量 E_{s1-2}
		kPa	°	kPa	°	°	kPa
③$_1$	淤泥及淤泥质土层	—	—	12.0～14.8	7.5～16.9	0.58～1.24	2.1～3.9
③$_2$	黏性土层	9.2～48.3	6.2～35.5	20.5～24.4	14.5～32.0	0.18～0.46	4.1～9.3
⑥$_2$	残积硬塑状黏性土层	7.4～35.1	7.6～32.9	21.3～28.1	29.4～33.0	0.21～0.64	3.0～7.4
⑧$_1$	全风化变质砂岩	10.4～35.0	21.4～30.8	9.2～34.6	15.1～33.2	—	—
⑧$_2$	强风化变质砂岩	18.5～31.6	18.7～34.4	—	—	—	—

附录Ⅳ-17 石家庄

一、主要地层物理性质指标

物理性质指标见附表Ⅳ-17-1。

附表Ⅳ-17-1 石家庄地区主要地层物理性质指标参考值表

地层编号	岩土名称	物理性质			稠性黏度	
		天然含水量 w	天然密度 ρ	孔隙比 e	液限 w_L	塑限 w_P
		%	g/cm^3	—	%	%
②$_2$	淤泥质粉质黏土	25～45	—	—	30～40	10～15
②$_3$	黄土状粉土	13～30	1.60～2.10	0.580～0.900	20～30	14～22
②$_4$	黄土状粉质黏土	18～33	1.80～2.00	0.590～0.980	28～35	17～21
③$_1$	黄土状粉质黏土	11～37	1.70～2.10	0.510～0.920	24～43	13～26
③$_2$	黄土状粉土	6～30	1.60～2.10	0.500～0.850	20～30	13～24
③$_5$	黄土状粉质黏土	15～35	1.70～2.10	0.600～0.950	25～45	15～30
③$_6$	黄土状粉土	10～35	1.70～2.10	0.550～0.900	25～35	15～25
④$_3$	粉土	15～25	1.90～2.10	0.480～0.670	25～30	15～20
④$_4$	粉质黏土	11～28	1.80～2.10	0.460～0.880	25～34	14～21
⑤$_1$	粉质黏土	12～35	1.70～2.10	0.550～0.930	22～40	10～27
⑤$_2$	粉土	11～28	1.70～2.07	0.520～0.850	19～33	11～25
⑤$_5$	黏土	21～32	1.85～2.05	0.700～0.900	37～45	20～25
⑥$_4$	粉质黏土	15～30	1.80～2.10	0.520～0.850	25～40	13～23
⑦$_1$	粉质黏土	15～35	1.80～2.10	0.520～0.890	25～40	15～25
⑦$_2$	粉土	18～28	1.80～2.00	0.600～0.850	24～28	15～19
⑧$_3$	粉质黏土	23～33	1.85～2.00	0.650～0.950	30～40	18～24

二、主要地层力学性质指标

力学性质指标见附表Ⅳ-17-2。

附表Ⅳ-17-2 石家庄地区主要地层力学性质指标参考值表

地层编号	岩土名称	直接剪切				三轴剪切				固结试验	
		快剪		固结快剪		UU		CU		压缩模量	压缩系数
		c_q	φ_q	c_{cq}	φ_{cq}	c_{uu}	φ_{uu}	c_{cu}	φ_{cu}	$E_{s1\text{-}2}$	$a_{v1\text{-}2}$
		kPa	°	kPa	°	kPa	°	kPa	°	MPa	MPa^{-1}
②$_1$	粉细砂	0~3	15~20	0~3	18~22	—	—	—	—	5~10	—
②$_2$	淤泥质粉质黏土	10~15	5~8	12~18	8~12	15~20	10~14	12~18	8~12	2~8	—
②$_3$	黄土状粉土	16~20	20~25	18~23	22~28	17~21	21~27	18~22	23~28	8~15	0.1~0.2
②$_4$	黄土状粉质黏土	20~25	15~18	23~28	17~21	25~30	12~18	22~26	16~20	4~8	—
③$_1$	黄土状粉质黏土	28~32	17~20	25~35	19~22	30~38	18~25	23~28	18~22	4~13	0.1~0.5
③$_2$	黄土状粉土	19~21	22~25	20~25	25~30	20~25	25~28	20~25	25~30	5~18	0.1~0.3
③$_3$	粉细砂	0~3	22~25	0~3	25~30	—	—	—	—	10~20	—
③$_4$	中粗砂	0~3	25~30	0~3	28~35	—	—	—	—	15~25	—
③$_5$	黄土状粉质黏土	28~32	20-22	30~35	23~28	32~38	20~25	24~29	20~25	5~15	0.1~0.5
③$_6$	黄土状粉土	20~23	25~28	22~25	30~35	21~25	25~28	21~26	26~30	6~20	0.1~0.3
④$_1$	粉细砂	0~3	25~30	0~3	30~35	—	—	—	—	—	—
④$_2$	中粗砂	0~3	28~32	0~3	32~38	—	—	—	—	—	—
④$_3$	粉土	20~23	25~28	22~25	30~33	—	—	20~25	25~30	5~13	—
④$_4$	粉质黏土	27~30	18~22	30~35	20~25	28~30	18~22	25~30	18~22	5~12	0.1~0.3
⑤$_1$	粉质黏土	25~33	16~18	30~35	18~22	25~32	15~18	28~33	20~25	4~15	0.1~0.4
⑤$_2$	粉土	16~20	21~25	18~22	23~28	18~22	22~26	22~25	26~31	4~12	0.1~0.4
⑤$_3$	粉细砂	0~3	25~30	0~3	30~35	—	—	—	—	15~25	—
⑤$_4$	中粗砂	0~3	29~33	0~3	33~38	—	—	—	—	20~30	—
⑤$_5$	黏土	28~32	16~20	30~35	20~25	28~33	18~22	30~35	22~28	5~10	0.2~0.4
⑥$_1$	细中砂	0~3	25~30	0~3	33~38	—	—	—	—	20~30	—
⑥$_2$	中粗砂(含卵石)	0~3	30~34	0~3	35~40	—	—	—	—	25~35	—
⑥$_3$	卵石	0~3	38~42	0~3	38~43	—	—	—	—	30~40	—
⑥$_4$	粉质黏土	26~30	16~20	30~33	18~22	28~32	18~22	28~32	18~22	3~10	0.2~0.5
⑥$_5$	中粗砂(含卵石)	0~3	33~38	0~3	35~43	—	—	—	—	25~35	—
⑦$_1$	粉质黏土	25~30	18~22	30~35	20~25	28~32	20~25	30~35	20~25	5~12	0.2~0.3
⑦$_2$	粉土	18~22	28~32	20~25	30~35	20~25	30~35	22~25	26~32	5~15	0.1~0.3
⑦$_3$	粉细砂	0~3	28~32	0~3	30~35	—	—	—	—	25~35	—
⑦$_4$	中粗砂	0~3	30~35	0~3	33~38	—	—	—	—	30~40	—
⑧$_1$	中粗砂(含卵石)	0~3	33~38	0~3	35~40	—	—	—	—	35~45	—
⑧$_2$	卵石	0~3	35~40	0~3	38~43	—	—	—	—	40~50	—
⑧$_3$	粉质黏土	28~32	18~22	30~35	20~25	28~35	18~25	30~35	20~25	5~10	—

三、主要地层特殊试验参数

特殊试验参数见附表Ⅳ-17-3。

附表Ⅳ-17-3 石家庄地区主要地层特殊试验指标参考值表

地层编号	岩土名称	热物理			基床系数		静止侧压力系数 K_0	无侧限抗压强度 q_u
		导热系数 λ	导温系数 $\alpha\times10^{-3}$	比热容 C	垂直 K_v	水平 K_h		
		W/(m·K)	m^2/h	kJ(kg·K)	MPa/m	MPa/m		kPa
②1	粉细砂	0.80～1.15	1.00～2.00	0.85～1.00	5～15	15～20	0.25～0.45	—
②3	黄土状粉土	1.15～1.55	1.60～2.00	1.30～1.50	28～30	30～40	0.25～45	—
②4	黄土状粉质黏土	1.15～1.55	1.15～1.55	1.35～1.75	18～22	30～35	—	—
③1	黄土状粉质黏土	1.10～1.60	1.50～1.90	1.25～1.65	30～35	35～40	0.30～0.50	60～100
③2	黄土状粉土	1.20～1.60	2.00～2.50	1.20～1.50	30～35	35～40	0.21～0.41	50～90
③3	粉细砂	0.60～1.00	1.60～2.00	0.80～1.20	10～20	15～25	0.23～0.43	—
③4	中粗砂	1.00～1.30	2.00～3.00	0.95～1.25	22～35	28～35	0.25～0.45	—
③5	黄土状粉质黏土	1.20～1.40	1.50～1.90	1.25～1.65	30～35	35～40	0.29～0.49	60～100
③6	黄土状粉土	1.20～1.60	2.10～2.50	1.10～1.40	30～35	35～40	0.20～0.40	50～90
④1	粉细砂	0.60～1.00	1.50～1.90	1.00～1.20	20～35	25～40	0.25～0.45	—
④2	中粗砂	0.55～0.95	1.20～1.70	0.95～1.20	25～35	30～40	0.23～0.43	—
④3	粉土	1.15～1.85	1.45～2.55	1.35～1.65	25～35	30～40	0.25～0.45	—
④4	粉质黏土	1.10～1.50	1.50～1.90	1.20～1.80	30～45	40～50	0.40～0.60	—
⑤1	粉质黏土	1.20～1.70	1.60～2.00	1.25～1.65	30～45	40～50	0.35～0.55	—
⑤2	粉土	0.90～1.20	1.45～1.65	1.10～1.30	35～45	25～40	0.23～0.43	—
⑤3	粉细砂	0.60～1.00	1.50～1.90	1.05～1.15	20～35	30～40	0.30～0.50	—
⑤4	中粗砂	0.90～1.20	2.30～2.80	0.80～1.20	30～40	40～45	0.20～0.40	—
⑤5	黏土	1.20～1.60	1.50～2.00	1.20～1.60	20～30	25～35	0.40～0.60	—
⑥1	细中砂	1.00～1.30	1.80～2.20	0.90～1.30	30～40	40～45	0.25～0.45	—
⑥2	中粗砂(含卵石)	0.80～1.20	2.20～2.80	0.90～1.10	30～40	40～45	0.20～0.40	—
⑥3	卵石	1.00～1.60	1.00～1.40	1.10～1.50	50～70	55～75	0.15～0.35	—
⑥4	粉质黏土	1.10～1.50	1.50～2.00	1.20～1.60	35～50	40～55	0.40～0.60	—
⑥5	中粗砂(含卵石)	0.80～1.60	2.20～2.80	0.90～1.30	45～60	50～65	0.18～0.38	—

附录Ⅳ-18 太原

一、主要地层物理性质指标

物理性质指标见附表Ⅳ-18-1。

附表Ⅳ-18-1 太原地区主要地层物理性质指标表

地层编号	岩土名称	物理性质			稠性黏度		固结试验	
		天然含水量 w	天然密度 ρ	孔隙比 e	液限 w_L	塑限 w_P	压缩模量 $E_{s1\text{-}2}$	压缩系数 $a_{v1\text{-}2}$
		%	g/cm³	—	%	%	MPa	MPa^{-1}
②$_1$	黄土状土							
②$_2$	粉质黏土	16.4～42.6	1.75～2.13	0.505～1.233	24.6～41.5	16.0～22.8	3.4～9.6	0.16～0.56
②$_{3\text{-}1}$	黏质粉土	19.2～36.0	1.86～2.08	0.553～1.003	24.3～38.0	16.3～21.4	6.8～15.9	0.11～0.26
②$_{3\text{-}2}$	砂质粉土	18.8～21.0	1.96～2.07	0.550～0.767	20.9～21.8	15.6～15.8	14.1～19.8	0.11～0.15
②$_4$	粉细砂	13.7～31.1	1.88～2..13	0.438～0.837	—	—	8.6～16.4	0.07～0.13
②$_5$	中砂	11.8～30.3	1.88～2.16	0.422～0.836	—	—	13.7～18.8	0.08～0.12
②$_6$	粗砂	12.8～26.0	1.90～2.19	0.401～0.826	—	—	15.4～19.4	0.08～0.10
③$_3$	粉质黏土	16.4～38.1	1.86～2.10	0.481～1.175	21.6～43.3	15.7～23.5	4.53～9.14	0.19～0.41
③$_{4\text{-}1}$	黏质粉土	16.0～30.3	1.88～2.12	0.431～0.947	20.3～37.2	15.5～21.0	6.81～12.63	0.13～0.28
③$_{4\text{-}2}$	砂质粉土	12.9～24.6	1.97～2.13	0.574～0.749	21.8～34.3	15.8～19.8	14.6～16.7	0.09～0.13
③$_5$	粉细砂	14.4～22.8	1.90～2.16	0.426～0713	—	—	14.1～19.4	0.06～0.12
③$_6$	中砂	16.7～24.4	1.96～2.18	0.401～0.566	—	—	14.8～22.9	0.08～0.10

二、主要地层力学性质指标

力学性质指标见附表Ⅳ-18-2。

附表Ⅳ-18-2 太原地区主要地层力学性质指标表

地层编号	岩土名称	直接剪切				三轴剪切			
		快剪		固结快剪		UU		CU	
		c_q	φ_q	c_{cq}	φ_{cq}	c_{uu}	φ_{uu}	c_{cu}	φ_{cu}
		kPa	°	kPa	°	kPa	°	kPa	°
②$_1$	黄土状土	0	25～30	—	—	—	—	—	—
②$_2$	粉质黏土	5.0～28.5	4.8～27.1	10.0～46.6	9.1～24.2	17.7～27.2	7.2～17.8	16.2～30.8	17.4～21.4
②$_{3\text{-}1}$	黏质粉土	10.2～29.6	9.1～32.2	7.0～19.0	11.0～33.2	15.7～50.9	3.2～8.9	14.4～21.6	22.8～25.2
②$_{3\text{-}2}$	砂质粉土	4.6～6.5	27.8～29.2	11.7～21.6	23.3～33.7	24.9～29.2	2.6～7.9	21.2～27.6	18～27.4
②$_4$	粉细砂	0.8～3.4	26.4～32.3			—	—	—	—
②$_5$	中砂	0.8～7.3	27.4～30.1			—	—	—	—
②$_6$	粗砂	3.8～5.7	29.9～30.8			—	—	—	—

续上表

地层编号	岩土名称	直接剪切				三轴剪切			
		快剪		固结快剪		UU		CU	
		c_q	φ_q	c_{cq}	φ_{cq}	c_{uu}	φ_{uu}	c_{cu}	φ_{cu}
		kPa	°	kPa	°	kPa	°	kPa	°
③$_3$	粉质黏土	10.0～35.8	5.4～24.9	11.0～58.8	8.6～21.8	16.2～58.7	4.1～10.5	9.4～42.2	9.7～19.0
③$_{4-1}$	黏质粉土	3.0～14.3	14.6～34.2	2.9～34.5	21.7～32.3	35.7～77.1	2.3～7.9	14.6～43.3	10.6～22.4
③$_{4-2}$	砂质粉土	2.0～6.1	30.9～31.5	13～23	21～35	21.0～31.0	4.2～4.5	21.4～32.3	10.6～19.9
③$_5$	粉细砂	0.4～1.8	29.7～29.9	—	—	—	—	—	—
③$_6$	中砂	0.5	30.7	—	—	—	—	—	—

三、主要地层特殊试验参数

特殊参数见附表Ⅳ-18-3。

附表Ⅳ-18-3 太原地区主要地层特殊试验参数表

地层编号	岩土名称	热物理			基床系数		静止侧压力系数 K_0	无侧限抗压强度 q_u
		导热系数 λ	导温系数 $\alpha\times10^{-3}$	比热容 C	垂直 K_v	水平 K_h		
		W/(m·K)	m²/h	kJ/(kg·K)	MPa/m	MPa/m		kPa
②$_1$	黄土状土	—	—	—	30～60	30～50	050	—
②$_2$	粉质黏土	1.32～1.41	1.42～1.49	1.73～1.78	13～15	16～20	0.50～0.55	40～59
②$_{3-1}$	黏质粉土	1.28～1.62	1.75～1.91	1.43～1.52	15～25	18～30	0.45～0.50	45～73
②$_{3-2}$	砂质粉土	1.80～1.88	2.08～2.14	1.53～1.54	30	35	0.44	—
②$_4$	粉细砂	1.47～1.73	2.23～2.35	1.11～1.35	20～30	22～35	0.35～0.43	—
②$_5$	中砂	1.58～1.78	2.00～2.08	1.42～1.57	25～35	30～40	035～0.40	—
②$_6$	粗砂	1.71	2.48	1.39	35	40	0.38	—
③$_3$	粉质黏土	1.36～1.40	1.45～1.50	1.71	30	33～35	0.45～0.50	68～69
③$_{4-1}$	黏质粉土	1.58～1.82	1.69～2.25	1.40～1.66	20～30	25～35	0.43～0.48	—
③$_{4-2}$	砂质粉土	1.78	2.26	1.37	45	50	0.44	—
③$_5$	粉细砂	1.48～1.74	1.82～2.24	1.35～1.42	32～50	35～55	0.34～0.40	—
③$_6$	中砂	1.55～1.57	2.01～2.06	1.28～1.35	50	55	0.33～0.38	—

附录Ⅳ-19 天津

一、主要地层物理性质指标

地层物理性质指标见附表Ⅳ-19-1。

附表Ⅳ-19-1 天津地区主要土层物理性质指标表

地层编号	岩土名称	物理性质			稠性黏度		固结试验	
		天然含水量 w	天然密度 ρ	孔隙比 e	液限 w_L	塑限 w_P	压缩模量 $E_{s1\text{-}2}$	压缩系数 $a_{v1\text{-}2}$
		%	g/cm³	—	%	%	MPa	MPa^{-1}
②	淤泥	43.3	1.80	1.189	48.0	23.0	3.3	0.66
③1	粉质黏土	22.9～41.5	1.76～1.95	0.613～1.219	26.2～48.1	15.3～25.8	4～8	0.20～0.48
③2	粉土	18.6～28.0	1.88～2.00	0.632～0.804	27.2～33.3	18.9～24.2	8～12	0.15～0.21
③3	淤泥质土	35.8～39.0	1.79～1.86	1.020～1.135	34.9～39.0	18.8～21.0	2～4	0.46～0.78
③4	粉质黏土	24.7～34.1	1.85～2.00	0.690～0.968	26.0～36.7	14.8～21.8	3～12	0.14～0.54
④1	粉质黏土	22.0～31.8	1.90～2.02	0.637～0.918	29.4～42.0	17.4～22.6	4～9	0.21～0.42
④2	粉土	22.5～27.8	1.96～1.99	0.673～0.754	25.5～34.1	17.9～25.7	11～18	0.09～0.15
⑥1	粉质黏土	22.8～43.0	1.81～2.00	0.652～1.173	25.4～42.3	14.7～23.6	3～11	0.16～0.63
⑥2	淤泥质土	36.6～50.0	1.71～1.84	1.030～1.400	—	—	8～18	—
⑥3	粉土	20.4～29.6	1.86～2.07	0.576～0.854	24.5～35.2	17.7～27.2	8～18	0.09～0.20
⑥4	粉质黏土	22.7～34.8	1.82～2.00	0.684～0.968	23.8～36.2	13.5～23.0	4～11	0.15～0.52
⑦	粉质黏土	19.0～33.2	1.83～2.09	0.543～0.987	24.9～36.9	14.3～20.9	4～9	0.19～0.49
⑧1	粉质黏土	13.6～34.0	1.81～2.20	0.389～0.979	18.5～37.0	9.7～19.9	4～12	0.12～0.57
⑧2-1	粉土	19.3～24.2	1.97～2.04	0.573～0.660	24.6～28.7	17.8～25.0	13～18	0.09～0.12
⑧2-2	粉砂	13.2～22.7	2.01～2.22	0.372～0.618	—	—	11～25	0.06～0.13
⑨1	粉质黏土	15.0～30.3	1.88～2.16	0.444～0.906	21.5～42.4	10.9～23.2	5～14	0.11～0.39
⑨2-1	粉土	9.6～25.8	1.95～2.22	0.383～0.774	20.0～39.2	10.8～23.2	8～21	0.07～0.23
⑨2-2	粉砂	14.9～25.3	1.94～2.17	0.424～0.737	—	—	8～20	0.08～0.18
⑩1	粉质黏土	16.7～25.9	1.97～2.12	0.481～0.738	23.6～36.2	13.4～19.5	5～9	0.17～0.35
⑩2	粉土	19.6～20.8	1.97～2.08	0.547～0.650	22.4～49.0	12.2～26.3	5～10	0.16～0.30
⑪1	粉质黏土	16.1～33.5	1.87～2.13	0.490～0.935	21.6	12.0	12～18	0.09～0.13
⑪2-1	粉土	14.0～25.2	1.93～2.13	0.440～0.710	22.4～29.0	16.0～22.4	11～22	0.07～0.15
⑪2-2	粉砂	—	—	—	—	—	11～22	—
⑪3	粉质黏土（含卵石）	17.3～32.5	1.91～2.13	0.481～0.896	22.1～46.5	12.0～24.9	5～10	0.17～0.34
⑪4	粉砂	14.8～25.0	1.96～2.18	0.417～0.716	22.7～29.3	15.0～22.0	10～20	0.08～0.15
⑪5	粉质黏土	16.6～32.8	1.87～2.12	0.480～0.960	24.5～48.4	13.9～25.9	6～12	0.15～0.30
⑫1	粉质黏土（含卵石）	19.8～33.8	1.86～2.05	0.590～0.985	27.6～46.5	15.1～23.3	6～11	0.15～0.29
⑫2	粉砂	19.0～23.8	2.00～2.10	0.524～0.649	—	—	10～18	0.09～0.16
⑬1	粉质黏土	17.6～23.6	1.99～2.09	0.514～0.693	26.2～37.3	15.3～20.1	11～17	0.15～0.29

二、主要地层力学性质指标

力学性质指标见附表Ⅳ-19-2。

附表Ⅳ-19-2　天津地区主要土层力学性质指标表

地层编号	岩土名称	直接剪切				三轴剪切					
		快剪		固结快剪		UU		CU			
		c_q	φ_q	c_{cq}	φ_{cq}	c_{uu}	φ_{uu}	c_{cu}	φ_{cu}	c'	φ'
		kPa	°	kPa	°	kPa	°	kPa	°	kPa	°
③$_1$	粉质黏土	11～32	10～23	10～19	21～21	13～59	0～6.3	23～30	8.3～22.5	5～30	9.7～33.6
③$_2$	粉土	11～12	27～29	13～15	32.2～32.3	39～53	1.7～3.5	—	—	—	—
③$_3$	淤泥质土	19	10	5～18	10～19.8	—	—	—	—	—	—
③$_4$	粉质黏土	13～23	15～27	12～17	20～28	20～51	0～6.9	11～28	14～19	1～6	22～35
④$_1$	粉质黏土	13～22	15～22	11～32.9	12～28.1	20～56	0～4.2	20～48	12～23	17～23	18～32
④$_2$	粉土	9～16	30～33	7～15	23.9～36.3	—	—	—	—	—	—
⑥$_2$	淤泥质土	—	—	8～18	10～23	—	—	—	—	—	—
⑥$_1$	粉质黏土	11～20	16～29	10～19	18～29.7	14～54	0.1～6.5	13～23	21～34	2～14	34～39
⑥$_3$	粉土	8～16	27～34	7～15	25～36.9	10～58	0～5	15	35	3	37
⑥$_4$	粉质黏土	12～23	15～26	11～26	18～30.1	17～57	0.3～4.6	18	18	2	28
⑦	粉质黏土	12～26	15～22	11～25	14～27.9	24～67	0～4.6	21～26	17～21	10～12	28.5～28.9
⑧$_1$	粉质黏土	13～26	15～28	11～25	17～28.8	16～57	0～6.3	20～39	11～23	1～2	36～38
⑧$_{2\text{-}1}$	粉土	8～15	28～34	7～17	25.9～39	8～93	0～4.7	—	—	—	—
⑨$_1$	粉质黏土	16～26	18～28	12～29	16.7～29.1	23～90	0.1～3.5	23～51	11～28	3～70	5.3～36
⑨$_{2\text{-}1}$	粉土	10～15	28～34	10～14	30～38	5～89	0～7.5	57～65	31～33	33～38	33～35
⑩$_1$	粉质黏土	19～26	14～23	12～44	13.8～30	10～103	0～5	22～62	12～30	17～21	33～38
⑩$_2$	粉土	9～11	29～35	6～12	30～40	—	—	24	40	9	40
⑪$_1$	粉质黏土	22～30	17～30	12～42	17～29.6	48～119	0～6.9	26～57	10～28	12～86	4～37
⑪$_{2\text{-}1}$	粉土	8～19	28～33	5～17	30～41	46	10	80	30～33	56～99	25～37
⑪$_3$	粉质黏土	23～35	16～27	10～33	16～30.9	50～106	0.1～3.3	35～55	21～30	20～41	26～34
⑪$_4$	粉砂	—	—	6～14	27～38.4	—	—	—	—	—	—
⑪$_5$	粉质黏土	—	—	14～26	18～31.2	—	—	47～54	6～15	46～51	6～19
⑫$_1$	粉质黏土	—	—	12～50	14.2～30	—	—	—	—	—	—
⑫$_2$	粉砂	—	—	6～16	25～39.8	—	—	—	—	—	—
⑬$_1$	粉质黏土	—	—	10～33	18～31	—	—	—	—	—	—

三、主要地层特殊试验参数

特殊试验参数见附表Ⅳ-19-3。

附表Ⅳ-19-3 天津地区主要地层特殊试验参数表

地层编号	岩性	基床系数		热物理指标			静止侧压力系数 K_0	无侧限抗压强度 q_u(kPa)
		水平基床系数 K_h(MPa/m)	垂直基床系数 K_v(MPa/m)	导热系数 λ [W/(m·K)]	导温系数 α (m^2/h)	比热容 C [kJ/(kg·K)]		
③1	粉质黏土	11.93	10.09	1.69	0.00184	1.64	0.50	76.6
③2	粉土	12.00	11.00	1.79	0.00264	1.15	0.45	(35.0)
③4	粉质黏土	15.26	14.65	1.69	0.00184	1.64	0.50	(65.0)
④1	粉质黏土	12.29	11.50	1.69	0.00184	1.64	0.50	41.9
⑥1	粉质黏土	16.82	12.17	1.63	0.00197	1.41	0.52	65.2
⑥3	粉土	26.38	24.04	1.45	0.00178	1.59	0.45	(36.0)
⑥4	粉质黏土	13.38	11.73	1.69	0.00184	1.64	0.55	69.4
⑦	粉质黏土	15.50	15.16	1.41	0.00164	1.56	0.45	92.3
⑧1	粉质黏土	18.86	16.28	1.41	0.00164	1.56	0.45	(75.0)
⑧2	粉土	35.63	33.25	1.26	0.00158	1.50	0.43	42.2
⑨1	粉质黏土	25.76	23.1	1.55	0.00183	1.41	0.42	130.8
⑨2-1	粉土	36.97	35.09	1.26	0.00158	1.50	0.43	(30.0)
⑨2-2	粉砂	36.97	35.09	1.26	0.00158	1.50	0.43	(30.0)
⑩1	粉质黏土	22.9	17.93	—	—	—	0.40	(140.0)
⑪1	粉质黏土	—	—	—	—	—	0.40	112.8

附录Ⅳ-20 无锡

一、主要地层物理力学性质指标

物理力学性质指标见附表Ⅳ-20-1。

附表Ⅳ-20-1 无锡地区主要地层物理力学性质指标表

地层编号	岩土名称	物理性质			稠性黏度		固结试验				
		天然含水量 w	天然密度 ρ	孔隙比 e	塑性指数 I_P	液性指数 I_L	压缩系数 $a_{v1\text{-}2}$	压缩模量 $E_{s1\text{-}2}$	固结系数 C_v(10^{-3} cm^2/s) 100	200	400
		%	g/cm^3	—	—	—	°	kPa	kPa 压力下		
③1	黏土	20～31	1.84～2.07	0.582～0.878	17～24	0.05～0.65	0.140～0.443	4～12	0.23～7.75	0.31～6.84	0.18～5.55
③2	粉质黏土夹粉土	21～35	1.79～2.06	0593～0.959	8～14	0.18～1.09	0.180～0.529	4～10	0.22～8.52	0.36～7.39	0.39～7.30
④1	粉土	21～35	1.76～2.01	0.660～0.940	5.2～10	0.25～1.88	0.083～0.383	5～20	—	—	—

续上表

地层编号	岩土名称	物理性质			稠性黏度		固结试验				
		天然含水量 w	天然密度 ρ	孔隙比 e	塑性指数 I_P	液性指数 I_L	压缩系数 $a_{v1\text{-}2}$	压缩模量 $E_{s1\text{-}2}$	固结系数 $C_v(10^{-3}cm^2/s)$		
									100	200	400
		%	g/cm^3	—	—	—	°	kPa	kPa 压力下		
④$_2$	粉砂	18～37	1.81～2.06	0.573～0.994	—	—	0.078～0.270	6～22	0.23～8.35	0.32～9.39	0.58～8.21
④$_3$	粉质黏土	25～32	1.89～1.95	0.741～0.893	10.2～11.7	0.66～1.26	0.121～0.399	5～15	—	—	—
⑤$_1$	粉质黏土	21～45	1.79～2.03	0.643～1.177	11～17	0.16～1.75	0.112～0.618	3～15	0.22～7.72	0.36～9.06	0.40～7.05
⑤$_2$	粉土	25～35	1.87～2.00	0.690～0.945	7～10	0.52～1.50	0.133～0.398	5～14	0.23～7.11	0.43～8.08	0.54～8.01
⑤$_3$	粉质黏土	23～41	1.80～2.06	0.620～1.180	11～17	0.31～1.37	0.120～0.600	3～10	0.22～8.15	0.34～7.24	0.36～7.25
⑥$_1$	粉质黏土	22～27	1.95～2.00	0.645～0.745	14～17	0.15～0.39	—	4～11	—	—	—
⑥$_2$	黏土	17～31	1.85～2.10	0.567～0.929	17～26	0.00～0.87	0.120～0.378	5～14	0.22～7.73	0.24～7.47	0.22～7.92
⑥$_3$	粉质黏土	19～39	1.82～2.08	0.562～1.001	11～17	0.00～1.35	0.112～0.450	4～15	0.49～10.79	0.34～6.78	0.21～6.86
⑥$_4$	粉土	25～33	1.80～1.98	0.069～0.980	6～10	0.53～1.71	0.089～0.340	5～21	0.07～7.13	0.48～8.87	0.35～7.66
⑥$_5$	粉砂	22～35	1.78～2.00	0.664～1.003	—	—	—	—	—	—	—
⑥$_6$	粉质黏土	20～40	1.83～2.08	0.560～1.100	11～17	0.00～1.30	0.110～0.500	3～10	—	—	—
⑦$_1$	粉质黏土	20～43	1.75～2.06	0.615～1.209	11～17	0.04～1.48	0.171～0.710	3～11	0.21～7.53	0.36～7.18	0.35～7.80
⑦$_2$	粉砂(粉土)	22～39	1.77～2.06	0.610～1.089	5～10	0.004～1.99	0.082～0.567	4～22	0.22～9.13	0.39～8.89	0.44～8.75
⑦$_3$	粉质黏土(淤泥质粉质黏土)	18～45	1.77～2.06	0.584～1.249	11～17	0.23～1.68	0.159～0.750	3～11	0.22～7.39	0.37～6.88	0.42～7.35
⑧$_1$	粉质黏土	15～33	1.82～2.07	0.518～0.960	11～17	0.04～1.14	0.120～0.437	4～14	—	—	—
⑧$_2$	粉质黏土夹粉土	17～34	1.77～2.07	0.523～1.029	5～17	0.23～1.63	0.067～0.470	4～23	—	—	—
⑧$_3$	粉质黏土	20～35	1.42～2.08	0.574～0.980	6～17	0.10～1.39	0.118～0.425	4～14	—	—	—

二、主要地层剪切试验指标

剪切试验指标见附表Ⅳ-20-2。

附表Ⅳ-20-2 无锡地区主要地层剪切试验指标表

地层编号	岩土名称	直接剪切				三轴剪切					
		快剪		固结快剪		UU		CU			
		c_q	φ_q	c_{cq}	φ_{cq}	c_{uu}	φ_{uu}	c_{cu}	φ_{cu}	c'	φ'
		kPa	°	kPa	°	kPa	°	kPa	°	kPa	°
③$_1$	黏土	41～51	10～18	56～66	14～20	72～82	4～8	40～50	17～23	20～28	22～32
③$_2$	粉质黏土夹粉土	23～33	9～17	26～36	14～20	47～57	5～9	26～36	15～23	14～20	22～32
④$_1$	粉土	3～10	20～30	5～13	24～34	10～18	13～19	15～23	17～23	8～16	21～31
④$_2$	粉砂	4～12	25～35	10～18	25～35	—	—	—	—	—	—
④$_3$	粉质黏土	11～17	18～26	—	—	—	—	—	—	—	—
⑤$_1$	粉质黏土	13～23	8～12	5～11	18～24	18～28	2～6	22～32	18～26	9～17	24～34
⑤$_2$	粉土	4～12	21～31	1～7	17～23	8～14	14～20	22～32	17～25	6～10	25～35
⑤$_3$	粉质黏土	14～24	13～17	26～36	12～18	23～33	3～7	20～28	16～20	10～16	21～31
⑥$_1$	粉质黏土	60～70	14～18	44～54	15～21	50～60	2～6	31～41	17～21	18～24	23～33
⑥$_2$	黏土	58～68	14～18	63～73	17～23	84～94	2～4	42～52	18～24	22～32	24～34
⑥$_3$	粉质黏土	37～47	10～16	37～47	17～23	54～64	2～6	24～34	17～23	14～20	21～31
⑥$_4$	粉土	12～22	20～30	8～12	13～19	8～12	12～18	13～19	20～28	8～14	24～34
⑥$_5$	粉砂	6～10	24～34	5～9	27～37	3～7	20～30	3～7	20～28	9～15	24～34
⑥$_6$	粉质黏土	37～47	10～16	—	—	—	—	—	—	—	—
⑦$_1$	粉质黏土	19～29	9～13	20～30	12～18	21～31	1～3	23～33	15～21	12～18	19～29
⑦$_2$	粉砂(粉土)	10～16	19～29	7～11	25～35	3～7	18～28	3～7	27～37	9～15	22～32
⑦$_3$	粉质黏土(淤泥质粉质黏土)	22～32	9～15	29～39	13～19	27～37	1～3	23～33	15～25	18～28	18～24
⑧$_1$	粉质黏土	48～58	13～19	29～39	15～23	80～90	2～4	22～28	15～25	22～32	23～33
⑧$_2$	粉质黏土夹粉土	17～23	15～23	17～23	17～23	—	—	15～21	15～25	—	—
⑧$_3$	粉质黏土	36～46	12～18	37～47	13～19	55～65	2～4	35～45	15～25	12～18	23～33

三、主要地层特殊试验参数

特殊试验参数见附表Ⅳ-20-3。

附表Ⅳ-20-3 无锡地区主要地层特殊试验参数表

地层编号	岩土名称	热物理			基床系数		静止侧压力系数 K_0	泊松比 μ	无侧限抗压强度 q_u
		导热系数 λ	导温系数 α	比热容 C	垂直 K_v	水平 K_h			
		W/(m·K)	m^2/h	kJ/(kg·K)	MPa/m	MPa/m			kPa
③$_1$	黏土	1.39	0.001 36	1.55	18～22	30～35	0.44	0.31	205
③$_2$	粉质黏土夹粉土	1.65	0.001 84	1.50	15～20	20～25	0.47	0.32	136
④$_1$	粉土	1.62	0.002 25	1.36	14～18	16～20	0.49	0.38	62

续上表

地层编号	岩土名称	热物理			基床系数		静止侧压力系数 K_0	泊松比 μ	无侧限抗压强度 q_u
		导热系数 λ	导温系数 α	比热容 C	垂直 K_v	水平 K_h			
		W/(m·K)	m^2/h	kJ/(kg·K)	MPa/m	MPa/m			kPa
④$_2$	粉砂	1.6	0.002 09	1.53	16～20	18～22	0.31	0.25	—
⑤$_1$	粉质黏土	1.75	0.002 12	1.42	7～9	12～16	0.58	0.37	39
⑤$_2$	粉土	1.72	0.002 44	1.26	12～15	14～18	0.35	0.26	55
⑤$_3$	粉质黏土	1.77	0.002 50	1.43	8～12	14～18	0.53	0.42	23
⑥$_1$	粉质黏土	1.19	0.001 51	1.42	35～40	40～45	0.50	0.33	102
⑥$_2$	黏土	1.30	0.00158	1.49	25～30	40～45	0.46	0.32	179
⑥$_3$	粉质黏土	1.61	0.001 67	1.68	24～28	30～35	0.60	0.37	84
⑥$_4$	粉土	1.64	0.002 45	1.13	—	—	0.40	0.29	—
⑥$_5$	粉砂	1.79	0.002 66	1.16	—	—	0.40	0.29	—
⑦$_1$	粉质黏土	1.87	0.002 31	1.49	—	—	0.65	0.39	56
⑦$_2$	粉砂(粉土)	1.63	0.002 44	1.13	18～22	23～28	0.38	0.28	—
⑦$_3$	粉质黏土(淤泥质粉质黏土)	1.54	0.001 81	1.40	28～32	32～38	0.41	0.29	—

附录Ⅳ-21　武汉

一、主要地层物理性质指标

物理性质指标见附表Ⅳ-21-1。

附表Ⅳ-21-1　武汉地区主要地层物理性质指标表

地层编号	岩土名称	物理性质					灵敏度 S_t	压缩模量 $E_{s1\text{-}2}$
		天然含水量 w	容重 γ	孔隙比 e	液性指数 I_L	自由膨胀率 δ_e		
		%	KN/m^3	—	—	%	—	MPa
①$_3$	淤泥及淤泥质黏土	28.5～93.4	14.03～19.23	0.783～2.581	0.78～1.93	—	1.2～3.5	1.3～4.7
③$_1$	黏土	29.7～44.9	17.1～18.9	0.827～1.280	0.31～0.81	—	1.4～2.5	3.1～8.2
③$_2$	黏土	25.4～80.0	14.91～19.62	0.693～2.245	0.50～1.03	—	1.00～3.20	1.4～14.8
③$_3$	淤泥质黏土	26.2～83.2	14.91～19.52	0.712～2.302	0.65～1.64	—	0.90～2.40	1.3～8.8
③$_4$	淤泥质粉质黏土夹粉土、粉砂	29.2～56.0	16.28～19.23	0.793～1.575	0.68～1.35	—	2.50～5.10	1.9～8.4
③$_5$	粉质黏土、粉土、粉砂互层	31.6～47.1	16.48～18.74	0.880～1.399	0.64～1.33	—	5.30～7.00	2.7～6.9
④$_{2a}$	粉质黏土	30.3～32.5	18.15～18.64	0.865～0.948	0.59～0.77	—	—	4.9～5.4

续上表

地层编号	岩土名称	物理性质					灵敏度 S_t	压缩模量 E_{s1-2}
		天然含水量 w	容重 γ	孔隙比 e	液性指数 I_L	自由膨胀率 δ_e		
		%	KN/m³	—	—	%	—	MPa
⑥1	黏土	22.4～53.1	16.78～20.01	0.632～1.453	0.24～1.10	—	1.10～2.70	16.8～20.0
⑥2	粉质黏土	22.4～43.6	17.56～20.21	0.621～1.198	−0.01～0.60	—	2.10～2.10	3.9～22.9
⑦1	黏土	14.5～33.3	17.95～21.19	0.442～0.978	−0.05～0.70	38～48	—	4.0～31.9
⑦2	粉质黏土	23.0～30.4	18.54～20.01	0.628～0.861	0.26～0.72	12～12	—	5.9～13.5
⑦3	粉质黏土	19.0～29.4	18.84～20.21	0.571～0.828	−0.05～0.62	51～51	—	5.7～17.8
⑩1	黏土	14.1～28.9	19.03～21.48	0.422～0.797	−0.17～0.44	39～104	—	5.6～28.5
⑩2	黏土混碎石	14.2～29.0	19.3～21.4	0.452～0.794	−0.22～0.25	—	—	6.0～20.0

二、主要地层剪切试验指标

剪切试验指标见附表Ⅳ-21-2。

附表Ⅳ-21-2 武汉地区主要地层剪切试验指标表

地层编号	岩土名称	直接剪切				三轴剪切			
		快剪		固结快剪		UU		CU	
		c_q	φ_q	c_{cq}	φ_{cq}	c_{uu}	φ_{uu}	c_{cu}	φ_{cu}
		kPa	°	kPa	°	kPa	°	kPa	°
①3	淤泥及淤泥质黏土	4～25	3～8	33～54	9～15	11～40	1～3	—	—
③1	黏土	20～48	4～11	26～38	11～19	19～60	1～12	2～16	14～21
③2	黏土	18～43	3～8	14～30	9～22	11.0～28.0	1.0～5.0	—	—
③2a	黏土	18～65	3～4	24～38	8～16	—	—	—	—
③3	淤泥质黏土	7～36	3～7	16～40	9～15	14.0～24.0	1.0～4.0	—	—
③4	淤泥质粉质黏土夹粉土、粉砂	10.0～42.0	3.0～13.0	17.0～48.0	5.0～18.0	15.0～30.0	1.0～4.0	15.0～30.0	21.0～21.0
③5	粉质黏土、粉土、粉砂互层	12.0～40.0	3.0～14.0	14.0～44.0	11.0～16.0	5.0～40.0	1.0～5.0	19.0～19.0	18.0～18.0
④2a	粉质黏土	26.0～26.0	26.0～26.0	—	—	—	—	—	—
⑥1	黏土	23.0～56.0	4.0～13.0	15.0～87.0	12.0～18.0	46.0～66.0	3.0～4.0	—	—
⑥2	粉质黏土	30.0～85.0	5.0～17.0	42.0～58.0	10.0～20.0	—	—	—	—

续上表

地层编号	岩土名称	直接剪切				三轴剪切			
		快剪		固结快剪		UU		CU	
		c_q	φ_q	c_{cq}	φ_{cq}	c_{uu}	φ_{uu}	c_{cu}	φ_{cu}
		kPa	°	kPa	°	kPa	°	kPa	°
⑦₁	黏土	16.0～86.0	5.0～24.0	—	—	78.0～78.0	17.0～17.0	64.0～64.0	12.0～12.0
⑦₂	粉质黏土	18.0～71.0	7.0～17.0	—	—	22.0～73.0	5.0～17.0	9.0～46.0	16.0～24.0
⑦₃	粉质黏土	34.0～65.0	6.0～12.0	52.0～76.0	11.0～13.0	—	—	36.0～36.0	17.0～17.0
⑩₁	黏土	10.0～116.0	4.0～30.0	42.0～129.0	11.0～27.0	—	—	—	—
⑩$_{1a}$	黏土	13.0～127.0	5.0～29.0	30.0～126.0	6.0～27.0	151～151	7～7	—	—

三、主要地层特殊试验参数

特殊试验参数见附表Ⅳ-21-3。

附表Ⅳ-21-3　武汉地区主要地层特殊试验参数表

地层编号	岩土名称	渗透系数 k	基床系数		静止侧压力系数 K_0	无侧限抗压强度 q_u
			垂直 K_v	水平 K_h		
		cm/s	MPa/m	MPa/m	—	kPa
①₃	淤泥及淤泥质黏土	5×10^{-3}	6	8	—	1～35
③₁	黏土	3×10^{-6}	18	23	0.43～0.67	17～91
③₂	黏土	5×10^{-6}	22	28	—	17.8～69.0
③$_{2a}$	黏土	—	—	—	—	73.9～159.8
③₃	淤泥质黏土	3×10^{-6}	10	15	0.39～0.52	18.7～74.8
③₄	淤泥质粉质黏土夹粉土、粉砂	8×10^{-6}	16	20	0.51～0.54	23.5～101.5
③₅	粉质黏土、粉土、粉砂互层	—	—	—	0.53～0.55	28.2～38.7
④$_{2a}$	粉质黏土	1×10^{-5}	25	35	—	—
⑥₁	黏土	—	—	—	—	55.6～134.5
⑥₂	粉质黏土	—	—	—	—	138.0～138.0
⑦₁	黏土	3×10^{-6}	40	55	—	—
⑦₂	粉质黏土	1×10^{-6}	45	65	0.28～0.34	—
⑦₃	粉质黏土	—	—	40～40	0.40～0.43	—

附录Ⅳ-22 西安

一、主要地层物理性质指标

物理性质指标见附表Ⅳ-22-1。

附表Ⅳ-22-1 西安地区主要地层物理性质指标表

土层名称	物理性质			稠性黏度		固结试验		湿陷性	
	天然含水量 w	天然密度 ρ	孔隙比 e	液限 w_L	塑限 w_P	压缩模量 $E_{s1\text{-}2}$	压缩系数 $a_{v1\text{-}2}$	湿陷系数 $\delta_{s2.0}$	自重湿陷系数 δ_{zs}
	%	g/cm³	—	%	%	MPa	MPa^{-1}	—	—
新黄土	20.8～24.2	1.52～1.90	0.782～1.118	30.1～31.9	18.1～19.1	3.8～12	0.18～0.75	0.001～0.074	0.001～0.037
饱和软黄土	26.8～30.7	1.83～1.92	0.804～0.958	28.7～32.9	17.2～19.7	4.2～9.2	0.26～0.53	0.001～0.023	0.001～0.005
老黄土	14.8～34.4	1.57～2.13	0.459～1.096	25.3～36.4	15.5～21.5	3.5～20.7	0.09～0.49	—	—
黄土状土	20.3～25.5	1.66～1.96	0.669～0.925	28.0～29.1	17.3～17.8	5.5～7.2	0.24～0.44	—	—
古土壤	20.4～30.8	1.90～2.02	0.592～0.870	27.8～37.8	17.2～22.3	3.5～9.0	0.17～0.38	—	—
粉质黏土	16.3～27.4	1.91～2.09	0.521～0.808	29.1～36.4	17.9～21.4	4.4～14.3	0.06～0.17	—	—
中砂	15.8～20.9	1.98～2.06	0.600～0.621	—	—	8.5～13.1	0.12～0.19	—	—

二、主要地层力学性质指标

力学性质指标见附表Ⅳ-22-2。

附表Ⅳ-22-2 西安地区主要地层力学性质指标表

土层名称	直接剪切				三轴剪切					
	快剪		固结快剪		UU		CU			
	c_q	φ_q	c_{cq}	φ_{cq}	c_{uu}	φ_{uu}	c_{cu}	φ_{cu}	c'	φ'
	kPa	°	kPa	°	kPa	°	kPa	°	kPa	°
新黄土	19.0～92.0	14.5～20.9	24.0～45.0	18.8～23.9	24.0～87.0	17.7～18.9	38.0～63.0	15.2～22.4	36.0～57.0	16.1～23.8
饱和软黄土	18.0～51.0	11.7～20.4	—	—	32.0～45.0	18.1～21.1	—	—	—	—
老黄土	26.0～44.0	12.9～37.0	26.0～46.0	17.6～25.7	20.0～98.0	6.6～23.2	49.0～89.0	16.7～23.9	44.0～78.0	18.2～25.5
古土壤	27.0～47.0	13.4～22.0	29.0～64.0	20.0～26.8	24.0～64.0	7.9～10.6	55.0～91.0	15.2～20.4	49.0～89.0	16.7～22.3
粉质黏土	15.0～68.0	5.7～27.4	32.0～69.0	20.0～25.0	32.0～78.0	17.5～24.2	40.0～66.0	16.3～24.9	41.0～67.0	17.5～26.1
中砂	0	24	0	24	0	24	0	24	—	—

三、主要地层特殊试验参数

特殊试验参数见附表Ⅳ-22-3。

附表Ⅳ-22-3 西安地区主要地层特殊试验参数表

土层名称	热物理			基床系数		静止侧压力系数 K_0	泊松比 μ	无侧限抗压强度 q_u
	导热系数 λ	导温系数 α	比热容 C	垂直 K_v	水平 K_h			
	W/(m·K)	m^2/h	kJ/(kg·K)	MPa/m	MPa/m			kPa
新黄土	0.92	0.001 47	1.44	30～55	15～55	0.39～0.50	0.30	100～300
饱和软黄土	1.18	0.001 75	1.34	25～35	15～35	0.39～0.47	0.35	105～330
老黄土	1.42～1.56	0.001 84～0.001 92	1.26～1.55	35～75	30～70	0.30～0.39	0.28	136～270
黄土状土	—	—	—	30～50	30～50	—	—	—
古土壤	0.90～1.73	0.001 45～0.002 63	1.15～1.35	50～70	30～70	0.38～0.47	0.32	130～360
粉质黏土	1.30	0.001 60	1.50	60	70	0.28～0.45	0.27	200～385
中砂	1.20	0.002 55	0.80	40	45	0.37	0.28	—

附录Ⅳ-23 郑州

一、主要地层物理性质指标

物理性质指标见附表Ⅳ-23-1。

附表Ⅳ-23-1 郑州地区主要地层物理性质指标表

地层编号	岩土名称	物理性质			稠性黏度		固结试验	
		天然含水量 w	天然密度 ρ	孔隙比 e	液限 w_L	塑限 w_P	压缩模量 E_{s1-2}	压缩系数 a_{v1-2}
		%	g/cm^3	—	%	%	MPa	MPa^{-1}
①	杂填土	—	1.60～1.70	—	—	—	—	—
①$_1$	粉土填土	—	1.65～1.70	—	—	—	—	—
②$_1$	粉土	13～30	1.95～2.05	0.75～0.98	22-25	16-18	5～8	0.1～0.4
②$_2$	粉砂	—	1.95～2.05	—	—	—	8～12	—
②$_3$	细砂	—	2.00～2.10	—	—	—	12～22	—
②$_4$	粉质黏土	20～35	1.85～2.00	0.70～0.95	26-38	17-22	20～60	0.1～0.5
③$_1$	粉土	15～25	1.95～2.10	0.60～0.90	20-25	15-20	5～10	0.1～0.4
③$_2$	粉质黏土	25-35	1.85～2.00	0.68～1.50	29-39	18-22	3～8	0.1～0.5
③$_3$	粉砂		2.00～2.03	—	—	—	8～15	—
④$_1$	粉土(中密)	18～285	1.90～2.00	0.65～0.85	21-22	16-17	6～12	0.1～0.3
④$_2$	粉砂	—	1.95～2.10	—	—	—	8～15	—
④$_3$	细砂	—	2.00～2.03	—	—	—	15～25	—
⑤$_1$	粉土(中密)	11～25	1.90～2.00	0.55～0.85	23-31	17-21	8～16	0.1～0.3
⑤$_2$	粉砂(中密)	—	1.95～2.00	—	—	—	10～20	—
⑤$_4$	粉砂(密实)	—	1.95～2.05	—	—	—	15～250	—
⑤$_5$	粉土(密实)	12～252	1.95～2.05	0.55～0.85	21-30	15-20	12～220	0.1～0.3

续上表

地层编号	岩土名称	物理性质			稠性黏度		固结试验	
		天然含水量 w	天然密度 ρ	孔隙比 e	液限 w_L	塑限 w_P	压缩模量 E_{s1-2}	压缩系数 a_{v1-2}
		%	g/cm³	—	%	%	MPa	MPa^{-1}
⑤7	粉质黏土	15～252	1.90～2.00	0.58～0.89	—	—	5～10	0.1～0.4
⑥1	粉质黏土	15～252	1.90～2.00	0.58～0.87	27-49	15-28	5～12	0.1～0.4
⑥2	粉土	18～28	1.95～2.05	0.55～0.85	24-38	16-28	9～18	0.1～0.3
⑥3	钙质胶结砂土	—	2.00～2.30	0.55～0.80	—	—	15～20	—
⑥4	细砂	—	2.00～2.03	—	—	—	18～28	—
⑥5	黏土	14～30	1.90～2.00	0.65～0.90	27-49	15-28	6～12	—
⑥6	泥质胶结黏性土	—	2.00～2.30	—	—	—	15～30	—
⑦1	粉质黏土	15～30	1.85～2.00	0.55～0.85	28-50	15-31	6～18	0.1～0.4
⑦2	粉土	12～27	1.90～2.00	0.50～0.85	24-35	17-25	10～20	0.1～0.3
⑦3	钙质胶结砂土	—	2.00～2.40	—	—	—	18～28	—
⑦4	细砂	—	2.00～2.20	—	—	—	100～180	—
⑦5	黏土	19～25	1.90～2.05	0.60～0.90	28-50	15-31	40～60	0.1～0.4
⑦6	泥质胶结黏性土	—	2.00～2.40	—	—	—	15～25	—
⑧1	粉质黏土	16～28	1.95～2.03	0.55～0.85	31-42	20-26	8～20	0.1～0.4
⑧2	细砂	—	2.00～2.15	—	—	—	25～40	—
⑧3	粉质黏土	16～25	1.95～2.05	0.55～0.85	31-42	20-26	10～230	0.1～0.4
⑧4	钙质胶结砂土	—	2.00～2.40	—	—	—	18～300	—
⑧5	粉土	14～25	1.95～2.10	0.50～0.85	22-30	18-28	12-22	0.1～0.3
⑧6	黏土	18～28	1.95～2.10	0.60～0.90	35-50	22-30	10-22	0.1～0.3
⑧7	泥质胶结黏性土	—	2.00～2.40	—	—	—	—	—
⑨1	粉土	14～25	1.95～2.10	0.50～0.85	20-30	16-28	12-24	0.1～0.3
⑨2	泥质胶结黏性土	—	2.00～2.40	—	—	—	—	—
⑨3	粉质黏土	18～25	1.95～2.05	0.55～0.85	30-40	17-27	10-25	0.1～0.3
⑨4	细砂	—	2.00～2.20	—	—	—	—	—
⑨5	黏土	18～265	1.95～2.10	0.60～0.90	35-50	20-30	10-25	0.1～0.3
⑨6	钙质胶结砂土	—	2.00～2.40	—	—	—	—	—
⑩1	粉质黏土	18～24	1.95～2.05	0.55～0.85	26-360	16-26	12-26	0.1～0.3
⑩2	中砂	—	2.01～2.20	—	—	—	—	—
⑩3	黏土	19～25	1.95～2.05	0.60～0.90	32-52	18-28	12-25	0.1～0.3
⑩4	泥质胶结黏性土	—	2.00～2.40	—	—	—	—	—

二、主要地层力学性质指标

力学性质指标见附表Ⅳ-23-2。

附表Ⅳ-23-2 郑州地区主要地层力学性质指标表

地层编号	岩土名称	直接剪切				三轴剪切			
		快剪		固结快剪		UU		CU	
		c_q	φ_q	c_{cq}	φ_{cq}	c_{uu}	φ_{uu}	c_{cu}	φ_{cu}
		kPa	°	kPa	°	kPa	°	kPa	°
①	杂填土	3～8	5～10	—	—	—	—	—	—
$①_1$	粉土填土	5～10	6～12	—	—	—	—	—	—
$②_1$	粉土	8～14	18～26	10～16	20～26	12～18	2～8	12～28	12～20
$②_2$	粉砂	0	25～30	—	—	—	—	—	—
$②_3$	细砂	0	28～35	—	—	—	—	—	—
$②_4$	粉质黏土	14～22	12～18	16～26	14～20	18～28	3～10	18～25	15～20
$③_1$	粉土	8～15	18～24	9～15	20～25	10～18	4～15	10～16	20～25
$③_2$	粉质黏土	15～20	9～14	17～22	10～15	15～25	4～14	18～24	10～16
$③_3$	粉砂	0	25～30	—	—	—	—	—	—
$④_1$	粉土(中密)	8～15	18～25	10～15	20～26	11～20	6～15	12～18	21～26
$④_2$	粉砂	0	26～36	—	—	—	—	—	—
$④_3$	细砂	0	28～38	—	—	—	—	—	—
$④_4$	中砂	0	30～40	—	—	—	—	—	—
$④_5$	粉土(密实)	9～16	19～26	10～18	25～30	12～20	20～25	12～16	20～26
$④_6$	粉质黏土	15～27	12～222	20～30	13～23	22～33	5～18	21～32	13～24
$⑤_1$	粉土(中密)	10～18	20～30	13～23	21～35	15～25	6～20	14～24	15～25
$⑤_2$	粉砂(中密)	0	26～36	—	—	—	—	—	—
$⑤_4$	粉砂(密实)	0	28～38	—	—	—	—	—	—
$⑤_5$	粉土(密实)	11～21	20～31	13～25	31	25	15	20	32
$⑤_7$	粉质黏土	18～28	10～25	21～28	14～25	20～30	4～15	22～30	15～26
$⑥_1$	粉质黏土	19～29	11～21	21～31	13～23	18～28	10～20	20～30	13～23
$⑥_2$	粉土	11～21	17～27	12～22	21～31	10～18	18～28	10～20	20～30
$⑥_3$	钙质胶结砂土	21～31	31～41	—	—	—	—	—	—
$⑥_4$	细砂	0	29～39	—	—	—	—	—	—
$⑥_5$	黏土	30～41	10～18	32～43	12～20	35～45	4～15	33～43	13～21
$⑥_6$	泥质胶结黏性土	31～41	18～28	—	—	—	—	—	—
$⑦_1$	粉质黏土	35～42	18～29	36～46	19～29	36～48	6～15	36～48	20～30
$⑦_2$	粉土	16～24	22～32	18～26	24～34	20～30	7～18	20～30	25～35
$⑦_3$	钙质胶结砂土	23～33	33～43	—	—	—	—	—	—
$⑦_4$	细砂	0	30～40	—	—	—	—	—	—
$⑦_5$	黏土	33～42	12～18	33～43	14～20	35～46	5～17	34～44	14～24
$⑦_6$	泥质胶结黏性土	36～43	20～30	—	—	—	—	—	—
$⑧_1$	粉质黏土	36～46	20～31	38～48	22～32	39～49	6～16	40～50	24～34
$⑧_2$	细砂	0	32～42	—	—	—	—	—	—
$⑧_3$	粉质黏土	34～44	20～30	36～46	21～31	38～48	7～17	42～52	25～35
$⑧_4$	钙质胶结砂土	25～35	35～45	—	—	—	—	—	—

续上表

地层编号	岩土名称	直接剪切				三轴剪切			
		快剪		固结快剪		UU		CU	
		c_q	φ_q	c_{cq}	φ_{cq}	c_{uu}	φ_{uu}	c_{cu}	φ_{cu}
		kPa	°	kPa	°	kPa	°	kPa	°
⑧$_5$	粉土	16～26	28～38	18～28	30～40	20～30	7～18	20～30	32～42
⑧$_6$	黏土	45～55	10～20	46～58	12～22	48～60	7～18	47～59	13～23
⑧$_7$	泥质胶结黏性土	33～43	22～30	—	—	—	—	—	—
⑨$_1$	粉土	18～28	20～32	20～30	32～42	22～32	8～18	22～32	34～44
⑨$_2$	泥质胶结黏性土	35～45	22～30	—	—	—	—	—	—
⑨$_3$	粉质黏土	36～46	22～32	38～46	22～32	39～49	8～18	44～54	27～37
⑨$_4$	细砂	0	30～40	—	—	—	—	—	—
⑨$_5$	黏土	45～55	11～21	46～58	13～23	48～60	7～18	48～58	14～24
⑨$_6$	钙质胶结砂土	28～38	38～48	—	—	—	—	—	—
⑩$_1$	粉质黏土	36～47	22～34	38～48	22～34	39～49	8～18	44～56	27～38
⑩$_2$	中砂	0	32～42	—	—	—	—	—	—
⑩$_3$	黏土	46～56	12～22	48～58	14～24	48～60	7～18	48～58	15～25
⑩$_4$	泥质胶结黏性土	36～48	24～34	—	—	—	—	—	—

三、主要地层特殊试验参数

特殊试验参数见附表Ⅳ-23-3。

附表Ⅳ-23-3 郑州地区主要地层特殊试验参数表

地层编号	岩土名称	热物理			基床系数		静止侧压力系数 K_0	无侧限抗压强度 q_u
		导热系数 λ	导温系数 α	比热容 C	垂直 K_v	水平 K_h		
		W/(m·K)	m^2/h	kJ(kg·K)	MPa/m	MPa/m		kPa
①	杂填土	—	—	—	—	—	0.65～0.75	—
①$_1$	粉土填土	—	—	—	—	—	0.60～0.75	—
②$_1$	粉土	1.83	0.002 62	1.24	8～15	12～18	0.45～0.52	—
②$_2$	粉砂	1.39	0.001 36	1.55	12～18	14～20	0.35～0.42	—
②$_3$	细砂	0.73	0.001 65	1.02	12～20	15～22	0.32～0.38	—
②$_4$	粉质黏土	1.29	0.001 71	1.38	12～20	15～25	042～0.48	—
③$_1$	粉土	1.49	0.001 97	1.37	13～22	18～28	0.44～0.48	—
③$_2$	粉质黏土	1.25	0.001 50	1.63	7～15	10～18	0.60～0.68	—
③$_3$	粉砂	1.32	0.001 70	1.45	25～35	40～50	0.35～0.40	—
④$_1$	粉土(中密)	1.45	0.001 78	1.59	18～26	24～30	0.42～0.48	—
④$_2$	粉砂	1.42	0.001 59	1.48	20～30	35～45	0.34～0.38	—
④$_3$	细砂	1.45	0.001 67	1.50	25～33	40～50	0.33～0.38	—
④$_4$	中砂	1.36	0.001 71	1.13	35～43	55～65	0.31～.38	—
④$_5$	粉土(密实)	1.71	0.002 30	1.26	25～35	40～50	0.40～0.45	—
④$_6$	粉质黏土	1.31	0.001 48	1.41	30～38	38～48	0.41～0.46	—

续上表

地层编号	岩土名称	热物理			基床系数		静止侧压力系数 K_0	无侧限抗压强度 q_u
		导热系数 λ	导温系数 α	比热容 C	垂直 K_v	水平 K_h		
		W/(m·K)	m^2/h	kJ(kg·K)	MPa/m	MPa/m		kPa
⑤$_1$	粉土(中密)	1.70	0.002 40	1.25	25～35	35～45	0.34～0.38	55～95
⑤$_2$	粉砂(中密)	1.06	0.002 80	1.05	28～38	30～45	0.33～0.37	80～140
⑤$_4$	粉砂(密实)	1.08	0.002 80	1.05	35-38	35～45	0.31～0.35	—
⑤$_5$	粉土(密实)	1.40	0.001 70	1.40	28～38	37～47	0.48～0.52	—
⑤$_7$	粉质黏土	1.38	0.00160	1.52	26～36	30～42	0.40～0.44	80～140
⑥$_1$	粉质黏土	1.39	0.001 61	1.53	28～38	33～43	0.40～0.44	127～157
⑥$_2$	粉土	1.32	0.001 61	1.51	28～38	38～48	0.36～0.40	68～128
⑥$_3$	钙质胶结砂土	1.30	0.001 70	1.40	50～65	55～75	0.28～0.32	—
⑥$_4$	细砂	1.06	0.002 80	1.05	35～45	40～50	0.31～0.35	—
⑥$_5$	黏土	1.65	0.001 94	1.50	32～42	35～42	0.40～0.45	—
⑥$_6$	泥质胶结黏性土	1.10	0.002 50	1.00	40～60	45～70	0.30～0.34	—
⑦$_1$	粉质黏土	1.64	0.001 95	1.49	30～40	32～42	0.38～0.42	85～194
⑦$_2$	粉土	1.50	0.001 85	1.45	35～45	40～45	0.34～0.38	95～100
⑦$_3$	钙质胶结砂土	1.28	0.001 68	1.42	60～90	70～100	0.26～0.30	220～300
⑦$_4$	细砂	1.15	0.003 00	1.10	50～70	55～75	0.31～0.35	200～320
⑦$_5$	黏土	1.50	0.001 85	1.45	40～50	45～50	0.38～0.42	150～210
⑦$_6$	泥质胶结黏性土	1.00	0.001 50	1.20	45～65	50～75	0.26～0.30	—
⑧$_1$	粉质黏土	1.65	0.001 96	1.50	40～50	45～50	0.36～0.40	—
⑧$_2$	细砂	1.15	0.003 00	1.10	60～80	70～90	0.30～0.34	—
⑧$_3$	粉质黏土	1.65	0.001 98	1.51	45～55	50～60	0.34～0.38	—
⑧$_4$	钙质胶结砂土	1.29	0.001 69	1.43	65～95	75～105	0.24～0.28	—
⑧$_5$	粉土	1.51	0.001 86	1.45	42～52	45～55	0.32～0.36	—
⑧$_6$	黏土	1.52	0.001 87	1.46	40～50	45～50	0.36～0.40	—
⑧$_7$	泥质胶结黏性土	1.04	0.001 50	1.20	50～65	55～75	0.25～0.29	—
⑨$_1$	粉土	1.52	0.001 88	1.47	43～53	45～55	0.31～0.35	—
⑨$_2$	泥质胶结黏性土	1.03	0.001 53	1.23	50～65	60～75	0.24～0.28	—
⑨$_3$	粉质黏土	1.66	0.001 99	1.53	48～58	54～64	0.32～0.36	—
⑨$_4$	细砂	1.16	0.003 10	1.15	70～90	80～100	0.32～0.36	—
⑨$_5$	黏土	1.54	0.001 88	1.48	45～55	50～65	0.34～0.38	—
⑨$_6$	钙质胶结砂土	1.30	0.001 70	1.44	65～95	75～110	0.22～0.26	—
⑩$_1$	粉质黏土	1.67	0.002 00	1.54	50～60	55～65	0.31～0.35	—
⑩$_2$	中砂	1.12	0.002 90	1.13	75～95	85～105	0.30～0.34	—
⑩$_3$	黏土	1.52	0.001 86	1.46	48～58	52～67	0.32～0.36	—
⑩$_4$	泥质胶结黏性土	1.02	0.001 52	1.22	55～70	65～80	0.22～0.26	—

附录Ⅴ 城市轨道交通工程质量安全检查指南(勘察部分)

(1)为有效指导城市轨道交通工程质量安全检查工作,科学评价质量安全管理现状,推动建设、勘察、设计、施工、监理以及施工图审查、第三方监测、检测等单位落实质量安全主体责任和相关责任,提升检查工作标准化水平,制定本指南。

(2)主要依据《中华人民共和国建筑法》《建设工程质量管理条例》《建设工程安全生产管理条例》《城市轨道交通工程安全质量管理暂行办法》等有关法规制度、标准规范制定。

(3)主要适用于城市轨道交通工程建设、勘察、设计、施工、监理等各方主体以及施工图审查、第三方监测、检测等单位开展质量安全自查工作。也可用于城市轨道交通工程建设单位对各参建单位实施履约管理及评价等工作,以及城市轨道交通工程建设主管部门开展质量安全检查工作。

(4)由建设单位、勘察单位、设计单位、施工单位、监理单位、第三方监测单位、质量检测单位、施工图审查机构等8个方面的检查评分表组成(其中勘察单位质量检查评分表见附表Ⅴ-1,其余评分表不在本书体现)。

(5)检查评分表主要包括检查项目、检查内容与评分标准、标准分数、扣减分数、实得分数、合计分数、评价意见等内容。

(6)检查评分表的评分应符合下列规定:

①检查评分表满分为100分,得分应为按规定检查项目实得分数之和。

②检查项目实得分数不出现负值,各检查项目扣减分数不超过该项标准分数。

③如遇有缺项,可按下列公式计算得分:

④多人对同一工程项目检查时,取算术平均值作为最终得分。

(7)检查评定等级分为优良、合格、不合格三个等级。具体如下:

①合计得分在80分(含80分)以上,评定为优良。

②合计得分在70分(含70分)至80分,评定为合格。

③合计得分不足70分,评定为不合格。

(8)受检单位存在严重违反基本建设程序,资质资格不符合国家有关规定,转包、违法分包等违法违规行为的,可直接评定为不合格。

(9)检查评定等级为不合格时,受检(自检)单位必须限期整改为合格。

(10)检查发现有质量安全隐患的,受检(自检)单位应当立即采取措施消除隐患。

(11)本指南应当与相关标准规范配套使用。

勘察单位质量安全检查评分表

单位名称：　　　　　　　　　　工程名称：

序号	检查项目		检查内容与评分标准	标准分数	扣减分数	实得分数
1	资质资格及管理制度		超出企业资质等级许可范围承揽业务,扣5分； 存在转包或违法分包,扣5分； 项目负责人为非注册岩土工程师,扣5分； 项目负责人未取得法定代表人授权书,或未签署工程质量终身责任承诺书,扣3分； 试验员、记录员、机长等现场作业人员无专业培训记录即上岗,扣3分； 内部质量、安全管理体系不完善,扣2分； 质量、安全管理体系运行不正常,扣2分	5		
2	勘察大纲策划	资料收集与研究	未收集区域地质资料或工程周边环境资料,扣2分； 未认真分析、利用收集到的区域地质资料、工程周边环境资料,扣1分； 未认真分析、利用上阶段勘察成果资料,扣1分	2		
3		大纲编制	未按照工点编制详细勘察大纲,扣2分； 勘察方案编制依据的规范标准不当,扣2分； 勘察手段选用不合理,扣1分； 勘察方案制定未考虑设计、施工需要,扣1分； 勘察方案审批、签署不完善,扣1分	2		
4		勘探点布置	勘探点布置未与工点类型、构筑物形式、施工工法结合,扣2分； 勘探孔距不满足规范和设计要求,扣3分； 勘探孔深不满足规范、设计及施工要求,或技术孔、控制性钻孔比例不满足规范要求,扣3分； 车站出入口、通风道、联络通道、加固段、盾构始发接收段或竖井无钻孔控制,扣2分； 未布置水位观测孔,扣3分	3		
5		取样、原位测试、现场试验布置	土样采取数量不满足规范要求,扣2分； 原位测试数量不满足规范要求,扣2分； 水样采集数量不满足规范要求,扣1分； 取样、测试方法不满足规范要求,扣1分； 水文地质试验方法选择不合理,扣1分	2		
6		室内试验布置	岩土室内试验项目不满足岩土性质、工程类型和设计、施工需要,扣2分； 主要土层试验数量不满足规范要求,扣2分； 试验方法不符合工程实际情况,扣1分	2		
7		安全文明施工	安全、质量责任制不明确,扣2分； 安全、质量保证措施不到位,扣1分	2		
8	勘察实施	大纲落实	未按照大纲规定的工作量和方法实施,扣3分	3		
9		管线核查	钻探前未实地逐点(勘探点)进行地下管线核查和保护,扣4分； 勘探中未采取相应安全技术措施,扣4分	4		
10		孔位测放	依据地表参照物布设钻孔,实际孔位未采用测量仪器测放,扣2分； 孔位测放精度不满足要求,扣1分	2		
11		探孔调整	地质异常段未加密勘探孔,扣2分； 遇断裂、洞穴等不良地质时勘探孔加深不够,扣2分	2		

续上表

序号	检查项目		检查内容与评分标准	标准分数	扣减分数	实得分数
12	勘察实施	钻进及岩芯采取率	钻进方法不当,扣3分; 岩芯采取率不满足规范要求,扣3分; 回次进尺不符合规范要求,扣2分; 岩芯摆放顺序颠倒,地层深度记录有误,扣3分	3		
13		岩土鉴别与描述	岩土鉴别有误,扣3分; 岩土描述不完整,扣2分	3		
14		样品采集	取样方法不正确,样品质量不符合规范规定,扣3分; 样品标识、保管、运送不符合要求,扣2分	3		
15		原位测试	原位测试手段选用不合理,扣4分; 原位测试仪器、设备性能不满足要求,扣4分; 测试深度不符合要求,扣4分	4		
16		物探测试	仪器、设备性能不满足要求,扣2分; 测试方法不当,扣1分; 测试项目有遗漏,扣1分	2		
17		水位观测及水文地质试验	地下水位观测记录方法不符合规范规定,扣3分; 主要含水层未分层观测地下水,扣3分; 水文地质试验操作不符合规范规定,扣2分	3		
18		外业记录	原始记录不完整,扣3分; 签署不齐全,扣3分; 记录内容不规范,扣2分	3		
19		室内试验	试验方法不符合规范要求,扣3分; 试验过程质量控制有瑕疵,扣2分	3		
20		外业安全	勘探过程中发生伤及作业人员或地下管线、周边建筑物等事故,扣3分; 勘探孔未进行回填封孔,扣3分; 封孔质量不符合要求,扣2分	3		
21	勘察成果	岩土层划分	岩土层划分依据不合理,扣3分; 岩土层划分不正确,扣3分; 岩土层划分(工点间、标段间)不统一,扣1分	3		
22		不良地质与特殊岩土	不良地质、特殊岩土、有害气体等识别有遗漏,扣4分; 不良地质、特殊岩土、有害气体等对工程影响的评价不准确或不全面,扣3分	4		
23		地下水	未阐明地下水的水位,补、径流、排泄条件,扣3分; 未阐明含水层的富水性、透水性,扣3分; 未判明地下水(土)的化学类型及腐蚀性,扣3分; 地下水控制措施建议不符合实际情况,扣3分	3		
24		场地稳定性、适宜性	场地稳定性、适宜性评价不准确,扣3分; 场地稳定性、适宜性评价不全面,扣2分	3		
25		围岩及土石工程分级	围岩分级不合理,扣3分; 土石工程分级不合理,扣3分	3		
26		岩土物理力学参数	岩土物理、力学参数统计分析不正确,扣4分; 岩土物理、力学参数建议值的提出方法不合理,扣4分; 岩土物理、力学参数建议值有漏项,不满足设计需要,扣4分; 岩土物理、力学参数建议值与实际有偏差,扣2分	4		

续上表

序号	检查项目		检查内容与评分标准	标准分数	扣减分数	实得分数
27	勘察成果	工程地质、水文地质条件评价及措施建议	工程地质条件评价不全面,扣2分; 水文地质条件评价不全面,扣2分; 工程地质条件评价不准确,扣4分; 水文地质条件评价不准确,扣4分; 地基基础形式、地基承载力及变形分析与评价有误,扣2分; 围岩、边坡稳定性和变形分析评价有误,扣2分; 地下水对工程的静压力、浮托作用分析有误,扣2分; 水和土对建筑材料腐蚀性评价有误,扣1分; 各类工法适应性及岩土工程问题分析评价有误,扣2分; 工程措施建议合理性、针对性不强,扣1分; 未对特殊地质条件提出专项勘察建议,扣2分	4		
28		场地与地基的建筑抗震设计基本条件	抗震影响基本参数提供不全面、不准确,扣2分; 未划分场地类别或场地类别划分有误,扣3分; 未按照规范规定进行地震液化判别和软土震陷评价,扣3分; 未划分场地建筑抗震有利、不利和危险地段或划分有误,扣2分	3		
29		环境影响分析	工程施工对环境影响分析或环境对工程施工影响分析不准确,扣3分; 工程施工对环境影响分析或环境对工程施工影响分析不全面,扣1～2分	3		
30		遗留问题说明	未对勘察工作遗留问题进行说明并提出处理措施建议,扣2分; 未标识问题钻孔,扣2分	2		
31		成果审查及意见落实情况	未进行内部审核,扣2分; 未按照强制审查意见进行修改完善,扣2分; 对未落实的审查意见未阐明理由或理由不充分,扣1分	2		
32		成果文件签章及资料归档	勘察报告无注册土木工程师(岩土)签章,扣2分; 勘察成果文件签章不齐全,扣2分; 勘察资料未进行归档管理或归档不全、不及时,扣1分	2		
33		勘察成果准确性	地层描述与实际情况不相符,扣4分; 水文地质参数(水位、水量、渗透系数等)与实际情况不相符,扣2分; 围岩等级与实际情况不相符,扣2分; 持力层的承载力与实际检测结果出入较大,扣2分; 重要的岩土参数与实际情况不相符,扣2分	4		
34	勘察服务	勘察成果交底	勘察成果交底不全面,扣1分; 对重点地质问题交底说明不充分,扣1分	2		
35		施工配合	未按照勘察合同提供设计、施工配合服务,扣2分; 设计、施工配合服务不到位,扣1分	2		
合计分数				100		
评价意见: 检查人员: 检查日期:						

说明:1. 检查评分表满分100分。

2. 每项扣减分数不得超过该项标准分数。

3. 出现黑体字标志的情形之一时,直接判定为不合格(得分取69分,但当实际得分少于69分时取实际得分)。

4. 检查评分表中合计实得分数计入汇总表时需进行换算。